工业和信息通信业管理会计案例集
2021

杨晓娟 ◎ 主　编

朱永利　孙　娟　吴敏筝 ◎ 副主编

中国财经出版传媒集团
中国财政经济出版社

图书在版编目（CIP）数据

工业和信息通信业管理会计案例集.2021／杨晓娟主编.--北京：中国财政经济出版社，2022.3

ISBN 978-7-5223-1098-5

Ⅰ.①工… Ⅱ.①杨… Ⅲ.①工业会计－管理会计－案例－汇编－2021 ②邮电业－管理会计－案例－汇编－2021 Ⅳ.①F234.3

中国版本图书馆 CIP 数据核字（2022）第 018100 号

责任编辑：张怡然　　　　　责任校对：徐艳丽
封面设计：陈宇琰　　　　　责任印制：张　健

工业和信息通信业管理会计案例集（2021）
GONGYE HE XINXI TONGXINYE GUANLI KUAIJI ANLIJI (2021)

中国财政经济出版社 出版

URL：http://www.cfeph.cn

E-mail：cfeph@cfemg.cn

（版权所有　翻印必究）

社址：北京市海淀区阜成路甲 28 号　邮政编码：100142
营销中心电话：010-88191522
天猫网店：中国财政经济出版社旗舰店
网址：https://zgczjjcbs.tmall.com
北京富生印刷厂印刷　各地新华书店经销
成品尺寸：210mm×285mm　16 开　36.25 印张　995 000 字
2022 年 3 月第 1 版　2022 年 3 月北京第 1 次印刷
定价：228.00 元
ISBN 978-7-5223-1098-5
（图书出现印装问题，本社负责调换，电话：010-88190548）
本社图书质量投诉电话：010-88190744
打击盗版举报热线：010-88191661　QQ：2242791300

编委会

主　编：杨晓娟
副主编：朱永利　孙　娟　吴敏筝

学术委员会
（按拼音排序）

主任委员：	陈　虎	陈　沛	陈树民	都本正	李玉焯	李　铮	孙　璀
	唐　斌	杨珊华	赵　强				
副主任委员：	蔡　勇	陈月旺	冯晋春	冯晓波	桂友泉	何　瑛	林世友
	刘海燕	刘　牧	马永红	饶瑞久	孙洪伟	王大伟	王　芳
	王　健	王立东	王　瑜	吴　泊	谢秋发	颜志勇	杨学卫
	尤祥浩	张海明	张建新	邹红英			
委　员：	陈　桢	成春明	崔也光	杜美杰	樊燕萍	苟娟琼	韩索民
	贺颖奇	胡玉明	黄　薇	李　并	李　峰	李　玲	李现宗
	李晓梅	刘　彩	刘凤委	刘　洋	刘仲文	吕康禄	马双来
	彭献武	齐殿伟	钱振宇	秦　鸿	石　磊	田高良	王立彦
	王　满	王宛秋	魏道洪	温素彬	吴　祥	向泓超	谢志华
	辛煜飞	熊锐华	徐光华	续慧泓	闫华红	杨　俊	杨瑞伟
	杨世忠	姚立杰	张晓东	张　妍	赵　峰	赵　峰	赵雪媛
	周　宁	周顺祥	朱华新	邹　艳			

编辑委员会

陈　玥	郭世卿	胡冰菲	高芳菲	李　伟	刘润夏	孙　聪
王　晶	邢天添	张少博	张　凡	满　瑞	徐　岩	胡　月
陈　杰	尤翔宇	李昊民	张怡然	朱伟铭		

PROLOGUE 卷首语

2021年是中国共产党建党100周年，是"十四五"规划开局之年，中国共产党带领全国人民开启了全面建设社会主义现代化国家新征程，正在坚定不移地建设制造强国、质量强国、网络强国、数字中国，推进产业基础高级化、产业链现代化，提高经济质量和经济效益，增强核心竞争力。

习近平总书记指出"工业是我们的立国之本"，"制造业是国家经济命脉所系"，"世界经济加速向以网络信息技术产业为重要内容的经济活动转变"。中央经济工作会议强调，要提升制造业核心竞争力，启动一批产业基础再造工程项目，激发涌现一大批"专精特新"企业；加快数字化改造，促进传统产业升级。面对新形势、新任务、新要求，工业和信息化部坚持以习近平新时代中国特色社会主义思想为指导，认真贯彻落实党中央、国务院决策部署，奋力推动制造强国和网络强国建设，尤其是后疫情时期，全面落实"六稳""六保"任务，工业经济延续稳定恢复态势，信息化发展势头良好，经济运行稳中加固、稳中提质、稳中向好，为实现全年目标和"十四五"良好开局打下了坚实基础。

管理会计是改善企业经营管理、增强企业决策能力、助力企业管理提升的重要抓手，对于提高企业价值链水平、提升企业综合竞争力意义重大。《工业和信息通信业管理会计案例集（2021）》作为管理会计推广应用的重要抓手，经过一年的征集、评审及多轮修订，今天如期与大家见面了。相较以往，2021年各行业各地区申报的管理会计案例无论是从数量还是质量上，均有很大的增长和提升，突出展现了管理会计数字化的内容。在案例征集过程中，得到了企业的积极响应和大力支持。工业和信息通信业管理会计推广应用联盟也发挥了积极作用，联盟已有90余家单位、80多位专家委员，设立研究中心14家、示范基地2家。

管理会计案例凝结了工业和信息化领域管理会计实践的精华，是企业管理会计成功经验和方法的总结，是推进行业管理会计推广应用的基础工作，是推进联盟组织建设的重要载体。要把案例建设作为一项长期工作坚持下去，要结合工业和信息化部重点工作抓好抓实，鼓励申报部里专项的企业积极撰写管理会计案例，从源头带动项目管理水平的提升。

当前，世界正经历百年未有之大变局，错综复杂的国际环境带来新矛盾、新挑战。工业和信息化发展形势面临深刻变化，制造强国和网络强国建设任务十分艰巨。推动经济高质量发展，建设现代化经济体系，迫切需要实现从强调财务核算的传统会计向强调价值创造的管理会计的转变，迫切需要运用管理会计推动企业降成本、补短板、提质量、促发展，迫切需要孕育管理会计文化助力企业形成科学的管理理念，提高管理水平和创新能力。今后，要继续加强管理会计案例工作建设，积极推进管理会计推广应用，促进企业持续提质、降本、增效，提升企业的核心竞争力，为助力企业转型升级，实现企业高质量发展奠定基础。

在此感谢各位参与案例建设工作的企业家、专家和同志们的辛勤付出！

PREFACE
王立彦序

《工业和信息通信业管理会计案例集（2021）》在前三年的成果基础上，汇集出版进入第四个年头，入选企业数量增加到41家，主题和内容都进一步丰富。这些企业案例的选题和实践重心不同，但目标一致：丰富企业价值管理方法，推动企业高质量发展。

回顾成本管理和管理会计在中国企业界的应用发展，2014年财政部发布的《关于进一步深入推进管理会计应用的指导意见》，启动加速阶段。工信业企业的管理会计应用取得的长足进步，在2018—2021年连续四辑《工业和信息通信业管理会计案例集》中得以集中体现。管理会计的战术性应用在企业管理实战中比较普遍，战略性应用正在增多。

2020年以来全球经济社会处于新冠肺炎疫情带来的压力之中，对管理会计应用及作用的发挥具有一定的推动力，传统管理会计体系的整体结构被重新考量和反思，管理会计的积极作用得以发挥。

与此同时我们也应该看到，伴随着中国和世界的经济社会环境的各种变化，管理会计也面对新形势、新问题。管理会计专业界有必要对当前我国单位管理会计应用中存在的主要问题加以全面调查和细致梳理，深入剖析问题成因，并提出具有针对性的改进和优化措施建议。

回顾过去几年的管理会计实践，企业顶层设计的科学性、系统性有待进一步加强，应用范围有待进一步拓宽，应用程度有待进一步加深。尤其不同规模企业应用管理会计效果差异明显，大型企业的应用效果较好，中型和小型企业在建立管理会计应用规划方面相对滞后。

进入数字化时代，管理会计效能的发挥空间一定会更大。尤其对于以信息技术为支持力的共享中心，必将推动深度数据价值挖掘、智能化技术应用、流程整合与数字化转型以及管理报告服务于管理决策。实践中的循序渐进，大型企业推动整体化信息化建设和全方位管理决策支持，中型企业推动以ERP为基础的管理信息化建设和关键性管理支持，小型企业侧重财务信息化建设和管理服务。

2021年是"十四五"规划启动年，中国社会各领域都在认真总结"十三五"规划时期取得的成就和经验，预判和深入分析"十四五"规划时期面临的形势和挑战，并致力于科学规划和指导未来五年的行动方案。会计以及管理会计领域亦然。

北京大学

王立彦

PREFACE
谢志华序

财政部在全国推广管理会计运用以来，企业、事业、行政单位持续不断地创新性地采用适合本单位的管理会计方法，不仅提升了单位的管理水平，而且也带来了单位业绩的上升。

管理会计运用经历了由借鉴到创新、由简单到复杂、由局部到系统、由部分到整体、由单一到全面、由零散到整合、由实务到理论、由外驱到内需、由号召到自愿的变化过程。这一方面表明了管理会计确实有用，另一方面也表明了管理会计的运用是一个不断探索完善的过程。与其说管理会计是理论研究之果，不如说管理会计是管理实践之成。

在管理会计的运用中，人们越来越发现管理会计的内在要求之一就是要实现业财融合，业财融合的本质就是业务必须要创造价值，包括市场价值和社会价值。但由于单位内部的分工使得会计部门与业务部门相分离，导致价值信息与业务信息不能一一对应，从而使人们无从知晓是什么业务带来了相应的价值，是什么主体进行的业务带来了相应的价值。其结果是无法对业务的价值进行分析和判断，也无法对业务提升价值的原因和方法进行探究，特别是无法对业务带来的价值进行考绩。正因为这样，运用管理会计就是要实现业务信息与价值信息的融合，实现价值信息与价值创造主体的融合。

管理会计的运用与新技术的到来恰逢其时，以大智移云物区块链为特征的新技术使得业财融合的技术手段达到了前所未有程度，这些新技术使什么业务带来什么价值得以区分和融合，也使什么主体带来了什么价值得以区分和融合。可以说新技术使管理会计的运用，特别是创新性地运用有了更多的可能。

我们期待管理会计运用的又一个春天的到来。

北京工商大学

PREFACE
杨志忠序

2021年，进入21世纪20年代还不到两年，百年未有之大变局已呈现在世人面前。我国企业的外部环境随之发生了翻天覆地的变化：新冠肺炎疫情全球大流行，世界性经济衰退，气候异常灾难频发，各国民族主义高涨，国家之间冲突不断，中美全方位对抗加剧，美国控疫失败并加速衰落，中国抗疫成功并加速崛起，中国共产党建党百年打赢了全面脱贫、污染防治、控制系统性金融风险三大攻坚战，中国达成了全面建成小康社会的发展目标并开启了全面建设现代化社会的第二个百年奋斗目标的征程，党和国家密集出台了减税降费、自贸区建设、整顿资本市场、抑制房价、发展新能源和高科技、取缔校外补课培训、取消三孩生育限制等一系列政策。企业外部环境的巨变和未来变化的不确定，在给企业带来生存威胁的同时也给企业带来了发展的契机。关键是企业如何去应对。

孙子曰："善战者，先为不可胜，以待敌之可胜。不可胜在己，可胜在敌。"当今之世，企业固本培元、练好内功、保证资金循环顺畅为第一要务，然后才是顺势而为，健康发展。在工业和信息化部工业文化发展中心2021年推出的41个企业管理会计案例中，我们看到：

企业在积极利用信息技术实施风险管控和成本管控，应用信息技术实现业财融合，利用财务共享平台实施精细预算管理，开展全员项目式精细化降本增效活动，开展精益作业成本管理，开展"微组织"经营核算，实施内部经营绩效管理，应用信息化工具强化成本管理，构建内部管理会计报告体系，开展重大风险防控专项行动，建立物联网资产监管平台，利用融资租赁模式控制筹资风险，利用大数据提高电费效能，实施全生命周期业财融合管控，在多业态、多网络背景下推行集团财务共享，项目化预算管理，建立集团内部资金定价管理体系，建立数字化资金管理体系，建立司库管理体系，对集团资金池、票据池和客户信用等实行统一管理，建立全球共享服务体系，打造业财数据互通互联的共享平台，运用ERP沙盘模拟工具培训管理会计人员，引入"供应链金融"进行供应链重构，以项目财务管控为核心的财务共享模式，建立全链条一体化信息平台，为管理会计应用创造条件，等等。

这41个案例的共同点就是要练好内功，提升管理水平。相信本书的出版不仅对于案例提供企业自身提升管理能力有所激励，而且对于其他企业甚至对于学习和从事管理工作的个人来说，都会带来启发。

是为序。

首都经济贸易大学

PREFACE 温素彬序

新阶段，新理念，新格局，谋管理创新，集典型案例，助智能升级；

践发展，践融合，践转型，夯会计实践，重示范推广，推高质发展。

进入"十四五"时期，我国发展正处在一个新的历史交汇点，我们实现第一个百年奋斗目标，全面建成小康社会，向着第二个百年奋斗目标迈进，开启全面建设社会主义现代化国家新征程。进入新阶段，贯彻新理念，构建新格局，会计必然走革命性转型的道路，通过业财融合和智能化升级，在"两个大局"和"双循环"发展新格局的大背景下，实现管理会计的智能化升级，建设信息共享和智能决策的管理会计体系，强化管理会计在经济建设中的作用。

财政部颁布了《关于全面推进管理会计体系建设的指导意见》《管理会计基本指引》《管理会计应用指引》以来，工业和信息化部（以下简称"工信部"）高度重视管理会计推广应用工作，支持建立产学研联盟，"工业和信息通信业管理会计推广应用联盟"成立以来，在工信部的领导下，紧密围绕供给侧结构性改革和经济高质量发展，积极推动工信领域管理会计体系建设，着力提高行业管理会计应用能力和应用水平，助力制造强国和网络强国建设，取得了一系列的阶段性成果，挖掘和积累了丰富的典型案例，已经连续出版三辑《工业和信息通信业管理会计案例集》，第四辑《工业和信息通信业管理会计案例集（2021）》即将出版。

《工业和信息通信业管理会计案例集》一直坚持"问题导向、建设导向、成果导向、应用导向"，整体上具有"创新性、本土化、真实性、应用性、示范性"的特征。智能时代，在信息技术赋能下，智能管理会计体系将逐步建立起来，它必将成为企业管理的核心组成部分。《工业和信息通信业管理会计案例集（2021）》聚焦管理会计信息化和智能化升级，挖掘智能管理会计的优秀案例，助推企业数字化转型。总体上体现了以下特点：第一，数字化。大多数案例都呈现出管理会计向数字化转型的趋势，特别是大数据应用、共享服务、商务智能等方面尤为突出，管理会计数字化升级的案例有近30篇之多。第二，多元化。案例涉及的领域除了传统的预算、成本、绩效等以外，还涉及组织管理、风险管理、管理会计报告、内部控制、预警分析、人才培养等专门领域。第三，体系化。多数案例不仅注重管理会计工具的应用，更加注重管理会计体系的构建。第四，融合化。管理会计信息化案例都不是单纯进行信息化建设，而是信息化与成本、绩效、风险、预算等具体领域相结合，很好地体现了"业财信"的融合。

本案例集凝结了诸多专家学者和工作人员的辛劳。在此，向案例企业及作者、专家学者、工信部工业文化发展中心的工作人员表示由衷的敬意！以案促管，以案促学，以案促研，以案促新，以案提质，我坚信案例集的连续出版必将对管理会计的研究和实践应用产生重要的作用，也希望这项工作能够不断进行下去。

南京审计大学

PREFACE
田高良序

近年来，大数据、人工智能、互联网、云计算、物联网、区块链、5G等新一代信息技术加速创新，日益融入经济社会发展各领域全过程，数字经济迅猛发展，正在成为重组全球要素资源、重塑全球经济结构、改变全球竞争格局的关键力量。2021年全国两会审议通过了《中共中央关于制定国民经济和社会发展第十四个五年规划和二〇三五年远景目标纲要》（以下简称《纲要》），开启了全面建设社会主义现代化强国第二个一百年奋斗的新征程。《纲要》单列第五篇"加快数字化发展，建设数字中国"，确定了数字经济7个重点产业和数字化10个应用场景。因此，我们必须把握好数字化、网络化、智能化的发展机遇，充分吸收新技术赋予的新能量，及时实现管理会计数字化转型。

自2018年以来，工业和信息化部（以下简称"工信部"）高度重视管理会计案例推广应用工作，每年出版一本《工业和信息通信业管理会计案例集》，得到了社会各界的广泛好评。2021年，工信部积极响应《纲要》要求，顺应数字经济发展，如期出版《工业和信息通信业管理会计案例集（2021）》。我认真阅读了案例集的案例摘要汇总及部分案例，的确受益匪浅。本案例集具有如下特点：

一是突出数字化转型。几乎所有案例均涉及企业数字化转型的内容，亮点突出。中国中钢集团有限公司—邢台机械轧辊有限公司案例"中钢邢机基于数字化的成本精益管理"，探索了建设数字化下的成本精益管理系统，大力推动新一代信息技术和制造业深度融合，大力发展先进制造和智能制造，尽可能地消除浪费、提高效率、降低成本，为顾客创造更多的价值，提升企业核心竞争力，成为国有重机行业高质量发展的典范。中国石油集团共享运营有限公司案例"构建中国石油智能型全球共享服务体系 助力集团数字化管理转型"，阐述了该公司在深化管理体制改革中做出的战略部署，以财务和人力资源共享先行先试，开展智能型全球共享服务体系建设工作，并持续推进包括信息、法律等共享服务在内的"共享中国石油"建设。通过智能型全球共享服务体系建设，打造战略、业务、共享"三位一体"的新型管理模式，推动中国石油天然气集团管理转型，实现价值创造。

二是突出场景驱动。场景驱动是管理会计发展的新趋势之一。中国移动通信集团陕西有限公司案例"构建横向跨四轮、纵向到区县的'4×N×X'财务价值管理体系"，基于业财融合的信息化智慧支撑平台，创新设计责权闭环的"全景嵌入式"三维价值管控机制，在划小核算单元的基础上，结合公司业务发展重点及价值管控模式，搭建横向跨四轮、纵向到区县的"4×N×X"财务价值支撑模型，实现了业务领域（4轮市场）、运营组织（N省市县）和价值管控（X应用场景）业财融合的运营成果展示、运营评价依据、运营能力体现的管理会计体系化管理，有效助力了陕西移动价值运营及高质量持续发展。国网福建省电力有限公司案例"基于会计精益核算的电网企业多维绩效评价体系构建与应用"，通过高度整合管理会计的理论框架、数据模型以及应用工具，在公司内部建立"价值贡献引领＋业务指标考核"二维内部模拟市场，构建一套贯穿"单位、部门、员工"三级且能根据不同组织形式、组织架构、组织层级和作业模式设置差异测算规则的价值贡献评价模型。以该模型为基础，借助云处理和大数据技术搭建集运行指数、经营画像及价值地图于一体的智能分析平台，高度融合企业价值流、业务流和信息流，通过可视化、场景化实现各市场主体经营成效和价值贡献精准反映，取得了较好的管理效益和经济效益。

三是行业覆盖面广。本案例集共41篇案例，其中装备10篇、原材料15篇、消费品1篇、通信6篇、电子1篇、事业单位2篇、建筑建材5篇和电力1篇，具有广泛的应用参考价值。总之，本案例集选题新颖、内容丰富、借鉴性强，为推动数智时代企业管理会计的健康发展大有裨益。

数字经济越发展，管理会计越重要。2021年10月18日，习近平总书记在中共中央政治局第三十四次集体学习时强调，把握数字经济发展趋势和规律，推动我国数字经济健康发展。随着工业互联网的发展，产品将被场景替代，行业将被生态覆盖，工业互联网将成为驱动经济发展的新引擎。因此，我们必须抓住数字经济发展的新机遇，产学研政协同融合，进一步推动管理会计应用，不断推出高质量管理会计案例，为经济社会发展做出贡献。

西安交通大学
田高良

2021年正值建党百年，中华民族站在新的起点，同时也是"十四五"规划开局之年，工业和信息化部（以下简称"工信部"）推出了管理会计案例集的第四部。为了编写一部高质量的案例集，工信部、企业、专家学者都付出了巨大的努力，在此首先对各位付出心血的参与人员表示祝贺。

案例集汇集了41篇案例，涉及制造、通信、信息技术、石油石化、建筑等行业，案例内容涉及数字化转型、管理会计工具应用、信息化建设等方面，内容非常丰富。这些案例不仅体现了行业特征和企业特点，也将企业实际与管理会计的理论和方法紧密结合，个别企业的案例展现了令人惊喜的创新之处，反映了我国企业的管理水平的提高和对管理会计工具及理论的深入研究。

本案例集中相当多案例的内容是围绕着的信息化驱动下的管理会计变革与创新来写的，强调战略牵引、价值网联、业财融合、协同共创，探索总结变革环境下中国特色的管理会计创新实践。尤其是个别企业探索了企业数字化转型的途径和方法，契合"十四五"规划中提出的"发展数字经济，推进数字产业化和产业数字化，推动数字经济和实体经济深度融合"的要求。中国企业在信息化启示阶段是在跟随西方国家的脚步；在数字化转型阶段，企业的实践让我们看到，中国企业和西方国家站在同一起跑线上，我们有机会发挥自己的才智取得开创性的成果。

作为一本精选的案例集，最大的意义是为企业实践者提供了一个榜样和参照物。企业的经营管理很复杂，都有自己的特殊性，是一个不断学习和改进的过程。任何学习和改进的尝试都是有成本的，如果不幸改进失败，尝试的成本巨大。曾经有人说过：最好的学习是从别人的成功中学习，次好的学习是从别人的失败中学习，比较无奈的学习是从自己的失败中学习，最糟糕的是从自己的失败中也什么都没有学到。我想这本案例集就为企业的管理实践者提供了一个从别人的成功中学习的机会，这是非常有价值的一件事。

本书同样对于高校的MBA教育和会计专业教育有重要的意义。近年来，社会各界对商学院教育提出了很多批评，其中之一就是商学院重视理论研究，轻视实践教学，教学不接地气。实际上，学者、学生深入企业实践在现实中存在很多约束，工信部提供的案例编写过程无疑是学者和学生理论联系实际的重要途径。学者开展企业调研，参与企业案例写作，推动企业改进，从中能够观察实践和反思理论，进而有可能对理论进行完善和发展，同时也有利于开展案例教学；学生阅读和思考案例内容，将理论带入具体的场景，有利于加深理解，意识到理论在实践中可能产生的问题，激发学生的学习兴趣和探索意愿。

经过四年的实践，工信部组织案例编写的流程日益完善，但是案例编写仍然有进一步提升的空间。知识创造可能来自学术界，也可能来自企业界，相当多的时候管理知识的创造和应用是学术界和企业界长期互动的结果。案例集编写提供了这样的机会，参与者应该有超越案例出版之外的更高的目标，加大投入，为中国管理创新和管理会计创新做出更多贡献。

中央财经大学

赵雪媛

PREFACE
邹艳序

随着现代信息技术的迅速发展，数字经济已成为引领全球经济社会变革、推动我国经济高质量发展的重要引擎，也引发了管理会计领域的变革。2020年底我国召开的中央经济工作会议指出："要大力发展数字经济。""十四五"规划强调要"推动数字经济和实体经济深度融合，实现经济体系优化升级"。数字经济时代，数据资产和智慧资本成为驱动价值创造的关键生产要素，如何与时俱进有效开展数字化转型，通过大数据赋能业财融合与价值创造，促进企业高质量发展，是实务界和理论界必须直面的问题。

当前我国正处于经济转型和数字化转型的变革时期，中国企业持续开展管理会计领域的变革与创新，实践创新层出不穷，呈现出许多新的有价值的探索。为进一步推动管理会计在落实国家战略中的应用，助力实体经济高质量发展，工业和信息化部从2017年开始，通过政产学研相结合，持续组织工业和信息通信领域的企业对管理会计实践探索及创新加以总结提炼，汇聚出版了《工业和信息通信业管理会计案例集》。

数字技术为管理会计发展提供了丰富的数据维度与精细的数据颗粒度，也为多维精益管理及深度业财融合提供发展动力。作为《工业和信息通信业管理会计案例集》的第四辑，2021年的案例集，继续扎根中国本土企业管理实践，关注于管理会计数字化与智能化。2021年入选41个案例，既涉及基于数字化的成本精益管理、精细预算管控、融资租赁风险管理、数字化资金集中管理、多维管理会计信息化协同应用，又关注业财一体化智能报表系统、重大风险预警信息系统、智能型共享服务体系以及企业集团财务共享建设等，总结挖掘了"业财数"联动与融合下的单项应用、协同应用、平台建设、决策支持等方面的最佳实践，从多个维度、多个层面极好地诠释了管理会计的数字化的"术"与"道"。我相信，《工业和信息通信业管理会计案例集（2021）》的出版，能够让更多的企业管理者在学习借鉴中，兼收并蓄，提升应对数字化变革的能力与水平。

管理知识的创造来源于管理实践。一流的管理学研究只有面向实践，深入和准确地观察、领悟实践行为，才有可能生成有价值的理论成果。2021年的案例集，为学者们探究管理会计创新与管理会计数字化的"奥秘"提供了生动丰富的素材。基于中国情境和语境，讲好中国故事，挖掘中国理论，传授中国经验。这几年我全程参与了案例集的编写工作，作为一名从事管理会计教学与研究的教师，深受其益，收获颇多。我相信《工业和信息通信业管理会计案例集（2021）》的出版，将三位一体助力中国特色的管理会计理论体系的构建，促进我国管理会计理论和实践创新与发展。

唯以此序，向所有积极推动管理会计数字化、助力企业高质量发展的人士致敬！

北京航空航天大学

邹艳

CONTENTS
目录

装备

构建融资租赁风险管理体系，为装备制造业生态链创造价值 ……	湖南星邦智能装备股份有限公司	3
中钢邢机基于数字化的成本精益管理 ………………………	中钢集团邢台机械轧辊有限公司	16
生产型"微组织"经营管理实践 ……………………………	成都光明光电股份有限公司	29
财务前中后台重构下的管理会计信息化应用探索 …………	中国航发成都发动机有限公司	44
基于信息化全流程协同的成本管理会计体系构建		
——航天电器成本管理会计建设与信息化应用案例 ………	贵州航天电器股份有限公司	62
"业财数"融合下的全生命周期项目预算管控 ……………	中车株洲电力机车有限公司	79
基于信息化平台的业财融合一体化管控模式构建 …………	中国航发哈尔滨东安发动机有限公司	89
防范化解重大风险管理体系的构建与实施 …………………	中国中车集团有限公司	104
基于三维价值创造能力的可持续自我优化管理会计报告体系构建		
………………………………………………………………	中国航天科工三院物资部	114
基于制造单元转型中的作业成本管控模式实践 ……………	中车青岛四方机车车辆股份有限公司	129

原材料

数据信息驱动的核电机组维修精益作业成本管理创新实践		
………………………………………………………………	大亚湾核电运营管理有限责任公司	143
业财一体化智能报表系统研究与实践 ………………………	中海石油（中国）有限公司湛江分公司	156
基于信息化的科研经费全流程精细化管理 …………………	中国航发北京航空材料研究院	169
构建数字化资金集中管理体系持续提升企业价值创造能力	中国石油化工集团有限公司	180
司库管理体系建设实践 ………………………………………	中国石油天然气集团有限公司	196

构建中国石油智能型全球共享服务体系　助力集团数字化管理转型

　　······中国石油集团共享运营有限公司　207

应用"XBRL"推动管理会计向大数据思维转型升级

　　······中国石油天然气股份有限公司湖北销售分公司　223

财务共享模式下成本精细预算管控应用实践······中国石油天然气股份有限公司长庆石化分公司　236

以项目财务管控为核心的财务共享模式应用与实践　······中国冶金科工集团有限公司　250

全产业链、多业态、多网络复杂环境下的大型军工企业集团财务共享建设实践

　　······中国核工业集团有限公司　262

数字化转型助力"一引一融三纵五横"成本管控体系建设······江苏核电有限公司　273

基于项目制的全员式精益成本管理创新实践······中国同辐股份有限公司　287

基于全生命周期的PPP项目公司集约化财务管控实践······中国核工业华兴建设有限公司　296

科学至上重共享，管理会计助腾飞

　　——中化集团探索多元化跨国集团管理会计信息化的实践······中国中化集团有限公司　308

创新资金定价应用，精益财务价值管理······中铝资本控股有限公司　325

消费品

数字化建设思维下的业财融合及费控管理系统构建······艾莱依时尚股份有限公司　339

通信

通信企业基于物联网技术助力资产管理新突破······中国电信股份有限公司湖北分公司　359

基于大数据应用助力电费效能提升的管理案例

　　······中国电信股份有限公司江苏财务共享服务中心　371

数据中心全生命周期管理会计体系的创新与应用······中国移动通信集团江苏有限公司　381

构建横向跨四轮、纵向到区县的"4×N×X"财务价值管理体系

　　······中国移动通信集团陕西有限公司　396

基于中台注智的数字化业财精益成本管理体系建设与应用

　　······中国移动通信集团广西有限公司　418

基于数智化场景项目群的"1N1"财务风险预警平台建设

　　······中国移动通信集团浙江有限公司　432

电子

基于企业资源计划系统的管理会计信息化体系建设与应用实践
.... 中电科电子装备集团有限公司　445

事业单位

"信息集成 + 业财融合"促高校财务工作提质增效 .... 哈尔滨工业大学　457
高校财务云推动高校财务数字化转型 .... 西北工业大学　470

建筑建材

数字化转型助力提升混凝土行业管理会计价值 .... 重庆建工建材物流有限公司　485
中国巨石在运营模式重塑背景下的信息化体系创新应用与价值创造 ...... 中国巨石股份有限公司　497
以资金管理为主线的工程项目多元数据挖掘与决策 .... 中铁二局集团有限公司　513
供应链金融采购在国有建筑施工企业中的应用探索 .... 中铁四局集团有限公司　528
沙盘模拟在管理会计人才培养中的运用 .... 中铁七局集团第三工程有限公司　538

电力

基于会计精益核算的电网企业多维绩效评价体系构建与应用 .... 国网福建省电力有限公司　551

装备

构建融资租赁风险管理体系，为装备制造业生态链创造价值[*]

湖南星邦智能装备股份有限公司

> **摘要**：近年来，湖南星邦智能装备股份有限公司融资租赁销售模式占比持续增长，租赁服务商和大型终端用户为解决批量采购的资金需求问题，越来越多地采用融资租赁方式进行结算。通过融资租赁结算方式，可以加快生产厂商的资金回笼速度，而作为投资方的融资租赁公司可以获得稳定的收益，这一业务模式有效促进了机械装备行业的快速发展，实现了多方共赢。
>
> 本案例展示的方案着眼于构建融资租赁销售模式全套风险管理体系，以降低企业管理风险，对融资业务中在外担保余额进行有效管理与控制。
>
> **关键词**：融资租赁模式；风险管理体系

一、星邦智能单位简介

（一）企业基本情况

湖南星邦智能装备股份有限公司（以下简称"星邦智能"）位于湖南省长沙市宁乡高新技术产业园区金洲大道东128号。星邦智能自成立以来一直致力于高空作业平台的研发、生产、销售和服务，是我国第四大高空作业平台制造商。星邦智能产品种类丰富，主要包括直臂式、曲臂式、剪叉式、车载式、蜘蛛式和套筒式六大系列，广泛用于仓储物流、石油化工、港口船舶、市政园林、媒体广告、清洁维护等众多领域，客户主要为全国大型工程机械租赁商、专营高空作业平台租赁商和大型建设施工企业等。产品远销东南亚、澳洲、中东、南美、欧洲等众多地区。

星邦智能产品通过了《质量管理体系 要求》（GB/T 19001—2016/ISO9001：2015）认证、澳大利亚 AS 认证、欧盟 CE 认证、美国 ANSI/SAIA A92.20 认证、韩国 KCS 认证和欧亚联盟 EAC 认证等，产品技术性能、安全性、稳定性、可靠性等方面已获得国内外客户的广泛认可。

星邦智能是湖南省高新技术企业，公司研究院被认定为"湖南省企业技术中心"，2019年星邦智能成为工业和信息化部公布的全国第一批专精特新"小巨人"企业。截至2020年10月31日，星邦智能拥有专利共157项，其中国内发明专利19项，实用新型专利127项，外观设计9项，国外专利2项。此外，星邦智能是行业技术标准制定的主要参与单位，参与制定了《移动式升降工作平台带有特殊部件的设计、计算、安全要求和试验方法 第3部分：果园用移动式升降工作平台》（GB/T 30032.3—2017）、

---

[*] 本篇作者：秦鸿、陈诗思。
指导专家：杨俊（上海越乘信息科技有限公司）。

《高空作业车》（GB/T 9465—2018）等国家标准以及《臂架式升降工作平台》（JB/T 12483—2015）、《石油化工工程高处作业技术规范》（SH/T 3567—2018）等行业标准。

（二）企业销售模式

星邦智能的产品销售模式主要有直销模式、经销模式、合约制造模式三类。结算方式主要以融资租赁的结算为主，如图1所示。

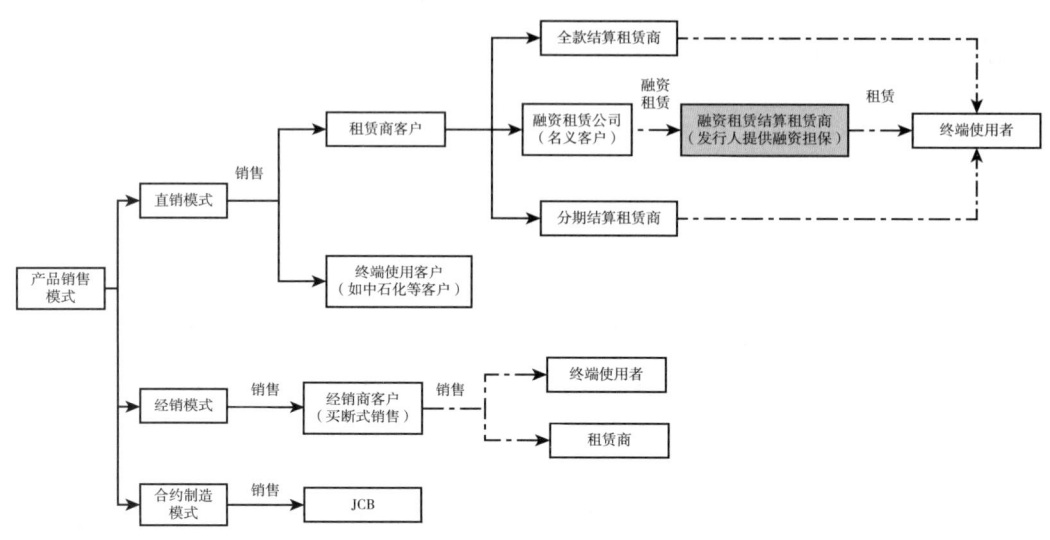

图1 星邦智能产品销售模式

注：星邦智能为融资租赁结算租赁商客户（灰色方框部分）提供担保；实线部分为产品销售业务，虚线部分为客户业务。

星邦智能国内销售采取直销模式，结算方式主要为融资租赁、全款、分期三种。

全款和分期结算方式是指公司与客户签订产品销售合同，客户根据合同约定的付款期限进行结算的方式。融资租赁结算方式是指客户为了解决批量采购的资金问题，根据行业的惯例，公司与融资租赁公司、客户签订产品买卖合同，同时融资租赁公司与客户签订融资租赁合同，约定融资租赁公司根据客户的要求向公司购买指定的高空作业平台，并将标的物租赁给客户使用，同时融资租赁公司将客户融资的款项支付给公司的一种结算方式。

针对国外客户，星邦智能则分别通过合约制造、直销及经销模式实现产品销售。星邦智能的经销模式通过买断方式实现；合约制造模式是指公司按协议约定为JCB（全球主要工程机械制造商）制造其品牌产品。

星邦智能成立了全资子公司"潇邦机械"，为有高空作业平台设备租赁需求的客户提供租赁服务。

二、融资租赁业务介绍

（一）行业融资租赁销售现状

自2004年，卡特彼勒（中国）融资租赁有限公司成为我国第一个工程机械行业融资租赁公司后，国内许多工程机械厂商都接受了分期付款或融资租赁的支付模式。一些专业租赁公司也以创新租赁的名义积极地探索开展工程机械融资租赁业务。据统计和测算，机械工程行业的机械设备采购近50%是用来租赁的。在现行的市场经济下，相对稳定的设备使用需求刺激了机械设备租赁业务的发展，机械租赁行业近几年的发展态势较好，许多工程机械企业都采用融资租赁的方式销售机械设备，这两年更是成为新常态。

我国工程机械租赁业正处于发展阶段，作为发展势头正猛的热门产业，尤其在市场这一块，有着自身的巨大优势。首先，对于公司投资规模的扩大、缓解施工公司资金短缺，工程机械租赁业起到重要作用。其次，工程机械租赁市场的形成可以提高固定资产利用率，达到盘活固定资产的作用。最后，在节约人力、物力、财力，降低消耗等方面也有着显著的作用。此外，一些其他类型的公司因为发现其较高的盈利能力，选择参与其中。许多设备制造公司也开始介入设备租赁市场，它们发现，大部分机械设备的租金较高，短期内即可收回成本用于再投资，短则一年，长则五年，由此可见机械设备租赁的利润率是非常高的。针对工程机械产品期长、资金成本高、体积大的特征，融资租赁销售模式由于其快速促销、短期融资、首付门槛低的独特优势，成为工程机械企业信用销售模式的首选，如中联重科、三一重工、徐工集团、柳工集团等工程机械行业的主导企业都采用信用销售模式。故机械设备的融资租赁业务是工程机械行业必需的一项金融业务，它为工程机械行业的市场开拓打下坚实基础。

《中华人民共和国国民经济和社会发展第十四个五年规划和2035年远景目标纲要》（以下简称《纲要》）提出，到2035年，人均国内生产总值达到中等发达国家水平，中等收入群体显著扩大。围绕上述目标，《纲要》在科技创新、数字经济、扩大内需、碳达峰、乡村振兴、都市圈与城市群、住房问题、人口老龄化、延迟退休、商签自贸区等方面制定了一系列战略规划与实施计划。从市场需求分析，《纲要》提出的发展战略、目标任务、重大工程和重点项目将继续扩大工程机械市场需求。特别是各项基础设施建设、区域发展布局、城市乡村建设和民生保障工程等，都需要工程机械厂商的参与，这也是未来中国工程机械市场将保持持续增长的重要动力。我国经济发展空间巨大，基础设施建设规模庞大，工程机械存量更新和新增需求并重；近年来，工程机械行业新技术、新材料、新工法应用不断取得新成果，有力推动了技术进步和产业创新，大幅度提高了市场应用能力；工程机械应用领域需求不断升级，机器换人方兴未艾，智能化、数字化、网络化、轻量化赋能工程机械不断拓展应用领域，相信工程机械市场仍处于上升期，"十四五"期间必将高质量发展。

（二）融资租赁模式

融资租赁（Financial Leasing）是指出租人根据承租人对租赁物件的特定要求和对供货人的选择，出资向供货人购买租赁物件，并租给承租人使用，承租人则分期向出租人支付租金，在租赁期内租赁物件的所有权属于出租人所有，承租人拥有租赁物件的使用权。

融资租赁模式主要分为两种：直租模式与回租模式。星邦智能主要为直租模式下的厂商租赁模式。厂商租赁模式是由融资租赁公司与设备生产厂商或其代理商签订融资租赁业务合作协议，由厂商或代理商向融资租赁公司推荐客户，再由融资租赁公司为客户提供融资租赁服务。合作过程中，部分厂商或代理商会根据情况为终端客户提供必要的增信，厂商、代理商、融资租赁公司会发挥各自在设备、市场、资金等方面的优势，合力服务客户、管控风险，提高客户满意度，达到多方优势互补、合作共赢的效果。回租模式又称"售后回租""出售回租"或"回租"。《金融租赁公司管理办法》第四十七条规定："本办法中所称回租业务是指承租人将自有物件出卖给出租人，同时与出租人订立一份融资租赁合同，再将该物件从出租人处租回的租赁形式。回租业务是承租人和出卖人为同一人的特殊融资租赁方式。"主要应用场景为车载设备，车载设备需要由使用方到车管所上牌登记使用，故该类特种设备在行业中都使用融资租赁模式中的售后回租模式。

（三）融资租赁业务流程

第一步，融资租赁公司引入，融资租赁公司出于对行业发展前景的看好及对厂商实力的认可，与厂商签订融资合作协议，不同的融资租赁公司合作协议约定内容不一致。目前融资租赁公司分为需要厂商承担连带担保义务与不需要厂商承担连带担保义务两种。第一种需要厂商承担连带担保的业务，融资租赁公司对厂商资信调查较为严苛；第二种则相反，对客户（承租人）资信调查较为严苛。

第二步，客户筛选，根据询盘记录获取客户，通过实地考察、公开信息调查等方式对客户进行筛选与授信。

第三步，意向合同签订，业务人员提交意向合同审批，经层层领导审批与融资部确认匹配融资信息后，完成意向合同签订，公司依据意向合同条款收取发货首付款与融资费用后给客户发货。

第四步，融资手续办理，在意向合同约定的融资办理期限内，客户完成融资资料提交，融资租赁公司完成客户资信调查。

第五步，融资合同签订，在意向合同约定的放款月，融资租赁公司、客户、星邦智能三方完成线下融资合同签订工作。在融资合同签订当月，星邦智能开票至融资租赁公司及完成代收代付融资费用转账动作后，融资租赁公司放款至星邦智能。放款次月，客户（承租人）根据还款计划书分月支付租金。

（四）融资租赁业务的权利与义务

公司为客户的融资租赁提供担保的业务过程中，公司、公司实际控制人、客户、融资租赁公司之间的业务流程及签订的相关协议如图2所示。

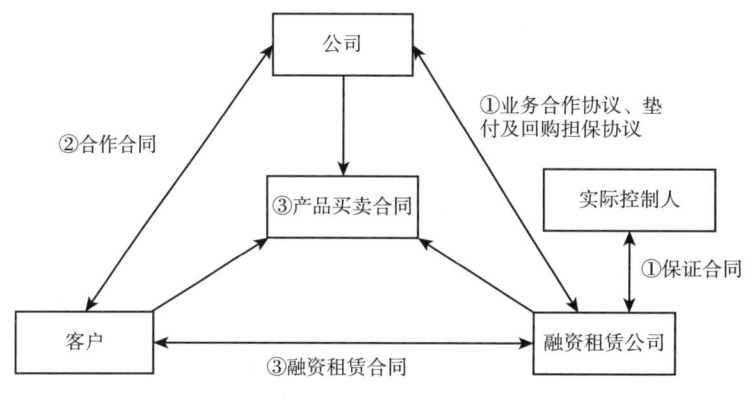

图2　业务流程及签订的相关协议图

（1）公司根据年度销售计划寻找融资租赁公司进行商务洽谈，签订业务合作协议、垫付及回购担保协议，公司实际控制人与融资租赁公司签订保证合同。

公司与融资租赁公司签订的业务合作协议为框架性合作协议，主要对合作方式、合作范围、准入条件、授信额度、首付款及保证金比例、租后管理等事项进行约定。

公司与融资租赁公司签订垫付及回购担保协议，约定公司为向融资租赁公司推荐的客户就其向公司购买的产品与融资租赁公司签订的融资租赁合同下的债务承担担保责任。

公司实际控制人与融资租赁公司签订保证合同，约定公司实际控制人为客户向公司购买的产品与融资租赁公司签订的融资租赁合同下的债务进行连带责任担保，或者为公司承担的担保义务承担连带保证责任。

（2）对拟通过融资租赁公司解决采购资金的客户，公司按要求对其进行相应的审核，审核通过后公司与其签订合作合同，并向融资租赁公司推荐该客户。

公司与客户签订的合作合同，主要对产品数量、型号、价格、办理融资租赁相关手续的期限、交货及验收、质量、技术标准及维修等事项进行约定。客户根据协议约定支付首付款及相关费用后，公司按要求发货。

（3）客户通过融资租赁公司的审核后，公司、客户与融资租赁公司三方签订产品买卖合同，客户与融资租赁公司签订融资租赁合同。

公司、客户、融资租赁公司之间签订的产品买卖合同，主要对设备购买价款及支付、设备交付及所有权转移、设备质量瑕疵与索赔等事项进行约定。

客户与融资租赁公司签订的融资租赁合同，主要对客户与融资租赁公司之间的融资租赁价款及支付、租赁物的交付、所有权保留及登记、违约责任等进行约定。

按合同约定的期限，客户与融资租赁公司签订融资租赁合同，融资租赁公司对公司放款，客户按要求向融资租赁公司支付租金。

在融资租赁结算方式下，公司（星邦智能）、客户和融资租赁公司三方的权利与义务关系如表1所示。

表1　　　　　　　　　　公司、客户、融资租赁公司三方的权利与义务表

主体	角色	资金流向	主要权利	主要义务
公司	卖方	向客户收取首付款，向融资租赁公司收取除首付款外的剩余货款	向融资租赁公司推荐符合融资租赁公司要求的客户；获得销售高空作业平台的货款	对客户进行租赁前审查；向融资租赁公司提供担保，承担垫付及回购义务；配合融资租赁公司和客户办理融资租赁手续；提供高空作业平台产品；向融资租赁公司开具全额发票；对产品进行售后跟踪、服务及管理；关注和监控客户履行融资租赁合同情况，掌握客户履约能力
客户	承租人	向公司支付首付款，向融资租赁公司支付保证金、租金；租赁期结束后向融资租赁公司支付留购款	选择融资租赁公司；租赁期内享有高空作业平台使用权，并对其进行管理经营，获取收益；租赁期结束，向融资租赁公司支付留购款后获得高空作业平台所有权	向公司支付首付款；按期向融资租赁公司支付租金，租赁期结束后向融资租赁公司支付留购款；配合融资租赁公司办理融资租赁业务登记；委托除公司（星邦智能）外的第三方向融资租赁公司提供担保；为租赁物购买保险；对高空作业平台进行维护、保养
融资租赁公司	资金提供方、出租人	向公司支付除首付款之外的剩余货款，向客户收取租金和留购款	了解公司生产经营状况及重大事项；随时对客户进行调查，获取租赁物状况，对客户提出管理要求；若客户逾期或触发回购条款，要求公司履行垫付及回购义务；在签订买卖合同后至客户支付留购款前，获得高空作业平台的所有权	对客户进行尽职调查及风险评估；为客户办理融资租赁手续；向公司支付货款；向客户开具发票；若公司履行回购义务，向公司转交融资租赁相关资料，配合公司追偿垫付及回购款

三、融资租赁模式销售优势

（一）对星邦智能（厂商）的优势

可以强化产品促销，提高企业竞争力，降低资金成本。相对于其他如分期付款、信用赊销等促销手段，厂商能一次性收回资金，从而大大降低了销售过程中产生的应收账款。融资租赁公司的介入使标的物的两权分离，即使出现项目风险，由于所有权属于融资租赁公司，更有利于设备处置且融资租赁公司对于客户准入进行二次筛选，能降低业务风险、提高客户质量。

（二）对客户（承租人）的优势

能解决经营过程中的资金短缺问题，有利于提高资金的周转率和利用率；经营性租赁实现表外融资，租赁设备不体现在企业的资产负债表中，使企业在得到所需设备使用权的同时保持信贷规模不变，提高企业的融资能力。

融资租赁项下的固定资产，国家规定可以按法定折旧年限与融资租赁期限两者孰短的期限折旧。这样出租人可以将加速折旧带来的好处通过融资租赁和中长期经营性租赁转换给承租人，从而降低企

业所得税支出，实现合理避税的目的。

融资租赁具备操作方式灵活的特点，承租人在租金支付方式上可以选择等额本息或等额本金的支付方式。这种支付上的灵活性使承租人可根据现金流、销售收入、资金使用计划等自身状况制订还租计划。在融资租赁还款过程中，承租人出现短期良性风险也可以通过与出租人协商沟通形成新的还款计划。

（三）对融资租赁公司（出租人）的优势

厂商承担担保责任，可以降低坏账风险。一旦出现承租人逾期，由厂商承担垫付与回购义务，融资租赁公司可以获取稳定的租金收益。

四、融资租赁风险管控的应用背景

（一）融资租赁模式占比增长，存货风险增加

2017年末、2018年末、2019年末、2020年9月30日星邦智能存货中的发出商品账面价值分别为2609.98万元、7211.66万元、29437.14万元和48153.99万元，占各期末存货账面价值的比例分别为25.71%、34.79%、64.46%和77.82%。

星邦智能企业会计准则约定，融资租赁模式下，收入确认时点为融资合同签订日期、客户货物签收日期、融资首付收款日期孰晚确认。在实际业务开展过程中发现，意向合同签订后，公司收取客户首付款，将货物送达至客户指定收货地点，离融资合同签订日之间有较长时间的间隔，根据不同公司给予不同信用账期，一般为3—6个月，故星邦智能发出商品的金额较大、存货周转率较小。

发出商品较多会对星邦智能存货管理造成极大困扰，使存货盘点工作耗费较多的人力与物力，需要协调客户与公司员工在不同的工地寻找设备，开展存货盘点工作。

融资租赁销售模式下，大部分融资租赁销售业务公司需承担担保回购业务。随着融资业务销售模式增长，星邦智能的回购业务也日益剧增。星邦智能通过与融资租赁公司签订回购协议，取得对租赁物的所有权，但实际设备的控制权较难取得，特别是大型租赁商客户，需要在外耗费较长时间，且二手设备处置也需较长时间消化。

（二）销售竞争激烈，进入与违约条件宽松

同行挤压，销售竞争激烈。星邦智能的融资租赁业务是根据承租客户不同的资信程度、经营状况和还款能力灵活设定的，最初的设定比例是"15+5"或"20+0"的融资模式，即发货前收取15%首付款+5%保证金或20%首付款+0保证金，以保证发货前收取客户20%发货款。但随着高空作业行业日益白热化的行业竞争，2020年星邦智能开始采用融资首付分期支付的销售模式，客户发货前支付发货款的50%，剩余50%部分在办理融资前的3—6个月融资账期内进行平均支付。融资租赁条件逐渐变得宽松，也造成3—6个月融资账期内逾期比例增长以及影响融资放款进展。

在3—6个月融资账期内，客户首付分期逾期未约定收取违约金，且为了不破坏客户合作关系，公司业务人员在融资办理前首付分期逾期催收意向不强，都集中在融资放款当月一次性催收剩余首付款。随之而来的是客户慢慢养成不按合同执行的还款习惯。

（三）风险管理与监督力度不足，造成信用风险难以控制

信用风险，就是客户的违约风险。首先，星邦智能为开展融资租赁销售，需要对客户进行筛选和

审查，对客户进行选择。然而许多客户的资信情况、资金实力和品德与声望等详细信息都难以获取。这种主观判断客户的优质与否，不一定与客户真实状况一致，信息不对称造成的风险全部由星邦智能承担。其次，在融资租赁销售过程中，客户已经使用租赁的机械设备后，可能遇到因经营不善、管理不到位造成资金不足和破产、无力偿还账款等类似的不可控的情况，负有担保义务的业务就要求星邦智能承担客户违约和破产带来的连带责任风险。最后，由租赁设备本身损失带来的风险是星邦智能必须面对的，特别是工程机械设备使用期限长的特征增加了信用风险产生的可能性。

星邦智能风险管理意识不够、监督不到位，对风险的重视程度不足。风险管理的措施需要相关部门详细制定并持续监督，星邦智能在此方面做得还不足，才在一定程度上带来财务风险。风险管理的不到位主要体现在：①市场发展较快，风险管理力度不足。在工程机械行业整体产能过剩、存货大量堆积的背景下，星邦智能为提高市场占有率、扩大市场份额进行较多赊销，但随之而来的是信用风险管控压力变大，目前的风险管控手段与方式较为落后。②监督不到位，融资租赁模式的风险主要是指应收款项的风险，然而应收款项的风险控制不能光以销售人员为主导。在缺乏其他职能部门的制约和监督的情况下，销售人员极有可能为了实现当期销售任务而进行大量不合理的赊销，忽视应收款项的风险。③不严格的应收款项考核制度。如果不能将每一笔应收款项对应每一个销售人员，在他们无须承担其产生坏账的后果时，风险管理就难以进行。④信用条件宽松、信用政策不完善、片面的坏账管理都是星邦智能融资租赁销售模式风险管理的不足之处。

星邦智能风险管理力量不足，对应收款项的管理力度不够。在财务管理方面主要体现在对成本、费用的把控，难以严格执行成本控制和费用控制制度。对已经形成的应收款项必须定期检查是否到账、是否存在风险、风险程度如何、采用何种的催账政策和应收款项管理制度。不够具体和规范的应收款项管理制度和后续流程都需要完善，形成有效的管理机制和约束机制。

五、融资租赁模式下的风险管理方案

（一）融资租赁模式下的风险隔离机制

1. 租赁商支付首付款和保证金

融资租赁模式下，租赁商支付的首付款和保证金一般占设备采购款的10%—35%（比例高低取决于融资客户的资信和评级），租赁期一般为2—5年，租赁商在支付完所有租金及留购价款（一般100元/台）后才能取得高空作业平台的所有权，而公司产品的使用寿命往往在6年以上，大于租赁期。客户支付首付款及保证金后，设备公允价值通常将大于未到期租金余额，触发回购条款后融资租赁公司有权取回设备，客户将损失设备公允价值与未到期租金余额的差额部分，因此其不具有触发回购义务的主观意识。

2. 租赁商的实际控制人提供连带保证担保

融资租赁模式下，在星邦智能为融资客户提供担保的同时，通常情况下融资客户的实际控制人也需要向融资租赁公司提供担保，如果融资客户的经营情况恶化，公司向融资租赁公司履行了担保义务后除了可以向融资客户追偿外，当星邦智能取得融资租赁公司对客户的融资租赁债权（主债权）及客户实际控制人对客户的担保债权（从债权）后，还可以要求客户的实际控制人承担担保责任，降低星邦智能的担保风险。

3. 办理融资租赁登记公示对抗第三人

融资租赁模式下，高空作业平台所有权归融资租赁公司所有，同时进行融资租赁业务登记，避免第三方善意取得租赁物。如果客户经营情况恶化，星邦智能向融资租赁公司履行了担保回购义务后，融资租赁公司将相应的高空作业平台所有权转让给公司，确保客户的债务可以使用高空作业平台抵偿。

4. 最高额保证担保

融资租赁模式下，星邦智能仅对租赁商因购买公司产品而与融资租赁公司签订的融资租赁合同项下的债务承担担保责任，不对租赁商其他债务承担担保义务，担保风险有限。同时星邦智能对向华运融资租赁公司办理融资的租赁商的担保责任以公司缴纳的相应租赁物购买价款的9.5%的保证金为上限承担最高额担保，有效降低和控制了星邦智能的担保风险。

5. 租赁商客户须购买设备保险

在融资租赁模式下，承租人（客户）应自融资租赁合同生效后的一定时间内（通常为15天内）或租赁物交付前，根据合同约定和出租人（融资租赁公司）的要求，在融资租赁公司认可的保险公司购买指定险种，指定融资租赁公司为唯一受益人且融资租赁公司有权转让保险权益。通过强制承租人购买保险，将租赁物因意外而导致毁损、灭失等风险通过金融工具进行分散，保障租赁物的价值或替代价值。

6. 发行人及时行使追偿权对冲风险

融资租赁模式下，租赁商的融资租赁期一般为2—5年，而星邦智能产品的使用寿命往往在6年以上，且租赁商支付的首付款和保证金一般占设备款的10%—35%，因此，在租赁期间，若租赁商触发垫付及回购条件后，星邦智能及时采取措施追偿债权或收回设备，设备变现价值通常高于未支付租金。星邦智能履行逾期或违约客户的担保义务后，仍能通过收回设备的可变现价值对冲掉绝大部分风险，不会因担保形成重大的经营损失。

7. 公司要求客户及其实际控制人向公司提供反担保

星邦智能要求客户及其实际控制人向星邦智能提供反担保，一旦星邦智能为客户向融资租赁公司履行垫付义务后，可直接向客户及其实际控制人追偿，确保星邦智能拥有迅速追偿的权利，降低星邦智能履行担保义务后的追偿风险。

（二）融资租赁模式下的风险防范措施

具体的风险管理对策整体流程设计构架如下：

第一部分，事前控制。主要从两个方面着手：其一，制定年度销售目标，监控管理销售融资租赁条件的门槛；其二，设定客户准入标准与制定合理的信用政策，根据信用评分表确定客户的信用等级和信用额度。

第二部分，事中控制。主要包括两个方面：第一个方面，建立应收账款管理制度，明确逾期考核机制与考核比例，明确逾期催收流程；第二个方面，加强融资情况管理力度。

第三部分，事后控制。主要由两个部分构成：第一个部分是建立贷后客户风险预警系统，通过客户逾期信息、财务报表数据、社会舆情信息提出报警警示；第二个部分是利用物联网系统（IOT）监控承租客户出租率等经营情况以及取得设备定位信息来降低逾期风险。

1. 事前控制

（1）年度销售目标监控。

全年收入预算指标管理：在预算管理体系中，市场部与销售部预测全年销售收入总额，下达目标计划。财务部门通过日销售情况、月度质询会情况通报预算达成率以及根据市场行情测算预算达成率与行业增长率匹配情况，分析年度收入预算执行过程中出现的偏差与监管预算执行情况。

全年商务政策额度指标管理：商务政策额度影响本年度内客户销售模式、信用账期、结算方式、成交价格、费用支出等。财务部在日常经营过程中设定了全年商务政策控制中销售业务模式测算模型，如表2所示。

表2　　　　　　　　　　　　　　　年度预算商务政策指标表

销售模式	营销部门权限	营销公司权限	经营团队权限	销售模式比例
全款销售	A1	A2	A3	A4
分期销售	B1	B2	B3	B4
融资销售	C1	C2	C3	C4
审批权限占比	D1	D2	D3	D4

注：1. 年度预算商务政策指标≤（A1×D1+A2×D2+A3×D3）×A4+（B1×D1+B2×D2+B3×D3）×B4+（C1×D1+C2×C2+C3×D3）×C4

2. 审批权限为单笔销售业务中订单成交的商务政策指标。

全年担保余额占净资产比指标管理：担保余额比例管理的目的是为了降低企业在融资租赁业务模式下的风险，通过业务指标引导融资业务租赁模式。目前融资租赁业务模式分为企业为客户提供担保业务与企业不为客户提供担保业务。企业为客户提供担保的融资业务，融资租赁公司对行业前景的评估与对公司（厂商）的资信条件审核即可完成融资条件匹配；企业不为客户提供担保的融资业务，融资租赁公司需对客户资信进一步审核，且融资准入门槛较高。在全年整体目标下，销售部门需要对客户进行资源分配管理，财务部门每月测算比例指标完成情况，进行事项全程监管。

全年逾期面与逾期率指标管理：伴随着大数据信息环境，行业竞争加剧，客户流动性加强，对客户应收账款的管理成为企业内部控制的重要环节。星邦智能通过发货前逾期控制、逾期过程监管、KPI指标设定等措施对应收账款进行全过程监管。

（2）客户审查与等级划定。依据星邦智能战略规划目标与年度预算指标，确定本年度内销售经营指标。财务部门测算出本年度内各个营业指标，包括销售模式占比、应收账款周转率、逾期率、担保余额占净资产比例、费用率等。销售部门依据公司各项经营指标在5层客户等级中进行商务政策指标分配。

依据客户基础信息如客户性质、经营规模、经营者素质、回款率、出租率（租赁商客户）、区域影响力、忠实程度、还款能力等指标进行客户等级设定。

客户基础数据限定在3个月内维护更新一次，由市场分析经理对客户背景信息进行维护，包括依据历史还款情况，用SAP系统中回款信息回传至CRM系统中，更新对客户等级分配调整。

（3）客户资信调查。资信调查的类别与标准如表3所示。

表3　　　　　　　　　　　　　　　资信调查类别与标准表

资信调查类别	对应的标准	调查内容
简化资信调查	（1）客户分级为3A类客户和2A类客户 （2）"中字头"企业、央企、地市级及以上国企；政府单位及下属事业单位、部队；在沪、深、港及美国主板，中国的中小板及创业板上市的公司（ST板块、*板块、新三板等除外）客户 （3）累计采购额1000万元以上，无当前逾期，且含首付已还款比例达50%以上 （4）距离上次采购资信调查合规不超过6个月且无当前逾期的重复购买 （5）全款销售	（1）最新企业征信报告和法人代表或大股东征信报告（前述"中字头"企业及国企除外） （2）上一年度财务报表和近一个月财务报表（前述"中字头"企业及国企除外） （3）设备清单及业务台账 （4）还款台账

续表

资信调查类别	对应的标准	调查内容
正常资信调查	（1）客户分级为 A 类客户和 B 类客户 （2）历史逾期不超过 3 次且当前逾期不超过 2 次的客户 （3）无历史购买星邦智能设备记录，即新客户 （4）除"简化资信调查"和"重点资信调查"以外的客户	（1）最新企业征信报告和法人代表或大股东征信报告，实际控制人征信 （2）上一年度财务报表和近三个月财务报表 （3）企业或个人能反映收入的银行账户近半年流水 （4）企业设备出租台账或出入库台账 （5）企业主要设备清单、融资还款明细 （6）经企查查、天眼查、中国裁判文书网等网站查询客户有无历史诉讼记录 （7）新客户要求营销经理如实填报"新客户调查表"并收集客户基础资信材料
重点资信调查	（1）客户分级为 C 类客户 （2）历史逾期超过 3 次或者当前逾期超过 2 次的客户 （3）新客户年度协议采购金额大于 1000 万元 （4）与其他厂商或融资租赁公司存在诉讼或逾期记录客户 （5）头部客户一单一议，集体讨论决策	（1）最新企业征信报告和法人代表或大股东征信报告 （2）上一年度财务报表和近三个月财务报表 （3）企业或个人能反映收入的银行账户近一年流水 （4）企业设备出租台账或出入库台账 （5）企业主要设备清单、融资还款明细 （6）企业资产证明、担保人财产证明 （7）企业与下游客户签订的租赁合同台账 （8）经企查查、天眼查、中国裁判文书网等网站查询客户有无历史诉讼记录 （9）新客户要求营销经理如实填报"新客户调查表"并收集客户基础资信材料 （10）上门实地调查形成尽职调查报告存档备案

（4）客户授信额度。融资风控部门根据星邦智能全年预算指标设定应收账款总体信用额度，在 CRM 系统中维护。授信额度指标测算公式：

$$T = NC \times C \times G + V$$

其中：

NC 为有效净资产，有效净资产 = 所有者权益 - 合理预计的可能形成损失但未反映在资产负债表中的或有负债。

C 为法人客户信用等级调整系数，C 取值最高不超过表 4 中法人客户评级结果对应的数值。

表 4　　　　　　　　　　法人客户信用等级调整系数表

信用评级	信用等级调整系数 C
AAA	3
AA	2.5
A	2
B	1.5
C	1

G 为杠杆系数，G 取值最高不超过表 5 中法人客户资产负债率对应的数值。

表 5　　　　　　　　　　法人客户资产负债率对应调整系数表

资产负债率 F	信用等级调整系数 G
$F \geq 80\%$	60%
$60\% \leq F < 80\%$	80%
$F < 60\%$	100%

V 为押品价值，对于另外提供金融产品规定外资产抵（质）押物的，根据授信对象提供的抵（质）

押品价值按以下方法计算：$V=$押品评估价值×抵质押率，其中设定不动产抵押率70%，动产抵押率60%，押品价值累加计入授信额度。

根据授信方案的授信额度大小分级，实行授信分级授权审批制，具体如表6所示。

表6	授信分级授权审批表	
等级	Ⅰ类	Ⅱ类
授信额度	1000万元（含）以内	1000万元以上

审批流程：
（1）Ⅰ类审批流程：销售经理→融资风控中心总监→营销总经理；
（2）Ⅱ类审批流程：销售经理→融资风控中心总监→营销总经理→总经理

2. 事中控制

（1）建立应收账款管理制度。星邦智能应收账款制度规定：第一点，财务部对逾期业务员考核，明确逾期考核比例，按销售提成比例测算出最佳的考核比例，逾期考核上不封顶；第二点，财务部对逾期客户账龄监管，超过3期以上逾期客户发起转融资风控催收流程，超过6期以上逾期客户发起转法务诉讼催收流程；第三点，对催收动作的要求：3期以内逾期客户为业务员电话催收，3—6期逾期客户为风控专员上门催收，6期以上客户为法务专员律师函催收。

（2）加强融资进展管控。通过每周一管理人员进展情况讨论会、每周四大区业务员进展情况催收，保证每月融资放款情况受控。

3. 事后控制

（1）工业物联网经营数据的监控。公司设备在库时需通过扫码枪录入机器唯一识别码，生成SAP系统出库记录，由SAP系统传送至树根物联系统中，实施对设备出库后的售后经营数据管理、逾期管控。

物联网技术在融资租赁设备销售中广泛应用于对设备唯一识别码的自动识别与跟踪，实现在网络环境下设备的跟踪、溯源、定位、监控以及自动化管理。在指定生产需求阶段、设备验收入库和设备仓储管理阶段综合应用物联网技术，提高设备管理精准度和数据应用；在售后服务方面，物联网技术实现的质量追踪，既能通过主动管理提高设备可靠性和安全性，又能避免过度维护导致资源浪费。在设备内安装环境感知设备，通过传感器数据掌握温度、湿度、压力、化学环境等信息，远程监测设备所处环境，并在应用层存储、处理数据，实时分析评估设备可能发生的风险和故障原因。

在承租人对租赁物进行使用的管理阶段，物联网技术的应用可以作为租后巡检使用情况的补充，为公司与融资租赁公司预防承租方还款能力下降而导致的违约提供风险预警。实操中，借助物联网技术，获取租赁物承载工作量方面相关的数据信息，实现对承租方租金偿付能力的科学分析以及承租方风险承受能力的实时分析。通过在机器上布置适当的传感器捕捉信息数据，通过网络信道进行动态数据传输，使风险控制端可以实时获取机器的运作状态数据，进而推算机械设备在某段时间内的承载工作量，通过工作量的变化推断未来收益情况，预判承租方还款能力的变化，当预计承租方还款能力下降时，出租方就可以提前作出风险处置方案，降低业务可能的违约损失。

（2）风险预警系统监控。风险预警向来是贷后监控和管理的重要工具之一。借力大数据分析技术，帮助银行充分利用各类信息渠道，从多个维度了解授信客户的信用状况和经营情况，也为银行建立基于大数据的信贷风险预警系统提供了有力的支撑，如图3所示。

风险预警系统构架：系统分为三层，结构基础数据、数据加工和数据应用；业务驱动为主，数据驱动为辅，对数据进行加工，按照数据模式与风险规则进行输出。

风险预警系统概述：根据数据权重设定数据的权重比；对数据进行定量和定性分析；生成对应的

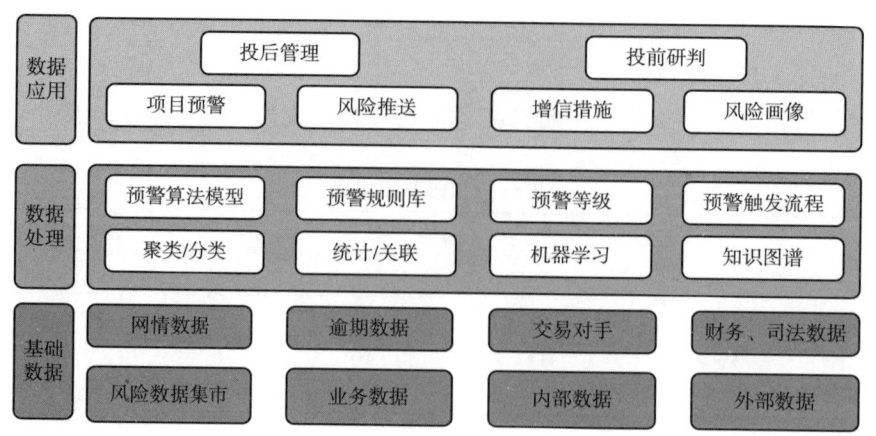

图 3 信贷风险预警系统图

红、橙、黄预警信息；触发预警机制，根据不同的风险级别进行针对推送。

风险预警主要包括逾期数据风险预警、财报数据风险预警、舆情信息风险预警。逾期数据风险预警数据来源于 SAP 系统中的数据回传，财报数据风险预警数据取自 CRM 系统中客户最新财务报表信息，舆情信息风险预警数据来源于对外公开资信信息与企业人员定期访谈信息。

六、实施效果

（一）垫付、回购金额占比降低

2017 年至 2020 年 9 月星邦智能为承租人垫付租金金额分别为 462.51 万元、838.03 万元、297.76 万元和 -18.73 万元，占营业收入的比重分别为 1.60%、1.53%、0.37% 和 -0.03%，为客户的融资租赁提供担保发生的回购损失金额分别为 103.38 万元、837.05 万元、194.46 万元和 157.71 万元，占营业收入比分别为 0.36%、1.53%、0.24% 和 0.22%。由此可见融资业务中逾期金额呈总体减少趋势，公司承担垫付、回购风险降低。

（二）客户质量提高，提供精准服务

通过建立风险管理体系，提高客户准入门槛，且在销售业务全过程中为客户制订符合客户企业发展现状的还款计划与融资条款。

七、展望

（一）实现客户、公司、融资租赁公司信息共享

建立客户、公司、融资租赁公司信息共享中心，第一是能自动根据客户融资成本匹配融资租赁公司；第二是能将资料信息共享，星邦智能风险评估标准趋近于融资租赁公司，降低企业风险；第三是能简化三方账务核对工作。

（二）引入第三方担保，降低在外担保风险

目前星邦智能存在担保余值占净资产比例过高的问题。融资业务模式下，厂商连带承担担保义务，容易给厂商带来过高的经营风险与管理成本。故设想在融资租赁业务模式下引入第三方担保，厂商销售设备给融资租赁公司，融资租赁公司租赁设备给承租人，担保方为承租人提供担保义务。

（三）引入 OCR 识别技术

申请融资贷款需要客户提交身份证、户口本、结婚证、房产证、银行流水、保单等材料，信审和放贷过程中存在人力审核成本过高、审核速度太慢等问题，通过人工智能 OCR 技术对证件和贷款材料进行识别验真，比如对身份证进行批量扫描，结构化验真，减少审核时间，彻底消灭了二次进件的情况。

（四）智能催收

在利用大数据对逾期客户身份信息进行了解和确认的基础上，再依托人工智能技术，通过智能分案模型，自动对应与其相适应的催收人员以及所适合采取的催收方式。例如在催收平台中嵌入声纹识别系统，一旦识别到有辱骂现象，催收员与债务人的通话便会被自动中断，以此来保证催收行为的规范化；还可以通过大数据和人工智能技术实现对承租人的贷后跟踪，对存在主观赖账或存在资金风险的债务人向企业提前进行预警，从而起到风险预判的作用等。

企业自评

风险管控是每个企业的重中之重，特别是在融资租赁模式中，还款期限长、项目风险无法准确评估更加大了风险管控的难度。在企业管理中风险与收益成正比，一般积极进取的决策者偏向于高风险是为了获取更高的利润，而稳健的决策者则着重于安全性的考虑。如果公司经营发展的需要倾向于高风险项目，这时候对每一个项目风险的分析与管理就是必不可少的控制程序。当然，风险管理体系须根据市场与环境的变化不断更新换代，高速发展的信息时代更为风险管理提供了较好的平台。

专家点评

湖南星邦智能装备股份有限公司作为装备制造行业高空作业平台的头部企业，持续不断探索新的经营模式，为客户提供优质设备和服务。针对工程机械产品期长、资金成本高、体积大的特征，公司对客户采用信用赊销的方式，同时在结算时采取了行业内常见的融资租赁模式。这种模式具备快速促销、短期融资、首付门槛低的独特优势，可以通过企业、客户和融资租赁公司三方合作，提供客户所需的购买设备款，企业款项回收也有保证。

在市场竞争日益激烈的环境下，融资租赁模式也受到了很大的挑战，例如为了促进销售，对于某些信用不佳的企业也采用融资租赁模式，进入和违约条件都比较宽松。突出表现在对客户信用的风险管控与监督力度不足，违约成本偏低，造成企业回款困难。融资租赁公司资金风险大，客户无力支付的情况一旦发生，公司本身也可能有担保和连带责任，经营风险在层层放大。

针对行业中普遍存在的痛点，公司财务团队从融资租赁的全流程管控入手，构建风险隔离和风险防范双重机制，从首付款的要求、客户提供保证金、提供担保和购买保险等方面建立风险防火墙，同时积极构建事前、事中和事后的三层控制，如事前对客户进行信用等级评定、建立客户信用等级标准；事中对融资过程进行跟踪管理；事后建立贷后风险预警系统等。通过这样的双重机制和三层控制，公司不但把自身采用融资租赁模式的风险降到了比较低的水平，也为客户和融资租赁公司等合作伙伴提供了生态产业链的风险管控手段，实现合作方利益共享、风险共防，取得了明显的经济效益和生态效益。

湖南星邦智能装备股份有限公司针对融资租赁风险所提出的解决方案实施效果较好，能够让生态链多方受益，参考价值较大，值得采用这种模式的企业学习、应用和推广。

中钢邢机基于数字化的成本精益管理

中钢集团邢台机械轧辊有限公司

> **摘要**：十三届全国人民代表大会第四次会议通过了《中华人民共和国国民经济和社会发展第十四个五年规划和2035年远景目标纲要》，指出："坚持自主可控、安全高效，推进产业基础高级化、产业链现代化，保持制造业比重基本稳定，增强制造业竞争优势，推动制造业高质量发展。"这是一个重大战略决策。坚持以供给侧结构性改革为主线，解放和发展制造业的社会生产力，促进制造业转型升级。而数字化、智能化转型正是我国制造型企业提高全要素生产率的重要途径。中钢集团邢台机械轧辊有限公司作为传统制造型企业，积极对自身的管理模式和生产模式进行变革，探索建设数字化下的成本精益管理系统，大力推动新一代信息技术和制造业深度融合，大力发展先进制造和智能制造，尽可能地消除浪费、提高效率、降低成本，为顾客创造更多的价值，提升企业核心竞争力，公司连续18年保持盈利，2020年实现经营利润1.5亿元，成为国有重机行业高质量发展的典范。
>
> **关键词**：制造企业；数字化；成本精益管理

一、企业简介

中钢集团邢台机械轧辊有限公司（以下简称"中钢邢机"）始建于1958年，是中国政府投资创建的国内第一家专业生产冶金轧辊和冶金成台（套）设备的冶金机械及备件制造企业。

轧辊是轧机上使金属产生塑性变形的关键轧制工具，轧辊行业是冶金机械及备件制造业下细分后的小众行业，是钢铁行业的重要支撑。轧辊性能要求高硬度、抗热裂、高耐磨、耐冲击，生产订货往往是单件小批量，生产周期长，工艺过程复杂。

中钢邢机拥有冶炼、铸造、锻造、热处理以及机械加工等工序先进工艺装备，现已形成了完备的铸钢、铸铁、锻钢三大系列的生产线，产品覆盖了全部黑色和有色金属轧制领域。中钢邢机轧辊国内市场综合占有率达50%以上，全球市场占有率20%，产销规模连续13年位居世界第一，是目前世界上产出规模最大、品种规格最全、装备技术最优、综合实力最强的冶金轧辊专业研发制造企业。

产业报国，逐鹿全球，中钢邢机以建设具有国际化视野和全球竞争观念的世界轧辊行业第一强企为目标，公司先后与宝武集团、鞍钢、首钢、阿赛洛—米塔尔、新日铁、浦项、塔塔钢铁集团等国内外知名钢铁企业建立了密切的合作关系，轧辊产品远销美国、英国、日本等52个国家和地区，中钢邢机的轧辊产品已成为全球各知名钢铁企业的战略首选和必选产品。

---

* 本篇作者：王立东、辛煜飞、段旭哲、吴凤辉、田勇飞、张晗。
指导专家：杨俊（上海越乘信息科技有限公司）。

中钢邢机坚持走科技先导、创新引领型发展道路，创造了共和国历史上的多项第一，填补了国家数百项产品和技术空白，引领着中国轧辊产品和技术发展，以致邢机轧辊拥有400余项国家专利和200余项技术发明。公司拥有国家轧辊材料重点实验室、国家轧辊技术中心两个国家最高科研平台，形成了产品研究、材料研究、技术研究三个国家轧辊最高科研平台，并拥有轧辊行业唯一的院士工作站、博士后科研工作站，成为完善的、全球领先的轧辊研发和自主创新基地，获得中国制造业单项冠军示范企业、服务型制造示范企业、国家技术创新示范企业等多项荣誉。

二、成本精益管理的必要性、理论基础及可行性分析

（一）加强成本精益管理的必要性

当前经济环境和市场需求瞬息万变，竞争日益激烈，管理的变革势在必行。中钢邢机作为传统制造型企业，产品制造成本是企业综合管理水平的体现，因此推进数字化的成本精益管理势在必行。

1. 制造型企业做强、做优、做大的必然选择

十三届全国人民代表大会四次会议通过了《中华人民共和国国民经济和社会发展第十四个五年规划和2035年远景目标纲要》，指出："坚持自主可控、安全高效，推进产业基础高级化、产业链现代化，保持制造业比重基本稳定，增强制造业竞争优势，推动制造业高质量发展。"这是一个重大战略决策。数字化、智能化转型正是我国制造型企业提高全要素生产率的重要途径。

中钢邢机立足于轧辊主业，实施全球战略，充分发挥企业优势，依托专有技术及核心能力，努力打造中国重型铸锻件生产研发基地，将公司建设成为具有国际化视野和全球竞争观念的现代化跨国经营企业集团，成为领军全球的世界轧辊行业第一强企。经过多年发展，中钢邢机发现成本精益管理能有效提升公司核心竞争力，是企业在激烈的市场竞争中立于不败之地的有效措施。

2. 可持续性发展面临的内外部环境要求

我国经济发展进入新常态，面临全球新一轮科技产业革命与我国经济转型、产业升级的历史交汇。国家持续推进供给侧结构性改革，轧辊企业面临环保治理停限产及原辅材料大幅涨价等不确定性负面因素，钢铁行业限产、淘汰落后产能，导致轧辊需求量不稳定，供需矛盾凸显。轧辊企业要获取市场、扩大市场、稳定市场，就必须在持续降低企业成本、提高产品质量、提高技术服务水平、加强精益化管理、提高劳动生产率等方面进行全方位提高。

同时，随着全球信息化进入全面渗透、跨界融合、加速创新、引领发展的新阶段，数字化、网络化、智能化服务逐步深入到制造过程的方方面面，加快信息技术创新是应对"后金融危机"时代增长不稳定性和不确定性、深化结构性改革和推动可持续发展的关键引擎。在这一不断加速、不可逆转的过程中，财务人员必须转变自身传统观念，通过数字化下的成本精益管理，在企业管理中发挥更大的作用。

3. 企业发展战略转型的迫切要求

为落实企业发展战略，公司提出了四个转变战略思想：一是由追求产量扩张向注重品种、质量、效益提高转变；二是企业经营方式由产品生产商向产品运营服务商转变；三是产品研发与生产由注重产品向更加注重基础研究转变；四是产品的生产过程向更加依靠数字化、智能化手段和信息化管理方式转变。

为了使发展战略和四个转变战略思想得以落实，财务人员需要以生产现场实时数据自动采集为基础，构建全面、深入的公司成本管理综合集成系统，辅助业务单位加强对生产经营过程的精益化管理，努力打造企业在产品、技术、成本、服务等方面的竞争优势。

4. 打造新型能力的迫切需求

中钢邢机的主要客户是钢厂，钢铁行业供给侧结构性改革去产能取得实质成效，客户在合同交货期、产品质量、轧辊使用寿命、轧辊使用技术方面提出了更高的要求，非精确性操作模式和粗放式管理已不适应企业保持可持续性竞争优势的发展要求，难以进一步稳固确立享誉全球钢铁行业的轧辊品牌形象。

加快数字化和制造过程的全面融合，加强财务管理职能，是构筑企业竞争新优势的重要战略举措，通过信息化方式提高精益化生产管控水平，提高成本控制分析水平，在产品质量控制、成本控制、生产精益化、生产准时化、技术服务方面持续改进，不断降低企业成本，提高产品质量，发展面向用户需求的产品监测追溯、远程诊断、在线服务新模式，能帮助企业获得可持续的竞争优势，实现企业的发展战略。

（二）数字化成本精益管理理论基础

1. 数字化理论的含义和内容

数字化，是将许多复杂多变的信息转变为可以度量的数字、数据，再以这些数字、数据建立起适当的数字化模型，把它们转变为一系列二进制代码，引入计算机内部，进行统一处理。

2020年4月10日，《中共中央 国务院关于构建更加完善的要素市场化配置体制机制的意见》正式公布。这是中央第一份关于要素市场化配置的文件，提出了土地、劳动力、资本、技术、数据五个要素领域改革的方向，明确了完善要素市场化配置的具体举措。这是数据作为一种新型生产要素首次被写入文件。同时，数字经济也是继农业经济、工业经济之后新的经济形态，它以数据资源为重要生产要素，以数字化转型为重要推动力。目前，越来越多的国家把发展数字经济作为推动经济增长的重要途径，大力推动新一代信息技术和制造业深度融合，大力发展先进制造和智能制造。数字化转型也是我国制造业提高产品质量和生产管理效率的重要途径，既包括企业进行信息化（数字化）改造，也包括少数已经有基础、有实力的企业将大数据、人工智能等技术深度应用于供应、制造、销售、服务等环节，进入网络化、智能化发展阶段。

2. 精益成本管理理论的含义和内容

（1）精益成本管理的含义。精益成本管理是以客户价值增值为导向，融合精益采购、精益设计、精益生产、精益物流和精益服务技术，把精益管理思想与成本管理思想相结合，形成的全新的成本管理理念。它从采购、设计、生产和服务上全方位控制企业供应链成本，以达到企业供应链成本最优，从而使企业获得较强的竞争优势。

（2）精益成本管理的内容。由于精益成本管理主要对象为供应链成本的各个方面，依据供应链成本的划分，精益成本管理具体来说包含以下内容：

第一，精益采购成本管理。采购费用约占销售收入的40%—60%，降低采购成本，是降低供应链成本的关键点之一。精益采购成本管理正是以采购为切入点，通过规范企业的采购行动，实施科学决策和有效控制，以质量、价格、技术和服务为依据，在需要的时候，按需要的数量，采购需要的物资，杜绝采购中的高价格和一切浪费。

第二，精益设计成本管理。精益成本管理的重点应放在产品开发阶段，并将其看成是企业竞争成败的关键。在成本起因上，80%的产品是在产品设计阶段形成的，因此，成本规划工作要贯穿产品开发的全过程，做好新产品目标成本控制工作。

第三，精益生产成本管理。精益成本管理方式之所以能够超越传统成本管理方式，在很大程度上依赖于成功运用能够熟练地掌握使用现有设备、人员、材料和零件的技术。开展价值工程和价值分析，把技术和经济结合起来考虑，在确保必要功能的前提下，求得最低成本，依赖精益生产，消除一切浪费，实现精益生产成本管理。

第四，精益物流成本管理。以客户需求为中心，从客户的立场对供应链中的采购、产品设计、制造和分销等每一个环节进行分析，找出不能提供增值的浪费所在；根据不间断、不迂回、不倒流、不等待和不出废品的原则制订创造价值流的行动方案，一旦发现有造成浪费的环节就及时消除，努力追求完美。

第五，精益服务成本管理。精益服务成本是指在满足客户一定价值需求情况下的最小服务成本。服务成本是企业的支出，旨在通过服务增加客户价值，在价格相同的情况下，吸引更多的客户。同时，过高的服务，超出了客户预期的满意水平，造成了资源的浪费，不符合成本效益的原则。精益服务成本管理的思想体现在既满足客户需求又不造成任何服务成本的浪费。

3. 作业成本管理理论的含义和内容

作业成本管理是一种以作业为基础的成本管理方法，它将管理重心放在作业上，并以提高客户价值为目标。作业成本管理是20世纪80年代后期使美国企业获得再生的管理方法。作业成本管理模式下，通过作业对资源的消耗过程、产品对作业和资源消耗过程的成本动因分析，判别作业和产品对资源的耗费效率，识别有效作业和无效作业、增值作业和非增值作业，从而消除无效的或不增值作业，使成本控制从产品级细化至作业级。

（三）技术可行性分析

实现基于数字化的成本精益管理，其管理思想、理念、目标均需要由程序来实现，传统的生产统计管理方法已不再适用，成本精益管理对企业整体的信息化建设水平有很高的要求。

1. 信息化建设卓有成效

中钢邢机的信息化建设始于20世纪80年代，一直处于行业领先地位，公司先后投资35亿元，进行了大规模的装备改造和技术升级，强力推进企业的自动化、数字化、智能化建设，拥有遍布整个园区，连接400多台冷、热加工生产设备的物联网系统，实现了现场生产数据实时自动采集。实时数据自动采集系统与生产管理、部门业务管理应用系统有效集成，提升了公司精益化管理水平，提高了公司核心竞争力和市场竞争优势。

2015年，中钢邢机成为首批同时也是轧辊行业唯一一家通过两化融合管理体系评定的企业；公司多个项目成为国家示范项目，先后获得"河北省两化融合示范企业"等荣誉称号；2020年，公司更是被国务院国资委选定承担"中央企业新一代信息技术应用研究——物联网与边缘计算"课题项目。

2. 具备一体化集成项目建设基础

公司自主研发了适合企业自身特点的应用系统，已全面应用于企业的研发设计、生产、经营、财务管理等方面，成为企业业务运行的主要管理手段。同时，公司拥有一支80余人的从事信息化建设的专业技术团队，能以较高的技术水平支撑项目建设，通过近30年信息化建设积累了大量的系统集成和一体化平台的建设经验，能够很好地保证项目实施的有效管控，具备了一体化集成项目的系统建设基础。

3. 项目应用技术成熟

成本精益管理不是独立的程序开发，而是一个信息系统集成项目，主要应用的技术包括物联网、云计算、云存储、自动识别、电子数据交换（EDI）/XML、自动排产、RFID、EAI、SOA、二维码、条形码、移动通信、数据采集、数据库技术等。这些技术经过多年的发展和应用已经非常成熟。公司与多家大学、研究院、专业软件服务商建立了长期合作关系，针对相关技术的研发与应用形成了完整的产学研用模式，相关技术的实施路径已得到或正在进行论证，通过强强联合、深化合作的方式有效地提升了技术保障。

三、中钢邢机成本精益管理模式

成本精益管理是打造制造型企业核心竞争力的关键部分，也是财务由核算向管理转型的有效举措。作为传统制造型企业，中钢邢机一直在探索和建设适合自身的成本管理模式，完善至今，形成了基于数字化的成本精益管理模式。

（一）打造成本精益管理模式

中钢邢机打造基于数字化的成本精益管理模式，主要表现在完善成本管控模式，由核算向参与业务管理转变，健全公司的成本管理会计体制。

1. 成本对象选择：提升管理颗粒度

在成本精益管理系统中，从"细"字入手，横向到边、纵向到底，改变以往以产品类别为核算对象的逐步结转分步法，充分吸收作业成本理念，以单支产品单工序为成本管理对象，根据作业动因来进行资源消耗的归集，其管理过程细化到生产过程中的每道工序、每个成本发生点，以产品的实际生产过程为龙骨，将生产过程中所涉及的工序有序地串联在一起，得到每支产品的资源消耗情况，构建全员、全面、全过程的成本管控体系。

单支单工序管理对象选择充分体现了公司精益化管理要求，是管理会计理念在成本管理中应用的基础，是成本管理上的一次"革命"。

2. 分配方式选择：打破直接、间接费用界限

在成本精益管理系统中，充分利用数字化手段，建立"产品—设备—班组—车间—分厂—公司"这一完整的成本费用受益对象条线，使每一项资源消耗都能在系统中找到最合适的承担者，打破以往直接费用、间接费用的界限，寻找更符合实际生产运营状况的资源耗用分配方式，同时也契合了公司产品单支小批量、工序过程多、产品变形多的工艺特点。

3. 数据质量提升：减少基础数据传递环节

成本精益管理系统通过信息化建设，由传统的财务信息到财务信息与非财务信息并重、量化信息与非量化信息并重，所有的基础数据都直接来自现场的一手资料，不仅精准，而且人工无法干预，确保财务基础数据的真实、准确、完整，实现数据的实施跟踪、对标、分析、监控，为管理会计提供坚实可靠的数据基础。其主要应用表现如下：

通过物料自动称重系统完成产品成本资源消耗中所占比重最大的金属材料数据信息的计量、传输、存储整个工作过程的基础数据提取，包括各炉次加料称重、浇注钢水称重、毛坯称重等数据。

通过产品条形码系统采集产品在生产过程中每道工序的开始、结束时间，加工设备信息，操作人员信息等相关数据，形成贯穿产品制造所有经济活动的唯一纽带。

通过能源管理系统对进入公司的电、煤气、天然气和水等能源介质的能源站进口总管计量，对企业内部能源状况进行监控，反映各种能源消耗信息，实现能源介质数据采集、能源设备状态监控、在线运行管理、优化节能调度和基础能源管理等功能。

4. 细分责任中心：差异化成本管控

成本精益管理系统中横向到边、纵向到底的单支产品单工序成本核算分析，使公司责任中心的进一步细分和差异化的成本管控成为可能，改变了以往生产单位作为单一成本中心的管控模式，将成本管控责任中心划分的范围进一步拓展。横向延伸至技术、采购、运输、工装等相关单位，实现精益采购、精益设计、精益生产、精益物流和精益服务技术的全价值链成本管控；纵向根据各责任中心内部环节权责的不同，将工艺执行、设备保障、生产操作、质量检测等各责任单元进一步细分，使公司自上而下的差异化成本管控成为可能。

5. 强化绩效管理：助力全面预算管理落地

通过打造成本精益管理系统，公司的全面预算指标不再是仅有管理者关心的内容，自下而上的指标合理性反馈和自上而下的任务分解相结合，在管理上真正形成全员算账的工作机制，使从操作者到管理者的各级成本管理责任承担者了解应承担的成本管理责任，了解成本形成过程。实施过程对标管控、控制管理分管指标，为产品生产成本精确管控、降本增效、产品销售定价等提供准确可靠的数据依据，实现对成本状态的实时控制，实现在管理层面能不断发现问题、解决问题，在操作层面能及时指导操作、纠正错误，助力公司全面预算管理落地，充分发挥绩效管理效果。

6. 管理会计应用：多层次、多维度

在成本精益管理系统中，充分利用最小单元成本管理对象的优势，搭配组合不同的成本层次与维度，加强内控，充分发挥管理会计优势，实现精益管理，降低运营成本。

在公司中，不同管理者对成本信息的需求是不同的，因此，在管理系统中，通过最小单元的基础数据，像搭积木一样组合出多层次多维度的立体运营成本构架，可以根据公司、分厂、车间、班组等不同层次的管理需求，按照设备、工序、炉次、客户等不同的维度，对基础数据统计整理，满足不同层次成本管理者的需要，如图1所示。

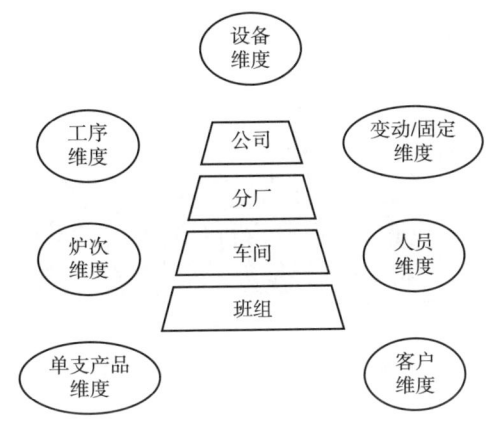

图1　立体运营成本构架

根据不同品种类别的产品价值贡献信息，分析整理哪些产品的性价比高，能给公司带来较多的收益，通过成本构成分析，寻找降本关键点，看是否还有更大的盈利空间；哪些产品性价比低，无法为企业提供利润，通过成本构成分析，测算此类产品是能通过各种增效措施扭亏为盈，还是不适合公司生产应该予以停产。

根据不同客户的产品价值贡献信息，分析整理客户的价值指数，对不同的客户制定不同的政策措施。优秀的客户，能为公司带来更多的盈利，可以采用相应的客户政策和营销政策重点关注培养；有潜力的客户，能扩大公司市场占有率，是公司进一步发展的助力；不适合的客户，如与公司的发展战略相违背，则应及时放弃。

根据不同市场的产品价值贡献信息，分析整理各市场发展趋势，及时调整公司战略，有针对性地制定公司各项决策，为公司发展保驾护航。

（二）数字化管理系统建设

为确保成本精益管理思想落地，从采购、设计、生产、物流、服务技术等全方位加强企业成本控制，中钢邢机开发建设了"轧辊全生命周期一体化综合管理系统"（见图2）。

管理系统采用"五横两纵+物联网"相结合的总体框架结构，实现成本精益管理目标，主要依托于四个子系统：物联网系统、生产全过程系统、企业资源管理系统、轧辊产品云服务平台。

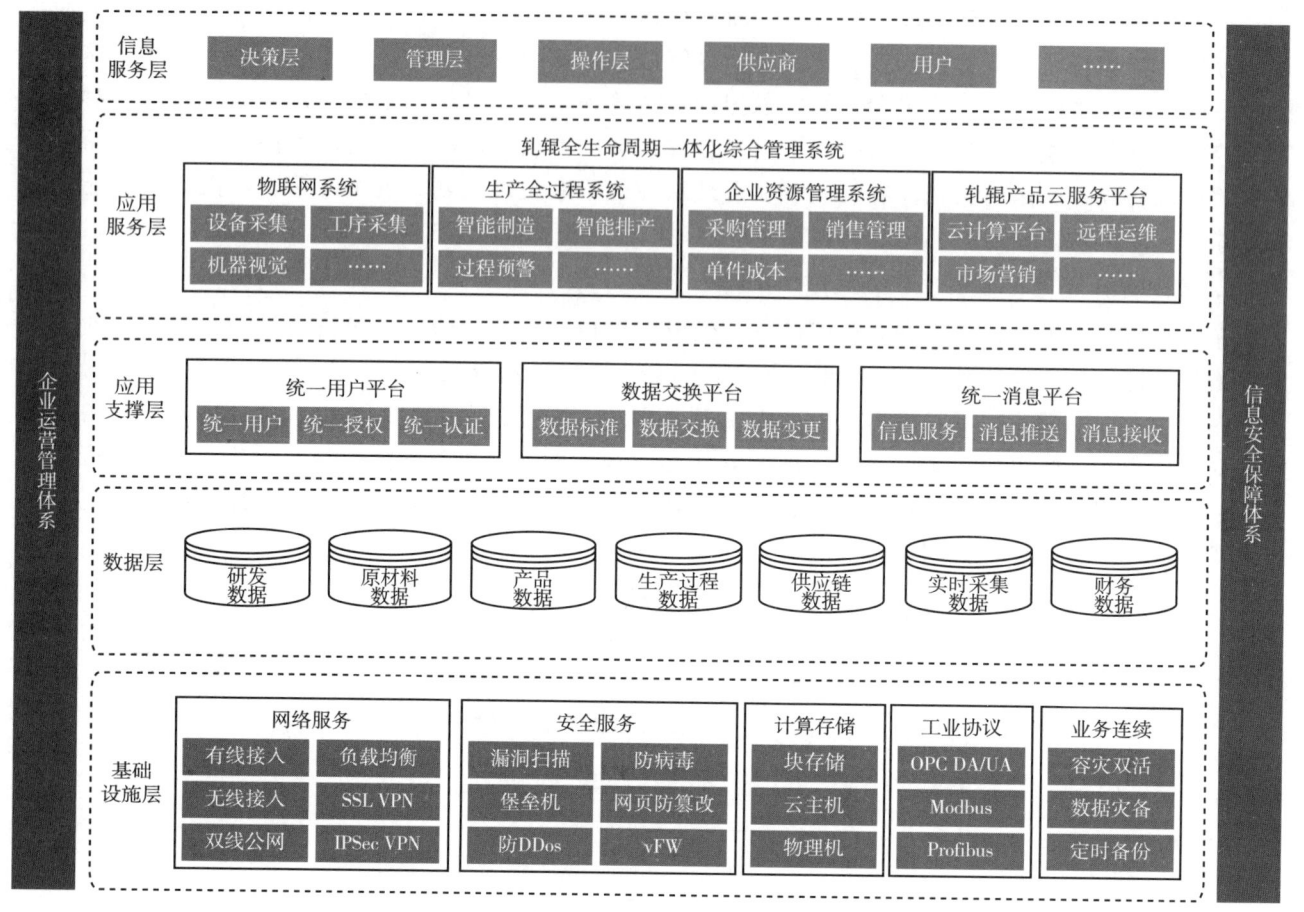

图 2　轧辊全生命周期一体化综合管理系统

1. 物联网系统

物联网系统是公司成本精益管理的数据基础，实现了将公司生产经营全过程数字化，使采购、设计、生产、服务等精益管理成为可能。

物联网系统通过对各关键工序生产设备自动化、智能化改造，实现自动采集、自动控制，完成从产品设计到生产过程控制全流程的数字化管理与知识共享，实现人与设备、设备与设备的有效交互，帮助管理者实时、全面掌握生产动态，达到企业内部管理的智能化与协同化。物联网数据采集整体架构如图3所示。

2. 生产全过程系统

生产全过程系统是成本精益管理的最关键组成部分，通过数字化产品开发设计及生产全过程，利用作业成本法的思想确定明细管理环节，将精益设计成本管理、精益生产成本管理、精益物流成本管理与公司的实际业务流程紧密融合，为管理的PDCA循环提供实际数据支撑，以实现各阶段不同的管理目标。生产全过程管理子系统整体架构如图4所示。

3. 企业资源管理系统

企业资源管理系统是生产经营全过程数据在成本精益管理中各项功能应用开发的集中体现，其功能囊括合同、财务、采购、设备管理等多个业务流程，遵循以生产计划为主线、以物料需求计划为需

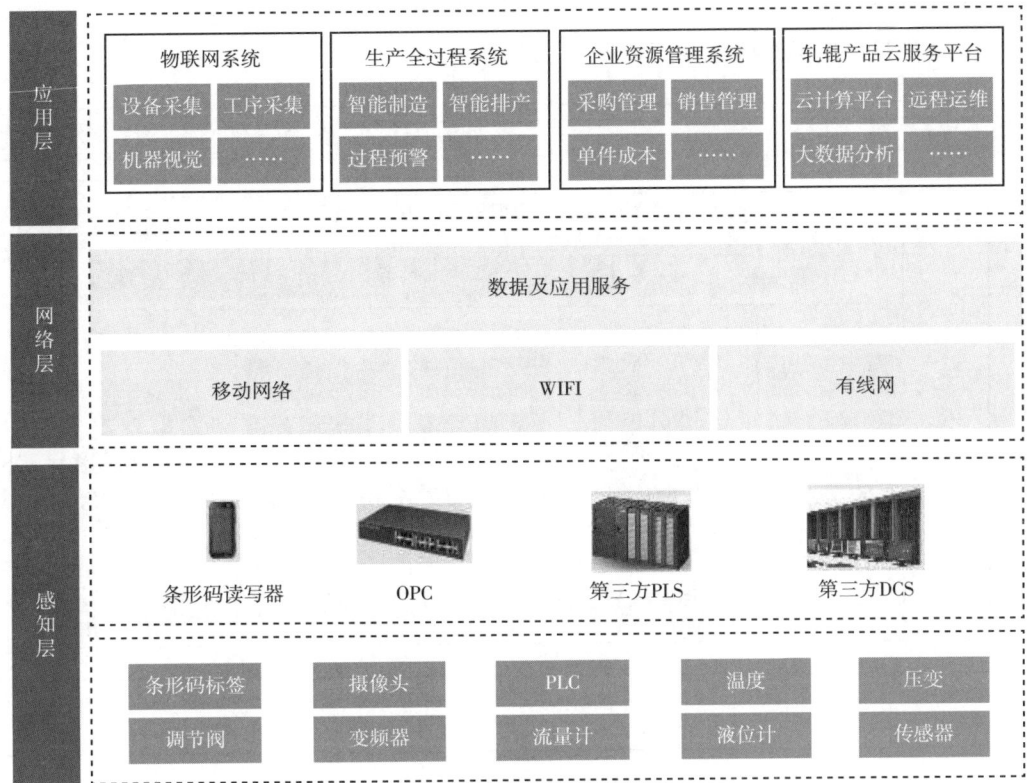

图 3　物联网系统

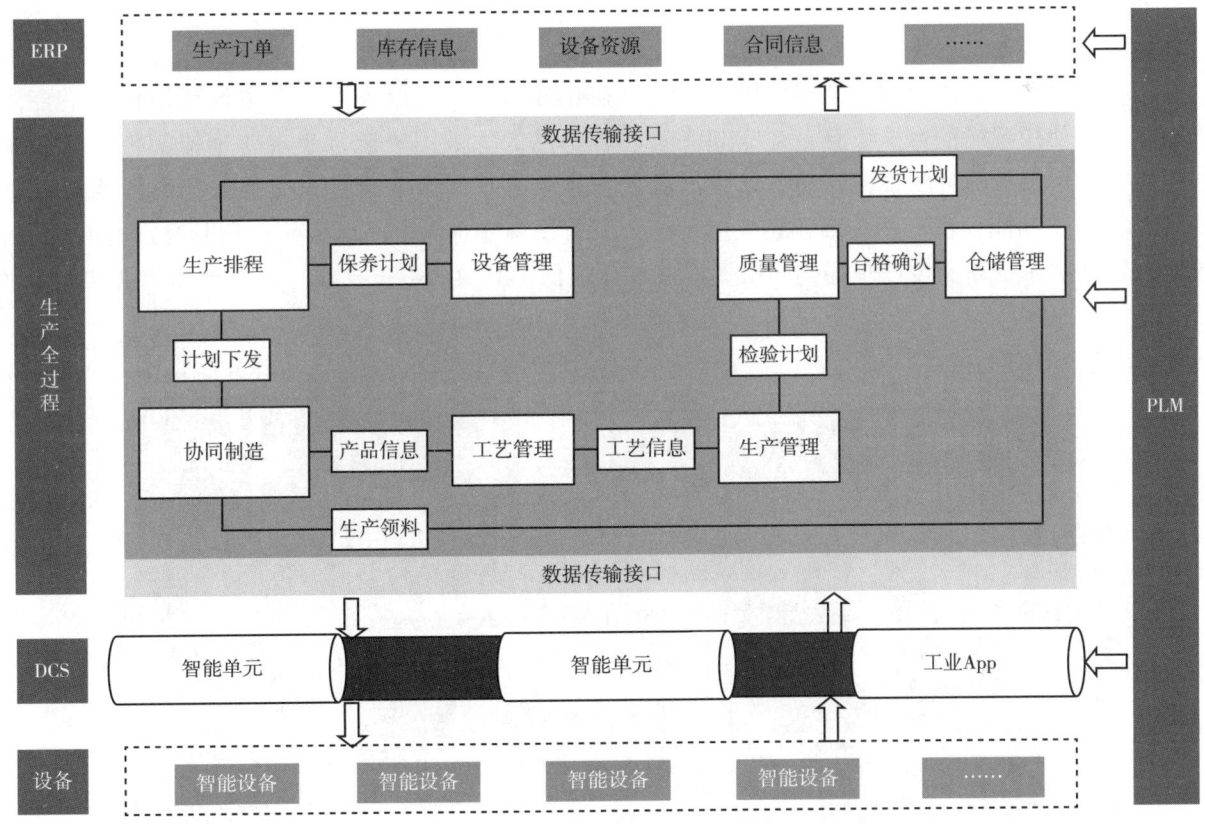

图 4　生产全过程系统

求、以财务核算制度为核心的设计理念,各业务流程及数据有效集成,打造现代化企业财务业务一体化管理模式。企业资源管理系统构架如图5所示。

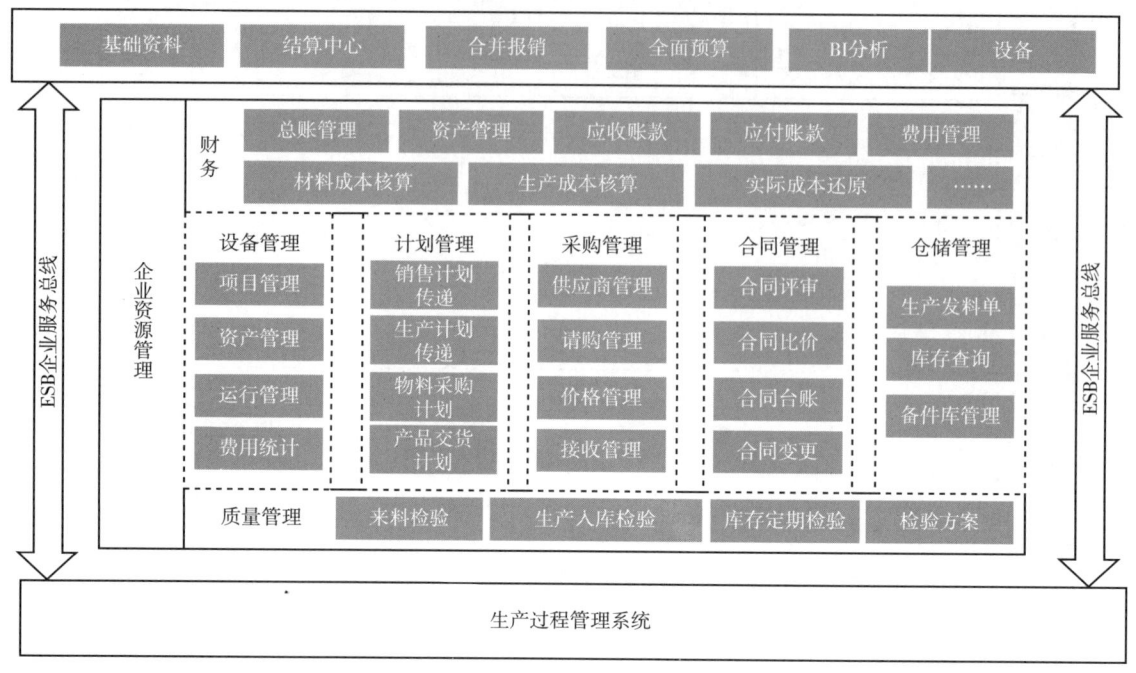

图5　企业资源管理系统

4. 轧辊产品云服务平台

轧辊产品云服务平台是中钢邢机充分发挥企业行业龙头优势的重要载体。建设云计算、云存储平台,并基于此平台搭建面向客户使用现场的轧辊可视化远程运维云服务平台和市场营销信息平台,对接产品在用户使用现场的数据信息,补充和完善轧辊产品的大数据资源,实现营销辅助决策、远程技术服务支持、产品故障远程视频诊断、远程产品质量异议等在线服务,将企业经营范围延伸至用户使用现场,支撑"功能计价"新型商业模式应用。云服务平台与企业生产现场的信息系统进行有效集成,为工艺改进、技术创新和生产现场操作质量的标准化提供了有效的数据支撑。系统整体部署架构如图6所示。

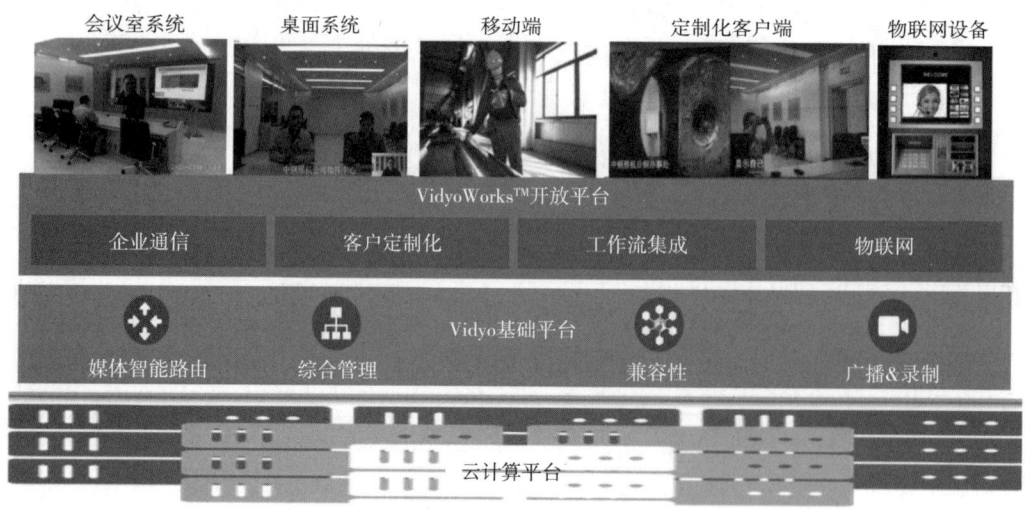

图6　轧辊产品云服务平台

(三) 成本精益管理效果

中钢邢机推进基于数字化的成本精益管理，以创新驱动、品牌驱动、数据驱动为信息化环境下的新战略思想，以互联网、物联网、云计算、大数据、移动互联、人工智能等为技术支撑，将先进制造技术、新一代信息技术与产品、技术、经营管理特色相融合，优化了公司组织架构和业务流程，建立数字化、网络化、智能化的信息系统，构建全员全面、全生命周期的管理体系，助力企业战略落地、决策支持、资源配置、过程管控和绩效评价，全面提升管理水平，引导价值创造，打造企业核心竞争力。

公司制定市场开发战略后，通过对不同客户的价值贡献评价整理和潜在需求分析，寻找目标客户并争取订单，技术部门结合客户要求通过精益设计成本管理制订最优工艺方案，采购部门通过精益采购成本管理严控采购成本，生产单位通过精益生产成本管理消除生产制造过程中的一切浪费，营销、运输等单位在满足客户一定价值需求情况下力争最小的物流成本和服务成本，过程中各环节所产生的基础数据通过数字化系统汇总、整理、对标、分析，支持公司全面预算管理和绩效管理落地，同样也是公司持续发展战略计划的支持和保障。以上是基于数字化的成本精益管理模式在公司的应用场景简述，通过与公司的各项系统相融合，实现了管理的闭环。

通过推进基于数字化的成本精益管理，中钢邢机在降本增效方面取得了卓越的成效，连续18年保持盈利，2020年实现经营利润1.5亿元，成为国有重机行业高质量发展的典范。

1. 提升公司整体基础管理水平

推进成本精益管理，通过数字化系统建设，实现基础管理标准化、数据信息共享，打破部门信息孤岛，提升公司整体基础管理水平。

通过全过程生产管理数据的对标分析，充分利用大数据统计分析优势，有效提升了公司销售计划、生产计划、采购计划等各项计划编制的准确性，并能将计划与实际差异实时分析反馈，及时发现问题、解决问题。

通过数字化成本精益管理过程，将工艺数据、生产数据、采购数据以及企业外部相关市场的数据信息相融合，为公司价格决策提供可靠的数据支撑，有效提升了公司采购价格决策、销售价格决策、内部协作价格决策的管理水平，降低采购成本，增强盈利能力，完善内部考评，提升了企业综合核心竞争力。

通过成本精益化管理，加强过程管控，建立周变动成本统计数据模型，层层分解变动成本管控指标，传递市场压力，消化减利因素，变动成本持续降低。2020年产品变动成本较2019年平均水平降低3.6%。

2. 助力实现生产过程全方位管控

通过数字化成本精益管理系统的建设，实现管理制度化、制度流程化、流程信息化。成本精益管理系统是覆盖企业整个生产、运营流程的综合集成系统。横向以单一产品生产流程为主线，通过数据集成，实现营销、采购、生产、入库等业务模块的数据集成和数据驱动，业务流程自动在各业务模块中流转，实现工作协同和管理协同。纵向以生产现场设备实时数据采集为基础，打通车间管理层、部门管理层、公司管理层之间的数据链路，通过不同层次的管理模型，为各级操作者和管理者提供所需要的企业运行真实数据，支撑数据分析和决策，提升集中管控水平。

3. 提高公司资源利用效率

通过管理系统建设，打通上下游企业之间的信息壁垒，一方面加强企业与客户、供应商的生产协同、资源协同，确保公司与上下游企业的需求和生产节奏相一致，最大化资源利用，共同降低成本；另一方面，将产品在用户现场的使用信息和数据集成到公司服务体系中，监测产品的运行状况，动态预测产品的问题和异常，为用户提供有效的技术指导和售后服务，并为自身的技术改造和产品研发提供产品全生命周期数据支撑。

同时，在管理系统中，所有业务单位的资源投入都即时展现在系统平台上，实现了数据的公开透明，也对成本投入的真实性和质量都有很好的促进作用，数据阳光化有效地提高了公司资源的利用效率。通过成本精益管理，2020年年末生产资金占用较年初降低6300万元。

（四）现有管理的不足

成本管理任重而道远。中钢邢机基于数字化的成本精益管理建设取得了很好的效果，但由于基础条件限制等原因，仍存在很多不足之处，尚需不断改进和完善。

1. 信息系统建设落后于管理需求

中钢邢机的信息系统建设落后于成本精益管理需求，业务数据、财务数据及公司管控三者融合不充分，业务系统和财务系统尚没有完全对接，进而影响了业务与财务的充分融合，企业总体信息难以统一运行，传递速率与共享速率缓慢，制约了管理会计优势作用的发挥，降低了企业的运营水平。

2. 现行的组织体系不够科学

中钢邢机组织体系不够科学，依旧沿用着三层金字塔体系，将企业组织划分为管理层、决策层、执行层。此外，信息沟通过程中，每一层级的信息交流仅限于上下级之间，以垂直的形式来传递信息，要求一级级、一层层地呈报信息，不仅使得信息传递速率缓慢，还导致信息时效性逐步降低，无法针对问题采取相应的解决措施，对企业成本精益管理极为不利。

3. 成本精益管理未覆盖全部供应链

精益成本管理思想的精髓就在于追求最小供应链成本。在供应链的各个环节中不断地消除不为客户增值的作业，杜绝浪费，从而达到降低供应链成本、提高供应链效率的目的。中钢邢机成本精益管理覆盖面主要集中在物料管理、生产成本管理，对于物流成本、售后服务成本涉及有限，开发力度不够。

（五）成本精益管理持续改进措施

1. 同步进行适合的组织机构改革

在成本精益管理建设过程中，企业可以尝试打破现有业务部门和财务部门之间泾渭分明的格局，探索组织架构的小幅调整，如组建推进管理会计建设的项目型团队；也可考虑更大的组织架构变动，如成立专门的管理会计部门，更大程度地推进业务与财务之间的协作。组织架构的调整不仅能够帮助强化员工对于管理会计理念的认识，更能够促使企业加速管理会计的推进进程，提高推进效果和效率。

2. 培养复合型成本管理人才

基于数字化的成本精益管理要求成本管理人员既要懂成本管理也要熟悉业务，这样才能更好地开展业财融合下的成本管理工作。企业可选择业务人员进行财务知识的培训或者选择财务人员进行业务知识的培训，从中企业可选拔具备较高能力和素养的员工成为专职或兼职管理会计的骨干，然后通过传帮带作用，逐渐提高财务人员的素质，形成复合型的管理人才。

3. 进一步加大信息化建设的投入

中钢邢机的管理系统借助了企业经营管理软件和财务软件来共同完成，但尚未实现业务系统和财务系统的完全对接，这在一定程度上延长了企业的成本管理所需的时间和人力成本，也会造成一定的数据传递安全问题。企业需要进一步加大信息化建设的投入，以实现财务与业务的充分融合。

4. 重视战略成本管理，强化全价值链成本管理

现代企业面对瞬息万变的市场环境，既要求得生存，更要求得长期成长和发展。因此，成本管理目标必须定位在客户满意这一基点上，立足于为客户创造价值的目标观，已远远超越了传统的以利润或资产等价值量为唯一准绳的目标观，它服务于确立企业竞争优势，形成长期有效的经营能力。客户价值的创造与企业生产经营的每一个环节相关，因此，重视全价值链成本管理对企业来说非常必要，企业实施成本精益管理应争取尽早覆盖到全部供应链。

参考文献：

[1] 胡娟．精益成本管理在邯钢的应用问题探讨［D］．南昌：江西财经大学，2016．

[2] 张玥娇．D汽车模具厂精益化成本管理研究［D］．重庆：重庆理工大学，2017．

[3] 尹英，王戈．管理会计体系下业财融合新型财务管理模式研究——基于X运营商的管理会计实践［J］．中国总会计师，2018（8）：109－111．

[4] 杨少春．基于业财融合视角下的医院全面预算管理［J］．解放军医院管理杂志，2018（8）：750－751．

[5] 刘慧．基于业财融合视角下的电力建安业工程预算管理研究［J］．中国集体经济，2018（27）：46－47．

[6] 郑少波，黄顺风，姜泽文，等．基于业财融合的营销成本精细管理体系研究［J］．中国总会计师，2014（5）：48－50．

[7] 孙淑娅，国长青，王亚群，等．基于业财融合的科研经费管理模式创新研究［J］．齐鲁珠坛，2017（5）：8－11．

[8] 吴彦巧．浅议加强业财融合提高企业成本精益化管理水平的主要路径［J］．财税研究，2018（5）：134－135．

[9] 汤谷良，夏怡斐．企业"业财融合"的理论框架与实操要领［J］．财务研究，2018（2）：3－9．

[10] 张殿荣．基于价值流的精益成本管理模式研究［J］．财会通讯，2019（2）：104－108．

[11] 刘胜军．精益生产方式——现场IE［M］．深圳：海天出版社，2002：2－15．

[12] 牛占文，荆树伟．基于精益生产的制造业企业管理创新模式探讨［J］．天津大学学报，2014（6）：482－486．

[13] 殷俊明，杨政，雷丁华．供应链成本管理研究：量表开发与验证［J］．会计研究，2014（3）：56－63．

[14] 焦跃华，袁天荣．论战略成本管理的基本思想与方法［J］．会计研究，2001（2）：40－43．

[15] 陈嘉莉．价值链分析是战略成本管理的核心［J］．经济管理，2008（21－22）：124－130．

[16] Yasuhiro Monden. Toyota production system: practical approach to production management［M］. Industrial Engineering and Management Press, 1983.

[17] Patrick K. Berry, J Baumgartner, DR Henning's. Lean Accounting and Management: Improving Profitability by Streamlining Operations［J］. Journal of the American Dietetic Association, 2006（5）：56.

企业自评

中钢邢机作为一家离散制造大型央企，是当前世界上产出规模最大、品种规格最全的冶金轧辊专业研发制造企业，始终将成本管理作为企业管理的核心关键和重要基础，不断创新发展成本管理的理论与实践。

通过建设基于数字化的成本精益管理体系，将成本管理对象细化至单产品、单工序、单台设备等最小单元，打破直接、间接费用界限，自动采集成本基础数据，拓展成本管理的广度与深度，对产品全生命周期进行成本精益管理，通过多层次、多维度的应用开发，充分发挥管理会计作用，大力推动新一代信息技术和制造业深度融合，依托物联网系统、生产全过程管理系统、企业管理系统、产品云服务平台等子系统，构建"轧辊全生命周期一体化综合管理系统"，助力企业战略落地、决策支持、资源配置、过程管控和绩效评价，全面提升管理水平，提高全要素生产率，引导价值创造，激发和释放内生动力，增强企业核心竞争力和可持续发展能力，最终实现股东和企业价值最大化。

成本管理是商品使用价值和价值管理的结合，是经济和技术管理的结合，是制造企业的全面、全员、全过程、全环节和全方位系统管理工程。中钢邢机实施基于数字化的成本精益管理，降本增效成果显著，希望能为我国制造业的成本管理创新路径提供借鉴和参考。

专家点评

中钢邢机作为典型的制造业企业，一直把成本精益管理当作是打造企业核心竞争力的关键部分，在企业数字化转型的管理要求下，基于数字化的成本精益管理成为中钢邢机的管理创新。

中钢邢机的成本数字化精益管理从采购、设计、生产、物流、服务技术等方面全方位加强企业成本控制，开发建设了"轧辊全生命周期一体化综合管理系统"，由物联网系统、生产全过程管理子系统、企业管理子系统、轧辊产品云服务平台构成，对生产全过程进行管控，打通全系统数据，为成本精益化管理提供强有力的数据和技术支持。

在数字化和信息化技术的支持下，通过管理制度化、制度流程化和流程信息化，中钢邢机对成本进行"细化"的多维度、多层次管理，精准定位成本驱动因素，建立成本管控模型，采用成本管理手段，从全流程全生态降本增效，为企业创造价值。

中钢邢机的成本数字化精益管理实践为广大制造业企业提供了参考的范本，管理体系完整，管理要素清晰，方法可操作性强，具备一定的复制和推广价值。

生产型"微组织"经营管理实践

成都光明光电股份有限公司

> **摘要：**2012年，受世界金融危机影响，全球光学玻璃市场出现大幅度衰退，成都光明产量年年下滑。2015年，国家"一带一路"倡议促进了世界经济的复苏，光学玻璃市场出现回暖趋势，尤其是氟磷酸盐类等玻璃需求增长迅猛。为做大、做强光学玻璃主业，成都光明本着战略引领、系统设计、模块实施、注重实效的原则，在关键重要生产班组——氟磷酸盐班组开展了"微组织"经营管理探索实践。
>
> 一是完成"微组织"资源核实和量化；二是完善并实施成本和内部收益核算办法；三是利用成本倒逼模型，确定"微组织"经营管理目标；四是完成企业内部市场机制构建；五是构建ERP和MES系统数据库和手工账相结合的"微组织"信息子系统；六是创编并实施超额嘉奖管理办法；七是在运行管理过程中通过机制创新和技术管理措施落实，较好地体现了企业、微组织、员工利益关系。
>
> "微组织"经营管理的实施取得了明显的经济效益，实施5年多来，通过技术攻关加上业务和财务的通力协作，氟磷酸盐"微组织"已累计新增目标利润4605.86万元。氟磷酸盐"微组织"实践，丰富了公司经营管理方式，激发了员工生产管理活力，加强了财务与业务的协作融合能力，促进了成本管理水平的提升，在同行业企业中具有一定的管理示范价值。
>
> **关键词：**微组织；管理机制；创新激励

一、企业介绍

成都光明光电股份有限公司（以下简称"成都光明"）成立于1956年，是中国兵器装备集团公司所属重点骨干企业，主要经营光学玻璃及光学元件的加工制造、铂族金属的提炼加工。成都光明目前拥有员工3200余人，其中海外高层次专家9人、专业技术人员770人、高级及以上职称103人、硕士及以上学历54人。2020年营业收入33亿元。

经过60余年的发展，成都光明已居国内同行业领先水平，并在国际光学行业具有较大影响力。产销量居全球第一，占据全球三分之一的市场份额。世界知名光电产品企业，如佳能、三星、尼康、富士、索尼、奥林巴斯等都是公司的长期客户。光学材料配套能力全球最强，现有技术能力及产能规模可生产240余种光学玻璃产品，覆盖光电终端市场领域的各类需求。成都光明研发能力国内最强，拥有国内光电行业唯一的国家级企业技术中心，是国内首家实现光学玻璃间歇式熔炼生产和池炉连续熔

---

* 本篇作者：李小春、陈卫星、宋龙龙、高小光、陈娟、谢俊杰、魏涛、吴缙伟、侯瑞。
指导专家：张伟华（北京工商大学）。

炼生产的企业。成都光明拥有 409 项专利技术，稳居国内同行第一的水平，其中拥有光学玻璃行业首件获国外 PCT 授权专利；主持修订国家和行业标准 17 项，先后取得镧系光学玻璃、红外滤光玻璃等数十项重大技术成果，多次荣获国家、四川省、兵装集团科技进步奖。

二、实施背景

（一）经济环境

2012 年，受世界金融危机影响，全球光学玻璃市场出现大幅度衰退，成都光明入库产量逐年下滑，由 2011 年的 8000 余吨下降到 2014 年的不足 6000 吨。2015 年，随着国家推进"一带一路"倡议，国内去产能、调结构的供给侧改革稳步实施，国民经济出现稳中有进的向好局面，光学玻璃市场也呈现走出低谷、需求回升态势。

成都光明抓住经济复苏的契机，以"十三五"时期兵装集团领先发展战略为统领，以公司"提升经营质量、提升可持续发展能力"双提升目标为牵引，实施创新驱动发展战略，加强了提升高附加值重点产品特别是氟磷酸盐系列玻璃盈利能力的研究。

（二）管理现状及存在的问题

成都光明属于流程型生产制造企业。光学玻璃条料的生产以窑炉连续熔炼方式为主，原材料一次性投入，经高温熔化后精确温控成型，炸切成规格尺寸的产品。熔炼工段是光学条料制造过程的基本生产工序，也是重点生产工序；退火和冷加工工段是为改善产品质量和满足不同用户对产品规格需求而进行的辅助性生产工序。目前，公司有 40 条生产线、240 余种产品，其中 6 条是氟磷酸盐光学玻璃专用生产线。

光学玻璃生产班组成本管理主要存在以下几方面问题：

1. 班组成本管理内生动力不足，成本管控积极性不高

班组成本管控难度大。一是生产周期长、品种差异大，按月核算的会计分期不能真实反映产品完全成本；二是熔炼工段的连续性和冷加工工段的分散性叠加，造成成本费用受益对象追踪难；三是产品品种、订单规格繁多，造成核算数据繁杂，精细核算和激励难以开展；四是月度绩效奖金按产量计算，生产班组存在重产量、轻成本思想。

2. 班组成本管控方法单一，业财融合度不够

长期以来，班组成本主要通过技术攻关、优化人力资源配置等方式开展降本，生产班组只关注产品质量指标，对成本数据不敏感；公司财务管理对班组成本只重视账面平均成本，进行账面成本分析，对生产班组的成本管理指导性不强。

3. 精益管理、管理创新理念相对保守

生产管理方式基本采取计划管理模式，物料资源实行配给制，不考虑期末留存物料资源的资金占用成本，造成班组物料申领有一定随意性；班组管理没有宣贯市场价格与生产成本的适配性，造成市场对生产的拉动作用不够，生产班组不清楚自身生产活动贡献的价值量，价值创造意识不强。

（三）选择"微组织"管理模式的原因

"微组织"经营模式，源自阿米巴经营思想。

"阿米巴"是稻盛和夫在经营日本京瓷公司的过程中独创的管理手法。他把公司组织划分为被称作"阿米巴"的小集体。各个阿米巴的领导者以自己为核心，自行制订所在阿米巴的计划，并依靠阿米巴全体成员的智慧和努力来完成目标。通过这种做法，生产现场的每一位员工都成为主角，主动参与经营，从而实现"全员参与经营"。

"微组织"经营模式，就是引入稻盛和夫的阿米巴管理思想，把市场经济法则引入企业内部，将员工最大限度地按照业务特点、岗位性质、工序关联和协作关系划分为最小独立核算单位——"微组织"，在"微组织"之间建立市场化交易关系，并将企业内部各种相关资源进行货币化量化，形成企业内部的虚拟市场；建立与内部市场收益挂钩的收入分配机制，将超额利润的一定比例按照约定的方式奖励给"微组织"成员，鼓励他们通过多创造、节约、依靠智慧实现分享，最终实现企业持续发展的新型企业经营模式。

成都光明选择实施"微组织"管理模式，是因为：

1. 实现企业战略目标，是争创光学玻璃主业世界最强的前提条件

要实现企业中长期发展目标，除技术创新外，必须大力推进管理创新。通过"微组织"经营管理实践，把精益管理、全面质量管理等有效结合起来，做好发挥管理手段作用和创新激励机制两篇文章，全面提升企业核心竞争力，是争创光学玻璃主业世界最强的前提条件。

2. 探索资源配置和成本管控模式，是转变生产运营方式的客观要求

通过开展"微组织"经营管理探索与实践，从基层班组入手，划小核算单元，变资源配给为有偿使用，以市场价格倒推目标成本，变计划成本管控为自主成本管控，变计划生产为拉式生产，在成都光明全面预决算管理的宏观掌控下，发挥"微组织"微观激活的作用，有利于优化企业内部生态。

3. 提高生产效能和质保能力的迫切需要

高附加值产品如氟磷酸盐系列产品属于高端、高难度产品，在池炉设计优化、配方优化、工艺优化等方面存在较大难度，迫切需要通过开展新的管控模式激发员工主观能动性和创造性。

4. 激发生产班组内生动力的必然选择

开展"微组织"经营管理，实行生产班组独立经营、核算内部收益，将生产效率指标转化为价值指标，有利于培养员工的经营意识和节创意识；在原有基本薪酬、变动薪酬的基础上增加超额嘉奖，把"微组织"成果和员工利益挂起钩来，有利于调动员工的积极性。

三、总体设计

（一）"微组织"管理体系

本着战略引领、系统设计、模块实施、注重实效的原则，构建生产型微组织、支撑型微组织、服务型微组织、经营型微组织生态群落，建立企业宏观受控、微观激活的新型企业经营管理模式。

经营型、生产型微组织是指：把成本倒逼法则引入经营部门和生产班组，在经营部门、班组与企业之间建立市场化交易关系，并将经营部门、班组内部各种资源进行货币量化，形成内部虚拟市场，实行独立核算，建立内部收益和销售收入或交库产量双挂钩的收入分配机制，实现员工自主管理、生产效能和收益逐步提高的可持续发展新型经营管理模式。

支撑型微组织是指在业务上对经营型、生产型、服务型微组织起技术或管理支撑的部门或单元；服务型微组织是指在业务上对经营型、生产型、支撑型微组织进行原料配制、物业管理等服务的部门或单元。

根据公司内部管理基础和资源业务分布，稳步推进"微组织"管理工作，前期选择部分业务、部分环节、部分班组进行试点，分步实施，成熟一个推广一个，最终实现"微组织"管理模式在公司整个生产经营过程中的全覆盖。

（二）"微组织"管理推行

成都光明在氟磷酸盐生产班组先行开展"微组织"经营管理模式探索与实践。氟磷酸盐玻璃[①]产品属于高端、高难度产品，是成都光明三大高附加值产品系列之一，营业收入和毛利率分别占比22.71%、28.41%。

成都光明实施氟磷酸盐"微组织"经营模式，一是抓战略引领，为"微组织"经营管理提供目标和方向；二是建立"微组织"经营管理的组织架构，加强对"微组织"的领导；三是向"微组织"派驻财务人员，注入财务力量，加强业财融合，提供财务支持；四是制订完善"微组织"经营管理标准程序文件，规范"微组织"的运作；五是做好"微组织"运营四大类别具体七个工作方面的系统推进，注重经营实效。

"微组织"运营四大类别具体七个工作包括：第一类是基础性工作，主要是核实和量化"微组织"占用资源。第二类是支撑性工作：①建立"微组织"核算体系，其中重点是构建价值传递与成本倒逼模型及目标成本的确定、完善并实施成本和内部收益核算办法；②构建企业内部市场机制；③构建ERP和MES系统数据库和手工账相结合的"微组织"信息子系统。第三类是枢纽型工作：①利用成本倒逼模型确定"微组织"经营管理目标；②制定并实施超额嘉奖管理办法。第四类是运营性工作：在运行管理过程中通过机制创新和技术管理措施的落实，切实体现企业、"微组织"、员工三方利益。

氟磷酸盐"微组织"经营模式总体目标：让一线员工在享受管理创新红利的同时，实现公司系列产品毛利贡献占比及毛利率较2015年末分别提高5%。

四、应用过程

（一）抓好战略引领

1. 做好"微组织"经营目标与成都光明发展战略对接

以成都光明发展战略为牵引，切实做好顶层设计。以企业"十三五"发展规划—三年滚动预算—企业年度预算—"微组织"经营目标为主线，分解细化、落实企业发展目标，使"微组织"经营目标与企业战略目标无缝对接，形成宏观受控、微观激活的企业成本管理新格局（见图1）。

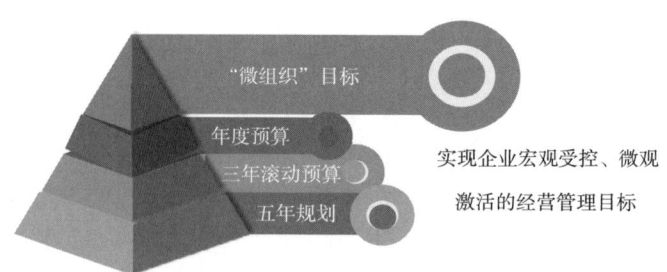

图1 "十三五"经营目标分层示意图

---

① 氟磷酸盐玻璃是新型高精密光学系统设计开发与升级的首选材料，具有较低折射率、低色散以及特殊的相对部分色散，被用于光学系统的复消色差设计，对提升光学系统成像质量、满足高清成像需求有重要作用，特别是满足了航空航天、国防军工等特种光学系统的要求。目前，全球只有德国肖特、日本HOYA与成都光明等几家公司能够批量生产相应牌号的氟磷酸盐产品。随着5G网络传输速度提升和人工智能深化、智慧城市建设需要，成都光明氟磷酸盐光学玻璃已广泛应用于安防监控、车载、投影、单反、天望、激光显示等几乎所有光电成像领域，市场需求增长较快。

2. 做好"微组织"目标成本管理与年度预算管理的衔接

层层分解年度利润预算,利用产品销售底价将公司利润分解为销售模块利润和生产模块利润,利用目标成本将生产利润再进一步分解为生产制造利润和"微组织"利润。这样,可以实现"微组织"经营利润("微组织"目标成本降低额)与企业利润目标的充分衔接,让全面预算管理精细落地,"微组织"集体也能从中获得成就感(见表1)。

表1 成都光明利润预算表

序号	产品类别	产品大类	牌号	年预计销量(吨)	年销售单价(元/kg)	市场部条料底价或型料采购价(元/kg)	营销模块利润(万元)	生产模块利润					产品利润合计(万元)
								目标成本(元/kg)	实际成本(元/kg)	目标利润(万元)	"微组织"利润(万元)	利润小计(万元)	
				①	②	③	④	⑤	⑥	⑦	⑧	⑨	⑩
1	合计												
2	条料												
……	……												
……	型料												
……	……												

注:表中数据关系是:④=①×(②-③);⑦=①×(③-⑤);⑧=①×(⑤-⑥);⑨=⑦+⑧;⑩=④+⑨。

(二)建立"微组织"经营管理的总体架构

成都光明设置了"微组织"管理领导小组和工作小组,形成多层级、多部门协作(见图2)。

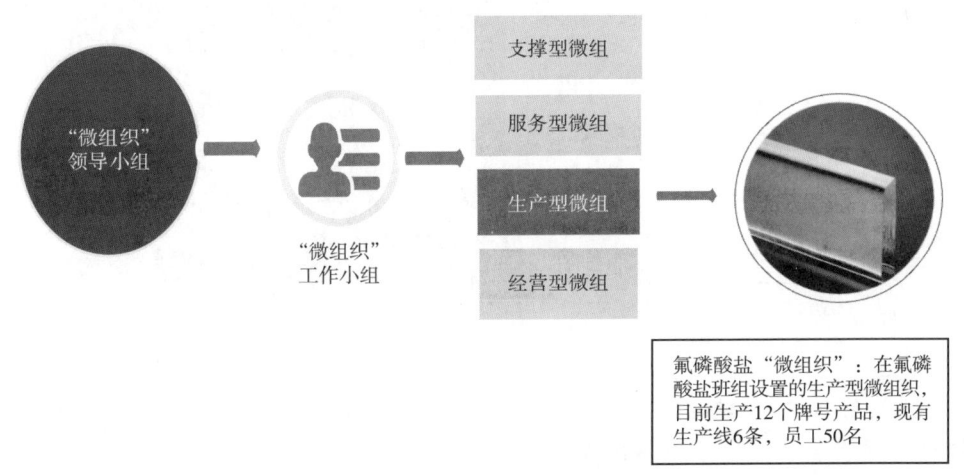

氟磷酸盐"微组织":在氟磷酸盐班组设置的生产型微组织,目前生产12个牌号产品,现有生产线6条,员工50名

图2 "微组织"经营管理组织机构

"微组织"领导小组是由董事长直接领导,总经理、财务及业务分管副总协调配合,销售部、玻璃制造本部、财务部、信息管理部、人力部等相关部门领导组织实施的协调"微组织"筹建、进行运行管理、成果确认及红利分配的决策管理机构。

氟磷酸盐"微组织"工作小组由制造本部相关业务、技术骨干及人力、财务相关人员组成,负责"微组织"经营管理办法、成本及内部收益核算办法的编制与修订,以及"微组织"日常运行管理,数据收集及统计、会计核算,成果上报及超额嘉奖分配计算等工作。

（三）加强业财融合，提供对口财务支持

向氟磷酸盐"微组织"派驻财务人员，将传统事后核算型组织向业务前端前移，做好业财融合的主导者，做好制度设计的参与者，高质量实施业财融合。让财务人员走出办公室，融入到业务中，更全面地了解和掌握业务流程，以财务视野提出推行"微组织"经营过程中与管理流程、数据逻辑及报表反映相关的合理化建议，将晦涩的会计语言转换为公司内部通用的生产语言，引导业务人员从技术思维、生产思维向价值管理思维转变。

（四）制定完善"微组织"经营管理标准程序文件

人力资源部编制《成都光明"微组织"经营管理办法》，明确了公司"微组织"的建立、运行、调整、撤销相关流程及公司职能部门的管理职责。程序性文件的制定和完善，对"微组织"经营管理模式规范运作起到了积极的支撑和指导作用。

（五）做好系统推进，注重经营实效

搭建"微组织"经营管理工作的基本架构，明确"微组织"经营管理基础性工作、支撑性工作、枢纽性工作和运营性工作四大内容。通过各项工作的分解落实，有力支持了"微组织"经营管理的系统性推进（见图3）。

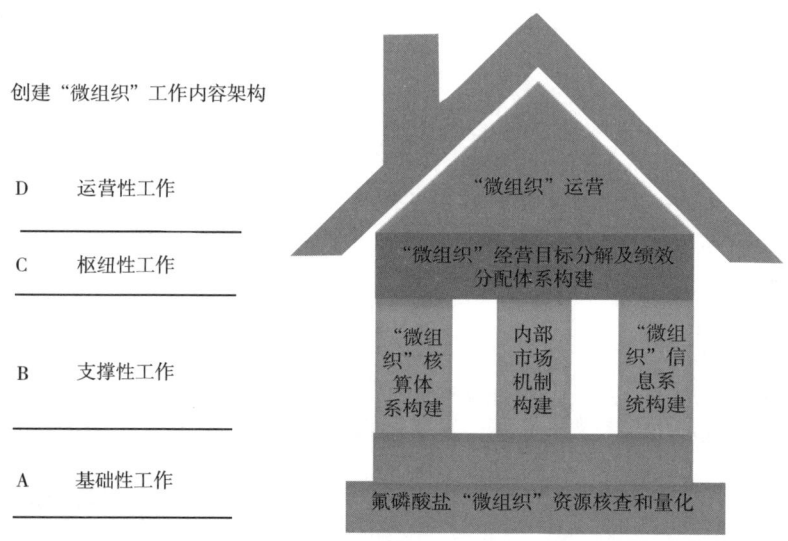

图3 "微组织"经营管理工作内容架构图

下面结合房屋模型阐述氟磷酸盐"微组织"管理的具体做法：

1. 扎实推进"微组织"经营管理基础性工作

开展"微组织"资源核查和量化，摸清氟磷酸盐"微组织"的资源规模和结构（见表2）。

表2　　　　　　　　　　"微组织"资产核查和量化内容

资源类别	量化办法
房屋及附属物	经现场测量，确认"微组织"生产及工作现场面积，经审批按15元/平方米租赁价计算月厂房或办公室租赁费

续表

资源类别	量化办法
设备及铂金资产	氟磷酸盐"微组织"设备指所辖生产线设备、配料线设备、控制室平台、钢平台等生产设备，生产线技术、管理人员使用的空调、办公区域设备，按企业固定资产台账确认的月折旧额计算月设备折旧；铂金按体系部确认的"微组织"铂金占用数量，由财务部计算月铂金折旧额
存货资源	指存放于仓储物流部和生产现场的属于氟磷酸盐"微组织"的成品、在制品、玻渣价值以及存放于生产单元辅料、备件库属于氟磷酸盐"微组织"专用或已开票未领走的辅料、备件、模具等价值；按光明本部库存和控股子公司产品台账所记载的账面原值计算成本
能源资源及债权	氟磷酸盐"微组织"电、天然气以抄表数直接计算，转账数和抄表数差额分配计算；单价均以财务部价格为准
	氟磷酸盐"微组织"债权资源指收应付款净额，包括因租赁停用设备、工装、铂金应收应付款净额以及提供或接受其他组织服务的应收应付款净额，以财务认定价格计算
人力资源	氟磷酸盐"微组织"全部人员的个人薪酬应发工资额和企业缴纳四险一金金额之和

2. 模块化推进"微组织"经营管理的支撑性工作

（1）构建"微组织"财务核算体系。

①价值传递与成本倒逼模型。引入市场倒逼机制，带动企业实现传统计划生产向以市场价格为牵引的拉式生产方式转变。建立了"微组织"利润（即目标成本降低额）计算模型，以产品市场价格为主导，加强产销衔接，提高生产对市场的适配能力（见图4）。

价值传递与成本倒逼模型将企业生产销售活动分为"营销模块"和"生产模块"，利用"销售底价"与"目标成本"建立起两大模块的内部市场，营造内部虚拟购销。其核心思想是运用逆向思维管理成本，采用"市场售价—销售底价—目标成本—实际成本"的思路实现产销一体的价值联动，采用"产品销售利润=营销模块利润+生产模块利润"的方式分别反映销售部门和生产部门的价值贡献。

对于营销模块来说，"销售底价"是销售部门向生产部门"采购"商品的采购价格，乘以采购数量，即为销售部门的内部采购成本；实际销售价格由销售部门和销售人员根据市场及客户状况和销售策略自行把握。（实际销售价-销售底价）×销售数量=营销模块利润，以"营销模块利润"考核销售部门业绩给销售部门及销售人员预留了销售策略策划和创造的空间。"销售底价"由成都光明发展规划部市场管理职能根据市场需求、市场竞争状况、产品理论生产成本（是仅考虑在现有的生产条件下，每千克成品玻璃应当承载的料工费成本）综合考虑确定。通常情况下，销售部门对外销售产品不得低于销售底价，否则会在ERP中造成暂挂，无法进入产品出库流程，需要特别报告请示后由财务部进行价格管理释放。

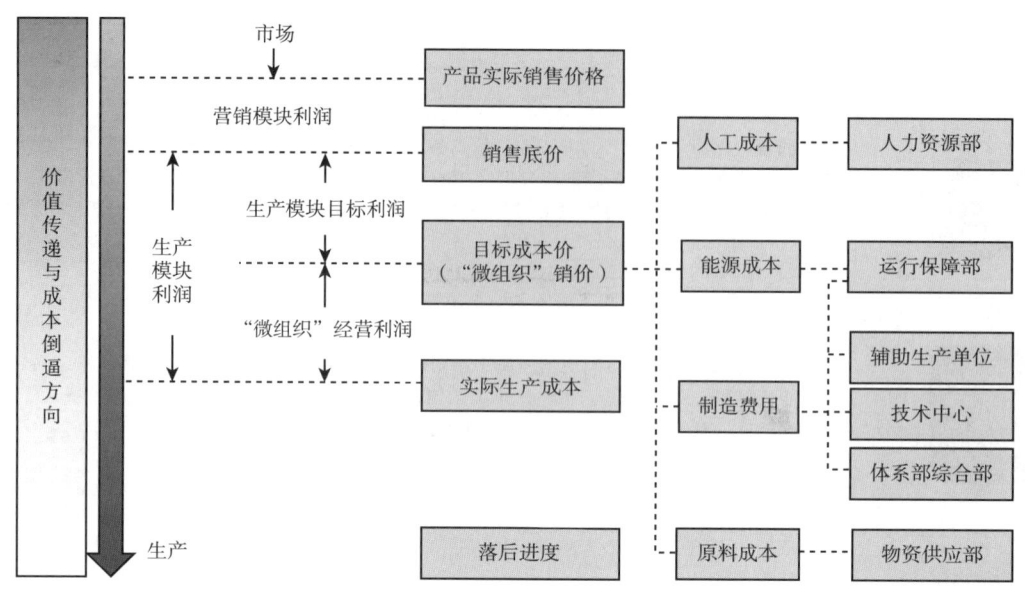

图4　价值传递与成本倒逼模型

对于生产模块来说，"销售底价"是生产部门向销售部门"出售"产品的销售价格，"目标成本价"是产品的预期最高生产成本。（销售底价－目标成本价）×产量＝生产模块目标利润。同时，"目标成本价"是"微组织"在生产模块当中作为独立经营体"销售"产品的模拟销售单价，与实际生产成本相匹配，（目标成本价－实际成本价）×产量＝微组织经营利润。生产模块利润由"生产模块目标利润"和"'微组织'经营利润"组成。可见，生产部门要通过"微组织"将生产成本控制在目标成本价以内才能为公司贡献额外价值。

②制定目标成本。为合理制定"目标成本价"，成都光明成立由销售、研发、计划、人力、采购、制造、技术和财会等人员组成的跨职能权限的工作组，共同开展目标成本的制定和更新工作。

成都光明采用收入、成本预测分析法制定"目标成本价"，即目标成本＝销售收入－目标利润。由于公司"产品销售利润"首先分解为"销售模块利润"和"生产模块利润"，而"销售底价"已经由发展规划部市场管理职能综合市场及产品理论成本所确定，那么成都光明的生产模块目标成本总额＝生产模块销售收入总额－生产模块目标利润总额。确定下生产模块的目标成本总额后，再根据研发、计划、人力、采购、制造、技术等部门提供的各项数据结合生产部门具体牌号产品近年实际滚动平均成本以及原料价格变动、工艺及技术装备提升情况制定具体产品的"目标成本单价"，形成各牌号目标成本价格体系，报成都光明"微组织"领导小组审批后执行（见表3）。

表3　氟磷酸盐"微组织"产品目标成本单价表

牌号	H-A1 H-A1B	H-A3 D-A1	D-A2 H-A2	B4	B5	B2 B3 B6	……
目标成本单价（元/Kg）	140	215	245	160	167	182	……

③完善并实施成本和内部收益核算办法。编制《"微组织"内部收益核算办法》完善了氟磷酸盐"微组织"目标成本降低额（即"微组织"利润）计算公式；编制《氟磷酸盐"微组织"成本核算办法》规定了氟磷酸盐成本具体计算逻辑和方法。通过"微组织"成本及内部收益核算和反馈，让员工潜移默化地产生价值生产观念，促使员工主动节本降耗。

A. 计算期"微组织"目标成本降低额 = 计算期"微组织"目标总成本 – 计算期"微组织"实际总成本

B. 计算期"微组织"目标总成本 = ∑（计算期某产品实际生产并交库产量×该产品目标成本单价）

C. 计算期"微组织"实际成本 = 计算期微组织产品实际成本 + 计算期"微组织"资金成本

C1. 计算期"微组织"产品实际成本 = 计算期"微组织"原料成本 + 能源成本 + 人工成本 + 折旧等制造费用

C2. 计算期经营体资金成本 = 计算期生产资金占用额×5%（资金成本率）

C3. 计算期生产资金占用额 = 计算期经营体新增在库半成品及物资资金占用额

（2）完成企业内部市场机制的构建。以市场同类价格为基准，结合公司实际，制定和完善了成都光明技术服务、辅助生产劳务的内部转移价格，从而形成内部模拟交易市场，为"微组织"独立核算、自主管理、降本增效做好基础性工作。

完善企业内部转移成本核算价格体系的编制。为保证日常成本核算的完整、准确，兼顾"微组织"成本及内部收益核算的系统规范开展，成都光明财务部协同物资供应、技术中心、玻璃制造本部、运行保障、品质管理等部门完善了"成都光明内部转移价格实施方案"，拟定了210余项部门间成本转移价格，规范了成本费用结转行为（见表4、表5、表6）。

表4　　　　　　　　　　　　　　　内部收费定价办法

价格名称	定价办法
产品目标成本价	以产品当前市场价格倒推目标成本单价，结合近年实际滚动平均成本、原料价格变动以及技术装备和工艺技术进步情况进行适当调整
物资采购价	按物资供应部结算价计算
内部物资收购价	内部物资调配以财务部确认价格进行结转
服务收费价	含成都光明相关部门和玻璃制造本部其他各室提供的产品技术服务、品质保证服务、后勤管理服务的费用，以成都光明财务部认定的部门间转移成本价格以及重新核算确定的玻璃制造本部部内各室结转价格计算

表5　　　　　　　　　　　　　　　测试计量劳务内部转移价格表

序号	测试项目	收费标准（元）	备注
1	折射率精密测试	×××	可见d、c、f、g谱线，每增加1条谱线加收×××元，紫外、红外每增加一条谱线加收×××元
2	折射率温度系数（△n/△T）	×××	t、C'、d、e、F'、g谱线，每增加1条谱线加收×××元，紫外、红外每增加一条谱线加收×××元
3	折射率	××	可见d、c、f、g谱线，每增加1条谱线加收××元
……	……	……	……

表6　　　　　　　　　　　　　　　冷加工量劳务内部转移价格表

序号	工序	单位	项目内容	核算成本单价	备注
1	条料加工		切两头	x.××	
			切两边	××.××	
			开片	××.××	
			两面	××.××	
			一侧	××.××	
			两侧	x.××	
			条纹样	××.××	
			R4	××.××	

续表

序号	工序	单位	项目内容	核算成本单价	备注
2	块、型料加工	元/件	退火前切割	×××.×	口径在 300—600mm（切一刀）按刀数乘单价
				×××.×	口径在 600—800mm（切一刀）按刀数乘单价
3	样品加工	元/件	色度	××.××	急件另加 50%
			内透	××.××	
……	……	……	……	……	……

（3）完成氟磷酸盐"微组织"信息系统构建：充分利用 ERP 和 MES 系统的成功经验和基础条件，建立了系统数据库和手工账相结合的"微组织"信息子系统，建立了"微组织"独立套账，形成查询、报表、考核三大信息模块，充分发挥 ERP 信息化数据的及时性和准确性优势，让"微组织"管理日常化、精细化。

首先，设置了独立账套。与技术中心信息管理室密切协作，完成了氟磷酸盐"微组织"实物量数据系统建立，利用系统数据开展成本核算和内部收益核算（见表7、表8）。

表7　　　　　　　　　　　　　　　成品入库明细报表

牌号：　　子库存：CP1001　　入库部门：　　生产线：　　　　　　　　　　　　　　　　质量等级

牌号	物料编码	物料说明	物料大类	物料小类	入库部门	生产线

注：来自 ERP 系统。

表8　　　　　　　　　　　　　　　生产线投入产出统计表

日期	牌号	配料投入		实际产出量	成品产量		半成品产量		废品		投入产出率（%）	备注
		粉料理论玻重	熟料重量		合同产量	自选仓	交库半成品	车间自制半成品	回炉料	销毁品		
A线 1180826	H-A1											
A线 1180827	H-A1											

注：来自 MES 系统。

其次，突出查询、报表、经营管理考核三大模块。

查询模块：便于氟磷酸盐"微组织"掌握生产状态及管控成本发生项目及数量（见图5）。

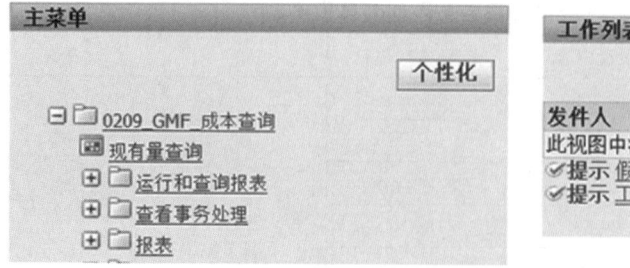

图5　成本查询模块

注：来自 ERP 系统。

报表模块：准确、及时、全面反映经营体经营状态和经营成果，分析存在的问题，提出改进措施（见表9、表10、表11）。

表9　　　　　　　　　氟磷酸盐目标成本降低额（"微组织"利润）汇总表

生产线	牌号	生产期天数	交库产量	目标成本（元/kg）	目标成本（万元）	实际成本（万元）	目标成本降低额（万元）
A线	H-A1	30					
C线	B5	30					
D线	H-A1	28					
	小计	90					

表10　　　　　　　　　原料降价因素成本降低额统计表

月份	投料数		考核期初均价（元/kg）		考核期均价（元/kg）		原料成本（万元）		原料成本降低额（万元）
	原料	玻渣	原料	玻渣	原料	玻渣	考核期初均价计算额	考核期均价计算额	
1									
2									

表11　　　　　　　　　能源降价因素成本降低额统计表

月份	能耗数		考核期初能源均价		考核期能源均价		原料成本（万元）		能源成本降低额（万元）
	电	天然气	电（元/度）	天然气（元/m³）	电（元/度）	天然气（元/m³）	考核期初价计算额	考核期价计算额	
1									
2									

经营管理考核模块：及时掌握经营体经营目标完成情况，成都光明"微组织"领导小组以此作为特别嘉奖依据（见表12、表13）。

表12　　　　　　　　　____月份氟磷酸盐微组织经营利润汇总表（分班组）

小班：A班

牌号	原料消耗		能耗			人工		制造费用				实际成本合计（万元）	交库产量（kg）	目标成本单价（元/kg）	目标总承包（万元）	模拟利润（万元）
	粉料	玻渣	电	天然气	水	个人账户	企业缴费	设备铂金产房折旧	维修费	辅料备件	其他					
H-A1																
……																

表13　　　　　　　　　氟磷酸盐"微组织"目标成本降低额及超额嘉奖应提额计算表

"微组织"名称	目标成本降低总额（万元）	目标成本降低扣除项			目标成本降低指标（万元）	目标成本降低净额（万元）	超额嘉奖应提额（万元）
		原料降价因素成本降低额（万元）	能源降价因素成本降低额（万元）	小计			
	①	②	③	④	⑤	⑥	⑦
氟磷酸盐"微组织"							

3. "微组织"经营管理的枢纽性工作

(1) 利用价值传递与成本倒逼模型分解公司年度经营利润指标,得到"微组织"年度奋斗目标(见图6)。

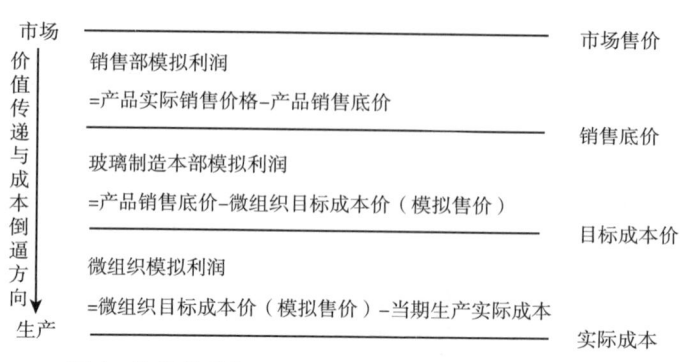

图6 价值传递与成本倒逼模型分解年度利润示意图

(2) 丰富"微组织"考核指标体系。氟磷酸盐"微组织"除目标成本降低额外,还增加了交库产量、投入产出率、一次熔炼合格率、玻渣净回炉数量、交付及时率、安全生产等指标,将效益指标和效率指标结合起来,促进班组提升精益生产管理水平。

(3) 建立氟磷酸盐"微组织"绩效分配体系。以激发氟磷酸盐"微组织"内生动力为目标,增加超额嘉奖模块,形成氟磷酸盐"微组织"绩效分配基本架构(见图7)。形成了基本薪酬、变动薪酬、超额嘉奖三位一体的绩效分配体系,让"微组织"员工切实分享到经营变革带来的红利,激发了生产一线开展技术攻关、提升生产效能、挖潜降本的内生动力。计算公式为:

微组织经营体薪酬总额 = 基本薪酬 + 变动薪酬 + 超额嘉奖

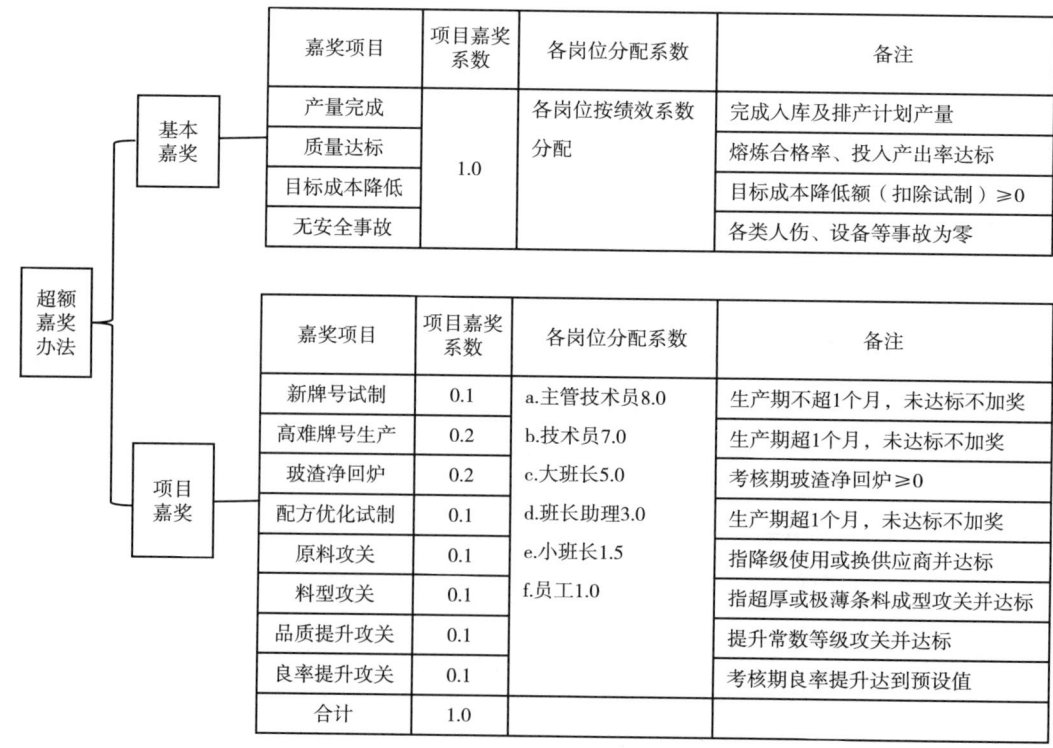

图7 超额嘉奖办法

基本薪酬、变动薪酬和员工缴纳五险一金单位部分，按公司薪酬制度及原有考核标准发放及缴纳。超额嘉奖按超额完成目标成本降低额一定比例提成。计算公式为：

超额嘉奖 = 目标成本降低额 × X%（X 为超额嘉奖提成比例）

其中：

目标成本降低额 = 计算期经营体目标成本总额 - 计算期经营体实际成本总额

超额嘉奖提成比例（X） = 经营体超额嘉奖总额/（经营体员工个人账户应发薪酬总额 + 企业为经营体全体员工缴纳的薪酬总额）

为保证"微组织"内部分配的合理性，发挥其激励作用，基本嘉奖和项目嘉奖各占50%，项目嘉奖按岗位分别设置1.0—8.0的分配系数，体现关键岗位的核心价值。几年来的实践证明，本办法对发挥各类人员尤其是生产技术骨干的聪明才智起到了关键作用。

4. "微组织"经营管理的运营性工作

成都光明为"微组织"的良性运行提供了组织保障和制度保障，并将"以人为本、强化激励"的经营理念和"细化业务单元、内部独立核算"的管理机制结合起来，加强业财融合，通过考核与激励，维护"微组织"与企业、"微组织"与员工之间良好的生态环境，较好地体现了企业、"微组织"、员工三方利益关系。至2020年，氟磷酸盐"微组织"为公司累计新增利润4605.76万元，为"微组织"员工累计发放超额奖励34.52万元，持续调动各类人员的主动性和创造性，生产效能得到提高，2016—2020年投入产出率实现连年增长，分别为64.26%、67.55%、67.97%、73.82%和75.02%。

五、主要成效

（一）经济效益持续增长

截至2020年，氟磷酸盐"微组织"取得了显著的经济效益，累计新增目标成本降低额为4605.76万元，氟磷酸盐系列产品毛利率由2015年末的14.1%提高到19.1%，毛利贡献比重由2015年末的28.41%提高到35.29%，达到推行氟磷酸盐"微组织"经营管理模式的初始目标（见表14）。

表14　氟磷酸盐"微组织"综合经济效益汇总表

指标名称	计量单位	2015年4季度	2016年	2017年	2018年	2019年	2020年	合计
目标总成本	万元	1118.751	3805.821	5252.008	6783.248	6590.325	5974.862	29525.015
实际总成本	万元	1106.342	3400.893	4482.401	5196.859	5482.593	4797.71	24466.798
目标成本降低额或模拟利润	万元	12.409	404.928	769.607	1586.389	1107.732	1177.152	5058.217
应扣原料、能源降价利润	万元	0	0	0	272.167	145.768	0	417.935
超额嘉奖提成比例	%	15.00	1.58	0.68	0.68	1.25	—	
应扣超额嘉奖实发额	万元	1.8615	6.415	5.253	8.966	12.028	0	34.5235
目标成本降低净额或净模拟利润	万元	10.5475	398.513	764.354	1305.256	949.936	1177.152	4605.7585

注：至本文成稿时2020年超额奖金尚未发放。

成都光明组织变革管理理念切实助推公司实现高质量发展。"十三五"期间，公司营业收入实现了年均17.26%的增长，2020年创下历史新高，达到33亿元；利润总额实现了年均9.31%的增长，2020年达到5162万元。

（二）管理示范价值明显

（1）通过成本倒逼模型的构建，生产由计划生产模式转变为以市场价格为牵引的拉式生产模式，通过价值的层层传导，使生产制造更加注重精益管理和技术降本，实现了"微组织"产能、质量双跃升。通过生产装备技改技革和新产品量产试制工作以及四代窑炉设计技术推广，氟磷酸盐池炉在扩大产能和提高池炉使用寿命两方面取得突破，其中A、D生产线日产量提高25%，B、C两线日出料量增加了30%。池炉大修周期由半年提高到8个月。产品一次成型质量得到提升，条纹加工占比从9.23%降低到6.37%，加工量由原来的平均4mm降至2mm以内。

（2）通过公司内部市场机制的构建，开展生产资本运营模式，增强了员工降本意识。通过划小核算单元，使全面预算管理目标落地到基层，提高预算基础管理水平。特别是通过考核机制强化目标牵引，营造了氟磷酸盐"微组织"内部小组的良性竞争氛围。核算单元细化到A、B、C、D四个小班（四班三运转），小组成员积极主动完善配料、熔炼、炸切日报表，汇总人员出勤天数、工作量及质量状况等生产记录，严查生产漏洞和隐患，杜绝各类浪费现象等。对班组的约束性要求转变为班组成员习惯性自发行为。

（三）部门协作能力加强

多部门协作推动组织管理方式变革，合力将氟磷酸盐"微组织"经营体系切实落地到班组。在"微组织"推进过程中，生产、财务、人力、技术、销售、信息等部门多次沟通交流，增进理解，凝聚智慧，消除罅隙，部门间形成了良好的协同合作氛围。特别是向生产部门派驻财务人员，全程参与、协助"微组织"的实施过程，财务人员更能从生产、业务的实际出发以财务角度规范生产管理流程，提出的与价值流转相关的建议也容易被技术人员和一线员工理解和接受。同时，实施"微组织"模式，通过完善生产记录，进行独立统计、成本核算以及设置超额嘉奖，使员工深刻认识到成本与自己切身利益的关系，使人人都是管理者成为新常态，从而实现了生产管理与成本管理的良性互动。

六、未来方向

（一）建设信息系统提升数据治理能力，形成"微组织"生态群落

当前，成都光明"微组织"经营管理应用的广度还不够。运行得比较成功的是氟磷酸盐班组上这个生产型微组织，其他如物资采购及产品销售的经营性微组织，技术或管理部门的支撑性微组织，进行原料配制、物业管理的服务型微组织进展较缓慢。其原因是职能服务的计量及内部定价不易合理确定，财务数据和业务数据细化程度不够、信息化程度不高，使利用现有财务、业务资料存在资源、服务上的量化困难。

成都光明未来将着力推动业财一体化信息系统建设。一是集成业务模块与财务模块，利用系统自动化水平深化业财融合程度，打通ERP、MES、OA管理系统，实现业务数据的互通，实现数据自动抓取、自动生成多维度需求报表，提高数据采集效率；二是整合会计、统计数据和经营数据，实现业财数据的"大而全、广而深"，使ERP、MES、OA系统成为获取数据的唯一渠道，呈现出高度的集中性和准确性。

通过优化升级信息系统，有效支撑公司组织变革管理创新模式，由目前单一的生产型微组织扩展到支撑型微组织、服务型微组织、经营型微组织，形成以独立核算、自主管理的"微组织"生态群落为结构的企业经营管理新格局，释放价值最大化效应。

（二）建立业财人员流动机制，加快培养高层次财务管理人才

业财融合、业财携手是财务管理发挥实效的基础。未来在深化财务管理基础上，一是要建立包括设计、采购、生产、质量、工艺和财务等人员的跨职能团队，协同推进财务管理工作；二是要重视业

财管理人员和团队建设,促进财务与业务人员双向交叉流动,提升研发、制造等一线业务人员推进财务管理的积极性;三是要建立财务与业务良性互动机制,以财务目标引导业务流程和标准优化,以业务流程和标准固化财务管理效果。

开展财务人员常态化培训是促进财务人员能力提升的重要手段,加快培育一批懂业务、擅管理、精专业的高质量复合型财务管理人才,加大高层次人才引进力度,系统性提升财务部门整体的管理创新能力。

企业自评

企业是宏观的整体,"微组织"是微观的单元,二者是辩证发展的关系。企业由"微组织"构成,"微组织"个体虽然微小,却蕴含企业发展的原动力,是企业效益的直接创造者。企业的管理深入到"微组织",也就切实落地实现了精益化和高效率。

氟磷酸盐"微组织"经营模式是成都光明近年来实施得最行之有效的管理变革举措之一,主要体现在:

(1) 系统性。实施"微组织"管理模式是一项系统工程,从管理机制的构建到落地实施,凝聚了公司各职能部门、制造部门的集体智慧,带动了管理流程的再造、工作方式的转变。

(2) 效益性。实施"微组织"管理模式,通过"以人为本、强化激励"的经营理念,激发员工自主管理、勇于创新,实现了氟磷酸盐系列玻璃产能、质量的双跃升,创造了显著的经济效益。

(3) 示范性。氟磷酸盐"微组织"管理模式的成功应用,对内为构建高效"微组织"群落提供了模板、奠定了基础,对外为相同连续作业方式的化工、冶金和玻璃熔制企业提供了一定的管理示范。

专家点评

划小经营单元是组织管理中重要的管理控制方法,可以有效增强基层组织活力,实现企业、团队、员工之间的目标一致、协同共进、多方共赢,"阿米巴"管理模式、邯钢经验、海尔的"人单合一"等都是划小在实践中的典型应用。

成都光明光电股份有限公司的生产型"微组织"经营管理实践是基于公司特点,将划小经营单元应用于公司经营管理的良好实践,是推动公司战略实现的管理变革。公司的"微组织"经营管理模式在实施中通过价值传递和市场倒逼模型实现了与战略目标的衔接,通过创新组织绩效评价和激励机制实现了组织与员工利益趋同,通过建立"微组织"信息子系统部分实现了信息管理和组织管理的精细化。通过"微组织"管理模式的应用,公司在管理精细化、经营活力和经营绩效等方面都取得了显著成效。

未来公司可以考虑将"微组织"经营模式逐步在全公司推广,同时在内部转移价格体系设定与调整、内部交易的仲裁机制、内部交易数据管理的自动化和智能化提升等方面持续探索改进,更好地助力公司价值创造和战略实现。

财务前中后台重构下的管理会计信息化应用探索

中国航发成都发动机有限公司

> **摘要**：管理会计作为内嵌于企业组织的一种管理活动，是企业精细化管理和价值创造的重要工具，对推动制造业转型升级具有重要作用。数字化时代下，管理会计的推进必须以数字化转型为依托，以数据为核心建立高效协同机制，进而优化管理流程、整合企业资源，提升财务数据质量和财务运营效率，更好地赋能财务、支持管理、辅助经营和支撑决策。中国航发成发公司从自身实际情况出发，引入财务前中后台理念并重构应用，加强面向管理会计的信息系统建设。通过浪潮、ERP系统的构建与系统间集成应用，搭建起业财一体化平台，着力促进业财融合及财务转型发展，有效提升公司管理效率和价值创造能力。
>
> **关键词**：管理会计；财务前中后台重构；业财一体化

一、企业简介

中国航发成都发动机有限公司（国营编号"420厂"，以下简称"成发公司"）创建于1958年，是国家"一五"期间156个重点工程项目之一，是以研制、生产航空发动机及其衍生产品为主的大型国有骨干企业、中国航空发动机集团直属单位。公司地处四川省成都市新都区成发工业园，占地面积63万平方米，资产总额83.3亿元，在职职工4200余人。拥有1个分公司、1个控股子公司、1个全资子公司、2个参股公司。

成发公司坚持源于航空、专于航空、志在航空，坚持专业化发展道路，致力于打造以"国家认定企业技术中心、专业化加工制造平台、航空制造关键核心技术"三位一体的核心竞争力，全面具备了航空发动机研制、生产、试验和试车能力。

近年来，成发公司积极落实"两机"重大专项，以某系列发动机研制推进为突破点，统筹批产、修理、主研、参研等任务，强化目标导向，统筹资源保障，军品型号取得重要进展。

二、管理会计信息化应用基础

（一）管理会计信息化推进背景

目前，中国经济正步入新的发展阶段。进一步提升国有企业发展质量，成为我国经济转型的重要引擎。国有企业作为中国共产党执政兴国的重要支柱和依靠力量，必须提高服务国家战略的能力，提

---

* 本篇作者：吴华、周独军、刘雪娇、王颖。
　指导专家：马双来（冶金工业经济发展研究中心）。

升国有资本的活力、控制力、影响力和抗风险的能力。中央经济工作会议指出，国有企业改革应本着着力推进国有企业做强、做优、做大的目标，进一步加强成本控制，提高国有资产运行质量和效率，推进国有企业高质量发展。

中国航空发动机集团的组建是党中央从富国强军的高度出发，对深化国有企业改革采取的重大举措。自集团成立以来，从战略层面制定了多项高质量发展的举措。财务工作以服务战略为指引，不断探索从传统会计向管理会计转型，财务管理必须从"核算反映型"向"智能决策型"转变，从"管理控制型"向"决策支持型"转变。

成发公司作为中国航空发动机集团直属单位，深刻认识到信息化驱动产业变革的必要性与重要性，以信息化为抓手，着力解决公司转型升级中的"瓶颈"难题。公司财务信息化建设坚持问题导向，基于公司实际管理需求，着力提升管理会计效能，解决发展过程中面临的"预算线上线下两张皮""合同线下审签管控难""费用报销周期长、备用金管理压降难""业务—财务—系统未全面融合、信息孤岛消除难"四大重难点问题，统筹推进"全面预算、合同管理、移动报销、资金计划与银（财）企直连"等管理会计工具应用，重构财务前中后台管理理念，深耕细作，全力构建符合自身实际的管理会计信息化系统建设落地。

（二）管理会计信息化推进思路

数字化时代下，管理会计的推进必须以数字化转型为依托，以数据为核心建立高效协同机制，进而优化管理流程、整合企业资源，提升财务数据质量和财务运营效率，更好地赋能财务、支持管理、辅助经营和支撑决策。

成发公司管理会计信息化的推进，首先是财务思维的创新与转变，坚持服务战略、业财融合、风险防控、协同共享四个指导思想。一是服务战略思维，通过全面预算分解战略目标，强化全面预算对经营预测、决策及考核的支撑作用，聚焦战略落地和资源优化配置，突出高质量发展要求；二是业财融合思维，将财务管理延伸至产品和项目的全生命周期，加强事前规划、事中控制、事后评价，为企业各层级、各环节业务管理与决策提供有力支持；三是风险管控思维，每一只"黑天鹅"背后都蹲着一头"灰犀牛"，财务管理要强化风险管控思维，运用科学的识别、评估方法，制定应对措施，实现风险可控；四是协同共享思维，通过信息化平台建设，打破"信息孤岛"，打通从订单输入到产品交付的主价值链，实现信息共享，协同配合，"实物流、价值流、信息流"的三流合一。

（三）管理会计信息化建设措施

1. 完善财务管理体系，创新财务管理模式

"十二五"至"十三五"期间，成发公司从夯实财务管理基础入手，聚焦公司战略，以"闭环管理、持续完善"的理念，全面、深入推进财务管理创新。战略导向、成本牵引，优化资源配置，持续提高投入产出率，逐步提升公司经济运行质量，防范经营和财务风险。

2. 优化组织机构搭建，充实人才管理储备

在组织机构及人才储备方面，成发公司财务部适时根据财务转型要求和公司管理需求，进行二级组织机构的适应性调整。对标管理会计发展要求，增设项目财务室与财务管理室，充分发挥管理会计的管控效能。其中，项目财务室作为项目全生命周期管理的切入点，在充分授权的前提下，适应业务前端的需求，奠定业财融合的基础。同时，由财务管理室具体负责财务信息化工作，增设财务信息化管理岗，配置专人开展财务信息化建设工作。

3. 融合"业财技"思想，构建信息化模型

以"业财技"融合为原则，在业财融合的基础上，充分利用信息技术实现业务处理的信息化、集中化、标准化和流程化，大力提升企业数据整合能力和管理能力；通过对价值创造行为的全面识别和认知，构建财务信息管理模型；通过制度建设推进专业知识大众化，形成面向决策的标准化、可复制的流程，提升财务管理水平和效能。

三、管理会计信息化架构

（一）管理会计信息化整体建设蓝图

成发公司管理会计信息化整体构建蓝图（见图1）是在传统业财一体化平台的理论基础上，引入"财务前中后台"思想，以集团"1251"财务信息化建设基本框架体系为指引，以"服务战略、业财融合、协同共享"为总体思路，并结合自身实际对"财务前中后台"整合重构，全力构建符合公司实际管理运营需求的管理会计信息化系统。财务前台融入项目团队，实现充分授权、快速响应，作为业务融合的起点；财务中台实现财务管控，并提供标准化、可复用的数据服务；财务后台是业务和数据的有机结合，是企业决策支持系统的主要组成部分，有效支撑企业经营决策。

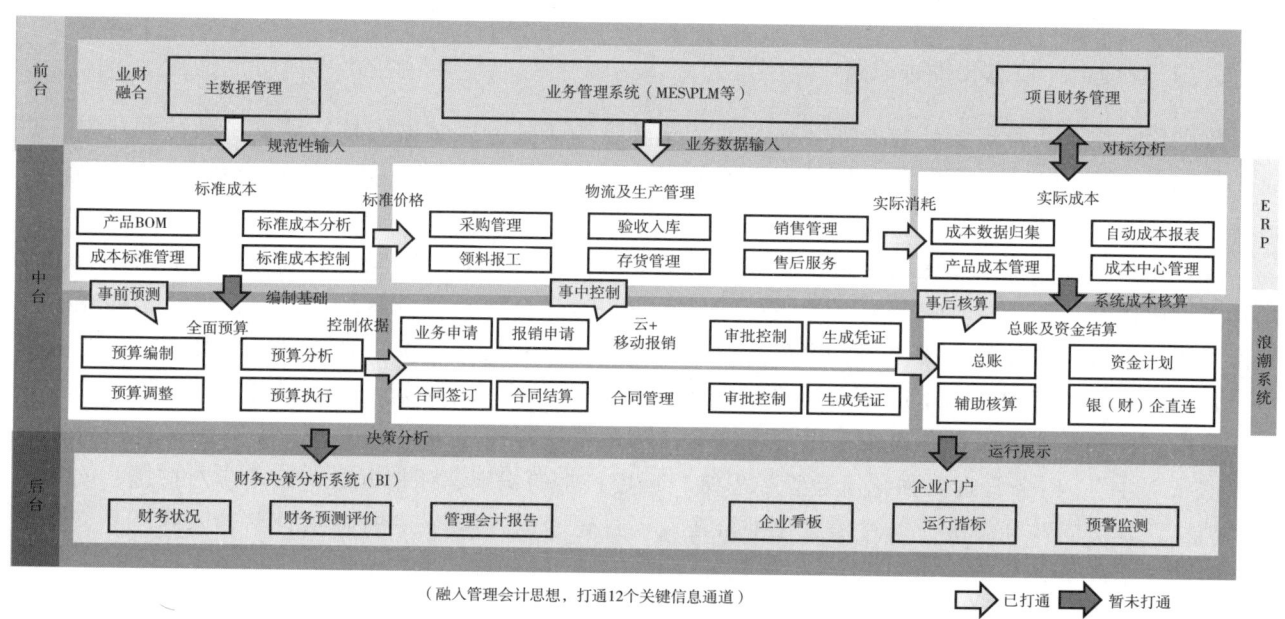

图1 成发公司管理会计信息化整体构建蓝图

成发公司应用基于业财一体化的"财务前中后台"思想，搭建起以业财融合为前台、以系统管控和数据服务为中台、以商务智能及企业门户为后台的"三位一体"管理会计蓝图，在流程和智能设计上融入管理会计思想，建设打通12个关键信息通道。财务前台对业务财务方案进行规划，是项目全生命周期管理的起点；财务中台聚焦标准化作业和运营优化，融入财务过程管控，以标准成本为牵引，为全面预算及经营管理提供数据支持；财务后台为企业经营决策提供"智能可视、及时高效"的管理分析。

"财务前中后台"的核心在于"财务中台"，中台的建设是以业务"双轮驱动"闭环管理为核心，以系统集成为手段，着力打破业财界限、提升财务工作价值。成发公司在"财务前中后台"蓝图框架下的管理会计信息化建设进程中，重点聚焦"财务中台"的重构建设，将管理会计的理念与工具植入信息化系统，从而提升了管理会计信息化系统服务公司战略的效能。本文重点围绕公司管理会计信息化的"中台建设"进行论述。

(二)"双轮驱动"的财务中台重构建设

基于管理会计信息化蓝图,成发公司重构了不同于传统意义的信息化中台,打造了"以ERP系统和浪潮财务系统双轮驱动、相互集成"的中台系统。

如图2所示,成发公司已建成了以ERP系统为核心的物料资源管理系统和以浪潮系统为核心的财务管理系统,共同构成"财务中台"。其中,ERP系统中完成了项目管理、生产管理、供应管理、销售管理、财务成本管理、资产管理、仓储管理、质量管理八大模块构建;浪潮系统中完成了全面预算管理、报账管理、资金管理三大管理会计功能模块建设。通过两个系统的集成,实现浪潮系统财务数据均来源于ERP系统中的前端业务数据,并在浪潮系统中实现以全面预算为起点,到合同签订、执行、资金支付、合同关闭等整个业务流程的闭环管理,通过总账模块实现财务凭证和财务报表的自动化,通过BI系统实现财务分析的智能化。财务中台赋能公司价值创造能力,创新了价值创造模式和路径,将货币时间价值、资金成本、机会成本等价值理念传递至业务前端,将公司运营成果显现化至财务后台,为公司经营决策提供支持。

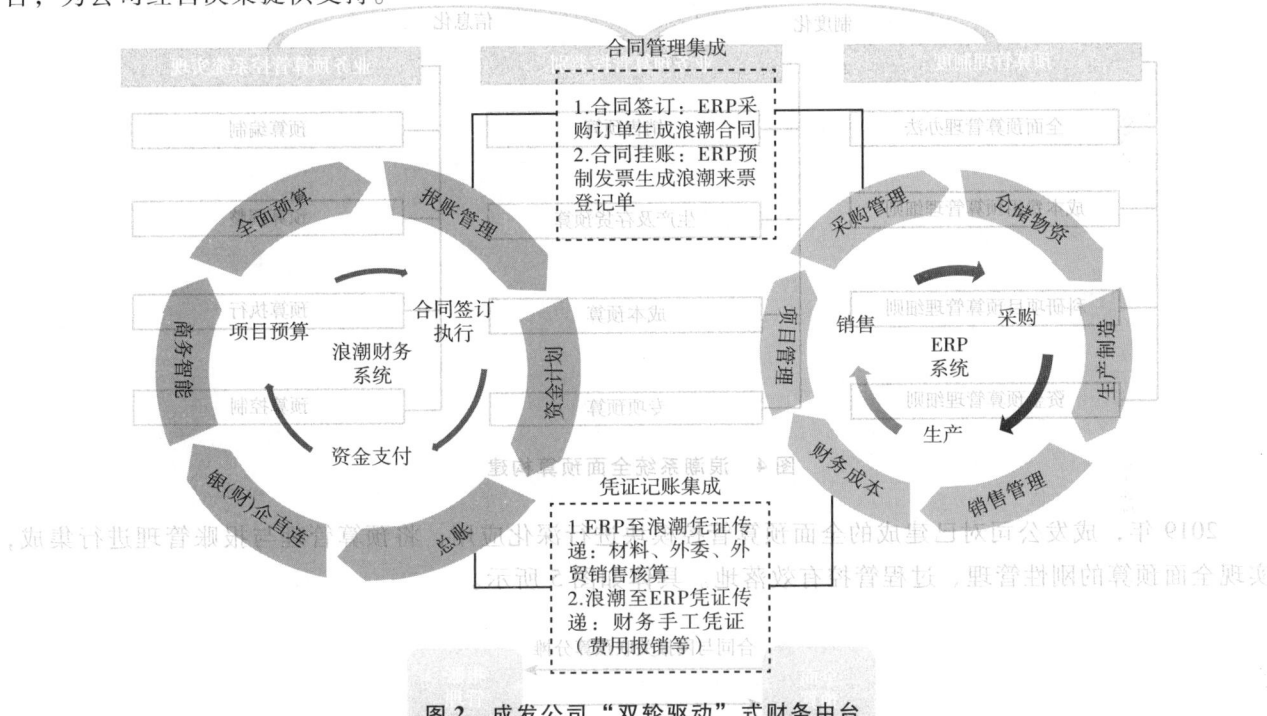

图2 成发公司"双轮驱动"式财务中台

1. 浪潮财务管理系统建设

成发公司基于以上经济业务管控链条,在浪潮系统的管理会计信息化构建上,以全面预算为起点,通过报账管理(合同管理及网上报销)串联起经济活动,最终完成记账及资金支付,实现全经济业务闭环管理。具体构建如图3所示。

(1)全面预算模块建设。全面预算作为经济业务的起点和牵引,是管理会计的重要组成部分之一,在现代企业的管理过程中发挥着越来越重要的作用。它通过对企业内部各组成部分的资源进行规划、分配、考核及控制,使企业资源得以优化配置以及合理使用,使企业的战略目标得以实现。

成发公司高度重视全面预算管理工作,把"深化全面预算管理、促进企业管理提升"作为基本方向。在不断完善预算管理制度的同时,通过信息化建设,将预算编制、执行控制、预算调整及预算分析内置于浪潮全面预算管理模块,通过线上预算管理的方式,打通"信息孤岛",实现财务共享。具体如图4所示。

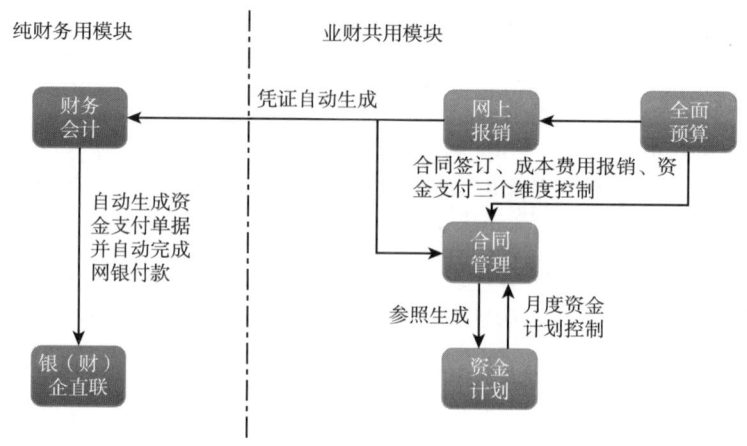

图3 浪潮系统管理会计信息化构建

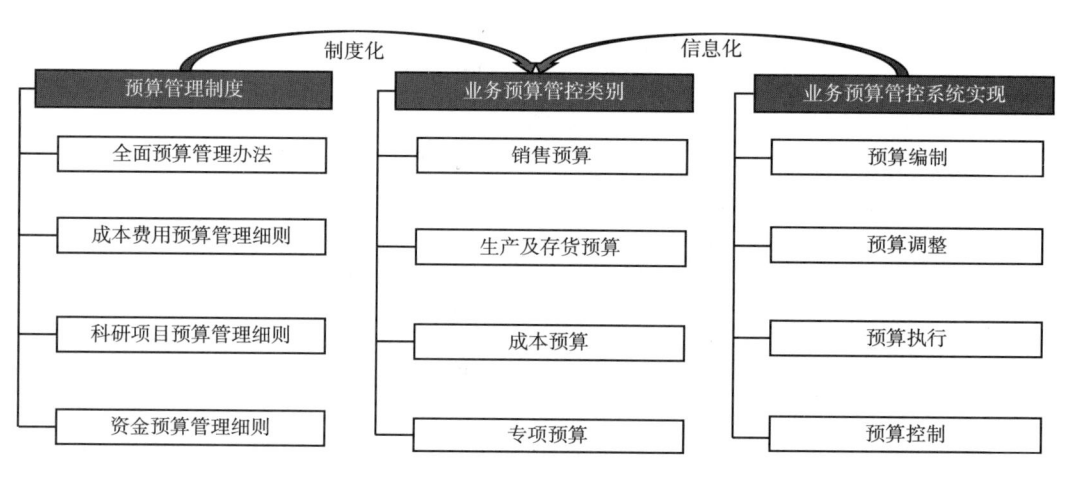

图4 浪潮系统全面预算构建

2019年,成发公司对已建成的全面预算管控模块进行深化应用,将预算管理与报账管理进行集成,实现全面预算的刚性管理、过程管控有效落地。具体如图5所示。

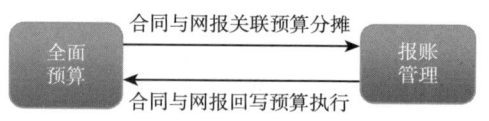

图5 全面预算与报账管理集成

(2)报账管理模块建设。报账管理模块包含合同管理和网上报销两个子模块。报账管理作为经济业务的中枢,发挥了上启预算下联资金的串联作用,是"全面预算、经营管理、现金流管理、风险管理"有效落地的方法和手段。报账管理模块涵盖了合同管理与网上报销,是成发公司应用覆盖面广、业财融合度高的经济业务主要构成。通过浪潮系统报账流程的构建,实现经济业务的全流程线上管理,促进财务管理与业务操作的可视化、标准化,进一步提升业财一体化管理水平。

合同管理实现了合同录入、合同审批、合同用印生效、合同结算执行及领导审批的全流程在线办理,取消了纸质审批单据。财务人员通过财务稽核功能,完成挂账付款,实现业财融合。同时,通过应用合同综合查询分析功能,可实时掌握固投项目的建设进展、合同的审批进度、合同的综合付款情况等信息,实现了合同全生命周期的管理。2020年合同模块扩展电子影像功能,利用影像管理系统对合同各个环节的单据进行相关的影像管理，同时实现对合同的发票进行影像采集及信息校验。系统合同管理构建如图6所示。

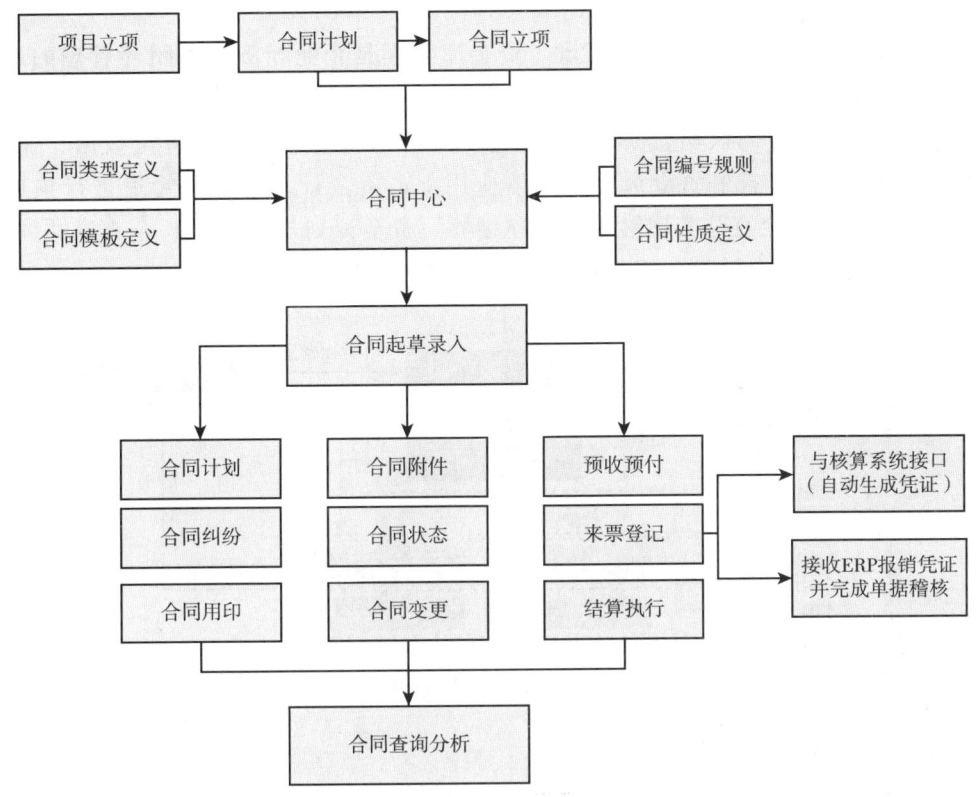

图6　报账管理——合同模块构建

网上报销于2013年实现了上线运用，2019年成发公司对网上报销深化应用，启用了"云+"移动报销平台，2020年年初正式上线使用。"云+"移动报销平台的构建是借助"互联网+"技术，将"云+"平台与商旅云、税管云及金融机构互联，内部与内网部署的全面预算、影像管理、财务核算、资金管理、合同管理等互联，提升财务管理水平，便捷业务操作。"云+"移动报销平台构建如图7所示。

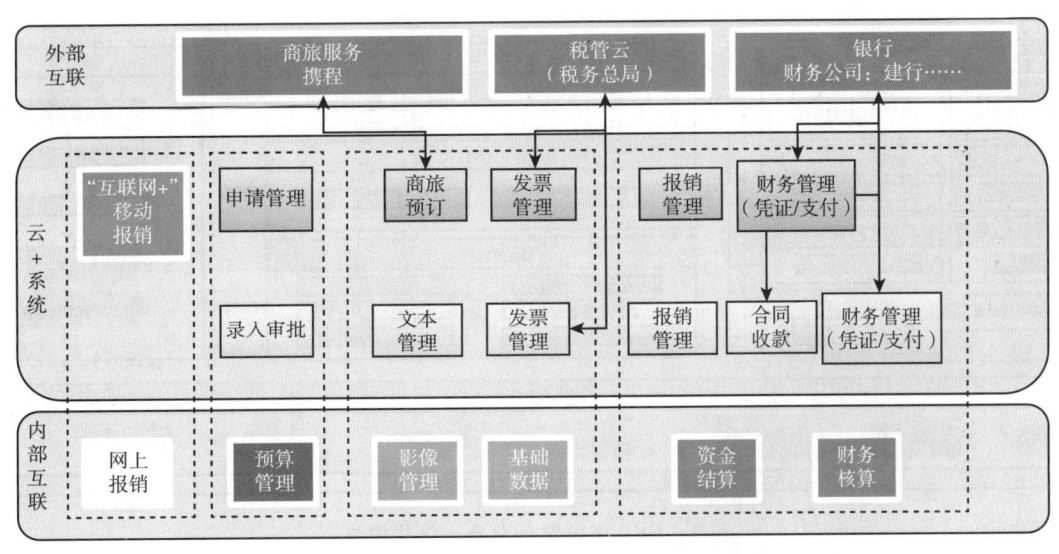

图7　报账管理——"云+"网报模块构建

同时，基于军工单位安全保密管理要求，"云+"系统搭建中充分考虑数据信息的脱敏脱密并加密，克服内外网物理隔离的障碍，实现数据信息的互联互通，全力打造"军工特色"的"云+"报销系统。

（3）资金计划及银（财）企直连模块建设。资金流管理是企业经济业务闭环管理的最后一环，亦是财务管理的重要组成部分。为促进资金管理的统筹性、集中性，资金结算的及时性、安全性，成发公司在浪潮系统中建成资金计划模块、银（财）企直联模块。使银行数据、资金数据、业务数据相融，及时有效反映资金管理状况，控制资金风险。具体应用上，资金计划与合同管理进行集成，实现资金月度计划的管控；银（财）企直联实现财务的直连结算。资金计划与银（财）企直联共同确保了计划、核算、结算"三算合一"。资金计划与银（财）企直连构建如图8所示。

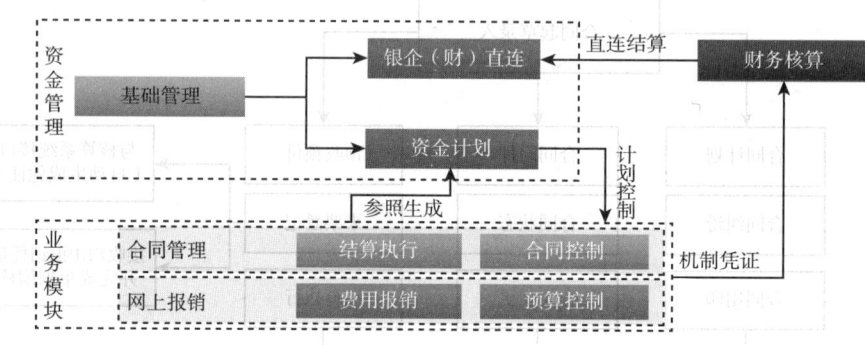

图8 资金计划与银（财）企直连模块构建

2. ERP系统管理会计信息化建设

成发公司ERP系统经过二期、三期建设，布局实施了项目管理、生产管理、供应管理、销售管理、财务成本管理、资产设备管理、仓储管理、质量管理八大模块。计划通过模块的深化建设及分步应用，实现公司治理的流程化、扁平化、网络化，打通从订单到最后交付的主价值链。

财务整体解决方案基于成发公司财务业务一体化信息建设基本要求及集团下发的采购到付款、销售到收款、生产到成本核算、项目到成本核算管理规范，规划设计采购业务循环、销售业务循环、生产管理循环、项目管理循环四大业务链条，做到集成数据自动采集、数据分析融合贯通。ERP系统财务业务一体化构建如图9所示。

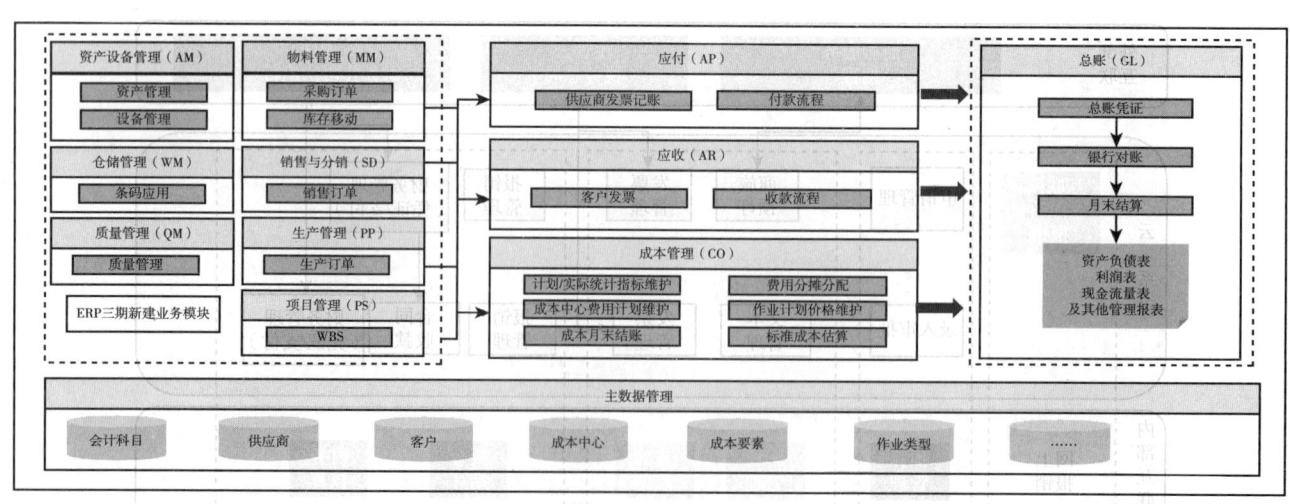

图9 ERP系统财务业务一体化构建

ERP 系统中财务成本管理（FICO）模块按照业财一体化的建设要求，共计梳理和建立了 35 个财务业务流程，实现了系统中业务数据与财务数据的关联集成，ERP 系统内业务流与财务流的勾稽联系如图 10 所示。

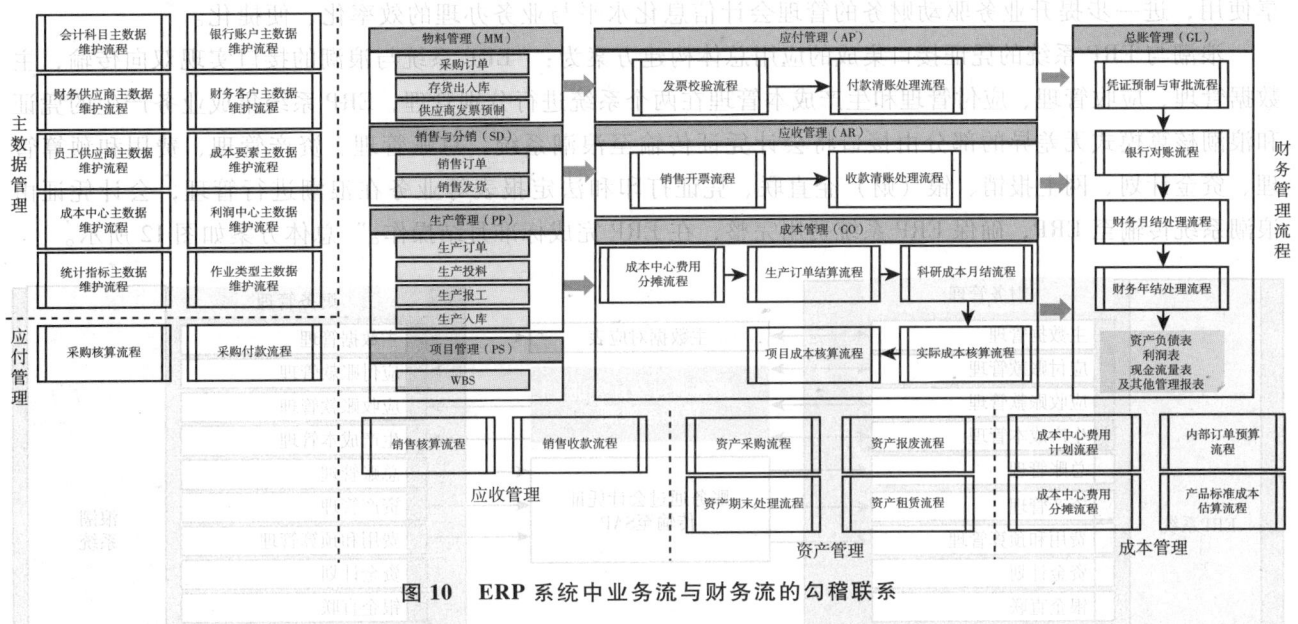

图 10 ERP 系统中业务流与财务流的勾稽联系

ERP 系统中的流程梳理与再造进一步提升了公司的系统管控能力。财务管理方面，借助 ERP 系统建设，梳理业务流与财务流的勾稽联系，成发公司下一步将重点开展系统成本信息化构建，打通 ERP 系统内基于标准成本的管控牵引，并运用标准成本支撑全面预算的管控实践，更好地发挥管理会计管控职能。结合成发公司信息化构建蓝图，构建的成本信息化体系（见图 11）。

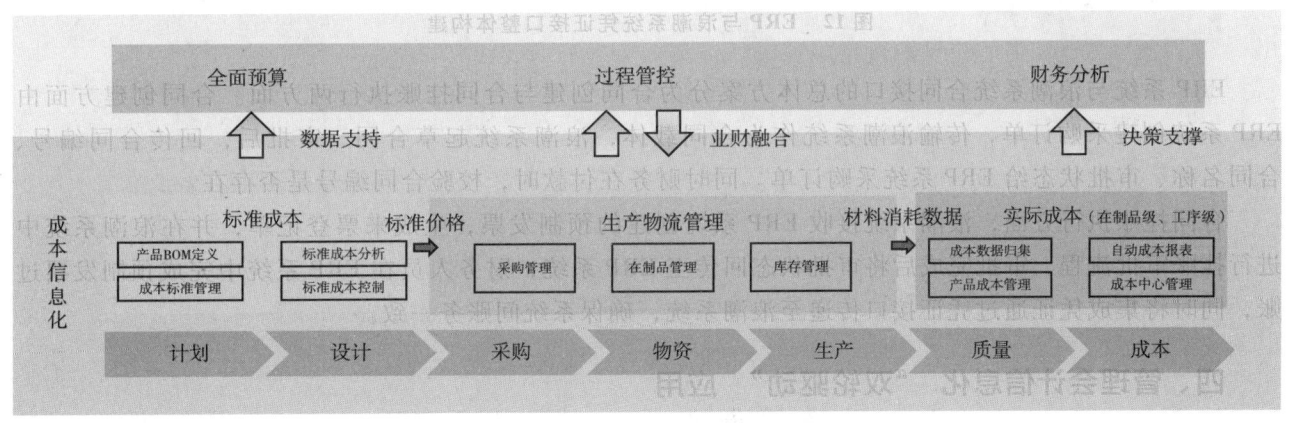

图 11 ERP 系统成本信息化体系

通过成本信息化，横向上以标准成本指引，指导公司开展采购生产活动，并通过实际成本评价生产经营效益；纵向上将标准成本与全面预算打通，实现全面预算基于标准成本编制，为预算编制提供可靠依据，提高预算编制的准确性。同时在财务分析环节，将财务指标的分析下沉至标准成本差异分析，建立"财务服务业务、业务提升财务"的良性双循环。

3. 浪潮与 ERP 的系统集成

成发公司信息化建设致力于实现"打破信息孤岛，实现数据共享"，推进 PLM 系统、MES 系统、浪潮系统等多系统的集成应用。财务信息化方面，反复论证并明确了各系统的功能定位，以 ERP 系统为核心的物料资源管理系统和以浪潮系统为核心的财务管理系统相互关联，通过系统间集成，实现

ERP系统中的前端业务数据自动传递至浪潮系统，深入推进业财融合。

成发公司浪潮财务管理系统与ERP系统集成主要有两大部分，一是浪潮系统与ERP系统的凭证接口集成，二是浪潮系统与ERP系统的合同接口集成，通过两项接口建设实现系统间数据一次录入、共享使用，进一步提升业务驱动财务的管理会计信息化水平与业务办理的效率化、便捷化。

浪潮与ERP系统的凭证接口集成的应用总体构建方案为："ERP系统与浪潮的接口实现双向传输，主数据管理、应收管理、应付管理和生产成本管理在两个系统进行分别管理，ERP系统集成业务产生的凭证和浪潮核算模式无差异的部分由接口将会计凭证传输至浪潮系统，总账管理、资产管理、费用和预算管理、资金计划、网上报销、银（财）企直联、凭证打印和法定报表等业务在浪潮进行管理，会计凭证由浪潮系统传输至ERP，确保ERP系统费用完整，在ERP完成标准月结操作。"总体方案如图12所示。

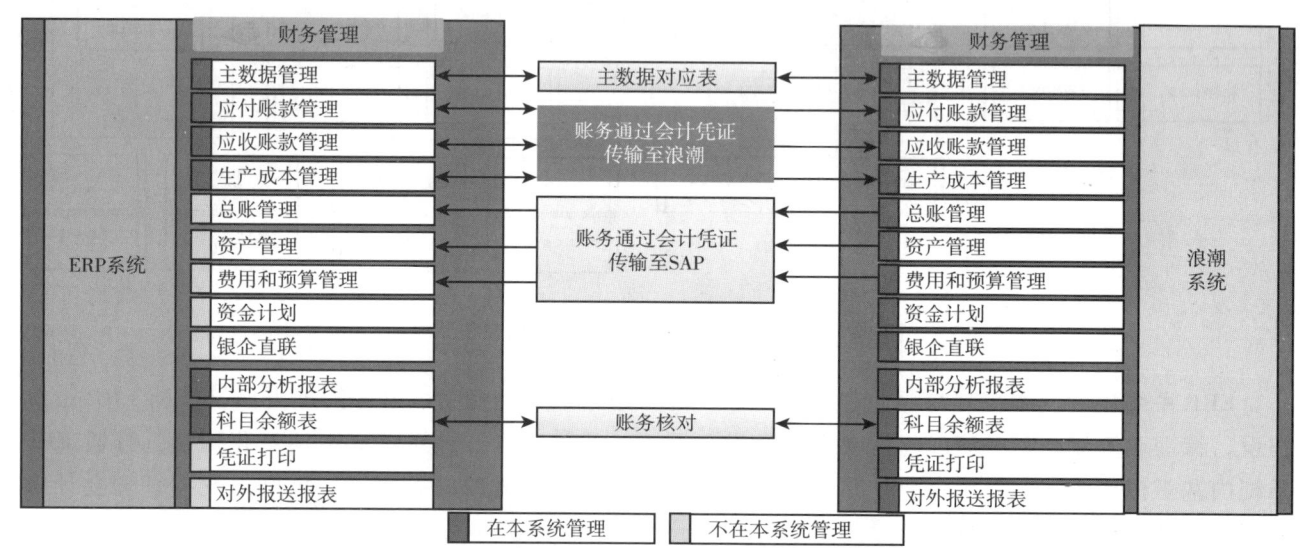

图 12　ERP 与浪潮系统凭证接口整体构建

ERP系统与浪潮系统合同接口的总体方案分为合同创建与合同挂账执行两方面。合同创建方面由ERP系统创建采购订单，传输浪潮系统作为合同载体，浪潮系统起草合同、审批后，回传合同编号、合同名称、审批状态给ERP系统采购订单。同时财务在付款时，校验合同编号是否存在。

合同挂账执行方面，浪潮系统接收ERP系统创建的预制发票，生成来票登记单，并在浪潮系统中进行挂账审批流程，审批完成后将审批状态回传至ERP系统，财务人员在ERP系统中完成预制发票过账，同时将集成凭证通过凭证接口传递至浪潮系统，确保系统间账务一致。

四、管理会计信息化 "双轮驱动" 应用

管理会计信息化建设是财务管理思想的体现，以管理会计思想作为财务信息化建设的指引，既是数字化时代下财务转型的必然要求，也是提高企业经济运行质量的必要手段。成发公司不断推进管理会计信息化的深入应用，目前已成功实现以管理会计信息化"双轮驱动"支撑起业务的闭环管理。

本文在成发公司管理会计信息化建设的闭环管理基础上，重点阐释公司管理会计信息化在全面预算"流程+智能"管理、"云+预算+安全"移动报销管理、中台系统"集成+共享"管理三个业务场景的具体应用，充分展示公司"业财技"的深入融合及系统集成的功能效用。

（一）全面预算"流程+智能"管理应用

成发公司启用浪潮的全面预算模块，将业务预算嵌套其中，并设置了预算编制、执行控制、预算

调整审批流程，通过线上预算管理的方式，打通信息孤岛，实现财务共享。

成发公司在系统中设置了7类业务预算，分别为采购及存货预算、长期股权投资预算、固定资产预算、费用预算、人工预算、收入预算、专项预算，并对每类预算逐一细化并落实责任部门。图13、图14为浪潮系统全面预算设置展示。

图13 成发公司业务预算大类图

图14 成发公司采购及存货预算展示

与此同时，成发公司将预算管理与网报管理进行集成，可通过系统实时查询到预算的编制、调整、执行情况。

以供应管理部为例，2020年承接了成发公司的材料采购预算及年度外委预算归口管理工作，同时负责部门的日常及主管费用预算等5项预算编制，具体如图15所示。

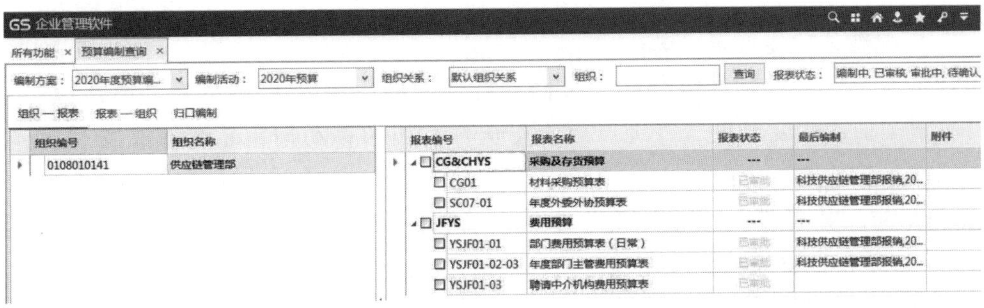

图15 成发公司供应管理部2020年度预算

以材料采购预算为例，供应管理部2020年年度材料采购预算编制调整与执行情况如图16、图17所示。其中，图16中阴影数据为涉及期中预算调整部分。

图16 成发公司供应管理部材料采购预算编制

图17 成发公司供应管理部材料采购预算执行

通过线上的预算管控，充分发挥了管理会计的过程管控监督职能，将全面预算的刚性管理、过程管控有效落地，实现预算管理的流程化、可视化、智能化。

（二）"云+预算+安全"移动报销应用

1. "云+"系统整体功能展示

成发公司"云+"移动报销在传统移动报销基础性功能应用之上融入了"预算管控+安全管理"的管理理念，打造了适应成发自身"管理有效、安全可靠"的移动报销系统。成发"云+"系统具体涵盖7大业务功能：云差旅、云报账、云审批、云相机、云管控、云沟通、云传递。在数据传递中严格按照公司保密规定，对信息进行脱敏脱密处理，确保"云+"移动报销的平稳顺畅及安全可靠。图18为"云+"移动报销整体功能应用展示。

2. "云+"系统预算管理应用

"云+"预算管理方面，成发公司将审批后的费用预算导入到"云+"系统，并根据预算调整及时更新。通过"云+"费用预算体系的搭建，实现从网报填单占用数到财务稽核执行数的预算归集和预算控制。

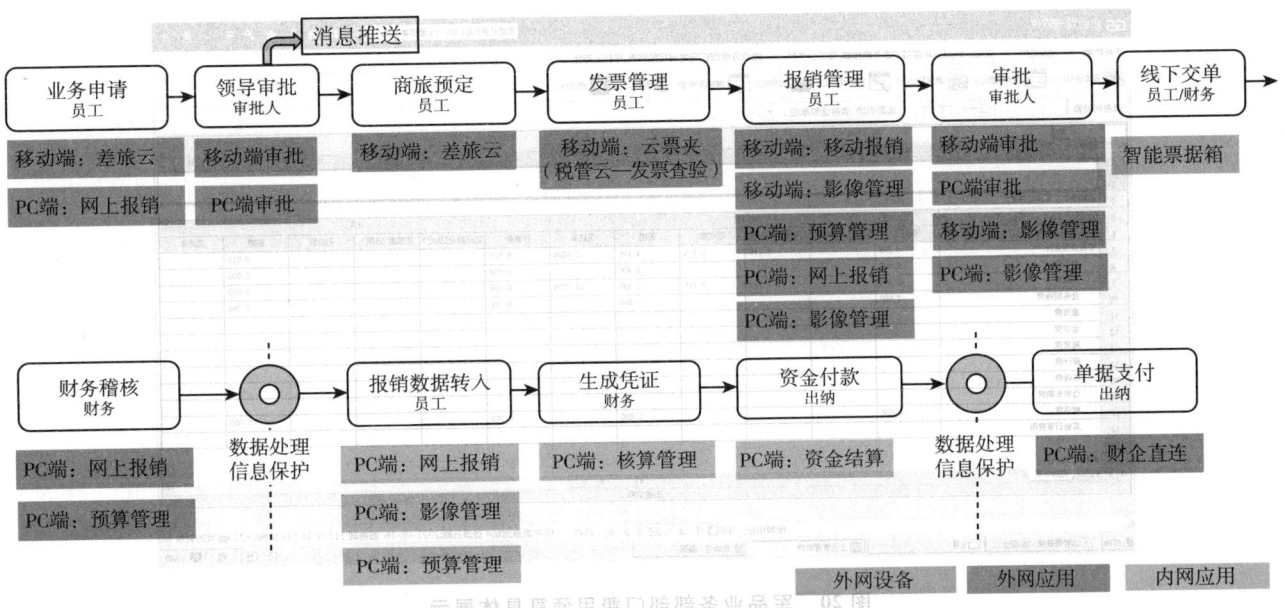

图 18 成发公司"云+"移动报销整体应用展示

图 19 为成发"云+"系统的费用预算管控体系的应用展示。费用预算按部门维度进行编制,按是否进行项目管控分为"部门费用预算"与"科研预算"两大门类,费用预算中又按照是否为主管费用进行细分控制。图 20 为军品业务部部门费用预算的具体展示。

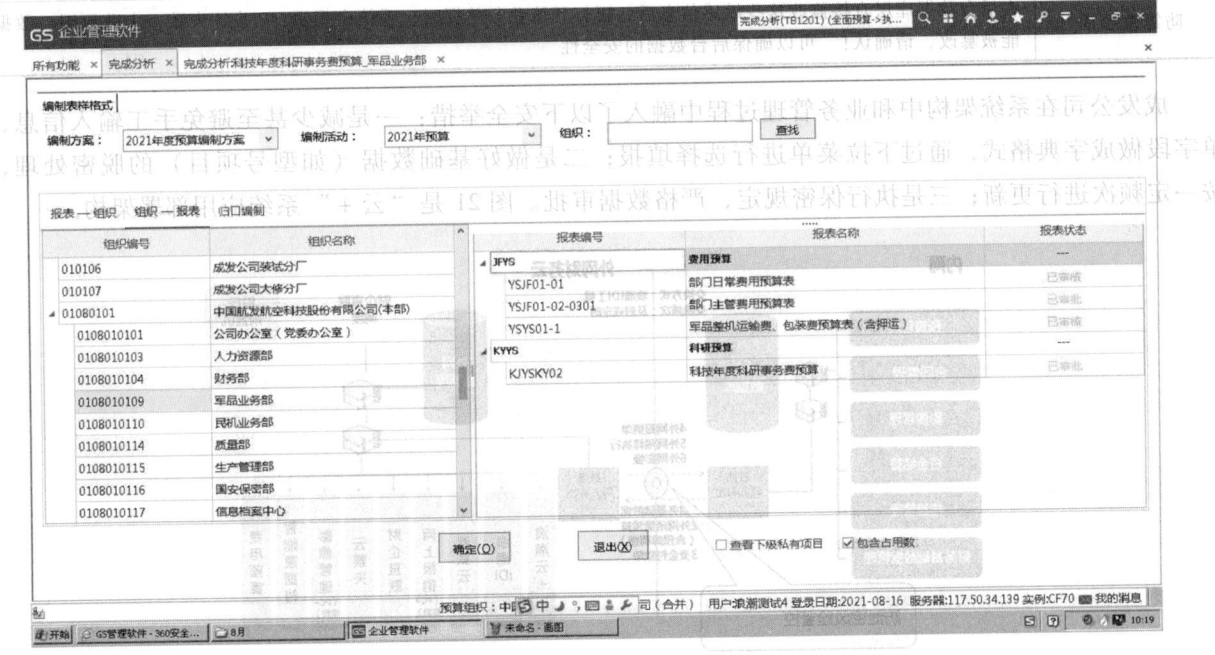

图 19 成发"云+"系统的费用预算管控体系展示

3. "云+"防泄密安全管理应用

(1) "云+"系统数据防护功能设计及安全举措。为确保"云+"系统的安全顺畅使用,符合军工单位管控要求,成发公司在"云+"安全方案设计中,着重贯彻了"防泄密风险"要求。提供数据传输加密、存储加密、数据篡改后提醒等多层次安全保障,支持数据的私密性、完整性和防篡改(见表 1)。

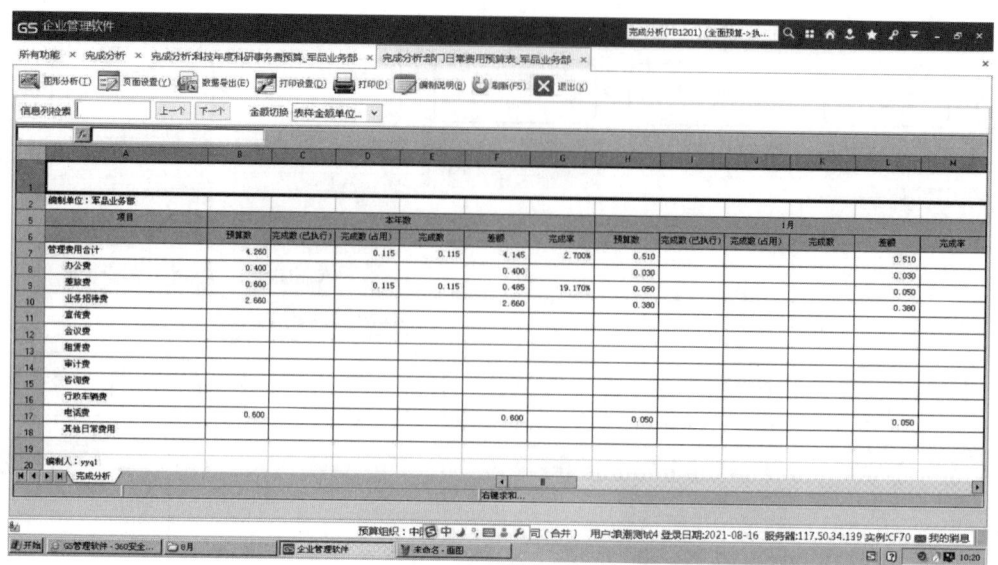

图 20　军品业务部部门费用预算具体展示

表 1　数据防护功能设计

数据内容	防护功能设计
传输层面	支持 SSL 加密传输，支持 https 协议，提供安全的数据传输通道，确保通信过程中的保密性和数据完整性
储存层面	对于敏感信息支持使用 CA 数字证书加密存储及基于 MD5 码的完整性、一致性校验机制
防篡改层面	在后台数据库层直接修改这些敏感信息后，再打开该业务单据时，系统会提示："验签失败，失败原因：数据可能被篡改，请确认！"可以确保后台数据的安全性

成发公司在系统架构中和业务管理过程中融入了以下安全举措：一是减少甚至避免手工输入信息，表单字段做成字典格式，通过下拉菜单进行选择填报；二是做好基础数据（如型号项目）的脱密处理，并按一定频次进行更新；三是执行保密规定，严格数据审批。图 21 是"云＋"系统应用部署架构。

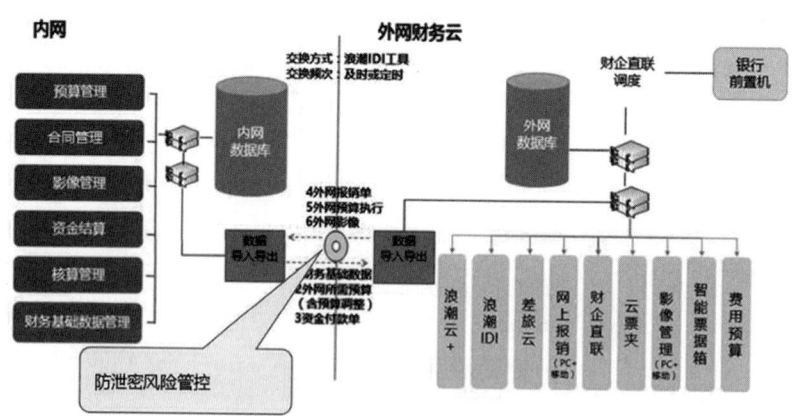

图 21　"云＋"系统应用部署架构

（2）型号项目脱密处理应用。涉及按项目管控的费用管控，在"云＋"端做好了基础数据（如型号项目）的脱密处理。图 22 为成发军品业务部科研项目预算费用管控具体应用展示。

成发公司"云＋移动报销"的信息化构建及应用，使军工单位亦能在安全及防泄密风险的保障下，安全顺畅地使用移动报销，切实提升了业务办理的快捷性，提高了费用报销的报账效率，减轻了财务的制单工作量，实现了公司运行效率的提升及管控效能的提高。

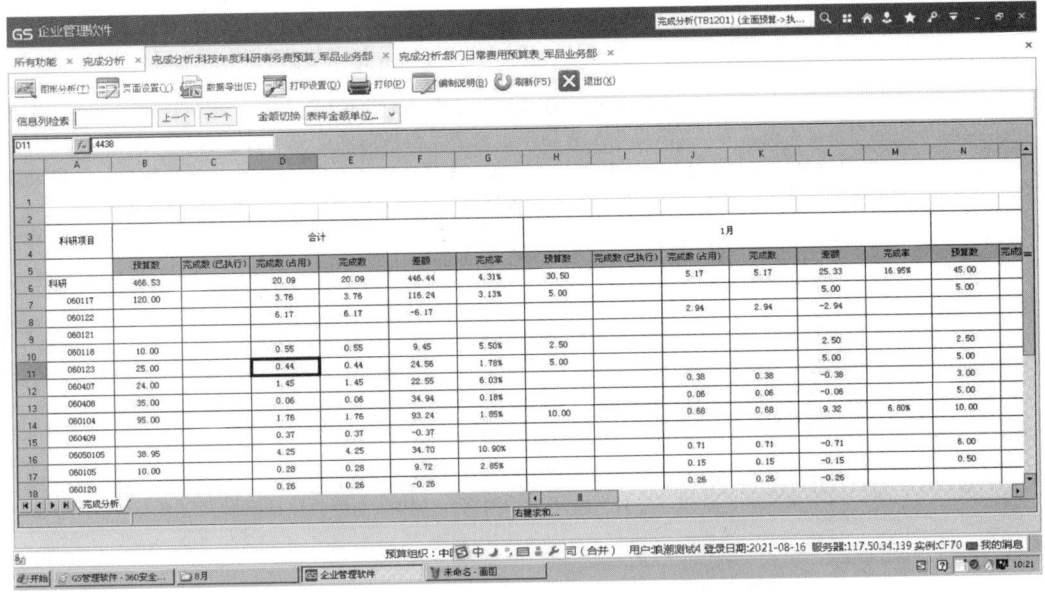

图 22 成发军品业务部科研项目预算费用管控展示

（三）中台系统"集成+共享"管理应用

成发公司在 ERP 系统中的核算凭证均由业务驱动生成，并通过接口将凭证传递至浪潮系统。由于 ERP 系统是业财融合度较高的管理系统，由业务操作触发生成物料凭证，同时单张物料凭证生成一张会计凭证，就成发公司实际业务而言，仅材料采购业务每月就有数百张会计凭证生成。为此，在进行多次优化后，成发公司就不同业务类型设置了不同的凭证传输方式，使凭证传递更具实用性及可操作性。表 2 为目前 ERP 传递至浪潮业务的凭证传递方式。图 23 为 ERP 系统推送至浪潮系统部分凭证展示。

表 2 ERP 至浪潮凭证传递方式

序号	传输内容	实现方式
1	采购入库凭证	（1）ERP 汇总每月材料入库报表整理后传输至浪潮。选择条件为：ERP 产生的移动类型为 101 + 102.161 + 162，移动标识 = B（按采购订单的货物移动），同时采购订单不为空。同时增加其他选择条件可按选择的范围传输凭证
		（2）传输方式：按报表
		（3）月底汇总传输
2	采购发票报销	（1）按每单传输至浪潮，需要浪潮评估合同管理中稽核功能实现方式，ERP 如何配合进行合同稽核
		（2）ERP 将凭证类型为 RE 的清单手动选择传输至浪潮
		（3）传输方式：按凭证
3	原材料出库单	（1）汇总传输至浪潮，ERP 将移动类型为 261 + 262 的生产订单（判断订单类型为生产订单）投料取出并保存至自定义表，汇总后按物料 + 部门生成浪潮凭证格式传给浪潮
		（2）区分不同出库类型：生产领用、部门领料、委外等，按不同出库类型设置不同科目匹配关系
		（3）传输方式：按报表
4	出库调整单	（1）汇总传输至浪潮，ERP 将外购材料中材料成本差异数据取出并保存至自定义表，按照物料 + 部门汇总金额按浪潮格式传输至浪潮生成会计凭证
		（2）ERP 材料成本差异单独处理，上述逻辑仅为浪潮提供数据
		（3）传输方式：按报表

续表

序号	传输内容	实现方式
5	产成品入库单	（1）汇总传输至浪潮，ERP将生产订单收货（移动类型为101+102，生产订单不为空，移动标识=F），保存至自定义表格，实际成本核算结果出来后，按当前实际成本按模板导入至自定义表格。通过按钮"计算价格"进行价格计算，计算公式（期初库存金额+入库金额/期初库存数量+入库数量）。计算出的历史累计加权平均价格后保存至成品价格表中（每月保存一次），供销售出库取单价
		（2）产品入库单表格中支持数量和金额的修改
		（3）传输方式：按报表
6	产成品出库单	（1）汇总传输至浪潮，ERP将销售出库单据（移动类型为601+602），保存至自定义表格，从系统价格表中获取成品物料当前历史累计加权平均价，通过表格汇总数据后传浪潮，ERP系统中不生成凭证
		（2）同时针对已销售开票部分的单据需要结转主营业务成本，表格中需要统计发出商品明细是否已经开票
		（3）ERP集成业务产生的会计凭证不传输浪潮，传输至浪潮的数据根据自定义表格中的金额进行传输
		（4）传输方式：按报表
7	销售发票	（1）按每单传输至浪潮
		（2）ERP将凭证类型为RV的凭证传输至浪潮
		（3）传输方式：按凭证传

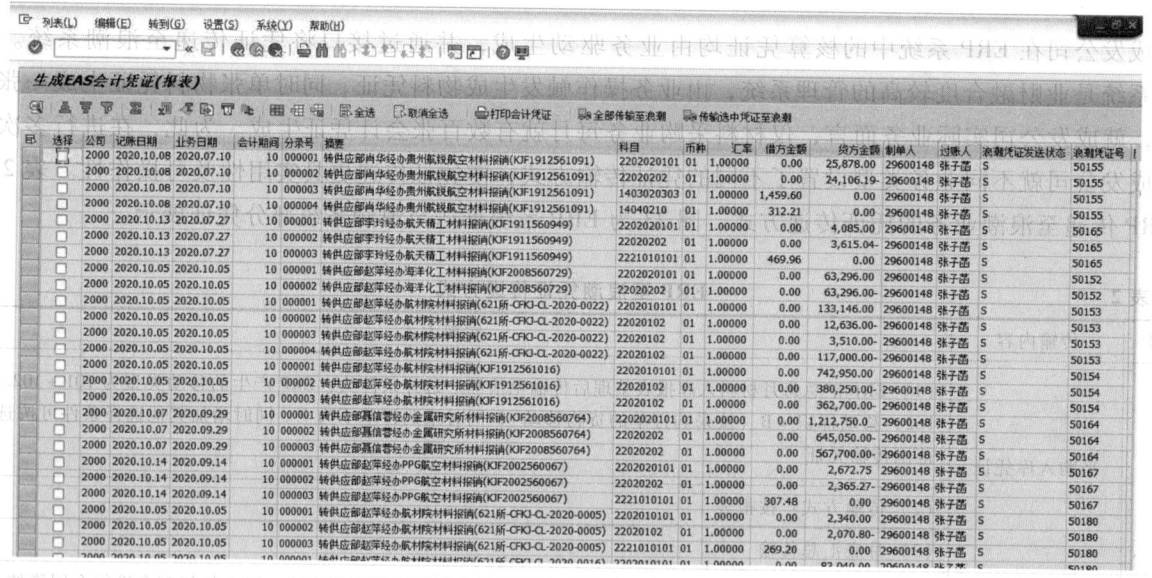

图23　ERP至浪潮系统凭证传递展示

浪潮至ERP系统的凭证传递采用WebService的传输方式，每月将记账后的总账类凭证，例如固定资产、付款、费用计提等凭证传递至ERP，确保ERP系统费用的完整性，使ERP系统顺利开展标准月结工作，为下一步成本的全面应用奠定基础。图24、图25展示了浪潮向ERP系统的凭证传递方式及应用情况。

ERP与浪潮的系统集成极大地促进了系统间数据的共享，使业财一体化应用更为深入，进一步提升了管理会计信息化水平。

五、管理会计信息化实施效果

成发公司通过管理会计信息化的建设实施与应用，公司治理能力和经济运行质量得到较大提升。

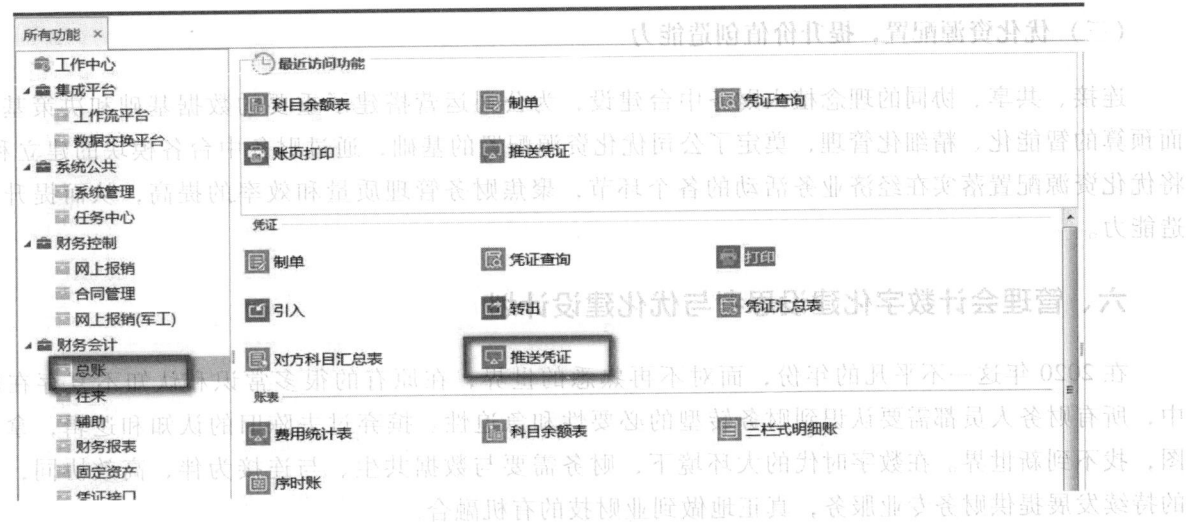

图 24　浪潮至 ERP 系统凭证传递方式

图 25　浪潮至 ERP 系统凭证传递应用情况

（一）实现决策支持，提升服务战略能力

强化服务战略能力，是管理会计的重要使命之一。成发公司管理会计信息化建设以服务战略为出发点和落脚点，财务中台承担起了公司数据服务职能和决策支持职能。通过全面预算模块分解战略目标，通过预算执行管控将分解后的战略目标落实到具体的责任部门、业务环节；通过报账系统搭建数据服务基础，为公司经营决策提供有力支持，提升了财务服务战略的能力。

（二）强化内控体系运行，提升风险防御能力

财务中台的搭建，实现了业财融合、协同共享。以全面预算管理作为公司经济业务的管控起点与牵引，以合同管理和网上报销作为预算目标的落地，并通过各个模块间的互相参照与控制，实现了公司内控的"流程化、可视化、智能化"。纵向整合了重复性、标准化业务并实现高效处理，达到整合资源、提高效率、降低成本的目标；横向推动协同共享，使财务管理工作与业务活动有效衔接，将内控管理延伸至业务源头，实现过程控制，提高公司风险防御能力。

（三）优化资源配置，提升价值创造能力

连接、共享、协同的理念植入财务中台建设，为公司运营搭建了重要的数据基础和决策基础。全面预算的智能化、精细化管理，奠定了公司优化资源配置的基础，通过财务中台各模块的建立和连通，将优化资源配置落实在经济业务活动的各个环节，聚焦财务管理质量和效率的提高，从而提升价值创造能力。

六、管理会计数字化建设思考与优化建设计划

在 2020 年这一不平凡的年份，面对不再熟悉的世界，在原有的很多常识和认知不复存在的环境中，所有财务人员都需要认识到财务转型的必要性和急迫性。摈弃过去陈旧的认知和逻辑，拿着旧地图，找不到新世界。在数字时代的大环境下，财务需要与数据共生、与连接为伴，高效协同，为企业的持续发展提供财务专业服务，真正地做到业财技的有机融合。

随着数字化的时代到来，管理会计信息化将向管理会计数字化转型迈进。管理会计数字化建设离不开财务创新思维，财务人员必须树立服务战略、业财融合、协同共享、风险管控等思维，并将其融汇在数字化建设的历程中，只有这样，才能从真正意义上实现管理会计数字化。

管理会计数字化建设不是一蹴而就的，数字化重点在"建"，但关键在"用"，没有天生完美的数字化系统，只有在不断应用的过程中不断优化。成发公司未来 5 年的优化建设计划如图 26 所示。

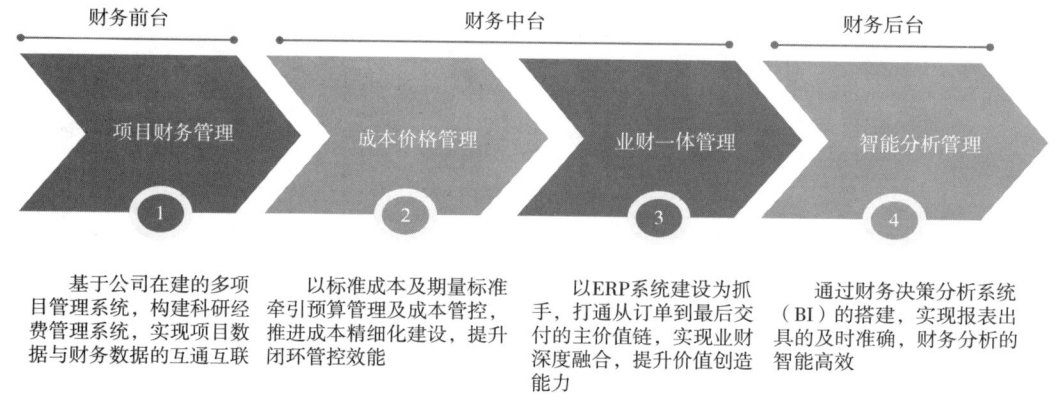

图 26　成发公司未来 5 年管理会计数字化推进内容

成发公司在后续的管理会计数字化推进中，将持续以"财务前中后台"为蓝图体系，打通 12 个关键信息通道，真正实现数字化时代的财务转型，进一步实现管理的精细化，助力公司业财一体化建设与核心竞争力的有效提升！

参考文献：

[1] 冯巧根. 改革开放 40 年的中国管理会计——导入、变迁与发展 [J]. 会计研究，2018（8）：16 - 17.

[2] 徐春霞. 财务一体化平台推动财务会计向管理会计转型探析 [J]. 科技经济导刊，2020（28）：200.

[3] 罗乾宜. 边界管控：兵器工业集团整合管理会计工具的创新探索 [J]. 会计研究，2017（10）：51 - 57.

[4] 许汉友，姜亚琳，张蓓. "中国制造 2025"背景下的管理会计信息化研究 [J]. 管理会计，2017（2）：10 - 15.

企业自评

管理会计的建设始终以解决公司发展中的困难和问题为目标，以提升公司经营管理水平为出发点

与落脚点。管理会计信息化建设需要找到适合自身的管理会计工具与方法并加以转换应用，从而能够支撑公司的经营决策与管理变革。

本案例展示了成发公司近10年的管理会计建设探索及实践应用。紧承"财务前中后台"的管理会计思想理论，成发公司规划重构了符合自身实际的"以业财融合为前台、以系统管控和数据服务为中台、以商务智能及企业门户为后台"的"财务前中后台"应用框架体系，在流程和智能设计上运用全面预算、报账管理、资金管理、成本管理等管理会计工具，建立系统间的集成联系，建设打通12个关键信息通道，扎实推进管理会计的建设落地，切实提升了公司在预算管理、合同管理、移动报销管理、业财融合管理等方面的管控效能。

展望未来，成发公司将持续深入推进"互联网+"及大数据应用，实现财务前中后台的融合贯通，分享更加丰富的管理会计践行应用。

专家点评

本案例从管理会计思想的角度，将财务信息化建设作为管理会计落地的工具，对财务前中后台进行了重构，构建了一套包括全面预算、资源管理、合同管理、财务报销、资金管理、数据分析在内的闭环管理体系。本案例重点介绍中台建设，中台管理是大型军工制造型央企管理的核心，也是企业价值创造的洼地，同时也是经营管理与财务管控的重中之重。本案例基本实现了实物流、信息流、价值流的融合与统一，对企业聚焦战略落地和资源优化配置有着重要的借鉴意义。突出企业高质量发展要求，注重财务管理质量和效率提升，正是管理会计职能与作用的体现。

数字化时代，深化业财融合是更好地把握客户需求的必要手段，是提升国有企业价值创造能力的必然要求。建议企业进一步打通和优化贯穿前中后台的各个通道，尤其是成本管理与预算管理的通道，实现全面预算牵引下的精细化成本管理。加强全局性和系统性信息化建设，切实发挥管理会计在企业经营发展中的价值创造作用。

基于信息化全流程协同的成本管理会计体系构建

——航天电器成本管理会计建设与信息化应用案例*

贵州航天电器股份有限公司

> **摘要**：成本管理一直是管理会计的核心议题和难点问题。信息技术的快速发展，为企业提升成本间的相关性，进而有针对性地加强成本管理，提供了新的手段。
> 本文对航天电器近几年的成本管理会计工具与信息化建设协同应用历程进行梳理，提炼了一些行之有效的做法，为"多品种、小批量"为特征的军工企业如何依托信息化手段构建一套符合自身实际情况的成本管理会计体系提供参考，旨在为军工企业如何开展管理会计应用工作，如何找准生产经营与管理创新平衡点提供借鉴。
> **关键词**：管理会计；成本管控；信息化

一、企业简介

贵州航天电器股份有限公司（简称"航天电器"）是中国航天科工集团有限公司下属上市公司，成立于 2001 年 12 月 31 日，2004 年 7 月在深圳证券交易所上市，股票代码 002025，是国家级继电器、连接器企业技术中心，国家精密微特电机技术工程中心。

作为中国军民融合电子元器件龙头骨干企业，航天电器在高端连接器及线缆组件、继电器、微特电机及控制组件、光电模块、智能装备及服务等领域从事研制生产和技术服务。产品广泛应用于航空、航天、船舶、兵器、核能、电子、通信、医疗、轨道交通、能源装备、网络设备、家用电器以及新能源汽车等领域。

航天电器现有资产 64.53 亿元，具有雄厚的科研生产技术实力，已形成集团化、跨地域、专业优势互补的产业化布局，在贵阳、上海、遵义、苏州、泰州、镇江、东莞等地拥有控股子公司，2020 年实现营业收入 42.18 亿元，利润总额 5.64 亿元。

二、构建背景

（一）响应宏观新要求，革故鼎新谋发展

近年来，随着国家深入推进武器装备采购价格机制改革，军工企业的经营方向已经由"精细化向精益化"转变为"精益化向数字化"，呈现出发展方式转变、业务结构优化、增长动力转换的态势。以

---

* 本篇作者：王曦、朱育云、覃智君、燕冉、孙潇潇、王克飞。
指导专家：邹艳（北京航空航天大学）、徐光华（南京航空航天大学）、李玲（中央财经大学）、黄小畅（中国航天科工集团有限公司）。

提质增效为中心，以创新驱动为牵引，加快推动军工企业财务转型升级是大势所趋。

航天电器作为国内元器件行业骨干军工企业，唯有通过技术变革与管理创新协同发力，塑造、夯实自身的核心优势方能应对激烈的竞争压力。同时，业务复杂性的增加、数据多样性的提升、信息反馈的及时性与相关性需求也对航天电器的经营决策带来了严峻的挑战，这迫切需要基于信息化支撑的管理方式创新为企业新发展提供重要支持。

（二）适应行业新形式，奋楫争先谱新篇

为了在以"自主可控""全面替代"为核心的第三次发展关键期进一步筑牢航天电器的经营安全缓冲区，需要运用科学的管理理论对实践予以指导。航天电器作为军工企业，不仅在信息传递中需要严格保密，生产经营模式也呈现"多品种、小批量"的特点，财务人员如何借助信息化手段提升信息抓取、分析的及时性与相关性，进而构建一套全流程协同的成本管理会计体系，对于航天电器及时应对市场变化、助推经营管理质量不断提升与市场技术持续发展尤为重要。

三、应用基础

航天电器现阶段已将财务信息嵌入业务控制，能够对业务数据实时动态管控，建成了由结果控制转为事前计划、事中控制、事后监督的成本管理会计信息化管理平台，目前正悉力推动业财进一步深度融合、提升信息处理效率、完善资源整合、推动战略落地的方向深入发展。

（一）支撑完备，运行稳定

航天电器在各事业部组建了网络系统互连专线，建成了集团化广域网系统，集团数据的信息化采集可延伸到各地部门、车间，硬件运行稳定，软件运行安全。

（二）统型有序，覆盖全面

随着信息化建设专项工作的深入推进，在科工集团管控要求下，航天电器持续优化财务信息系统的统型建设与应用，各子公司先后完成上线用友 NC、用友 U8、SAP，并确立了 SAP 的统型目标，现已全面奠定了基于信息化成本管理会计体系应用基础。

（三）业财融合，转型稳步

航天电器已建成了综合信息化平台。各事业部技术人员使用 CAD 进行产品设计、PLM 系统跨地域产品数据管理、仿真分析软件应用、结构应力软件应用、三维设计、MES 系统、驾驶舱系统、SRM 系统正在全面实施和推广应用。

（四）统筹牵引，配套人才

航天电器管理会计的构建工作由财务总监进行布局总抓，定期组织跨部门培训会议，致力于打造管理会计人才孕育高地，鼓励支持财务骨干人才大胆创新，充分发挥财务团队中高级职称人员"传帮带"作用，持续促进财务新晋员工的成长，在管理实践中积极将公司自发性创新与财政部导向性制度进行融合，抽选骨干财务、业务人员参与成本管理会计信息化构建工作中，为构建工作提供了人才支撑。

四、体系构建

航天电器 SAP-ERP 的实施围绕着信息归集的准确性和及时性、业务与财务的统一性展开，已建成符合经营特点与管理需求的系统架构（见图1）。

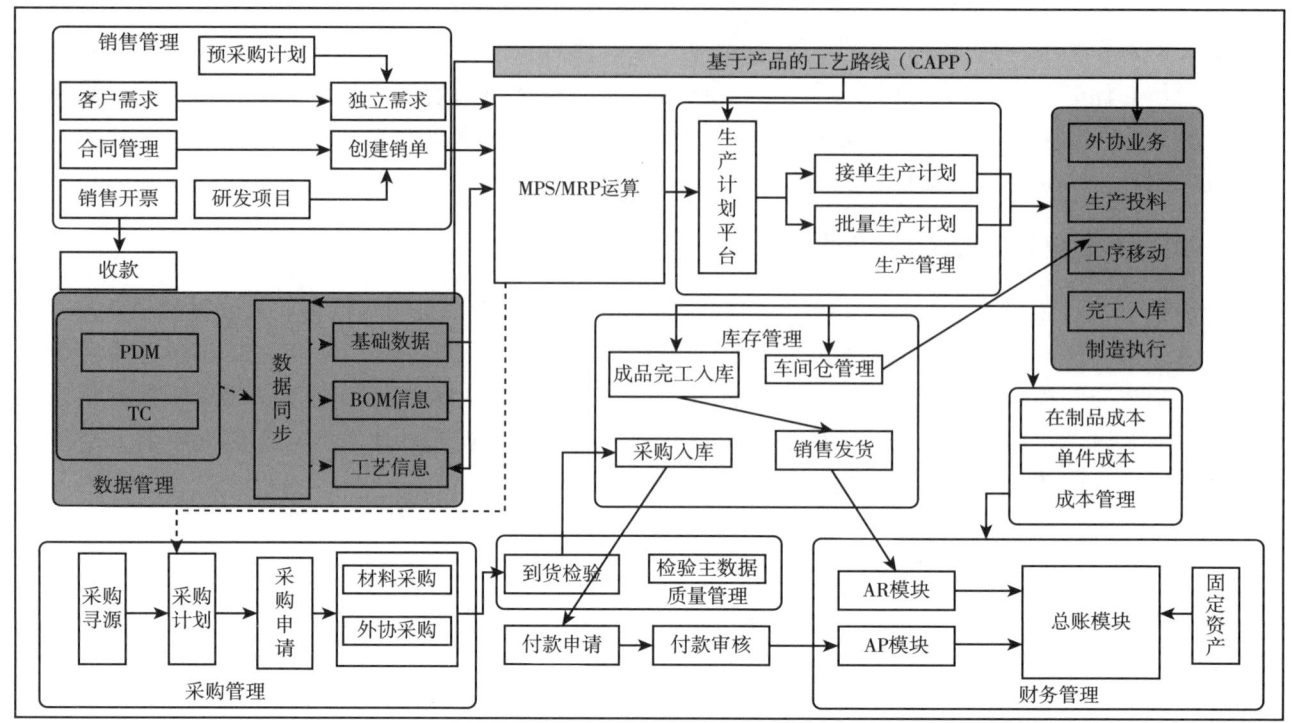

图 1 航天电器财务 ERP 逻辑架构

在该框架下,通过明确标准单据与科目对应关系,业务信息通过自动制证功能,直接将财务数据进行抓取,减少了信息冗余与数据重复录入工作,使业务、财务得以联动。主要体现在以下几点:

(一)横向整合,协同并进

航天电器在 SAP 布局完成后,不囿于理论概念,侧重于应用实践的模式创新,将 SAP 与研发工艺部门的 TeamCenter PLM 平台进行内部订单集成,利用 Extensible Business Reporting Language 实现跨平台信息交互,使得 SAP – ERP 管理平台、MOM – SIMATICIT 制造执行平台得以融合。各个模块的信息管理系统高度集成化,为管理会计工具的应用提供技术基础。

结合公司具体情况,航天电器将信息化手段融入各部门,多维度、跨部门联动实施了多项改善措施,通过自主研发的供应链全流程管理 SRM(供应链协同)平台,打通与供应商"端(采购端)至端(供应端)"的流程协同。该平台从内部计划管理系统提取数据,通过互联网传递至供应商处,供应商按照合同清单在收到确认发货的指令后,完成发货、验收、入库等环节,不仅在规范了供应链管理流程的同时,有效控制入库数量和种类,还能对各子公司数据的汇总,使得子公司存货相互流通、共享,科学进行出入库排单,提升存货周转率(见图 2)。

(二)建章立制,常抓长管

在基于已布局完成的信息系统基础上,航天电器已完全推行基于标准成本下的作业成本法(SC – ABC)成本管理模型,利用 SC – ABC 管理模型在对价值链流程进行管控的同时,也为公司降本增效战略提供支撑,连续 6 年下发《成本控制及提质增效管理办法》《关键业务财务数据即时动态监控管理办法》《优势产品贡献度测评管理办法(试行)》等 10 余项管理制度,从销售订单毛利、生产订单完工、物料采购成本、应收账款账龄、生产订单损耗、生产订单成本、采购订单价格、利润贡献情况、存货

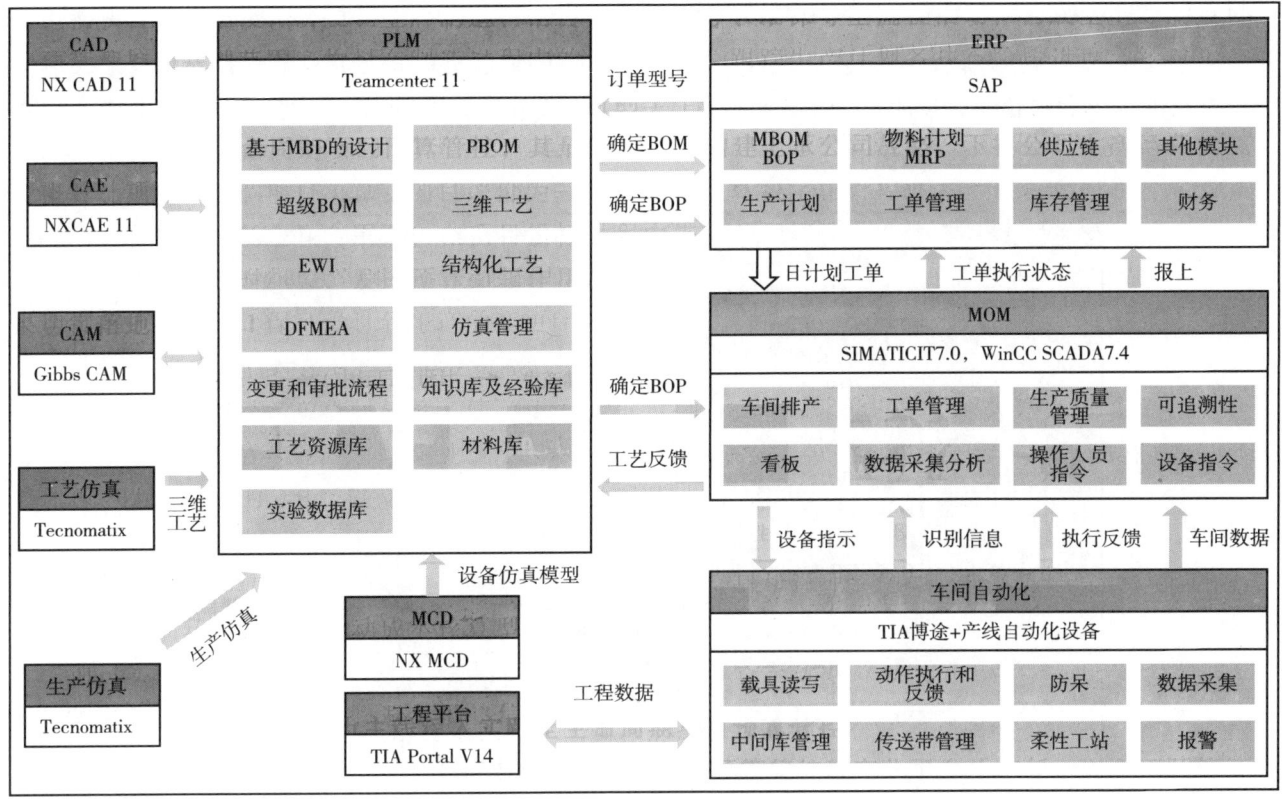

图 2 航天电器信息化平台

周转频次、存货库龄情况等多维度发力,旨在强化业务过程动态管控,推动业务行为改善提升,促进资源的优化配置。

(三)优化牵引,部门联动

航天电器利用信息化平台,完成由财务部门主导,联合工艺部门、技术部门协同参与作业标准成本库的建立工作(见图3)。组织成立专门的工艺技术团队,从工艺流程、工艺布局、经验总结等维度,合理梳理出 20 万余物料编码的 BOM、工艺及其标准工时,工艺技术人员深入参与作业标准成本库的建立,为其建立提供了基础数据。

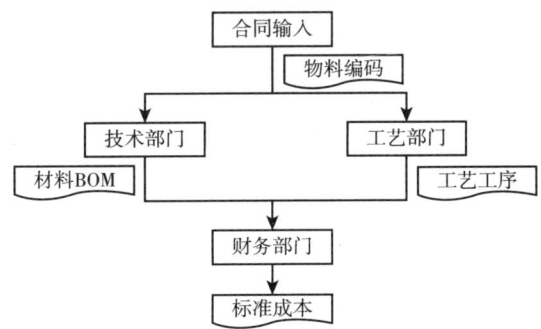

图 3 航天电器基于信息系统的跨部门协同融合

(四)深入分析,部署周密

财务部门基于信息化平台,根据清晰的工艺布局,实现了作业成本中心的建立。根据公司整个生产制造流程复杂性分析,资源消耗动因分析,生产过程特点分析,基于同质作业合并原则、生产产品的多样性与中间性、生产设备与工艺的现代化、具体的工作性质与工作职能,在充分融合技术人员与财务人员的意见和建议后,按照整个工艺布局建立了41个直接生产作业成本中心和4个辅助作业成本中心(见图4)。

图 4 航天电器作业成本中心划分(部分)

(五)细化分摊,科学归集

航天电器利用信息化建设基础,将公共作业资源细化分摊,使得费用归集更科学、准确。ABC 根据作业资源流动可以获取全面的成本信息(见表1)。成本信息不仅提供了产品成本,而且提供了运营成本和管理成本。公共作业资源的分配基础也有所不同,通过更公平、更科学、更准确地分配间接成本,避免产品成本信息的极端扭曲,为管理者提供决策可靠的基础,同时,也便于公司对业务流程实施更有效的成本管控。

表 1 航天电器信息化成本归集标准

序号	部门管理费用(A)	优势产品计划项数占比(B)	优势产品产值金额占比(C)	部门管理费用分配标准(D)	备注
1	科研生产部门	优势产品生产计划占全部计划比例	优势产品产值金额占比	D = A × (B × 60% + C × 40%)/2	若具备条件,可选作业时间、作业项数等按一个标准进行关联作业成本分配。除技术系统部门外,其他管理职能部门费用不作延伸计量分配
2	物资采购部门	优势产品采购计划占全部计划比例	优势产品产值金额占比	D = A × (B × 60% + C × 40%)/2	
3	质量管理部门	优势产品检验计划占全部计划比例	优势产品产值金额占比	D = A × (B × 60% + C × 40%)/2	
4	财务管理部门	优势产品生产计划占全部开票比例	优势产品产值金额占比	D = A × (B × 60% + C × 40%)/2	

(六) 业财融合，精益管控

航天电器依托信息化建设，将业财作业更加紧密、高效的融合。一方面将成本控制范围提前扩展到整个纵向价值链的成本管理中，不仅有效地识别并逐步消除非增值业务，还可以提供更准确、更可靠的成本信息，进行成本动态管理；另一方面作业成本法与标准成本法融合，实现事前建立标准、事中过程管控，事后分析借鉴，使管理者清晰地了解公司产品的增值过程，清楚地把握企业运作过程中的每一项成本是如何发生的，找出生产成本高的原因从而进行成本优化与控制，通过把成本的发生细化到营运的具体环节中，进一步对成本进行准确监控（见表2）。

表2 航天电器作业物料差异分析（某防尘盖）

投料与作业：BOM和工艺	数量	单位	实际总值	标准消耗	标准成本	作业中心及资源	差异
LJ-LK8.040.293	20	PC	517.53	20	419.29	1000 13227878	98.24
组装	20	MIN	0.07	18	0.18	1000F04001 Z002（折旧）	-0.11
组装	20	MIN	1.94	18	10.26	1000F04001 Z001（人工）	-8.32
组装	20	MIN	0.41	18	16.74	1000F04001 Z003（制费）	-16.33
LK8040293/金属防尘盖	20	PC	512.20	20	377.86	1000 12213796	134.34
铣削成形1	60	MIN	9.00	55	8.25	1000F01001 Z002（折旧）	0.75
铣削成形1	20	MIN	14.00	18	12.60	1000F01001 Z001（人工）	1.40
铣削成形1	20	MIN	42.60	18	12.42	1000F01001 Z003（制费）	30.18
2A12/铝排	0.8	PC	20.00	0.8	19.40	1000 11006124	0.60
铣削成形2	200	MIN	30.00	150	22.50	1000F01001 Z002（折旧）	7.50
铣削成形2	20	MIN	14.00	20	14.00	1000F01001 Z001（人工）	—
铣削成形2	200	MIN	142.00	150	103.50	1000F01001 Z003（制费）	38.50
去毛刺	20	MIN	3.00	18	2.70	1000F01001 Z002（折旧）	0.30

五、体系应用

（一）建立物料数据导入逻辑，完善生产流转销售计划

1. 建立物料数据导入逻辑

（1）对航天电器的整体物料管理体系进行了顶层设计规划，建立航天电器范围内统一物料规范管理的体系。

（2）发布《物料规范管理办法》，将航天电器范围内所有物料数据进行统筹考虑、统一规范管理，明确物料分类规则、定义各类物料的数据规范和使用范围、明确物料规范的企业管理职责。

（3）发布《物料主数据维护流程管理办法》，明确物料数据的新增、扩充、变更各项业务的执行流程和管理职责，同时明确物料属性字段变更发展的执行流程和管理职责。

（4）建立航天电器产品数据的体系模型，提出并实践了适应产品研发、制造生产BOM体系的构想，系统整理了设计BOM转化，为制造BOM转换场景和规范，并按照两大BOM体系模型完成智能样板间数据的首次尝试，整理完成了某系列连接器BOM及工艺等产品数据，并实现接口互联。

（5）发布《产品数据变更管理办法》，明确了产品数据电子版本管理规范和流程；重新梳理了供应商客户数据，并入集团供应商客户数据统一管理。

2. 完善生产流转销售计划

（1）搭建完成销售计划向生产计划的系统内传递，生产计划平衡室完成通过主生产计划平衡物料需求计划展开的计划流程运用，为计划体系进一步纳入线内管控打下基础。

（2）完成直运业务、中转业务的系统内管理，并通过开票平台，完成按客户要求定制化开票，提升开票效率；体系构建项目组在切换过程中完成大量冗余、呆滞业务数据的清理，包括对已完工和未清数据的筛选识别，尽可能保证各系统业务数据的有效性并确保系统切换后生产业务的平稳开展。

（3）创新性地搭建"宇航计划平台"，将原EXCEL计算的宇航配套计划纳入系统内进行管控；在生产领料严格监控管理与产品数据管理要求下实现将线外的领料流程纳入线内管控，包括从领料申请—审批—下账的过程，实现领料申请的无纸化应用。

（4）在提升业务规范性和便捷操作，提高工作效率的目标下，实现"条码+配套平台"的线上线下结合，确保实物、账面一致性。

（二）推行采购仓储管理制度，细化财务成本过程控制

1. 推行采购仓储管理制度

（1）通过采购组织及采购组的精细化划分实现采购职能部门及采购员权限的细致划分，从而实现权责分明、权限调整便捷、采购执行有效保密的目的。

（2）实现采购订单价格来源及需求来源的可追溯性。

（3）实现采购订单在采购收货前审批，提高采购订单在ERP系统内的严肃性，并规范采购订单的审批流程。

（4）实现与分支机构、子公司之间的采购线内管控，通过后勤业务执行自动集成财务应付。

（5）实现采购执行中各类单据的ERP线内打印并规范各类单据，如：采购订单、采购合同等。

（6）实现费用化采购的成本及费用的及时归集，并同可通过物料组自动锁定科目，提高科目确定的准确性。

（7）实现质量检验信息及质量检验结果的线内传递。

（8）生产订单计划内领料及带料分包的线内执行，通过系统进行需求提出、需求审批及集成发料执行，实现有效的生产领料信息的快速传递并简化库存发料业务操作。

（9）实现库存各类单据打印，如生产配套表、移库单、报废单等。

（10）实现更加精细化的条码管理，并通过移动扫码确保仓库与实物的一致性。

（11）建立成品中转库机制，实现ERP系统内的销售收入确认与实物管理的一致性，降低了审计风险。

2. 细化财务成本过程控制

（1）信息系统集成综合平台首次运行就取得成功，特别是在制品数据方面对比之前的系统月结，重新梳理在制品对照方式，实现还原成本的投入、转出过程，并成功将多家事业部的在制品对照平衡。

（2）财务报表，如账龄分析报表、资产负债表等都已实现系统自动出具。

（3）成本核算更及时、准确。通过搭建运营报表平台的开发，实现运营指标的快速系统化、数据化输出。

（4）创新采购环节成本核算的方式，建立业务部门发票自动预制生成机制，加强财务对业务的管控力度。

（5）通过销售与财务的集成实现业务财务一体化，并基于此平台开发实际回款报表和计划回款报表,为企业掌握未来资金状态提供依据。

(6)成本管理更精细。启用了物料分类账,能够细化到物料进行成本构成分析和差异的分析还原,改变了之前按材料大类进行粗放管理的方式。

(7)明确集团化视角的财务工作方式,并基于此出具期间费用表、资产负债表、账龄分析表等财务常用报表,为各子公司深化应用奠定基础。

(三)构建管理会计报告体系,优势产品成本全程管控

1. 构建管理会计报告体系

航天电器立足效率点,围绕业财融合深度基线、管理监控广度基线,聚焦于战略层、经营层、执行层,统筹编制、审批、报送、使用等环节,构建了"一点、两线、三层、四面"为特点的管理会计报告体系(见图5)。

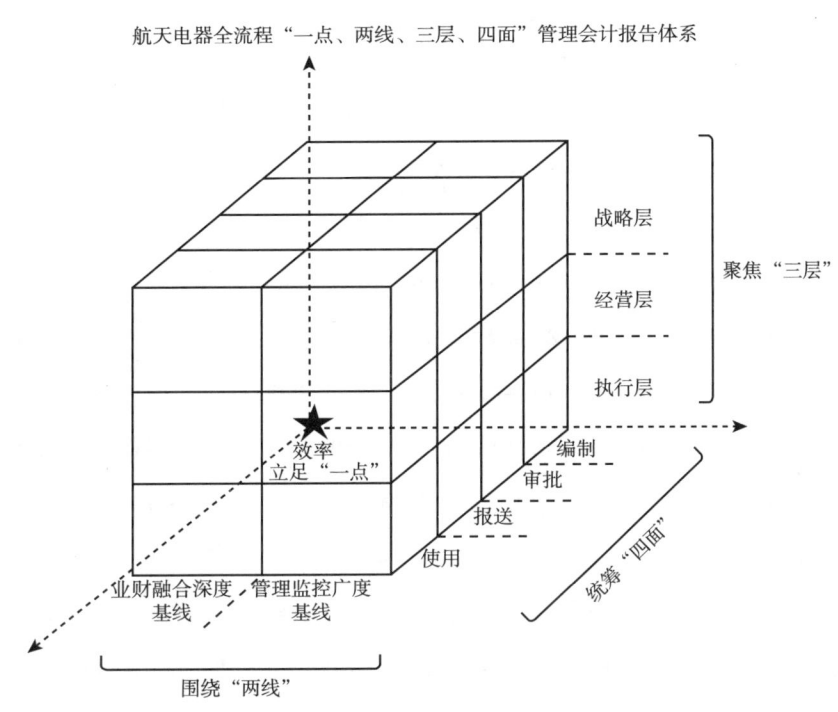

图5 航天电器管理会计报告体系构建图

在设计管理会计报告体系的过程中,航天电器财务团队制定分类别标准化报告模板,并结合SWOT分析,构建了围绕预算(资金)管理、资产管理、成本管理(研发成本管理、采购成本管理、生产物耗分析、产品成本分析、税收成本分析、成本监控)、运营管理、财务评价报告等为主线的管理会计报告体系,报告输出范围涵盖了战略层、经营层以及执行层,共计5大类35项41张常规标准化报告、报表模板(见图6)。

2. 优势产品成本全程管控

根据优势产品毛利贡献、生产效率、收入增长率、技术产出比、配套核心客户等情况,结合市场及公司发展要求,按作业成本法拟订《优势产品贡献度测评管理办法》,逐步整合资源,优化产线,推动优势产品制造能力提升建设,满足支撑市场需要,从盈利能力、保障水平、市场规模、薪酬贡献等8个方面按照优势产品贡献度评价,以各子公司为责任主体进行打分排序,并加以利用评价结果,促进企业资源优化配置(见表3)。

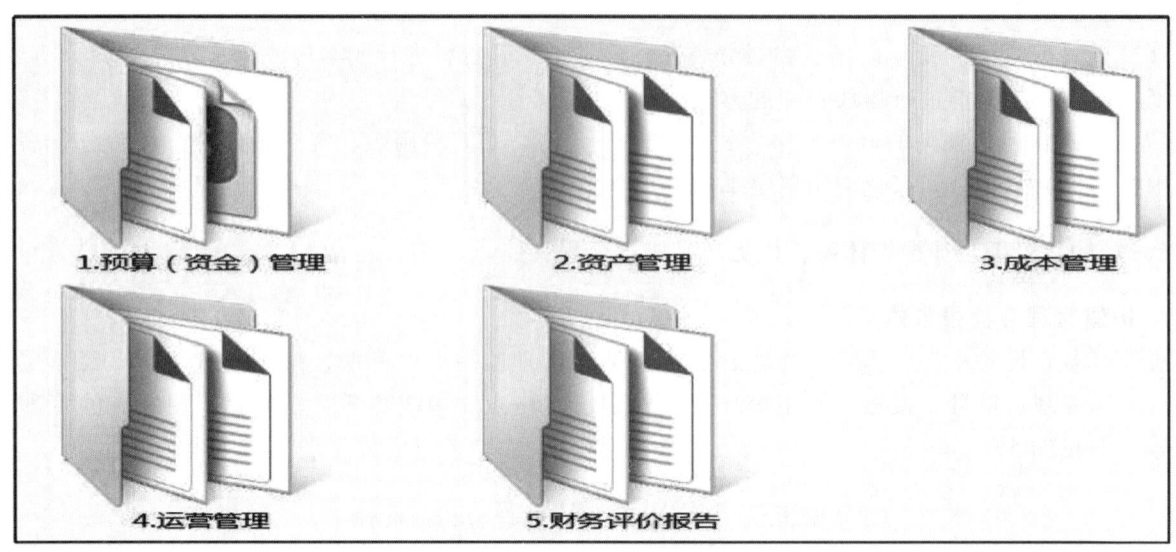

图 6　航天电器 41 张标准化管理会计报告

（四）二次开发预算久其报表，实现季报自动汇总审核

1. 二次开发预算久其报表

未进行体系构建前，航天电器本部编制预算报表是简单的利用 EXCEL 等工具来进行汇总统计，要花大量的时间在数据收集、数据校验、数据核对上，预算报表汇总时只能通过手工粘贴来实现，周期比较长，编制的全面预算统计报表准确性上不能够保证。整个预算报表编制工作过程中投入了大量的人力物力，但从效果上来看也差强人意。

表3 优势产品评价构成内容

指标分类	指标内容	权重分值	90—100分	80—90分	60—75分	60分以下	评价值	分值说明	衡量内容
一、定量指标	毛利贡献额	30	大于总公司毛利率20%（取报表数据）	大于总公司毛利率10%—20%	大于总公司毛利率0—10%	低于总公司报表毛利率		1. 优势产品贡献度评价按100分计，以事业部为单元进行打分排序；2. 评价值＝∑（单项指标分值×权重）；3. 90（含）—100分为优秀，80（含）—90分为良好；60（含）—80分为中等，60分以下为不合格	盈利能力
	生产效率	20	同比增长25%以上	同比提升10%—25%	同比提升0—10%	同比下降			保障水平
	收入增长率	20	同比增长25%以上	同比增长10%—25%	同比增长0—15%	同比下降			市场规模
	技术产出比	5	同比提升20%以上	同比提升10%—20%以上	同比提升0—10%以上	同比下降			薪酬贡献
二、定性指标	配套核心客户（家数）	10	同比增长20%以上	同比增长10%—20%以上	同比增长0—10%以上	同比下降			聚焦核心
	技术前景（行业增长）	5	技术总师提供报告，财务组织评审打分						被替代性
	配套重大工程	5	同比增长15%以上	同比增长10%—15%	同比增长0—10%	同比下降			社会责任
	专利数量	5	同比增长15%以上	同比增长10%—15%	同比增长0—10%	同比下降			技术积累
	合计	100							

通过对久其报表的二次开发，自行设计年度全面预算报表收集参数。通过设计报表任务，定义报表的样式（即要收集些什么指标数据）、报表中公式的定义（确保数据的准确及有效性）、封面代码定义（记录填写单位的信息，直接影响数据的可分析性）等。最后按照公司全面预算EXCEL报表模板设计任务后，将此任务下发给各子公司，按照要求填完审核通过后，上报本部财务管理部进行相关汇总合并操作。

目前，航天电器已实现集团全面预算表的自动审核汇总和合并，大大提高了公司全面预算管理表的颗粒度，全面预算表的质量，提高了公司编制全面预算管理的效率（见图7）。

2. 实现季报自动汇总审核

未进行体系构建前，航天电器本部编制季度报表是简单地利用EXCEL等工具来进行，这种方法需花大量的时间在数据收集、数据校验、数据核对上，周期较长，编制的合并报表准确性上不能够保证。

在航天电器报表合并工作中，由于组织机构庞大复杂，合并规则经常发生变化，合并的数据量大，采集、核对非常困难，内部单位财务人员水平不一致，合并报表编制频率高，合并报表数据的安全性和共享性要求等因素都是在报表合并中面临的困难。

通过设置单体报表公式定义方法提高了各事业部上报个体报表的质量，加强了合并报表事前审核力度。根据公司目前季度财务报表和披露季报所需标准格式，通过镶嵌大量内部审核和自动运算公式自行设计季度报表格式，已实现季度合并报表的自动审核、汇总，合并。

"EXCEL的合并报表试算"在引用公式不断完善的过程中，解决了这一难题，大大提升了合并报表、出具管理会计报告的效率。航天电器财务部在合并报表的优化工作上利用EXCEL设置了数据引用公式，便于子公司和母公司进行数据准确性自检，大大提升了合并报表编制工作效率，保证了质量，从而使得财务纵向信息化部分数据分散化、报告多样化的问题得以解决。通过在各表之间设定引用公

[FMDM] 封面代码 | [BBXM] 报表项目预算总表 ★ | [ZYXM] 主要项目预算总表 ★ | [ZJSZ] 资金收支预算总表 ★ | [Z01] 产品销售订单预算基础表 ★

187.64 | A15 | [15, 1] | 职工教育经费含培训费 上年实际

序号	费用项目	备注	上年实际	本年预算合计
1	一、收入合计		113,748.77	135,906.00
2	销售收入	含材料销售	113,435.55	135,000.00
3	其中：关联销售收入	含材料销售	56,019.42	64,000.00
4	补贴收入	项目经费补贴、财政补贴	148.07	600.00
5	资产处置收入		63.32	75.00
6	外协收入	承接外部协作任务		
7	利息收入		101.83	231.00
8	其他收入	含投资收益		
9	二、费用合计		103,894.49	127,094.39
10	工资		6,507.00	7,089.30
11	五险一金		1,479.23	2,627.20
12	企业年金		14.43	58.85
13	工会经费		130.14	126.42
14	职工教育经费	含培训费	187.64	243.50
15	工作餐			
16	取暖费			
17	夏季饮料费		234.11	79.88
18	专项奖励			836.43
19	劳务人员报酬		86.52	
20	增量补贴			
21	其他奖励			
22	材料采购	含外协零部件采购	70,612.70	79,474.53
23	其中：对外采购		60,658.23	67,974.53
24	关联采购		9,954.47	11,500.00
25	外协加工		10,017.95	19,598.04
26	其中：对外采购		10,017.95	19,598.04
27	关联采购			
28	模夹具采购		2,219.81	1,850.00
29	燃料动力费		749.50	807.52
30	基本建设（大型建设项目）		143.35	160.00

图 7 航天电器预算久其报表展示

式，设置修改权限，各子公司财务人员只需按部就班的填列，就能进行相关合并事项的处理。

（五）核心数据实时在线管理，关键业财数据动态追踪

1. 核心物料数据实时在线管理

航天电器为了进一步强化存货监管，提升存货质量及周转情况，组织开发 ERP 采购订单价格差异监控表、生产订单损耗监控表、呆滞存货监控表、存货收发存等监控报表，从采购源头成本控制、生产过程领料、仓库存货呆滞情况进行日常监控、运用系统报表使存货管理目视化。

运用生产领料监控报表，根据物料主数据 BOM 计算生产需求投料数量，系统自动汇总车间实际领料数量，并根据产品入库数量倒算出对应的需求投产数量，以此来监控生产现场领料、报废、节约情况，提高存货使用质量（见图 8）。

生产订单损耗报表

选择

生产订单号	物料号	物料规格	订单需投料数量	生产订单数量	订单实际入库数量	领料数量	订单收货数量倒算领料数量	实际损耗
7000002224	12003337	J30J-25TJ	400.000	400.000	400.000	407.000	400.000	7.000
7000002224	12078798	J30J-25TJ	400.000	400.000	400.000	404.000	400.000	4.000
10000097228	12069609	J30JHJ25000-AP	6.000	6.000	6.000	7.000	6.000	1.000
7000002224	12002073	J30J-51TJW-J	5,200.000	400.000	400.000	5,200.000	5,200.000	0.000
7000002224	12002074	J30J-51TJW-J	4,800.000	400.000	400.000	4,800.000	4,800.000	0.000
7000002224	12004810	J30J-25TJ	400.000	400.000	400.000	400.000	400.000	0.000
7000002224	12078691	P2型	800.000	400.000	400.000	800.000	800.000	0.000
7000002224	12155894	P7型	800.000	400.000	400.000	800.000	800.000	0.000
10000097228	12000317	GB93--∮2(不)	12.000	6.000	6.000	12.000	12.000	0.000
10000097228	12001027	GB819--M1.6*8(不)	12.000	6.000	6.000	12.000	12.000	0.000
10000097228	12002202	J15-128T	160.000	6.000	6.000	160.000	160.000	0.000
10000097228	12030182	J30JH-100TJS	160.000	6.000	6.000	160.000	160.000	0.000
10000097228	12038919	J30JHT25TJ00000	6.000	6.000	6.000	6.000	6.000	0.000

图 8 生产订单损耗表展示

通过呆滞存货监控表，实时了解存货呆滞情况，拟定《库存呆滞物料清理规则》，结合不同存货特点，制定呆滞期限，处置方式及责任人，定期对呆滞进行清理（见图9）。

存货呆滞

物料号	特...	批次	仓库	非限制库存	呆滞时间	一年以内	一到两...	两到三年	三年以上
11020779		1808090590	1021	79.000	4	79.000	0.000	0.000	0.000
11101880		1808060560	1021	0.000	4	0.000	0.000	0.000	0.000
11101880		1902251857	1021	0.000	4	0.000	0.000	0.000	0.000
11020455		1809073726	1021	76.000	5	76.000	0.000	0.000	0.000
11020535		1806210028	1021	0.000	5	0.000	0.000	0.000	0.000
11020535		1901310521	1021	391.000	5	391.000	0.000	0.000	0.000
11020585		1903080030	1021	754.000	5	754.000	0.000	0.000	0.000
11020790		1806111000	1021	3.000	5	3.000	0.000	0.000	0.000
11020979		1806250668	1021	1.000	5	1.000	0.000	0.000	0.000

图9　呆滞存货监控表展示

通过销售订单毛利监控报表，分析销售毛利，定期组织技术、物资生产等部门进行数据分析，策划降本方案（见图10）。

销售订单毛利监控报表

项目	物料号	名称	订单数量	无税单价	含税单价	调拨发货数量	系统发货数量	开票数量	实际成本	发货金额	开票金额
70	13028283	山...	1.000	235.34	273.00	1.000	1.000	1.000	215.86	235.34	235.34
20	13221723	中...	1.000	190.00	190.00	0.000	1.000	1.000	171.00	171.00	190.00

图10　销售订单毛利监控报表展示

2. 关键业财数据保持动态追踪

根据降本增效现场即时管控要求，强化业务过程动态管控，适时促进业务行为改善提升。按照作业成本法拟定《关键业务财务数据即时动态监控管理办法》对销售订单毛利偏低、生产订单完工率偏低、同一物料采购成本同比偏高、生产订单损耗偏高等11张开发报表过程按月、季度监控，并明确主体责任与过程监督考核（见图11）。

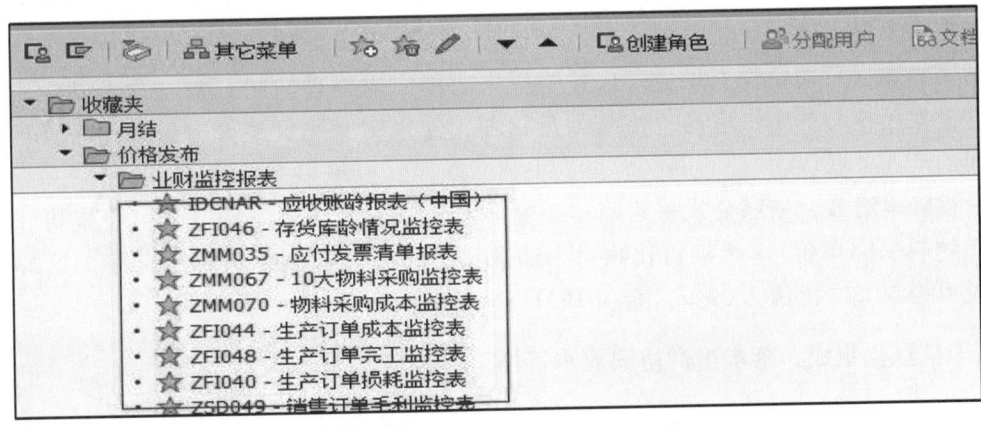

图11　业财成本数据监控板块展示

通过加大研发投入，运用作业成本法核算数据反向牵引作业环节，加强源头控制成本。

推行 ABC-SC 项目实施后，航天电器贵阳事业部作为公司整体利润中心，成本费用率持续得到优化，2016 年成本费用为 86.7%，2017 年为 85.1%，2018 年为 84.3%，2019 年为 82.8%，2020 年为 79.84%（见图12）。

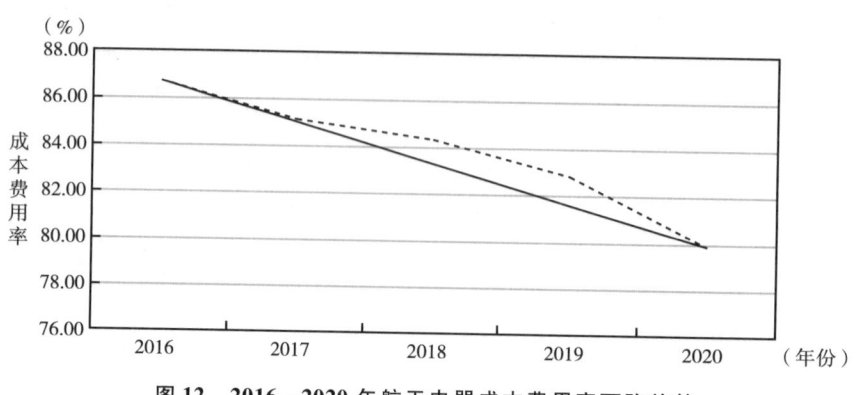

图 12　2016—2020 年航天电器成本费用率下降趋势

六、实施效果

（一）基于信息化交互，实现研发协同成本管控

航天电器利用信息化集成平台，由点及面贯穿生产价值链，以成本核算数据为基础，识别市场开发、研发设计、采购供应、物流配送、生产制造、产品销售等关键环节，牵引研发、技术与降本增效过程同步优化，重新塑造核心竞争力，推动产业布局转型调整，增强公司成本管控与效益产出。

在研发业务协同降本增效过程，根据技术工艺降本增效额 = 主系列技术工艺降本增效额 + 专题申报项目降本增效额 + 合并零部件同类项降本增效额 + 一次通过率提升降本增效额。2019 年度工艺技术降本 1568.95 万元，2020 年工艺技术降本 2039.45 万元。

（二）基于信息化共享，推进供应协同成本管控

航天电器在制定作业成本法核算实施标准时，通过梳理前三年单价、采购数量排前列的采购物料，并以历史平均单价降价要求，作为标准目标成本倒逼采购成本控制，进行绩效合同的制定，对已执行的外协采购单价，根据作业成本法核算产品原理，联合技术工艺部门、物资部门、生产部门、财务部门、信息化等多个责任主体，通过订单生产过程优化、复查工艺低效与不增值作业环节、寻求替代材料等作为基础资料数据反馈给物资供应部门，物资供应部门以整理的相关数据为基础，通过产业聚集与供应商集群，实施核心战略供应商价格与批量管理、强化比质比价多渠道采购价格管理等手段，增强合作伙伴间的产业关联度。

在采购过程降本增效，依照公式采购降本金额 = 可比物料采购降本额 = Σ（上期可比物料采购单价 – 当期可比物料采购单价）× 当期可比物料采购数量，2019 年实现供应降本金额 512.23 万元，2020 年实现采购成本控制降本比例 7.29%，金额 1231.86 万元。

（三）基于信息化集成，落实生产协同成本管控

航天电器根据作业实际成本与标准成本的有效融合，进行作业成本的纵向分析与横向分析，及时查找成本差异产生的原因，并促使经营管理者能够迅速针对生产中存在的问题开展相应的改进工作，通过不断优化调整标准成本的制定，使得生产过程中实际成本费用的消耗更加接近标准成本。同时，

作业成本法通过对各种生产作业的追踪分析，最大程度消除无效、低效作业，如"某连接器镀金成本现场管控项目"实现降本增效63.59万元。

（四）基于信息化载体，严抓物流协同成本管控

航天电器在物流成本控制上，主要是对物流过程的控制，在最短的时间实现最为合理化的产能。作业成本法应用实施：一是通过精益现场等管理模式创新，绘制了过程流、物料流、信息流，计算产品总生产周期和补充其他现状信息。根据绘制的现状图进行数据分析，从中找出浪费源，按照节拍生产、开发连续流、使用拉动系统、均衡生产、快速切换的原则，设计未来价值流图，制订精益价值流改善计划，减少浪费，提高生产效率，缩短单位时间，加快物流周转。二是实施精益布局，改造连续流生产线。聚焦交付周期缩短，推进精益管理，实施装配车间精益布局，车间产线化细分管理，进行连续流产品族产线改造，在无法使用连续流时，使用拉动系统，推进产线化计划管理改进。

通过财务信息化作业成本过程控制，识别七大浪费，逐步减少并消除不增值作业，并结合精益物流管理，使用拉动式连续流生产。

至2019年底，实现R车间和D车间现场在制品减少10%；电缆车间产值同比提升91.44%，人均效率同比提升18.6%；达成外协外购库存金额下降20%的目标；典型产品交付周期缩短30%的目标；合同履约率提升5%的目标；周计划完成率提升34.21%。

七、总结展望

（一）经验总结

航天电器积极响应财政部与科工集团的管理会计工具创新应用指导意见，于2017年全面积极推进以管理会计为核心的财务信息化建设。一方面，将管理会计理论与信息化建设实践进行创新结合，从SAP-ERP的布局，到推行作业成本管控，再到管理会计报告体系的构建，进行了大量的探索分析；对技术和管理两发力——向技术要质量，向管理要效率；从信息系统与管理系统两手抓，打出了"SAP信息集成"与"全价值链作业成本法管控实践""基于效率提升的内部管理会计报告体系构建"并进的多维组合拳，建立起了一套在推行中不断迭代更新、不断完善拟合的经营管理方式。

1. 循序渐进，由表及里，顶层设计抓逻辑

航天电器信息化成本管理会计体系构建，在2015年就明确了循序渐进的建设策略，确定了"先打基础，后搭框架，再填细节"的战略方针，通过充分发挥前期信息化建设的基础性优势，以推进标准作业成本法（SC-ABC）为突破点，实现成本管控精确合理，再以构建管理会计报告体系为发力点，提升内部管理信息传递效率，后续再以逐步完善其余管理会计系统功能模块为落脚点，结合自身经营生产情况，不断丰富完善管理会计体系，旨在提升经营生产管理信息的交互性，强化财务管理对经营决策支撑的时效性。

航天电器财务团队持续保持对前沿政策理论学习的敏感性，对IASB（国际会计准则委员会）近年来在财务报告信息结构中的细化调整与信息披露，成立国际前沿准则研讨小组，对IMA（美国管理会计师协会）于2016年发布的 *Statement on Management Accounting: Integrated Reporting*（《管理会计公告：整合报告》）进行了内部分析讨论，同时也严谨地探究分析了财政部《管理会计应用指引》，全方位、多维度地与理论研究、政策指引承接，保证体系构建的逻辑连贯。

2. 组织保障，部门协作，项目管理讲方法

航天电器信息化成本管理会计体系构建，是由多部门共同协作的结果。在体系构建项目的推进过程中，成立了专项小组，从财务、研发、工艺、生产四大部门，就执业水平、文化程度、工作年限等

方面进行综合考量，通过定期组织项目会议，通过签订责任令的方式，将职责分工细化到部门，由部门落实到个人，在项目进度控制、项目质量控制上联合发力，为航天电器信息化成本管理会计体系构建提供强有力的组织保障基础。

3. 靶向发力，因时制宜，建章立制有重点

航天电器管理会计信息化创新建设得到公司级领导高度重视与支持，形成了以公司财务总监为牵头人，本部财务部长、事业部财务总监为项目实施人，全体财务人员共同参与的工作推进机制。首先以管理会计体系建设较为完善的贵阳事业部作为体系试点，基于该体系的构建逻辑，归集处理财务信息，并输出相关管理报告成果，由全体财务人员对报告输出质量进行研判分析，集思广益，不断完善报告模板，让每一位构建参与人在将该体系推广至各子公司的工作落实中，承担推广对接人职责，切实落实核心思想的传递、带会具体工作的执行、帮助项目体系落地的"传带帮"战略的实施，并在全流程中对于发现的一般性问题召开会议，制定普适性措施予以应对，并先后制定下发了《成本控制及提质增效管理办法》《关键业务财务数据即时动态监控管理办法》《优势产品贡献度测评管理办法（试行）》等10余项管理制度保障项目的构建实施。

4. 因势利导，多维聚焦，项目规划分步骤

航天电器信息化成本管理会计体系的设计、建设、优化中借鉴公司之前的管理创新经验，在本次创新项目的团队建设中，囊括了财务人员、信息化人员、生产科研人员、物资采购人员，整合了战略层、经营层、执行层的不同需求，确定了创新项目的核心目标、细化任务、确定各个子任务的完成节点，制定了项目专项工作计划，以公司财务总监为首的总抓人总揽全局，牵引团队开展工作，并定时定点检查项目推进情况，保证项目按计划推行。

5. 主动跟进，攻坚克难，考核激励两手抓

在创新项目的实施中，项目团队全体人员践行"做到位、管到位、跟到位"，对项目开展支撑工作：制定《管理创新项目实施运行管理办法》明确各岗位职责，从严把控、从严执行，将任务落实到个人，细化到时点，营造和谐氛围，倡导团队共同化解应对体系构建过程中的难点、疑点；通过考核评价项目推进工作质量进行部门绩效二次分配，切实提升项目成员的参与积极性，围绕着体系构建目标，有效杜绝了"脚踩西瓜皮，滑到哪里算哪里"态度的滋生。

6. 局部升温，全面铺开，具体落实顾大局

航天电器作"多品种、小批量、定制化"的商业模式特征，决定了研发部门呈现"研发多样化"、物资采购部门呈现"采购多样化"、生产部门呈现"生产多样化"的现象，本次创新项目的推进落实，财务部门以"保科研、保供应、保生产"为前提，做到跨部门沟通不影响科研生产，多任务协同整合不影响物资供应，根据科研生产部门安排，协调本部门的工作计划安排，循序渐近开展创新项目，体现了财务团队的"敢创新，能创新，顾大局"的责任与担当。

（二）未来展望

1. 全力打造"铁三角"模式，深化管理会计体系建设

随着航天电器多元化军民融合战略的深入实施，航天电器财务工作的职能已经由传统的基础核算迈向了管理决策的整合阶段，为了保证向公司决策层更及时、更准确地提供有效的会计信息，航天电器财务工作在未来将缔造"铁三角"财务模式，将财务管理由"分散化"向"扁平化"转变，旨在进一步激发财务岗位的活力，提升财务工作的效率（见图13）。

航天电器在建成财务"铁三角"架构之后，在职能划分从制度层面到执行层面都进行了梳理规范，不仅能充分发挥现阶段已建成的信息化平台、管理会计工具的运用成果优势，还能在推动业务流程的标准化中，集中业务、财务人员对流程的合规进行管控，深化财务的管理作用职能。

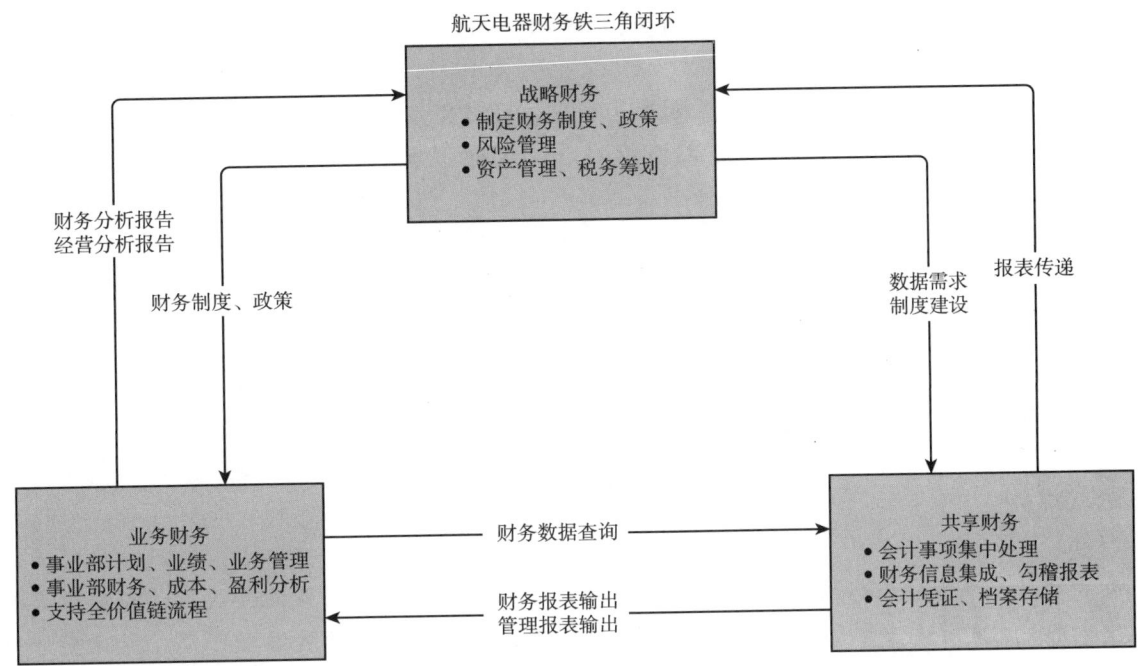

图13 航天电器"财务三角"规划

2. 布局上线"可视化"看板,赋能管理会计体系创新

财务数据"可视化"数据看板,是基于数据展示平台,搭建航天电器特定的财务数据、产业数据驾驶仓,将财务管理会计实践所加工获取的财务数据、财务比率,以图像图形的形式直接向管理层展示,提升生产、销售、预算、资金、税务等数据的集成整合,建设管理会计数据库,完善监控的关键业务财务数据项目,持续开展关键业务财务数据即时动态监控,夯实风险控制,强化航天电器供产销各平台数据交互,为企业经营决策提供易理解、可操作的数据信息展示基础,为价值创造形成支撑。

参考文献:

[1] 罗宾·库珀,罗伯特·卡普兰. 成本管理系统设计. 理论与案例 [M]. 2版. 北京:北京大学出版社,2015.

[2] 张彦,丁冉. 作业成本法的成本内涵及其应用 [J]. 财会刊,2015(07):120-121.

[3] Shander A, Ozawa S, Hofmann A. Activity – based costsof plasma transfusions in medical and surgical inpatients at a US hospital [J]. Vox sanguinis, 2016, 1111.

[4] 温素彬,陆柠. 管理会计工具及应用案例——作业成本法及其在高新技术企业的应用 [J]. 会计之友,2016,10:133-136.

[5] 张晓玲. 浅谈集团公司财务信息化管理体系探析 [J]. 财经界,2020(19):195-196.

企业自评

航天电器开展财务职能转型工作已6年有余,从ERP统型优化,到标准成本下的作业成本法应用,再到管理会计报告体系构建,围绕着"提升信息传递的集成性与交互性、强化管理报告对决策支撑的及时性与实效性"进行开展,降本增效成绩斐然,经营成果逐年屡创新高。

航天电器在开展管理会计体系构建工作时,已建成信息化综合平台。实现SAP-ERP研发部门的TeamCenter PLM平台的内部订单集成,利用EBRL实现跨平台信息交互,将SAP-ERP管理平台、MOM-SIMATICIT制造执行平台进行融合,并自主研发SRM(供应链协同)平台,打通与供应商"端

（采购端）至端（供应端）"信息交互，全价值链环节的信息系统高度集成化，为管理会计工具的应用提供了平台基础。

同时，航天电器在实施管理会计项目初期争取到公司经营层的支持，并由财务总监牵头总抓，对管理会计体系建设进行总抓布局，奠定承接财政部《管理会计指引》的构建基调，立意站位高。在具体实践过程中，航天电器始终保持与前沿理论与政策的接轨，依据自身"多品种、小批量"的特点，创新应用作业成本法、战略地图、杜邦分析、平衡积分卡等管理会计工具，不仅在财务管理创新中保证了顶层设计的严谨性，也丰富了日常财务管理工作内涵。

现阶段，航天电器已从管理会计机构设置和人员配备上对整个管理会计实践形成闭环，将计划、预测、决策支撑职能统一划归到专门的管理会计机构，使原本被割裂的管理会计活动得以连续，企业活力得以进一步激发，为高质量发展保驾护航。

专家点评

成本会计是管理会计的初级阶段，管理会计核心是对成本压降、效益提升进行管理。但是管理会计不同于成本会计的事后核算，而是通过对成本的预测、控制、分析开展管理活动，管理会计所解决的问题来源于实践，但是对问题解决途径的思考要远高于实践。该管理会计案例对其实践过程的信息系统布局、管理会计体系的规划设计和实施保障都进行了系统性总结，以"成本"为主线进行管理会计实践，通过对各子公司、事业部的ERP统型；跨部门对工艺数据进行逐一梳理，将标准成本法和作业成本法结合，并根据组织结构的特点搭建了内部管理会计报告体系，利用杜邦分析，将平衡计分卡作为报告体系信逻辑主线，使管理会计工具的应用得以落地，通过牵引各职能部门发现问题、分析问题、解决问题，实现价值创造。

此外，该管理会计实践案例，得益于其同步建设的企业级信息化平台。打通研发、采购、生产、销售等全价值链关键环节信息交互，实现对销售订单毛利、生产订单完工、物料采购成本、应收账款账龄、生产订单损耗、生产订单成本、采购订单价格、利润贡献情况、存货周转频次、存货库龄情况等过程的动态管控，有效提升问题发现、问题分析、问题解决能力。

案例单位以业财融合为切入点，将管理会计实践融入生产经营中，夯实企业治理能力，近年来连续取得业绩新高，其实践做法具有一定代表性，能为行业企业带来启示。

"业财数"融合下的全生命周期项目预算管控

中车株洲电力机车有限公司

> **摘要：** 近年来，在高质量发展时代大背景下，国资委陆续提出了降本增效、两金压降、降杠杆、减负债以及提升企业发展质量等一系列要求，中车株洲电力机车有限公司（以下简称"公司"）发展面临的环境也发生了深刻变化，随着公司海外业务不断拓展，城轨和检修板块市场份额持续增加，新产业市场不断开发，项目数量也已逐步跨入"百项时代"，项目维度管控要求越来越高，传统的基于业务部门的全面预算管控体系已无法满足日益增长的营业收入和利润管控需求。
>
> 为适应公司集团化管理转型升级、快速应对市场变化、管理赋能释放项目活力，公司财务部门提出将业务财务作为实现公司财务转型、提升财务管理能力的重要载体和抓手，将财务会计与业务流程和数字化建设深度融合，积极参与业务过程，提升服务支持能力，发挥财务专业价值，将原预算管控的重点从仅关注经营结果（利润指标）转变为关注"业财数"融合促进效益提升的过程，以项目"预算策划—预算编制—预算控制—结果评价与绩效运用"四个过程为基础，开展"业财数"融合下的全生命周期项目预算管控实践，并以业务驱动、业财融合性预算数字化平台为依托进行试点管控，逐步实现项目成本管控"三有"，即"事前有评审、事中有监控、事后有评价"，以项目全生命周期损益为准绳，实现项目成本精准核算、对标、控制，进一步帮助推进公司项目管理"五化"，即"集中化、系统化、协同化、精细化、效益化"，持续稳步提升项目"双效"，即"管控效率、项目效益"，并为加快公司管理会计数字化应用提供了生动的案例示范。
>
> **关键词：** "业财数"融合；全生命周期；项目预算

当前，世界正经历百年未有之大变局，国际经济形势下行明显。而我国经济正处于转变发展方式、优化经济结构、转换增长动力的攻关期，轨道交通装备行业格局深刻调整，面对国内外严峻的经济形势，公司面临的经营压力巨大。

随着轨道交通行业竞争的不断加剧，公司致力于推动高质量发展、深挖利润空间，开展了一系列降本节支增效活动。新时代新要求下，公司勇于探索、大胆创新，在现有的业财融合型财务共享服务平台基础上，借助蓬勃发展的"大数据、云计算、移动互联"等技术手段，将项目管控作为公司增加盈利、抵抗内外压力、拓展生存发展空间的重心，基于逐步打破原有的单一按产品、按年度核算成本、管控成本模式的思路，开展"业财数"融合下的全生命周期项目价值链预算管控实践，从而提升项目管控力度，提高项目全过程预算、成本、质量及进度把控水平，进一步推动原有管理会计体系向数字化不断纵深发展。

---

* 本篇作者：熊锐华、李玉辉、熊建、肖月丽、黄祥兵、魏波。
指导专家：杨俊（上海越乘信息科技有限公司）。

一、企业概况

中车株洲电力机车有限公司是中国中车旗下的核心子公司、中国最大的电力机车研制基地、湖南千亿轨道交通产业集群的龙头企业，被誉为"中国电力机车之都"。近4年两次获得"国家科学技术进步奖"，被授予"中国质量奖"提名奖，荣获2018中国设计智造"金智奖"。自1936年创建以来，公司始终保持快速、健康发展，创造了中国轨道交通装备领域的诸多纪录。

公司主要业务集中在电力机车、城轨车辆、城际动车组、磁浮车辆、储能式有轨/无轨电车等新技术公共交通车辆、重要零部件、专有技术延伸产品及维保服务等领域。公司建有国家级企业技术中心，拥有全行业3个"国字号"实验室——大功率交流传动电力机车系统集成国家重点实验室、轨道交通车辆系统集成国家工程实验室、轨道交通车辆国家级工业设计中心，掌握了系统集成、交流传动、重载运输、磁悬浮、车辆储能、超级电容、低地板、故障预测与健康管理等多项前沿技术。多年来，公司坚持创新领跑未来，始终走在轨道交通装备行业的最前列。2020年，公司总资产308亿元，在国内外设有31家子公司，实现收入235亿元。

二、"业财数"融合下全生命周期项目预算管控的实践基础

（一）项目实施背景

1. 外部环境发生变化

（1）国资委对企业提出更高管理要求。近年来，在高质量发展时代大背景下，国资委陆续提出降本增效、两金压降、降杠杆减负债及提升企业发展质量等一系列要求。

（2）客户对产品的个性化定制需求多。对产品个性化需求的日益增长要求公司提升快速响应能力，快速完成项目预算测算和报价，对公司项目管理质量及效率提出新挑战。

2. 内生动力有待加强

公司海外业务不断拓展，城轨和检修板块市场份额持续增加，新产业市场不断开发，项目数量也已逐步跨入"百项时代"，项目维度管控要求越来越高，传统的基于业务部门的全面预算管控体系已无法满足日益增长的营业收入和利润管控需求。

（1）原有预算管理模式限制。强职能制管理使部分部门数据形成"数据孤岛"，横向协调机制缺失，对全业务链的资源统筹和协调能力有限，难以满足业务多元化发展的要求，尤其在项目数量不断增加、对资源合理统筹提出更高要求的背景下，原有的仅基于业务部门的单一维度预算在资源、人员、协调等方面面临较大的压力和挑战。

（2）原有项目管控模式限制。在原有项目管控模式下，车辆方面的成本费用管控重点集中在采购成本控制，管控时间跨度为项目投标至PAC（业主签收确认）结束，无法实现项目成本费用全范围、全过程的准确归集，各项目盈利水平被平均化，难以准确核算项目真实成本费用及掌握真实盈利状况。

（3）原有信息管理系统限制。原有ERP系统管理和控制存在较多不完善，各个信息系统间集成效果较差，信息流与实物流存在不一致、数据之间存在差异。配件及检修模块成本信息化建设薄弱，对预算管控支持力度不够，主要依靠手工统计对项目成本及损益进行管理，信息系统改善提升应用较少。

（二）指导思想

1. 全生命周期项目预算的概念

（1）产品项目的全生命周期。全生命周期项目预算管控以产品项目为管理对象，产品的全生命周

期包括项目投标、设计研发、生产制造、销售、售后服务、维保等全流程活动,构成全生命周期项目制预算管控的基础范围。

(2) 全生命周期项目预算管控。在产品项目的全生命周期基础上,提出覆盖全流程活动的"业财数"融合下的全生命周期项目预算管控,其最终目标是构建上承公司战略、下接公司生产经营的集项目概算、项目预算、项目决算、项目评价为一体的多维预算数字化管控体系。预算管控通过多系统平台一条线贯穿项目的全生命周期,在项目投标过程中进行项目概算;中标后组织开展项目预算,通过首列车试制对标及时纠偏,发挥预算引领作用;通过开展项目完工、项目结题总结评价,保障项目成果切实落地(见图1)。

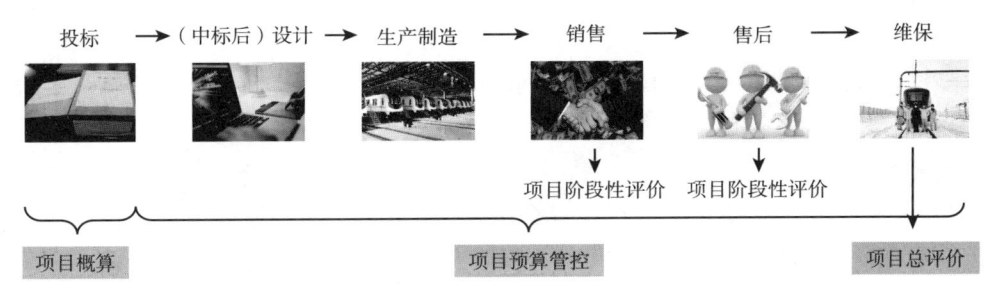

图1 全生命周期项目预算管控示意图

2. 以"业财数"融合为主线深入实践全生命周期项目预算管控

"业财数"融合下的全生命周期项目预算管控坚持以预算管控数字化平台为依托、以全面预算管理为主线、以项目为载体,深入实践业财融合,稳步提升项目管控效率及经营效益。

(1) 以项目"预算策划—预算编制—预算控制—结果评价与绩效运用"四个过程为基础,以业务驱动、业财融合性财务共享服务平台为依托进行试点管控,逐步实现项目管控"三有",即"事前有评审、事中有监控、事后有评价"。

(2) 以项目全生命周期损益为准绳,实现项目成本费用精准核算、对标、控制,进一步帮助推进公司项目管理"五化",即"集中化、系统化、协同化、精细化、效益化";持续稳步提升项目"双效",即"管控效率、项目效益",并为加快公司管理会计信息化应用提供生动的案例示范。

三、"业财数"融合下的全生命周期项目预算管控建设情况

(一) 统一全生命周期项目预算管理基础

编制并发布《公司工作令号管理办法》,建立统一的贯穿"投标、设计、生产制造、销售、售后、维保"项目全生命周期的"工作令号、项目活动"规则体系,形成规范、公开的数据字典,改变之前的部分环节项目号管控缺失、全流程未打通的情况,打通各业务环节壁垒,保持管理会计数据、财务会计数据和业务数据真正同源。

(二) 集成预算数字化管理平台

以多维度预算管控系统、领料扣预算系统、全产业链标准成本管控平台、项目全生命周期损益管理平台为预算信息化核心模块,搭建集成预算信息化多系统平台,构建"预算云"管理体系,推进项目价值链管控,助推项目高效执行,保障公司经营目标落地(见图2)。

1. 多维度预算管控系统

以实现管理会计数据、财务会计数据和业务数据真正同源为目标,搭建多维度项目损益报表体系,形成高效的项目损益分析,服务企业内部经营管理,助推公司提质增效、转型升级。

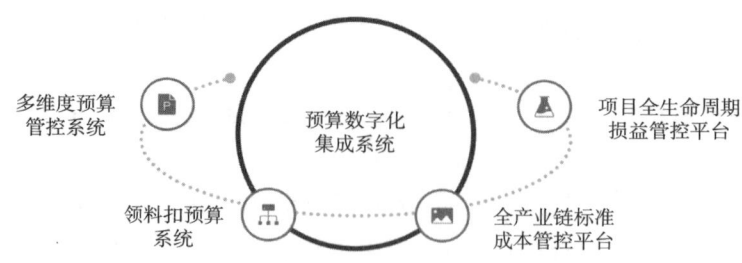

图 2　预算数字化多系统集成平台示意图

（1）编制项目全生命周期损益表、项目预算执行对比表等，形成多维度报表体系，为实现项目多维度评价及管控提供数据支撑。

（2）搭建覆盖全级次分（子）公司的"费用承担部门＋项目＋活动＋费用类型"多维度预算管控体系，为集团化损益管控提供管理基础。

2. 领料扣预算系统

随着财务共享的推动，公司费用共享已实现全国100%覆盖，而在原有预算管控模块中，费用预算的制度仅限于费用报销模块的业务，对于部分物料领用（如办公用品领用、后勤物资领用、研发物料领用、售后三包物料领用等）存在管控缺失，为解决部分物料领料的费用无法通过费用预算进行管控的问题，开发上线领料扣预算系统，费用类物料领料时能进行费用预算控制，超出预算则不允许领料，且月末材料领用单运算实际成本后，无须按标准计划成本和实际成本的差异进行预算额度返还或补扣预算，实现所有费用均纳入预算管理信息化体系，以此提升预算管控广度和准确度。

3. 全产业链标准成本管控平台

"全产业链标准成本管控平台"在原有主要管控物料、部件、主机等的基础上，将配件、检修及维保业务纳入管控，对每类成本设定标准值，支持项目投标报价、设计、采购、制造等成本控制，具有"六化"特征（见图3）。

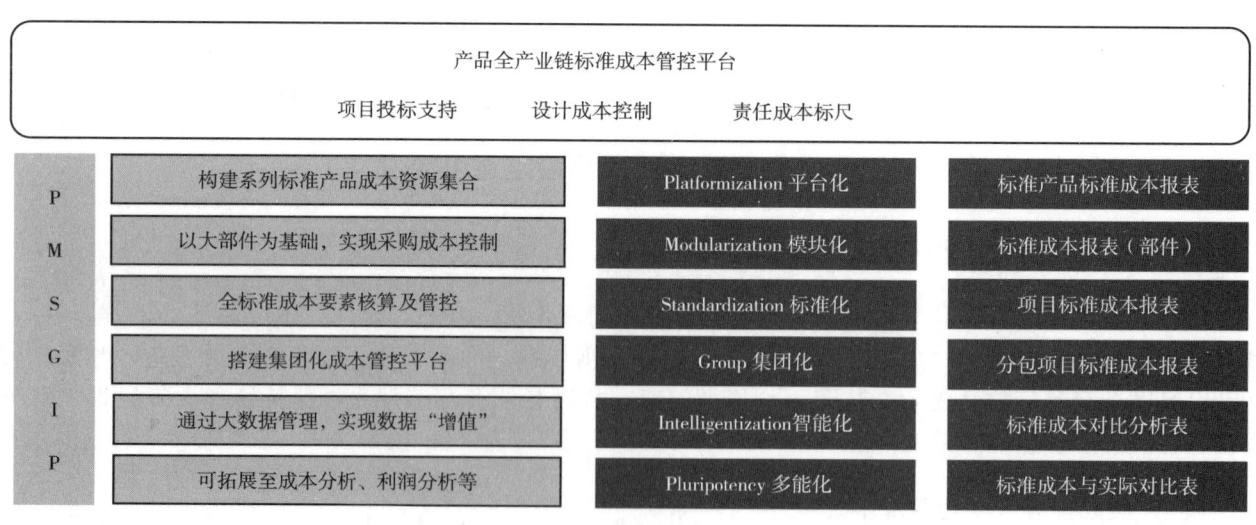

图 3　产品全产业链标准成本管控平台

（1）平台化，控设计。一是搭建配件及检修标准成本计算平台，实现主营业务全覆盖；二是搭建和谐机车、城轨A/B型车、HXD1－C5修等标准车型/业务类型标准成本平台，建立标准成本值，构建标准产品成本资源集合，有效控制设计成本。

（2）模块化，管采购、细制造。一是搭建采购大部件成本BOM（空调系统、牵引系统等），高效支撑项目投标、采购成本控制，全面提升采购管理效率、效益；二是搭建多层级自制大部件成本BOM

（转向架、车体等），为制造成本分析、内部结算、责任成本分解等提供管理支撑。

（3）标准化，全面要素对标。一是搭建项目标准工时库，为计划协同、成本管控提供管理基础；二是搭建外购件标准价格库（含时间价格库、项目价格库、跟踪号、车号、价格库），形成多维度采购价格平台；三是搭建多层级项目自制件价格库，为内部成本管控和分析提供支撑；四是搭建多层级标准费率库，以全标准成本要素为基础，实现成本核算、对标、管控标准化。

（4）集团化，整体推进。以集团化成本管控为保障，以分包项目定价为牵引，逐步搭建集团化标准成本管控平台。

（5）智能化、多能化，释放发展动能。依托系统大数据，深入开展多维度成本分析、对标，实现成本智能化、多能化管理。

4. 项目全生命周期损益管理平台

项目损益管控即基于全项目角度实现损益报表实时生成，支撑项目成本管理、损益管理、绩效管理，助力项目战略管控、调整。

（1）上线项目预算系统模块，实现"全流程、全口径、多维度"损益管理。组织推进采购品类码系统模块上线。针对不同产品、车型、项目建立差异化采购部件标准库，优化材料采购预算指标下达、分解定价、结算控制，为采购管理提供有效的系统、数据支撑；梳理系统"费用类型"规范，上线项目费用预算系统模块，建立"费用类型+部门+项目+活动"网格化映射规则体系，优化项目费用预算管理。

（2）上线项目损益计算系统模块，力争"零延迟、零遗漏、零差错"计算目标。参照会计利润表，规范项目利润表计算结构，制定项目收入、成本、费用系统运算规则及预测模型，实现项目损益当前值、预测值系统自动计算，构建项目损益管控平台，做到"一项目一决算"，解决当前无法开展项目全生命周期损益评价及管控的难题，以全面、多维的管理报表，重塑管理与业务职能，助推公司提质增效、转型升级。

（三）搭建预算管理组织体系

1. 项目预算管理团队架构

公司层面建立项目预算管理委员会，并于项目投标开始成立由项目执行组、项目运营组、项目财务组、项目人资组构成的项目组，通过项目管理的有效运作，保障项目的有序进展和项目预算的整体管控（见图4）。

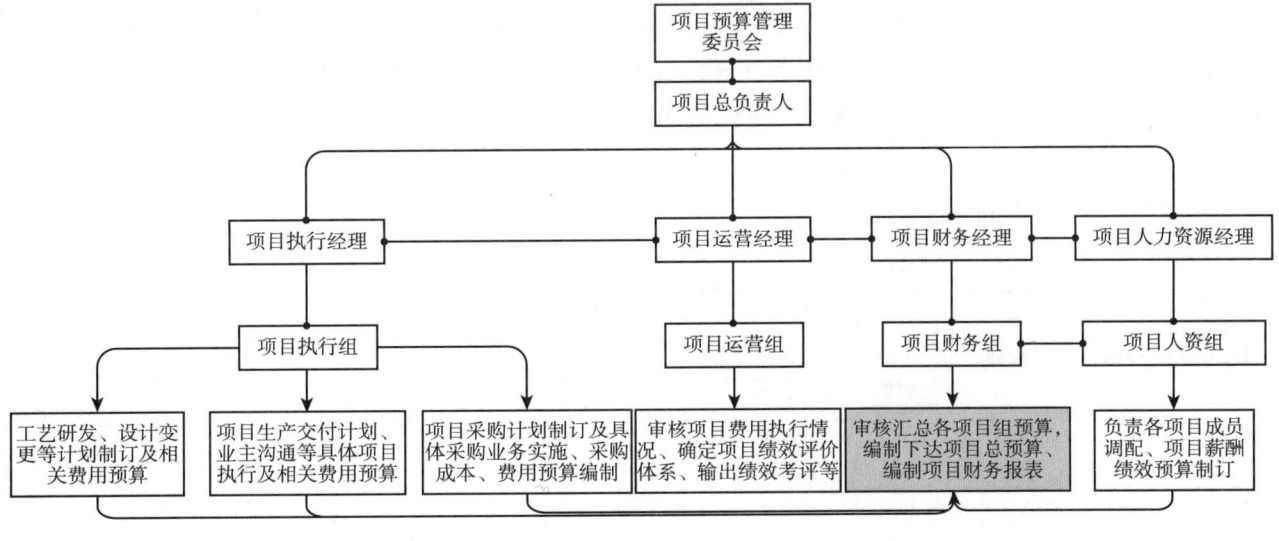

图4 项目组架构

2. 项目组工作流程

项目投标阶段，项目组负责项目预算策划，即结合客户需求和公司盈利需求制订产品方案及投标预算。

项目策划阶段，项目组负责项目预算编制、确定损益目标，即以满足客户需求为中心，以公司盈利需求为导向，结合公司经营目标及项目具体情况，制定预算管控目标。

项目执行阶段，项目组主要负责组织各归口部门依托信息化平台开展全流程项目预算控制，主要包括预算评审、过程纠偏、责任单位改进三个部分。着重从源头严肃规范项目预算的编制程序，加强过程中结合实际成本费用发生情况对比预算查找偏差原因，并从项目统筹管理的角度协同责任单位展开改善行动，确保达成项目预算目标。

项目收尾及结束阶段，项目组负责绩效评价及运用，以项目执行中进度、成本、质量的管控为基本评价内容，采取项目执行中期、车辆交付完成、质保期结束多次损益评价的方式，将指标考评结果与项目组、部门和个人年度绩效挂钩。

（四）明确两级预算融合机制

1. 预算申报及编制

（1）建立"职能+项目"平衡矩阵模式预算管理机制。

由项目组负责编制项目全生命周期预算，并划分至不同阶段、年度。项目组拥有部门预算费用监督、质询权。

由专业活动归口部门按照当期项目活动累计编制部门年度预算。活动归口单位对活动费用预算总额负责，接受项目组监督和质询。

建立业务预算与经营预算线上联动机制。以利润表（净利润）为基础，所有收支预算都要以项目的形式纳入项目库、项目活动库，将项目作为预算管理的基本单元，实现"无项目不预算、无预算不业务"。公司年度预算则由市场项目预算分解的年度预算加上管理项目的年度预算汇总而成，再根据当期经营目标调整具体项目预算。

（2）建立项目预算基准体系。依托项目WBS业务管理，梳理各项目活动对应的按材料成本、费用标准计算的"变量、常量"构成，完善采购品类码（大部件）、项目经费基准、费率基准管理，摒弃"拍脑袋、估大数"的预算编制方法，建立预算管控常量（成本费用标准）基准和变量规则体系，借助信息系统升级，搭建零基预算编制及管控模型。

以项目差旅费预算为例，仅人数及次数为变量，在建好价格标准后，预算申报时各责任人只需也仅能填报和修改人数及次数，预算审核也仅需核减人数及次数（见表1）。这是零基预算的具体应用，也是提高项目预算管控便捷性、准确性的重要基础。

表1　　　　　　　　　　　　项目预算基准管控示例

项目活动	归口部门	执行部门	人数	次数	出发地	目的地	交通费	补贴标准/天	费用类型
项目策划——赴业主现场调研	项目管理中心	项目管理部门	填报	填报	株洲	广州	600元	100元	制造部门——差旅费
		产品研发部门							研发部门——差旅费
		营销部门							营销部门——差旅费
项目设计——设计联络及审查		其他							其他
制造管理——采购首检		……							
项目收尾与验收——签署验收证书									

2. 预算过程管控

预算过程管控主要以预算基准管控的"提前规划、事前控制"推动全要素、全周期、全链条成本管理，以此促进业务过程管控不断由事后分析向事前控制转变，管控主要是对标预算的"异常管控"。

若预算执行无异常，即项目成本费用与项目进度、质量管理相匹配，物料出库数量符合工艺 BOM 计划，BOM 与定额的准确性与暂估价格控制在适当水平内；项目专项费、制造工费等基本按照计划发生且控制在预算范围内；专项改进计划与风险控制方案按要求实施并达到预期效果，则按计划执行。

若预算存在异常，则要总体评估对各方面的影响并进行动态调整、改善。整体可控，单项成本费用不影响项目总利润目标，则由费用归口部门向项目组汇报；影响整体项目总利润目标达成，则需进行原因分析并制订改善计划。

（五）创新项目绩效管控方式

1. 创新建立绩效考评体系

建立与"年度预算 + 项目预算"模式相匹配的绩效考评体系，以项目组（项目归口）、职能部门（活动、费用归口）双绩效考评模式，保障由"强职能弱项目制"预算管理向"真正意义全生命周期项目制"预算管理落地转变。

（1）建立"组织绩效 + 项目绩效"机制。分别对各项目组进行项目绩效评价，对各责任单元按照项目累计进行组织绩效评价。

（2）建立"主责 + 关联"考评体系，基于成本费用属性和占比，设置多项指标，并将其分为主导控制与参与管理，搭建管控联动、指标联动型全流程管理模式。

2. 创新设定项目绩效指标

建立与项目预算、计划控制、合同控制、成本考核等协同的全生命周期项目预算指标体系（见图5）。

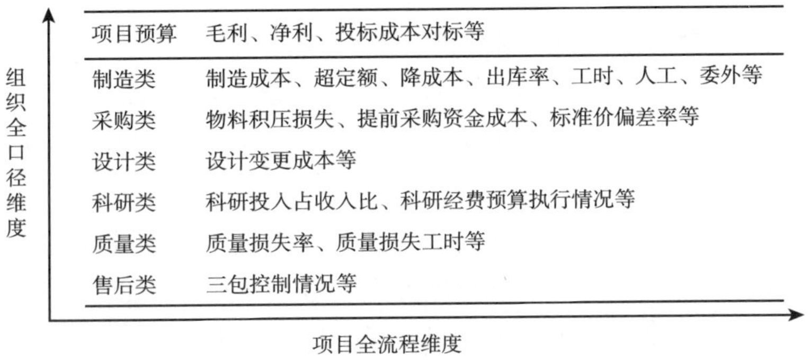

组织全口径维度		
	项目预算	毛利、净利、投标成本对标等
	制造类	制造成本、超定额、降成本、出库率、工时、人工、委外等
	采购类	物料积压损失、提前采购资金成本、标准价偏差率等
	设计类	设计变更成本等
	科研类	科研投入占收入比、科研经费预算执行情况等
	质量类	质量损失率、质量损失工时等
	售后类	三包控制情况等
	项目全流程维度	

图5　项目绩效指标类型图

（1）以标准成本管控平台为基础，形成采购、科研、设计等部门层面管控体系；以项目损益管控平台为基础，设置目标毛利、净利等项目损益指标。

（2）将项目净利率作为项目的核心评价指标，项目净利率 = （项目毛利 - 需分摊的管理、销售费用 - 税金及附加 - 企业所得税）/收入。

四、"业财数"融合下的全生命周期项目预算管控实施效果

（一）管控模式转变，预算引领作用得到增强

"业财数"融合下的全生命周期项目预算实施后，项目管理更为精细化，管控模式发生根本转变。从项目投标开始，到最终项目结束，预算管理始终贯穿项目执行的全过程。预算引领作用得到明显加

强,业财融合度进一步加深。从传统的项目"毛利"管控到项目"净利"管控,从"块状化"的预算管理到"系统化"的预算管理,做到项目制预算与公司全面预算的有机融合,预算单元不断精细化,预算管控目标更加明确且可行性更高。

在此过程中,通过将项目净利作为核心评价指标,清晰获取项目各个阶段的成本费用发生情况,通过预算精准管控,保障项目目标盈利水平,充分发挥预算引领作用,有效保障公司经营目标实现。

(二)管理幅度拓展,项目管理质量有效提升

"业财数"融合下的全生命周期项目预算管理涵盖整个业务链的全过程,通过采购品类定价控制、项目费用控制、年度费用控制、领料扣预算控制等多个预算控制的数字化模块运用,实现项目预算全过程管控,做到无死角成本费用控制全覆盖,项目管理效率得到明显提升。此外,项目制预算实施后也填补了配件、检修及维保模块成本及领料类费用预算管控空白,预算管控体系更加完善,数据统计及项目管理的质量得到大幅提升。

(三)管理壁垒被打破,项目管理效率大幅提升

强职能制管控使各职能部门"战力分散",相互间横向协调机制缺失,全生命周期项目预算管理壁垒高、支持少、效率低下,在资源、人员、协调等方面面临较大压力和挑战。

而逐步转变为强项目制管控后,以全生命周期项目预算管理团队为龙头,搭建纵向到底、横向到边的"网格式"管理体系,拉通项目预算管理团队职能部门间的关系,深入业务前端,项目制下各责任部门能"精诚协作",保障项目预算管理执行有序、响应迅速,提高项目预算管理效率。"业财数"融合下的全生命周期项目预算实施后,公司组建项目团队过百,项目管理效率得到明显提升,一方面项目生产制造计划执行得到充分保障,另一方面响应客户需求速度得到有效提升,产品质量、客户满意度均较以前有较大幅度改善。

(四)绩效管理机制得到优化,项目效益逐步提升

目前的绩效管控采用的是归口部门分别负责制,项目的各项成本费用分别由其对应的归口部门负责,未考虑项目团队绩效,项目预算管理松散,各项目执行阶段主动作为动力不足,提质增效目标难以落地。

转为以项目为利润中心建立项目制绩效考评体系后,公司成本压降等提质增效目标更为明确,结合项目执行的各个阶段,目标更为清晰,落地措施更为可行,项目盈利能力得到有效保障,2020年公司实现降成2.2亿元,城轨板块各项目的实际毛利率整体相较于2018年提升约2个百分点。此外通过项目制绩效管控,经营指标任务细化至各项目团队,进一步激发了项目预算管理团队主动改善、强化项目各阶段成本费用管控,助力项目实际盈利水平不断提升,最终保障公司2020年在受疫情影响严峻的经营形势下,顺利地实现年度经营目标,经营效益稳步提升。

(五)业财融合不断深入,"数据仓库"逐步建成

全生命周期项目预算数字化系统打通设计TC系统、生产制造ERP系统、物流WMS系统、财务金蝶EAS系统、数字化项目管理PMS系统、合同管理等信息系统,实现数据集成,建设"数据仓库",打破各业务部门数据壁垒(见图6)。

通过对公司内外部海量、多维的数据进行整合、共享,将采集到的相关数据进行存储、筛选、加工、分析,应用先进的算法、模型,深层挖掘数据背后对公司决策和业务活动的驱动价值,为前台提供数据资产、数据定制、数据监测与数据分析等服务,为公司生产经营活动开展提供全方位的数据信息支撑。

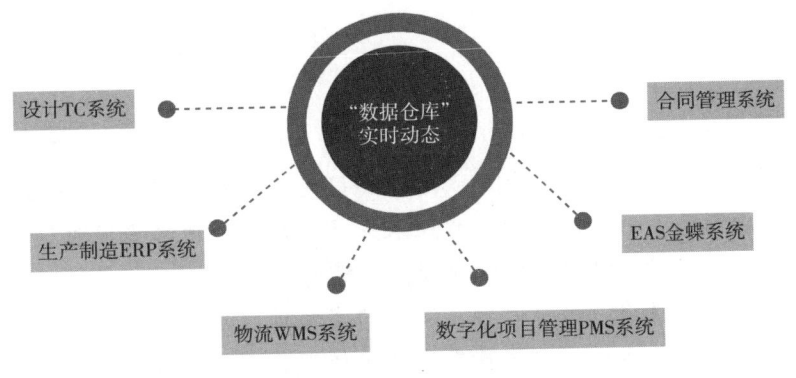

图 6 "数据仓库"构成示意图

（六）人才培养模式转变，经营管理理念深入人心

传统的项目管理偏向质量、进程管控，对员工的要求更侧重于执行层面。

全生命周期项目管控则更多地要求员工从经营层面出发，强化项目的全过程管理，不仅要关注项目质量、进程，更要关注项目的成本费用及实际盈利水平。项目管控逐步从单纯的生产制造扩大到整个项目周期的效益提升。项目制预算推行后，公司项目团队不断扩大，项目人才培养力度加大，项目管理能力显著增强，公司现有执行项目 111 个、项目经理 50 人，其中大部分成为公司生产经营管理的业务骨干人员。

五、"业财数"融合下的全生命周期项目预算管控经验总结

（一）顶层方案设计是保障基石

"业财数"融合下的全生命周期项目制预算管控涉及的业务部门广、业务人员多、管控对象复杂，因此顶层方案设计是部署开展工作的坚实基础。经过财务部门与业务部门反复论证推敲、持续完善补充，"业财数"融合下的全生命周期项目制预算管控方案从预设、成型到健全、高效，得到了公司各级部门的积极响应与支持，为后续工作开展开启了"绿色通道"。

（二）预算管控是关键内核

预算管理以企业战略发展目标为指导，对未来的经营活动和响应财务成果进行充分、全面的预测和筹划，并对执行过程进行监控、分析和纠偏改善，从而帮助企业实现资源配置、经营发展等目标。"业财数"融合下的全生命周期项目预算管控将预算管控作为关键内核，以预算管控职能统筹项目全生命周期内各项工作开展，达到"事前算赢"效果，是提升财务管理价值创造能力、决策支持能力、战略承接落实能力的重要抓手和坚实保障。

（三）"业财数"融合是活力源泉

全生命周期项目预算管控的工作开展离不开业务驱动、业财融合型预算数字化多系统平台，离不开"业财齐动"。相关工作涉及企业供产销全业务价值链条，绝不是财务部门的"单口相声"，要坚持"十个指头弹钢琴"，由预算信息化多系统集成平台发挥"数据仓库"资源优势，财务、项目、运营、采购、设计、生产、营销部门积极联动、常态互动，切实推动项目管控效率，确保项目相关各项指标圆满完成，最终保障公司经营效益稳步提升。

企业自评

公司在高质量发展推进过程中，坚持持续激发"创新、改革"两个动力，着力打造"强基、赋能、攀高"三大引擎，经过持续建设实践，逐步建立起以公司发展战略为导向、以"业财数"融合为抓手的全生命周期项目预算管控体系，提质增效工作深入开展，财务管理水平逐步提升，保障了公司"两利四率"指标持续优化，项目管控效率及经营业绩稳步攀高。

在"业财数"融合下的全生命周期项目预算管控的实践过程中，仍存在一些尚待改进之处。在预算基准方面，目前主要针对市场项目全过程基准进行了梳理、完善，对于如何深化管理类项目基准的建立，如工资及折旧、工资薪酬等多个方面，仍需要进一步地探讨完善；在绩效考评激励方面，在公司目前的强职能制管理模式下，当前的"组织+项目"双绩效考评机制仅适用于项目组团队及各部门关键人员，项目管理的深化及激励机制的科学性、合理性有待进一步提升。

管理会计体系建设是长期化的系统工程，"业财数"融合下的全生命周期项目制预算管控还需要持续优化提升。在后续实践发展过程中，公司将持续以预算管理为引领，以"业财数"深度融合为抓手，强化和完善管控机制、发挥"数据仓库"集成及共享作用、建强管理人员队伍，促进财务部门与业务部门构建互联互通伙伴关系，促进管理会计与企业业务的高效协同，为新形势下财务管理会计新发展吹响号角，逐步实现管理会计新征程发展新目标。

专家点评

在国家推进高质量发展及降本增效的背景下，作为轨道交通装备制造的排头兵，中车株洲电力机车有限公司通过推动内部管理转型、降低成本，提高企业盈利能力、发展质量和市场竞争力。

项目制预算管控上承公司战略，坚持以全面预算管理为主线、以项目为载体，深入实践"业财数"融合，通过项目预算编制、审批、评审、下达、执行及项目绩效评价等管控措施，构建项目全生命周期预算管理模型；并将项目预算与经营预算深度融合，有组织、系统、全方位地发挥项目全生命周期价值，组建灵活、高效、快速响应、持续创新的项目管理团队，完善管理制度、优化管理流程，以数字化平台建设为依托，强化业务与财务的一体化管控，寻求项目最佳利润空间，不断促进转型升级。

课题推进过程中建立了预算基准管理体系，并将成本管理融入预算管控中，建立标准成本管控平台，以重预算管控的"提前规划、事前控制"推动全要素、全周期、全链条成本管理，实现预算既来源于业务又指导业务，促进业务过程管控不断由事后分析向事前控制转变，达到"事前算赢"。

此外，从该公司预算管理推进来看，数字化及ERP的运用是项目推进的关键，从预算编制到控制、执行、分析，通过系统优化升级，充分挖掘了ERP的多维控制、高效运算和分析优势，为企业降本增效提供了强有力的支撑。

总体而言，全生命周期项目制预算管控在中车株洲电力机车有限公司实施以来，效果显著，取得了经济效益和管理效益双丰收。该实践以业财融合为指导，将预算管控方法和企业业务场景深度结合，既符合企业自身的业务需求，又为项目型制造企业在此方面的改善优化提供了切实可行的解决方案，具备很强的可复制性和可推广性，值得借鉴学习。

基于信息化平台的业财融合一体化管控模式构建

中国航发哈尔滨东安发动机有限公司

> **摘要**：随着中国航发东安规模和管理幅度不断增大，传统财务会计已经难以满足精益管理的需求，财务会计需要实现向管理会计的转型，以企业价值最大化为出发点，深入业务底层，获取和运用业务资源，业财融合，对下将企业战略决策向业务层推进落实，对上将业务数据加工成有效的财务信息，为企业经营决策提供支撑。
>
> 本文介绍了中国航发东安自2016年以来对财务从业务流程、财务核算、业务管控和管理报表等方面进行再造，以信息化为平台，构建业财融合的财务管控模式，财务参与每个业务过程的执行，提供深入价值链的经营支持和管理决策支持，推动财务转型升级。
>
> **关键词**：信息化；业财融合；财务转型

一、企业简介

中国航发哈尔滨东安发动机有限公司（以下简称"中国航发东安"）始建于1948年8月，是国家"一五"期间156项重点建设工程之一，是新中国首批六大航空企业之一，是以研制、生产轻型航空动力、航空机械传动系统、航空机电产品、微型燃气轮机、铝镁合金铸件和高精管轴管材产品为主的航空制造企业。现有职工5000余人，占地面积128万平方米。

在几十年的发展历程中，中国航发东安在活塞式、涡轮轴、涡轮螺旋桨航空发动机研制上创多项第一，累计修理、生产、研制了数十个机种20000多台套轻型航空动力和航空机械传动系统，是中国轻型航空动力及衍生品、航空机械传动系统的专业化研制生产企业。

中国航发东安把"成为集轻型航空动力、航空机械传动系统及相关衍生品的研发、制造、销售和服务为一体的世界一流航空制造企业"作为发展目标，在铝镁铸造、齿轮与机匣加工、热表处理、特种焊接、理化计量、无损检测等方面形成了独特的技术优势，构建了国内一流的制造体系。

二、实施背景

中国航发东安作为以研制、生产轻型航空动力、航空机械传动系统、航空机电产品、微型燃气轮机、铝镁合金铸造和高精管轴管材产品为主的航空制造企业，自2006年末专业化调整以来，科研及批产产品型号任务不断增加，营业收入实现快速而稳定增长，企业价值不断提升。中国航发东安的快速发展，要求管理者在企业管理和决策上更加注重绩效管理、风险控制和价值创造。而传统的以对外报

---

* 本篇作者：王仁鑫、王国彦、魏忠华、关鑫、李丽、黄莹。
指导专家：杨俊（上海越乘信息科技有限公司）。

告为主要目的的财务会计不能胜任复杂的企业内部决策支持的要求,需要转型为以系统的方法和工具来支持企业决策、管理控制的管理会计。

管理会计的核心是价值管理,基础支撑是业财融合。中国航发东安目前以信息化系统为平台、以AEOS建设为统领开展精益管理。中国航发东安在业务管理上已逐步构建精益制造系统、资产管理系统及仓储管理系统等;在财务管理上,已实现财务核算信息化,构建了以业务为支撑的全面预算体系等。中国航发东安在业务和财务的管理上投入了大量精力,管理质量也在不断提高,但仍存在以下难题:

(一)财务管理脱离业务

公司财务管理处于事后核算和管控的状态,无法参与到重要业务环节、跟踪业务执行、实施过程管控,导致财务滞后于业务、管理流于表面,难以到达业务层面,不能真正贯彻公司战略规划和财务管理理念。

(二)财务信息维度单一

随着公司的快速发展,管理者需要业务、财务多维度的信息去支持决策。但由于公司业务和财务信息系统处于割裂状态,财务所能提供的管理信息往往局限于财务本身,不能突破业务边界,获得更广泛的数据信息。

(三)财务人员转型困难

公司的快速发展带来了业务量的迅猛增长,财务人员受困于繁重的财务核算,无法腾出时间和精力去参与公司的战略规划、经营计划、资本运营、流程管控、绩效管理等能够真正为公司创造价值的工作,为公司决策提供支持力度偏弱,财务转型面临较大困难。

究其原因,正是因为业务系统游离于财务系统之外,业财融合度较低,导致公司财务管理出现以上难题,因此,打造一个以信息化平台为基础、业财高度融合的财务管理模式是公司财务管理的迫切需求。

三、营造业财融合的信息化环境,夯实业财管控根基

业财融合应该是双向融合,财务部门需要将自己的要求贯穿业务流程,同时获取业务信息作为价值分析的支撑;业务部门在业务活动中需要财务部门的资源和信息支持,以提前预判风险,把控企业目标。因此,营造业财融合的环境,提供数据实时共享的信息化平台至关重要。

(一)强化统筹协调,建立高效组织机构

营造业财融合的信息化环境,不仅需要构建业务和财务信息系统,还需要将二者无缝对接、深度融合,工作涉及面广、协调量大、任务艰巨,为保证各项工作有序推进,公司建立以主管信息化的副总经理任组长的领导小组,销售、生产、采购、财务、信息化等业务部门作为成员单位,各司其责、分工协作,集中优势力量和资源,扎实推进,探索符合公司实际的业财融合信息化路径,决策推进工作中的重要事项(见表1)。

表1　　　　　　　　　　　信息化建设历程表

建设时间	建设内容
2013年	SAP系统正式启用,构建了业财一体化框架,建立业财一体的财务核算流程
2015年	仓储管理系统 物料管理与财务深度融合

续表

建设时间	建设内容
2017 年	MES 系统 解锁生产流程管控，财务管控深入业务
2019 年	合同管理系统、网络报销系统 建立以合同为抓手的管控链条
2021 年	多系统协同，构建涵盖全业务流程的业财融合环境

领导小组主要职责：决策业财融合信息化推进工作中的重要事项，定期听取办公室主任的工作进展汇报，了解工作状态，协调公司各部门之间工作。

领导小组下设办公室，并设立业务管理和技术管理两个小组，联合开展工作，负责工作方案落实的组织协调、汇总分析并向领导小组汇报。

为保证业财融合信息化工作顺利实施，领导小组建立例会制度，共同研究、协调、处理和解决有关问题，统筹推进各项工作落实。各业务部门建立起推动有力、协调有效的对接项目的统筹协调机制，指定项目对接人员，定期汇报有关工作进展。

强有力的项目组织机构有力推动了公司的业财融合信息化工作，带动了公司整体信息化建设步伐，业财融合信息化建设稳步推进。

（二）突出流程作用，构建业财一体框架

信息系统的功能决定了业务数据的准确性和及时性，直接影响财务核算结果、数据分析的准确性和相关决策的对错。目前多数企业在信息化建设伊始阶段，按部门条线纵向管理，业务部门自主选型以解决各自业务方的需求。但随着各部门信息系统深化应用，跨专业业务协同与信息共享明显不足，严重制约公司决策层精准施策。造成这种问题的主要原因是信息化建设缺乏整体规划，数据多头输入、冗余存储，导致财务数据反复抽取，出现错误。

中国航发东安在信息化建设过程中，遵照信息化建设"统一架构设计、一张蓝图绘到底"的原则，成立项目团队，整体规划、业务协同，横向到边、纵向到底，覆盖各业务板块。其中，财务人员全程参与所有蓝图构建与流程讨论，系统设计从业务流程、软件系统、应用管理等多个层次充分考虑内控的要求，以财务管理为"轴心"，寻找业务和财务的关键结合点，将财务管理要求与财务管理理念融入贯穿于各业务模块中，规范业务与财务的"共同语言"，建立业财数据协同共管机制，将业务、财务信息体系化、规整化，达到业务、财务的协同运作。

中国航发东安业务流程包括采购、生产、销售、财务等主流程，按照业务流程优化核心思想和设计原则，结合项目目标，拟定中国航发东安财务业务一体化流程应以合同为源头，企业所有业务流程发源于合同，业务流程中嵌入财务管理，实时收集业务数据，生成财务数据，从而有效管理企业内部价值链全过程，真正实现财务与业务的协同。

（三）贯彻财务要点，规范业务管控流程

中国航发东安信息系统建设过程中，财务人员全程深度参与，对公司各个业务流程进行梳理，分析管理问题，查找管控漏点，分析业务风险，在此基础上，贯彻财务管控要求，重新构建合规、可控的业务流程，并将其固化在系统中。图1为生产订单从创建到订单成本核算结束的流程示意图。

从图1中可见，产品成本以生产订单为基础核算单位。为保证生产订单成本的准确性，中国航发东安在 ERP 系统中构建了从生产订单创建到结束的成本控制流程。控制重点为承载价值流动的领料和

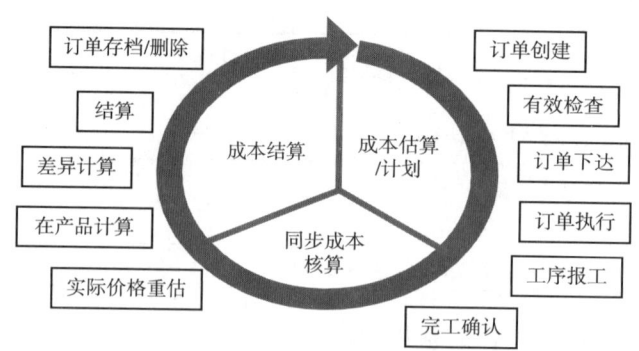

图 1 生产订单业务流程

报工环节。在手工状态下,产品领料和报工存在未齐套就领料、领料数量控制不严和车间统计工时不准确等弊病。对此,业务流程设计时,财务人员在领料和报工环节增加了控制点。一是在生产订单下达时进行有效性检查,检查物料是否齐套;二是生产订单发料时必须按单领料,即不允许超出产品 BOM 清单发料,生产订单关闭后,不允许再对订单发料;三是生产订单必须逐道报工,上道工序未报工,下道工序不允许报工,生产订单关闭后,不允许对订单报工;四是报工未结束的订单不允许关闭。通过这一系列控制,将财务管控前移至业务端口,堵住业务漏洞,为产品成本准确性提供保障。

(四)打通数据端口,重塑业财一体化流程

中国航发东安依托信息化平台,在财务核算上以业务为驱动,所有财务数据都直接由业务数据实时生成,建立了"合同—订单—收发货/报工(同时自动生成财务凭证)—预制发票—生成财务凭证"的业财一体的财务核算流程。

以应付账款业务为例,应付账款管理涵盖所有供应商的财务数据,是与采购业务集成的一个不可分割的部分。在业财一体化的核算流程下,以每个供应商的交货和发票业务为驱动,自动生成应付账款记录(见图2)。

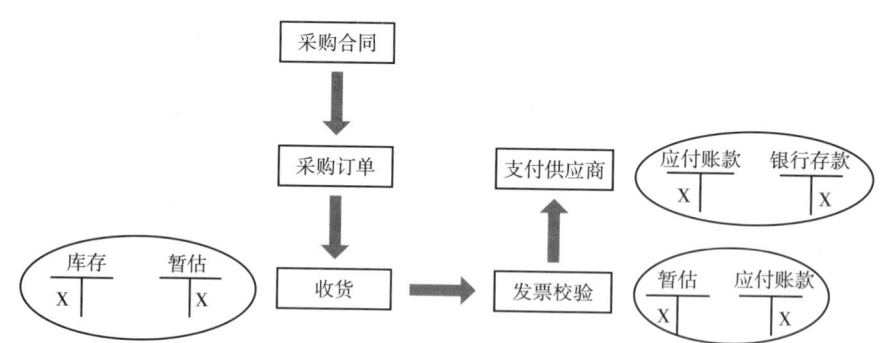

图 2 应付账款业务流程

正是基于业财一体化的财务核算环境,财务信息不再滞后,并且可以进行财务和业务信息的双向追溯。建设业财一体化的财务核算流程打通了业财数据的透视途径,为后续过程管控和业财分析奠定基础。

（五）根植业务订单，整合业财信息

中国航发东安在ERP系统中对公司业务实行订单式管理，通过采购订单、生产订单等实现串联关键业务流程、归集业务信息、承载价值流动的任务。订单上集合了业务和财务信息，是业务和财务活动的汇聚点。

1. 采购订单

ERP系统中采购订单是合同和后续采购收货、报账等业务活动的桥梁，公司向上将采购合同中的物料、数量、价格等信息传递给采购订单并控制不超越合同，向下将采购订单作为收货依据，生成采购发票，并控制收货和发票的数量、单价不超越采购合同。借助采购订单，公司形成了"采购合同—采购订单—采购发票—报账—付款"的控制链条，达到了通过合同控制全采购流程的目的。同时因为采购订单上集成了采购合同、采购物料、数量、单价、金额、收货数量、收货金额、未报销数量、未报销金额、质检状态等众多业务和财务信息，公司可以通过提取采购订单信息开发业财一体的管理报表（见表2）。

表2　采购订单明细表

供应商编号	采购凭证	物料	采购订单数量	净价	订单净值	需开票数量	需开票金额	需交货数量	需交货金额
201202	4100028055	圆棒	300.00	333.34	100000.88	300.00	100000.88	300.00	100000.88
202562	4100027992	丝	235.00	224.07	52656.64	235.00	52656.64	0.00	0.00
131621	4100027921	有色焊料	3.00	30000.00	90000.00	3.00	90000.00	3.00	90000.00
131621	4100027921	有色焊料	3.00	30000.00	90000.00	3.00	90000.00	3.00	90000.00
131621	4100027921	有色焊料	10.00	30000.00	300000.00	10.00	300000.00	10.00	300000.00
131853	4100027858	圆棒	216.50	168.14	36402.65	216.50	36402.65	0.00	0.00
131853	4100027859	圆棒	1002.50	159.29	159690.27	1002.50	159690.27	0.00	0.00
131853	4100027861	圆棒	600.00	318.58	191150.44	600.00	191150.44	600.00	191150.44
131853	4100027862	圆棒	1117.00	110.00	122870.00	1117.00	122870.00	0.00	0.00

2. 生产订单

中国航发东安以生产订单作为成本核算单位，生产订单依据生产计划下达，订单上集合了生产投料、报工信息（见表3）。

表3　生产订单投入明细表

业务交易	成本要素	原始	原始（文本）	实际数量	实际成本
发货	原材料	1201/20037017	圆棒	25	448.50
发货					448.50
确认	生产工人工资	150600/1001	506车间	161.5	3036.36
确认	燃料动力	150600/1002	506车间	161.5	119.30
确认	制造费用	150600/1003	506车间	161.5	4257.30
确认	折旧费用	150600/1004	506车间	161.5	2842.37
确认					10255.33
收货	完工转出	××件号	内转子	-48	-9118.40
收货					-9118.40
结算					1585.43

以生产订单作为成本核算单位，可以将成本核算精细到件号和批次。生产订单上体现业务和财务信息，业务部门能通过生产订单查询成本信息，财务部门能够通过生产订单进行投料管控和追溯业务数据。

同时读取生产订单信息可以帮助财务人员迅速掌握车间在制品的情况，实时监控生产系统在制品的账龄情况，迅速锁定账龄超过正常生产周期的机型信息、物料信息以及所属主承制车间，反向追溯在制品的质量状态以及超期原因，为在制品管理提供助力（见表4）。

表4　　　　　　　　　　　　　　在制品监控表

订单号	物料	物料描述	主承车间	在制品数量	工时	金额	台号	账龄
3600034434	××件号	弹支	527	5.000	21.692	35907.92	1601-1-9	3—6个月
3600034435	××件号	弹支	527	3.000	15.076	28385.06	1601-1-7	3个月以内
3600034436	××件号	弹支	527	5.000	15.583	31355.35	1601-1-8	3个月以内
3600034538	××件号	弹支	527	5.000	18.166	34627.97	1601-1-8	3个月以内
3000145908	××件号	齿轮	527	12.000	47.064	5153.78	2003-21-35	3—6个月
3000154139	××件号	齿轮	527	7.000	0.931	9994.01	2004-36-42	3个月以内
3000145903	××件号	齿轮	527	19.000	72.823	6874.18	2001-1-20	3—6个月
3000155257	××件号	齿轮	527	3.000	2.199	194.89	2002-21-23	3个月以内
3000130825	××件号	齿轮	527	1.000	35.162	41207.37	1903-28-43	3个月以内
3000145905	××件号	齿轮	527	18.000	186.226	14553.69	2002-11-30	3—6个月
3000138177	××件号	齿轮	527	14.000	219.660	16784.39	2001-1-20	6—9个月

（六）强化系统协同，营造业财融合环境

中国航发东安高度重视信息化建设，信息化应用层次不断深入，应用范围不断扩大，除核心ERP系统外，又建设了MES制造执行系统、生产协同平台、PDM数字设计与工艺系统、WMS仓储管理系统、工装工具管理系统、资产管理系统等业务外围系统，逐步将核心业务运营纳入信息化系统中。中国航发东安目前建设的所有外围业务系统都以ERP系统为核心进行集成，外围业务数据实时与ERP系统进行交换，从而保证业务数据源头的唯一性和实时性。同时因为业务流程全部信息化，大幅减少了人员手工操作的错误和不可控性，业务数据的准确保证了财务数据的准确。图3为中国航发东安的业财一体化信息结构。

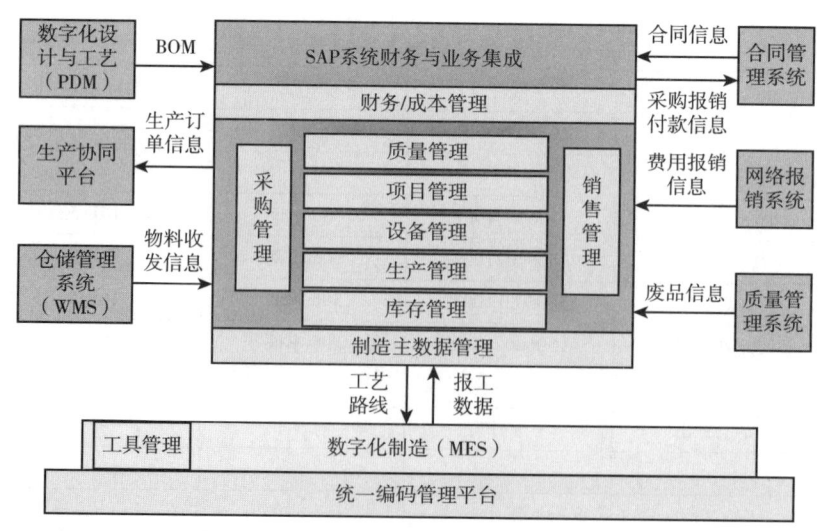

图3　业财一体化信息结构

随着信息化建设的不断扩展和完善,中国航发东安将逐渐构建一个面向产品全生命周期、管理业务全价值链全闭环的业财融合的管理环境和体系,真正实现以业促财、业财联动,助力财务—业务—战略一体化。同时因为核算等简单劳动实现信息化,可以释放大量财务人员,使其转而致力于管理会计等价值管理型工作,实现财务转型。

四、构建信息化平台下业财一体化管控模式

(一)构建基于流程的成本管控链条

中国航发东安以生产指挥中心为依托,通过 ERP、MES、生产协同平台等信息化软件集成,理清 OTD(从订单到交付)全部生产过程,优化流程之间的衔接方式,推动精益管理思想,构建基于流程的成本管理链条。

1. 夯实根基,建立业财一体化会计科目体系

(1)从业务出发细化会计科目体系。中国航发东安按照实际业务需求设置三级明细科目,科目体现业务,能够根据业务的需要提供科学、完整、系统的会计信息(见表5)。

表5　　　　　　　　　　　　　　　　会计科目对照表

上级单位会计科目		东安会计科目	
科目名称	科目级次	科目名称	科目级次
制造费用	1	制造费用	1
机物料消耗	2	机物料消耗	2
—	—	设备用油费用	3
—	—	生产用油费用	3
—	—	生产用冷却液费用	3
—	—	化学试剂和标准溶液	3
—	—	产品洗涤油费用	3
—	—	纸张、表格、转工票据费用	3
—	—	燃料费用	3
—	—	辅料消耗	3
—	—	其他杂品费用	3
修理费	2	修理费	2
—	—	中小维修费	3
—	—	工具、仪器修理费	3
—	—	房屋维修费	3
—	—	车辆维修	3
—	—	计算机维修	3
低值易耗品	2	低值易耗品	2
—	—	生产用工具费用	3
—	—	进口工具费用	3
—	—	硒鼓、墨盒费用	3
—	—	其他物品费用	3
管理费用	1	管理费用	1

续表

上级单位会计科目		东安会计科目	
科目名称	科目级次	科目名称	科目级次
宣传费	2	宣传费	2
—	—	企业文化建设	3
—	—	理论学习与党员教育	3
—	—	报刊订阅	3
—	—	东安报办刊费	3
—	—	团委活动	3
—	—	统战经费	3
—	—	党建活动经费	3
—	—	其他	3

按照业务细化会计科目，可以将财务科目和业务活动统一起来，真正使财务管理进入业务层面，从业务角度分析各种财务状况，为企业管理精准施策提供数据支持基础。

（2）建立业务活动与会计科目对应关系。企业生产活动中任何一笔经济业务都会引发一项资金运动，而资金运动可以用会计科目形象反映。在信息化实施环境下，需要将企业生产经营中的业务流程、资金运动过程和数据流程有机融合，建立基于业务驱动的业财一体化信息收集、处理、分析流程，使财务数据和业务信息融为一体。这不仅需要将业务与会计科目对应、串联，而且需要业务部门配合。

中国航发东安在信息化建设中，为建立经济业务活动与会计科目对应关系，在 ERP 系统中共设置 156 个移动类型，代表 156 类经济业务活动。其中，存货类移动类型 49 个，成本费用类移动类型 127 个。以制造费用类部分科目为例，形成各项经济业务活动与财务会计科目对应关系（见表 6）。

表 6　　　　　　　　　　经济业务活动与财务会计科目对应关系

经济业务活动	业务移动类型	业务移动类型描述	财务总账会计科目	财务总账会计科目描述
生产消耗喷涂产品用的黄色醇酸磁漆	Z31	辅料消耗	6600020100	制造费用——物料消耗——辅助材料
生产领用劳动保护眼镜	Z43	劳动保护费	6600350000	制造费用——劳动保护费
生产领用生产用冷却液	903	生产用冷却液费用	6600020000	制造费用——机物料消耗——生产用冷却液
设备维修领用备件	Z11	设备中小维修费用	6600070100	制造费用——修理费——中小修费用
生产领用 180# 洗涤汽油	Z87	产品洗涤油费用	6600020000	制造费用——机物料消耗——产品洗涤油费用
生产领用打印纸	Z89	纸张、表格、转工票据	6600020000	制造费用——机物料消耗——纸张、表格、转工票据
生产转工车消耗 92 号汽油	Z91	燃料	6600020000	制造费用——机物料消耗——燃料

通过物料"移动类型"设置，实现业务活动与财务核算的无缝对接，使财务数据与业务信息融为一体。

2. 业财协同，建立以价值链为中心的成本管控链条

中国航发东安依托 ERP 系统，优化制造及成本核算流程，将成本管理延伸至业务层面，按照价值流向构建成本管理链条，解决了军品产品件号多、批量小、核算难以细化、管控难度大的问题，推动了成本管理从粗放转向精益，消除和避免了不增值的业务，为公司降本增效、实现精益管理提供有力的数据支撑，最终增强公司核心竞争力，提升公司价值。

（1）生产过程中以生产订单作为执行主体，进行生产数据与生产进度的集中管理。通过生产订单集中管理制造数据与生产物料在制造过程中的使用情况，跟踪生产计划各执行阶段进度。针对生产订单的发料、报工和收货都实时与财务集成，生成会计凭证，实现库存、生产、财务一体协同运作。

（2）集成生产订单与车间 MES，实现计划层与执行层的协同工作。生产订单传递给 MES 系统，实现生产计划在生产调度处与车间的系统对接；通过 MES 系统报工触发接口传递到 ERP 系统，实现 ERP 系统对订单执行情况的及时跟踪。

（3）实现变更的闭环控制。系统记录制造主数据变更情况、指导在制生产订单与库存的变更调整。结合订单更改管理，保证设计到生产的变更闭环执行。

（4）变更成本管理模式。一是变机型核算为件号核算。产品件号成本真实地反映了生产过程，产品成本由机型核算转为单件号核算，使"谁受益谁负担，多受益多负担"公平分配原则得到了更为直观的体现；并且成本信息得到了细化，大到整台发动机，小到螺钉、垫片等翔实的成本信息数据都得以体现，为下一步的分析、决策和预算管理提供了基础。二是变信息分散为信息集成。彻底改变了各部门之间的数据分散、手工传递不及时的现象。三是变财务核算为财务管理。成本会计工作由日常核算转为日常监督，使成本工作重点从成本核算转为成本控制和管理，例如降低库存资金的占用、加速库存资金的周转等，有力推动成本核算型向成本管理型转变、提升公司成本优势。

通过实施 ERP 信息系统，架起一个信息交流的桥梁，各系统间数据充分共享、高度集成，相关的部门可以及时互相了解信息，避免了"信息孤岛"的产生，提高了信息资源的利用率，为成本核算和管控提供了翔实有力的数据支撑。

（二）建立基于合同的采购资金管控链条

中国航发东安规范物资及设备、工程采购挂账时间期量，分类制定供应商付款规则，打通业务和数据通道，建立以合同为基础、"资金计划—业务部门确认—审批—付款"资金一体化的管控链条，实现公司资金有序结算。同时优化、精简资金结算业务流程，推进资金计划及挂账、付款凭证自动生成，提高结算效率。

1. 资金预算

采购资金预算以从采购信息系统中读取的年度/月度采购计划为起始点，结合合同信息系统中的采购价格，自动计算年度和月度资金预算。当预算初始计算依据（采购计划等）发生变动时，信息系统自动计算出预算调整数据，审批通过后作为最新的资金预算。

2. 采购资金过程控制

采购资金的控制分为事前、事中和事后三个阶段对业务全流程进行控制。

事前控制主要是利用资金预算、供应商支付条款和供应商挂账情况对资金支付计划进行控制。财务部门预设 6 种付款规则（预付、挂账当月付款、挂账 3 个月付款、挂账 5 个月付款、年末集中结算、结合主机厂回款进度安排资金），分别对应不同性质的供应商，作为供应商支付条款。财务管理系统利用本系统中的资金预算和供应商挂账数据，结合合同管理系统中预设的供应商支付条款计算月度资金支付计划，据此控制月度资金支付。

事中控制强调过程中的实时管控。财务管理系统通过与其他业务系统和 ERP 系统的对接，在付款申请提交和资金支付环节实时根据月度资金计划自动进行审核预警。

事后控制主要是事后的差异分析。中国航发东安在财务管理系统中开发了多维度的业务和财务数据分析查询报表，包括资金计划与支出对比分析表、资金预算执行情况表、资金预算与采购计划进度分析表等。

借助信息化平台，创新采购资金管理方式，资金预算及支付计划由业务生成，加强了对采购业务内容和数量的管控，资金支付与业务关联，有据可依，为后期资金支付期量化和考核奠定基础。

（三）实施以合同为抓手的流程管控模式

合同作为企业所有业务的源头，是财务管控的关键点。中国航发东安从合同出发，建立"合同—采购订单—收货—预制发票—挂账—付款"的一体化业财链条。链条的业务流程和财务管控如下：

（1）采购订单根据合同生成，订单中物料及其数量、价格不能超越合同。保管员依据采购订单收货，收货数量和价格不能超越采购订单。同时系统控制只有质检合格的物料才允许报销。

（2）采购发票依据采购订单生成，系统控制发票必须进行三单校验（采购合同、采购订单、采购发票）。采购发票中的物料必须在采购订单中处于已收货状态，并且发票中物料的数量和价格不能超越采购合同。

（3）财务人员付款时，系统会自动控制付款金额不允许超出合同金额。当会计采用付款清账操作时，系统控制付款金额不允许超出挂账金额。

以合同为源头，所有业务流程发源于合同，各种业务单据通过合同衍生并受控于合同，财务人员通过控制合同达到控制全业务流程的目的。

（四）设置业财双线考核的存货考核模式

中国航发东安根据上级管理部门下达的存货指标，结合自身生产经营实际，核定年末存货实现时点指标和平均存货占用的管理目标，按责任部门进行分解，从业、财两个维度进行考核。

1. BSC——资本占用计划完成率

以产品生产周期为标准（见表7），分车间、分型号进行资本占用计划完成率指标设定。

表7　　各车间各型号产品生产周期情况表　　单位：月

生产车间 \ 型号	机型1	机型2	机型3	机型4	机型5
502 车间	3	3	3	3	3
505 车间	4	5	4	3	3
506 车间	4		4		
507 车间	3	3	3	3	5
508 车间	3	3	3	3	3
509 车间	4	3	4		4
517 车间		5		7	6
518 车间			3		
521 车间	3	5		4	
527 车间	5	5	5	5	3
538 车间	5	4		5	4

超生产周期生产订单数量（批产和科研转小批）按账龄区间分别设定相应奖罚完成率（见表8），月末以各型号实际超生产周期生产订单数量计算完成率，具体计算方式如下：

资本占用计划完成率 = 基数 ± ∑账龄区间各型号完成率

表8　　　　　　　　　　　　　　　　　　　资本占用奖惩完成率

完成率基数	4—6个月		6个月—1年		1—2年		2—3年		3年以上	
	超期订单数量=0	超期订单数量>0	超期订单数量=0	超期订单数量>0	超期订单数量=0	超期订单数量>0	超期订单数量=0	超期订单数量>0	超期订单数量=0	超期订单数量>0
100%	0.50%	-0.50%	1%	-1%	1.50%	-1.50%	2%	-2%	2.50%	-2.50%

2. EVA——生产订单数量和资金占用相结合进行考核

（1）生产订单考核。以产品生产周期为标准，根据超生产周期生产订单数量情况进行季度考核（见表9），即超生产周期生产订单数量（批产和科研转小批）均为零时，兑现额为正值；超生产周期生产订单数量（批产和科研转小批）大于零，兑现额为负值。

表9　　　　　　　　　　　　　　　季度各账龄区间超生产周期订单数量兑现标准

账龄区间	4—6个月		6个月—1年		1—2年		2—3年		3年以上	
订单数量	超期订单数量=0	超期订单数量>0	超期订单数量=0	超期订单数量>0	超期订单数量=0	超期订单数量>0	超期订单数量=0	超期订单数量>0	超期订单数量=0	超期订单数量>0
兑现额	+0.5万	-0.05万×订单数	+1万	-0.1万×订单数	+1.5万	-0.2万×订单数	+2万	-0.25万×订单数	+2.5万	-0.3万×订单数

生产订单考核兑现额：

$F_i = \sum$ 各账龄区间超生产周期订单兑现额 $\times n/4$ - 截至上一季度已经累计兑现额度

其中，n 为考核季度的自然数（1，2，3，4）。

（2）在制品金额考核。资本占用目标值（批产和科研转小批）分车间、分型号按账龄区间设定。资本占用实际值与目标值相比较，根据资本占用时间加权计算（见表10），按照时点值进行考核。

资本占用 = $\sum$ （分库龄的资本占用×考核加权数）

表10　　　　　　　　　　　　　　　　　　账龄区间权重情况表

占用时间	6个月内	6—12个月	1—2年	2—3年	3年以上
考核加权数	1	1.5	2	2.5	5

在制品金额考核兑现额：

F_{ii} =（资本占用目标值-资本占用实际值）×资本成本率×40%×$n/2$-截至上半年度已经累计兑现额度

其中，n 为考核期间的自然数（1，2）。

（3）在制品资本占用合计兑现额：

$F_2 = F_i \times 50\% + F_{ii} \times 50\%$

（五）建立业财融合的管理报表体系

中国航发东安建立了业财融合的管理报表体系，满足基于业务的多维度财务分析要求。中国航发东安共建立了约180余张管理报表，涵盖经营、生产、采购、库存、销售等各方面。报表分为三类：一是标准财务报表，例如资产负债表、利润表等；二是业务报表，例如投入工时情况表、废品损失率情况表等；三是业财融合的报表，例如存货资金占储分析表、材料费投入情况表等。同一报表可以从机型、车间、库存地等多维度进行展示,并且可直接追溯底层业务数据。多层次、多角度的管理报表体系极大地提升了公司财务分析的广度和深度,改变以往业务数据游离在财务分析体系外的情况,财务分析质量得到大幅提高。各类报表如表11至表14所示。

表11 材料投入情况表

物料	订单号	所属件号	所属机型	生产单位	投入数量	金额
GJB 269-1987-9	1100011897	××	××	528	2.00	386.82
20152429	1100011897	××	××	528	2.80	15.88
GJB 269-1987-8	1100011897	××	××	528	6.00	1629.72
20152737	1100011897	××	××	528	0.14	0.32
20151133	1100011897	××	××	528	120.00	3.60
QJ 2963.3-1997-3	1100011897	××	××	528	8.00	7.20

表12 在库存货库龄表

物料	数量	单价	金额	0—1年数量	0—1年金额	1—2年数量	1—2年金额
合金粉末	4.00	2920.35	11681.40	4.00	11681.40	0.00	0.00
锭 ZM5	500.00	36.10	18050.00	5.00	18050.00	0.00	0.00
锭 AlTi5A	188.00	75.00	14100.00	188.00	14100.00	0.00	0.00
丝 AlB3	869.50	63.22	54969.79	0.00	0.00	869.50	54969.79
丝 ZM5	299.00	384.61	114998.39	299.00	114998.39	0.00	0.00
碳化钨粉末	350.00	595.43	208400.50	210.00	125040.30	140.00	83360.20

表13 在制品明细表

订单号	物料	主承车间	总数量	交货数量	报废数量	在制品数量	合计	账龄
3600056796	××件号	527	7.00	2.00	4.00	1.00	287999.35	3—6个月
3600085755	××件号	507	10.00	0.00	0.00	10.00	4296.00	3个月以内
3600080831	××件号	502	6.00	0.00	2.00	4.00	2741.94	3—6个月
3600088230	××件号	502	16.00	0.00	0.00	16.00	11231.90	3个月以内
3600088029	××件号	502	20.00	0.00	0.00	20.00	3290.50	3个月以内
3600080673	××件号	502	8.00	0.00	1.00	7.00	4566.97	3—6个月
3600088028	××件号	502	16.00	0.00	0.00	16.00	4935.75	3个月以内
3600053245	××件号	521	5.00	2.00	0.00	3.00	29184.02	3—6个月
3600053562	××件号	521	2.00	1.00	0.00	1.00	4819.70	3个月以内
3600053205	××件号	521	10.00	7.00	0.00	3.00	1786.43	6—9个月

表14 产品(自制件)交付明细表

生产订单	批号	主承车间	件号	交付数量	工时	金额
3600062808	19D01	502	××	30	104.61	3970.95
3600062795	19D01	502	××	7	20.65	1042.09
3600062800	19D01	502	××	7	32.2	1457.21
3600062799	19D01	502	××	7	27.09	1257.22
3600062798	19D01	502	××	6	15.98	662.25

以存货管控为例，存货作为"两金"之一，状态变动快、数量级巨大、积压原因复杂，在财务管控方面有很大难度。中国航发东安深化应用信息系统功能，以业务活动为牵引，抓取生产和库存模块数据，开发业务、财务融合的存货管理报表，并与生产单位共享。报表贯穿投料、交付、在制品、库存等存货流转环节，综合反映存货的投入、产出和库存状态，为成本工程"降两金"提供有力数据支撑。

五、取得的成效

中国航发东安以信息化为平台，构建业财融合的财务管理模式，以企业价值最大化为出发点，深入业务底层，获取和运用业务资源，业财融合，对下将企业战略决策向业务层推进落实，对上将业务数据加工成有效的财务信息，为企业经营决策提供支撑。

（一）打造业财融合平台，推动财务转型升级

中国航发东安在信息化建设中，基于价值链管理理念，构建了以 ERP 系统为核心，平衡计分卡、生产 MES 系统、仓储管理系统、采购计划系统等多系统支持的全价值链业务财务协同的信息化平台。一是替代了传统的财务会计工作，大幅减少了财务人员在核算上投入的精力，财务人员可以将更多的时间和资源投入到公司管理与决策支持中；二是业务、财务协同的信息化平台可以实现业务过程透明化，财务人员可以参与监控每一个业务过程的执行，并可采集分析业务信息，提供深入价值链的经营支持及管理决策支持，推动公司财务转型。

（二）建立业财一体的财务管理环境，提高管理质量

中国航发东安依托信息化平台建立业财一体的财务管理环境，在财务核算上以业务为驱动，所有财务数据都直接由业务数据实时生成，建立了业财一体的财务核算管理流程；在财务管控上将管控前移至各业务流程，改变以前事后考核的方式，在业务发生源头进行控制。业财一体的财务管理环境实现财务管理对企业全业务流程的覆盖，提高管理质量。

（三）创新预算管理方式，确保企业战略目标实现

中国航发东安建立了业财联动的预算管理方式，以业务预算为基础，强化业务数据与财务的融合，加强预算全过程控制和管理，有效地引领公司各业务层面在实际业务活动中时刻关注成本和资金占用，主动作为，大幅降低企业成本发生。

（四）开展多维度业财分析，支持企业战略决策

业财融合的管理模式将业务和财务数据有机结合，构建了完整的业财报表分析体系，从业务和财务多层次、多角度展示公司经营情况，并且可直接追溯底层业务数据，极大地提升公司经营分析的广度和深度，分析质量得到大幅提高，改变了以往单纯的业务或财务数据无法支持复杂的公司战略决策的现象。

（五）推动业财管理集成化，提高管理效率

借助信息化工具，财务管理集成业务，财务数据和报表由业务自动生成，大幅提高报表效率，月报时间由 3 天缩短为 1 天；业财融合，业务流直达财务，减少手工状态下的冗余环节，流程效率得到显著提高，例如物料发放流程实现自动配套、出单，时间缩短为原来的 1/3；业财融合，显性化业务和财务数据，可以快速提取绩效考核数据，将考核过程提速。

（六）促进经济指标改善，提升企业价值创造能力

业财融合的财务管理模式可提供精准的财务管理预测、评估和分析，支持企业决策，帮助企业持续提升经济效益和经济运行质量，增强价值创造能力。

2018—2020年中国航发东安收入逐年上涨，利润总额不断增加，年均增幅25.54%。关键指标EVA实现年均增幅8.11%，资产负债率、总资产周转率等主要指标不断好转，企业整体经营能力持续提高，价值创造能力显著增强。

六、经验总结

（一）业财一体化的信息化平台是业财融合的基础

搭建统一、集成的财务业务信息管理平台，可以帮助业务流程与管理监控流程的运作达到统一，物流、信息流和资金流达到统一。业务驱动财务，实现财务、业务数据交换和凭证的自动记账功能，加强了财务对业务的事前、事中管控力度，能够实时获取业务经营信息并进行分析和决策，在科学、合理的信息应用基础上促进业财深度融合，提升公司经营管理效率。

（二）高层领导的重视是业财融合的保障

业财融合涉及各业务部门，需要业务部门的理解，公司高层领导重视可以引导和推动各业务部门的积极参与，将业务部门纳入价值创造团队，形成合力。

（三）高素质的财务人才是业财融合的关键

公司能够顺利推动业财融合，得益于财务人才体系建设，尤其是领军及专家人才的培养，骨干人才在业财融合建设中起到了引领和把控的作用；传统财务人员知识结构单一，在业财融合时缺少业务知识支撑，需要培养具备多方面知识的复合型财务人员，能够从业务视角出发，透视财务再回归业务本身，从而拓展管理的深度和广度。

（四）与时俱进的创新思维是业财融合的动力

业财融合为财务转型提供基础，财务人员应尽快转变思想，实现事后归集向事前筹划转型、传统的部门职责向基于工程的项目式管理转型、资产管理向资本管理转型，为业财融合提供持续不断的动力。

构建基于信息化平台的业财融合一体化管控模式，将中国航发东安的业务管理和财务管理有机融合，业务管理和财务管理方向统一到实现价值创造、实现发展战略的主线上。未来，中国航发东安要在以下方面继续深化业财融合，完善业财一体化管控：

第一，持续强化财务信息与业务信息的融合，推动财务管控体系标准化、规范化、科学化，提升管理质量。

第二，建立财务和成本价格数据资源库，实现财务和业务数据的汇聚和共享，打通信息壁垒，充分发挥数据价值，为公司经营决策提供有力的数据支撑。

第三，在"互联网+"的环境下推动财务信息系统向智能化、自动化方向发展，形成会计信息自动生成、加工、报告和利用的财务环境，释放财务人员精力，推动财务转型升级。

第四，建设业财融合的财务决策支持平台，高效挖掘和整合财务与业务数据，构建财务决策模型，打造科学高效的财务决策支持体系。

参考文献：

［1］王纹．数字会说话：ERP中的财务管理［M］．北京：机械工业出版社，2003．
［2］张华平．战略管理会计流程再造与控制研究——基于供应链视角［M］．北京：科学出版社，2014．
［3］任振清．SAP财务管控——财务总监背后的"管理大师"［M］．北京：清华大学出版社，2015．
［4］陈虎．大智移云的财务信息化［J］．首席财务官，2016（18）：5．
［5］陈虎．财务就是IT——企业财务信息系统［M］．北京：中国财政经济出版社，2017．

企业自评

中国航发哈尔滨东安发动机有限公司作为大型航空制造企业，产品工艺复杂、生产环节多、价值创造过程长且不易把控，财务管理处于事后核算和管控的状态，无法参与到重要业务环节；财务信息维度单一，局限于财务本身，缺少业务数据支撑；财务人员受困于财务核算，转型困难。

案例详细阐述了中国航发东安打造的一个以信息化平台为基础、业财高度融合的财务管控模式。通过顶层设计、整体规划，以流程为重心，重新构建合规、可控的业务流程；利用信息化建设契机，实现业财信息的协同与共享，并基于此构建了业财融合的管控模式，将企业的业务管理和财务管理有机融合，实现将企业财务理念有效传递到业务各个层面，业务管理和财务管理方向统一到实现价值创造、实现发展战略的主线上，确保了企业战略目标的达成。

业财融合模式的构建一是大幅减少了财务人员在核算上投入的精力，有力推动财务转型升级；二是实现业务过程透明化，强化过程管控；三是建立了业财联动的预算管理方式，有效引领各业务层面聚焦战略，确保战略目标实现；四是建立了完整的业财报表分析体系，极大地提升了企业经营分析的广度和深度。

案例从企业实际出发，内容全面，深入阐述了业财融合的关键点及做法，为制造企业提供了可推广的业财融合的实际经验，具备比较强的参考性。

专家点评

业财融合作为企业管理转型和财务管理升级的指导思想和思维方式，已经取得管理者的共识。企业追求高质量增长，要激发内部活力、提高经营业绩、融合业务和财务，利用高效快捷的技术手段进一步打通业务到财务的端到端的流程和数据应用，实现流程、数据和管控的融合，驱动业财一体化信息高效传递、实时共享，用多维度、多场景的数据分析助力精益决策，帮助企业管理者建立快速的应对机制，赋能业务，创造价值。

中国航发哈尔滨东安发动机有限公司以业财一体信息化平台为基础，从营造业财融合信息化环境开始，打造业财融合平台，从业财一体化框架、业财一体化流程、业财一体化多系统协同等方面进行实践创新，构建成本管控、资金管理、合同管理、业绩考核、管理报表等业财融合管控模式，助力企业高质量发展，推动财务管理转型升级，为经营创造价值。

中国航发东安的业财融合实践覆盖范围广，有一定体系建设思路和实施方法，完成度较高，实施成效明显，并从实施要素和工具方面进行了总结，有很强的借鉴性，值得推广。

防范化解重大风险管理体系的构建与实施

中国中车集团有限公司

> **摘要**：党中央、国务院和国资委高度重视防范化解重大风险。党的十九大把防范化解重大风险作为决胜全面建成小康社会三大攻坚战的首要战役。中车集团及所属企业快速发展过程中产生了诸多存量问题和风险，有效防范化解各类风险，守住不发生系统性风险的底线，是中车集团进入高质量发展阶段后必须面对的严峻课题。
>
> 基于以上背景，中车集团提高政治站位，从上到下高度重视防范化解重大风险工作，从防范和化解两个方面入手，形成了中车特色的风险防控体系：在重大风险化解方面，公司主要领导高度重视，亲自指挥部署，形成了强大的工作推动力；通过开展各类风险排查，梳理公司重大风险事件，摸清风险状况，建立重大风险管理机制；签订重大风险化解目标责任书，夯实化解责任；召开专题会议，推动风险职责落实；印发《防范化解重大风险专项工作行动方案》，提供工作指引，按月跟踪、持续督导、专题培训、专题汇报，确保化解工作力度不减，形成闭环管理。在风险化解工作中，形成了中车特色的风险化解事件库规范、风险敞口化解策略和风险事件出入库管理办法等。在重大风险防范方面，通过在制度体系中嵌入风险管控的"六项机制"（风险研判机制、过程跟踪机制、信息化融合机制、决策风险评估机制、风险防控协同机制、风险防控责任机制），制定了重大项目风险评审管理办法、风险管理和内部控制工作手册，实行内部控制监督评价全覆盖，建设重大风险预警信息系统，加强风险事前、事中管理，确保风险"看得清、管得住、有规范"，构建了全面、全员、全过程、全体系的风险防范机制。通过以上工作的开展，显著降低了公司重大风险事件敞口，强化了全员风险意识，提升了风险管控能力，切实履行了防范化解重大风险的政治责任，在国资委、中车集团各级子公司形成了示范效应。
>
> 本文阐述了中车集团开展防范化解重大风险工作的背景，介绍了防范化解重大风险体系构建和实施的具体做法，总结了取得的成效，并对未来工作进行了展望，特别介绍了一些有中车特色的风险管理标准，实践性较强。由于各企业实际情况不一样，而且防范化解重大风险无论从理论上还是实践上，还处于不断发展之中，请各位读者在实践中酌情参考。
>
> **关键词**：重大风险；风险敞口；风险化解；风险预警

一、中国中车集团有限公司简介

2000 年，隶属铁道部的中国机车车辆工业总公司从铁道部分离，成立"南车""北车"两大集团。2015 年，南北车实施重组整合，组建新的中车集团有限公司（以下简称"中车"）。中车是"全球规模

---

* 本篇作者：陈震晗、杨士六、岑祖标、王超颖。
　指导专家：周华（中国人民大学）。

最大、品种齐全、技术先进的轨道交通装备和系统解决方案供应商，拥有铁路装备、城轨及城市基础设施、新产业、现代服务业等业务板块"。

中车是我国"装备制造业的靓丽名片"。中车集团目前在沪、港、深三地，拥有4家上市平台：中车股份（沪港两地复牌上市）、时代新材（上海上市）、南方汇通（深圳上市）、时代电气（香港上市）。

中车在"世界同行业规模第一"。目前，世界轨道交通装备行业的主要公司有西门子、庞巴迪、阿尔斯通等厂家，中车的生产规模、产品种类已连续多年位列"世界行业第一"，中车产品已出口到105个国家和地区。截至2019年底，集团资产总额4300亿元，员工总数近18万人，全级次并表企业户数为379户。中车所属企业"遍布国内28个省、自治区和直辖市"，在境外29个国家和地区拥有71家公司、31家办事机构、17家科研机构，外籍员工近6000人。

二、防范化解重大风险管理体系构建与实施的背景

党中央、国务院和国有资产监督管理委员会（以下简称"国资委"）高度重视防范化解重大风险。党的十九大把防范化解重大风险作为决胜全面建成小康社会三大攻坚战的首要战役。2019年，习近平总书记在省部级主要领导干部坚持底线思维着力防范化解重大风险专题研讨班上发表重要讲话，强调提高防控能力，着力防范化解重大风险，保持经济持续健康发展、社会大局稳定。新时代中国特色社会主义发展取得的重大成就前所未有，面临的风险挑战之严峻前所未有：一是风险挑战的危害性极其严重，包括危害中国共产党领导和我国社会主义制度，危害我国主权、安全、发展利益，危害我国核心利益和重大原则，危害我国人民根本利益，危害我国实现"两个一百年"奋斗目标、实现中华民族伟大复兴，甚至会遇到难以想象的惊涛骇浪；二是风险挑战的长期性非比寻常，"我们面临的各种斗争不是短期的而是长期的，至少要伴随我们实现第二个百年奋斗目标全过程"；三是风险挑战的复杂性极为深刻，政治、意识形态、经济、科技、社会、外部环境、党的建设等领域重大风险交叉叠加，"黑天鹅"事件和"灰犀牛"事件同时存在，风险挑战的确定性和不确定性同时存在，在前进道路上我们面临的风险考验只会越来越复杂。

2018年，中车集团等10家中央企业被国资委列入创建一流示范企业名单。创建一流示范企业是集团改革发展各项工作的重中之重。打造具有中车自身特色的风险管理模式，将为创建世界一流示范企业、实现"双打造一培育"目标保驾护航。中车集团及所属企业在快速发展过程中产生了诸多存量问题和风险。进入高质量发展阶段后，中车处于转变发展方式、优化业务结构、转换增长动力的攻关期，存量风险和增量风险相互叠加，集团改革发展伴生的各类风险有可能易发高发、集中释放。加快风险管理体系和管理能力现代化，有效防范化解各类风险，守住不发生系统性风险的底线，为集团实现质量变革、效率变革、动力变革提供有力保障。

2019年，面对国内外风险挑战明显增多的复杂局面，集团各级审计和风控部门以习近平新时代中国特色社会主义思想为指导，深入贯彻党的十九大和十九届二中、三中、四中全会精神，全面落实习近平总书记视察中车重要指示精神及国务院国资委工作部署，以公司"13568"经营目标为统领，提高政治站位，切实履行好防范化解重大风险的政治责任，紧扣防范化解重大风险工作核心，坚决打好打赢防范化解重大风险攻坚战，取得了积极成效。

三、防范化解重大风险管理体系构建与实施的内涵

中车防范化解重大风险[①]体系构建与实施从化解和防范两个方面入手：在重大风险化解方面，公司主要领导高度重视，亲自指挥部署，形成了强大的工作推动力；通过开展各类风险排查，梳理公司重大风险事件，摸清风险状况，建立重大风险管理机制；签订重大风险化解目标责任书，夯实化解责任；

---

① 重大风险是指依据国资委和中车相关规定，可能严重危及公司正常经营、盈利能力、偿付能力和资信水平以及影响企业发展的事件。

召开专题会议，推动风险职责落实；印发《防范化解重大风险专项工作行动方案》，提供工作指引，按月跟踪、持续督导、专题培训、专题汇报，确保化解工作力度不减，形成闭环管理。在风险化解工作中，形成了中车特色的风险化解事件库规范、风险敞口[①]化解策略和风险事件出入库管理办法等。在重大风险防范方面，通过在制度体系中嵌入风险管控的"六项机制"（风险研判机制、过程跟踪机制、信息化融合机制、决策风险评估机制、风险防控协同机制、风险防控责任机制），制定了重大项目风险评审管理办法、风险管理和内部控制工作手册，实行内部控制、监督、评价全覆盖，建设重大风险预警信息系统，加强风险事前、事中管理，确保风险"看得清、管得住、有规范"，构建了全面、全员、全过程、全体系的风险防范机制。通过以上工作的开展，显著降低了公司重大风险事件敞口，形成了中车特色的重大风险防控体系，强化了全员风险意识，提升了风险管控能力，切实履行了防范化解重大风险的政治责任，在国资委、中车集团各级子公司形成了示范效应。

四、重大风险化解体系的构建与实施

（一）高度重视，主要领导亲自指挥

在集团党委常委会上，公司领导听取了年度经营风险情况汇报。在集团董事长和总经理亲自部署下，集团风控部门组织落实重大风险防范化解工作，先后制定了重大风险防范化解行动方案、风险化解责任书，组织风险排查、各类会议、督导和培训，并向公司领导提交报告。集团公司董事长和总经理连续两年主持召开风险化解专题会议，多次听取企业专题汇报，在公司党委会、办公会和各种报告上多次提出具体要求和重要批示，为防范化解重大风险工作统一思想、指明方向，是公司夺取防范化解阶段成果的首要因素。

（二）摸清现状，健全风险管理机制

贯彻习近平总书记重要讲话精神，根据国资委《关于加强中央企业内部控制体系建设与监督工作的实施意见》等文件的有关要求，围绕"坚决守住不发生重大风险底线"的目标，公司制订完善风险管控体系总体思路。中车风控工作是以战略价值导向，围绕有效化解存量风险和筑牢风险防范体系两条主线，坚持五项原则，围绕六项目标，健全五项机制，提升四个能力，实现四个突破，通过构建防火墙、打好组合拳、丰富工具包、培养专业人四大措施来进行支撑。总体框架构成了中车风控工作的"四梁八柱"（见图1）。

图1　中车风控工作总体框架

---

① 风险敞口，指未加保护的风险，即因交易对手违约行为导致公司承受风险的余额，计算公式为：项目当前资金占用－当前未发生风险部分金额－有效抵押质押物资产金额。

为摸清中车风险的总体状况，明确风险管控的战略重点及方向，集团风控部门组织开展年度风险、境外投资项目风险、国际化经营风险、融资性贸易业务风险排查和敞口处置等多项排查工作，共识别风险事件3000多个，针对重大风险事件制定了应对措施，构建了集团、子公司两级重大风险事件库，通过风险提示函、风控内参等形式，灵活多样地向公司提示风险，确保风险"看得清"，公司风险图谱逐渐清晰，风险管理重点逐步明确。为准确计量、精准定位重大风险数据，集团风控部门经过反复研究摸索，建立起较为完整的重大风险管理机制，并结合中车实际情况进行了创新，如：风险敞口的计算标准、重大风险的定义、集团重大风险分层分类管理、重大风险数据库、数据入库和销号管理等（见图2、图3）。

影响程度 发生概率		低（绿色）			中（黄色）			高（红色）	
		1 <1万元	2 ≥1万元且 <10万元	3 ≥10万元且 <50万元	4 ≥50万元且 <100万元	5 ≥100万元且 <500万元	6 ≥500万元且 <4000万元	7 ≥4000万元 且<1亿元	8 >1亿元
低（绿色）	1 很低	—	R1	R1	R1	R2	R3	R4	R4
	2 较低	R1	R1	R2	R2	R2	R4	R5	R5
中（黄色）	3 中等	R1	R2	R2	R2	R3	R5	R6	R6
高（红色）	4 较高	R1	R2	R3	R3	R4	R6	R7	R7/R8
	5 很高	R1	R2	R3	R4	R5	R6	R7/R8	R8/R9

注：R1~R3为绿色，R4~R6为黄色，R7~R9为红色。

建立重大经营风险事件库
- 风险敞口计算（初始计量、后续调整）
- 入库管理
- 数据库动态管理
- 出库管理
- 档案管理

提出13条内外解决方案
1. 立即止损；2. 实施保护
3. 分析责权；4. 协商谈判
5. 申请仲裁；6. 诉讼准备
7. 寻求外援；8. 加强内控
9. 建立组织；10. 舆论监督
11. 财务支持；12. 外部沟通
13. 风险隔离

图2 中车重大风险管控标准

风险事件基本情况											风险事件应对情况			上一年末风险敞口情况
风险编号	风险大类	具体风险	填报单位	涉及企业	涉及项目/业务/客户	风险事件描述	风险事件原因	不利影响	出库时间	初始风险敞口（万元）	入库时间	销号时间	应对措施完成情况	本年风险敞口金额变动说明	本年风险敞口金额变动验证材料清单	上一年期末风险敞口（万元）
本年风险敞口增加情况		本年风险敞口减小情况									本年剩余风险敞口
已入库风险事件（万元）	本年新入库风险事件（万元）	收回现金	增加抵押质押	资产保全	签订新协议	债转股	以资抵债	财务核销	目标资产价格增加	其他事实损失	其他方式	风险敞口减少小计	剩余风险敞口（万元）

图3 中车重大风险事件库

（三）目标导向，绩效考核夯实责任

为了夯实风险化解责任，公司制定了"重大风险化解专项目标责任书"，并经公司总经理办公会审议通过，由运营管理部组织与责任子公司签约。考核范围是中车存在重大风险化解责任的子公司或责任人，主要包括存在风险的境外项目，长期呆、坏账项目，风险敞口较大项目等。考核内容是重大风险事项的风险敞口化解和现金回款。考核方式是根据子公司重大风险化解考核指标完成情况予以子公司领导班子或责任人年度薪酬奖惩考核。年初由集团公司领导与子公司主要领导或责任人签订"重大风险化解责任书"。运用绩效考核的方式，大大调动了各子企业的积极性和行动力，相关企业对于化解风险的重视程度显著提升，对于化解重大风险工作起到了立竿见影的良好效果。

（四）专项部署，推动落实风险职责

为进一步推动落实，集团多次召开风险化解专题会议、全集团的防范化解重大风险视频会等会议。会议由集团总经理主持，董事长和其他领导班子成员、总部相关领导、总部有关部门人员以及子企业主要领导、分管领导参加。会议听取子公司关于风险化解的专题汇报，并对落实习近平总书记关于风险防范化解工作要求、打赢防范化解风险攻坚战进行了专题布置，对集团下一步风险化解工作进行了安排部署，并系统总结、查摆不足、督促实效，要求加大组织力度、政策指导力度、资产管理力度，细化风险敞口管理，并加大过程监控。集团领导高度重视、亲自部署、亲自参会并作出重要指示，集团领导班子成员齐抓共管，包保领导强化监督，形成强有力的工作机制，推进工作效果显著。

（五）多措并举，打出工作组合重拳

为进一步落实国资委和公司要求，集团风控部门认真学习了习近平总书记系列讲话精神、国资委郝鹏书记讲话精神，并结合公司年度工作会议确定的工作目标和经营工作要点，制订下发防范化解重大风险专项工作行动方案，建立工作组织、确定工作原则、细化工作目标、落实工作内容、压实相关责任，全面深入推进。集团风控部门、运营管理部分别组成两个督导组，组织相关部门对子公司风险化解情况实施现场督导，督促指导各企业推进工作，并对各企业工作情况进行了通报。为进一步提升效果，集团风控部门组织相关部门，多点聚焦、多角度发力，多次组织专题培训和座谈会议，并通过建立日常工作通讯录、工作群、月度例会、专项座谈会等方式加强工作协调。总部各部门积极参与风险化解工作，主动担当、对接和协调，全力以赴对子公司风险化解工作进行督导，进一步夯实风险化解责任。

2019—2020 年，公司先后组织召开全集团重大风险防范化解会议 4 次、重大风险专题培训 2 次（培训人员达 6000 余人）、专题汇报 5 次，发布"重大风险提示函" 13 份。在集团全面系统推进下，各企业积极行动，取得实效，各子公司共向总部领导汇报 183 次，召开内部专题会 414 次，出差 1473 人次，召开外部协调会议 402 次，签订补充协议 52 份，向对方发函 332 份，提起诉讼 73 次。

（六）千方百计，形成风险化解策略

相关子公司风险化解工作在组织保障、推进措施和力度、责任落实等方面都进行了全面部署并制定了重大风险专项化解方案。重点企业成立了化解工作领导小组和具体工作组，并按照集团公司会议要求落实相应责任，明确工作实施方案和定期汇报沟通机制等。通过内引外联，组建风险化解专项小组，针对每一项重大风险制定风险化解策略（见图4）。对风险突出的子公司实施重点监控、挂图督战、挂牌督办、挂点督导，分解督导项点 1661 项，确保做到"一险一策、一险一人、一险一表、一险一考核"，目前各项措施完成率为 95%。

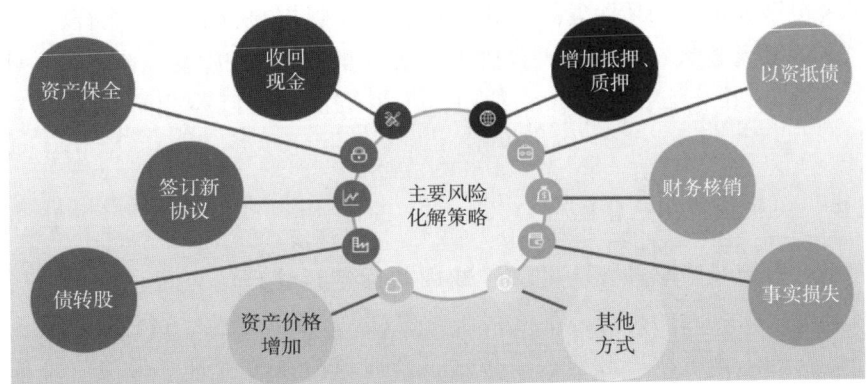

图 4 中车重大风险化解策略

五、重大风险防范体系的构建与实施

（一）源头管控，建立评估评审标准

从中车重大风险事件库分析看出，部分项目由于前期论证不充分、未开展专项风险评估等，导致后期客户违约造成大额损失。为了从源头加强重大项目风险管控，制定发布《中车集团重大项目风险评审管理办法（试行）》及配套风险指南。对于须集团审批决策项目，要求各子公司决策前开展专项风险评估，并将风险评估报告作为重大经营事项决策的必备支撑材料。各级风险部门对风险评估结论进行复核评审。制度发布后，公司审计法务中心通过组织专题培训、下发工作指南等方式，推动制度落地。经过近一年的运行，重大项目实施主体按照要求开展风险评估，将风险管控提前到决策前，推动重大项目决策科学化。重大项目风险评审流程如下：首先由项目提报单位（一般为下属子公司）的主办业务部门开展项目的全面风险评估工作，并出具专项风险评估报告。在开展项目风险评估、编制评估报告时，可以聘请具有相应资质的独立第三方咨询机构。项目提报单位的风险管理部门应对项目的专项风险评估报告出具独立的风险评审意见。在此基础上，集团风险管理部门再对重大项目的风险评估内容进行实质性评审。对于存在风险识别不充分完整、风险分析不准确客观、风险评估未体现独立谨慎、风险应对方案不具体有效等问题，且不符合集团风险管理制度要求并可能导致项目风险管控出现重大隐患的，将出具否决性评审结论。

（二）事中控制，开展内控监督评价

公司建立包括"流程梳理—内控评估—缺陷认定—缺陷整改"在内的闭环机制，组织开展内控体系建设及内部控制自我评价工作。根据国资委《关于加强中央企业内部控制体系建设与监督工作的实施意见》要求，采用远近结合、夯实基础与做实推进双管齐下的方法组织开展集团内控监督工作。制订下发《中国中车2020—2022年度内控体系监督评价工作规划》，加强集团对子公司内控体系的监督评价工作，以评价促内控水平提升。

（三）对标要求，夯实风险管理基础

整合国资委关于参股投资、融资性贸易、PPP项目、国际化经营、金融业务、金融衍生品业务、信托业务等相关业务的红线要求，依据国资委《中央企业全面风险管理指引》和财政部《企业内部控制基本规范》，编制了《中国中车风险管理和内部控制工作手册》，手册分为"应知应会、监管红线、岗位责任、中车实务"四个篇章，立足实际操作，面向所有经营管理岗位，将风险管理和内部控制工作融合，提出了中车风险管控的基本原则、目标、内容和程序，并结合监管规定提出主要业务活动的合

规控制要求,将对公司形成优良的风险管控文化,促进风险管控与业务活动融合,提升风险管控效果,发挥积极作用。制定下发《重大经营风险事件管理办法(试行)》及配套风险指南,建立重大风险事件档案库,并根据风险大小实行九级风险管控机制,使风险识别、风险化解、风险考核、风险报告数据化。

(四)及时监控,实施预警和信息化

风险预警管理是对引起风险事件发生的关键成因指标进行管理的方法。公司在确定公司风险偏好和容忍度后,通过确定重大风险的预警标准(风险承受度),设立绿色、黄色、红色三个预警区间,制定不同的应对策略,在确定预警频率和监控单位后,开展风险预警管理。风险管理部门组织建立公司风险预警指标体系,指导各职能部门和业务单位提出风险预警指标及预警标准,定期发布风险预警指标值,并根据指标状态(红、黄、绿)由责任单位采取相应的应对措施,一旦发生预警事项,启动相应的风险应对方案来控制风险,达到规避风险或减轻损失的目的。公司构建了两套风险指数开展风险预警管理:一是中车财务风险指数(FRI),二是中车风险综合指数(RCI)。

传统财务分析基于企业财务指标,主要包括盈利能力、偿债能力、营运能力、成长能力指标等分析。财务指标分析优点是财务数据容易获取,对企业经营情况进行直观展示。缺点是各指标单独展示,不能形成一个整体,无法直观综合地揭示企业财务风险状况。为了解决单一财务指标无法综合反映财务风险的问题,中车审计风控团队借鉴美国哈佛大学财务战略矩阵的分析框架,参考了Z值模型等管理会计工具的设计思路,结合中车各一级子企业的经营特点,开发了一套财务风险综合指数(FRI)。中车财务风险指数(FRI)共分为盈利风险、债务风险、现金流风险三个部分,三个部分的权重分别为50%、20%、30%;共选取了11个指标,分别为毛利率、营业利润占利润总额比例、收入安全边际与营业收入比、经营杠杆(DOL)、净资产收益率(ROE)、资产负债率、财务杠杆(DFL)、获现率、净利润现金含量、利息保障倍数、总资产周转率。财务风险指数(FRI)总分为100分,分值越高说明财务风险越高;对11项指标设置不同的评分原则,然后根据评分原则对各企业评分,汇总后得到各企业的FRI值(FRI值=100-得分),根据财务风险的程度,将财务风险分为经营风险(20—50分)、财务风险(51—80分)、财务困境(80—90分)、财务危机(90—100分)。公司将各企业依照指数分布情况进行综合判断,提示企业风险和应采取的应对措施。

财务风险指数只选取了财务指标,对于企业开展全面风险管理工作还存在一些不足。为解决财务风险指数代表性不够的问题,中车审计风控团队结合国资委风险管理有关要求,在财务风险指数基础上又开发了一套综合风险指数(RCI)。该指数基于公司经营数据进行构建,选取了67个关键风险预警指标(KRI),分为战略、市场、财务、法律、运营、高风险等六大类,风险指标每类风险选取了若干个定性或定量指标,以此来衡量风险;每个定量指标均设置了预警区间,分为红、黄、绿三个区间展示,代表与该指标相关的数据或业务处于预警、关注、正常状态,根据得分情况,综合判断得出公司综合风险评级,分为7个风险区间。公司按季度汇总各子公司数据,编制专题报告,直观展示公司风险状况。

目前,中车开发了信息系统对相关指数进行展示,通过将风险预警管理进行信息化、可视化,进一步丰富了风险管控的手段。下一步,中车将结合公司已有信息系统,将开发财务大数据、资金结算大数据预警系统,对重点指标实时化监控、自动化预警。

六、防范化解重大风险管理体系构建与实施的效果

(一)重大风险敞口显著降低

通过各项化解重大风险措施的实施,集团上下联动,通过收回现金、签订新协议、资产保全、债

转股等方式显著化解风险，公司重大风险事件整体风险敞口显著降低，对中车集团完成年度经营目标发挥了显著作用。

（二）形成了重大风险化解标准

在重大风险化解过程中，形成了一整套标准，有风险敞口的计算标准、集团重大风险分层分类管理标准、重大风险数据库字段标准、数据入库和销号管理标准，对重大风险管理活动进行量化管理，使风险识别、风险化解、风险考核、风险报告数据化。同时，形成了风险化解考核工作标准、风险化解督导工作标准，形成了工作的闭环。这些标准的形成并逐渐完善，改变了以往风险管理中"只定性不定量"、各子公司标准不统一等问题，极大促进了重大风险化解工作的开展。

（三）构建了重大风险管控新模式

一是创建"风险冰山"理论。在重大风险化解上，引入风险敞口概念，创建"风险冰山"理论，将中车当前面临的风险比喻为一座漂浮在水面上的巨大冰山，将风险敞口中的已经暴露的损失比作水面上的冰山，将或有损失比作水底下的冰山，按照水上八分之一、水下八分之七估算风险敞口，紧紧围绕风险敞口减小这条主线开展工作，定位公司当前风险管理的核心工作就是识别"风险"冰山的风险类别、金额大小，进而化解冰山，为重大风险化解工作提供了方法论。

二是重构重大风险管控机制。编制《中国中车风险管理和内部控制工作手册》，重新梳理对标国资委要求，进一步明确了重大风险管理职责和工作内容，确保了重大风险"看得清、评得准、管得住"。按照集团化管控要求，完成了中车财务风险综合指数（FRI）、中车风险综合指数（RCI）两套预警指标体系的构建、落地实施以及信息化，使重大风险事件指标监测和应对更灵敏。将重大项目事前风险评估制度化，加强内部控制执行有效性检查，从源头降低了公司面临的风险。通过创建风险事件数据库、风险提示函、风险内参、风险分析报告等，构建了系统化、多层次的风险信息收集汇总体系、重大风险报告体系。

（四）重大风险管控能力明显提升

通过加强重大项目风险评估、内部控制监督评价、风险预警管理等，增加了集团各经营主体源头风险管控的刚性，业务部门第一道风险防线的作用凸显，各子公司内控体系有效性逐步提升，风险预警信息化逐步建立起信息畅通、决策高效的风险防控中心，风险、内控与日常管理逐步融合，做到了认识到位、责任到位、人员到位、措施到位，强化了各级管理者底线思维、合规意识和风险意识，牢固树立了防范化解重大风险的思想阵地，政治责任得到切实履行，风险管控能力和效果明显提升。

七、工作展望

在防范化解重大风险工作过程中，我们也感到还存在一些问题，和公司要求相比还有一定差距，主要有七个方面的问题：一是重视程度不够，仍有部分单位组织不力、重视不足；二是化解行动迟缓，有的企业工作拖沓，目标承诺一再延期；三是工作流于形式，有的企业仅满足于请律师，面对债务人的回避束手无策；四是专业力量不足，风险化解涉及法律、金融、财务、税收、政府和客户沟通等诸多方面，各企业基本依靠自身力量各显神通，化解效果参差不齐，差异很大；五是激励措施不足，部分企业激励措施尚待加强，无法形成人才"虹吸效应"和服务机构的"集群效果"；六是内外压力激增，国内外经济形势复杂多变，叠加疫情影响，推进速度仍举步维艰；七是化解难度增大，"老大难"问题难度逐年递增。

针对以上问题,我们准备从以下三个方面进行改进:

首先是抓住三个重点。一是培养意识,要培养"大风控"意识,重视二三道防线职能部门之间的配合和协作,而不再是"各负其责",不再有明显的"条线思维"。从风险出发,统一规划落实每类风险在各个职能的职责权限。二是机制协同,对待同一种风险源,形成风险管理的一体化协作交流机制。风险管理职能是"头",负责设计和决策阶段的风险;内控、合规、法务是"身",负责实施和运行阶段的风险;审计监察(纪检)是"尾",负责监督检查全过程的风险状况。三是职能整合,尽量整合职能,形成大风控部或大风控中心。从务实的角度出发,将二三道防线的职能尽量多地集中到一个部门,将大大减少重复工作,增加融合,提升风控合规工作的效率和效果。

其次是实施四种策略,分门别类管理风险。根据风险事件所处阶段和对方信用情况,将风险事件划分为四种类型:A类项目,拥有持续还款能力,化解策略是追求"现金流",快速推进,争取早日收回现金,推动实物资产及时变现;B类项目,长期无动态或化解进展缓慢,化解策略是一项一策,不断优化化解措施,破解"老大难",力求风险化解效果最大化;C类项目,存在风险蔓延扩大隐患,化解策略是在不同风险主体之间构筑"防火墙",建立专业团队,实施专业管控,防止风险蔓延;D类项目,主要是已财务核销项目,化解策略是继续深挖"呆死账",千方百计寻找财产线索,加大回款激励力度,在风险化解激励政策上"试水"突破。

最后是实现四个突破,提升风险管控水平。公司面临更为复杂的外部环境、更为严峻的困难挑战和更多的不确定性、不稳定性,据此提出要突破的六项重大瓶颈短板问题,"防范化解重大风险"是其中之一。公司防范化解重大风险总目标是"化存量、防增量",要实现以下"四个突破":风险责任突破,即风险考核及责任落实全程跟进、评价,杜绝短期行为;风险策略突破,即加强政策的深度研究,借助外脑和智库力量,最大限度规避政策和环境风险;风险机制突破,即建立务实、高效的风险防控机制并使之真正"落地",实现风险管理"关口前移";风险意识突破,即强化合规管理和"规则"意识,提升全员整体防范风险的能力和水平。

参考文献:

[1] 中共中央宣传部. 习近平谈治国理政(第三卷)[M]. 北京:外文出版社,2020.

[2] 国务院国有资产监督管理委员会. 关于印发《中央企业全面风险管理指引》的通知[EB/OL]. (2006-06-20)[2021-12-20]. www.sasac.gov.cn/n2588025/n2588119/c267694/content.html.

[3] 李俊东. 基于哈佛分析框架的财务报告的分析与运用[J]. 财务与会计(理财版),2013(9):50-52.

[4] 夏晓宇,杨成文. 基于哈佛框架的长安汽车财务报表分析[J]. 会计改革与创新,2016(11):69-71.

[5] Alexander J. McNeil, Rüdiger Frey, Paul Embrechts. 量化风险管理:概念、技术和工具[M]. 卜永强,译. 北京:电子工业出版社,2020.

 企业自评

党中央、国务院和国资委高度重视防范化解重大风险。党的十九大把防范化解重大风险作为决胜全面建成小康社会三大攻坚战的首要战役。公司在快速发展过程中产生了诸多存量问题和风险,进入高质量发展阶段后,公司处于转变发展方式、优化业务结构、转换增长动力的攻关期,存量风险和增量风险相互叠加,集团改革发展伴生的各类风险有可能易发高发、集中释放。有效防范化解各类风险,守住不发生系统性风险的底线,是中车集团进入高质量发展阶段后必须面对的严峻课题。基于以上背景,中车集团提高政治站位,高度重视防范化解重大风险工作,整合、优化、提升10多年来的风险管控理论和实践,从化解风险和防范风险两个方面入手,构建重大风险防范化解的工作体系。

在风险化解方面，建立了重大风险事件管控机制，通过风险敞口量化管理、签订三方重大风险化解目标责任书，全员参与，持续跟踪督导，形成了重大风险事件的管控标准、有效闭环和风险化解的若干策略。在风险防范方面，对顶层设计进行优化，制定了重大项目风险评审管理办法、风险管理和内部控制工作手册，对内部控制监督评价进行全覆盖，建设重大风险预警信息系统，加强风险事前、事中管理，确保风险"看得清、管得住、有规范"。通过以上措施的施行，显著降低了公司重大风险事件敞口，形成了中车特色的重大风险防控体系，强化了全员风险意识，提升了风险管控能力，切实履行了防范化解重大风险的政治责任，在国资委、中车集团各级子公司形成了示范效应。

公司防范化解重大风险的理论创新和实践具有较强的可操作性和借鉴意义，进一步丰富了国资委全面风险管理体系的内容。

专家点评

近年来，国家把防范化解重大风险作为决胜全面建成小康社会三大攻坚战的首要战役，亟须企业整合优化原有的风险管理理论和工作方法。该案例总结提炼了中国中车对于风控管控的最新实践成果，从识别出的3000多个风险事件入手，提出了风险管理对策。领导团队高度重视、风控部门狠抓实效，是该案例的显著特点。公司创造性地提出了风险冰山理论用于指导实践，建立了分层分级的重大项目风险评估标准，在传统管理会计分析的基础上提出了中车财务风险指数（FRI）和中车风险综合指数（CRI），通过开发风险管控信息化系统逐步建立起风险监测中心。本案例成果有的放矢、针对性强，论证充分、可操作性强，值得充分肯定。

基于三维价值创造能力的可持续自我优化管理会计报告体系构建[*]

中国航天科工三院物资部

> **摘要**：本文在剖析企业内部管理会计报告在航天企业应用的现状和不足的基础上，结合中国航天科工三院物资部实际情况，从价值、使用和完整性三个视角探析构建三院物资部内部管理会计报告体系，并在具体构架构建时以战略、管理、操作的模型为基础，建设应用体系、实施体系、评价体系三维一体的循环改进体系，从而形成三院物资部管理会计 PDCA 循环，建成了中国航天科工三院物资部独特的基于三维价值创造且具备持续自我优化、改进功能的管理会计生态体系。
>
> **关键词**：持续自我优化；三维价值创造；内部管理会计；独特体系

航天企业在国家改革开放和事业单位改制大发展的格局下，逐步向市场融合，原来很多特色产品从垄断逐步向竞争竞标机制过渡，航天企业面临的经营压力逐步增大。随着外部环境的冲击，航天企业的经营思想从"要我发展"逐步向"我要发展"快速转变，企业战略和布局逐步走向全国、走向全世界。国家提出"大众创业、万众创新"的口号以来，航天企业积极响应国家号召，积极开展"双创"，积极与外部资本接触，与市场接轨。在这种背景下，原来航天企业财务部门仅注重会计核算和型号产品成本审计已经不能适应新形势下的新要求。

2013 年 11 月，财政部提出将管理会计作为中国会计改革与发展的中心方向。财政部表示，应充分贯彻党的十八大精神，进一步通过会计核算加强国家战略，全面提高会计工作总体水平，促进经济更加高效、公平、可持续发展。2017 年，财政部发布了《管理会计应用指引》等相关文件，以推动、加强管理会计工作，提高内部管理水平，促进经济变革和现代化的理论体系建设，加强中国管理会计人才队伍和管理会计信息系统的建设。

在这种背景下，研究和完善航天企业管理会计报告体系的建设，是贯彻落实中央政府相关战略和相关会议精神的重要一步。本文从航天企业入手，探讨管理会计体系的构建，力图提升航天企业的管理能力，同时完善理论界管理会计报告体系的研究，具有一定的理论和实践意义。

为优化企业内部管理，促进现代化管理和经济变革，管理会计的地位变得越发突出。作为会计信息载体，管理会计报告受到了前所未有的关注和研究。本文在梳理研究文献和理论知识后，以中国航天科工三院物资部（以下简称"三院物资部"）为研究对象，从持续自我优化和三维价值创造能力角度出发，深入探讨了管理会计报告体系的构建，具有以下理论和实践意义。

（1）理论意义：本文以三院物资部为案例研究对象，对航天企业进行分析，结合持续自我优化和三维价值创造能力，构建该企业管理会计报告体系，扩展了现有理论研究领域。

---

[*] 本篇作者：肖国兴、祁丹、杨舒凯、房政。
　　指导专家：李玲（中央财经大学）、鄂胜国（中国航天科工集团有限公司）。

（2）实践意义：尽管财政部在发布的《管理会计应用指引第801号——企业管理会计报告》中为管理会计报告体系构建思路及要求指明了基本方向，但我国管理会计研究进展缓慢，尚未形成管理会计报告体系具体且统一的内容和格式。从多角度来构架管理会计报告体系，有助于拓展体系建设。

一、案例背景

（一）企业简介

1. 中国航天科工三院物资部基本情况

三院物资部成立于20世纪60年代，隶属于中国航天科工集团，主要从事生产性服务业中的物资供应（采购）、仓储、运输（含配送）等业务。三院物资部除配套多个储存仓库、场地外，还配备了现代化物流存储设备，同时还拥有各类专业库房；运输资源方面，拥有专业危化品运输车，可提供危化品一体化保障服务。同时，三院物资部还培养和锻炼了一支能打硬仗的高素质干部职工队伍。

为持续深入推进改革调整各项工作，坚持高质量发展，推动建立健全现代企业制度，提升科学化、精细化、精准化管理水平，三院物资部通过建立企业内部管理报告体系来全面反映经营水平和质量，为三院物资部的战略调整、转型升级助力护航。

2. 中国航天科工三院物资部组织架构

为了适应复杂多变的国际形势，做好物资保障工作，三院物资部根据市场形势、采购内容及地域优势，以北京本部为中心，下设各类业务中心及专门的仓储、运输团队，分别负责军工企、事业单位的材料、器件采购，特种装备运输及仓储，下料加工一体化工作，同时向东北、华中及西南方向辐射，建立多个营销分中心，负责各大片区业务。

三院物资部组织结构属于多维立体结构，形成了多个业务中心和营销分部，本部设立综合办公室、计划处、财务处、质量技术处、军贸代表室等职能部门。这种多维立体的组织结构有助于连接相同业务之间的关系和内部协同，符合当前市场发展形势。

（二）构建背景

1. PEST分析

政治环境：大国竞争作为2020年国际政治的主基调，中、美、俄、欧四大力量折冲樽俎，大国关系日趋复杂，大国军事竞争失衡风险明显加大。新国际、新军事形势对航天企业创新发展提出了新的需求，作为航天企业研制生产保障单位，复杂的政治环境对三院物资部低成本高效率一体化综合保障服务能力提出了更高要求。

经济环境：随着近几年国际经济形势变化，地方贸易保护主义以航天企业供应链安全为挟制增加大国博弈筹码。三院物资部作为航天物资核心供应企业，受此影响深远，供应链上高端核心产业及关键部件的稳定供应风险加剧，这对三院物资部后续稳定、持续、健康发展提出了更高的要求。

社会环境：党的十九大提出要坚持全面深化改革，不断推进国家治理体系和治理能力现代化。当前三院物资部处在转型发展最为关键的时期，国有企业改制持续深入推进，这对三院物资部进一步适应市场化转型、建立现代企业制度、积极主动融入多元竞争、创新改革管理方式、增强企业发展活力提出了新要求。

技术环境：当前随着全球数字化变革，各行业正在重塑生存业态，变革采购供应技术方法，技术环境正处于新一轮的创新突破期。三院物资部聚焦生产性服务业，为建设具有军工特色的一体化、信息化、科技化服务平台，物资部需要开创新思路、落实新技术。基于现有环境，三院物资部在管理技术创新、经营方式转变等方面面临着严峻的挑战和空前的发展机遇。

2. 行业环境分析

随着高端装备采购的市场化和军品领域门槛逐渐放低，依托国家鼓励与政策支持，大多数民营企业逐步进入航天装备生产供应市场，三院物资部潜在竞争者逐渐增加。同时我国军品物资采购单位具有数量多、分布广的特点，各大型军工企业均拥有自己专门的采购单位。如何抢占市场、提升企业价值，是三院物资部后续面临的严峻挑战。

21世纪以来国际军备竞赛不断发展，航天企业生产制造过程中所需的关键部件生产能力接近饱和，各大军品物资采购单位抢占资源。激烈的市场竞争对三院物资部规划采销结构、制定经营策略、决策经营发展、降本增效、规范资金管理提出了更高的要求。

3. SWOT分析

SWOT分析如表1所示。面向国家重大战略需求及国民经济主战场，三院物资部立足军品基业，培育市场新动能，构建存量与增量多头并举的产业发展体系。通过宏观、行业和内部情况分析，建立行之有效的管理会计报告体系是增强企业核心竞争力和价值创造力的重要途径，该体系将为各层级进行规划、决策、控制和评级等管理活动提供有力支撑。

表1　三院物资部内部情况（SWOT）分析

外部因素 \ 内部因素		优势（S） S1：长期资源积累 S2：市场拓展和营销渠道 S3：航天品牌 S4：战略合作优质客户、供方 S5：长期积累的专业技术	劣势（W） W1：营销理念和管理薄弱 W2：渠道缺乏规划和统一协调
机遇（O）	O1：军工产业市场需求大 O2：新兴平台市场潜力大 O3：政策环境持续向好	SO战略：发挥优势，利用机遇进一步开拓重点目标市场；实施品牌战略，扩大影响力；完善协同互动营销体系	WO战略：构建高效的营销网络，推动供应链各方加强协同合作；加强商业模式创新和管理创新
威胁（T）	T1：国际形势及突发事件影响深远 T2：用户需求多样化且要求愈高	ST战略：延伸航天品牌价值，提升客户满意度和忠诚度；加强同大客户的战略合作，挖掘战略合作伙伴，扩大合作的广度和深度；加强营销与互联网的融合，开展线上销售业务	WT战略：加强对政治形势的跟踪和市场情况调研分析，对标行业，关注竞争动态；利用大数据，细分目标市场，采取差异化营销策略

二、文献依据与理论基础

（一）文献依据

2003年IAS基于预算、控制和风险管理内涵提出管理会计报告体系。国外管理会计标准化报告体系主要包括预算管理、成本管理、绩效评价三大子系统。

预算报告：预算涉及整个企业管理流程，是管理会计研究最为深广的领域之一。Neely（2017）认为预算报告只关注成本而忽略了战略思维。Libby和Lindsay认为企业的管理环境在实时变动，应改善预算与公司的管理环境之间的匹配度。预算报告的内容和形式也需要改进。

成本管理报告：成本的合理划分和成本控制，反映了企业的资源整合能力。Copper构建出了作业成本法的框架。桂良军（2005）提出了供应链成本管理理论，提出供应链能对企业成本管理结果产生一定的影响。

业绩评价报告：业绩评价指企业采用特定的指标体系，对照统一标准来客观评价企业的执行情况，能产生认识、考核、引导和挖掘效果。在业绩评价报告方面，王化成和刘俊勇（2004）提出了三种绩效评估报告模型。随着经济高速发展，企业管理能力和技术环境有了较大的变化，为适应新的发展特征，张蕊（2016）将程序与结果相结合进行综合考虑，构建了注重过程的评价报告体系。

（二）理论基础

1. 战略决策理论

战略决策是战略管理中极为重要的环节，关系到企业全局和长远发展。企业管理层可以根据战略分析阶段所提供的决策信息，结合企业文化、行业走势、技术研发储备、人力资本等综合信息确定企业战略及执行方案。

2. 管理控制理论

管理控制是按照确定的目标和衡量标准对执行情况进行反馈的方法，它首先要评估执行情况是否符合预期目标，然后根据评估结果纠正偏差并进行改进，这是一个发现、纠正、改进的过程。管理控制包括协调活动、实施计划、信息交流和管理评价。

（三）本案例研究思路

本案例的研究框架如图1所示。

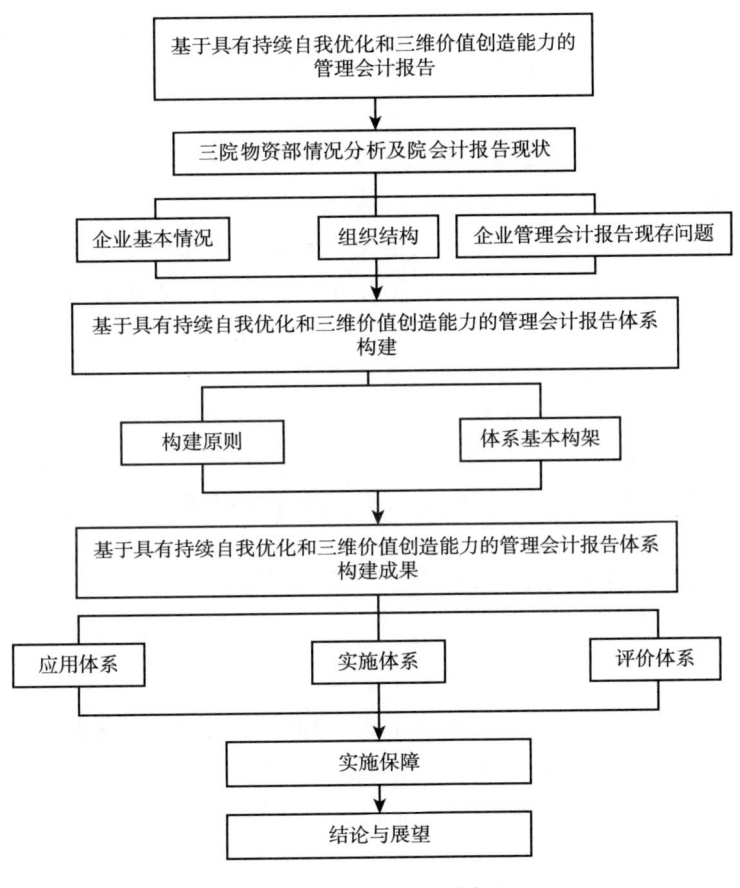

图1　研究思路及文章框架

三、三院物资部原会计报告存在的问题

会计报告一直存在于各类企业中，三院物资部作为传统航天企业也不例外。但是，由于航天企业

一般都是研究型高新技术企业,并且又脱胎于传统的计划经济事业单位或企业单位,对财务管理和会计管理相较于技术研究和生产的重视程度略低,偏重于按照国资委和上级要求编制各类预决算报表和产品收入成本报表报告,真正能够基于价值创造、满足企业内部分析的管理会计报告比较少,尤其是在报告的体系建设方面,目前都还未真正建立起来。近年来,三院物资部虽开展了先进财务管理工具的研究和应用等工作,但依然存在着一些不足。

1. 各类会计报告较为零散,尚未形成体系

三院物资部原编制的各类会计报告主要基于各级领导需要或各种检查,对暴露的问题进行专项分析。内部各类会计报告编制的来源和考虑的维度尚未构成体系,临时性、随意性较强,但并未从价值创造的角度去进行体系化建设。

2. 各类会计报告向上传递居多,平级或向下传递不够

财务人员将大量的精力投入到每周、每月、每季度、每年编制各类报告报表向上级报告、向外部报告,满足了上级管理部门、监管部门以及政府、税务等管控要求,但在内部管理分析、决策支撑、价值分析、风险分析等方面进行报告的力度还偏弱,尤其是对下传递基本还未形成有效的报告报表传递机制。

3. 完成传统任务居多,基于价值创造或基于价值链视角的分析较少

原各类会计报告主要是完成传统的各级任务,固定套路、方式方法较为传统,财务人员主要以完成任务为主,基于价值创造的和基于价值链视角的较少,比如,大部分会计报告在存货、付款、价格谈判方面都较少考虑供应链竞争,仅仅考虑项目暂时盈利,在考虑价值链竞争和本身企业流程创造的价值方面不足。

4. 统计数据依靠人工,基于大数据和智慧化、人工智能较少

第一,由于统计数据主要依靠人工,工作量非常大,准确性也较差,统计时长较长,导致财务人员动力不足。第二,由于数据准确性与实际业务情况有差距,企业领导更喜欢由业务部门进行相关管理分析和报告。第三,由于统计时长较长,统计工作量较大,导致财务提供的管理会计报告时效性较差,不能实时反映。

5. 应对外部风险能力不足,面对环境变化决策支撑不足

由于原会计报告都是基于现有的业务和现有的问题进行分析,同时,财务人员都是内部成长,缺少与市场的接触,一旦外部环境发生变化或者企业的业务与外部进行市场对接,现有的报告并不足以应对环境变化,对决策的外部环境方面支撑作用不大,导致各类风险考虑不足。

四、三院物资部管理会计报告体系构建

(一) 三院物资部管理会计报告构建原则

前瞻性原则:管理会计报告的目标与企业战略决策和战略规划的目标是高度一致的,都是为了可持续地提高企业决策水平。通过管理会计报告体系高效完成管理会计的职能,使企业管理层更容易注意到工作中容易忽视的细节性信息,达到增加企业效益的目的。

相关性原则:管理会计报告的相关性是由它的性质决定的。一套成熟的管理会计报告适用于企业管理的各个方面,可以让管理层实时、全面、准确地把控企业信息。

成本效益原则:管理会计报告的有效实施,是建立在企业有一套成熟的信息化系统和完整的组织制度的基础上的,这些都要求企业在前期投入大量的成本,所以管理会计报告在遵循前瞻性和相关性等基本原则的同时,成本效益原则也同样重要。

及时性原则:与财务报告相比,管理会计报告趋向于利用现代化的信息系统,为企业未来的发展进行

预测、评估和预警。这就要求管理会计报告的数据具有实时性、准确性和动态性。

（二）三院物资部管理会计报告体系构建过程

1. 三院物资部管理会计报告体系构建的目的

通过建立基于具有自我持续优化和三维价值创造能力的管理会计报告体系探究如何通过财务和会计活动实现企业价值最大化，主要目的包括以下四个方面：

（1）提升会计活动的效率与水平。

（2）降低资金与财务管理风险。

（3）提升财务价值创造能力。

（4）实现企业价值最大化。

2. 三院物资部管理会计报告体系构建的思路及应用环境

（1）报告体系建立的思路。指导思想：将建立报告体系的目的（探究如何实现企业价值最大化）贯穿始终，作为指导思想。

起点和终点：将报告的五个应用环境，作为企业内部管理会计报告的起点和终点。

形成三个体系：应用体系（分为战略、管理、操作三个层面）、实施体系、评价体系，三个体系作为一个整体循环往返，持续提高。

（2）报告体系的应用环境也是报告的来源和起点，主要包括五个方面：一是有关法律法规、相关体系建设要求，比如内部控制体系、风险管理体系；二是上级制度、内部制度要求，比如集团财务管理达标规范、三院物资部财务管理办法等；三是基于内部管理及决策需要、部领导要求和基于价值链的分析，比如资金管理分析报告、成本分析报告等；四是外部、内部检查发现问题和已经出现或暴露的问题的整改需要；五是学习外部先进，开展管理创新创优，提升管理水平。

3. 三院物资部管理会计报告体系的构建

三院物资部内部管理会计报告体系由三个小体系组成，分别是报告应用体系、报告实施体系、报告评价体系，形成 PDCA 循环，使其具有自我完善和进化能力。

大致体系模型图及相关过程计划如图 2 所示。

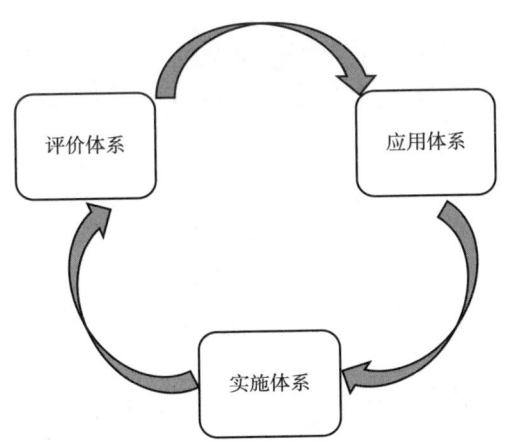

图 2 具有自我优化能力的报告体系模型

（1）应用体系。

报告应用体系是由一个一个报告组成，是体系的核心，由战略、管理、操作（业务）三个层面构建，三个层面共同组成使用性视角。考虑具体报告组成时，需要增加两个方面视角的考虑：一是价值创造视角（内生发展的需要），解决企业内部关注、价值创造、企业发展牵引力问题；二是完整性视角（自我发展的需要），各种检查问题、体系要求、上级及制度要求等。体系模型如图3所示。

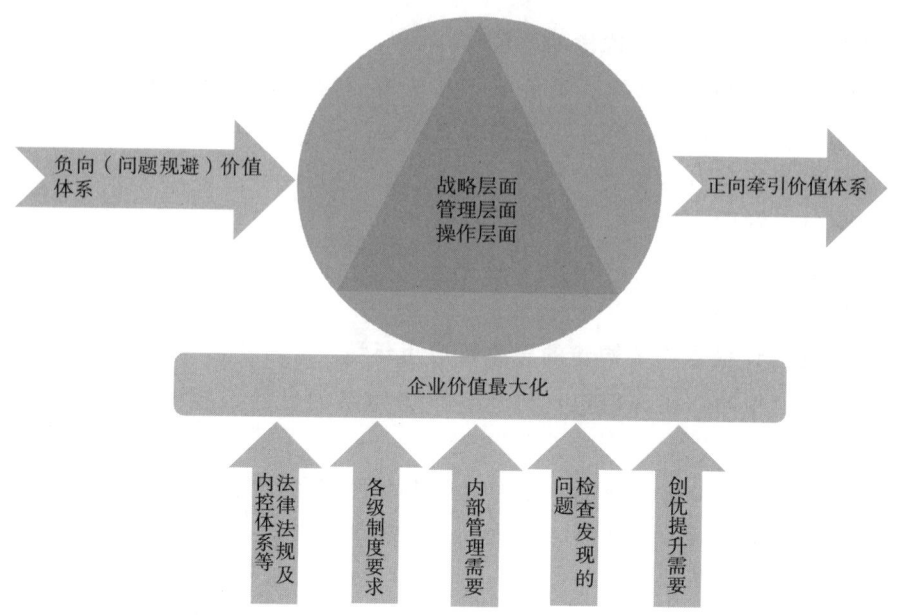

图3 三维价值创造能力的管理会计报告体系模型图

（2）实施体系。

报告实施载体：综合会议和综合报告、专题会议和专题报告、日常报表报告。

报告实施路径：发现问题或有关要求—分析问题或落实要求—编制相关报告—会议审议或专题报送—审议相关措施或决定—实施有关措施或更改制度、制定方案落实。

（3）报告评价体系。

评价体系分为三个部分：外部评价、内部他评、内部自评；分为两个层次：日常评价和年度总评价，相关层次如图4所示。

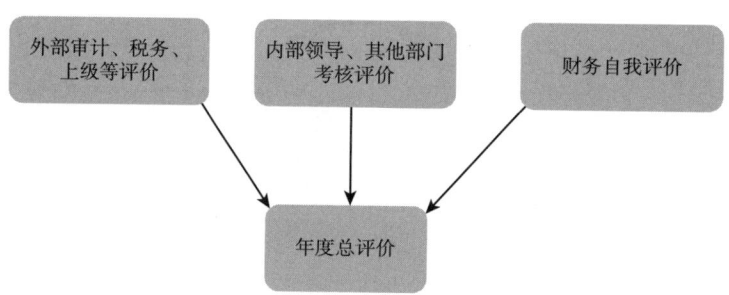

图4 报告评级体系层次图

年度评价主要从全年报告应用体系完善情况、实施情况以及实施的绩效评价，评价最终要转化为可量化的分数进行定量评价。

五、三院物资部管理会计报告体系构建成果与实施保障

三院物资部基于持续自我优化能力和三维价值创造能力的管理会计报告体系构建并应用以来，为本单位战略层、管理层、操作层的决策和管理提供了有力的支撑，在满足不同层级对经营信息获取需

求的同时助力三院物资部经营管理过程精益管控,确保"战略方向明确、管理执行到位、基础不断夯实",为提升企业核心竞争力提供有力支撑,具体构建成果如下:

(一) 三院物资部基于价值创造能力构建的管理会计报告应用体系构建成果

1. 使用视角管理会计报告体系构建成果

三院物资部的内部管理会计报告应用体系如表2所示。

表2 内部管理会计报告应用体系示意表

层级	报告内容	建议报告周期	对应价值创造体系正反两视角	备注
战略层面	企业整体价值分析报告	不定期/每年	企业整体价值体系	
	中长期规划报告	每2—3年	企业整体价值体系	
	主要业务板块盈利能力分析	每1—2年	产品或服务价值报告体系	
	企业综合业绩评价与价值创造分析报告	每年	企业整体价值体系	
	企业业财一体化风险分析报告	每1—2年	综合环境风险分析报告体系	
	企业外部财税环境分析报告	每年	综合环境风险分析报告体系	
	资金运营分析	每年	资金价值报告体系	
	例外事项报告(投融资、捐赠等偶发事项)	适时	根据实际情况	
	……			
管理层面	某业务专项盈利能力分析报告	适时	产品或服务价值报告体系	
	全面预算报告	每年	企业整体价值体系	
	企业涉税分析报告	每1—2年	企业整体价值体系	
	质量经济性分析报告	每半年	税务风险报告体系	
	某中心全成本报表	每年	产品或服务价值报告体系	
	月度调度会报告——经济运行分析	每月	企业整体价值体系	
	融资分析报告	每年	资金价值报告体系	
	专项资金分析报告	适时	资金价值报告体系	
	内部配套分析报告	每季度	企业整体价值体系	
	……			
操作层面	存货盘库报告	每年	资金价值报告体系	
	应收账款函证分析报告	每半年	资金价值报告体系	
	工会经费报告	每年	审计风险报告体系	
	三公经费分析报告	适时	审计风险报告体系	
	月度资金收支预算表	每月	资金价值报告体系	
	票据滚动收支报告	每月	资金价值报告体系	
	某型号任务/项目本量利专项分析报告	适时	产品或服务价值报告体系	含报价、定价分析
	某班组成本盈利分析	适时	产品或服务价值报告体系	
	某税种筹划报告	每年	税务风险报告体系	
	……			

(1) 战略层次:三院物资部战略层管理会计报告是为满足战略层进行战略规划、战略制定、战略执行、战略评价以及其他方面的管理活动提供相关信息的对内报告。报告对象是企业的战略层,包括股东大会、董事会和监事会等。战略层管理会计报告包括但不仅限于企业整体价值分析报告、中长期

规划报告、企业外部财税环境分析报告、资金运营分析等。

根据战略及经营管理需要，三院物资部编制了未来5年发展规划论证报告及战略成本规划报告，报告总结了"十三五"期间三院物资部相关经营、管理、创新成果，发现问题，总结经验，进而展望未来5年，制定一确保（确保财务管理全面高效支撑、护航业务发展）、两着力（着力提升财务价值创造能力、着力防范财务资金经营管理风险）、三体系（构建三院物资部特色管理会计体系、构建税务筹划管理体系、构建智慧财务管控体系）的发展目标，预测未来5年各项经营指标并规划相关管理工作，进一步夯实财务基础工作，优化资本结构，提升资本运作能力，为三院物资部战略层面制定发展经营策略提供有力支撑。

（2）管理层次：管理层会计报告是为管理层进行规划、决策、控制和评价等管理活动提供相关信息的对内报告。三院物资部管理层管理会计报告的报告对象是经营管理层，包括但不仅限于某业务专项盈利能力分析报告、全面预算管理报告、月度调度会报告——经济运行分析等。

自三院物资部建立基于管理层次的报告体系以来，通过信息化手段形成业务专项盈利能力分析报告，不断升级、改造报表展示模块，基于SAP的数据自动提取、自动生成大量报表，并与部信息化部门联合开展了报表实时展示系统建设工作。目标是现有的主要各类分析报告报表能够实时从SAP中自动生成，提高效率，降低人工干预的差错率，从而极大地提升盈利决策效率及准确性。

（3）操作层次：操作层管理会计报告是为企业日常业务或作业活动提供相关信息的对内报告。操作层管理会计报告的报告对象是企业的职能部门、业务部门以及车间、班组等业务层，管理会计报告应根据内部价值链进行构造，包括但不仅限于存货盘库报告、应收账款函证分析报告、月度资金收支预算表、票据滚动收支报告等。

为满足各业务部门日常经营管理需要，三院物资部建立了指标预测模型，根据业务中心所关心的相关指标内部联动关系，实时动态分析，精确直观展示经营指标目标值，最大限度将各类指标分解至基层，提高工作效率，确保指标预测及时性。通过构建82个大指标、328个小指标的运算逻辑，正向构建逻辑后通过历史数据和逆向测算的方法进行验证，最终建立了一套完整的预算模型，以收入类指标为出发点，依次联动存货、收款与收入指标，可报销发票与存货指标，付款与收款、存货指标，增值税与可报销发票指标，现金流与收付款指标，最终实现收入模块牵引其他5类模块的动态预算管理。发挥了预算全面、精细化战略指导作用，实现了年度责任令目标的序时管控，提高预算分析的准确性和及时性，如表3所示。

表3　建立预算管控模型，实现经营指标精细化、高效化管理

项目	剩余年度可付款数			剩余年度应回款数			经营净现金流目标值	业务中心提报回款	回款差额	回款比例	
	现汇+今年到期票据	明年到期票据	合计	现汇+今年到期票据	明年到期票据	合计		现汇+今年到期票据	现汇+今年到期票据 应回款	已提报回款	
飞航物资											
原材料											
元器件											
本级											
原材料											
元器件											
两户合计											
原材料											
元器件											

2. 正向、负向（问题）牵引视角报告体系构建成果

（1）正向牵引管理会计报告体系构建成果：正向牵引价值体系是指企业内部管理会计报告要着眼于创造价值，从价值创造和价值引领方面开展工作、发挥作用。三院物资部正向牵引管理会计报告体系通过将企业、人员的未来发展与经营指标挂钩，根据企业未来价值创造能力及企业发展经营、核心价值最大化等情况推动各项工作更好地发展。

为更好地建立正向牵引管理会计报告体系，三院物资部完善了成本管理方法在实际中的应用，通过建立全成本核算法，从各个业务分板块、全业务板块、管理成本等各个维度对三院物资部进行了全方位的分析，发挥产品全成本核算和本量利分析正牵引，助推业务转型升级，助力战略决策制定。该报告在各类决策中广泛应用，如表4所示。

表4　　产品全成本核算和本量利分析助推业务转型升级

序号	成本类别	项目内容	特装中心	元器件中心	业务合计
1	人员成本	工资（含应发工资、专项奖、预支的年终奖等）			
2		年终奖（春节前后发放及12月底预支奖金）			
3		……			
12		人员成本小计			
13	部门办公费用	业务招待费			
14		加班餐费			
16		……			
24	应直接分摊费用	绿化环境			
25		水、电、暖费用分摊			
26		……			
30	其他应直接计入的费用	质量问题处理费			
31		生产耗材及低值易耗品			
32		……			
33	公用经费	资产减值损失			
34		营业税金及附加			
35		……			
39		其他费用小计			
40		费用合计			
41	业务直接成本	采购成本或机加成本			
42		……			
46		直接成本小计			
47	资金成本	资金占用费			
48		总合计			
配送用车					
成本费用合计					
收入					
利润					

相较原来的部门和项目成本统计主要改变的地方：①增加了部门、项目/业务板块资金成本计算。②对单位发生的所有成本和费用分配到各利润中心。③应用作业成本法的成本动因分析，从定性定量

两方面分摊费用，比如部分管理人员成本分摊，依据其负责业务计入该业务，不再参与管理费用分摊。④在具体业务和项目分析上结合本量利分析、盈亏平衡分析、边际贡献分析等方法，进行多维度分析。

（2）负向（问题）牵引管理会计报告体系构建成果：问题助推管理会计报告体系的建立，以前期发生的问题及预计面临的风险为推动因素，总结经验、防范问题，确保企业良好经营、不断创新发展。

历史上，三院物资部曾发生过风险事件，为此总结经验，利用持续自我优化体系的问题牵引机制，先后编制了《三院物资部经营过程中风险分析》以及相关资金管控分析报告，对资金管控风险进行了专项分析总结，采取了一系列措施并按照报告进行了整改梳理，编制业财融合风险分析报告，保护三院物资部发展成果，如表5所示。近年来，没有出现新的资金风险。

表5 物资部客户信用评级审批表

客户名称				
客户所属顶层集团公司				
客户直属上级公司名称				
客户企业性质	事业单位□ 国有企业□ 民营企业□ 外资合资□ 个体经营□ 其他□			
附带资信材料	物资部客户信用评级评分表□、营业执照□、组织机构代码证□ 税务登记证□、上年度客户审计报告□、上年度客户财务报表□、其他□（写明）			
评分得分及等级	得分：　　　等级：	建议授信额度		
		建议授信期限		
与客户合作业务说明	1. 客户主营业务为： 2. 我部与客户合作业务为：物资供应□（综合客户可不填细项：金属材料□、非金属材料及化工产品□、标准件□、元器件及机电产品□、线缆□）、运输业务□、仓储业务□、物流综合□ 3. 其他需要文字说明的情况：			
承办部门：		承办人：		
承办部门领导意见： 签字：　　年　月　日				
参加评审部门意见		部门		签字
		计划处		
		财务处		
		法律人员		
主管部领导意见： 签字：　　年　月　日				
财务总监意见： 签字：　　年　月　日		部长意见： 签字：　　年　月　日		

根据风险分析报告，三院物资部对资金风险管控主要采取了四个方面的措施：①制定了客户信用管理办法。所有赊销业务都要开展客户授信审批，并将授信审批结果嵌入到SAP业务流中进行刚性管控，超过授信额度后系统会自动锁死。②制定了供应链金融产品管理办法，票据收取审批根据票据的种类（银承、商承、供应链金融产品等）、期限、出票方、背书方等设置不同的接收优先级和限制性措

施，发布票据接收白名单，除白名单外票据接收须查对方信用并按权限审批。③为部领导、业务、财务、质量、法律等人员配置了天眼查VIP查询权限，并对重点客户进行动态监测。业务确定供方、选择客户、收取票据前，质量部门审批临时供方时，单位确定赊销额度时等，都要查询企业的资信情况，有效规避了风险。④由财务牵头业务部门，从市场销售、采购订货、合同签订、仓储物流、成本价格、质量责任、经费来源、法律风险等多个方面全业务流程专题梳理，共梳理出38个在业务、财务、法律管控环节方面还存在风险的地方，并提出整改建议，落实责任人进行整改，并将部分措施纳入SAP系统控制。

效果分析：①三院物资部年均应收和收取票据额度巨大，这5年来在应收、票据接收等方面未出现一笔坏账。②"38个"风险点的梳理减少了各业务环节的损毁、法律和资金风险。梳理前，交货环节不时出现受损责任不清、少数量的情形，近年来，该类问题零发生。

3. 完整性视角报告体系构建

为满足各级制度的需求、内部管理的需要、创优提升的需求，同时及时纠正检查发现的问题，根据相关法律法规建立内控体系，三院物资部基于以上内容建立了完整性视角的管理会计报告体系。主要包括以下内容：

（1）有关法律法规、相关体系建设要求，比如内部控制体系、风险管理体系。三院物资部严格执行、深化实施重大经营决策、规章制度、经济合同100%法律审核，关注重大经营事项法律审核、诉讼案件管理等情况。建立财务法律法规风险报告体系，推动法律事务融入经营管理全链条。

（2）上级制度、内部制度要求，比如集团财务管理达标规范、三院物资部财务管理办法等。三院物资部着力健全并完善财务管理规章制度体系，完成了财务管理规定、会计管理规定、借款报销管理办法、发票管理办法等多项制度的起草修订，强化了规章制度刚性约束，进一步夯实了三院物资部财务基础。

（3）基于内部管理及决策需要、部领导要求和基于价值链的分析，比如资金管理分析报告、成本分析报告等。三院物资部对民营企业授信严加审核，从业务源头降低资金回收风险；控制现金使用，推广票据，发布票据白名单，通过业务、财务、法律等多层把关，编制各类资金管理分析报告，分析资金运营情况，总结存在的问题。

（4）对国家、军方等各级外部审计、巡查巡视、集团和三院内部各项专项行动检查发现的问题和已经出现或暴露的问题积极开展整改，通过整改过程不断完善物资部管理会计报告体系，提升经营管理水平。

（5）学习外部先进经验、开展管理创新创优、提升管理水平。三院物资部研究并强化管理会计应用实践，强化财务价值创造、价值引领、效益优先的工作理念，积极探索全成本核算分析、管理会计报告、本量利分析、边际贡献、平衡计分卡、零基预算等管理会计工具应用和实践。

（二）管理会计报告评价体系的应用情况

通过应用体系进行管理会计报告体系构建，经实施体系充分实践，发现问题、解决问题，建立管理会计报告评价体系。通过评价体系的运用，可对全管理会计报告体系的应用情况进行全方位的总结，并不断优化、改进，实现管理会计报告体系的持续自我优化功能。

2021年3月，三院物资部根据前期设定的内部管理会计报告应用体系表，逐条总结实施情况并组织对2020年管理会计的应用开展情况进行了总结评价，最终得分为92.82。管理会计报告评价体系整体实施情况良好，但仍存在以下问题：

（1）现有报告体系智能化、智慧化程度不足，信息技术手段对于管理会计报告的支撑力度不够。

（2）具体实施层面，盈利能力分析较为粗放，暂时无法精确地对分班组、分项目的盈利情况进行分析。

（3）建立的内部管理会计报告体系随业务实际需求更新动态维护的频次较低。

针对现存问题，物资部后续将强化信息化能力，利用技术手段完善报告体系的同时根据经营需求开发、优化各类报表、模块，实时更新相关数据，不断提升企业价值，如表6所示。

表6　　　　　　　　　　2020年管理会计应用情况总结评价表

分类	内容	实际得分	分值上限	说明
报告应用体系建设情况	1. 是否完成每年的法律法规、体系建设梳理并建立纳入有关报告要求	5	5	
	2. 是否完成每年的上级制度梳理并建立纳入有关报告要求	3	3	
	3. 是否完成每年的内部制度梳理并建立纳入有关报告要求	3	3	
	4. 是否完成部领导及决策有关要求报告	4	5	2020年度虽较好地完成了三个层面应用体系的实际操作，为领导决策提供支撑，但时效性需再提升
	5. 外部、内部检查发现问题和已经出现或暴露的问题的整改	3	3	
	6. 是否建立、完善、整合新的管理提升报告	3	5	完善了资金方面的管理提升报告，其他方面暂未形成完善的报告体系，现有报告体系智能化、智慧化力度不足
报告体系实施情况	对体系内报告是否按要求进行实施	45	50	未完成管理层面某业务专项盈利能力分析报告扣2分，未完成操作层面某班组成本盈利分析报告扣1.5分
报告评价	1. 外部审计发现问题	7	7	
	2. 外部税务发现问题	3	3	
	3. 内部领导负面评价和正面评价	5	5	
	4. 报告受到上级表彰、表扬或批评	5	5	
财务绩效总评价计算	（按部经济指标责任令考核得分/100×50% + 财务处年底考核得分/100×50%）×6	6.8166	6	
合计		92.82分	100分	

（三）三院物资部管理会计报告体系实施保障

1. 上下联动是推动管理会计报告的重要支撑

管理会计报告涉及单位各个层级和业务，大大增加了财务管理的纬度、深度和广度，受历史因素影响，长期以来，军工财务系统在管理层和横向部门心目中属偏核算部门，推进管理会计困难重重。但近年来，随着各类管理会计工具的推动、应用，集团、院印发了具有较强实操性的文件和手册等，再加上三院物资部也需控制资金风险，主要领导风险意识较强，大力支持开展财务管理，积极促进横向协同，推进SAP建设和业财融合，形成了良好的工作氛围，有力支撑了三院物资部管理会计报告体系建设。

2. 队伍建设是实施管理会计报告的重要保障

管理会计报告的编制对人员素质要求很高，既要懂财务管理，又要懂业务实际；既要考虑本部门情况，又要考虑全局；既要会专业，还要会沟通、会做思想工作。为此，三院物资部高度重视队伍建设，这两年通过内部培养和引进，现有多名综合素质水平较高的人才，并定期派人到业务中心实习，逐步提升专业能力和综合素质。

3. 信息化建设是形成管理会计报告的重要手段

管理会计报告要求及时、精细，部分报表手工编报面临速度慢、时间长、准确率不高的问题，需要通过信息化建设提高管理效率，比如三院物资部月度应收账款及发出商品内部分析报表，涉及完成各类物资供应计划上万条，原来统计相关数据需要将发出商品和形成应收的物料计划近万条通过导出Excel表进行分类统计分析，需要一人/天的工作量，SAP和共享中心上线后，通过SAP自动运算后，5分钟即可分析统计完成。

六、结论与展望

（一）结论

本文以中国航天科工三院物资部为对象进行案例研究，结合航天企业的特点和具体情况，构建三院物资部管理会计报告体系。依托持续自我优化和三维价值创造能力，三院物资部以应用体系、实施体系、评价体系三个维度为基础，形成了三院物资部独特的管理会计报告体系。此报告体系在满足管理会计预测、控制、分析职能需求的前提下，进一步提高了报告的一体性、时效性和针对性。这对于三院物资部未来的发展有着极其重要的作用。

通过分析与阐述，本文得到以下结论：

因其一体性、时效性和针对性的特征，管理会计报告体系更加适应现代企业经营决策和信息化管理需求。与传统财务会计不同，管理会计在企业的预测、决策、规划、控制和评价等方面有着非常重要的作用，除可为各级管理活动提供可靠、及时和相关的信息资源外，还可为重要的经营决策提供坚实的支撑。

从自我持续优化角度构建管理会计报告体系，除可使体系在运行的过程中持续优化外，也可将在运行过程中发现的问题、发生的风险等持续自我更正。依托三维价值创造能力构建管理会计报告，可使报告体系更具有实践价值。基于自我持续优化和三维价值创造能力构建的管理会计报告体系具有高度的针对性，依托主体需求，与财务报告、报表相互融合与协调，使会计的内部管理职能得以有效发挥。

（二）展望

本文主要是在理论分析的基础上构建管理会计报告体系。由于各种原因，尚未对报告内容中的具体指标和数据进行全行业展示和分析，实际战略支撑方面存在一些不足。管理会计报告体系的目标是为企业预测、经营决策、实际控制、未来规划和绩效评价的一体化提供有效的信息资源。因为无法获取全行业数据进行参考，所建立的管理会计报告体系是否能全面应用于市场仍有待企业行业进行实践、应用。因此，后续企业在理论研究的基础上，结合大量实践分析和效果检验将是未来管理会计报告体系发展的重要趋势。

本文中基于具有持续自我优化和三维价值创造能力所构建的管理会计报告体系，在应用领域存在一定的局限性。本文报告体系以航天物资配套企业为基础，处于不同规模和发展阶段的企业特点、结构不同，三院物资部的管理会计报告体系理论构建虽可以全面适用，但在实践方面构建仍受到一定程度的限制。后续，各企业需要不断地进行探索并吸取国内外优秀企业的重要实践经验，以形成属于自己的极具本土企业特色、可广泛应用的管理会计报告体系。

参考文献：

[1] 王茜. 基于价值链的制造企业管理会计报告体系探析 [J]. 商场现代化，2018（21）：109–110.

[2] 张原, 李向连. 管理会计报告体系构建 [J]. 新会计, 2018 (2): 39-40.

[3] 刘静. 基于价值创造的企业管理会计报告体系构建及应用 [J]. 纳税, 2019 (22): 74-75.

[4] 徐建峰. 基于价值工程的企业价值型财务构建探析 [J]. 财务与会计, 2018 (2).

[5] 沈雪峰. 管理会计报告与信息系统的融合 [J]. 首席财务官, 2017 (23): 84-85.

企业自评

面向国家重大战略需求及国民经济主战场，中国航天科工三院物资部立足军品基业，培育市场新动能，构建存量与增量多头并举的产业发展体系。三院物资部基于环境、政策需要，通过建立基于持续自我优化和三维价值创造能力的管理会计报告体系，以"使用性视角—正向与负向（问题）牵引视角—完整性视角"为基础为各层级进行规划、决策、控制和评级等管理活动提供有力的支撑，同时运用持续自我优化的"应用体系—实施体系—评价体系"不断优化、完善报告体系，并在报告体系发展应用的过程中不断总结经验，持续改进，进而增强企业核心竞争力和价值创造力。

中国航天科工三院物资部管理会计报告体系不仅是对我国现有管理会计报告体系的扩展，同时也可为市场内各类企业制定符合自身发展特点的管理会计报告体系提供思路。但由于不同规模和发展阶段的企业特点、结构不同，三院物资部管理会计报告体系在企业应用、实践时需根据自身特点进行优化，以形成属于自己的、极具本土企业特色、可广泛应用的管理会计报告体系。

专家点评

当今世界正处于百年未有之大变局，创新正在不断改变着战争形态并深刻改变着世界军事发展的战略走向。中国航天科工三院物资部在全面分析内外部环境的基础上，深入贯彻落实集团发展战略要求，以提升企业价值创造、促进财务转型为目标，形成具有战略决策支持和导向作用的管理会计报告体系。该案例以三院物资部为例，由浅入深，基于持续自我优化和三维价值创造能力，全面展示了管理会计报告体系的应用实践及效果。三院物资部管理会计报告体系以"应用体系—实施体系—评价体系"的持续自我优化系统为基础，同时融入"使用性视角—正向与负向牵引视角—完整性视角"的三维价值创造能力，建立了一套不断自我优化、持续提升的报告体系，为战略层、管理层、操作层各级人员提供管理、决策支撑，实现企业价值提升，夯实高质量发展基础。

本案例中管理会计报告的理论基础和实施方案、实践成果值得大力推广，供更多中国企业学习和借鉴。

基于制造单元转型中的作业成本管控模式实践

中车青岛四方机车车辆股份有限公司

> **摘要：** 中车四方股份公司在从经营规模快速增长向高质量发展迈进的过程中，为进一步提升企业盈利能力，逐步探索出一条适用于轨道交通装备企业的效益突围之路。2020年，中车四方股份公司秉承中车财务CCSS的财务工作理念，为提高制造分厂提质增效的主动性，对制造分厂进行转型，推行了成本中心转为模拟利润中心的管理变革，并对分厂内部实施划小经营单元管理，为了提高经营单元成本核算的精细化水平，公司实施核算会计向管理会计转型，通过"作业成本法"在制造分厂的落地实施，综合运用管理会计工具，构建了"一核三基"的数智业财融合模式，帮助分厂实现成本压降目标，在受到疫情影响产量不足、收入下降的冲击下，单车制造工费同比降低7%，销售净利率同期提升0.6个百分点，极大地提升了制造资源对企业增值的贡献能力。
>
> **关键词：** 管理会计；经营转型；利润中心；作业成本

一、企业简介

中车青岛四方机车车辆股份有限公司（以下简称"中车四方股份公司"）是中国中车股份有限公司的一级子公司，前身是铁道部四方机车车辆厂，始建于1900年，拥有120多年的历史，是中国高速列车产业化基地，铁路高档客车的主导设计制造企业，国内地铁、轻轨车辆主要生产厂家，国家轨道交通装备产品重要出口基地和国际级高新技术企业。2004—2020年，伴随着高速动车组技术引进吸收再创新进程，公司相继自主研发制造"和谐号"系列、"复兴号"系列高速动车组以及600公里磁悬浮样车等产品，逐步形成围绕动车组、城轨、城际等七大谱系产品平台的轨道交通装备产品研发制造体系，产品结构、技术含量与复杂程度、质量安全性能等不断提升。近几年来，中车四方股份公司以打造国际一流企业为目标，加快从经营规模快速增长阶段向高质量发展阶段迈进，实现了经营规模和盈利能力的显著增长，推动了国内轨道交通行业的健康发展。

中车四方股份公司以聚焦"投入产出"为目标，始终坚持以全面预算为主线，深化业财融合，持续挖潜增效。2020年秉承中车财务CCSS的财务工作理念——创造价值（C）、控制风险（C）、决策支持（S）、解决问题（S），通过推进"作业成本法"落地的方式，助推"制造分厂模拟利润中心转型"的管理变革，极大地提升了制造资源对企业增值的贡献能力，财务管理工作凸显出重要的价值创造作用，在当前形势下的课题研究与实践具有深远的现实意义。

---

* 本篇作者：万乘邑、赵峰、田世泰、苗科文、刘波、彭子莹、窦魁、戚海峰、刘艳、吴天媛、郭松、徐琼、张青竹、王雨涛。
指导专家：李玲（中央财经大学）。

二、中车四方股份公司案例背景

（一）中国高端装备"走出去"的政治使命

习总书记曾点赞中国高铁："我国自主创新的一个成功范例就是高铁。"中车四方股份公司作为中国高端装备"走出去"先锋队，承担着重要的政治使命；同时，中车集团是入选国资委10家"世界一流示范企业"中唯一的装备制造企业，中车四方股份公司作为中车龙头企业，承担着集团最重要的收入和利润指标，所以公司把实现新时代交通强国和智能轨道交通生态圈建设主力军、行业智能制造的灯塔工厂、"技术引领强、管理水平强、运营质量优"的国际化卓越企业作为发展愿景。

（二）国际、国内严峻形势下亟须突破时局

一方面，国际市场经济持续低迷，海外市场开拓受限；国内市场铁路总公司加快政转企机制改革，不断向上游要效益。另一方面，2020年遭受新冠肺炎疫情打击，轨道装备投资和运维规模存在紧缩难题，在可预见的持续期内，对轨道交通行业全链条企业造成异常严峻的经营风险甚至生存难题。作为中车核心、行业典范，中车四方股份公司有责任探索出一条适用于轨道交通装备企业的突围之路，确保以精进的经营状态度过寒冬。

（三）企业自身可持续高质量发展的需要

中车四方股份公司是百年老厂，也是典型的制造型企业。未来要想持续稳健地永续经营，必须在时代浪潮中不断"瘦身健体"、降本增效，走上"向数据要驱动、向管理要效益、向经营要效率"的高质量发展轨道，所以，管理会计的转型是公司经营发展的必由之路，企业的财务工作需要融入企业发展命运中体现价值。

三、中车四方股份公司制造工费管控现状和问题

轨道交通整车装备具有定制化程度高、设计结构复杂、工序繁多复杂、可靠性要求严、项目周期长、交付时间紧、产业链覆盖范围广、制造资源种类数量多、多场地施工、消耗场景复杂、关联部门多等生产与管理特点，而且作为典型的制造型企业，制造成本是产品成本最重要的组成部分，但近年来价值创造能力逐年减弱，存在较为可观的挖潜增效空间。

（一）制造工费缺乏主体管理责任，责权利边界模糊

在制造工费管理过程中，职能部门通过审批劳动定额与委外报告，统筹工艺装备配置与资产维修等方式对影响制造工费的关键因素进行集权管理，然而对成本费用发生的关键活动、环节无管控抓手。制造分厂的生产安排决定了制造工费的实际消耗量，但缺乏明确的管理责任与激励机制，存在"都相关但都不控制"的尴尬局面。内外部制造资源之间由于管理边界不清，缺少有效的平衡与制约，无法实现资源利用效率的最大化。

（二）原有的工费预算考评方式对制造分厂激励性不足

一是制造工费采取传统单一的固定预算指标考评方式，未能体现"单车可控制造工费"的管控理念，不能剔除产量影响因素且仅对分厂可控部分进行考评，导致制造分厂降本主动性不高，业务预算思路与工具难以在业务单元落地；二是制造分厂指标达成与员工收入没有强相关关系，仅能导向分厂产出"及格线"的业绩结果，不能让分厂产生"多节约多收益"的持续改善动力；三是考评范围较窄，主要为辅助机物料等生产性费用，不包含占比最大的人工成本与委外费用，制造分厂可挖潜的空间有限。

（三）各信息系统数据未打通，对成本管控支撑不够

中车四方股份公司使用的 SAP 与财务共享平台进行核算，但内部 SAP 与 MES、MRO 等业务管理系统的集成性，数据传输及时性、准确性较差，尤其是业务管理水平与信息化系统功能设置存在脱节，信息化源头数据可用性、同源性与准确性有待提高。这影响了成本数据的分析质量与分析效率，不能为公司提供高质量的决策参考。

（四）制造工费核算与分摊方式不够精细化

一直以来，中车四方股份公司都将制造分厂作为成本中心来管理，总体上制造工费核算采用打包分摊方式，基本以工时作为依据分摊各项间接费用。由于分摊方式较为笼统，不能准确反映作业消耗资源实情和经营主体的投入产出实绩，对公司管理决策的数据支撑作用不足。

（五）成本归集的及时性有待提高，数据分析能力较弱

一是成本数据缺乏流程化源头控制手段；二是费用管控单位缺乏及时掌握费用发生动态的管控需求；三是日常工作中业务部门重业务、轻管理，费用管理中重财务数据、轻业务分析等现象比较显著。这些情况导致成本费用归集时效性不高，对数据的分析运用能力存在较大的改善需求。

四、中车四方股份公司基于制造单元转型的作业成本法管控模式实践

中车四方股份公司 2020 年对制造单元的管理改革是以"提质、增效、降本、减负、优员"为核心，按照中车"CCSS"财务工作理念指导方针，运用管理会计思维，建立具有四方管理特色的分厂经营管理模式。通过分厂模拟利润中心改革，最大程度激发分厂压降成本的积极性，通过制造分厂转型为内部划小经营单元管理，为分厂改革奠定基础。为了对各经营单元经营业绩更加及时、准确地评价，公司建立了以"作业成本法管理"为核算工具、以"边际贡献报表"为评价工具、以"数字化财务分析平台"为分析工具，支撑"分厂模拟利润中心"改革的"一核三基"数智业财融合模式（见图1），助力公司经营改革出实效，体现财务管理的价值驱动作用。

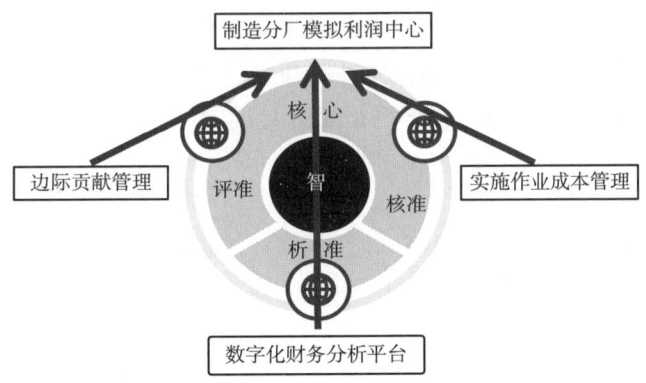

图1 "一核三基"数智业财融合模式

（一）实施原则

1. 目标清晰，预算主线

制造分厂模拟利润中心转型各项举措必须服务于公司整体经营目标的要求，通过构建制造单元经营预算管理与滚动预算管理机制，将其纳入全面预算管理体系，统筹制造费用的授权与安排管理。坚持全面预算为主线，通过发展规划、经营计划、全面预算、绩效考评和薪酬分配的统筹衔接，助推实现发展目标。

2. 杠杆思维，变被为主

基于分厂可控制造工费范围，确定能有效强化分厂经营意识的预算管控指标，完善绩效评价与分配挂钩方式，用分配激励杠杆进一步撬动和激发员工工作积极性，促进制造单元变被动管理为主动经营，实现业务预算管理和成本管控的有机联动。

3. 责权对等，放管结合

在保证质量、安全、稳定的基础上，赋予分厂制造工费管理责任和对等的管理权力，按照公司确定管理框架由相关部门管底线、控风险，由分厂自主开展经营定方法、做决策的方式开展工作，通过以利促责、以责授权、以权施管，让分厂有权限、有能力履行制造工费的管理责任。

4. 夯实基础，成本效益

制造分厂经营转型就是要通过划小经营单元的方式有效传导外部市场压力，其管控效果取决于管理精细化程度，如果计量成本远大于取得的改善效果则认为是不经济的，因此作业成本管理的颗粒度必须与公司管理程度同频，才能对作业成本、经营单元效益实现稳定且合理的量化评价与分析。

5. 消除浪费，业财融合

作业成本法与精益管理是"改善不良、消除浪费"的孪生管理手段，也是业财融合的重要体现。结合作业分析建立单车制造资源消耗标准，是做好全员、全要素、全过程成本费用管控的基础，推动制造成本的持续改善。

（二）具体措施

本案例实践围绕"组织转型""机制转型""核算转型""数据转型"四大转型展开，通过划小核算单元，分厂模拟利润中心，实现制造单元转型，实现了分厂作业成本法的落地，完成了分厂经营改革目标。

1. 组织转型

构建中车四方股份公司四级运营管理体系，形成分厂级运营管理机制，优化公司管理架构，助力分厂经营转型。

（1）系统优化公司管理架构，明确分厂经营管理主体。为进一步提升各层级经营意识，从全业务链提升公司盈利能力，中车四方股份公司基于不同层级利润中心的构建及其之间的关系，搭建了公司四级运营管理体系，包括公司级、事业部级、项目级和分厂级。推动业务单位由业务管理向经营管理转变，层层传递经营压力，激发内生活力，最终搭建成总部管总（原则、框架、底线）、专业职能部门管建（平台、能力）、业务单位管战（产出、降低成本、资源利用）的公司内部运营总体框架，为制造单元经营转型奠定了管理基础。

（2）厘清管理边界，建立权责利相匹配的制造资源管控机制。在公司总体框架下对制造费用管控机制予以调整，系统梳理制造分厂与职能部门的管理边界。职能部门由集权管理逐步向业务分权管理转变；基层单位由被动管理向主动管理转变；主体单位由责权利不完全统一向对等统一转变。一是明确制造分厂为模拟利润中心及对制造工费管理的主体责任，未将直接材料费纳入分厂管控范围。划清分厂制造工费的管控范围，包含：人工成本、委外成本、生产性费用、资产性费用、动能及其他费用等五大费用。赋予分厂对制造工费管理的职能和权限。二是调整部分管理职能并授予分厂相应管理权限。根据业务不同，给予分厂相应决策权、否决权、质询权等。人工成本管控方面，赋予定员区间内的人员数量决定权。工序委外方面，明确分厂组织定（限）价、合同签订、过程管理等权限。生产性费用，分厂对工装、工具、消耗性材料及运输等采购数量有决定权；分厂参与采购过程的选型、评标，对采购结果有质询权和否决权。动能费用、资产成本及其他费用项目，分厂拥有使用数量（采购数量）的管控权、对采购价格有知情权和质询权等（见图2）。

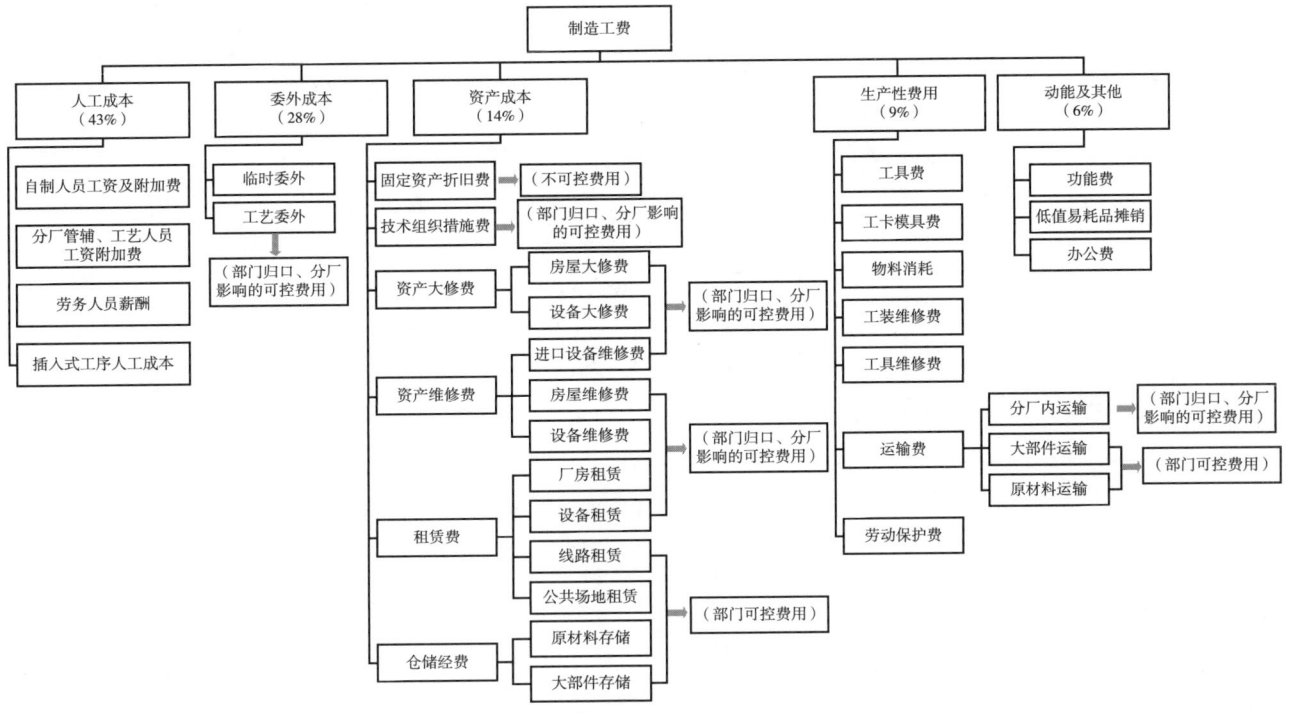

图 2 分厂制造工费管控范围构成图

2. 机制转型

将公司内部按照"阿米巴"经营单元进行划分,对制造分厂等经营单元从预算成本考评机制转变为经营利润考评,通过搭建边际贡献式管理会计报表体系,确保制造分厂及时掌握经营业绩。

(1) 全面实施边际贡献式的管理会计报表,营造内部结算的经营氛围。搭建边际贡献式管理会计报表,是基于应用管理会计中的变动成本法,引入内部结算价概念,结合公司管理实际,按照各"阿米巴"责任单元对成本费用管控的难易程度区分不同层级的贡献维度,建立"阿米巴"责任单元多维考评的管理会计利润表,该报表可反映和评价各利润中心为公司实际作出的贡献。一是明确"阿米巴"经营主体和经营范围,全面承接公司整体经营目标;二是同级"阿米巴"经营成果对标评价,对于管控能力由直接到间接、由易到难区分出的"边际贡献""销售毛利""可控收益""经营利润"等多个层级的贡献成果进行公开展示、横向对标,责任单元对公司的贡献程度评价更加科学合理;三是精准聚焦边际贡献和可控成本,引导责任单元将管控重心聚焦在可控成本并对其进行深入分析,及时寻找、解决在效益、产出方面的瓶颈及突破口;四是帮助经营主体进行"本量利"经营决策,通过分析保本量结构,科学理性地做出降成本、优生产和销售等管理决策(见图3)。

(2) 建立分厂级边际贡献式管理会计报表,以市场为导向建立内部结算价,实施"制造经营利润率"考评管理机制。一是建立全谱系产品内部结算价体系。中车四方股份公司按照全年经营目标制定制造工费控制准线,结合历史制造工费水平,基于市场价格与配置基础,经过对目前公司谱系化产品平台特点、工艺路线范围、劳动效率、物耗定额、能源消耗等多重因素分析与大量测算,以最小作业单元为基础,制定公司全谱系产品内部结算价体系,以"单车内部结算价"作为内部经营利润核算的基础。二是采用"制造经营利润率"评价指标强化预算控制。结合单车内部结算价,对模拟利润中心实施"制造经营利润率"考核评价管理,建立相应薪酬激励措施,即根据当年产量和公司工资分配方案以及制造经营利润率基准指标核定"分厂工资包",并建立挂钩机制。通过薪酬激励措施和指标引导,形成"多劳动、多创造价值、多获得收益"的良性循环,为确保成本管控起到积极推进作用。具体说明如下:

制造经营利润率=(制造收入-制造工费)/制造收入

事业部利润中心	制造系统利润中心	子公司利润中心
一、销售收入 　减：变动成本——项目材料费及专项费 　　　变动成本——项目标准工费 二、项目毛利（项目组考核指标） 　减：可控固定成本——部门销售费用 三、事业部可控收益（事业部领导考核指标） 　减：不可控固定成本 四、事业部边际贡献（事业部考核指标） 　减：需分摊的公司级期间费用 五、事业部经营利润（板块评价指标） 　减：税金 六、净利润（板块评价指标）	一、制造收入 　减：变动成本——制造工费 二、制造系统边际贡献 　减：可控固定成本——专项制造费 　　　可控固定成本——专项管理费 　　　可控固定成本——分厂管理费 　　　可控固定成本——制造部室经费 三、制造系统可控收益（制造系统领导考核指标） 　减：不可控固定成本 四、制造系统经营利润（制造系统评价指标）	一、营业收入 　减：变动成本——材料及专项费 　　　变动成本——制造工费 二、项目边际贡献 　减：可控固定成本——制造费 三、项目毛利（项目组考核指标） 　减：可控公司级期间费用 四、子公司可控收益（子公司领导考核指标） 　减：不可控固定成本——制造费 　　　不可控固定成本——公司级期间费用 五、子公司经营利润（子公司评价指标） 　减：税金 六、净利润（子公司评价指标）

图3　公司边际贡献管理报表构型图

制造收入＝单车内部结算价×分厂当年实际完工产量

制造成本＝当年分厂考核口径的制造总工费

（3）为制造分厂经营转型配备优秀财务人员，实现业财融合。为充分支持制造单元经营转型，中车四方股份公司为分厂选派了多名优秀的财务专业管理人员深入生产经营现场，通过加强业财融合的方式在制造环节中嵌入预算管控与成本控制思维，助力分厂节约创效工作的有序开展。从财务角度将人员划分为两部分：一是财务部成本核算人员，负责监督、分析制造工费偏差，评价制造工费管控效果与经营利润率达成情况，提出管理预警；二是派驻制造分厂财务管理人员，负责组织分厂滚动预算与业务预算策划和控制活动工作。通过建立双向协同的业财融合机制，确保制造分厂经营转型工作的顺利开展。

3. 核算转型

中车四方股份公司按照作业成本法的思路对财务核算体系进行改革，由传统核算方式向作业成本核算转变，及时、准确地核算制造分厂的经营利润。

作业成本法是基于"产品消耗作业、作业消耗资源"的成本发生规律，通过测量作业、资源以及成本对象，将不同资源按照更合理的动因关系分配给作业，根据产品受益各项作业发生的成本归集形成产品成本。同时按照"作业完工即归集成本"的思想，在公司精细化管理与信息化、数字化条件具备的前提下，能体现作业流、资源流与成本流的一致性，从而更准确、准点地呈现出公司的经营结果，为公司决策提供及时的支撑信息。

（1）推行作业成本法的思路：以企业价值最大化为终极目标，结合经营单元管理颗粒度，按照"细化作业资源""明确作业层级""寻找作业动因""推进作业预算"四步走的方式，形成一系列环环相扣、有机衔接的管理控制环节，确保业务流与财务流的统一，通过信息化与数字化支撑，分步骤实现对分厂级经营单元、班组级经营单元的投入产出结果分析，有效控制作业成本，推进分厂模拟利润中心经营目标的实现。

（2）推行作业成本法的现实意义：

第一，真实反映项目盈利能力与经营业绩，有效支持分析决策。过去公司仅使用人工工时作为分配率，但是通过写实分析，分厂机器设备作业、动能及工具耗材的消耗与人工工时的关联性不高，导致产品成本失真的问题，如果按照"谁使用、谁承担"的受益原则，将资源消耗更为合理归集到产品，同时将资源消耗与经营责任主体挂钩，才能真实反映产品盈利水平，并能为分厂各级经营单元的经营业绩评价提供合理的核算基础（见图4）。

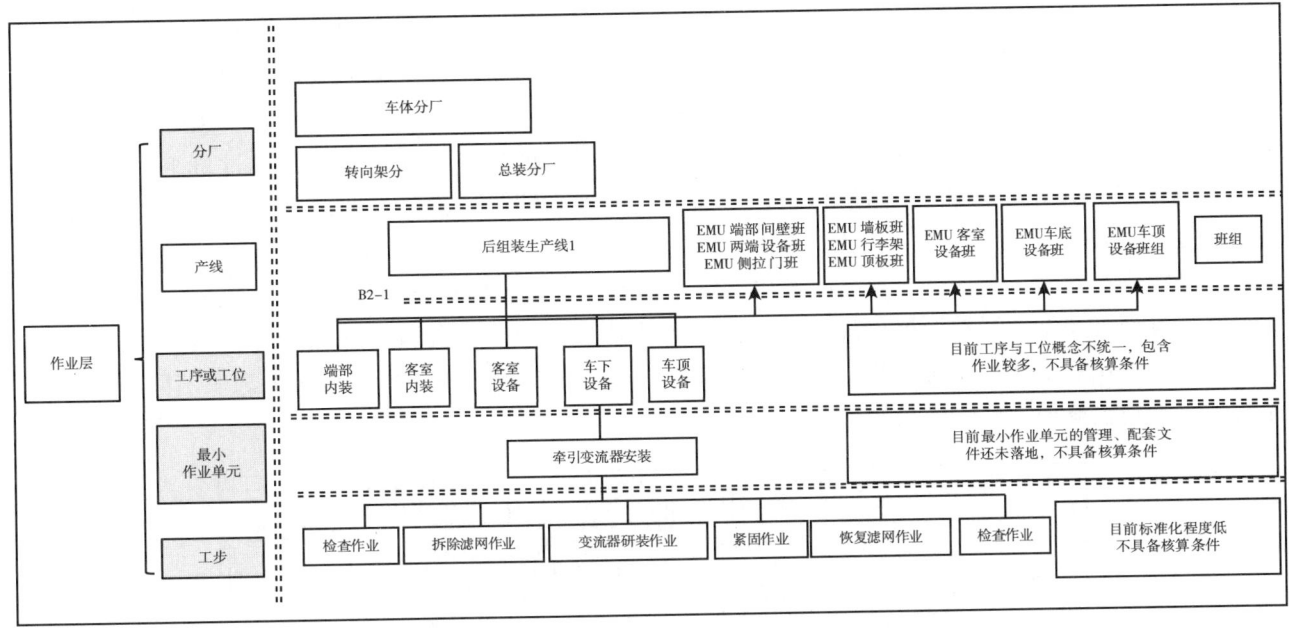

图 4　作业层级展示图

第二，划小经营单元管理，有助于层层分解成本，实现精准核算。制造分厂经营转型的关键是通过划小经营单元，将制造资源管控责任逐级分解，这是实现费用精细化管理的基础。比如，分厂级—区域级—班组级，经营单元作业量可以被全面、准确、真实地反馈，作为业绩考核的标准，为业绩考核体系的构建提供依据。强化全员关注投入产出的经营意识。

第三，有助于核算单车制造工费标准值。中车四方股份公司以客户需求为中心不断提升产品柔性化制造，轨道交通产品的特点是设计结构多样化、定制化程度高、工序繁多复杂，并结合实际产能利用情况对项目工艺路线进行调整从而影响作业范围。因此，制定单车制造工费标准的前提是对作业活动的规范与标准化，通过细化作业层级形成作业成本菜单，建立制造工费BOM，更准确地核定整车、部件制造工费标准，不仅将其作为部件外购招标底价，更便于量化评价经营单元的投入产出结果。

（3）具体措施：

①细化作业资源，建立隶属清晰的制造资源要素池。目前公司内制造资源类型多，但由于缺乏有效的细化分类，公司原有核算科目设置无法细分资源类型。建立制造资源池是为了系统梳理所有制造资源要素。

一是确保制造工费全口径管理，将所有资源要素均纳入管控范围，通过对资源要素进行重分类，明确不同类型、不同区域的资源与产品项目或经营单元的隶属关系，通过减少公共分摊，提高费用归集到经营单元的准确性。

二是不同资源的动因、消耗规律不尽相同，通过分析各类制造资源消耗原因，细化制造工费科目的颗粒度，确保各级核算主体均能清晰地看到可控资源、施加影响资源与不可控资源的费用核算情况，使分厂清晰了解哪些费用是可控费用，哪些是接受分摊费用，强化经营单元对可控费用的分析控制。

②明确作业层级，建立以班组为最小经营单元的基本作业库。从作业链上看，企业的生产经营活动就是一系列作业由此及彼、由内及外推移而形成的作业链，而轨道交通产品技术含量高、制造周期长、工序步骤繁杂等特点，决定了其作业链极为复杂，公司作业成本实践覆盖了全作业链活动，即包含车体成品生产—转向架成品生产—总组装生产—调试全过程。

从层级上看，公司作业层级根据颗粒度可分为分厂级、产线级、班组级、工序级、最小作业单元级、工步级。根据成本效益原则，目前公司将班组作为最小管理单元，班组是生产组织主体，也是直接资源管控主体，无论是现场职能管理、工艺策划维度均对班组作业活动提出了明确的标准，故而将作业成本法的实施颗粒度定位于班组级作业中心，将班组作为最小经营单元与核算单元，以班组作业合集为标准建立基本作业库，全年成立了510个班组级成本中心，解决了传统仅以三大分厂作为核算对象使得成本笼统分摊的核算问题。这样做虽然带来了倍增的核算工作量，但是通过班组作业成本的及时计量分析，归集到相应的产品项目中，产品成本的准确性与经营单元业绩分析的合理性将会得到显著改善。

③寻找成本动因，为提升核算准确性建立作业动因仓。传统的成本核算存在粗放、不精细的问题，中车四方股份公司结合精益管理思想，通过区分作业特点，分析各类制造资源消耗动因，结合各业务部门管理精细化程度与信息化、数字化水平支撑条件，根据资源消耗的关键因素来选取不同的分摊率，提高制造工费核算的准确性（见图5）。

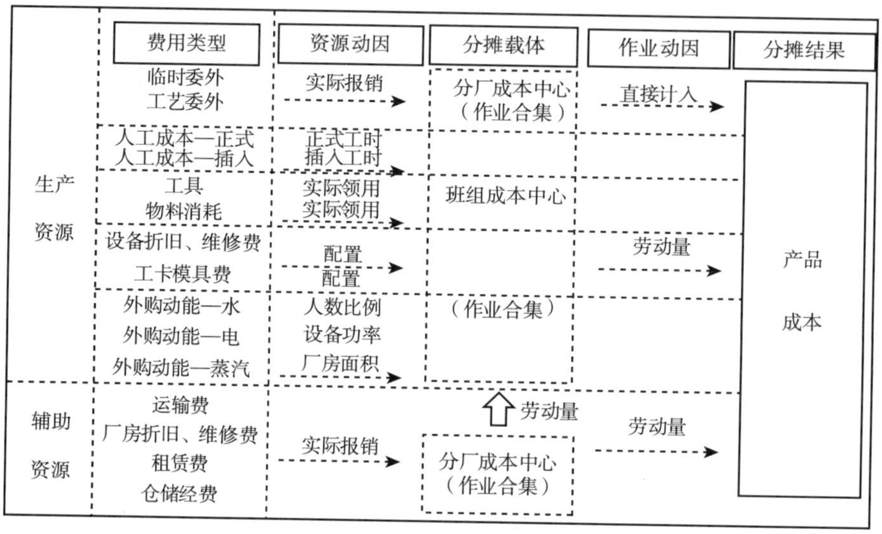

费用类型		资源动因	分摊载体	作业动因	分摊结果
生产资源	临时委外 工艺委外	实际报销	分厂成本中心 （作业合集）	直接计入	产品成本
	人工成本—正式 人工成本—插入	正式工时 插入工时	班组成本中心		
	工具 物料消耗	实际领用 实际领用			
	设备折旧、维修费 工卡模具费	配置 配置		劳动量	
	外购动能—水 外购动能—电 外购动能—蒸汽	人数比例 设备功率 厂房面积	（作业合集）		
辅助资源	运输费 厂房折旧、维修费 租赁费 仓储经费	实际报销	分厂成本中心 （作业合集）	劳动量 劳动量	

图5 多元分摊方式

一是减少"公共费用打包分摊"的占比，按照费用重要性程度，将安全生产费用、工装工具费用、房屋设备维修费用、技措费、劳动保护费等从公共费用中拆分出来，按照受益班组归集费用。

二是由过去仅按劳动量的"单一分摊"优化为"动因分摊"规则。以动能费用核算举例，通过扩大现场计量仪表的覆盖面，实现对分厂、区域、班组级耗能用量的细化统计，结合动能耗费的规律，分别采用设备功率、班组人数、取暖面积等多维动因分摊设备动能、洗浴用水和蒸汽费用。

④推进作业预算，建立制造分厂全面预算管理体系。作业成本法的意义不仅局限于准确核算既定产品成本，而是通过赋能数据，积累作业标准数据，运用数据信息能预测未来生产成本、管理绩效考核、预计产量和利润，为公司经营提供更准确的生产预算和经营分析。

中车四方股份公司通过建立制造分厂全面预算管理体系与滚动预算管理机制，将作业预算管理作为指导成本控制的基准，并明确了二维报表体系：一是以财务为主导的经营管理会计报表维度，用于量化经营成果，主要呈现的是财务结果的财务核算管理报表、管理会计报表；二是以经营主体为主导的经营管理业务报表维度，用于自主改善使用，主要呈现分厂滚动预算报表与作业成本报表。结合公司下达的制造毛利率总指标，制造分厂要从时间、管理单元、费用科目三个维度对分厂年度经营指标进行分解，落到具体的作业安排上，对作业活动制定管控标准与指标，通过经营报表及时掌握自身经营情况与单元投入产出情况，进行与目标之间的偏差分析，有效控制制造工费。

4. 数据转型

中车四方股份公司搭建了"全面预算、业财融合、标准高效、管理透明、数据驱动、闭环改善"

的数字化财务分析平台，改变传统数据由手工收集并人工分析的低效现状，提高动因抓取与运用效率，强化制造工费与作业动因连锁分析能力。

基于信息化系统数据贯通，建立作业动因与成本分析双向互动的成本核算与分析模型，将作业标准、作业预算管理作为指导成本控制的基准，建立管理会计报表指标分析与预警模型，进行异常预警、预算纠偏与成本改善，提升数据资产应用能力，发挥数据驱动价值。一是业务系统与财务核算共享系统数据互锁，从源头上将合规风控嵌入业务流程，确保核算数据及时、真实、准确；二是实现业财一体化数据仓管理，支持海量作业动因数据收集与成本动因多维分析；三是利用大数据平台算法优势，实现数据深度挖掘，提高制造工费与作业动因连锁分析能力。

五、中车四方股份公司实施作业成本管控模式的初步成效

（一）价值创造（C）——优员挖潜，降本增效，提升经营品质

2020年为应对新冠肺炎疫情不利因素影响下产量不足、收入下降的冲击，通过分厂模拟利润中心充分挖掘制造工费压降空间，单车制造工费同比降低7%，在确保产品品质的前提下实现了历年来最大降幅，极大地提升了制造资源对企业增值的贡献能力；销售净利率同期提升0.6个百分点，实现公司收益与员工所得双提升，最终圆满完成公司经营目标。

（二）控制风险（C）——强化内控，风险预警，及时纠偏

围绕作业成本法落地建立完善了成本数据分析模型，有助于制造分厂合理安排具体资源，做好经营内控，从源头规避低效、无效资源投入。通过实时掌握动因发生数据，结合业务动因量分析追溯业务真实性，并对超出标准与账面异常进行预警，及时反映成本归集问题，提高问题纠偏与风险防治效率。

（三）决策支持（S）——创新模式，数据赋能，持续发力

经过一年多的筹划实践，初步建成适用于轨道交通装备制造业的分厂模拟利润中心经营管理模式，并逐步建立健全包括数字化财务分析平台、作业成本核算、边际贡献评价等一揽子配套管理机制，具备可借鉴、可复制、可平移的条件，为企业持续"瘦身健体"、增援未来的可持续健康发展奠定基础。

同时建立制造分厂全面预算管理体系与滚动预算管理机制，通过信息化与数字化支撑实现数据赋能，强化财务指标与业务指标联动，实现业财融合。制造分厂不断提高采集数据、分析数据、运用数据和汇报数据的能力，通过滚动预测追踪，为公司全面预算提供合理的数据测算来源，为公司管理提供更有效的决策分析支持。

（四）解决问题（S）——业财融合，精益改善，消除浪费

1. 识别客户买单增值作业做价值链优化，减少资源无效浪费

作业成本法的落地是精益生产与财务管理深度融合的有益实践，通过信息化与数字化技术、管理水平的提升，让复杂的作业成本法管控成为现实，这是一次重大革新突破，其成效不仅是核算精细化升级，更重要的是带来了财务思维与业务活动的有机碰撞，制造分厂关注"投入产出"经营意识加强，为经营单元挖潜工费提供了有力抓手。目前已对生产作业、运输作业、搬运作业、机器作业等1000余项作业活动进行价值分析，有针对性地进行作业顺序调整、作业内容简化、不增值作业减少、作业方法改善等方式，充分减少不增值环节、无效作业时间和冗余浪费，实现作业改善和成本压降。

2. 培养业务财务伙伴团队（BP 匠队），实现管理会计转型

以基于制造单元经营转型的作业成本法落实为切入点，财务系统与业务单位共同锻炼、培养出一批优秀的财务 BP 人员，财务人员从传统"记分员"向"价值创造者与整合者"迈进，逐步探索出业财融合的实现方式，并从成本管控拓展到经营单元定价、资金、风控等财务全面解决方案支持，由此明确了业财匠队的培养路径，为实现管理会计转型奠定了坚实的基础。

六、中车四方股份公司作业成本管控模式的未来优化方向

从传统成本管理模式向全新的作业成本法管控体系飞跃嬗变，是一次重大革新突破，目前仅取得阶段性成果。

（一）财务管理功能转型

"十四五"期间中车四方股份公司要深入贯彻中车财务工作会议精神，聚焦价值创造，深化"CCSS 财务工作"理念，进一步加快业财融合步伐，夯实作业成本法管理，支撑内部经营单元盈利能力提升，承接集团财务系统的规划思路。公司着力搭建"四位一体"的财务管理转型体系，形成"战略决策支持、业务协同推进、基础财务共享"的财务管理格局，伴随着财务转型，促进财务管理工作向"财务核算集约化""财务业务一体化""财务管理专业化"的方向发展。

（二）构建智慧财务生态

充分利用数字化建设和财务共享平台建设的契机，推进财务标准化进程，进一步提升业财融合能力。公司将着力构建适于轨道交通产品的公司工业互联网平台，全面实现信息系统数据贯通，结合大数据、云计算、车间 Cyber 物理系统、传感器等智能技术的运用，实现"管理能力 + 信息技术"双升级，财务管理将与业务活动深入融合，基于 WBS 作业细分结构，实现作业流、实物流、成本流、资金流的透明化管控，为管理决策提供更具价值的信息支撑。

 企业自评

近年来，国资委陆续提出降本增效、两金压降、降杠杆、减负债、提高劳动生产率等提质增效高目标要求，同时国际市场经济持续低迷，国内市场铁路总公司加快政转企机制改革，向上游要效益，售价不断压缩，外部经营环境发生深刻变化。高铁装备投资和运维规模存在紧缩难题，在可预见的持续期内，对动车组制造全链条企业造成异常严峻的经营风险。

中车四方股份公司面对外部经营形势的严峻变化，通过深度自我剖析发现，外部经营压力向内传导较弱，内部单位"投入产出"经营意识须加强，必须从经营规模快速增长向高质量发展迈进。由此实践了制造分厂模拟利润中心的转型，为了助力分厂经营转型，公司进行管理会计转型。

2020 年，中车四方股份公司秉承中车财务 CCSS 的财务工作理念，为助力分厂实现经营管理转型，满足分厂对精细化成本核算分析的需求，以"边际贡献报表"（评价工具）+"作业成本管理"（核算工具）+"分厂数字化财务分析平台"（分析工具），支撑分厂模拟利润中心转型，构建了"一核三基"的数智业财融合模式，帮助分厂实现成本压降目标。在受到疫情影响产量不足、收入下降的冲击下，单车制造工费同比降低 7%，销售净利率同期提升 0.6 个百分点，极大地提升了制造资源对企业增值的贡献能力，夯实了企业高质量发展基础，充分展现了业财融合的管理会计的价值驱动作用。

专家点评

随着数智化业财融合模式应用的日渐广泛,制造型企业如何进行更加精细化的成本管控、最大限度地提升企业价值创造能力,成为越来越重要的课题。中车四方股份公司在深度分析企业面临的内外部环境的基础上,以提升财务创造价值的能力为目标,秉承集团财务CCSS工作理念,通过作业成本法、边际贡献式管理会计报表、数字化财务平台的运用,全力构建分厂模拟利润中心,形成有效且新颖的数智业财融合模式。在此基础上,该案例由全局总体到最小个体,自上而下穿透底层,按照"组织转型""机制转型""核算转型""数据转型"四个维度呈现了"阿米巴"经营模式改革中作业成本法的具体实践,展示了分厂模拟利润中心管理模式与作业预算分析管控机制,深度描述了具体实践做法及经验,摸索出一套方法科学、可操作性强的作业成本管理方案,并以数智化业财融合为基础、以信息化与数字化手段为支撑实现数据赋能。最后分别从价值创造(C)、控制风险(C)、决策支持(S)、解决问题(S)四个方面总结了实施效果,探索出一条适用于轨道交通装备企业的分厂业财融合模式,实现了财务管理的价值驱动作用,夯实了企业高质量发展基础。

在本案例中,为助力分厂模拟利润中心转型而推行的基于制造单元的作业成本法实践以及具有特色的数智化内部管理会计表的运用等经验值得推广,供更多中国企业学习和借鉴。

「原材料」

数据信息驱动的核电机组维修精益作业成本管理创新实践

大亚湾核电运营管理有限责任公司

> **摘要**：大亚湾核电运营管理有限责任公司的作业成本管理系统（ABC/ABM），是包括工单工时系统（DTMS）、标准工日数据库、大修工日成本管理平台、作业成本管理系统以及基于作业成本管理理念优化的维修管理制度流程等的一套综合管理体系，为中国核电"走出去"提供了成本管理方案。ABC/ABM 以管理会计信息化为基础，重点解决维修作业中关于工时与物料消耗的准确核算、维修人力资源使用效率监控、基于维修工时大数据的系统设备维修策略优化，以及维修作业管理流程优化等问题，在提高核电站维修作业安全质量的同时，它的实施极大提高了维修作业的结算效率和成本管控能力，实现了核电站大修费用的日清日结，单次大修节约成本千万元；通过工单工时大数据分析解决"过度维修"问题，自实施该系统以来总工单工时减少约 25 万小时，在预防性工作减少的同时，提高了核电机组设备可靠性，真正实现了管理会计信息化所追求的根本目标：发挥数据信息的最大化价值。
>
> **关键词**：核电；维修；作业成本；信息化；工单工时；标准工时

一、企业概况

大亚湾核电运营管理有限责任公司（以下简称"DNMC"）于 2003 年 3 月成立，隶属中国广核集团，属于合资经营企业（港资），是中国第一个专业化核电运营管理公司。公司负责广东核电合营有限公司、岭澳核电有限公司及岭东核电有限公司（以下简称"业主公司"）机组运营发电及成本管理工作。公司与 WANO（世界核电运营者协会，相当于世界核电奥运会）安全质量指标比较，整体业绩高于国际先进水平，DNMC 所负责运营管理的岭澳核电 1 号机组连续安全运行 5100 天，排名同类型机组世界第一，且纪录还在延续。公司年发电量约占广东电网的 6%，其中大亚湾核电站 80% 电量输往香港，约占香港电网的 27%。为业主公司创造的总资产报酬率及成本费用利润率远超行业的优秀值。近年来公司已经获得中国质量奖提名奖、全国质量奖、广东省政府质量奖、深圳市市长质量奖等多个管理创新奖项。公司的股权结构如图 1 所示。

---

* 本篇作者：谢秋发、张晓东、张先永、张纯强、季晓丹。
指导专家：邹艳（北京航空航天大学）。

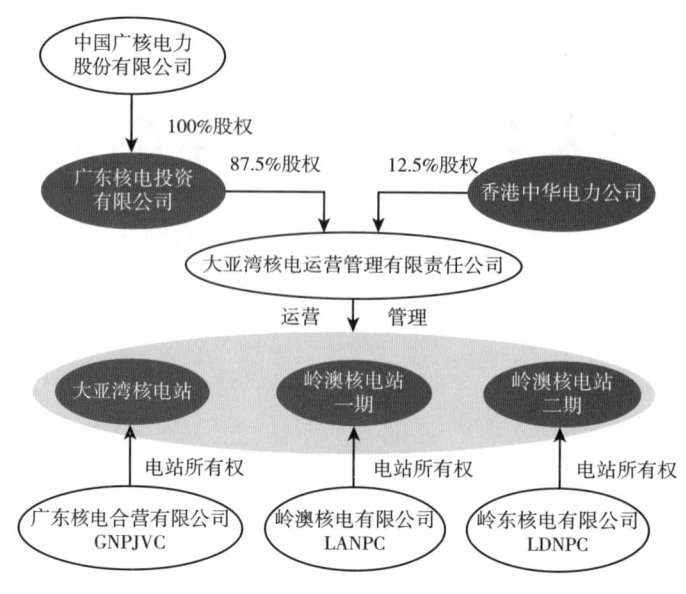

图1 公司的股权结构图

二、实施核电机组维修精益作业成本管理的背景

(一) 积极应对核电"走出去"战略和电力市场发展需要

1. 全面参与国际舞台竞争,为核电发展输出中国方案

大亚湾核电站是改革开放的产物,受到党和国家领导人的高度重视,自20世纪80年代引进法国技术以来,中广核集团通过消化、吸收和再创新,全面实现了自主设计、自主制造、自主建设和自主运营,并跨入了"自主创造"的新阶段,具备了形成自主知识产权三代核电技术的条件。随着"华龙一号"自主知识产权堆型的推出,核电"走出去"步伐加快,中广核集团分别参股投资英国欣克利角C和塞兹维尔C项目33.5%和20%的股权,控股投资布拉德韦尔B项目66.5%的股权,未来需要我们到英国去经营管理核电站,在国际舞台上全面参与竞争。DNMC作为中国广核集团改革创新的试验田,需要我们不仅在技术上走出国门,更要在核电运营管理上走出去,建立一个拥有自主品牌的核电运营管理体系标杆,为核电运营提供中国方案。

2. 外部市场竞争加剧,成本控制成为迫切需要

国家电力体制改革的加快和国家经济进入增速阶段性回落的"新常态"时期,竞争的电力市场已经形成,电力市场供需矛盾日益突出,上网电量难以得到保障,而竞价上网使得上网电价大幅下滑,发电企业收入大幅减少,财务风险急剧增大。自2015年《关于进一步深化电力体制改革的若干意见》(中发〔2015〕9号)印发以来,近几年针对该文件做出了一系列改革措施,发电企业的竞争格局已经初步形成,竞价上网开始实施并逐步深化,发电企业必须全面走向市场。企业面临各方的压力也越来越大,形势十分严峻,迫使DNMC公司进行深化改革。

(二) 加强成本控制,提高企业竞争力。

近年来,大亚湾核电运营管理有限责任公司管理的6台核电机组成本持续升高,而其中大修成本上涨最为明显。核电机组在运转一个发电循环后,将停机用新燃料组件替换乏燃料组件,同时为了提高机组在下一个燃料循环的运行能力,将利用机组停堆换料时间对设备进行在役检查、定期试验、预防性维修及纠正性维修,这就是核电机组的换料大修。

大修成本是核电站成本的重要组成部分，一台百万千瓦级机组一次大修执行的工作票数量在几千到上万张之间，计划控制的活动上万项，参与项目的人员（包括业主公司及承包商）超过2000人，支出成本上亿元人民币，大修成本的上涨直接导致企业市场竞争力下降，其中核电机组大修工作票数量和核电站运维总成本构成如图2、图3所示。

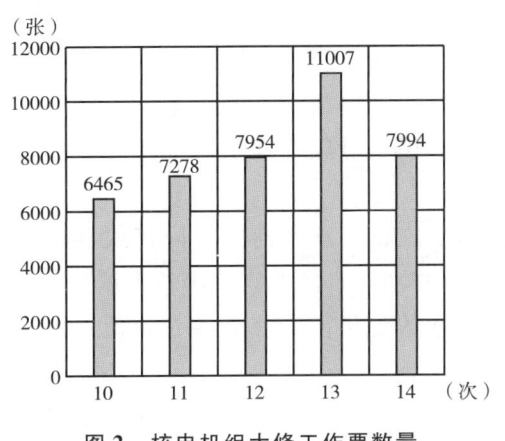

图2　核电机组大修工作票数量

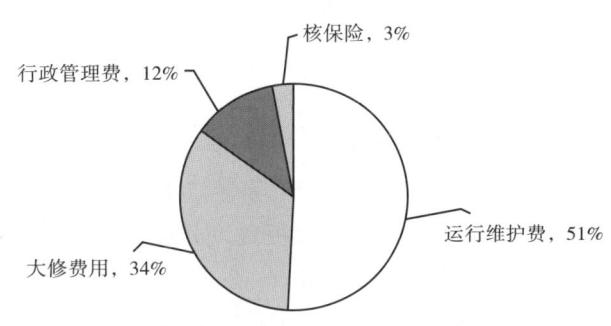

图3　核电站运维总成本构成图

（三）改变传统大修成本管理模式，提升信息化水平

核电站大修成本主要包括服务费和材料费两个部分，其中服务费主要包括检修服务费、辅助支持费、通用服务费、在役检查费以及其他大修专项合同费。核电站大修成本中的检修服务费、辅助支持费以及通用服务费的核算存在工时与工期的变量，同时材料费中的B类备件更换（纠正性维修/非预防性维修产生的备件更换）费用核算也与检修过程中设备本身的状态变量相关，属于核电站大修成本中的变动成本（占总成本60%）。而在役检查费、其他专项检修费、以及材料费中的A类备件费（计划性维修/周期性维修产生的备件更换）在大修开始前相对确定，几乎不存在导致其成本变动的变量，属于核电站大修成本中的固定成本（占总成本40%），如图4所示。

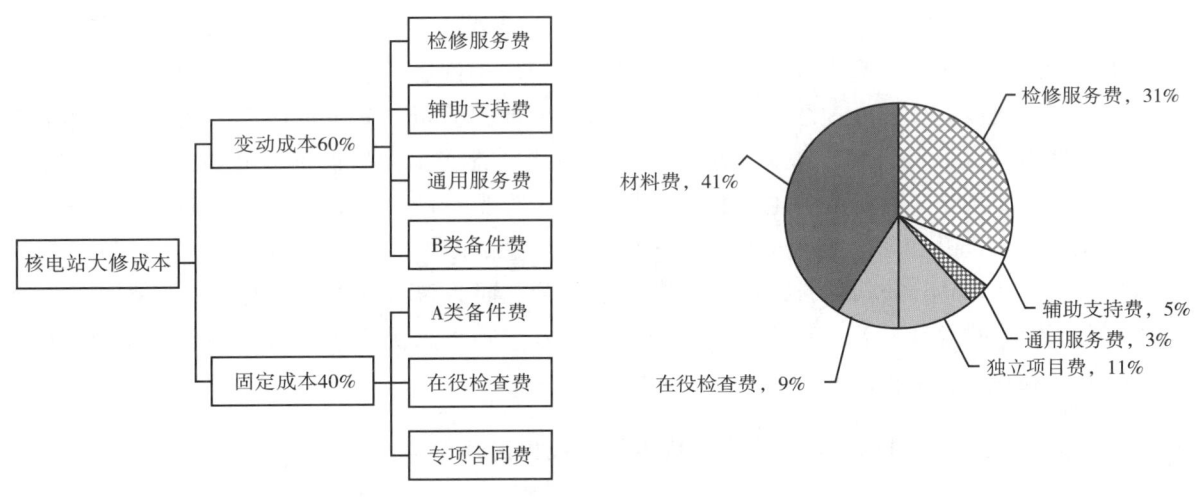

图4　核电站大修成本构成及占比

根据核电站大修的工作性质及成本支出状况，由于变动成本在核电站大修成本核算中的大量存在，这就需要大修作业过程中及时统计与成本相关的变量数据，为大修结束后成本的核算提供足够支撑。

而在传统大修管理模式下DNMC公司存在以下问题：①维修作业中工时与物料消耗不能准确核算；

②维修人力资源使用效率低下，监管手段有限；③维修作业管理流程设置不合理，非增值环节较多；④维修工时的大数据信息无法有效的为电站系统设备提供维修策略优化输入。具体表现如下：

（1）大修信息化管理水平低。主要通过电子表格统计维修工单工日数据，工作效率低下；同时由于电子表格记录的是最终核算结果，无法反映结算工单分歧数据等过程信息，也不便于事后的结算过程追踪审计。

（2）大修结算效率低。由于信息化水平较低，工作过程不透明，甲乙双方对合同金额分歧巨大，难以达成一致意见，结算效率低，周期达到400—600天。

（3）大修成本控制责任不明确。对大修的管控没有深入到作业层，对成本发生的责任难以准确界定，产生权责利不对等的状况。

（4）标准工时使用率低。由于检修工作主要依靠承包商力量实施，与承包商的合同模式导致承包商在工日核定上有利可趋，大修检修工日形成大量非标工日，检修作业工日的核算偏离技术属性。

（5）大修工单与成本数据难以分析，对于维修策略及维修大纲的优化没有改进参考价值，无法用于管理改进、提升维修质量。

为确保大修成本的可知可控，实现对大修作业成本的日清日结，DNMC公司需要建立基于信息化的大修精益作业成本管理体系。

三、基于信息化的大修精益作业管理系统建设

为了有效地解决大修成本管控方面临的众多不足，DNMC公司近几年大力开展基于ABC/ABM的信息化作业管理系统建设工作，其重点解决维修作业中关于工时与物料消耗的准确核算、维修人力资源使用效率监控、基于维修工时记录大数据的系统设备维修策略优化、以及维修作业管理流程优化等问题。

DNMC公司多年来一致不断创新、深化内功，为建设和应用基于信息化的大修精益作业成本管理体系打下了良好的基础：公司核算会计已纳入集团财务共享中心，公司财务管理定位于以业财融合为目标的战略会计；同时公司管理层高度重视生产运维信息化发展，大力开展了许多基于移动应用和大数据分析的信息化基础设施建设。

从2011年开始，DNMC逐步建立起了基于SAP的信息系统，并将电站所有的现场生产活动通过通知单与工单的形式派发工作，这为ABC作业成本管理系统应用创造了基础条件。从2017年开始，公司开始一系列的信息化改革，核心理念是实现移动应用与大数据分析，截至目前，公司生产运维管理已经进入移动互联时代，公司建立起作业管理中心，整体优化维修工作的识别、准备、执行、完成、反馈5大业务环节，实现全工作过程的电子化、结构化与工作执行阶段的移动化，在防人因失误、工作质量提升、工作效率提升和降低运维成本4大方面取得明显效果。

在这些基础上，DNMC公司创新建设了一套包括工单工时系统（DTMS）、标准工日数据库、大修工日成本管理平台、作业成本管理系统以及基于作业成本管理理念优化的维修管理制度流程等的综合管理体系，具备在核电行业推广和复制的能力。主要做法如下：

（一）建设大修工单工时系统，促进大修成本管理能力提升

根据本文对大修成本上涨及传统大修管理模式存在的问题分析，得出一个非常核心的问题是电站检修工作的成本结算没有客观可参考的工日消耗统计数据，传统的管理模式仅仅依靠标准工日规范合同结算。因此解决大修成本管理的技术核心问题是建立大修工单工时系统用于统计现场工作实际工日消耗，并以此为基础修订标准工日数据库，结合标准工日数据库再解决大修结算的信息系统化问题，从而实现对大修成本的精益化管理。设计基本思路及结构如图5所示。

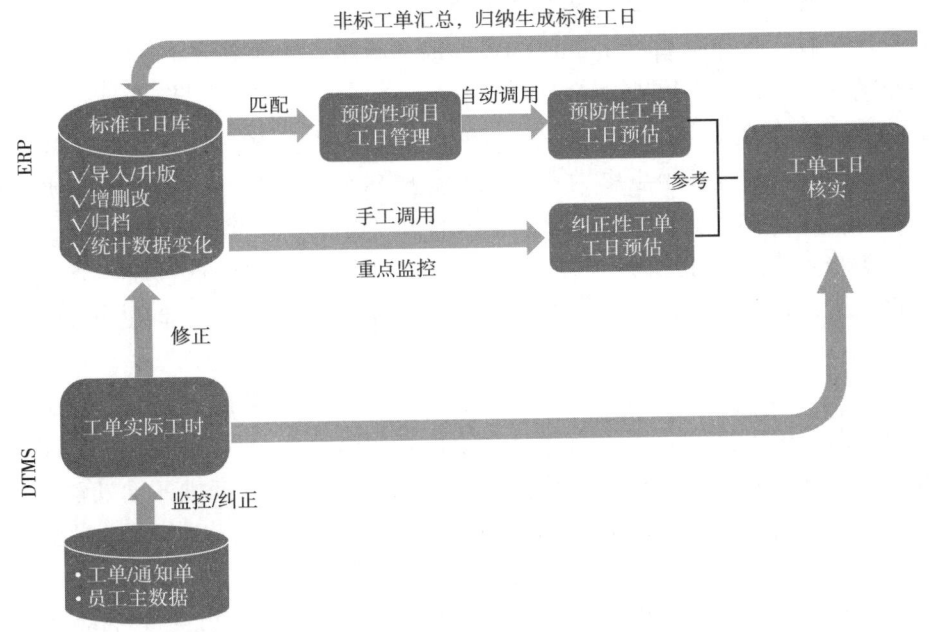

图 5 工单工时系统设计基本思路及结构

对于大修作业消耗人工的过程，主要通过工单调用标准工日数据库、工单工时系统（DTMS）数据库模块实现。SAP 工单业务增强功能实现大修作业工单对标准工时的调用、结算工日预估，以及通过与 DTMS 系统的对接，实现对标准工日及结算预估工日的校验。另外将标准工时数据纳入 SAP，并与维修标准包挂接，实现核电站大修标准工时的升版、使用等业务通过信息系统线上处理，并具备 DTMS 及结算工日数据反向修正标准工日数据库的功能。

1. 建立大修工单工时系统，解决大修检修工作实际工日消耗记录问题

工单工时系统（DTMS）是为统计现场工作实际耗时而搭建的一套管理系统。核电站大修检修服务结算时，都因缺乏承包商实际工作时间统计数据，无法有效核实实际工作时间，给合同谈判、工作管理等带来巨大困难。DNMC 在国内核电行业首创工单工时系统（DTMS），为统计现场单项工作的实际耗时而提供了一种管理工具。系统能够实现以"扫描工单、通知单条形码和员工二维码"的方式，智能化统计现场开工人员的实际工时数据，为 ABC/ABM 在核电站大修活动的应用提供技术支撑。该系统的主要功能是对收集到的工时数据进行有效分析和利用，为实现精益化管理提供重要的数据基础和决策依据。

2. 建立 SAP 标准工日数据库，实现结构化和电子信息化

核电站大修活动庞大且复杂，经过多年运行经验与数据积累，我们对大修活动中的检修工作成本核算建立了一套标准工时数据库，规范核电厂大修检修工作的工日管理、工日标准，以提高工作效率、合理控制成本。

DTMS 系统实现了作业工单的现场核心工作时间的统计，但无法包括工作文件准备、工具准备、工作报告编写等非现场工作时间，因此只能作为合同结算的一种参考。基于 DTMS 对工单核心工作时间的大量统计数据，并结合现场各专业工程师的经验判断，考虑各类调整系数，我们基于大修项目标准工日数据结构化和信息化，建立了标准工日数据库，作为工单人工成本结算的核心关键数据。

目前 DNMC 已经建立了几千项检修活动的标准工日，覆盖几万个检修工日。原则上现场实际产生工单作业时，通过调用大修项目标准工日数据库对应维修项目所规定的标准工日，乘以合同约定的人工单价，即可以算出此工单应结算的合同价格。

3. 建立大修工日核算管理平台，实现核算信息化

在大修项目标准工日数据库的基础上，DNMC 实现了单条维修工单工日的核算，但要实现每次大修中全部维修工单的核算，还存在以下几方面的困难：

（1）核电厂系统及设备众多，标准工日只能针对常规的标准检修工作进行约定，对于大部分的非标工作无法一一约定，在检修过程中更多的非标工作需要参考相近项目的标准工日或者根据新的检修工作建立新的标准工日，存在主观判断的问题，大量的主观估计容易导致最终结算结果的重大偏离；

（2）每一个大修有数千甚至上万条工单，涉及不同专业、不同维修承包商，通过电子表格统计管理效率低下、错误繁多，且只能记录最终工单谈定工日，无法记录谈判过程信息，难以追溯审计，难以开展分析统计工作。

为对大修前、中、后的成本管控形成计划、监控、分析和优化的闭环管理，实现通过规范流程、整合系统、并积累数据应用于报表分析，我们借助于前述 DTMS 系统与大修标准工日数据库，在 SAP 系统的基础上设计并开发了大修工日成本管理平台。主要包括如下几个重要平台功能：

（1）工单工日预估管理平台：在维修工作开展之前，维修准备工程师即可以对已产生的工单，调用标准工日条目，预估所需实际工日。平台提供在线单独维护及批量工单预估工日导入功能；对于预防性工单，系统自动根据其维护计划和维护项目建议预估工日；对纠正性工单手动维护标准工日与备件预留信息。

（2）工单工日核实管理（谈判）平台：在现场工单开工前或者执行完毕后，合同双方都可以通过谈判平台开展工日谈判。平台能记录工单最终结算前的谈判过程，系统汇集了工单主数据、工单工时数据、工单预估记录等信息供双方参考。通过权限管控机制，将不同工作中心、用户角色对工单的访问权限分离。

（3）工单工日统计分析平台：为对某次大修的大量数据开展统计分析，DNMC 开发了工单工日统计分析平台，主要包括工日预估统计报表、大修日清报表、预计成本变动表等。

通过大修工日成本管理平台的设计与应用，DNMC 实现了大修工单的预估、谈判的电子化，能记录详细的过程信息，显著提高了数据的透明性、规范性、可控性、可追溯性，有效降低了成本。

（二）开发 ABC 系统，开展作业成本归集和分配

通过 DTMS、标准工日数据库、大修工日成本管理模块的设计、开发、应用，DNMC 解决了从工单到结算的过程管控，经过多轮大修的实行，DNMC 积累了数万条维修工单成本数据，它解决了大修结算标准化、数据真实性的问题。为有效利用维修大数据，解决大修作业中资源的流转、归集和分配问题，我们结合 ABC 作业成本法设计了基于工单的作业成本管理系统。

1. ABC 作业成本管理系统设计目的

DNMC 设计并应用 ABC 作业成本管理系统的目的包括以下几个方面：

（1）以工单为基础追踪大修资源流转过程，通过多维度的分摊分配实现对大修成本的精确核算，为生产制造费用控制提供全口径、多维度的更加准确的信息，将成本责任落实到班组，细化考核责任。

（2）通过对维修作业的认定、成本动因分析、作业效率以及工时的统计，更真实地揭示资源、作业和成本之间的联动关系，为大修资源的优化配置以及作业、流程和作业链（价值链）的持续优化提供依据，实现提质降本增效的目标。

（3）优化资源管理与使用，消除无效作业。

（4）通过作业成本分析，改变作业的执行方式，对维修大纲实现精益化管理。

2. ABC 作业成本管理系统总体设计思路

通过 SAP 物料及工时管理系统对大修资源的锁定，以工单为基础发起对资源的调用，并以工单所消耗的资源进行分配，以作业分配系数（包括作业技术复杂度、作业环境、人员资质等）对作业进行分摊分配形成第一层级的成本库。作业中心通过指定的分配规则实现对成本库数据的二次分配。根据管理需求侧重点的不同建立不同的作业中心，实现对作业成本的分配和归集功能。目前核电站根据成本责任设计了责任成本中心，根据合同费用结算关系设计了合同结算中心，根据电站系统设备的维修记录情况设计了设备健康管理中心。最后作业中心根据成本对象的消耗进行归集，解决了大修作业中资源的流转、归集和分配问题，如图6所示。

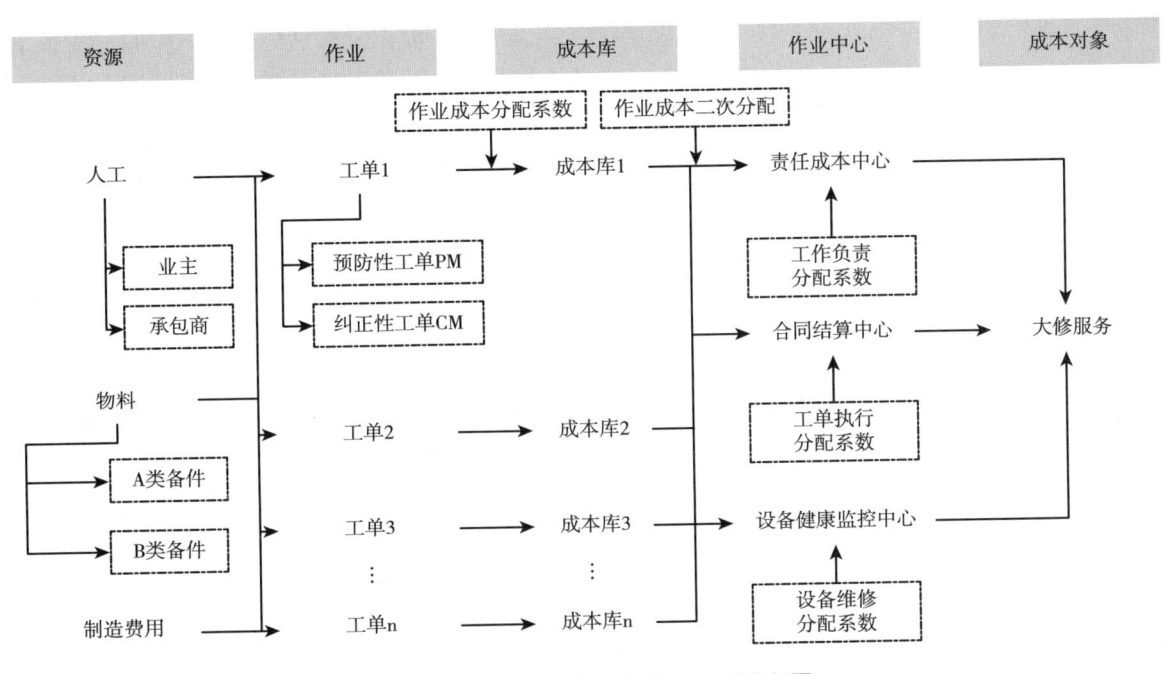

图6 大修资源流程、分摊、分配流程图

实现核电站大修制造费用作业成本法主要分为7个关键步骤，下面根据ABC作业成本法的实施步骤，详细介绍核电站大修成本实施作业成本法的过程。

（1）步骤一：资源识别及资源费用的确认与计量。总体来讲，核电站实施大修的核心资源就是人工和物料两个部分。对于大修作业消耗人工的过程，主要通过工单调用标准工日数据库、工单工时系统（DTMS）数据库模块实现，详见本文大修工单工时系统（DTMS）介绍章节。对于大修作业消耗物料的过程，主要通过工单作业管理系统挂接，管理上通过禁止非工单的领料发生来确保所有的大修物料通过工单进行消耗。

（2）步骤二：成本对象的确定。成本对象的确定一般是产品或者服务，我们改进的主要对象是大修的作业成本法核算，因此将大修服务指定为作业成本法核算的成本对象。

（3）步骤三：作业的认定。作业认定是指企业识别由间接或辅助资源执行的作业集，确认每一项作业完成的工作以及执行该作业所耗费的资源费用，并据以编制作业清单的过程。核电站大修作业的来源一般包括维修大纲要求的预防性维修项目、大修期间产生的纠正性维修项目、系统设备在役检查及定期试验项目、重大缺陷维修活动、需要利用大修换料窗口的改造活动以及遗留项目等。

（4）步骤四：作业中心设计。作业中心设计是指企业将认定的所有作业按照一定的标准进行分类，形成不同的作业中心，作为资源费用的追溯或分配的对象的过程。核电站大修的作业中心设计主要从大修作业预算管理、成本控制以及绩效评估等方面设立了责任成本中心归集大修成本；然后根据大修合同管理、费用结算、现场作业管理以及承包商绩效评估管理方面设立合同费用结算中心，以便于对大修承包商管理；另外根据现场作业对于设备的划分，在大修作业标准工时数据库中建立电站设备维修工时统计功能，用于记录电站设备维修信息和电站设备健康管理及维修大纲优化大数据平台管理。

（5）步骤五：成本动因设计。成本动因的设计包括两个部分，一方面是资源动因的设计，另一方面是作业动因的设计。核电站大修作业过程中，资源动因一般是直接动因，通过工单对于物料及人工的消耗直接归集成本。核电站大修的作业动因主要是根据成本库及作业中心的设计，实现作业动因的设计以及作业消耗的计算。

（6）步骤六：作业成本归集与分配。核电站大修作业成本通过作业工单对资源的消耗统计之后，需要根据成本管理的相关需要进行成本的归集分配。将大修工单作业成本分配到作业成本库的过程是第一次分摊分配。由于大修检修作业执行过程中，执行作业的工作复杂度、辐射控制等级、工业安全等级、技术人员资质等难度不一，为了实现对这些维度差异作业的核算和统计，将以上四个维度的每个差异情况按照ABCD分为四个等级。对于每个维度对应的等级按照一定的标准进行赋值之后，工单作业成本即可按此规则实现向作业库的分摊分配。完成工单成本向作业库的分配之后，需要进一步按照管理要求对作业库成本进行二次的分摊分配。

（7）步骤七：大修作业成本报告。通过规范流程、整合大修作业成本核算系统，并积累数据应用于报表分析，对大修前、中、后的成本管控形成计划、监控、分析和优化的闭环管理。

（三）基于作业成本管理优化大修管理流程，提升大修效率和效益

DNMC借助于ABC/ABM作业成本管理系统，解决了以下大量核心问题：①大修作业结算标准化、结算工日回归技术属性的问题；②大修作业中资源的流转、归集和分配问题。下文借鉴卡特彼勒ABM作业成本管理五步法说明工单工时系统对大修成本管理提供的高效支持。

（1）第一步：价值流程探查及时间任务分配。了解当前的大修结算管理流程如何运作是成功的第一步。大修管理部门、维修部门、财务及商务职能部门通过程序检查、谈话及实际检查等工作摸清大修每个环节工作的主要内容，最终形成"大修结算价值流程图"。针对大修结算流程的改进建议如图7所示，该流程改进的核心就是将大修工作的流程价值通过现有的系统及管理手段体现，实现预计工日与计划成本、实际工日与参考校对、实际成本与结算成本数据的多维度对比分析，准确核算其价值，对于存在偏差的工作进行纠偏处理。

（2）第二步：流程分步成本核算（ABC流程成本分析）。一旦"大修结算价值流程图"完成，便可以核算每个流程中每个作业的实际支出成本。最终各个作业成本累计在一起就得到该流程的全部成

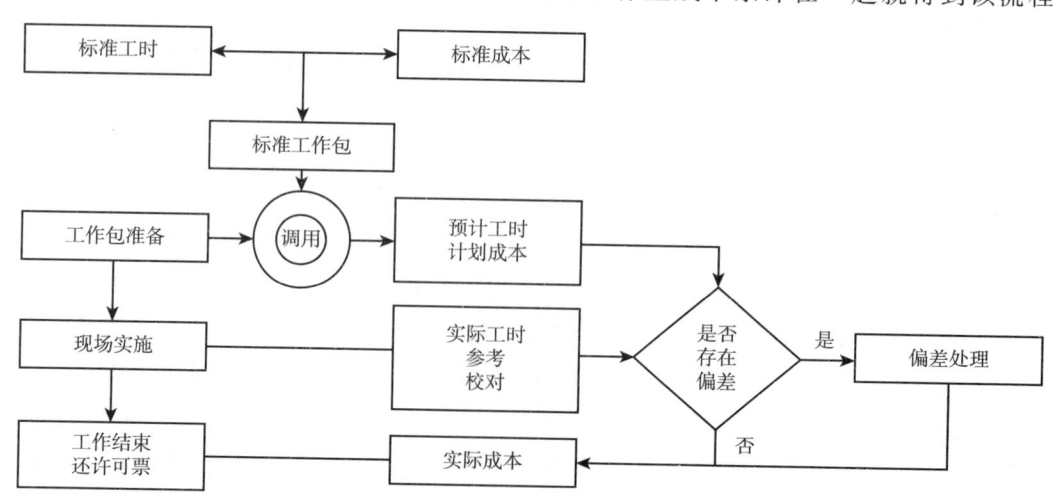

图7　大修结算价值流程图

本，ABM仿照大修检修工作中采用的ABC成本分析方法制定作业成本分配率，用于核算在办公室完成的支持服务核算。

（3）第三步：建立模型及程序，这是大修结算管理流程改造中最核心的一步。公司就大修结算管理流程建立了专门的程序管理办法，用于规范结算流程中各作业单位的规范操作，同时就各流程及作业设计关键业绩指标（KPI）作出规定（如结算程序中明确要求标准工时的应用比例不得低于90%）。DNMC已经建立了《服务外包项目工日核算管理办法》和《大亚湾电厂专业参与大修管理导则》等程序，从程序制度上规范整个大修管理工作过程。

（4）第四步：模型及程序模拟运作。模拟运作通过利用全体员工和管理人员的集体智慧，为作业流程优化可能带来的成本节约进行预测。为了能够顺利的完成整个业务流程改进的推进，公司建立了完备的应急方案以及新旧流程过渡的双轨运作机制，确保新旧机制交替期间的业务顺利过渡。

（5）第五步：大修成本价值优化模型。模拟运作完成之后为每个流程提出了最终的建议。在工单工时系统（DTMS）的帮助之下，为流程的运作分配合理资源，并对成本节约进行跟踪，以确保达到预期改进目标。

最后在完成系统的优化之后，卡特彼勒模型仍然要求对每个大修改进的流程进行评估以确保进一步的优化得到保障，实现持续改进的目标。

（四）作业管理信息系统的应用，完善公司管理体系

大修管理主要依据《服务外包项目工日核算管理办法》《大亚湾电厂专业参与大修管理导则》等程序开展实施。作业管理信息系统的应用，将程序流程化、流程表单化、表单信息化管理原则嵌入公司大修管理信息系统，从流程管控上确保了公司的程序、制度落地。其中主要涉及大修指挥部组织架构调整后的流程改进、大修结算管理流程改进、新增大修计划外项目决策等三个核心流程，按照公司标准的流程变更和新增程序方案处理，进一步纳入公司信息化管理系统。

四、核电企业基于信息化的大修精益作业成本管理效果

（一）提升核电站大修成本的精益管控能力，显著降低成本

1. 大修成本显著降低

实施大修ABC作业成本法以来，大修预算执行率显著降低，较实施前超预算的情况得到控制，2018年三次大修的预算执行率均控制在90%以内，每年大修节约成本近亿元，显著降低大修成本，如图8所示。

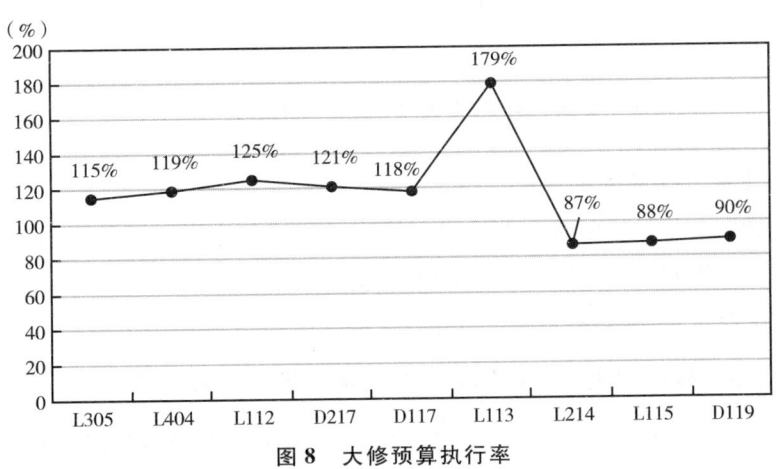

图8　大修预算执行率

2018年实施大修ABC作业成本法信息系统之后,2018年3次大修的标准工时应用率达到86%,大修平均单票工时较2017年下降约20%,如图9所示。

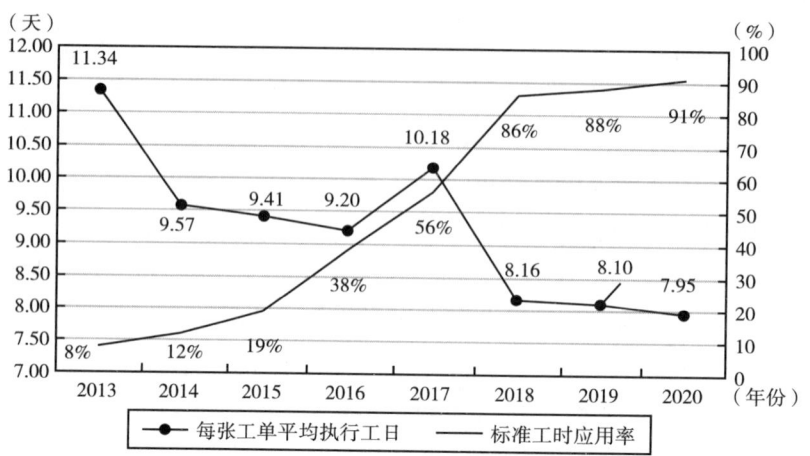

图9 平均工日与标准工时应用率

2. 大修变动成本比例降低,固定成本比例增加,实现了成本管理的可知可控

通过ABC/ABM的应用,DNMC极大地提高了大修成本中固定成本的比例,如图10所示。大修成本中的检修服务费、辅助支持费由于调用大修标准工日数据库,原成本核算中的工日变量转化为定量,大修成本的固定成本由实施ABC作业成本法之前的40%提升到70%,剩余的变动成本主要是大修B类备件的费用,需要视大修设备检修的具体情况而决定是否消耗,因此ABC作业成本法的实施极大提高了大修成本的可知可控,有效地提升了大修成本管控能力。

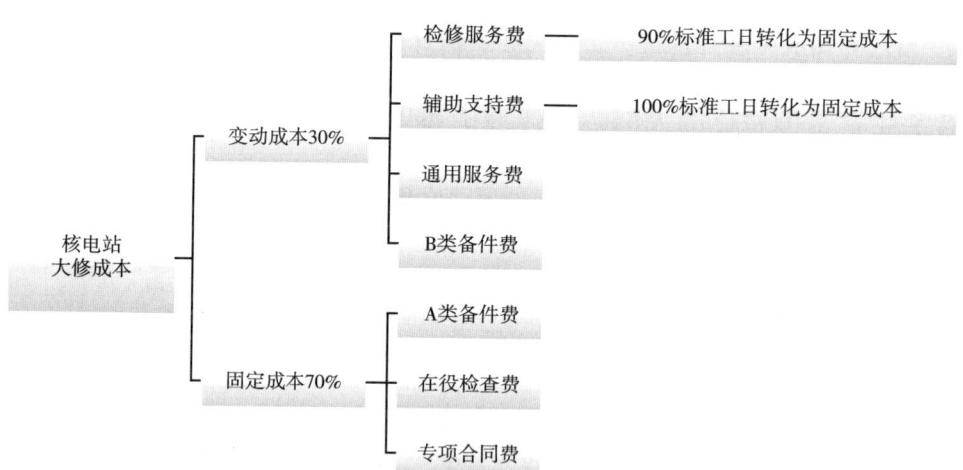

图10 实施ABC作业成本法后的核电站大修成本构成

3. 提高大修结算速度,检修成本日清日结

实施ABC/ABM作业成本管理之前,大修成本核算过程信息化水平较低,大修的结算一般在400—600天。实施之后,大修的成本核算在大修结束后2周内完成签字确认,极大地提高了大修结算工作信息化水平和结算效率,如图11所示。

(二)形成了核电站大修作业成本管理体系,为行业提供了有效经验

经过3年的摸索和建设,形成了具有核电特色的大修作业成本管理体系,建立了包括工单工时系

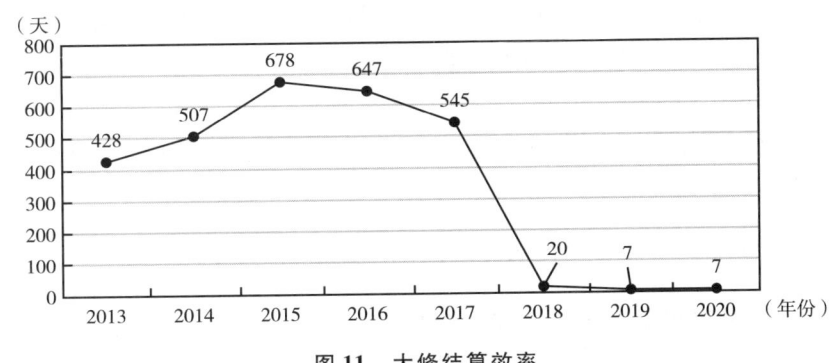

图 11 大修结算效率

统(DTMS)、标准工日数据库、大修工日成本管理平台、ABC作业成本管理系统以及基于ABM作业成本管理理念优化的维修管理体系的综合管理系统。为核电行业提供了可参考、可复制的经验。

1. 建立了DTMS系统

DNMC在中国核电行业首创工单工时系统(DTMS),主要经验有:

(1) 实现了工单工作的工时记录功能,减少人为干预因素,提高工时数据准确性;

(2) 实现了防走错间隔、管理巡视和QA/QC(品质保证和品质控制)工作量统计、质量事件调查等增值功能;

(3) 实现了以工单作为维修活动最小单位的人力及物料资源消耗分配;

(4) 对收集到的工时数据进行有效分析和利用,为实现精益化管理提供重要的数据基础和决策依据。

2. 建立了标准工日数据库

将核电行业的标准工日程序结构化和电子化,主要经验有:

(1) 实现了维修项目标准数据库的结构化和电子信息化,建立了几千项检修活动的标准工日,覆盖几万个检修工日,实现了80%以上维修项目的标准化成本管理;

(2) 实现了与DTMS系统的对接,根据工单数据不断更新、迭代、升级,自我完善。

3. 建立了大修工日成本管理平台

开发设计了大修工日成本管理平台,主要经验有:

(1) 设计了工单工日预估管理平台:在维修工作开展之前,维修准备工程师可以对已产生的工单调用标准工日条目,预估所需实际工日;

(2) 设计了工单工日核实管理(谈判)平台:通过此平台可以对预估的工单工日进行谈判,平台能记录工单谈判过程信息;

(3) 设计了工单工日统计分析平台:主要包括工日预估统计报表、大修日清报表、预计成本变动表等,提供了丰富的数据报表和分析功能。

4. 建立了基于工单作业的ABC作业成本管理系统

结合ABC作业成本法理论基础,设计了基于工单的检修资源流转、分摊和分配流程,主要经验有:

(1) 通过作业中心的设计实现了资源的准确分配和归集,确保了维修成本管控过程的权责利对等、清晰;

(2) 通过工单预估和谈判结算平台,实现了成本可视化管理,为维修作业及成本管控人员充分展示了工单消耗资源的全貌;

(3) 通过标准工日的调用降低维修作业活动中变动成本的比例,极大地提高了维修成本管控的可知可控能力;

(4) 通过基于系统设备维修资源消耗的大数据统计和分析，优化维修策略。

5. 建立了 ABM 作业成本管理系统，实现大修管理流程优化

根据结合 ABM 作业成本管理理论基础优化了大修管理流程，主要经验是根据卡特彼勒 ABM 五步法实现了对大修管理流程的优化，优化了大修管理程序制度和大修结算流程，消除了大修结算流程中的非增值工作和重复工作。

（三）提升了核电站大修安全质量，保障了核电站平稳运行

1. 精益化设备管理，保障电站系统设备安全可靠

工单工时（DTMS）系统通过对维修工单工时的统计和分配，实现了对电站系统设备消耗工时的统计，将系统设备对于工时的消耗进行排列，有助于维修工程师实现对电站系统设备的精益化管理，核电站某次大修系统设备维修工时统计情况如图 12 所示。

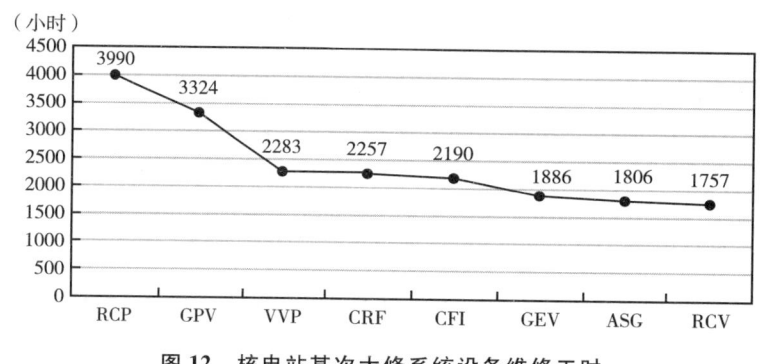

图 12 核电站某次大修系统设备维修工时

2. 精益化人员管控，实现承包商卓越绩效管理

通过大修 ABC/ABM 作业成本管理的实施和作业动因的作业分配机制，将大修成本中对于检修工日的统计回归技术属性，让承包商更多的关注技术提升带来的工作质量、工作效率的提高所获得的收益，而不是通过想方设法虚增结算工日的途径获得收益。工单工时具备实现电厂员工与合作伙伴维修工时消耗统计功能，通过对数据的不断积累和分析，帮助电站实现维修资源的精益化管理。

与此同时，对于承包商合同费用的预期辅以合同管理，通过提高正负激励金的方式鼓励承包商加大技术投入，全身心投入电站大修安全生产工作之中，与电站共同分享电站安全生产业绩提升带来的效益，实现安全生产与成本管控的统一。

3. 精益化大数据分析，助力维修策略优化，实现资源最优配置

电厂对工作过程和现场移动应用中每年产生的 60 万条工单和工时的数据进行多维度系统性的定期分析，以工单工时系统为例，通过按机组、系统、部门、及单位等维度进行数据分析，年度内分析提出减少无效劳动、大纲优化、新工具应用等 70 项优化行动，促进了电厂安全质量的提升。

自 2017 年初，针对"过度维修"的问题，公司应用设备分级方法缩减优化三电站机电仪预防性维修大纲，逐步缩减 R 级/E 级设备高投入性大纲，实现资源的优化配置。大亚湾六台机季度健康得分总体持续向好，公司安全质量业绩持续创优。

五、总结

本文以核电站大修作业的成本管理与信息化为线索，详细阐述了核电站基于信息化的大修作业精益成本管理系统（ABC/ABM 作业成本管理系统）建设情况，而实际上公司 ABC/ABM 作业成本管理系统的应用及利用远不止大修作业，公司以生产信息化和成本管理精益化为目标，以作业管理中心为依

托，将业财融合理念全面贯彻公司生产运维的各个环节，在运行、维修、改造及技术支持等各领域全面开展。

生产运维的信息化，能够实现生产大数据的收集、分析并挖掘利用，这些都是在践行管理会计信息化所追求的根本目标，发挥数据信息的最大化价值，也是公司输出核电运营中国方案的具体落实，为"华龙一号"扬帆出海做足功课。未来，公司将结合无线5G网络构架下的移动办公进行更深层次的变革，在现有的基础上更进一步提高精益化管理水平。

企业自评

核电作为中国高科技、高端制造业的"国家名片"，"走出去"已经成为国家战略的重要组成部分，而成本管理领先是核电"走出去"的重要保证。大亚湾核电经过近20年的实践和探索，形成了具有自身特色的核电站维修作业与成本核算体系的大亚湾方案。

大亚湾核电运营管理有限责任公司大修ABC作业成本管理方案是基于实际管理经验、并对标Exelon、PG&E等公司先进管理经验而设计的基于工单活动的大修成本精益化管理方案，具体包括信息化方案、标准化方案、精益化方案。其中信息化方案主要包括DTMS工单工时统计系统、大修工日成本管理模块、ABC作业成本管理指标盘；标准化方案包括大修标准工日电子数据库、标准化管理程序与要求提升；精益化方案包括大修成本控制流程优化、大修成本控制组织机构优化。

基于工单工时的核电机组维修作业方案实施，显著提升了大修精益化成本管控能力及大修安全质量，并为输出中国核电标准，实现我国由"核电大国"向"核电强国"迈进奠定了坚实的基础。

专家点评

数字经济时代如何建设信息化、有效开展精益成本管理，发挥数据信息的最大化价值，是企业创新发展中关注的重点与难点。为了对核电站大修成本（尤其是变动成本）实施精益管控，解决维修作业中工时与物料消耗核算不准确、维修人力资源使用效率低下等问题，大亚湾核电运营管理有限责任公司以生产运维信息化和成本管理精益化为目标，创新性提出了基于工单活动的大修成本精益化管理方案，构建了包括工单工时系统（DTMS）、标准工日数据库、大修工日成本管理平台、作业成本管理系统以及维修管理制度流程优化等的维修作业成本管理综合体系，实现了核电站大修费用的日清日结，显著提升了大修精益化成本管控能力，在保障了大修安全质量的同时，降本成效显著。创新性的引入"工单工时系统（DTMS）"，构建基于信息化的大修精益作业管理系统，实现了信息化、标准化、精益化的有机融合，形成了极具特色核电站维修作业成本管理的的中国方案，值得学习和借鉴。

业财一体化智能报表系统研究与实践

中海石油（中国）有限公司湛江分公司

> **摘要**：随着经济转型升级步伐的加快以及供给侧结构性改革的大力推进，中国经济步入高质量发展阶段。当前国际形势严峻，国际油价低位震荡，公司的生产经营面临巨大挑战。为积极应对市场变化，提高企业管理创新能力，中海油湛江分公司在原有信息系统的基础上，升级开发了一套业财一体化智能报表系统。本文以中海油湛江分公司开发的业财一体化智能报表系统为研究对象，介绍了该系统在五个核心板块的应用情况及实施效果，包括经营损益预测及敏感性分析模块、预算管理模块、管理报表模块、绩效管理模块、个性化应用模块等。业财一体化智能报表系统采用 B/S 三层架构，运用大数据思维和技术，整合公司生产管理系统、ERP 系统中的生产及财务数据，通过数据建模直观展现关键指标。中海油湛江分公司首次在海油系统内建立了先进的成本分析和利润预测系统，通过系统对公司产量、成本和利润进行综合、细致的分析，优化油气田配产，产生显著的经济效益。
>
> **关键词**：石油企业；财务数字化；管理会计；业财融合

一、企业简介

中海石油（中国）有限公司湛江分公司（以下简称"湛江分公司"或"公司"）是由中国海洋石油集团有限公司控股的中国海洋石油有限公司下属的境内分公司，于 1999 年 5 月成立，2001 年 2 月，中国海洋石油有限公司在香港证券交易所、纽约证券交易所上市。湛江分公司主要经营范围为：南海海域的海上石油天然气的勘探、开发、生产、仓储和销售；海上石油天然气的勘探、开发和生产相关技术研究、技术咨询、技术服务和技术转让；页岩气勘探。湛江分公司在南海海域具有海洋石油行业勘探开发的丰富经验和技术专长，勘探开发的技术实力较强，开发营运管理模式成熟，经验丰富，多年来增储上产态势良好，并且具有较好的盈利能力。公司油气勘探开发项目具备良好的精细化管理和技术创新能力，有效支撑了公司的可持续发展。同时，公司在天然气输送管道建设、天然气下游市场开拓等方面均有积累。

2008 年至 2020 年，湛江分公司连续 13 年油气产量超过 1000 万方油当量，并于 2020 年首次跻身全国十大油田行列，是中国海上第二大重要能源基地，为保障国家能源供应贡献了一份力量。

公司积极践行能源央企"我为祖国献石油""在经济领域为党工作"的责任使命，紧紧围绕建设中国特色国际一流能源公司总要求，大力弘扬石油精神，加大南海油气资源勘探开发力度，全力支持国家海洋强国战略和"一带一路"建设。目前，公司紧紧围绕增储上产目标，坚持高质量发展主线，狠

---

* 本篇作者：袁菁、彭晶、张莹。
　指导专家：魏丽。

抓各项任务目标落实，生产经营各项工作稳步推进。

二、项目背景

伴随公司业务的快速发展，公司信息化工作与生产经营管理需求的联系与结合越来越紧密。就公司财务管理而言，如何从传统财务管理模式向现代化、数字化、智能化模式跨越，优化整合公司各板块生产经营信息，以定量、前瞻的财务视角支持管理决策，从而保障公司战略落地，并对业务活动实现事前预测、事中管控、事后分析，是我们不停在探索和思考的问题。大力推进公司数字化转型和智能化发展是落实中国海油建设中国特色国际一流能源公司要求的重大举措，同时也是应对低油价挑战、助力降本提质增效的有效途径。

近年来，国际原油市场动荡不安，全球贸易局势紧张，地缘政治事件频发，公司部分油气田老龄化产能下降，加上作业海域地质、气象条件复杂导致作业成本上升，公司在生产运营过程中面临着储量、产量、收入、成本、利润等方面的巨大压力。公司深刻认识到，想要推动企业管理水平的全面提升，管理会计的推广应用至关重要。但传统的管理会计，主要以人工为主导，不仅工作量大、效率低，而且数据来源分散，一定程度上影响了数据的准确性和时效性。为应对新形势下的严峻考验，湛江分公司主动求变，积极探索，在生产经营管理方面转变观念、开拓思路，提出"向管理要效益"，创造性地开展了"以效益优先为导向"的成本分析与利润预测管理创新工作，并以此为指导思想，通过财务部门和信息化部门紧密合作组织系统实施，最终湛江分公司业财一体化智能报表系统成功落地。

三、现状分析

（一）管理会计应用基础

目前，中海油已建立了一套涵盖会计政策基本原则、会计政策应用指南以及会计操作手册等在内的多层次会计政策及核算规范体系。湛江分公司下设计划财务部，主要负责七大板块核心业务，分别是规划评价、会计核算、报告统计、预算资金、税务保险、风管内控、综合财务。部门设部门经理正职一名，部门经理副职两名，岗位经理若干，按照不同职责划分设置不同岗位并配备相应的财务人员。湛江分公司严格遵守集团公司统一的会计政策，严格把好会计信息质量关，并利用数字化建设，为公司实现高效的财务数据查询和输出、财务结果展示和分析以及财务指标的管理和预测等。

（二）管理会计数字化建设总体情况

随着经济社会的发展，信息技术开始应用于各行各业，财务会计作为企业运营管理的重要一环，就必须与时俱进。信息技术在会计领域的应用扩张，依次反映在三个层面。首先是技术本身的内在扩展逻辑，体现为以PC为代表的信息技术在会计中的直接应用，如会计电算化系统的应用。其次是微观经济管理活动的扩张逻辑，体现为以互联网为代表的技术应用，对会计业务流程重组带来的影响，从而使会计活动的时空范围得以扩展，会计组织结构从集中走向共享，会计流程与业务流程深度融合，典型的应用代表是ERP系统的实施和财务共享服务体系的构建。最后体现为大、智、移、云、物为代表的信息技术，对会计行为模式、业务逻辑产生的巨大影响，例如智能财务、大数据财务决策等应用[1]。

在信息化建设方面，公司先后实施了SAP ERP系统、预算管理系统、费用管理系统、资金管理系统、开发生产管理系统、勘探及开发一体化系统、随钻决策支持系统等30余个信息系统，信息系统覆盖了公司主要的业务范畴。完善的信息系统和完整的信息流，为公司成本精细化管理奠定了基础，借助信息技术，一方面可以将管理人员从繁忙的事务性工作中解放出来，聚焦到提高管理水平上来；另一方面可以全面整合信息系统，合理调配信息化资源，提供科学、先进、智能的分析手段，降低公司运营成本和风险，提高公司竞争力。信息化建设在公司财务管理中起着重要作用，是公司实现业财融合的重要手段。目前，公司已完成并正在经历前述信息技术在会计领域应用的前两个层次，如会计电算化、ERP系统实施、财务共享等。最后一个层次智能财务和大数据的应用，公司正在积极响应和行动。

随着经济转型升级步伐的加快以及供给侧结构性改革的大力推进，中国经济步入高质量发展阶段。当前国际形势严峻，国际油价低位震荡，公司的生产经营面临巨大挑战。为积极应对市场变化，提高企业应对管理能力，湛江分公司在原有信息系统的基础上，升级开发了一套业财一体化智能报表系统，通过对业务和财务数据的整合，结合各种关键指标和报表分析模式，促进了公司业财融合的进一步发展。该系统拥有五个核心业务管理模块，包括经营损益预测及敏感性分析模块、预算管理模块、管理报表模块、绩效管理模块、个性化应用模块等，并形成一系列报表集成及大数据应用模式。

四、智能报表系统功能模块介绍及应用

（一）经营损益预测及敏感性分析

第一个模块主要包括经营损益预测及敏感性分析两大功能，是助力企业生产经营决策的重要工具，结构如图1所示。

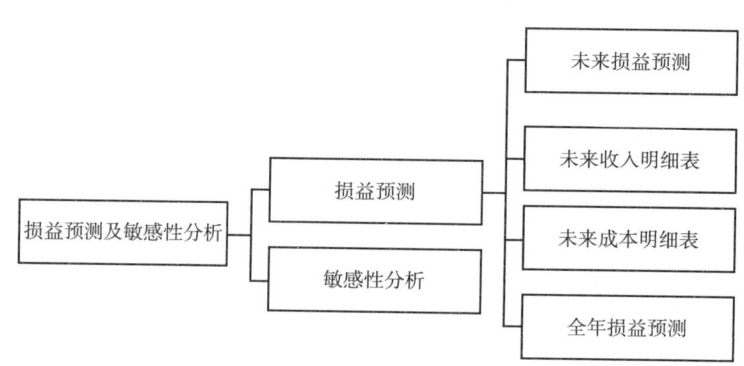

图1 损益预测及敏感性分析

1. 经营损益预测平台

经营损益预测平台可实现系统实时从ERP系统、生产管理系统、预算管理系统中获取计划成本、实际成本、计划产量、实际产量、计划销量、实际销量、预算油价、预算气价等基础信息，结合部分数据的底稿导入，按照系统预制的计算公式，汇总计算油气销售收入、销售利润、销售成本等利润表相关指标，并根据预测利润表的数据计算出相应的实现价格、桶油成本、经营现金流、边际贡献等指标。

经营损益预测平台每月滚动更新，根据高中低三种油价水平计算出不同油价情况下未来损益预测结果及关键指标。全年损益预测报表则按未来预测加上从ERP系统抽取的实际数合计得出。另外，系统还设计了分油气田的收入、成本明细表，可更全面地展示各油气田的盈利能力。

经营损益预测是管理会计的一项重要职能，是财务管理从事后分析转向事前预判的表现。经营损益预测可及时向管理层反馈公司未来的生产经营趋势，对于不利因素的影响也能及时预警，为公司的生产经营决策提供数据支撑。智能报表系统的实施使得经营损益预测更为实时、高效、准确。

2. 敏感性分析平台

由于企业的生产经营会受到多种敏感性因素的影响，敏感性分析可得出敏感性因素变动对企业的

影响程度，为企业在不同市场环境下的生产经营决策提供参考方案。敏感性分析平台选取了石油企业相关的敏感性因素，如石油液体和天然气的产销量及价格、作业费金额、勘探/开发/生产资本化/弃置资产的投资金额、当期剩余的 PD/P1 储量等，模拟预测不同敏感性因素的变化对公司盈利情况的影响，直观地得出每个指标单位变动对损益的影响程度，形成可变参数的动态利润表及相关指标的预测模型，如图 2 所示。使用者可通过改变一个或多个敏感性因素数值进行测算，从结果导向来影响企业生产经营决策。

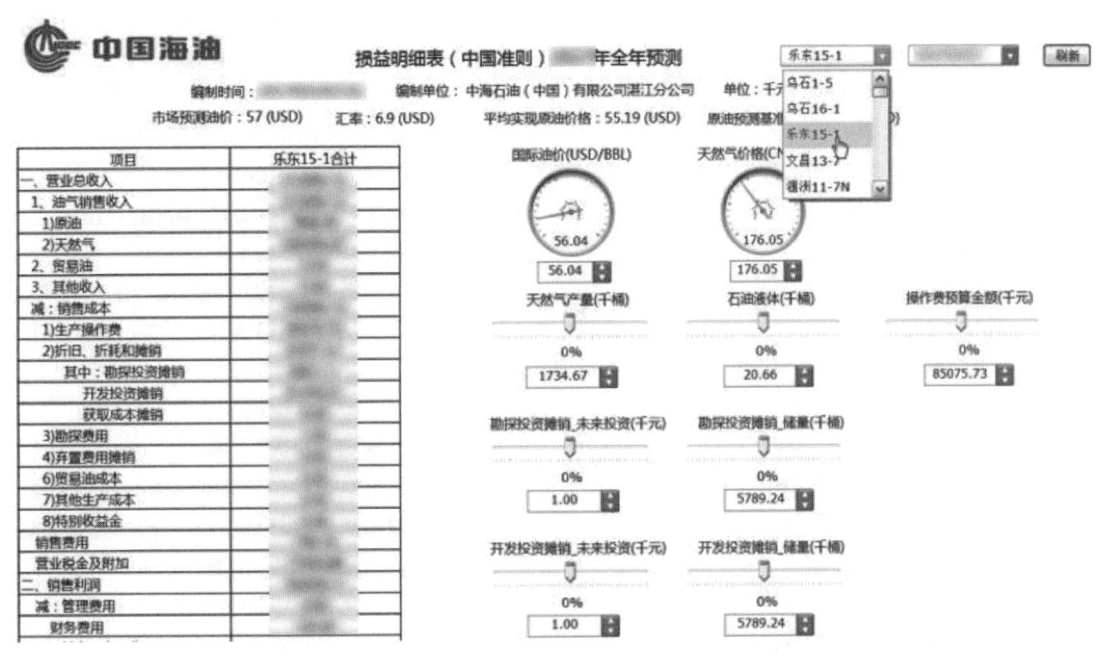

图 2　敏感性分析展示

（二）预算管理模块

全面预算管理是数字化的工作计划，是上接战略、下链业务的管理控制工具[2]，对企业实现战略目标、分散经营风险、优化资源配置具有重要意义。预算管理平台可实现从 ERP SAP 系统、预算管理系统中抽取当期和累计成本，以及年初预算、年度预算、同期预算等信息，按系统预设的表格形式，直观展示了报表日的计划预算完成情况。同时，表格可通过分作业区或分油气田等不同维度进行数据钻取和展示，提高了系统的可操作性、信息的可视性。预算管理模块的应用，提高了费用预算管理的效率，让管理层能够从多个维度快速查看企业的预算执行情况，将财务人员从繁杂的数据整理工作中解放出来，从而投入更多的精力用于管理工作，同时也减少了人工取数填报的出错率，是企业全面预算管理的重要基础。

（三）管理报表模块

湛江分公司对管理报表的应用由来已久，是公司历年生产经营成果的总结和统计分析。管理报表包括经营指标、财务指标、资产负债表、利润表、产销量、收入、价格、桶油成本、资本支出等报表体系，其数据展示形式一般为同比和环比分析，全面展示了公司的各种生产经营指标的变化趋势，是财务分析的重要工具。作为分公司，管理报表也是公司总部了解下级单位生产经营业绩的重要途径，是各分公司之间做同业对标分析的数据来源。

管理报表共 44 张报表页，原本需要财务人员每月月结后手工填报，填报内容烦琐，工作量较大。

管理报表模块可实现从集团公司 IAI 系统、SAP 系统进行数据抽取，并结合部分人工数据模板导入等形式，于每月固定时间按照预设的报表格式形成一套完整的管理报表。系统的运用使管理报表的出具，从原来需要人工花费一个星期来填报，到目前只需半天时间即可完成，高效且准确地为管理层展示公司生产经营成果，为管理层决策提供有效的数据支持。管理报表的报表体系如图3所示。

	管理报表		
1	1.0A 公司概况-经营指标	23	4.3.2-SBU桶油OPEX（不含库存油调整）New
2	1.0B 公司概况-财务指标	24	4.3.3-SBU桶油OPEX项目New
3	1.1-合并损益表(中国准则)	25	4.3.4-油田桶油OPEX项目New
4	1.1.1-损益明细表(中国准则)	26	4.3.5-作业区桶油作业费项目New
5	1.1.2-油气田效益比较New	27	4.4.1-SBU桶油DD&A（含库存油调整）New
6	1.1.3-油气田效益比较作业公司New	28	4.4.2-SBU桶油DD&A（不含库存油调整）New
7	1.3-油气价格New	29	4.5.1-SBU桶油弃置（含库存油调整）New
8	2.1-产量概况New	30	4.5.2-SBU桶油弃置（不含库存油调整）New
9	2.2-SBU净产量New	31	5.1.1-SBU-OPEX（含库存油调整）New
10	2.3-SBU净销New	32	5.1.2-SBU-OPEX（不含库存油调整）New
11	2.4-SBU产销库存New	33	5.1.3-SBU-OPEX项目New
12	3.1-收入	34	5.1.4-油田OPEX项目New
13	3.2-分油（气）田收入明细	35	5.1.5-作业区作业费项目New
14	3.2.1-分油（气）田油气销售收入	36	5.2.1-SBU-DD_A（含库存油调整）New
15	3.3-SBU油气销售价格New	37	5.2.2-SBU-DD_A（不含库存油调整）New
16	3.3.1-平均实现油气价格New	38	5.3.1-弃置费（含库存油调整）New
17	4.1.1-桶油趋势比较(中国准则)New	39	5.3.2-SBU弃置（不含库存油调整）New
18	4.1.2-桶油同期比较(中国准则)New	40	5.4-SG&A分项目明细
19	4.1.3-桶油同期比较(中国准则)-不含库存油New	41	6.1-CAPEX
20	4.2-油田桶油成本(中国准则)New	42	6.2-SBU分项勘探投资
21	4.2.1-作业区桶油成本New	43	6.3-SBU油气田开发投资
22	4.3.1-SBU桶油OPEX（含库存油调整）New	44	6.4-SBU油气田生产资本化

图 3　管理报表体系展示

（四）绩效管理模块

绩效管理模块主要通过系统数据抽取和人工数据导入实现，主要包括两部分内容，第一部分是 KPI 指标，第二部分是高质量发展指标。绩效管理模块为公司管理层提供直观的绩效成果，使其更快速全面地掌握公司绩效考核完成情况，为下一步实施绩效管理和激励评价提供数据支持，有助于促进企业管理能力的全面提升。绩效管理指标按照定量与定性相结合，并以定量为主的原则制定，要求能够最大程度体现股东（上级单位）诉求和战略目标，并符合企业经营活动的特点[3]。

1. KPI 指标

在系统建设初期，公司在"三比三看"指标基础上设计了 8 大类的 KPI 指标，主要目的是便于实现行业对标、与兄弟单位对标、与自己纵深对标。这些指标的特点是客观可衡量、清晰易懂、可以长期使用，且通过努力可以实现的。这 8 大类关键指标包括：财务指标、勘探指标、生产指标、开发井指标、工程建设指标、QHSE 指标、G&A 指标和考核指标。具体指标体系架构如图 4 所示。

2. 高质量发展指标

随着时代的发展，党的十九大提出我们要迈向高质量发展阶段，国资委要求"国有企业要加快推

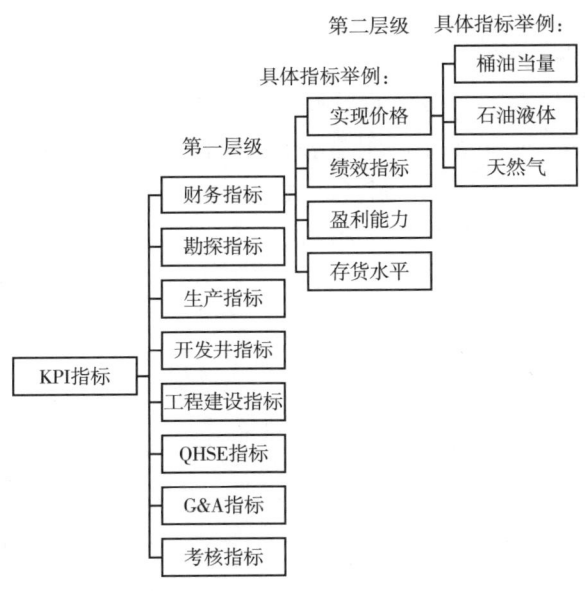

图 4　KPI 指标

进数字化转型工作,加快构建高质量发展格局"。为积极响应中央方针政策,顺应公司高质量发展要求,构建一套符合自身发展需要的高质量发展指标体系,能够更好地满足公司发展的需要,有效指引和推动公司的高质量发展。

为此,财务部门与各业务部门进行了充分的沟通,经过多次讨论和征求意见,结合公司实际情况,在 KPI 指标基础上进行提炼和补充优化,最终形成一套涵盖 9 大业务板块,15 项指标类别,32 个具体指标的高质量发展指标体系。这些绩效指标的设置,让公司管理层对各部门进行绩效考核和评价有了更多的数据参考和依据。高质量发展指标体系架构如图 5 所示。

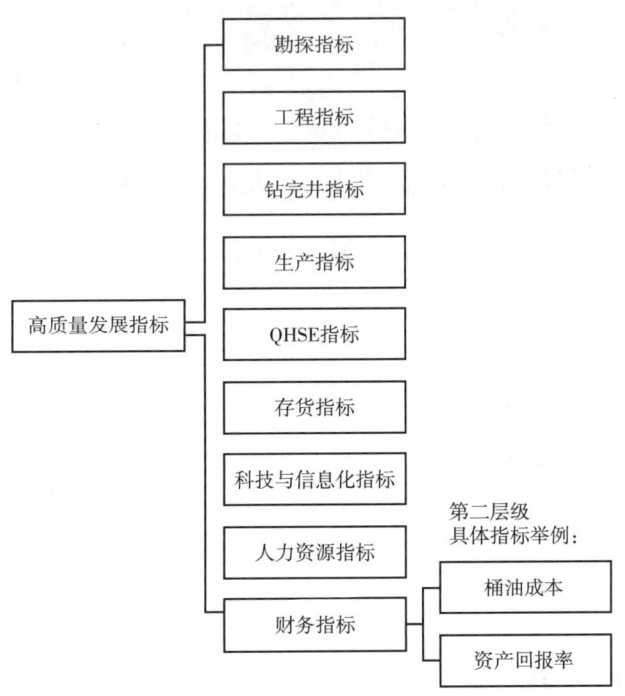

图 5　高质量发展指标

（五）个性化应用模块

个性化应用模块主要为了适应公司不同用户的个性化需求而开发，虽然仅是局部尝试，但是兼顾了经营、运营、决策支持等多层次、多样化的需求，在规范化基础上兼顾了灵活性。个性化应用模块充分利用系统已有的数据基础，开发出满足不同需求的应用和报表，如作业公司的生产 JIB 报表、管理驾驶舱等。个性化应用模块的用户不仅包括财务人员，也包括各部门或作业公司的相关费用管理人员，推动了公司大数据的广泛应用以及业财融合的深层次发展。

五、系统实现

（一）系统架构

业财一体化智能报表系统是一个对数据进行采集、整理、汇总、存储、查询、展现和交付的集成项目，平台整体架构采用以数据仓库（DW）为中心的技术架构，集成 ETL 技术、OLAP 技术、语义层技术、报表设计展现技术、数据挖掘技术和门户技术，有效地保障了数据的时效性和准确性。系统架构概览如图 6 所示。

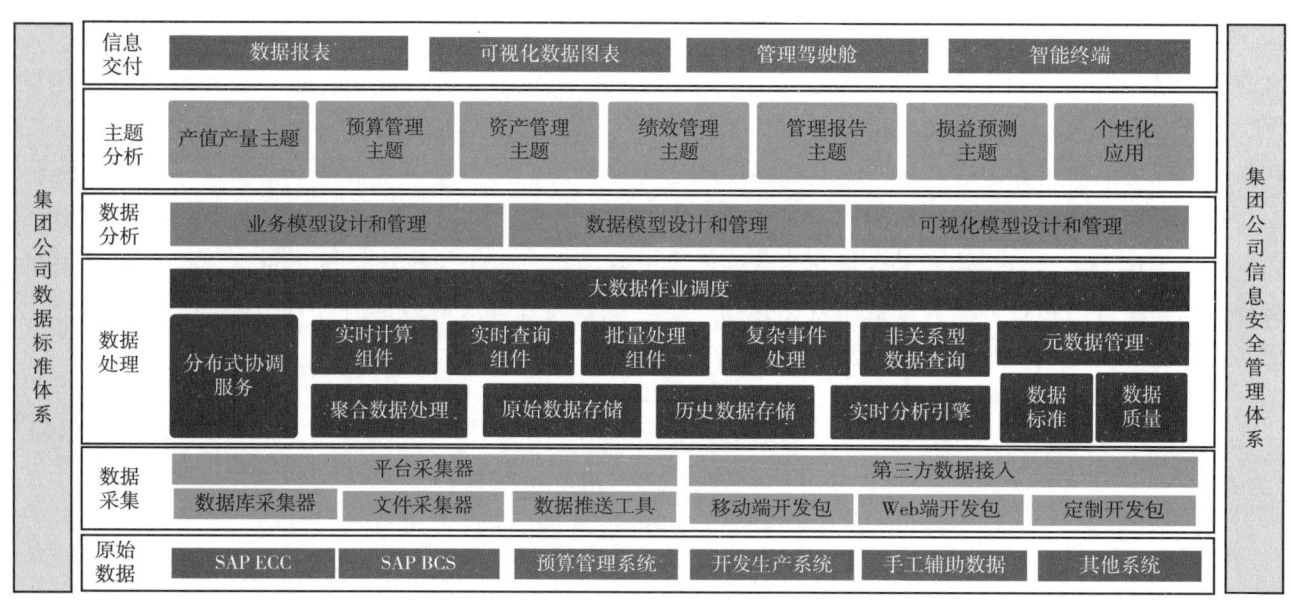

图 6　系统架构概览

（二）规范数据标准

数据是系统平台的核心，为了保证数据质量，公司在系统建设初期重点开展了"理数据、统标准"两个方面的工作，一是根据报表系统需求进行全面的数据梳理，按照业务进行数据的审核、分类、汇总，建立数据关系图谱；另一方面按照公司的数据标准体系，将系统内、外不同来源、不同形式的数据建立规范、统一的数据标准。

（三）数据 ETL 设计

ETL 是指包括数据抽取（Extraction）、数据转换（Transformation）和数据加载（Loading）的数据处理过程，如图 7 所示。基础数据是业财一体化智能报表系统的核心基础，智能报表系统充分利用集团公司的信息化成果，采用现有的 ETL 工具 SAP DataService 分别对集团公司 IAI 数据源和非 SAP 数据源进行抽取、转换和加载后，集中统一存储到业财一体化智能报表系统数据仓库 DW 中，并不断完善及丰富 DW 中的数据及模型。受益于 SAP DataService 在跨系统、跨平台进行数据交换方面有着成熟的解决方案，系统的 ETL 架构设计使各个系统间具有良好的兼容性，并且减少了集成开发的工作量，为后期的综合分析及更高级模型的分析提供坚实的数据基础。

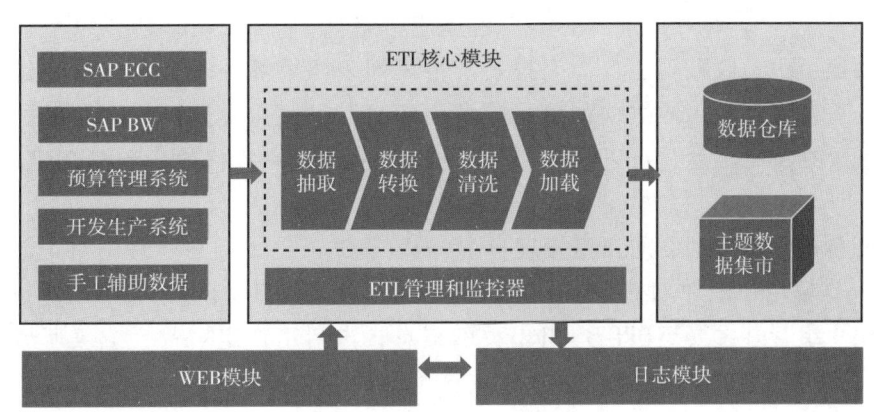

图 7　数据 ETL 处理过程

1. 数据验证过程设计

在业务数据分析阶段，业务归属人员和技术归属人员将合作校对 ETL 过程抽取数据的有效性和准确性，包含丢失数据恢复、模糊数据转换、数据源增强、属性的有效值、属性在剩余行的环境中的有效性、属性在该表或其他表中相关行的环境中的有效性、关系在该表和其他表行间的有效性。

2. 数据清洗过程设计

数据清洗是清理有效数据，使之更精确更有意义的过程。数据清洗主要包括数据合并、数据类型和格式的转换、用于不同目标表的数据分离。

3. 数据集成过程设计

数据集成设计主要是设计数据集成业务规则以及数据转换逻辑和算法，并通过不同的连接操作实现两个或更多数据源集成为统一的数据表并存储于数据仓库中。

4. 数据聚集过程设计

数据聚集阶段按照转换规则收集数据并总结为新的数据表或视图。业财一体化智能报表系统相关指标将统一到中海油湛江分公司数据仓库 DW 中。

5. 数据装载过程设计

将数据移至中心数据仓库中的目标表是 ETL 过程的最后步骤。ETL 过程通过处理链或 JOB 管理工具进行调用，处理链或 JOB 管理工具可以预先定义调用的时间（每天 24 点）、周期及执行的命令，并且所有调用过程都将在数据库中记录日志。当 ETL 运行过程中出现异常时，事件管理组件将自动触发异常事件，并运行异常事件流程，以此来通知相关责任人。

（四）展现层设计

平台采用了 B/S 的体系结构，利用一台服务器，作为分析服务器。其上运行 SAP BO 的服务器产品 BusinessObjects Enterprise 以及制作分析报表的产品组件 Web Intelligence，决策层用户使用的关键业务指标分析组件 Crystal Xcelsius 进行指标分析。运用在线联机分析处理（OLAP）技术，将财务数据进行多维度的展示，并通过 OLAP 数据立方体的钻取、切片、切块、旋转等功能操作，为用户提供快捷准确、灵活多样的数据支撑和分析手段。各类最终用户使用 IE 浏览器查看各种报表、图表、指标，通过多样化的前端分析展示工具，实现对数据仓库中数据的分析和处理，形成生产经营和决策工作所需要的科学、准确、及时的业财信息。

（五）系统管理

1. 系统导航

导航栏包括浏览历史、收藏列表、个人报表及报表列表四个部分。个人浏览过的应用在浏览历史中可以一目了然，可以看到该用户之前浏览过哪些应用，可以快速找到最新浏览过的记录。对于比较关注的或者经常需要查看的信息，可以收藏到收藏列表，提高用户操作效率和提升用户体验。

2. 用户管理

用户管理功能包括用户管理、用户组管理、AD 域管理三部分。用户管理中可记录所有用户的信息（系统自建用户，AD 域用户添加），包括用户名、姓名、性别、用户组等，并可以进行用户的新增、修改、查看功能。用户组管理主要记录用户组相关的信息，包括用户组名称、上级所属等信息，支持对用户组进行新增、查看、修改、删除功能。AD 域管理主要记录用户名称、类型、描述及所属公司部门等详细信息，支持对该 AD 域的用户进行添加查看。

3. 日志管理

日志管理应该包含用户登录日志、操作日志、系统运行日志三个部分。通过系统日志分析，了解平台的应用情况、用户行为以及系统的运行状况，保障平台的稳定运行和为平台的进一步优化提供指导。

六、系统实施效果案例

业财一体化智能报表系统的实施，打通了各个业务和财务系统之间的信息壁垒，实现了信息共享，满足了不同用户的报表和分析需求，提高了业财数据的准确性和时效性，为业财融合的发展打下坚实的基础，推动企业提质增效，促进企业管理能力的全面提升。下面是三个智能报表系统实施效果案例介绍。

（一）"管理驾驶舱"

"管理驾驶舱"是个性化应用的重要代表，是基于多个系统数据融合共同呈现的智能管理监控平台。随着近年来公司信息化体系建设的开展和信息化水平的持续提升，各专业部门都建设了相应的专业信息系统，并在使用过程中产生了海量数据。然而，这些专业数据彼此割裂，系统无法融合，数据价值未能充分挖掘，不能为公司管理层提供直观、全面的展示。"管理驾驶舱"把决策支持这个概念具体化，将关键数据转换为管理层易于接受的场景和视图，使管理层能直观、便捷地查看公司的整体运营状况和关键指标表现，助力管理层决策更加科学、实时、高效。为方便管理层使用，"管理驾驶舱"计划制作成一个小程序放在公司管理层办公电脑桌面，以便及时快捷查看，报表页面如图 8 所示。

（二）"双负"油气田预警

布伦特原油价格（以下简称"原油价格"）在近 10 年内出现了两次剧烈波动，第一次出现在 2014 年下半年，国际政治、经济博弈、实体经济衰退和原油市场需求饱和，形成国际原油市场供大于求的局面，同时，随着 OPEC 宣布不减产，伊朗解禁等因素的影响，国际原油价格开始大幅下跌，在 2016 年跌至 45 美元/桶左右。这是业财一体化智能报表系统上线后首次遭遇低油价寒冬，通过经营损益预

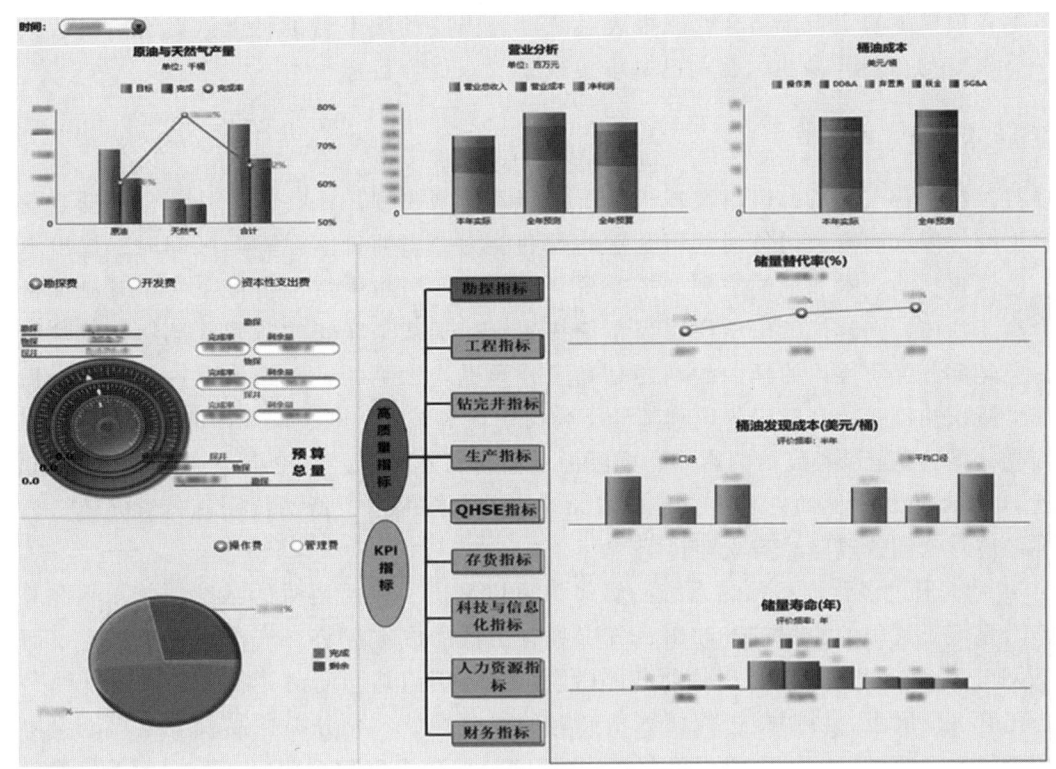

图 8　管理驾驶舱展示

测平台测算出来的经营指标示警，公司开始出现较多"双负"油气田。所谓"双负"即利润和自由现金流均为负数，表明该油气田既是亏损油气田，且无法为企业带来现金流入。计财部当即向公司管理层提出预警，并针对"双负"油气田进行原因分析。

通过经营损益预测系统，分别测算出各"双负"油气田的收入、成本、利润、边际贡献等指标，根据不同油气田的特点，计财部总结出"双负"油气田出现的原因有三种。①第一种就是边际油田，即在现有条件下，在规定时间内，采用常规技术与管理，进行油田开发建设与生产，其经济效益的评价较差或达不到营利目标的油田。边际油田的盈利能力和抗风险能力较差，一旦遭遇低油价便容易造成公司的负担。②第二种就是老油气田，即已投产多年进入生产后期，储量、产量衰减明显，桶油成本开始攀升的油气田。③第三种是高摊销率油气田，即由于勘探开发投入成本较高，但储量不及预期导致摊销率飙升，产量不及预期导致收入无法弥补支出的油气田。

针对"双负"油气田出现的原因，财务联合业务部门共同商讨，提出应对措施如下：

（1）加强所有"双负"油气田降本增效力度，如通过提高自检自修率减少外委维修费用、通过实现直升机、供应船等资源共享减少费用分摊、通过实现设备国产化降低采购成本、通过调整资本性支出项目实施时间或调整合同价格来提高低油价时期的利润和现金流水平。

（2）减少边际油气田的开发生产资本投入，通过各项提产措施增加收入降低桶油成本。

（3）对于生产末期的老油气田，如果措施手段均无法扭转"双负"状态，可考虑关停或暂时停产。

（4）对于高摊销率油气田，加强储量挖潜，通过有效的调整井等措施盘活资产，从而降低油气田摊销率，并且新调整井带来的产量可提高油气田收入。

（5）结合边际贡献和自由现金流指标，提出当基础油价大于边际贡献临界价时，通过增产弥补亏损，当基础油价小于边际贡献临界价时，通过减产减少亏损的建议，通过结构性调整产量计划来增加公司效益。

通过以上各项措施的实施，结合智能报表系统经营损益预测平台的持续跟踪评价，收效甚佳，公司"双负"油气田数量逐年减少，目前已基本实现零"双负"目标。

（三）"以气补油"优化排产

经营损益预测平台上线后，运用敏感性分析和利润预测模型，计财部每月都会根据当前的预测成本、产量、汇率等因素测算公司各油气田全年的盈利能力，当油价落在不同区间时，提出不同的排产建议，结构性调整桶油成本和桶油盈利，拓宽盈利空间。如当布伦特油价低于某个基础油价，气田整体盈利能力高于油田，则建议气田增产；当布伦特油价处于某个区间的时候，虽然气田整体盈利能力低于油田，但是部分优质气田的桶油盈利还是高于公司平均水平的，则建议对这些优质气田增产；当油价高于某个基础油价，所有气田的盈利都低于公司平均水平时，则建议气田减产。

2020年初，受到新冠肺炎疫情的影响，国际原油需求骤然减少，布伦特原油价格一度跌破20美元/桶，进入近10年来第二次低油价寒冬。分公司原油收入大幅缩水，低油价阴霾持续笼罩，公司经营形势不容乐观，应对低油价攻坚战需立即打响。

2020年4月，通过经营损益预测系统测算结果可以看出，按照当时的基础油价水平测算，公司油田的盈利能力是低于气田的，相较于油田，气田具有更低的成本优势，气价也相对稳定，而且气田在4—7月刚好处于高气价的窗口期。于是财务部门联合生产部门共同商讨，制订"以气补油"的排产方案，通过公司管理层同意，协调推进优质气田产能的提前释放，充分抓住高价气窗口期，协调下游用气，保供高价气区。通过以上措施的积极落实，"以气补油"方案效益明显，公司天然气净销量环比增长25%，气田贡献了公司当月税前利润的79%，为气田历年单月利润和气价最高月份，结构性提升公司整体盈利水平，为公司打赢低油价攻坚战做出切实贡献。

七、存在的问题及下步举措

（一）存在的问题

公司财务信息系统的建设，从最初的会计电算化到上线 ERP SAP 系统，再到目前实现财务共享和上线业财一体化智能报表系统，是一个不断完善和改进的过程。在10多年的会计信息化应用过程中，我们认为目前仍在存在的不足之处如下：

1. 业财融合有待进一步加强

尽管管理会计已推广多年，但由于上层设计的价值导向不同，财务部门追求的利润目标和业务部门追求的储量、产量目标在某些方面仍会存在矛盾点。目前，公司仍然存在一些业财分离、各行其责的状态。

2. 人才配备不足

一是专业运维人员配备不足，在系统开发阶段，就需要选择优质的专业服务公司，选择技术过硬的开发人员。在系统开发过程中，要经过反复多次的场景测试和结果验证。另外，系统开发投入使用后，需要配备专业的后期运维人员，以便解决在使用过程中遇到的问题。目前公司的专业运维人员有限，问题难以得到及时的解决。二是高素质的综合型财务管理人才储备不足。综合型财务管理人才不仅要具备丰富的财务专业知识和信息化知识，还要充分了解公司生产经营业务，既要做好公司经营成果分析，又要做到公司经营决策的事前预测和风险控制。随着公司不断发展壮大，目前在综合性财务管理人才储备方面的短缺已日益明显。

3. 部分数据仍存在标准不统一

公司先后实施了30多个信息系统，包括财务系统和业务系统，这些系统仍存在部分数据来源分散，数据标准不统一、数据口径不规范的情况，需要财务和业务部门进一步梳理和完善。

（二）下步举措

公司高度重视上述存在的问题，由公司管理层推动，通过年度工作计划任务分配落实，提出解决方案如下：

1. 继续加强业财融合，推广管理会计应用

通过制订培训交流计划加强财务人员和业务人员的沟通交流，通过制定利润考核分解指标增强业务部门对成本控制和项目价值实现的认识，通过专题分析等形式增强财务人员的决策支持能力。

2. 增加人才配备，实施人才兴企战略

通过招聘或者外包的形式补充专业系统运维。高度注重企业员工的综合能力培养，提高财务人员的信息化能力和业务水平，增强业务人员对财务管理的认同，建立一支高水平的业财融合团队。

3. 统一数据标准，加强系统间数据共享

继续进行"理数据、统标准"的工作，完善数据关系图谱，根据"一井一名，一项目一元素"等原则，统一业务数据标准，规范数据统计口径。为进一步推动系统改进和财务共享的标准化建设打下坚实基础。

八、管理会计数字化应用总结

数字化技术在管理会计领域的应用，将大幅提高财务人员的工作效率，同时，也是提升企业管理能力的重要一环。多年以来，中海油湛江分公司高度重视数字化建设，先后实施了 30 多个信息系统，与财务管理相关的信息系统主要有 ERP SAP 系统、预算管理系统、费用报销系统、资金管理系统，以上系统曾经是相互独立的，目前通过业财一体化智能报表系统进行联通，不仅实现了各类管理用报表的一键生成，而且通过预测系统实现了企业生产经营状态的预警机制。

管理会计数字化建设，不仅可以增强企业竞争力和可持续发展能力，也将财务人员从繁杂的工作中抽离出来，更多地投入到管理提升工作中去，更高层次地促进业财融合发展。公司将继续利用和巩固好现有的信息化成果，并根据业务开展需求及时进行优化和升级，与时俱进，确保信息系统的应用符合公司保持行业竞争力的需求。

参考文献：

[1] 应唯. 新信息技术环境下会计信息化的创新与融合 [J]. 管理会计研究，2020（1）：8-12.

[2] 刘洋. 管理会计实操：从新手到高手 [M]. 北京：中国铁道出版社有限公司，2019.

[3] 王纪平. 确定业绩目标：打通激励机制最后一公里 [J]. 管理会计研究，2020（4）：28-35.

企业自评

随着国际油价从断崖式下跌到持续低位运行，公司部分油气田年龄老化产能下降，作业海域地质、气象条件复杂导致作业成本上升，公司在运营过程中承受着储量、产量、成本、利润诸方面的巨大压力。传统的以人工为主的财务管理方式，不仅工作量大，效率低下，而且数据来源分散，导致数据的准确性、时效性也存在一定的问题。为应对新形势下的严峻考验，公司在生产经营管理方面大胆转变观念、开拓思路，提出"向管理要效益"，创造性地开展了"以效益优先为导向"的管理创新工作，由财务部门和信息化部门紧密合作组织系统实施，最终湛江分公司业财一体化智能报表系统成功落地。该项工作旨在将先进的生产经营管理理念与数字化转型相融合，以数字化技术支撑先进管理理念的落地，力求通过该管理创新有效指导公司在油价低迷形势下的生产经营活动，提升公司财务管理水平和决策能力，并通过实现业财数据的信息共享，进一步提升企业业财融合的水平。自业财一体化智能报表系统实施以来，高效地为公司内外部提供数据支持，为公司的业务活动实现事前预测、事中管控、事后分析等功能，多次预警不利事项，为公司实现效益最大化提供排产方案，助力公司降本、提质、增效，为公司打赢低油价攻坚战做出切实贡献。

专家点评

管理会计信息化理论源于20世纪60年代的西方，其本质是"会计是一个信息系统"。随着社会发展和经济环境变化，会计信息系统从"事务处理"功能延伸到"系统处理"功能，并逐步发展为今天的"决策支持"功能，并构成了当下实现业财融合的重要前提。本案例作为央企中通过践行现代管理会计数字化以加深企业内业财融合的成功实践，不仅值得在企业内部推广，且具有较普遍的参考意义。

实现业财融合的重大桎梏之一在于财务和业务数据的口径不一、难以相互转化。业财融合需要依托于业务和财务二者信息的整合，即管理会计数字化不仅是会计系统内部的多个信息流和信息处理过程的整合，还要包括企业运营各业务流程和信息。

湛江分公司作为虚拟利润中心，利润和成本是关键考核指标，这就要求企业以利润作为资源配置的关键导向，因此本项目通过构建业财一体化的管理会计信息系统，打破业财数据相对独立的现状，从而发挥好管理会计的资源整合配置这一职能，最终实现决策支持和财务增值。

基于信息化的科研经费全流程精细化管理

中国航发北京航空材料研究院

> **摘要**：中国航发北京航空材料研究院（以下简称"航材院"）隶属于中国航空发动机集团有限公司，是国内唯一面向航空，从事航空先进材料应用基础研究、材料研制与应用技术研究、关键件研制交付以及型号应用的军工科研事业单位。
>
> 随着国家对科技发展的重视程度不断提高，投入的科研经费逐年增加，科研经费的管理要求随之提升，经费执行中的问题亟待解决。
>
> 航材院将预算管理思路深度融入科研经费的管理工作，重建科研管理业务流程，组建管理人才队伍，落实项目会计师责任，打通业务与财务数据链。通过财务管理信息化手段，实现科研经费全流程精细化管控要求，解决科研经费执行中的问题。建立科研经费"概算申报、预算管控、财务核算、审计验收"全流程管理理念和管控模式，大大提升科研经费管理水平。
>
> 通过科研经费全流程精细化管理项目推进，搭建起"大财务"管控模式，将财务管理的触角前展，从事后监督整改转化为事前筹划，并严格控制执行，进一步推动业财融合。
>
> **关键词**：科研经费；全流程管理；管理会计；信息化

一、企业简介

中国航发北京航空材料研究院（以下简称"航材院"），成立于1956年，隶属于中国航空发动机集团有限公司，是我国大型的材料研究工程中心，是全额拨款中央科研事业单位。航材院是国内唯一面向航空，从事航空先进材料应用基础研究、材料研制与应用技术研究、关键件研制交付以及型号应用的综合性科研机构，是我国国防科技工业领域高水平材料研究发展中心，是国家科技创新体系和国防科技创新体系的重要组成部分。

经过60余年的发展，航材院已形成17个材料技术领域近60个专业，覆盖金属材料、非金属材料、复合材料，材料制备与工艺，材料性能检测、表征与评价，提供标准化、时效分析和材料数据库等行业服务，拥有完整的材料、制造、检测技术体系和丰富的技术积累；持续实施科技创新和工程应用双轮驱动，现拥有9个国家级的重点实验室和工程中心，14个省部级重点实验室和工程中心，6个海外联合研究中心，4条国家级生产示范线，形成了丰富的知识资源和核心技术积累，奠定了航材院在中国航空材料研究领域的重要地位，在国内外享有较高声誉。航材院组织结构拥有14个基层单位、5个技术支持部门、16个职能部门。

---

* 本篇作者：方沅蓉、宋峰、安春婷、李运菊、郑永斌。
　指导专家：邹艳（北京航空航天大学）。

航材院作为军工科研事业单位，一是以保军为天职，以承担国家下达的军工科研任务为主；二是研究、试制和小批量生产并举，既具有较强的研制工程任务开发能力，又具有一定小批量生产军工产品的能力；三是军民融合特点突出，利用军工技术承接大量面向社会的科研服务，开拓民品市场。通过航空发动机重大专项实施，建成航空发动机材料自主研发体系和生产体系，形成完备的、具有自主知识产权的航空发动机材料技术体系，满足航空发动机对材料技术的迫切需求，实现军民用航空发动机材料的自主保障和持续发展。

航材院承担了我国大部分航空武器装备及民用航空装备的材料研制与应用研究任务。同时，还将先进航空材料技术，广泛推广应用到航天、兵器、船舶、电子、核工业等国防军工领域以及冶金、化工、能源、建筑、高铁、桥梁、体育等国民经济重要领域和国际宇航领域。

航材院承担的科研项目专业领域广，每年承担的各类科研项目千余项，涵盖材料研制、应用研究、型号公关、小批试制等内容。航材院科研收入占营业收入比重约35%，军品收入占营业收入比重约48%。

二、科研经费全流程精细化管理实施的背景

（一）全面推进国有企业管理会计建设的要求

2014年财政部出台《关于全面推进管理会计体系建设的指导意见》，深入推进会计强国战略，全面提升各企事业单位会计工作总体水平，建立与我国社会主义市场经济体制相适应的管理会计体系。

航材院根据指导意见提出财务管理"十三五"发展规划，以传统财务会计和财务管理为基础，全方位推进管理会计，通过搭建"大财务"管控模式，将预算管理[1]、成本管理、价格管理、现场管理、效益管理、项目管理等管理会计职能进一步拓展和完善，通过业务管理和专业指导的有效融合，促进财务管理工作辐射到航材院各个层面的管理中，从内部提升财务管理水平。

在发展战略的指导下，航材院提出财务管理工作坚持聚焦主业，狠抓财务管理转型，服务科研生产、经营管理，全力保障航材院战略目标的完成，实现"五个转变"：一是由核算型向战略支持型转变，财务管理主动融入业务，促进业务流程优化、规范经营；二是由事后分析向事前控制转变，狠抓财务内控与制度流程建设，通过事前、事中有效预防，避免问题发生，做到未雨绸缪；三是由被动型向主动型转变，主动为经营服务，为一线服务，服务意识从被动转向主动，服务定位从后台转向中前台；四是由专业型向复合型转变，完善财务人才队伍建设规划，拓展人才培养模式，打造能力强、作风正、讲奉献的财务人员队伍；五是从孤岛型向集成型、智能型转变，借助财务信息化建设，逐步打造"柔性共享、精细管控、业财融合"的财务管理新模式。

航材院承担的科研项目专业领域广，经费来源于国家工信部、科工局、科技部、装备发展部以及各军兵种。项目种类多，项目经费多少不同，项目周期长短不一，项目经费管理难度大。结合"五个转变"重新审视科研经费管理过程中的问题难点，提升科研经费管理水平极为重要。

（二）科研经费管理形势和要求

1. 概算（预算）要求

2019年国家出台了《国防科技工业科研经费管理办法》（财防〔2019〕12号）[2]和《国防科研试制费管理办法》（财防〔2019〕18号）[3]，对科研项目的经费概算和经费执行做出了详细规定，明确了科研项目各项成本费用的计算方式和审核依据。文件指导科研项目在论证立项阶段细化项目经费概算，从项目概算、项目执行到项目验收全过程跟踪管理，从国家层面提高了对科研经费的管理要求。

2. 科研经费审计验收要求

对于科研项目经费的决算审计，不论是工信部、科工局、国家科技部等政府主管部门，还是各军

兵种下达的科研项目，均严格按照批复的经费概算进行审核。其中材料费、专用费、外协费审核其与项目任务的相关性、合规性和合理性；事务费除审核相关性和合规性以外，费用总额不能超过概算批复；工资及劳务费额度不能超过批复；燃料动力费、固定资产使用费和管理费分摊要符合国家和本单位会计制度的要求。

新制度下的科研项目概算批复和预算执行，对于专用费、人员工资及管理费必须"严格按照批复执行"，如何做好科研经费预算的严格执行，并得到有效控制是摆在航材院面前亟待解决的问题。

（三）航材院实施科研经费精细化管控的要求

当前，随着国家对于科技投入的不断加强，科研院所从国家、军队和地方各个层面获得的科研项目也随之增多。如果一个单位从不同的渠道获批科研项目，批复的项目经费来源不同，经费执行的要求就会不同。对照实施精细化管控目标，发现航材院在科研经费管理过程中的问题主要集中在以下几个方面：

1. 项目经费管控不当

（1）项目经费执行率低。造成执行率低的问题有两个方面的原因：①未按照计划进度完成科研任务，带来经费未执行到位；②未及时履行财务手续，出现先执行业务后签合同的现象，项目成本归集不到位。

（2）项目经费超垫支。除了立项之初对经费预算不足的原因外，造成超垫支问题主要集中在两个方面：①材料费、外协费报销滞后，不能及时反映项目当期成本，为后面的预算制定带来困难，预算执行完，还有在途成本未归集到位带来超垫支。②目前的审计严格控制工资费的认定，不能超过批复概算额度，而许多单位财务分摊的依据主要是采用工时法、工资比例法，采用直接成本比例法的占少数。由于科研项目研制过程中的不确定性，研究工作顺利的项目能够按照概算执行，而不顺利经过多次反复的项目，如果按照项目发生的实际情况分摊，投入人员比例高的项目，必然会造成分摊比例高，就会出现超垫支。

（3）项目经费错误列支：①项目的成本归集串项；②项目成本发生与批复要求内容不匹配；③将不符合规定的费用或无效票据列入项目成本。

2. 项目管理不到位

材料和外协合同管理不到位，存在先执行业务后补签合同、报销费用，或长期不报销等现象。

以某项目为例，该项目于2009—2012年期间立项百余个子项目，研制周期长达10年，到2016年末按照批复的经费额度计算超垫支金额达上亿元。该项目严格按照批复执行，后期没有超支经费调整，只能由企业自有资金支持，形成潜亏，给企业的正常经营带来冲击。

造成这种情况有立项之初没有预计到项目难度大，申请经费不足的原因，但是也有管理不到位的问题：①子项目数量多、金额大，预算管控不严、成本费用管理粗放；②信息系统不完善，科研人员埋头科研，对各自项目的经费执行情况不能实时掌握，不能及时发现问题并予纠正；③科研经费管理意识不强，对财务制度不了解，办理财务报销手续拖沓不重视，经常出现项目已结题仍有费用未报销的情况。

基于此，"十三五"期间，航材院着手推进科研经费全流程精细化管理工作，其总体思路是：以解决问题为工作出发点，将管理会计中的管理控制思想融入日常经费管理工作，并通过信息化建设，使管理控制要求得以实现。

三、基于信息化的科研经费全流程精细化管理的建设方案与措施

航材院科研经费全流程精细化管理的实施方案是通过细化项目年度预算，严控执行，建立经费管

控流程，搭建业务流与资金流畅通的信息化环境，将财务管理过程融入业务过程，从而实现科研经费全流程业务执行情况的可视化，并形成通过数据链统计数据的分析管理看板，指导项目经费预算编制、调整、执行和监督。

（一）细化项目经费年度预算，将经费管理的触角前展

航材院科研项目是以核算令号的形式编制各类业务预算、进行成本核算。核算令号是航材院全部成本和费用核算的载体。

原有的预算只编制到令号一级，每个令号批准一个总的年度预算控制额度，没有细分科目。执行过程中，成本统一归集到令号中，体现的也是一个成本总额，不能反映每一项成本费用的执行情况，无法追踪。

根据当前科研项目批复概算的特点，按照项目核算的成本费用科目材料费、专用费、外协费、事务费、工资及劳务费、燃料动力费、固定资产折旧费和管理费逐项进行年度预算的分解，与研制任务相对应进行预算细化，按照预算进行项目支出的审批和管控，从而实现任务前端计划、严格预算中间执行、成本后端归集并反馈，将经费管理的触角前展，达到预算事前控制的目的。

（二）组建科研经费管理队伍，做实科研助理工作职责

由财务部和科技发展部牵头，以细化预算管控、打通业务流和资金流为抓手，联合各项业务主管部门、基层单位，共同建立了一支复合型管理会计人才队伍。建立了职能部门科研助理[4]（项目会计师）团队（以下统称"科研助理"）、一线科研单位成本核算员和预算管理员团队。分级分层次进行科研项目概算申报、预算编制和经费执行管理。

1. 科研助理岗位职责

借鉴国外的经费管理经验，专门设立科研助理岗位，协调经费管理和审计验收。科研助理的职责在经费管理中前期介入、中期监督、后期应审，将职责落到实处能够大大促进经费管理效果的提高。

（1）前期介入：项目申报之初的立项论证大多是由科研人员组成团队申报，一般着重编写技术论证部分，更为关注是否能够立项。对于经费预算的编制只限于直接成本根据研制任务进行计算，对于人工成本、固定资产使用费、燃料动力费和管理费用只知表面的计算方法，不了解计算的理论依据，不能预测出项目研制中可能出现的经费执行问题，因此科研助理的前期介入尤为重要。由科研助理在立项阶段协助编制经费预算，参与经费申报及经费批复过程中的预算修订，指导科研人员合理编制预算。

（2）中期监督：科研助理在经费执行过程中协助细化年度预算，对预算支出核实以后批复再执行，即可以在前端保证费用支出的符合性和合规性，又能确保支出在预算范围之内，从而保证审计时不出问题，大大节省审计前自查整改的时间。科研助理参与经费执行中的每一笔预算的审批和执行监督，加强执行过程中的管理，以保证审计的顺利通过。

（3）后期应审：鉴于经费前期和中期的深度管理，科研助理对于项目经费全程跟踪，熟悉相关过程，因此组织经费的中期检查、决算审计和财务验收的应审工作就会得心应手。同时替代科研人员迎接审计，减轻科研人员负担，缩短审计时间，对项目顺利通过审计验收起到事半功倍的促进作用。

2. 科研助理任务分工

由于承担各类科研任务数量较多，设立科研项目经费管理业务室，下设项目科研助理，负责单位所有项目经费的审批和管理。日常的业务独立于项目成本核算之外，负责经费预算的批复，日常直接费用报销的审核，指导成本核算中的费用分摊。在项目审计检查过程中直接与审计人员对接，负责经费审计的全过程。这一岗位设置，重在减轻研发人员的负担，协助他们更好地完成研制任务，集中精

力科研攻关。

3. 科研助理人才选拔

科研助理必须是专业和财务的复合型人才。航材院挑选会计人员接受专业培训，专业技术人员接受财务知识拓展，才能达到科研助理岗位的要求。通过财务部和业务部门人才培养，团队集合了既通技术，又通财务管理的员工，他们对经费的使用过程十分清楚，掌握项目成本归集的实际情况，在项目论证、过程控制、审计验收等环节发挥了重要作用。

（三）融入预算管理思路，重建科研经费管理业务流程

项目一经立项，由科技发展部组织项目团队编制研制任务工作大纲，在此基础上，科研助理从批复概算入手，会同研究人员重新梳理研制任务与批复经费，预测实际执行情况与成本核算会计科目的匹配性，合理调剂成本科目间的经费预算，制定项目的执行预算，并分年度执行。

在每年末由科技发展部组织各项目负责人梳理下一年度科研项目的任务及目标，编制预算的基础上，强调任务与预算紧密关联，区分完成每项任务所需的经费额度和成本科目，详细制定出每个科研项目按照成本科目细分的预算额度。项目年度预算总额度由总师系统批准，细分以后的成本科目额度由科研助理管控下达。执行过程中，每项费用先申请，经过科研助理核实批准以后才能签订合同予以执行。这样在事前即保证了成本费用与科研任务的符合性，又明确了成本归集的科目，纠正项目间经费使用串项问题，提高项目成本归集的准确性，有效避免审计问题的发生。

（四）打通业务流与资金流，搭建信息化环境

如何将细化的项目经费预算管控到位，是管理中最关键的一步。回顾前面的经费管理过程，同样是有预算，并且按照预算执行并考核，但是并没有控制住，问题出在哪里？因此必须因地制宜，才能改变现状，达成最终目标。

1. 财务信息化问题诊断

（1）科研项目中的材料和外协合同签订和执行，由于业务本身的周期性，财务成本归集通常滞后于科研业务进度。以材料费为例，从单项材料预算审批开始，经过发出采购订单、市场询比价、签订采购合同、货物运输，到收货验收、入库、报销付款，最后出库形成项目材料成本，一般需要1—2个月，有特殊复验要求的材料需要2—3个月，遇到入场复验不合格的材料周期加倍。这就造成当期的成本归集不能反映当期的任务完成情况，另外科研人员承担项目多，相同专业领域项目的材料费和外协任务相近，容易造成项目令号混用，导致预算与实际执行差距大，经常项目结题时出现经费执行率过高或过低现象。

（2）财务系统、项目管理系统、合同系统和其他业务系统没有关联，没有完善的预算控制系统，预算和执行两层皮，财务数据无法实时反馈回业务系统，预算执行数据不能与预算勾稽，造成科研人员不能掌握当前经费执行情况，无法及时调整预算执行。

2. 搭建信息化环境

搭建管理会计信息化环境是实现业务流与信息流有机融合，使业务流通过信息流可视化的基础[5]。航材院搭建信息化环境选择旧财务系统改造升级的方案进行，工作采取了总体规划、分步实施的方式。

（1）总体规划。将预算控制、合同管理、网上报销、会计核算和财务分析系统联通起来（见图1），旨在建立一个统一共享的财务管理平台，实现事前、事中、事后的财务闭环管理，并为决策支持提供财经数据支撑。在财务系统建设的同时，考虑到与业务系统包括科研生产管理系统、物资系统、资产系统等集成应用，落实管理会计职能，实现业财融合一体化管理。

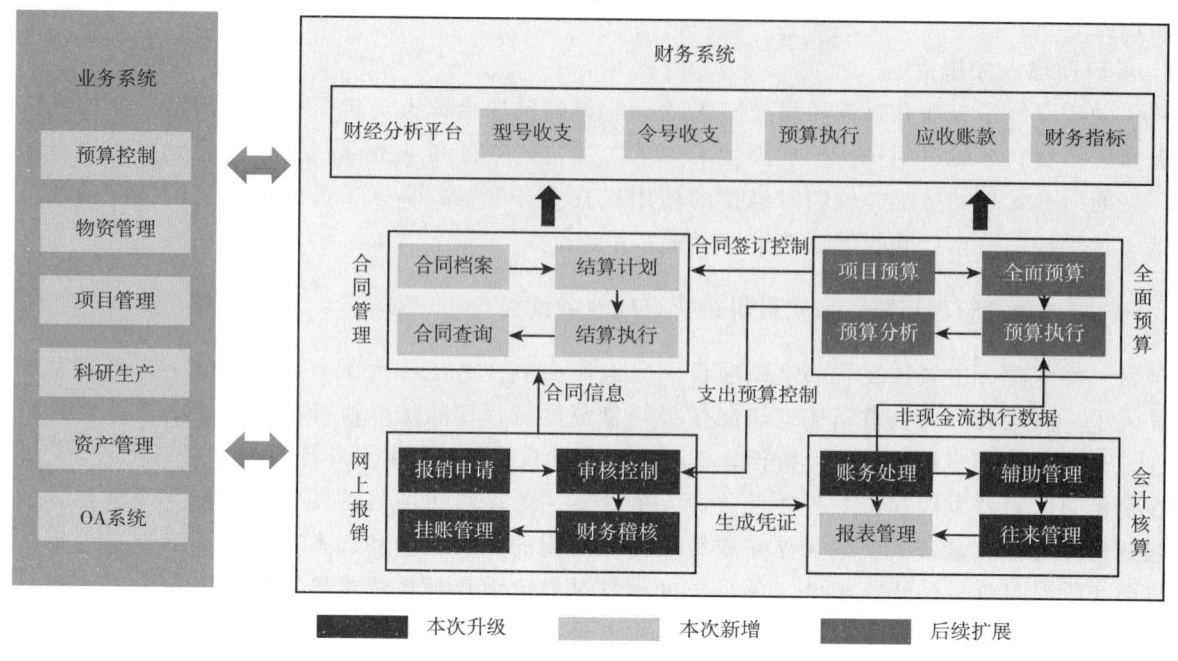

图1 管理会计信息化建设总体架构示意图

（2）建立完善预算控制系统。首先建立完善预算控制系统，按照细化项目经费预算的模式建立科研经费预算控制体系。以项目令号为单位，将每个单位细分成材料费、专用费、外协费、会议费、差旅费、事务费、工资及劳务费、燃料动力费、固定资产折旧费和管理费十个成本科目确定年度预算额度，汇总成项目预算总额度进行审批。预算系统作为各业务系统业务起点，先有预算后开展业务，确认预算系统与网报系统、合同系统等业务系统接口方案，实现预算全过程管理。

（3）升级网上报销系统。升级网上报销系统，日常费用报销必须先在预算系统申请预算，经过审批后方可办理财务报销手续。网报系统中新增费用申请单据同时关联预算，关联后预算系统形成预算占用。财务稽核后实际发生的成本费用金额写回预算系统，完成预算执行。网报单据根据单据类别、令号等关键字段设定了凭证生成规则，经财务人员稽核后系统自动生成记账凭证，减少了财务人员手工编制记账凭证时人工判断、手误等错误情况；记账凭证设置辅助核算项目，满足管理会计数据分析需要的字段。费用预算管控、财务核算效率提高初见成效。

（4）新建完整统一的合同系统。2017年新建的合同系统明确合同系统管控范围，整合了航材院运营的全部经济合同，建立完整统一的合同管理体系。将航材院正在运行的与合同管理相关的科研生产销售结算系统（PMIS）、外协业务合同系统（MPM）、资产管理系统、供应链系统通过接口进行整合关联数据，将各业务系统中生成的合同必要信息统一归集在新建合同系统中。所有合同执行情况的财务处理全部在新建系统中办理，然后再将业务层面需要的财务收付款情况、开票信息等写回各相关业务系统，形成统一的合同信息。

新建合同系统的上线运行，结束以往合同管理诸侯割据的状态，实现了信息共享，将航材院运营管理的销售、供应、财务融为一体，实现业财融合，标志着业务财务一体化体系初步搭建完成。建立了统一的合同台账，合同统计不再由多个系统数据手工整合，合同签订、执行情况一目了然，所有部门获取的合同信息实时一致。将全部付款合同纳入预算管理，先有预算后签订合同，提升预算管理控制能力。

（5）打通业务系统与财务核算系统数据链。将业务系统中业务单据与财务核算系统关联，通过会计平台生成会计凭证。升级后网报系统和合同系统中所有业务单据经过财务人员稽核后直接生成核算系统会计凭证，凭证和业务单据实时关联互查，保证财务核算数据与业务系统数据完全一致，减少了财务和业务人员月末年末的核对工作量，大大提升工作和管理效率。

（6）建立财经分析平台看板系统。建立财经分析看板系统，将财务与业务系统中的关键经营数据，通过看板系统整合成可视图表，满足财务和业务部门的各种数据分析、统计、展示的需求，为单位各层级经营管理提供数据支撑和决策支撑。如搭建预算系统管理看板，满足实时监控预算情况的要求，财务人员和项目主管专责可以实时查看各项目令号的到款与成本，及时纠正项目预算执行过程中的问题，保证信息传递的及时性和可靠性。并运用管理会计PDCA的管理方法，不断优化营运监控体系的各项机制，做好营运监控分析工作，保证营运监控分析工作的顺利开展。

通过近三年的信息系统建设，航材院实现预算控制、合同管理、网上报销、会计核算和财务分析系统等各个系统中的数据互通，业务系统中可以关联完成每项任务所需要的成本费用执行的阶段，通过财务数据反映任务完成情况。特别是实现了预算控制系统数据的集成，预算及执行一目了然，便于预算调整、控制和考核。

四、构建科研经费信息化全流程闭环管理体系

（一）建立科研经费全流程闭环管理模式

航材院通过搭建管理会计信息化平台，完善科研预算系统，将细化的项目预算在系统中实现科研项目业务的预算编制、预算申请、预算调整和预算审批，审批完成后生成预算识别码。将预算系统中各项业务预算按照财务核算科目建立对应关系，保证业务系统和财务核算系统中的预算执行数据可以写回预算系统，实现对科研经费预算信息化全流程闭环管理的目标（见图2）。

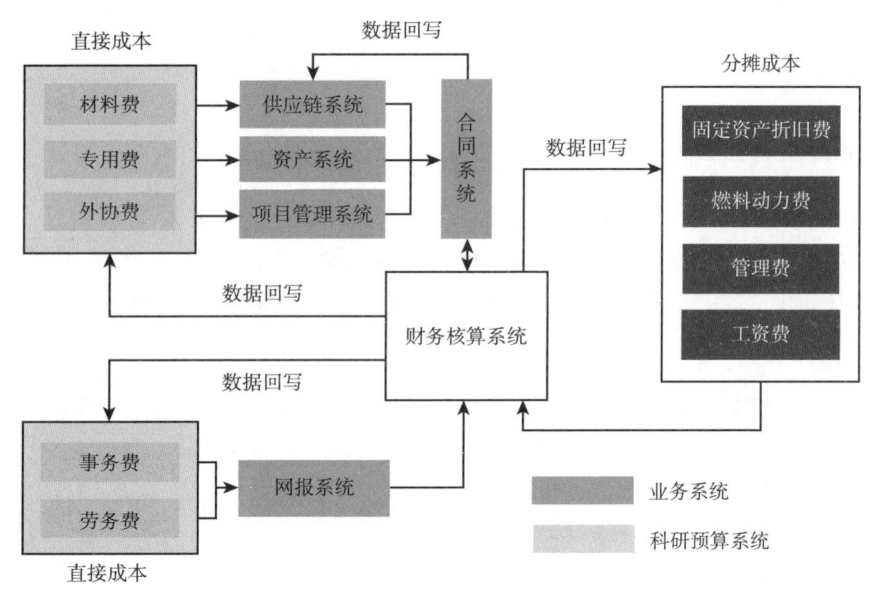

图2　科研经费全流程闭环管理方案示意图

在科研经费预算系统中进行预算编制，对应科研经费核算成本科目细化预算，与科研任务相匹配的费用预算通过科研助理逐项审批形成独立的预算识别码，带入业务系统执行。执行的结果由财务核算系统核算后按照识别码写回预算系统。

以材料费为例，科研项目团队人员在预算系统提出采购申请，科研助理审批后生成预算识别码，推送到供应链系统形成采购计划、采购订单，实施采购任务，在供应链系统完成材料验收和出入库，

采购订单推送到合同系统中签订合同，并根据供应链系统推送的入库单据、合同系统中的合同发票和付款单据生成核算系统会计凭证，完成付款手续。供应链系统将出库信息推送至财务核算系统中形成科研成本，对应的科目成本发生数按预算识别码写回至科研预算系统，完成预算执行数回写闭环。

（二）控制预算执行，提升项目成本列支的准确性

科研预算系统中的预算申请一经批准，就会占用该科目的预算额度，超过预算额度的申请不予批准，必须经过预算额度调整方可进行，达到严格控制的效果，确保不会出现超预算的情况。另外，该项预算执行完毕，在核算系统中形成对应的项目成本，执行的最终数据回写至科研预算系统，重新计算占用数，实时保证项目成本数据与预算执行相一致，确保科研人员能够掌握各项预算的执行情况，适时调整经费执行节奏。

通过信息化控制预算的效果显著：

（1）既保证了预算执行率又保证了项目不超概算，同时提升合同签订的及时性；

（2）按照项目成本科目细化预算申请，保证了在任务申请初期费用列支科目的准确性，同时保证了该项费用与项目任务的匹配性，有效避免项目令号混用现象的发生。

（三）建立考核体系，提高科研经费全流程管控效果

将科研经费预算执行率考核指标纳入总师系统考核体系，与各项目总师绩效考核成绩挂钩；将项目决算审计问题数和审减率纳入一线科研单位绩效考核指标中，与各单位绩效奖励挂钩；将科研助理的岗位职责纳入院人力资源管理体系中，实行考核聘用制度。

通过一系列考核指标纳入考核体系，使全体科研人员高度重视项目经费预算编制与执行控制，提高预算执行，减少审计问题发生。

五、实施效果

（一）提高科研经费管控效率

（1）每项预算申请经过科研项目主管审批方可执行，提高了业务项目与科研任务的符合性；预算科目与项目成本核算会计科目保持一致，业务单据直接生成会计凭证，保证了科研经费的正确核算。

（2）核算数据实时回写预算系统，科研项目预算执行数据实时更新，保证了预算执行进度，提高了预算执行效率（见图3）。

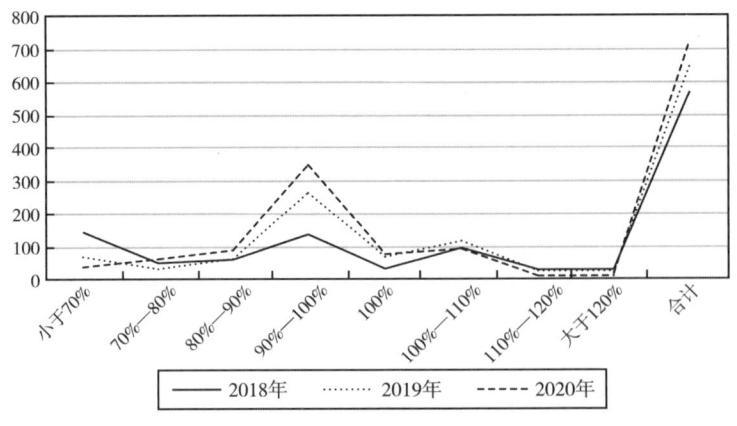

图3 年度项目执行率与项目数

系统自 2017 年上线运行以来，项目预算执行率逐步提升，执行率为 90%—110% 的项目数占全年项目数的比重，由 2018 年的 45%，提升至 2020 年的 71%，有了较为显著的改观。

（3）科研项目经费使用进度一目了然，科研人员、科研主管和财务人员同时看到数据，及时发现预算执行问题，指导科研项目团队纠正问题，提高科研经费管理效率，长期以来上亿经费超垫支的情况得到有效控制（见图4），超垫支金额从 2017 年开始基本得到控制，极大地改善了单位的现金流情况。

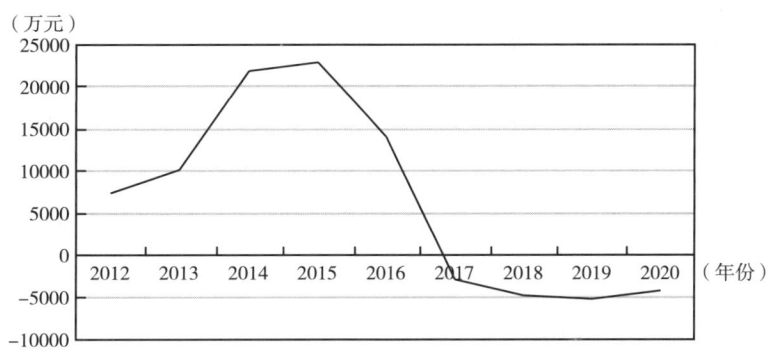

图 4　历年科研经费超垫支

（4）合同系统、网报系统与会计凭证实时互查，为审计检查资料准备提供了便捷准确的数据，减少财务、科研人员工作量，提高审计效率。

（二）促进科研项目管理提升

通过管理会计信息化建设达成科研经费全流程管理目标，促进科研项目管理提升。

1. 科研经费全流程精细化管理迈上新台阶

通过科研预算系统与网报系统、合同系统、财务核算系统的联通，将科研经费管理从项目申请、预算编制、预算执行几个维度统一管理落到实处，进一步推进业财融合。按照预算系统—业务系统—财务系统—预算系统的闭环，将科研经费管理的"概算—预算—核算—决算"通过信息化系统串联，实现科研经费全业务流程可视化，保障了经费执行的及时性，促进了科研经费核算的合理和规范，管理效果不断提升。

2. 形成科研项目经费全流程管理的新模式

将科研项目执行业务流程与经费执行的财务流程通过信息化平台整合，有效控制经费使用的合规性，提高经费执行效率。形成了科研项目经费"概算申报、预算管控、财务核算、审计验收"全流程管理理念和管控模式。打通原材料采购、外包任务、事务费用、分摊费用的财务数据对接路径，提升科研院所科研项目管理的水平和能力，为今后进一步加强科研过程管理和成本控制管理奠定信息化基础。

（三）培养科研经费管理人才

打造了一支科研经费管理队伍，培养专业和财务相通的复合型人才承担科研助理工作。通过科研经费全流程闭环管理，科研任务开展与经费执行紧密结合，增强科研人员对项目预算的重视程度，逐步提高编制项目预算的能力，加强只有经过预算审批方可开展相关业务的意识，有效保证科研经费的正确使用。

六、经验总结

(一) 借助科研经费全流程精细化管理提升财务管理水平

1. 建立航材院预算控制系统，实现对全面预算执行全过程管控

在推进科研经费全流程管理过程中，完善了全员预算控制系统，实现了全面预算数据的落实和预算执行全过程管理。通过信息化手段形成科研、生产、销售、供应链、资产系统等信息完整的数据链，消除信息孤岛的影响，实现对预算指标的精准控制，提高财务管理水平，提升管控效果，落实风险防控手段。

2. 通过项目执行进一步优化财务分析机制，推进业财融合

通过科研经费全流程精细化管理的深入，建立相对固定的分析数据模板，财务管理逐步深入全业务链，优化财务分析机制，减少数据的重复统计，提升财务分析信息的时效性、准确性、可比性，有效监控经济运行质量。为预算管理、考核体系、流程优化及决策支持提供数据支撑，大力推进业财融合，促进财务管理水平提升。

(二) 航材院项目推进过程中的经验教训

1. 项目开展必须是"一把手"工程，组织推进的部门要有魄力和推进的力度

在科研经费全流程精细化管理推进中强有力的控制手段是信息化系统的重组建设，这个过程实际上是一个单位流程再造过程，必须将现有的业务流程梳理清楚，明确职责划分，在此基础上优化改进。提质增效的过程就会发生质的变化，改动就会碰触业务部门、科研生产一线以及全体员工的固有工作模式和利益，要改得动就需要思想一致，接受改革，因此强有力的推进是项目成功的关键。必须是"一把手"工程，组织推进的部门要有魄力和推进的力度。

2. 充分调研、反复推演、统一标准、分步实施，少走弯路

在项目推进中必须借鉴先进单位经验，但每个单位各有特点，不能照搬照抄，需要充分调研，反复推演，结合本单位实际情况，确定适合本单位的实施方案。重塑固有流程，统一标准，分步实施，这样可以少走弯路，节约经费。信息化建设每个单位都经历多年，每推进一步，是新建还是升级系统，既要考虑现有信息化系统应用基础，又要考虑成本效益，还要考察软件开发实施单位的技术能力，综合多方面条件稳步推进。尽管过程困难重重，只要不断改进坚持推动，一定能够收到效果，要长远考虑，一张蓝图绘到底。

3. 推行之前把好测试关，及时发现问题及时调整，将对科研生产工作的影响降到最低

项目运行实施的阶段是所有单位都要经历的一段痛苦时期，既要保证科研生产工作正常运行，又要适应新系统的流程变化。如何将这种影响降到最低，需要在上线前把好测试关，做好系统培训，提高员工重视程度，全面考虑各种可能发生的问题，在正式上线前充分测试验证，及时调整。

(三) 新形势下对科研经费管理的展望

2021年7月28日，国务院总理李克强主持召开国务院常务会议，部署进一步改革完善中央财政科研经费管理，给予科研人员更大经费管理自主权，确定了进一步改革完善中央财政科研经费管理的措施。8月5日国务院办公厅出台了《关于改革完善中央财政科研经费管理的若干意见》（国办发〔2021〕32号）[6]，更是释放出强有力的科研经费改革力度。以人为本、遵循规律、放管服结合、政策落实落地，将进一步激励科研人员多出高质量科研成果，为实现高水平自主自强的科技发展做出贡献。

作为持续承担国家科技重大专项、国家重点研发计划、国防重大科研项目、稳定支持项目的综合性军工科研院所，航材院一直积极响应和落实国家对科研经费管理的相关要求。目前已基本实现重大科研项目配备科研财务助理，减轻科研人员事务性负担这一目标。下一步将认真学习新文件精神，参加外部培训交流，完善制度建设，支撑服务条件建设，切实履行项目申报、组织实施、经费使用和审计验收等方面的管理职责，提高对科研人员的服务水平。

（1）在制度体系建设方面，将建立科研诚信管理试行规则，强化科研人员的诚信责任；建立科研经费使用自查自纠机制，利用科研经费全流程信息化系统做好财务监督；建立科研绩效评价体系，对科研投入、创新产出质量、成果转化、人才培养等方面进行有效评价。确保科研经费使用效率，杜绝浪费。

（2）在做好服务方面，将确保每个科研项目有相对固定的科研助理，加强科研助理、科研人员、财务人员、审计人员培训，消化掌握新政策；经费预算和核算中精简预算科目，简化经费使用流程，提高执行效率；优化经费拨付手段，加大科研人员激励。确保科研人员能够集中精力，潜心钻研，多出成果。

大道至简，实干为要，上下齐心，干出实效。继续努力，不断创新，必将呈交科研经费管理的完美答卷。

参考文献：

[1] 财政部．管理会计应用指引第200号——预算管理（财会〔2017〕24号）[EB/OL]．(2017-09-29)[2021-12-20]．kjs.mof.gov.cn/zhengcefabu/201710/t20171018_2727363.htm．

[2] 财政部，工业和信息化部，国防科工局．国防科技工业科研经费管理办法（财防〔2019〕12号）[Z]．

[3] 梁宇红，徐薇．我国科研经费管理的现状及对策分析——借鉴美国、日本经验[J]．中国管理信息化，2019，22（18）：2．

[4] 财政部．管理会计应用指引第802号——管理会计信息系统（财会〔2017〕24号）[EB/OL]．(2017-09-29)[2021-12-20]．kjs.mof.gov.cn/zhengcefabu/201710/t20171018_2727363.htm．

[5] 国务院办公厅．关于改革完善中央财政科研经费管理的若干意见（国办发〔2021〕32号）[EB/OL]．(2021-08-13)[2021-12-20]．www.gov.cn/zhengce/zhengceku/2021-08-13/content_5631102.htm．

企业自评

随着国家对科技发展的重视程度不断提高，投入的科研经费逐年增加，科研经费的管理要求随之提升，经费执行中的问题亟待解决。中国航发北京航空材料研究院结合自身多学科、多专业，科研项目经费来源广、数量多，管理程度复杂等特点，将预算管理思路深度融入科研经费的管理工作，重塑业务流程，组建科研经费管理人才队伍，通过财务管理信息化手段使经费管控要求得以实现。建立科研项目经费"概算申报、预算管控、财务核算、审计验收"全流程管控模式，解决经费执行中的诸多问题，减轻科研人员经费管理负担，满足国家和上级机关对科研经费管理的各项要求，大大提升科研经费管理水平，助力科研院所科研综合实力跨越式发展。

专家点评

随着国家层面对科研经费管理要求的日益提高，面对种类繁多、长短周期不同的科研项目，综合性科研机构如何从项目概算、执行到验收的全过程有效开展科研经费管控，提升价值创造能力，尤为关键。中国航发北京航空材料研究院因地制宜，将科研项目执行业务流程与经费执行的财务流程通过信息化平台整合，构建了科研经费"概算申报、预算管控、财务核算、审计验收"全流程管控模式；按照预算系统—业务系统—财务系统—预算系统的闭环，将科研经费管理的"概算—预算—核算—决算"通过信息化系统串联，实现科研经费全业务流程可视化与精细化，保障了经费执行的及时性、有效性，取得了较好的成效，值得学习与借鉴。未来航材院应进一步打造柔性共享，深化信息化赋能精细化管控体系建设，提高数据挖掘与智能决策能力，进一步助力科研机构精细管控与价值创造。

构建数字化资金集中管理体系持续提升企业价值创造能力

中国石油化工集团有限公司

> **摘要：** 管理会计是企业管理乃至财务管理的基础支持和战略支撑，资金管理作为管理会计的重要核心内容，中国石化结合自身经营特点，提出了"经营管理以财务管理为中心，财务管理以资金管理为核心"的财务资金管理理念。本案例从中国石化资金集中管理的实施背景、项目内容及应用效果等方面进行论述，并结合中国石化对标世界一流管理的财务管理工作要求，提出下一步构建高效的集约化资金管控体系，对资金管理信息和数字化应用提出方向和措施。
>
> **关键词：** 资金管理；信息和数字化应用

目前，世界正经历百年未有之大变局，中国既面临千载难逢的历史机遇，也面临前所未有的挑战。一方面，随着中国经济快速发展，中国企业集团特别是中央企业，已在经营规模、营业收入等指标上跃居世界前列，进入世界500强企业的数量也连续10年保持增长。另一方面，作为中国经济的骨干力量和压舱石的中央企业，要深刻认识国际格局演变与民族复兴、现代化强国目标的叠加性、同步性、长期性，要担当引领中国经济加快转变发展方式的历史责任。

中国石油化工集团有限公司（以下简称"中国石化"）面对激烈市场竞争环境，始终坚持"改革、管理、创新、发展"的工作方针，对标世界一流企业管理，着力构建以能源资源为基础，以洁净能源和合成材料为两翼，以新能源、新经济、新领域为重要增长点的"一基两翼三新"发展格局，努力实现更高质量、更可持续的发展目标。

近年来，中国石化财务管理紧紧围绕公司发展战略，不断夯实财务管理基础，持续推动业财深度融合，全力推进财务数字化转型，不断提升企业价值创造能力。经过10多年的工作实践，中国石化构建了较为完善且具有中国石化特色的资金集中管理体系，实现了资金管理的数字化转型，取得了显著的管理成效。

一、公司简介

中国石化前身是成立于1983年7月的中国石油化工总公司。1998年7月，按照党中央关于实施石油石化行业战略性重组的部署，重组成立中国石油化工集团公司。2018年8月，经公司制改制为中国石油化工集团有限公司，注册资本3265亿元人民币。中国石化是中国最大的成品油和石化产品供应

---

* 本篇作者：寿东华、王子宗、吴泊、张伟、刘海燕、余启明、张朝俊、张鸢、杨为民、蒋楠、帅睿骏、马长革、张虎、崔万军、张邵洁、张国庆。
指导专家：王立彦（北京大学）、杨俊（上海越乘科技有限公司）。

商、第二大油气生产商，是世界第一大炼油公司、第三大化工公司，加油站总数位居世界第二，2021年《财富》世界 500 强企业中排名第 5 位。2020 年末，中国石化资产总额 2.24 万亿元，年营业总收入 2.14 万亿元，实现利润 726 亿元。

二、项目实施背景

中国石化作为特大型石油石化央企集团，业务涵盖石油石化上中下游全产业链，在财务资金管理方面有如下特点：一是管理主体多，所属全级次企业超 1400 家；二是结算规模大，年销售收入近 3 万亿元、年境内外资金结算规模超 50 万亿元；三是业务范围广，境内业务覆盖全国所有地区，产业链长、业务种类复杂、交易对手多，境外业务覆盖全球 60 多个国家和地区，点多、面广、币种复杂、管理难度大。

结合上述特点，为充分发挥中国石化规模优势与协同优势，进一步提高资金使用效率，降低融资成本，防范资金风险。中国石化以构建完善的资金集中管理体系为基础，利用资金管理制度体系和资金管理信息系统（以下简称"TMS 系统①"）两个主要管理手段，对全公司资金业务实施集中管控。实现资金预算、资金结算、筹融资、授信和担保、资金风险等业务的集中统筹管理（见图 1）。

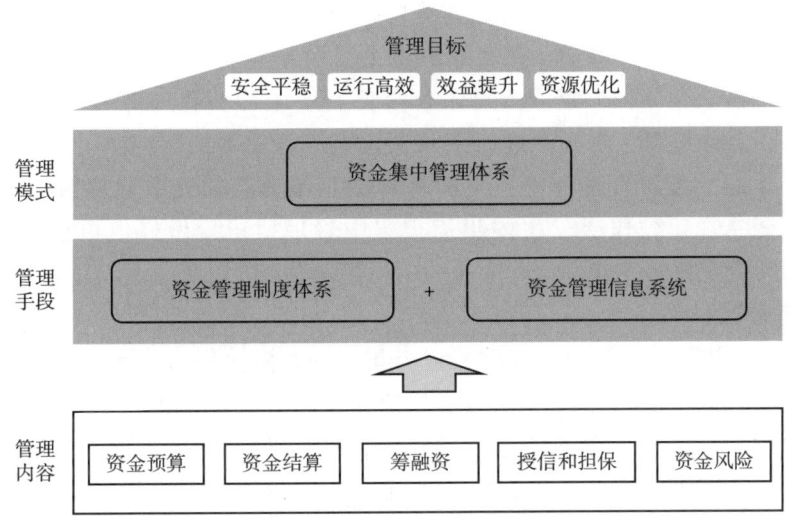

图 1　资金集中管理体系简表

（一）资金集中管理体系

经过多年运行，中国石化在深度引领价值管理，全方位强化财务管控，多维度推进资金集中管理及财务信息化建设方面进行了持续探索，逐步构建形成了境内以中国石化财务有限责任公司（以下简称"财务公司"）为资金管理平台，境外以中国石化盛骏国际投资有限公司（以下简称"盛骏投资公司"）为资金管理平台的"双资金池"管理体系，所属企业按照管理层级和管理需要建立分层级的资金池。

1. 资金集中管理职责

按照职能定位和资金集中管理要求，中国石化资金集中管理组织架构分为决策层、执行层、操作层以及内部结算平台、财务共享五部分（见图 2）。

---

① TMS 系统：Treasury Management of Sinopec。

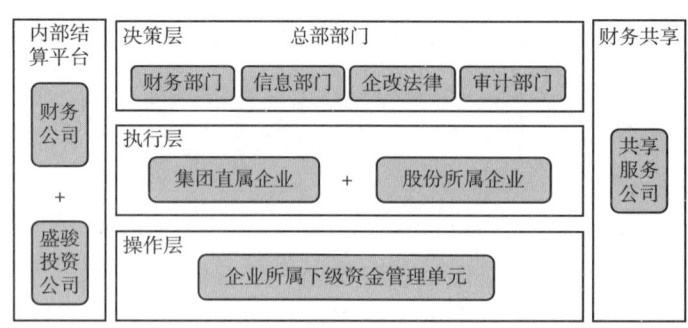

图 2 资金集中管理体系组织架构

（1）决策层。总部财务部门是中国石化资金业务的归口管理部门，主要负责研究制定中国石化资金管理制度并组织实施，资金集中管理的组织、协调和运行，资金的总体平衡安排和资金预算的编制、分析、考核，内部资金结算相关规定的制定，金融机构授信、筹融资和担保的统筹管理，资金管理信息和数字化的业务架构设计的统筹、开发建设的监督与协调、业务运维的协调、组织，资金管理工作监督、检查和考核评价等工作。总部信息部门负责按业务架构设计和业务需求组织中国石化资金管理信息和数字化建设，资金管理信息系统的运维、系统安全等工作。

（2）结算平台。财务公司和盛骏投资公司作为中国石化境内外资金平台，负责配合决策层按照资金集中管理的统一要求，做好各单位资金归集、资金结算及筹融资等工作。

（3）财务共享。中国石化集团共享服务有限公司负责按中国石化财务共享要求，对各单位资金业务进行财务处理，包括会计核算、对账管理、直联支付指令管理等工作。

（4）执行层和操作层。集团直属企业、股份所属企业作为资金集中管理执行层，企业所属下级资金管理单元作为资金集中管理操作层，均按照资金集中管理要求，做好本单位资金业务运行的管理、监督、分析、考核和风险管控等工作。

2. 资金集中管理原则

（1）集中统筹原则。依托财务公司和盛骏投资公司境内外资金平台，通过中国石化资金管理信息系统，对资金预算、资金结算、资金运作、筹融资、授信和担保、风险监控等资金业务实行集中统筹管理。

（2）分级负责原则。在资金集中管理运行过程中，资金的所有权、收益权和使用权不变。各单位作为资金业务运行的管理主体和资金风险管控的责任主体，应按照管理层级负责本单位资金业务的日常运行和风险管控。

（3）安全平稳原则。以资金安全和流动性管理为重点，在保障公司生产经营、投资资金合理需求的基础上，建立健全资金风险监控体系，确保公司资金安全平稳运行。

（4）运行高效原则。以提升资金使用效率为重点，持续优化资金管理流程和运作机制，加快资金周转，降低资金占用规模和资金使用成本，确保公司资金高效运行。

（5）价值引领原则。以支撑中国石化发展战略为导向，按照成本效益关系，持续优化资金配置，引导资金向价值创造的单位和项目流动，提升资金回报水平，推动公司价值提升。

3. 资金集中管理要求

（1）资金账户统一审批。确立了以银行总分账户体系为核心，以内部资金平台账户为结算主渠道，以合作银行账户为结算辅助手段，以企业内部多级资金核算账户为运行单元的账户体系，明确银行账户的功能定位，严格账户的开变撤审批，实行账户余额和支出限额管理，强化账户的全生命周期在线管控。通过构建管控严格、运行有序的账户体系，确保资金流转的"血管"畅通，推动资金集中管理工作目标落实。

（2）资金预算统一平衡。按"年度总额控制、月度预算分解、按日组织运行、逐级自求平衡"的方式,建立全口径审查、全过程监管的资金预算管控机制。年、月、日资金计划按照分级管理、逐层汇总的模式运行,集团总部对二级企业年资金平衡、月收支预算和日资金计划及执行情况实施全过程管理,并逐月对资金收支预算执行情况进行考核评比。推动资金预算的全面在线管控,保障了资金收支高效有序运行。

(3) 筹融资统一筹划。中国石化对境内外筹融资实施集中管理,企业筹融资需求由总部统一安排,并按照先内后外的原则解决。企业的融资需求首先通过委存委贷等方式在内部资金池平衡,不足部分优先通过境内外资金平台解决,无法满足的由集团总部统一组织直接或间接融资,再通过内部转贷或借款分割等方式转给企业使用。在对外融资上,中国石化始终坚持创新融资手段与深化资金集中管理并重、拓宽融资渠道与控制债务规模并行、优化债务结构与防范债务风险协同,在降低融资成本的同时,保证了生产经营和改革发展的低成本资金需求。

(4) 内部结算统一平台。通过多级资金账户体系,分类建立内部结算封闭运行的管理机制。集团内部关联交易必须先通过内部交易平台挂账确认、再通过资金平台账户完成资金结算,企业内部产品和劳务的互供必须通过内部资金核算账户结算。通过建立要求严格、运行高效、流转顺畅的结算纪律,不仅大幅提高运转效率,节省整体运行成本,而且确保了集团内部关联交易、企业内部产品和劳务互供的有序开展及资金的及时结算。

(5) 担保授信统一管理。从审批流程、风险管控、日常监控等方面加大了对担保授信的统筹管理力度。一是将分散在企业的银行授信,调整为集团总部统一管控。集团总部按年度筹融资计划,统一与合作银行签订综合授信协议,并结合企业需求逐级分类向下切分,确保银行授信高效使用、综合授信全生命周期在线管控。二是加强担保的统筹管理,规范在项目投标、项目执行等不同阶段担保业务的管控标准,强化风险前移,提升风险意识,降低风险隐患。

4. 资金集中管理运行模式

(1) "三权不变"管理模式。各企业纳入集团资金池归集的资金,只是存款地点转移,资金所有权、使用权、收益权不变。

(2) 收支两条线管理模式。所有资金收入均实时、定时进入集团资金池,资金支出全部按照预算通过资金池对外或对内支付。

(3) 全额资金预算管理模式。企业的资金收支严格按照"以收定支"原则,实行年预算、月计划、日安排管理,资金管理系统对资金预算执行实行刚性控制。

(4) 总分账户管理模式。人民银行和国家外管局批准中国石化作为构建总分账户资金集中管理新模式的第一家企业,为中国石化资金集中管理模式的稳步实施提供了良好的政策保障。提出并成功运用银行总分账户,是中国石化资金集中管理的重要创新和关键条件之一。

总分账户的基本原理:以集团资金池的合作银行账户为资金收支总账户,以各层级企业的合作银行账户为分账户,通过商业银行系统建立企业分账户与财务公司总账户之间的集合对应关系,并通过商业银行系统与资金信息系统的无缝衔接,实现现金流集中收付与企业分级组织运行的有机结合,全面提升资金集中管控和统筹运作能力。

(5) 境内外资金池管理模式。根据中国石化多法人组织架构,专业经营程度高、经营地域辐射全球40多个国家(地区)的特点,分别依托财务公司、盛骏投资公司在境内外搭建了两个资金池体系,境内资金池项下按所属企业的不同又分别建立企业资金池,境外资金池项下根据主体、位置的不同分别建立企业资金池、区域资金池、国家资金池等。通过搭建布局合理、运行有效的资金池体系,确保"小池水流入大池,大池水流永不止"。

(二) 资金集中管理制度体系

为推进资金集中管理扎实开展,结合中国石化资金业务的特点,构建了"1+N"的资金管理制度体系，即以资金管理办法为核心，针对重点业务制定多个配套办法或实施细则。在此基础上，按照资金制度管理要求，各单位结合自身管理特点，做好流程管理和权限划分，将制度要求嵌入内部控制制度体系和资金管理信息系统。

（三）资金管理信息系统

中国石化资金管理信息系统（见图3）是以资金集中管理信息系统为核心，通过与财务公司业务系统、盛骏投资公司业务系统、ERP系统、会计核算系统、外部银行系统的信息互联，实现对资金业务的线上办理和信息化管控。

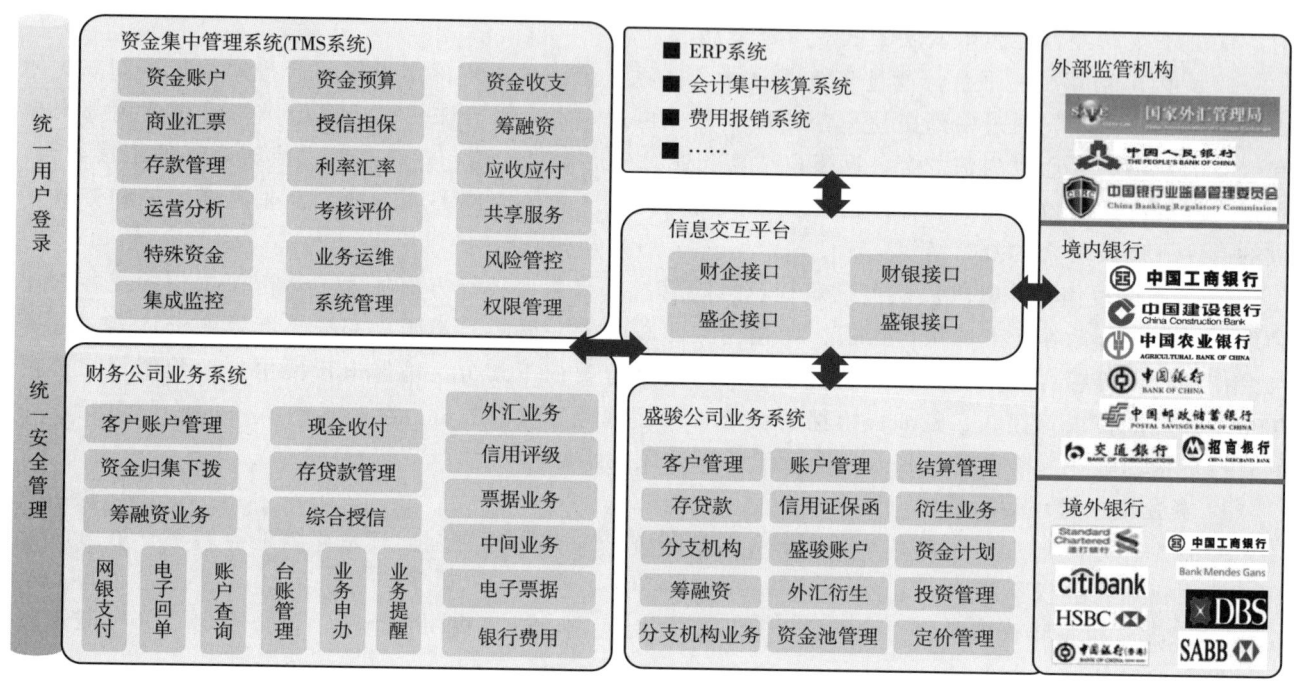

图3 资金管理信息系统总体架构

2007年以来，中国石化持续推进资金管理信息系统建设，有效提高资金管理效率，防控资金管理风险，不断创造管理价值，取得了良好的管理效益和经济效益。2010年获得了国资委"全国企业管理现代化创新成果"一等奖，2013年获得了中石化科学技术成果奖，2015年获得中国石化"十二五"信息化应用成果奖，2019年获得了中国石化深化应用创新创效成果典型案例。中国石化资金管理信息系统建设，具体可分为4个建设阶段：

境内资金集中管理阶段（2007—2012年）。TMS系统1.0版本上线，以财务公司为运作平台，借助银行总分账户体系，与合作银行信息互联，实现境内资金集中管理。

境外资金集中管理阶段（2013—2015年）。参考境内总分账户模式，以境外资金池为核心，拓展与合作银行信息互联，完成全球资金池建设，实现境外资金集中管理。

专项功能提升阶段（2016—2017年）。在实现境内外资金集中管理后，围绕结算效率提升对系统功能进行优化完善。主要包括，票据池建设，实现商业汇票集中管理；资金业务共享管理，实现资金账户对账、直联指令发送和会计核算专业化集中。电商统一支付平台建设，满足互联网平台线上交易的支付需求。

资金集中管控及运营分析阶段（2018—2020年）。TMS系统2.0版本推广上线，重点强化业务系统集成、资金运行分析、资金风险管控等模块建设，优化资金管理运行体系，进一步提升价值创造能力。

三、项目实施目标

为适应中国石化"打造世界领先洁净能源化工公司"的发展战略需要,在初步构建资金集中管理体系的基础上,2018年启动资金集中管控及运营分析项目建设,主要实现三方面目标:

(一)强化与业务系统的集成互联

实现 TMS 系统与业务管理系统高度集成管理。通过 TMS 系统与费用报销、人力资源管理、合同管理等业务管理系统的集成互联,实现全业务、全流程、全要素互为印证,持续、有效支撑财务管理和业财融合。实现 TMS 系统与会计核算、财务共享系统高度集成管理。通过 TMS 系统与 ERP、会计集中核算、财务共享服务等管理系统的集成互联,实现全业务、全流程、全要素互为印证,持续、深入推进财务共享服务。

(二)实现资金风险信息化防控

健全资金风险防控机制。强化资金业务运行流程管控机制和数据安全控制机制,实现资金管理全流程、在线实时监控。健全资金风险预警和考评机制。提升资金业务运行过程风险预警机制和事后考评机制,以考评促规范、控风险,实现资金风险在线预警和考评。

(三)优化系统标准、提升系统性能

提升 TMS 系统性能、数据处理能力、存储能力,保证系统运行安全。满足全部成员单位业务范围、业务量和集成数据量增长的管理需求。满足资金人员良好的用户体验,提升 TMS 系统运行效率。

四、项目实施主要内容

随着管理需求的不断提升,信息技术的快速发展,资金管理信息系统要不断满足标准提升、系统集成、技术更新、管控能力、运行安全和用户体验等方面的诸多挑战。

(一)提升 TMS 系统业务集成架构

通过服务产业资金集中管理的 TMS 系统与财务公司核心业务系统(ATOM 系统、电子票据系统)、盛骏投资公司核心业务系统(OTS 系统)的相互集成,有效支撑产融结合运行体系。TMS 系统分别与 ERP、会计集中核算(AIC)、信息化标准管理(MDM)、费用报销(ERS)、人力资源管理(HR)、合同管理(CMIS)、财务指标报告管理(FIRMS)、财务共享服务(FSS、FSO)等系统的集成融合,TMS 系统、ATOM 系统和电子票据系统、OTS 系统分别与境内外合作银行实施了信息系统集成,实现"银企、财银、财企、盛银、盛企"直联,逐步形成了资金集中管控与分级运行相结合,建立了产业资金管理信息化运行体系,本外币融资与境内外资金协同运作的资金集中管控模式(见图4)。

(二)提升 TMS 系统应用架构

中国石化资金管理信息化建设,按照"集中、统一、高效"的原则,采用部分主要业务功能微服务化,提高应用建设质量和效率,同步实施 TMS 及其指令提交、ERP、费用报销(ERS)、财务共享服务(FSS、FSO)、集团 ESB、境内外银企直联等系统的功能改造提升(见图5)。

1. 基础设施层

依托系统应用服务器集群,对应用服务器进行优化调整的同时,更新数据库服务器。

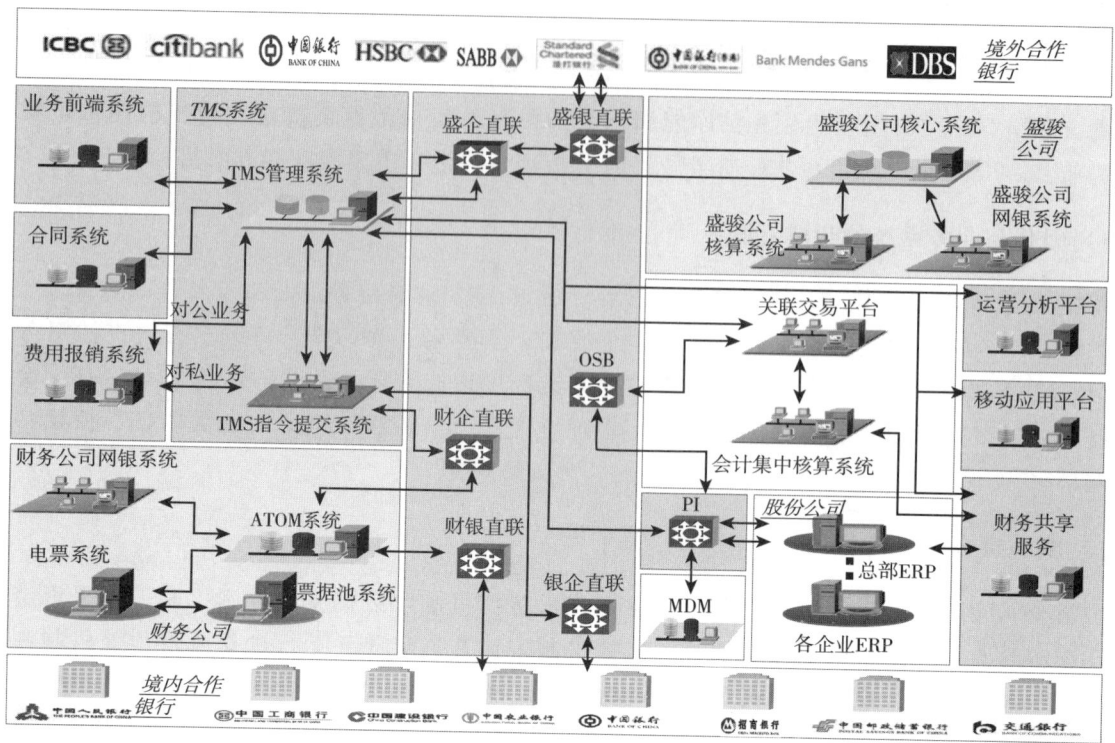

图 4 资金信息系统总体集成架构

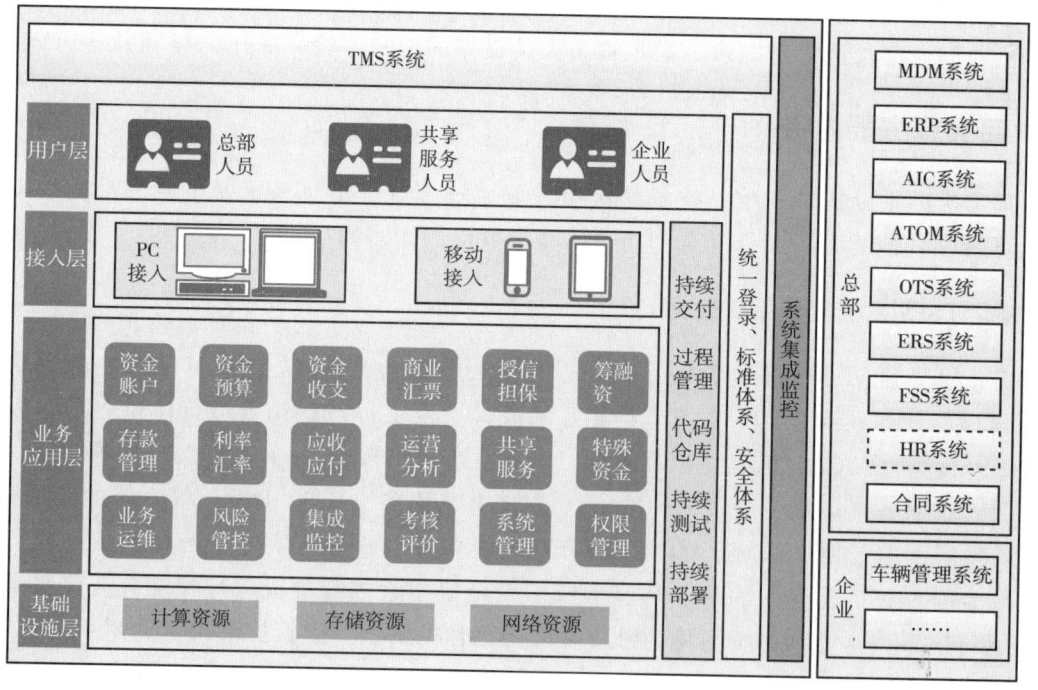

图 5 TMS 系统应用架构

2. 业务应用层

提供内容包括资金账户、资金预算、资金收支、商业汇票、授信担保、筹融资、存款管理、利率汇率、应收应付、运营分析、共享服务、特殊资金、业务运维、风险管控、集成监控、考核评价、系统管理和权限管理 18 个业务功能模块。

3. 接入层

采用 H5 浏览器技术优化 PC 端系统应用界面，提高用户体验，并提供部分事务性业务流程的移动端审批应用。

4. 用户层

集团总部人员、共享服务人员、企业人员全部通过系统进行资金管理。

（三）提升 TMS 系统技术架构、路线

TMS 系统采用成熟稳定的技术架构，共分为接入层、展现层、支持层和数据库层四层架构，同时该架构也采用了开放的系统集成架构和银行级别的系统安全保障措施。遵循客户化开发最小，选择通用、主流、可靠、成熟的软件产品和已有技术架构，并以 J2EE 以及 HTML5 为主体的技术路线。关键技术主要为 HTML5、ESB 总线服务和微服务（见图 6）。

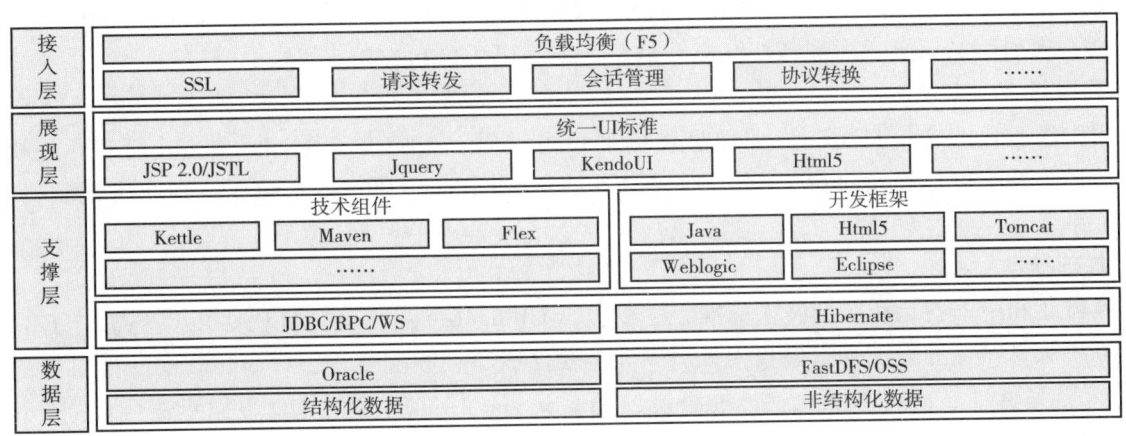

图 6　TMS 系统技术架构

1. HTML5 技术

采用目前较为先进的、与主流互联网公司一致的分布式技术架构，以微服务架构为核心，整合关系型数据库、NoSQL 数据库、时序数据库、非结构化存储等数据存储方式，整合负载均衡、服务发现、动态路由等服务接入方式，整合桌面、浏览器、移动等多终端交互方式，提供稳定、独立、高效、灵活、可扩展的系统服务。分布式服务架构主要通过基础服务层、业务服务层、接入层实现，分布式存储架构主要通过基础服务层、存储层实现，通过智能运维满足自动化部署、可视化运维，通过敏捷交付实现 DevOps 功能支持开发、测试、部署、集成工作的流程化和自动化，用户单点登录通过用户层实现。

2. ESB 总线服务技术

主要由平台运行管理、总线核心、服务资源管理、存储、接口协议适配器和安全等几部分组成。平台运行管理模块提供给操作员（系统管理员、各成员企业及财务公司相关业务人员等）进行各种操作，如交易查询、交易监控、通信监控、异常处理、业务重发、报表集成、服务管理、事后监督等功能。信息交换是 ESB 集成平台同合作银行之间的信息交换桥梁，为保证资金交易的完成性、连续性以及信息安全保密性，核心功能除基本的交易路由配置外，还集成了协议适配器、存储模块、安全模块中的日志记录、协议转换、格式转换、编码转换、数据备份、加解密、数字签名和验签等功能，全面校验各系统既定功能完成情况。同时 ESB 系统还实现了服务资源管理，能够通过服务集成来完成服务发现、变更管理、数据缓存、服务配置等功能。

3. 微服务技术

TMS 系统改造提升借鉴了微服务技术架构思路，即"高内聚，松耦合"。通过对业务应用服务化拆分，将传统的单体应用中的功能按业务逻辑拆分为单独的服务单元，并为每项服务独立部署集群应用，每个服务定义了明确边界，不同服务采用不同编程语言，在遵守统一、明确的标准技术规范基础上，各服务功能相对独立、互不依赖。微服务编排机制的应用，促进了上层业务应用的快速定制，服务可组合、可编排，多个服务可被编排组合成一个新的服务，使不同逻辑的服务可自由组合、复用，即实现系统功能的相互隔离和资源的灵活配置，又提高了系统的稳定性。

（四）规范信息化应用建设标准

中国石化资金管理信息化建设严格按照信息化标准和规范。

1. 管理标准

坚持信息化建设"六统一"，即"统一规划，统一标准，统一设计，统一投资，统一建设，统一管理"原则，遵循信息化统一标准，持续提升信息系统编码质量和应用水平。

2. 数据标准

采用中国石化综合信息类和专业信息类标准信息编码，按照唯一性、标准化、简单化、快捷性、连续性、系统性、可扩展性的要求，对组织机构编码、供应商编码、客户编码、专业类别编码建立严格对应关系。

3. 基础标准

按照行业和中国石化相关的技术标准，主要包括 GB 8566-88《计算机软件开发规范》、GB 8567-88《计算机软件产品开发文件编制指南》、CMMI5 软件成熟度模型标准、Oracle 数据库接口标准、ODBC 数据库接口标准、XML 数据交换标准协议、Web Service 标准规范、ADO 数据库链接规范、JDBC 数据库链接规范、LDAP 安全认证协议以及中国石化移动应用管理及开发标准、信息系统安全等级保护定级指南、系统安全等级保护基本规范等。

（五）提升 TMS 系统管控能力

为实现财务信息化资金集中管理提升需求和财务数字化转型要求，针对当前资金管理面临的困难和挑战，本项目主要提升以下六个方面内容：

1. 系统标准和性能

（1）优化系统资金单位管理。在资金单位标准化管理的基础上，实现资金单位的创建、变更、迁移和停用等管理，创建资金内部抵销主体，实现收付实现制下资金单位相关业务和内部资金收支抵销业务的同步处理，灵活适应改革和资金管理需要，实现财务、资金管理快速同步流程化调整，最终实现 TMS 系统资金单位标准化管理和资金收支业务分层级合并抵销，为收付实现制与权责发生制下的现金流数据相互印证奠定基础。

（2）优化系统用户及权限管理。在优化系统用户、数据权限、功能权限、流程权限管理的基础上，建立不相容权限、岗位矩阵，实现不相容权限和不相容岗位严格分离控制，实现分层级用户、岗位、权限分层级管理，进一步提升系统运行风险管控能力（见图 7）。

2. 资金运行风险管控

（1）强化资金过程管控。按照资金风险管控目标，依据内控制度风险管控矩阵，建立"内控审批平台"和"系统总控制室"，强化资金业务过程风险管控及提示、预警，记录违规业务台账，最终形成资金业务风险管控和业务运行报告。

（2）强化资金运行考评。按照资金集中管控目标和要求，在坚持客观性、重要性、一致性和及时

不相容权限矩阵									
权限属性		功能					流程节点		
		出纳	会计	审批	管理员	查询	出纳	会计	审批	管理员
功能	出纳	Π	O	O	O	Π				
	会计	O	Π	O	Π	Π				
	审批	O	O	Π	O	Π				
	管理员	O	Π	O	Π	Π				
	查询	Π	Π	Π	Π	Π				
流程节点	出纳						Π	O	O	O
	会计						O	Π	O	O
	审批						O	O	Π	O
	管理员						O	O	O	Π

不相容岗位矩阵					
岗位属性	出纳	会计	审批	管理员	查询
出纳	Π	O	O	O	Π
会计	O	Π	O	Π	Π
审批	O	O	Π	O	Π
管理员	O	Π	O	Π	Π
查询	Π	Π	Π	Π	Π

图7 TMS系统不相容岗位权限管理

性原则的基础上，强化过程管理与目标导向相统一原则，采取定量与定性、在线监控与线下检查相结合的方式，按月对企业的资金集中管理运行情况进行考评和通报，实现以考评控制资金运行风险、规范资金业务运行，强化资金集中管理。

3. 财务共享服务支撑

（1）强化共享服务业务管理。实现按照资金账户维度管控共享服务权限及业务。严格执行共享服务规定，按照资金账户管理维度，拓展银企直联的银行范围和功能范围，同时探索跨行直联，推进薪酬直联支付、电子商业汇票、电子回单、电子对账单等工作，实现企业移交共享服务公司直联指令发送、账户对账等业务管理和权限管理线上运行，提升共享服务工作效率。

（2）强化资金业务与会计核算集成管理。通过资金收支业务与共享服务的会计核算业务的线上集成管理，实现"先资金收支、后会计核算"的财务共享服务模式，保障资金管理与会计核算的相互印证。

（3）强化资金收支和业务管理系统间集成度和效率。按照"集中、统一、高效"的原则，提高与内部资金运作平台（ATOM/OTS）、核算及业务管理系统（SAP/AIC/ERS/HR/FSS/MDM等）、直联合作银行系统的集成度，强化TMS系统与集成系统间数据交互的安全和动态监控，实现业务数据、资金数据、会计核算数据相互共享、集成和印证，提高资金业务和会计核算运行效率。

4. 资金管理运营分析和全球化宏观分析工具

（1）强化资金管理运营分析。依托财务模型进行数据统一管理，基于资金管理报表及分析体系，建设直观灵活、实时高效的可视化资金数据分析报表及报告模板，通过资金管理主体与报表主体的合并抵销规则同步配置和验证，实现总部宏观的资金运营分析与各级资金管理主体细节的资金运行分析数据同源，利用先进的图形化展示技术和工具，实现资金管理报表和报告的直观、动态的图形化展示，为企业提供及时的资金分析数据和报告。

（2）强化全球化宏观分析工具的使用。按照加强宏观分析和决策支持能力的要求，以利率汇率决策分析为切入点，搭建中国石化全球利率汇率决策分析模型体系。

5. 系统间集成度和效率

按照"集中、统一、高效"的原则，努力提高与内部资金运作平台（ATOM/OTS）、核算及管理系统（SAP/AIC/ERS/HR/FSS/MDM等）、直联合作银行系统的集成度，简化重复工作，降低资金业务运行过程风险，提高系统和资金业务运行效率，实现TMS系统与集成系统间数据交互的动态监控。

6. 特殊资金监督管理

在TMS系统中搭建特殊资金监督管理平台，实现表内、表外资金分别管理，逐步实现财务管理部门对特殊资金的在线监督管理。

(六) TMS 系统功能模块简介

TMS 系统 2.0 版本 18 个业务模块功能定位简介如下：

1. 资金账户管理

中国石化按照"安全、规范、精简"的原则，按照境内外资金账户标准，建立了多维度账户属性，通过配置表实现账户属性的灵活配置，同时将资金账户管理模块的资金账户作为主数据管理，通过数据分发，与会计核算系统的银行存款、其他货币资金等会计科目建立对应关系，确保资金账户和相应会计科目一致，实现中国石化境内外（符合上线条件的境外账户）资金账户全部纳入 TMS 系统管理，并对资金账户（财务公司账户、盛骏投资公司账户、境内外银行账户、境内外银行分账户和资金核算核算账户）的开立、变更、撤销实施全生命周期在线分类管理。

2. 资金预算管理

资金预算按类型分为资金指标预算和资金收支预算，按报告期分为年度资金预算、月度资金收支预算、日资金计划。融合现金流量表和管理报表的内容设置资金收支预算管理项目，预算管理口径分别按法定货币、财务公司和盛骏投资公司货币、商业汇票、企业内部银行货币等资金收支路径设置，并支持按资金池内外部收支对象进行管理。按照"以收定支、量入为出、自求平衡"的原则，实现资金预算编制、上报、审批、批复管理，资金预算分级、分类管控资金收支业务，资金预算查询及执行情况分析等。

3. 资金收支管理

资金收支业务管理是资金集中管理的核心内容，是中国石化企业资金管理单项管控类业务，是资金过程管理的关键。通过与资金账户管理、资金预算管理模块的联动控制，以及与前端业务系统、财银直联系统、后端会计核算系统的集成控制，线上全流程嵌入内部控制管控规则，建立了资金收支的业务管理与资金管理、会计核算的对应校验关系，确保了资金收支有据管理、有账管理。同时通过交易平台系统实现了内部资金结算封闭运行。运用资金账户的银企、财银、盛银管理，实现了资金运行数据集中及时反映，为全口径资金分析与决策奠定了良好基础，为经营管理决策提供及时、连续、完整、可靠的依据。

4. 商业汇票管理

通过对应收票据收票、背书转让、上交下拨、贴现、到期托收，应付票据的贸易背景、开票转让、到期承付等环节的全生命周期在线管理，实现商业汇票业务处理与资金预算联动控制、电子商业汇票财银直联集成控制，同时通过建立集团票据池，实现应收票据内部有序流转，形成与境内资金池协同联动的运行机制。

5. 授信担保管理

通过与内外部金融机构授信的集中统一管理，依据企业分类授信需求，进行额度切分，实施总额和分类授信管理、授信管控筹融资等业务，确保企业的长短期借款、商业汇票、保函信用证等业务的有效管控。同时对担保合同进行全生命周期管理以及风险预警，并与财务指标报告管理系统（FIRMS）对应财务报告建立强勾稽关系，确保担保管理信息完整，风险应对及时。

6. 筹融资管理

通过与合同管理系统（CMIS）、财银企直联相关系统的集成控制，实现内外部筹融资合同、筹融资业务的统一管理和联动控制，实现合同、提款、还款等全生命周期在线管理。

7. 存款管理

通过对内外部金融机构定期、通知、结构性等存款、委托存款、企业资金池内部定期存款等在线处理，并与资金预算、资金收支、利率汇率模块联动控制，与相关系统集成控制，实现存款业务处理、计息管理等环节的全生命周期在线管理。

8. 利率汇率管理

通过对存贷款利率管理，并与筹融资、存款管理模块的联动控制，同时提供金融机构存贷款利息校验工具，实现资金池内部存贷款资金价格管理和外部存贷款利息校验。通过实时同步外币汇率，实现资金管理及资金结算与会计核算的联动管理和验证。

9. 应收应付管理

通过与 ERP、会计集中核算（AIC）的的集成控制，与资金预算、资金收支模块的的联动控制，实现对应收款项的挂账、清收、核销和呆坏账预警等管理，对应付款项的挂账、清欠（特别是民企和中小企业清欠）、核销等管理。

10. 运营分析

通过以资金账户管理为基础，以资金预算为抓手，以资金收支、票据管理、授信担保管理、筹融资及存贷款、利率汇率管理、应收应付管理为过程管控重点，运用大数据分析技术，以业务管理和数据管理等为基础维度，建立收付实现与权责发生互为映射的资金运营指标分析体系，实现基于价值管理以及资金运营、风险管控的管理要求。

11. 共享服务

在财务共享服务模式下，中国石化已将资金管理的资金账户对账、资金支付指令提交和会计凭证制证、财务报告出具等业务移交共享服务。通过与共享服务相关系统的集成管控、共享业务服务权限和业务处理的统一管理，实现企业与共享服务公司资金业务工作界面明确，共享模式下资金业务处理效率提升。

12. 特殊资金管理

通过对党、工、团经费，企业年金、住房公积金、职工帮扶救助基金等特殊资金纳入 TMS 系统在线规范管理，实现特殊资金的账户管理、业务处理，会计核算、财务报告出具移交共享服务公司管理，实现对特殊资金的监督管理。

13. 业务运维

TMS 系统日均上线用户在 3000 人左右，通过建立标准化知识库、业务指引及用户手册、培训讲义视频、问题和需求提报等业务运维功能和流程，实现集团层面统一、标准的运维支持体系，为持续提升信息系统功能，管理制度执行反馈等，提供及时有效的支持。

14. 风险管控

按照《网络安全法》以及公安部等级保护相关规定、金融行业监管要求，针对业务安全管理，建立资金业务安全分级标准，通过建立总控制室，统一配置资金业务风险控制矩阵节点。针对高安全级别业务内容和流程节点，配置多级管控、权限限制、业务矫正、安全校验等功能。针对数据安全管理，建立数据分级标准和管控规则，健全信息系统业务安全管控体系。保障系统运行安全和业务运行安全。

15. 集成监控

为避免单点运行失效，影响整体资金业务的及时连续运行，通过对系统间交互信息的及时、连续、完整、正确、唯一性进行实时监控和验证，对设备运行情况、中间件性能、接口质量、数据流量等集成技术指标进行监控及可视化展现，实现业务安全平稳运行。

16. 考核评价

通过对资金收支集中度、资金预算执行、银行账户及其限额管理、资金业务处理及时率、上线基础工作规范等业务的运行进行月度和年度考评、通报，实现以考评促规范，持续提高资金管理水平，保障资金安全。

17. 系统管理

通过对资金管理单位、系统运行环境参数配置、系统标准字典维护、系统公告管理等，实现系统管理功能化、流程化，保障系统安全、平稳运行。

18. 权限管理

通过对系统用户信息管理、资金单位权限管理、岗位权限管理，对系统功能权限、流程节点权限、用户岗位设置不相容属性，建立不相容权限和不相容岗位矩阵，实现不相容权限和不相容岗位严格分离控制，同时实现各层级用户权限管理流程化管控。

五、项目实施效果

经过 10 多年的管理实践，中国石化初步建成了涵盖全业务、覆盖全区域的资金管理体系，实现了集团资金的集中统筹运作，提升了资金利用效率和风险防范水平，体现了显著的集约化效果，极大降低了资金运行成本，创造出较高的综合管理效益。

（一）资金集中管控方面

1. 资金集中度大幅提升

中国石化实现了内外部结算基本通过内部资金平台办理，资金集中水平显著提升，境内资金集中度由资金集中前的 48% 提高到 96%；境外资金集中度由 40% 提高到 80%。

2. 资金账户实现全生命周期在线管理

确定账户集中管理要求，通过与财务公司、合作银行信息互联，实现所有资金账户"开变撤"的全生命周期在线管理。

3. 资金预算管控能力大幅提高

通过建立年度总额控制、月度指标分解、逐日计划安排的多层级预算管控体现，实现了从总部资金预算下达到企业资金收支安排的全过程在线管控，总部资金统筹管控能力大幅提升。

（二）资金结算效率方面

1. 封闭结算规模大幅上升

通过内部资金平台年均办理结算业务数量近 8000 万笔，金额超 50 万亿元，较资金集中前上升超 30 万亿元，年节约结算费用超 3 亿元。

2. 银行账户数量大幅减少

依托总分账户管理模式，通过限制非合作银行开户规模，企业银行账户数量大幅减少。中国石化银行账户数量较实施资金集中管理前下降近 40%，进一步提高了资金集中效率，各层级企业资金沉淀大幅减少。

3. 日常备付头寸大幅减少

以多层次资金计划为抓手，要求内部资金平台逐日统筹调配资金头寸，大幅降低了各层级主体日常备付资金规模，特别是基层主体基本实现了零余额或限额管理。中国石化日常备付资金头寸规模由资金集中前的近 2000 亿元降至不足 300 亿元，降幅超 80%。

4. 系统集成大幅提升结算效率

通过与前端业务系统（HR、CMIS 等）、银企直联系统的集成管控，实现薪酬支付、合同履约管理等业务的全流程在线处理，大幅提升结算效率。同时系统标准和性能的提升，也大幅提升系统运行的效率和安全保障水平。

（三）资金风险防控方面

1. 资金业务实现全流程管控

将资金管理要求和权限职责嵌入资金管理系统流程，实现风险管控的前移。建立在线业务监控体系，分级分类建立业务安全和数据安全管控机制，实现有效提示和预警资金业务运行过程管控。

2. 资金系统实现与业务系统的勾稽校验

通过资金管理信息系统与其他系统的互联，实现业务管理、资金管理、会计核算的一体化管控，建立"收付实现制"与"权责发生制"的有效互补和印证，大幅提升系统运行效率和安全保障。

（四）财务资金状况改善方面

1. 现金流状况大幅好转

坚持"量入为出、现金为王"的资金管理理念，依托完善的资金集中管理体系，通过加强资金收支预算管控，优化投资安排等措施，现金流持续好转。"十三五"期间，中国石化累计实现自由现金流较"十二五"期间增长5600亿元。

2. 财务杠杆明显降低

依托筹融资集中管理体系，通过充分发挥内部委托贷款和境内外资金池的资金调剂作用，中国石化资金使用效率明显提升，外部债务规模持续降低。2020年末，中国石化付息债务规模较"十二五"期间高峰下降近1800亿元，创近10年最低水平，顺利完成国资委降杠杆减负债目标任务。

六、下步工作方向

经过多年发展，中国石化虽已建立了具有石化特色的集约化资金集中管理体系，也取得初步成效，但与世界领先企业相比，在全球一体化司库建设、大数据分析决策、结算效率提升等方面仍需要探索和提升。下一步，中国石化将在当前资金集中管理运行体系的基础上，从目标引领、体系强化、制度优化、平台支撑以及能力提升5个方面出发，持续推进高效的集约化资金管控体系建设（见图8）。

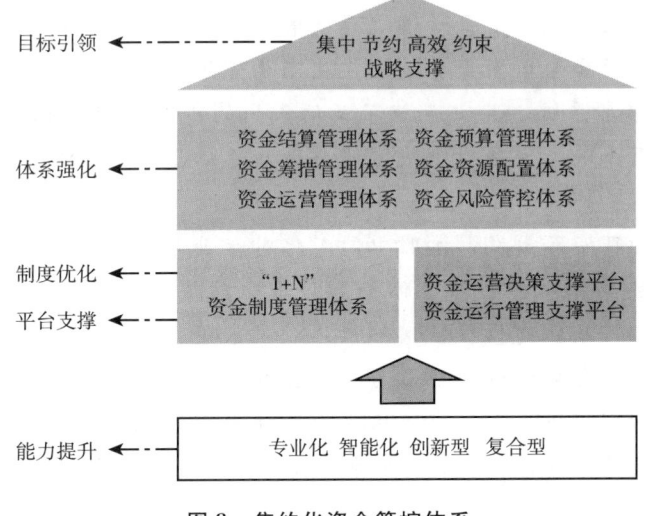

图8 集约化资金管控体系

（一）明确目标引领

中国石化将以"集中、节约、高效、约束、战略支撑"作为下一步资金管理体系建设目标，其中战略支撑能力提升将成为下一阶段资金管理的重点内容。

(二)强化管理体系

结合多年以来资金集中管理的经验,中国石化将资金管理体系分为资金结算管理、资金筹措管理、资金运营管理、资金预算管理、资金资源配置以及资金风险管控 6 个子体系。下一步将重点围绕管控体系进行提升和优化,持续提升资金管理水平。

(三)优化制度体系

结合内外部最新管理要求,以及各项业务管理特点,继续采取"1+N"模式,以资金管理办法为核心,持续完善资金管理制度体系。同时,按照"管理制度化、制度流程化、流程信息化"的原则,实现制度操作流程标准化,将制度要求全面嵌入资金管理信息系统。

(四)完善信息平台

按照"大数据、模型化、智能化"的建设思路,构建以全球资金分析决策平台为"大脑"、资金运行管理平台为"躯干"的一体化资金管理信息系统,持续提升数字化管理水平。

(五)提升人才能力

按照"专业化、智能化、创新型、复合型"的总要求,以集约化资金管控体系建设需求为核心,创新人才培养模式,持续提升公司资金管理人员的执业能力。

 企业自评

中国石化在深度引领价值管理、全方位强化财务管控、多维度推进资金集中管理及财务信息化建设方面进行了持续探索,通过 10 多年持续深化应用资金管理信息系统,已基本构建形成了具有中石化特色的资金集中管理体系,资金管理和信息化应用水平持续相互促进和提升,资金管理及其信息化水平处于央企前列。

本案例首先介绍了案例的实施背景,通过规范的管理职责和分工、明确的管理原则和要求、确定的管理模式和手段、完善的资金管理制度和细则,从而构建了资金集中管理体系,采用合作自主开发的模式,建成了资金管理信息系统。其次介绍了案例采用的规范的建设标准、最新的应用技术架构、技术路线和集成策略,以及系统主要功能模块说明。最后总结了案例应用效果和不足,提出了下一步工作方向。

案例从中国石化资金管理实际出发,按照中国石化对标世界一流管理的财务目标、构建高效的集约化资金管控体系的工作要求,结合管理主体多、结算规模大、业务范围广的资金管理特点和难点,持续推进资金集中管理及其信息化建设,从实际应用效果来说,通过持续应用资金管理系统,资金集中管控能力、资金结算效率、资金风险防控能力得到显著提升,现金流管控能力明显增强,财务状况显著改善。同时客观审视管理短板,下一步,从探索高效的集约化资金管控体系,以及智能化运营和智能化分析等方面出发,构建集约化资金管控体系,提高资金运营效率和企业积极性。

专家点评

资金管理作为财务管理的重要内容,一向是企业关注的重点,资金活动是企业的核心活动,一方面要持续提升资金使用的效率,降低使用成本,避免资金的浪费,另一方面又要做好资金的风险防范,避免企业的损失。在数字化时代,资金转移速度非常快,线上结算成为主流,资金计划要求更加精细化,资金集中管理成为企业必然选择,企业要利用数字化智能技术提升资金管理效率、对资金进行全流程风险防控,构建高效集约化资金集中管控体系。

中国石油化工集团对资金管理高度重视,赋予其"经营管理以财务管理为中心,财务管理以资金管理为核心"的定位,充分发挥规模优势与协同优势,以构建资金管理制度体系和资金管理信息系统(TMS系统)为主要管理手段,对全公司资金业务实施集中管控,实现资金预算、资金结算、筹融资、授信和担保、资金风险等业务的统筹管理,进一步提高资金使用效率,降低融资成本,防范资金风险。案例主要有以下亮点:

(1) 资金管理体系化特征突出:中国石化构建形成了以境内外双资金运作平台和监督平台为依托的三级资金管理体系:总部为资金集中管理顶层平台,股份为所属企业资金集中管理顶层平台和结算中心,所属企业按照管理层级和管理需要建立分层级的资金池体系,体系完整,组织结构清晰,为资金集中管理的建设实施提供了体系保证。

(2) 资金管理职能完整闭环:以资金管理信息系统为依托,形成了全流程闭环的资金管理职能,如资金账户、资金计划、筹融资、内部结算、担保授信、"1+N"资金管理制度等,为资金管理体系的建设实施提供了全方位管控手段。

(3) 资金管理信息系统智能高效:利用数字化智能化技术,和业务系统集成互联,不断优化系统性能,实现资金风险信息化防控。使用数字化资金运营分析工具和宏观分析工具,不断挖掘信息数据,提供各类资金管理报表,让分析不仅反映过去,更加面对未来。

(4) 资金管理效果显著:通过数字化资金管理体系的建设实施,集团资金集中管控能力大大加强,资金结算效率大幅提升,资金风险实施监控,资金成本显著下降,为集团创造了价值。

本案例内容翔实,体系建设思路清晰,管理方法明确,系统功能和数字化技术应用效果显著,值得广大企业和读者学习借鉴,可以和自身企业实际结合,推行资金集中管理体系的实施。同时也希望中国石油化工集团可以持续探索资金智能化运营和智能化分析等内容,创造新的价值增长点,为集团下一步发展创造更大的价值,为中国乃至全球企业的资金管理建设和价值创造指出未来发展的方向。

司库管理体系建设实践*

中国石油天然气集团有限公司

> **摘要：** 中石油不断创新资金管理，确立了司库管理体系，将账户、资金计划、投融资、票据、应收应付、利率、汇率、担保、授信、客户信用、金融衍生业务等统一纳入司库管理，对实体和金融企业进行统一管控。司库信息系统作为重要抓手，发挥着十分重要的作用。
>
> 司库信息系统主要集成了会计集中核算系统、共享服务系统、合同管理系统以及合作银行、国资委等内外部系统。通过收入实时归集、支付统筹安排、内部结算封闭运行、筹融资统一筹划，对集团资金池、票据池和客户信用等实行统一管理，资金业务线上运行、可视、可控、可操作，实现了集团金融资源管理价值最大化。
>
> **关键词：** 中石油；司库；管理

一、中国石油基本情况

中国石油天然气集团有限公司（以下简称"中石油"或"集团公司"）作为国有重要骨干企业，是国家授权投资的机构和国家控股公司，是实行上下游、内外贸、产销一体化，跨地区、跨行业、跨国经营的综合性国际能源公司。主要业务包括勘探与生产、炼油与化工、油气销售、管道储运、国际贸易、工程技术服务、工程建设、装备制造、金融服务、新能源开发等。

2020年中石油油气当量产量3.06亿吨，原油加工1.92亿吨，国内成品油销量1.07亿吨，资产总额4.09万亿元，营业收入2.09万亿元，利润总额875.2亿元，实现国内税费2773.2亿元。在世界50家大型石油公司中综合排名第3位，世界500强企业排名第4位。

二、司库管理体系建设

（一）司库释义

司库管理应用于现代企业管理，起源于20世纪60年代的西方跨国企业集团，如通用电气、西门子、三菱等，职能是资金集中、头寸运作、内部调剂和融资，自20世纪80年代以来，逐步拓展至以现金管理为基础的结算、资金池、应收应付和客户信用等流动性管理，以及更广泛意义上的资金战略规划、金融资产处置、现金盈余时投资、现金赤字时融资、利率汇率风险管理、金融机构关系管理和决策支持等。从管理本质上看，司库是对企业集团以资金为主要元素的金融资源从筹集到内部配置，再

---

* 本篇作者：朱吉好。
　指导专家：王立彦（北京大学）、蔡勇（中国石油天然气集团有限公司财务部总经理）。

到运营管理以及分配到各个环节所进行的动态及全面管理，并采用信息技术手段实现，使资金管理高度契合集团发展战略。

司库管理既是对传统资金集中管理的继承，又是超越和创新。在管理理念上，不再视资金为企业经营的辅助要素，不再把资金保障作为核心内容，而是要把资金作为运营要素，追求专业化管理和价值最大化。

在管理内容上，不仅要注重现金管理，更要注重包括现金在内的各类金融资源管理，如货币资金、有价证券、信贷资产、应收款项等金融资产和长短期借款、应付债券、应付款项、吸收存款、担保等金融负债。将信用评级、银行关系、客户关系等影响融资成本和金融市场投资收益的资源也纳入司库管理。

在管理方式上，不仅要强化账户管理、资金存量管理，更要强化资源管理和风险管理，积极参与金融货币市场。

在管理平台上，充分利用内部金融机构专业优势，实现资源集成、信息集成和管理集成，提升财务管控水平。

（二）建设背景

从20世纪90年代开始，中石油启动资金集中管理，通过在地区公司设立资金结算中心、总部组建财务公司、集团内部实施集中结算、撤销地区公司所属下级单位银行账户，重点解决资金分散问题，逐步实现了地区层面的资金集中。

2000年，借助集团重组上市的契机，确立了"一个全面、三个集中"的财务管控体系，"一个全面"指建立全面预算管理，一切财务收支全面纳入预算，"三个集中"指会计核算集中、资金集中、债务集中。

在资金集中方面，采用收支两条线账户管理模式，收入按日归集至总部，支出在总部批准的限额内，按账户实行"日间透支、日终补平"，通过财务公司及其分支机构在北京、中国香港以及新加坡和迪拜设立四个外币"资金池"，集中管理和统一配置全球外汇资金。

在债务集中管理方面，根据年度资金预算，确定融资方案，由集团总部统一对外融资；统一管理综合授信与对外担保，任何地区公司未经总部批准不得外投、外借、对外担保。

通过一系列资金集中措施取得了一定成效，但通过与国内外大型企业集团如中石化、中海油、BP、SHELL、GE等开展对标分析，仍存在较大差距。主要体现在：

一是流动性管理。结算方式不统一，仍有大量收支业务通过银行网银处理，财务人员需要手工录入账户号、金额和收款人信息等，存在风险；账户信息分布在不同的资金管理系统中，不利于统一管控；现金集中度不够高，大量资金沉淀在不同银行账户，不能集中使用；现金池分散不统一，不能有效降低集团整体现金持有量，管理效率有待提升。

二是筹融资管理。筹融资专业能力和议价能力不足，对融资产品品种、金额、币种、期限、担保、利率策略等研究不够深入，把握金融市场机遇能力较低，需拓展直接融资和间接融资渠道，进一步发挥集团公司整体信用优势，优化债务结构，降低融资成本，提升融资能力。

三是产融结合。中石油先后成立银行、保险、信托和租赁等金融企业，但围绕主业开展金融服务的能力不强，金融企业与集团供应链企业客户未能开展深度合作，需进一步引导信贷资产投放，优化投资组合，将产业优势转化为金融优势，促进集团金融企业发展。

四是风险管理。在利率风险、汇率风险、对外担保风险管理方面，由于缺乏管控手段，对风险预警分析能力较弱，缺少汇率、利率变动分析工具，对风险敞口无法有效及时监控，容易产生较大风险。需要建立风险评价模型，强化风险量化管理，制定风险预案，完善风险应对机制。

五是决策支持。需要进一步夯实基础数据，建设数据仓库，构建数据模型，建立业务分析专题，提升决策时效，提高决策的科学性。

六是信息化建设。随着数字技术、RPA 机器人、AI 智能等前沿技术的发展，需进一步提升资金管理自动化和智能化水平。

（三）顶层设计

结合现状与集团发展战略目标，以立足集团公司特点、符合国际惯例、兼顾未来发展为原则，依托财务公司实现结算集中，建立集团统一资金池；利用集团信用优势，拓宽融资渠道，建立债务融资集中管理；建立操作风险、利率风险、汇率风险、信用风险和担保、授信管控机制；统一集团资金管理信息系统，实现收支全程管控，构建"全面、集中、统一、规范"的司库管理体系。

（四）组织保障

成立了由集团党组成员总会计师为组长的领导小组，由集团公司资金部、财务部、法律事务部、信息管理部、内控与风险管理部及财务公司等部门及单位主要负责人组成的司库项目领导小组，由资金部负责具体工作落实。

（五）制度建设

按照全面系统、管控到位、界面清晰、责权对等的原则，建立与司库管理体系相配套的制度规范，以《司库管理办法》为统领，下设五大类 20 多个具体管理办法，健全全面、统一的司库管理制度体系。《司库管理办法》是司库管理的总章程，集中体现司库体系建设的管理理念和管理模式，明确金融资源管理原则。《结算管理办法》《债务融资管理办法》《金融市场投资管理办法》《流动性风险管理办法》等以司库管理为主线，对流动性、债务融资、金融市场投资和司库风险等进行规范，为司库管理体系的运行提供制度保障。

（六）流程重塑

梳理分散在各个层面的业务流程，重新优化，明确角色、任务、路径，实现"同一角色职责一致，同一业务路径一致"，在制度与信息系统之间发挥承上启下作用。

1. 统一账户管理模式

采用总分联动账户管理模式，资金收入实时归集到集团总部，资金支付实时从总部账户划出；所有银行账户均通过司库系统申请、审批，实现账户全生命周期管理；司库系统与会计核算系统集成，银行账户与会计科目自动匹配；银行账户余额实时为零，减少资金沉淀，提高资金集中度，增加集团资金收益。

2. 建立资金预算管控机制

"以收定支，量入为出"，实行紧平衡管理；坚持效益导向，资金优先流向投资回报高、效益好的项目，完善年预算、月计划、周控制、日安排的运行机制；把付款流程线上审批和支付适当分离，完成审批的付款单统一存放在资金待付池中，根据资金头寸统筹安排资金支付。所有支出必须经过集团总部统一审批，实现"有预算不超支，无预算不开支"，杜绝计划外支出，使得资金支付安全受控。

3. 建立集团统一票据池

与合作银行、票交所系统进行直联，统筹所属企业存量票据，将分散在集团成员企业手中的大量票据集中起来，通过票据转让背书，集中到集团总部，形成票据池，进行统一管理，使票据在成员企业间相互调剂。集团统一开发"商信通""中油财票"等业务，支持集团所属昆仑银行及财务公司扩展业务范围。

4. 统筹投融资管理

总部统一投融资，不经总部同意不得外投、外借，集团统筹管控对外金融投资。建立覆盖借款、债券、委贷等融资方案的管理功能，实现投融资业务全品种、全过程管理，主要包括投融资方案、合同和后续管理等。

5. 加油站资金管控

集成加油站、加油卡管理系统，对接支付宝、微信、银联 POS 等第三方支付系统，解决加油站多种收款方式自动对账问题，自动完成各种台账记录。中石油数万余座加油站每日收款信息能够实现按支付方式自动核对，降低人工劳动强度，提高核对精度，确保资金安全受控。

6. 担保、授信集中管理

建立担保业务事前评价、事中监控、事后检查的全过程管控，实现业务、财务、法律等多部门线上联合审核把关。授信业务按照"统一授信、集中管理、逐级审批、分工负责"的原则，额度全过程管理，实现了"签署协议，切分额度，使用额度，额度到期"全闭环在线动态管理。

7. 客户信用管理

健全客户信用体系，对客户开展资信审查、信用评级和准入管理，明确客户预付、赊销账款的期限和比例，监测客户信用状态变化并动态调整客户等级，及时在集团范围内信息共享，将失信企业作为黑名单纳入系统管理，并采取必要的风险管控措施，统筹做好应收、应付款项管理，建立应收款项清收。

8. 利率、汇率、信用风险管控

对利率、汇率和信用风险分别建立风险识别、风险评估、风险报告的管控机制，进行分类管理，采用风险模型和人工判断相结合的方式提高风险管理的科学性和有效性，重点管理风险的关键点，实现风险管控。

9. 金融衍生业务风险管控

对金融衍生业务风险进行监控，包括持仓规模、风险敞口、风险额度等；商品类衍生业务管理覆盖业务全流程，嵌入内控制度，实现"期现一体"管理，具备套保策略审批、交易信息记录、风险监测、超限额或违规交易预警等功能。

三、司库信息系统建设

（一）建设目标

对金融资源进行垂直管理，成员企业的全部金融资源由集团掌控，风险统一管理，资金统一运作，司库系统与外部金融市场信息和 ERP 无缝衔接，与合作银行银企互联，实现资金业务线上运行、可视、可控、可操作，提升集团整体管控水平。

（二）系统架构

坚持继承、引进、扩展、集成的原则，自主研发，建设营运资金、结算、理财、风险和决策支持等子系统，将各项管理要求落地，形成"功能完备、集中统一、高度集成、安全高效"的司库系统。

1. 业务架构

面向决策层，提供风险分析等决策支持；面向总部和财务公司，实现集中结算、资金池、投融资、风险管控等；面向成员单位，通过向业务前端延伸，实现对资金收支全程管控（见图1）。

2. 技术架构

依托云计算资源基础设施，将流程平台、ESB 平台、影像平台、数字签名、OCR 识别、数据模型挖掘、缓存等先进技术应用到信息系统中，形成系统技术架构图（见图2）。

图 1　业务架构

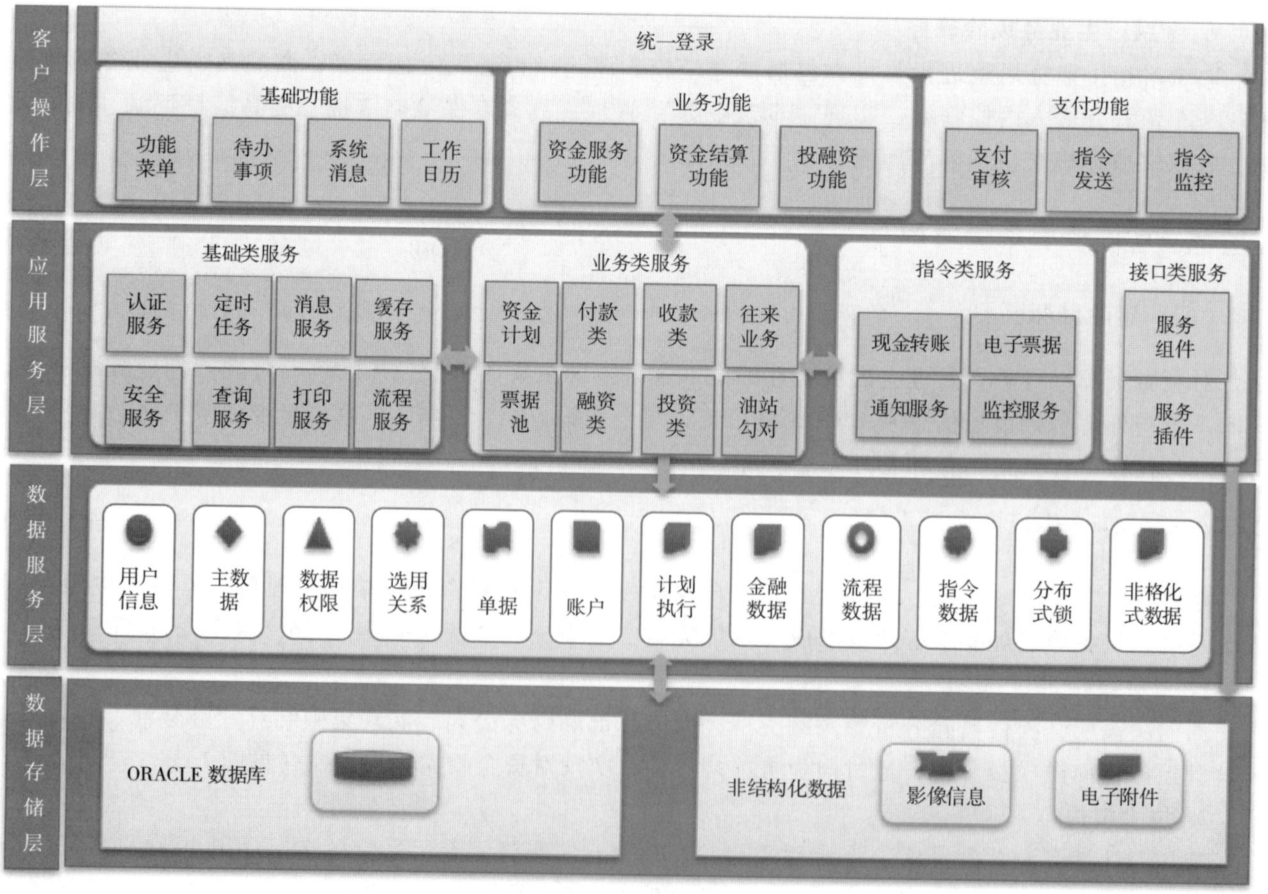

图 2　技术架构

3. 数据架构

采用统一的数据存储平台，优化静态数据字典、热点业务数据处理、待办任务等，提升业务处理及数据检索效率和并发能力，保证系统运行的稳定与高效（见图3）。

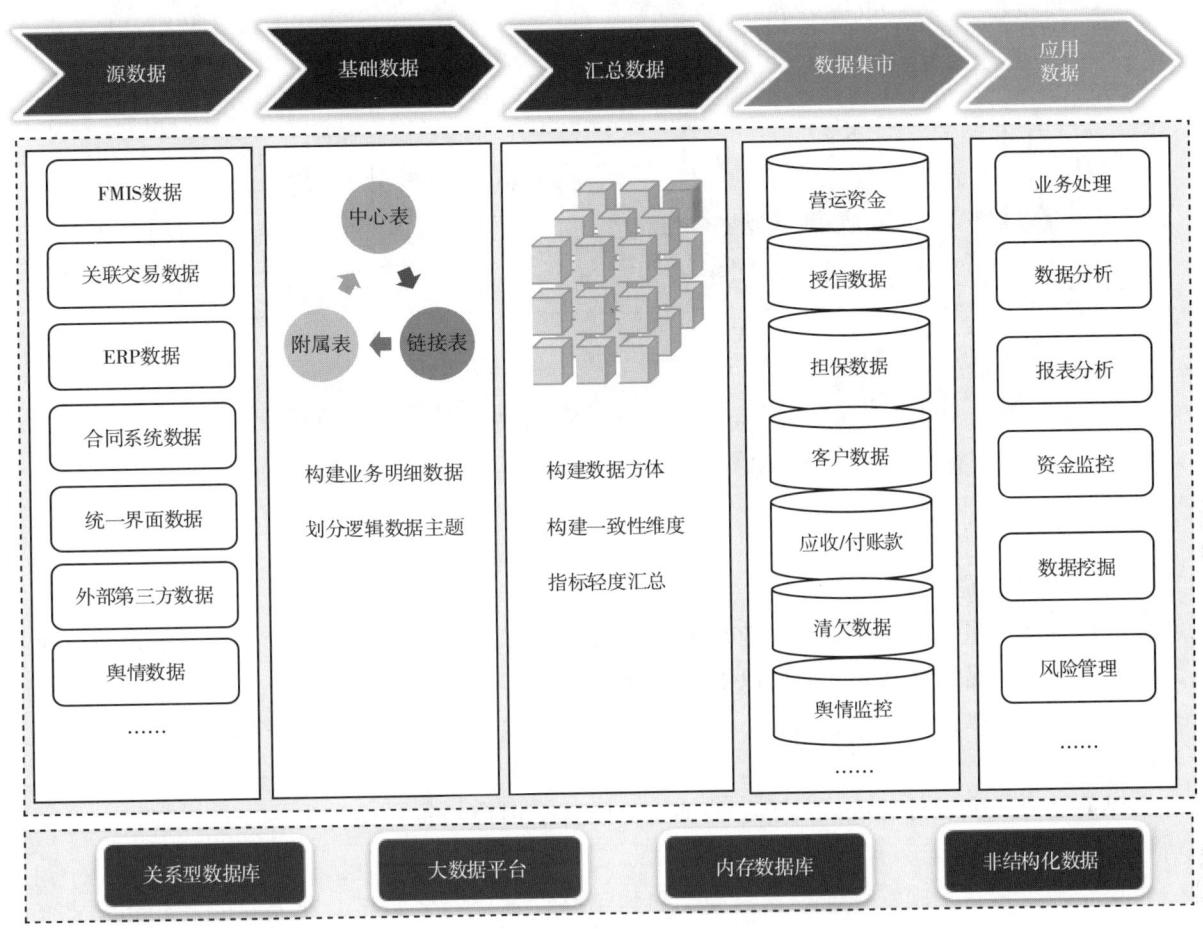

图3　数据架构

4. 集成架构

根据不同业务场景，采用不同的接口方式，保证数据的共享及一致性。采用 Web Service、RFC、中间库等方式与会计集中核算、集团交易平台、加管系统、合同管理、集中报销、HR 系统等交互集成，通过财银、财企直联与财务公司、商业银行进行集成（见图4）。

（三）建设历程

司库系统 1.0 建设：2009—2014 年引入司库理念，将账户、结算、计划、票据、投融资、客户信用等纳入司库管理，并着手建设司库系统。

司库系统 2.0 建设：2014—2019 年确定了"上市未上市一体化、境内与境外一体化、本币与外币一体化"的工作目标，建设集团统一司库信息系统，统一业务流程，实现集团资金池统一，统筹配置集团和股份金融资源。

（四）建设内容

司库信息系统由营运资金、结算、理财、风险和决策支持五个子系统构成。

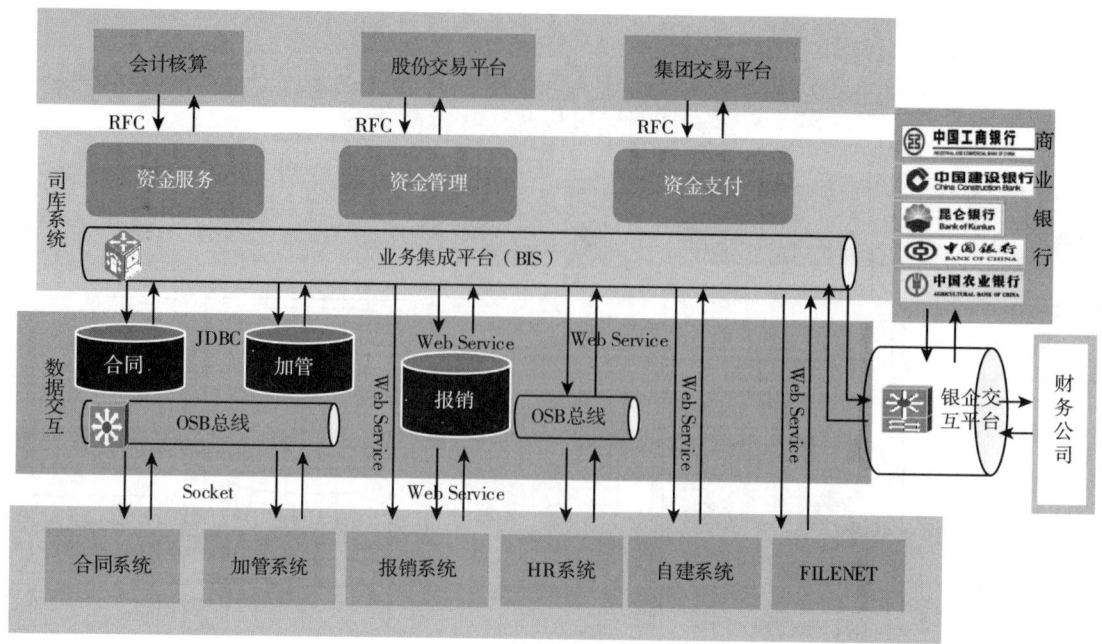

图 4　集成架构

1. 营运资金子系统

营运资金管理子系统主要服务于企业层面，通过向业务前端延伸，实现在业务前端对收支进行管控，为结算集中管理提供基础，主要由以下功能组成：

（1）账户管理：实现企业账户开立、变更、撤销等在线签约服务，及账户结构设置、总分账户联动设置等。

（2）结算管理：实现外部收入结算、外部支出结算、内部结算、结售汇、计息管理、支付额度控制等功能。

（3）资金池管理：实现资金池设置、资金归集策略设置、资金归集、资金调拨、资金头寸查询等功能。

（4）票据管理：通过对票据统一管理，形成集团层面统一票据池，主要功能包括票据收取、票据开立与承付、影像处理、票据贴现、信息查询等。

（5）资金计划管理：建立以周日资金计划为核心的流程、功能和控制规则，多维度立体资金计划管控体系；资金计划的编报延伸到业务部门；通过逐笔逐项编制资金计划，提高资金计划编制的合理性和资金头寸预测的准确性，有效避免计划外资金支出。

（6）加油站资金管理：集成加管、卡系统等相关系统，提高资金自动对账效率，管控资金风险，解决销售企业加油站的现金、支票、微信、支付宝、银联 POS 及个性化收款方式的资金自动对账问题，根据勾对结果自动形成凭证，自动完成各种促销的台账记录。

（7）财企、银企直联：与财务公司资金结算系统及签约银行对接，通过加密报文形式进行数据传输，实现总分联动签约、总分账户支付额度设置、电子回单、代发工资、授信名单等功能由系统线上完成。

2. 结算管理子系统

结算子系统主要服务中油财务公司，实现集中结算清算、信贷管理、票据管理、网上银行等功能，在支持财务公司业务运营的基础上，同时需满足集团司库体系建设需求，为集团司库管理提供强有力的金融保障。

（1）结算清算：结算清算作为结算理财子系统的核心功能，是其他相关业务管理的基础，主要包括账户管理、资金结算、资金归集及资金监控等，实现一个平台处理全球资金收、付，并实时监控境内外企业账户、资金。

（2）信贷管理：主要功能包括信贷业务产品管理、业务流程管理、信贷业务发展规划管理、信贷信息管理、数据综合利用管理、信贷智能服务、产业链金融管理等，充分发挥财务公司金融服务平台功能。

（3）票据管理：全面打通财票业务通道，推广票据业务，丰富企业支付结算工具，营造更加顺畅购销环境，打造新的业务和服务增长点。

（4）网上银行：财务公司通过网上银行发布专业咨询信息，发挥金融平台的作用。主要功能包括对外支付、票据业务、结售汇、贷款管理、函证管理等，同时提供实时账户信息查询、报表查询、汇率查询、余额对账、电子回单打印、电子对账单打印等功能。

3. 理财管理子系统

理财子系统主要服务于集团总部，实现投融资的集中管控，实现集团金融资源价值最大化。主要功能如下。

（1）投资管理：实现集团投资交易业务的前中后台的全过程系统支持，包括投资基础信息维护、投资策略维护、投资组合配置、投资交易试算与风险分析、投资交易指令维护、投资交易检查与审批、交易执行与结算、监控与处理等。

（2）债务融资：实现集团债务融资的全程管控与信息集中，包括融资基础信息维护、融资策略维护、融资组合配置与分析、融资组合检查与审批、融资合同信息维护、融后管理与监控、融资交易查询。

（3）综合授信：主要包括提供按币种、银行、产品类型、期限等维度进行额度切分与管理，额度管理将与后续交易执行状态实现联动，实时更新授信额度，通过计划、审批、单据传递、影像等，实现对综合授信全流程管理。

4. 风险管理子系统

包括风险基础信息维护、限额管理、风险试算、风险分析与监测四部分。

风险基础信息维护包括汇率风险敞口信息、利率风险敞口信息、金融投资领域的风险敞口信息维护、风险模型及参数维护等。

限额管理包括限额设置和限额监控与警示，将集团公司风险政策分解为各类风险指标设置限额，对超限额情况进行实时监控，自动生成超限警示信息。

风险试算包括预交易分析和交易后监控与持仓调整分析，即嵌入投资模块对某项投资行为进行交易前的收益和风险预测、交易后的风险跟踪和分析。

风险分析与监测包括分析组合构建、分析、报告，即系统提供各种风险分析工具，对风险进行计量与分析。

5. 决策支持子系统

决策分析子系统主要利用数据仓库技术对数据进行整合，建立标准统一、集中集成的数据中心，基于数据标准化、大数据、智能分析等，提供专项分析、多维分析、情景模拟、驾驶舱等构建多维风险量化模型和数据分析评价模型，针对重点业务设置风险预警指标，对运营资金、融资性贸易、投资担保等业务进行监控督查，实现集团公司境内外资金实时监控、关键指标全景分析、多级追溯，提供现金流量分析、投融资效果分析、风险管理分析等，为决策提供支持。

四、司库信息系统应用情况

（一）应用范围

截至2020年底，司库信息系统应用范围覆盖了集团公司110家上市企业、42家未上市企业。注财务用户 44000 余人、业务用户 69600 余人（见表1）。

表1　　　　　　　　　　　司库信息系统应用范围表

序号	业务领域	实施单位
1	油气田企业	大庆油田、辽河油田、长庆油田、塔里木油田等16家
2	油气田托管	大庆管理局、辽河勘探局、长庆勘探局等9家
3	炼化企业	大庆石化、吉林石化、抚顺石化、兰州石化等29家
4	炼化托管企业	大庆石油化工厂、吉化集团公司等10家
5	销售企业	东北销售、西北销售、四川销售等36家
6	海外企业	勘探开发公司、中联油2家
7	天然气与管道企业	北京油气调控中心、管道公司、西气东输等10家
8	工程技术服务企业	西部钻探、长城钻探、渤海钻探、东方物勘等7家
9	工程建设企业	管道局、工程建设公司、寰球工程公司等6家
10	装备制造企业	中油技开、渤海装备、宝石机械、宝鸡钢管、济柴5家
11	科研及其他单位	勘探院、规划总院、石化院、经研院等18家

（二）业务处理情况

2020年，集团及所属各级企业通过司库信息系统申报各类账户上万次；完成收款2320.6万笔、资金支付749.62万笔；开票量10.23万笔，收票量7.16万笔；通过票据池融通票据2.98万笔；完成加油站现金封包缴存3001.63万笔；通过财企银企直联接口共计接收或发送报文指令5000余万次、日均11.05万次。

五、实施效果

司库管理体系建设已成为中石油一道亮丽名片，近年来，多家央企及民企来集团学习交流。《司库系统2.0建设应用》荣获2019年度中国石油天然气集团公司管理创新一等奖；2021年《以集团金融资源集约化为核心的司库管理体系》荣获国务院国有资产监督管理委员会国有重点企业管理标杆项目。效果主要体现以下几方面：

（1）管理制度进一步完善。细化了资金安全管控要求，明确了资金授权审批、合同管理、资金计划、岗位设置、账户管理、银行对账等管理职责及工作标准，有效提升资金收支环节的安全管控水平。

（2）资金活动全程监控。资金结算及票据管理实现全面集中，所有信息通过平台实现了实时监督，风险集中管控，有效防范风险，落实了资金和票据安全管控责任。

（3）系统安全全面提升。充分考虑了系统层安全、网络层安全、应用层安全，在系统层建立了可靠的容灾备份系统，确保7×24小时稳定运转，并建立了每日定时备份数据保护机制；在网络层通过防火墙进行静态防护，并建立实时监控；在应用层采用一般业务统一身份认证，关键节点使用USB Key验证，并进行加密和数字签名处理。

（4）经济效益显著提升。集团日均备付头寸减少百亿元，减少了融资规模，年节约财务费用数亿元；建立集团统一票据池，按照市场化运作、专业化管理、一体化运行，年降本增效数十亿元。

（5）促进了产融结合。加强了集团上下游业务与金融板块业务的深度融合，促进了产融结合、融融协作、互利共赢，把集团的信用转换成价值。自商信通上线以来，开立昆仑银行商信通业务数万笔，金额数千亿元；中油财务公司业务量剧增，年结算业务超过2000万笔，年结算金额超60万亿元，日均存款增加数百亿元。

（6）精细管理水平显著提升。采用新的技术架构，引入云计算、大数据与智能化等新技术，提高自动化水平，从账户、业务审核、计划、结算、融资、授信、担保、客户信用等全程在线管控，实现"经营上精打细算，生产上精耕细作，管理上精雕细刻，技术上精益求精"的"四精"要求，管理水平显著提升。

六、经验总结

司库管理体系建设和顺利实施，主要得益于以下几点：

（1）领导重视是关键。在司库启动、试点和推广阶段，集团总会计师多次听取工作汇报，定期了解进展情况，亲自安排部署，协调解决问题，并提出明确要求，为工作指明方向。

（2）组织有力是保障。成立了由集团总会计师为组长的司库项目领导小组，负责总体工作安排；由集团资金部、财务部、信息部等相关部门及财务公司组成司库项目工作组，负责具体实施；各所属单位成立以总会计师为组长的司库推广工作小组，负责落实本单位推广应用。

（3）方案科学是基础。以业务为导向，以提高管理效率为目标。流程及方案设计基于企业实际，借鉴国际先进经验、反复论证。在推广过程中，充分考虑不同单位现状，制订差异化实施方案，对重点企业安排技术人员驻守现场，确保实施方案落实到位。

（4）协同配合是根本。在建设期间所属单位、合作银行、合作伙伴密切配合，每周召开项目协调会，解决问题；推广过程中，组织多期经验交流会，沟通经验，集思广益，拓宽工作司思路。

（5）坚定目标是保证。中石油坚持资金集中管理30多年，司库建设和完善历时十多年，始终以提升集团司库管理水平为目标，咬定目标不放松，无论组织机构和人员如何变动，始终坚持和持续推进司库体系建设。

司库管理体系建设虽取得一些成效，但仍存在优化空间：

一是深化业财融合。进一步拓深、拓展司库管理体系的建设方向，充分运用大数据、智能化，强化数据分析对生产经营的指导，为决策提供强有力数据分析支撑。

二是推动海外企业司库管理。围绕"境内、境外一体化"和"本币、外币一体化"工作目标，结合海外实际情况，持续优化司库信息系统功能，提供跨地区、跨银行、多币种、多层级全球资金池管理。

创新永无止境，继续大力弘扬石油精神，勇于担当、积极作为，为集团公司建设世界一流综合性国际能源公司做出新的更大的贡献！

参考文献：

[1] 中国石油天然气集团公司. 中国石油天然气集团有限公司信息化管理办法（中油信〔2012〕581号）[EB/OL]. (2012-12-26)[2021-11-30].

[2] 王增业. 跨国公司司库管理经验及启示[J]. 国际石油经济，2015（3）：89-93.

[3] 中国石油天然气集团公司司库系统2.0项目可行性研究报告[R]，2016.

企业自评

中国石油天然气集团有限公司经过多年探索，构建了以《司库管理办法》为核心的制度体系，明确了管理职责及工作标准，为司库管理运行提供了制度保障。梳理分散在各个管理层面的业务流程，重新设计优化，明确角色、任务和路径，实现"同一角色职责一致，同一业务路径一致"，在制度建设与信息系统之间发挥了承上启下的作用。自主研发建设司库系统，涵盖了境内外各级企业，集成了

ERP系统、财务会计核算系统、合同系统、加油站管理系统、合作银行系统和国资委大额资金监控系统等。资金支付等业务从发起、审核、审批等全过程线上运行，可视可控可操作，实现了集团统一资金池、统一票据池；收入实时归集至总部、资金计划按年月周日统筹安排；集团内部资金结算封闭运行；筹融资总部整体筹划，授信、担保集团统一管理；统一管理集团客户信用，活跃产业链客户、助力金融业务发展，充分发挥集团整体优势，实现减支增效的目的，年节约财务费用数十亿元，实现集团金融资源管理价值最大化。

专家点评

党的十八大以来，国家提出突出创新引领，加快转换发展动能，大力推动管理创新。中石油持续强化司库管理体系建设，通过总分联动账户架构，建立集中统一资金池、统一票据池，加强资金计划管控，提高资金配置效率与收益率；建设高效直联的支付结算体系，保障资金运作安全可靠；加强对赊销、票据和存货的管理，规范管理流程，增强信息透明度；将汇率风险、信用风险、流动性风险和操作风险等纳入司库管理，强化集团财务风险管控能力，取得了显著的经济效益，中石油集团司库管理体系建设已达到跨国企业集团资金管理国际先进和国内领先水平。

构建中国石油智能型全球共享服务体系 助力集团数字化管理转型

中国石油集团共享运营有限公司

> **摘要：** 培育具有全球竞争力的世界一流企业，对企业集团治理体系和治理能力提出了更高要求。中国石油天然气集团有限公司在深化管理体制改革中做出战略部署，决定以财务和人力资源共享先行先试，开展智能型全球共享服务体系建设工作，并持续推进包括信息、法律等共享服务在内的"共享中国石油"建设。通过智能型全球共享服务体系建设，打造战略、业务、共享"三位一体"的新型管理模式，推动中国石油集团管理转型，实现价值创造。
>
> **关键词：** 智能型；共享服务；中国石油

一、中国石油基本情况

中国石油天然气集团有限公司（以下简称"中国石油"）作为国有重要骨干企业和中国主要的油气生产商和供应商之一，是集油气勘探开发、炼油化工、销售贸易、管道储运、工程技术、工程建设、装备制造、金融服务于一体的综合性国际能源公司，在国内油气勘探开发中居主导地位，在全球35个国家和地区开展油气业务。近年来，中国石油以高质量发展为主题，加快转变发展方式，坚持创新、资源、市场、国际化和绿色低碳战略，统筹国内外两种资源、两个市场，不断增强国际竞争力和可持续发展能力，努力打造绿色、国际、可持续的中国石油。

2020年中国石油全年国内油气产量当量首次突破2亿吨，海外油气产量当量保持稳产在1亿吨以上，公司全年实现营业总收入20871亿元，利润总额875亿元。2020年，中国石油在世界50家大石油公司综合排名中位居第三位，在《财富》杂志全球500家大公司排名中位居第四位。

二、智能型全球共享服务体系建设基础及历程

（一）全球共享发展概况

共享服务起源于20世纪七八十年代，由通用和福特等大型制造业企业提出，国际石油公司快速跟进，世界500强中超过80%的企业实施了共享。同行业壳牌、BP是20世纪90年代启动共享服务建设，在经历了单职能共享服务、多职能共享服务等阶段后，目前已经逐步步入全球商业服务（Global Business Services，简称GBS）模式。随着数字化技术的广泛应用和高速发展，越来越多的GBS与大数据、

---

* 本篇作者：丁淑颖、吴雪鹤、谭瑾、梁俊红、陈浩、郭泽晋、于冰。
　指导专家：杨俊（上海越乘信息科技有限公司）。

人工智能、移动互联网、云技术、物联网等数字化技术相结合，数字化商业服务（Digital Business Services）应运而生，成为新一代共享中心的发展方向。近年，国内共享服务方兴未艾，财政部、国资委也发布相关文件，掀起了一波建设浪潮。国内外实践表明，共享服务能够提高效率、降低成本、管控风险和创造价值，是企业促进管理转型和实现战略目标的有效举措。

（二）中国石油共享服务建设基础

多年来，中国石油积极推进"一个全面、三个集中"财务管理模式，在管理制度、业务流程、标准化、信息系统等方面取得了很好成效，位于国内大型企业前列。通过研究对比和咨询机构评价，中国石油已具备建设财务共享的坚实基础。

1. 中国石油党组的高度重视和公司上下的普遍共识

中国石油集团公司党组要求加快推进全球共享服务体系建设，明确"一个平台，多路共享"，建设综合型共享服务中心的方向和思路。各级企事业单位对共享服务建设有期望，希望通过共享服务建设释放活力，培育新动力，推动新发展。

2. 坚实的管理基础和强大的人才后盾

中国石油以建设世界一流综合性国际能源公司为目标，在技术进步和管理提升方面，取得了很好的业绩，积累了宝贵的知识财富和管理成果。在管理制度、业务流程、标准化、信息系统等方面取得了很好成效。同时培养出大批懂管理、懂技术的复合型人才和信息化建设队伍，在石油文化中培育出高效执行力。

3. 良好的信息化基础

中国石油建立了覆盖总部、专业公司、地区公司的各类信息系统，通过20多年的持续建设和优化升级，先后经历了从统一到集中，再到集成的阶段，整个过程都充分体现了共享的理念，是共享建设的重要基础。特别是建立了具有自主知识产权的财务管理信息系统（FMIS），实现会计一级集中核算，会计账套由2700多个集中到1个；实现资金全过程精细化集中管理；实现了报销集中，统一报销流程、费用标准；实现与ERP、加油站等多个业务系统集成，约80%会计凭证自动生成，促进财务与业务协同。建立统一的标准体系，纳入标准管理平台集中统一管理，提高了业务处理的规范性和一致性。

4. 可借鉴模式及后发优势

壳牌、英国石油、埃克森美孚等石油公司共享服务已有20多年的历史，中兴、华为、中国石化等一大批国内企业先后建立共享服务中心，国内外企业各具特色的管理架构和发展模式可供中国石油学习借鉴，使在此基础上，结合未来发展趋势，中国石油设计更为先进的方案，具备实现弯道超车的条件。

（三）中国石油共享建设历程

自2014年起，中国石油按照"一个平台、多路共享"的总体思路正式启动智能型全球共享服务体系的建设，经历了方案设计、试点验证、加速推广三个阶段后，目前已进入高质量发展阶段。

1. 第一阶段（2014—2016年）：启动共享建设，开展大量调研，完成方案设计

基于全方位、多层次现状调研，收集整理377项财务制度、会计手册等资料，对公司所属十大业务板块的有代表性的25家地区公司、上万名财务人员开展问卷调研，了解财务工作现状。组织5位外国专家开展国际共享建设经验分享；学习近20家国内外企业共享建设经验，研究行业内标杆企业财务共享建设现状及发展趋势，借鉴行业先进经验。与长庆油田等7家试点单位开展为期17天的设计方案现场对接，下发设计方案至150多家地区公司，书面征求意见。通过前期大量工作，多轮次修改完善，完成战略框架、业务流程、标准体系、信息系统、组织人员、服务运营设计，形成了框架方案与详细设计方案。

2. 第二阶段（2017—2018年）：坚持试点先行，全面验证建设方案

2017年11月，共享服务西安中心投入运营，长庆油田、陕西销售、宝鸡钢管等驻陕7家企业试点上线。试点结果表明，共享服务模式在集团公司实践上可行、设计方案可落地、实施方法可操作、具备在全公司推广的实施条件。2018年8月集团公司审议财务共享服务试点总结，认为财务共享服务试点取得"12345"成效，即验证了一套设计方案、积累了两项实施经验、消除了三个人员迁移疑虑、展现了四类共享效果、揭示了五个待解决问题，形成可复制、可推广的经验做法，圆满完成试点任务。

3. 第三阶段（2018—2020年）：聚焦目标任务，高效推进推广实施

2018年7月起，中国石油共享服务正式进入扩大试点及全面推广阶段，2019年正式注册成立中国石油天然气集团共享运营有限公司，为中国石油控股子公司。截至2020年底，全面完成财务共享服务国内全覆盖、人力资源共享首批业务国内全覆盖，超前完成7家企业35个项目（单位）海外财务共享试点覆盖；服务于中国石油所有业务板块，服务于全球17个国家，提供中、英、俄三种语言服务。截至2020年底，财务共享累计接单4100万笔，人力资源共享累计服务4000余万人次，业务处理准确率达到99.6%、及时率100%，用户满意度达到88%。

4. 第四阶段（2021年至今）：坚持创新驱动，推动高质量发展

2021年起，中国石油共享服务将通过与企业运作紧密结合，服务范围不断拓展，逐步向价值链前端延伸，为企业提供多元化的支持性服务。同时建立以流程为核心的管理模式，推动"基于职能管理"向"基于流程管理"转变，有效提升整合、运作资源效率，并持续向外部客户、供应商延伸，打通价值创造全过程，提高整体运行效率和效益。

三、智能型全球共享服务体系建设的主要举措

中国石油共享服务建设坚持"走出去"与"请进来"相结合，参考国际通用的共享服务建设SPORTS模型，借鉴共享发展趋势及近20家国内外企业共享建设情况，结合中国石油在推进"一全面、三集中"财务管理模式进程中取得的管理制度、业务流程、标准体系、信息系统等方面的成效，确定了中国石油共享服务建设"六要素"（见图1）。

图1 共享服务建设"六要素"

（一）坚持顶层设计，打造以价值为核心的战略定位

中国石油共享服务以价值创造为导向，以共享建设促发展、强管理、提效益、增效能为目标，促进国际化发展、专业化运营、市场化运作。

1. 愿景使命

中国石油共享服务建设愿景是打造世界一流的智能型全球财务共享服务体系；使命是为公司、员工、合作伙伴提供优质、高效服务，推动财务转型，为公司合规经营保驾护航，为公司创造价值。

2. 职能定位

共享中心是中国石油参与国内外市场竞争的财务专业运营服务提供方，是专业从事共享运营业务的实体，定位为"三大中心"即运营中心、专家中心、创新中心（见图2）；扮演"五种角色"即创建世界一流企业的推动者、企业管理变革的先行者、智能技术应用的引领者、新型财务融合的探索者、合规管理的示范者。

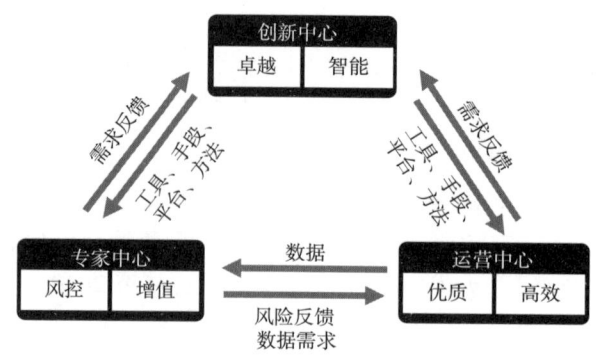

图 2 共享服务职能定位

3. 业务范围

中国石油共享服务提供财务和人力资源共享两路服务。财务共享业务范围包括基本业务、专项业务、运营性业务和增值服务业务四大类。基本业务指采购至付款、销售至收款和总账至报表三大业务线;专项业务指流程整合形成的一站式专项服务,如商旅服务、发票服务、电子档案服务等;运营性业务指中国石油授权的日资金计划、票据操作等业务;增值服务业务是将共享职能由后台支持延伸为数字化中枢,提供业务洞察、数据服务和专家咨询等。人力资源共享业务范围包括员工服务、薪酬服务、社保服务、人才服务、招聘服务、统计分析和其他服务七大类。

4. 中心布局

共享中心组织布局上采用"1+3+4"的区域布局,"1"为共享中心本部,承担共享管理职能,部署在北京;"3"为区域中心,承担具体共享运营交付职能,部署在西安、大庆、成都;"4"部署在北京、天津、吉林、乌鲁木齐,支持区域中心完成交付。

5. 商务模式

中国石油共享服务以市场化运行为目标,遵循共享发展一般规律,短期力求盈亏平衡,中期实现微利保本,后续逐步发展成为成熟利润中心、实现市场化运作。

(二)聚焦流程再造,打造精干高效的业务流程体系

基于功能定位和财务共享业务范围,对公司所有业务板块的交易处理类流程及相应的管理流程进行全面梳理,形成了一套集团公司统一的流程框架(见图3),包括15条一级流程、56条二级流程、290条三级流程,并以文件的形式下发执行。

1. 应纳尽纳,交易处理由分散到集中

针对全面梳理后的流程框架,按照应纳尽纳的原则,对于不受法律法规限制、可异地处理、能够带来规模效益的流程活动,其处理模式由地区公司分散处理转变为由共享中心集中处理,此类活动达1000余项,约占整体财务活动的42%。

2. 坚持流程优化与再造,打造标准、合规、协同、高效的业务流程

中国石油共享服务始终聚焦流程优化与再造,流程转变为集中统一处理后,对其进一步标准化,逐步消除板块间、地区公司间处理差异,精简冗余业务流程,推进流程效率、效能持续提升。

融通业财方面,持续优化有合同采购流程、油品/非油品销售流程等,通过系统无缝集成,实现业务一次操作、数据共享使用。例如,通过打通有合同采购的全流程,将结构化、非结构化数据在业务端、财务端实时共享,共享中心平均每日审核合同800个,并且有效地防范了支付风险(见图4)。通过打通油品/非油品销售全流程,将业务数据自动转化为财务数据。

管控风险方面,将管控规则固化到流程节点中,明确控制措施、控制责任部门、控制频率等事项,

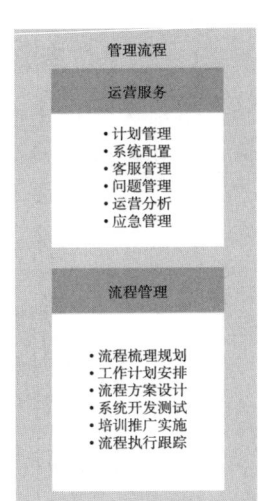

图3 财务流程框架

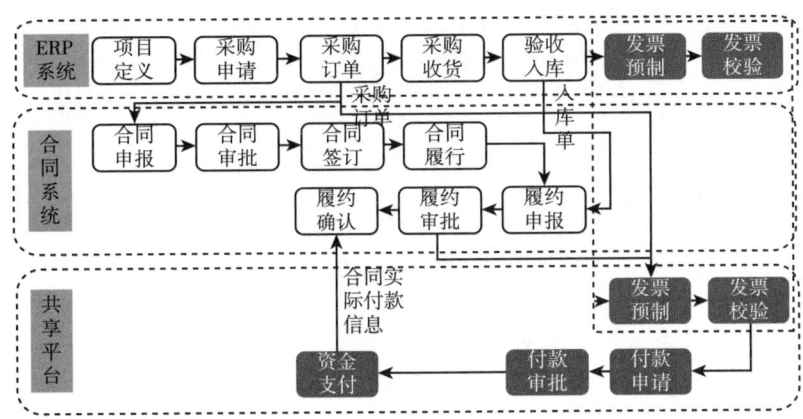

图4 有合同采购全流程

设置流程不相容职责控制、审核与对账控制、系统权限控制等核心控制点,最终形成一套关键控制流程化、控制措施系统化、复核机制合理化的共享流程。

模式变革方面,将原有由地区公司分散采购差旅资源,变革为采用B2B模式进行差旅集中采购、集中结算,提供一站式服务,实现事前申请、商旅预订、出差报销、资金结算全流程贯通,为员工提供高效便捷服务(见图5)。

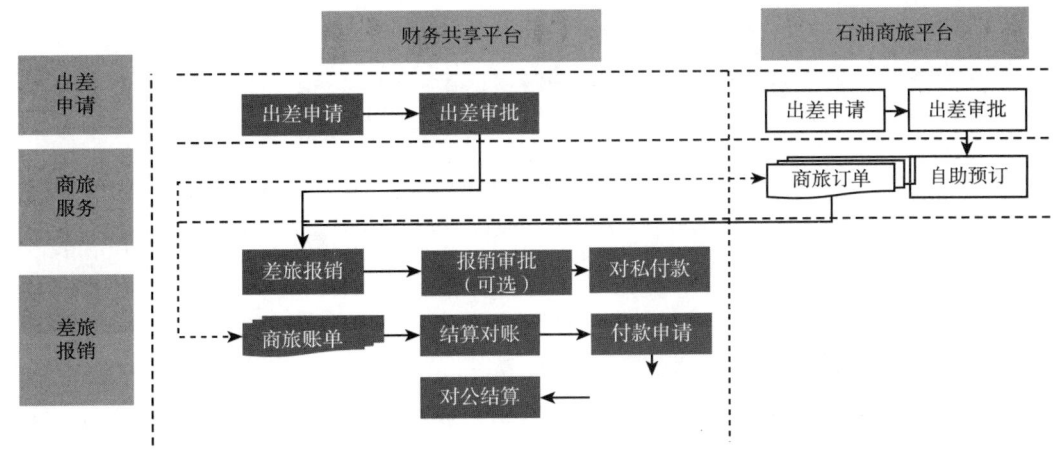

图5 差旅集中流程

（三）坚持继承创新，打造规范统一的标准管理体系

标准体系是共享服务建设的重要基础，基于统一的业务标准、统一的数据标准、统一的技术标准，更易于共享服务发挥规模化效应。

1. 标准框架

在原有"组织机构+科目+辅助核算"的财务标准化体系基础上，新增服务目录、业务表单，对数据进行标签化处理，形成共享模式下标准框架（见图6）。

图6 标准管理框架

2. 服务目录

按照 MECE（相互独立、完全穷尽）原则，设计覆盖全业务的全球统一服务目录，支持共享服务市场化、全球化运营，其中一级目录11个、二级目录79个、三级目录263个（见图7）。

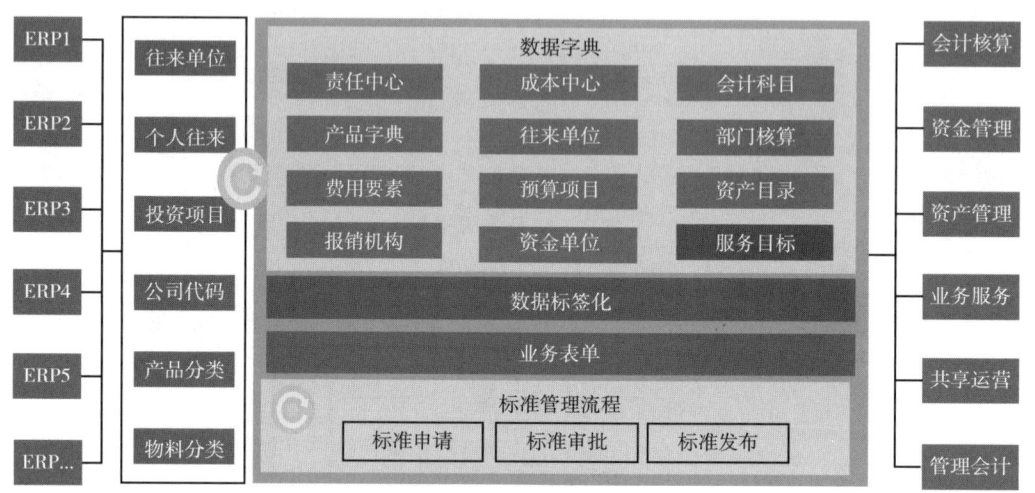

图7 服务目录示例

3. 业务表单

在服务目录框架下，按照业务场景，设计业务表单，通过系统集成获取与人工填录，满足基础交易处理需要，成为采集标签化数据的载体，为大数据分析奠定基础（见图8）。

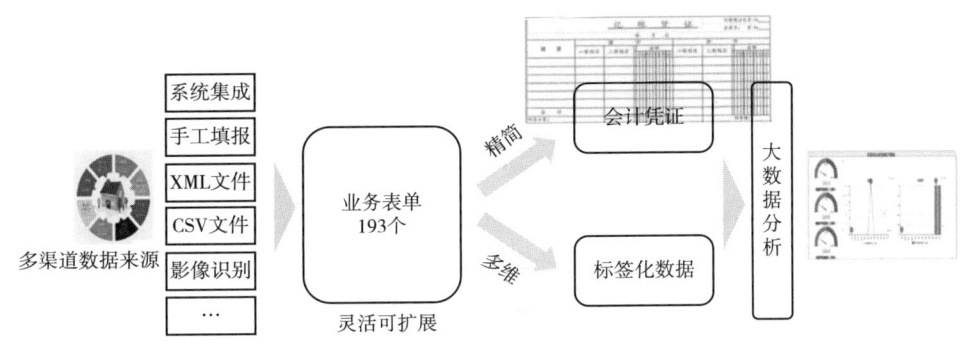

图 8 业务表单示例

(四) 坚持技术引领，打造数字智能的共享服务系统

中国石油以财务管理信息系统（FMIS）为基础，充分应用移动互联、云计算、大数据、人工智能等技术，深化集成 ERP、加管、合同、HR 等系统，构建全球统一的共享平台。平台建设遵循"一个平台、多路共享"思路，面向财务、HR、IT 等多职能领域，提供中文、英语、俄语等多语言服务，支持全球多区域中心运营，服务集团公司总部、专业公司、地区公司多层级（见图9）。

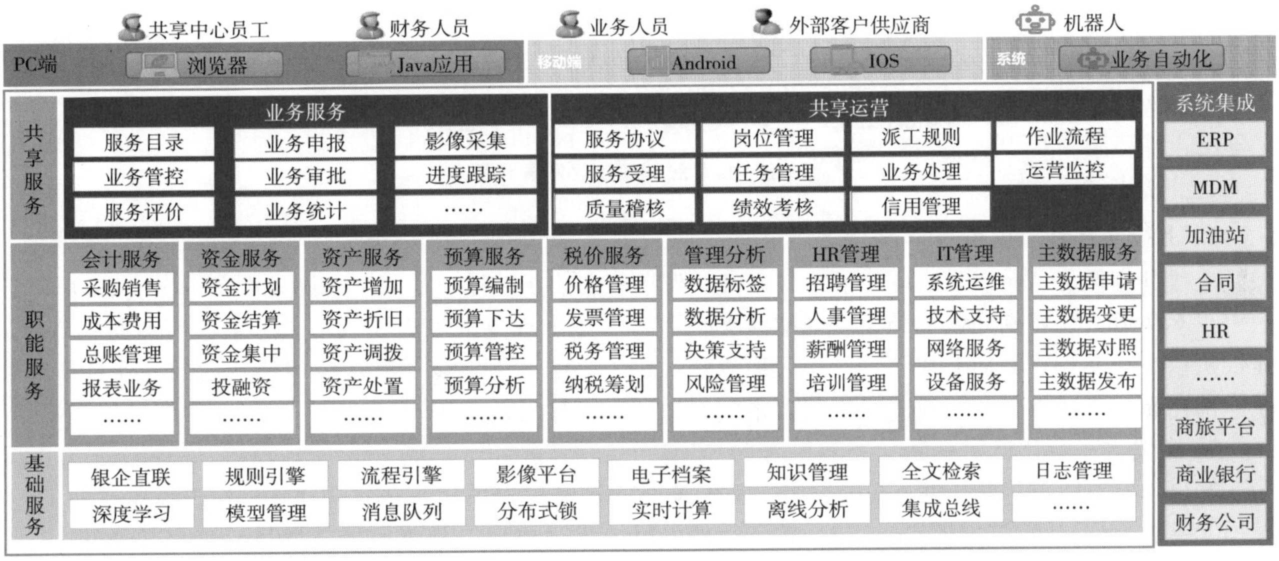

图 9 共享服务系统总体架构

1. 硬件架构从传统架构向云架构迁移

依托中国石油信息化建设总体基础设施，将财务管理信息系统（FMIS）、共享平台、司库平台等全部迁移至云平台资源池。迁移后，一方面财务系统不再单独采购服务器，硬件资源只需向集团公司云数据中心提交需求即可，另一方面申请到的硬件资源在财务信息系统内部不同服务之间可以实现弹性伸缩、按需调配。

2. 软件架构从单体架构向微服务架构升级

共享平台在建设之初，按照单据服务、影像服务、流程服务、用户服务、消息服务、标准服务等微服务的架构进行搭建，各个微服务在开发、交付、运维等方面相互独立，通过统一的微服务运行管理平台进行相互协作和调用，为用户提供完整的系统功能。改造后，一是共享平台的开发从传统模式转变为可快速响应用户需求的敏捷式开发；二是新技术应用更为灵活、便捷；三是向用户交付的功能可利用多个微服务进行按需、灵活组合。

3. 创新应用自动化、智能化技术

中国石油基于多年来财务标准化和信息化基础，积极创新自动化、智能化应用。自主研发机器人流程自动化（RPA），统一命名为"小铁人"，先后上线制证类、审核类、发票认证类、资金支付类、回单分拣类、电子会计档案归档类等6类共200个"小铁人"机器人，平均处理效率为人工的20倍。上线智能识别技术，支持增值税发票、火车票等8类票种多张、多类型自动切割、混合识别，自动完成交通费、住宿费等内容的填写；上线知识图谱技术，利用已有的数据资产构建报销图谱，用户只需通过向导式的操作指引对各项信息进行确认即可。未来，基于感知型的文字、图片、语音识别、语音交互也将开发应用于多种业务场景；基于认知型的机器学习、自然语言处理（NLP）等技术将在记账凭证自动推演、智能客服等方面发挥作用（见图10）。

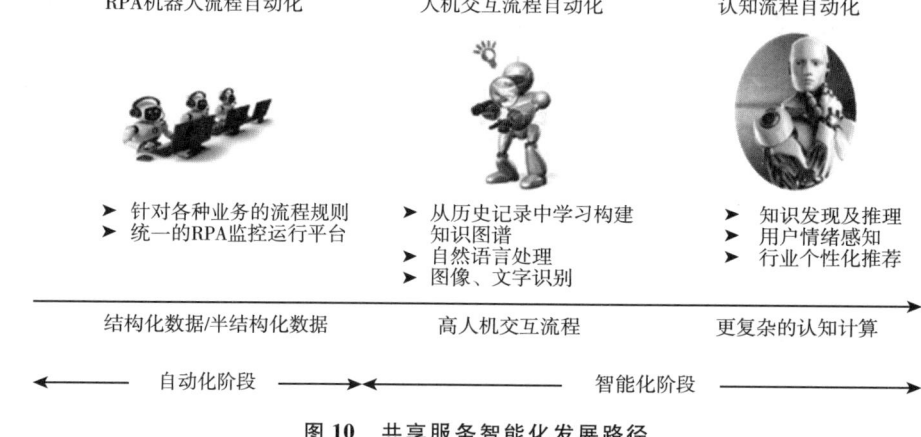

图10 共享服务智能化发展路径

4. 上线共享移动应用

上线共享服务App，集申请、报销、审批、发票等功能于一体，实现随时随地办理业务，移动端活跃用户6.7万人。特别是新冠肺炎疫情期间支持了30%以上业务的远程在线审批。上线石油商旅App，提供机票、火车票、酒店在线预订，实现商旅资源集中采购。下一步，移动应用将从内部各业务单元、职能部门拓展至外部客户供应商，实现上下实时协同、内外高效协作。

5. 上线电子会计档案平台

2016年12月，中国石油入选国家第一批电子会计档案试点单位，依托于FMIS系统构建了电子会计档案平台，实现电子会计凭证成册、账簿成册、财务报告成册及档案移交等功能。2017年8月通过财政部、国家档案局、发改委专家组验收。电子会计档案实现中国石油所属企业全覆盖，由共享中心统一负责电子会计档案成册及归档，会计档案电子化比例超过50%（见图11）。

6. 上线进项税发票管理平台

中国石油在推进共享建设的同时，搭建了进项税发票管理平台及统一的进项税发票池，自动获取国税总局电子底账库增值税全票面信息，实现增值税发票自动查重、验真、认证等功能，目前已在中国石油所属企业全面应用（见图12）。

（五）坚持协同整合，打造开放赋能的组织人员体系

中国石油财务共享组织人员设计，明确了共享中心内部组织机构，及其与整体财务组织的关系，并对共享中心人才队伍建设提出了要求。

1. 按照管办分离原则厘清财务职责分工

共享后，同一流程的部分活动由共享中心承担，需要在总部财务、专业公司财务、地区公司财务

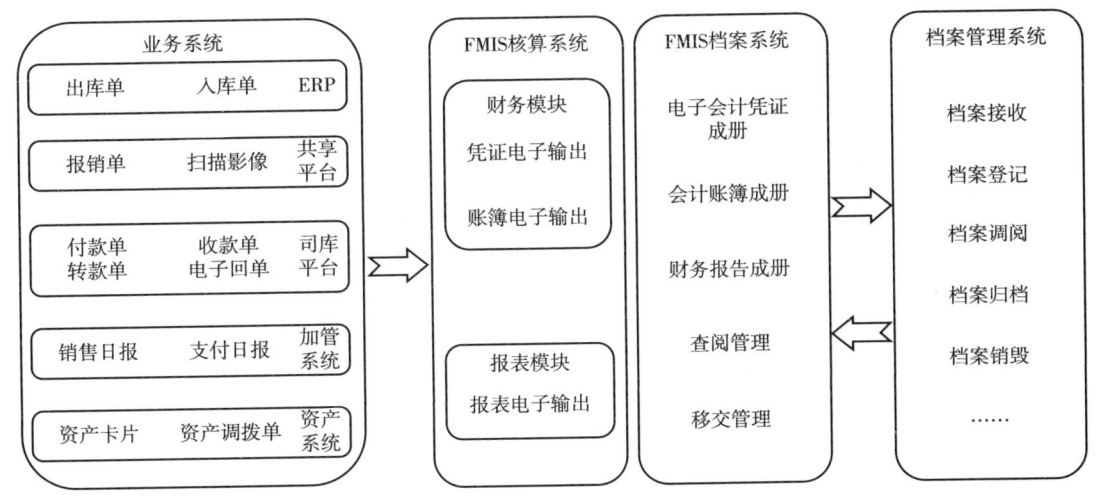

图 11 电子会计档案功能架构

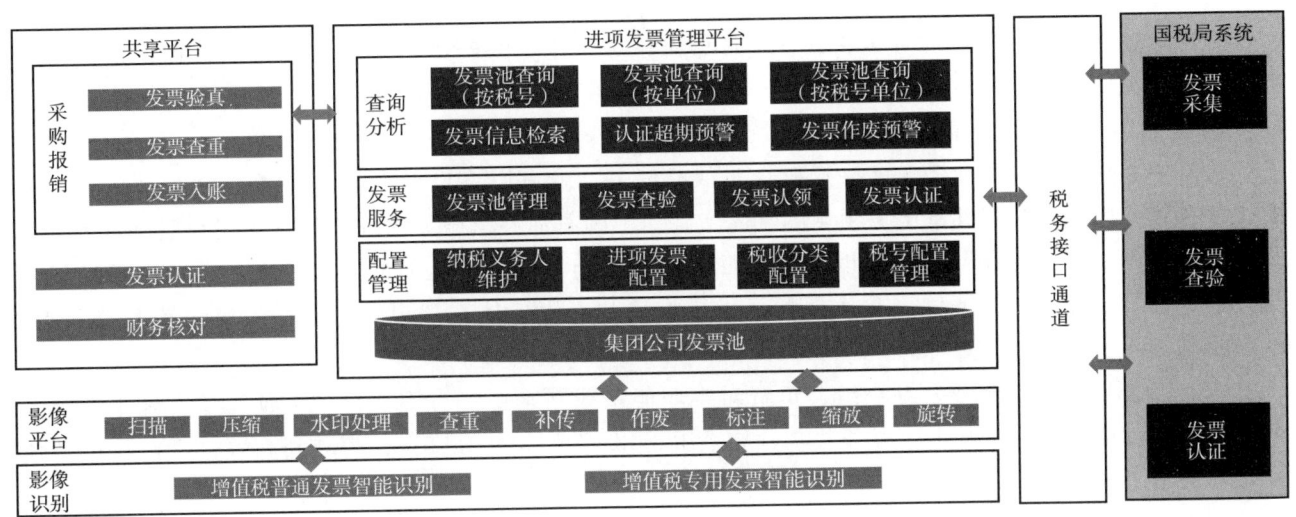

图 12 进项税发票管理平台架构

和共享中心之间厘清具体职责分工。总部财务作为战略财务，主要职能是参与集团战略制定与推进，制定集团财务工作指导方针和规则，通过预算、资金、绩效等手段引导资源配置，为公司管理层提供决策支持，引领财务管理体系建设，建立财务风险监管及内控体系等。专业公司和地区公司作为业务财务，主要职能是促进集团战略向业务单元的推进落实，执行集团财务管理要求，承担前端业务财务管理和控制职能，为总部财务和共享中心提供支持。共享中心作为共享财务，是集团公司的创新中心、专家中心和运营中心，是集团公司财务管理的有机组成部分，负责核算及财务报告等财务运营性业务处理，开展专家咨询业务，提供战略财务、业务财务管理所需的数据、方法和工具。

2. 结合管理幅度、规模效应，合理设置共享中心机构

借鉴壳牌、中石化等国内外领先实践做法，共享中心均以法人企业形式为集团企业提供服务。中国石油共享中心作为中国石油集团公司控股子公司，以"保本微利"为经营目标，实行精细化成本管控，通过降低自身运营成本，帮助客户单位实现提质增效目标，同时与中国石油股份公司采取关联交易方式结算服务费用，保证费用结算更加透明合理。

考虑管理幅度、业务分布、职能划分等因素，中国石油按照"一个中心、总分架构"的结构，设置共享中心本部及区域中心。本部主要负责制定财务共享服务发展战略，搭建财务共享服务体系，推进财务共享实施及服务运营管理，负责全局性流程优化、简化、标准化，数据及业务标准统一、财务信息系统建设等。区域中心主要负责按照服务水平协议约定，为其服务范围内的地区公司提供采购至应付、销售至收款、总账及报表三大类交易处理服务和相关数据支持，完成本区域中心的日常服务运营工作等；基于流程化运行、专业化分工，区域中心设置采购应付部（PTP）、销售收款部（OTC）、总账报表（GTR）部三个业务部门，同时关注服务、追求精益，设置服务部、综合部两个支持部门。

3. 坚持以质取胜，严控财务共享总体人员规模

共享中心持续发挥专业化、集约化效应，应用自动化、智能化等技术替代人工处理，不断压减用工需求，人员总体规模拟按 3300 人控制，占中国石油财务人员总量的 11%。随着共享运营成熟度提升、自然减员和市场化运营，同等业务量所需人员规模将进一步精简到一流共享中心水平。同时，按照共享中心功能定位和数字化时代对人才的要求，中国石油致力于将共享中心打造为财务人才培养基地。预计到"十四五"时期末，共享中心总人数中，将有 85% 从事运营中心相关业务，15% 从事专家中心和创新中心相关业务。

（六）注重客户体验，打造全球统一的服务运营体系

服务运营体系是对中国石油共享中心对其与服务对象建立的新型合作伙伴关系的管理，是提升服务水平和改善内部运营的重要手段。

1. 建立了分层级的共享服务治理架构

共享中心作为独立的业务单元来运营，与战略财务、业务财务以及与各业务单元的关系，与传统模式存在较大区别。参照共享服务领域的领先实践，中国石油共享服务治理架构分为三个层级：

（1）共享服务战略指导委员会设在中国石油网络安全与信息安全领导小组，由公司董事长担任组长，负责统筹研究共享服务体系整体框架，指导推动共享服务体系建设工作，协调解决跨职能重点、难点问题。

（2）分职能的共享服务领导小组，负责对本职能条线共享服务方案、计划、预算及实施中的重大事项变革进行审议决策。其中，财务共享领导小组于 2017 年 2 月份成立，为顺利高效推进共享服务体系建设提供了坚实保障。

（3）运行沟通委员会，负责对运营绩效 KPI 进行日常管理，管理日常运营问题以及持续改进优化等。

2. 建立了服务运营管理闭环

中国石油共享始终牢固树立"以客户为中心"理念，把质量、效率、成本、客户满意度作为衡量服务品质的重要标尺，构建以智能客服中心、客户回访机制、客户满意度调查、运营管理机制、服务交付质量为主题的服务运营体系（见图13）。

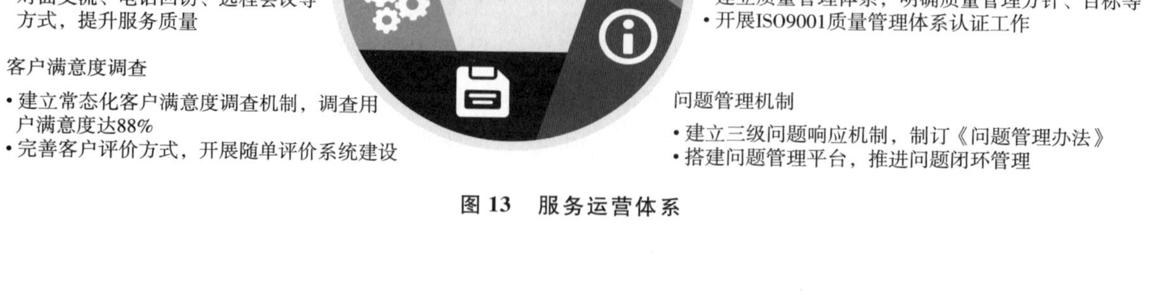

智能客户服务中心
- 设立400客户服务热线，问题拦截率99%
- 建立共享知识库，入库知识1.1万余条
- 建立"油宝宝"智能在线客服

客户回访机制
- 建立客户回访机制，通过与客户面对面交流、电话回访、远程会议等方式，提升服务质量

客户满意度调查
- 建立常态化客户满意度调查机制，调查用户满意度达88%
- 完善客户评价方式，开展随单评价系统建设

运营管理机制
- 建立与总部、区域中心问题协调机制
- 制订《运营管理办法》及月度运营分析制度
- 反映业务量、质量、效率、成本等运营情况

质量管理机制
- 建立质量管理体系，明确质量管理方针、目标等
- 开展ISO9001质量管理体系认证工作

问题管理机制
- 建立三级问题响应机制，制订《问题管理办法》
- 搭建问题管理平台，推进问题闭环管理

图 13 服务运营体系

（1）智能客户服务中心：强化服务意识，设立400客户服务热线，客户问题拦截率99%、客户满意度99%、工单记录率99%。建立标准化客户服务流程和评价标准，创建财务共享知识1.1万余条，开展"油宝宝"智能在线客户服务。

（2）客户回访机制：坚持客户至上，建立公司领导、区域中心领导及本部部门、客户岗位三级回访机制，制订客户回访实施细则，建设客户管理系统。围绕中心工作和客户实际，制订年度客户回访计划，通过现场交流、远程视频、电话回访等方式，年度回访客户单位30%以上，倾听客户心声，加强客户关系管理，提升服务质量。

（3）满意度调查机制：建立常态化客户满意度调查机制，通过调查，满意度达到88%；完善客户评价方式，开展随单评价系统建设，及时处理客户不满意事项。通过满意度管理，整理分析调查结果，研究提出问题改进举措，帮助共享中心持续提升服务质量和客户满意度，形成客户服务文化。

（4）运营管理机制：建立了与中国石油总部相关部门的定期沟通机制，协调解决运营过程中的重大事项；建立了与区域中心的双周问题协调机制，及时解决运营过程中客户单位提出的系统、流程等问题；制定了《运营管理办法》及月度运营分析制度，定期通过业务量、质量、效率、成本等维度反映共享运营情况。

（5）质量管理机制：借鉴国际先进经验，设计适用于中石油共享中心的质量管理框架体系，统筹设计82项指标，将60项指标纳入可视化监控。编写共享中心质量管理实施细则（财务共享分册），定期开展运营分析，持续提高运营质量。

（6）问题管理机制：坚持问题导向，建立客服中心、区域中心、本部部门三级问题响应体系，制定《问题管理办法》，建设问题管理系统。开展质量与客户体验提升等问题专项工作，实行问题闭环管理，总体问题解决率90%以上，提升运营质量。

四、智能型全球共享服务体系建设的主要成效

共享服务的本质是通过公司资源整合，释放效率和效能，从而提升公司价值。中国石油历时三年时间，基本建成智能型全球共享服务体系，在集团管理水平提升、数字化转型和智能化发展等方面发挥了积极作用，为建成"共享中国石油"奠定了坚实基础。

（一）助力管理转型

1. 构建新型财务管理架构

实施财务共享服务，重塑财务职能，逐步建立符合国际先进做法和发展趋势的战略财务、业务财务、共享财务"三位一体"的财务管理架构，打造"业务管办分离、流程整合贯通、数据实时交互、人才双向交流、系统共建共享、制度协同落实"的有机整体，推动公司构建符合战略发展需要的管理体制，推动中国石油治理体系和治理能力现代化，为建设世界一流综合性国际能源公司提供强有力的保障。

2. 实现财务组织价值提升

中国石油通过共享建设，进一步重塑、优化、简化财务和业务流程，实现财务流程和业务流程的贯通，推动财务延伸到企业价值链的各个环节，工作重心从价值核算向价值创造、价值提升转变。通过财务共享建设优化了财务人员结构，从事运营性操作业务的人员占比从70%降为50%，结构性缺员现象得到缓解，财务管理生产力得到释放，财务人员将更多精力投入于战略规划、生产经营分析、资金筹划、风险控制等高附加值工作，从决策执行向决策支撑转变，专业化人才队伍雏形初现。

3. 推动地区公司改革发展

部分单位以推进共享为契机，积极推动改革发展，管理转型呈现新活力、新气象，有力促进集团

公司整体管理转型。如长庆油田核算主体全部纳入共享，推动向"内部银行、内部市场、内部利润"管理转型。陕西销售共享后财务处人员数量压缩近50%，通过搭建资产创效、新增网点质量等模型，强化财务直管到站，推动财务管理从会计核算型向价值管理型转变。

（二）降低运行成本

1. 发挥共享规模效应，降低人工成本

通过财务共享，财务人员规模自然递减后不需重新补充，通过规模化、集约化、工厂化、流程化、智能化，引入数字化劳动力，原投入到交易性处理业务中占用的生产力得到释放，财务人员规模自然递减。根据前期试点情况测算，结合中国石油人员现状，"十四五"时期末，财务人员需求将由共享前的3万下降到2万左右，降低约33%。

2. 推进会计档案电子化，降低管理成本

作为首家通过国家试点验收的单位，中国石油电子会计档案的实施，解决了传统会计档案保管利用难的问题，为公司创造了实实在在的经济效益，也创造了良好的社会效益。按照会计档案综合电子化率70%计算，减少档案馆占地6000平方米，每年可减少纸质会计档案3亿张；每年节约纸张1300多吨，节省打印机硒鼓约3万个，节约成本近亿元；每年相当于少砍伐2万多棵树，减少碳排放约100多吨。践行了"低碳社会、绿色发展"理念，打造企业"绿色账本"。

3. 推行商旅集中采购模式，降低差旅成本

通过整合内外部商旅管理资源，提供一站式商旅服务。通过B2B商旅集中采购模式，提升整体运行效率；寓管理于流程，预算事前预警，标准在线控制，员工信息保密，采购价格透明，做到管理安全合规；通过大数据分析持续推进商旅资源优化整合，发挥集约效应，大幅降低商旅采购成本；员工出行无垫款，少票据，少填单，快结算，提升员工出行体验，有效解决员工出差报销难问题。按集中采购节约成本10%—20%测算，每年将节约差旅成本支出亿元以上。

（三）提升服务水平

共享中心与地区公司新型合作关系，客观上要求共享中心增强提升服务质量的主动性、约束力，促使其更加专注于通过自身建设不断提升用户满意度，赢得内部客户。共享中心将分散的业务整合起来，聚焦用户体验，持续优化流程，向多元客户提供多种交付，不断增强其专业化服务能力。

1. 更灵活的服务于客户，实现油品批发、零售客户零等待

批发业务，上线使用批发业务机器人，批发收款自动制证审核，平均处理速度8秒/笔，降低客户提货等待时间；零售业务，通过卡系统集成实现客户即付即储，降低了储值客户等待时间；非油业务，实现非油进、销、存、调、配、盘全流程系统集成，非油核算自动化率99.2%，单张制证耗时由人工11分钟减少至机器人6秒完成，制证频率由5—10天提升为按日入账。通过非油业务自动化应用，非油业务财务人员平均由10人降至1人。

2. 更高效的服务于供应商，实现供应商付款秒级支付

付款审核，上线使用付款审核机器人，处理时长由原来每单人工分钟数降低到秒钟数；对公付款，将对公付款流程中付款单业务审核节点（A点）、支付审核节点（B点）、支付审批节点（C点）三点合一，结算效率显著提升。

3. 更快捷的服务于员工，实现员工报销、薪酬发放提效50%以上

薪酬发放从人事到财务再到银行，全流程自动处理，避免人工干预，风险有效管控，效率明显提升，全流程时间缩短4天（约50%），员工满意度明显提升；费用报销，优化对私付款流程、减少对私支付审批环节，借助对私支付机器人，从报销发起到收到报销款，平均用时比共享前缩短3天。

（四）强化风险防控

寓管理于流程，寓流程于系统，实现风险在线控制。通过将共享中心集中业务处理与审计监察工作结合起来，在税务、合同履约、资金、合规等方面，从事后监督向源头治理转变，服务集团公司"大监督"体系，确保各项工作依法合规运行。

1. 降低税务风险

通过上线进项税平台，实现进项税发票验真查重、超期预警、批量认证、快速对账查询等功能，有效减轻各级企业财务人员工作量，提高业务提报的准确性和合规性，拦截不合规发票，确保发票验真准确性，税务风险防控能力明显增强。上线以来累计拦截不规范发票5万余张，拦截认证后作废发票600余张。

2. 降低合同履约风险

启用合同履约模块，系统自动检查合同标的金额、已付金额，通过合同履约与资金支付在线控制，有效杜绝超额付款，有效控制事后合同，实现付款与合同履约联动控制，有效降低了资金支付风险。

3. 降低资金风险

贯通加管、第三方支付平台、司库平台等系统，实现销售收款线上对账，实现业务链条中销售与收入、收入与收款、收款与核算的全流程线上对账，对账方式由月对账转变为日对账。降低地区公司对账工作量的同时有效防范资金回笼风险。

4. 控制系统风险

通过共享，将上线业务、开支标准、审核验证节点固化在系统中，实现控制点前移，有效避免了差异化的处理方式，统一性、规范性大幅提升，减少执行偏差，实现风险在线控制。系统开发按照国家安保等级3级设计管理，经受了多次护网行动考验。各区域中心业务互备，实时业务在各区域中心之间"一键切换"，保障业务连续性，规避由自然灾害、断网、停电等因素造成的业务中断风险。

（五）助力集团创效

充分发挥中国石油共享服务在数据、技术和平台等方面的优势，积极探索和应用数字化技术，深挖数据资源，激活数据价值，以敏锐的洞察力助力企业创效。

1. 供应链信息服务提升产融协同价值

按照"业务数据化、数据资产化、资产价值化、价值最大化"的思路，基于发票、合同、结算等应收应付信息资源，搭建供应链信息平台，广泛收集分析供应商、银行和客户需求信息，提供高效信息服务，实现多方共赢，提升整体效益。

2. 发票数据分析助力客户单位提质增效

基于进项税发票池与财务核算数据，构建发票数据分析产品，搭建供应商分析等5类13个应用场景，通过供应商画像、商品对标分析、供应商风险评级、供应商推荐等功能，为客户科学制定采购方案、降低采购成本、规范采购行为等提供有力支撑。

3. 常态化对标分析让财务"做经营者的眼睛"

做好常态化对标分析整体设计，围绕"对什么、跟谁对、怎么对"，携手中国石油总部部门、业务板块、地区公司构建全级次对标指标库，开发数据总览、数据对标、专题分析、智能报告等功能模块，收集整理近10年内外部指标数据，为中国石油各个管理层级常态化对标和精细化管理提供有力支撑。

（六）支持快速重组

共享中心的服务能力可覆盖多个业务单元，在集团公司发生重组或新的产业布局时，共享中心为新业务提供快捷高效优质服务，使管理者更加聚焦于整合核心业务，整合过程时间更短，扩展速度更快，成本更低。共享中心能够实现管理模式的复制，快速支持公司并购、重组、剥离，以及海外业务扩展。同时，共享后，各企业更多专注于自身的核心业务，促进业务持续发展，保持长期竞争优势。过去的三年，中国石油共享中心以低成本、高质量、高效率，支持了中油测井公司业务重组及昆仑数智公司组建。

五、智能型全球共享服务体系建设的经验总结

经过多年实践，我们认为，智能型全球共享服务体系建设的关键因素有五点：

（一）变革管理，贯穿全局

共享服务首先是管理变革，首当其冲的是组织机构和人员问题。中国石油业务链条长、地域跨度广、所属企业多、人员数量大，变革涉及到每个具体人员的切身利益，可以说，管理变革至关重要。共享服务体系的建立需要公司领导亲自推动，需要进行大量的、各个层面的宣传、培训、引导，统一思想、统一行动。

（二）顶层设计，试点先行

中国石油以打造世界一流智能型全球共享服务体系为目标。世界一流，就是要对标国内外最佳实践；智能，就是要踏上数字化时代的技术脉搏；全球化，就是要为国内外成员企业全面服务。通过剖析国内外20余家大型企业实践案例，广泛征求100多家所属企业意见，制订实施方案。业务上首先启动财务和人力资源两个领域，并选择部分企业先行先试，再对实施方案验证、矫正和优化。后续按照"一个平台、多路共享"思路，有序做好在其他业务领域建设推广工作。

（三）找准定位，创造价值

中国石油共享服务中心定位为运营中心、专家中心、创新中心，为公司、员工、合作伙伴提供优质高效服务，推动管理转型，为合规经营保驾护航，为公司创造价值。创造价值是共享服务的出发点，也是归宿点。在中国石油共享服务建设实践中，价值创造的理念贯穿始终，在简化流程提升效率、减少用工分流人员、集中采购降低成本、管控风险堵塞漏洞、转变职能推进转型等方面收获了一批鲜活的案例。

（四）数字驱动，智能应用

主动拥抱数字化转型，利用自动化、智能化技术，上线"小铁人"机器人，完成工作量占全部工作任务50%以上，促使共享中心摒弃传统发展路径，人数上做小，业务上做精。后续，将数字化转型作为高质量发展的战略性工程，加强应用语音识别、知识图谱、机器学习等智能技术，打造以"智能、连接、洞察"为核心的共享生态系统，推动共享中心成为敏捷服务、业务洞察和智慧决策的提供者。

（五）客户至上，注重体验

服务是共享中心的产品，也是立足和发展的根基。一是提供优质产品，基础业务处理高效规范，陆续推出商旅服务、发票服务等增值产品。二是关注用户体验，利用智能技术简化用户操作，"把简单交给用户，把麻烦留给自己"。三是构建客户服务体系，建立客户服务中心、客户回访、问题协调、客户满意度调查等沟通协调机制，快速响应客户需求。

六、智能型全球共享服务体系建设的发展展望

共享建设是不断发现机会、持续创造价值的过程，中国石油通过共享服务体系的建设，已初步打造了"三位一体"的新型财务、人力资源管理模式，做成了以往"想做没有做、想做不好做、想做做不成"的事情。未来，我们将继续锚定世界一流智能型共享服务体系的建设目标，筑牢"服务交付、用户体验、价值创造"三大基石，坚定不移推动高质量发展，以改革创新为根本动力，强管理、提效益、增效能，努力在三个方面实现跨越式发展，为中国石油建设世界一流综合性国际能源公司做出应有贡献。

（1）落实智能运营中心、专家中心和创新中心发展定位，助力集团高质量发展。财务、人力资源共享广度和深度进一步拓展，主要运营指标和服务能力达到先进共享水平，自动化智能化特征更加明显，员工队伍结构更加优化，智能型运营中心、专家中心和创新中心协同发展优势更加突出，基本建成世界一流智能型全球共享服务体系。

（2）建立全球大共享平台，进一步推动组织转型，提高集团管控能力。在财务、人力资源共享服务先行先试的基础上，以价值创造为导向，强化顶层设计、理顺体制机制、激发活力动力，按照"一个平台、多路共享"的建设思路，推进信息、法律等职能共享建设，加强各路共享协同效应、优化资源配置，建立中国石油多职能协同的全球大共享平台，进一步推动集团管理转型。

（3）实现共享数字化产品和服务对外输出，创造新的价值增长点。积极贯彻新发展理念，紧密围绕创新与发展、质量与效率、价值与服务，利用数字化工具打造高效卓越的业务运营、业务咨询、数据服务和技术工具等系列服务产品，并开展对外输出，创造新的价值增长点，实现在中国石油集团内部和外部两个价值创造循环成熟运行。

我们相信，中国石油智能型全球共享服务体系的构建，将对中国乃至全球智能共享中心的建设和价值创造具有重大借鉴意义。

参考文献：

［1］中国石油天然气集团有限公司．集团公司管理体制改革框架方案（试行）［EB/OL］．2016．
［2］迈克尔·波特．竞争优势［M］．陈小悦，译．北京：华夏出版社，1997．
［3］布赖恩·伯杰伦．共享服务精要［M］．燕清联合传媒管理咨询中心，译．北京：中国人民大学出版社，2004．
［4］德勤管理咨询．全球共享服务调研报告［R］．2015，2017，2019．
［5］ACCA中国，中兴财务云．中国共享服务领域调研报告［R/OL］．（2018-12-17）［2021-11-30］．https：//cn.accaglobal.com/insights/c89/2018_GBS_survey_89_899.html．

企业自评

中国石油自2014年启动智能型全球共享服务体系建设，始终坚持质量与进度并重，高点起步、精心试点、全面推广，至"十三五"时期末，国内财务共享推广全面完成，海外财务共享试点超计划推广，人力资源共享薪酬及员工服务业务高质量推进，从根本上解决了共享"有没有"的问题，开创了中国石油智能型全球共享服务体系建设的新局面。自共享服务建设以来，中国石油坚持推广与增值并进，快速推出发票数据分析、常态化对标分析、供应链信息服务等一批增值服务产品，有效满足客户期盼，彰显了共享价值创造的新作为；坚持运营与管控并举，强化质量实时监控，严守安全运行底线，客户满意度由2018年的76%提升至2020年的88%，树立了共享服务的新形象；坚持流程与技术并行，注重流程和系统双轮驱动、协同推进，深入开展流程再分析、再设计，强化系统集成与新技术应用，

自动化水平行业领先，跑出了共享数字化转型的加速度；坚持稳健与发展并进，瞄准治理体系和治理能力现代化目标，顺利完成中国石油集团共享运营有限公司组建，积极推进一体化业务循环和管理循环持续优化，展示了年轻共享企业治理的新水平。智能型全球共享服务体系的构建，已经成为中国石油集团数字化转型和智能化发展的有力推动者。

专家点评

当前物联网时代万物互联，世界经济正步入数字化的新时代，信息技术日新月异，数字化智能化技术推陈出新，共享组织也正在从传统模式向智能共享继续升级。共享中心从交易处理中心的职能向流程中心、人才中心和数据中心的职能继续深化。

中国石油集团共享运营有限公司在业内久负盛名，有着丰富的共享中心建设和运营经验，在共享服务方面取得了显著的管理效益和经济效益，在承接集团战略、推动管理转型、提高运营效率、管控集团风险、支持业务发展、人才能力培养等方面都发挥了重要的作用，目前在集团战略指引下，正在向着智能运营中心、专家中心和创新中心大步迈进。

该案例具有以下亮点：

（1）内容翔实，体系完整，共享价值既体现了经济效益的量化，也体现了管理效率和能力的提升。

（2）突出了智能型共享的特点和优势，体现了共享在数字化转型方面的价值。

（3）案例通过共享实践输出管理标准和产品字典，对过往经验进行沉淀总结，也为未来发展设定了清晰的目标。

希望广大企业和读者通过本案例的学习，能够理解建立全球大共享平台对进一步推动组织转型和提高集团管控能力的意义和价值；同时也希望中国石油集团共享运营有限公司可以持续探索财务数字化产品和服务对外输出，形成产品标准化体系，创造新的价值增长点，能为中国乃至全球智能共享中心的建设和价值创造指出未来发展的方向。

应用"XBRL"推动管理会计向大数据思维转型升级

中国石油天然气股份有限公司湖北销售分公司

摘要：近年来，国际油价持续低位震荡运行，国内成品油产能过剩严重，市场供大于求、新型能源迅速涌入市场，石油行业效益大幅萎缩，成品油销售企业经营形势异常严峻。面对企业内外部经营环境的变化，中国石油湖北销售分公司致力于管理创新和技术创新，利用"XBRL"技术挖掘数据资产价值，进一步防范成品油销售领域的"灰犀牛"事件，以大数据思维上的大概率管理模式应对小概率事件，牢牢守住不发生系统性风险底线的同时寻求运营效率和经营效益的稳步提升。

本案例从管理会计视角，阐述湖北销售分公司结合"XBRL"和大数据方法论，建立企业级数据标准体系，通过数据标准化、集成化、多维可视化等处理打造业财数据互通互联的共享平台，设计基于大数据思维的管理会计分析评价、风险管控、决策支持等应用模型，以精准可靠的数据灯塔为企业高效运营导航。

关键词："XBRL"；大数据思维；管理会计

一、单位应用背景介绍

（一）单位基本情况

中国石油天然气股份有限公司湖北销售分公司（以下简称"湖北公司"）是中国石油天然气股份有限公司销售板块下属分公司，主要业务涵盖成品油零售、批发和非油商品销售，业务类型多、数据信息量大，具有典型代表性。截至2021年，湖北公司累计投运加油站890座，在用油库13座，下辖18个二级单位和8个控股公司，其成品油零售销售量占据湖北30%的市场份额，面对雨雪灾害、疫情肆虐，始终坚守前沿阵地，以行动诠释国企担当。

（二）单位管理现状

随着大数据、物联网、财务机器人等技术日趋成熟，企业内外部数据等商业化信息逐步标准化，数据的融合共享推进了财务领域的数字化转型，中国石油内部的财务共享加速了财务核算领域的集成，却未破除业财隔阂，在商品的采购、运输、贮存、中转、销售等关键环节依然维持着专业线管理，数据类型繁杂、信息量大、且不融通，湖北公司每日产生数据量大约300万条，处于市场前沿阵地的湖

---

* 本篇作者：杨学卫、陈桢、苟东德、胡秀娣、冯川。
指导专家：杨俊（上海越乘信息科技有限公司）。

北公司想要优化资源、统筹协调、精准发力、创新管理，实现全方位提质增效就必须依托信息技术、分析经营数据变化，以标准化的大数据相关性思维，准确及时地为各层级管理者提供决策支持。

（三）存在的主要问题

1. 政治、经济、市场环境变化加剧成品油零售市场竞争

受国际油价、世界经贸局势变化及公共突发事件叠加影响，中国成品油市场历经"寒冬"，成品油零售限价受地板价调控、交通管制等因素影响导致成品油需求锐减，高铁、新能源汽车、共享单车等替代出行方式压缩了市场空间，随着市场政策的开放，市场准入成本趋低，成品油零售市场竞争日趋白热化，市场规模缩减、微利时代已然到来。

湖北公司想在竞争中占据优势，获取最大经济效益，必须在油品、非油商品的采销存各环节紧盯市场、精准布局、统筹协调谋发展。公司业务类型多、信息系统多、数据信息量大，由于管理条块多，经营管理数据封闭在各专业线，各专业线各自为阵，难以基于企业整体的视角进行一体化的运作。

2. 传统管理会计无法适应快速变化的业务要求

（1）数据范围问题。传统的管理会计以小数据的简单计算为基础，以手工计数为统计方法，以结果经验推断论证，以历史同比、环比增长率指标计算研判，数据范围小、样本少、方法简单等问题不利于分析、反映企业的真实情况，对企业决策参考价值不大。例如，在传统预算编制模式下，以上年历史完成为预算基数，同比递增效益指标、同比递减费用指标，不考虑单站车流量变化、客户特征，不研究量价变动关系，不关注竞争对手变化，直接自上而下下达预算指标，加油站被动接受指标，积极性不高。

（2）时效性问题。传统的管理会计依赖于企业年报、季报和月报等财务报告分析数据，管理者对企业经营状况掌握相对滞后。由于财务、业务数据分割在财务系统和业务系统中，受系统接口各异、标准不同、口径不一的限制，增加了管理信息屏障。湖北公司通过应用"XBRL"技术，以大数据思维，搭建跨系统跨地域的实时共享集成平台，以动态形式呈现经营状况和财务状况，为企业管理层高效掌控第一手信息、科学决策提供了保障。

（3）客户管理问题。客户管理停留在上门拜访、建立台帐等方式，简单从属性上区分为批发客户、零售客户、成品油客户、非油客户。通过人工筛选消费金额大的客户分析跟踪，缺乏对客户的多维度分析，缺乏对客户消费大数据相关性分析，无法开展有效的客户分类管理，无法跟踪分析客户的消费变化，提供差异化、个性化、定制化服务导致客户流失。

（4）成本管理问题。湖北公司投入销售 ERP、加油站管理、仓调系统、财务系统等 21 个系统，每年运维升级成本高、年产交易数据数亿条，无法满足业务协同和决策支持的需求，原因是系统建设"不是基于数据，而是基于流程"，系统林立形成孤岛、运维成本高。

传统财务管理数据依赖人工跨系统维护、采集、层层上报，统计时间长、报表输出固化，数据资产价值被大量浪费，加油站、片区、分公司、省公司，每个层级均参与统计整理，统计成本较高，但数据质量无法深入揭示销售变化，缺乏对市场、对客户、对全过程的研究，看不到市场深处，对企业决策参考价值不大。

3. 传统管理会计无法适应现代销售企业的管理要求

传统的管理会计是依据特定的经济环境而建立，所确定的定量模型和假设在现实经济生活中并不能完全成立，例如，本量利分析、保本分析等所建立和使用的模型中的因素（单价、销售量等）均以相互独立的常量参与计算，完全无视其他相关因素。长期以来，成品油零售企业依托于点多面广的加油站网点经营创效，库存风险、资金风险、发票风险等如影随形，随着线上营销、电子支付、网上优惠等支付方式的不断涌现，传统的人工管控方式费时费力，不见成效，相应的对客户、对市场、对价格的精准研判难以实现，管理会计亟待以大数据相关性自动化分析匹配形成有价值的管理数据体系，及时准确地为管理者提供决策"云服务"。

二、总体设计

（一）研究目标

本案例旨在以数据标准化为基础，研究建立统一的数据标准和指标体系，集成业务系统与财务系统的底层数据，充分利用"XBRL"跨系统、跨接口、可扩展的技术优势，结合大数据标准化、多维化思维搭建标准、透明、开放、共享的管理会计大数据应用平台，深度挖掘数据资产价值，科学资源配置，提升企业成本管理、效益管理和行为管理能力，助力管理会计向企业战略、业务、财务一体化整合的价值创造转型升级。

（二）总体思路

利用"XBRL"方法论，形成企业内部分类标准，建立指标体系，统一数据口径，包括对交易明细数据、经营报表数据、业务/财务报告数据进行集成、清洗和多维度标记，分析提炼基于大数据下的管理会计方法、平台建设方法及步骤，包括数据集成、储存、处理、展示等，结合企业实际管理的应用场景，以数据标准化为核心构建大数据应用平台，将数据资产转化成为数据服务和数据体验，帮助企业提升经营能力，实现在预算预测、风险防控、精准营销、科学运营等方面的管理提升。

（三）研究内容

运用大数据思维模式下的管理会计理念，以财务数据和业务数据为基础，以大数据分析探索数据的管理价值和作用，快速完成数据采集、噪音消除、建立完善的数据仓库、构建数据灯塔展开数据分析，实现经营数据的可视化立体应用，帮助企业实现大数据下的风险管控、经营预测、运营分析、绩效考评，推动企业实现精细化管理和运营。

1. 提升管理的时效性、数据的可靠性

随着互联网技术的发展，内、外部数据的开放和共享，利用"XBRL"应用技术，每日，甚至实时采集前端数据，实时利润表将成为可能，解决传统管理会计以财务报告结果简单分析成因，以小样本、小概率、特殊事项作为业务过程评价、评价结果滞后、可靠性差的问题。

2. 提升客户群体、消费行为的数据化精细管理

互联网时代以客户需求为导向，大数据可以帮助企业实现基于客户的精细化管理，分析的维度可以细化到客户属性、购买周期等信息，有利于企业根据每位消费者的特性提供差异化的服务和个性化的产品，以解决传统财务管理无法关联分析到客户、市场、价格差异等相关维度，缺乏对业务过程研究的问题。

3. 提升财务管理分析方法的多样性

大数据以预测为核心，海量的数据与创新的管理方法相辅相成，多元素多维度经营数据按照相关匹配性原则灵活组合，通过大数据系统演算，迭代创新财务管理分析方法，完善扩展各类管理模型，以规避传统管理会计单一管理方法、小样本数据模型带来的限制性数据思维造成的决策偏差。

（四）主要创新

湖北公司通过应用"XBRL"技术，借助大数据应用平台实现对管理会计数据的统一标准化管理，并提供数据监控、多维分析、预警监控、对标分析、灵活查询、移动查询等多种应用方式，为各级管理者提供所需信息，实现管理会计信息的高效应用，全面提升企业管理效率。

1. 技术层面

以"XBRL"标记底层交易数据，激活沉睡数据，挖掘数据资产价值。"XBRL"可扩展商业报告语言是一种基于XML的标记语言，它是在会计领域产生的，能够很好地标记财务数据，目前主要用于商业和财务信息的定义和交换，在财务报告领域广泛应用。同时，它也是互联网时代的报告语言，能够很好地标记业务数据，能解决商业信息的标准化、数据融合和应用的问题。

（1）以独立标签和组合标签方式标记指标。为保持标准数据的准确性和指标体系的灵活性，在确定基本元素和分析维度时，采用"元素+维度"组合的方式表示具体数据单元。基本元素表示核心指标定义，如销售量；分析维度往往选取日常分类标准，如销售方式（零售销售、批发销售）、品类（汽油、柴油）等。组合标签方式则以"基本元素+维度"组合来表示具体数据单元，如纯枪销量实际数为"油品销量，销售方式"，即"基本元素+纯枪（销售方式维度）"。

为避免"XBRL"标记的底层交易数据重复交叉，根据标签分类采取分装封存方式储存交易数据（以二维表形式保存，不再单独标记），如组合标签组、交易明细组、元素结构（如加油站编码、加油站名称等）。

（2）高性能数据计算与加工，扩展性包容应用。"XBRL"是数据标准，不具备计算、储存等功能，为满足管理会计标准化数据体系的各类应用场景的数据计算、加工，采用传统关系型数据库和内存数据库相结合的方式，提升用户易用性，支持Hadoop、Storm等数据处理技术，实现高性能数据运转。

2. 管理层面

（1）实现数据集成共享。借助"XBRL"数据标准化方法论，通过指标寻源、指标及报表梳理等步骤，打破专业条线分割，建立多维度标准指标管理体系，消除同一指标不同含义，同一含义不同指标的问题，打通了数据壁垒，通过统一标准体系，实现业财数据一次集成、全程共享。

（2）实现业务伴随式财务管理。基于"XBRL"指标体系方法论，采用元素、维度、组合分装标记交易数据，应用统一的数据接口，对2000多项指标、41个维度和20亿余条底层交易数据打上标签，实现数据采集的标准化，通过标准化实现跨系统互联共享，形成覆盖业务、财务的数据标准体系和指标体系。基础数据的标准化治理提升了数据的应用价值，破除了业务部门、财务部门和信息部门的专业壁垒，营造出用数据说话的良好氛围，为公司经营提供了及时准确的多维度数据库，使财务管理伴随业务数据产生而产生。

三、建设过程

（一）建设环境及部署要求

建设前，湖北公司分三步构建了"三算合一"的财务一体化管控体系，省公司集中核算后，下属单位不再编制会计凭证、不再出具会计报表、不再对外支付资金，从事会计核算的人员减少63%，财务效率和核算质量明显提升，大量会计人员面临转型。在大数据时代，得益于公司引入"XBRL"技术，对底层交易进行标记，将反映市场、客户实时变化的行为用数据表达出来，让平面黑白的数据变得立体多彩，在管理会计中运用新技术，研究客户心理和市场变化，从而帮助企业作出应对策略，以及为产运供销存规划构建良好的平台，为大数据共享运营奠定良好的建设基础。

（二）组建数据中心

作为跨业务、跨领域的综合性项目，领导层的高度重视是项目推动的重要保障，专业理论方面，财政部会计司、湖北省财政厅领导和中石油财务部相关专家的定期指导有效提升了系统的应用内涵。

为提升企业治理能力，实现一体化运营、一体化管理目标，湖北公司坚持问题导向、应用导向、提升效率和效益的原则，由公司总经理亲自挂帅，总会计师主要负责，各部门负责人、专业骨干及专家共同组建大数据中心，协同推进项目实施，延伸应用深度。其中财务部门确定需求，建立指标体系、关联性分析模型，信息部门确定技术构架方案，进行软硬件环境建设。

（三）项目实施

项目共分两期历时三年时间实施，第一期主要完成"XBRL"数据指标体系的建立，大数据分析平台系统框架和功能搭建等；第二期建设主要完成分析专题的完善和提升，分析平台功能的完善等。

1. 总体架构

借助"XBRL"将各类数据源进行有效整合，将多口径数据以可扩展的多维方式进行"XBRL"标准化建模和存储，形成基于"XBRL"的统一数据集市，以此为基础提供灵活的分析应用，全面支撑管理决策、风险防控、资源配置等关键性工作（见图1）。

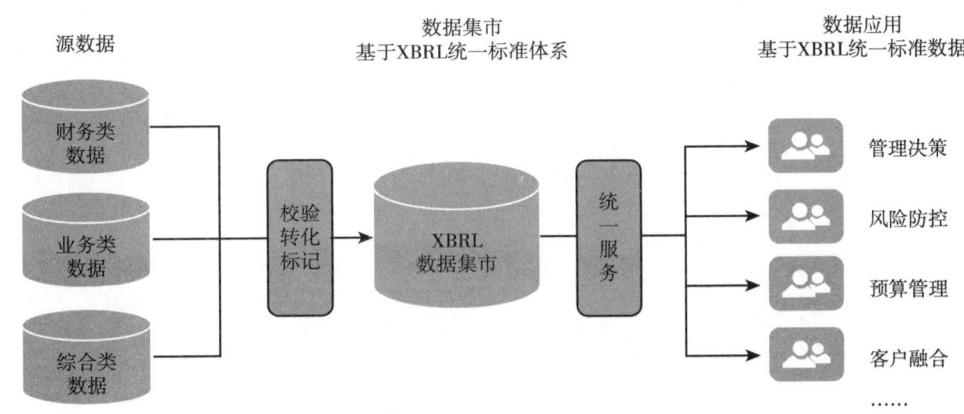

图1　总体架构

2. 数据架构

通过对业务系统、财务系统数据进行标记，形成一套实时的"XBRL"多维度数据。将分布在21个不同系统中的现有数据，统一标准，详细标记，贴上"XBRL"标准标签，在不改变原有业务系统的基础上，实现数据的标准化，从而将不同系统的数据整合成一套统一、标准化、颗粒化的多维度"XBRL"数据（见图2）。

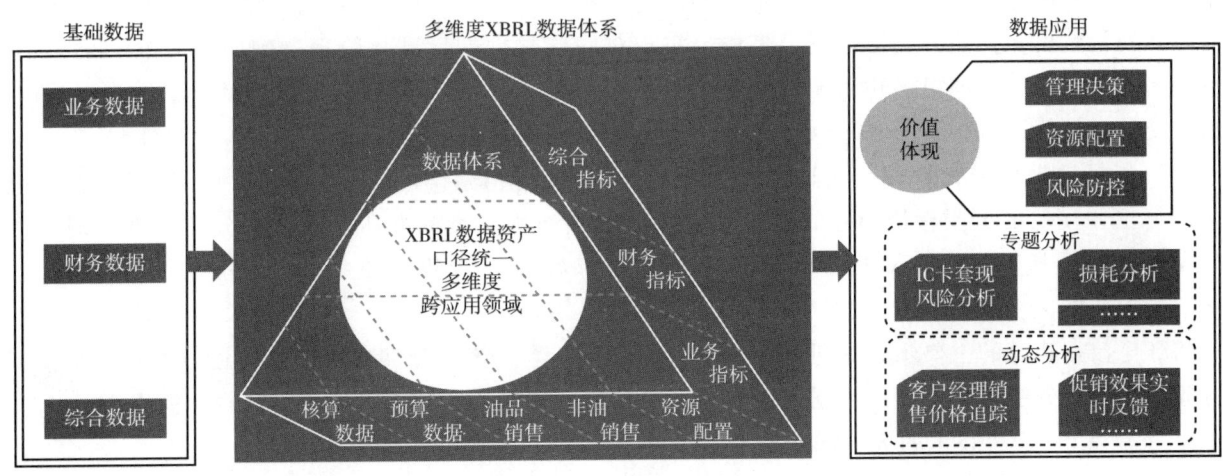

图2　数据架构

3. 构建统一的管理数据标准体系

数据标准体系是管理会计大数据应用建设的核心内容，是业财深入融合的立体呈现，是管理会计模型建立的基础。利用"XBRL"标准化、可扩展、跨平台的技术优势，将管理会计应用中主数据、底层数据、指标数据统一纳入数据标准化体系，统一分类标准，以业务语言完成标记、清洗，建立业务人员能看懂的标准数据体系，以提升数据可用性，打破"信息孤岛"（见图3）。

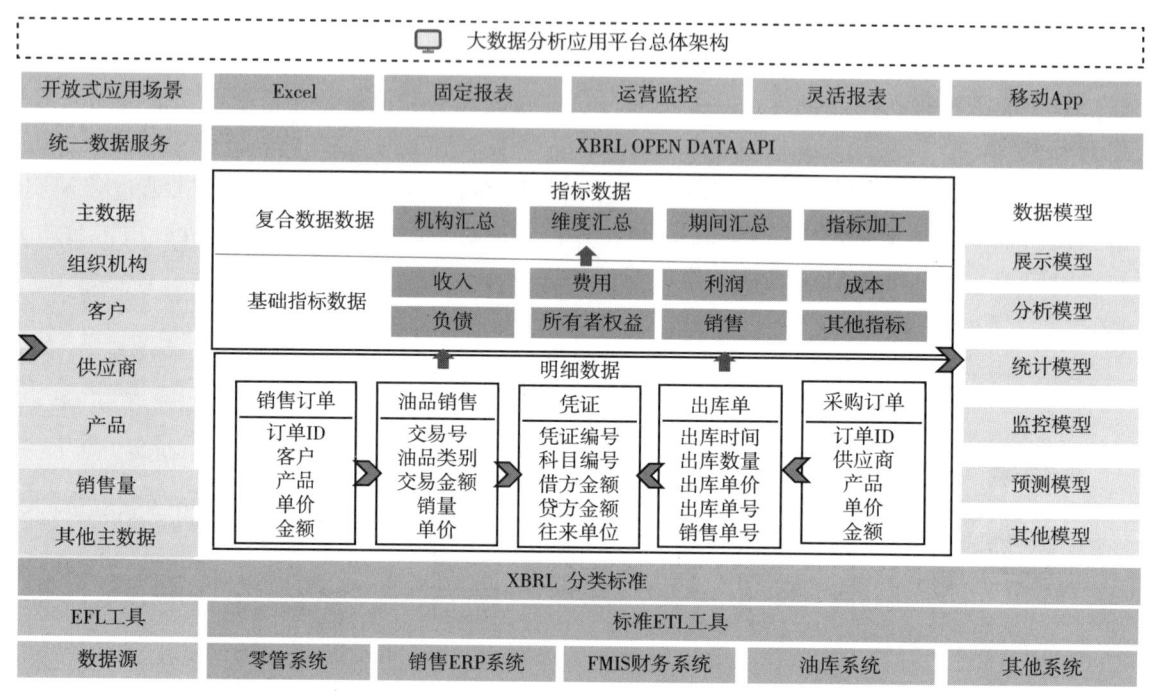

图3 大数据分析应用平台总体架构展示

（1）主数据标准化管理。通过对主数据的标准化管理，将管理会计大数据应用中涉及的组织机构、产品、客户、供应商等主数据信息进行统一管理，制定统一标准化编码及属性；定义标准化主数据与财务系统及业务系统主数据的编码对照关系，为数据的清洗转换提供支持；支持主数据的可扩展属性，不同主数据定义不同扩展属性，更好支持数据多维度分析。

（2）底层业务数据标准化管理。通过在分类标准体系中定义财务与业务底层数据模型，实现对底层业务数据的标准化管理，基于标准化主数据对照关系，通过数据清洗转换，将财务数据及业务数据清洗为标准化数据，存储到底层数据模型中，实现对底层数据的标准化管理。例如，从单站交易小票开始添加标签，包括加油站名称编码、消费品类、消费数量、消费金额、折扣金额、实收金额、付款方式、交易时间等，将扩展关联出IC卡支付卡号等基础信息资料、持卡消费记录等（见图4）。

（3）指标数据标准化管理。通过建立涵盖成本管理、预算管理、绩效管理、投资管理、管理会计报告等主要模块的分类标准体系，借鉴企业会计准则通用分类标准和行业扩展分类标准适时扩展，在数据标准体系基础上支持对指标计算口径的定义和复合再计算，使财务管理预测分析方法更加科学。

标准化数据建设的主要步骤是通过业务分析与梳理，建立统一分类标准体系，通过数据集成工具，将财务系统与业务系统中的相关数据转换为标准化数据，为管理会计大数据应用提供数据支撑。

4. 搭建基于XBR技术的大数据共享平台

建立标准统一的数据仓库，搭建集成、管理、应用三大板块的共享平台，完成"XBRL"大数据从集成到清洗、转换到应用的业务信息数字化管理。系统采用分布式集群技术，应用分布式存储、分布

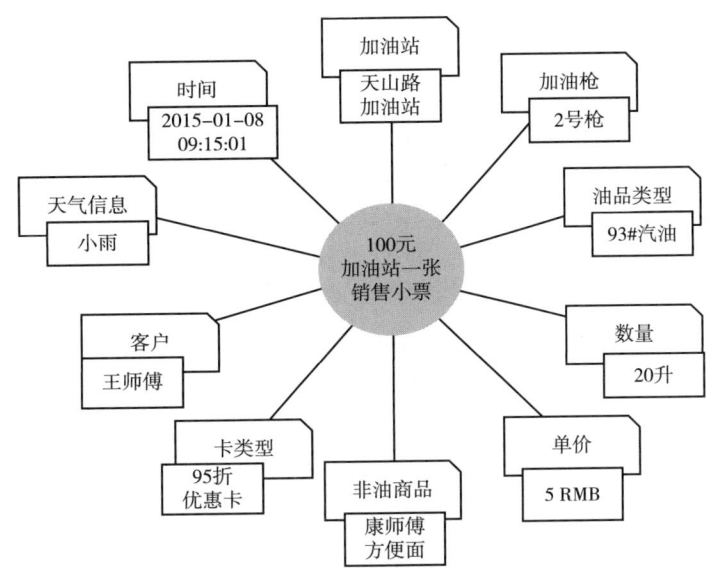

图 4 加油小票维度分布

式计算、内存计算等技术,提高系统的灵活性和可扩展性,实现大数据的高效处理,降低信息系统建设的成本。

5. 实现"XBRL"灵活报表组装

利用"XBRL"技术对每座加油站每笔交易信息从多个维度打上多重标记,实现了自上而下的报表自由组合和穿透,形成立体报表库,每天推送当天全省纯枪量完成数,还能提供单站销量、不同类型站点销量、不同时间段销量、每种支付方式的销量等多维度信息。

6. 数据应用

(1) 数据监控。通过对主要指标的实时数据监控,为公司的经营决策提供以数据为支撑的直观化图形展示。

(2) 预警监控。通过对海量业务数据的实时监控,对于出现异常的指标及时预警。

(3) 多维分析。充分利用"XBRL"自身关系性特点,从多个维度进行关联分析,快速定位问题,及时采取措施,实现有质量、有效益的销售。

(4) 对标分析。全面分析同类单位指标数据,设计个性化模型,提高各单位核心竞争力。

(5) 灵活查询。通过"XBRL"分类标准体系为基础搭建的管理会计大数据应用平台,使用简单易用的工具选择相关数据,快速查询出所需要的数据,打破不同业务条线、不同系统的限制,将企业的业务、财务数据变成一套标准化易用的数据,实现数据的高效共享使用。

四、成效和亮点总结

(一) 整体成效

湖北公司通过应用"XBRL"搭建了管理会计大数据平台,以全面预算、成本管理、精准营销、风险防控等为抓手,研究提炼形成一套贯穿企业内部价值体系提升的管理模型和大数据财务管理分析方法,显著提高了运营管理水平,提升了企业核心竞争力。

在摸索加油站油品销售规律中,科学预测每个加油站的销量潜力和创效能力,为公司整体运行方案优化提供支持;整理批发客户数据,对客户行为洞察分析,为实施差异化营销提供支持;对最明细的交易数据进行全方位动态风险评估和深度关联分析，实现风险管理由历史数据分析向实时行为分析转变，促进了风险经营管理的精细化、专业化。

（二）具体成效

1. 大数据的多维度、可视化分析释放了财务管理的时间价值

项目实施前，湖北公司两级三层至少三分之一的人员参与统计、分析与总结工作，但专业线的条状运行和数据壁垒限制了管理的深度与广度，扰乱了管理思维，人工汇总的坚持最终败给了低效与错漏，经营效果评价停留在各执一词的经验分享中。

项目实施后，"XBRL"通过"贴标签"的方式对数据进行详细标记，让计算机能自动识别数据以及数据背后的关系，形成一套基于分类标准体系的标准化、颗粒化的数据，使计算机能自动处理。仅加油站一张销售小票，通过"XBRL"标记后可以提供大量的关联维度信息，进行自动运算，并根据用户指定的元素、维度自由组合、穿透查询，其效果如可视化场景重现。实际应用中结合阀值设置预警、辅以穿透校验进行管理覆盖，其海量数据下的快速、精准相关性无疑突破了财务管理的时间限制，提升了财务管理价值（见表1）。

表1　　　　　　　　　　　应用"XBRL"数据管理价值前后变化

"XBRL"应用前	"XBRL"应用后	数据管理价值
数据可用性仅限专业性	数据实现业财融合的标准体系化	数据的可用性显著提升
同一数据来源、口径各不同	梳理标记后的数据同源同口径	数据的准确性显著提升
单张报表统计时间2小时	系统自动计算缩短至20秒	数据的时效性显著提升
数据单一、无关且分散	数据按"元素+维度"方式自由组合	数据的发散性显著提升
手工分类计算限制支持能力	海量相关性管理模型自动运算	数据的支持性显著提升
至少三分之一的人工统计	释放劳效创造更多经营价值	数据的成本效率性显著提升

2. 大数据的精准高效性提升了财务管理风险控制的预警能力

风险具有不确定性、损害性、客观性、偶然性的特点，我们不能只从前人的经验中总结吸取教训。

项目实施前由于系统的建设厂商、建设时间、建设标准、部署方案和技术路线各不相同，使得业务数据被牢牢固化在各个系统中，财务人员只能依据核算数据、报表数据进行事后分析，较难有效关联获取第一手信息作为参考，难以快速探究数字背后的"故事"，大范围的人工排查费时费力，风险控制滞后。

项目实施后大数据为财务人员戴上"望远镜"和"显微镜"，运用数据管理思维，对经营数据进行收集、归纳、分类、总结，借助"XBRL"技术，利用聚类、离群值等算法，建立风险监控模型，将监管职能由"事后监管"转向"事中监管"，资金稽查由"随机稽查"转为"精准稽查"，在提升资金监管效率的同时降低了资金监管成本。

大数据思维再次延展了风险管控的深度，公司库存一键盘点式监控模型与IC卡风控模型，每日推送预警信息，大大提高了内控效率，降低了运营成本。

（1）库存一键盘点式风险监控。充分利用物联网技术，通过采集加油枪的销售数据、液位仪的期初、购进、期末库存数据，实现加油站油品库存管理链条的全程监控。

通过实时提取单站液位仪数据，分析不同油温标准下的体积变化，关联油库出油、加油站卸油、单枪付油、管线存油等因素，融合业财管理需求，统一数据口径，围绕库存专项盘点、月盘、异常预警、一站一率等多项功能设计了一键盘点式库存监控。

一键盘点实施后，实现了运输损耗、保管损耗、密度差异等实时异常报警功能。过去组织专班下站盘点、收集、汇总、校对等三天的工作被系统半天完成，贯穿计量、业务报表、财务账务到考核评价全过程，节约了大量的人力和财力，监管效率的提升，有助于公司资源的再优化，有利于提高其综合管理水平和市场竞争力。例如在某市级公司监控时，发现损耗预警最大的站点92号汽油日均损耗在300升左右，损耗率在1.5%左右（正常值为0.015%），立即通知站点封罐排查，结果为管线渗漏，站点及时采取措施，有效降低了损失。

（2）IC卡风险监控。IC卡风险预警模块，每日自动提取加油站交易明细（T+1天），通过筛查常规IC卡的10个维度综合评分后判断风险，维度及分值将随着业务场景、经营状况的变化而变化，其他特殊类型的IC卡提前录入大数据系统，单独设置规则评判（见表2）。

表2　　　　　　　　　　　　　　　　IC卡维度评分

维度	分值>79分预警
单站日销量	基础值190，当日销量超过190升分值（+10）
刷卡次数	5次以下（+0），6—8次（+5），9次以上（+10）
刷卡站数	3站点以上（+0），2站点（+5），1个站点（+10）
油品混合消费	汽柴油消费（+20）
消费值偏差	30%以下（+0），30%—50%（+10），50%以上（+20）
刷卡时间	23点至5点（+10）
交易折扣	有折扣（+10）
交易时间超时	8分钟之内（+0），8—15分钟（+10），15分钟以上（+20）
销量离群值	离群值299.95（+10）
连续夜间刷卡次	10×次数

两个风控模型投入应用以来，IC卡套现套惠、损溢超耗等情况直线下降，年均稽查成本减少30万元、油品损失和IC卡折扣下降2916万元，违规违纪行为降幅60%以上。

3. 数据标准化的大数据思维激发了阿米巴单站创效能力

跨进数据化时代，一切决策要从数据中来，数据的重要性不言而喻。

项目实施前，预算始终引领着企业经营，它与执行、控制、考核密不可分，在实际运行中往往会出现偏差，偏差的评价和控制往往在财务核算周期结束后，其滞后性严重制约了企业发展。

项目实施后，数据始终贯穿着企业预算的全过程。通过"XBRL"建立标准数据体系后，我们学会用标准数据模式思考，将数据标准化进行到底。

利用大数据平台的互联互通，我们将单站预算、执行、偏差、考核等数据实时传递给加油站管理者，使其更准确、及时地掌握运营情况，及时控制预算偏差，全面激发了单站创效能力。

大数据财务管理思维下，首先以单站为主体，从系统源头规范数据，统一数据标准，从业务系统、预算系统、账务系统、报销系统等开始，规范预算项目、加油站编码、核算科目、记账摘要等，当数据通过"XBRL"接口后直接按照既定的阿米巴单站服务模型呈现，实现了预算项目、报销项目、核算科目、报表明目、考核项目的强关联，系统中超预算无法报销，支持预算调整申请审批，屏蔽了人为干扰，如"营业天数"通过"销量+摘要日期"确定、"摘要日期"从订单创建日期规范，环环相扣，实时转换。

越过底层数据提数和清洗，大幅减少开发成本（较同类型成本少70%—200%）、数据的准确性和时效性提高，其构建的两层四级结构（省、市、团片、加油站，团片级是按实际经营需要以站组团形成的新的对标责任主体），能分级实时查询到单站动态量价效平衡指标、全口径折扣数据等，依据数据进行决策，数据的及时性反馈前置了预算控制，实现了大数据单站预算的刚性和柔性融合（见图5、表3）。

数据资源管理	加油站基础信息管理 单站信息查询 预算指标查询 基础数据同步/导入	加油站效益管理 单站整体效益 单站当期效益 单站实时效益	加油站对标管理 累计效益评价 当年效益评价 公司内部对标 外省市对标	权限层级管理 省公司指标管理 市公司指标管理 片区指标评价 加油站指标评价	报表报告 固定表单创建 数据校准 导出打印
指标数据	效益类指标	运营类指标	效率类指标	费用类指标	基础指标	其他
数据加工	指标加工	指标校准	专项分析	任务调度	日志监控
数据存储	基本信息数据	预算数据	实时数据	完成数据	对标数据
数据源	XBRL系统	FMIS系统	ERP系统	卡系统	HOS系统	共享数据平台

图5 阿米巴单站系统设计

表3 单站实时动态指标
2021年8月加油站动态指标展示
单位名称：武汉徐东路加油站

指标	月度预算	预算进度	实际发生
销量（吨）	1592.600	565.116	212.316
毛利（元）	1224002.48	434323.46	121809.79
非油收入（元）	889508.20	315631.94	129337.87
非油毛利（元）	155910.24	55322.99	108432.06
费用（元）	275272.53	97677.35	97677.35
全口径折扣（元）			53837.42
利润（元）	1104640.19	391969.10	132564.5
吨油折扣（元）			253.57
吨油毛利（元）	768.56	768.56	573.72
吨油利润（元）	693.61	693.61	624.37

4. 跨界纪实性大数据构建客户资源体系，提升营销管理能力

作为成品油销售企业，加油站零售端的销售是最佳的利润增长点，为了精准性地满足客户需求，最大限度地借助第三方营销资源，利用大数据纪实性、时效性、可跨界的技术优势，搭建会员积分体系，实现客户识别、消费数据、行为数据等的统一归集，形成数据资产，为精准营销、智能营销提供基础。

项目实施前普惠式的促销形式，导致多重优惠叠加，缺乏互动性，不能满足多样化、便利性的客户需求，甚至不清楚客户消费群体的差异。

利用大数据技术，完成线上线下数据融通，通过多渠道入口，多维度采集会员信息，实现交易数据、会员等级、会员积分、会员标签的全量数据归集，整合跨渠道、全业务线的会员资源，打造全量会员体系，上线1年时间引流建档会员228万人，通过数据分析实现用户分类，完成促销资源的精准投放和全量客户的有效维护（见图6）。

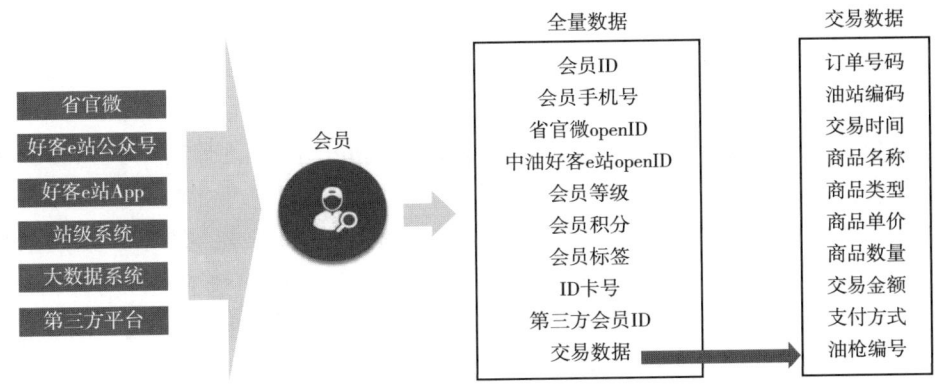

图6 会员数据采集、维度

利用大数据高运算功能，自动跟踪计算客户的消费频次、消费偏好、营销喜好、支付偏好等数据，从消费数据和行为数据分析客户来源渠道、变化趋势、油非偏好、非油商品结构和营销活动效果等，实现客户标签及属性管理，通过8类54项功能对单体客户画像和多维度呈现，实现系统自动触达式营销，以多方互融性营销资源提升客户体验（见图7）。

图7 会员画像、多维度展示

为了全方位地服务客户，湖北公司通过智能异业合作平台拓展加油站服务，通过销售总公司与第三方的业态融合，与汽服、银行、保险、运营商、餐饮、物流配送等行业进行平台合作，实现会员、数据、资金的共享，拓展加油站服务，为加油站赋能，为打造"人·车·生活"生态圈服务。

五、总结和后期展望

（一）效果总结

1. 数据资产价值变化

项目实施前，海量财务业务数据处于"沉睡状态"，封闭在各专业线系统，以"数据孤岛"的状态闲置，数据利用率低、样本少。

项目实施后，"XBRL"标签化统一了数据分类，建立了数据标准体系，实现了基于业务、财务数据的互通互联，形成了数据海洋，为监督管理提供了大数据筛查样本，系统的集成性、实时性前置了财务管理的视角，提升了数据资产价值。

2. 管理会计思维变化

项目实施前，管理会计人员只按单一的财务信息统计分析，按财务分期出具经营成果，以短期数据评价企业管理水平。

项目实施后，管理会计人员通过建设平台的过程，清楚了业务需求，统一了业财数据口径，熟悉了业务流程，明白了风险因素，利用平台技术建立分析模型，以实时报表的形式将经营成果共享呈现。

公司财务人员、业务人员、信息人员深刻认识到数据标准的重要性，并将数据思维融入到今后的系统建设、运营管理中。例如在促销策划时，三方主动对接数据接口、业务财务入账口径；新建系统时，编码规则尽量延用已有编码，必须提前映射逻辑关系和数据口径，必须保留数据接口、明确数据资产归属以及保密协定。

（二）后期展望

随着信息化技术的不断更迭，管理会计应用必将与大数据分析方法创新性结合起来，冲破思维桎梏，以数据标准化打破数据壁垒，实现数据资源价值的持续提升，促进未来企业变革性战略发展。

随着课题研究的持续深入，数据资源的重要性持续升级。着眼未来管理会计转型升级必将与大数据深度融合，多维度跨业务动态化数据必将取代单一财务信息；数据标准化是大数据资产价值化的基础，也是财务管理的源头；数据治理工作将伴随着财务管理的全生命周期；数据集成是提升财务管理的效率；数据共享一体化是财务管理服务企业决策支持和价值创造的体现。

大数据时代，管理会计必须依托信息化技术结合大数据方法论，始终将数据标准化、集成化、扩展性、共享化、安全性贯穿于大数据系统建设应用的全过程，使企业管理从"人治"迈向"数治"的转变，使管理会计职能真正跨越边界，伴随着数据管理逐步走向无缝、无界的时代。

建议工信部加快推进统一会计信息电子数据标准和推广应用，将传统的会计分析从事后延伸到事中、事前全过程，从财务数据延伸到业务全领域，将有助于丰富管理会计的分析方法，拓展管理会计的研究领域。

参考文献：

[1] 王凤洲，田敏. 大数据下管理会计的创新发展 [A]. 管理科学与工程学会2016年年会论文集 [C]. 2016.

[2] 赵慧. 大数据引领管理会计变革 [N]. 中国会计报，2015-11-13（011）.

[3] 李忠顺，周丽云，谢卫红，等. 大数据对企业管理决策影响研究 [J]. 科技管理研究，2015（14）：160-166.

[4] 田平. 大数据变革企业管理思维的路径研究 [J]. 经济师，2014（3）：264-265.

[5] 刘纬纬. 大数据给传统企业管理带来的变革 [J]. 中国管理信息化，2014，17（16）：43-44.

[6] 邓如燕. "大数据"在石油企业信息化建设的相关思考 [J]. 计算机光盘软件与应用，2014，17（2）：153-154.

[7] 孙金凤. 中国石油企业源头数据资源建设架构及对策 [J]. 大庆石油学院学报，2010，34（4）：67-70.

[8] 张洋. 大数据技术在未来石油企业中的应用探讨 [J]. 信息系统工程，2015（10）：48.

[9] 崔立芳. 浅析石油企业中信息化数据管理 [J]. 信息与电脑：理论版，2011（10）：160-161.

企业自评

中国石油天然气股份有限公司湖北销售分公司通过探索实践"XBRL+大数据"，围绕管理水平提升、资源合理配置、风险有效防控等重点任务，充分利用"XBRL"在数据标准化、灵活化、颗粒化方面的优势，以及"XBRL"跨平台、可扩展、易理解的技术优势，搭建业财融合的数据共享平台，构建企业级标准指标体系，设计基于一体化管理视角的预测评价、风险控制、决策支持等应用模型，形成了企业内部的标准指标体系。

通过"XBRL+大数据"应用，实现了报表灵活组装，深化了企业对标管理、风险前置管理，提高了预算精准度，有效解决了企业管理中的难点问题，为提升销售能力，降低成本和提高工作效率发挥了积极作用。

专家点评

数据创造价值，大数据创造大价值。中国石油天然气股份有限公司湖北销售分公司利用"XBRL+大数据"方法，打造业财融合信息共享平台，把管理会计信息化体系和业务经营深度结合，通过多维数据应用和多维报表分析对销售全过程中进行可视化、标准化和数字化管理，实现销售资源有效配置、成本费用有效降低、经营风险有效管控、运营效率有效提升等经营价值和管理价值。

"XBRL+大数据"方法紧密结合业务场景，将"XBRL"报告语言放入大数据应用中，形成灵活多样的多维度报表分析，为销售决策提供支持；同时通过大数据分析，管控销售风险，如加油站的经营风险前置管理，有效降低风险损失。这种方法应用具有很强的可复制性和推广价值，值得广大企业和读者学习借鉴。

财务共享模式下成本精细预算管控应用实践

中国石油天然气股份有限公司长庆石化分公司

> **摘要**：本文介绍了中国石油长庆石化分公司为适应中国石油集团财务共享带来的财务管理变革，保障成本费用受控运行，以发挥和强化预算管控为重点，构建"四维一体"成本精细预算管控机制，通过信息化手段实现以业务项目为单元的精细管理、精准前端控制的有关做法及实施效果，希望能为企业提升经营管理提供一些思路和启发。
>
> **关键词**：财务共享；管理变革；成本管控；精细预算

一、企业背景

（一）企业简介

中国石油天然气股份公司长庆石化分公司（以下简称"公司"或"企业"）成立于1990年，位于陕西省咸阳市化工园区，占地面积1505亩，是中国石油天然气股份有限公司直属地区分公司，属于中型燃料型炼油企业，主要经营石油化工产品的生产与销售。经过30年的逐步发展壮大，现已形成固定资产原值60亿元、原油加工能力500万吨/年的经营规模，主要产品有国ⅥA/B标准清洁汽油、柴油、3号喷气燃料、石油液化气、丙烯等。企业年产值近300亿元、利税110亿元，位居陕西省工业企业前十强，多年来保持咸阳市产值及纳税第一大户，在国内同等规模炼油企业中盈利水平、盈利能力居于行业前列，具有较强的市场竞争力。

企业现有员工约1100人，经营管理采用扁平网络化管理方式，管理幅度、跨度较小，公司设置24个职能部门；生产单位无分厂、车间等建制，设置运行班组并实行"大横班"运行，成为国内炼化企业管理层级最少、管理流程最短的单位之一。企业组织结构如图1所示。

"十三五"以来，企业以建设"示范型城市炼厂"为战略目标，在持续夯实、巩固安全环保的生存发展根基上，坚持"有质量、有效益、可持续"的发展方针，将经济效益作为城企融合发展的关键，持续强基础、补短板、调结构、增效益，加快智能工厂、绿色工厂建设，强化创新驱动，全方位提升企业经营管理，生产经营保持良好发展态势；"示范型城市炼厂"建设取得重要阶段性成果，陆续获得"国家安全生产标准化一级企业""国家绿色工厂"、全国"智能制造试点示范"和"两化融合贯标试点"单位、"中国石油集团公司十四五'数字化转型、智能化发展'试点单位"等10余项荣誉称号。

企业立足大西北的最前沿，面向中原、两湖及西南市场，随着区域油田油气产量的较快增长和西部输油管道的建成投运，将获得更好的发展机会，公司发展前景稳定广阔。

---

* 本篇作者：杨辉、王华、王辉、李思雨、豆帅。
　指导专家：杨世忠（首都经济贸易大学）。

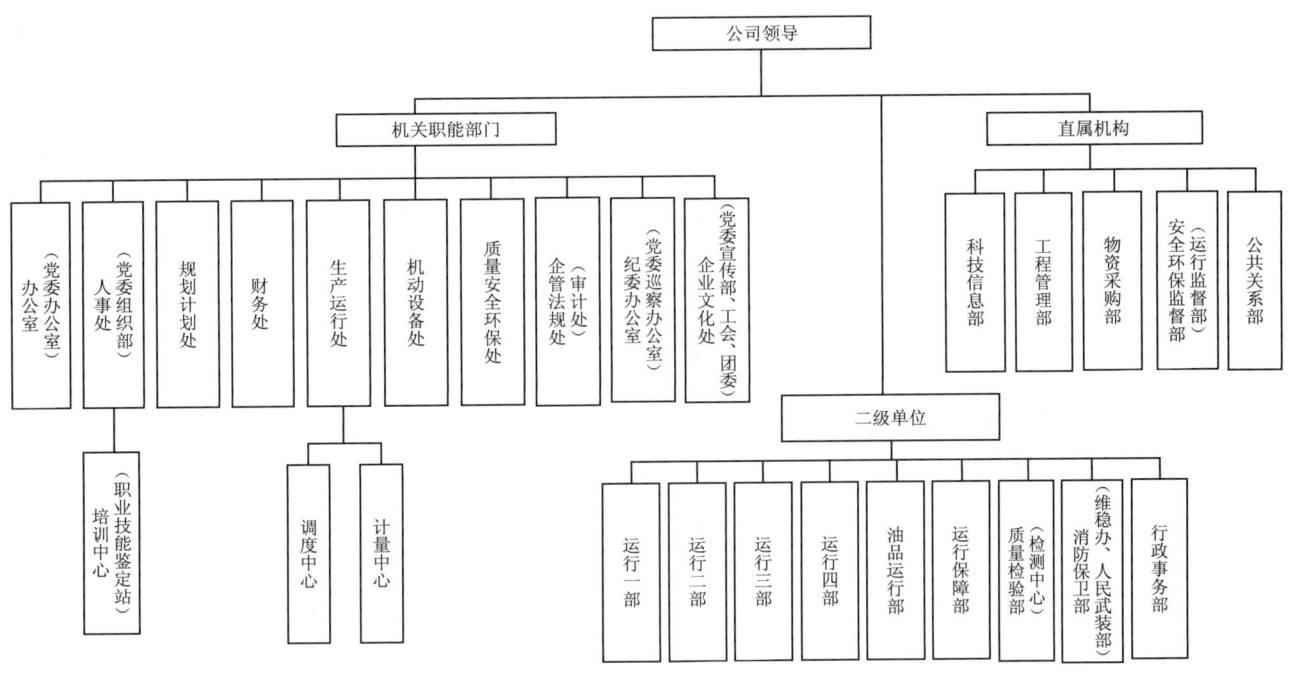

图1 长庆石化公司组织机构图

(二) 实施背景

1. 财务共享实施情况

（1）中国石油集团财务共享实施概况。中国石油集团公司经过多年的经营管理提升和信息化建设，在实现"一个全面、三个集中[1]"特别是在会计核算集中、资金管理集中等信息系统应用综合提升的基础上，于2017年启动"共享中心"建设，中国石油共享中心建设从财务共享入手，逐步扩展至人力资源、社会保障等领域，目前财务共享建设基本完成并在进一步的完善提升中。长庆石化公司是集团公司首批试点的7家单位之一和唯一炼化试点企业。

中国石油财务共享通过开发财务共享服务平台、财务共享运行平台将分散于各所属单位的财务业务进行流程再造，统一、规范相关标准，整合专业资源为成员企业费用与收入报账的信息采集、财务核算、资金管理、信息归档和预算控制、决策分析等提供"端到端"的专业化财务共享服务，从而大幅度提高工作效率和质量，节约人工及运营成本。所谓"端到端"，即成员企业的本地财务不参与业务报账审核管理，相关职能全部移交到共享中心，成员企业单位的本地业务报账直接提交至共享中心审核办理。

（2）成员单位与共享中心关系及关注重点。现阶段，集团公司所属各成员单位在上级授权和指导下自主经营，纳入共享范围后成为共享单位。共享中心与共享单位是服务与被服务的关系，根据共享单位需要提供相关服务。共享中心基本不介入共享单位的经营管理，仅按职责进行财务核算和依法合规监督，一般不检查预算管控、资金计划等是否满足要求；也不负责共享单位的业绩指标控制和所属部门单位的绩效考核。因而，当前财务共享模式下，会计核算、预算管理最为关键根本的仍然是共享单位自身关于会计核算、预算管理等运行机制和相关管理体系要求。

作为中国石油集团公司的下属企业，在当前市场经济环境下，接受集团公司效益类（利润总额、净利润、经济增加值、投资资本回报率）、营运类（完全单位加工费、销管费用）等多项业绩考核指标，兼有利润中心和成本中心属性，从管理角度看，营运类指标（成本费用）管控更加重要，也是企业经营管理关注的重点。

(3) 财务共享带来的变革与对策。上述运行模式和管理现状对于共享单位而言存在"两个分离"（即本地财务与业务相分离、共享财务与本地财务相分离），造成财务部门通过会计核算反映和监督业务运行的职能可能由于信息滞后而减弱，进而影响企业正常生产经营目标的实现，给财务管理带来较大挑战。

例如，某共享单位的某部门业务人员提交一项技术服务费核销报账业务，经审核该项业务符合真实、依法、合规、及时，各项资料齐全、完整等基本要求，根据"端到端"架构，本地财务全程不需要参与，共享中心可独立、无障碍完成会计核算和款项支付。但如果该项业务无预算、无资金计划，由于存在"两个分离"产生的信息滞后，本地财务如果不主动介入，可能无法及时采取恰当必要的控制措施，客观上可能导致业务支出盲目核销，成本费用膨胀、无度甚至失控，资金流出无度等影响企业正常生产经营的负面问题。虽然后期可以通过年度绩效评价考核进行纠正，但如果事实已经形成，那么"亡羊补牢"可能于事无补，而防范未然、未雨绸缪更加符合企业经营管理现实需要和管理层期望。

因此，如何适应财务共享带来的管理变革，加快财务部门职能转变，有效加强生产经营支出监督管理，保障成本费用受控运行，防范经营风险，成为本地财务管理必须面对和思考解决的问题，并已经近在眼前，迫在眉睫。

为保证成本费用受控运行，鉴于上述"两个分离"及集团公司目前财务共享预算管理尚不够健全、完善，加强全面预算管理，从业务提交的前端开始进行精细预算管控是有效的解决办法。

2. 传统预算管理的不足

预算管理是企业进行战略实施和经营管理控制的重要手段，它通过对业务、资金、信息、核算等资源整合，适度的分权授权，推动企业实现资源合理配置，为工作协同、战略贯彻、经营改进与价值增长等提供支持，对于优化企业的资源配置，全面、灵活地协调和引导企业内部经营管理，全方位地调动企业各个层面的积极性，促使企业实现效益价值最大化等具有重大意义[2]。随着财务共享推进和企业经营管理深入，传统预算管理已经不能满足日益精细的经营管理要求，客观上需要更精准的预算管理支持。

首先，传统预算管理的维度和粒度不够精细，一定程度限制了预算管理优化资源配置职能的发挥。传统预算管理的维度一般比较狭窄，如部门单位、预算要素等，一般按年度采用增量方式编制。预算管理维度粒度未进一步细化至具体的装置设备、明细要素、业务项目及对应财务核算科目等，一定程度缺少具体业务数据的支持，很难判断收入、支出的完整性、合理性和可靠性，更多是经验性较强的预计值、可能数，预算容易出现较大偏差，难以充分可靠反映业务实际和发挥优化资源配置作用。

其次，财务共享预算管理采用"部门＋要素"管控方式，无法满足按"业务项目"实行精细管控的要求，不利于优化预算考核和提升业务管理。实务中常用的费用要素总额控制方式由于未能将有关要素清晰细化至具体业务项目并对照对应，实务中存在定位不准确而不能进行精细、精准管控，容易产生模糊管控和"先提先用"的公平性问题，挫伤工作积极性、预算考核偏离或形式化等，不利于发挥预算管理对业务单元激励约束作用。

再次，公司近年来经营管理水平大幅度提升并向精细化管理推进，对预算管理提出了更高的要求，希望预算管理实现精细的事前计划、事中控制、事后评价的全流程闭环管理并落实到具体的业务项目上。

因此，需要通过优化财务共享业务审批流程和信息系统开发，建立成本精细预算管控机制，实现财务与业务协同管理，适应集团财务共享运行方式和满足公司精细管理要求。

二、财务共享模式下成本精细预算管控应用

(一) 指导思想

主动适应财务共享模式下财务管理变革要求,积极转变财务职能,以发挥和强化预算管理职能为重点,构建成本精细预算管控体系和机制,通过信息化手段实现以"业务项目"为单元的精细编制、精准前端管控,保障成本费用受控运行,促进企业管理向精细化纵深开展,增强财务管理对企业发展的支撑和保障作用。

(二) 精细预算管理特点

精细预算管理,是与传统预算管理相对而言,指将精细管理理念应用于预算管理中,扩展传统预算管理的维度与深度,细化精度与粒度,以"业务项目"为抓手实施精准的预算管理,推动预算管理向精细纵深开展。精细预算与传统预算的要点比较如图2所示。

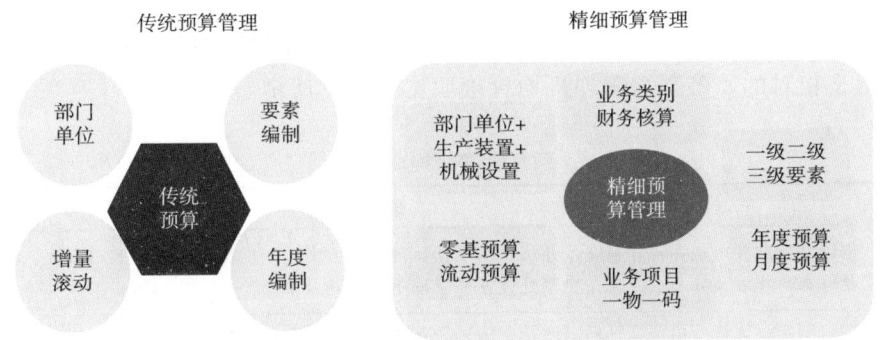

图2 精细预算与传统预算的要点比较

"四维一体"即责任中心(部门车间+装置设备)+预算要素+业务项目+财务核算等四个维度共同确定业务项目的预算管控设置,将以往预算管理从部门车间、基础要素扩展细化至部门车间及装置设备、具体业务项目,建立业务项目与部门车间+装置设备、预算要素、会计核算的对应关系,以"业务项目"(化工辅助材料采用自身物料编码)为基本单元进行精细预算编制、分解和管控。

业务项目,指企业生产经营管理运行发生的、可辨识的独立事项,包括具体的活动、服务、实物等,如某一项具体装卸作业、技术服务、投资项目、财产购置等。业务项目具有可辨认性、独立性、完整性,可根据有关维度属性(如用途、物化性质、金额、供应商等)进行细化分类检索管理。业务项目是最小的预算编制、管控单元,可以按不同标准对业务项目进行分类、分级、集合、细分满足管理需要,业务项目与责任中心、预算要素、财务核算等建立逻辑对照关联,具有唯一性(类似身份证号、银行账号),成为精细预算管控的基本抓手。

(三) 预算管理机构

与大多数企业类似,长庆石化预算管理组织机构包括预算管理委员会、预算管理办公室、预算专业管理部门和预算执行部门。预算管理组织机构如图3所示。

长庆石化预算管理实行统一管理、分级负责与专业管理相结合的三级管理体制。即预算管理委员会(预算管理办公室)—预算专业管理部门—预算执行部门。预算管理委员会是企业预算管理的决策机构,决定、指导预算管理所有工作。预算管理办公室是预算管理委员会的常设机构,负责企业预算管理的日常工作,一般设置于财务部门。预算专业管理部门、预算执行部门共同负责所属业务的预算

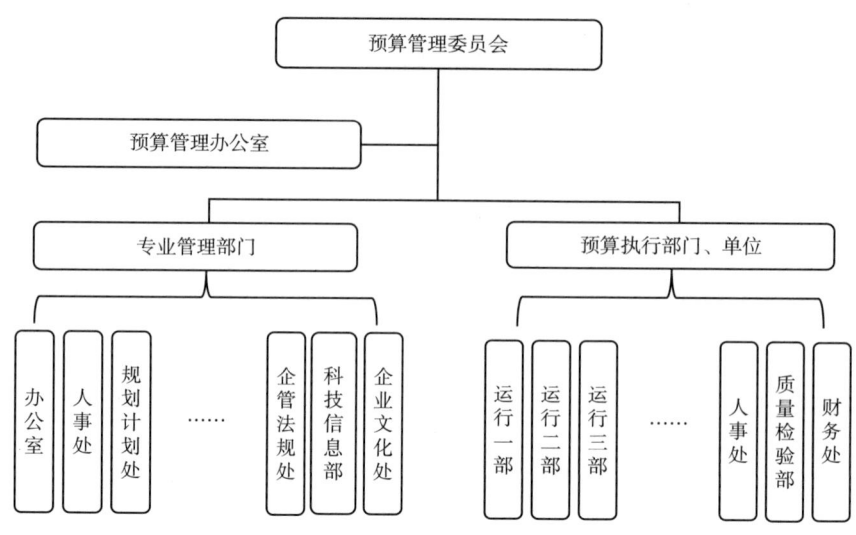

图 3 预算管理组织结构

管理，执行公司已确定的预算方案；专业管理部门与预算执行部门按相关业务专业属性进行划分和管理，专业管理部门是相对的。各预算管理机构管理职责如表 1 所示。

表 1 预算管理机构职责表

机构部门	预算管理职责
预算管理委员会	审议、批准公司预算管理制度及办法、年度预算目标及方案、年度预算分解方案；审议、批准重大预算追加调整方案、年度预算考核方案；协调处理预算管理重大问题及事项
预算管理办公室	组织制定、修订公司预算管理制度及办法；公布、调整预算归口管理业务项目及预算归口管理部门；组织编制年度、季度和月度预算及预算分解方案；组织开展公司年度、季度、月度预算执行分析；审核、汇总并提出公司预算调整、追加建议及方案；组织开展年度、季度和月度预算考核，提出考核建议方案；指导、协调、监督预算管理相关具体工作
预算专业管理部门	制定所属归口管理业务的具体管理制度；负责所属归口管理业务的预算审核、编制；组织开展所属归口管理业务的预算分解、执行及控制、分析与考核；负责所属归口管理业务的支出审核、管理、指导与监督业务运行；负责组织完成预算管理委员会（办公室）安排的其他预算工作
预算执行部门	负责编制本部门、单位的业务预算管理；预算业务办理接受预算管理委员会（办公室）和预算归口管理部门的管理、监督、指导和考核；负责执行公司下发的预算分解方案；负责本部门、单位的预算分解、执行及控制、分析与考核；负责完成预算管理委员会（办公室）、预算归口管理部门安排的其他预算工作

在预算管理过程中，预算执行部门、专业管理部门、预算管理办公室、预算管理委员会按预算管理办法有关规定履行职责。

（四）制度设计

企业财务管理、预算管理制度比较健全，具备建设全面、精细预算管控的制度条件。

1. 建立完善的财务结算及管理制度体系

企业按业务要素及类别分别制定了公务通讯费、差旅费、存货、费用结算、固定资产、无形资产、在建工程、资金管理、税收管理等 52 项管理制度办法，基本覆盖企业生产经营各领域、各环节，保障各项业务依法、合规运行。

2. 建立完善的预算管理制度体系

（1）依据《中国石油天然气股份有限公司预算管理办法》和《中国石油天然气股份有限公司炼油

与化工分公司预算管理实施细则》，结合企业生产经营实际，修订《长庆石化公司预算管理办法》，建立"统一管理、分级负责与专业管理相结合"预算管理体制，包括预算管理原则，组织机构设置及权力职责，预算管理基础与内容，预算编制、分解、执行、调整，分析与考核等，同步配套预算管理全流程内部控制和标准管理程序、预算专业管理部门及专业管理要素表，使预算管理制度化、制度流程化、流程表单化。

（2）明确具体业务预算管理要求。制定具体业务预算编制要求，作为预算管理办法的补充和配套，进一步明确各部门的预算编制职责及分工、编制要求、编制流程等，增强指导性、操作性和约束力。

（3）制订《材料物资类别范围说明》，加强日常业务指导。在企业内部统一明确办公用品、物料消耗、辅助材料、低值易耗品、劳动保护用品、消防物资、警卫保卫物资、检维修材料、党工团教9项常用并存在交叉、易混淆日常支出的概念、分类、管理要求，列明常用实物清单，指导业务部门规范、细致、准确进行预算编制和管控。

三、系统建设

系统总体框架及建设包括全面预算管理系统、财务共享预算管控中台两部分。实际建设中，分步自主开发建设全面预算管理系统、财务共享服务预算管控中台两个系统，分别满足全面精细预算编制、预算前端控制需求，二者协同实现财务共享模式下以业务项目为单元的成本精细预算管控。

（一）总体设计

面向企业生产经营管理的具体业务，开发以"业务项目"为预算编制基础单元的全面预算管理系统；依托财务共享服务平台开发财务共享预算管控中台，协同全面预算管理系统、FMIS系统，实现共享服务模式下按业务项目精准前端管控。

（二）技术路线和标准规范

建立全面预算管理系统、财务共享预算管控中台、财务共享服务平台、FMIS系统之间的数据关联，打破系统壁垒，实现预算编制、分解、下达、执行、控制、分析的全过程一体协同运行，自动进行预算校验、预算冻结、预算释放和预算占用管控，达到预算管控流程化、自动化、协同化要求，满足科学、高效、经济，兼顾稳定性、实用性、可扩展性的总体要求。

1. 全面预算管理系统

设计、开发和应用以实现"业务项目"为单元的精细预算编制为重点，包括预算编制、分解、下达、调整、考核评价等功能模块，实现闭环管理，如图4所示。

2. 财务共享预算管控中台

实现以"业务项目"为单元的精准预算管控，提供多层级、多维度、灵活配置的管控方式，兼顾预算执行分析需求。包括应用层、数据层、数据源层等，如图5所示。

应用层：用于接收用户操作指令请求等输入数据，输出用户操作、查询等执行过程和结果数据，为用户提供交互式操作界面，在客户端提供应用程序的访问接入。

数据层：用于定义预算管控规则、设置业务流程、配置控制逻辑、生产执行统计报告及数据清洗、加工、计算等与预算精准管理有关的系统设计，对数据源层进行数据操作、利用、分析等，是系统的核心架构。

数据源层：用于基础数据的生成和提供，为数据层或应用层提供数据服务。

完整性：基于企业全面预算管理需求，具有数据接收（采集）、校验与管控、查询、编辑、显示等功能。

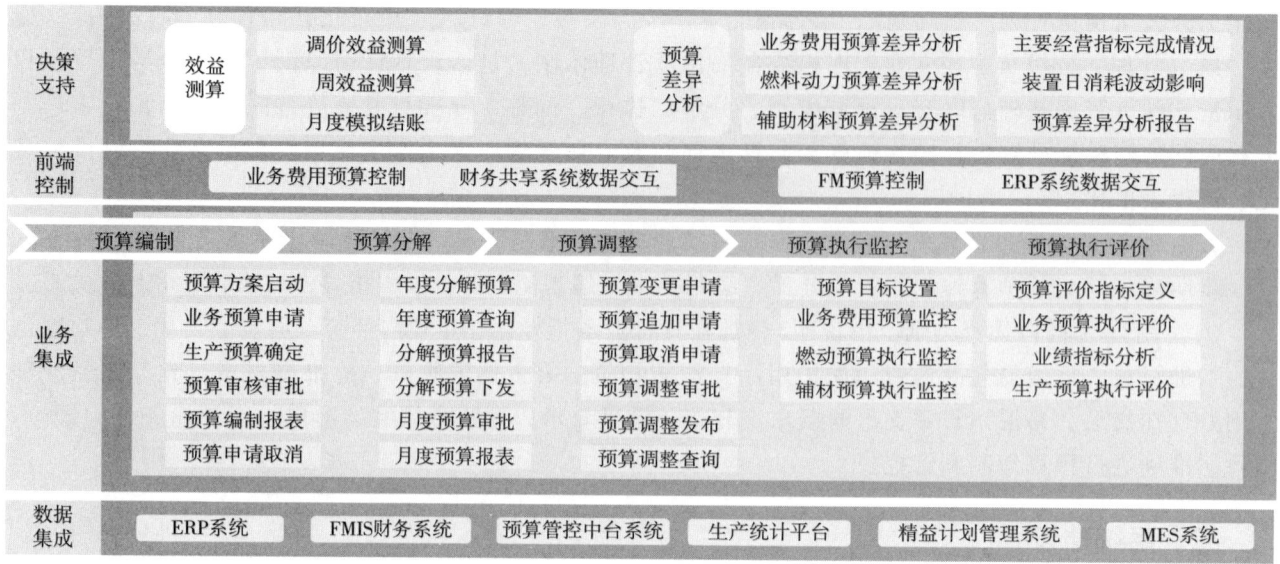

图 4　全面预算管理系统总体架构与功能模块

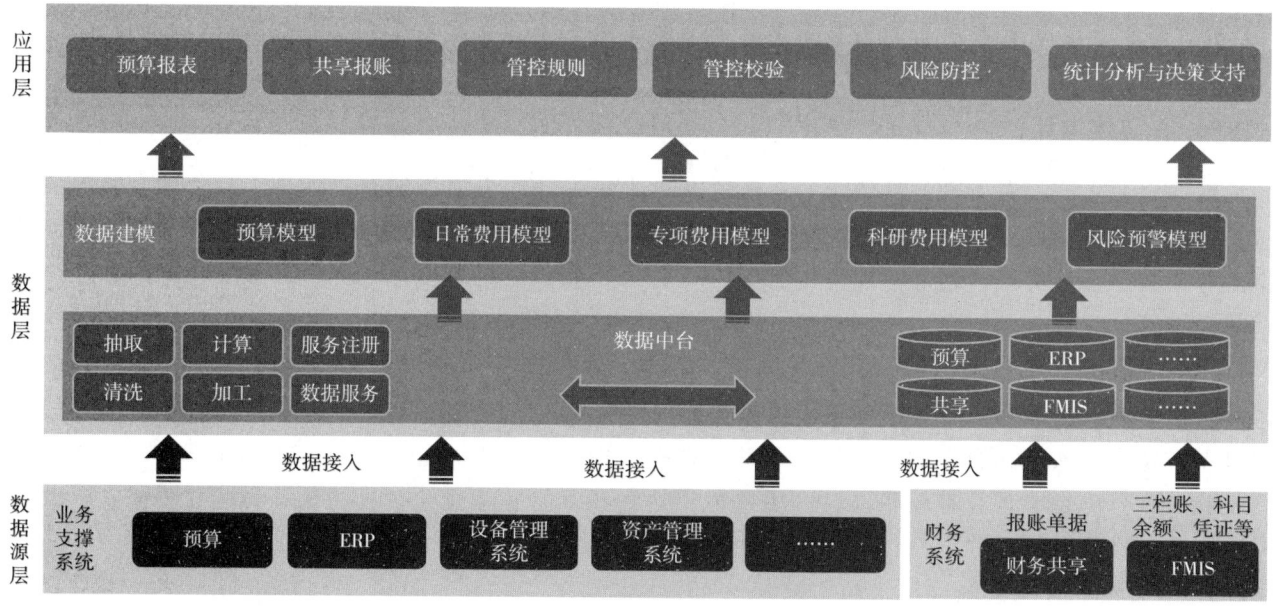

图 5　财务共享预算管控中台架构

安全性：根据业务管理要求分别部署开发环境、测试环境、正式环境，确保各环境相互无干扰，正式环境安全稳定运行；向外数据传输基于主流的 WebService 可定制协议接口，保障数据安全、完整、可靠传输，系统日志记录每次数据传输的相关信息，如具体内容、传输结果。

规范性：有关控制协议、编解码协议、接口协议、媒体文件格式、传输协议等符合国家标准、行业标准，具有良好的兼容性和互联互通性。

开放性：遵循开放性原则，采用标准数据接口，具有与其他信息系统进行数据交换和数据共享的条件，支持二次开发。

（三）功能模块

（1）全面预算管理系统主要包括预算编制、预算分解与发布、预算调整、预算考核评价等模块。

（2）财务共享预算管控中台主要包括预算管理、预算控制规则维护（管控规则、控制维度）、预算接收、预算结转、预算占用补录、统计查询、报表管理等相关功能。

预算管理包括预算执行部门、专业管理部门、预算要素、业务项目、预算编制数（年度、月度）、预算调整数（年度、月度）、实际执行数（年度、月度）、月度剩余预算结转、累计预算冻结、累计预算占用等属性字典，支持根据共享服务平台的业务单据状态变动进行预算冻结、占用、释放等信息同步更新、计算，多维度查询年度、月度剩余预算、预算冻结、预算占用等信息。财务共享预算管控中台功能模块及数据交互如图6所示。

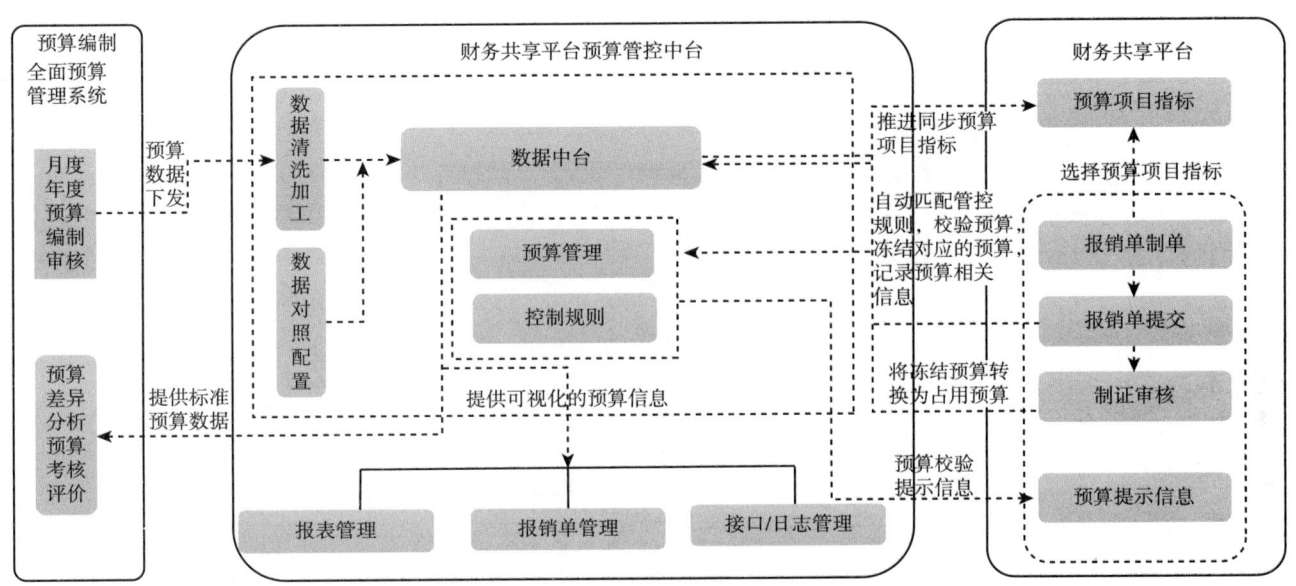

图6　财务共享平台预算管控中台功能模块及数据交互

（四）成本精细预算协同管控运行描述

通过全面预算管理系统、财务共享预算管控中台之间的数据交互和功能协同，实现以业务项目为单元的成本精细预算管控，基本流程描述：

1. 预算启动

预算管理办公室发布通知，定期（年、月）启动并组织各部门单位使用全面预算管理系统进行业务预算编制，经过有效审核通过后，系统自动流转报送至预算管理办公室。

2. 预算方案

预算管理办公室汇总审核各部门单位申报业务预算，视情况组织预算对接、调整，根据业务预算形成财务预算方案。

3. 预算下发

预算方案呈报预算管理委员会审阅，经审批通过后在企业门户通知（含附件）下发，"全面预算管理系统"的业务预算同步调整、更新并下发，预算方案相关数据同步传输财务共享预算管控中台。

4. 预算管控

财务共享预算管控中台接收数据，定义预算管控规则；业务人员在财务共享服务平台填报业务核销报账表单，强制选用"业务项目"字段，填报完成提交表单时自动触发预算管控规则并自动进行各项预算管控维度（责任中心、预算要素、预算金额、业务要素）的匹配检查，通过则正常提交，不通过则拒绝提交并提示失败原因。

5. 预算更新

财务共享预算管控中台系统根据表单状态（提交、流转、结束、退回、撤回、作废、冲销）自动更新预算冻结、预算占用、剩余可用额度等并实时传输至全面预算管理系统。

6. 次月编制

全面预算管理系统同步实时接收预算执行数据、更新剩余预算额度，次月编制预算，自动检查并提示按照更新后的预算额度编制业务预算。

全面预算管理系统、财务共享预算管控中台协同完成精细预算系统管控流程如图7所示。

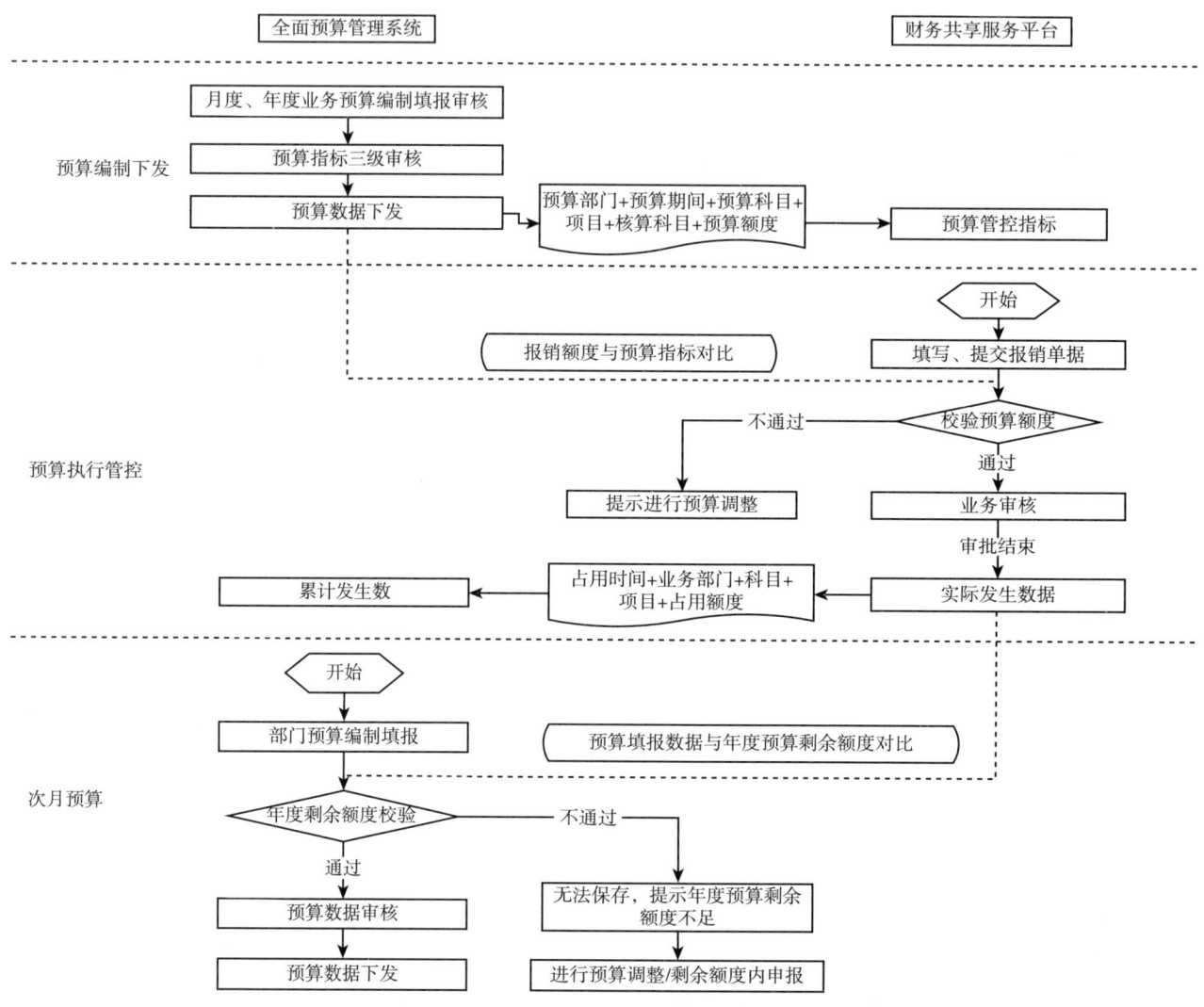

图7 全面预算管理系统与财务共享预算管控中台协同管控流程

精细预算管控的预算编制及管控的主要功能、规则描述如下：

（1）预算编制。预算编制是预算管理流程的起点，编制粒度在很大程度上决定后续管控的精细度甚至经营管理的深度和广度。

在预算编制环节，按照"四维一体"细化到具体业务项目、物料品种，逐级汇总形成企业预算方案。预算编制管理实行"业务申报—专业审核—财务预算核定"的三级审核，每一层级和环节设置回退机制。

（2）预算分解。在前期预算编制的基础上，将经过审批的预算方案再细化分解至部门车间+装置设备、业务项目，并与预算要素、会计核算对照匹配。

（3）预算调整。类似预算编制、分解，将预算调整精确定位到具体的部门车间、预算要素、业务项目。预算调整通过全面预算管理系统进行线上申请审批，相关指标数据一键自动更新，发布后将预算调整信息实时同步推送至财务共享预算管控中台，保障两个系统预算指标数据的一致性、时效性。

（4）预算管控。通过在财务共享服务平台设置嵌入式"预算项目名称"字段，建立与财务共享预算管控中台、全面预算管理系统的关联对照，将支出类别（基建、科研、日常、专项）与"四维一体"设置结合应用。分别从业务实施、业务核销的前端和末端进行预算管控，确保预算管理精准监控、精准管控，满足多种管控需求，支持预算执行差异的精准分析。

①业务申请。业务预算审批及合同签订审核与全面精细预算挂钩。在业务实施与合同签订审核环节，需要进行预算管理的对照审核，只有纳入预算安排并在预算额度内的业务才能审核通过，无预算、超预算的则不能审批通过，需要按有关规定办理预算追加调整申请审批后方可继续办理。

②业务核销。依托财务共享服务平台支撑，将财务共享预算管控中台与全面预算管理系统、财务共享服务平台、FMIS系统等衔接，对业务核销进行预算前端管控，不同单据状态的管控如下：

单据提交控制。提交时自动进行预算"四维"与类别、额度的管控规则匹配及预算冻结检查，控制精度0.01元。若剩余预算额度小于核销金额，则提示预算不足提交失败，需要进行预算调整并重新下发或者修改核销金额；若剩余预算额度大于等于核销金额，则提交成功，同步冻结预算并更新年度、月度剩余预算额度。预算管控效果如图8所示。

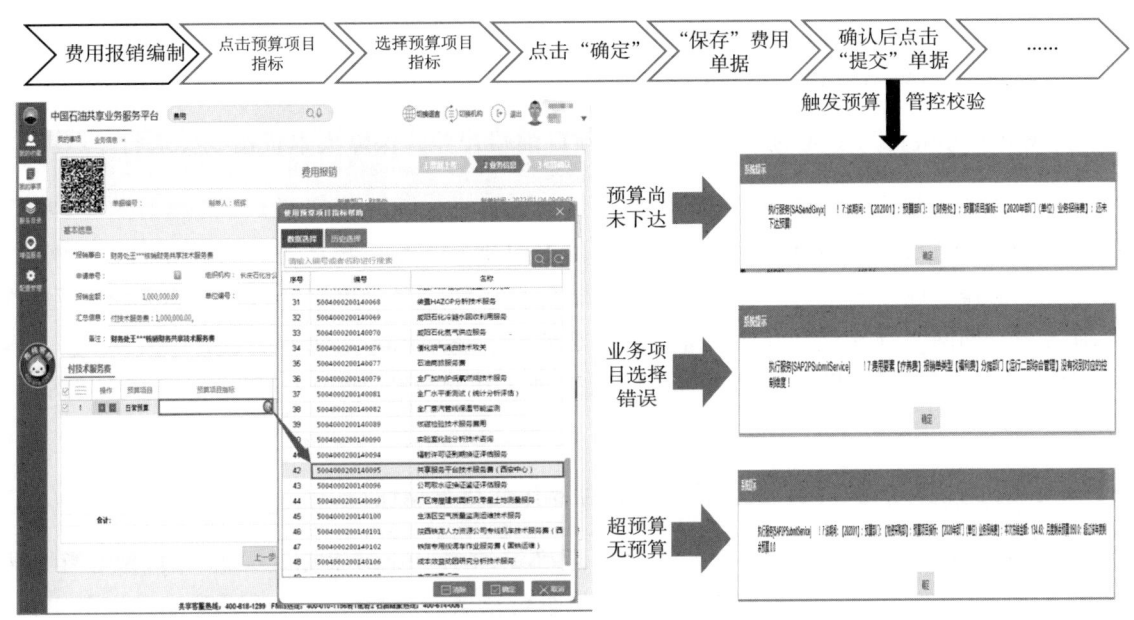

图8 财务共享预算提交管控效果展示

单据撤回、作废、冲销控制。根据单据状态信息，释放该单据对应的业务项目的会计期间的预算冻结额度，同步更新年度、月度剩余预算额度，实时传输至全面预算管理系统。

单据生成财务凭证控制。根据单据状态信息，将该业务单据对应业务项目预算冻结数转为当前预算期间占用数，更新当月、当年该业务项目剩余预算额度，实时传输至全面预算系统。

通过业务实施、核销的两次审核，实现预算管理的前后对照、协调一致，保障各项业务按预算安排运行，防范费用支出膨胀、无度甚至管理失控风险。

（5）预算余额滚动更新。通过数据对照规则，全面预算管理系统与财务共享预算管控中台相互推送预算编制、下发、执行、调整等有关预算信息。实时获取各部门单位的各具体业务项目的实际发生数据，与年度、月度预算额度比较，实时计算、更新剩余预算额度，作为后续月度预算编制的控制依据，保证月度预算控制在全年预算范围之内，从预算编制申报的前端杜绝超预算事项的发生，达到预算（年度、月度）的前端精细管控要求。

（6）预算监督与分析。综合利用全面预算管理系统、财务共享预算管控中台记录的业务执行数据，可跟踪各部门的业务项目执行过程及结果，将预算执行差异准确定位到相关部门、具体要素和具体业务项目，增强监督与分析的针对性，有效推进相关工作进度。

四、系统应用情况

目前，全面预算管理系统和财务共享预算管控中台均已开发完成并上线运行，系统运行正常，成本费用管控精细有效，达到预期建设目标。

（一）基本搭建全面、精细成本预算管理架构，实现以业务项目为单元的成本精细预算编制

在尽可能将所有收支事项全部纳入预算管理的基础上，紧抓业务预算编制这一预算管理的起点和关键，拓展和细化预算管理粒度，突破传统预算管理惯性束缚，构建"四维一体"的预算成本管控机制，将企业日常生产经营过程中发生的辅助材料、技术服务、检验检测、警卫消防、维护修理、绿化卫生等4类56大项163子项明细要素全部纳入预算管控，按照"业务项目"或"一物一码"进行精细编制，设计30张业务预算编制表，派生成120余张各类业务及财务预算报表，将精细预算落实到具体业务项目和物料品种上，经过预算编制、分解、下发形成各部门预算控制指标，为后续的精准控制、分析、跟踪、督办、考核等创造条件。

（二）实现以业务项目为单元的成本费用精细预算前端管控，保障成本费用受控运行

一是全面预算管理系统与财务共享预算管控中台数据集成、协同联动，实现成本费用"四维一体"的预算前端管控，杜绝预算外事项的发生。二是细化不同业务类型、预算要素的业务项目，因类施策、因项施策的选用预算管控方式（支出总额控制、业务项目控制、混合控制、特殊控制），设置多维度预算管控规则（预算期间、预算类型、业务部门、预算要素、会计核算、业务项目、预算金额），满足不同的预算管控需求。三是系统提供预算执行跟踪与查询、差异分析等功能，加强成本费用管控，有效防范预算管理风险。

（三）开展精细预算量化考核，提高预算考核可操作性及可靠性

一方面是提高全面预算管理的定位，将预算管理确定的主要业绩指标、关键成本费用指标纳入年度、月度预算指标并统一下发，将有关成本效益目标分解落实，考核到部门并进一步分解落实到班组、个人，成为企业年度生产经营的指挥棒、各项生产经营工作安排的重要依据和创建卓越绩效、A级企业的指导，增强全面预算管理的目标引领作用。另一方面是开展月度预算执行符合率考核，考核范围包括预算执行部门、专业管理部门，关联要素实行双重考核；按部门单位分别设置执行符合率考核要素、权重、偏差率等，每月量化考核预算执行符合率，提高了预算考核的可靠性。

五、系统实施效果

通过系统开发建设和应用，构建了以完善预算管理制度为支撑，以业务项目为单元的"四维一体"的预算成本管控机制和预算执行符合率考核为抓手的全面精细预算管控体系，较好适应和促进了财务共享模式下企业财务职能转变要求，在企业生产经营管理的多个方面取得良好成效。

（1）提升了全面预算管理本身运行效率、质量和管理水平。基本实现预算目标制定和按"业务项目"精细编制、精准前端控制、分析考核全流程闭环管理，强化了风险管控，更加充分发挥预算管理

的目标引领、激励约束职能，保障了企业经营目标实现。一是健全了预算管理办法、预算编制要求、材料物资类别范围说明等相互支撑、较为完善预算制度架构。二是拓展了预算管理实务的维度和粒度，丰富了预算管理内容和手段，统一了预算管理流程、表格样式，增强了预算管理的规范性、完整性、可操作性，提高了预算编制效率和质量。三是建立了预算管理高水平运行的长效机制。定期组织公司内部年度、月度预算方案编制、预算中期调整等并统一下发，增强预算管理与生产经营实际的契合度和可靠性，推动执行落实到位。四是强化"全、细、严、实"的日常预算管理，结合前端管控，严格预算追加、减少、取消、调剂等预算调整变更管理，推进预算管理与绩效考核相结合，引导各部门以预算目标为导向开展经营活动，防止偏离目标。

（2）较好解决了财务共享模式下成本费用有效管控问题。系统开发和应用实施，从技术上实现了成本精细预算前端管控，为财务监督从事后记账前移至事前计划、事中管控提供了有效抓手，有力保障了企业成本费用受控运行，防范了费用支出膨胀、无度甚至失控风险，达到系统建设的基本目标[3]。

（3）推动业务管理的观念与行动转变，调动各方预算管理积极性和主动性，做到过程受控、结果可期，提升经营管理水平。一是全面精细预算管控、预算执行符合率考核及"全、细、严、实"日常预算管理的相互协同促进，增强预算管理的引领激励和约束指导作用，促使业务部门、基层管理从"重生产"本位业务向"生产+管理"并重的观念和行动转变，从注重结果向全过程监控延伸，从不知晓预算到"言必称预算"，在基层管理形成人人关心预算、主动控成本的良好氛围，促进了业务管理计划性和准确性提升，加快相关工作的推动和实施，消除"重编制轻执行，预算执行两张皮"的现象。二是全过程的精细监督控制及专业管理、业务执行的双向量化考核，推进和加强了业财联动，促进业务执行、专业管理、财务管理之间信息互通，发挥协同合力打通业务运行流程的梗塞环节，加快工作进度。

（4）促进和推动企业低成本战略的有效落地落实和持续深化。通过精细预算前端管控，控本降费取得良好效果，较好的贯彻"一切成本均可降"的理念，有效促进和推动企业低成本战略的有效落地落实，预算执行符合率整体提升3个百分点，费用成本压降约9.9%，累计节约支出近0.2亿元（企业统筹用于其他方面），支持企业"示范型城市炼厂"建设。通过滚动削减、螺旋提升，成本费用压降得到进一步落实和深化，实现成本费用硬下降，近三年企业同口径完全单位加工费从251.87元/吨下降至231.66元/吨，降幅达8%。

（5）促进企业经营管理向精细管理纵深开展，增强综合竞争力。全面精细预算有效增强企业的成本控制能力和核心竞争力，发挥了提高企业经营业绩、提升企业价值、促进战略目标实现的作用。一是系统的实施为深入开展以"业务项目"为单元精准监督、精准定位、精准分析、精准压降、精准考核提供了技术支持和可能性。二是年度预算设置较高标准的成本效益目标并配合经济活动分析督办实施，进一步增强全员成本意识、管理意识及效益意识，加强成本费用精细化管控、挖潜增效的热情和动力，从要素预算向业务项目精细预算和核算安排转变，主动为实现预算目标而献计献策，最大程度"事前算赢、事前算准"，促使预算目标有效达成，螺旋上升，推进经营管理向精细管理纵深化开展，推动企业经营管理水平和综合竞争力、整体创效能力提升，增强有效应对激烈竞争、市场环境变化的能力。

（6）推动业财融合，促进财务职能转型。预算管理作为企业管理的重要工具能够有效推动业财交流及融合开展，促进财务职能转变。一方面系统的实施为财务和业务部门建立了融合交流的平台，在预算管理过程中，企业财务部门和各业务部门共同协作，通过制定标准业务流程、标准表单等方式消除了业务和财务之间的交流障碍，有组织地将企业的业务运行与财务管理联合起来，提高企业资源的使用效率和效用，强化了财务对业务的指导，较好地推动了业财联动融合、经济活动分析等工作开展，助力企业控本降费和提质增效。另一方面通过预算管理的实施，将财务工作向生产经营全过程、多领域延伸，有利于财务人员将更多时间、精力投入有关问题的分析与研究，提升了财务人员的业务理解、管控、分析能力，加快企业财务管理职能的转型提升，为石化行业管理会计的推进进行了有益探索。

六、经验总结

（一）预算管理与业务运行的良好融合是精细预算实施的基础

预算管理作为企业进行战略实施和经营管理控制的重要手段，通过资源合理配置和使用，控制企业运营成本支出，提高经营效益促使企业实现效益价值最大化。由于管控对象为具体的业务活动，预算管理工作就必须加强业务基础信息的获取和梳理，只有将预算项目与业务信息一一对应，才能从根本上判断预算目标的合理性，进行合理的资源配置。在取得业务信息的基础上，财务人员提前介入，对业务项目执行全过程的进行预算管控，才能从根本上保障业务管理的计划性，将财务结果管控延伸到业务执行过程管控，发挥预算管理对企业经营管理的提升作用。

（二）科学量化的预算指标考核体系是发挥激励约束的关键

预算的闭环管理必须结合企业内部经济责任制进行考核，与预算执行单位和各级责任中心、责任人的绩效目标相挂钩，作为企业人事调整、绩效考核的重要依据。预算考核指标体系的设计既包括量化的利润相关的指标，也包括体现各业务单元运行质量的其他指标。根据24个部门的实际业务及管理职责，设置部门可控费用、专业管理支出、重点专项考核以及其他考核要素等4类114项预算考核要素指标。将预算执行考核结果与各部门的绩效挂钩，实现了将企业效益目标落实到部门和个人，抓住关键少数、传递压力动力，带动和增强全员的成本意识、预算意识和效益意识，激发主动参与，真正发挥预算的激励与约束作用、保证目标落地，最大程度上实现管理效率效能合一。

（三）精细编制和管控到位是精细管控落实的前提和关键

预算目标确定后，作为预算管理的起点，业务预算编制能否规范科学地按"业务项目"和"一物一码"进行精细编制和保证较高的准确性，直接关系到后续预算管控的精细度和可靠性，实务操作中精细编制涉及各种形式多样的具体业务的识别梳理、分类判断，特别是检维修和材料物资等工作量非常大，需要投入大量的时间和精力才能达到预期，精细预算也是一个循序渐进的过程。

精细预算使精细管控具备了前提和可能，预算管控落实则需要一个比较强势预算管控机制才能执行到位。执行过程中容易遇到大大小小的问题和阻力，真正做到精细管控需要企业领导层的坚定支持、财务部门的严格规范管理、操作人员的担当细致工作和业务部门的协作配合等，任何一个环节出现松动，预算管控的效果将大打折扣甚至流于形式。

（四）管理会计与智能制造相辅相成，相互促进

提升企业经营效益和降低运行成本，需要应用全面预算、成本管理、绩效评价等管理会计工具做出科学的判断和决策。大数据、云计算、互联网等信息技术的应用，可实现全要素、全业务链的"大信息"自动化集成，数据全生命周期共享及管理，减少人为操纵和信息孤岛，为管理会计理念和方法落地及提高效率、质量等提供了信息化支持，成为管理会计功能发挥的重要推动力。

生产经营智能分析与决策是企业智能制造体系的核心与龙头，自动化数据集成技术实现了生产、财务、营销等业务基础数据的自动获取、收集、汇总和部分分析，而智能决策则需要应用管理会计工具对海量的各类数据进行研究分析、模型预测，最终形成支撑经营决策的结果，深入推广应用管理会计，加快推进企业经营管理转型升级。

精细预算管理不是一蹴而就的，需要管理层的大力支持和业财协作及较长时间的坚持，循序渐进、

螺旋上升才能取得较好效果。目前，财务共享模式下的成本精细预算前端管控系统建设及应用已经取得明显的阶段性成效，由于运行时间较短，还存在系统功能不够完善、管控不够完整等问题，下一步将研究启用 ERP 系统精细预算管控，完善与 FMIS 系统、ERP 系统、共享业务服务平台等系统的数据集成，增强和发挥财务管理的监督控制、经营分析、决策支持和价值引领能力，为提升企业生产经营效能效益、增强综合竞争力、支持企业长远发展提供强有力支撑。

参考文献：

[1] 贡华章. 企业集团财务管理—中国石油财务管理与改革实践 [M]. 北京：经济科学出版社，2009.

[2] 王媛元. 深化全面预算管理提升精益化管理水平 [J]. 经营管理者，2013（26）：204.

[3] 茅镇雷. 财务共享服务中心信息化系统建设探析 [J]. 企业改革与管理，2017（10X）：164.

企业自评

为适应中国石油集团财务共享建设带来的企业财务管理变革和加快推进企业财务职能转型，加强成本费用有效管控，长庆石化公司以发挥和强化预算管理职能为重点，以预算管理制度流程为支撑，构建了以"四维一体"成本精细预算管控系统和预算执行符合率考核等为抓手的全面精细预算管控机制，开发建设了精细预算管控系统，通过信息化手段实现以业务项目为单元的精细管理、精准前端控制。经过一段时间的运行实践，达到了系统建设的预期目标，提升了全面预算管理运行质量和管理水平，促进了基层业务管理观念和行动的转变，调动了各方预算管理的积极性和主动性，推动了相关工作的加快实施；比较充分地发挥了预算管理的目标引领、激励约束职能，较好地满足了财务共享模式下保障企业成本费用受控运行，强化风险管控的经营需求，进一步促进了业财融合与财务职能转型，有力地推进了低成本战略、精细管理理念的有效落地，在推动企业经营管理向精益化纵深开展，持续提升企业整体经营管理水平和增强综合竞争力等方面取得了一举多得的良好效果。

专家点评

中国石油天然气股份有限公司长庆石化分公司在集团实施财务共享的背景下，提出了精益预算的管理理念，充分应用信息技术，将预算管理的颗粒度细化到每一个具体的业务项目，使预算更加贴近实际并更具有实效，增强了预算的前瞻性和可控性，强化了预算管理，其做法值得学习和借鉴。

以项目财务管控为核心的财务共享模式应用与实践

中国冶金科工集团有限公司

> **摘要**：财务共享服务中心作为一种新型管理会计应用模式，可以有效促进企业财务、项目、资金的规范有序运作。为了强化项目管控，规范运营，防控风险，打造集约、高效、可控的财务资金管理体系，提高整体竞争力，中冶集团在财务共享中心建设过程中，结合主业特点和经营管理要求，提出了建设具有中冶特色的、以项目关键管控为核心的财务共享服务中心。通过二级总部项目财务主平台的建设，充分整合业务和财务系统，实现由业务数据驱动财务、资金、税务数据，形成新的一体化高效财务管控体系。
>
> **关键词**：财务共享；项目关键管控；业财融合

一、中冶集团简介

中国冶金科工集团有限公司（以下简称"中冶集团"）是全球最大最强的冶金建设承包商和冶金企业运营服务商，是国家确定的重点资源类企业之一，是国内产能最大的钢结构生产企业，在"世界500强"企业排名中位居第290位，在 ENR（*Engineering News - Record*，《工程新闻纪录》）发布的"全球承包商250强"排名中位居第8位。2009年9月中冶集团发起设立的中国冶金科工股份有限公司在上海、香港两地成功上市。

中冶集团作为国家创新型企业，拥有12家甲级科研设计院、15家大型施工企业，拥有5项综合甲级设计资质和37项特级施工总承包资质、26个国家级科技研发平台，已累计获得107项中国建设工程鲁班奖、202项国家优质工程奖、18项中国土木工程詹天佑奖以及606项冶金行业优质工程奖。

中冶集团按照"做冶金建设国家队、基本建设主力军、新兴产业领跑者，长期坚持走高技术高质量发展之路"的战略定位，始终以独占鳌头的核心技术、无可替代的冶金全产业链整合优势、持续不断的革新创新能力，承担起引领中国冶金向更高水平发展的国家责任；始终以卓越的科研、勘察、设计、建设能力为依托，加快转型升级，打造"四梁八柱"综合业务体系，锻造成为国家基本建设的主导力量；始终以创新驱动作为企业发展的新引擎、新动能，担当起国家新兴产业发展突破者、创新者、引领者的重任，不断打造新常态下推动可持续发展的亮丽新"名片"。

二、案例背景

（一）企业管理模式及信息化建设基本情况

中冶集团目前采用的是两级管理架构模式：集团作为投资管理型母公司不直接参与主营业务的日

---

* 本篇作者：邹宏英。
　指导专家：杨俊（上海越乘信息科技有限公司）。

常经营管理，而是主要对子企业进行战略层面规划管理、政策和制度的指导性管理等，并进行经营业绩考核；主营业务的日常经营管理由二级子企业负责，包括27家大型设计、施工类子集团和28家区域、专业子公司。中冶集团的主要业务是工程施工项目，二级子企业总部作为项目管控的主平台，对本级以及下属分公司、子公司的项目进行集中统一管理。

与管理架构模式相匹配，中冶集团的信息化体系也是两级建设架构：集团层面统一建设了电子采购商务平台（以下简称"电商平台"）、合同台账管理系统、合并报表系统；集团本部和各子企业按照自身的管理需求或经营需求，自行建设了OA系统、项目管理系统、ERP系统、供应链系统、财务核算系统、资金管理系统、人资管理系统等各类信息系统。

各子企业的整个信息化体系建设中，除了OA系统和财务核算系统相对比较成熟和完善外，其他系统的建设还在不断的升级、优化或完善中，并且不同子企业的信息化建设水平也不尽一致，部分子企业存在建设程度不高或不全面的情况。另外，各类信息系统中只有财务核算系统的软件集中度相对较高，主要是用友和浪潮这两家公司的产品，其他信息系统的软件供应商或软件产品普遍比较分散。

（二）集团项目财务管控存在的问题

中冶集团的主要业务是工程施工项目，随着经营规模的不断扩大，产业链条的延伸，集团的经营管理面临着项目类型复杂、精细化管理难度大、资金集中度不高、业财系统协同不畅、信息孤岛等问题，这给项目财务管控带来了极大的挑战。

1. 财务关键管控环节缺乏系统支撑

目前集团各子企业在用的标准型财务核算软件主要是对经营结果的记录，并不具备在经营过程中进行管控的功能；而项目管理系统等业务类软件主要是面向工程施工的业务场景的应用，强调合同、总分包、人员、设备、材料、进度、质量、技术、环境、安全等方面的综合性管理，财务相关的部分作为其中的一个模块，其专业功能并不突出；并且如果该类业务系统没有和财务系统一起统筹规划建设的话，对于财务方面的需求会形成一定的弱化或忽视。项目财务人员在对结算付款等关键管控环节的审核中，主要还是依赖人工方式来核对合同、形象进度、结算单等原始资料，系统支撑不足的甚至还要核对预算、资金、台账等信息，因此普遍存在审核效率不高、管控难度较大的情况，管控风险没有通过系统的方式控制下来。

2. 业务和财务系统融合不足增加项目财务管控难度

在现有信息系统的体系化建设中，只有部分子企业通过统一建设的方式具备了一体化的信息化管理系统体系；其他子企业大多是由各个职能部门自行主导，按部门需求搭建各自的系统，导致现有业务系统过多、软件集中度不高。由于存在信息系统架构条块分割、多个软件供应商导致异构系统差异、各系统建设进度未协调一致等因素，造成系统间融合难度大、信息传递不顺畅，形成了信息的孤岛。反映到项目财务管控工作中就是业务和财务系统管理脱节，项目财务需要分别在不同系统中进行操作，不仅造成重复工作量，还增加了管控的难度，甚至可能因为两本账形成系统各说各话，数据输出不一致的现象。

3. 项目财务人员分散，制度化、标准化、统一化管理相对困难

项目财务按照传统的财务管理方式一般分布在各个项目点上，由于人员配备的原因，部分项目财务还存在一兼多职、一岗多能的情况，同时除了负责日常的项目财务管理外还要进行会计核算。人员分散和工作性质的现状造成了标准化管理的困难，二级子企业总部难以进行统一化或集中化管理，项目财务在对关键管控环节的业务处理尺度上的把握、对业务标准的理解、对制度或者政策的解释上可能都不尽一致，存在有的项目管控严格、有的项目管控相对不足的情况。

（三）新型财务共享服务管理模式

面对新形势下的新问题，中冶集团紧密围绕新发展战略，积极探索新思路，从多个方面学习和研究新的管理模式。在此基础上,对财务共享服务等管理会计方面的管理模式进行了较为详细和深入的研究以及探索性试点,通过综合比较各方面的特点、优势和适用性,最终确定引入财务共享管理模式,将财务共享中心的建设纳入全面深化改革的工作内容,推动实施财务集中管控、强化精细化管理、促进业财融合。

财务共享服务是指将企业集团内部各级单位财务业务中共同的、重复的、标准化程度高的业务集中起来,进行流程再造与标准化统一,并利用信息技术,由财务共享服务中心(以下简称"财务共享中心")采用工厂化的方式进行统一处理和提供服务的新型财务管理模式。财务共享模式的特点可以针对性地解决集团目前在项目财务管控上普遍存在的标准化、统一化等难点问题;同时通过平台化的体系建设可以将不同系统间的数据连接起来,消除信息孤岛。

除了解决财务管控和业财融合等问题外,中冶集团通过推行财务共享中心的建设,主动改变传统财务管理方式,对原有模式进行制度再造、组织再造、流程再造、系统再造,从而大幅提升工作效率和服务价值,形成财务管理模式的自我变革,实现企业财务价值创造的转型。

三、方案设计

(一)财务共享中心建设指导要求

1. 建设方式

中冶集团财务共享中心采取总部总体规划、以二级子企业为主体集中建设的方式。总部做目标性、原则性指导,以顶层设计的方式规范基本功能和关键功能方面的要求;二级子企业在遵循适用性、权属性、渐进性、经济性、安全性原则的基础上,可结合自身实际和专业特点进行功能性和适应性拓展,制定建设规划并组织实施。

2. 指导思想

以中冶集团发展战略定位为指导,按照中冶集团信息化整体规划思路,围绕建设世界一流财务管理体系的目标,以防控财务风险,提高财务效率为基本任务,促进企业财务部门和财务人员向专业化和职业化转型,实现企业财务"由核算型向价值创造型转变"。

3. 总体目标

打造基于业财结合基础上的服务、管控职能并重的财务共享中心。总体结构为"两级平台",兼具"四个中心"的功能:"两级平台"即集团总部平台和二级总部平台;"四个中心"即"会计业务核算中心、资金收支结算中心、项目财务管控中心、管理决策服务中心",以会计业务核算中心和资金收支结算中心为基础,以项目财务管控中心为核心,通过在线实时管控,有效实现项目关键管控前置,满足"高效、管控、服务"的要求。

4. 具体目标

建立财务共享中心,通过流程标准化、标准信息化,实现各级企业会计业务集中处理,贯彻集团统一的会计政策、财务标准和控制流程,降低财务内控风险,提高财务管控力;同时缩短管理链条,降低财务流程的处理成本,促进业务财务一体化,提高财务决策支撑作用。

(二)项目财务管控体系相关的方案设计

总体目标的"四个中心"中,"项目财务管控中心"是核心,也是中冶集团特色的重要体现。即通过系统来强化财务资金关键环节控制、减少人为因素影响,打通业财系统壁垒,推动业务财务一体化,实现对项目关键事项、关键环节的财务管控。

整体财务管控体系的设计强调"事前管控"理念,要求将管控节点和管控标准嵌入系统。通过系统的刚性约束强制推动各项管理制度、要求和标准的落实到位,以此加强对企业日常运营的管理监督,避免和减少不合理、不规范的经济行为,堵塞"跑、冒、滴、漏";通过将管控点在系统中前置或前移,在第一时间杜绝不合理支出,进一步加强对项目的管控。

1. 需求分析

围绕"项目财务管控"这一核心目标,系统应满足二级子企业财务管理制度或管控标准需求,以及相关的合同管理、预算管理、资金管理、税务管理等综合性方面的需求;能够实现主数据和表单数据在系统间的顺畅协同,满足业务和财务系统融合的需求;能够将各类制度标准嵌入或固化到系统中,使系统正确的表达出各项管控要素,并能按照需求的变化进行灵活的调整,体现出管理的要求;最终形成综合性、立体化、多维度的一体化财务管控体系。

(1) 项目财务关键事项管控需求。按照"付款跟着结算走、结算跟着合同走、合同跟着预算走"的原则,系统应实现结算金额不能超合同金额,发票金额不能超结算金额,付款金额不能超过发票金额,付款单位、发票单位和合同单位应保持一致以确保"三流一致",付款比例不能超合同约定付款比例,无资金预算(或余额不足)不支付以及付款总额大于收款总额原则上不支付,这6个重要项目财务关键管控节点的系统自动化控制。

(2) 费用报销管控需求。以二级子企业基于集团统一要求制定的各项财务制度和控制流程为基准,系统应实现各项费用报销标准自动化控制,如业务招待费标准、差旅费标准、备用金标准、中央"八项规定"要求等,严格体现分级审批、分级控制的要求。

(3) 系统管控的统一性需求。

①会计核算体系统一:实现财务共享的关键是集中核算,实施单位要以中冶集团会计制度及有关统一会计科目文件要求为基础,实现本公司的会计核算体系统一,包括会计科目的统一、辅助核算的统一、编码规则的统一以及凭证附件的统一,实现不同单位财务数据具有可比性。

②经济业务流程统一:业务流程是企业管控的重点,实施单位应统一本单位所有经济业务的审批流程,并在财务共享平台统一配置、集中管理,确保同类经济业务审批流程统一,实现本单位业务流程处理的标准化、信息化、规范化。

③业务制度体系统一:管理制度是企业管控的根本,实施单位要依据集团及本单位内控制度的各项要求,制订统一的业务指导手册、财务管理制度、内控制度等。

④业务基础数据统一:即项目、合同、客户、供应商、物料、组织、部门、人员、账户等基础数据规则统一,数据管理权限集中,实施归口管理、维护。其中项目、合同档案应与中冶集团合同台账管理系统保持一致,客户、供应商档案、物料档案应与中冶集团电商平台保持一致,银行账户档案应与中冶集团智惠金服系统保持一致。统一的数据规则是保障不同系统间有效衔接,实现业务财务一体化的基础。

(4) 业务和财务系统的融合需求。

①与会计核算系统对接,自动推送凭证数据,实现会计凭证全部通过系统自动生成。

②与资金管理系统(或资金模块)对接,自动推送结算信息。

③与项目管理系统对接,包括项目、合同等基础信息,业主结算、分包付款、合同收入、成本确认等相关业务流程,实现表单数据自动推送、自动生成单据。

④与人力管理系统对接,包括组织、人员等基础信息,实现权限、职级协同调整。

⑤与OA系统对接,统一审批门户入口。

⑥与增值税系统或外部税务系统对接,实现增值税发票的在线验真、认证、查重。

⑦与中冶集团智惠金服、电商平台、合同台账系统对接,实现账户管理、客商信息、项目信息的数据贯通。

(5) 业务集中化管理需求。将项目财务人员的会计核算职能剥离,由财务共享中心统一承接,统一管理，实现人员管理、业务操作的集中化管理，进一步加强制度的执行力度，统一执行标准。

2. 系统架构设计

全面分析和评估业务需求和系统需求，形成不同层面和不同维度的系统架构，最后综合形成整体系统建设架构。

（1）整体管控需求维度：将各项控制标准和控制流程嵌入业务和财务系统，各业务系统与财务系统交互协同，共同完成项目财务管控要求（见图1）。

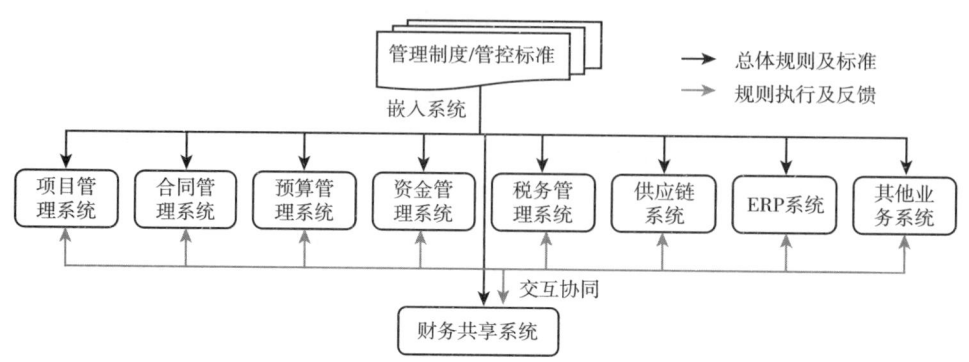

图1 制度管控嵌入系统要求

（2）一体化系统协同维度：通过主数据系统或数据接口，确保基础数据和表单数据的在业务和财务系统间交互协同，形成顺畅的数据通道，消除信息孤岛（见图2）。

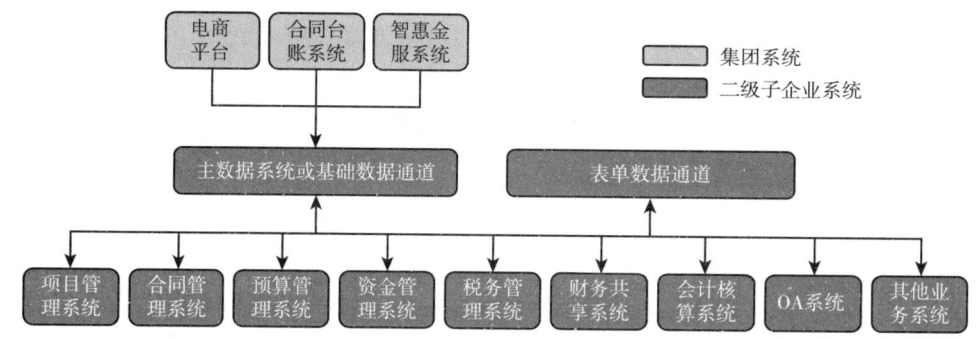

图2 业财资税系统一体化数据协同架构

（3）项目财务管控关键点系统控制架构：将管控要素分别匹配至各业务系统，通过系统间关联，协同建立管控点，实现管控全覆盖（见图3）。

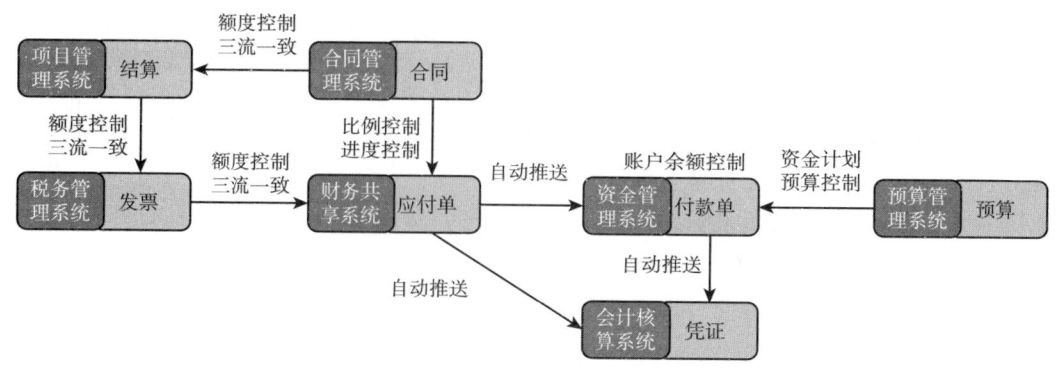

图3 管控要素及管控点设置要求

（4）整体系统建设架构：从财务共享中心整体建设层面设计，以项目财务管控中心为核心的系统建设架构（见图4）。

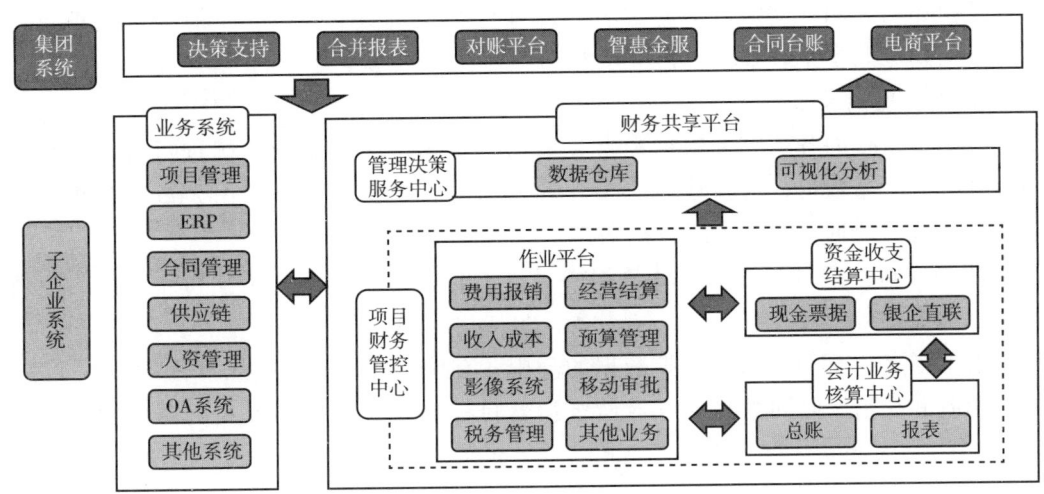

图4 系统建设架构

3. 系统建设内容

财务共享中心建设内容应在统一规划下，可遵循先易后难的原则，分阶段开展。

（1）初设阶段内容：将网络报账、会计核算、资金结算、账表一体化纳入共享服务范围（见图5）。

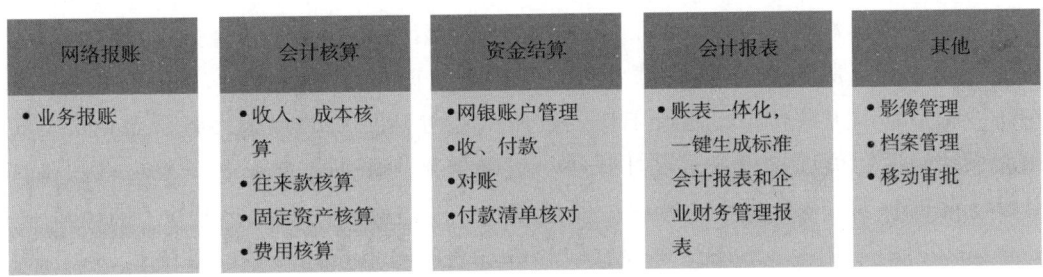

图5 初设阶段建设内容

（2）提升阶段内容：结合企业管理需求，逐步将合并报表、成本管理、应收/应付管理、资产管理、预算管理、税务管理等业务中可以共享的内容纳入共享服务范围。

4. 财务转型组织构建及职能管理

（1）财务转型设计。按照集团财务共享中心建设的指导思想，企业财务人员将从传统财务人员向三个方向转型：第一是战略财务，负责企业的财务战略的制定与实施、财务政策、资源配置、资本运作和风险管理等，通过业务财务与财务共享中心提供的数据，分析转化为有价值的信息，在预算管控、资金运作、税务筹划、分析决策方面为公司提供决策支持；第二是共享财务，为所属各级单位提供高效、合规的会计专业服务，为企业提供及时、准确、标准、规范的财务信息；第三是业务财务，在把主要会计业务交由共享中心后，各级单位财务人员应融入到业务中，在预算分解落实、资金计划、成本费用管控、税务筹划执行等工作上与业务紧密配合，管理前移，不断加强业务财务一体化，为业务发展提供事前算赢的决策支持和价值管理。

共享财务是对日常经营业务进行财务管控的核心，与业务财务和战略财务协作配合，共同构建综合性财务风险防控体系。

（2）财务共享中心设置与管理。财务共享中心是共享财务的集中管理部门，提供标准化财务服务。为保证财务转型的平稳过渡和日常业务的正常运行，做好会计与财务管理工作的有效衔接，在财务共享中心建设及运营初级阶段，各单位财务共享中心应作为二级子公司财务部门的下设机构，由财务部门负责人兼任财务共享中心负责人，不得独立于财务部门之外。待财务共享中心上线运营稳定且管理逐步完善后，经报中冶集团计划财务部同意后，方可将财务共享中心独立于财务部门单设、并由总会计师分管，为日后财务共享中心独立运作奠定基础。

5. 管理会计报告输出要求

财务共享及相关系统的各项业务数据和财务数据，汇集至决策支持系统进行分析、整合后，最终应形成管理会计报告所需数据，支撑战略决策，规范运营管控。应充分运用大数据分析等技术，深入挖掘财务共享中心沉淀数据，有效盘活数据资产：

（1）战略决策支持：通过对管理会计数据的灵活组合，辅以智能决策支持系统，为企业战略决策提供管理支撑、决策支持。

（2）经营过程管控：通过对过程管控数据的分析，有效监测资源的投入产出效率，了解运营状况，及时发现各类偏差并在第一时间处理，有效监督运营目标的执行，提高投入资源的效率，强化运营过程的管控。

（3）运营结果评价：通过定期的管理运营报告，充分发挥运营考核指挥棒的作用，以预先确定的标准和一定的评价程序，运用科学的评价方法定期出具内部管理报告，对职能部门进行考核评价，规范运营，调动管理者和员工的工作积极性。

四、实施成效

中冶集团按照"顶层规划、分步实施、分级部署"的策略和方法，结合方案设计规划，编制和下发了《中冶集团财务共享服务中心建设指导意见》（以下简称《指导意见》），并从 2017 年底起开始分期分批组织子企业启动财务共享中心建设工作。按照《指导意见》的要求，各子企业严格遵循设立领导小组、组织调研、实施商选聘和方案设计报批、进场实施、培训、测试、试点上线、推广上线、全面上线、持续优化的步骤，攻坚克难，解决了业财融合、部门协同、观念冲突的矛盾，以及制度变革、流程变革、人员（岗位）变革、思想变革等管理变革带来的一系列问题，稳扎稳打，有序开展各项建设工作。经过三年多的推进实施，于 2020 年底实现了"全级次、全业务"的全面上线，圆满完成了财务共享中心第一阶段的建设目标。最终以战略财务、业务财务、共享财务体系建设落地运行，以业财资税一体化为建设路径，由业务数据驱动财务、资金、税务数据，形成新的财务管控体系，初步实现了"四个中心"的功能建设。

（一）数字化转型

《中共中央 国务院关于构建更加完善的要素市场化配置体制机制的意见》第一次提出了数据作为一种新型生产要素的重要性，强调要加快培育数据要素市场，要达到数据开放共享、价值提升、资源整合和安全保护的要求，则必须先做数字化转型。

通过财务共享系统的建设，中冶集团将财务相关的基础数据、重要流程、加工过程和处理结果全部实现信息化管理，在财务领域完成了全面数字化转型的初步实践，并在资源整合和价值提升方面做进一步的持续优化和改进。

（二）财务转型

财务共享的模式对传统财务管理模式带来了巨大的冲击，为了适用新的管理要求，各子企业根据实施方案中对财务部门和财务共享中心职责定位的要求，借助财务共享建设的契机，对传统的财务组织及职能进行了大刀阔斧的改革：通过重新梳理、调整现有的管理思路、管理架构、工作流程，重新定义财务管理的内涵和外延，实现战略财务、共享财务、业务财务的分工协作、共同驱动，从而匹配财务共享模式下的管理需求。

通过主动学习、自我调整、积极应对，整个财务队伍已经很好地适应了管理模式变革带来的影响，顺利完成了新形势下财务转型的要求，实现财务工作从"核算事务型"到"价值创造型"的转变。

（三）业财融合

以财务共享系统为纽带，中冶集团的业财融合呈现立体化、多维化的特点：

1. 基础数据融合

各子企业按照《指导意见》的要求，采用主数据管理系统或者建立数据规则的方式，对项目、部门、人员、物资、供应商、客户等基础数据进行了统一；同时管理权限集中，实施归口管理和维护，做到入口、出口数据的前后一致性。

2. 两级平台系统的融合

中冶集团总部已部署的三个通用业务系统，即电商平台、合同台账管理系统和智惠金服资金管理系统，通过财务共享平台与子企业系统进行了充分的数据融合。一是基础数据方面，电商平台的物资、供应商、客户成为子企业财务共享系统对应基础数据的来源或入口，合同台账系统的项目档案是子企业财务共享系统的项目档案来源；二是业务数据方面，电商平台的集采合同信息推送至子企业业务管理系统，子企业收入、成本等统计类数据也回写至合同台账系统；三是资金管理方面，智惠金服系统与各子企业资金管理模块对接，实现全部账户的可视化管理，做到集中归集、集中划拨、分级使用，极大提升了资金集中度和使用效率，降低使用成本。

3. 流程再造与融合

为适应财务共享管理模式的特点，结合对项目、费用、资金等关键管控事项的要求，子企业对现有管理流程进行了重新梳理及再造：一是全面清理、查漏补缺，确保财务流程全部上线系统化；二是业财配合、流程再造，重新界定新模式、新系统下的职能分工及工作界面；三是流程适应性优化，通过使用反馈及评估，不断优化流程方案，重点针对重复性、争议性的环节进行删简或改造，力争做到责任全覆盖、管控不遗漏、职能不交叉、操作简约化。

4. 业务数据融合

一是纵向融合，即集团总部业务系统与子企业财务共享系统的数据实现接口连接及交互；二是横向融合，即财务共享系统与项目管理系统、合同管理系统、资金管理系统、税务管理系统、供应链系统、人资管理系统、OA系统等上下游相关系统进行流程、单据的对接。各子企业通过对业务和财务系统的协同改造，有效促进了业财融合，实现从业务系统直接获取数据，保证了财务核算基础的真实性、规范性，并实现业务系统和财务系统双向穿透式全流程联查、为审批提供依据，同时提升财务审核的准确性及效率（见图6）。

（四）风险管控能力提升

"四个中心"的建设目标中，"项目财务管控中心"作为核心目标，是集团财务共享中心建设的重中之重，在验收标准中，与之相关的7个项目财务关键事项管控占最高分值且均为一票否决项。以此为指引导向，各子企业在建设过程中都高度重视对项目财务管控的要求，严格做到了报销标准系统化自动控制（含"中央八项规定"事项）、结算金额、合同金额、发票金额、付款金额、付款比例、三流一致、资金预算、账户余额等项目财务关键事项均通过系统进行自动控制（见图7、图8、图9）。

另外，会计核算集中、核算标准统一减少了业务处理的理解偏差，资金集中收支、预算刚性控制保障了资金安全，发票自动关联税务系统验真查重将税务风险控制前移。

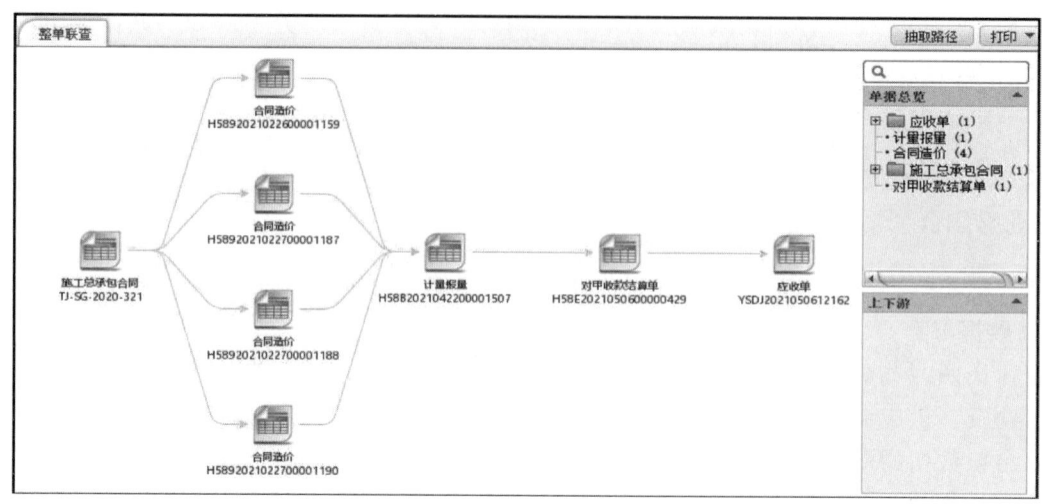

图6 以合同为维度进行全流程上下游单据双向联查展示

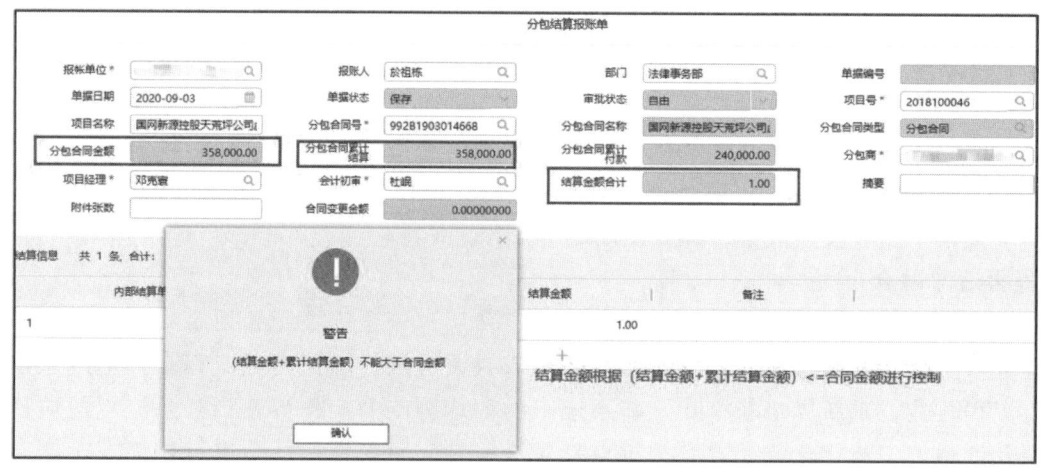

图7 结算金额不超合同金额情况展示

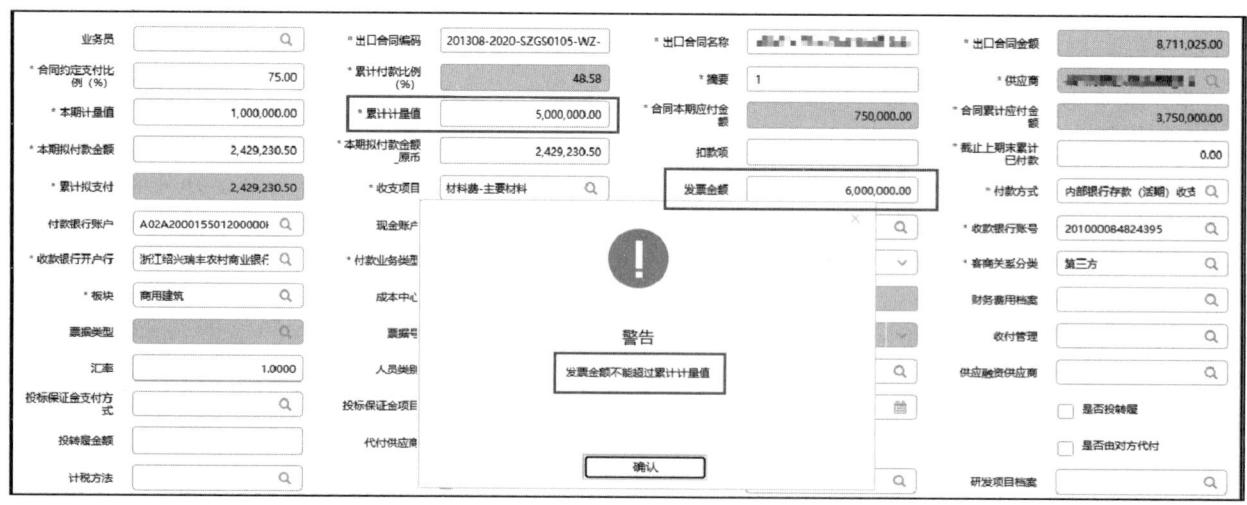

图8 发票金额不超结算金额情况展示

通过一系列管控点在系统层面的执行，实现了业财资税等关键环节控制，减少人为因素影响，有效地提升了企业风险管控能力。

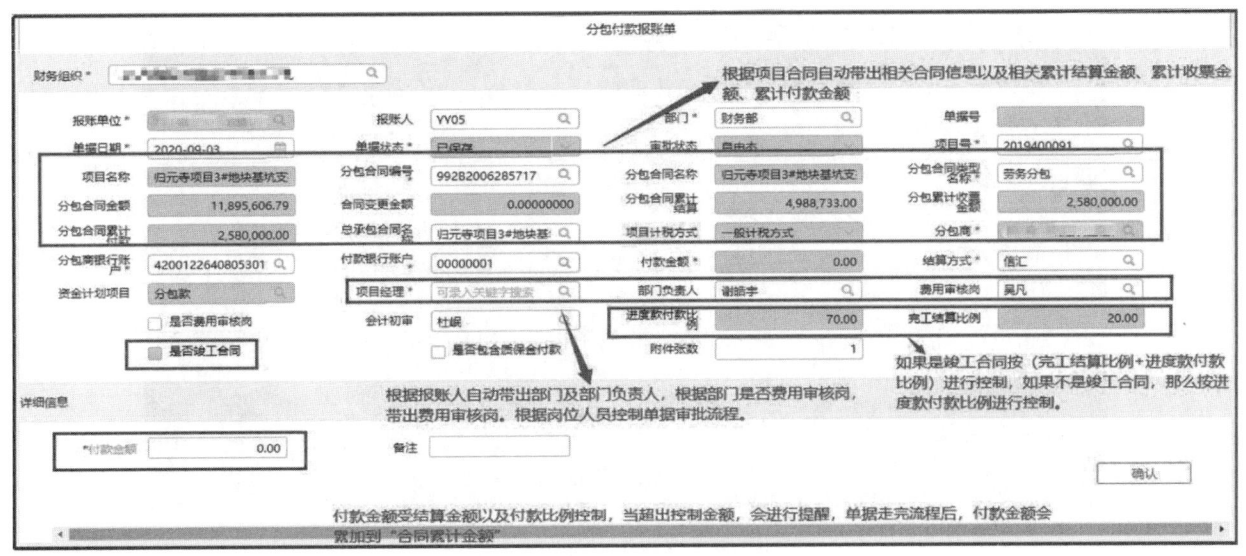

图9 主要管理指标监控及展示

(五) 效率提升

财务共享系统上线之后，通过对用户的调查及回访，从系统使用、系统管理、数据使用等方面的反馈在效率上都得到了极大的提升。一是用户体验显著提升，过去走线下审批方式最担心领导出差，现在系统上线后可随时移动审批且不用排队，单据平均处理时间较过去缩短3—4天；发票自动验伪、验重极大简化了发票处理时间、减少了纸张浪费；单据进度查看、历史单据查询也更加方便，手机即可跟踪实时状态，使用直接体验最为明显。二是流程效率提升，通过流程的再造和梳理，之前冗余、重复的环节得到了简化。三是系统效率提升。新系统的建设带动了旧系统的升级或优化改造，系统处理速度、数据提供速度得到了提升；原有的低效节点进一步改善，通过自动化处理过程的配置，人工录入工作量下降10%—15%。四是人员效率提升，财务共享中心建设进入稳定运营期后，随着业务熟练程度的增加，人均处理单据量较早期提升了50%—100%且公司规模越大效果越明显，人员配备数量也比建设高峰期降低50%—60%。另外机器人流程自动化（RPA）技术的引入部分替代了资金支付、银行电子回单匹配等人工操作，为子企业节约2—3个人力工时投入价值更高的工作中，后期随着RPA在更多场景的应用实践，预计还可以进一步提升效率、节约人力。

(六) 管理会计报告的质量提升和价值提升

随着业财融合带来的系统数据打通，各子企业信息系统间信息孤岛的问题得到了有效的改善，财务共享系统更高效、更迅速、更准确地提供更多的数据支撑，提升了在管理分析、经营决策方面的服务价值。一是优化了分析模型和数据结构，尤其是业务域与财务域相结合的数据，拓展了关键财务指标及企业内部管理指标。二是使用模型市场等工具，提供更丰富、更友好和更详细的结果展示，并通过不同的主题分类匹配不同的使用场景。三是优化数据来源，提升数据时效性，部分数据达到实时更新。四是数字大屏的使用，将各项考核指标直观展示，有效起到了震慑和激励的效果（见图10）。

五、总结和展望

中冶集团财务共享中心建设的成功，凝聚了所有中冶财务人的智慧和心血，得益于集团上下的协同努力、严格要求，也得益于专业的支撑保障、过程的严格把控，更得益于领导的高度重视、前瞻性

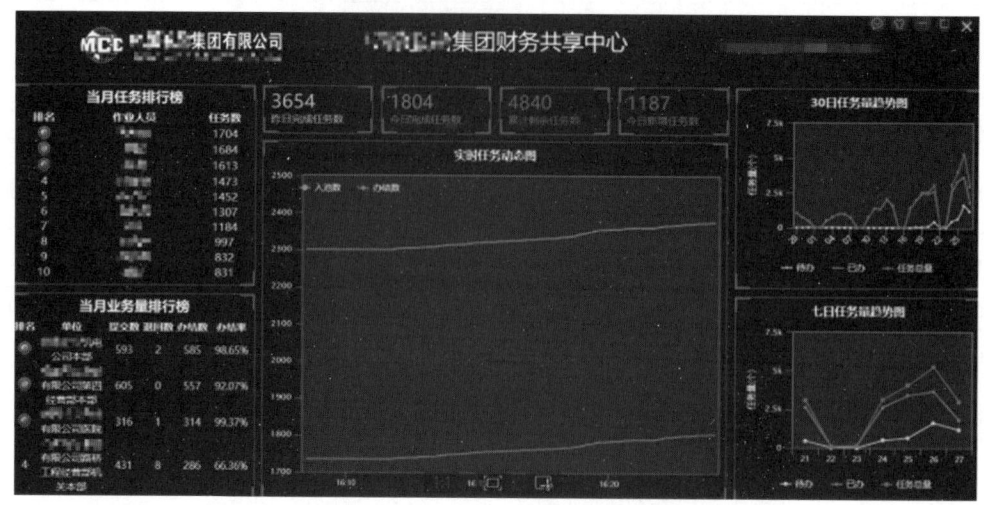

图 10　财务共享中心运营情况展示

的顶层设计。财务共享中心建设对中冶集团夯实财务管理基础、严控财务风险、深化服务经营和提升价值创造提供了重要的系统性支撑，是中冶集团强化项目管控、规范运营、防控风险的重要手段，有效提升了集团整体竞争力。

各子企业在完成财务共享中心第一阶段的建设目标后，按照"高质量建设、高效率运行"的要求，持续进行制度优化、流程优化、系统优化、操作优化，提升系统效率；积极探索机器人流程自动化（RPA）等新技术在财务领域的深入应用，节约人力资源，提升人员效率；进一步推进业财融合、数据贯通与共享，研究大数据的应用场景，为后期优化管理决策支持系统、提升集团分析水平及效率，充分挖掘企业数据价值打下基础。

未来，财务共享中心应用实践将随着集团发展不断创新升级，以服务为载体、以流程为支持、以管控为基础、以数据为中心，以健全和完善财务共享平台为核心，突出全过程系统管控，突出关键管控全覆盖，持续构建保障有力、风险可控、统筹科学、运行高效的财务资金管理体系；以业财更深度的融合，持续打造具有中冶特色的"高效、管控、服务"型财务共享中心，为实现企业战略目标提供重要保障，提升企业整体价值。

参考文献：

［1］中国共产党中央委员会，中华人民共和国国务院．中共中央　国务院关于构建更加完善的要素市场化配置体制机制的意见［EB/OL］．（2020-03-30）［2021-11-01］．http：//www.gov.cn/zhengce/2020-00/09/content_5500622.htm．

［2］财政部．关于印发《企业会计信息化工作规范》的通知（财会〔2013〕20号）［Z］．

［3］财政部．关于全面推进管理会计体系建设的指导意见（财会〔2014〕27号）．

［4］财政部．关于印发《会计改革与发展"十三五"规划纲要》的通知（财会〔2016〕19号）［Z］．

［5］国务院资产管理委员会．关于加强中央企业财务信息化工作的通知（国资发评价〔2011〕99号）［Z］．

［6］中国冶金科工集团有限公司．关于加快推进财务共享服务中心建设工作及印发《中冶集团财务共享服务中心建设指导意见》的通知：中冶集计财〔2017〕13号［EB/OL］．（2017-12-03）［2021-11-30］．

 **企业自评**

本文介绍了中冶集团打造管控型财务共享中心的实施方案及建设历程，详细展示了基于财务共享

平台的集团财务管控体系的建设背景、问题导向、解决思路和建设成果。中冶集团财务共享中心的建设始终围绕"项目财务管控"这一关键核心，并结合自身实际情况及管理需求，探索出了一套具有中冶特色的、聚焦项目的系统化解决方案，完善和提升了财务管控体系的整体水平。

按照"四个中心"的建设要求，中冶集团财务共享平台打通了项目、人力、资金、税务等不同信息系统间的壁垒，以主数据为纽带，以财务共享系统为依托，将业、财、资、税的管理有机结合，实现了对合同、结算、预算、发票、资金等关键管控要素的系统化控制，降低了人为因素干扰，有效提升了企业风险管控能力。

中冶集团管控型财务共享中心的建设，极大拓展了财务管控体系的系统支撑范围，促进财务系统从传统核算系统迈向业财融合的一体化协同管理系统；同时以业财结合、财务为主的建设模式，满足了业财系统信息化建设程度不均衡情况下的建设需求，为同类企业数字化转型提供了有益的探索和借鉴。

专家点评

大型工程项目建设集团的财务管控体系建设难度是众所周知的，这样的体系建设既要面对产业链涉及面宽、项目类型复杂、项目实施周期长、项目成本精细化管理难度大等特有行业难题，又存在大型集团财务管控体系建设面临的普遍问题，如业财系统协同不畅、资金集中度不高、财务关键管控环节没有系统支持等，特有的行业难题加上这些老问题可以说是难上加难。面对这样的挑战，中国冶金科工集团有限公司《以项目财务管控为核心的财务共享模式应用与实践》案例给出了很好的解决方案。

本案例整体设计思路清晰，以财务共享建设作为一体化平台基础，进行"业、财、资、税"的一体化建设。财务共享平台建设从全局着眼，从难点入手，形成"两级平台"加"四个中心"的中冶集团特色的共享模式。"两级平台"即集团总部平台和二级总部平台；"四个中心"即"会计业务核算中心、资金收支结算中心、项目财务管控中心、管理决策服务中心"。通过顶层设计的体系化建设，解决了前面提到的问题。

通过财务共享平台的实施和建设，实现业财一体化、流程标准化、标准信息化，解决财务管理体系建设面临的普遍问题；在此基础上，又结合集团业务特点，以"项目财务管控中心"为管控核心，通过系统来强化财务资金关键环节控制，实现对项目关键事项、关键环节的财务管控，进一步推动项目管控的业财一体化和管控要求，解决工程项目企业面临的特有难题。

从实施效果来看，基于财务共享平台的"业、财、资、税"一体化项目财务管控体系在集团数字化转型、业财融合、风险管控、效率提升、管理会计报告质量提高等方面都创造了可量化的价值，也为集团下一步高质量的发展提供了坚实的基础和保障，值得广大企业特别是工程项目建设集团参考、学习和借鉴。

全产业链、多业态、多网络复杂环境下的大型军工企业集团财务共享建设实践

中国核工业集团有限公司

> **摘要：** 财务共享是大型企业集团在"大智移云"时代背景下财务工作转型及发展的必然趋势，是国际先进企业的通行管理模式。中国核工业集团有限公司（以下简称"中核集团"或"集团"）围绕助推新时代集团公司"三位一体"的战略目标，落实国家推进管理会计和财务信息化建设要求，提出了建设"核工业特色、央企一流财务共享中心"的目标。本文首先介绍了中核集团的基本情况和产业特点，突出了集团公司作为国家核工业的主体具有全产业链、多业态、多网络的复杂环境。其次，通过内外部环境的分析，明确了财务共享建设既是国家的政策要求，也是中核集团的内生需求。再次，从四个方面详细阐述了中核集团财务共享建设实践，破解全产业链、多业态、多网络复杂环境共享建设难题。最后，对财务共享实施效果进行了总结并提炼出四个创新亮点，为大型军工企业集团财务共享建设提供了一定的经验借鉴。
>
> **关键词：** 财务共享；全产业链；共享信息系统；多网络

一、中核集团简介及特点

（一）基本情况

中国核工业集团有限公司（以下简称"中核集团"）是经国务院批准组建、中央直接管理的国有重要骨干企业，是国家安全的压舱石、国家核科技工业的主体、核能发展与核电建设的主力军，肩负着服务国防建设和国民经济发展的双重使命。截至 2020 年底，中核集团拥有各类企事业单位 1175 家，控股上市公司 10 家，员工约 18 万人，拥有包括 16 名两院院士在内的一大批知名学者和高级专家，总资产超过 9000 亿元，营业收入 2254 亿元，利润总额 205 亿元。截至目前，中核集团连续 15 年获得国务院国资委考核 A 级，2020 年"世界 500 强"企业排名第 493 名。

（二）产业特点

（1）中核集团拥有完整的核科技工业体系和核产业链。中核集团继承了原核工业部、核工业总公司的大部分资产和人员，组成了涵盖全产业链、多业态的集团公司，2018 年原中核建集团整体无偿划转至中核集团后，中核集团形成更高水平的核工业创新链和产业链，包括先进核能利用、天然铀、核燃料、核技术应用、工程建设、核环保、装备制造、金融投资 8 大核心产业，以及核产业服务、新能

---

* 本篇作者：陈书堂、赵强、孙群、陈小华、董涛、刘红、沈杨芳、刘露露、刘伟、杨帅。
　指导专家：邹艳（北京航空航天大学）。

源、贸易、健康医疗等多个市场化新兴产业，具有产业链长、业态多样、地域分散、人员结构复杂等特点。

（2）中核集团下属单位情况复杂、业态众多、水平不一、发展不平衡。一方面，集团下属各单位性质多样，存在企业单位、事业单位、社会团体等多种不同性质的单位主体；另一方面，中核集团体量大，管理架构复杂，由于地域、历史遗留问题、产业附加值等因素，各单位发展水平、信息化水平、财务管理工作水平等差异大。

（3）中核集团拥有多网并存的网络环境。中核集团属于军工单位，肩负着国防建设和国民经济与社会发展的双重历史使命，根据《中华人民共和国保守国家秘密法》的要求，涉密业务与非涉密业务之间必须进行物理隔离，因此逐步形成广域网、自建局域网、商网、互联网等多网并存且网络间不能互联互通的局面。

二、财务共享建设背景

（一）外部环境

1. 财务共享是国家推进新型管理会计的制度要求

管理会计及财务智能化已被提高到会计强国战略高度。2014年以来，财政部密集颁布了一系列政策文件，2017年，工信部出台了《工业和通信业管理会计推广应用指导意见》。各部委持续发声发文，一方面，指明管理会计是中国会计改革发展的重点方向，另一方面，为央企探索建立财务共享服务中心提供了政策支持。鼓励大型企业和企业集团充分利用专业化分工和信息技术优势，建立财务共享服务中心，加快会计职能从"重核算"到"重管理决策"的拓展，促进管理会计工作的有效开展。

2. 财务共享是国家推进信息化建设的发展要求

党的十九大报告提出，推动互联网、大数据、人工智能和实体经济深度融合。以"大智移云物链"等为代表的信息技术助推了经济业务变革，发挥了信息对提升经济效率的重要作用，带动了我国经济转型升级。国家大数据战略和"互联网＋"行动计划的实施，为信息技术在财务领域的深入应用奠定了坚实基础，以互联网、大数据为核心的信息技术不仅促进了产业结构的优化升级，同时推动了企业财务机构的变革。2020年8月21日，国务院国资委印发《关于加快推进国有企业数字化转型工作的通知》，对央企进一步提出了加快数字化转型的要求。信息化、数字化发展是实现集团公司财务从核算会计向管理会计转变的有效手段。

（二）内部环境

1. 财务共享是集团公司推动财务转型升级的内生需求

集团公司新时代发展战略提出，到2030年要实现"两个世界一流"的目标，即核工业的主要关键技术达到世界一流水平，建成具有全球竞争力的世界一流核工业企业。世界一流企业，一定要有世界一流的财务管理水平作基础。面对激烈的市场竞争，在产业链横向拓展和纵向延伸的过程中，实施产业多元化战略，推动集团加速转型升级，这就要求基于数字技术革命产生的大数据为财务人员赋能，加强财务对全价值链财务管理的支持。因此，集团公司要积极利用财务共享信息化手段，实现"信息共享、业财协同"，提升企业管控能力，更好地适应当前新时代的发展要求。

2. 财务共享是强化集团公司战略管控的有效手段

面对国企国资改革的重大战略机遇和两核重组整合的契机，中核集团探索适合自己的"战略管控＋财务管控＋经营管控"的混合管控模式。财务共享中心通过流程化管理、标准化运作，将内控环节关键控制点固化至财务审批流程内，实现各项规章制度有效落地，有助于防范风险事件，提升集团内控管理水平；通过统一业务流程、统一核算标准口径，对下属成员单位所有财务数据进行实时汇总和整合分析，为集团总部及成员单位经营管理决策提供有用数据支持。

3. 财务共享是破解全产业链、多业态、多网络的财务管控难题的需求

中核集团经过60多年的发展，形成了全产业链、多业态、多网络的复杂环境。另外，多企业成员的复杂管理架构，加之分散独立的信息系统，导致财务管理数据分散，信息孤岛林立，集团难以统一高效决策和资源调配，精准判断难度加大，管理决策滞后。一方面，财务共享中心通过搭建财务大数据平台和标准化梳理，实现财务信息处理的标准化、规范化、流程化，保证信息规范统一，同时可以打通各成员单位之间、财务领域和业务领域之间、分散独立的信息系统之间的信息壁垒，破解大型军工企业集团全产业链、多业态复杂环境下的财务管控难题。另一方面，通过联合技术部门建立符合军工企业财务工作需求的安全防护等级、等保机制，以及低成本标准化商网建设方案、分场景的互商互通解决方案，来解决多网络信息互通难题。

三、财务共享建设实践

（一）制定财务共享建设顶层规划及蓝图方案

1. 优化集团财务体系顶层设计，明确财务共享建设目标

根据中核集团新时期发展战略，集团公司财务部制定了新时代财务发展战略，明确了财务共享作为中核集团重要抓手之一，为中核集团财务转型升级提供支持。2019年底，中核集团发布了财务共享服务中心发展规划，正式确立了"核工业特色，央企一流的财务共享中心"总体目标与"4C"具体目标：

建立一个平台（Community/Company）：通过统一标准化制度体系及作业流程，统一共享信息系统、资金管控和调度，搭建财务共享平台，并形成"集团级共享中心为引擎，分中心为助推"的一体化运作平台。

建设六个中心（Centers）：会计处理中心、资金支付中心、数据管理中心、人才培养中心、风险预警中心、政策研究中心。

完善六类功能（Components）：标准高效的会计业务处理、安全迅捷的资金支付、真实准确的财务信息、扎实全面的人才培养、及时智能的风险预警、专业规范的政研咨询。

优化财务体系（Construction）：不断优化集团公司"战略财务、专业财务、业务财务、共享财务"的"四方联动"财务体系，通过成本集约、流程再造、标准化数据共享强化管控，实现财务管理品质与效率的提升。

中核集团财务共享规划对全集团财务共享建设进度做了统一筹划，制定了三年四步走的建设计划，明确了各阶段的重点工作和任务，为后续各单位工作开展指明了方向。

2. 绘制共享建设蓝图方案，统一建设路径和思路

2020年12月，中核集团财务共享建设蓝图方案经研究通过，并向各单位下发，在推进计划、信息化建设、组织人员、业务流程等方面对共享规划进一步细化，并在诸多方面做了统一部署。例如，在建设布局方面，采取"1+6"建设方式，最大化保证建设目标和进展；在标准化建设方面，提出统一不唯一的建设思路，由集团财务共享中心统筹，成立专项工作组，牵头完成包括会计制度、会计科目、核算规则、报账操作等财务标准化建设；在组织人力方面，财务共享中心作为集团公司财务人才培养中心，搭建协同化的人才培养及轮动机制，打通共享财务与专业财务、业务财务、战略财务的人才转移与交流通道；在信息化平台方面，在全集团较为复杂的信息化建设基础上，尽可能统一共享平台功能标准，后续考虑系统集成和接口要求，实现数据互联互通。

(二)构建"1+6"一体化建设模式及标准化建设

1. 量体裁衣,合理布局共享"1+6"

中核集团体量庞大,作为国家核科技工业的主体,拥有完整的核科技工业体系和核产业链,各专业化公司、直属单位专业性较强、差异较大、地域分散且信息化程度迥异,如何解决全产业链问题对建设高效运作的财务共享中心至关重要。中核集团对全产业链以及信息化建设情况进行详细研究和分析,制定"1+6"共享模式,"1"是集团财务共享中心,由集团统建;"6"是自建分中心,由重点专业化公司自建(见图1)。"1"对"6"进行战略管控,在对"6"的统一指导管理基础上,充分调动"6"的积极性、创造性,有效破解全产业链共享难题。

"1":集团财务共享中心既作为纳入集团共享中心单位的支持服务机构,又作为中核集团财务共享体系的管理指导机构,把握建设方向、要求及进度;

"6":6家自建分中心(中国核电、中国核建、中国宝原、中核工程、新华水电、同方股份)发挥其靠前服务优势,为所纳入单位提供高质量财务服务。在集团财务共享中心统一领导和建设要求下,具有建设自主权。

以"集团级共享中心为引擎,分中心为助推"的"翼型"一体化运作

图1 中核集团"1+6"共享模式

在"1+6"多中心一体化财务共享的模式下,中核集团全产业链共享建设高质高效推进。一是"1"对"6"进行战略管控,建设期6家分中心需向集团财务共享中心上报财务共享整体建设方案、建设工作、次年建设规划等,成熟期需与集团财务共享中心在管理模式、流程制度、规则标准、人员培养以及数据互联互通方面形成一体化运作模式,既"分散不分权",从而确保完成财务共享建设目标;二是6家分中心在集团统一指导管理的基础上,具有选址、系统选型、组织人员等的自主运营管理权,能够建立更契合自身专业需求、管理要求的财务共享,从而调动财务共享建设积极性,降低财务共享推广难度,加快建设进度,解决全产业链、多业态复杂环境下的共享建设难题。

2. 特色特办,探索设立涉密服务部

中核集团财务共享建设的另一大特色是军工集团涉密业务共享模式。为确保涉密单位共享建设顺利推进,解决涉密业务在业务处理、组织人员、网络部署、信息系统等方面的特殊需求,中核集团对涉密单位以及涉密业务进行大量调研分析的基础上,联合集团保密处共同研究决策,在集团财务共享中心下设涉密服务部,由集团共享中心对涉密服务部进行统筹规划建设,统一运作管理。业务处理方面,在集团保密处的指导下,明确集团财务共享中心涉密信息管理要求,包括涉密信息标准、知悉范围、密级分解方式及相关工作机制等;组织人员方面,联合集团保密处对涉密服务部相关人员进行人员定级以及保密培训,带有密级的财务人员处理相应密级的业务,且保证涉密服务部的办公场所满足保密要求;网络部署方面,联合集团科信部将财务共享平台、财务系统等部署在广域网,提升广域网的部署情况,使集团广域网与下属各单位广域网连通,以满足涉密业务纳入财务共享的建设需求;信息系统方面,涉密服务部无法集成非密网(互联网、商网等)环境部署的财务共享相关功能及业务系

统，信息需以手工导盘的方式进行传递。

涉密相关业务处理流程：由业务单位密级分解后在电子报账系统提单完成业务处理，但因网络限制，电子报账系统前端无法与增值税发票管理系统、商旅平台等系统集成，后端无法实现银企直联和财企直连，需通过手工导盘方式实现数据交互，因此，其业务处理时效性、便捷性会存在一定损失（见图2）。

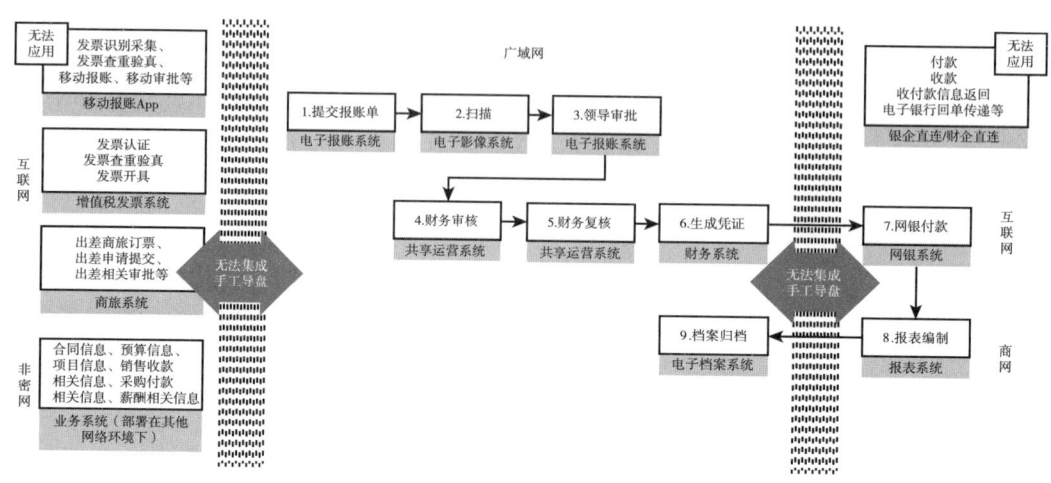

图 2　涉密业务共享处理流程

3. 统一不唯一，开展财务共享标准化建设

2018年两核重组整合，新的中核集团除原有业务形态多样、网络环境复杂等难题外，又存在业务标准规范不统一、管理水平参差不齐、软件系统多样等问题，再加上现有财务队伍年龄结构偏大、对新企业会计准则和会计政策的更新和变化学习不够深入，基础核算工作的准确性和及时性存在一定的不足。

针对存在的问题，结合集团公司各专业板块的实际情况和管理模式，集团启动了统一会计制度、科目、核算规则及财务共享标准化建设工作。一是统一会计制度、科目、核算规则。两核重组后，集团启动了第四版会计制度修订工作，建立统一的会计制度、会计科目、核算规则体系，逐步建立并全面覆盖企业、科研事业、地勘事业单位等多核算主体类型要求。二是启动财务共享标准化建设工作。中核集团财务共享标准化建设采取"先统一标准，再优化改造，且统一不唯一"的做法，建立涵盖重要专业化公司和直属单位财务骨干人员的工作团队，全面梳理各业态业务场景，统一和规范管理要求，结合集团各板块现行财务管理基础，梳理集团范围各类经济业务会计核算流程，将业务、财务、流程、管理融为一体，打通各业务板块的财务交流沟通机制，以业务发起为起点，财务核算入账为重点，绘制各项经济业务核算流程图并不断优化。三是发挥共享数据中台功能，实现数据的充分共享和利用。财务共享及标准化的优势体现在提高信息准确性、真实性和可比性，同时提供横向、纵向多维度多角度分析的可能，将非标准数据进行标准化提取和梳理，并形成数据中台共享，既简化全集团财务数据的汇总工作，又能提供真实、可靠、有价值、可比较的数据信息，实现财务信息的精细化管理和共享利用，确保信息质量并帮助各共享单位经营管理提供决策支持。

（三）创建"四方联动"财务体系及人才轮动机制

1. 创建中核特色的"四方联动"财务职能架构

中核集团通过全面建设财务共享中心，围绕"支撑集团公司战略、促进集团财务转型，促进财务业务融合、实现信息集中共享,提高财务服务能力、降低财务运行成本"三方面,创建了战略财务、专业财务、业务财务、共享财务"四方联动"架构体系,形成完整的中核集团扁平化财务职能架构体系,实现业财融合以及价值创造,助力中核集团实现高质量发展(见图3)。其中,"四方联动"财务职能架构体系各部分财务职能定位如下:

战略财务:负责财务政策制定、全面预算管理、财务绩效管理、决策分析、政策研究、监督检查等财务管理工作,为中核集团统筹管控实施决策。

专业财务:负责资本运作、投资并购、税收筹划、商业模式研究等财务工作,为实现战略财务构想进行资源优化配置。

业务财务:负责预算编制、资金计划、成本管理、业财融合等管理会计工作,贴近业务实际,为经营管理提供支撑。

共享财务:负责会计业务处理、资金支付、报表数据管理、电子档案管理等共享业务,降低财务工作的运作成本,提升核算效率和质量,强化财务对战略与业务的支持,实现由核算管理向价值创造转型,支持中核集团高质量发展。

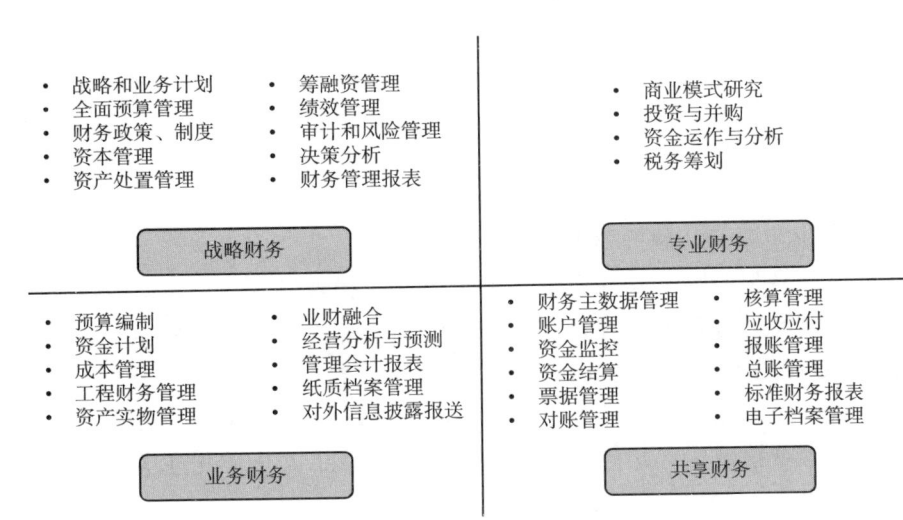

图3 中核特色的"四方联动"财务职能架构

2. 打造协同化的人才培养及轮动机制

为了长期持续提升中核集团财务人员的综合素质,加强全集团财务队伍的建设,中核集团建立了"协同化"的人才培养及轮动机制,且集团财务共享中心定位为集团财务人才培养中心,建立了财务人员在财务共享中心、分中心、各共享单位之间轮动机制,集团内部各层面财务人员之间形成良性循环机制,为财务人员提供更广阔的发展空间和职业通道。一方面,财务共享中心作为中核集团财务人员培养中心,实现财务人员在共享财务、业务财务、专业财务与战略财务之间的相互轮动,不仅能培养共享财务人才,还能够为集团战略财务、专业财务、业务财务人员提供人才储备。另一方面,通过建立集团财务共享中心与各分中心、各共享单位之间的灵活的人才轮动机制,集团财务共享中心可为各分中心输送具有财务共享思维、基础业务熟练的优秀财务专业人才,为各共享单位输送具备管理经验的财务部门负责人;各分中心的优秀财务人员也可以到集团财务共享中心进行短期培训或长期任职,从而整体提升集团财务共享中心人员的综合素质(见图4)。

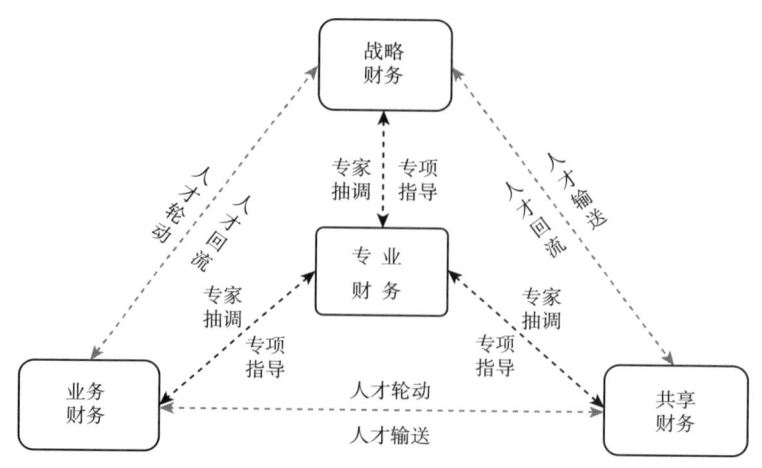

图 4　中核特色的"四方联动"人才轮动架构

(四)打造复杂网络安全交互的智能化财务共享平台

中核集团财务共享信息化建设以财务信息化、数据共享化、内控自动化、管理标准化、应用智能化为建设目标,按照"整体统筹、部分先行、分步实施、逐步融合"的设计思路,计划在2020—2023年逐步推进"共享试点—共享推广—全面共享"建设,实现信息化、自动化、数字化的企业财务数字化转型。

1. 建设智能化财务共享平台,提升财务基础业务效率

中核集团财务共享平台是业财层系统中枢,平台向前连接业务系统,自动采集前端业务信息,向后承接财务核算工作,自动进行账务处理,充分披露财务信息。其设计思路是"一个共享平台、六大核心系统",六大核心系统是电子报账系统、电子影像系统、共享运营系统、电子档案系统、增值税发票系统和资金结算系统,实现业务报账线上化、审批审核无纸化、运营管理集中化、档案管理电子化、发票管理精准化、资金管理精益化。此外,中核集团财务共享中心还建设了与共享核心系统紧密衔接数字化商旅平台,全面服务于 18 万中核人的商旅出行。

建设过程中,共享平台应用自动化、智能化技术,持续推动银企、财企、税企直连,优化财务流程节点、固化流程审核规则、自动智能开展财务处理工作;依托 OCR、RPA、移动应用等技术,支撑原始单据采集、发票验证、报销申请审批和预算管控、会计核算、资金支付场景,全面提升财务基础业务自动化水平,做到业务操作自动、数据采集智能、财务审核精准、风险控制全面;通过集成发票管理系统,对结构化的发票自动进行查重验真、自动识别并提示重复报销;通过报账平台系统内嵌差旅标准和"八项规定"相关要求,实时卡控管费用预算,超预算费用禁止提单,使得预算控制由事后分析逐步向事前控制转变,确保合规和预算双重管控;通过商旅平台建设推进集团智能出行,完成从出差申请、审批、机票酒店预订、费用报销的一站式连接,实现免发票、免贴票、免垫资,通过大客户协议价等集中采购,极大地降低员工出行成本,通过移动办公,极大地提高了员工出行效率,通过先进的智能技术手段助推集团管理提升(见图5)。

2. 创新复杂网络安全交互模式,实现互商两网数据共享

中核集团存在国密网、商网、互联网等多网络复杂情况,各网络间的数据交互、安全需要特别关注。随着互联网技术的快速发展,越来越多不可预知的安全风险跨越了传统网络防护边界,给信息系统和数据安全带来了严峻挑战。财务数据是中核集团的核心数据,安全性保护更是重中之重,这也给中核集团财务共享项目实施提出更高的网络安全防护要求。本项目严格遵循中核集团等保安全机制进行系统的构建及项目实施,以保障中核集团财务共享中心业务应用系统的安全稳定运行及业务数据的

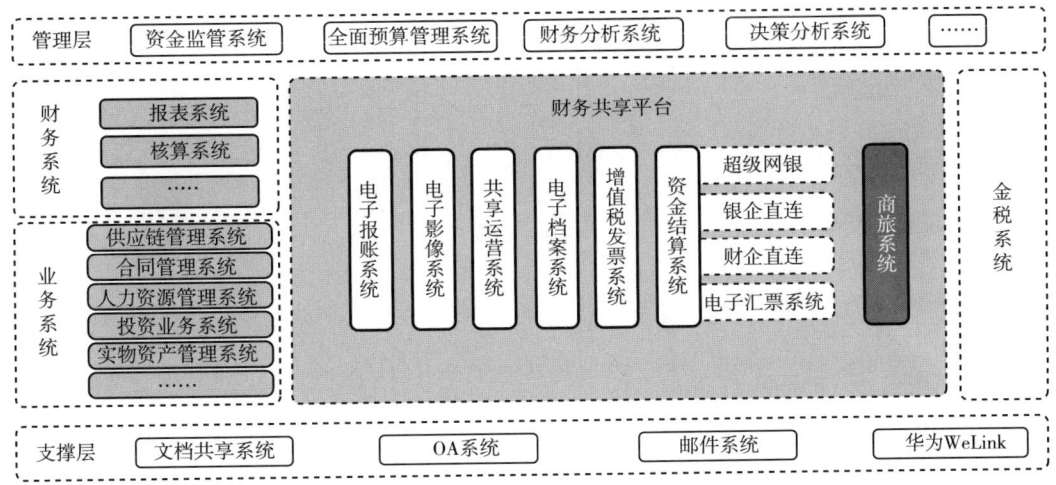

图 5　中核集团财务共享信息化建设规划

安全可用。主要做法如下：

（1）顶层设计、整体防护。为保障财务共享中心各级应用系统数据安全，财务共享平台主体建设在覆盖全集团的商业应用网中，集团商网符合 GB/T22239—2019《信息安全技术网络安全等级保护基本要求》并遵循《中国核工业集团有限公司商业应用网络顶层设计方案》，满足相关合规性要求、业界最佳实践经验，注重动态防御、安全可信、态势可知，可做到整体防护，满足财务共享中心新的各类应用场景的安全管理要求。

（2）互商联通、自主可控。以保障财务共享核心商业秘密数据安全为基本的出发点和原则，以降低商网整体网络安全风险为导向，推动财务共享数据与互联网交互业务进行互通，创新实现商网与互联网利用网闸进行物理文件摆渡，避免采用传统反向代理模式把商网系统的端口暴露在互联网侧，移动端数据采用沙箱以及身份认证的方式进行安全防护，以此构建符合商网防护要求且满足财务共享数据商互两网交互的数据纵深防御体系。在技术产品选型上，集团财务共享中心优先选择国产化自主可控产品，构建可信可控的网络安全架构。

（3）分类分域、移动应用。中核集团以中核公有云智能协同平台 WeLink 为基础，建设了基于移动应用的数字商旅平台，按照分类分域防护思想，根据不同的业务应用场景，设计分场景、分频度、分权限的数据交互方案，按照信息系统根据安全需求进行分类分域防护。鉴于费用报销移动办公因网络安全停止使用后，商旅平台通过信息密级分解处理，以协同平台 WeLink 为基础部署在互联网，使用方便灵活，适合差旅出行、移动便捷应用的特点，也符合集团保密安全要求，适合大型军工企业集团采用（见图6）。

四、财务共享实施效果

（一）经济效益

截至 2020 年底，集团财务共享中心及共享分中心共纳入共享单位 47 家，服务人员达 1 万人；预计 2021 年底，将实现纳入共享单位 150 家，服务人员达 3.5 万人；全面建成后，将实现纳入共享单位 1000 多家，服务人员 18 万人。通过统一筹划，统一政策、规则、标准、流程，形成了从预算管控、费用报销、会计核算、资金支付、凭证归档全业务财务共享体系，提升工作效率；通过统建平台、集中化处理、专业化分工、规范化操作，形成规模效益；未来随着在全集团范围内推广和集团扩张、新成立公司直接纳入，经济效益将越来越显著。

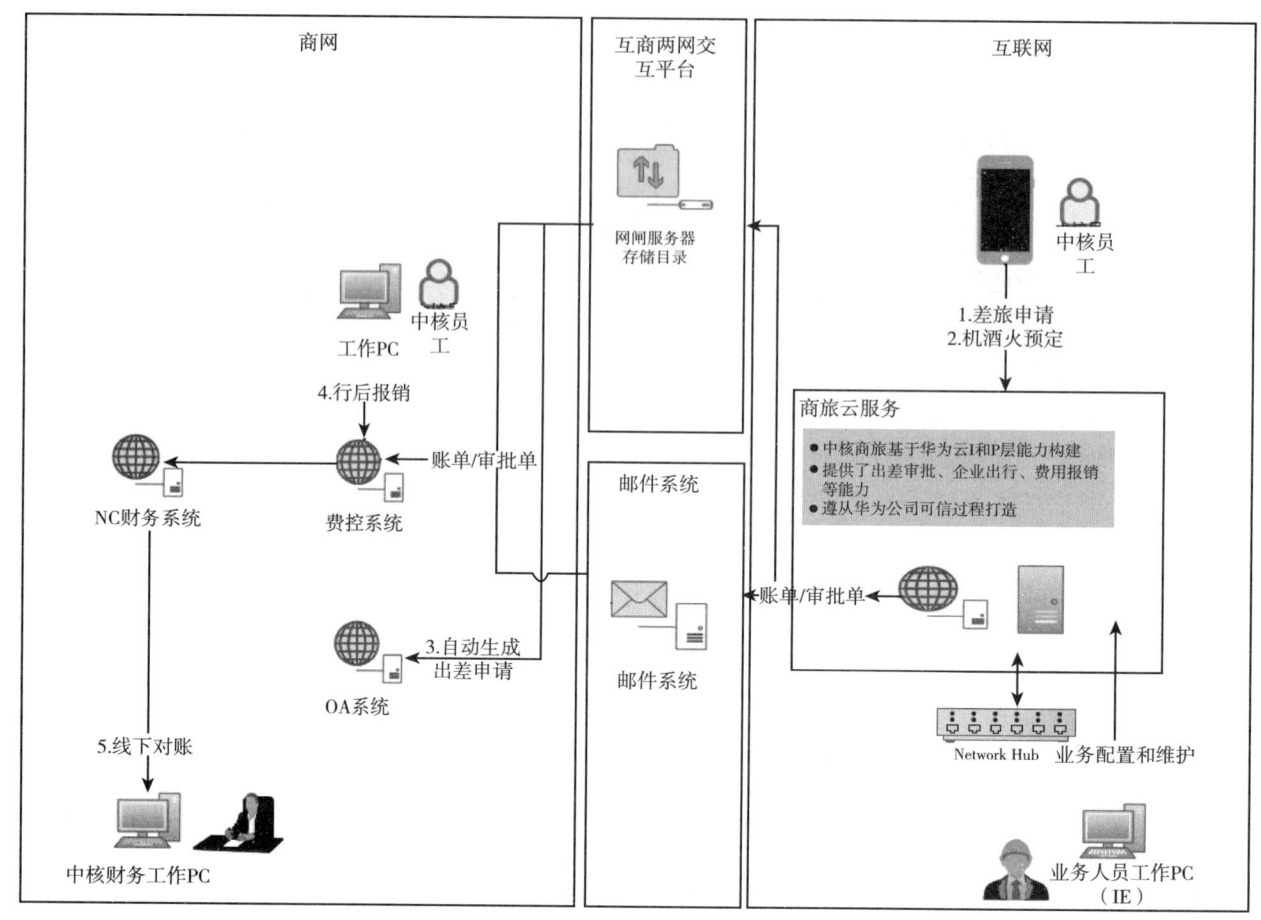

图6 多网络数据安全交互应用实例图

以现阶段集团财务人员共约4300人计算,共享前财务基础核算人员占比为69%,按其现有业务量估测,共享建成后财务基础核算人员占比为35%,财务基础核算人力减少数量共计约为1462人,按照平均每人每年30万的人力成本进行估测,节约人工成本每年约4.38亿元。

同时,随着财务共享建设实施,集团商旅平台业务与其相辅相成,相互促进,通过与各大航司、酒店集团、集团内协议酒店签订大客户协议价,预计全面推广后每年节省差旅费用约1亿元。

(二) 管理效益

在国家推进新型管理会计以及信息化建设的背景下,中核集团开展财务共享建设主要是推动财务转型升级、加强管控力度、破解自身复杂环境管控难题的内生需求。通过两年来实践,一是搭建形成符合中核特色的"1+6"共享建设框架,创新建立战略财务、专业财务、业务财务、共享财务"四方联动"财务体系,形成完整的集团扁平化财务职能架构体系,促进了集团公司财务转型升级。二是通过开展组织优化和流程再造,打破原来各共享单位固有的业务模式,确保了相同业务按照相同规则标准化处理,保证了数据的客观公正,使集团及时取得真实可靠的财务信息,提升整个集团财务信息质量;通过统一的信息系统平台,形成了支付业务从预算开始到凭证归档的整体闭环,实现了集中核算、集中支付、集中管控、集中报表,实时监控了银行账户的资金信息,规避了监管风险、资金风险,提高了整个集团财务管控力度和水平。三是通过与集团公司保密部门和信息化部门联合作战,建立安全防护等级、等保机制,分类分域、密级分解、分场景、分频度、分权限的数据交互方案等,破解多业态共享、全组织共享和多网络共享的难题。

（三）社会效益

近年来，集团公司围绕建设一流集团财务，助推新时代集团公司"三位一体"战略目标这一中心，践行业财融合、精益管理、价值创造三大理念，落实集团财务发展规划。经过实践探索，国资委《国有企业经济运行动态》两次详细报道了中核集团财务共享建设情况，智能创新财务共享模式荣获 2021 年度能源行业数字化创新卓越实践奖，商旅平台建设荣获集团管理提升案例二等奖，成为中国企业财务管理协会财务共享一体化专业委员会副理事长单位，接待各大部委、央企调研 10 多次，为大型企业集团财务共享建设提供了中核解决方案，既为各大型企业集团财务共享建设提供重要经验参考，也有效提升了中核集团的社会影响力。

五、创新亮点

中核集团拥有国内仅有、只有少数国家才拥有的完整核科技工作体系，形成了"小总部、大产业"的经营格局和"专业化公司+直属单位"的管理体制，财务相关系统部署网络环境有广域网、自建局域网、商网、互联网多元化态势，会计核算涉及军工事业单位、地堪事业单位和企业会计制度三套标准，业务涉及面广、产业链长、组织机构庞大、环境极其复杂。通过中核集团财务共享中心建设实践研究，总结出以下几个创新亮点：

（一）"1+6"架构设计

基于完整核产业链、多业态、多网络等复杂环境，按照"分权不分散"原则，采用了以"集团共享中心为引擎，分中心为助推"的"1+6"架构设计，"1"由集团统建，"6"由专业化公司、直属单位自建，"1"对"6"进行战略管控，"6"在"1"的统一指导下自行建设、自行运营，"1"与"6"在运营管理体系、制度流程、规则标准、人员培养、岗位轮动以及数据互联互通方面形成一体化运作，既保证统一思想、统筹推进，又兼顾差异，确保充分调动积极性、创造性。

（二）涉密服务部共享思路

中核集团在建设财务共享过程中持续探索涉密业务共享模式，明确了在集团财务共享中心下设涉密服务部的建设方式。集团各涉密单位之间存在涉密信息知悉范围的隔离，但集团相同密级的涉密共享人员可知悉各涉密单位的信息，因此在集团财务共享中心下设涉密服务部并配备相应密级的财务人员，处理各涉密单位的涉密信息。集团财务共享中心对涉密服务部进行统筹建设、统一运营管控，既确保国家秘密安全，又满足涉密业务建设财务共享要求，确保中核集团财务共享建设全覆盖。

（三）"四方联动"财务体系

中核集团创新建立战略财务、专业财务、业务财务、共享财务"四方联动"财务体系，形成完整的集团扁平化财务职能架构体系。一方面"四方联动"财务体系重构财务组织体系，明确财务职能定位，促进财务管理的职能和重心从财务会计转向管理会计，有机融合业务一体化，助力集团新时代财务战略的落实；另一方面建立起一套全新的财务人才发展体系，打通过共享财务向战略财务、专业财务、业务财务输送人才通道，将财务人员从基础会计核算中解放出来，从事引领财务方向的战略财务、创造价值的专业财务、为经营管理支撑的业务财务，充分发挥财务价值和财务人员价值，助推财务管理转型升级及集团"三位一体"目标实现。

(四) 复杂网络数据交互

财务共享平台建设内容中涉及的移动报账等为互联网产品，所以系统部署要考虑跨网的数据交互场景，同时要考虑后期向全中核集团推广时，满足国密网、商密网、互联网三网的交互应用场景。在军工央企多网络并存、安全要求严格、信息化程度不高的复杂条件下，共享中心联合科信部，结合集团公司的等保安全机制，创新了在商网和互联网交互方面通过网闸摆渡方式进行跨网络数据交互、请求服务，实现数据的安全隔离与交换，推动了与金税系统的税企直连、与银行的银企直连，以及商旅业务的移动应用与商网互联，做到了共享业务自动、业财数据互通。

参考文献：

[1] 盛继明. 工业和信息通信业管理会计案例集（2019）[C]. 北京：人民邮电出版社，2019.

[2] 中兴新云. 2019年中国共享服务领域调研报告 [R]. 2019.

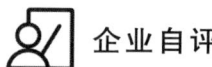 企业自评

中核集团作为国内唯一拥有完整核产业链的大型军工企业集团，面对全产业链、多业态、多网络复杂环境等多重难题，直面挑战，勇于创新，积极探索"核工业特色、央企一流"财务共享中心建设道路。通过制定集团顶层财务共享发展规划和蓝图方案，明确财务共享建设目标、方向和思路；通过构建以"集团财务共享中心为引擎，分中心为助推"的"1+6"共享建设模式以及集团共享中心、分中心、共享单位间协同化的人才培养、轮动机制，解决全产业链、多业态、组织众多等难题；通过多网络交互、跨网络部署的信息化解决方案以及智能化财务共享平台开发和建设，全力助推集团财务管理从传统财务核算到新时代管理会计的转型升级，同时也为大型军工企业集团全面推进财务共享建设提供了一定的经验借鉴。

 专家点评

业态多样、地域分散、多网并存环境下，如何稳步推进财务共享建设，实现财务精准管控，是大型企业集团数字化转型中亟待破解的难点与痛点。大型军工企业中核集团，面对产业链完整、业态多元、网络环境复杂、成员单位发展不均衡的现状，积极开展顶层规划，因地制宜，"四方联动"，逐步打造复杂网络安全交互的智能化财务共享平台，有效提升了财务信息质量和管控能力，助推了集团战略目标的实现以及管理会计的转型。其为解决全产业链、多组织共享建设难题，构建的"集团共享中心为引擎，分中心为助推"的"1+6"共享建设模式，"四方联动"的财务体系；结合多业态的实际情况，建立统一不唯一的会计制度、会计科目等顶层核算规则，梳理各业态业务场景，发挥共享数据中台功能，全面推进标准化的工作；通过网闸摆渡方式进行跨网络数据交互，确保数据安全隔离与交换，同时推动税企直连、银企直连、财企直连以及商旅业务的移动应用，实现共享业财数据互通的做法等，都极具特色，值得同类企业集团学习和借鉴。

数字化转型助力"一引一融三纵五横"成本管控体系建设

江苏核电有限公司

> **摘要：**在电力市场改革、多机组运行、财务管理转型的大背景下，电力企业面临多样的发展环境和多重发展任务，需要数字化管理会计转型来达到企业财务信息共享管理模式的基本建立。本文介绍了江苏核电成本管控体系的基本框架，详细阐述了在"一引一融"管理架构下"三大要素五大抓手"的管控情况，分析和介绍了每一条管控措施与数字化转型的融合方法和可操作性，尤其突出了在设备备件清单建立、物资编码统一、备件分级体系建立、维修标准工时数据库形成、备件储备定额体系构建等方面的先进管理经验的提炼，形成了借助 ERP 系统、大数据平台、智慧电站建设等信息化手段，以党建工作与文化建设为引领、以工单成本管理和业商财一体化建设为重点方向、以数字化转型带动财务转型为核心的、具有田湾特色的"一引一融三纵五横"的成本管控体系，为公司实现高质量发展注入了强大的驱动力。
>
> **关键词：**数字化转型；成本管控体系

一、江苏核电基本情况介绍

江苏核电有限公司（以下简称"江苏核电"）成立于 1997 年 12 月 18 日，隶属于中国核工业集团有限公司。江苏核电作为项目业主，负责田湾核电站的建设管理和建成后的商业运行，以及部分核电新厂址开发和保护。田湾核电站位于江苏省连云港市连云区，是我国不可多得的沿海优良厂址之一，规划建设 8 台百万千瓦级压水堆核电机组。一期工程 1 号、2 号机组（单机容量 106 万千瓦）和二期工程 3 号、4 号机组（单机容量 112.6 万千瓦），是中俄两国政府加深政治互信、发展经济贸易、加强国际战略协作、共同推动中俄核能合作的标志性工程。4 台机组均采用俄罗斯 VVER-1000 改进型核电机组，技术设计和安全措施满足国际上第三代核电站的安全要求。

一期工程采用俄罗斯 VVER-1000（AES-91）改进型核电机组，单机容量 106 万千瓦，于 1999 年 10 月 20 日开工建设，1 号、2 号机组分别于 2007 年 5 月 17 日和 8 月 16 日投入商业运行。

二期工程采用俄罗斯 VVER-1000（AES-91）改进型核电机组，单机容量 112.6 万千瓦，于 2012 年 12 月 27 日正式开工建设，3 号、4 号机组分别于 2018 年 2 月 15 日、12 月 22 日投入商业运行。机组运行总体状况良好，辐射防护措施有效，个人和集体剂量得到有效控制，三废排放远低于国家控制标准，全面实现国家安全生产标准化一级达标，年度发电量和机组性能指标稳步提升。

---

* 本篇作者：刘牧、滕飞、徐海峰、邹禹萌、孙静、杨强、王霄。
指导专家：赵峰。

三期工程采用 M310 改进型机组，单机容量 111.8 万千瓦，于 2015 年 12 月 27 日开工建设，5 号机组于 2020 年 9 月 8 日投入商业运行，6 号机组于 2021 年 6 月 2 日提前计划 151 天投入商业运行。

四期工程采用俄罗斯先进的 VVER-1200（AES-2006）三代核电机组，单机容量 126.5 万千瓦，于 2021 年 5 月 19 日在中俄两国元首共同出席见证和宣布下开工建设，7 号、8 号机组计划 2026 年和 2027 年投入商运。

江苏核电 2013 年获得"第十三届全国质量奖"，成为我国核电行业首家获此殊荣的企业，2015 年通过质量、环境、职业健康安全和信息安全管理"四合一"管理体系认证，2017 年荣获"全国文明单位"荣誉称号，2018 年通过两化融合管理体系首次认证，2020 年获得江苏省"省长质量奖"。

核安全是核工业的生命线。江苏核电始终坚持"安全第一，质量第一"方针，响应国家"一带一路"倡议和核电"走出去"战略布局，大力弘扬集团公司"两弹一星"和"四个一切"的企业精神，秉承核工业"责任、安全、创新、协同"的核心价值观，确保生产运行、工程建设、国内外市场开发三大核心业务稳步开展，切实履行社会责任，努力夯实田湾品牌，全力实现"做世界核电行业的引领者"的企业愿景和"建设一流核电基地、打造一流员工队伍"的企业目标，为持续推动地方经济增长、社会可持续发展和我国核电事业安全高效发展做出新的更大贡献。

二、江苏核电成本管控体系建设的背景

2015 年 3 月，《中共中央 国务院关于进一步深化电力体制改革的若干意见》（中发〔2015〕9 号）正式颁布，标志着我国启动新一轮电力体制改革。核电将不可避免地参与电力市场交易，这就导致交易电价不同程度下降。电力市场的改革趋势不可逆转，随着发用电计划的有序放开，市场化规模将不断扩大，核电企业也不再享受任何"优待"，机组频繁调峰、调停，还要参与电力市场竞价交易，直面来自于火电、水电、光伏发电的市场化竞争。

2019 年 3 月，李克强总理在作政府工作报告时指出，要深化电力市场化改革，清理电价附加收费，降低制造业用电成本，一般工商业平均电价再降低 10%。

核电企业面临着电力市场"量价齐跌"、效益空间收窄的问题。面对新形势，在确保安全生产，积极开展电力营销工作的同时，如何有效控制成本，提升企业市场竞争力，是江苏核电要面对和解决的问题。

国务院国资委正式印发《关于加快推进国有企业数字化转型工作的通知》，明确了国有企业数字化转型的基础、方向、重点和举措，开启了国有企业数字化转型的新篇章。因此，核电企业有必要充分理解未来数字化企业的典型特征，充分利用内外部商业环境和技术环境变化带来的契机，系统性发现和解决数字化转型中面临的固有难点，并依据对所处转型阶段的判断，制订符合自身特点的转型方案，在数字化转型的新一轮进程中达到预期的效果。

三、江苏核电成本管控体系的建设情况

江苏核电管理会计信息化从 2003 年实施 SAP ERP 开始，在进行全面数字化管理落地之前，成本管控大多依赖静态数据，未能建立由事后控制向事前、事中控制转变的机制；战略目标与业务落地实施之间、业务实施与财务数据之间、财务数据与信息化支持之间未能建立关联模式；缺乏端到端的流程体系的构筑，例如对流程数据的输入、输出、处理、职责分工及管理制度约定的体系设计；未能形成统一的数据提取标准平台、统一的接口规范、数据交换标准以及业务财务之间迅速响应的机制。随着基于 SAP 自主搭建的智慧化数字平台的不断完善，部门职责的不断明晰，通过统一的财务管理系统，逐步实现了生产经营全过程的资金流、物流、信息流的集成和数据共享，保障企业管理工作标准化、

规范化、精细化、高效化,真正为决策服务,建立起现代化的核电企业财务管理体系,提高在管理、计划和操作层面的财务业务一体化管理水平,在资金管理、预算管理、财务核算、财务分析等方面加强集中管控力度,提高运作效率,实现企业利益最大化。为了更为有效地推进管理会计信息化在田湾核电的全面落地,江苏核电总会计师同时分管财务部门与信息化部门,从组织架构上提升资源整合能力、管理决策效率及项目执行力度。数字化建设的成果有效助推了成本管控体系的建设与成本管理水平的提升。

江苏核电在多年实践的基础上,借助信息化手段,通过不断总结、改进、提炼,逐渐形成了具有田湾特色的"一引一融三纵五横"的成本管控体系(见图1)。

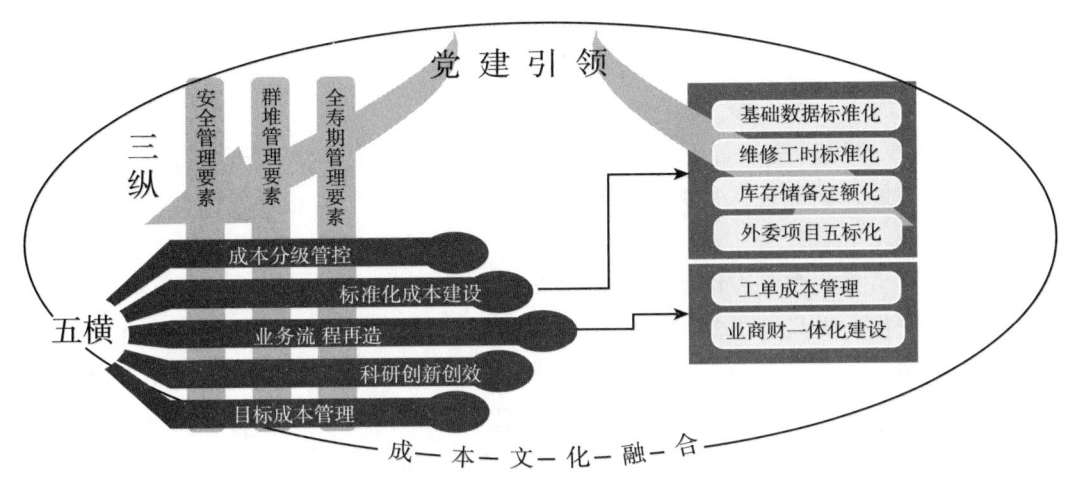

图1 成本管控体系

(一)"一引":党建引领,凝聚发展合力

各党(总)支部将成本管理要求及相关培训融入"三会一课"内容。切实增强紧迫感、责任感,统一思想认识,结合工作实际主动担当作为,做到上下联动、左右协同,打破部门壁垒、创新体制机制、深入剖析根源、明确整改方向。对于成本管理工作中的"硬骨头",建立党员先锋突击队,通过组织开展联学联做、"党建+成本"品牌创建等活动,攻坚克难,为成本管理工作凝聚发展合力。

(二)"一融":文化融合,强化成本意识

实现对成本的有效控制,必须对成本有正确的认识,核电企业通过多年机组运行经验的总结,建立了行业通用的安全文化,即:以安全为前提的可持续成本领先。通过成本管理文化的营造、宣贯、培训,实现对于经营决策和业务活动的正确引导。在成本文化培育的过程中,充分借鉴了核安全文化的推行模式,将文化贯彻到日常工作中,使得制度与文化相互融合、相互促进,保证文化落实于"行"。

通过不断地宣贯,让全员坚持"管业务必须管成本"的理念,要有"过紧日子"的思想准备;开展了多层级、多领域、多方面的降本增效活动,充分调动大家参与成本管理的积极性;通过建立成本管理绩效考核体系,实施奖优惩劣,形成良性循环机制,让成本文化之于核电人,也像核安全文化一样的根深蒂固。

(三)"三纵":三大要素,筑牢管控基础

结合行业特征、生产运行特点、成本费用特性,江苏核电将"安全管理要素、群堆管理要素、全寿期管理要素"作为打造成本管控体系的基石。

1. 安全管理要素

核安全是核工业的"生命线",核电企业的成本管控要始终建立在以安全为前提的基础上。田湾核电站的VVER型机组采用了实体隔离四通道、双层安全壳、堆芯熔融物捕集器等一系列安全系统和设备。5号、6号机组在福岛核事故后,全面落实整改要求,实施了多项安全技术改进,全面保障机组的安全稳定运行,巨大的投入切实提高了机组的安全性能。

核电企业的成本管控首先要充分保障合理的安全投入,牢牢守住"生命线",才能实现可持续发展。对于成本管理而言,事故是最大的浪费,江苏核电将始终坚持"安全第一,质量第一"的方针,发扬"刀刃向内"的精神,实行以安全为前提的可持续成本领先战略,持续推进成本优化,实现企业的高质量发展。

2. 群堆管理要素

随着江苏核电1—6号机组投入商业运行,7号、8号机组开工建设,江苏核电已经成为全球最大的核电基地。借助大基地、大平台,提升资源整合能力,充分发挥群堆管理优势,形成协同效应,有效降低机组运行成本。

江苏核电先后成立了采购中心、设备管理处、大修管理处等组织机构,打造集中采购、备件共享、大修计划管理,整合流程,提高组织效率,优化资源配置。建立设备BOM(Bill of Material,即设备与备品备件关联关系)清单,统一物资编码,实现数据共享。与战略供方、同行电站开展设备联采联储工作;集中采购,统一管理,统一调配,共享资源;根据大修实施窗口时间,倒排各项准备工作,制订大修准备计划,设置大修准备里程碑,按计划、按节点统一调度,统一管理,大修工期屡创佳绩。

3. 全寿期管理要素

从电站的成本结构来看,折旧与摊销费用、财务费用合计占到五成以上。一旦机组建成发电,这两项费用将会成为沉没成本。从前期选址论证到工程建设、生产调试、商业运行,往往要经过近十年的历程,要想有效控制核电成本,就要建立"全寿期"管理的成本理念,首先从项目选址、工期管理、概算控制抓起。

核电企业的运营期成本呈现"U"型结构。运营前期,由于折旧和财务费用较高,成本处于高位。运营中期,当还款期结束(大约为20年),主要设备折旧期满(平均折旧年限约25年)后,成本将有较大幅下降。运营后期,随着机组"老龄化",设备维护支出将逐年增高,临近寿期,机组的退役治理也将大幅增加核电企业的成本支出。

所以核电企业的成本管控不仅要做到成本项目全覆盖,也要实现项目周期全覆盖。

(四)"五横":五大抓手,全面推进变革

1. 成本分级管理

基于现有体系,对成本项目开展了分级管理。根据成本可控性可分为ABC三大类,A类成本按照法规、政策据实计提,与电量密切相关,占比高、可控性低,如折旧费用、乏燃料处置费等;B类成本可通过统筹规划、优惠政策争取等措施降低成本支出,但可控性较低,如财务费用、税金及附加等;C类成本是可控性较高,近年增幅较快,需重点关注和管控的成本项目,如大修理费、日常运行维护费等。另外还有D类成本,D类成本是在合理投入的情况下,可以适度增长,如安全生产费用,科研技改费用等。

在有限的资源下,建立成本分类管理体系,将有助于优化资源的配置作用,更有针对性地开展成本管控。

2. 标准化成本建设

(1)基础数据标准化。为保障安全运行、助力库存压降和落实联采联储等工作,江苏核电制定了

物资主数据质量提升专项工作规划，消除物资主数据中的重码错码，规范物资主数据的标准和规范。重码识别工作是指对重码识别要素进行比对，提出疑似重码可能，通过物料库存实物信息、技术文件比对及备件负责人技术澄清来确认重码，并由物料主数据工程师在物料主数据管理系统中进行重码标识并冻结。借助信息化平台来提升工作效率，辅助查重工作的开展。

本项目综合运用大数据、自然语言处理技术、知识图谱技术的整体思路，通过选择比对的物资编码数据，从编码文本字段、编码实体与其他实体关系、编码照片组合三个角度进行重复度计算。根据计算结果，由物料重码管理员分配重码识别任务，物料重码审定人员进行识别决策后提交审定，由物料编码管理员根据审定结果提出编码冻结，从而实现对物资编码的查重判定。

重码分析提供对待分析物资数据的三个层面的相似性比对结果。①物资编码的字段层面。由用户设定比对的物料相似字段，例如物料描述、规格型号、技术参数、材质牌号、是否工器具等不同字段的自由组合，从文本相似度角度两两计算物料之间的相似度，给出百分值，默认按照规格型号进行比对。②物资主数据与其他关联对象的角度。根据预先建立好的关系模式，由用户选择这次分析使用的关系模式组合，从关系的相似性角度两两计算物料之间的相似度，给出百分值，关系是指物料主数据、BOM、采购申请、制造商、工单、工单的备件消耗、人员、设备主数据这几类实体之间的关系。③物料拍摄照片之间的相似角度。根据预先挂接的照片信息，从图片的相似性角度两两计算物料之间的相似度，给出百分值。图片以统一图片管理系统中针对物资上传的图片为主，用户可选择具体图片进行比对。建立电脑端的物资图片收集系统以及移动端App，通过搜索引擎技术和图片分析技术，实现智能主数据搜索和图片集成展示，提供物资编码和功能位置的一站式快速查找（见图2）。

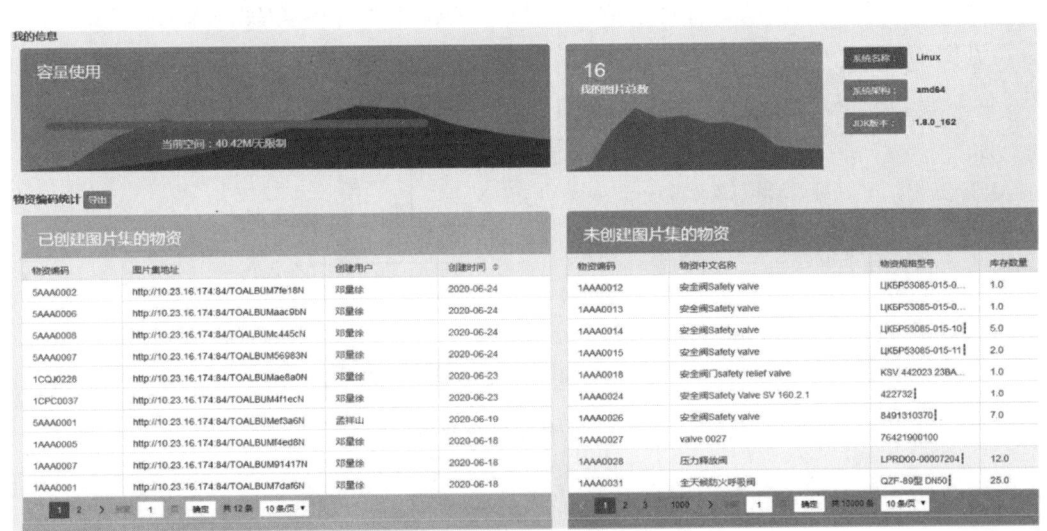

图2　物资图片收集系统展示

（2）库存储备定额。对于核电企业而言，为了有效确保机组的安全运行，提高维修保障水平，需要储备大量的备品备件。一旦备件的需求无法合理准确提报，将导致采购数量管控不到位，库存备件利用率低。库存储备定额体系的建立将有效缓解库存增加带来的成本压力。

江苏核电综合设备分级、维修方式、采购周期（进口/国内）三个维度，对备件进行分级管控。持续优化备件采购、储备流程，基于预防性维修计划确定采购计划，按照"现买现用"实施；基于设备分级的纠正性维修备件作为非预期的备件提前储备，实行最大最小库存管理。为应对不同类型机组多样化需求，积极开展备品备件群堆化管理，不断优化备件储备定额，以合理控制库存规模。

采用大数据技术，基于采购周期数据，以储备定额采购需求、必换件采购需求、备件出库数据为基础，建立储备定额计算模型。根据最大库存与历史平均消缺备件的偏差，统计标准数据与必换件采购周期内基于工单领用量的对比数据，找出偏差最大的 2%—10% 备件定额持续优化（见图 3）。

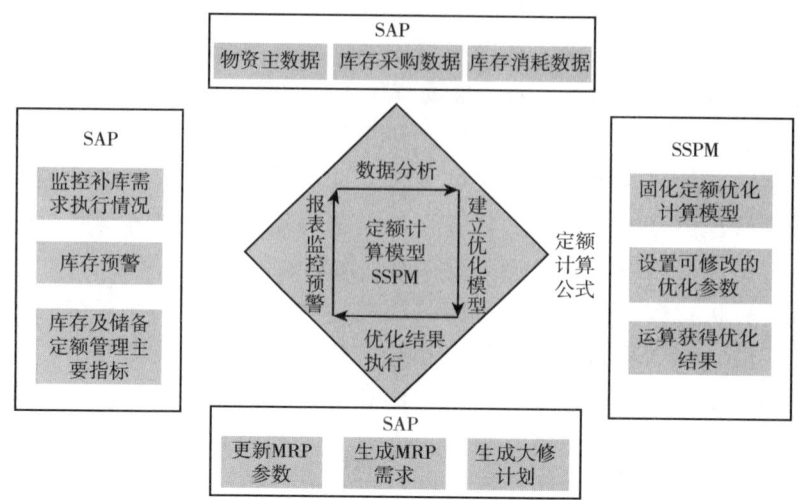

图 3　备件储备定额计算模型

江苏核电充分利用结构化的 BOM 数据，借助信息化手段，计算出备品备件的现场在装量，并清晰映射出备品备件的设备、重要等级等信息，通过以上信息，再结合现场备件消耗情况，建立田湾核电站备品备件储备定额。与此同时，配套开发出储备定额需求线上触发、审核系统，实现闭环管控，提高备件提报准确性及效率，并与预算管理、立项提报、采购计划有序关联，降低库存压力，减少采购和储备成本（见图 4）。

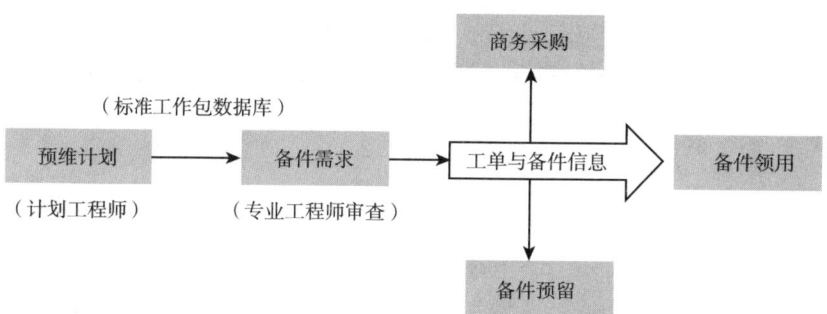

图 4　备件采购流程图

2019 年启用备品备件管理系统后，通过持续优化储备定额，不断补充储备定额管理范围，储备定额备件种类从 15084 项增加至 17039 项。通过持续优化储备定额数量，减少备件立项采购，2020 年度江苏核电 1—4 号机组采购立项较 2019 年度下降了 19800 万元，合计节省年度财务费用约 920.7 万元（见图 5）。

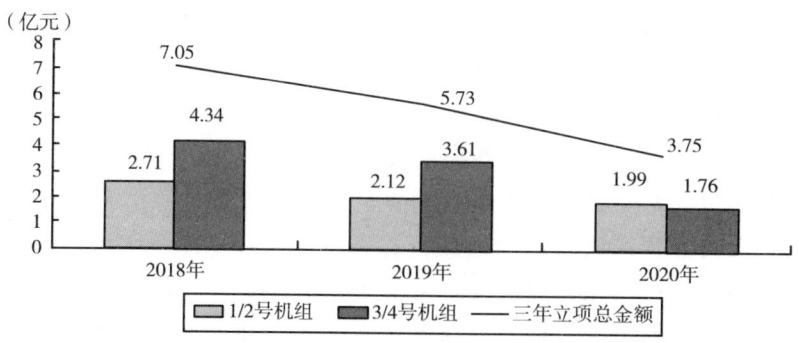

图 5　2018—2020 年 1—4 号机组历年备件采购立项金额变化趋势

通过不断完善应用备品备件管理系统，T112（1 号机组第 12 次大修）首次通过信息化提报平台，实现储备定额和必换件需求的分类提报。预维工单根据预留进行领料，建立预维项目工单与领料的强关联，确保预防性维修项目的按计划实施及领料，减少计划误差，大修备件领用率从 T111 大修的 66.55%提高到 T112 大修的 92.28%，存货周转加快（见图 6）。

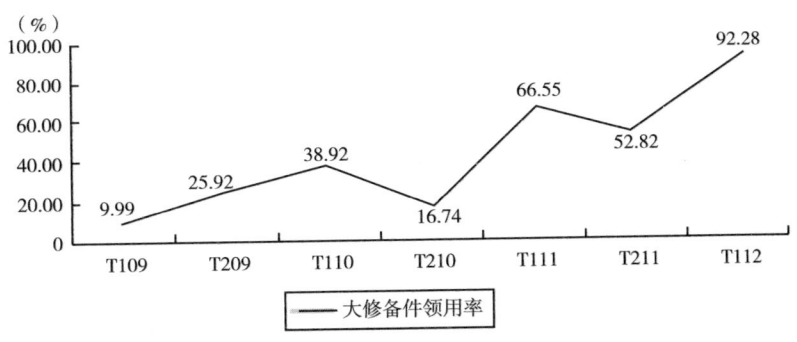

图 6　历次大修备件领用率

（3）大修工时定额。江苏核电成立了标准工时定额专项组，结合生产和管理需要，确定开展针对预防性维修大纲条目，制定与条目相对应的标准工时定额。目前已制定了 5 万余条工时定额，涵盖 KKS 码、设备信息、维修项目、执行专业、维修周期、标准工时、偏移量等多维度的信息。在保证机组设备可靠性的前提下，江苏核电不断进行预防性维修大纲的评估优化工作，包括已建立的标准定额的修正、设备预防性维修周期和频度的调整等（见图 7）。

	条目序号	KKS码	设备名称	设备关键度分级	维修项目	维修项目概述	周期	周期单位	维修后试验类别
1	0001365206	1LAC12AP001	主给水泵	CC2	解体大修	1）解体泵。2）解体检查轴承。…	10	Cycle	第二类
2	0001365207	1LAC12AP001	主给水泵	CC2	局部解体	1）泵局部解体。2）检查泵轴承…	5	Cycle	第二类
3	0001531098	1LAC12AP001-M01	电动机	CC2	检查维护	1）检查电动机连接部件的紧固性…	1	Cycle	第二类
4	0001531099	1LAC12AP001-M01	电动机	CC2	解体大修	1）全面解体电动机，抽转子。2…	5	Cycle	第二类

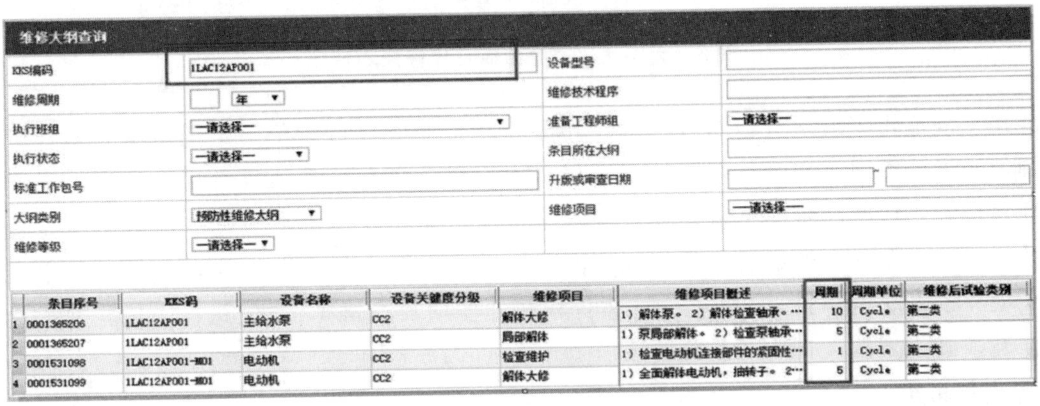

图 7　工时定额查询系统展示

持续优化标准定额覆盖领域，完善定额标准，以标准化成本推进标准化生产经营。通过大修工时定额标准的建立来提高项目工作量确定的准确性，为立项、合同谈判提供充分、客观的依据。通过不断优化预防性维修大纲，大幅度减少现场维修工作，实现降低机组运维成本，缩短大修工期（见图 8）。

（4）外委项目标准化。随着机组不断投运以及人工成本上涨带来的压力，江苏核电近年外委服务成本持续增加。利用历年的数据积累，借助信息化平台，以及多机组运行的资源整合优势，实施外委项目标准化管理，有助于外委服务成本的不断优化。

江苏核电搭建了外委标准化体系，建立外委项目数据库，在群堆化管理理念的基础上，重点加强多机组运行下共性外委项目的梳理，实现外委项目“准入原则标准化、项目编码标准化、项目名称标准化、项目周期标准化、项目流程标准化”的“五标化”管理模式。

项目外委坚持以加强核心能力建设、降低运营成本为目标，结合生产经营实际情况，合理利用外部资源，提高工作效率。外委项目经过共性分析，尽量合并同类外委需求，减少外委项目，推动外委

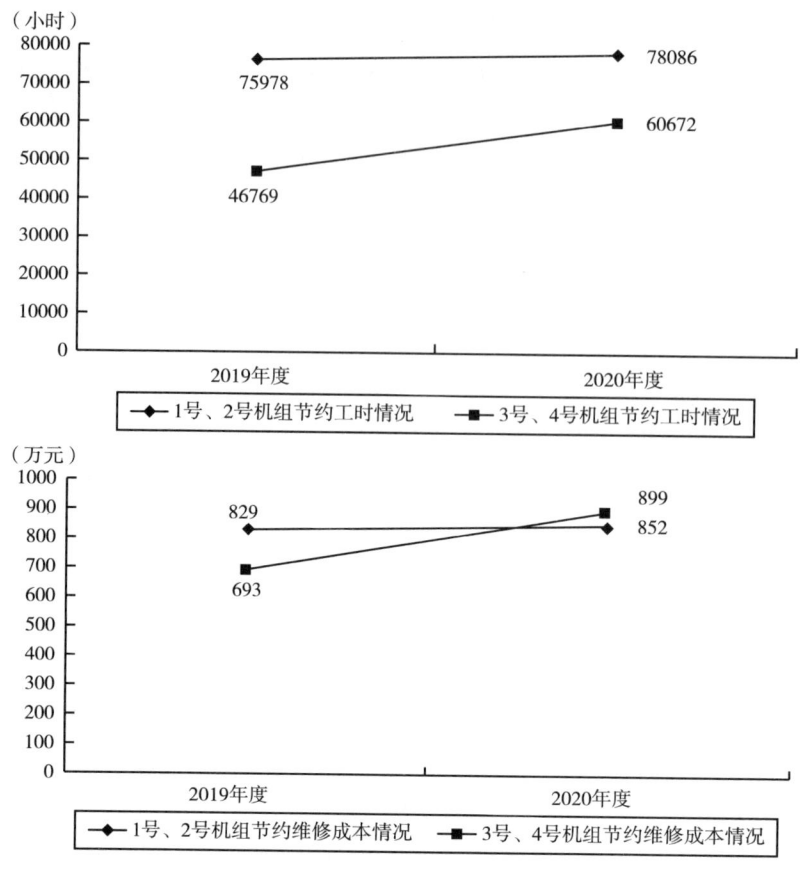

图 8 大纲优化节约工时及维修成本情况

项目的标准化、规范化。编制核心能力清单，并据此发布外委项目清单，定期组织更新。对于超出外委清单范围的新增外委项目需履行新增外委项目审查流程。建立外委项目价格数据库，规范外委项目指导价。项目实施管理部门协助更新外委合同签订价格，完善外委价格数据库。对于明显超出外委价格指导价的项目，需在立项中重点说明超标原因。自开展以标准外委数据为基础的外委审查以来，审查项目 329 项，审查立项金额 29.74 亿元，累计核减外委项目金额 1.72 亿元，为建立规范化外委体系建设打下良好基础。

3. 业务流程再造

借助信息化手段，江苏核电在物资基础数据、备件需求、维修工时、外委项目等方面实现了标准化成本建设。运用标准化成本建设的成果，重点在工单成本管理、业商财一体化建设方面，实施了业务流程再造。

（1）工单成本管理。建立工单标准化数据模型，补充完善工单各类信息要素，自动关联工单相关资源、自动触发工单相关准备流程，保证工单准备质量的同时，提高工单准备效率，从而持续提升生产管理标准化水平。标准工单模型涵盖各类信息要素满足核电企业维修工作需要，包括设备物理信息、辐射分区信息、维修等级、安装位置等信息，在此基础上增加了承担作业主体、作业标准工时、备品备件信息、工器具、材料等信息。同时对重复性工作包标准化相关功能进行优化，特别是工作包准备内容结构化、配合流程的自动触发等功能。从工单安全分析标准化、基础信息标准化两个方面对工单准备内容进行改进，基础信息的标准化优先从历史的重复性工单数据中进行整理提取，部分数据的标准化可借助大数据技术从维修程序中进行结构化转换。

工单标准化要做到最大程度地降低人为工作量，实现同步自动触发的准备工作流程都能自动触发，主要包括工单配合工作流程（例如脚手架、保温等）、工作许可证审批流程（例如隔离许可证等）、行政许可证审批流程（例如作业安全分析流程、辐射工作许可流程等）和备件、工器具领用流程。此外，还能够自动关联并更新工单相关资源，如自动关联数据、信息，自动提供自主生成的一次性使用的副本文件，实现直接关联如 ERDB、CR 模块等自主查询（见图 9）。

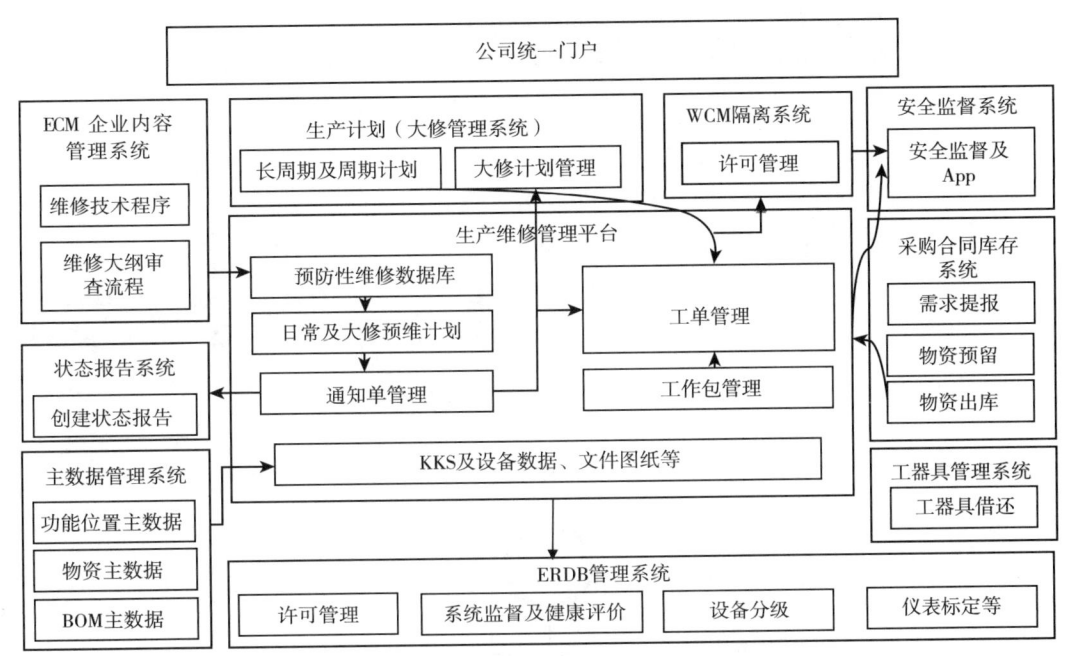

图 9　工单成本管控系统

通过使用标准工单，准备工程师只需要填写开工时间、人员信息，核对工单信息即可完成一张复杂工单准备，单个工单平均准备人工时由约 50 分钟降低到 10 分钟以内。标准工单系统 2020 年 4 月 1 日正式上线，截至 2021 年 3 月 31 日共准备日常工单 31644 个，其中参考使用标准工单（或历史工单）共计 27474 项，共节省 18316 个管理人工时。

开展对设备历史维修记录及经验反馈的分析利用，围绕 CC1 设备，将其历史记录和经验反馈信息以及相关的库存信息、文件信息等进行集中整合，建立大数据看板。用户可在线查看与 CC1 设备相关缺陷统计、状态报告、维修申请、维修工单、备件库存和实时参数等信息，同时可查看大数据分析对状态报告系统中经验反馈缺陷的分析结果（见图 10）。

在选择具体的设备后，可以直观查看设备存在的维修工单、工作申请、维修计划、状态报告、维修运行规程、报警次数等内容。

以预防性维修为试点，建立工单成本管理体系。在完善标准工时系统的基础上，结合备品备件 BOM 清单和库存储备定额等工作，针对外委成本和备品备件成本，在工单和预算环节做好分解，探索建立从工单触发开始，人、财、物的信息一线显示的管理平台，设置多维度查询看板（见图 11），达到生产运行的大数据管理目标。逐步实现外委合同、备品备件需求与工单的关联，实现工作申请和维修工单一一对应，明确维修工单所需的备品备件数量和金额、明确所需的标准工时和所涉及的外委业务的标准成本，将成本管理深入到工单层级，将成本核算细化到设备层面。

根据预防性维修大纲数据库触发预防性维修工作申请（即工单），其中必换件采购需求直接由工单生成，选换件采购需求则通过库存储备定额触发。所需备件的价值则根据物资编码来匹配 SAP MM 模块中已有的物料价格计算生成。商务部门据此在需求提报平台发起采购计划，业务部门发起采购立项申请，商务部门开展商务采购，物项到货后办理验收入库。所有备件按照工单进行领料，确保备件来

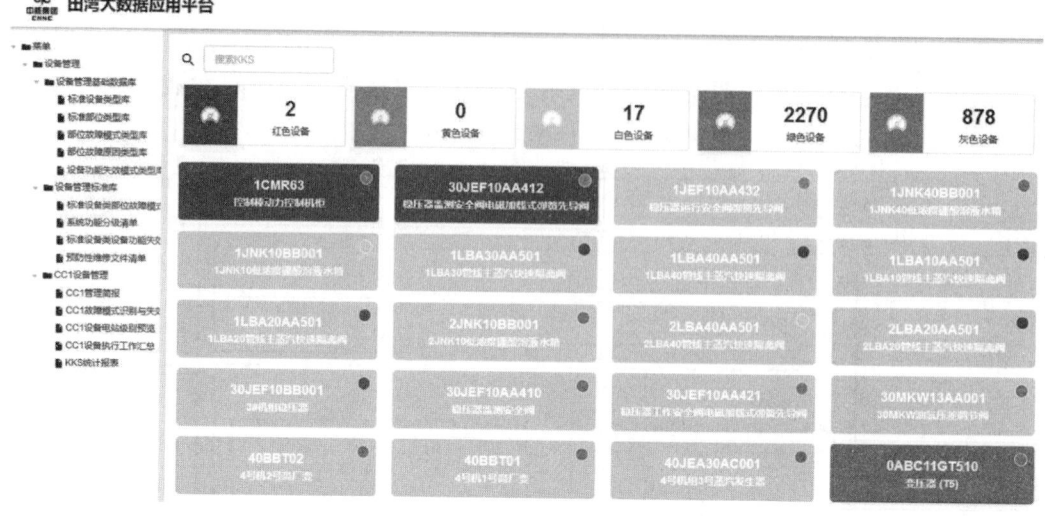

图 10　设备大数据应用分析平台展示

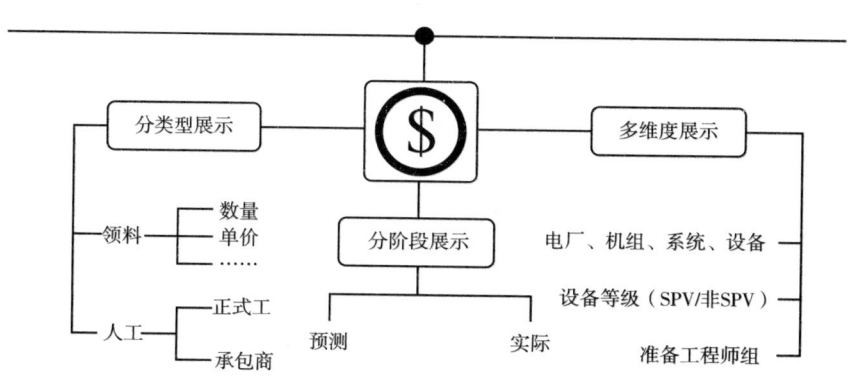

图 11　工单成本管理平台基本功能架构图

源可追溯，去向可追踪。所有业务流均关联维修计划号，并通过此计划号自动关联至工单（见图12）。

维修工单所产生的外委服务成本则根据工单中的标准工时数量，匹配该工单对应的外委合同服务单价，计算生成工单外委服务价格，由商务部门对服务需求进行整合后，发起后续流程，最终根据维修计划号，将外委服务成本结算至相应的工单。对于管理工时、准备工时制定统一规则，将其按照不同的比例折算为标准工时进行管理。

预防性维修的流程围绕一条主线开展，通过优化工作流程，缩短了工作时间，找到了成本源头，成本链条清晰，成本工作有的放矢，实现成本优化。在 SAP 软件基础上建立生产维修管理平台，以生产计划为纽带，以维修工作过程管理为核心，实现了各类维修工作从申请、计划、准备、执行到关闭的全过程信息化管理。

以设备为成本对象，可以准确核算设备的维修成本，明确维修维护工作的重点，以此与设备分级作对比，验证按照设备分级的规则维修费用是否合理，为优化维修大纲、制订设备维修策略提供依据；寻找纠正性维修与预防性维修最佳平衡点，促进成本管理，寻求维修总成本最小化，助于核电企业合理的安排调停调峰，以及在市场电竞价上网中，采取更具针对性的策略。

（2）业商财一体化建设。业财一体化强调业财融合，要求财务的管控前移、流程融合、信息共享。核电企业具有相当强的专业性，分工明确且细化，财务与业务前端不论从专业融合还是流程衔接都具有一定的"距离感"。同时核电企业备件采购量及外委服务规模均较大，采购方式、渠道、周期都会对

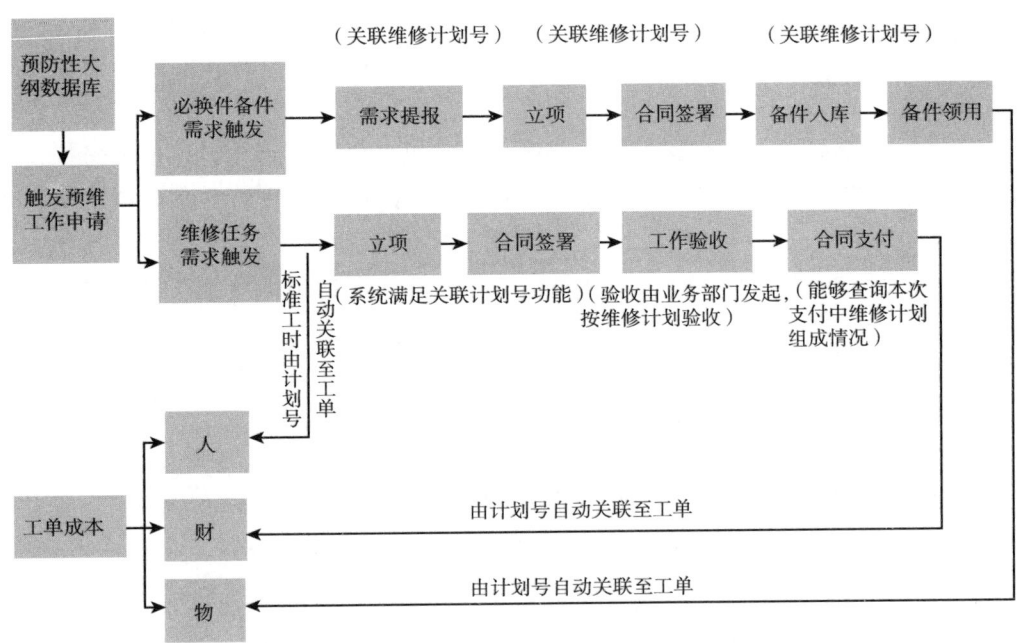

图 12 工单成本流程图

业务开展和成本管控产生相当的影响。这中间就需要借助商务部门这道"桥梁",来促进业财的一体化。通过将业务数据财务化,从而对商务部门在采购需求审核、采购方案确定的过程中给予充分的数据支撑,实现业务前端、中端和后端的全过程管控。

预算作为成本管控的抓手,和工单、生产业务紧密联系在一起,从而促进业商财的有机结合和深度融合。生产部门、商务部门、财务部门围绕预防性维修工单各司其职、互相协同,中长期采购预算项目和采购立项包对应,年度采购预算和年度订单对应,年度采购预算按照年度订单下达,有效发挥采购预算优化配置资源的作用,力图解决采购预算的来源问题及采购预算的落地问题。年度消耗性预算根据工单生成,不再依靠生产部门凭经验估计,减少业务部门与财务部门在预算核定过程中的博弈,进而提高预算编制的精准性与效率性。整体实现"生产计划—预算管理—采购结算—仓储管理—财务核算—年度决算—年度预防性维修总结—经验反馈"的闭环管理,从而实现成本可视化展示、数据化分析、实时化改进。

4. 科研创新增效

近年来,江苏核电重视科研合作平台的建设,已拥有国际科技合作基地、中俄核电联合技术研究中心、企业院士工作站等载体,构建了具有自主知识产权的核心关键共性技术创新体系。大力推进科技攻关项目,加强新技术、新工艺、新方法等在机组十大缺陷处理、设备可靠性提升管理、关键重要设备在线检修工器具或检修工艺、状态监测与评估等领域的研究及应用,充分发挥科技创新在进口备品备件国产化替代等领域中的重要作用,为江苏核电全面降本增效贡献力量。

智慧电站的建设是江苏核电当前发展的主要方向之一。为抢抓机遇、占领先机,进一步提高电站建设和运营水平,江苏核电成立了智慧电站专项组,通过技术研讨、视频交流、材料研读等多种方式学习了解电力行业在数字化、智慧化方面的应用实践,包括国家在数字化转型、人工智能发展方面的政策解读,学习调研其他电力集团及火电领先单位在数字化、智慧化方面的良好实践,完成智慧电站的顶层设计及整体规划工作,确保项目的可实施性和运用效果,融合了科研项目、技改项目、信息化项目等多种形式的智慧化应用,实现对电站全范围业务的覆盖。"规划"确定了智慧电站的建设目标,即以两化融合为抓手、以网络安全为基石、以信息资源高效利用为目标,广泛应用云计算、物联网、

5G、大数据、人工智能等新技术，推动信息技术与电站运营过程、生产要素的深度融合，提高电站安全运营水平，最终实现"精准预测、少人值守"的战略建设目标。通过智慧电站的建设，为田湾核电基地带来三方面收益：

（1）降本增效、安全提升。借助最新的信息技术手段提高电站工程建设、生产运行及综合运营领域的精细化管控水平，提高工作效率，实现对电站重要风险区域、作业的实时监控及智能预警，提高电站安全管理水平、降低电站总体运营成本。

（2）技术先进、统一平台。智慧电站基础网络设施、技术及软件平台的规划和建设要具有先进性和前瞻性，按照"统一平台、分步实施、国产替代"的建设原则，逐步建立统一的智慧支撑平台。

（3）知识产权、推广复制。在智慧电站建设过程中，按照"自主研发、产权保护"的原则同步做好建设成果的申报及保护工作，智慧应用平台的建设要具有可复制性和推广性。

5. 目标成本管理

目标成本管理的实施需要数据共享运行机制作为保障，通过数字化建设，提高财务数据获取、分析与预测的能力，从而保证财务数据的真实性、有效性、标准性和及时性，这既是企业内部财务数据的应用要求，也是财务数字化转型的主要推动力，更是通过数据共享运行机制的建立，将业务、财务融合到一个工作机制中的管理要求。数据共享的模式直接影响数字化转型的质量，直接决定着以流程化和集约化为手段的数字化建设的效果。数据共享有两个模式：

一是依托系统集成实现数据共享。通过标准化集成 API 接口的设计和企业服务总线通道，实现主数据管理系统与各层级应用系统的高效集成，统一管理数据传输权限，达到信息共享和编码统一。目前系统中累计数据已超过百万，满足了电站日常运营管理需求，确保了日常维修、大修对数据质量的高要求，为高质量完成维修任务奠定了基础（见图13）。

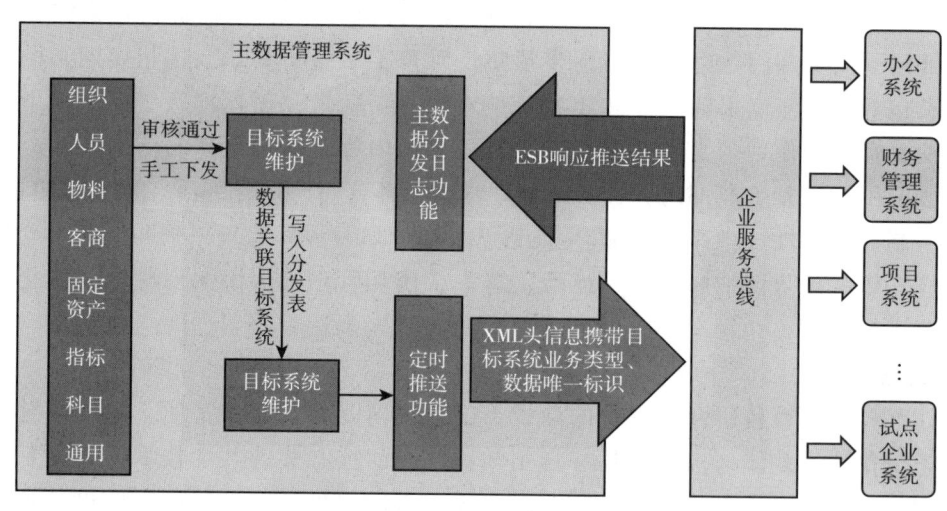

图13 围绕数据平台的集成示意图

二是基于敏捷报表平台实现数据共享。敏捷报表平台提供了跨专业的数据应用平台，构建了以数据共享共用为核心的敏捷报表服务体系，实现了对公司各类业务数据和主数据等数据资产的统筹利用，协同创新。通过构建敏捷报表平台，确保报表数据同源可靠，提升报表编制效率，实现需求集中管理，报表结果统一提供，快捷响应内外部报表需求，提升公司报表管理水平。以数据中台为能力底座，建立起系统与系统之间的智能化交互链接，以数据可视化报表为载体，构建业务监测中心、指标管控中心和统计分析中心，服务公司决策管理，减少人为干预，提升指标统计效率。

通过敏捷报表平台支撑的数据共享服务，推进财务共享的价值向更高领域的服务层面迈进，向更高的财务管理领域转变；借助信息系统的互联互通，从在线流程、预算执行情况以及其他业务多维分析的角度将财务系统的数据整理成对业务管理具有实际指导意义的管理输出。基于以上成熟的数据共享机制和平台的建立，江苏核电以企业战略为目标导向，制定目标、分解任务、落实责任、绩效测量，通过成本预测、成本决策、测定目标成本等手段，进行目标成本的分解、控制分析、考核评价等一系列成本管理工作。

四、江苏核电成本管控体系建设的成效与总结

（一）实施效益

1. 社会效益

通过"一引一融三纵五横"成本管控体系的建设，能更好地优化核电站成本管控，保持成本领先优势，提升核电企业国际竞争力，为核电企业"走出去"战略打好基础。

2. 管理效益

通过探索出具有核电行业特色的创新性成本管控体系，结合数字化转型的背景，运用新理念、新技术，加强管理会计对企业战略目标的支撑、对业务流程的优化、对管理决策的支持作用，突破传统成本管理模式，创新管理体系。

3. 经济效益

通过该项目的实施和应用，实现精细化的成本管理，为生产和管理各环节的资源耗费提供标准，为消除非增值作业明确方向和目标，实现成本管理文化在田湾核电基地的落地生根，带来持续可观的经济效益，从而助力核电站在电力市场竞争中占据优势。

（二）经验总结

1. 平台建设是基础

企业应确保成本管控架构和信息系统集成两个部分的通畅，建立规范的核算体系、数字系统、部门制度和成本管理流程，在业务系统与财务系统之间建立有效顺畅的数据接口，才能保证业务数据能够被抓取、汇总、加工、分析、展示，从而支持企业的经营决策。

2. 流程梳理是关键

从业务流程的动因出发，对财务信息系统现状进行全面分析，根据实际业务需求对财务信息系统进行改进和优化，以"清晰性、完善性、系统性"为指导原则对现有流程进行修订，改变数据孤岛的现象，更深入的发掘数据价值，按照"业务数据化—数据标准化—标准流程化"的思路去推进流程优化工作。

3. 人才培养是核心

加速财务人员转型，通过构建财务信息化流程，使得财务人员能够从固有的思维模式中跳出来，更多的去关注过程分析和结果评估等决策支持工作，引导财务管理模式的持续改进，帮助财务人员挖掘自己的能力，激发自己的潜力，承接企业发展战略，与企业共同成长。

数字化转型是核电企业的必然趋势，管理会计转型是财务人的必然选择，二者有机的结合，促成了数字化转型助力"一引一融三纵五横"成本管控体系建设在田湾核电基地的落地。通过体系的实施，实现将成本管理作为江苏核电核心竞争力之一的战略目标；通过对财务和业务大数据的统计分析，发现业务存在的问题，使成本良性压降、可持续优化，实现并保持在核电行业、能源领域的领先优势；实现成本管理理念与体系的输出，成为行业成本标准的重要制定者。

参考文献：

[1] 李长江. 关于数字经济内涵的初步探讨 [J]. 电子政务，2017（9）：84-92.

[2] 张辉, 石琳. 数字经济: 新时代的新动力 [J]. 北京交通大学学报 (社会科学版), 2019, 18 (2): 10-22.
[3] 张庆龙. 数字化转型背景下的财务共享服务升级再造研究 [J]. 中国注册会计师, 2020 (1): 102-106.
[4] 王云. 财务共享服务模式下企业财务数字化转型研究 [J]. 现代经济信息, 2019 (13): 307.
[5] 柴晓娜. 对大数据环境下企业财务创新转型的思考 [J]. 财会学习, 2019 (14): 40-42.
[6] 何畔. 新形势下财务会计与管理会计的融合发展 [J]. 广西民族师范学院学报, 2019, 36 (5): 83-86.
[7] 张丽霞. 论新形势下财务会计与管理会计的融合 [J]. 知识经济, 2019 (25): 85-87.
[8] 刘梦婷. 中国制造业数字化财务转型实践研究 [D]. 武汉: 中南财经政法大学, 2020.

企业自评

在电力市场改革、多机组运行、财务管理转型的大背景下,江苏核电在多年实践的基础上,编制了设备备件清单,统一了物资编码、建立了备件分级体系、完善了维修标准工时数据库,形成了备件储备定额体系,借助 ERP 系统、大数据平台、智慧电站建设等信息化手段,融入了党建工作与文化建设,以工单成本管理和业商财一体化建设为重点方向,通过不断总结、改进、提炼,逐渐形成了具有田湾特色的"一引一融三纵五横"的成本管控体系,为公司实现高质量发展注入了强大的驱动力。

为了更有效地推进管理会计信息化在田湾核电的全面落地,江苏核电总会计师同时分管财务部门与信息化部门,从组织架构上提升资源整合能力、管理决策效率及项目执行力度。项目的实施,提升了全员的成本管控意识,成本管控更深入业务,业务流程更加高效,对管理决策的支持度更高。但文化的渗透不是一朝一夕,体系的建设也需要不断完善。我们将始终坚持"以安全为前提可持续成本领先战略",践行"强核报国、创新奉献"的新时代核工业精神,力争将成本管理打造成为核电企业的核心竞争力之一。

专家点评

本案例介绍了江苏核电在电力市场"量价齐跌"和面对新一轮数字化转型挑战的情况下,通过建设"一引一融三纵五横"成本管控体系,实现社会效益、管理效益和经济效益全面丰收的成功管理会计案例。

江苏核电负责田湾核电站的建设管理和建成后的商业运行。作为中俄核能合作的标志性工程,田湾核电站被习近平总书记誉为"中俄核能合作的典范项目"。江苏核电成本管控体系的建设对实现企业经济目标、推动地方经济发展和我国核电经济安全高效运行至关重要。

在建设"一引一融三纵五横"成本管控体系的过程中,江苏核电以党建为引领,通过文化融合强化全员成本管控意识,牢牢把握安全管理、群堆管理和全寿期管理三大要素,全面推进成本分级管理、标准化成本管理、业务流程再造、科研创新增效和目标成本管理,在核电企业通过数字化转型、促进成本管控和降本增效方面总结了积极的经验。

成本管控体系的建设涉及面广、参与人多,实际执行过程中对于信息采集汇总、数字化管理流程、标准成本和目标成本的建设和调整等内容需要财务人员不断加强学习、提高业务能力,进一步完善和强化成本管控体系,财务人员任重而道远。

基于项目制的全员式精益成本管理创新实践

中国同辐股份有限公司

> **摘要**：在我国，随着各行业发展不断成熟以及行业内竞争的不断加剧，很多企业面临发展空间不断缩小的问题。在这种情况下，提高企业竞争力成为发展的重中之重。要实现这一目标，就要在价格稳定的情况下实现成本的合理降低，从而增加企业在商业谈判中的筹码。面临发展压力，中国同辐股份有限公司启动全员式精益成本管理创新实践，以成本为切入点，综合运用管理会计和精益管理的理念和工具，通过"项目制"的推进形式，撬动各业务层参与，发动全员创新创效取得显著成果。自 2017 年实施以来，中国同辐实现降本增效额过亿元，为企业培育了大量业财融合的人才，践行了企业精益文化，有效助力公司战略目标落地，提升了企业价值创造能力。
>
> **关键词**：项目制；全员式；精益成本管理

一、企业简介

中国同辐股份有限公司（以下简称"中国同辐"）是中国核工业集团有限公司的核技术应用平台，是中国同位素及辐射技术应用领域的领军企业，业务基本涵盖了核技术应用领域全产业，主要从事放射性药品、放射源产品、辐照加工及独立医学检验服务等，公司旗下有法人企业 60 多家，现有员工 3000 余人。中国同辐以中核集团产业布局调整为起点，强化主业，贯彻"开放、包容、合作、共赢"的理念，坚持"集团化运作、专业化分工"的方针，打造成为同位素及辐照加工行业内的龙头企业。

二、实施背景

（一）应对日益激烈的市场竞争的必然选择

中国同辐所处的核技术应用行业，此前由于技术门槛较高，行业竞争相对较小，毛利较为丰厚，后随着技术的发展以及国家准入政策放宽，大量民营企业携资本涌入，通过并购等手段，抢占市场，使得竞争不断加剧，企业利润不断摊薄；2017 年初，中国同辐完成增资扩股，进入上市冲刺阶段，投资人对公司业绩表现有了更高的期望。在企业产能无法短时期内显著提升的情况下，消减不必要成本，增加利润，成为中国同辐的必然选择。

---

* 本篇作者：孟琰彬、吴来水、王梦、张建、杨桂梅、宋智芳、张利达、王慧、苏玺。
指导专家：邹艳（北京航空航天大学）。

(二) 核技术应用企业经营特点的内在要求

核技术应用行业与国民经济制造业领域 43 个细分行业中近三分之一的行业有关，未来市场规模达万亿级以上。国际原子能机构（IAEA）曾指出，就应用的广度而言，只有现代电子学和信息技术才能与同位素及辐射技术相提并论。中国同辐着力打造成国内核技术应用的龙头企业。目前中国同辐有 60 多个法人实体，涉及放射性药物、放射源、医学诊断和辐照应用等业态完全不同的生产经营性单位，各自的业务流程也完全不同，销售及分销成本占营业收入的比重居高不下（见表1）。

表1　　　　　　　　　　　　　　　财务指标表

截止日期	2019/12/31	2018/12/31	2017/12/31
营业收入（亿元）	39.88	32.38	26.72
营业成本（亿元）	11.59	9.45	7.87
毛利（亿元）	28.29	22.93	18.85
销售及分销成本（亿元）	16.88	13.04	10.95
销售成本收入占比	42.33%	40.27%	40.98%
净利润（亿元）	6.25	5.88	4.76

多业态、小批量、多工艺、小规模作业的生产和运营模式特点，决定了企业短时期内很难形成一套基于全系统的标准化的成本管理模式，只能发动企业全员，基于各业务单元，进行成本管理、创新创效。此外，核技术应用行业具有很大的特殊性，即衰变性。随时间流逝，核产品或者原材料因自身物理化学性质变化进而失效，直接与经济效益相关，因此对优化业务流程和成本管理具有天然的敏感性[1]。

(三) 践行同辐发展战略的必由之路

根据新时期核技术应用行业发展要求和中核集团对中国同辐的定位，公司新领导班子确立了运作集团化、规模产业化、产业国际化、融合信息化、管理精益化的"五化"发展要求。其中管理精益化精准聚焦当前企业内部管理粗放、成本管理松弛等现状。中国同辐在企业实地调研中发现，一些单位在材料采购、生产组织、物资库存、产品销售、资金管理、税收筹划、费用控制等方面还存在管理粗放、流程不合理、超支浪费比较突出等现象。这些现象有的形成历史比较久远，改变的阻力较大，有的已司空见惯，大家习以为常，改善的动力不足。调研同时发现，各单位对加强内部管理、加大技术革新、加速业务发展的愿望非常强烈，因此加强成本管理，优化管理流程，是践行同辐战略的必由之路。

(四) 新时期财务谋求转型的关键路径

长期以来，中国同辐财务战线主要从事传统的财务核算工作，财务管理的功能未能充分发挥。新时期，信息化技术不断发展，企业确立了更高的发展目标"做大做强做优，打造国际一流的核技术应用产品和服务供应集团"，这对新时期企业财务工作提出了更高的要求，中国同辐财务亟需尽快实现由核算向管理转型，深化业财融合，着重加强服务支撑和价值创造功能。实施全员式精益成本管理，是实现财务转型的关键路径之一。

为解决上述问题，中国同辐实施开展基于"项目制"的全员式精益成本管理创新实践。

三、构建三维保障机制，促进全员降本增效

中国同辐基于"项目制"的全员式精益成本管理创新实践的总体思路是：中国同辐财务部门改变

传统工作模式,从幕后走向前台,定政策、搭平台、出方案、保落实,以财务为抓手,综合运用管理会计和精益管理的理念和工具,构建三维保障机制,采用"项目制"的推进方式,深化业财融合,发动全员,立足自身岗位,基于企业研、产、供、销等全价值链进行成本管理、创新创效。

(一)构建"三级联动"的组织保障机制,确保工作层层落实

1. 确立"三级联动"的组织模式

总部负责顶层规划、组织督导、宣传表彰;各单位负责本单位具体工作组织开展;一线员工立足自身岗位,积极申报和具体实施降本增效项目,通过"项目制"自主实施全员式精益成本管理工作。

中国同辐总部成立由董事长挂帅、总会计师任副组长的降本增效领导小组,领导小组下设工作组,建立五部门协同联动的工作机制。其中财务管理部为牵头部门,负责组织、策划、督导全系统降本增效工作;战略规划部负责开展精益管理理念和精益工具的培训推广工作;党群工作部(工会)负责在企业文化建设方面支撑降本增效工作;人力资源部负责降本增效项目成果激励奖励落实到位、人工成本改善、人才挖掘等工作;团委负责组织青年员工积极参与降本增效工作。各成员单位按要求成立降本增效小组,具体负责本单位降本增效工作的组织开展和项目立项、验证、评价、奖励等全过程管理(见图1)。

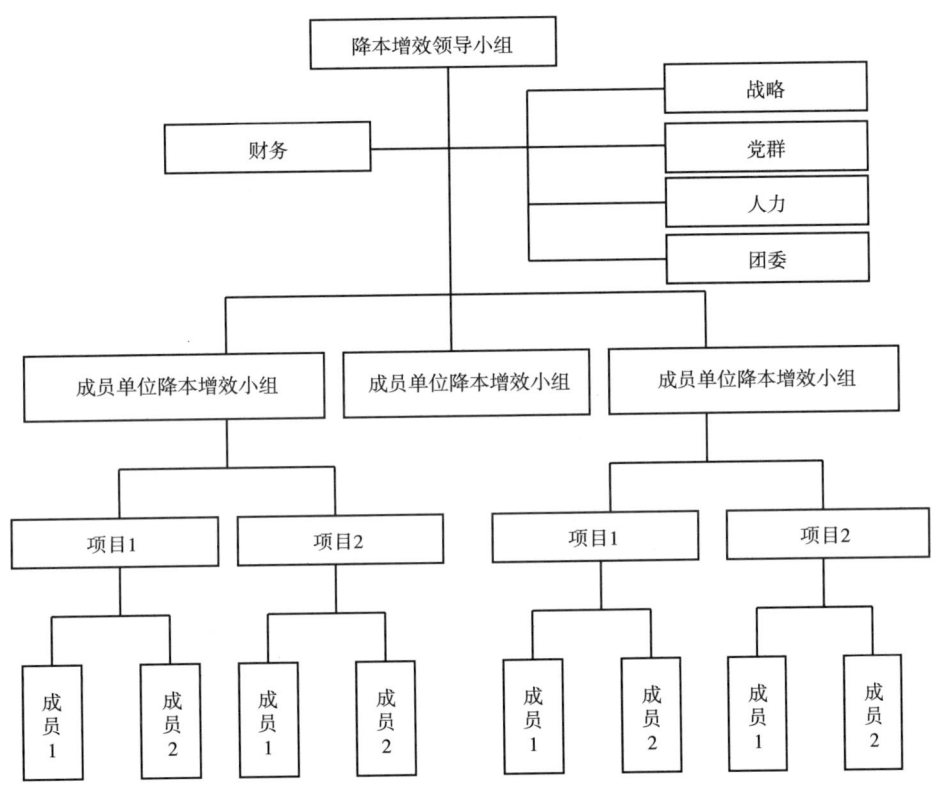

图1 中国同辐降本增效小组组织架构

2. 确立例会制度与信息发布机制

总部降本增效领导小组每月听取工作组汇报,具体了解降本增效各项工作进展,分析项目概况,确定下一步工作安排,改进工作方法、解决工作中存在的问题。各成员单位按公司实际月度或季度等召开降本增效例会,讨论本单位降本增效工作推进情况和项目全过程管理,如立项、验证、评价、奖励等,并形成会议纪要。

总部降本增效小组每月汇总整理各成员单位降本增效小组上报的项目进展情况表和立项报告,并

在OA办公系统通知公告专栏进行公布，动态展示项目上报情况。

3. 确立现场督导模式

总部降本增效小组单独或随巡视检查、财务帮扶等工作一起，不定期赴成员单位进行降本增效工作宣贯督导，以帮助或督促成员单位降本增效工作按要求顺利开展。

三级联动的组织模式确保工作高效推进，激发了广大员工的参与热情，员工参与率逐年显著上升。

（二）构建内外结合的宣传交流机制，促进企业成本和精益文化形成

1. 召开降本增效交流会

2017年以来，中国同辐在全国各地共举办9场交流会，最小规模60人，最大规模216人，通过交流会，各企业财务人员与基层干部和生产人员建立了沟通渠道，各自能力得到了锻炼。其次，交流会后撰写心得，让员工抒发体会，充分认可员工，尤其是基层员工，因为他们最接近生产和经营，企业的每一个产品无不凝结着员工的智慧，员工1个自觉行为胜过100次行政命令，向管理要效益从某种意义讲就是向员工自觉性、主动性、责任感、主人翁感要效益。

2. 充分利用内外媒介资源进行宣传

全员式精益成本管理工作取得良好效果，得到中核集团大力推广。中国同辐在《中国核工业报》上开设"降本增效进行时"专栏，累计登载文章二十三篇；在微信公众号推送文章十五篇，在学习强国论坛发表文章一篇。已结题项目和员工心得感悟分别由中国原子能出版社、中核（北京）期刊出版有限公司汇集成书：《降本增效六十七个故事——中国同辐强管理启航录（2017）》《降本增效七十七个故事——中国同辐强管理续航录（2018）》《降本增效五十篇好文——中国同辐强管理文化录（2019）》。以上成果的登载和出版，是全员式精益成本管理工作总结推广、互学互鉴的重要实践成果。

2017年以来，中国同辐抓住管理契机，转变陈旧观念，全员成本意识和精益理念得到显著提升。全员式精益成本管理工作的开展，不仅实现了降低成本增加效益的目的，更重要的是，全系统已初步形成人人讲节约、事事讲精益的氛围，培育了企业精益文化。

（三）构建物质与精神奖励并重的激励机制，撬动分配体制改革，推动财务转型

中国同辐为保证全员式精益成本管理工作有效落实，充分利用各种激励手段调动员工的积极性和创造性，保障实现企业降本增效的目标。

1. 奖励激励政策不断优化，撬动分配体制改革

为进一步解决公平问题，从薪酬分配上打破固有的分配格局，调动全员参与的热情，让员工真正得到实惠，2017年，中国同辐按照项目降本金额区间，分别按照固定金额进行奖励；2018年，优化按照项目降本额的一定比例进行奖励，2019年，将降本增效纳入公司JYK考核，引导各成员单位自主出台奖励政策，在降本额一定比例的基础上，结合项目定性判断和个别认定方法进行奖励，进一步激发各成员单位参与热情，提高广大员工积极性。

2. 多措并举，实现人才育成，推进财务转型

除了不断优化物质激励政策外，中国同辐充分利用多重手段，采用宣传、评选、表彰等方式对员工进行精神激励，为员工搭建职业发展平台。

中国同辐每年举办优秀项目交流大会，不断挖掘员工的潜在能力，使得员工持续学习以更新知识，促进其充分地发挥才能和智慧。

中国同辐在全员式精益成本管理工作推进过程中，通过促进财务与业务的相互融合，推动财务由核算型向管理型转变。在近三年完成的项目中，财务系统共完成项目48个，实现降本额1400万余元，分别占完成总数量和总效益的16%，切实起到了领头羊的作用。财务完成的项目内容主要包含存量资金运作增效、税务筹划、长期坏账回收等，此外财务还积极组织介入、配合业务部门发现和解决成本冗余问题。如原子高科公司"超声波洗瓶机节水改造"项目，该项目获中国同辐2017年降本增效项目"技改类"特等奖。洗瓶机是药盒制瓶生产中的关键设备，直接影响着生产的正常进行。在清洗过程中，技术人员注意到了清洗流程设计不合理和清洗水浪费的问题，但无法量化，不知道具体成本如何计算。财务人员获悉后，主动介入支持，在众多技改方案中，通过反复测算选择出一套最经济的方案。可以说，绝大多数的降本增效项目的开展都离不开财务部门的积极配合。验证工作使财务人员深入车间，密切接触生产一线员工，听取基层声音，引入成本理念，为他们出谋划策，受到基层员工的热情欢迎和认可，中国同辐提出两句口号，第一句"财务人员要做工程师"，第二句"要把工程师打造成会计师"，充分调动各专业人员，充分利用各专业知识，充分搭建沟通平台。中国同辐全员式精益成本管理工作推动财务由事后的核算监督慢慢走向事中和事前的预测和控制，促进了财务的转型和业务发展。

四、"六步循环"项目制，环环落实精益成本管理

为确保全员式精益成本管理工作顺利推进，中国同辐通过"六步循环"的项目制具体实施。

（一）引入阿米巴和精益理念，推行"项目制"

1. 引入阿米巴，全员自主创效

基于中国同辐多业态、多法人主体、技术管理水平差异大的特点，为将全员式精益成本管理工作落实到实处，中国同辐创新性的引入"阿米巴"经营理念，采用"项目制"具体实施。阿米巴经营模式由日本企业家稻盛和夫创立，将公司细分为一个个"阿米巴"小集体。每个阿米巴都是一个独立的核算单位，以各"阿米巴"的领导为核心，自行制订经营计划，并依靠全体成员的智慧和努力来完成目标。"阿米巴"经营模式中，每一个"阿米巴"都是自主创新、实施降本增效的个体。

中国同辐推行"项目制"，把每个降本增效项目小组当作一个"阿米巴"。每一个降本方案，都是一线工作人员的智慧结晶，来源于他们在工作中发现的每一个成本问题，对上报的项目不贪多求大，不急功近利，也不必"高大上"，可以是一个车间改造、一项工艺或生产流程改进，也可以是一个具体环节改善，甚至可以是一个念头转换；也许是花费了很多时间和精力，经过科学论证和反复实践实现了改进，也许是举手之劳，但只要能节省成本费用、节省人力、节省时间空间，为公司创造效益，就都可以纳入降本增效范围。经降本增效小组批准项目立项，每一个项目小组（即阿米巴组织单元），独立自主"运营"，独立"核算"，各自独立进行降本增效方案的实施落地，包括确定方案的实施方向、细化具体措施和成果。

中国同辐通过引入阿米巴经营理念，推行"项目制"，以财务为抓手，将由上至下的指令转化为由下至上自主实施的项目，撬动各业务层面共同参与，通过查找问题、纠正偏误、实施固化、优化改进、激励奖励等方法，上下联动循序渐进扎实稳健开展全员式成本管理，有效推动全员自主创效（见图2）。

2. 管理精益化，全价值链创效

精益管理的核心要素是"安全、质量、成本、人才"。中国同辐作为核技术应用企业，安全不仅是企业生产经营的底线，更是企业核心竞争力的主要因素之一；提高产品和服务质量、降低企业管理和运营成本是企业的管理目标，也是企业不断提供最优产品、最优服务和最优价格的有效途径；人才是实现前三个要素的根本，所有高品质产品和服务的提供都需要人来实现。这些都是有效提高管理水平的基础，也是中国同辐将"管理精益化"作为中国同辐发展战略方针的初衷。只有将"安全、质量、成本、人才"这几个精益管理的核心要素做好，才能为客户提供优质的产品和服务、为投资者带来更多回报、为社会创造更多价值，而这些也是实现高质量发展的内在要求。

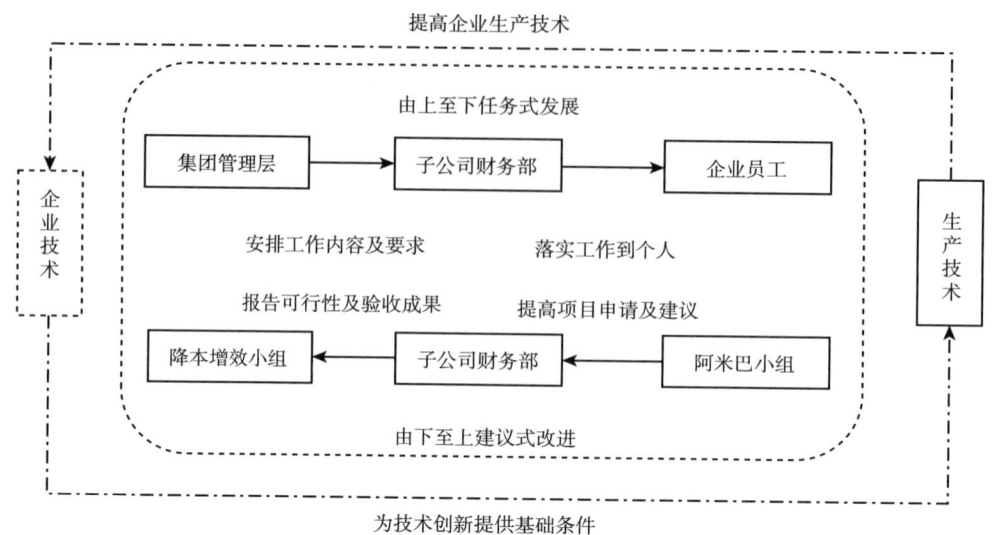

图 2 中国同辐全员成本管理的双元模型

中国同辐着手于企业的核心价值链，紧密联系供应商和客户，在其研发、采购、生产、销售、物流以及环保等每一项增值活动中发现成本问题并进行细节规划、采取措施、解决问题。

（二）通过 DERRMO"六步循环"，实现项目全过程管理

中国同辐在实践中创新 DERRMO（玳瑁）方法论，通过"六步循环"，实现项目全过程管理。中国同辐财务管理部积极发挥引领作用，率先行动做出立项案例，带动成员单位在财务、业务、工艺、生产、后勤管理等各业务领域积极行动，把创新改善结合到工作岗位，融入到日常工作。在项目实施过程中，降本增效小组运用 DERRMO（玳瑁）六步骤方法论，对每个阿米巴小组进行事前审核、事中监督、事后检验的全过程管控，保证项目阿米巴目标实现。

DERRMO（玳瑁）六步骤方法论，即 Diagnosis（诊断）、Establishment（立项）、Rectification（纠正）、Routinization（固化）、Motivation（激励）、Optimization（优化）[2]。

1. 立足岗位，查找问题（诊断，Diagnosis）

全系统业务人员立足岗位，运用精益管理思维，针对岗位特点，从经验出发，自下而上进行诊断；广大财务人员应用管理会计工具，从财务数据出发，自上而下进行成本诊断。上下结合，通过诊断缺陷，纠正偏误，节约开支，实现管理创效。

2. 申报项目，组织实施（立项，Establishment）

全系统员工积极申报立项，主动挖掘降本点并组建项目团队，提出解决方案并付诸实施。立项是承接诊断的核心环节，统一固化立项"六步论"模板，即项目背景、项目目标、实施方案、实施效果、成果计算、结论六步论述，通过这六步形成项目整体思路，目标清晰，结果明了，便于审核验证、档案管理、成果推广。

3. 找准问题，纠正改进（纠正，Rectification）

运用各种手段和精益工具，剖析现场作业的流程和节点，查找浪费的环节和根源，纠偏纠错，改进创新。对项目团队充分授权，在项目负责人的领导下，解决任意成本问题。

4. 成果验证，固化推广（固化，Routinization）

各项目实施的最终结果达到产生财务效益，成本节约可复核、可验证、可量化、可推广的效果。其中可复核指成本节约成果可直接对应发生的时间、事件，具有可核实性；可验证指节约措施改进后与改进前产生的明显差异，具有可校验性；可量化指与项目实施前同口径相比成本节约额可以计量、

时间空间可以计算，具有可评估性；可推广指系统其他单位、其他领域可以借鉴成本节约方法，具有可指导性。最终实现项目固化，达到持续降本并持续改进的目的。降本增效小组通过筛选可推广和固化的项目，采用"建议函"的方式向有关部门和单位推送，进行"标准化"体系建设，建立长效机制。

5. 表彰激励，人才育成（激励，Motivation）

为激励各成员单位、各项目组，中国同辐组织评选表彰，所有项目不论大小，都以实现的降本增效额为基础，同时以"四可"为原则，优先对促进科技创新、优化生产工艺等方面的改造方案进行表彰和奖励，让参与者切实得到好处，培养优秀人才。

6. 循序渐进、持续优化（优化，Optimization）

采取"回头看"的方法，对已完成的立项，进行跟踪检查，防止反弹，采用"环式法"再次诊断，持续改进和优化。

（三）精益成本管理实践的典型项目与案例

按照项目性质和企业价值链，中国同辐进一步将项目分成六大类，即生产运行及技术改造类、财务管理类、现场管理类、能耗管理类、采购管理类、后勤及资产管理类，涌现了一大批典型项目和案例。

原子高科面对碘［125I］密封籽源生产线产能受限、生产团队减员而市场订单增加等不利局面，改变单纯靠"增加人员"的解决模式，通过团队协同，攻坚克难，实现银丝切割、热源组装与焊接、活度测量与分选三个关键环节的自动化改造，用较低成本投入实现产能大提升，同时降低材料损耗，减轻工人劳动强度，减少放射剂量。在自动化改造完成后，原子高科持续对碘［125I］密封籽源生产线实施信息化升级，通过对产供销等环节参数的录入，不断分析和解决运行中的问题，最终实现生产过程全监控、库存自动管理、产品包装信息化，极大增强了产品市场竞争力，提高了企业精益管理水平和价值创造能力。

上海科兴为解决辐射防护设备老化的问题，自行组织研发出"辐射监测及安防一体化监测系统"。该系统实现了辐射监测及安防管理实时一体化管理模式，可对生产过程各个环境进行动态监测，处于国内领先水平。该系统的成功研发，不仅可内部推广至其他放药生产企业，还可以作为商业的监测系统在医疗行业中进行推广，为企业孵化出新的价值增长点。

中同蓝博作为中国同辐精益管理实践的代表企业，在2018年6月开始的历时9个月的精益管理实践中，全体员工秉持精益管理思想，认真推行"5S现场管理模式"，从整理、整顿、清扫、清洁、素养五个方面着手进行精益管理实践，对工作环境进行清理整顿，重新规划材料运输路径和生产布局，使工作环境焕然一新、整齐干净，生产工序井然有序，客户满意度大幅提升。同时，中同蓝博实现目视化管理，基于视觉化、透明化、界限化的原则，通过色彩管理标示，标识生产内容及操作要求，提高了生产安全水平；通过透明化管理，使必要材料、信息更加醒目，提高了生产效率；通过标示管理界限，标识正常与异常的定量界限，实现了高效生产。此外，中同蓝博通过改善QC提案，提高了安全管理系数，并提升了产品的一次合格率，降低了内部管理成本，实现了生产成本的节约与生产效率的提升。

中国同辐精益成本管理工作致力于降本增效和价值提升，以持续改进和精益文化为可持续推动力，将组织内部由下而上的"项目制"作用于价值链环节，完善内外部价值链串联，以"阿米巴模式"的项目制推进管理落实，尤其注重人的参与度，培养业财融合人才，推动企业全面精细化管理。此外，不仅在子公司层面上，中国同辐自降本增效工作开展以来，围绕精益全价值链、六西格玛、精益成本、精益安全已连续推出四期培训，计划通过八次线上课程对中国同辐首批精益人才队伍进行系统培训，进而形成全员精益改善的氛围，实现精益管理工作从"特色化试点"向"体系化推广"的转变。

五、实施效果

自 2017 年开展全员式精益成本管理工作以来，中国同辐以摸着石头过河的态度突破僵化思维，边做边学边提炼方法，按目标推进；持续不断的对立项进行验证复核工作；打破常规的对立项结果进行奖励，以奖励刺激为手段打破工资分配体系；坚定不移的对立项结果进行"回头看"验证，以"绝不是一阵风"的态度推进降本增效工作进入常态化，成果显著。

（一）不断降低成本，助推企业效益不断增长

截至 2020 年底，中国同辐全系统共完成项目 600 多个，涉及技术创新、工艺改进、管理深化、节能降耗、资产盘活等多方面，共实现经济效益过亿元。

企业管理效益不断提升，获得资本市场认可。在当前港股受新型冠状病毒影响较大的情况下，中国同辐的市值管理工作取得显著成效，不仅跑赢大盘，还跑赢医药股，彰显同辐"含金量"。

（二）全员参与，构建企业精益文化

2017 年以来，随着全员式精益成本管理工作深入开展，员工参与率达到 76%，全系统已形成人人讲节约、事事讲精益的氛围，使精益生根管理高层、落户生产基层、服务公司战略，实现了平面、立体层面的突破。广大员工在降本增效过程中，工作热情和归属感得到激发，员工满意度不断上升，综合能力得以提高。

中国同辐已将成本的经营性控制向成本的规划性控制转变，不仅注重产品的制造环节，而且逐步向产品研发、生产线规划或布局转变，真正从源头上控制产品成本。同时，中国同辐将成本管控对象拓展到企业外部，不但关注企业内部研发、生产、销售、售后业务活动，还逐步将成本控制拓展到企业与供应商、企业与销售商、企业与顾客等上下游，从而实现资源共享、合作共赢。

中国同辐基于"项目制"的全员式精益成本管理创新实践，获工信部和许多高校的一致好评，实践成果荣获 2018 年全国国企财务管理创新成果二等奖、2019 年"一汽丰田杯"第二届工业工程与精益管理创新大赛优秀奖、2020 年中核集团管理创新成果三等奖。创新实践使产品和服务质量得到市场认可，树立了良好的品牌形象。

（三）人才育成，员工满意度不断提升

广大员工在全员式精益成本管理创新实践参与过程中，获取了经济实惠，得到了展示空间和发展通道，员工满意度和归属感不断提升，综合能力得到锻炼。广大财务人员转变了传统工作模式，加深了对业务的认识，密切了与各部门人员的联系，由核算型向管理型转变，有利促进了业财融合，提高了价值创造的能力。

（四）节约资源，为绿水青山贡献"无线核力"

作为涉核企业，面临操作人员的放射性辐射剂量控制和放射性废物排放处置的问题，中国同辐通过持之以恒的技术探索，不断优化生产方式，减少放射性工作人员受照剂量，体现人文关怀；降低能耗、物耗，力促整个核行业提高资源利用效率；减少放射性废物产生和处置费用，改善生产环境，为天更蓝、水更清的生态文明建设贡献"无线核力"，有力践行了集团公司"安全是核工业的生命线""尊重自然，绿色发展"的理念，为提升国家的综合实力和实现人民美好生活向往做出贡献。

参考文献：

[1] 王梦，张建. 中国同辐"成本3456精益管理体系"的搭建 [J]. 财务与会计，2021（14）：49-51.

[2] 吴来水，李国敏，宋智芳. 中国同辐基于双轮驱动的全员创效管理实践 [J]. 财务与会计，2009（9）：18-20.

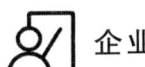 **企业自评**

自2017年以来，中国同辐持续开展基于"项目制"的全员式精益成本管理创新实践，工具方法和理论体系不断完善，通过"三维保障"和"六步循环"层层推进，确保企业整体目标的实现。

（1）三维保障是推进机制，包括"三级联动"的组织保障机制，内外结合的宣传交流机制，物质与精神奖励并重的激励机制。

（2）"六步循环"的项目制为具体表现形式，在实践过程中总结形成DERRMO（玳瑁）六步骤方法论（诊断Diagnosis、立项Establishment、纠正Rectification、固化Routinization、激励Motivation、优化Optimization）、"四可"评比原则、立项六步论等理论和工具，有力推进降本增效工作有序、高效开展。

未来，中国同辐将在坚持自下而上实施降本增效的基础上，进一步发挥财务牵头作用，加强业财融合，不断深化成本分层，自上而下实施"靶向"式精准降本，上下结合，共同推进全员式精益成本管理创新实践深入发展。

 专家点评

切实有效开展降本增效实践，提高企业竞争力，是制造业企业发展的重中之重。中国同辐作为国内核技术应用的龙头企业，目前有60多个法人实体，涉及放射性药物、放射源、医学诊断和辐照应用等多个完全不同的业态。多业态、小批量、多工艺的生产运营模式，以及核工业产品的衰变性，加大了其成本管理的难度。为切实有效实施降本增效，中国同辐创新性的开展了基于"项目制"的全员式精益成本管理创新实践。中国同辐以财务为抓手，综合运用管理会计和精益管理的理念和工具，通过"三维保障"和"六步循环"层层推进，发动全员立足自身岗位，基于企业研、产、供、销等全价值链，自下而上的进行精益成本管理，降本增效成果显著，企业竞争力不断增强。其做法扎实有效，值得学习借鉴。未来，中国同辐应进一步优化激励机制，充分发挥集团下属企业作用，上下结合深入推进全员式精益成本管理，进一步提升企业的价值创造能力。

基于全生命周期的 PPP 项目公司集约化财务管控实践*

中国核工业华兴建设有限公司

> **摘要**：PPP 是 Public - Private Partnership 的英文首字母缩写，指在公共服务领域，政府采取竞争性方式选择具有投资、运营管理能力的社会资本，双方按照平等协商原则订立合同，由社会资本提供公共服务，政府依据公共服务绩效评价结果向社会资本支付对价，或在某些领域授予社会资本特许经营权，使社会资本利用特许经营权自主经营，从而获得相应的投资回报。
>
> 近年来，中核华兴在保持传统优势的同时紧跟国家政策，抓住国有企业深化改革的历史机遇，努力转型发展，在经营模式、商业模式等方面积极探索实践，在混合所有制改革、产融结合业务模式等方面先试先行。围绕建筑业产业链的延伸，加强规划、可研、投融资、研发、设计、工程管理、施工、运营、维护等环节的能力建设，拓展基础设施、道路桥梁、轨道交通、清洁能源、环保、水务等业务领域，投资建设了一批 PPP 项目。
>
> 相较于传统施工企业财务管理模式，PPP 项目财务管控差异较大。针对 PPP 项目的多样性、复杂性、长期性，以及经济政策、会计政策更新迭代的问题，中核华兴积极探索实践面向项目全生命周期的 PPP 项目公司集约化财务管控，不断优化资源配置，提升运营绩效，借助风险管理、预算管理等多种现代企业管理工具，贯穿项目投资建设期、运营管理期、移交退出期等全生命周期的各类经济活动事项，预判项目未来走势，落实效益评价，防范投资风险，推动公司战略规划实现，实现国有资产保值增值。通过理论与实践的持续深化结合，多业态 PPP 项目公司全生命周期的集约化财务管控模式，在中国核建 PPP 业务领域起到示范带头效应，为 PPP 新领域的风险防控与财务规范管理奠定了坚实基础。
>
> **关键词**：PPP；全生命周期；集约化财务管控；业财融合

一、企业简介与发展战略

中国核工业华兴建设有限公司（以下简称"中核华兴"）隶属于中国核工业集团有限公司，是中国核工业建设股份有限公司的重点成员单位。公司始建于 1958 年，曾承担过我国"两弹一艇"试验基地以及重要核工程、军工工程的建设，是全球核电建造龙头企业，中国建筑业竞争力百强企业、国企改革"双百行动"企业。

中核华兴主营业务覆盖军工、核电、建筑、市政、电力、港口与航道、矿山、石油化工、机电、

---

* 本篇作者：彭献武、叶建峰、钱浩浩、郭爽、王钰、郑火炎。
　指导专家：邹艳（北京航空航天大学）。

公路等领域,是具有建筑工程施工总承包特级、市政公用工程施工总承包特级资质的大型综合性建筑企业。中核华兴围绕工程建设主营业务,以军工工程、核电站和核设施建设为核心,工程规划设计为引领,工业、民用工程为重点,拓展产业运营业务,实施资本运作和投融资管理,发展成为"建筑业全产业链资源整合者和一体化解决方案服务商"。

中核华兴推行扁平化管理模式,本着"精简、优化、高效"的原则,合理限定法人层级,有效压缩管理层级,显著提高层级效率。目前,公司拥有核电工程事业部、国际工程事业部、投资建设事业部、基础设施事业部四个事业部,60余家参控股子公司和专业公司,在职员工1万余人。

中核华兴的发展战略是:以建筑业为中心,通过资本运作和投融资管理,持续拓展业务领域,形成核与军工工程为核心业务,市政、环保、基础设施、新能源、港航工程为战略业务的业务机构,并积极拓展水处理和供热运营战略业务,形成同心多元化战略格局(见图1)。

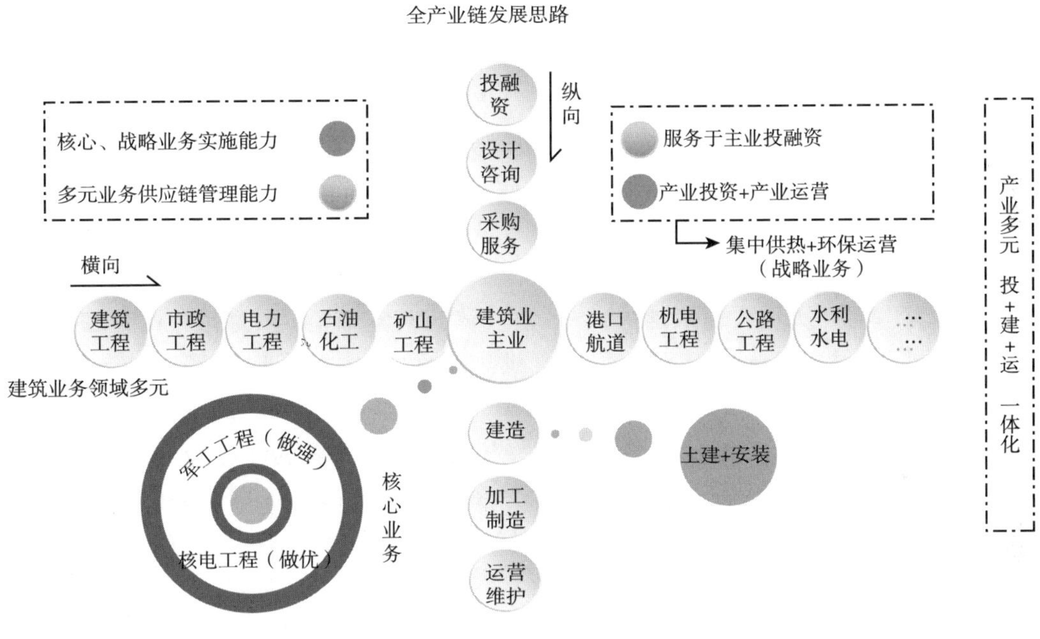

图1 中核华兴发展战略

二、实施PPP项目集约化财务管控的背景

(一)行业竞争日趋激烈,实时拓展PPP项目

随着国家宏观经济政策的调整,以及互联网金融的快速发展,房地产行业及线下实体经济增速放缓,民用房屋建设、商业综合体建设、工业厂房建设等传统建筑业整体相对疲软,市场竞争日益激烈。2011年,日本发生"福岛核泄漏事件",受此影响,国内新开核电项目审批进度放慢,中核华兴作为国内核电建造龙头企业,核电建造市场容量不断萎缩,新开核电增量有限。

面对日益艰难的市场环境,中核华兴坚持以建筑业为基础,以工业、民用工程为重点,实施资本运作和投融资管理,实时介入参与BOT、BOO等多种PPP形式的产融结合项目,并由此不断介入市政工程、道路桥梁、污水处理、城市配套升级改造等新业务领域,补足建筑业全产业链短板。

(二)相关政策层出不穷,规范运营挑战不断

2014年以来,随着《财政部关于推广运用政府和社会资本合作模式有关问题的通知》《国家发展改革委关于开展政府和社会资本合作的指导意见》《关于印发〈政府和社会资本合作项目政府采购管理

办法〉的通知》等一系列文件的颁布，发改委先后发布两批 PPP 推介项目，总金额超 5 万亿元，财政部先后确定两批 PPP 示范项目库，总金额超 8000 亿元。公司实时承接 PPP 项目，自 2015 年首个 PPP 项目《山东财经大学莱芜校区 PPP 项目》落地以来，公司 PPP 投融资板块涉及运营管理的项目共 31 个，项目类别包括学校、医院、养老院、体育馆、污水厂、景区管理、河道治理、市政道路、景观、桥梁、综合管廊、水库、供热等多个业态。

PPP 项目迅速发展的同时，财政部等部门出台了《关于规范政府和社会资本合作（PPP）综合信息平台项目库管理的通知》《国家发展改革委关于鼓励民间资本参与政府和社会资本合作（PPP）项目的指导意见》《关于加强中央企业 PPP 业务风险管控的通知》等一系列监管文件，严控 PPP 泛化滥用现象，禁止政府和投资人签订回购投资本金、承诺最低收益，严禁利用 PPP 模式违法变相举债，严防地方政府隐性债务风险。这对央企参与 PPP 项目提出新的挑战，中核华兴 PPP 项目公司作为一个独立的法人单位，合规性运作成为迫在眉睫的重中之重。

（三）PPP 业务财务风险高，集团化管控压力大

相较于传统施工项目，PPP 项目具有多样性、复杂性、长期性，经济政策、会计政策迭代更新，PPP 项目财务风险高，财务管控压力大，主要表现为以下几个方面：

1. PPP 项目涉及行业众多，业财融合要求较高

中核华兴控股的 PPP 项目公司，涉及水利水务（伊宁水库）、环保治理（南安污水治理）、产业园（吴忠回医药）、桥梁（韩城太史大街西延桥）、科教（德州高等师范）、文卫（仪陇医院）、文旅（弥勒文化园）、康养（园博村康养地产）、供暖（沛县供热）、供气（永昌天然气）、特色小镇（铜山体育小镇）等多个业态。

与传统建筑业财务核算相较，新业态的财务核算较为复杂，既覆盖了工业会计核算、金融服务业核算、现代服务业核算，又与下游的施工建造企业紧密相连，突破了现有财务人员的知识存储结构，对 SPV 财务团队的学习能力、创新能力、管理能力的要求不断提高。

2. 项目地域分布点多面广，综合管理难度提升

项目公司地域跨度较为广阔，西从新疆维吾尔自治区的和静县、伊宁县，东至江浙沿海的宁波市，北自吉林省长春市，南到云南省昆明市、福建省南安市，中接中西部的陕西省韩城市、渭南市、四川省仪陇县、泸州市等，跨越二十几个省市，项目公司地域分布较为辽阔，财务管理跨度大、难度提升。

3. PPP 资产规模庞大，集约化管控的需求迫切

中核华兴已管控的 PPP 项目公司资产超过 200 亿元，预计未来 3—5 年逐渐形成的资产规模达 300 亿—500 亿元。项目业态复杂，地域分布较广，存续期较长，过程中需对接的机构众多，协调沟通难度大，行业政策未来变化的不确定性较大。假设按照法人治理机构设置财务人员，每个会计核算主体配置 3 个财务人员，财务人员需求将达近百人，人员缺口压力大，成本压力增加。

总之，PPP 项目庞大的资产规模与多行业分布的管理难度，提高了公司应对不同经营环境下法人治理的难度，增加了潜在财务风险，给公司带来了巨大的挑战。

三、PPP 项目公司全生命周期集约化财务管控

为了更好地将财务与业务融合，达到既有效管控 PPP 项目，又严防经营风险，中核华兴结合自身经营模式，探索 PPP 项目全生命周期的财务管控模式。公司不断优化资源配置，坚持自主创新，通过搭建 SPV 财务管理平台，深入研究 PPP 业务政策，坚持业财融合，以资金管理为主线，以风险管控为重点，以规范业务流程为手段，以效益提升为目标，将 PPP 项目公司业务管理、预算管理、核算管理、

成本管控、税务筹划等财务管理要素贯穿于项目建设期、运营期、退出期；坚持创新引领，注重新时期财政税收前沿政策、新准则成果研究转化，形成PPP项目全生命周期的集约化财务管理模式，预判项目未来走势，落实效益评价，防范投资风险，推动公司战略规划实现。

（一）防范风险，建立集约化管理平台

中核华兴成立了总部SPV财务管理部，采用"集中管控+定点派驻+虚拟岗位"的管理模式，将中核华兴控股、参股的SPV公司、有限合伙企业及产融项目公司纳入管理范围，以合同管控为基础，以资金管理为主线，涵盖PPP项目投标、建设、运营、移交各阶段财务管理，分区域、分项目、分行业多维综合管控。

通过构建专业化的平台，实现PPP项目公司财务人员的集约化，SPV财务管理部在岗16人，管控法人单位31个、有限合伙企业14个，管理PPP合同规模300多亿元；通过双向多维交叉融合管理，实现多业态细分归类，总结了不同行业不同的财务管控要求，既完善了PPP项目公司法人治理结构，又实现了业务管控集约化。

1. 财务人员集约化

根据各PPP公司建设、运营阶段财务管理需求，结合项目付费模式、合同规模、股权架构、法人治理要求等综合因素，SPV财务管理部横向将财务管理者分为区域管控财务经理和定点管控财务经理，依据PPP合同对PPP项目公司开展财务管理，参与日常生产经营活动；同时，为了避免一人管控多个项目公司造成的财务岗位不兼容风险，设置了若干职能中心，对应配置资金主管、报表主管、基金主管（见图2），根据财务业务管控范围纵向承担部分PPP项目公司核算会计、出纳等岗位职责，监管项目公司财务运行状况，及时向SPV财务管理部反馈实施进展。

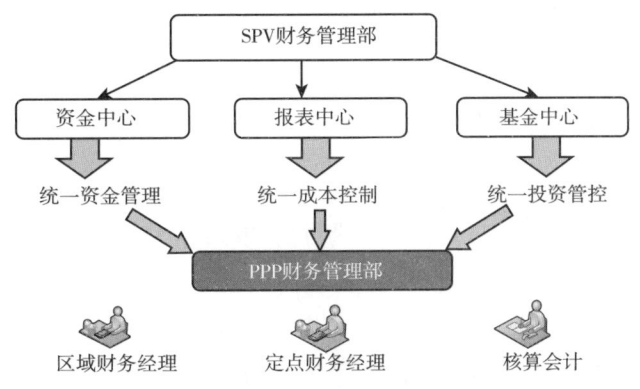

图2　集约化管理

SPV财务管理部人均管理3个法人单位，相较于以往1个法人单位3个财务人员的人力配制，PPP项目公司财务管理趋向于模块化、流程化，实现了财务人员集约化管理，有效提升了管理效率，节约了人工成本。

2. 资金管理集约化

SPV财务管理部统一筹划，及时组织各PPP公司编制上报资金计划，依据年度、季度、月度工程进度计划，编排资金投入计划，汇总分析各PPP项目公司实际资金需求，充分利用PPP项目公司所在地金融机构融资成本地域性、阶段性差异，筹划资金来源，在确保工程建设进度的基础上，配合总部对二级单位内部授信、专项借款等，统一调剂施工单位资金余缺，最大限度实现资金统收统支，有效降低资金成本。

3. 成本管控集约化

充分发挥各职能中心专业化优势，专人专岗按季度实施 PPP 公司成本测算，动态监测建设期投资成本、运营期固定成本及管理费用控制情况，督促各 PPP 公司根据预算变动、投资进度变化等信息，及时修正成本测算数据，压实成本支出，保障经营收益。

通过对不同项目、不同阶段的效益测算分析，总结 PPP 项目投资收益地域性、行业性、阶段性差异，积极开展项目投资后效益对比评价，研判投资差异原因，为 PPP 项目再投资提供数据参考。

4. 税务筹划集约化

通过集约化的财务管理，依托专业化的管理团队，多领域介入项目管控的优势，结合 PPP 合同开展不同行业的项目税收政策研究，分析不同地域、不同行业的税收优惠政策，提前开展 PPP 公司税务筹划，为同一行业、相似板块的不同公司分批进入运营期提供充分借鉴，税务筹划的集约化管理，有利于降低 PPP 公司税收风险，最大程度实现税收筹划盈余。

5. 业态管理模式化

多人交叉管控不同业态的 PPP 公司，最大限度提升财务人员对 PPP 项目整体业态的熟悉程度，加快了行业细分，夯实了管理会计基础。通过对 PPP 项目的整体行业细分归类，促进同一业态的财务管理者充分沟通交流，逐渐总结出 PPP 项目在实施过程中遇到的各类难题及解决办法，并将同一行业、相似问题的成功解决经验在内部推广应用，为后续承接的 PPP 项目提供直观的管理经验，推动业态管理模式化，实现项目运作效益最大化。

6. 风险防范最大化

"集中管控+定点派驻"的管理模式结合职能中心的专业定位，有效防范了财务职能不兼容风险，强化了监督机制，降低了人为因素造成的财务风险；集约化的业务管理模式为同一行业生产经营积累了大量的管理经验，并得到直接推广应用，降低了 PPP 公司合同风险、税务风险、合规性风险等经营风险。

（二）制定标准化业务流程，全过程跟踪控制

中核华兴 SPV 财务管理团队经过不断探索和总结，从项目投标阶段开始介入，全过程跟踪项目的投标、中标、建设、运营，通过事前策划、事中控制、事后评价，建立了完整的项目公司财务业务流程。

1. 事前策划

（1）项目评审、投标。参与项目评审，初步了解项目基本情况，对实施机构财政承受能力、人大决议情况、项目付费机制、交易架构并表风险、保函提交方式、收益保证措施等项目合规性及可行性提出意见和建议，在项目启动初期提示财务风险，促使业务端通过竞争性谈判合理规避风险。

中标前，参与项目投标谈判，根据项目可行性研究报告或概算从社会资本方角度，综合融资端、设计、施工端穿透测算项目公司实际收益情况，协助投标单位做好成本收支、现金流收支等主要财务指标测算。

（2）合同签订、交底。参与 PPP 项目合作协议、合同、项目公司章程的评审，对文书中存在的财税风险、于资方不利的因素或对后期合同执行存在不确定性条款提出风险防范建议，如土地征拆费比例、股东方出资比例、方式及时间等，参与 PPP 项目合同交底，提前明晰合同责任与义务，安排好待办事项时间节点。

2. 事中控制

（1）建立管理工作表。根据项目公司日常经营情况，包括董事、监事、高管信息情况，银行开

户信息、税务备案登记信息、合同台账等日常管理信息，建立项目公司基本信息表，并及时予以更新。

（2）编制全周期投资资金计划。根据 PPP 合同、工程可行性研究报告、施工图预算及工程投资进度计划，编制 PPP 项目全周期、年度、季度及月度资金计划，年度计划报请董事会审批后执行。

（3）开展财务管理。建立 PPP 项目公司财务基本管理制度，根据项目公司经营安排制定费用报销制度、银行账户管理制度、印章保管制度等，按项目公司管理制度做好费用、成本归集，收入确认，合理安排项目资金收支。

（4）做好风险防控。根据经营情况，及时编制各类财务分析报告，填报 PPP 项目月度基本报表，按季度分析、评估财务状况，出具 PPP 项目投资分析预警报告。

3. 事后评价

（1）运营管理。根据 PPP 项目合同约定的运营内容，结合使用者付费、可行性缺口补助、政府购买服务、运营绩效考核等特许经营条款，策划运营期财务管理方案，筹划运营期收入成本测算、现金流测算，做好税务筹划，满足行业监管要求，实现运营效益提升。

（2）移交管理。根据合同约定的退出模式，积极探索 PPP 项目公司股权转让或减资方式，探索社会资本方收回投资本金及回报后的账面资产移交方式。

（三）强化投资管控，构建预算预警机制

传统施工项目，中核华兴按照业主单位的施工图预算施工，不介入前端诸如投资是否超概算、销售前景是否乐观、融资渠道有无阻力等问题。与此不同，在 PPP 项目中，中核华兴既是社会资本方又是施工方。一方面要统筹投资、融资，又要优化施工、节约成本，同时确保投资本金和投资回报的及时收回。另一方面，PPP 项目的一个完整流程包括选项、立项、两评一审、申报入库、招标、中标、施工等，时间跨度较长，随着人工、材料、机械等必备物项的价格波动，不可避免的存在部分 PPP 项目立项金额与实际投资额差异较大的情况，因建设超概算带来的边勘测、边设计、边施工的问题，进一步增加了投资回收风险，加大投资控制难度。

为解决 PPP 项目投资超概算控制难题，中核华兴落实组织保障，结合预算控制指引，根据 PPP 项目立项估算、投资概算设定的投资指标，将业务预算与资金预算紧密结合，建立投资控制动态预警分析制度。

1. 分解预算职责，落实组织保障

完善预算组织保障，自上而下层层分解预算职责。决策层作为决策分析的主要团队，根据项目建设概况、现场视频监控、建设指标分析、数据对比研判、热点问题关注、BIM 动态等综合信息，下达项目各子项建设任务指标；执行层作为主要管理主体，积极开展市场管理、融资管理、招投标合同管理、项目公司管理、资产管理、风控法务管理、财务管理等，综合把控项目运营风险；项目公司团队作为管理对象，及时掌握项目信息、实时落实预算管理、生产进度管理、合同管理、采购管理、移交管理、流程管理等，具体反馈项目建设进度（见图3）。

2. 整合进度计划，开展业务预算细分

PPP 项目公司组织各参建单位按照工程子项类别，编制工程投入控制明细表，将工程建设子项与投资概算指标逐项比对，编制全周期工程进度计划，并根据合同约定工期，将各子项工程建设计划分解到年度、季度、月度进度计划中，根据及时调整的施工图预算实时修正工程进度计划（见表1）。

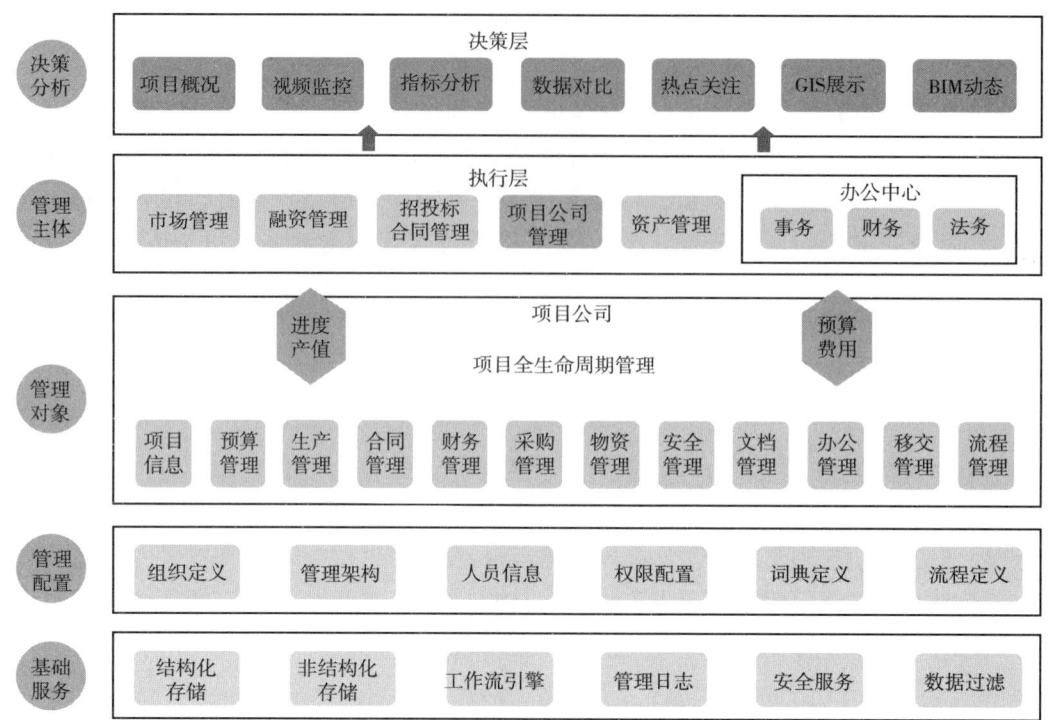

图 3　预算职责流程图

表 1　　　　　　　　　　　　奉化弥勒文化园项目预算控制表

项目概况		立项估算	施工图预算	2020年计划完成产值											
序号	单位工程名称			1月计划	2月计划	3月计划	4月计划	5月计划	6月计划	7月计划	8月计划	9月计划	10月计划	11月计划	12月计划
一	弥勒圣坛子项	★	★	★	★	★	★	★	★	★	★	★	★	★	★
1	弥勒圣坛土建	★	★			★			★		★		★	★	★
2	环廊和护坛河结构	★	★	★			★	★		★				★	
3	装饰装修	★	★			★	★		★					★	
4	弥勒圣坛钢结构	★	★			★									★
5	水电安装	★	★	★	★										
6	暖通安装	★	★												
7	消防安装	★	★										★		
8	四单体太阳能	★	★				★							★	
二	永平寺工程	★	★	★	★									★	
三	资福寺工程	★	★				★		★						
四	女众部工程	★	★	★	★										
五	滇南隧道	★						★		★				★	
六	龙溪公路	★	★	★	★	★	★	★	★	★	★	★	★	★	★

3. 编制资金投入计划，统筹筹资融资预算

财务部组织各部门按照各类合同约定的付款条件，结合工程子项建设进度，编制全周期工程资金投入计划，按照合同条款，将工程资金投入计划与工程进度计划比对，分解到年度、季度、月度计划，实时根据进度计划修正资金投入计划,上报预算审批机构。

财务部根据工程资金投入计划,开展融资策略筹划,推动股权资金、债权资金的及时就位,协调金融机构按照融资合同及时筹措建设资金,编制筹资控制计划,将筹资资金来源与资金使用计划比对,根据资金投入计划及时介入调控,保障建设资金充足(见表2)。

表2 　　　　　　　　　　　　　　　中核华兴SPV公司资金计划执行台账

序号	单位	2020年计划			一季度计划			1月计划			2月计划			3月计划		
		上报时间	金额	执行金额	上报时间	金额	执行金额	上报时间	金额	执行金额	上报时间	金额	执行金额	上报时间	金额	执行金额
1	★	★	★	★	★	★	★	★	★	★	★	★	★	★	★	★
2	★	★	★	★	★	★	★	★	★	★	★	★	★	★	★	★
3	★	★	★	★	★	★	★	★	★	★	★	★	★	★	★	★
4	★	★	★	★	★	★	★	★	★	★	★	★	★	★	★	★
5	★	★	★	★	★	★	★	★	★	★	★	★	★	★	★	★
6	★	★	★	★	★	★	★	★	★	★	★	★	★	★	★	★
7	★	★	★	★	★	★	★	★	★	★	★	★	★	★	★	★
8	★	★	★	★	★	★	★	★	★	★	★	★	★	★	★	★
9	★	★	★	★	★	★	★	★	★	★	★	★	★	★	★	★
10	★	★	★	★	★	★	★	★	★	★	★	★	★	★	★	★
11	★	★	★	★	★	★	★	★	★	★	★	★	★	★	★	★
12	★	★	★	★	★	★	★	★	★	★	★	★	★	★	★	★

4. 建立联动风险预警机制,开展建设过程预警控制

财务部组织各项目公司将建设期工程子项进度计划、工程资金投入计划、工程资金筹措计划分解到各年、季度、月度,在PPP项目建设过程对概算内各类子项的工程费用进行实时监控,设定工程进度预警与资金预警两道投资预警红线,及时对红线指标预警,对达到预警指标的子项及时停止资金投入,评估超概风险,向实施机构发出变更申请,防范PPP项目超概、超支风险,实现资金效益最佳。

(四)提升运营管理,增强营收能力

为保障公司运营期投资效益的顺利实现,根据各PPP项目公司业务性质、行业政策、合同安排等因素,积极开展运营成本控制、税务筹划、前沿政策研究等运营期财务管理筹划,在法人治理框架范围内,确保实现运营投资的及时回收。

1. 针对不同业态,策划运营方案

公司承接的PPP项目涉及供热供暖、人文科教、文旅景区、医疗康养、道路桥梁、工业园区、水利水务、污水处理等多个业态,财务管理复杂多变,SPV财务管理部针对不同公司经营特征,结合相关行业政策,配合项目管理团队制定了详细的运营方案,并根据运营方案策划了运营期财务筹划方案,确保PPP项目公司资金使用、业务开展、税务缴纳、成本控制等方面优化提质。

SPV财务管理部配合项目管理团队,根据各业态PPP项目特点先后制定了《供热PPP项目运营方案》《污水处理PPP项目运营方案》《道路PPP项目运营方案》《校园PPP项目运营方案》《医药产业园PPP项目运营方案》,并策划了相应的运营期财务管理方案。

通过财务管理方案的实施,各PPP项目公司严控运营期成本开支,提前开展税务筹划,降低税收风险,提升PPP项目公司的运营效益。

2. 开展新政策研究，及时合理确认收入

稳定的收入能否实现，是PPP项目未来可持续运营的必要保障，也是衡量PPP全周期投资效益的关键指标，更是PPP项目公司财务管理的核心。

运营期收入来源，主要分为两类，一是使用者享有服务或产品支付的对价，即使用者付费，如污水处理、工业园区服务；二是政府实施机构购买行为支付的对价，或合同约定涉及公用民生部分，由实施机构对使用者付费不足给予一定缺口补偿的对价，如公路桥梁、校园及配套等，按资金支付主体可以理解为政府付费。

PPP业务是我国近年兴起的新业务，受项目以融资带动建设本质影响，社会资本方多为建筑施工企业，建筑施工企业按照建造合同确认收入，与PPP项目运营收入确认方式存在较大差异。PPP特许经营协议下的不同行业PPP项目公司经营实质不同，取得的收入如何计量，尚无明确、统一的会计核算办法，这给PPP项目经营收入的确认方式带来了一定的困惑。SPV财务管理部通过研究财政部企业新收入准则及相关解释，逐渐探索出符合项目特色的收入计量办法，并逐渐运用到PPP项目公司中。

PPP合同约定，项目分为三个时期，即建设期、运营期、移交期，通过建设期投资、运营期回收，最终实现移交期资产无偿移交政府实施机构。之所以无偿移交，并非真正的无偿，实际是运营期实施机构按照合同约定条款支付了对价，项目公司运营期将报表资产减计为零，最终移交的是账面摊销额为零的实物资产。既然实施机构运营过程支付了对价，那么对价的标的实质，是项目公司运营当年所有成本费用的计量，只有通过各年运营期成本费用的计量，才能最终实现项目公司账面资产的减计为零，通俗来讲，项目公司当期成本费用的计量增加即为政府实施机构控制权的增加，这也是收入确认的原则之一。

对于使用者付费确认的收入，PPP项目公司通过口头约定、合同约定等与使用者建立服务关系，为使用者提供服务或产品，使使用者在获得服务或产品的控制权后，确认合同收入，满足2017年新收入准则收入确认依据。

对于政府付费确认的收入，PPP项目公司通过PPP合同授予的特许经营权从事提供公共产品和服务，并接受政府实施机构的绩效考核，完成项目资产控制权的逐渐转移，获得可预期的经营收入。

从新收入准则五步法确认收入原则分析，签订PPP合同，并通过特许经营权开展排他性经营，属于第一步合同识别；建设期按照合同要求开展履约建设，并承担投融资义务，运营期保障项目资产完好、确认成本计量属于第二步识别合同履约义务；根据建设期工程竣工验收结果，建设期利息计算结果，确定整个PPP合同的合同价款，锁定运营期回报基数，属于第三步确定交易价格；运营期保障PPP项目公司资产按照合同约定完好，并满足当年经营绩效考核要求，属于第四步将PPP合同履约义务按照运营期分摊到年；每年按照资产摊销结果计量成本，出具年终报告，接受政府财政审计，获得政府实施机构认可，完成运营当年通过让渡资产或服务控制权的转移，属于第五步分阶段实现履约义务，确认收入。

3. 紧盯付费机制，防范运营风险

PPP项目公司进入运营期以后，公司根据PPP合同约定的付费机制，积极筹划运营资金流入方案，及时与实施机构建立定期的交流互访机制，实时了解项目所在地财政动态，在确保使用者付费稳定流入PPP项目公司的同时，根据合同约定的缺口补助计算公式，预估缺口补助金额，督促实施机构及时将补助金额纳入当年财政预算，并在付费期前两个月以公函形式提前告知具体付费时间、付费金额，协助实施机构做好财政资金落实到位。

通过紧盯运营期付费机制，开展及时稳妥的沟通交流，保障了运营资金及时回收，防范了运营风险。

（五）探索退出机制，实现项目投资再循环

PPP 项目运营周期较长，一般 10—30 年，社会资本方投入的资金占用时间长，大量股权资本的长期沉淀，增加了融资成本，也抬高了社会资本方资产负债率风险，增加了资金链断裂的风险。

1. 开展 PPP 项目证券化工作，实现资金提前回收

中核华兴紧盯国家金融政策，从项目建设期开始，着手筹划 PPP 项目资产证券化工作，与各大券商、商业银行、私募基金等金融机构保持良好的信息沟通机制，及时将 PPP 项目运作情况通报给金融机构。在项目公司进入运营期后，择机启动资产证券化工作、发行其他金融产品、借助金融工具及时将建设期投入的资金提前回收，实现投资资金的循环利用，降低资产负债率，防范资金链断裂风险。2017 年已实现首个教育类 PPP 项目"山东财经大学莱芜校区"项目资产证券化，取得投资本金的提前回收，2020 年启动了其他进入运营期 PPP 项目的资产证券化前期筹划工作。

2. 开展 SPV 公司股权退出预演，策划股权退出路径

根据社会资本方与政府实施机构签订的 PPP 投资协议、PPP 合同，在 PPP 项目所在地政策允许范围内，择机寻找合适的潜在投资人开展股权转让、逐步减资、解散清算，最终实现投资有序退出，这也是 PPP 项目股权回收的必由之路。

社会资本方通过对 SPV 公司投入资本金，在 PPP 项目运营过程中获得投资回报。一般情况下，PPP 合同对于社会资本方投入的本金和获得的投资回报模式有两种，一种是 A 模式，SPV 公司获得超高回报率的经营利润，通过经营积累分红，实现社会资本方的投资本金及投资回报；另一种是 B 模式，通过 SPV 公司获得适当的经营利润，满足社会资本方的投资回报，再根据 SPV 公司解散清算实现资本金的退出。

对于 A 模式，社会资本方通过 SPV 公司税后净利润分配，逐渐实现本金和投资回报的收回。社会资本方在 SPV 公司中的股权已体现在分红中，因此最终在 SPV 公司资产移交时，包含了实物资产和股权的无偿移交，社会资本方投入的股权通过赠与的形式实现退出。

对于 B 模式，社会资本方通过 SPV 公司税后净利润的分配，逐渐实现投资回报的收回，在 SPV 公司运营期过程中，通过不断地减资实现资本有序退出，至运营期最后一年，原社会资本方在 SPV 公司中的股权减计至 1 元，SPV 公司实物资产及投入的股权移交给实施机构，完成股权退出。或者，在征得实施机构许可前提下，通过 SPV 公司股权转让，转让给其他投资人，陆陆续续实现社会资本方在 PPP 公司的股权退出。

四、实施效果

通过业财融合的 PPP 项目公司全生命周期的集约化财务管控模式探索，中核华兴深入研究 PPP 业务政策，坚定发挥资金管理主线作用，始终将业财融合贯穿于 PPP 项目建设期、运营期、移交期，通过投资建设、运营付费、移交退出，实现资本金及投资收益回收，保障国有资产保值增值，为企业改革转型、高质量、可持续发展护航（见图 4）。

（一）保障公司战略目标实现

通过 PPP 项目的合规运作，为公司传统建筑板块带来了深远的影响。一是改变了融资模式，由传统项目的直接垫资逐渐走向利用企业信用撬动外部资金实现资本增值；二是改变了债务性质，由直接举债形成的刚性负债演化成以 PPP 子公司未来收益权质押形成的或有负债；三是创造了新的经营现金流来源，由对 PPP 项目公司短期投资形成的现金流出转变成持续多年的未来经营现金流入；四是以 PPP 项目为突破口，由传统房建工程涉猎到市政工程、道路管网、文旅文卫等弱项领域，逐渐积累市

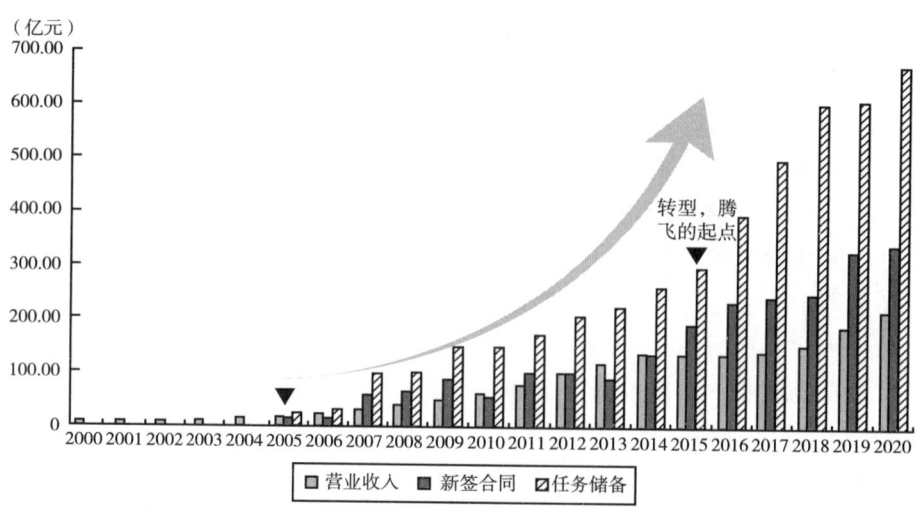

图 4 近 20 年公司整体效益变动情况

政、公用业绩,为公司同心多元化发展,打通建筑业全产业链上下游夯实基础。

(二)培养复合型财务人才

通过搭建集约化的 SPV 财务管理平台,实施 PPP 公司全周期的集约化财务管理,加快新业务、新政策融合研究速度,培养了一批既精通财务又熟悉业务的复合型人才,为企业转换增长动力,推动高质量发展提供人力支撑。

(三)降本增效显著,有效防范经营风险

通过 SPV 财务管理平台集约化的团队建设,已成立的 45 个 PPP 会计核算主体,全部由 SPV 财务管理部进行集约化管理,有效降低了财务成本,不断降低税收风险,实现人力节约。随着 PPP 项目集约化管控的不断推进和深入,以投资带动建设,以融资促进生产的新型建筑业转型升级之路稳步推进,投资效益逐渐显现,运营收入和利润总额都有不同程度的增加。

参考文献:

[1] 财政部. 企业会计准则第 14 号——收入(财会〔2017〕22 号)[EB/OL]. (2017-09-07)[2021-11-30]. http://kjs.mof.gov.cn/zt/kjzzss/kuaijizhanze shishi/201709/t20170907_2694006.htm.

[2] 企业会计准则编审委员会. 企业会计准则应用指南(2019 版)[M]. 上海:立信会计出版社,2019.

企业自评

在基于业财融合的 PPP 项目公司全生命周期的集约化财务管理探索过程中,通过建设期投资预警机制的建立,有效防范了投资超概风险、资金占用风险;通过运营期付费模式的深入研究,有效降低了运营收入不能按期收回风险;通过多种退出机制的提前策划,切实防范了投资回收风险。通过多阶段风险矩阵的完善应用,PPP 新业务的经营风险得到有效控制,公司各项经营指标持续稳中向好。从传统建筑业拓展到运营服务,中核华兴改革转型之路不断拓宽,但是,PPP 项目公司存在运营团队力量薄弱、经验不足的情况,应依托公司项目管理团队、物业服务团队,提升专业运营维护能力,培养专业化的运维管理团队。同时,密切关注实施机构动态,加强与财政、审计、税务等地方机构的沟通交流,营造良好的付费环境,保障存量 PPP 项目回款回收。

专家点评

作为一种新的业态，PPP项目在我国快速推进的同时，也面临了财务风险大、运营管控难的问题，如何通过构建有效的集约化财务管控模式，提高项目建设和运营效率，实现PPP项目高质量发展，是中央企业建设运营PPP项目时关注的重点与难点。中核华兴立足自身优势，先试先行，以资金管理为主线，以风险管控为重点，探索构建面向项目全生命周期的PPP项目公司集约化财务管控模式，通过搭建集约化管理平台，制定标准化业务流程、构建预算预警机制等，将PPP项目公司业务管理、预算管理、核算管理、成本管控等财务管理要素贯穿于项目建设期、运营期、退出期，预判项目未来走势，落实效益评价，防范投资风险，推动公司战略规划实现，实现国有资产保值增值。其基于项目生命周期的创新实践，如将业务预算与资金预算紧密结合，建立投资控制动态预警分析机制；及时合理确认收入，加强运营管理，增强营收能力；探索PPP项目证券化，完善退出机制等，都值得学习和借鉴。

科学至上重共享，管理会计助腾飞

——中化集团探索多元化跨国集团管理会计信息化的实践*

中国中化集团有限公司

> **摘要：** 当今世界正经历百年未有之大变局，以信息技术为核心的新一轮科技革命和产业变革方兴未艾，世界正在进入以信息产业为主导的发展时期，数字经济成为全球关注的未来方向。2013年至今，财政部、国资委等国家部委多次发布关于企业财务共享中心建设与管理会计应用工作的指导意见，强调企业依托信息技术与管理创新实现财务转型的必要性与迫切性。中化集团研判，在"互联网+"的数字经济时代，财务价值转型的利器是基于数字化应用的管理会计。为此，中化集团遵循"科学至上"核心价值理念，贴合企业发展战略，以旗下多元化跨国企业"中化国际（控股）股份有限公司"（简称中化国际）为试点单位，基于流程、技术、人力与数据的共享融合，整合业务、财务资源，构建业财税线上一体化财务共享信息平台，将分散的交易财税处理工作中心化、流程化与标准化，赋能"5+1+2+n"公司财务管理体系，夯实管理会计应用基础。历经10年持续改善，财务共享服务已经成为公司强化企业内控风险、改善信息透明度、提升财务服务满意度、提高企业运营效率与降低企业用人成本的重要战略举措，以业财税线上一体化财务共享平台为核心的标准财务信息体系有力支撑了公司财务管理体系的价值发挥。中化集团实践证明，基于财务共享的全面财务信息化工作助力企业由财务会计向管理会计的价值转型，是一条切实可行、行之有效之路。
>
> **关键词：** 财务共享平台；管理会计；信息化；数字化；共享融合；智慧财务

一、企业简介

中国中化集团有限公司（简称"中化集团"，英文名称"Sinochem Group"）成立于1950年，前身为中国化工进出口总公司，现为国务院国资委监管的国有重要骨干企业，总部设在北京。中化集团是领先的石油和化工产业综合运营商、农业投入品（种子、农药、化肥）和现代农业服务一体化运营企业，并在城市开发运营和非银行金融领域具有较强的影响力。作为一家立足市场竞争的综合性跨国企业，中化集团提供的产品和服务广泛应用于社会生产和人们衣食住行各方面，"中化"和"SINOCHEM"品牌在国内外享有良好声誉。

中化集团是最早入围《财富》杂志全球500强榜单的中国企业之一，截至2020年已30次上榜，2020年位列第109位，并连续两年被《财富》杂志评为"全球最受赞赏公司"。在国务院国资委业绩

---

* 本篇作者：付铁铮、刘茂瑜、张剑峰、李昂。

　指导专家：谢志华（北京工商大学）、王立彦（北京大学）、陈树民（中国中化控股有限责任公司）、秦晋克（中化国际（控股）股份有限公司）。

考核中，中化集团已 15 次被评为 A 级。

中化集团目前设立能源、化工、农业、地产和金融五大事业部。控股"中化国际"（SH，600500）、"中化化肥"（HK，00297）、"中国金茂"（HK，00817）等多家上市公司，其中中化国际是化工事业部核心企业，是在中间体及新材料、聚合物添加剂、天然橡胶等领域具有核心竞争力的国际化经营大型国有控股上市公司，致力于打造世界级的创新型精细化工企业，客户遍及全球 100 多个国家和地区。

二、管理会计基础

（一）管理会计时代背景

为加快建设我国现代化经济体系，增强我国企业核心竞争力，推动高质量发展，2013 年财政部首次提出管理会计是中国会计改革发展的重点，此后数年相继印发管理会计相关指导意见与应用指引。从 2014 年的《财政部关于全面推进管理会计体系建设的指导意见》，到 2016 年的《管理会计基本指引》，再到 2017 年的《管理会计应用指引第 100 号——战略管理》等 22 项管理会计应用指引，并在国家"十三五"和"十四五"时期连续两个五年规划期内发布会计改革与发展规划纲要，催生了国内企业管理会计理论研究与应用的实践热潮。管理会计成为国家推动、有组织的会计改革发展重点方向，中化集团也与时俱进、积极投入到管理会计创新应用探索中。

（二）中化集团管理会计发展历程

中化集团管理会计应用的发展历程是公司业务发展历史的一面镜子。中化集团诞生 60 余年以来，历经多次战略转向：从成立之初打破西方对新中国的封锁禁运，到发展为专业的进出口贸易公司；从改革开放后探索新的发展道路，到在国内率先进入世界 500 强；从 1998 年深陷经济危机，到转型再造，成为具有较强竞争力和行业影响力的多元化新国企。中化集团走过了一条艰难曲折、波澜壮阔的创业之路，在这样的业务发展背景下中化集团财务管理对国际化、专业化、产业化能力有着很高的要求，体现在海外税务管理、全球资金管理、战略成本管理、内控与全面风险管理以及业绩评价等多个领域。其中，对于企业风险管理，早在 1998 年经济危机暴发后，中化集团便在国内率先成立了风险管理部门。中化集团也是最早一批依托信息化手段夯实主营业务管理的央企，2000 年成为国内首家贸易行业应用 SAP ERP 解决方案的单位。

2016 年，中化集团聚焦建设"行业领先、受人尊敬"的世界一流企业的目标，开启第二次重大转型，由资源主导、投资驱动的传统实业型企业，向"科学至上"的创新型企业全面转型，打造面向未来的核心能力，构建"6S"管理体系，并提出"线上中化"重要战略部署，依托信息技术结合管理创新构建中化集团可持续发展道路。

2017 年，中化集团为支持核心业务快速发展，拉开了"小总部、大业务"机构改革及管控模式升级的大幕，将总部原有职能按照"授权受控"原则尽可能放权给业务单元，正式启动管理创新工程，试点中化国际探索基于财务共享中心的数字化财务管理创新模式，深化管理会计应用，助推业务高质量发展。

2017 年，中化集团"6S 管理体系"指导意见正式发布实施，中化国际结合自身情况，搭建对应的"6S ＋"战略偏运营管理体系，旨在激活经营单元活力，赋能核心竞争力。"6S ＋"管理体系主要包括战略单元管理体系、全面预算体系、管理报告体系、审计体系、业务评价体系、管理团队及经理人评价体系。基于"6S ＋"管理体系，中化国际又形成"4 ＋1"管理会计体系，通过在全面预算管理、管理报告、绩效评价考核、财务共享中心与财务信息化五个方面助力公司发展战略的全面落地，支撑中化国际总部"战略偏运营管理体系"职能运行，实现财务管理体系由管控型向价值创造型的转变（见图 1）。

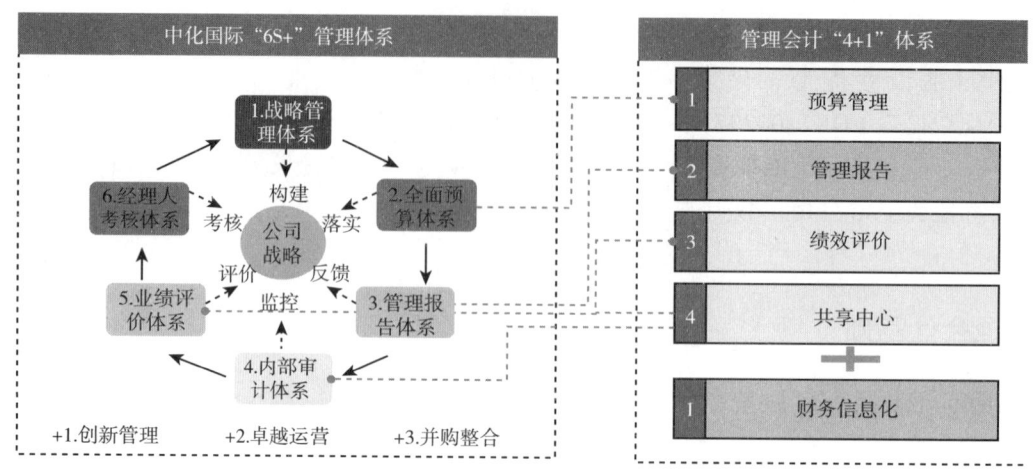

图1 "6S+"战略偏运营管理体系与管理会计体系联系架构

（1）预算管理体系。预算管理以"369"滚动预算为抓手，充分发挥全面预算管理在战略落实、价值管理、精益运营、决策支持等各个领域的价值，承接与推动战略目标实现。该体系持续对未来30、60、90天经营情况进行滚动预测，提升对经营业务的洞察力，聚焦当期经营中的关键因素和重点问题，由"管数字"向"管行动""看过去"向"看未来"进行转变，实现年度目标、滚动目标与经营举措的有效联动。

（2）管理报告体系。中化国际管理报告承接中化集团"1+4"管理报告体系，中化国际管理报告体系涵盖了"6S+"管理体系中的过程管理需求，由各专业条线垂直对接。根据战略管理体系要求，战略执行报告结合当期经营关注重点，分别对公司月度、季度和年度经营情况进行分析、评价及考核。以战略执行为纲，以占用资源、资本回报及价值贡献角度等财务数据为目，聚集战略重点事项和经营管理问题，从外部和动态视角进行分析，促进公司战略和经营目标达成。管理报告对"6S+"内容进行重点跟踪分析，既列示管理结果，又重点对管理过程有效性提出建议，从"描述型"会计向"处方型"管理会计转变。

（3）绩效评价考核体系。绩效评价考核强调战略周期、评价周期与经理人任期评价的统一。为提升战略执行力的延续性，聚焦核心驱动因素经营性盈利（EBITDA）和资本使用效率等指标，年度侧重财务结果及关键战略的阶段性目标，任期侧重"市值"与"分红"及战略实施成果，使得战略规划期、评价期与经理人任期"三期"合一，引导战略目标的有效达成。另外，从财务价值链出发，提升分析评价手段、优化资金成本、加强税务筹划，多方位助力企业价值提升。在年度考核中，大幅降低预算的考核权重，突出成长性的考核，宁可要有质量、有增长的没完成预算，也不要没质量、负增长的超额完成预算。考核以对标的方式评价增长，在达到公司内部设定的基本要求下，年度增速不能低于同行业平均水平，目标是实现市值及归母ROE在选定的标杆范围内排名提升。同时，综合考虑成熟类、培育类的业务特点和发展阶段，对价值成果、科技创新、卓越运营进行差异化考核，大幅提升科技创新考核权重，侧重鼓励创新型业务，对于创新业务进行突出评价、减少考核或者剔除创新活动考核，鼓励创新活动，引导业务单元"动起来"。

（4）财务共享中心。中化国际财务共享中心围绕"风险可控、数据透明、流程高效"发展目标，为中化集团化工事业部各单位提供费用报销审核、资金结算、应收应付核算、总账报表等财税共享服务，另外，还为中化集团化工事业部财务管理部提供财务信息化规划、财务信息系统设计咨询、实施与运维等财务信息化服务。2019年中化国际财务共享中心荣获"CGMA全球管理会计2019年度中国大奖中的"年度最佳共享服务中心"奖项，并在2020年注册成为独立法人"中化宝砺商务服务有限公司"。

（5）财务信息化。中化国际建立了完备的财务信息化管理体系，从财务制度上明确了财务信息化管理体系的需求管理、实施管理、运维管理与信息技术管理的职责分工。信息化需求管理由公司总部财务部各专业功能团队（会计与税务、资金与资本、预算与评价、内控与风险以及区域财务中心）归口分管，财务信息化建设与日常运维管理由财务共享中心归口管理，技术管理（网络、硬件与软件技术支持）由中化国际流程与信息管理部门负责。

财务信息化是中化国际赋能管理会计体系有效发挥作用的重要基础，中化国际财务信息化目前已经建成以财务共享信息平台为轴，以各专业领域信息系统为经，以数据仓库、BI报表为纬的业财税一体化共享信息平台。

（三）管理会计组织保障与人力配备

1. 组织保障

结合公司发展阶段，财务推行差异化的"5+1+2+n"的矩阵管理，搭建了对应的管理会计组织保障（见图2）。

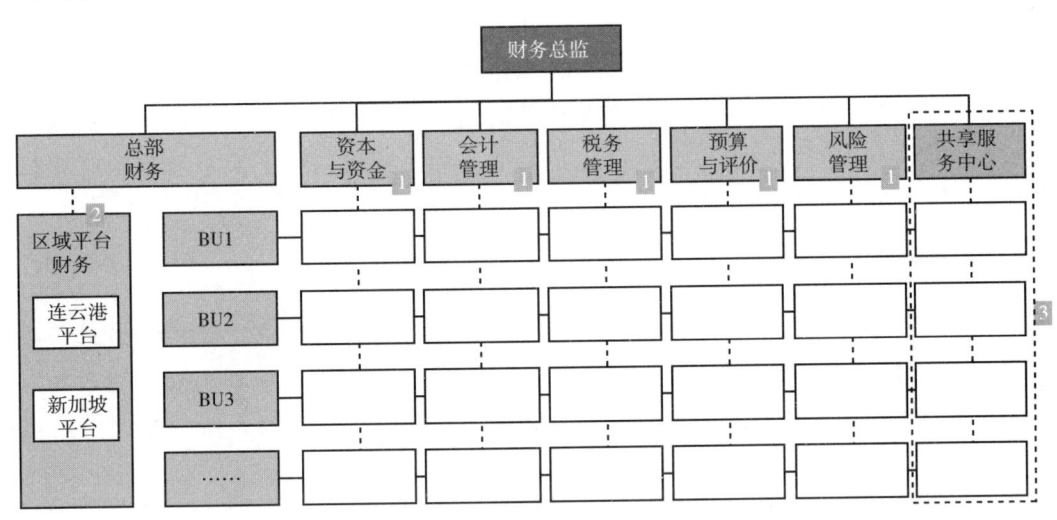

图2　"5+1+2+n"财务职能架构

"5"是指中化国际财务管理部的各项管理功能，强化资本与资金、会计管理、税务管理、预算与评价、风险管理的专业能力。"2"是应对公司业务发展战略，设立海外资金管理平台和产业基地财务管理平台两个区域财务中心，负责服务于区域辐射范围内成员企业的财务管理与服务工作。"1"是财务共享中心，负责集团管控型财务共享中心运营与中化国际财务信息化管理。"n"是指各个"SBU"业务单元财务，作为洞察业务价值、支撑业务发展的业务一线财务团队。

2. 人力配备

截至2020年，中化国际拥有财务人员472人，其中51%的人力从事管理会计相关工作，分布在业务单元财务（占比37%）、总部财务管理部（7%）、区域财务中心（4%）和财务共享中心（3%）。

三、管理会计信息化建设情况

（一）信息化环境

近年来，以"大、智、移、云、物、链"为代表的新兴技术正在对诸多传统行业造成颠覆性影响，在这次科技引领的经济社会变革浪潮中，财务也不能独善其身。信息技术正引导着会计向"非会计化"

与"泛会计化"两个方向演变,财务人员的工作越来越不局限于财务领域,而非财务人员的工作越来越涉及财务领域,这得益于基于信息技术带来的信息透明与信息共享,便捷的信息推动了业财税管理融合,助力企业价值链整合。

自20世纪90年代企业ERP兴起,国内信息化应用在30年时间里随着信息技术的发展而腾飞,历经信息化、数字化、数字化转型三个阶段,这三个阶段既有联系也有区别。

信息化是指建设计算机信息系统,将传统业务中的流程和数据通过信息系统来处理,通过将技术应用于个别资源或流程来提高效率,其中核心特征是信息的数字化(Digitization),即将一个客户、一件商品、一个规则等事务记录转化成0和1表示的二进制代码进行信息存储、处理和传输。

数字化,是指"业务数字化",是基于信息化技术所提供的支持和能力,让业务和技术真正产生交互,利用信息技术改变传统的商业运作模式,提供创造收入和价值的新机会。这是对构成业务运营的流程和角色进行数字化(Digitalization),以此创建新的业务设计,形成数字业务。

数字化转型本质上是指数字化驱动的战略性业务转型,不是局部数字化业务,而是企业整体运行转型。不仅需要实施信息技术,实现企业全面数字化,营造满足客户个性化需求和期望的体验,还需要牵涉公司的组织变革,包括人员与财务、投入产出、知识与能力、企业文化是否能接受或适应转型。不仅是对业务及其战略进行数字化改造,更是一种思维方式的转型,甚至颠覆。不仅需要创新数字业务,而且还要建立依托数字化条件重新定义企业整体的运行模式,清晰界定业务、流程与组织架构之间的线上关系,实现企业数字化运行。在数字化转型成功的企业里,数字人才与数字应用技能是其核心竞争要素。

(二)信息化基础

管理会计信息化离不开企业信息化的基础,2000年中化集团建成SAP R/3 ERP软件,成为国内首个贸易行业的SAP ERP解决方案,近20年相继建成会计报告、税务报告、预算绩效报告和风险报告的财务报告系统,集团主数据管理系统、集团有息负债系统、集团产权交易系统、集团费用报销系统等专业信息系统。

承接中化集团统建信息化基础,中化国际自建信息系统70余个,其中职能管理类系统占比43%,业务经营类系统占比40%。

(三)管理会计信息化建设

1. 信息化建设策略

中化国际管理会计信息化建设以流程驱动与数字驱动并行为建设方案,一方面推进以流程驱动为主的财务共享服务平台建设,为管理会计奠定交易数据共享基础。另一方面建设以数字驱动的专业领域信息系统,夯实在预算管理、税务管理、风险管理等专业管理领域的信息系统功能基础。两个方面相互协同,互为需求,齐头并进,"两手抓,两手硬"。

在信息系统项目建设过程中,坚持以数据标准化、业财税一体化、决策数据化、管理体系化为信息化建设原则,以顶层设计、试点先行、快速推广作为信息化推进路径,以信息化、网络化、数字化、智能化作为信息化发展线索,关注技术落后、风险失控、效率损失、成本上升、管理缺位等流程信息化风险。

2. 信息系统功能架构

中化国际财务信息化应用架构按照应用层次分类,包括业务交易层、财务基础操作层与决策支撑层,形成一个基于信息流向、功能应用全面、信息透明共享的有机信息体系(见图3)。

第一层业务交易层,为业务交易或职能执行的专业信息化功能支持层,也是业财税融合层,强调财税内控嵌入与业财税信息一体化,为基础操作层提供数据与流程支持。

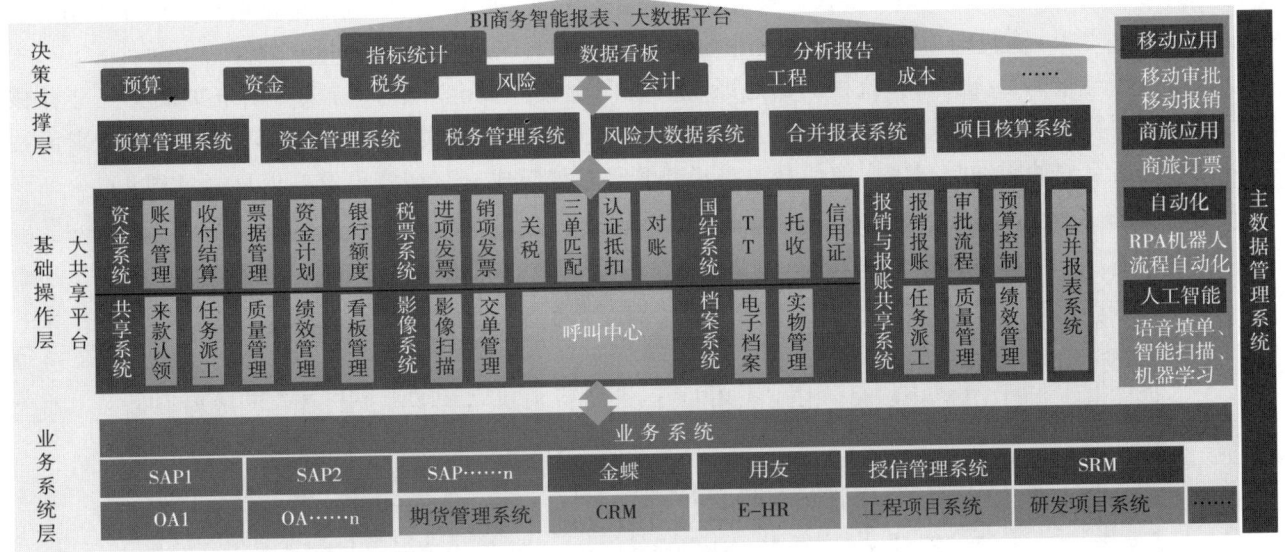

图3 财务信息化功能架构

第二层基础操作层，即交易财税处理层，建立在财务共享服务流程基础上的数据中台，是应对数据与流程标准化、合规性财税处理的信息化功能，主要包括会计核算与会计报表、规范性审核、共享运营管理、电子会计凭证档案以及数据标准等功能，是支撑财务共享流程与决策支撑层的财税数据中心。

第三层决策支撑层，提供管理决策支撑，包括预算管理系统、资金管理系统、税务管理系统、风险管理系统、成本管理系统以及商务智能（BI），承载了中化国际"6S+"管理体系的流程与信息基础，是管理会计应用输出的主要支持信息化功能层。

通用应用层，包括主数据管理系统、系统用户身份认证系统、移动终端应用、机器人流程自动化应用等。

3. 信息化建设技术路线

中化国际信息化建设综合质量、成本与风险等因素选择"商业软件+开源"的技术实现路线，与贴合应用需求、市场占用率较高、接受适度定制化并且性价比较优的商品软件厂商建立战略合作关系（见表1）。

表1　信息化建设技术路线对比

	商业软件平台+开源软件	自主研发
应用成熟度	高（有利）	低（不利）
投资成本	低（有利）	高（不利）
定制化程度	低（不利）	高（有利）
建设周期	快（有利）	慢（不利）

（四）信息系统功能介绍

1. 财务共享服务平台

财务共享服务平台以流程驱动由多个子系统构建而成，包括费用报销与报账系统、应收应付财务共享平台、合并报表系统、会计档案管理系统以及共享运营管理报表平台。

（1）费用报销与报账系统。2016年，基于财务共享中心模式的费用报销与报账系统历时9个月建设，上线运行，适用于国内外企业员工的费用报销、会计核算与付款请求。主要功能应用特点包括多语言、多币种、多税种、多时区、多组织、多核算政策以及智能审核，主要应用功能包括单据填报、预算控制、审批流程、会计核算、支付结算、移动终端应用与财务共享中心任务、绩效与质量管理等。

费用报销与报账系统和相关流程的信息系统实现了全流程线上贯通，与核算系统集成交互会计核算信息，与预算管理系统集成交互费用预算信息，与商旅系统集成交互费用差旅订票信息，与影像扫描系统集成交互原始附件与扫描影像信息，与税票管理系统集成交互增值税发票信息（见图4）。

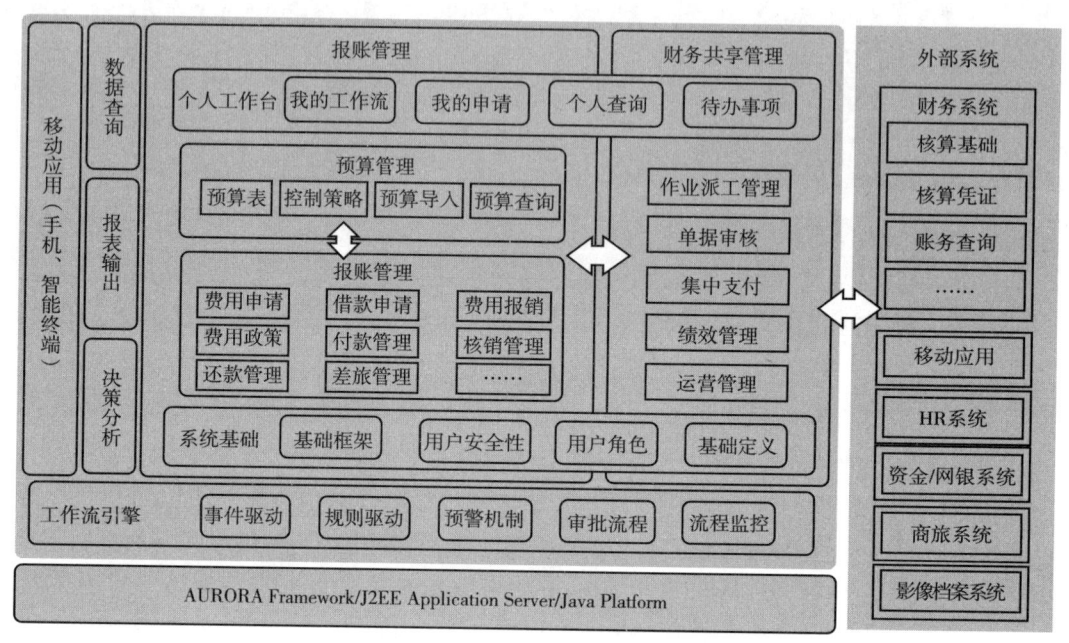

图4 报销与报账系统功能架构

（2）应收应付财务共享平台。2019年，应收应付财务共享平台建成运行，贯穿了采购到付款、销售到收款流程，形成基于业务交易的业财税一体化闭环流程管控平台。平台由多个专业分工的子系统架构而成，主要包括税票管理系统、资金管理系统、国际结算单证管理系统和财务共享系统以及前端SAP、SRM等业务系统。

税票管理系统是实现企业采购业务进项发票与销售业务销项发票全生命周期管理的专业管理系统，使得企业的发票从业务端到财务端，从财务端到税务端，从税务端到国家监管端（税局、海关）的全流程贯通。管理的发票范围包括增值税发票、关税发票和进出口商业发票，形成了企业的发票池。

资金管理系统在财务共享流程中承载资金收付结算与资金核算任务发起的功能，主要包括银行账户管理、电汇收付的银企直联渠道、银行承兑票据收付管理、资金付款计划控制、银行授信额度管理、银行对账、资金核算等管理功能。另外，资金管理系统包括融资管理、投资管理、外汇管理、理财管理、利息管理、头寸分析等资金管理功能。

国际结算单证管理系统是针对进出口业务结算单证，包括信用证、银行托收凭证和电汇进行管理的信息系统，同时也是财务共享中心提供国际结算开证、审证服务的共享任务操作平台。

财务共享系统是财务共享中心开展基于业务交易的应收应付会计核算任务操作平台。财务共享系统作为业财税信息融合流程的中心系统，承接税票管理系统、资金管理系统、国际结算单证管理系统与SAP ERP等业务系统的流程信息交互，归集具备会计核算条件的各类核算单据任务（见图5）。

（3）会计合并报表系统。2019年，基于Hyperion HFM软件产品，中化国际会计合并报表系统建成运行。会计合并报表系统主要承载法定会计报告编制功能，具有"一个平台，五项基础，六大功能"应用特点（见图6）。

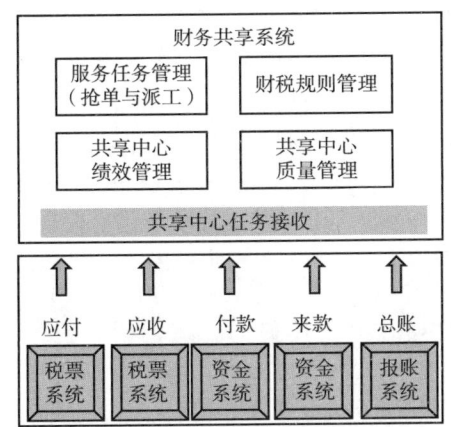

图 5 财务共享系统核算任务管理功能

中化国际合并报表系统的有效应用离不开会计管理基础：①建立数据质量责任保障机制；②坚持会计标准化建设；③推进关联线上自动化水平；④建立合并报表流程与规范管理制度。

会计合并报表平台的六大功能包括：①支撑多套合并组织架构的报表合并，满足不同视角需求；②账表自动化；③高效的对账平台；④支持多准则差异与特殊事项合并调整；⑤支持复杂权益内部抵销；⑥支持报表结论灵活展现。

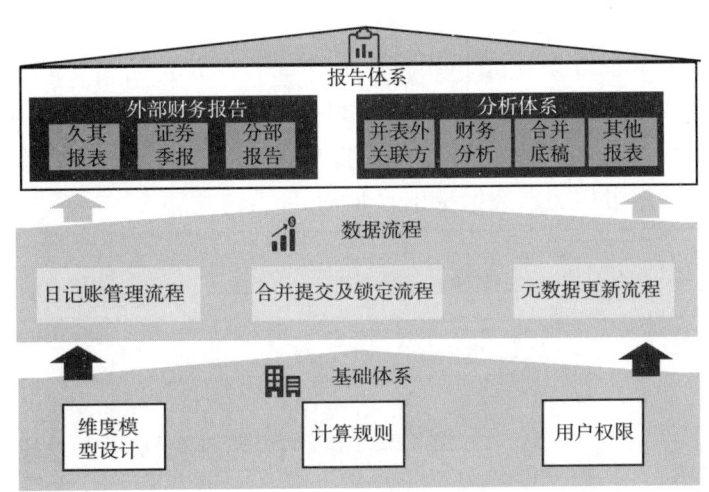

图 6 会计合并报表系统功能简图

（4）电子会计档案系统。2016 年，中化国际电子会计档案管理系统建成运行。会计档案管理系统依托影像扫描技术、条码技术和 RFID 电子标签技术，实现对财务会计类档案，包括会计凭证及其原始附件影像、元数据的采集、存储与利用，是一个安全、高效、绿色的会计档案管理系统。在财务共享中心模式下，电子会计凭证档案管理系统作为财务共享中心标配信息系统之一，实现会计核算、资金结算、纳税申报等共享服务业务形成的档案管理闭环，有效解决了财务共享后财务会计类档案归档烦琐的问题（见图 7）。

（5）财务共享平台运营管理模块。财务共享平台运营管理模块是支持财务共享服务运营质量与绩效管理的报表系统，包括绩效管理模块和质检管理模块，以可视化看板与移动终端方式输出运营信息。

绩效管理模块是对财务共享中心的组织绩效与个人绩效指标实时反馈实绩，并进行多维度分析的子系统，绩效指标包括任务处理时间、任务响应时间、处理及时率、任务处理量、标准单处理量、退单率等。

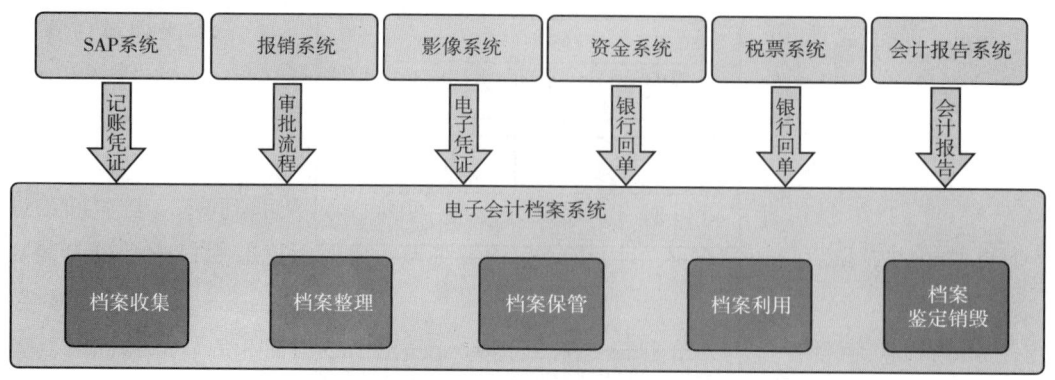

图7 电子会计凭证档案管理系统方案简图

质检管理模块是财务共享中心复核历史任务处理质量的子系统。质检管理模块支持质检管理人员按照共享服务人员或部门组织设定历史抽检样本规模，自定义设置质检人员和质检计划，分派质检任务到质检人员，出具质检报告等。

2. 决策支撑平台

2019年，中化国际财务部门自上而下在财务各专业领域搭建专业信息系统，全面提升信息透明程度，改善财务管理效率，推动财务数字化进程。决策支撑平台主要包括预算管理系统、资金管理系统、税务管理系统、风险管理系统等。

（1）预算管理系统。预算管理系统基于 Hyperion PLaning 软件产品，支持财务报告年度预算、月度滚动预测以及专业预算编制与分析，形成从长期规划、预算、实际数、滚动预测、对标考核的闭环，衔接业务运营层的基础数据，打通管理报表与会计报表、研发项目制管理、工程项目制管理等数据，为决策分析、盈利分析、绩效考核奠定数据基础（见图8）。

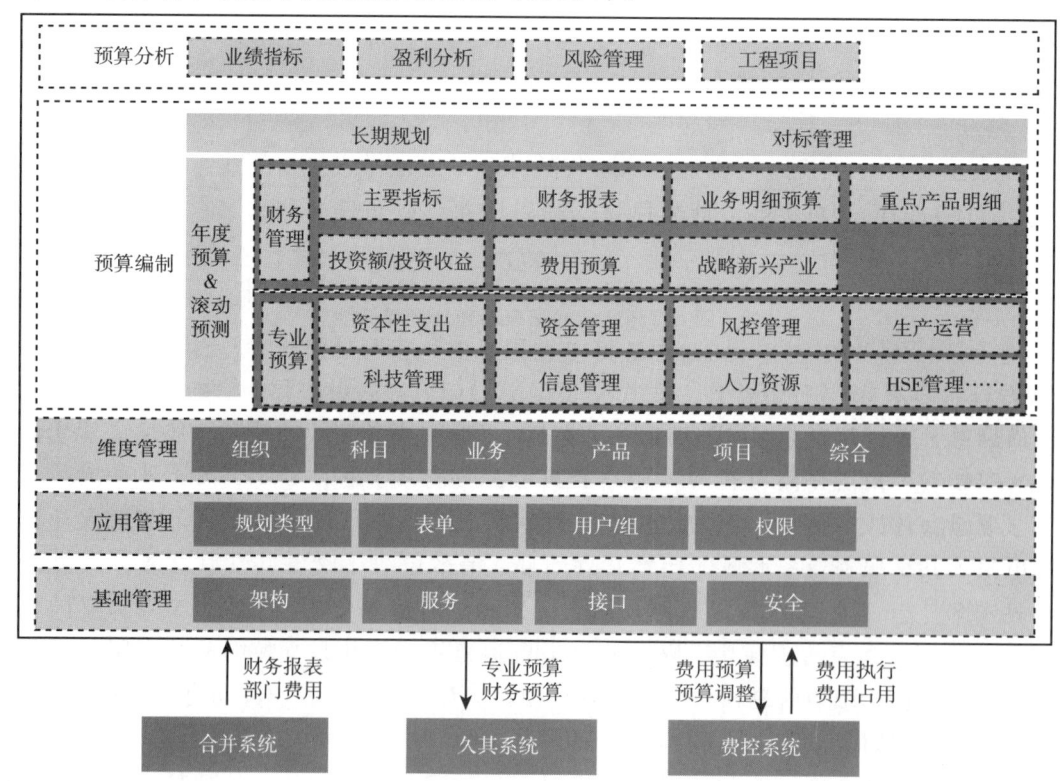

图8 预算管理系统功能架构

（2）资金管理系统。资金管理系统服务于资金集中管控，可以有效防范资金风险与提升资金运作效益，处于财务管理信息化的核心地位，具有支持资金运营、资金渠道和资金决策等三层管理功能，其中资金结算功能是财务共享平台功能的一部分，助力于中化国际全方位资金管理（见图9）。

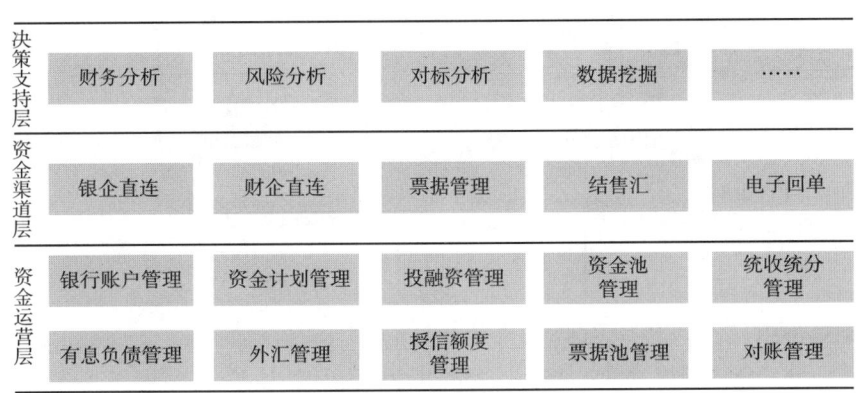

图 9　资金管理系统功能

（3）税务管理系统。税务管理系统赋能盘活税务资源，提供税务洞察与税务风险的前瞻判断，为税务管理提供有力的涉税数据处理分析工具与抓手，具有税务分析预警智能化、涉税信息自动化统计、涉税事项经验分享互动、全税种管理与税收筹划便捷高效等应用功能特点。其中，企业纳税申报自动化功能有力支持了中化国际税务共享服务（见图10）。

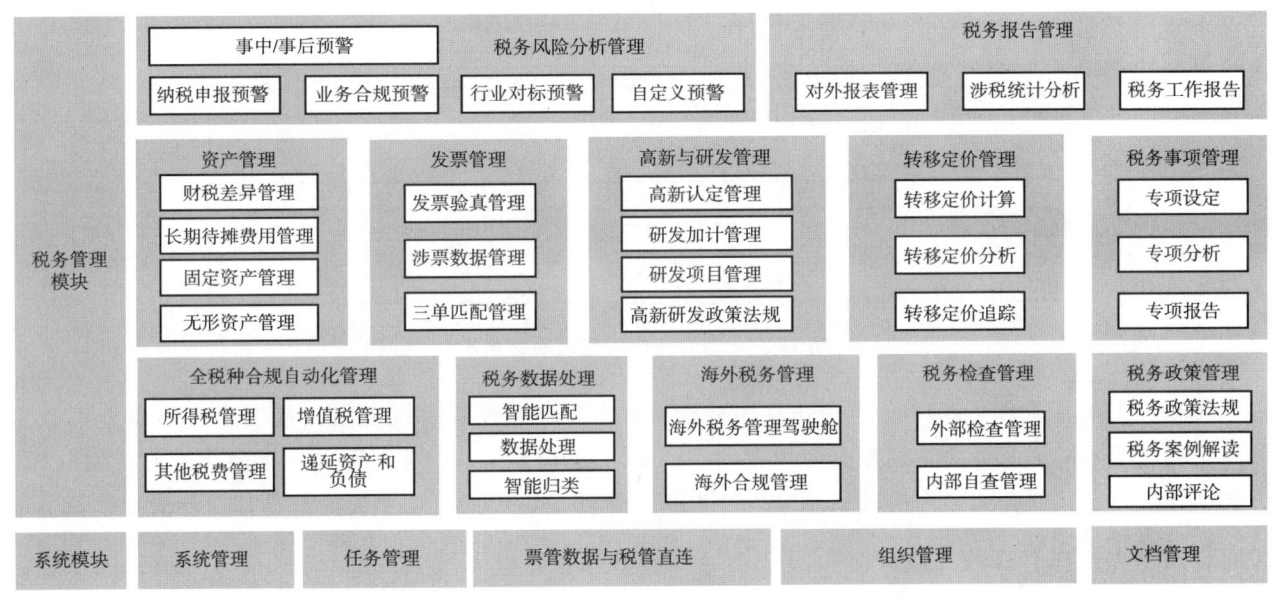

图 10　税务管理系统功能架构

（4）风险管理系统。风险管理系统是经营信用风险管理的有力抓手，在购销业务信用结算模式下，授信客商从信息采集到授信合同签订、风险跟踪及出运申报进行完整业务生命周期的线上操作，确保成员企业信控管理流程的标准化和数据的规范化，提升公司整体信控管理能力。

信用管理系统涉及信息广泛，打通了内外部数据渠道，链接包含业务、工商、保险、财务等多维度共9项来源数据，利用先进大数据技术进行数据存储、治理和计算，为授信系统数据统计分析与信息展示奠定数据基础（见图11）。

（5）成本管理系统。中化国际成本管理基于自身不同业务可以分为贸易订单成本管理、制造成本

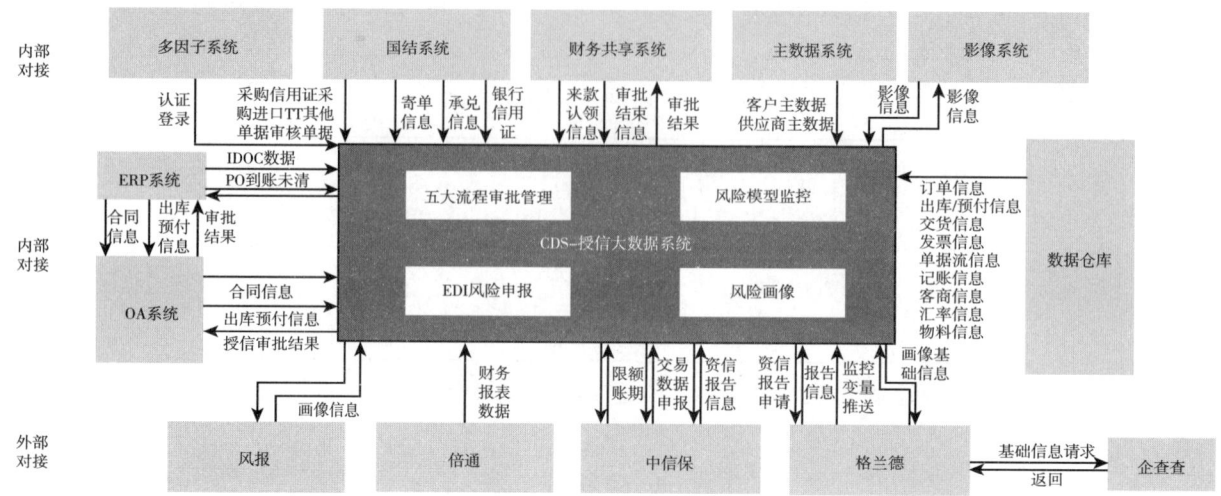

图 11 信用管理系统功能架构

管理、研发项目成本管理和战略成本管理等。成本管理系统主要以 SAP 成本核算系统和 BW 管理报表系统两大信息平台构成，有效提升公司成本管理效率水平和质量。以 SAP 制造成本管理为例，成本核算系统基于业财一体信息流程，管会结合，有效支撑成本管理决策（见图 12）。

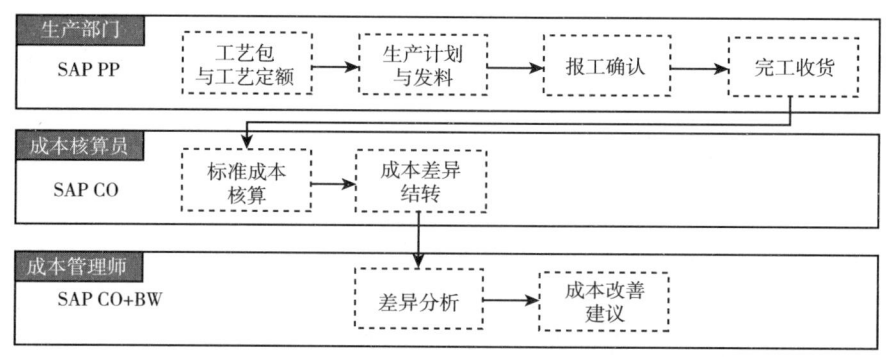

图 12 SAP 制造成本管理功能层次

（6）商务智能软件。2011 年，中化集团分析评价报表合并汇总系统上线，基于 SAP 数据仓库技术平台，满足了不同层面绩效管理报表使用者的不同需求。2018 年，中化国际采用了微软商业智能（BI）信息化解决方案，拥有化繁为简的信息处理能力，为管理报告提供更加便捷的数据加工与展示工具。

3. 运维管理系统

运维管理系统提供用户一站式信息系统日常运行维护服务，是一款基于 Web 可嵌入应用系统的用户问题支持软件。具备在线对话、电话、邮件等多种方式创建与管理客户问题工单，具有管理多个问题解决计划、多语言支持、远程访问以及运维组织绩效管理等功能。

4. 硬件部署

中化国际应用信息系统基于容器编排技术的混合多云平台（vmware + zstack），提供软件定义的微分段网络安全技术、全闪存超融合存储、满足等级保护 3 级要求和 Tier 3 + 级要求的数据中心，配置 2N 模块化 UPS 并通过柴油发电机提供供电保护，满足国际标准 SHARE 78 的 5 级同城异步数据容灾和混合云灾备数据保护，RPO（Recovery Point Object，恢复点目标）最小为 30 分钟，RTO（Recovery Time Object，恢复时间目标）最小为 4 小时（可灵活跟踪业务要求而定）。

四、管理会计信息化应用情况

(一) 财务共享引领数据治理

中化国际经历了较大规模的并购发展历程,因此成员企业之间信息化基础差异较大,数据非标与信息流程不统一导致数据不透明、内部信息对标困难的问题。为消除数字鸿沟,在公司整体范围内建立良好的管理会计应用基础,首要问题就是解决数据的差异化。财务共享中心依托主数据信息系统以及严格的主数据审批管理,通过统一的财务共享系统平台,提供集中、统一与规范的业务交易财税处理服务,在共享服务范围内解决了财务数据的标准化、规范化治理问题。同时,中化集团通过"上云入湖"工程,建立共享数据湖,成员企业可以自主申请将企业内外部信息系统数据托管给中化集团的数据湖,既能有效管理数据资源的存储与利用,也能降低数据管理成本(见图13)。

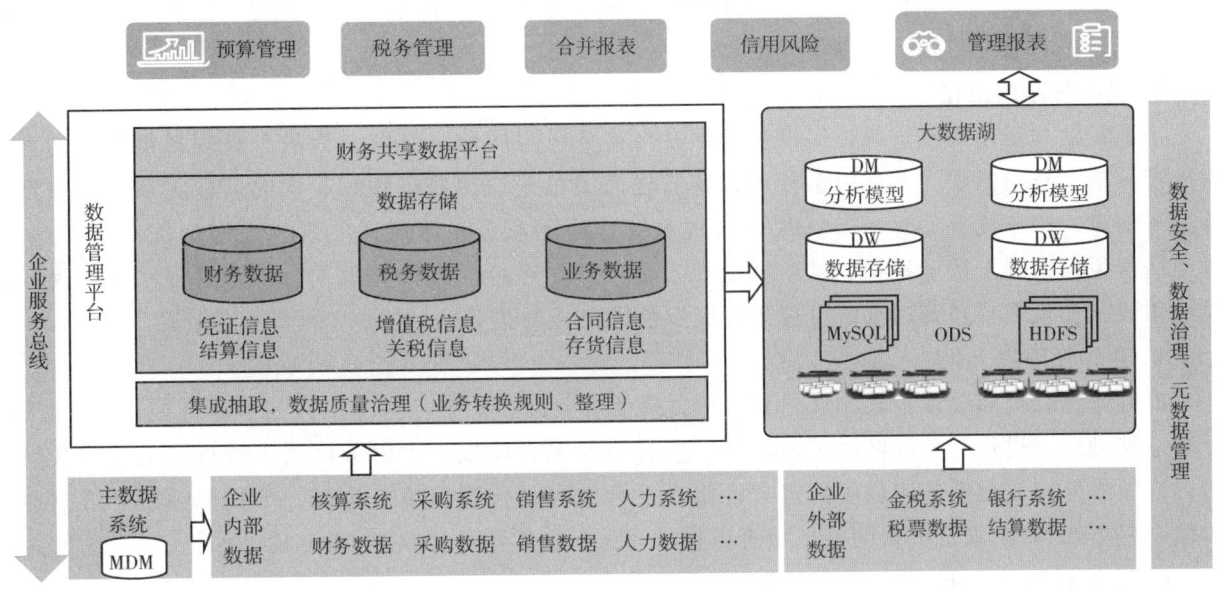

图13 数据应用架构

(二) 财务共享服务

中化国际财务共享中心依托财务大共享平台与精益运营管理,目前为国内8个省份以及2个海外地区77家用户单位提供费用审核、应收与应付核算、总账与报表、资金结算等财税基础服务。财务共享中心以"风险可控、信息透明、流程高效"为发展目标,成为中化国际"5+1+2+n"财务管理体系的重要基石。财务大共享平台串联企业财务管理信息流程,实现业财融合、会管一体。

1. 财务共享助力高效预算管理

中化国际预算管理系统与财务大共享信息平台建立了实绩数据的信息接口,一方面,使预算执行实绩实时可知,另一方面预算下达实现线上直连,使控制指令更加快速、便捷。

2. 财务共享助力敏捷信用风险管理

经营资金风险是企业信用风险管理的重点内容,财务大共享平台将客户来款与客户信用管理系统直连,支持对赊销客户快速管理信用额度,提升客户赊销业务经营效率。

3. 财务共享提升管理会计应用能力

财务大共享平台实时产生标准化、规范化、规模化业财税关联一体的企业数据,为管理会计应用者提供高质量的数据支持。

(三) 线上管理会计

以流程与数据双驱动的中化国际财务信息体系，是通过业财融合、财财融合，最大程度支撑流程一体化、管理线上化的管理会计应用。

1. 资金管理线上化

实现实时可支可控资金管理，智能化的资金信息分析管理体系。例如：资金管理系统与财务公司、银行等金融机构直连，加速付款效率与降低付款操作风险，并可实时获取银行交易明细信息、账户头寸与银行电子回单，为资金管理与银行电子档案管理应用奠定数据基础；资金管理系统通过财务机器人流程自动化（RPA），获取非直连银行的银行交易明细信息、账户头寸信息，为资金管理提供数据基础；资金管理系统通过与彭博（Bloomberg）系统直连，获取公司结售汇交易信息，纳入资金管理系统外汇管理模块，提升信息整合效率；国际结算单证管理系统与银行直连，实现了线上与银行交互单证审核意见，提升企业与银行的办事效率。

2. 税务管理线上化

精准盘活和运用税务资源，提供税务洞察与税务风险的前瞻判断，为税务管理提供有力的涉税数据处理分析工具与抓手。例如税票管理系统直连海关电子口岸统一窗口，实时获取关税、进口增值税等税务信息，用于线上会计核算；税票管理系统直连国家金税系统，实现进项增值税发票真伪查验、进项增值税发票线上认证抵扣、销项增值税发票开具；通过会计核算数据、税票管理系统与税务管理系统集成，实现在税务管理系统可视化开展涉税风控、关联交易、纳税申报等税务管理。

3. 会计管理线上化

提升账务处理和会计报表的质量和效率，降低事业部整体财务人员的人工成本，能借助会计系统，更好地辅助公司进行有关经济决策。例如：会计合并报表填报采用财务机器人流程自动化（RPA）方案，打通海外报表数据与国资委指定会计报告平台的自动化数据填报流程，中化国际海外成员企业新加坡合盛集团50余家子公司的会计报表填报时间由5个工作日压缩至19小时。

4. 预算管理线上化

形成从长期规划、预算、实际数、滚动预测、对标考核的闭环，衔接业务运营层的基础数据，打通管理报表与会计报表、研发项目制管理、工程项目制管理等数据互联的通道，为决策分析、盈利分析、绩效考核奠定数据基础。例如预算系统与费用报销系统、会计报告系统关于预算与实际数据进行交互，实现企业预算与预算执行数据的线上实时同步，支撑预算进度管理；预算系统与彭博（Bloomberg）、WIND等外部系统直连，获取外部企业对标数据，支撑预算对标管理。

5. 风险管理线上化

打通内外部数据渠道，链接包含业务、工商、保险、财务等多维度共9项来源数据，利用大数据技术进行数据存储、治理和计算，为企业授信数据统计分析与信息展示奠定数据基础。共享信用大数据资源，实现事前算赢、事中监控、事后分析，全面提升信控能力。

五、管理会计信息化实施效果

2018年，在中化集团高层研讨会上，中化集团董事长宁高宁发表了《科学至上——In Science We Trust 关于中化集团全面转型为科学技术驱动的创新平台公司的报告》，万字长文激起千层浪，宁高宁董事长指出，中化集团必须转型为科学技术驱动的创新型企业。中化财务人牢记使命，在科技创新之路上砥砺前行，将信息技术与财务管理有机结合。为应对全球新冠肺炎疫情、中美贸易战等市场诸多的不确定性因素挑战，财务管理作为企业战略管理的核心职能，越来越注重预知未来财务状况和风险防范，以解析过去、把控当下、谋划未来为特点的管理会计是中化国际财务管理转型的方向，信息化与数字化赋能助力财务转型。

（一）管理改善

基于财务共享模式下的管理会计信息化建设工作，是一项依托信息化开展管理水平提升的企业战略活动。基于财务共享服务模式流程信息化建设，为公司管理会计的发展构建了人力支持、数据支持和技术平台支持，形成了以共享服务为基础的中化特色财务管理模式。

1. 提升经营管理效率

财务共享流程信息化建设结合了采购管理、销售管理、信用管理等功能模块，实现以业务循环为基础的业财税一体化流程，打通了业务与财务、税务的流程信息壁垒，流程效率平均提升约40%。在2020年上半年疫情期间，业财税一体化智能财务共享平台运行良好，切实保障了业务在非常时期的正常开展。

2. 强化内控管理

依托业财税流程信息一体化，将风险、内控管理要求嵌入流程中，取代人工审批与审核，以机器算法技术替代人脑判断可以在过程中高质量执行管理政策，人工审批与审核环节减少约30%。

3. 降低企业用人成本

中化国际估算，2018—2020年，依托财务共享平台建成智能化财务共享中心，在服务规模增长的前提下，年节约成本150万余元。随着财务共享服务规模的不断扩大，有望取得更大的降本效益。

4. 支撑财务转型

2020年中化国际"5+1+2+n"财务管理体系正式启用，宣告业务财务、战略财务、共享财务的管控体系搭建完毕，依托财务信息化基础，形成财务管理中心、共享服务中心、区域能力中心和业务财务单元，四维一体、共享融合的价值财务组织。

（二）社会效益

近年来，中化国际财务管理创新应用成果受到社会各界的关注与认可。

1. 推动财务机器人创新应用

2017年6月，中化国际引入全球领先的机器人流程自动化技术（RPA），与财税工作创新型结合，成为国内首家在财务领域应用该技术的中央企业。RPA应用于财务与税务的信息整合与信息加工，有效提升财税工作效率，降低人力成本（见图14）。

2017年，国际绩效改进协会授予中化国际绩效改进最佳实践奖和最优典范奖。超过200家媒体报道和转载了中化国际此项创新应用获奖成果，高顿财经等多家教育培训机构将中化国际应用成果纳入RPA课程案例，数十家企业集团前来现场考察与交流经验。2018年，受此影响，在中国掀起了"财务机器人热"，截至2020年，市场新增数十家机器人软件产品与实施厂商。

2. 创新财务共享服务流程

中化国际业财税一体化、智能财务共享流程信息化建设成果受到社会广泛关注。近三年，接待包括财政部会计司、英特尔（中国）、联合利华、海信、首钢等数十家企业与政府机构前来考察交流，多次受邀作为交流嘉宾参与财务共享数字化经验分享。中化国际基于财务共享模式的管理会计信息化建设经验为中国企业探寻财务转型之路具有借鉴意义，形成有益的社会影响。

2019年，中化国际荣获CGMA全球管理会计2019年度中国大奖中的2019年度最佳共享服务中心和2019年度最佳机器人流程自动化实践奖项。2020年10月，中化国际财务共享中心受邀加入中国企

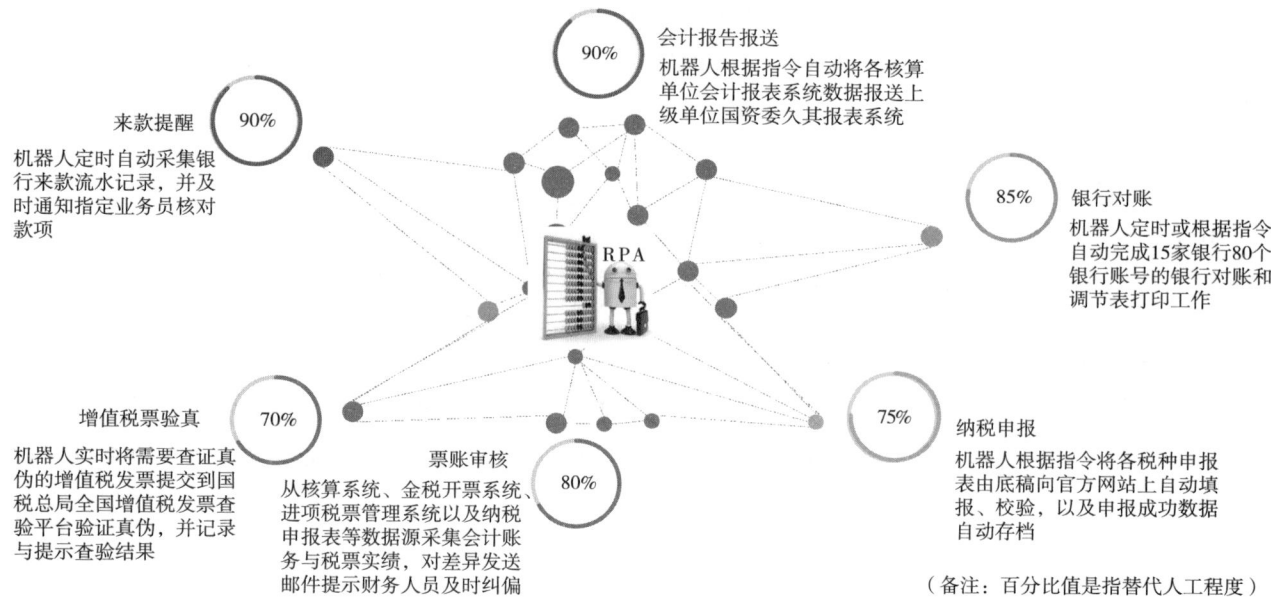

图 14 中化国际财务机器人应用

业财务管理协会财务共享一体化专业委员会，参与财务共享专项课题研究以及企业财务共享服务标准体系建设。2020年11月中化国际财务共享试点贸易板块建设单位中化塑料有限公司凭借"财务共享平台+SAP升级项目"荣获清华大学、哈佛商学院和SAP联合举办的2020鼎革奖即中国数字化转型先锋榜年度典范奖。

3. 强化信用风险管理数字化应用

中化国际凭借行业领先的数字化创新能力和信用风险大数据平台战略，落实横向业务协同互联，纵向生产运营洞察的数字化战略，帮助企业深挖"数据"价值、积极进行战略转型。2019年中化国际管理会计实践风控大数据项目获得第五届中国管理会计创新实践奖、中国能源企业信息化管理创新奖、华夏邓白氏及微码邓白氏颁发的数智卓越奖即2019财务及信用风险管理数字化创新企业奖。

六、经验总结与展望

基于多元化、跨国企业集团的经营管理特点，中化国际以财务共享作为突破口，形成数据标准、流程规范的系统架构，财务共享信息系统作为企业财务信息化建设的中轴，为其他领域的管理会计信息化建设奠定了信息贯通基础，使得专业领域信息系统的"点"连成"面"，最终形成业财税一体化线上共享平台，中化在管理会计信息化建设实践中总结出以下几点经验。

（一）重视规划

"凡事预则立，不预则废。"管理会计信息化建设区别传统功能应用系统建设，重在管理效益，需要把管理会计信息化建设策略、建设路径、建设资源等要素提前想明白、策划好。管理会计信息化工作落脚点在管理赋能，首先要解决信息化需求管理问题，围绕自身业务发展、驱动价值创造的目标，对企业管理会计体系进行回顾、梳理、总结与提升，助力功能驱动的财务管理模式向价值驱动的财务管理演进，从中寻找信息化工作在支持管理模式变革、业务价值提升、流程效率改善等方面的赋能机会。贴合自身业务和管理发展阶段、驱动价值创造的管理会计信息化需求更应被采纳，而不应盲目相信市场上商业套装软件或者咨询团队。因此，管理会计信息化建设规划需要开展广泛调研、需求分析、方案可行性论证、推进路径策划等工作，最终形成中长期的信息化建设规划和短期项目实施计划。

（二）组织保障

管理会计"非会计化"与"泛会计化"特征，注定信息化建设涉及面广泛，例如无论"全面预算管理""全面风险管理""战略成本管理"，都不仅是财务职能组织领域的工作，还需要发动多个组织部门甚至全公司参与管理会计信息化工作建设。因此，管理会计信息化工作从规划到项目立项实施均需要搭建领导力足够有力，多部门协同的项目工作团队。项目团队一般需公司领导挂帅，确保有效的组织、流程变革管理与项目考核激励机制的正常运行。

（三）项目管理

管理会计信息化建设具有需求面广，与业务整合要求高、涉及数据与信息系统范围广等特点，建设方案强调业财税融合，一般涉及流程与组织变革，管理会计信息化建设项目相较于功能应用型信息化项目管理要求更高，除了搭建强有力的项目管理组织保障，还需要制订详尽的建设计划，并建立过程跟踪例会机制，强化多头软件实施供应商管理，定期检查项目计划执行进度。项目方案应当关注信息采集、加工与输出，关注数据全面性、线上一体化与质量保障方案，避免用户在数据采集、加工与输出过程中投入过多人力，改变业务模式的数字化项目更应关注用户体验的满意度。

（四）关注信息技术与生态环境

作为当下信息科技发展强国，企业应当密切关注新兴信息科技，以价值驱动视角，积极探寻信息科技与企业价值结合的应用机会。在挖掘信息赋能的内部机会的同时，我们还应眼光向外，关注外部信息生态圈的发展，目前国家正在大力推进智慧城市、智慧政务建设，通过信息化、数字化努力改善国内营商环境，为企业获取外部市场、监管、政策信息提供便利，丰富了企业管理会计的数据利用资源，企业应当密切关注外部信息生态圈演进进程，争取获取企业更多的数据资产，助力企业数字化或数字化转型。

在当下数字经济风口，基于企业全业务价值链智慧管理，探索智慧财务转型，我们认为是管理会计信息化发展的下一个方向，智慧财务的价值体现在响应需求的效率与能力上异于常人，尤其是在不确定性的环境中进行决策的能力。目前国内大多数企业在数字时代浪潮中正在经历信息化、数字化、数字化转型发展阶段，转型的价值就是围绕现代企业管理追求的价值驱动数据有效、决策高效目标，要达到这种转型效果，数字驱动、智慧应用是我们管理会计技术发展的路径。智慧应用不只是信息化、自动化，更多体现在"慧看""慧算""慧审""慧测"，实现企业运营管理过程全生命周期的信息技术类人化、去人化，例如基于ICR图像处理技术、基于云计算机器学习技术、语音识别技术、知识图谱技术以及5G高速网络等信息科技应用目前已在一些数字化转型较好的企业中萌芽，相信在未来，更多企业从横向广度上，信息化应用范围将由企业内部向价值链条上的内部、外部贯通发展，形成基于业务的管理会计信息生态圈；从纵向深度上，随着信息科技的升级迭代，智慧技术的应用将会全面助力企业管理决策活动，向前服务赋能，向后构建侧重事前精准预测的敏捷财务、智慧财务。

管理会计信息化是财务可持续发展之路，随着信息科技的升级迭代和管理模式创新发展，只有起点没有终点，中化人正在路上。

参考文献：

［1］韦德洪，陆韵佳．财务共享的客体、主体和路径研究［J］．会计之友，2020（23）：114 - 120.

［2］梁恒．业财融合型财务共享中心构建研究［J］．财会通讯，2020（23）：131 - 134.

［3］付颖赫．区块链技术在电子发票领域的应用研究——基于财务共享视角［J］．财会通讯，2020（21）：140 - 144.

[4] 王丽杰. 基于财务共享的管理会计信息化案例分析 [J]. 财会通讯, 2020 (19): 150-154.

[5] 李益兰, 姜友文. 财务共享条件下的会计信息化建设研究——以长虹集团为例 [J]. 财会通讯, 2020 (19): 146-149, 154.

[6] 丁淑芹, 李姿含. 财务共享模式的内部审计研究——信息技术风险识别与应用视角 [J]. 会计之友, 2020 (20): 15-20.

[7] 黄德金. 财务共享下粮食企业财务人才转型与绩效考核研究 [J]. 食品研究与开发, 2020, 41 (18): 248.

[8] 牛永辉. 财务共享模式下施工企业的财务职能定位 [J]. 财会通讯, 2020 (18): 91-95.

企业自评

中化集团遵循"科学至上"核心价值理念，试点中化国际构建业财税线上一体化财务共享平台，支撑公司"5+1+2+n"的财务管理职能体系运行，奠定了管理会计成功应用的基础。

通过人员、技术、流程和数据共享，整合企业现有业务、财务管理资源，一方面实现了分散的财务基础职能的标准化和规范化，财务共享管理模式成为强化企业内控、提升信息透明度、降低用人成本、提升财务服务水平的战略举措。另一方面，以财务共享信息平台建设为起点，奠基企业业财税融合，为企业数字化应用提供高质量信息基础。

中化集团探索管理会计发展的实践证明，财务共享中心是围绕财务领域在企业中后台职能领域进行的一场工业化革命，是企业财务转型的第一步，通过释放生产力助推企业重塑财务以及相关部门的组织职能架构，打造总部战略决策财务（5）、交易处理共享财务（1）、核心能力专家财务（2）以及BU价值链业务财务（N）等专职团队，构建"5+1+2+n"共享融合矩阵式财务管理模式。同时，采用"修路、提速、服务"的企业信息化发展思路，依托大数据、机器人流程自动化等信息技术打造业财税一体化管理的高效共享平台，全面赋能这一财务管理模式的效力发挥，加速企业由财务会计向管理会计转型升级。以上成果证明，中化集团依托信息化试点管理会计转型升级实践是当下一条切实可行、行之有效之路。

专家点评

作为担负着化工、农业等多个行业国家队角色的中化集团，围绕价值驱动理念，采取数字化转型升级发展路径，试点建设一体化财务共享信息平台，赋能企业整体财务管理体系变革，谋求管理会计转型升级模式创新。

中化集团试点单位搭建的业财税一体化财务共享信息平台是一台价值驱动引擎，不只是财务共享中心信息流程建设，它还兼顾财务会计与管理会计视角，依托信息科技，建立标准规范，贯通业务、商务与财务信息流程，赋能公司"5+1+2+n"共享融合矩阵式财务管理模式升级，在提升业务执行效率，控制经营风险，节省人力投入，重塑管控模式等方面驱动企业价值创造。案例中创新亮点较多，包括共享融合矩阵式财务管理模式、电子会计档案管理、财务风险大数据管理等，都可独立作为亮点案例进一步详细阐述另行申报。

中化集团基于信息建设开展管理会计转型升级的实践案例具有推广价值，对于其他多元化、跨国经营的企业集团谋求业财税深度融合，创新财务组织架构，探索数字化转型等管理会计应用方面具有现实借鉴意义。

创新资金定价应用，精益财务价值管理

中铝资本控股有限公司

> **摘要：** 现代企业管理的核心是财务管理，财务管理的核心是资金管理。资金作为企业的重要生产要素，高频流转于日常经营和投融资的各个环节，通过定价合理确定流动于各个环节资金的"价值"，变得愈发重要。由于资金形态虚拟、流通频繁、渠道多样、不易追踪，且多数资金来源和资金运用存在错配，如何精益资金定价管理，有效提高资金作为关键要素的生产率，是企业经营管理中的一项难题。
>
> 为化解上述难题，提升自身经营管理水平，中铝资本融合跨国公司关联企业之间的商品流转定价、商业银行的内部资金定价及高科技企业矩阵式的组织管理实践，以资金中心作为资金定价的核心，建立了多法人、跨法人职能部门以及单法人内部职能部门之间的多层级、差异化的资金定价管理体系。通过创新资金定价应用，中铝资本解决了不同组织模式、不同流转环节下的资金定价问题，实现了对资金价值的精益管理，进一步优化了资源配置，重构了运营效率，提升了财务价值管理效能，释放了企业经营活力。同时，通过先行先试，为大型企业集团司库型资金管理提供了有益借鉴。
>
> **关键词：** 资金价值；定价；精益管理；价值创造

一、背景描述

（一）企业基本情况介绍

中铝资本控股有限公司（以下简称"中铝资本"）成立于 2015 年 4 月，由中国铝业集团有限公司（以下简称"中铝集团"）控股，中国铝业股份有限公司参股，注册资本 41.25 亿元人民币。中铝资本是中铝集团向产业链前端和价值链高端转型、重点支持的产融结合发展平台，中铝资本依托三大核心功能，通过产业金融"加、减、乘、除"的四则运算，着力构建有色产业产融结合生态圈，链接产业资源和金融资源，赋能传统产业转型升级，为中铝集团"建设具有全球竞争力的世界一流有色金属企业"战略目标落地提供金融支撑（见图 1）。

中铝集团的产业金融以 2011 年 7 月中铝财务有限责任公司（以下简称"中铝财务"）成立为起点，经过近 10 年的发展，构建了以中铝资本为平台，中铝财务为支撑，控参中铝租赁、中铝保理、云晨期货、中铝保险经纪、中铝创投基金、中铝建信基金、农银汇理基金等多个企业的经营格局，形成了资质较为齐全的业务发展框架和集群式的发展模式，打造了丰富的产业金融工具箱，形成了 4 大领域、

---

* 本篇作者：黄薇、周阳、周向勤、姬鹏飞。
  指导专家：邹艳（北京航空航天大学）。

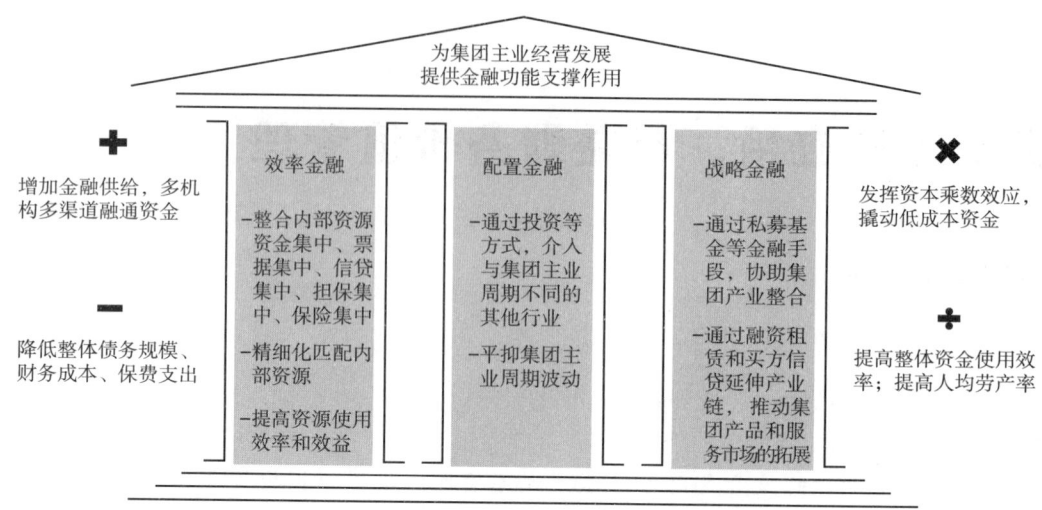

图 1　中铝资本三大核心功能与金融四则运算

14 个门类、62 项品种的金融产品和服务（见图 2）。

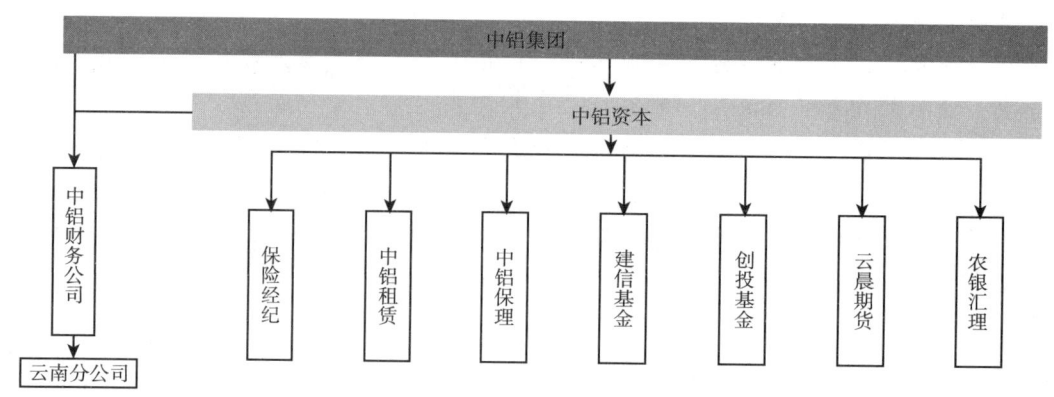

图 2　中铝资本组织架构

（二）创新资金定价应用的背景及主要原因

1. 资金作为重要生产要素，需要合理确定其价值

在党的十九大会议上，习近平总书记指出："当前我国经济已由高速增长阶段转向高质量发展阶段，必须通过提高全要素生产率，着力加快建设实体经济、科技创新、现代金融、人力资源协同发展的产业体系，不断增强我国经济创新力和竞争力。"

一方面，资金作为企业重要的生产要素，高频流转于日常生产经营和投融资的各个环节，如何通过合理定价确定流动于各个环节资金的"价值"，变得愈发重要。另一方面，与其他生产要素相比，资金的形态较为虚拟、流动频繁，不易对其流通转化进行逐笔追踪；来源渠道多样，不同时期价格不同，且资金的运用和来源存在一定的期限错配，资金管理往往同时面临流动性风险和信用风险。因此，对于不同主体、不同环节、不同来源、不同用途、不同期限的资金，如何通过精益定价管理，有效管控资金风险，提高资金使用效率，是企业经营管理面临的一项难题。

2. 配套组织运营模式调整，优化业绩评价体系

中铝资本借鉴高科技企业运营管理经验，创建了分业经营、协同发展、集中管控、资源共享的矩阵型组织模式，各业务设立独立的经营部门，负责产品设计、营销、客户服务；统一设立中后台，建成资金、信息、风控、财务和人力行政五个职能中心。刚性的风险合规约束、柔性的创新组织管理，为业务快速发展提供了有效的保障。

资金中心统一负责中铝资本的资金筹集和运营（中铝财务除外），各子公司资产业务部门负责业务的投放和经营。跨法人、跨部门的组织运营模式，需要建立配套的定价和业绩评价规则。一方面，资金跨法人流转时，由于不同法人主体的股东结构、信用资质、获取资金的能力和成本、资金用途等存在差异，需要建立市场化的关联交易资金定价规则，满足各利益相关方的诉求。另一方面，需要通过资金定价识别各主体的业绩贡献、精准激励，进一步激发相关主体的主观能动性。

3. 增强核心竞争力，实现高质量发展

近年来，在深化金融供给侧结构性改革背景下，国家通过政策引导金融机构持续向实体经济让利。叠加利率市场化改革深化及行业竞争加剧，金融机构近几年资本回报率呈持续下滑态势，经营导向亟须由粗放的追求规模扩张向精益化的内涵式发展转变。

定价即经营。面对新发展阶段、新发展理念和新发展格局，中铝资本从资产端客户需求出发，重构资金管理流程，减少资金流转环节、提高资金运营效率；对每笔资金实行端对端的定价管理，引导产品和客户结构优化，精细化管理资产负债利差，有效平衡成本、效益和风险，提升财务管理的价值创造能力。

二、中铝资本资金定价管理目标和体系

（一）资金定价管理目标

1. 精准计量资金价值，建立市场传导机制

资金中心对资金统一运作管理后，通过建立资金价格的"市场化"传导机制，对不同渠道、不同期限、不同成本的资金来源，综合考虑使用主体的用途、期限、信用资质等因素，对资金进行"市场化"定价，打通资金来源端和使用端的价值链，有效传导和反映资金实际价值，实现资金价格与资金流动"外到内，内到外"和"端对端"的精准匹配。

2. 优化业绩评价体系，客观评价经营业绩

借助定价工具，合理地将资金净收益在资金提供方和资金使用方进行划分，分离市场因素和非市场因素，确定各主体的利润贡献度。通过业绩评价体系的有效引导和精准激励，进一步激发各主体的活力和动力，促使其由被动经营向主动管理转变，助力公司经营效益提升。

3. 提升资金运营效率，精益财务价值管理

建立健全以资金定价为核心的管理运营体系，以资金定价为"管理指挥棒"，对资金业务"量""价""险"进行平衡和统筹，通过优化资产负债配置、强化息差管理、集中风险管控，在风险可控的前提下，引导资金从低效益业务向战略支持型业务、高效益业务转移。同时，通过定价将利率风险[①]从子公司剥离，由资金中心实施专业化管理，使子公司资产业务部门可以聚焦于市场开拓、客户营销和信用风险管理，通过专业化分工，提升公司整体经营管理效率。

（二）资金定价管理体系

通过融合跨国公司关联企业之间的商品流转、商业银行的内部资金流转及高科技企业矩阵式的组织管理实践，中铝资本以资金中心为核心，建立了多法人、跨法人职能部门以及单法人内部职能部门

---

① 利率风险是指市场利率变动的不确定性给金融机构造成损失的可能性。巴塞尔银行监管委员会将利率风险分为重新定价风险、基差风险、收益率曲线风险和期权风险四类。

之间多层级、差异化的资金定价管理体系，构建了与组织管理模式相适应的业绩评价体系和激励机制，实现了资金和资产业务的良性互动（见图3）。

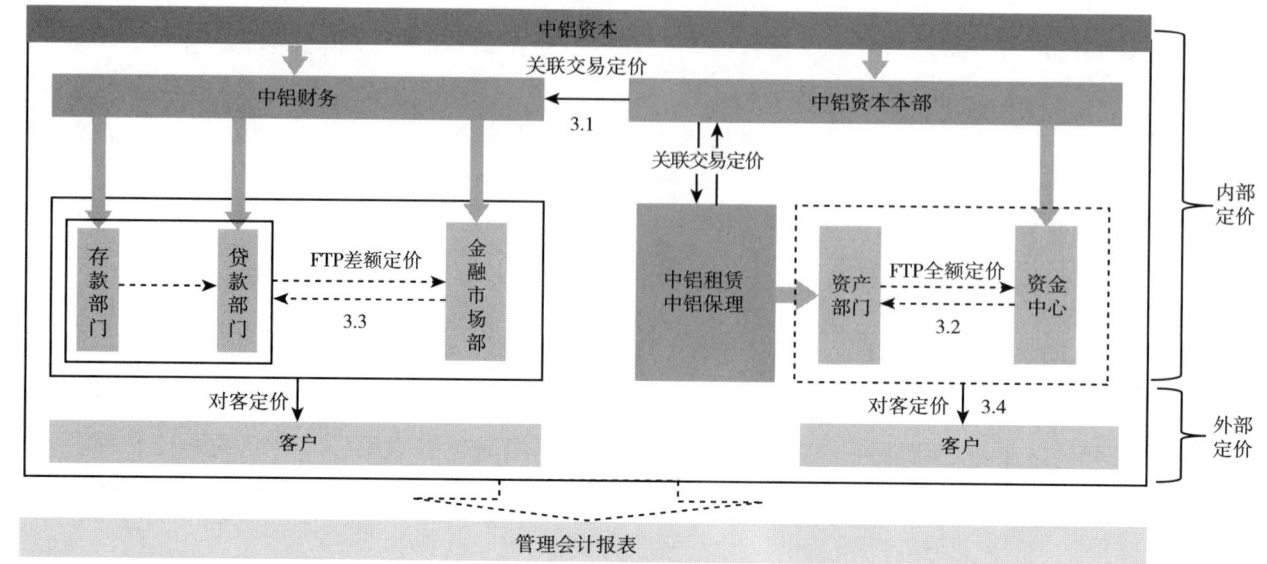

图3 中铝资本资金定价管理体系

按照资金交易主体属性的不同，中铝资本资金定价分为内部资金定价和外部对客定价。

1. 内部资金定价

（1）关联交易定价。关联交易定价是指同一实控人下的关联企业之间，在进行关联方交易时采用的价格和定价方式。关联交易一般包含销售货物、提供劳务或服务、转让无形资产等。对关联交易定价的研究兴起于大型跨国企业。为合理配置资源、规避经济风险、达到全球税负最小化，实现经营成果最大化，中铝资本在中铝财务、中铝资本本部、中铝融资租赁及中铝商业保理等法人单位之间，按照一定的方法进行关联交易定价。

（2）内部资金转移定价。内部资金转移定价（以下简称"FTP"）是法人单位内部资金中心与业务经营部门按照一定规则、全额有偿转移资金，达到核算业务资金成本或收益等目的的一种定价方式。

在法人单位内部，资金提供者将资金以一定价格卖给资金中心，获得融资利差；资金使用者以一定价格从资金中心获得资金，付出融资成本。该转移通常不发生资金的实际流动，通过资金中心为每类业务、产品、部门或单位建立模拟的资产负债表和利润表，为每笔交易实时提供与产品属性对应的转移价格。FTP进一步可细分为全额资金定价和差额资金定价（见图4）。

中铝资本资金中心和子公司资产业务部门等跨法人业务经营部门之间采用全额定价。在全额资金定价管理模式下，子公司的每一笔资金都需要卖给资金中心，子公司在需要资金的时候再从资金中心购买，故全额资金定价也称为逐笔资金定价。

中铝财务内部存贷款部门和金融市场部之间采用差额定价。在差额资金定价管理模式下，各部门先在企业内部对资金进行清算轧差，然后将多余资金以一定价格卖给资金中心，资金中心再将资金以一定价格卖给需要资金的分公司。

2. 外部对客定价

基于FTP价格，通过加成运营成本、风险成本、税金及附加、定价调整项等，对中铝资本外部客户进行差异化定价管理。

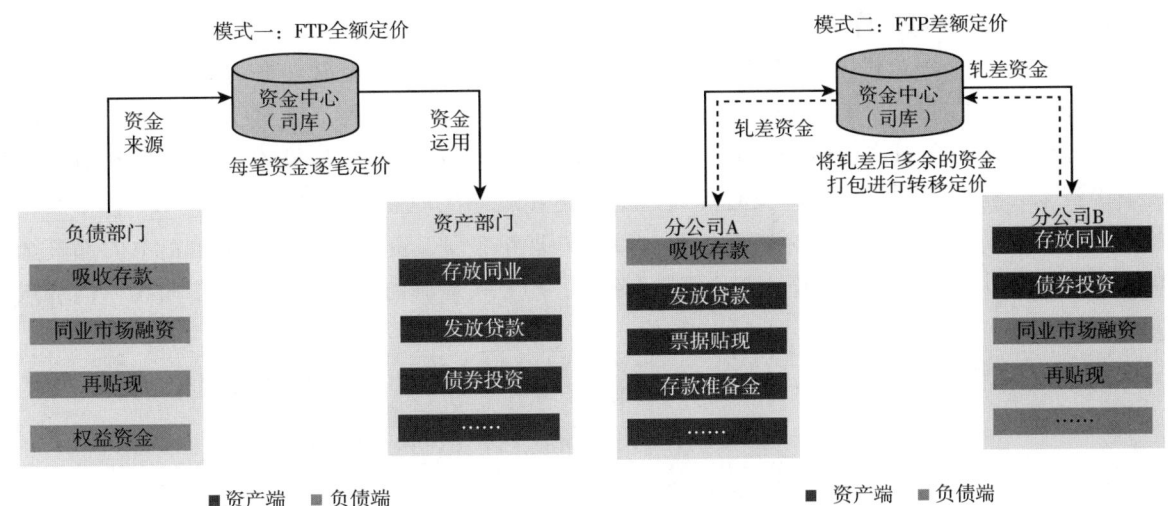

图 4　内部资金转移定价种类介绍

三、资金定价的具体创新应用

（一）内部资金定价

1. 关联交易定价

（1）定价原则和考虑因素。中铝资本关联交易定价主要运用于不同法人单位之间，以组织利益最大化、不增加税务成本、客观反映法人单位资金成本为原则，主要考虑如下因素：

①法人单位信用评级；

②法人单位股权结构；

③资金使用期限；

④税务成本等。

（2）具体做法。由于中铝资本为中铝租赁、中铝保理及其他子公司的控股股东，因此，构建定价模型时主要考虑资金使用方融资成本、资金使用期限和税务成本因素。即：

关联交易价格 = 资金使用方融资成本 + 期限点差调整 + 税务成本

①资金使用方融资成本：考虑资金使用方主体信用评级，根据资金使用方上月加权融资成本确定。

②期限[1]点差调整 =（资金使用方单笔融资期限 - 资金使用方上月加权融资期限）×（5年期 LPR - 1年期 LPR）/4。

③税金成本：主要在"子向母"提供资金时考虑。在以中铝租赁或中铝保理作为融资主体从外部融入资金提供给中铝资本时，为不额外增加子公司的成本，资金价格根据子公司实际融资成本及资金调配时产生的税金进行确定。

④其他：中铝租赁和中铝保理向中铝资本归还所借资金时，按利率优先原则执行。

（3）资金定价示例说明。示例：20××年2月，中铝资本由某股份制银行融入资金3亿元、期限1年、资金成本为3.9%[2]，并通过委托贷款形式发放给中铝租赁，期限3年。20××年1月，中铝租赁的加权融资成本为4.05%。按照关联交易定价规则和当月 LPR 报价，该笔资金的期限点差为40bp，则该笔资金的关联交易定价为4.45%。

---

[1]　此处期限值以年为单位，下同。
[2]　根据保密原则，本案例数据已经过脱敏处理，不代表中铝资本实际经营数据。

2. FTP 模式下的全额定价

（1）定价原则。全额定价主要应用于中铝资本资金中心和产业链金融业务（即中铝租赁、中铝保理的资产业务）部门之间。产业链金融业务的资产投放对象主要为集团产业链上下游客户，以创效为主要目标，故资金中心在对产业链金融资产业务部门转移定价时，核心是灵敏反映资金市场价格，同时兼顾中铝资本自身融资结构特点，及时传递外部市场环境、流动性等因素的变化。

（2）具体做法。具体定价时，对于资金中心和资产业务部门，资金价格根据中铝资本内部资金转移定价收益率曲线（以下简称"FTP 收益率曲线"）确定，FTP 收益率曲线 = 基础收益率曲线 + 内部点差调整（见图 5）。

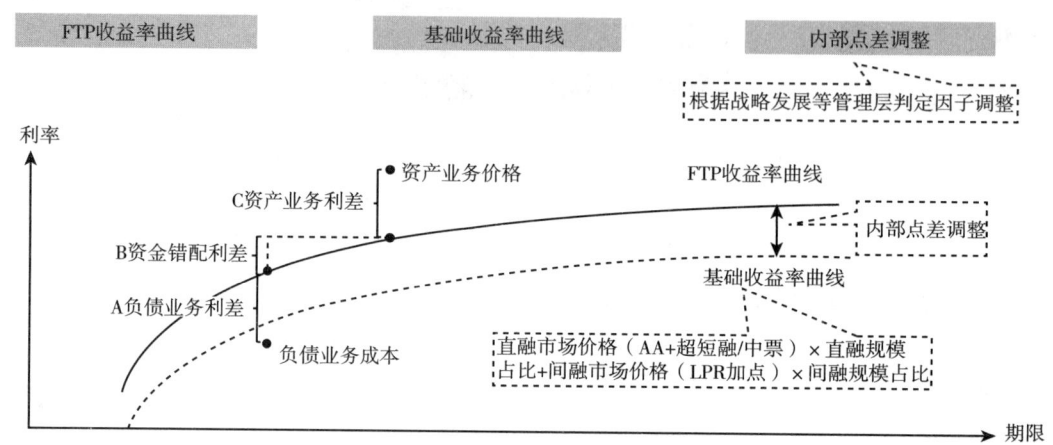

图 5 中铝资本 FTP 收益率曲线

①基础收益率曲线：基础收益率曲线 = 直融市场价格（AA + SCP/中票）× 上月中铝资本直融日均规模占比 + 间融市场价格（LPR 加点）× 中铝资本上月间融日均规模占比。

其中，直融市场价格：期限为 1 年以内的，取上月短期融资券（AA +）算术平均利率；1 年（含）及以上的，取上月中期票据（AA +）算术平均利率。

②内部点差调整：根据中铝资本或子公司业务战略需要设置的调整项，根据实际情况设定。

③价格制定及发布：每月末最后 2 个工作日，计划财务部根据当月 AA + 超短融/中期票据以及 LPR 价格，计算下月关键期限点的 FTP 价格①，发送至资金中心及资产业务部门（见表 1）。

表 1　20××年×月 FTP 收益率曲线构建示例

项目	1 个月	3 个月	6 个月	9 个月	1 年期	2 年期	3 年期	5 年期
超短融（AA +）	2.40%	2.66%	2.86%	2.94%				
中期票据（AA +）					3.03%	3.36%	3.64%	3.95%
直融市场价格因子	2.40%	2.66%	2.86%	2.94%	3.03%	3.36%	3.64%	3.95%
间融市场价格因子	3.87%	3.90%	3.95%	4.00%	4.05%	4.25%	4.45%	4.85%
加：点差调整	0.42%	0.35%	0.30%	0.28%	0.27%	0.24%	0.22%	0.25%
FTP	3.76%	3.80%	3.86%	3.90%	4.00%	4.16%	4.40%	4.77%

④FTP 价格确定：考虑资金中心实际承担流动性风险管理职责，资金价格按照每笔资金对应资产业务的实际占款期限确定。

（3）经营业绩评价与激励。按照 FTP 收益率曲线，分别计算资金中心和资产业务部门业务贡献，

---

① 非上述期限的，按照上述两个相邻期限的资金价格，通过线性插值法进行计算。

按照一定系数给予其业绩提成。经营业绩具体计算方式如下：

①资金中心：资金中心 FTP 利息净收益 = 备付金利息收入 + FTP 利息收入 – 资金端利息支出（含权益资金成本）。其中"FTP 利息收入 – 资金端利息支出"即图 5 中的负债业务利差和资金错配利差。

在实际考核时，备付金利息收入、外部融资利息支出据实计算，权益资金成本率按一定价格计算。

②资产业务部门：FTP 利息净收益 = 项目投放收入 – FTP 利息支出，即图 5 中的资产业务利差。

（4）FTP 全额定价示例。示例：资金中心从银行融入流贷 3 亿元、期限 1 年、利率 3.8%；中铝租赁资产业务部门用其投放 ×× 项目，金额 3 亿元、期限 3 年期、综合收益率 5.5%。其中，1 年期 FTP 价格 4.0%、3 年期 FTP 价格 4.4%。

则：资金中心 FTP 利息净收益：4.4% – 3.8% = 0.6%；资产业务部门 FTP 利息净收益：5.5% – 4.4% = 1.1%。

3. FTP 模式下的差额定价

（1）定价原则。中铝财务是集团内部的非银行金融机构，主要开展存款、结算、贷款、投资同业等金融业务，资金运营以安全性、流动性和服务性为主，兼顾盈利性。其中，存贷款业务主要面向集团内成员企业，发挥集中内部资金、调剂余缺作用；投资同业业务为市场化业务，交易对手主要是商业银行和非银行金融机构，交易高频、期限短，且定价市场化程度高。由于资金配置相对闭环的特点，中铝财务的业务更适合通过差额定价的方式进行管理。

（2）具体做法。根据资金配置对象的不同，中铝财务业务分成内部业务和外部业务。其中，内部业务主要为存款和贷款业务，外部业务主要为投资同业业务。每日，中铝财务资金配置优先保障日常结算和贷款业务，在满足结算需要和贷款投放的前提下，存贷款部门将盈余资金按照当日市场拆借价格出借给金融市场部；在存款规模无法满足贷款投放时，金融市场部通过外部渠道筹集资金，以当日市场拆借价格出借给存贷款部门。

（3）经营业绩评价与激励。在确保流动性安全的前提下，基于 FTP 差额定价，计算投资同业业务模拟利润，对业务团队的超额收益给予适当激励。其中：

投资同业业务模拟利润 = 投资收益 + 利息收入 + 中间业务收入 – 利息支出

利息支出 =（正回购规模 + 同业拆入规模 + 再贴现规模）× 市场价格 + 为投资同业业务提供资金支持的存款规模 × 市场价格

同时，为防止业务团队过度追求业绩而忽略风险，在业绩激励时设置负面清单：若出现违约并造成经济损失的，或造成流动性风险、信用风险、操作风险、合规风险和声誉风险的，公司有权依据损失程度追责并扣减相应绩效。

（二）外部对客定价

基于成本加成的定价原则，通过综合考虑资金成本、运营费用、风险成本和资本成本、市场价格、战略调整等因素，搭建中铝财务贷款定价和产业链金融资产业务（以下统称"资产业务"）定价模型，为外部对客定价提供指导。具体模型如下：

对客指导价格 = {资金成本 + 运营成本 + 风险成本 + [资本成本/(1 – 所得税率)]} × (1 + 增值税金及附加) + 调整项①

1. 资金成本

资金成本根据每月公布的 FTP 价格进行确定。

---

① 此处调整项包含市场价格调整因子、战略调整等。

2. 运营成本

运营成本是指资产业务开展过程中发生的人力成本、办公费用、IT系统成本等直接成本，及各项间接成本分摊。考虑公司实际情况，运营成本分摊规则如下：

运营成本＝年度业务费用预算/年度资产业务日均规模。

3. 风险成本

风险成本指资产业务预期损失的风险溢价（也称"预期信用损失"[①]），是外部对客差异化定价的重要影响因素。预期信用损失取决于资产业务的违约概率、违约损失率。即：

预期信用损失（ECL）＝违约概率（PD）×违约损失率（LGD）

（1）违约概率。按照新金融工具准则要求及实践经验，一般采用如下方法估计违约概率（PD）：

①建立内部评级模型，通过违约概率校准、内部评级迁移矩阵、映射外部评级主标尺（或历史违约率）等方法来估计违约概率；

②基于外部评级结果和外部评级主标尺（或历史违约率）确定违约概率；

③基于历史数据，通过滚动率分析或账龄分析法估计违约概率；

④在没有充足历史数据的情况下，基于行业基准和专家判断对违约概率进行合理估计。

2020年，根据公司业务实际，中铝资本建立了基于KMV[②]的内部客户评级模型。KMV是基于期权理论估计借款企业违约概率的方法，模型假设当企业期望市场价值低于所需清偿的负债时，企业将发生违约。该模型通过对客户资产价值、资产价值波动率、股权价格波动率、违约点等因素的量化分析，映射外部评级主标尺，以此确定客户的信用评级和违约概率。

（2）违约损失率。违约损失率与客户所处行业、担保方式、抵质押物情况、贷款期限等因素有关。在中铝资本目前定价模型中，违约损失率结合巴塞尔委员会[③]和中国银保监会资本管理办法中有关LGD的参数建议，采用标准损失率。

4. 资本成本

资本成本是指为覆盖资产业务非预期损失所占用资本对应的成本，反映了业务风险水平和所需资本之间的关系。资本成本计量规则如下：

资本成本＝资产业务/项目投放金额×风险权重×资本充足率×资本回报

5. 税金成本

税金成本指资产业务所承担的直接税收成本，包括增值税金及附加。

四、实施效果

（一）业绩评价进一步完善

基于资金定价机制，中铝资本建立了更加公平、合理、客观的业绩评价体系。在目标设置方面，根据各经营主体的核心职能，借助内部资金定价工具实现战略单元经营目标下沉和差异化匹配；通过关键业绩指标前后台双挂，达到各部门"心往一处想、劲往一处使"的效果，保持整体目标统一。在指标计量方面，建立了与考核目标相适应的管理会计报表体系，紧盯重点指标、按月报告，实现考核

[①] 预期信用损失是指以发生违约的风险为权重的金融工具信用损失的加权平均值。

[②] KMV模型是美国旧金山市KMV公司于1997年建立的用来估计借款企业违约概率的方法。该模型认为，贷款的信用风险是在给定负债的情况下由债务人的资产市场价值决定的。

[③] 巴塞尔委员会是1975年2月成立于国际清算银行下的常设监督机构。其本身不具有法定跨国监管的权力，所作结论或监管标准与指导原则在法律上也没有强制效力，仅供参考。但因该委员会成员来自世界主要发达国家，影响力大，一般仍预期各国将会采取立法规定或其他措施，并结合各国实际情况，逐步实施其所订监管标准与指导原则，或实务处理相关建议事项。

结果的精准计量和及时反映。在应用评价方面,将业务部门、个人贡献分类计量,并与组织和个人绩效评价强关联,发挥量化考核和激励作用,进一步激发了各经营主体价值创造潜能。

(二)融资成本进一步下降

在以"净利息收益"为导向的业绩激励下,中铝资本资金中心积极拓展融资渠道,抓住市场机遇,充分利用中铝资本高信用评级的优势,加大超短融发行规模、缩短负债久期等方式,实现融资成本下降,获取超额"利息净收益"。资金定价机制推行以来,中铝资本融资成本降幅明显,资金价格较好地控制在考核目标范围内(见图6)。

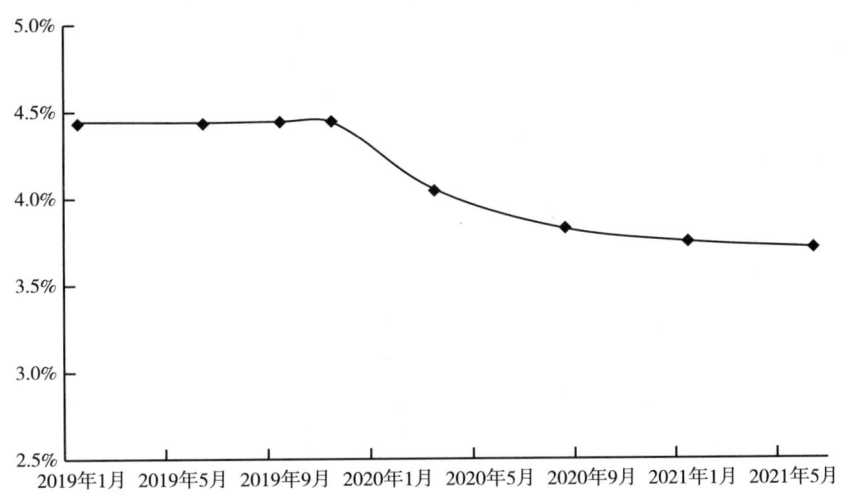

图6 资金转移定价实施前后中铝资本融资成本走势

(三)盈利结构进一步优化

在资金转移定价实施前,中铝资本盈利结构单一,主要依靠中铝财务存贷款业务,外部市场化业务贡献占比低。随着业务拓展,中铝资本建立了差异化的资金定价机制,在满足成员企业资金需求的情况下,通过资金定价"指挥棒",引导资金和资源向高收益的市场化业务配置。截至2020年末,中铝资本外部收入占比已超过50%,同比提升明显。投资同业、产业链金融等市场化业务利润贡献也持续提升,盈利结构持续优化(见图7)。

(四)运营效率进一步提升

通过精益化的资金定价管理,中铝财务实现了资金安全性、流动性、收益性、服务性的动态平衡,资产配置不断优化,日均存贷比同比增加5个百分点,有力保障了成员企业的资金需求;资金运用效率不断提升,活期备付率同比压降3个百分点,进一步减少了资金沉淀;通过合理调整负债久期,提升流动性比例10个百分点,大幅释放了信贷等中长期资产的配置空间。

五、案例总结与启示

(一)案例总结

1. 通过精益定价,有效解决了资金价值问题,提升了资金使用效率

为合理反映不同模式、不同环节下的资金价值,中铝资本归纳总结了资金价格的各种影响因素,

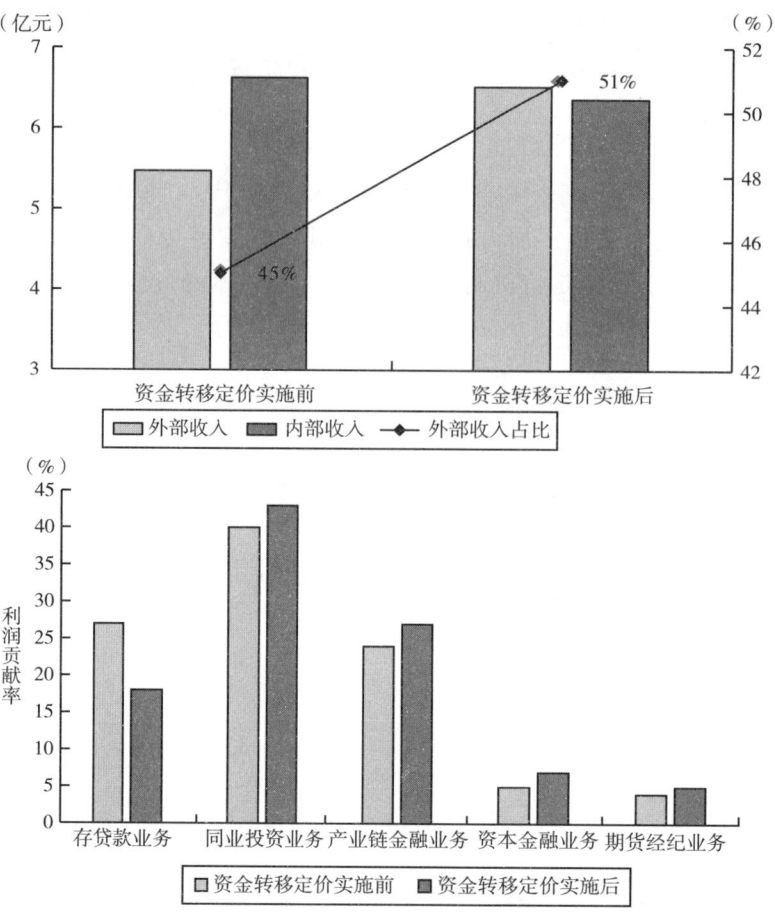

图7 中铝资本内外部收入占比及盈利结构情况

并制定了差异化的资金定价规则。中铝资本通过以资金中心作为定价核心,创新多法人、跨法人职能部门以及单法人内部职能部门之间的资金定价应用,通过对资金的差异化定价,有效解决了流转于生产经营和投融资等各个环节的资金价值问题,提升了资金使用效率和企业经营效益,为大型企业集团司库型资金管理提供借鉴经验(见表2)。

表2　　　　　　　　　　　　　　差异化定价机制

序号	项目	内容
1	定价模式	多法人(关联交易定价)和跨法人职能部门之间(全额资金定价)两种定价模式并行,以平衡各方利益
2	定价规则	建议综合企业类型、股权结构、资金用途、期限及合规等因素,建立企业内部评级模型,以市场化定价为原则,进行差异化定价
3	价格传导	价格通道畅通,通过资金价格与资金流动"外到内,内到外"和"端对端"的精准匹配,确保市场价格能及时、有效向成员企业传导

2. 完善绩效考核评价,激发业务经营单位动力,释放企业经营活力

中铝资本基于精益资金定价,进一步完善了目标导向明确的多主体绩效考核体系和激励机制,引导业务经营单位增强动力、统一目标,解决了中铝资本内部不同法人单位及不同业务经营部门两个维度之间矩阵式的管理难题,提升了财务管理价值,实现了资金和资产业务的良性互动,释放了企业经营活力(见表3)。

表 3　　绩效考核评价机制

序号	项目	内容
1	评价模型	承接板块战略，下沉经营目标至各主体，匹配核心职能和业务目标，有针对性地建立评价模型
2	工具支撑	建立与考核目标体系相对应的管理会计报表体系，紧盯重点指标、按月报告，实现考核结果的精准计量和客观反映
3	激励评价	对业务部门、个人贡献实施分类计量，完成情况作为组织绩效和个人绩效评价的依据，发挥量化考核和激励作用 对市场化业务单独设置超额激励方案，进一步激励业务部门创新创效

（二）下一步思考

1. 进一步完善市场化定价因子

目前中铝资本 FTP 收益率曲线主要由直融市场价格因子和 LPR 拟合而成，其中，LPR 主要反映信贷市场的资金价格。从实际运行情况看，LPR 已连续十五期保持不变，与企业从银行的融资成本未形成实质联动，LPR 在 FTP 收益率曲线中的有效性和适用性仍需进一步论证。

2. 推进资金定价的系统化和线上化

当前，中铝资本资金定价及业绩计量主要依赖基于 Excel 的各类数据套表，经过近三年的迭代，已形成一套满足自身管理特点的资金定价方法和业绩计量模板，但仍存在数据标准化程度不高、效率较低的问题。下一步，中铝资本将加快推进资金定价系统的建设和实施，力争实现资金定价和业绩计量的线上化，提高数据的准确度和及时性，更好地服务公司经营管理。

3. 健全以资金定价为核心的管理会计体系，持续提升价值创造能力

资金定价作为一种核心的管理工具，除了可以优化资源配置、科学绩效评价外，还可以广泛应用于其他领域。

（1）风险管理方面，通过资金定价工具，剥离利率及流动性风险，交由专业人员集中管理，减少风险敞口，实现公司稳健发展；

（2）资产负债配置管理方面，在资金定价模型中增加战略因子，体现战略意图，引导资产负债配置结构调整，更好应对市场变化和同业竞争。

下一步，中铝资本将继续健全以资金定价为核心的管理会计体系，对资金业务"量""价""险"进行平衡和统筹，优化资源配置，持续提升价值创造能力（见图 8）。

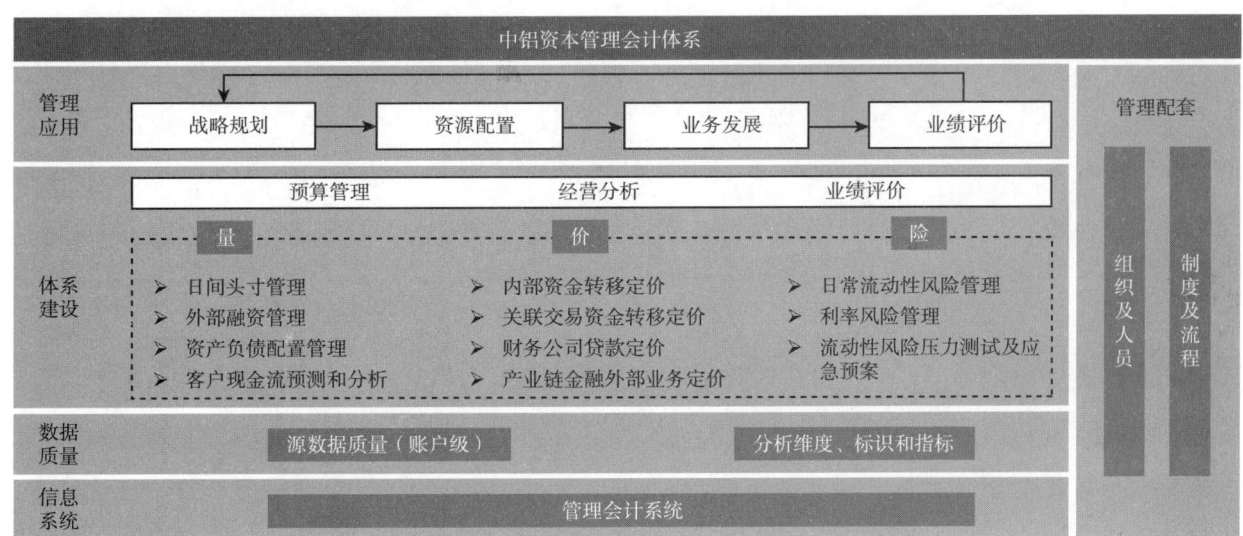

图 8　中铝资本以资金定价为核心的管理会计体系概览

参考文献：

[1] 王小燕，阮坚. 银行资金转移定价原理、实验与案例 [M]. 北京：清华大学出版社，2018.
[2] 张文武. 商业银行管理会计核算体系研究和设计 [M]. 北京：经济科学出版社，2020.
[3] 廖继全. 价值经营的创新平台 新一代银行管理会计 [M]. 北京：企业管理出版社，2016.

企业自评

通过以资金中心作为定价核心，中铝资本创新多法人、跨法人职能部门以及单法人内部职能部门之间的资金定价应用，有效解决了流转于生产经营和投融资等各个环节的资金价值计量问题。同时，通过精益定价，完善了目标导向明确的多主体绩效考核体系和激励机制，解决了矩阵式管理模式下的业绩评价问题，激发了人员动力，释放了企业经营活力。未来，随着业务的多元化发展，中铝资本将持续优化资金定价模型，加快健全以资金定价为核心的管理会计体系，进一步提升经营管理水平和价值创造能力，继续服务公司高质量发展。

专家点评

资金作为企业的重要生产要素，高频流转于日常经营和投融资的各个环节，如何精益资金定价，开展有效的财务价值管理，是大型企业集团日常运营管理中的一项难题。中铝资本融合跨国公司关联企业之间的商品流转定价、商业银行的内部资金定价实践，以资金中心作为资金定价核心，创新建立了多法人、跨法人职能部门以及单法人内部职能部门之间的多层级、差异化的资金定价机制及管理体系。通过对资金的差异化定价，有效解决了流转于生产经营和投融资等各个环节的资金价值问题，降低了融资成本，优化了资源配置，实现了资金和资产业务的良性互动。其按照资金交易主体属性的不同，构建的多层级、差异化的资金定价机制，极具特色和可操作性，为大型企业集团司库型资金管理提供了较好的借鉴。后续中铝资本应进一步发挥精益资金定价管理的作用，健全以资金定价为核心的管理会计体系，持续提升价值创造能力。

消費品

数字化建设思维下的业财融合及费控管理系统构建*

艾莱依时尚股份有限公司

> **摘要：** 在信息技术高速发展、数字经济时代全面到来的今天，将信息技术与会计学科相结合，并使之应用于管理会计领域，将无疑给企业的运营数据积累、经营决策、综合竞争力提升等方面带来快速实时及精细化管理的巨大效益。在国家数字化战略背景下，本文从管理会计数字化思维出发，详细分析艾莱依时尚股份有限公司（以下简称"艾莱依"）在业财融合数字化建设过程中运用的管理会计专业体系思维，以建设企业"费控管理系统"项目来解决预算管理中费用管控中的痛点，从而达到支撑运营管理、提升用户体验、强化管理效率的效果。同时，系统实施过程中注重"痛点出发、需求规划、内控合规、服务体验"四个维度，确保项目落地。案例以点带面，分析传统企业管理会计数字化转型建设过程中需要关注的细节问题，并提出经验启示。
>
> **关键词：** 业财融合；管理会计；信息化建设；数字化转型；费控系统；艾莱依

一、艾莱依企业简介

艾莱依时尚股份有限公司诞生于 1997 年，是一家集研发、设计、制造、销售与服务于一体的羽绒产品综合服务商。以"立志成为全球羽绒专家"为愿景，以"为感受生活而设计"为使命，定位时尚、家纺、制造三大板块，主要产品有羽绒服、羽绒被、时装等，公司总部位于浙江丽水，管理中心位于上海，生产制造基地分布在浙江省丽水市和安徽省六安市。

艾莱依拥有浙江省工业设计中心、浙江省高新技术企业研究开发中心、国家认可实验室（CNAS），通过了 ISO14001：2015、ISO45001：2018、ISO9001：2015 管理体系的认证，公司现有有效专利 110 项，计算机软件著作权 15 项。曾获得浙江省高新技术企业、浙江省信用管理示范企业、浙江省知名商号、浙江省著名商标、浙江名牌产品、中国名牌产品等荣誉称号。

艾莱依重视创新与专业。2017 年，在之前信息化建设基础上进一步明确了公司全面数字化转型战略，编制了数字化规划及路径图，在公司倡导数据资产及数字化理念，推动公司数字化转型建设到一个新高度、新阶段，至今取得了阶段性初步成效。公司打造的羽绒服装数字化生产工厂，实现了单件流产品个性化定制的生产方式，可与消费者联结交互，成为了羽绒服饰行业智能智造标杆企业。公司先后被认定为浙江省服装数字化车间智能工厂、丽水市机器换人示范企业、丽水市软件新动能培育重点项目等。

---

* 本篇作者：周顺祥、朱日增、王树立。
指导专家：杨俊（上海越乘信息科技有限公司）、李晓梅（中央财经大学）。

二、艾莱依的业财融合数字化建设之路

(一) 指导思想及相关政策背景

随着信息技术高速发展,数字经济时代来临,企业内部信息流的整合与集成成为基础性的功能要求,而进行业务流程数字化建设,提升数据使用效率及决策应用也日益重要。技术的迅猛发展提供了实现可能为业财融合数字化建设,国家"十四五"规划提出:"坚持把发展经济着力点放在实体经济上,坚定不移建设制造强国、质量强国、网络强国、数字中国,推进产业基础高级化、产业链现代化,提高经济质量效益和核心竞争力。"在制造业领域推进管理会计信息化是落实制造强国、网络强国以及推进产业基础高级化、产业链现代化建设的重要抓手之一。

管理会计信息化是管理会计和信息技术结合的产物。随着我国管理会计体系建设与应用的不断深入和计算机、互联网、大数据、云计算、人工智能等一系列新技术的快速发展,管理会计信息化的实效性与重要性日益显现。近年来,财政部在管理会计信息化理论建设方面,也发布了大量指引。2016年6月财政部发布的《管理会计基本指引》中提出:"单位应将管理会计信息化需求纳入信息系统规划,通过信息系统整合、改造或新建等途径,及时、高效地提供和管理相关信息,推进管理会计实施。"对管理会计信息化建设,推动管理会计实施落地等方面做出了重要基本理论指引。2017年9月,财政部又发布了《管理会计应用指引第802号——管理会计信息系统应用指引》,从管理会计信息系统建设原则、应用环境、建设和应用程序、具体应用模块等方面,对企业有效建设、应用管理会计信息系统进行了进一步指导。

(二) 艾莱依信息化建设历程

围绕公司不同阶段的发展目标,经过10多年的努力,从信息化到数字化,艾莱依已经初步建成了以SAP-ERP为核心,覆盖公司生产、采购、销售、库存管理以及核算等各环节的信息系统应用平台,实现跨部门的系统互通、数据互联,实现数据融合,为业务赋能,为决策提供精准洞察。回顾整个历程,可以总结为初期应用推广阶段、中期深度推广阶段、数字化转型新阶段三步走,如图1所示。

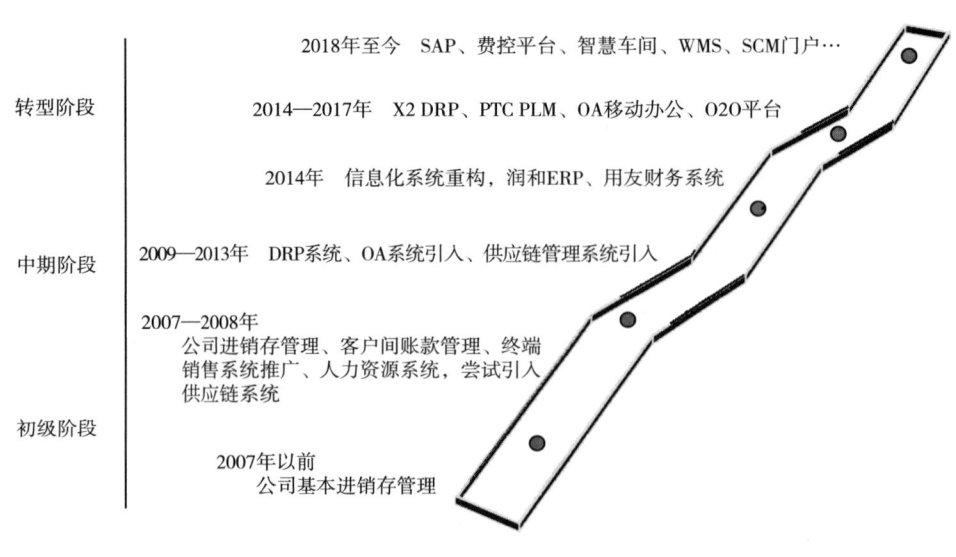

图1 艾莱依信息化建设历程

初级阶段关注进销存管理、人事管理、终端销售等基础信息化建设；中期阶段布局办公协同系统、供应链管理系统、分销管理系统等扩展信息化路径；数字化转型战略新阶段确定了建立以 SAP – ERP 为核心的业财一体化系统体系，实现系统互通、数据互联，加以数字化应用。艾莱依相继建成了一大批信息、会计、管理相融合的平台，主要包括：OA 协同办公与公文管理系统，X2 终端零售管理系统，面向制造的智能工厂车间管理系统 MES/DIC，面向产品的全生命周期管理系统 PLM，面向财务与生产、销售、供应链的资源协同系统 SAP – ERP、费用资金管控系统等，如图 2 所示。

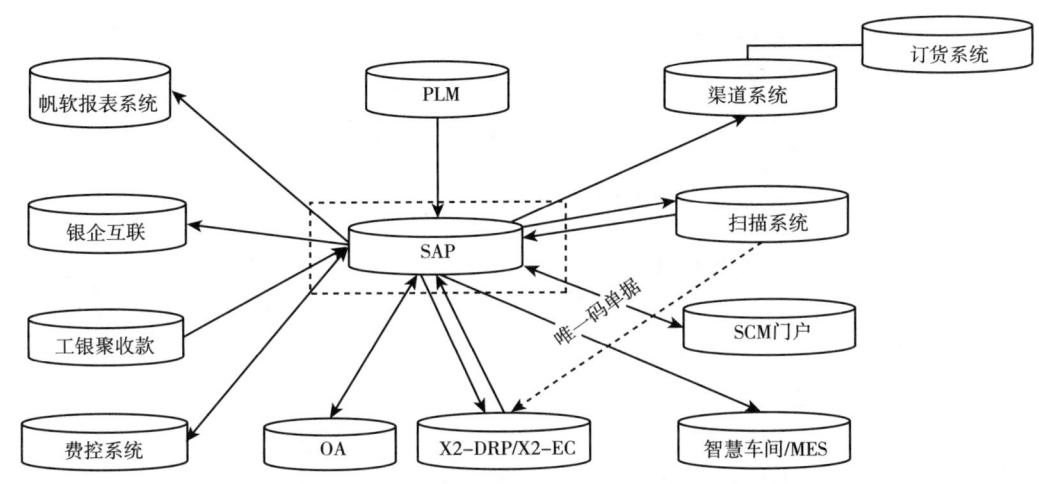

图 2　艾莱依数字化转型 – 以 SAP 为核心的业财系统体系

艾莱依财务中心在公司数字化转型战略确定、路径规划出台之时非常重视财务团队复合型人才的培养，推动财务团队人员主动融入数字化建设项目中，在 SAP – ERP 系统实施的全过程，选派了包括财务副总监、财务经理、财务核心骨干在内的多名财务技能扎实、有钻研精神、勇于创新的人员，全职进入项目组参与项目实施。之后在财务系统中选拔培养有信息化学习意识、掌握财务专业知识的人员来担任财务信息化专员，承接专业性极强的管理会计数字化专项工作。艾莱依充分意识到，促进管理会计数字化广泛运用，首先就需要更多的具有管理会计素质及信息化技术的会计专业人才，而不仅仅是拥有单一会计技能的会计人员，这对于管理会计数字化顺利搭建及运用起到非常关键的推动作用。

另一方面，艾莱依对应规划了"管理会计数字化蓝图"，蓝图以财务会计为基础核算体系，实现从管理会计相关功能模块，到最终输出管理会计报告的系统化处理。蓝图将各信息系统进行了互联数据布局，并融入数据资产概念，运用建模算法技术手段，解决用户效率和经营效率矛盾，加上业务财务、核算财务、战略财务的职能逻辑，以分阶段实施方式逐步实现管理会计中成本管理、资金管理、预算管理、风险管理等功能，输出各类及各种形式的管理会计报告，逐步融入日益成熟的智能化技术并进一步推广应用。未来，管理会计数字化系统将在经营效率提升方面发挥更大的作用，如图 3 所示。

回顾实施 SAP – ERP 业财一体化及管理会计数字化进程经验，需要公司高层从战略层面做好顶层设计，树立正确的数字化认知思维，重视复合型人才培养，从实际需求出发掌握细致科学的系统实施方法，从业财一体化信息系统实现到数字化应用再到智能化，逐步按模块、有节奏地推动管理会计数字化落地。

（三）艾莱依业财融合数字化系统建设特点

业财融合，即将财务管理与业务工作相互融合，财务工作不再局限于核算与监督，而是将工作延展至全业务流程，结合企业目标与业务，发挥财务有效配置资源的作用，加强内部控制，实现精益化管理。艾莱依基于覆盖公司生产、采购、销售、库存管理以及核算等各环节的 SAP – ERP 信息系统平

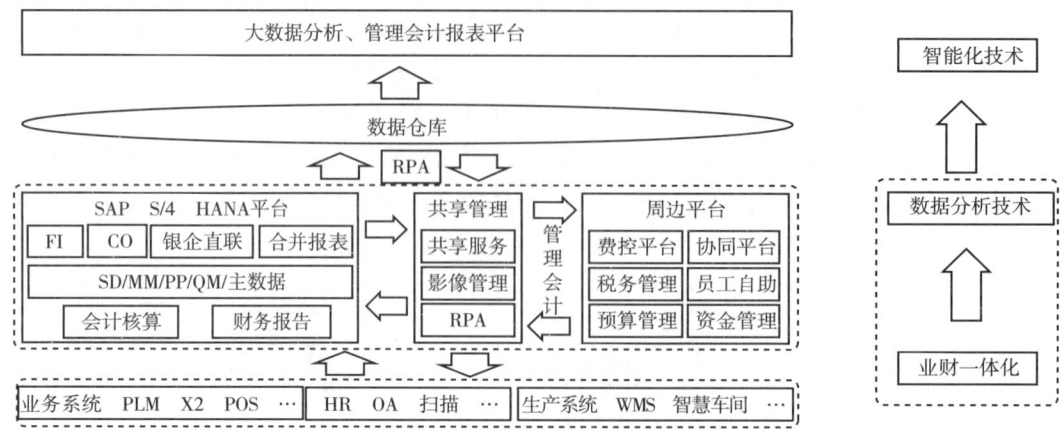

图3 艾莱依管理会计实施蓝图

台及周边延伸辅助系统，通过对业务场景梳理、现场作业数据规范、业务数据流转互联、系统主数据治理及统一规范整合，使公司绝大多数会计业务得以自动核算，实现了财务业务一体化，即业财融合系统的搭建。艾莱依业财融合数字化系统建设的主要特点如下。

1. 实现了财务业务一体化

从简单核算到注重规范、分析与管控，消除信息孤岛，建立起会计管控与全过程业务管控体系，业财融合数字化系统提高了企业管理决策的及时性、准确性和公司管控能力。

艾莱依的财务核算以 SAP-FI/CO 模块为核心，信息系统搭建时注重顶层设计，把业务运行与财务核算有机结合，建立统一的会计核算科目与核算体系，前端业务发生的同时，通过自动过账科目配置，实现会计实时自动记账，既做到了财务业务一体化，同时也细化了财务核算颗粒度。普通财务人员记账算账的基础性工作极大减轻，其工作重心由记账核算逐渐转型为数据分析、异常管控。系统实现了以财务为核心，对物料、生产、质量、仓库、销售等生产运营全过程的监控功能，具体内容包括：重新梳理业务流程及关键点，制订财务对业务的监控流程。在物料采购、生产、质量、仓库、销售等各关键业务环节设立了若干监控关键点与监控指标，及时发现业务问题并进行有效处理。其中，物料采购方面，明确物料主数据来源，助力提升数据精度，建立规范的采购业务流程，加强过程管控，降低采购成本。生产方面，明确了组织架构、BOM规则、生产工艺路线、生产计划和控制、委外加工等，规范了生产行为，减少生产过程中的投入和产出差错，降低生产成本，提高成本核算的准确度。质量方面，根据材料类别、检验类型，设定检测项目类别、测试方法及技术要求。仓库方面，搭建完善的仓储管理信息平台，实现库存信息共享，提升库存管理水平。销售方面，通过与仓储物流系统、终端门店系统 X2 对接，加强对销售过程的控制和监督，提高收入、成本入账的及时性、准确性，保证收入和成本的配比，防范信用风险，促进应收账款的管理，降低坏账损失，如图4所示。

2. 精细化、定量化的制造成本管理

制造成本管理的精细化、定量化，体现了成本控制的要求，可以向企业管理者提供详细、明细结构清晰的成本数据，更好地帮助企业管理者进行相关决策。

艾莱依结合自身产品生产工艺流程和各职能部门设置特点与管理需求进行成本管理系统的实施与应用，对生产成本、采购成本、制造费用等一系列费用在 SAP-CO（管理会计）ERP 平台上进行分部门、分产品、分订单的归集、分配、检验，以确保成本管理数据的准确性。另外，SAP-CO ERP 系统根据生产实际情况和管理需要，设立了多个成本中心组核算主体，并为相应的成本核算主体设置不同的利润中心。在利润中心下设置成本中心，用于归集不同系列产品发生的人工成本和制造费用，它是管理会计中的最小职责单位。为了实现成本的精确计算，成本中心又根据产品的不同工序分成若干工

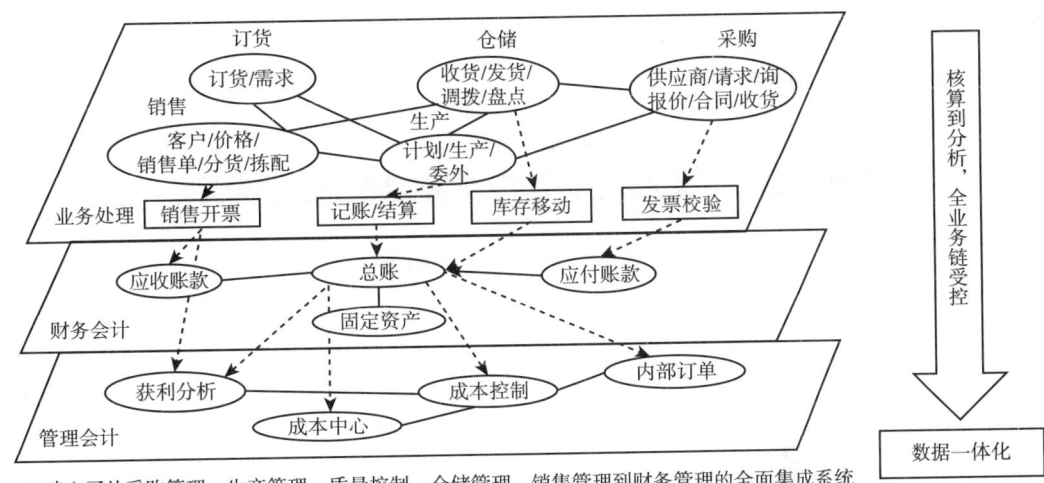

图4 艾莱依财务业务一体化示意图

作中心,工作中心是系统中的一个组织单位。借助于SAP-CO ERP信息系统,艾莱依在产品成本核算上,全面采用标准成本法,通过标准成本的制定、执行、核算、控制、差异分析等一系列有机结合的环节,将成本的核算、控制、考核、分析融为一体,从而达到加强成本控制、评价生产效率,如图5所示。

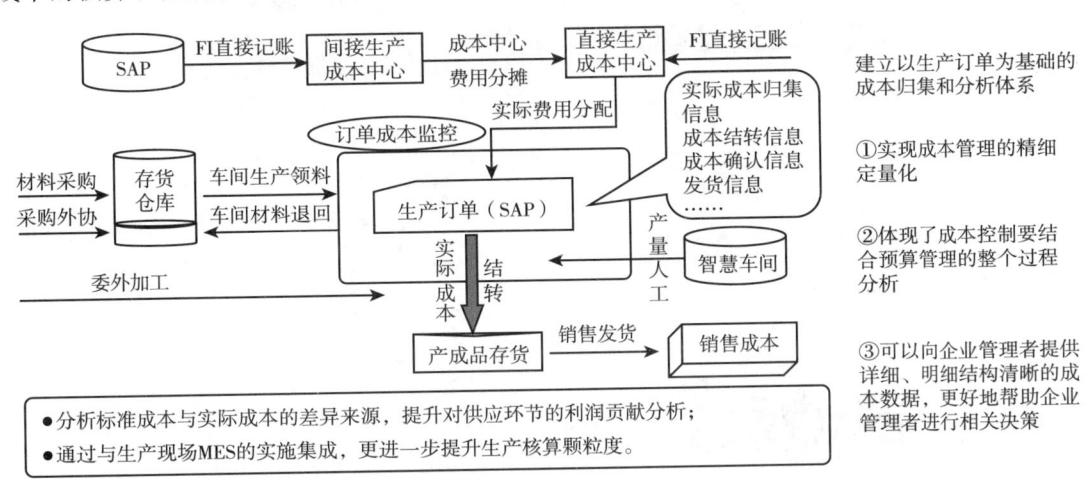

图5 艾莱依制造成本管理示意图

3. 高效快捷的报告与决策支持

艾莱依引入专业的大数据BI和分析平台,进行数据收集与分析,初步实现管理会计报告进行决策支持功能与管理可视化目标。

艾莱依在依托SAP-ERP的基础上,结合公司管理规范化要求,将终端零售管理系统、仓储物流系统等信息系统数据进行集成互联,实现产、供、销和人、财、物等数据自动上传、整理、整合,为数据分析与可视化管理提供了保障。

比如,公司充分挖掘BI平台优势,把财务报表指标分析模板标准化,建立管理分析模型,通过SAP-FI/CO模块取数对接,自动生成相应数据和分析图标,并通过信息技术手段,自动集成到PPT中,极大地提高了月度财务分析报告的出具速度。

再如,公司将终端零售管理系统中的销售数据,通过管理会计信息化手段,每日定时根据数据生成分析图表,通过企业微信自动发送到对应的公司高管人员。相应管理者不需要登入任何系统就可以及时、准确、直观地掌握企业的每次销售动态,帮助快速决策。

管理会计相关报告运用如图6所示。

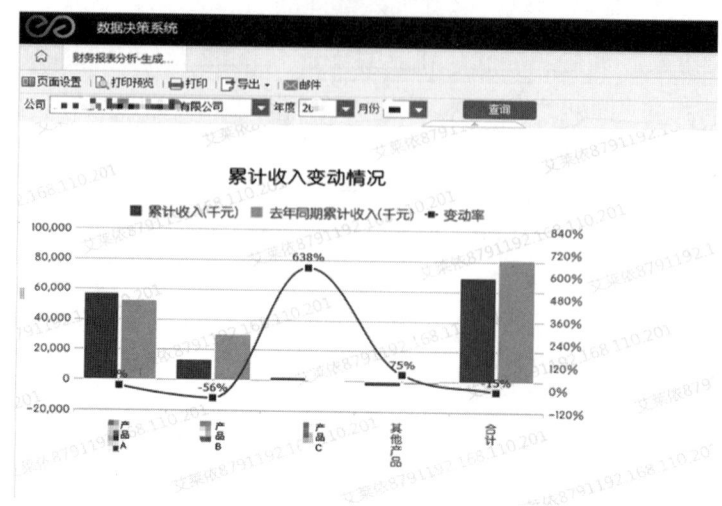

大数据建模分析实时可视化、支持管理决策

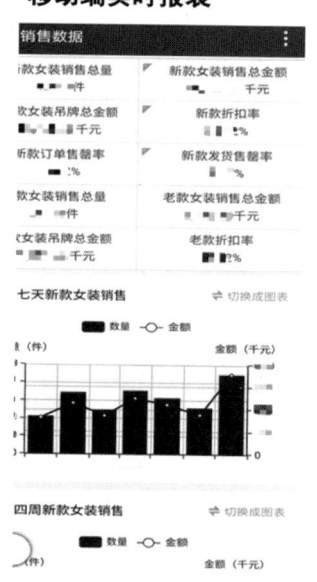
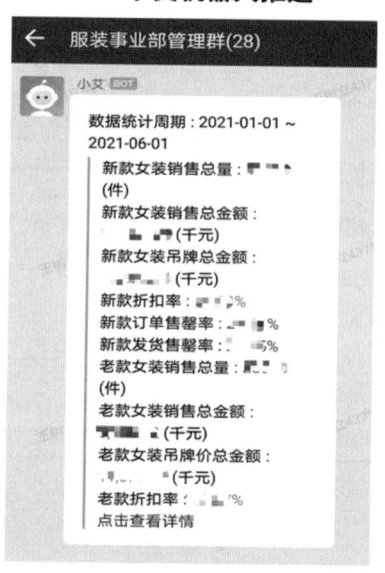

图6 艾莱依管理会计相关报告运用

4. 数字化系统下的内控与风险管理

通过管理会计数字化系统,推进内部控制管理的风险管理信息化。信息化的内控管理比传统的人员控制更有效。艾莱依构建了信息化的流程管理与内控体系,推进"零手工签字"机制,将各项平台、标准以及风险控制点嵌入流程与信息系统,实现制度化、流程化、闭环优化,同时又考虑了用户体验、用户效率和经营效率,有效规避了经营风险、财务风险与合规风险。一方面,财务服务部门通过统一财务的标准、流程和平台等,规避了许多财务风险。另一方面,艾莱依通过信息化的环境监控、风险评估、控制活动、信息沟通、内部监督、流程穿刺、科目解析等,从过去的事后发现问题转变为事前规避问题。艾莱依的内控与风险管理思路如图7所示。

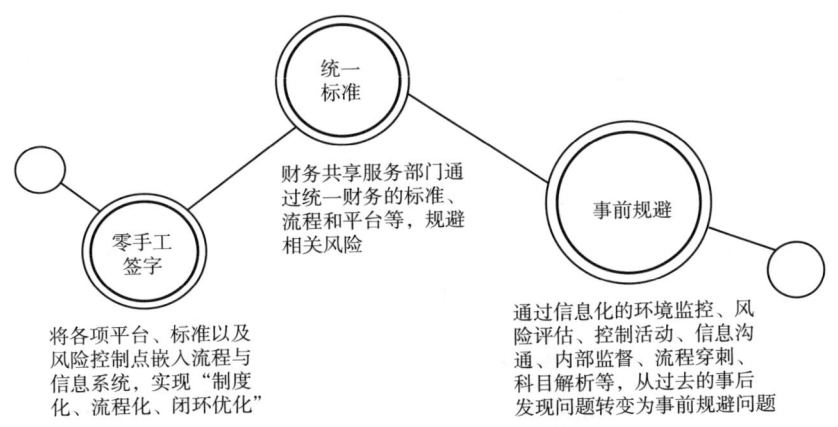

图 7　数字化系统下的内控与风险管理思路

艾莱依在 SAP-ERP 实现财务业务一体化的同时，意识到这是侧重解决企业产供销的供应链数字化方案，但要达到企业全景全要素的数字化，还需将经济业务开展过程中的对公对私费用全流程及资金管控等纳入数字化体系中，以解决费用及资金全面预算管理中的流程执行痛点。比如公司在费用管理过程中存在以下问题：费控处理传统的纸质流转及 OA 模式低效滞后；内控合规管理工作量繁重且易错；提报、审核、审批全方位体验差，于是公司决定将涉及费用及资金管控全流程中的数字化建设作为业财融合的进阶突破。

三、进阶突破：以费控管理系统助力全面预算管理

2016 年 7 月，财政部发布的《管理会计基本指引》阐明全面预算管理作为企业经营管理的一个重要环节，是企业经营发展的关键因素。全面预算管理能综合反映企业在一定时期内生产经营活动各方面的目标和行动规划，通过全面预算管理的协调和控制功能，优化企业人力、物力、资金的使用，从而帮助企业决策者进行科学的战略规划。预算管理一般应遵循战略导向原则、过程控制原则、融合性原则、平衡管理原则。对各级目标的预算审批、预算控制、预算分析和预算调整如何精细化管理到位，又能高效且不失体验，是费用控制数字化方案需要重点关注的，从而提高企业管理水平，使企业在行业市场竞争中有更大的竞争优势。

云平台、移动化、OCR 智能识别等信息技术及电子发票的发展和广泛应用，已具备费控管理系统建设及各业务系统集成的技术环境。为进一步推动业财融合数字化全面建设，提升企业数字化管理水平，艾莱依财务中心以预算管理中的费用管理及资金管理、运营管理精准实时支撑、内控管理合理合规的专业理论落地指导建设了艾莱依费控管理系统，重点对各级目标的预算审批、预算控制、预算分析和预算调整等环节进行了项目设计，在实施过程中重点关注痛点、需求规划、内控合规、服务体验等维度，确保项目顺利落地。

（一）从痛点出发，解决核心需求

管理会计运用一个很重要的目的就是服务于企业内部决策，使企业价值增值、价值最大化，因此我们在推进以费用管控优化全面预算管理的管理会计数字化过程中，紧紧围绕管理痛点，进行需求规划。

经过全面调研，公司梳理出了各层级在费用报销过程中操作层及管控层的痛点：管理层痛点在于关注预算控制、成本控制、内控合规的有效性，迫切需要相关数据分析揭示节省成本之项目，而传统费用管控手段无法及时有效满足；中层干部痛点在于关注部门费用进度是否可控、开支及结构是否合理，渴望有实时的费用管理报表，进而可以及时进行费用管控调整干预；而基层员工痛点则集中关注

在填写出差申请、审批不及时、预算实时额度不清晰、报销的贴票、票据保管、办公场所限制、单据填写、报销延迟无法跟踪等繁杂流程上，解决体验及效率差的问题；作为审核部门的财务痛点则在能否快速处理审批流程，快速获取报销明细，对接财务凭证，满足管理制度管控要求，在手工票据处理、核对预算、合同、纸质票据也存在审核工作效率低、易出错的情况，预算控制采用"人治"方式，预算资金、费用分析报表手工维护、时效性低等。具体表现如图8、图9所示。

单据填报烦琐
单据的填写都在PC端，界面不友好，填报耗时长

单据无勾稽关系
单据与单据之间并没有很强的关联性，数据追溯十分烦琐，如报销与借款，合同与付款等

记账耗时严重
部分凭证需手工录入，包括还款、工资、租赁业务、水电费等

影像数据缺失
发票、合同等最终版的影像数据未存储或缺失

预算管控即时性低
预算管控多为事后管控，未实现信息化管控

费用统计困难
预算、费用分析报表手工维护，时效性低

图 8　企业费用管控痛点

 **手机端填报审批**
通过移动端填报、审批，减少业务人员填报及审批时间，提升效率

 **报销关联申请、付款关联报销**
实现申请、报销、付款、凭证关联，可追溯

 **系统自动生成凭证**
付款、费用、固定资产、分摊等凭证通过系统导入后自动生成凭证

 **影像管理**
发票、合同的影像采集、档案存储、调阅

 **多维度、多口径预算管控**
实现经营、财务维度，费用预算、资金预算等维度的预算管控

 **数据分析报表**
费用预算执行、资金预算执行、合同执行、流程效率等系列报表

图 9　企业费控业财管理系统需求

为解决管理层和中层管理、基层员工、财务人员的这些痛点，在全面预算管理思想指导下，构思了通过信息技术基础平台，搭建费控业财管理平台的蓝图设计方案。方案以业务流程为核心，融合业务和财务，实现预算可控，实时反映预算执行情况，提供费用分析、合规性分析、预算执行分析等管理报表；流程合规管理，事前申请，以各项管理制度为标准在系统中进行报销审批控制，财务稽核查验，全部实现线上管理；提升用户使用体验，优化服务流程，采用一维条码粘贴单跟踪原始单据，与系统流程编号相关联，使业务流程有序高效运转，降低企业运营成本、提高总体效率；建立共享服务管理，以总部为共享服务所在地，服务各地子公司，推动企业数字化转型。

公司财务中心、信息中心、业务关键岗位人员联合成立费控平台系统项目小组，按照公司《项目管理制度》申请立项后，本着精细基础、充分准备、一次做对的原则围绕项目目标，统筹供应商选择、案例考察、商务谈判及合同签订等环节，从解决方案、现场演示、案例考察、产品口碑及市场占有率、系统开发语言技术环境、部署方式、远期规划、周边资源及项目团队等开展细节工作。历经5个月时间，通过综合评估供应商系统功能满足程度，结合公司未来发展，确定以云SaaS模式解决业务人员移动端访问，以本地模式实现财务稽核和预算控制的创新组合模式，从而各取其优，综合解决公司痛点。

在蓝图设计阶段，技术层面规划以费控软件为前端门户，提供手机App和PC端同用户联接操作，在本地模式完成预算管控，以数据平台为基础，对业财场景中的发票、合同、消费记录、对公费用、借款管理、资金管理、预算管理等电子信息基础数据、流程、报表进行全面设计，组成整个费控业财管理平台系统。通过优化、简化、合并流程，在符合管理制度、内部控制的基础上减少审批节点，提高审批效率，改善用户体验，提供共享服务和提出管理改善建议，促进管理提升。费控管理系统蓝图如图10所示。

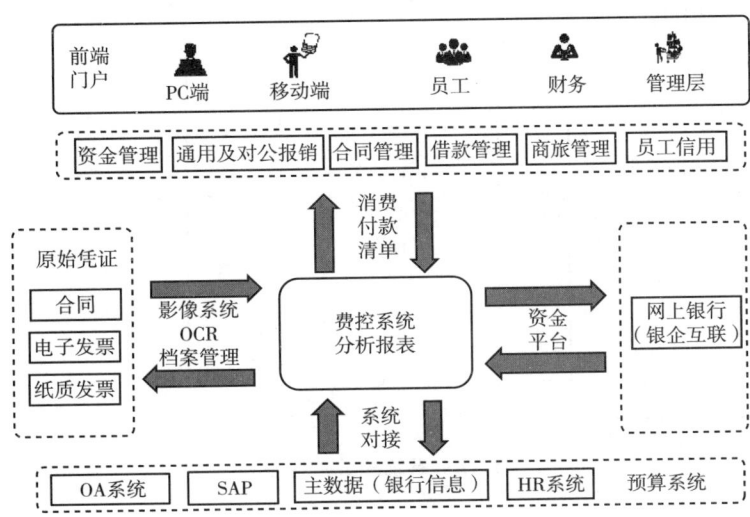

图10 艾莱依费控管理系统蓝图

（二）嵌入内控思维，场景式配置开发

系统在功能蓝图设计的同时，也在技术层面对数据的采集、查真查重、合规处理、分析应用做出规划，从主数据、单据追溯、费用开支标准、管控依据、资金管控、票据管控、报销流程等方面进行了全面的场景式梳理，形成艾莱依费控应用链路闭环，如图11所示。

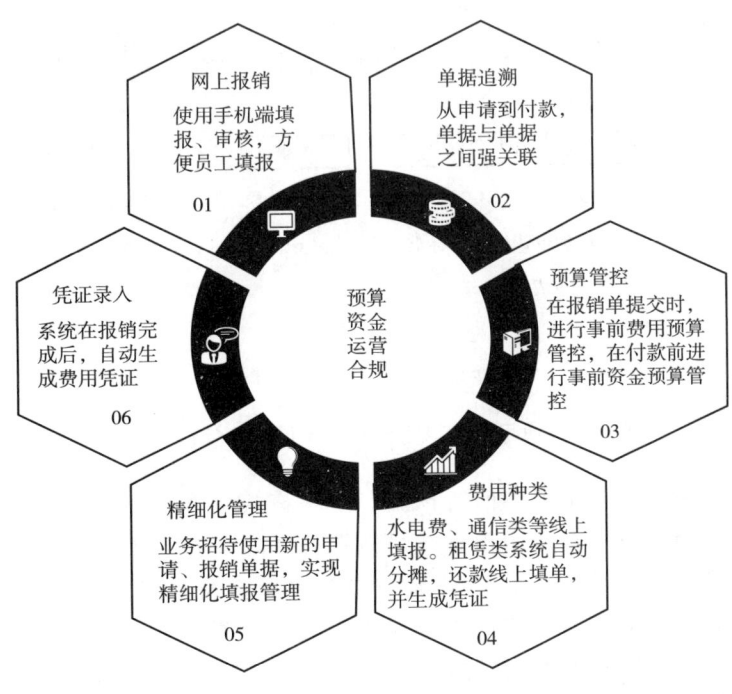

图11 艾莱依费控应用链路闭环

主数据的准确、完整关系到系统间接口的畅通相联和数据分析效果。以 SAP 系统统一的会计科目、成本中心、归口部门、各公司代码、供应商和客户、银行等主数据，通过应用程序接口（API）同步新增推送到费控系统，部门档案、岗位角色、人员信息从人力资源系统同步。利用原有系统数据可方便接口开发和数据交换对接，实现跨系统间的调用和主数据的统一管理，如图 12 所示。

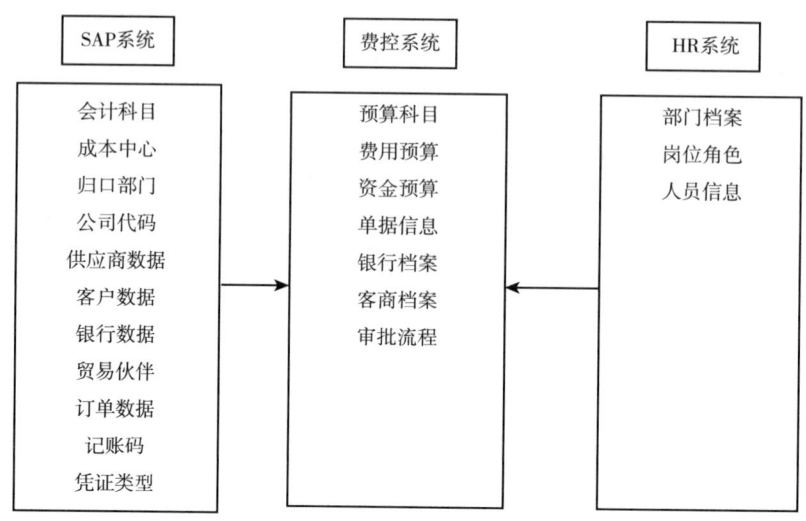

图 12　系统主数据管理

在场景上，从员工费用申请提交开始，即占用费用预算。在消费订购前提供费用标准，在商旅平台订购后形成消费记录，可以自动导入系统或线下通过手工扫描发票录入，生成费用报销电子单据，占用实际费用预算。对超标弱控费用项目进行提示，对超标强控费用项目予以提醒补预算申请。提交报销单据通过后，经各上级主管审批，到达出纳岗位，进行资金预算扣减，然后传送到 SAP 进行银企付款或冲抵个人借款，按预设费用项目对应科目代码生成凭证和记账，形成报表分析，进行全流程管理，如图 13、图 14 所示。

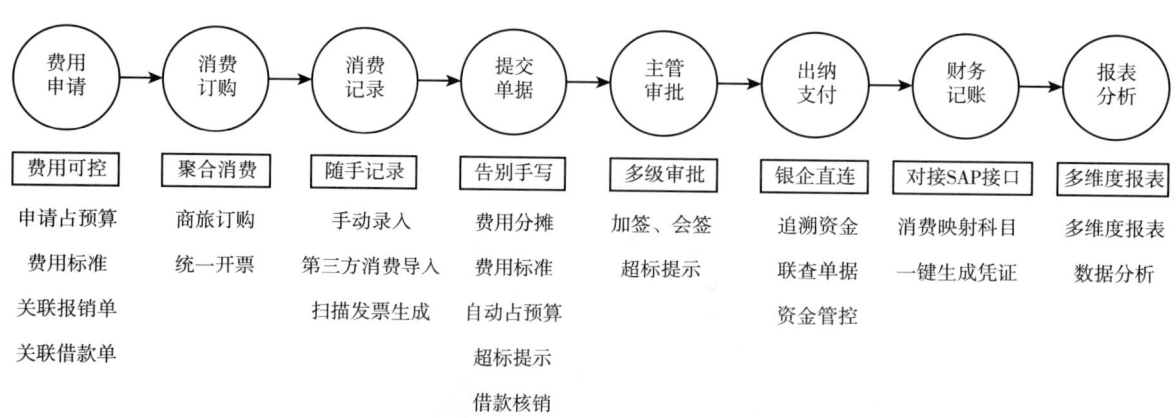

图 13　打通申请—报销—支付—记账—分析全流程

预算管理贯穿全部费用流程，做到事前有预算，事中有控制和调整，事后有分析报告。根据业务实际情况，以自然月为周期，对所有费用预算科目按照强控、弱控、不控三种类别进行系统控制；年度费用预算和月度资金预算导入系统后，针对不同预算项目管控要求，对强控项目严格按预算执行，无预算则退回并提醒，对弱控项目通过审批进行提醒，对不控项目不做提醒。提醒方式可以为 App 内的消息、短信、企业微信等。同时提供实时的移动端预算分析报表，图形化展示预算使用情况，可穿透分析到每一笔明细，如图 15 所示。

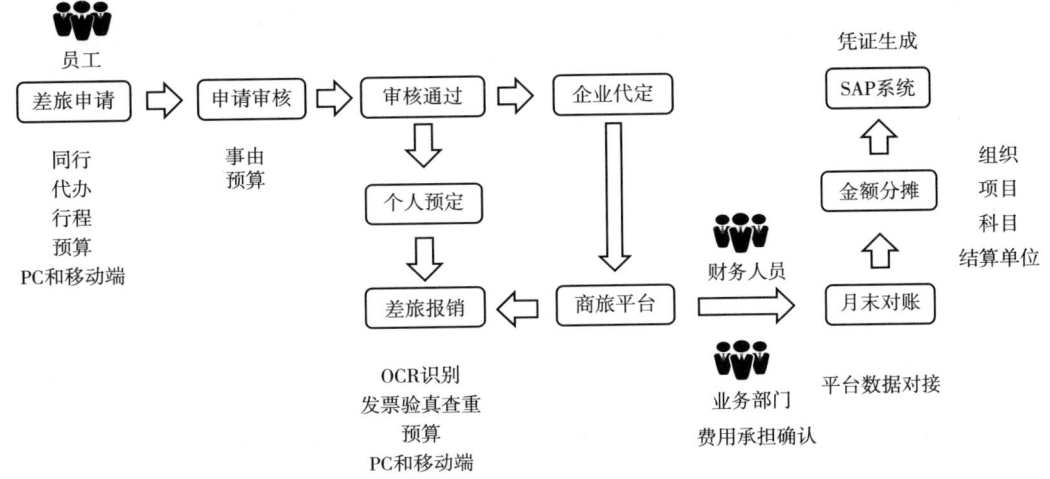

图 14　差旅全流程控制管理

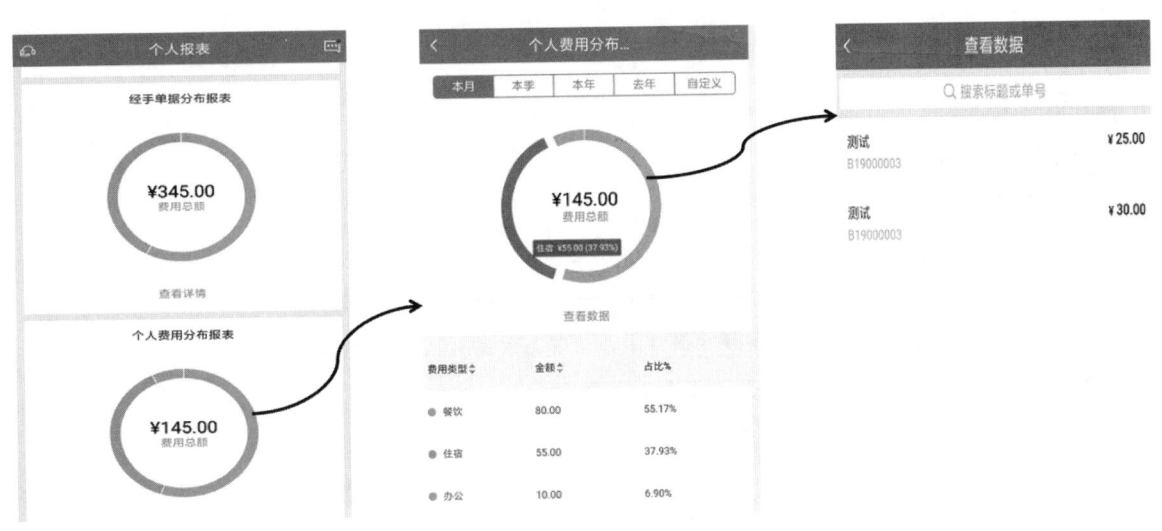

图 15　个人报表的钻取/穿透展示

（三）注重系统操作体验，全方位辅导培训服务

费控管理系统可以使用手机 App 或 PC 机登录，填写出差行程和预计费用后提交出差申请单，主管在审批时可以查看行程安排和费用预算情况；审核通过后，员工可以进入商旅平台进行车票、机票、住宿等比价和预定，费用发生后系统自动登记消费记录；机票等大额费用由公司同商旅平台统一进行结算，个人不需要付款，月末对账后一次性分摊到部门费用。对线下消费可通过扫描电子发票或随手记功能进行费用登记，在报销时导入消费记录即可转成差旅费用报销单，提交审批，如图 16 所示。

费控管理系统上线前，通过海报、视频、小知识等形式进行预热宣传，到各子公司现场去进行辅导培训。通过系统演示和讲解，并测试系统进行实际操练，协助用户安装 App，熟悉系统操作。从申请到最终报销成功，全过程了解拍照、识别、填报、审批流转、预算调整等过程，达到上手熟练操作。

上线后针对常用操作，制作图文信息在企业微信中推送。对常见问题，集中整理及时发布解决方案。对外地员工进行操作指南和操作视频推送，对关键岗位和用户进行专题培训。上线后及时总结和推送操作技巧，让员工更好地应用系统，发挥系统便利、高效的价值，如图 17、图 18 所示。

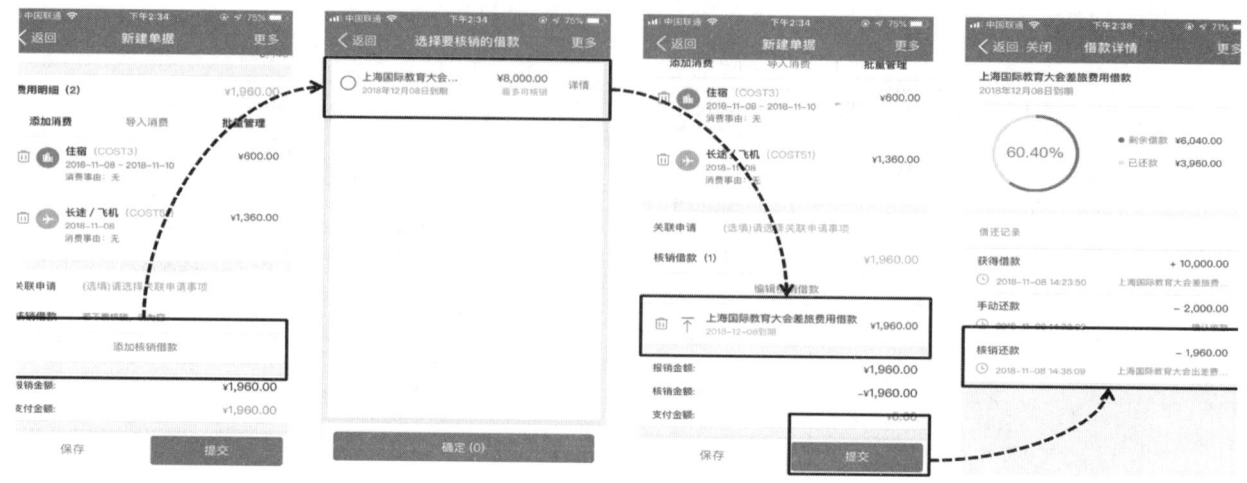

图 16 报销填报移动化展示

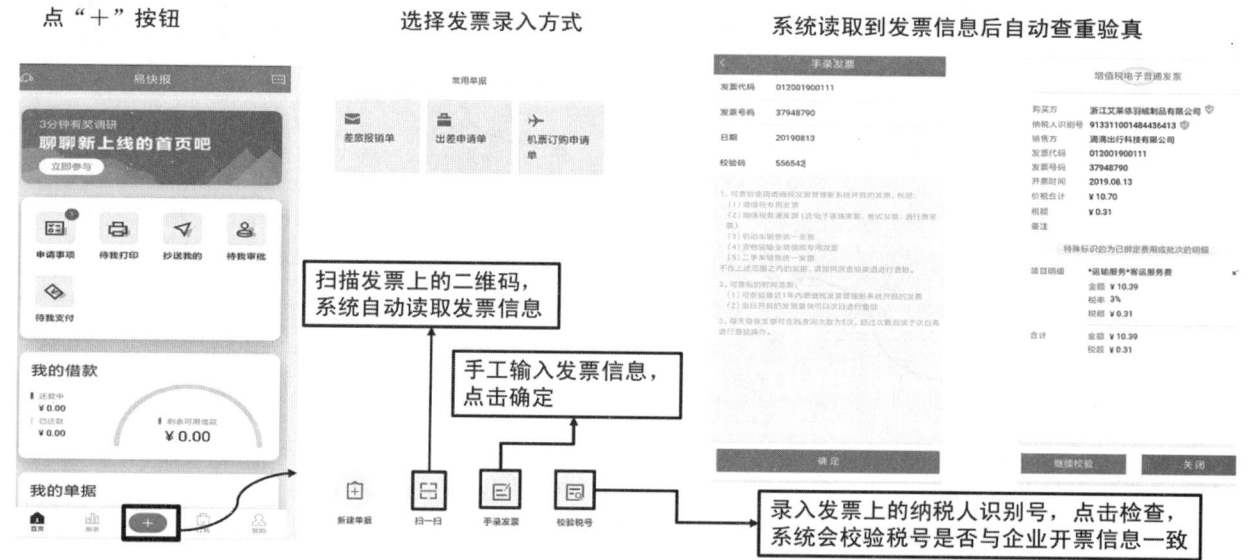

图 17 报销小技巧展示（发票验证）

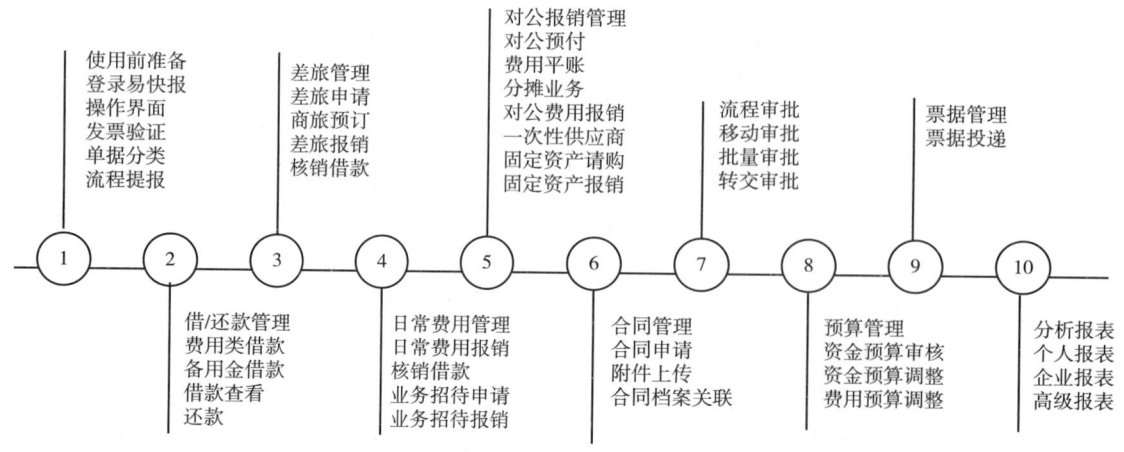

图 18 费控系统全流程操作全景节点图

四、艾莱依费控管理系统实施效果

艾莱依结合自身的费用管控及员工费用报销痛点需求，运用全面预算管理、内部控制等管理会计理论，建立了预算管理中的费用管控数字化系统，有效地解决了传统费控处理低效滞后、内控合规管理工作量繁重且易错、提报审核审批全方位体验差的问题。实现由事后算账向事前估测、事中控制的转变，推动传统财务会计核算职能转变为管理会计决策职能，建立起以经营管理为中心的预算费用管理系统。

费控系统通过本地部署与云 SaaS 部署相结合的方式，一方面提高了数据的安全性，另一方面能灵活地使用 App 进行移动办公和 PC 端同时操作，引入第三方商旅平台，实现了对全场景费用支出的有效管控，将预算管理全流程可视化，取得了较好的成效。具体体现在以下方面。

（一）提升费用报销与核算效率

员工报销直接在系统里按消费记录提交生成报销单，数据的准确性得到了保证，减少了票据的粘贴，电子发票系统验真，稽核会计可以在线查看消费记录影像，进行远程稽核。在会计核算上，事前制订标准和流程，通过前端的业务费用项目与后端的会计科目事先绑定，自动化生成会计费用核算科目及相关凭证记录，达到一键过账，减轻了费用会计编制费用凭证和过账的负担，实现线上处理与自动处理模式，同时可实现账务的实时结清，省时省力，减少人力、物力消耗，降本增效，提升会计核算的准确性和及时性。

通过应用 OCR 智能识票、发票验真、电子影像等技术，推进电子化存档，实现公司合同管理、报销原始单据电子档案存档。借助系统互连等智能应用，为财务档案的电子化落地打下基础。

通过实现移动端和第三方商旅平台合作，实时提供消费服务，显示平台中的消费信息，实现移动化、24 小时随时随地精准记录消费，完成提报、审核、审批等流程。通过银企直联加速付款，既提高了费用报销透明度，又提高了员工报销满意度。

（二）以财务流程优化促进业务流程再造

艾莱依通过推进费用异地集中审核，为中型企业的"小共享"管理模式做了尝试，提升效率的同时降低公司财务人力成本，支撑企业发展。公司通过信息系统支持、问题调研、稳步推进、过程调整等一系列部署，目前已经完全实现了将外地属地子公司的费用报销通过无纸化审核的手段集中到总部进行。

（三）实现费用预算的精细化管理

将费用预算和资金计划迁移到业务端，对各项业务进行了标签化，财务管控与公司制度流程执行同步到位，明确各项预算费用的支出类型和目标，实现纳入费用预算的支出才能发起，纳入资金计划的支出才能付款，即"无预算不支出，无计划不付款"。对常规的变动费用实行月度可超，年度总额控制；对固定费用进行弱控，以提示为主；对酌量费用以项目管理方式进行强控。将静态预算数与动态费用发生额相结合，做出动态分析，做到事前有控制标准、事中有过程控制、事后财务控制结果的运营管理，提高了费用预算的支出控制及审批力度和动态调整管理，达到费用预算精细化管理目标。

（四）强化了预算执行的反馈与控制

艾莱依费控管理系统环境为企业预算执行控制提供了更加便利的条件，各部门预算执行工作开始的同时，费控管理系统也开始采集所有预算执行的数据，并对其进行实时监控和分析，一旦发现与原本预算存在差异，便会分析差异原因并进行反馈，各部门根据反馈数据结合实际情况及时进行调整，并将相关数据反馈给关联部门，防止部门间信息不对称。当数据出现变动时，费控管理系统会将变动情况及时反馈给预算管理部门和各预算执行部门，提示其进行适度调整；当数据差异过大、有突发情况或经营环境出现异变时，费控管理系统会及时做出预警提示。费控管理系统为全面预算管理提供了新路径、新工具和新方法，使全面预算管理能够更高效顺畅地运行和开展，而通过对数据进行筛选、分析等，使之可视化，可以助力企业管理层洞察现状，制定更切实可行的经营策略。

艾莱依费控管理系统成效如图 19 所示。

各项业务开支统一梳理标准，制度规范进行统一
对各项业务进行了标签化、场景化，分类整合到费控平台中
移动应用、智能识票、电子影像、商旅平台、系统互连等智能应用
移动报表、个人报表、企业报表、资金使用情况，让费用使用各维度可视化

移动体验·效率规范·管控支持

图 19　艾莱依费控管理系统成效图

五、艾莱依管理会计数字化建设总结与展望

艾莱依在推动数字化转型工作中，从董事长、总经理到各事业部负责人、经理层都形成了共识，确保了执行力。公司数字化战略确定的同时，配套规划了管理会计数字化蓝图，保证了管理会计数字化落地的同步性，财务部门在管理会计数字化建设中更加积极、主动、有为，自觉从传统的核算型财务会计向管理会计转型，引导整个公司树立正确的财务管理导向思维。同时，艾莱依在数字化建设中始终坚持复合人才团队建设，通过内部锻炼、外部引智等途径，打造自己的核心管理会计数字化能力。坚持立足于自身的业务特点和运营现状，不盲从先进的系统和解决方案，从实际业务需求出发，合理规划，扎实做好各类基础性工作，确保内部控制系统合规，最终以用户体验为追求目标。目前，艾莱依在基础场景上做了些尝试，初步实现了管理会计中成本管理、预算管理、营运管理、项目管理的数字化应用。

艾莱依管理会计信息化建设的经验启示如图 20 所示。

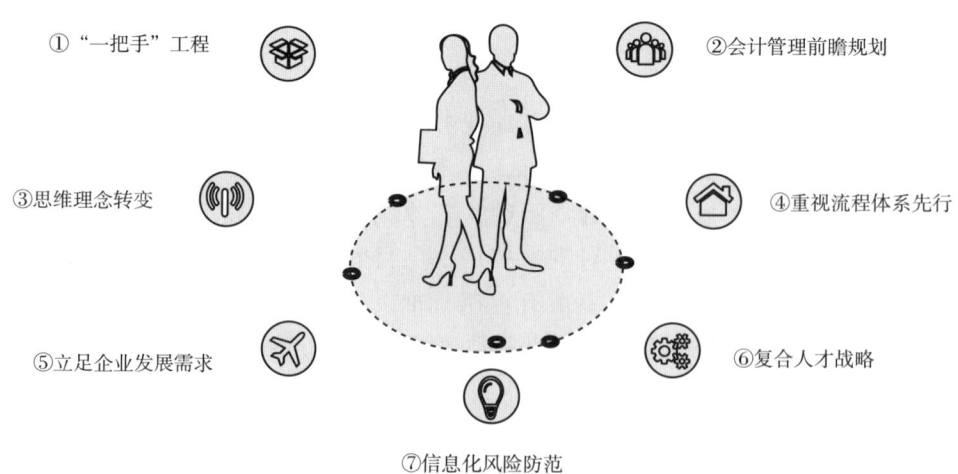

图 20　艾莱依管理会计信息化建设的经验启示

展望将来，艾莱依在已经建成的管理会计数字化系统的基础上，将进一步完善软件体系、推进数据应用；公司将持续完善供应链协同管理系统，实现公司与供应商、经销商之间的快速业务协作与商务协同，提升整个供应链快速响应市场的能力和成本控制能力；推动全面预算管理编制逐步转向专业软件系统，开发适合本企业当前状况、未来发展需要的预算管理数字化系统，打通预算系统与业务系统的接口，实现预算与实际数据执行结果反馈，进而实现绩效评价管理；在数据上实现沉淀，形成公司数据资产，以数据为重点开发领导层、管理层、操作层各层次的决策看板、投资评价等，逐步构建艾莱依的场景应用生态，支持企业发展。艾莱依下阶段数字化转型方向如图21所示。

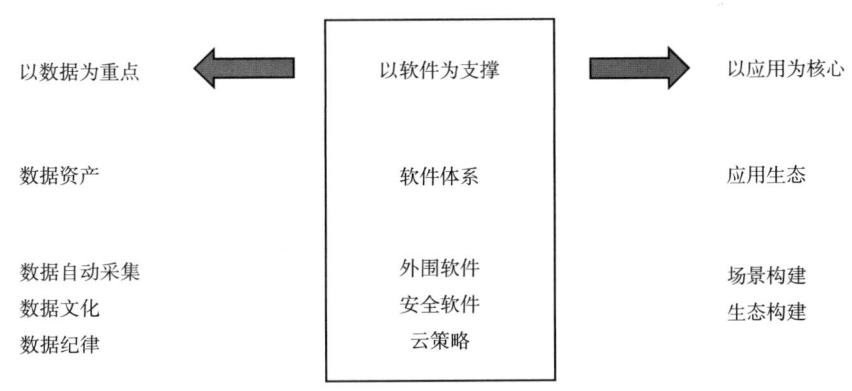

管理会计：全面预算专业系统、看板决策支持、投资评价模块、绩效评价模块

图 21 艾莱依下阶段数字化转型方向

　　管理会计是以提高企业经济效益为目的，推动财务由核算型向管理型方向转变，其思想、工具和方法已经成为业财融合的桥梁和手段，包括全面预算管理、绩效管理等在内的管理会计工具本身已将财务工作深入业务工作前端，财务人员要了解企业经营模式，并在业务流程中嵌入财务工作进行指导、控制和监督，建立符合企业自身经营特点的业财融合模式。在业财融合及费控管理数字化系统背景下，财务人员及业务部门可以及时反馈预算的实际匹配程度，在各项业务活动的授权审批环节进行严格把控，以便及时反馈差异和问题，适时调整预算，促进资源最优配置，进而指导业务活动，进一步创新、完善全面预算管理的内涵。

参考文献：

[1] 彭鸣, 朱七光. 我国会计信息化发展研究 [J]. 财会通讯, 2011（3）：308.

[2] 袁丹丹. 我国管理会计的信息化发展研究 [J]. 绿色财会, 2016（7）：52-56.

[3] 张超. 管理会计信息化国内研究综述 [J]. 财会月刊, 2015（28）：101-105.

[4] 李红杰. 信息化视角下财务会计与管理会计有效融合的思考 [J]. 经营管理者, 2015（32）：8-9.

[5] 谢力, 陈睿熙. 突破全面预算管理难题：从费控到业财融合的业务管控 [J]. 财务与会计, 2020（14）：85-87.

[6] 丛梦, 王满. 基于业财融合的管理会计应用与启示 [J]. 财务与会计, 2019（7）：16-19.

[7] 朱秀梅. 大数据、云会计下的企业全面预算管理研究 [J]. 会计之友, 2018（8）：96-99.

[8] 闫华红, 毕洁. 大数据环境下全面预算系统的构建 [J]. 财务与会计, 2015（16）：44-46.

 **企业自评**

　　随着信息技术、数据处理技术、移动应用、人工智能技术、电子发票、OCR智能识别等技术的发展和应用，数字经济时代已经到来，企业运用新技术实现高效运营是必然趋势。艾莱依将信息化、数

字化放在战略的高度，科学规划建设企业数字化平台，进行数字化转型探索，同步规划了财务会计与管理会计智慧财务数字化平台，提高效能和合规建设，赋能业务管理，支持企业的发展。

公司业财一体化初步实现，智能报表平台的数据运用，有效提升了会计人员的工作效率，为下一步的分析型管理会计转型奠定了基础。公司的费控管理平台综合了预算管理、项目管理、运营管理的管理思路与业务需求，互联互通外部消费场景，连接内部相关信息化系统，实现与内外系统对接，实现费用相关业务的系统化、精细化管理，打通预算、申请、项目、消费、报销、记账及支付的电子化报销，有效支持企业各项费用型业务，并为公司的费用政策及相关开支管理办法的落实提供有效的管理平台；同时也提高了员工生产力和用户体验。实现从出差申请、审批、商旅预定，到关联的差旅报销发起、审批的流程管理，有效管理员工差旅行为和差旅费用；实现了高效智能化识票、电子发票验真查重，移动端全面运用，简化及方便了流程提报与审批，提高员工差旅出行效率和报销效率。在内部管理上，提升了分析和报告能力，通过预算执行比对报表、多维度的费用报表分析，对预算执行和费用发生实时掌控，快速的数据分析也为预算制定和费用管理提供依据。

专家点评

当前物联网时代万物互联，信息技术日新月异，数字化、智能化技术推陈出新，世界经济正步入数字化的新时代，传统的财务管理和能力要求也进入了重构的进程。

随着管理会计信息化的发展，财务管理对企业经营的价值体现也进入了新阶段。众多企业利用高效敏捷的技术手段进一步打通业务到财务的端到端的流程和数据应用，进行全流程管控；一方面加强管控，另一方面又极大地降低企业运营成本，降低经营风险和财务风险，实现业财一体化信息高效传递、实时共享，帮助企业管理者建立快速的应对机制，赋能业务，创造价值。

艾莱依时尚股份有限公司的案例就是财务管理创造价值的生动证明。案例以管理会计数字化思维下的业财融合建设及费控管理系统构建为核心，主要亮点如下：

（1）以全面预算管理思想为指导，通过信息技术基础平台，搭建费控业财管理平台的方案。以业务流程为核心，融合业务和财务，实现预算可控，实时反映预算执行情况，做好全流程风险管控。

（2）实施成果显著，提升了服务体验，提高了管理效率，打通了信息孤岛，推动了流程创新，创造了经营价值。如移动端运用普及，费用场景化，提升体验感；有效及合规管控费用预算、资金预算，精准分析，提升运营管理等。

案例具备普遍学习和推广的价值。面对数字化时代的挑战和管理转型的要求，艾莱依遇到的问题也是很多企业遇到的问题，艾莱依的实践之路也是很多企业正在探索的路。希望这些实践解决方案能够为广大读者提供思路和工具方法。

（杨俊）

数字经济时代的到来，使得数字化建设渗透到各个领域。我国企业积极响应国家的数字化战略，加大了会计数字化建设的力度，使得管理会计在业财融合的背景下得以广泛应用，并取得了许多创新成果。

艾莱依基于SAP-ERP信息系统平台及周边延伸辅助系统，完成了业财融合系统搭建，在业财一体化的基础上，实现了精细化、定量化的制造成本管理，高效快捷的报告与决策支持，提升了数字化系统下的内容与风险管理效率。

本案例的亮点主要体现在艾莱依费控管理系统对全面预算管理的支撑。企业运营效率提升的核心，无外乎降本增效、增收节支。在全面预算约束下的数字化费控管理系统，在提升费用报销与核算效率的同时,实现了费用预算的精细化管理,强化了预算执行阶段的实时反馈与控制,促进企业资源的优化配置。

相信艾莱依的管理会计数字化建设和应用实践,对我国企业具有一定的参考与指导意义。

(李晓梅)

通信

通信企业基于物联网技术助力资产管理新突破

中国电信股份有限公司湖北分公司

> **摘要**：物联网、云计算、大数据信息集成等新一代信息技术，极大地推进了"互联网+"在各行各业中信息化的高级形态。在此背景下，中国电信湖北公司接应集团财务转型升级及构建智慧资产运营体系工作安排，为解决省内资产总量多、分布广、监管难的痛点，创新使用物联网先进技术手段与资产管理深度结合。
>
> 项目核心内涵，一是引入物联网技术，搭建不同条件下的物联网应用场景，分别使用物联网NB-IOT传感器、RFID高频扫描标签、传统二维码标签三种形式，实现对场景内固定资产的电子化监管；二是通过开发物联网资产监管平台，将其与现有生产作业平台对接，业务流程与IT平台融合，实现资产账卡异动与实物流动的同步关联；三是全方位优化资产的全生命周期管理体系，明晰资产管理链条岗位职责权限，促进业务流程再造和业务模式升级，推进资产管理最佳实践，引领资产创造价值最大化。
>
> 经过一系列的项目举措，中国电信湖北公司固定资产基础管理水平及管理效率大幅提升；同时，通过大数据信息的汇聚，支撑低效资产的退出报废、多维度资产效能与效益分析等，输出智慧分析结果。自主开发的物联网资产监管平台产品化，其资产管理系统、盘点功能、报表推送功能已在中国电信北京公司、中国人寿、中国石化、三江航天等大型央企落地应用。
>
> **关键词**：通信企业；智慧资产；物联网；数字化转型；NB-LOT窄带物联网；FRID

一、企业简介

（一）单位性质

中国电信股份有限公司湖北分公司（以下简称"中国电信湖北公司"）是中国电信股份有限公司在湖北省行政区域内设立的分公司，是湖北省内重要的基础网络运营商和最大的综合信息服务提供商。依托于中国电信的全程全网，中国电信湖北公司可向用户提供丰富多彩、优质高效的固定和移动通信业务、光纤宽带、互联网接入及应用、视讯服务、大数据、云计算、物联网等多种类综合信息服务，为党政客户和企事业单位提供有保障的信息化解决方案。

（二）经济规模

中国电信湖北公司历经20多年的发展壮大，现下辖17个市州分公司。近年来，中国电信湖北公司

---

* 本篇作者：石磊、习玉平、王颢、宗良俊、赵蔓琳、喻定发。
指导专家：张妍（华北电力大学）。

移动用户规模、宽带用户规模、天翼高清用户规模、年收入规模,以及在本地通信市场收入份额实现持续增长。

(三) 发展前景

按照"十四五"规划,作为建设网络强国、数字中国和智慧社会的主力军,中国电信湖北公司大力开发和推广信息化应用,以全新的多业务、多网络、多终端融合及价值链延伸,努力使信息化成果惠及社会各行业和广大人民群众。自启动"智慧湖北"战略工程以来,重点聚焦智慧政府、智慧民生、智慧产业等领域,大力推进电子政务、平安城市、智慧监管执法、便民生活服务、智慧医疗、智慧交通、智慧教育、智慧园区、幸福新农村、智慧旅游等重点项目建设,引领数字生态,打造一流企业,助力网络强国,服务社会民生,共筑美好生活。

二、基于物联网技术应用的固定资产管理效能提升的背景分析

(一) 压力推动变革

当今世界处在伟大而深刻的变革中,以"互联网+"为代表的科技革命,将互联网的创新成果深度融合于经济、社会等各领域之中,极大促进了全社会生产力的跃升。从云可视对讲、云停车场管理,到共享单车、无人驾驶汽车,每一个物联网应用的成熟推广,都给广大人民带来实质的体验和利益,也给传统行业带来了脱胎换骨的整合。

通信企业是国有企业改革的生力军,是网络强国的参与者和建设者,同时承担着国有资产保值增值的责任。该行业竞争激烈,拼市场、拼管理,有强烈的改革求进的愿望。一个重要事实是,通信企业里固定资产占比较重,网络资产是企业运营的物质保障,具有分布广泛、规模庞大、设备复杂,管理效率低等共同特点,是急需提升管理效能的领域。将物联网技术应用于通信企业内部管理有着广泛的内在需求,也具有重要的现实意义。

(二) 痛点滋生动力

2017年,在中国电信企业战略转型升级关键时期,湖北公司响应集团公司提出的构建智慧资产运营体系的工作要求,决心改进和提高固定资产管理,推进资产基础管理迈上新台阶;价值引领和成本管控能力实现新突破,为企业转型升级打下基础。但同时,面临的难题仍然不少。

1. 固定资产总量大、价值高

截至2020年末,中国电信湖北公司资产500余万项。资产颗粒度细密(如板卡),资产异动(如网优、资源调整)频繁发生,带来的问题是资产卡实脱节、前清后乱、识别难、盘点难。

2. 固定资产使用地点分布广

除室内机房外,户外资产包含架空、基站、管网、小区布线等多种情况,基本无人值守,被盗和遭破坏风险高、监管难。

3. 管理链条上各系统间存在壁垒

固定资产IT支撑平台相对独立,信息传导因人工参与难免会有遗漏,效果差。

2017年以来,中国电信湖北公司在集团公司战略方针指引下,加快创新驱动的步伐。凭借先进的网络通信技术优势,加上NB-LOT窄带物联网建成投入商用,中国电信湖北公司引入物联网技术,与内部IT平台融合提升固定资产管理效能的尝试应运而生。

三、基于物联网技术应用的固定资产管理效能提升的思路举措

（一）项目思路

中国电信湖北公司积极探索固定资产管理新方式，实现管理创新突破。其核心思路是引入物联网技术，一是搭建不同条件下的物联网应用场景，实现对场景内固定资产的远程电子化监管，确保无人值守状态下国有资产的安全；二是通过开发物联网资产监管平台，将其与现有生产作业平台对接，系统串联，业务流程与IT平台融合，实现资产账卡异动与实物流动的同步关联；三是推进无感知资产盘点，最大化地实现资产账卡异动与实物流动的同步关联。

通过创新解决国有资产管理效率低、效果差、监管难等痛点，实现强基础、优监管、创价值的总体目标。

1. 在强基础方面，结合物料、资产、资源三码融合清查资产资源信息，确保账卡实物相符；以系统为手段，精确追溯固定资产全生命周期。

2. 在优监管方面，分场景采用NB–IOT、FRID、二维码等管理运维模式，满足固定资产快速识别、快速盘点、实时监控的管理需要；依靠资产监管平台流程促进资产盘点、监管的规范化管理。

3. 在创价值方面，以强基础与优监管为根基，识别低效、无效资产，针对性开展盘活与退网，支撑投资方向管理决策；开展多维度资产效能分析，提升资产实物、价值精确化管理水平，提高国有资产使用效益；借电信天然的网络通信技术优势，打造具有示范性、可对外推广的物联网产品及服务。

（二）整体设计

项目整体设计方案包含智能连接层、物云融合层、应用层、决策层四大部分（见图1）。

智能连接层主要涵盖重点管理的资产，如核心机房设备、高价值办公设备、重点区域井盖和光交箱；相对应各类应用场景选择的电子标签，如RFID、NB、二维码。

物云融合层主要基于三码融合打通各系统间基础信息，根据专业方向汇集特征数据，实现基础数据的汇聚、关联与整合。

应用层主要为实物保管、价值管理、网络维护、物资采购、投资建设、市场营销等人员提供各类应用服务。

决策层主要为公司管理层、专业管理部门以及各市、县、分支局等服务对象提供决策支撑。

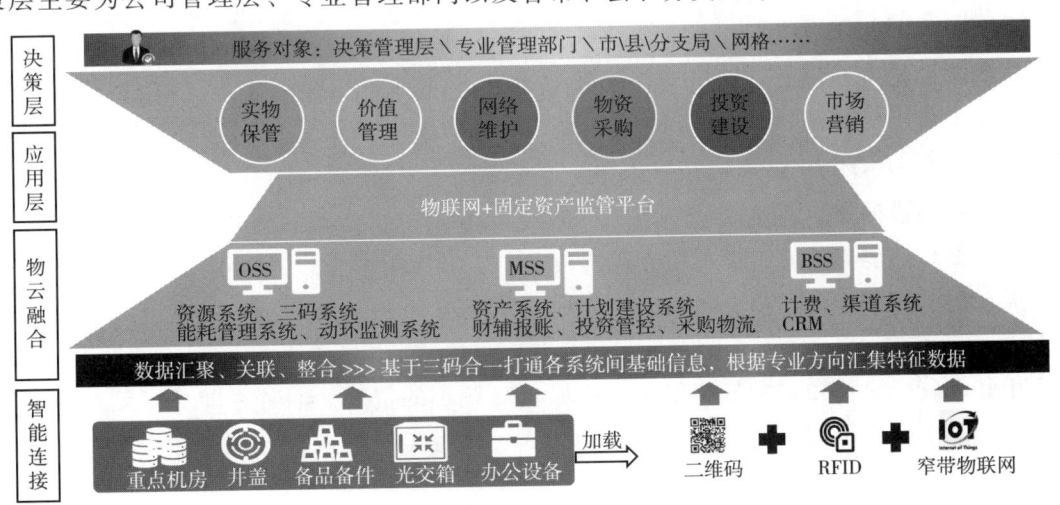

图1 物联网固定资产监管平台设计架构

(三) 标准规范

物联网作为新一代信息技术的重要组成部分，其核心和基础依然是互联网，是以互联网为基础的延伸和扩展。物联网通过智能感知、识别技术、普识计算等通信感知技术，广泛的使网络里的各类对象，如人与物、物与物进行信息交换。项目以物联网电子标签为基础，建立在计算机互联网基础上，形成实物互联网络，其宗旨是实现远程物品信息的实时共享和互通。其主要功能有：将分散的物品信息数字化，利用电子标签、传感器、通信模块和无线网络，感知、管理和远程监控这些物品的状态、位置信息，实现"M2M"（机器与机器）信息通信技术的服务。物联网的系统结构由RFID电子标签、信息采集系统、天线（传感器）和应用管理系统四部分组成（见图2）。

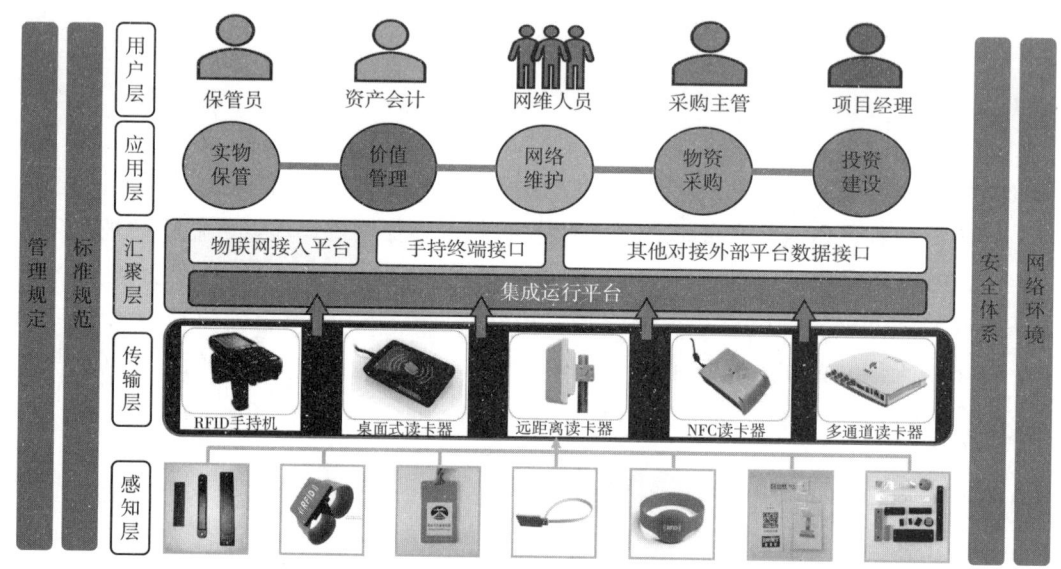

图2 物联网固定资产监管平台执行标准

(四) 分类管理

根据成本效益原则，对存量资产分户外、室内、价值高或低等场景，分别使用三种不同类别的物联网标签，具体为：物联网NB-IOT传感器、RFID高频扫描标签、传统二维码标签（见图3）。

1. 物联网NB-IOT传感器

主要适用较分散的室外设备，如户外光交箱、人孔井盖等；利用安装在设备上的传感器（速度、开关、位移、压力传感器），将设备状态信息通过窄带网络（超低功耗，可长时间使用）传递给资产平台，以达到远程监控的效果。

2. RFID高频扫描标签

主要适用价值较高的室内设备，如核心机房设备等，利用附着在资产上的RFID标签，通过高频扫描设备连续无接触、无差别地扫描，将获取的数据结果发送至资产平台，以达到连续集中盘点的效果。

3. 传统二维码标签

主要适用移动较少、位置相对长期稳定，价值相对较小的资产。通过在随身运维系统App中嵌入无感知盘点功能，由现场维护人员在维护前现场扫描资产标签，获取资产卡片信息后，实现实时无感知盘点与监控。

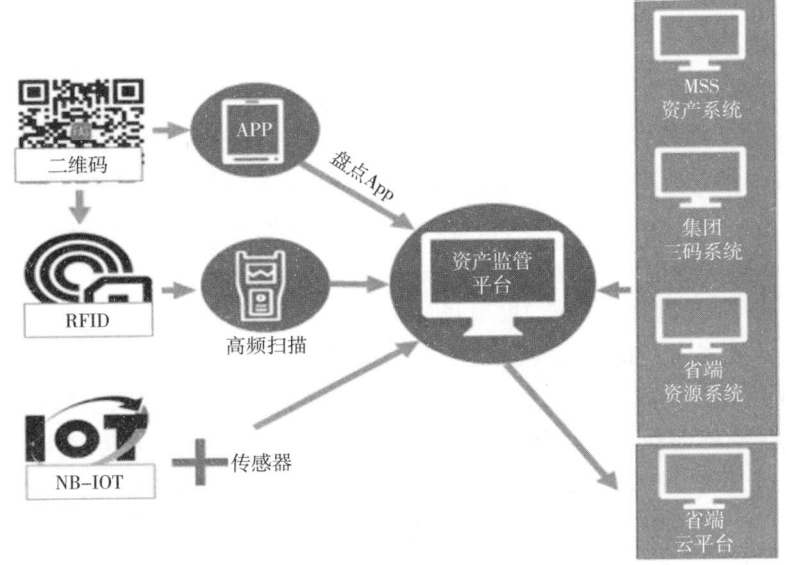

图3 三种标签数据传送过程及平台互通

(五)流程再造

从公司治理和自我完善需求出发,坚持问题导向,再造"资产识别—组织建库—实时监管—分析报告"一系列管理流程,优化资产管理链条岗位职责。

1. 资产识别

采用多种资产识别手段,满足不同场景资产管理需要;快速识别实物类别与型号、资产价值等关键管理信息。

2. 组织建库

资产保管员按组织架构建立逻辑资产库,根据不同组织级别,资产库可建立至最小经营单元。

3. 实时监管

采用高度自动化盘点、户外资产远程监管、系统自动记录资产轨迹日志等手段,实现资产监管实时化。

4. 分析报告

根据传送结果,平台自动生成盘点报告,发送各级管理人员;连同其他系统生成资产价值管理数据,支撑企业投资、营销决策、资产效能分析等。

(六)项目组织

项目推进采用"省级项目负责团队+市级项目支撑单位"的管理方式,省级由财务部总体统筹,横向联合省公司各实物管理专业部门;纵向选择市级分公司为试点单位,为项目推进提供先进管理经验;平台建设单位保证技术力量,落实开发。

各级财务部门以强化固定资产实物管理为切入点,协调各方力量,具体负责创新项目的方案设计、实施路径、整体进度管控和实施效果评估等工作;实物管理部门和资产属地使用单位等专业部门负责项目承接实施,具体从事目标区域内存量固定资产基础数据的清理,为物联网平台上线运行提供实时准确的初始化数据;IT支撑部门负责物联网平台开发和物联网应用场景搭建,负责物联网平台与其他生产作业平台对接,实现资产信息畅通传递。

项目工作团队于2017年5月成立,采取周例会制度,省市公司财务部牵头制订分阶段目标任务,分阶段滚动实施。

(七) 实施步骤

项目团队依据既定实施目标，制订了两期工作规划，具体方案内容如下。

1. 一阶段项目实施详情

一阶段于 2017 年开始实施，即在重点区域搭建物联网应用场景，室内和户外各选一处，安装物联网感应设备（传感器），粘贴 RFID 标签，实现远程监控、远程定位、快速扫描、系统自动比对盘点差异和输出盘点报告等。

项目团队综合考虑设备资产的重要程度、场景区域大小和投资规模等因素，室内场景选取武汉分公司徐东分局核心数据机房为首批物联网固定资产管理示范基地。该机房面积 400 平方米，设备资产数量 3000 项，规模适中。同时该机房承载了重要客户的通信服务任务，属于核心局端机房。户外场景选取武汉分公司徐东区域的 500 个路口井盖。通信企业室外存放的资产有很多类，如铁塔基站、管道、交接箱、小区楼道分线盒等，但户外井盖特别是重点路段（如容易溃水路段）、人流入驻多的小区门口、学校门口附近的井盖，均属于高危资产，从维护社会公共安全出发，井盖的安全管理实属重要，首批入选的 500 个井盖均属于这种情况。

上述室内、户外两个场景选取，各有特点，故与之匹配的物联网技术应用方案有不同之处。

一是室内机房，对应选取"超市"模式，即机房出入口设置门禁，机房内每项资产粘贴 RFID 电子标签，墙面布置感知天线，配置数据采集设备。这类场景主要的功能特点为：资产异动可触发远程告警提示，资产保管员可及时处理确保账卡实相符；资产盘点时由于每个资产都贴上了 RFID 标签（特点是电磁感应），可快速扫描读取，读取数据通过网络传递至物联网监管平台，由系统比对数据和自动输出盘点差异结果（见图 4）。

图 4　资产快速扫描读取

二是户外井盖，选取"NB-IOT+传感器"模式：NB-IOT 是窄带物联网的简称，有辅助定位及通信的功能，承载形式是 SIM 手机卡；传感器是状态监控装置，由厂家提供，可直接购买。如果井盖发生位置挪移或者倾斜超过设定角度（设定角度可自行设置），传感器会告警，告警信息通过 NB-IOT 通信模块推送至监管平台（PC 端）和手机 App 端，由系统预制的有关人员派单处理；维护人员赴现场处置，确保正常后上传现场处置图片，结束工单。

2. 二阶段项目实施详情

二阶段于 2019 年开始实施，即在总结一阶段应用成果的基础上，继续优化完善，通过管理创新逐步解决生产经营中的各种管理难题。二阶段工作目标将重点突破局部区域内精准定位、无感知盘点、系统对接和自动派单等问题；实现物联网资产监管平台融入生产作业流程，规避信息孤岛，支撑固定资产卡实异动同步处理。

项目团队选定武汉金银湖 IDC 机房和武汉市长江委客户端机房，承载二阶段固定资产管理创新试点任务。这两个机房均有我方资产与客户资产混合存放的情况，属于重点监管范围。同时，这两个机房里我方资产规模不大，投入可控，适于布置场景和创新试点。

二阶段工作重点是利用物联网技术解决三大问题：一是在机柜局部区域设置内置式天线，建立小范围的"电子围栏"，只对我方资产进行监管，实现更小范围的精准监控；二是实现全自动无感知盘点，提高资产盘点效率（见图 5）；三是物联网资产监管平台与生产作业平台对接，实现资产异动的自动告警、系统自动派单、卡实异动同步处理的闭环管理。

图 5　自动盘点机柜现场

（八）平台功能

项目团队从实际需求出发，提出了详细的 IT 平台功能需求，委托第三方开发。一阶段方案对物联网监管平台提出三大主要基本功能：一是盘点功能，提高盘点效率；二是告警提示功能，借助门禁设施，当设备出机房门口时，系统生成告警记录并发出告警提示；三是统计功能，满足资产类别、状态、盘点结果和资产异动情况的统计，为分析决策提供服务。二阶段主要将物联网固定资产监管平台嵌入生产作业流程，实现 IT 支撑系统之间的对接和大融合，借此提升固定资产管理能力和水平。各模块具体功能说明如下。

1. 资产盘点

资产盘点由新建与下发盘点任务、展示盘点清单、实物资产盘点、跟踪任务进度、输出盘点报告五项子步骤组成。

（1）新建与下发盘点任务。仅对省资产会计和分公司资产会计配置新建盘点任务权限，具备根据资产类型和组织结构筛选覆盖面、规定在某个时间段内完成盘点任务等功能。盘点任务建立后，任务发布者激活盘点任务下发，系统自动将盘点任务分解到任务覆盖区域的保管员名下。

（2）展示盘点清单。盘点任务发布者可通过保管员任务列表查看某个任务的具体盘点清单，盘点清单将列出所有明细；有盘点任务的保管员可查看自有任务详情；任务执行者为保管员，可通过保管员任务管理界面查看自己的任务或通过盘点 App 查看自己的任务，包括已盘点和未盘点资产列表和资产详情。

（3）实物资产盘点。盘点人员通过移动手持终端非接触式扫描标签或采用无感知盘点手段，快速高效完成盘点。对于综合办公楼宇内资产，可能存在归属多个使用部门和成本中心的情况，可选择集中盘点方案，授权一位资产管理员完成所有楼层资产数据采集和记录，对系统生成的盘点差异报表，按资产归属使用部门分发至相应部门资产管理人员进行核查处理。

（4）跟踪任务进度。省公司资产会计监督全省盘点情况，监督任务进度，汇总盘点报告；省公司资产管理员监督所辖资产类型的盘点情况，监督任务进度，汇总盘点报告；分公司资产会计监督分公司盘点情况，监督任务进度，提交盘点报告；分公司资产管理员监督所辖资产类型的盘点情况，监督任务进度，提交盘点报告。

（5）输出盘点报告。从管理员提交盘点结果形成最初的盘点报告，到上级资产管理员形成自动汇聚盘点报告，每级自动汇集统计盘点数据并形成统计报告，操作人员只需填写建议即可，报告通过组织结构顺藤而上，直至盘点任务发起人。

2. 告警提醒

分别在两种不同场景下设置告警提醒功能。

（1）在封闭式机房、油机仓库、办公楼出入口安装门禁设施，或在室内安装集中感应器，当粘贴有RFID电子标签的实物被带离出入口，或脱离感应范围时，资产监管平台发出告警提醒。

（2）对于实时户外监控资产发生状态异常时，资产监管平台发出电子告警，并及时将信息推送至片区维护人员。

同时，系统具备授权移动设置，即免告警。所辖范围内的资产管理员根据告警提示，视情形做出相应追溯处理。

3. 统计查询

实时生成分资产类别、分部门、分单位资产结构情况、异动情况，反映本区域内管辖资产新增、调拨、报废信息或某类资产某时间段状态变更统计，为分析资产投资管理等提供决策依据。

4. 系统互通

物联网资产监管平台与集中MSS财辅资产系统、省资源系统和综告系统、运维系统（负责工单规则起草和派发）联通。

（1）与MSS财辅资产交互。该功能主要实现实物异动及时触发资产系统工单，处理工单促使固定资产卡实异动同步，从而保障资产卡实相符。

（2）与省资源系统交互。该功能主要实现资产资源信息互查，即扫描资源二维码后，通过三码中的实物ID作为桥梁，调出资源信息的同时也可通过资源数据中的实物ID（集团三码系统产生）查询到相应资产信息。

（3）与省综合告警交互。该功能主要实现自动将资产异动告警消息发送到系统后台，程序打通运维环境中的省综告系统，由综告系统向对应的末端处理人员发送告警消息，如服保系统。

5. 其他功能

（1）资产时点信息存储。资产监管平台配有强大的数据库，除通过接口从MSS系统读取的信息外，可记录设备的地点标签、使用动态等信息。主要包括：①地点信息：区域编码、地点编码、地点座标；②资产转移信息：资产标签号、位置变动信息、位置变动日期；③工单信息：与MSS接口流程信息。

（2）资产履历信息存储。资产监管平台记录资产信息变更历史及详情，即资产全生命周期日志，包括设备入库、出库维护、异常出库，以及所属部门、资产类型、责任人、保管员变更等信息。上述关键信息发生变动，由系统自动保存经办人员信息，并形成直观的时间轴供查阅，以掌控资产动向，方便资产管理人员监管。

（3）资产日常管理。物联网资产监管平台还具备资产新增、标签打印、资产领用、资产归还、资产报废后续管理、资产清理、资产转移等功能。

四、基于物联网技术应用的固定资产管理效能提升实施效果

上述一、二阶段工作推进较好贯彻了项目开发工作思路，实现了提升固定资产管理效能的既定目

标，是将物联网技术与企业内部 IT 平台、业务流程融合创新的典范，大幅度提升了企业履行国有资产保值增值的能力水平，具有一定的推广价值和应用前景。就实施效果而言，主要体现在以下几个方面。

（一）管理效率大幅提升

1. 识别与盘点效率大幅提升

传统资产管理没有智能识别与盘点手段，只能依靠技术人员专业知识和工作经验，实物管理人员无法快速查寻资产价值，财务管理人员不认识实物型号。通过物联网资产监管技术，实现了资产实物与价值管理高度统一。无感知盘点、RFID 电子标签等非接触式快速扫描，快速识别资产类别、型号、价值等信息，系统自动比对盘点差异并输出结果，资产识别与盘点效率大幅提升。以试点机房为例，1500 项资产原需花费约 1.5—3 小时盘点，现仅需 0.5 小时即可完成扫描，并输出差异结果，效率与准确性平均提升 4.5—5 倍。

2. 解决卡实异动管理难题

传统资产实物异动，如维护、调拨等，实物管理人员没有手段直接对接资产卡片系统，造成卡实变动脱节。通过物联网监管平台与企业内部生产作业平台对接，管理人员在实物状态变化时直接触发资产卡片系统调整流程，保证了固定资产卡实异动同步关联，解决了卡实脱节、前清后乱的管理难题。

3. 户外资产实时监管

传统资产管理模式下，对道路开挖、他网开启、外力破坏导致的资产状态异常，必须在获知信息并抵达现场才能了解情况。监管平台可显示方位电子地图，直观展示资产状态，实时监控资产信息，并及时将资产异常、电子告警信息推送至片区维护人员。户外井盖的远程状态监控、电子地图，实时、直观，较大程度上解决了户外无人看守资产实时监管的难题。

4. 电子围栏精准定位

创新启用"电子围栏"，在机柜内置放天线，实现局部指定范围内设备的监控，成功解决了我方资产与他方资产混放、难以有效监管的难题。

（二）支撑价值管理决策

1. 展示低效资产分析结果

由于通信技术频繁迭代，低效资产占比日趋增多，对重资产企业经济效益影响较大。为支撑低效资产退出与分析，通过对比资产、资源系统数据，调用资产利用率情况，对接低效资产库，输出低效资产总体规模分析，如卡片数量占比、资产原值占比、资产净值占比；输出低效资产结构分析，如资产类别维度、分公司维度、低效状态维度；输出低效资产成新率分析，如资产类别维度、分公司维度。以各类分析为基础，精准定位低效资产区域，开展针对性的资产调拨与利旧；与网络技术演进相结合，统一规划全省低效运行资产退出与报废。

2. 搭建资产投入产出配置模型

为进一步精确管理基层最小单元投入效益，按照各层次组织级别要求，生成划小经营单元逻辑资产库资产结构，含固网语音资产、宽带接入资产、移动业务资产规模及占比等。对接资产划小系统数据搭建资产投入产出配置模型，关联各经营单元资产收益与规模关系，对比其各类资产收益率，为后期投资方向提供建议报告。

3. 支撑方舱医院资源建设

2020 年武汉新冠肺炎疫情最严峻时期，中国电信湖北公司接到上级要求在两天时间内完成方舱医院网络与信息化建设。为配合政府实施方舱医院网络与布线，亟须加紧调集闲置用户板等网络专用设备。为了尽快满足通信保障任务，居家办公的维护人员开启远程盘点功能，扫描机房内在网闲置资源信息。经远程盘点确认,在徐东物联网数据机房的物理地址上存在同型号闲置资产可供调用,可精准定位在具体第几列第几架第几网元。于是此信息迅速反馈至网络建设部门和无线维护中心,资源调度工作得以快速圆满解决。

(三)获行业和市场认可

1. 集团内推广

该项目在集团公司深受好评,在中国电信集团"资产价值提升我在行"劳动竞赛中被评为最佳案例之一,获得较高关注度。同时,陆续有多批集团及兄弟省份公司前来观摩学习,如安徽、河北和北京电信公司前来调研交流,获一致好评。

2. 市场推广价值

武汉市某区红色物业走进中国电信湖北公司智能演示厅,项目团队向客户推介物联网资产监管平台和智能井盖项目,引起客户浓厚兴趣。

3. 平台产品化

自主开发的物联网资产监管平台产品化,其资产管理系统、盘点功能、报表推送功能已在中国电信北京公司、中国人寿、中国石化、三江航天等大型央企落地使用。

(四)先进的资产管理体系

采用领先的技术手段,构建物联网资产监管平台,核心内容包含:信息收集与存储、日常转移与盘点、远程监控与报警、报废退出与后续管理、定制化报表分析输出等,全方位优化资产的全生命周期管理体系,明晰资产管理链条岗位职责权限,推进资产管理最佳实践,提升管理效率,引领资产创造价值最大化。

(五)可复制资产管理方案

项目引入资产群组概念,让资产管理从孤岛成为基石。以打通实物、资源、资产关联关系为基础,利用先进的物联网及区域链信息技术手段收集信息并向系统传送,实现单个资产向资产群组和资产链的管理。重资产企业具有类似的特征,利用创新手段为具有类似特征的重资产企业提供流程、手段等一揽子可复制的资产管理解决方案。

五、基于物联网技术应用的固定资产管理效能提升后期计划

(一)完善多维度分析体系

使用先进的物联网手段,对固定资产实物从申购、审批、购置、领用、盘点、转移、退出、处置等方面进行全方位准确监管。在资产跟踪管理的基础上,以设备云提供的海量数据为支撑,综合财务、运营、业务视角完善多维度资产分析体系。

1. 智能转固规则分析

分析主辅料分类模型、物料资源模型、资产目录预测模型,不断丰富及动态更新三码匹配稽核规则,实现快捷、准确的转固交资,把住资产入口关。

2. 投资效益评价分析

以基层最小单元投入产出效益分析为切入点,拓展至专题投资效益评价。优先考虑按照接入网、移动无线网(重点关注5G投资)专题逐步细分,开展投资效益分析,不断提高取数的准确性、及时性;完善评价指标的实用性、有效性,以评价成果驱动资产投资与采购资源科学、合理、滚动配置的

管理。

3. 退出处置闭环分析

应用平台"账销案存备查簿"模块，对接物流系统信息，建立报废资产处置与物流入库关联关系，归集资产利旧、处置成本及收入，提供处置进展跟踪统计信息、处置效益分析。

（二）外延至资产效能监控

以3D可视化作为重要管理手段，对高等级核心机房、关键基站站点、重要IDC机房运行状况等进行全面监控和管理。将管辖范围内分散的多种专业监控系统融合在构建平台的3D全信息图景中，提升资产及其耗电费用、维修费用、铁塔租赁费用的监管能力。

1. 设备电费管控方面

依托资产监管平台，重塑能耗业务管理及配套流程，如资产调整能耗异动处理流程、非生产用电使用监督流程等，加强电费分析精准度。

2. 铁塔租费管控方面

探索对接铁塔租用管理系统，进一步厘清租用铁塔站址信息，努力做到实时动态更新。借助共建共享机制，持续优化塔型结构，提升共享率，支撑基站精准建设，减少压降低、零流量基站占比。

3. 设备维修费管控方面

提高现场综合化维护效率，压降设备巡检人工成本，提高劳动生产率。加强修理费定额管理，构建对标分析模型，结合市场用户、网络规模、区域政策等因素，全面优化维保成本管理模式。

（三）促进国有资产保增值

利用信息手段实现"技财融合"，加强国有资产基础管理，落实管理责任，确保国有资产安全完整。通过大数据采集、交换、处理、存储、管理等数据处理及数据应用全环节管控，实现数据价值变现与持续增值，促进业务流程再造和业务模式升级。以降本增效、增加经济利润、增强行业竞争力为核心，力争以最佳的资产资源配置实现差异化服务，满足客户"质优价优"的需求，提升重资产企业的资产价值管理能力，提高国有资产使用效益，实现国有资产保值增值。

参考文献：

［1］中国电信股份有限公司关于印发中国电信集团固定资产管理办法的通知（中国电信〔2006〕785号）［Z］.

［2］中国电信股份有限公司湖北分公司关于印发中国电信股份有限公司内控手册及权限列表（2019年）的通知（中电信鄂〔2019〕225号）［Z］.

［3］张素曼. 物联网系统中RFID标签识别可靠性技术研究［D］. 北京邮电大学, 2019.

［4］朱晨，周晨霞，李智. 物联网射频识别系统的技术标准与关键测试方法［J］. 电信工程技术与标准化, 2015 (8): 50-53.

［5］齐俊鹏，田梦凡，马锐. 面向物联网的无限射频识别技术的应用及发展［J］. 科学技术与工程, 2019, 19 (29): 1-10.

企业自评

中国电信湖北公司通过将物联网先进技术手段深度应用于企业资产管理，努力解决国有资产管理效率低、效果差、监管难等痛点，力争实现强基础、优监管、创价值的总体目标。

基于对传统资产管理链条中薄弱环节的分析，中国电信湖北公司引入先进的物联网电子标签，开发物联网资产监管平台，优化资产管理体系，推进资产管理最佳实践，提升管理效率，引领资产创造价值最大化。根据资产分布区域与价值高低进行分类管理，搭建不同条件下的应用场景，分别使用不同种类物联网电子标签，实现对场景内固定资产的电子化监管，确保无人值守状态下国有资产的安全。物联网资产监管平台与现有生产作业平台对接，业务流程与IT平台融合，实现资产帐卡异动与实物流动的同步关联。全方位优化资产全生命周期管理体系，明晰资产管理链条岗位职责权限。经过一系列的项目举措，中国电信湖北公司固定资产管理效率大幅提升；同时，通过基础数据信息的汇聚，可支撑低效资产的退出报废及基础经营单元资产效益分析等多维度资产分析体系，助力公司高质量发展。

专家点评

物联网等信息技术的发展，给电信企业资产管理提供了新的技术环境和发展机遇。中国电信湖北公司，顺应集团财务转型升级和构建智慧资产运营体系的要求，将物联网技术与企业资产管理进行深度融合，探索了一条通信企业进行资产管理、提升管理效能的实践路径。

湖北电信是湖北省内重要的基础网络运营商和最大的综合信息服务提供商，可以为用户提供丰富、优质、高效的通信业务、光纤宽带、大数据等综合信息服务。作为大型的电信企业，其固定资产存在总量多、分布广、监管难的特点，如何进行高效的资产管理，成为企业发展中亟待解决的重要任务。湖北电信使用物联网等技术手段与资产管理进行深度结合，通过建立先进的物联网电子标签、开发物联网资产监管平台、优化资产管理链条等措施，构建全方位的资产管理体系，进而实现了对场景内固定资产的电子化监管、业务流程与IT平台融合等信息化管理方式。通过开发物联网资产监管平台，实现了监管平台与现有生产作业平台的有效对接，资产账卡异动与实物流动进行同步关联；明晰了资产管理链条岗位职责权限，对资产进行全生命周期管理。一系列的措施和实践，提升了企业资产管理效率，促进了资产运营的智能化，助力了公司的高质量发展，同时也为我国通信企业的资产管理提供了经验借鉴。

基于大数据应用助力电费效能提升的管理案例

中国电信股份有限公司江苏财务共享服务中心

> **摘要：** 中国电信江苏公司在国家绿色发展和节能减排号召下，在集团财务智慧运营和降本增效工作要求下，针对省内电费数据不全、系统分散、动因不明等管理痛点，基于大数据应用，搭建能耗管理系统，推进流程规范和优化，聚焦重点能耗网元及风险领域，开展创新应用工作，助力电费效能提升。
>
> **关键词：** 财务管理；大数据；电费效能

一、江苏电信的基本概况

（一）公司规模简介

中国电信股份有限公司江苏分公司（以下简称"江苏电信"）是中国电信股份有限公司在江苏行政区域范围内出资设立的独资子公司，年收入360多亿元，主要经营固定电话、移动通信、互联网接入及应用、卫星通信等综合信息服务，拥有覆盖全省城乡、通达全国及世界各地、具备电信全业务多产品融合的服务能力和销售渠道体系。

江苏电信下辖13个地市级电信分公司和60个县级电信分公司，4个子公司，7个直属单位，员工超过2万人。

江苏电信深入贯彻集团"云改数转"战略，始终坚持财务数字化转型，持续推动管理创新，在资源效能提升方面深耕细作，追求卓越。

（二）商业模式简介

江苏电信以基础通信网络为根本，实现有线传输和无线覆盖，企业在不断发展中，从基础网络运营商向综合信息提供商转变，建立以客户为中心的多元化产品服务创收商业模式。针对不同客户需求的细分市场，通过价值创新，开发多品牌产品，如"天翼""天翼飞young""天翼4G""天翼领航""天翼e家""iTV""号码百事通"等。目前固话、宽带、iTV、天翼移动等主要业务用户总数超7000万户，其收入来源主要包括基于有限传输资源提供的语音、宽带、专线等服务收入，基于无线基站侧信号覆盖提供的移动语音、数据等服务收入，通过价值创新提供的多元化个性化的视频、音乐、安全等增值服务收入，通过资源整合提供的DICT项目型收入等。

运营商的通信网络服务基于传输和基站的建设，大量的光缆、通信设备、机房、数据中心等资源

---

* 本篇作者：李井、钱勇江、赵静杰、陈云。
指导专家：韩小汀（北京航空航天大学）。

投资决定了电信企业的重资产属性，资产的能耗如基站、机房和数据中心的电费占江苏电信电费成本的95%，尤其是近年来的5G设备低时延、高频率导致的超高能耗更是引发行业热议。能耗问题成为企业降本增效的主要矛盾，财务管理从企业实践出发，以提升效能为目标，利用新技术新模式，搭建管理会计应用融入业务支撑发展的新路径。

二、基于大数据应用提升电费效能的基础

（一）项目背景

1. 外部环境分析

（1）国家政策促进企业改革创新。党的十九大中央经济工作会议明确提出，我国经济已由高速增长阶段转向高质量发展阶段，要求我国经济从主要依靠物质资源消耗实现的粗放型高速增长转变为依靠技术进步和提高劳动者素质实现的高质量发展。

实现高质量发展是履行企业社会责任、加快企业转型升级、促进企业持续发展的必然选择。电信企业致力于以科技创新为引领，推动企业高质量发展的战略目标，明确要求聚焦重点费用，开展专项效能提升工作，坚持质量第一、效益优先，建立"花钱必问效，无效必追责"的全员价值理念和闭环管理体系。

（2）新技术应用提供企业创新基础。大数据时代，数据管理如火如荼，新兴互联网手段层出不穷，大数据应用及物联网技术日趋成熟，以电表为抓手的能耗费用精确管理有了实现目标的基础。江苏电信充分利用互联网大数据，整合各IT系统及业务数据，以耗电网元为单位归集电费、电量数据，明晰成本动因，实现电费的精确化管控；引入区块链、物联网等新技术，利用NB-IOT网络助力5G基站电费的管控，利用区块链原理将费用结算透明化，进一步提升效能。

（3）财政部发布管理会计指引，促进企业业财融合。财政部2016年发布《管理会计基本指引》，要求企业加强管理会计工作，提升内部管理水平，促进经济转型升级。管理会计指引注重应用性和实操性，涵盖了管理会计领域关键的22项应用，这也是作为管理会计专业人员必须掌握的理论方法和分析工具。从中可以看到，管理会计重点关注组织内部的运营管理，比如成本管理、营运管理和绩效管理。随着经济发展，企业规模扩大，倒逼企业必须采取更加科学高效的管理模式，支持企业的业务决策和发展，这是管理会计为企业创造价值的根本。

2. 企业内部环境分析

（1）电费管理的现状问题。江苏电信每年电费支出较高，云计算中心兴建、基站布点、传统机房保有等带来电费成本不断增长，各类耗电网元分布广，用电场景及用电方式较多，缺乏完善的系统支撑，业务数据分散，导致能耗的精确管控存在很多问题，比如大量的小局站散落在城乡各地，存在外部偷接电、转供电漏洞、电费单差错、机房PUE水平差异大等问题。

MBO域数据相对独立，M域财务报账数据、O域业务系统电表基础信息、B域海量客户数据，分散在各个业务系统中，从各自角度对数据、业务进行理解和定义，未能形成整体画像；实时性差，传统财务分析往往是一事一议获取时点数据，无法做到数据的动态更新，缺乏长期固定、有效地应用。

（2）集团"云改数转"战略推动管理会计数字化转型。管理会计的应用离不开信息化的支撑，我国管理会计信息化的应用也是伴随着财务信息化的大潮逐步发展而来的。在"互联网+"的发展趋势下，数据已成为新的重要生产要素，是企业价值管理的基础和创新发展的驱动力。中国电信集团制定"云改数转"战略，推动财务管理数字化转型。传统的财务数据维度单一，主要以会计科目为颗粒，无法直接承载更多的业务信息。

（二）项目组织

江苏电信会计部深入贯彻集团战略，认真落实效能提升工作，在实践中深入业务一线，以支撑服务业务发展带动管理会计的创新应用。该电费效能提升项目采用省市联动的管理方式，省公司会计部牵头，协同财务部、网运部、操作维护中心等部门推进，组建专业化团队，明确分工，从流程优化、网元匹配、电力政策、节能应用、互联网技术、异常核查等方面，协同推进电费精确化管理。依托电信设计院专业的开发能力，保证技术力量，实现系统各项功能。

各级分公司财务部门牵头，联合各划小单元，以网元匹配为切入点，落实各用电局点的电表信息、供电方式以及用电量评估等工作。

三、基于大数据应用提升电费效能的建设

（一）总体思路

自2016年起，江苏电信会计部积极探索能耗的精确管控，电费具体的耗用源头，用电量、电费是否准确，是否存在压降空间，均需精准核算。由于没有支撑系统，数据依靠手工，系统分散割裂，如何以财务专业视角分析电费的耗用，如何为企业节能减排，如何利用国家电费优惠政策，如何最大程度研发及应用各类节能技术，实现企业降本增效，是江苏电信面临的一系列待解之题。2019年以来，随着5G网络规模的不断扩大，5G基站数量越来越多，5G基站功耗远高于4G，必将带来电费激增的问题，对一直以来的效能提升工作带来前所未有的挑战。

江苏电信以助力电费效能提升为目标，采取攻防一体策略，精确管理与风险管控两手抓，落实网元匹配、分类管理、大数据应用等举措，调动企业整体资源，形成完备科学保障。基于电费精确管理的痛点，会计部梳理关于电费效能提升管理项目六大需求：一是以电表为抓手，归集电费、电量数据，匹配耗电网元，明晰成本动因；二是引领创新，利用大数据、区块链等新技术，整合系统，提质增效；三是实现智能管控，机房用电自动预警；四是研发、应用各类节能技术，响应国家节能减排号召，实现企业降本增效；五是打通企业前后端系统，搭建大数据分析平台，支撑管理决策；六是建立风险管控模型，提炼风险特征，开发风险指标，防范跑冒滴漏。

（二）整体设计

江苏电信会计部成立大数据研究团队，打通省内财务管理系统、资产设备OSS系统、能耗采集动环系统、网络优化管理系统、集团MSS系统等多个系统平台，搭建能耗精细化管控平台，形成从网元耗电、电量采集、电费报账、异常派单的闭环管理体系。

在整合电费财务业务大数据的基础上，以降电量、降电价、防风险、透明化等为工作目标，多方向持续性拓展，从政策研究、技术节能、转供电改造、系统化稽核、风险派单等多领域逐步推进，最终形成多维度管理的应用成果。

（三）实施安排

1. 利用互联网大数据技术，建立耗电网元管理新模式

第一步规范电费报账。管控的核心是电费，目标是防范跑冒滴漏，提高能耗效率。全省创建11万多个电表，明确电表属性，如局站属性、局站名称、动环属性、供电类型、网元匹配等。

第二步是聚焦某一类，先行突破。选定无人值守D类机房中的小局站先进行管控，快速见效，利于推广，形成复制效益。

第三步针对核心局站，强化管控。ABC类局站、IDC机房，均为用电大户，应用场景多元，办公、生产以及外租混合，同时电量大、电费高，管控效益突出。这部分重点监控PUE，提高用电效率，同时规范外租房产的电费收回流程，保证应收尽收，颗粒归仓。

第四步是基于业财融合的财务综合管控。整合多业务系统数据，综合分析，多维度进行用电单元画像、个性化评估节能方案、异常电表派单核查，建立业财核对、业业核对的工作机制。

2. 确定系统基本功能，落实技术研发

为满足财务和业务的管理需求，确定能耗系统集成管控主要功能。一是能源费报账，完成能源费录入报账，保障信息完整；二是ABC局站能效管控，主要监控PUE指标；三是D类局站能效管控，重点监控独立机房；四是IDC能耗管理，管控耗能巨大的IDC中心能效；五是节能措施管理，实施效果评估。

3. 梳理流程，整合多系统数据

江苏电信会计部提出各项电费报账规范要求，建章立制，以电表为切入点，不断完善电表基础信息和电费报账管理，规范报账流程，打通电费管理系统与财务报账系统的接口，实现直供电统一开票，提高工作效率。

整合内部系统，获取光资源端口总数、覆盖率、实占数、产品数、用户数、基站经纬度、扇区、流量、IDC机架、客户、带宽、能耗电表、局站、地址、机柜等清单级数据。

创新技术手段获取外部数据：通过互联网技术主动获取全省直供电表信息，如户号、电表编号、示数、用电分类、结算电量、单价、应缴电费、实缴电费等信息，实现对电表的动态管理。

4. 建立全省企业能源数据中心，推动多维度电费管理

在夯实基础数据的情况下，建立企业能源数据中心，对业务数据进行校验、清洗、统一存储，解决数据质量、标准化问题；建立业务网元数据间的关联关系，将"孤立"数据变成"相互有关联"，能够被高效使用；将动环系统、电费、挂表数据、OSS资产、无线网优、机柜、转供合同等与能耗成本相关的信息相互关联，解决多业务系统数据接入问题；以数据集市的方式展示、共享、强化分析。

四、基于大数据应用提升电费效能的主要创新

（一）转供电管理，控电价

随着通信业务不断发展，江苏电信租赁站点数量不断增加，转供电电费支出持续上升。转供电电费交纳给业主或租赁房时，大多采取现金垫付或银行转账方式支付，存在电费单价高、缴费周期不规律、电费结算方式随意、经常发生电费跨期跨年缴费、多家共用站点电费分割时容易发生重复缴费、无法获取电费增值税专票用于税务抵扣等情况，是电费管理的难点和重点。因此，江苏电信持续推动转供电改直供电以及支付风险防范等工作。

1. 转供电改造

通过大数据系统分析，江苏电信转供电单价大多为1—1.5元/千瓦时，直供电为0.6614元/千瓦时，价格相差大，改造空间显而易见。

单点大于5000元的电表，主要集中在基站类。滴灌等小型局站改造费用主要是施工费，按照规格32.5mm的线缆定额计算施工费（甲供材），宏基站等大型局站改造情况复杂，个性化差异较大，改造前需合理预测投资回收期，根据单站具体情况确定改造方案。

江苏电信会计部分析改造成果案例，总结改造模式、改造流程、改造成本、主要沟通对象及技巧，编制指导手册，支撑一线业务人员具体落实转供电改造工作。近年来累计改造3700个局点，节约电费

千万元计。

大力推进转供电改直供电，除可享受电价下降带来的直接效益，还能规避转供电私自涨价以及无法获取合规发票等后续风险问题，同时节省抄表人力，减少人为操纵风险，最大限度实现电费成本压降。

2. 转供电风险防范规则前置

江苏电信会计部协调业务部门，剖析以往风险案例，转供电费的报账风险主要体现在单价虚假、期间重复、支付对象不真实等方面。据此，经反复论证研究，确定能耗系统事前校验管控方案，即对电表单价、对方单位、电费期间等进行校验，不一致的将无法提交报账。

（1）电费单价校验。对于定额结算电表，能耗系统将校验报账金额与合同约定定额是否一致，不一致的无法报账。对于单价结算电表，校验报账单价与合同约定单价是否一致，不一致的无法报账。

（2）支付对象校验。对于支付外单位的电表，收款单位应与合同约定一致，若二者不一致，须在能耗系统上传付款说明。严控员工垫付电费，分公司对垫付项目严格审查，确需垫付的必须通过审批流程批准，必须在能耗系统上传审批单、领导签字的确认说明。报账时需提供发票、签收手续、转账记录，现金支付应提交现场现金交付的自拍合影，签收单应注明收款人、联系电话、实际地址等可查验信息，如果是单位收款还需加盖公章。

（3）其他信息校验。电费报账开始时间、结束时间保持连续性，不得出现重复；电量作为结算的重要依据，必须保证电表读数信息按照现场抄表数据填写，保持连续性。

（二）机房电费监控

全省小型局站点多，散落城乡各处，用电方式复杂，结算方式差异化。为实现精确管理，防范风险，江苏电信创新提出PUE指标监控的方式，利用动环网管系统获取设备电流值，推算PUE值，针对异常PUE局站展开实地巡检，现场排查（见图1）。

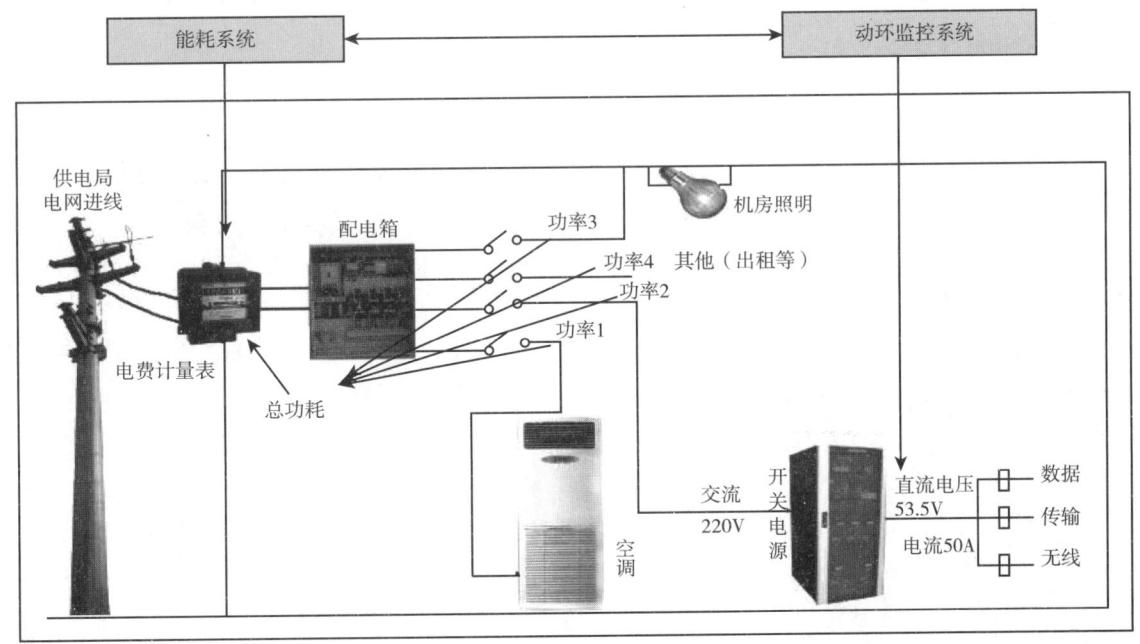

图1 机房电费监控示意图

通信局（站）PUE是衡量动力及机房环境运行效率和管理水平的重要指标，通过测量计算局站的PUE值，可以直观地了解能源的利用效率，而通过对比年度PUE值变化，可鲜明体现节能工作的成效。

关于 PUE 的计算，有两种方式：年度 PUE 值和瞬时 PUE 值。一般而言，采用年度 PUE 值的变化来衡量节能效果是比较真实的。年度 PUE 的计算维度主要包括 △PUE（上一年度 PUE 值与本年度 PUE 值之差）、节电量 △Q（上一年度与本年度的总耗电量差值）、节电率 η（即 PUE 的变化率，是指采取节能措施后节省的电能除以未采取节能措施的总电量）等。

对历史 PUE 数据进行分析、展示，定期进行通报，并对异常峰值进行及时现场核查。通过系统精细分析管控，D 类局站 PUE 合格率由 51.46% 提升至 82.61%。

（三）铁塔电费结算透明化

区块链的应用场景很多，其中信息共享是最基础的应用。铁塔及三家运营商的电费对账就是一个典型的信息共享的应用场景，由某一个中心进行信息发布和分发（电表产权方或电费代垫方），彼此（共享方与铁塔公司）之间定时进行对账。现在通过线下人工核对的模式难以达到实时共享，且信息共享各方缺乏一种相互信任的通信方式。区块链的设计可以对各方数据进行加密，使参与的各节点在缺乏信任的基础上保证真实信息的互通有无，并确保有时效性要求的信息得到及时共享；通过区块链推送各方真实的电量消耗，任何一方修改数据，相关的数据均会受到影响，确保数据的不可修改和真实性。

目前与铁塔公司之间的电费结算方式为：由铁塔公司提供电费清单、支付证明及相关票据，各公司人员线下对账，根据运营商及铁塔公司间确定的分摊比例，分摊基站所用的电费。这种方式存在参与方数据缺乏闭环管理；结算附件核实工作量大；受电表缴费周期影响，线下结算易滞后，且无法有效追溯；易产生数据伪造、篡改、难溯源、难校验等问题；同时存在业财不一致等弊端。

江苏电信利用区块链技术，搭建透明化平台，采集站址信息、电费信息、电表信息和分摊比例，设置智能合约规则，线上实现系统对信息的逻辑稽核，各方交互核对，解决铁塔电费结算不透明、不及时、不准确等问题。后续在风险管理、不合规预警方面拓展应用，并且完善联盟链。

（四）基站电费"一址一费"

随着我国经济发展、科技进程不断加快，通信行业也在快速发展中，随之而来的是日益增长的耗能压力，尤其是近年来 5G 建设全面铺开，基站传输速率、设备数量不断增加，通过对华为 5G 基站设备进行测量，耗电功率达到 2200W，是 4G 基站设备的 3 倍左右。按照基站平均电价 0.7 元/千瓦时测算，单台 5G 基站年耗电费约 1.5 万元，根据省内三年 5G 建设规划，5G 基站耗能将成倍递增，高耗能已成为影响通信行业健康发展的关键因素之一。

最初基站电表关联关系混乱，存在一站对一表、一站对多表、多站对一表以及关联关系交叉造成的多站对多表等情况，严重影响基站用电"一址一费"精确管控，基站电表有效关联率不足。针对一表对多站关系，首先，要清理存量，禁止基站电费打包报账，每块物理电表都需根据能耗建立对应的虚拟电表报账，如确实一块物理电表对应了多个基站，应通过能耗系统增加虚拟分表形式，确保最终不存在一表对多站关系。其次，基站电表关联环节增加校验，电表禁止关联多个基站，当电表关联多个基站系统自动告警，并建议增加虚拟分表管理。基站电表关联由网优系统移至能耗系统，电表需关联基站后才允许报账，确保基站电费管理闭环。最后，建立完善的管理机制，实现多系统之间的相互检验，提高数据的准确性。

（五）利用物联网 NB 网络采集能耗数据

江苏电信致力于新技术应用的研究，探索利用物联网技术，开发基于 NB 网络回传的基站电费精确管理平台，提出实现电源障碍自动报警、电源参数异常波动分析、智能抄表、电费大数据助力基站节能减排等创新方案，解决基站维护工作中面临的无机房站点动力环境监控问题，迅速判断基站退服障碍产生原因，实现电费精确管理，提高生产运营效率，降低运营维护成本，助力能耗效能提升。

（六）大数据应用防范电费跑冒滴漏

江苏电信会计部搭建大数据分析模型，提炼风险特征，利用电量、电价、电费、网元、业务量、资产状态等海量数据整合分析，抽取直供电、转供电、外租电费等风险点，开发监控预警指标，派单核查并现场检查，形成电费风险管理防线，防范电费跑冒滴漏。

1. 电费波动异常

电表是能耗系统管理的最小颗粒度，以电表为颗粒度，监测分析电量、电费波动异常，综合考虑耗电季节性差异等因素。能耗系统每月会根据电表报账数据，针对标准离差率较高的，触发异常波动电表提醒，地市相关责任人员配合现场核查，反馈异常原因，及时发现偷窃电、供电公司扣款错误、电表异常等问题。如徐州某基站村委会私接电线偷窃电，涉及金额7万元；淮安某电表由于供电公司系统升级，多扣款11万元。

2. 电量异常分析

针对电表数量巨大，用电方式复杂多样等特征，搭建系统化、自动化的电量异常分析模型。

差异偏离度：$\Delta = $（实际电量 - 定额电量）/ 定额电量。

每月定期推送异常分析结果，针对差异较大的局点，督促现场维护人员及时进行现场核查，采取有效措施，改善偏离度，防范跑冒滴漏。

3. 转供电支付重复

以支付对象频次、金额重复等为特征，识别风险。通过对同一户号多次报账且金额相同的数据进行风险识别，派单核查后发现并解决问题，如苏州某局站多次重复支付转供电电费，涉及金额22万元。

4. 外租电费回收

以合同为抓手，在能耗系统按合同维度建立外租电表，禁止打包报账；在省端实现合同用电条款的解析以及房产与电表、合同的对应关系匹配；在价值平台实现外租回收概况以及应收未收报表的展示，同时抓取应收未收的异常清单，派单核查后，发现存在长期未收的外租电费，累计近百万。如扬州某房屋出租电费未收取，涉及金额1.8万元。

5. 其他异常监控

力调罚款跟踪：运用互联网技术，每月定期获取直供电表力调费清单，针对大额力调罚款电表，及时下发地市核实、整改，避免造成长期跑冒滴漏。

退网电表跟踪：对退网电表进行单独管理，监控退网电表各月报账电费，如有仍在报账情况，即派单核查并做跟踪处理。

五、基于大数据应用提升电费效能的实施效果

（一）经济效益明显，实现电费管理降本增效

1. 合理利用国家电费政策

近两年国家陆续下发针对电费税率和单价下降的优惠政策，江苏电信会计部深入研究一般性工商

业用电与大工业用电政策，开展精细数据测算，开发大工业用电测算模型，充分享受国家政策红利，推动符合条件局站落地实施，后续持续跟踪管理，确保基本电费方式选择与需量上报值合理。对大工业用电机房进行动态管理，年节约电费近千万元。

江苏电信深入开展电费政策研究，紧跟电改动向，积极利用电力部门供给侧改革的相关政策。在各省经信委的组织下，包括电信公司在内的用电方，可以与作为供给方的发电企业签订直售电协议，采取年度长协、月度竞价、现货市场等多种形式，获得比国家目录电价更优惠的电力供应，成效显著。

2. PUE 自动预警核查

江苏电信通过引入通信基站 PUE 概念，基于电费账单与开关电源直流负载电流、电信租户电流等数据，实现基站站址异常电费智能识别功能，为稽核基站电费账单提供了一种新型有效的手段，同时也推动了配套能耗压降和机房环境隐患识别。全省部署应用，系统自动预警，异常数据派单，方便现场的稽核人员快速有效地查找出问题所在，累计已发现多例机房孔洞未封堵、偷盗电、空调温度设置不合理、运营用电共享类型信息错误、共享站电费分摊比例错误等问题，挽回直接经济损失达千万元。

3. 节能技术应用

自主研发"焓差空调"，解放路 IDC 机房采用第四代焓差空调技术，节能效果显著，PUE 年均值由 1.7 降至 1.3，全年节电 30%；鼓楼主机楼热管背板改造，将空调置于热源附近，提高制冷效率，累计加装热管背板 890 块，PUE 值由 1.8 降至 1.67，年节约电费近百万元；游府西街数据中心应用风冷空调水冷改造技术，在空调室外机加装空管冷凝器，二次降温，提高制冷效果，提升设备安全，PUE 值由 1.9 降至 1.76，年节约电费近百万元；长乐路通信机楼应用磁悬浮自然冷源中央空调水冷改造技术，延长利用室外冷源时间，预计年节约电费数十万元。

4. 转供电改造推进

实现基站精细化管控后，创新运用大数据风险，通过识别基站用电类型，梳理全省转供电可改清单，对单价 1 元以上，年电费 5000 元以上基站准确派单改造，分析改造成功案例，总结全省改造经验，建议市县公司因地制宜设计合适的改造方案，为转供电改造工作顺利推进打下坚实基础。2018 年以来累计改造 3700 个局点，年节约电费近千万元。

（二）优化资源配置，提高管理效率

以效益优先为导向，确保高效投入拉动高价值产出，实现效益、规模双提升，将价值指标贯穿全部单位，差异化设置考核指标，月度管过程、年度盯结果，下好全省一盘棋。

通过会计价值管理工作，依托信息化系统支撑，重点资源效能提升工作成效逐步显现，多项成本费用降幅明显。电费关注平均电价和占收比，充分利用国家政策降低单价，通过划小落实责任，保障业务发展的同时有效管控电费增长。

（三）行业及市场推广价值看好

借助集团公司电费管理注智项目推进，江苏电信电费管理由量变到质变，多项电费注智应用项目落地实施，取得了显著成效。近年来荣获集团"一石两翼"项目"电费划小"专题一等奖（第一名）及预算激励，大工业用电管理得到集团推广；荣获"集团动力及机房环境运行安全、效能提升劳动竞赛"集团动力岗位创新第一名。

集团内多个兄弟省份到江苏电信交流学习，负责该项目系统研发的电信设计院将江苏电信能耗管理系统的整体架构及管理模式推广至湖南、内蒙古等省电信公司应用。

六、基于大数据应用提升电费效能的后期规划

2020年9月，中国在联合国大会宣布二氧化碳排放力争于2030年前达到峰值，努力于2060年前实现碳中和。近年来，我国积极参与国际社会碳减排，主动顺应全球绿色低碳发展潮流，积极布局碳中和，已具备实现碳中和条件。中国电信作为央企，兼顾经济发展与社会责任，贯彻执行国家政策，落实国家战略义不容辞；中国电信作为通信网络运营商，属于非高碳排放企业，将节能减排、提质增效贯穿企业运营全生命周期。江苏电信总结实践经验，推动管理会计创新，贯彻信息化与数据化，促进电费效能提升，未来规划主要聚焦政策研究、基站节能、清洁能源使用等方面。

参考文献：

闫德利. 碳中和：到底是什么，究竟怎么做？［EB/OL］. （2021-03-16）［2021-11-30］. http：//www.tisi.org/？p=17951.

 企业自评

江苏电信近年来深入贯彻集团"云改数转"战略，聚焦优化资源配置、提升资源效能、强化智慧运营、防范企业风险，立足新发展阶段、贯彻新发展理念、构建新发展格局，推进江苏电信高质量发展，做了大量扎实有效的工作。在数字化转型方面，加强业财数据融合，推进构建业财一体数字化平台，推动管理会计数字化转型，取得了可喜成绩。

我们经常思考，财务工作是否主动利用数据，做到用数据说话，通过数据分析和对标，发现管理中的问题。公司管理层对财务管理工作提出较高的要求，要在实践中运用管理会计工具，用理论指导实践，以实践检验并升华理论。财务管理要结合企业规划，着眼企业长期发展的能力建设，主动参与公司战略制定、前瞻性配置资源并建立考核评价体系，做好价值的规划、引领。管理会计必须主动担当作为，跨领域、跨条线分析研究，从企业发展的战略全局来布局财务工作，强化对改革发展的支撑作用。比如围绕"云改数转"战略，主动研究成本结构调整，充分利用数据金矿，发挥大数据和AI对企业经营管理的价值，善于用数据来揭示企业经营管理中存在的问题，把问题作为制定政策的起点，作为打开局面的切入点和落脚点，支撑公司经营决策，实现业务数字化、流程数字化、管理数字化重点突破，提升企业整体效益。

专家点评

江苏电信作为中国电信集团下属中收入规模第二的省份公司，企业经营管理水平也较为先进。近年来，江苏电信贯彻执行国家及集团高质量发展战略要求，贯彻落实"事先化、主动化、自动化"工作要求，以科学管控电费支出为目标，按照"谁使用，谁负责"的原则，明确职责，优化流程，强化管理。建立电费管理效能提升团队，协同推进电费管理效能提升工作，明确用电申请与转供电采购、电费结算和支付等关键环节的管理要求，建立异常电费、异常单价和异常PUE等闭环管控流程，从建设、采购、运维等各个环节深入分析查找电费压降空间，采取改进措施，实现降本增效。

电费的效能提升、节能减排是非常有意义的，与国家低碳发展、高质量发展的战略目标是一致的。2020年底，中国提出了碳达峰、碳中和的目标，作为央企，应将国家发展战略贯穿至企业发展运营的脉络中。

管理会计工具方法只有与企业管理实践相结合，才能创造价值。江苏电信在电费效能提升项目中充分利用了大数据技术，在实操中运用管理会计工具，在成本管理及信息化指引下，多点并行，同时不断学习新技术，业财融合，体现了财务支撑业务发展的新角色。管理会计的应用领域具有开放性，企业的案例也在不断拓展管理会计实践应用领域，不断丰富完善管理会计工具方法，也为《管理会计基本指引》和应用指引体系的贯彻落实打下坚实的基础。

数据中心全生命周期管理会计体系的创新与应用[*]

中国移动通信集团江苏有限公司

> **摘要：** 近年来，中国移动通信集团江苏有限公司（以下简称"江苏移动"）紧跟国家"新基建"政策，持续推进战略转型升级，大力推进新一代互联网信息基础设施建设。IDC（Internet Data Center）数据中心作为"信息高速"的重要底座，已成为江苏移动向全业务转型发展的差异化竞争优势。然而面对互联网的大数据、大流量爆发，面对江苏IDC市场供需不平衡，面对新型的业务模式，如何科学地投资决策，精细化地管理运营，实现公司价值创造和效益提升？
>
> 江苏移动分析研判IDC机房建设与运维管理痛点，以管理会计工具为抓手，贯穿IDC数据中心从规划投资、资源销售、日常运营，到闭环评估的全生命周期，通过搭体系、整系统、挖价值、建平台、出报告五步走建设做法，厘清IDC收支数据来源，梳理业务管理流程的关键节点，构建IDC管理会计效益评估模型，搭建IDC管理会计信息化支撑平台，实现IDC数据中心标准化、系统化的定性评估，满足业财流程多样化、精细化的管理需求，智能高效地推进公司数智化转型，加速业务高质量发展。
>
> **关键词：** IDC数据中心；全生命周期管理；信息化平台；效益评估模型

一、背景分析

（一）企业情况简介

中国移动通信集团公司（以下简称"中国移动"）是全球网络规模最大、客户规模最大的通信运营商，世界500强企业中排名第65位，连续16年获国资委业绩考核A级，被国资委纳入"创建世界一流十大示范企业"，也是唯一入选的通信运营商。中国移动主要经营移动语音、数据、宽带、IP电话和多媒体业务，并具有计算机互联网国际联网单位经营权和国际出入口经营权。自2019年工信部正式向中国移动发放5G商用牌照以来，中国移动持续开拓"5G+"战略，不断向前引领技术发展，并于2020年4月，入选国务院国资委"科改示范企业"名单。

中国移动通信集团江苏有限公司（以下简称"江苏移动"）是中国移动的全资子公司，江苏移动是江苏省内网络规模、用户规模、收入规模、利润规模最大的运营商。2020年，江苏移动业绩体量再上台阶，营运收入突破560亿元，净利润突破110亿元，缴纳税额近60亿元，连续多年位列全省前10大纳税企业，手机通信用户突破6000万户，家庭宽带用户近1500万户，物联网用户超8000万户。江苏

---

[*] 本篇作者：周毅、刘京奎、刘峻、宫鹏程、张国兵、刘洪、刘旭、洪梅、金玥。
指导专家：温素彬（南京审计大学）。

移动历来以做网络强国、数字中国、智慧社会主力军为己任,坚持高质量发展和提质增效,精细化管理水平和信息化管理程度一直领先全集团,综合业绩连续多年保持集团前列。

(二) IDC数据中心管理会计应用背景和挑战

1. "新基建"政策下,IDC"井喷式"增长

随着数字化转型的深入,迫切需要基础通信服务企业提供数字转型、智能升级、融合创新相关服务的基础设施体系。2020年3月4日,中共中央政治局常务委员会召开会议,明确指出"加快5G网络、数据中心等新型基础设施建设进度",首次将数据中心明确纳入"新基建"范畴。各级政府快速响应,"新基建"红利政策密集出台,引领推动通信新基建的建设进程。在此背景下,集团公司落实政策要求,战略性地提出了"5G+AICDE"计划,持续推进数字化转型,将5G作为接入方式,与人工智能(AI)、物联网(IoT)、云计算(Cloud Computing)、大数据(Big Data)、边缘计算(Edge Computing)等新兴信息技术深度融合,打造以5G为中心的泛智能基础设施,提供数字转型、智能升级、融合创新等服务。IDC数据中心作为新型基础设施的底座,已成为中国移动向全业务转型发展的重要差异化竞争优势。

为响应国家"新基建"政策,落实集团公司转型战略,协同建设新一代信息基础设施,江苏移动加快推动IDC机房建设,挖掘盘活存量资源,满足不同市场需求。截至2021年8月,江苏移动在南京、苏州、无锡已建成省级长三角数据中心3个,规划在建中大型数据中心超10个,机架总量超3.6万个,投资规模近百亿,为阿里、腾讯、百度等互联网公司提供优质IDC服务。

2. 面临挑战:IDC精细运营,亟待有力的管理支撑

IDC作为新兴的重资产、重能耗业务,具有运营周期长、资金投入规模大、整体利润率不高等特点,投资决策的科学性、运营管理的精细度,决定了业务实际经营的效益性。如果缺少科学合理的决策模型、历史数据的有力支撑、智能高效的管理平台,业务发展无疑面临很大的风险,IDC数据中心管理会计及其信息化管理平台应运而生。

搭建IDC管理会计及信息化平台也同时面临以下困难:

(1) 底层数据四散,缺少统一归集。管理会计的基础在于对业财数据的分析,没有可靠的数据来源,就如同"无米下炊"。随着IDC机房数量越来越多,建设、维护、能耗、销售等底层业财数据散落在各个业务部门、各个管理员手上,取什么、怎么取成了首要难点。

(2) 运营经验欠缺,亟需管理工具。对于运营商而言,IDC业务不是传统的通信业务,缺少运营经验。如何精细管理IDC成本,衡量效益贡献,实现全过程管控、打造新型低能耗高智能数据中心,亟须相应的评价工具和管理手段。

(3) 业财流程割裂,亟待衔接整合。业财信息化流程相对割裂,财务数据无法与业务数据匹配,主要依靠手工填报,工作效率低下,数据精准度无法掌控,因此亟须打通业财壁垒,整合IDC全流程业财信息,为IDC业务管理提供统一的信息化支撑系统。

二、IDC管理会计总体设计

(一) IDC管理会计应用目标

从2018年开始,江苏移动在全省逐步推进IDC业务管理会计工作,按照基于业务、财务融合的理念,遵循系统集成、数据共享、规则可配、灵活扩展原则,构建全省统一的"1+1" IDC数据中心全生命周期管理会计体系。该体系打通业财流程壁垒,归集底层系统数据,梳理关键流程节点,贯穿数据中心从规划投资、资源销售、日常运营,到闭环评估的全生命周期,构建一套管理会计应用工具和模型,搭建一个IDC管理会计信息化支撑平台,有效助力IDC业务高质量发展。

（二）IDC 管理会计设计思路

以业务需求为设计导向，以价值经营为管理目标。IDC 业务管理会计体系总体设计思路，契合 IDC 数据中心全生命周期各阶段经营管理需求（见图 1），深度嵌入业务流程，为 IDC 生命周期各阶段提供"量身定制"的管理分析工具，从业务中来，回归业务中去，切实支撑经营决策和运营管理的各项需求。

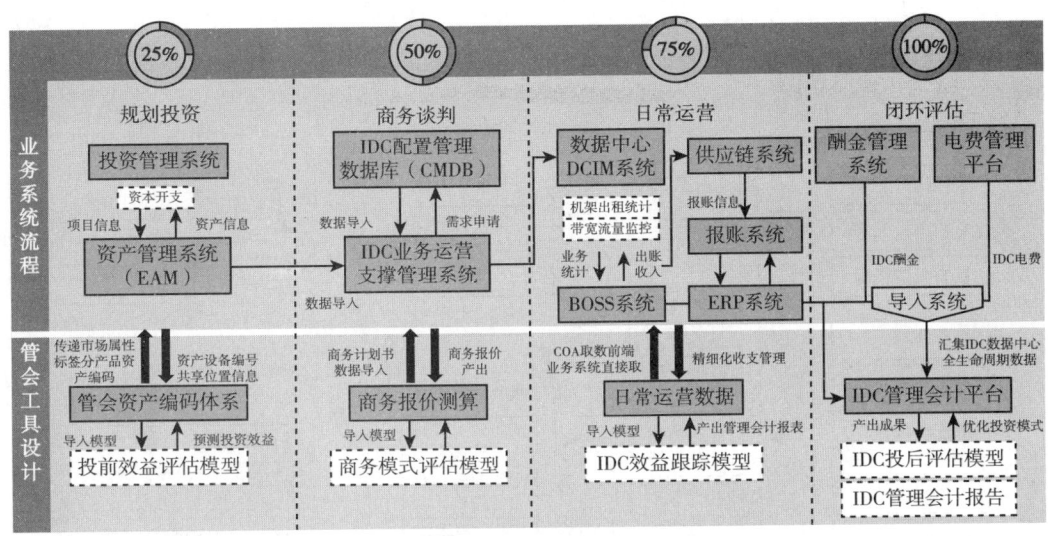

图 1　江苏移动 IDC 管理会计体系设计思路

（三）"三横 N 纵"管理会计体系基础

"三横 N 纵"的管理会计体系是 2014 年江苏移动提出的管理会计工作顶层设计（见图 2）。江苏移动围绕这一总体定位开展了一系管理会计实践。"三横"指的是以投资、收入、成本管会建设为横线，也是财务核算的三主线，代表了财务维度的信息和要素，是标准化、体系化、固定化的；"N 纵"指的是纵轴以业务管理维度细分的模块，如分市场、组织、产品、网格等多种场景，代表业务维度的信息和要素，是开放式的、可拓展的、动态优化的。

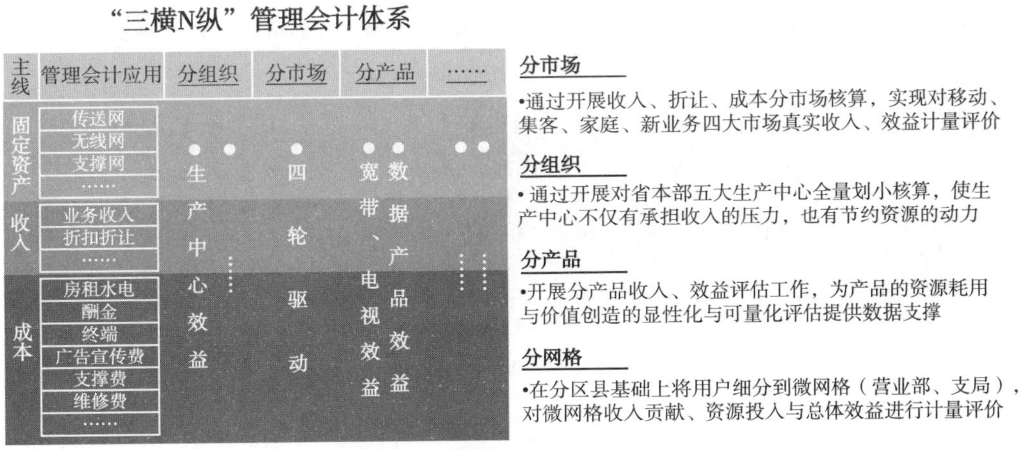

图 2　江苏移动"三横 N 纵"管理会计体系架构

三、IDC 全生命周期管理体系建设之路

（一）IDC 管理会计"1+1"体系设计

IDC 管理会计是基于江苏移动"三横 N 纵"管理会计整体框架，构建的一个子体系（见图 3）。围

绕 IDC 业务的收入、成本、投资三条主线，梳理 IDC 数据中心全生命周期各阶段业务流程，契合各阶段管理需求，通过搭体系、整系统、挖价值、建平台、出报告五步走建设做法，形成"1+1" IDC 数据中心全生命周期管理会计体系。

第一个"1"代表了构建一套管理会计工具模型，是契合 IDC 业务前、中、后发展流程，形成的一套管理评价模型，包括投前效益评估模型、商务模式评估模型、IDC 效益跟踪模型、投后评估模型。

第二个"1"代表了搭建一个信息化支撑平台，目标是实现生产数据、业务数据、财务数据三类数据的采集融合和映射匹配，最终生成多维的管理会计报表与报告，提升管理会计工作效率效能。

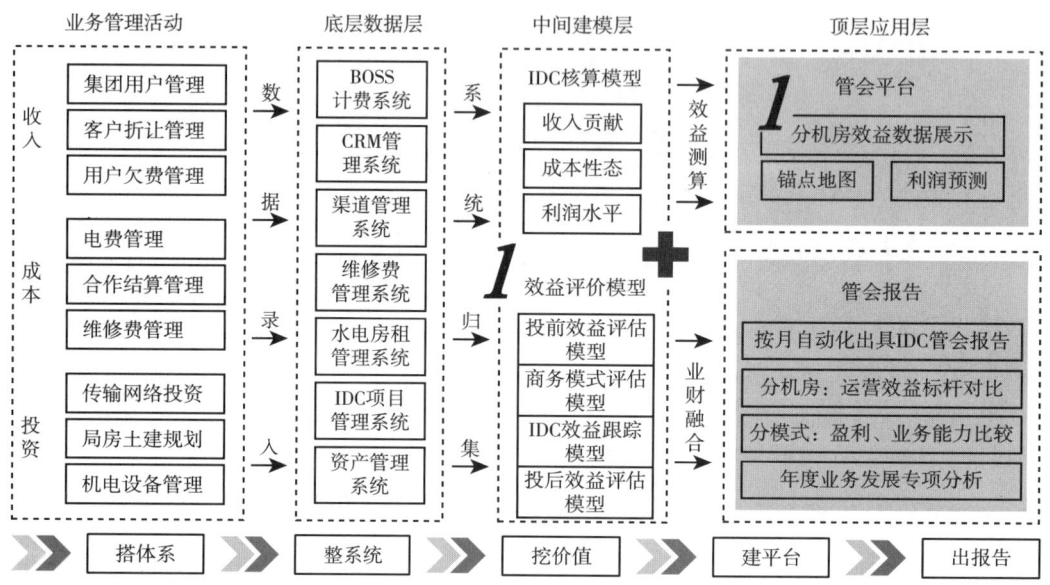

图 3　江苏移动"1+1" IDC 管理会计体系架构

（二）构建过程

"1+1" IDC 数据中心全生命周期管理会计体系的构建过程符合生产、业务、财务数据流的走向，从底层数据到系统流程，最终到报告和决策。构建步骤主要分为搭体系、整系统、挖价值、建平台、出报告（见图4）。

图 4　IDC 管理会计体系"五步走"构建过程

1. 搭体系：厘清业财数据，构建管会核算体系

以收支匹配和直接相关为原则，以单个机房为基本管理单元，以单机架为最小核算颗粒度，收集整理 IDC 数据中心直接创造的收入和耗用的资源，形成管理会计报表体系，并在此基础上开展业务管理与效益评估工作（见图5）。

IDC 业务是为互联网内容供应商（ICP）、企业、媒体和各类网站提供大规模、高质量、安全可靠的专业化服务器托管、空间租用、网络批发带宽以及 ASP、EC 等服务。供应商通过提供机房设施、带

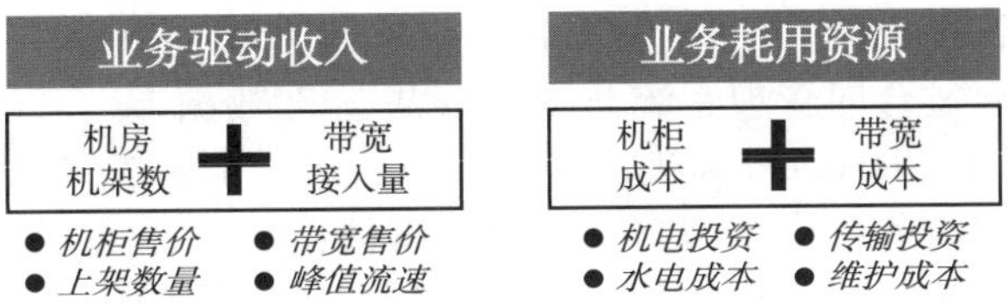

```
业务驱动收入              业务耗用资源
机房机架数 + 带宽接入量    机柜成本 + 带宽成本
● 机柜售价  ● 带宽售价    ● 机电投资  ● 传输投资
● 上架数量  ● 峰值流速    ● 水电成本  ● 维护成本
```

图 5　IDC 产品收支示意图

宽及运维服务，获得机柜服务和带宽服务收入。因此，机架出租实际数、带宽接入量等业务信息是收入和成本数据的基础。

IDC 业务收入数据，以单个机房为归集单元，主要由机架出租收入、带宽接入收入、增值业务收入及其他组成。其中，机架出租收入 = 机架出租数 × 单价，带宽接入收入 = 带宽出租量 × 单价。业务管理员根据销售合同条款与执行进度、收付款情况等进行报账，业务运营支撑系统（BOSS）自动出账。

IDC 业务成本数据，基于收支匹配的原则，按机架出租数和带宽接入量为主要动因进行归集，主要包括机房、机电、网络设备的折旧摊销，机架耗用的电费，设备楼房维护费用，业务技术支撑费，流量结算费用等。

经过收集、归纳、整合，散落在各业务管理员手中的业财数据汇集一处，最终形成 IDC 管理会计报表（见表1）。

表 1　IDC 管理会计报表样表

行号	项目	单位	机房1	机房2	机房3	机房4	机房5	机房6	机房7	机房8	机房9	机房10	机房11	机房...
			IDC中心/机房											
1	一、机架数量	个												
2	对外出租机架数量	个												
3	自用机架数量	个												
4	闲置机架数量	个												
5	二、IDC网络出口带宽													
6	规划带宽	Gbps												
7	已投产带宽	Gbps												
8	当月峰值带宽	Gbps												
9	峰值利用率	%												
10	三、产品收入	元												
11	主机托管服务收入	元												
12	互联网接入服务收入	元												
13	IDC增值服务收入	元												
14	其中：CDN	元												
15	其他	元												
16	四、业务折让	元												
17	五、产品成本	元												
18	1.固定成本	元												
19	折旧与摊销	元												
20	其中：局房土建	元												
21	机电工程	元												
22	机房内传输工程	元												
23	房屋租金	元												
24	维修费	元												
25	其中：房屋相关	元												
26	设备相关	元												
27	物业保障费	元												
28	其他	元												
29	2.变动成本	元												
30	电费	元												
31	IP资源占用费	元												
32	水费	元												
33	架设手续费和服务费	元												
34	业务技术支撑费	元												
35	流量成本	元												
36	六、边际利润	元												

2. 整系统：梳理关键节点，打通业财管理系统

IDC 生命周期主要分为规划建设、资源销售、运营评估等几个阶段。针对 IDC 业务特点，结合各阶段管理需求，梳理关键节点，打通业财系统，实现业财数据的相互流通与信息耦合。

在规划建设阶段，重点是以建设项目商业计划书为抓手，通过整合工程建设管理（PMS）、资产管理（EAM）等系统中的项目信息与资产信息，归集 IDC 业务所对应投资造价、实际转资金额以及对应的资产类别、明细等，为项目投资额、资产折旧等信息的收集奠定基础。

在资源销售阶段，主要通过合同管理系统与 IDC 配置管理数据库（CMDB），抓取客户类型、业务类型、机房 PUE（Power Usage Effectiveness 机房能源效率指标）和网络等级、建设和电费成本、其他商务合作条款等方面的信息，为商务合作谈判提供定价决策依据。

在运营管理方面，通过 IDC 业务运营支撑管理系统和数据中心 DCIM 系统，采用"硬件探针"的方式实现全网端到端业务的分布式监测和集中式分析，用于采集 IDC 机架出租数、带宽峰值流量以及机房 PUE、机架耗电量等信息，初步形成 IDC 业务和资源信息的可视化、可分析、可调度、可管控。

在效益评估方面，主要是从 BOSS 系统中自动采集 IDC 业务收入，从电费管理系统中采集机房实际耗用的电费，从酬金管理系统中采集发展 IDC 业务耗用的酬金，从 EAM 资产管理系统中采集机房折旧摊销，从 ERP 系统中采集维修费、流量成本等，从报账系统中采集其他产生的费用（如业务技术支撑费等）。

通过对 IDC 数据中心生命周期各阶段生产管理系统的整合，为 IDC 业务管理和效益评估确立了可靠的业财数据来源和常态化的数据采集机制，为 IDC 业务管理会计信息化支撑系统的建设打下坚实基础（见图 6）。

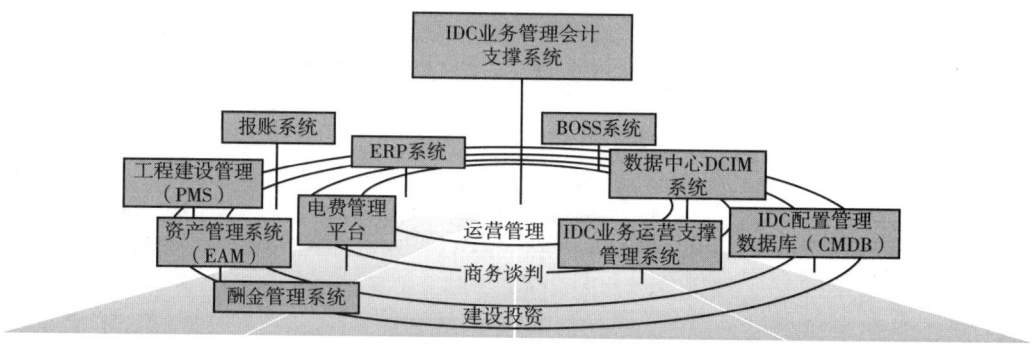

图 6 IDC 业务管理会计信息化支撑系统

3. 挖价值：聚焦管理需求，深挖管理会计价值

从投资规划到最终运营，贯穿 IDC 数据中心全生命周期管理，契合各阶段经营管理需求，挖掘业财数据价值，为经营决策和运营管理提供支撑。

我们认为，现金流折现法（Discounted Cash Flow，DCF）理论适用于数据中心定性定量的效益评估，数据中心的价值等于该数据中心在未来所产生的全部现金流的折现值总和。基于 DCF 理论，结合数据中心生命周期的三个阶段设计了效益评估系列模型，主要包括投前评估表、效益跟踪表及投后评估表。

在规划投资阶段，开展投前评估。主要包括数据中心全生命周期效益预测表和投资回报测算表（以下简称"预测表"和"投资回报表"，具体见图 7）。预测表通过对未来 N 年该数据中心机架上架情况，模拟机房每年的业务收入，以及电费、折旧、维修费等直接成本，输出未来 N 年该数据中心每年的会计利润和毛利率。投资回报表通过整合该数据中心立项规划的投资金额，以及预测表中未来 N 年模拟收入和成本，自动输出 N 年后该数据中心为公司带来的净现值效益（即该数据中心盈利/亏损金额），并且输出该数据中心的投资回收期和投资收益率，为公司管理层提供了投资决策的重要依据。

在商务谈判阶段，开展模式分析。财务深度参与 IDC 柔性组织，加入商务谈判小组，利用管理会计工具，对合作模式以及合作条款分析研判，切实提高项目收益，助力公司高质量发展。例如，参与头部 IDC 客户商务谈判，分析自建或者租用投资模式的利弊，分析项目 IRR、NPV 等财务效益指标，提出利于公司发展的结论和建议，提供一系列项目定制化商务模式分析模板。

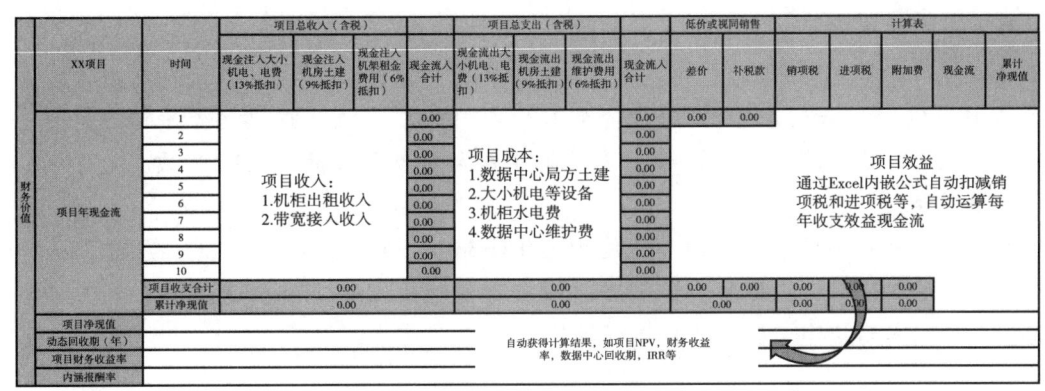

图7 数据中心投资回报测算表展示

在日常运营期间，开展效益跟踪。依托 IDC 管理会计报表，按月对数据中心的业务发展和财务数据进行实时跟踪（见图8）。其中业务数据包括机架上架数量、带宽接入数量；财务数据主要包括直接收入和成本，如主机托管收入、带宽接入收入、电费、折旧、维护费、物业费等。业务部门和各市分公司可根据工作需要，开展实时查询，掌握机房动态，针对性开展资源销售，实现机房运营降本增效，有效节约沟通管理成本。

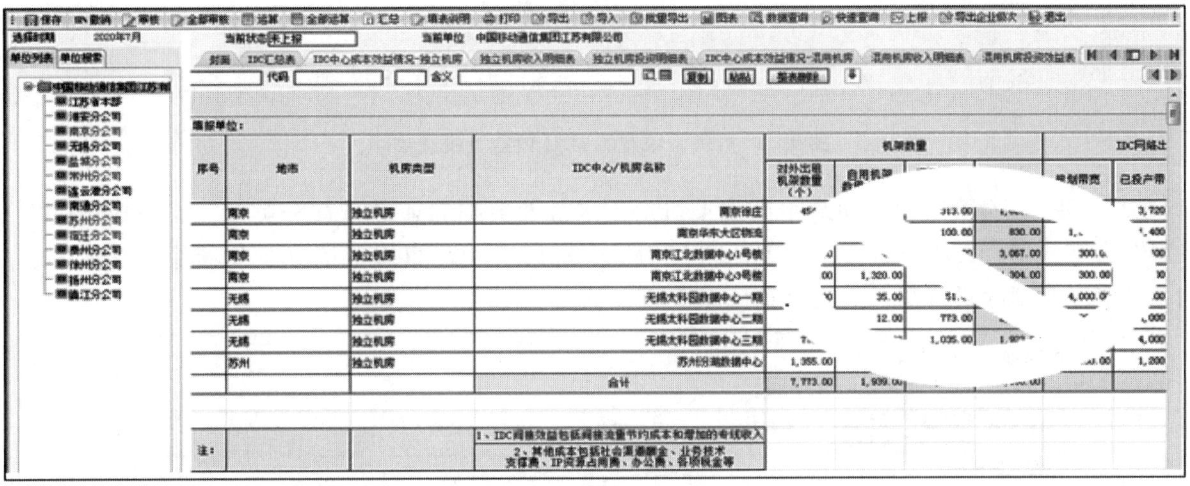

图8 数据中心效益跟踪表展示

在闭环管理阶段，开展投后评估。主要是合作结束后，对数据中心投资运营情况进行复盘评估。投后评估主要沿用投资回报表模板，并对投资前评估的相关数据进行比对，开展偏差分析，总结项目运营得失，从而为 IDC 运营能力提升提供有力支撑。

4. 建平台：打破业财壁垒，构建一站式平台

高效的业务管理、效益分析和流程管控都离不开信息化系统的有效支撑。江苏移动设计开发了 IDC 管理会计信息化支撑平台，探索数据的定制化服务，实现不同组织部门对数据的个性化需求，构建业财融合、省市共享的一站式数据仓库和管理支撑平台。该平台具有以下特点。

一是自动化。打通管理会计平台与业务系统接口，促进业财数据流动与交互，实现生产数据、业务数据、财务数据三类数据的采集与融合。

二是可视化。基于 IDC 管理会计报表，通过可视图形、动态报表、文字报告等多种样式，让冰冷的数据鲜活、温暖起来，提高使用者接受度与感知。

三是智能化。根据不同场景、不同职能、不同经营单元、不同层级管理诉求，开发相应的管理会计应用模块，支撑管理层决策、辅助执行业务监控、帮助操作层发现问题。

具体而言，开发了以下功能。

（1）全省 IDC 机房"一览无遗"。综合全览 IDC 业财数据以及全省机房盈亏情况，财务方面的数据包括 IDC 累计收入、累计成本、累计收益等。业务方面的数据包括机架投产数、上架率、投产带宽和带宽峰值利用率等。

（2）直观展现单机房运营情况。以单机房为细化颗粒度，通过"机房全景"界面（见图9），展现全省各类型机房的基本情况，包括地理位置、总投资金额、机架带宽的资源能力、当月或累计的收支数据、对应收入和成本的结构、整体效益情况等。

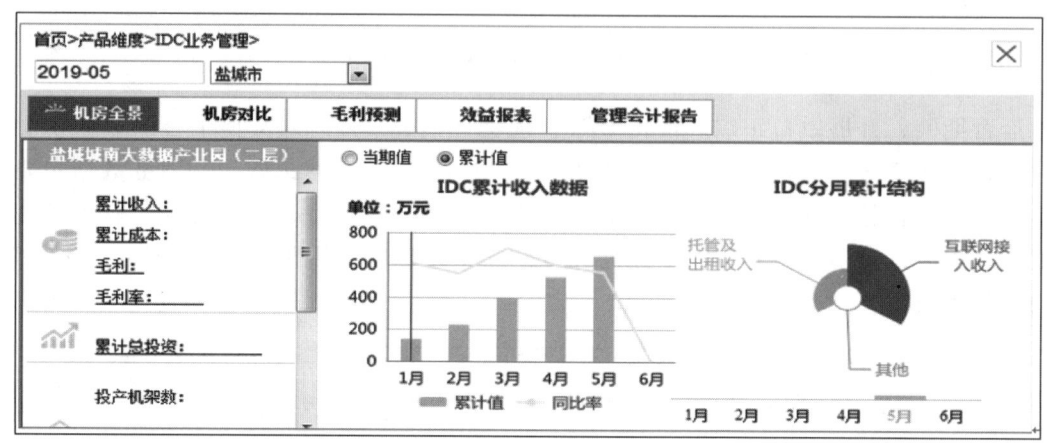

图 9　以机房为维度的 IDC 效益可视化展示

（3）实现机房分类对标。实现不同类型机房重点效益数据和业务指标分类对比，如独立机房、混用机房、合建机房，便于分析苏南和苏北机房的机架利用率以及峰值带宽等业务量差异对机房效益的影响，有利于盘活存量资源，优化全省机房管理（见图10）。

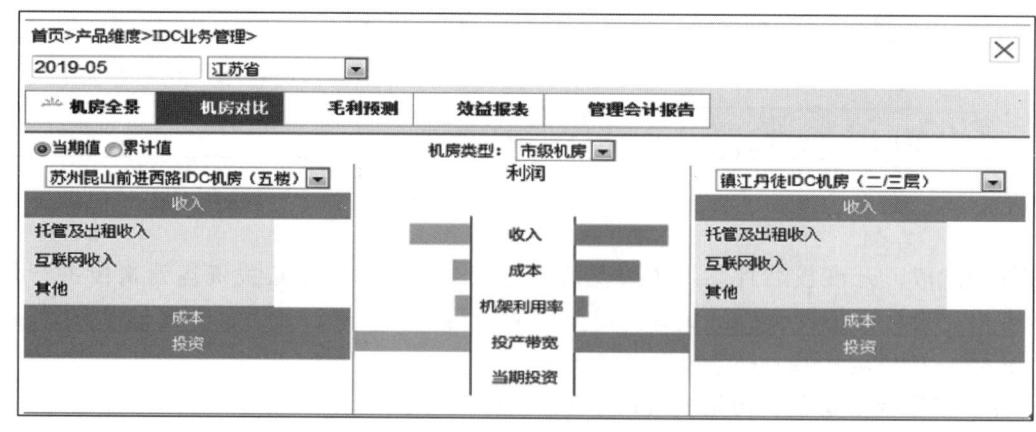

图 10　机房对比功能可视化展示

（4）动态模拟测算机房效益。通过敏感性分析内嵌的运算逻辑，实现动态模拟单个机房的效益预测，量化每 G 带宽或每台出租机架对该机房的效益贡献（见图11），为业务部门科学进行经营决策、提高运营效益提供了有力的抓手和工具。

5. 出报告：研判发展趋势，注智管理会计报告

财务部联合各职能部门，以财务核算和效益测算数据为基础，融合数据中心资源能力等业务信息，开展分地市、分机房、分项目模式等一系列管理维度的评估分析，形成"常态+专项"点面结合的管

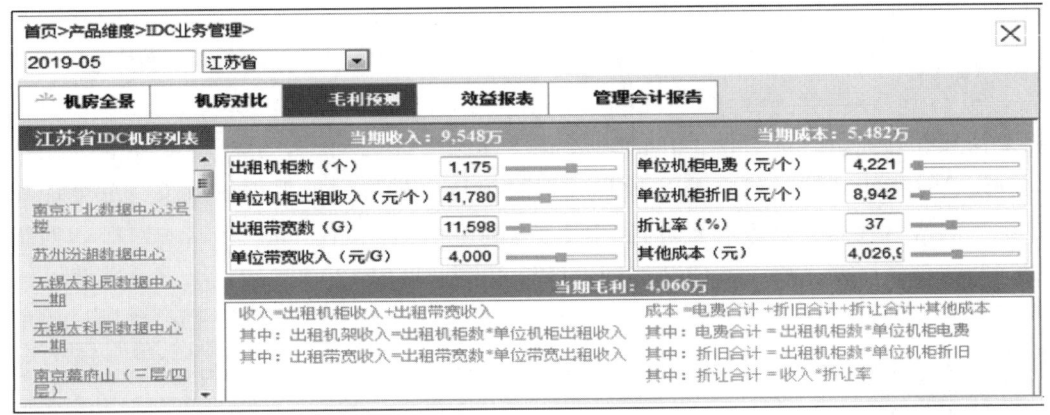

图 11　机房效益预测功能可视化展示

理会计报告体系。

自动化常规报告：常规报告包括全省 IDC 财务收支、机房资源等基础数据，以及各地市维度的 IDC 效益情况等。从 2020 年起，常规报告已实现系统嵌入，系统可自动化一键式产出报告，生成简短文字分析和配套图表，节省了编写报表、处理信息的时间。常规报告在机房建设和业务合作的全流程评估中提供格式化、标准化信息，成为业务管理的重要参考。

专项分析报告：主要包括 IDC 业务年度发展评估、重点客户分析、数据中心投资效益专项测算。财务部厘清各区域、各模式、各机房发展差异和优劣势，通过对标，联合各条线深入分析，支撑经营决策和业务规划。

（三）主要创新点

1. 核算体系创新：打破传统核算方法，初步构建分产品核算体系

对传统的"省—市—县"三级财务核算体系进行创新拓展，构建分产品核算体系。以 IDC 机房为核算单元，建立 IDC 收入、收入所属客户、客户归属机房（包括机架）之间的映射关系，推进 IDC 收入数据与系统录入工作。通过梳理 IDC 业务投资、收入、成本等基础信息，以机架、带宽为业务量驱动因子，全量核算 IDC 机房投入与产出，探索 IDC 产品效益评估方法和评估机制，构建 IDC 管理会计报表和效益评估模型。

2. 管理机制创新：着力强化业务贡献，组建 IDC 跨部门柔性组织

突破创新现有管理机制，组建 IDC 项目跨部门柔性组织，着力强化业务贡献。随着转型发展的不断深化，资源投入压力日益增大，传统的财务会计已满足不了公司精细化管理的要求。通过汇集财务、市场、规划、采购等跨部门业务骨干，组建 IDC 项目柔性组织，形成"省—市—区县—网格"上下游协同的复合型人才团队，合力开展管理会计工作，有机融合财务与业务活动，在规划、决策、控制和评价等方面发挥重要作用。

3. 管理工具创新：构建集成共享平台，探索提质增效新方法

打造智慧共享型财务，构建"1+1"集成共享的工具模型以及系统平台，提升管理效率效能。省市公司联合制定统一模板和取数口径，在系统中固化了每月 IDC 效益跟踪报表，以及常态化 IDC 业务管理会计报告，一键式产出报表和报告，极大提高了省市沟通的效率，保证了全省数据的一致性和可比性，有效释放了基层财务和业务人员的工作精力，提高基层财务服务能力和水平。

四、IDC 管理会计体系应用过程

"理论由实践赋予活力，由实践来修正，由实践来检验。"IDC 管理会计体系的价值在于应用和实践，只有组织机构的充分应用，管理会计创造的成果才有生命力。

（一）组织机构

在组织架构建设方面，管理会计工作的开展离不开制度性的安排，基于业财融合、全员理财，江苏移动确立管理会计组织架构，成立IDC项目柔性组织，由公司一把手担任组长，总会计师作为副组长，横跨政企、网络、规划、财务等各职能部门，纵向下沉至"省—市—区县—网格"四级组织，明晰各线条职责与任务，协同作战，共同开展管理会计工作（见图12）。

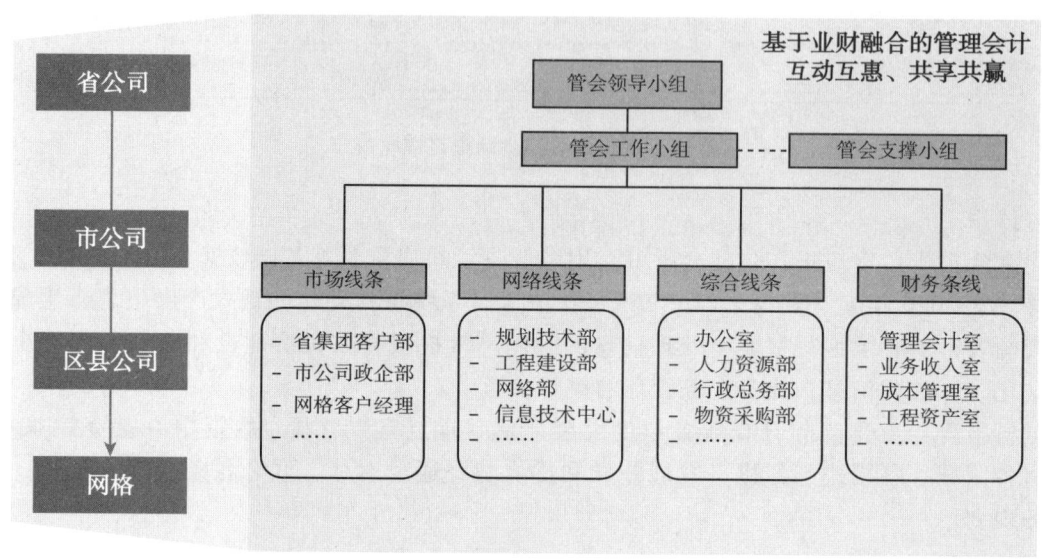

图12 IDC项目柔性组织架构

（二）实施条件

"如果你不能评价，你就无法管理。"IDC管理会计体系的有效推进，需要管理层的高度重视，需要业财协作的共同目标，需要信息化系统的支撑。

在公司管理层的大力推动下，江苏移动2017年成立集团首个管理会计专设组织，以服务内部责任治理、支撑经营决策为导向，深度开展各项管理会计工作。管理会计室成立后，充分发挥管算结合和业财融合作用，将财务关注的效率效益指标，与业务关注的业务发展指标相结合，让各职能部门成为利益相关者，共同为公司谋效益。江苏移动管理会计室立足通信企业信息化管理的优势，结合多种管理工具，整合现有信息化系统，让业务和财务共用一套模型、共建一个平台，赋予"1+1"IDC数据中心管理会计体系更多活力。目前，IDC管理会计平台及相关模型已经充分运用到投资管理、效益评价、成本管控等各个业务流程和场景中，在助力公司精准投资、科学决策、提质增效等工作中发挥了极大作用。

（三）应用场景

1. 应用场景一：从业务到财务，双向回馈精准投资

IDC管理会计支撑系统的相关数据、评估模型已经成为业务部门商务谈判的重要依据和决策工作，先后为腾讯、华为、百度等互联网客户的引入，为南京江北数据中心、苏州汾湖数据中心、扬州仪征数据中心等项目的投资评估，提供了有效的分析支撑和决策依据。

例如，2018年8月某大型数据中心投资决策会议时，理论预测财务收益率为11.8%，动态回收期

6.5年。2019年下半年该数据中心正式投产后,经过一年的效益跟踪,2020年4月财务对该数据中心进行投后评估得出,实际建设投资比期初立项预算少约1.3亿元,当前数据中心实际测算的财务收益率为17.5%,动态回收期5.4年。2020年8月在进行A数据中心2期规划评估时,财务运用该结论,修正了A数据中心2期投前评估的经验数据。2期项目平均每机柜成本比1期减少每月235元,预计该数据中心2期平均每年可节省运营成本1239万元,实现了管理会计信息从财务结果回归业务流程,并且优化业务流程的双向回馈。

2. 应用场景二:从财务到业务,高效支撑降本增效

通过做深做透每个数据中心的收支划小核算,对数据中心收入、支出、效益数据进行跟踪,从而强化IDC业务发展健康度管理,支撑机房对标、运维费、电费标杆管理等专项分析,深化数据中心降本增效。

通过对模型中每年的效益数据进行可视化处理,得到该数据中心全生命周期的成长曲线,得出重要结论:IDC随着上架率的提升,将迎来业绩稳步增长,并且IDC业务收入具有确定性、稳定性和持续性的特点。这些结论对公司合理规划机架资源,部署数据中心建设,平衡当期收益与长远发展,具有重要的参考意义(见图13)。

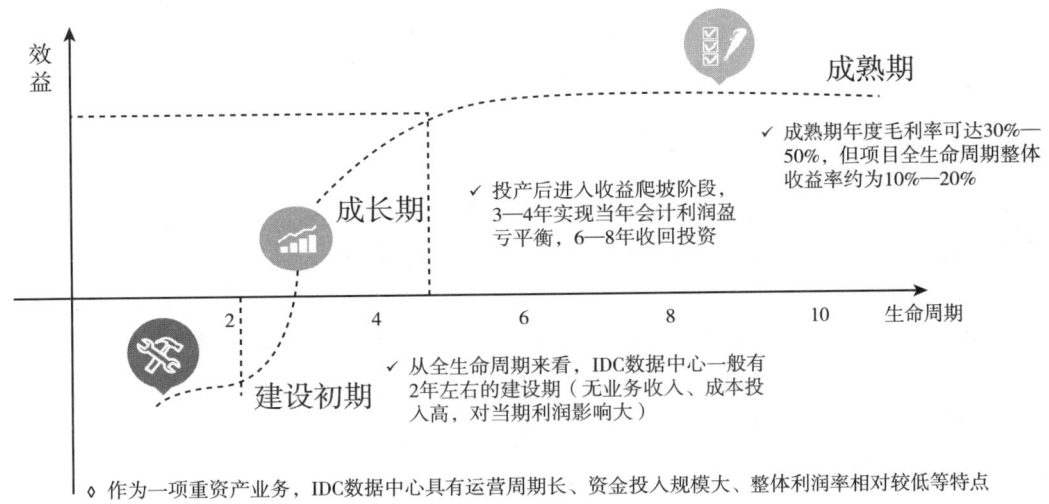

图13 平台对效益数据处理的应用

3. 应用场景三:盘活业务资源,实现机房轻装上阵

由于IDC业务受地理区域、客户规模和客户偏好的影响,各地市业务发展体量极度不均衡(见图14)。江苏地区苏南、苏中、苏北IDC机房收入差距最高达100倍,苏南机房资源接近饱和,而苏中、苏北机房资源相对富裕,空置率高,一定程度上存在供需不匹配的情况。业务部门可以通过平台中直观的机房对比功能,筛选出空置率高适合引导客户入驻的目标机房,实现机架资源"南水北调",减少不必要的数据中心投资浪费,减轻公司数据中心折旧负荷,合理统筹全省IDC资源分布。业务也可用平台中的动态模拟功能,细分目标客户,匹配客户成本和产品价格,让产品报价更加科学、合理、贴近市场,还可以通过系统功能匹配适合客户类型的机房,实现弹性部署客户,减少机房空置。

4. 应用场景四:运用管理工具,助力科学决策管理

利用敏感性分析工具,通过模拟机房上架率、机柜出租单价、电费单价、投资金额等关键自变量的变化,得到数据中心相应的模拟效益、回收期、盈亏平衡点试算以及价格底线试算等重要结论,为业务部门商务谈判和领导决策提供重要依据。

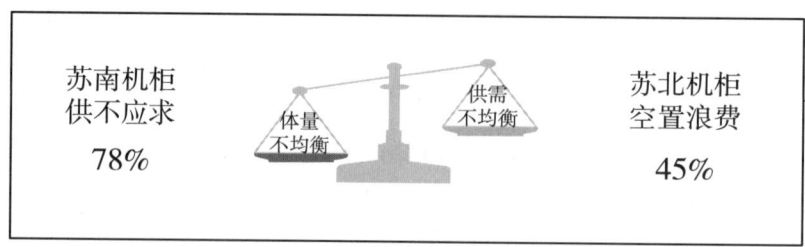

图 14　平台对数据中心资源数据处理的应用

五、实施效果

（一）文化建设成效：责权匹配，弘扬责任协作文化

"管理会计也是责任会计"，江苏移动弘扬"实文化"，践行契约精神，坚持责权匹配原则。通过柔性组织和业财融合的管理流程，IDC 业务管理由专业人员发挥专业能力，承担专业责任。

通过 IDC 管理会计体系和信息系统的建设，财务和业务条线紧密结合，各部门、各市分公司高度重视，明确责任，积极参与和配合，上下贯穿、横向打通，合作开展相关领域的工作。在协同管理中管理会计理念得到传递，业务条线逐渐明晰资源责任观，重视投资和成本的控制，倒逼业务部门关注投资精准度，关注销售模式效益性，业务发展理念从简单创收向"创收＋创利"转变。

（二）经济效益成效：有的放矢，科学支撑投资决策

IDC 管理会计体系打破了传统会计核算和管理方式的局限，创新性地以 IDC 机房为单位，对单个数据中心从建设初期到平稳运营后的投资、收入和成本进行效益评价分析，完善了数据中心闭环评估的流程。

从 2019 年正式上线以来，该管理会计信息化成果已经为省内 8 个大中型数据中心成功搭建效益分析模型，预测了投资回收期和投资收益率。通过平台建设，财务为业务提供了更加便捷有效的沟通工具，为衡量单个数据中心、单个 IDC 项目和大颗粒客户项目效益提供了分析工具，为管理层提供了直观有效的评判工具，扎实推动 IDC 业务高质量发展。近三年，江苏移动 IDC 收入保持高速增长，毛利稳步提升，实现发展、质量双领先（见图 15）。

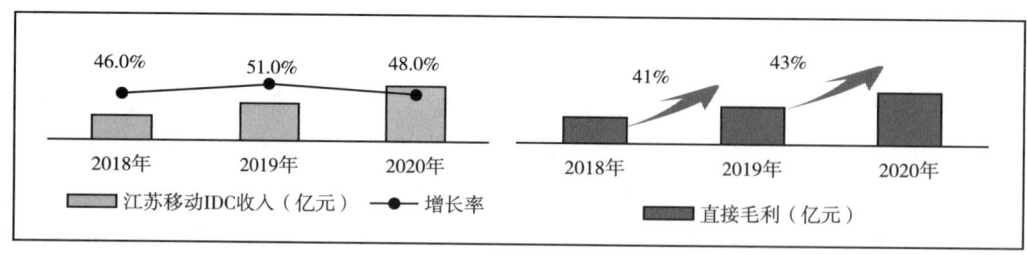

图 15　近三年江苏移动 IDC 收入和利润趋势

（三）管理效率成效：提质增效，大幅提升运营效能

以公式化的形式对数据中心进行定量定性分析，运用统一定制的"智慧财务"工具，系统固化了效益评估模型以及"自动化"管理会计报告，减少了沟通管理成本。每月人工编写 IDC 分析报告，数据量大耗时较长，管理会计平台采用一键式产出常态化 IDC 分析报告的功能，自动化出具固化报告，采用系统标记和固化后的每月数据进行同比环比分析，大大缩短工作时间，提升工作效率。据不完全

统计，全省大中小型机房超 50 个，省公司以及地市公司柔性项目组人员至少 39 人，大约节省人工至少 78 人，折合约 135 万元。自 2019 年平台启用以来，数据中心效益得到大幅改善，有效衡量了数据中心从建设初期到投产运营的效益情况，A 数据中心效益提升了 3264 万元，B 数据中心效益提升了 5118 万元。

（四）运行机制成效：算为管用，建立业财融合机制

从组织机制来看，江苏移动 IDC 项目柔性组织，突破部门壁垒，集合了财务、政企、规划、网络等部门和地市公司相关人员。各省市专业人员协同合作，通过厘清业务流程、定期召开例会、开展盘点、数据会审、通报总结等方式确保 IDC 数据中心项目有序开展、稳步推进。从核算机制来看，江苏移动实现了"省—市—机房"三级穿透的业财数据归集，全面覆盖省内各个数据中心，灵活便捷提供全周期、超细分颗粒度的 IDC 业财数据，实现了由传统财务衡量价值向管理会计创造价值的转变。

（五）制度建设成效：整章建制，实现业务规范管理

在 IDC 管理会计体系建设的过程中，管理流程逐步打通，权责边界日渐清晰，业务管理制度也在逐渐完善。

以集团业务管理办法为基础，财务部与各职能部门结合江苏省 IDC 业务特点，明确各部门、各层级、各岗位的职责分工，共同制定下发《IDC 业务财务管理办法》《IDC 资源口径说明手册》《IDC 管理会计效益报表模板和取数说明》《IDC 项目效益评估模板和操作说明》等管理制度和手册，形成一套详细、有序的规范，从产品定价到审核决策等各流程，为业务管理设定标准；从发展思路到责任追究等多角度，为健康可持续发展保驾护航。

为保证管理会计的支撑力度，财务部不断更新完善 IDC 业财手册，优化模型的数据口径，强化及时性、准确性等质量要求，并对涉税事项、模型逻辑等进行专业注释，充分发挥财务一站式支撑作用。

（六）人才培养成效：开拓视野，培养复合型人才

成立 IDC 项目柔性组织后，公司人员从单兵型向协作型专业团队转变，人员能力从专项钻精到复合型治理人才转变。通过对调、交流、线上线下常态化对接等各种形式，牢固树立"一切成本皆可控、一切部门皆可为、一切工作讲效益"理念，激发业财人员创新激情，保障跨部门跨平台对接顺畅。

财务人员拓展职责范围，从后台核算部门，前置到业务规划、营销环节，深度参与业务流程，不仅"算清账"，更能够指导业务"怎么卖"。业务人员从重发展、轻效益，到创新引领、降本增效，加快业务模式的创新与转型，从业务源头控制成本增长驱动。通过创新 EPC 快速建设模式，创新"1 + N"总包自采模式，引入巴拿马电源和 AI 制冷技术，以及定制整售模式，努力形成数据中心建设速度快、运维成本低、销售模式优等自主核心能力，输出可复制、可推广的运营经验，形成《数据中心建设病例库》，组建近 80 人自主建营维团队，输出多项集团规范，打造快响应、高效率、强协同的江苏 IDC 项目复合型人才团队。

六、经验总结

（一）数据中心管理会计体系应用的体会

1. 管理会计信息化的本质

管理会计信息化的本质是对跨界系统的整合对接，推动业财信息的有效耦合与交互匹配。信息化手段实质上是在帮助人工高效率低差错地处理海量数据，让数据获取更便捷、更可信。可靠的数据也是管理会计分析的重要"原材料"，从"无米下炊"到一桌"满汉全席"，其实不需要企业投入大量的

资金搭建硬件或者软件系统,而是需要打通现有业财系统的关键节点,让业财数据交互,让数据从单纯的数字变成有价值的结论,成为快速解决管理和流程难点的必要条件。

2. 管理会计体系的价值

管理会计体系的价值在于紧密围绕业务需求,成为业务发展的"助推器"。离开业务谈管理,一切目标都会成为空中楼阁。管理会计信息化目标必须紧密围绕公司发展战略和趋势,刨开财务工具"高处不胜寒"的外表,切实聆听业务需求,真正从根本解决业务管理难点,提供平易近人、好用和管用的管理工具;让业务有全局观,认清业务账同时也要认清收入账、成本账和效益账;让财务走出核算象牙塔,赋予财务数据生命力,支撑业务在各个流程上的管理需求。

3. 管理会计工作的未来

管理会计工作的未来在于运用新技术手段,向更数字化、自动化、智能化方向迈进。当今时代,信息技术的发展一日千里,管理会计信息化工作也应该顺应技术潮流,拓展应用各类新技术手段,如Python、VBA、MATLAB等数据处理分析工具,结合大数据、AI、物联网等新型数据自动化采集技术。只有不断吸收、运用新型技术,不断提升数字化、自动化、智能化水平,才能更为高效地收集、处理底层海量数据,提高质量和效率,管理会计工作也才能焕发更强大的生命力。

(二)下一步发展计划

IDC业务处于高速成长阶段,现阶段IDC管理会计体系能够满足业务运营管理的基础需求,但未来仍需进一步结合公司转型方向,围绕收入增长续航能力、产品核心竞争能力,同步迭代系统功能,更好发挥数据仓库和管理工具的职能。

一是横向到底,拓宽维度。在现有的IDC评估模型中增设增值业务数据指标,发掘增长驱动,助力差异化竞争;按季节、片区维度进行机房运维PUE管理,完善能源管理计划,持续推动数据中心绿色、可持续发展。

二是纵向到边,精耕细作。将IDC数据细化到客户维度、机柜维度,价值评估下钻到网格维度,树立标杆型数据中心,进一步提升运营管理精细度。

三是全向支撑,助力运营。完善内部结算与机房资源调度模型,盘活存量机柜,缓解局部资源紧缺压力;对接ICT和移动云业务系统,实现收益和成本在业务维度的合理分配,助力DICT业务高质量协同发展,提升总体发展驱动力。

参考文献:

雷 H. 加里森,埃里克 W. 诺琳,彼得 C. 布鲁尔. 管理会计(原书第14版)[M]. 罗飞,陈辉,温倩,译. 北京:机械工业出版社,2017.

企业自评

为适应经营管理需要,支撑公司战略转型发展,江苏移动管理会计应用不断进化,自2014年明确了"三横N纵"管理会计体系后,现已基本构建以投资、收入、成本管理会计建设为横轴(主轴),以组织、产品、客户、基站多场景为纵轴的管理会计体系框架。

管算结合,算为管用。江苏移动始终坚信管理会计的价值与生命力取决于其对经营决策和管理提升的支撑作用。运用"三横N纵"的核算成果,江苏移动加大管理会计在全面预算管理、固定资产投资管理、业务生命周期管理、内部市场化结算、成本管理与降本增效、业绩考评和激励约束等财务管理领域的应用力度,逐步建立健全内部治理和责任机制,形成了一系列适合通信运营商的管理方法和工具。管理会计工作逐步渗透到公司经营管理的各个方面，价值管理贯穿于每项业务活动之中。

本案例聚焦江苏移动近期重点发展的核心业务，较为详细地分享了江苏移动在 IDC 业务管理会计方面的探索和实践。项目在实际运用中，仍有一些不足，后续需进一步结合公司转型方向，围绕收入增长续航能力、产品核心竞争能力、业务技术更新方向，同步迭代 IDC 业务全生命周期管理会计的支撑能力，并且进一步将实践成果复制推广到其他业务中，为企业价值创造和战略实现发挥更大的作用。

专家点评

本案例以通信行业转型发展的重点业务之一，IDC 业务为切入点，介绍了江苏移动探索 IDC 业务全生命周期管理会计体系的实践与应用。案例深入业务前端，精准定位管理会计如何服务于企业管理的需求，设计并构建相应的管理会计工具模型，整合并搭建管理信息化平台。通过清晰明了的"五步"构建做法，深入浅出地阐述 IDC 管理会计工作开展的全过程，勾勒出"1+1"IDC 管理会计体系的全貌图。

本案例提炼准确，语言精炼，在构建"三横 N 纵"管理会计总体框架下的"1+1"IDC 管理会计体系方面，具有创新性和很好的示范推广性。

该体系深度融合业务和财务系统流程，推进 IDC 业务管理手段与模式创新，有效提升数据中心核算方式精细化、IDC 业务投资决策科学化、管理工具数智化水平，对其他企业开展业财融合、高质量转型发展具有一定的借鉴意义。未来，江苏移动可复制并推广 IDC 业务管理会计模式到其他业务中，进一步拓展江苏移动特色管理会计体系的多样性，提供更多创新的管理会计应用实践。

构建横向跨四轮、纵向到区县的"4×N×X"财务价值管理体系

中国移动通信集团陕西有限公司

> **摘要**：该课题聚焦财务管理转型，以四轮驱动运营发展为切入点，持续探索管理会计赋能企业创新的新路径，提炼出价值"导航仪"的价值管理思路。基于业财融合的信息化智慧支撑平台，创新设计责权闭环的全景嵌入式三维价值管控机制，在划小核算单元的基础上，结合公司业务发展重点及价值管控模式，搭建横向跨四轮、纵向到区县的"4×N×X"财务价值支撑模型，实现了业务领域（4轮市场）、运营组织（N省市县）和价值管控（X应用场景）业财融合的运营成果展示、运营评价依据、运营能力体现的管理会计体系化管理，有效助力了陕西移动价值运营及高质量持续发展。本课题体现了四个方面的创新：强化效益价值管理新理念的意识，建立责权闭环监控管控有力的新机制，搭建业财融合的智慧管控平台和实现财务人员持续赋能的知识能力自成长。
>
> **关键词**：管理会计；业财融合；财务价值管理；人员转型赋能；企业创新

一、企业简介

中国移动是目前全球网络规模最大、客户数量最多、市值排名和品牌价值位居前列的电信运营企业，中国移动通信集团陕西有限公司（以下简称"陕西移动"）隶属于中国移动通信集团有限公司（以下简称"中国移动"），成立于1999年7月28日，目前已经建成覆盖范围广、通信质量高、业务品种丰富、服务水平一流的通信网络，网络已覆盖到陕西省内100%的人口；下辖10个地市分公司、112个县区分公司，主要经营陕西境内的移动通信业务、国际互联网接入业务，以及其他电信与信息业务等。陕西移动2020年运营收入达183亿元，服务个人客户超过2523万，在陕西通信市场的客户份额达56%以上，是陕西省内规模最大、效益最好的通信运营商。陕西移动将企业发展融入全省经济发展大局，累计纳税190余亿元，带动专业机构、合作渠道、工程施工、网络维护、客户服务等社会就业近7万人，在网络强省、精准扶贫、提速降费、疫情防控等方面获得省委省政府好评；积极建设"信息高速"，运营"信息高铁"，围绕细分行业，打造成熟产品体系，承载BAT（百度、阿里、腾讯）等著名互联网公司西部核心IDC业务，以新能力、新生态、新应用促进陕西5G发展进入快车道。陕西移动连续8年被评为全省A级纳税人，客户满意度在省通信管理局的满意度调查中连续9年位居省内运营商之首，荣获全国文明单位称号和"三秦慈善奖"，连续3年被评为"陕西省助力脱贫攻坚优秀企业"。

---

* 本篇作者：陈怀达、莫文弘、张耀文、贾鹏、展雷、王涛、张忠昌。
指导专家：温素彬（南京审计大学）。

二、"4 ×N ×X"财务价值管理体系背景介绍

随着国家提速降费、高质量发展政策的全面实施，以及5G逐渐规模化运营，陕西移动内部各类成本投放与效益贡献矛盾日趋激烈，面临外部竞争加剧、内部业务亟待优化的双重压力。陕西移动的盈利方式急需从前期的机会获利转变为能力获利，公司管理更需一套贯穿上下的精细化、科学化、规范化体系，用于指导和提升公司价值管理水平，更好更快地实现良性循环、保持市场主导地位。

（一）管理现状

1. 国家政策和行业态势

党的十九大报告提出高质量发展要求，持续部署提速降费等政策，对运营商的盈利能力提出更高要求；党的十九届五中全会在国企国资改革方面明确提出推进通信、铁路等行业竞争性环节市场化改革。运营商竞争日趋白热化、同质化，价值运营、高质量发展成为赢得市场的关键，财务领域发展方向由核算会计向管理会计、项目财经方向发展，进一步发挥价值引领作用。

2. 集团部署和本省转型

中国移动部署创世界一流"力量大厦"战略，细化"三融三力"关键路径；"十四五"规划明确"四个三"战略内核，要求发展速度、规模、质量、效益保持领先，管理精细化、科学化、规范化。陕西移动深入开展降本增效，全面着力高质量发展，不断强化内部管理，提升价值运营水平，最终实现良性循环、赢得市场主导。

3. 业务需求和效益现状

一线市场人员为了公司发展存在"埋头打粮食"现象，对于作战单元收支效益、资源投入和收入回报的关联性、相关性缺乏有效抓手。在高质量发展的大环境下，细分市场考核、资源投放、投入产出等逐渐与效益挂钩的指标，成为长期困扰经营人员的复杂问题，导致经营过程中"旱涝不由己"，能否全力以赴取得理想的市场投资回报成为亟待破解的难题。

（二）问题分析

1. 业务发展缺抓手

分市场评价尚无准确的数据支撑体系，交叉产品收入不能准确计量和归集，导致分市场、分条线创收盈利能力分析评价难以开展；区县层面效益监控手段抓手不足，数据支撑体系缺乏，导致效益穿透力度不足，基层效益观念普遍不强；支撑体系缺失导致资源使用不精准，价值意识有待提升，区县效益无法合理评价对标。

2. 管控方式需优化

面对一线调研提出的区县公司责权利不对等、省市县三级标准不统一、区县公司支撑体系缺乏的问题，亟须加快省市县三级协同，持续优化推进价值对标落地；针对营销资源如何有效归集、营销资源如何精准匹配、生产效益如何科学呈现的管理思考，需要深度研究业务发展中价值贡献提升维度的体现和应用。

一是收入管理口径亟须优化，传统模式按照比例分摊折扣折让的方式，无法真实展示分产品、分市场收入；二是县区效益监控亟须抓手，各县区收支数据口径不统一，陕西移动下属112个区县公司效益无法合理评价与对标；三是价值运营管理意识弱，四轮驱动（CHBN）理念延伸不足，区县公司没有四轮驱动管控抓手，导致四轮驱动理念无法有效穿透至基本作战单元。

3. 价值意识待提升

面对上述业务发展缺少有效抓手、管控方式手段急需优化的诉求，如何实现省、市、县全层级的

全景收入体现、全量成本下沉和全量利润展示？面对如何将财务数据转换为生产力、将财务支撑面向省市县三级贯通、将财务管理更好地促进公司价值运营这三大管理课题，财务条线一直在思考"想做什么？""能做什么？"需要主动转变，统一度量，实现数据支撑体系三级全向贯通，充分发挥价值"导航仪"作用，将财务数据转换为生产力，形成财务大数据资产，最大限度发挥财务数据效能，从财务管理角度推进价值运营（见图1）。

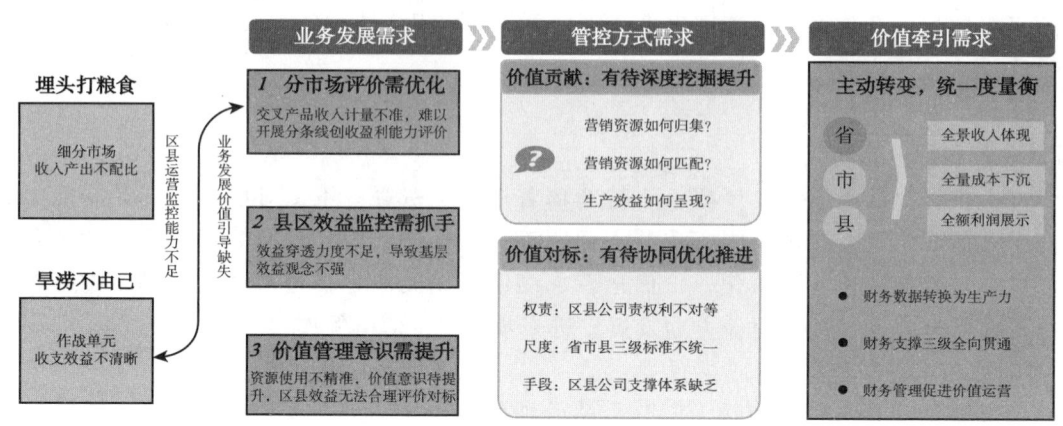

图1 "4×N×X"财务价值管理体系创建背景

（三）创建价值运营管理体系的主要动因

针对上述经营发展中发现的问题，要解决业务发展与效益兼顾的问题，转变基本作战单元"旱涝不由己"的现状，最大限度满足业务发展需求、管控方式需求、价值牵引需求，通过构建一套横向跨四轮、纵向由省市到县区的全层级、多维度效益价值管控体系来推动和实现。

1. 强化价值导向牵引意识

在外部监管高要求和内部发展遇瓶颈双重压力环境下，只能通过强化内部管理，提升财务价值管理水平，才能走出现有困境。陕西移动积极响应财政部、中国移动关于推进管理会计指引体系建设，提升公司管理会计工作水平的要求，持续探索管理会计赋能企业创新的新路径，提炼出价值"导航仪"的管理会计价值运营思路。从通信行业特性出发，以陕西移动高质量发展战略协同为导向，按照责权利对等原则，通过业财融合手段的积极推动，树立横向跨四轮、纵向到县区的全景覆盖"打粮食"效益价值意识，充分发挥财务条线价值"导航仪"的牵引作用，为陕西移动价值运营提供有效抓手。

2. 推动公司业务健康发展

经过对业务发展需求、管控方式需求和价值牵引需求的深入调查发现，陕西移动价值运营存在区县公司四轮驱动管控、价值管理缺乏有效抓手，以及分摊方式、收入数据无法真实反映四轮驱动价值贡献等方面的制约，通过统一评价方式解决区县运营监控能力不足和四轮业务发展价值引导缺失两大问题，实现四轮驱动，将价值理念延伸至业务前端，并分解和下沉至区县分公司；打造实时动态报告，实现业务前端数据梳理和系统改造，并在财务报表系统中实现数据按月产出，建立指标可追踪、业务可对标、数据可推送的智慧管控；实现共享互动优化，定期推送数据，将财务数据转换为激励业务发展的生产力，将财务管理手段延伸至业务域及组织域。

3. 提升传统财务管理手段

财务如何坚持成为依法合规践行者、业务发展助力者、资源配置守护者的总体定位，如何着力强化战略牵引，深化融合支撑，提升基础服务，加强能力建设？其关键在于发挥财务部门立场中立、价值视角、数据集成的天然优势，深入分析传统业务驱动及主要依靠技术与市场创新的局限性，主动探索并拓展财务条线业务数据与风险管控的传统合规角色，从财务管控出发，践行管理会计价值运营思路，深入探索并提炼管理会计赋能企业创新的新路径。通过将资源精准下沉至112个区县公司，以量化的方式客观、公允地衡量基本作战单元的价值贡献，建立横向跨四轮、纵向由省市到县区的全层级、多维度效益价值管控体系。

三、"4×N×X"财务价值管理体系总体设计

（一）体系目标

陕西移动以持续创造价值为核心，探索包括集成（业财融合）、实时（动态报告）、共享（互动优化）和业财共生共赢的管理会计新路径，赋能企业创新。运用管理会计理念，按照谁受益谁承担原则，打造财务价值管理体系。一方面，将资源及效益扩展至四轮市场，精准呈现四轮分市场价值贡献；另一方面，将四轮驱动战略导向纵向延伸至区县，全景展示区县效益贡献。在此基础上，通过评价对标、考核引导等方式驱动价值创造，充分发挥价值"导航仪"作用，将财务数据转换为生产力，形成财务大数据资产，最大限度发挥财务数据效能，做好价值牵引。从通信行业特性出发，以陕西移动高质量发展战略协同为导向，以责权利对等为原则，通过业财融合手段的积极推动，为陕西移动价值运营提供有效抓手。

（二）设计思路

通过建立一套便捷固化体系、两套数据支撑体系、多套成熟价值应用，结合重点业务、关键节点、核心区域等，聚焦12个重点应用场景，打通公司横向个人、家庭、集团和新业务四轮市场，纵向省、市、县三级组织架构的运营"任督二脉"；通过组织保障、沟通保障、管理保障，融入财务价值管理理念，完善预警机制，强化价值运营导向，以评价对标、考核引导、薪酬激励等方式驱动区县公司价值创造理念，形成分条线虚拟利润考核、价值贡献与资源匹配挂钩、全省区县公司横向对标逐优和分产品投入产出效益评估，自上而下强化穿透，自下而上强化反馈，确保场景落地成效（见图2）。

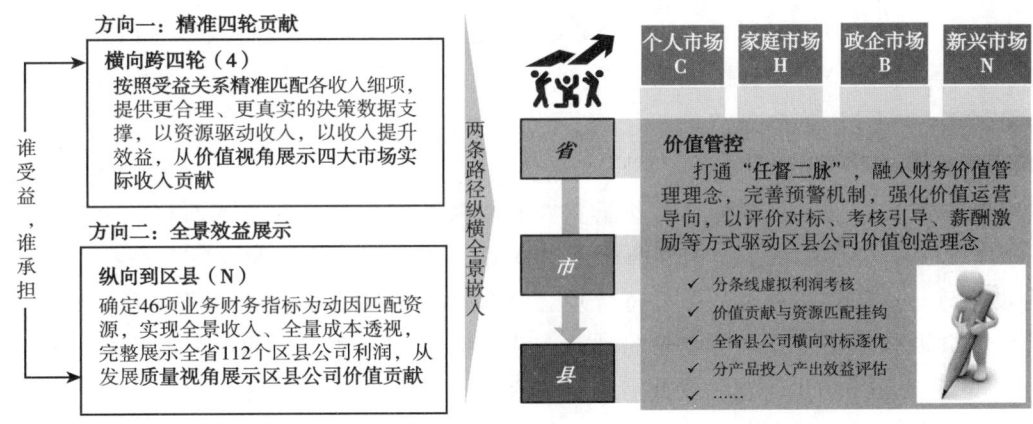

图2 "4×N×X"财务价值管理体系设计目标和思路

（三）体系架构

1. 总体框架

该体系深入探索提炼了强化效益价值的价值"导航仪"管理思路，搭建了一套日益成熟的横向跨四轮、纵向到区县的"4×N×X"财务价值运营管理报表模型，设计了责权闭环的全景嵌入式三维价值管控机制，开发了业财融合的信息化智慧支撑平台，形成了管理会计数据归一化展示，实现了对财务人员持续赋能的知识能力自成长，助力了陕西移动价值运营和高质量持续发展（见图3）。

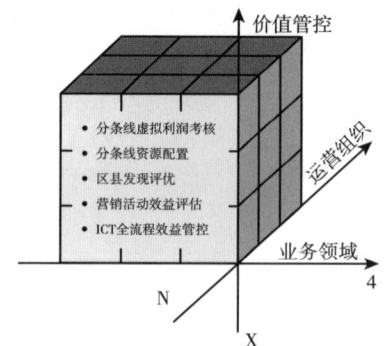

图 3 "4×N×X" 财务价值管理体系总体框架

（1）业务领域：横向跨四轮。横向跨四轮指从业务管理角度出发，结合四轮驱动细分市场客户属性，将市场业务细分为个人市场（C）、家庭市场（H）、政企市场（B）和新兴市场（N）。其中，个人市场是面向个人客户群体推出的个人类产品，包括语音、短彩信、无线上网和个人数字化业务等；家庭市场是面向家庭客户群体推出的家庭类产品，包括家庭宽带、魔百和互联网电视业务、家庭安防、和家固话等；政企市场是面向政府和企业单位客户群体推出的政企类产品，包括IDC、ICT、移动云、物联网、云计算、集团专线等；新兴市场是面向客户个性化需求，提供丰富多元化产品，包括视频、阅读、动漫、游戏、音乐以及国际业务收入。

（2）运营组织：纵向到县区（N）。纵向到县区指从运营组织角度出发，以省公司、市公司、县公司现行组织层级为颗粒度，进行业务层级自上而下、自下而上的管理贯穿，随着组织层级向一线市场聚焦，细分作战单元。

（3）价值管控：多场景丰富应用（X）。多场景丰富应用指从基于业财融合的管理会计场景应用出发，以高质量发展战略协同为导向，通过业财融合手段的积极推动，自上而下强化穿透，自下而上强化反馈，将财务价值支撑体系的价值发挥在四轮驱动、纵向到县的二维实践过程中衍生的各类无限拓展的应用场景中，如分条线虚拟利润考核、分条线资源配置、区县发展评优、营销活动效益评估、ICT全流程效益管控等，整套体系在后期应用中将产生更多、更丰富的成熟应用，最大限度发挥财务价值"导航仪"作用。

2. 管理会计工具应用情况

以战略协同为导向，对接陕西移动高质量发展的战略关键环节，促进陕西移动可持续发展；以责权对等为原则，按照谁使用谁承担，精准匹配营销资源，避免各业务市场、各产品收入"吃大锅饭"；以业财融合助推进，以四轮市场为基础，将管理会计理念嵌入陕西移动各业务规划、决策、控制、评价关键节点。以陕西移动各区县公司四轮驱动需求为切入点，实现财务和业务有机融合；以资源效益为准绳，提升"打粮食"意识，资源投放需实现全流程监控和评估，在支撑四轮驱动发展的同时推动区县效益提升；以管理需求为动力，通过陕西移动四轮驱动发展理念下沉，为一线四轮驱动协调发展提供有效的管理抓手，在做好分市场集中管控的同时，实现业务领域、组织地域和财务管控三维立体的业财融合价值管理，持续为一线精准配置资源，赋能陕西移动各区县公司运营管理（见图4）。

3. 管理会计报告体系构建

通过建立一套便捷固化体系、两套数据支撑体系、多套成熟价值应用，为公司内部管理决策提供直观、有效的信息支持，推动实现战略落地、价值管理、风险防范等细分场景的应用和管理建议报告。

为进一步丰富省内管理会计信息，结合省内个性化管理需求，陕西移动重点针对细分市场、细分产品、作业单位等效益评价，搭建了包括省内四轮市场收入，ICT、IDC和短彩信重点政企产品，

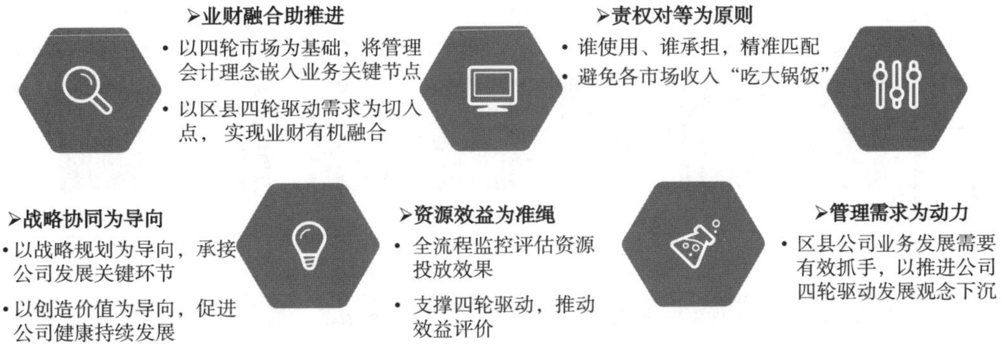

图4 管理会计工具运用

县区公司等一线单元相关的承载效益信息的管理会计报表。建立两套数据支撑体系，一方面，省内口径四轮驱动收入管理会计报表是指剔除折让分摊的影响因素后，将折让按照实际销账情况，精准匹配至具体业务收入后的四轮驱动收入管理会计报表。该报表较集团口径四轮驱动收入管理会计报表能更精确地反映本地收入实际情况，主要用于省内对地市各条线收入的考核。另一方面，县区公司效益评价管理会计报表是将地市全量收支下沉至县区单位，精准呈现县区运营效果的管理会计报表，主要应用于全省县区评优及省市县三级对标和健康度看板。该报表完整归集和展示全量区县分公司经营数据，从质量发展视角展示县区公司价值贡献（见图5）。

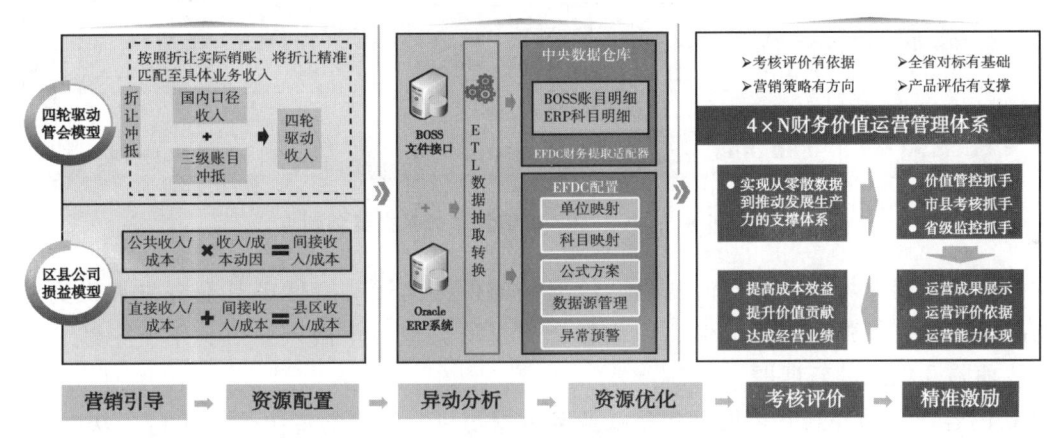

图5 管理会计报告数据体系

结合重点业务、关键节点、核心区域等，管理会计报告已形成12个重点应用场景，实现针对细分市场的分条线资源配置和虚拟利润考核，针对重点产品的营销活动效益评价，ICT从商机到回款全生命周期价值管控，针对作业单元的区县发展评优考核、省市县三级健康度看板等成熟应用和管理报告（见图6）。

（四）"4×N×X"财务价值管理体系创新

本体系主要体现了四个方面的创新：强化效益价值管理新理念的意识，建立责权闭环监控管控有力的新机制，搭建业财融合的智慧管控平台和实现财务人员持续赋能的知识能力自成长（见图7）。

1. 理念创新：财务管理嵌入业务，助力公司价值运营

（1）创新动因。一方面，传统一线存在埋头苦干，折扣多、投入份额未提高的"埋头打粮食"现象；另一方面，出现成本多、投入回报未增收的"旱涝不由己"运营状态，陕西移动已经面临传统业务驱动及创新主要依靠技术与市场的局限性。

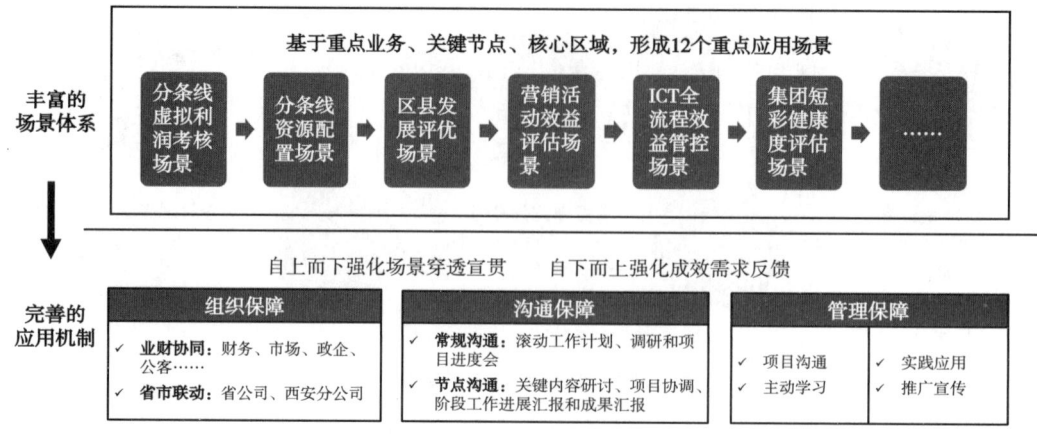

图6 管理会计报告成熟应用

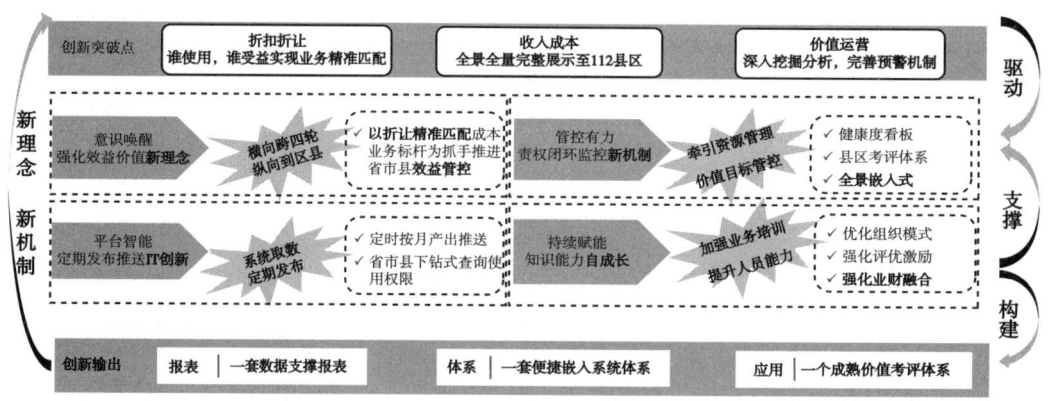

图7 "4×N×X"财务价值管理体系主要创新点

如何发挥财务部门立场中立、价值视角、数据集成的天然优势，体现其业务发展助力者、资源配置守护者的战略定位，将强化战略牵引、深化融合支撑的管理视角嵌入业务，下沉一线，成为了陕西移动财务条线面临和探索的新课题。

（2）创新内容。主动探索并拓展财务条线业务数据与风险管控的传统合规角色，从财务管控出发，探索管理会计赋能企业创新的新路径，深入探索并提炼出价值"导航仪"的管理会计价值运营思路。从通信行业特性出发，以陕西移动高质量发展的战略协同为导向，以责权利对等为原则，通过业财融合手段的推动，树立横向跨四轮、纵向到县区的全景覆盖"打粮食"效益价值意识，充分发挥财务条线价值"导航仪"的牵引作用。

从省市县三级价值对标的质量视角和分市场真实价值贡献的价值视角出发，双维驱动聚焦陕西公司的价值提升，做到把握客户消费习惯，实现精准投放；好钢用在刀刃上，实现精打细算。理念一：以陕西移动战略协同为导向，以持续创造价值为核心，聚焦陕西移动"力量大厦"高质量发展的战略关键环节，促进公司可持续发展。理念二：以责权对等为原则，按照谁使用、谁承担，精准匹配资源，避免各市场、各产品收入"吃大锅饭"。理念三：以业财融合助推进，以四轮市场为基础，将管理会计理念嵌入陕西移动各业务规划、决策、控制、评价关键节点，以各区县公司四轮驱动需求为切入点，实现财务和业务有机融合。理念四：以资源效益为准绳，提升"打粮食"意识，资源投放需实现全流程监控和评估，在支撑四轮驱动发展的同时推动区县效益提升。理念五：以管理需求为动力，通过陕西移动四轮驱动发展理念下沉，为一线提供有效的管理抓手，既要做好分市场集中管控，又要持续为一线打仗的资源配置效率和效果持续赋能（见图8）。

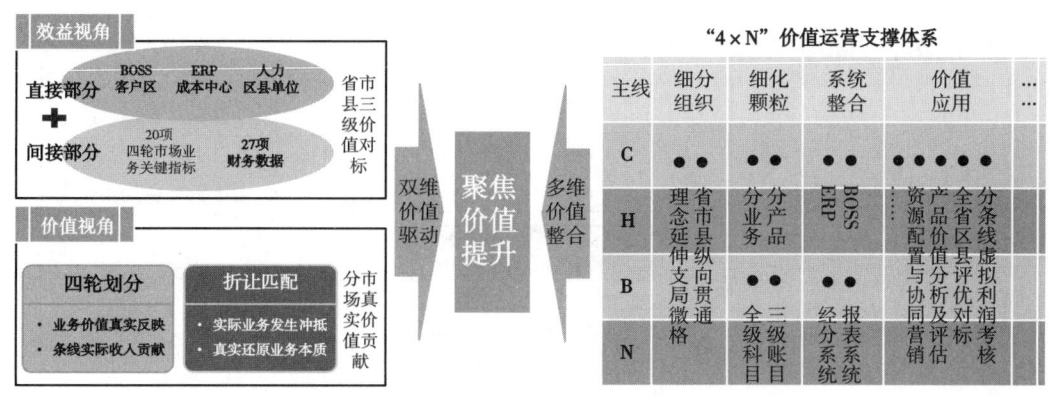

图 8 "4×N×X" 财务价值管理体系理念创新

2. 机制创新：全景嵌入式财务价值管控机制

（1）创新动因。从财务管控出发，探索管理会计赋能企业创新的新路径，深入践行价值"导航仪"的管理会计价值运营思路，为陕西移动价值运营提供有效抓手。①集成（业财融合）：在中国移动通信集团率先将四轮驱动、价值理念延伸至业务前端，并分解和下沉至区县分公司。②实时（动态报告）：实现业务前端数据梳理和系统改造，并在财务报表系统中实现数据按月产出，实现指标可追踪、业务可对标、数据可推送的智慧管控。③共享（互动优化）：定期推送数据，将财务数据转换为激励业务发展的生产力，将财务管理手段延伸至业务域及组织域。④共生共赢：助力陕西移动经营决策，引导价值运营，以价值创造指导资源精准匹配，提升价值穿透力，实现从零散数据到推动发展对标、分市场分条线发展的企业生产力创新体系化支撑。

（2）创新内容。以价值管控为出发点，搭建三维价值管控模型，通过业务域及组织域优化资源配置，推进价值协同、目标协同、战略协同。通过虚拟利润考核、价值穿透、资源配置，进一步强化过程管控和价值评估，形成事前有目标、事中有监控、事后有评价闭环管控机制。

通过价值激励和运营效果双维过程，进行包含业务管理、运营组织和资源配置的全景嵌入式财务价值管控的监控评价。全景嵌入式财务价值管控模型包含业务管理层面的四轮（个人、家庭、集团、新业务）分市场和财务层面的全量收入支出；运营组织层面包含省、市和县区三层组织架构；资源配置层面是指业务和财务价值的协同和激励。

双维过程监控：①价值激励管控包括价值协同、目标协同和业绩联动三个方面，其中价值协同是指将四轮分市场分条线虚拟利润考核与陕西移动各市分公司考核结合，实现横向跨四轮、纵向到县区的价值协同；目标协同是指通过陕西移动各市县分公司业绩考核与部门战略绩效考核挂钩协同，实施收入、利润红线考核；业绩联动是指将财务损益利润与管理者经营业绩联动，按月穿透展示省市县三级损益，按季传递业绩压力。②运营效果监控包括引导、通报、评价、推广的滚动监控管理，实现事前有目标、事中有监控、事后有评价，通过县区考核评价和四轮分条线虚拟利润评价的考核目标引导，年季月全周期、省市县全层级的定期评估通报，奖惩激励据实兑现的年终效果评价和最佳实践推广建立长效管控机制，落实好策略调整、运营预警、效果监控和评估反馈的滚动监控管理（见图9）。

3. 模式创新：搭建智慧管控平台，提升价值穿透能力

（1）创新动因。依托报表平台搭建区县损益管理报表和四轮驱动报表模块，实现指标可追踪、业务可对标、数据可推送的智慧管控，提升价值穿透力。一方面"颗粒化展示"，财务数据颗粒更小，省、市、县三级四轮驱动、损益指标全层级展示，实现精细管理、精准支撑；另一方面"角色化推送"，主动推送更加精准，省、市、县体系按月产出，分角色赋能，指标可追踪、可回溯、可对标。

（2）创新内容。通过常用数据指标看板的系统固化、省市县下钻式查询权限分发和分角色、分任

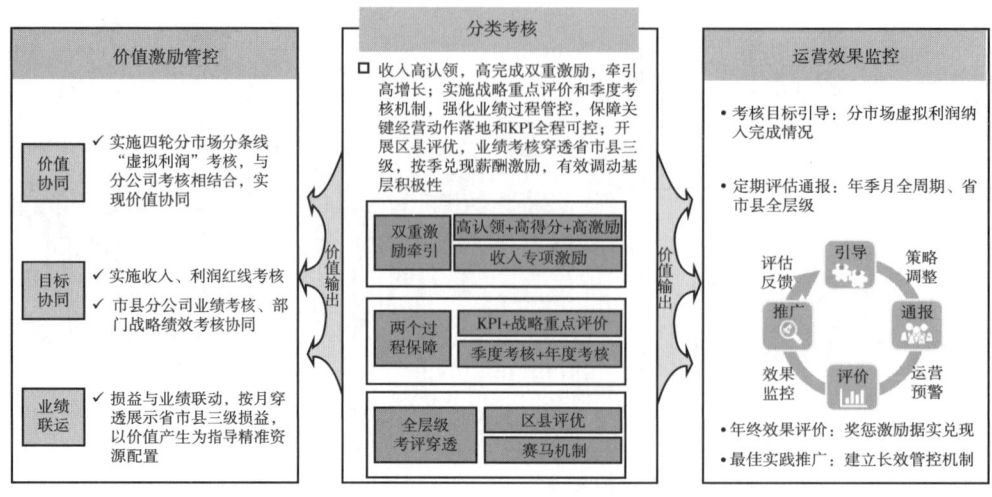

图9 "4×N×X" 财务价值管理体系机制创新

务推送数据的功能开发满足省市县、分条线各级数据管理的使用需求。一是对陕西移动全省各单位人员职责权限进行梳理，建立数据推送人员清单库，并根据人员单位进行权限交叉验证规则配置，确保数据推送至具有相应权限的人员；二是打通报表平台与OA办公系统接口，将只有财务人员使用的报表平台中各类报表数据，每月推送至人人均使用的OA办公系统，既提高了数据使用范围，又避免了一线业务人员使用财务专业系统的适应过程；三是设置分市场和分县区的运营重点关键指标体系库的同比、环比等异动提示，做好运营预警和效果监控。

4. 能力创新：财务人员持续赋能的知识能力自成长

（1）创新动因。基于价值管理导向，一方面，强化全流程协同支撑、全业务资源牵引、全周期效益管控，着力提升业财协同能力；另一方面，推进全省财务人员从财务会计到管理会计的转型，持续提升省市县三级财务人员一站式支撑能力。

（2）创新内容。近年来陕西移动经营压力增大，"大财务"的价值更加凸显，陕西移动以业财融合下的管理会计为契机，通过优化组织模式、提升专业能力、加强业务培训和强化评优激励的财务支撑能力体系建设，实施省市联动项目制，组织最佳经验交流分享，强化业财互动交流，为财务人员持续赋能。

一方面，围绕2020年财务工作重点事项引入项目制，积极推动业财融合工作，经过前期项目申请、项目评审、项目认领等工作环节，最终确定了"4×N×X"财务价值管理体系，聚焦欠费治理、营销效能评价体系建设、网格化支撑等十项部门重点项目，通过项目制牵引，党员先锋模范带头攻坚克难，激发部门员工工作热情、提升财务管理技能，为2020年财务重点工作开展提供有力推手。另一方面，为进一步提升财务人员职业素质与工作技能，2020年财务部联合工会组织开展全省财务知识技能竞赛活动。赛前，省公司精心安排基础知识技能梳理和题库搭建，积极组织全省财务条线员工进行网上训练。竞赛采取积分比武制，通过以考促学，以赛促学，练考结合，全省共计146人参加，累计答题次数超过15万次，全省广大财务人员财务管理和业务实操水平获得了双提升，更好地锻造了知识型、技能型、创新型的员工队伍。

此外，以推进部门价值提升，提高工作协同和效率为原则，对标集团和外省开展岗位梳理并制订部门定岗定编方案，保持岗位及人员的基本稳定，撤销内设三级室并设置6个项目组（新增管理会计组）。经过双选竞聘，部门共有16人由低职级选配至高职级，管理岗在编人员由17人提升至31人，实现了最优化的人岗适配，进一步提升了组织一体化敏捷运作能力（见图10）。

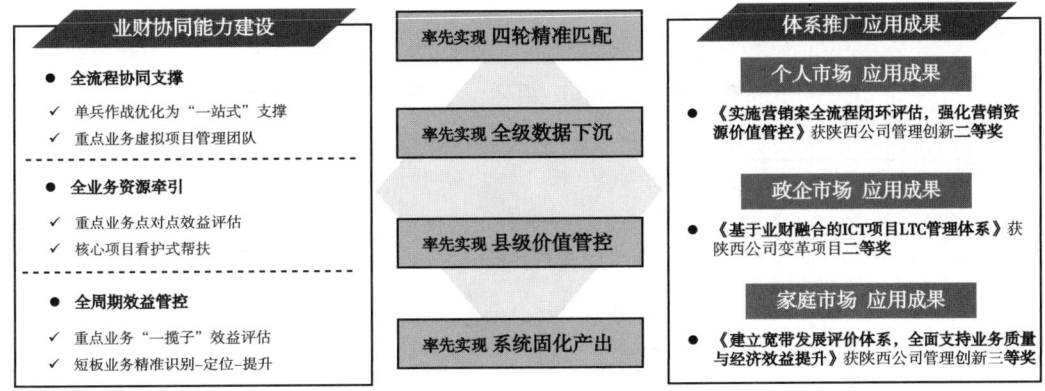

图10 "4×N×X" 财务价值管理体系能力创新

四、实施应用

(一) 组织机构

为推动 "4×N×X" 财务价值管理体系落地实施，公司一把手挂帅，分管财务领导督办，财务部领导主抓推进，在此基础上形成"三协同"，即财务部、政企客户部、市场经营部等跨部门协同，财务部业财融合、预算管理、财务分析、会计政策、管理会计、报表管理、系统管理等跨专业协同，省、市、县三级公司跨层级协同。形成了问题梳理、需求调研、方案研讨、模型搭建、组织实施、系统改造、数据验证、指导生产的全流程闭环管控机制。

(二) 依赖条件

该体系的实施主要依赖三个条件：一是公司管理层的重视及各层级的协作，从前期的资源驱动型，唯市场不为效益转变为以效益导向为主的资源与效益相挂钩的运营模式，能够有效地将效益理念从省公司逐级传导至市、县公司；二是业财深度融合，只有抓住了业务的痛点需求，才能最大限度发挥业财协同效用，闭门造车式的创新难以推广实施；三是扎实的财务核算及系统支撑，体系落地需要在县级公司划小核算单元的基础上开展，需要将收入、成本在业务底层逻辑BOSS出账、财务报账、预算管控等环节最大限度匹配至县级营销单元，降低分摊导致的数据偏离。

(三) 实施举措

1. 实施思路

依托业财融合，深入挖掘分析，完善预警机制，搭建横向跨四轮、纵向到区县的横纵贯通财务数据体系，通过评价对标、考核引导，以薪酬激励的方式驱动市县公司价值创造理念，强化价值运营导向（见图11）。

2. 从有到优：横向跨四轮，价值管控全覆盖

财务侧深入洞察业务逻辑，直接对接市场业务底层数据BOSS前端，全量输出数据，搭建横向到四轮的收入模型，形成四轮收入体系。按照谁受益谁承担原则，合理还原营销资源耗用，打破折扣折让分摊"大锅饭"，实现收入精准匹配，以价值视角透视收入动因，精准呈现四轮驱动收入贡献，以折扣折让下沉为抓手，实现收入精准统计。将销售折扣折让按照受益关系精准匹配至各收入细项，提供更合理、更真实的决策数据支撑，以折扣折让投放效益驱动增量收入，从价值视角展示各市场实际收入贡献。

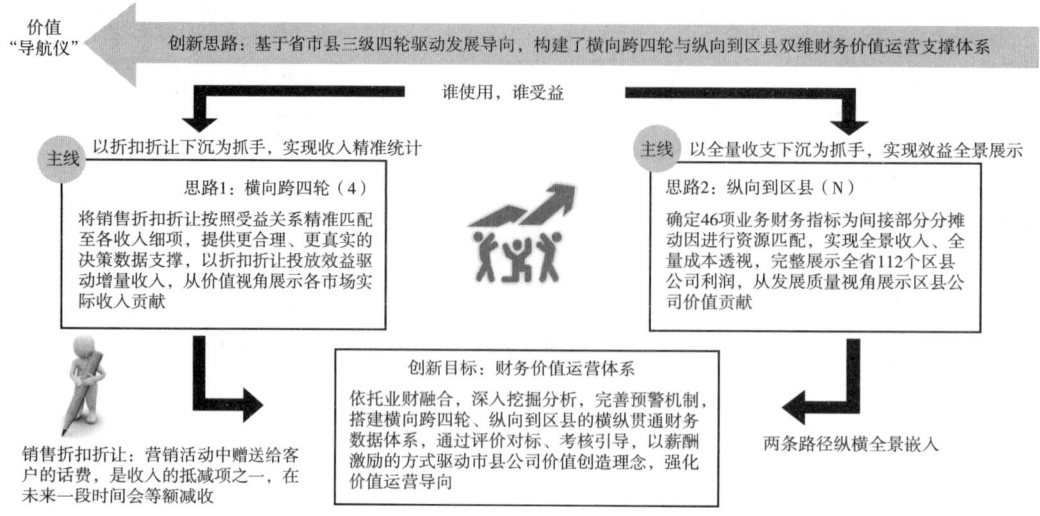

图 11　财务价值运营支撑体系实施思路

（1）梳理三级账目折让。三级账目是 BOSS 系统用户收入归集的最小单元，以三级账目作为切入点，可以最大限度提高数据归集精度，通过全面梳理 BOSS 系统三级明细账目，建立 BOSS 系统三级账目、收入预存代码（收入管会 COA）、财务核算 COA 之间的映射关系，实现客户账目级清单数据与财务 ERP 系统四轮市场段、产品段和 COA 段一一精准映射。

（2）产出折让冲抵报表。销售折扣折让是在日常营销过程中使用的一项重要营销资源，折扣折让的规模直接影响到收入总额，在用户出账层面，销售折扣折让是影响收入精准度的关键。因此，为提高各类业务收入质量，以 BOSS 系统三级账目中折扣折让冲抵为切入点，将折扣折让按照谁使用谁受益原则，逐一匹配至单个业务，更精准体现每个业务实际使用的折扣折让资源；通过建立 BOSS 系统三级冲抵账目与财务报表的映射，每月自动产出按业务实际冲抵折扣折让月报，完整体现四轮市场真实收入，实现了从传统折扣折让分摊到实际冲抵的突破，精准计算分市场、分业务（产品）真实收入贡献，按月产出省、市、县三级四轮驱动陕西移动模式的冲抵口径净收入管理报表（见图12）。

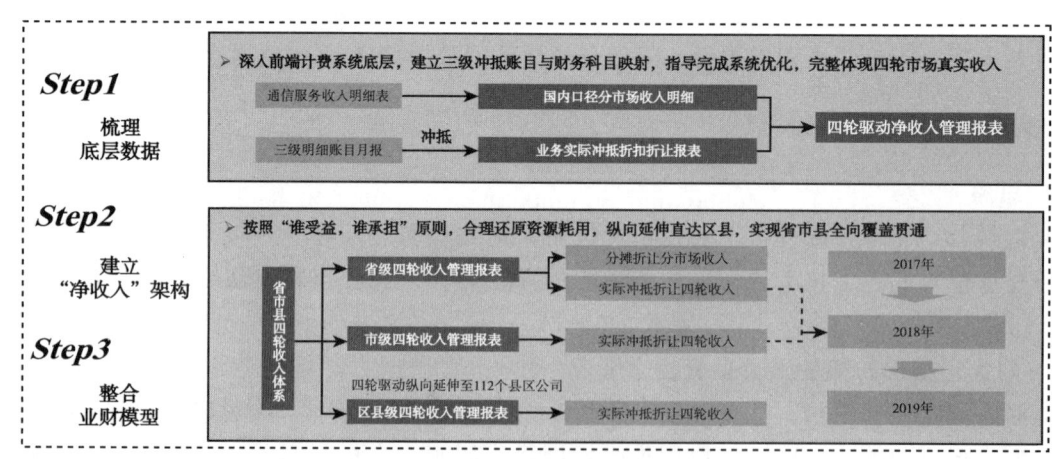

图 12　横向跨四轮净收入管理

①折扣折让数据读取。将计费系统导出的三级明细账月报文件，由数据处理工具进行数据读取，通过三级科目与 COA 科目对应，业务区与成本中心对应，生成科目余额中间表。②折扣折让数据转换。

按照成本中心与区县报表账套的映射关系,进行区县公司收入数据转换与生成。

3. 从无到有:纵向到县区,价值导向下沉

深入业务前端,建立业务侧B域的BOSS业务区、管理侧M域的ERP成本中心和经营管理营销单元的一一映射关系,搭建分层级纵向到一线的损益效益模型。筛选20项业务数据和27项财务数据,实现直接收支的全面归集和间接收支的准确分摊,全收入、全成本、全利润透视到区县一线单元,实现了效益准确统计与全面穿透。

全量收支凸显价值贡献,精准呈现区县运营效果:①全成本下沉实现了区县效益准确统计,由唯市场不为效益转变为以效益导向为主,避免不计效益的资源投入而导致的利润下降;②以全量收支下沉为抓手,实现效益全景展示。确定46项业务财务指标为间接部分分摊动因进行资源匹配,实现全景收入、全量成本透视,完整归集和展示112个区县分公司经营数据,在前期划小核算的基础上,进一步扩大划小核算范围,降低间接分摊影响。

收入侧将积分、折扣、流量递延从出账环节分解至最小业务区,按照区县成本中心进行账务处理;成本侧除日常费用外,扩大费用划小核算范围,将广宣费、酬金、网络电费、租费等重点费用下沉至县区公司。统一省市县三级财务核算口径,确保计算标准统一,实现财务数据纵向贯通,方便横向对标,从发展质量视角展示区县公司价值贡献。

(1)确定县区营销单元。全面梳理业务侧BOSS客户业务区(215个)、财务侧ERP(579个)成本中心到OA全省县区(112个)三级收入成本映射取数逻辑。将各区县看管客户的直接出账收入和直接可控成本进行全面归集,其中直接收入包括话音、短彩、流量、宽带、新业务等,直接成本包括社会渠道酬金、装移机费、水电费、低耗费、办公差旅招待费等(见图13)。

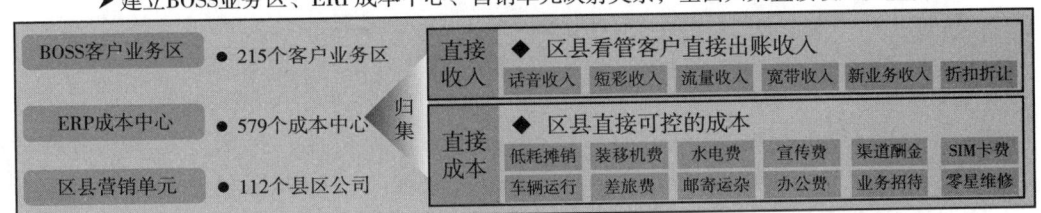

图13 县区损益报表直接部分

(2)厘清间接分摊动因。为确保全收入下沉、全成本下沉、全利润透视到区县,按照收支与业务关联度,筛选20项业务数据和27项财务数据作为间接收入和成本的分摊动因。以直接收入占比、分市场收入占比等,将网内网间结算收入、政企离岸收入、公共收入、分成结算收入等分摊至各区县;以人员数量、基站数、载频数、客户数、业务量等将公共成本分摊至各区县。在此基础上对单项业务采用单独的分摊方式,比如对于集团短信业务收入,根据集团短信业务量进行收入分摊的同时,按照收入与成本配比原则,将结算支出也按照此类方式分摊,实现收支同步匹配(见图14)。

间接收入	动因			间接成本	动因
网内网间结算	直接收入占比	全收入下沉	全成本下沉	人工成本	人员数量
政企离岸收入	政企直接收入占比			折旧费	基站数、载频数
公共业务收入	直接收入占比	全利润		网络设备维修	基站数、载频数
其他非出账收入	直接收入占比			广告费	客户数
				宽带合同成本	宽带新增客户数
				结算支出	省际通话时长、数据流量

图14 县区损益部分间接分摊动因

(四)信息化建设

1. 整体思路

从构建横向跨四轮、纵向到区县的"4×N×X"财务价值管理体系的价值逻辑出发,深入进行分市场分产品的省市县数据对标的价值分析,实现考核评价有依据、营销策略有方向、全省对标有基础和产品评估有支撑的价值激励目标,确保价值"导航仪"的闭环管理流程有效落地(见图15)。

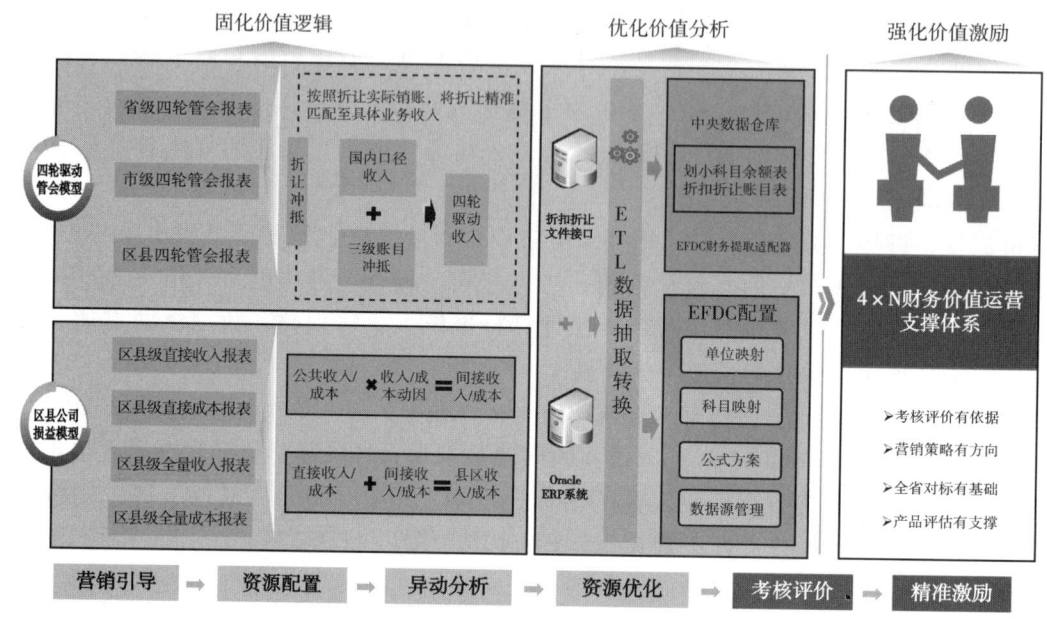

图 15 管理报表应用

(1)总体逻辑。第一,各区县收入、成本分别之和等于地市分公司对应数据。第二,数据分为国内口径及香港口径,国内口径根据分摊规则进行分摊,香港口径参考月报取数逻辑从分摊后的国内口径取数。第三,数据分组为基础数据、直接表、间接表、总表。基础数据包含用于分摊的各种业务类数据;直接表数据从 ERP 系统直接获取,主要包含国内口径收入、国内口径成本表、香港口径收入表、香港口径成本、四轮口径香港报表等多张报表;间接表中存放的数据为公共部分、其他成本中心数据的分摊;总表中存放的为各区县分摊后的实际数据,其中包含直接从 ERP 系统提取的数据以及分摊到各区县的数据,主要包含的报表与直接表中类似。

(2)业务数据逻辑。报表分为总表、直接表、间接表、基础数据表四部分。基础数据表中用于提供分摊系数的各类基础业务数据;间接表中包括分摊后的分市场收入表、收入总表、成本报表等相关报表;直接表中包括直接从 ERP 提取的各区县分公司收入、成本类数据以及生成的四轮驱动相关报表;总表中包括各分公司的直接、间接数据以及在此基础上形成的全口径报表、四轮驱动相关报表。

本年累计数为截止至当月全年发生额累计数,直接数据为 ERP 系统会计科目 COA 累计发生额,间接数据包括全市汇总额和 COA 明细额(见图16)。

上年同期数流向取自上一年度数据(见图17)。

(3)分摊逻辑呈现。对于直接部分,使用划小核算单元中的核算成果,对于较难下沉至各个区县公司的间接收入、间接成本,通过动因的方式计算和展示。

系数基础数据。主要实现收入成本及折扣折让分摊基础数据的收集、存储,以及分摊系数的计算。主要需求内容为指标、表样、计算公式、自定义录入模板的制作,权限分配以及数据收集的支撑辅助(见图18)。

分摊逻辑及具体实现。主要实现将公共费用、市公司各部门等非区县成本数据按照一定的分摊规

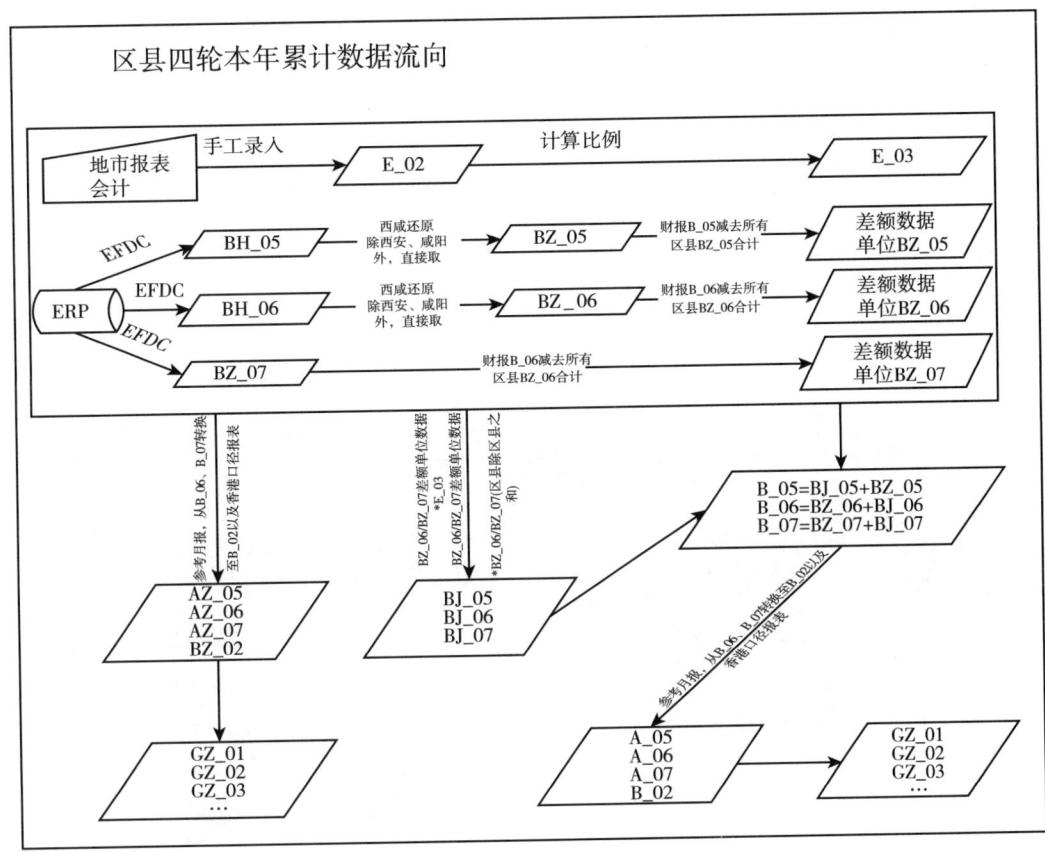

图 16 区县损益报表本年数据流

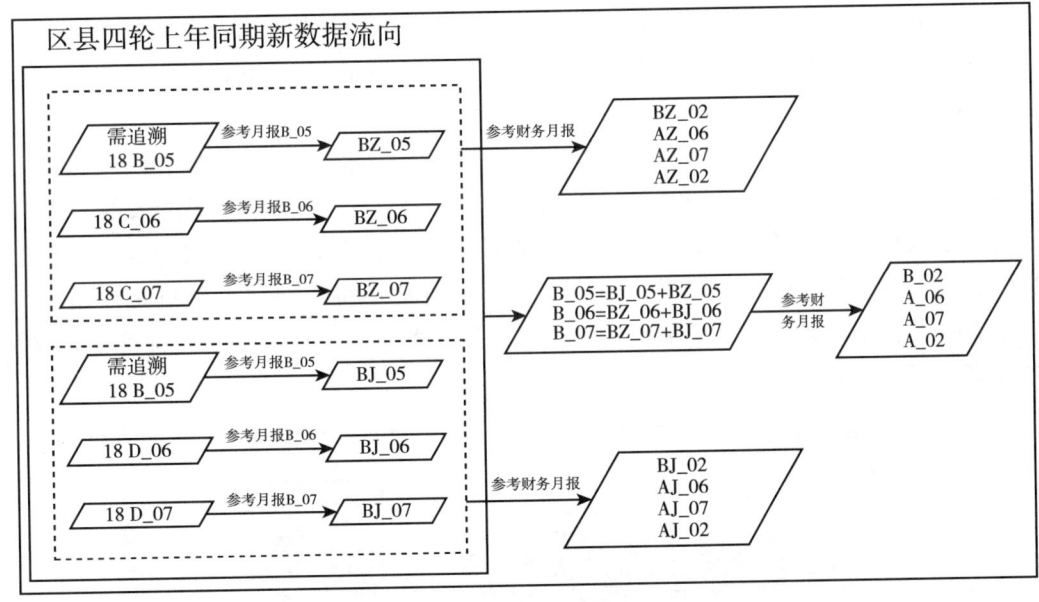

图 17 报表上年数据流

则，划分至各区县分公司，从而可以真正体现出每个区县的真实收入以及真实成本，为各区县的考核、评价、对标等提供有效数据支撑。总体分摊方式为：地市数据－区县汇总数据＝差额表单位数据，即公共成本中心数据。差额表单位数据×分摊系数＝间接收入/成本数据，即分摊数据。总表数据＝直接数据＋分摊数据。最终系统保存直接 ERP 取数、间接数据、总表数据（见图 19）。

选择	模板标题	描述	修改属性	向导修改	另存	删除	上移	下移
☐	19划小西安基础数据录入		📝	📋	📑	✕		⬇
☐	19划小铜川基础数据录入		📝	📋	📑	✕	⬆	⬇
☐	19划小宝鸡基础数据录入		📝	📋	📑	✕	⬆	⬇
☐	19划小渭南基础数据录入		📝	📋	📑	✕	⬆	⬇
☐	19划小汉中基础数据录入		📝	📋	📑	✕	⬆	⬇
☐	19划小安康基础数据录入		📝	📋	📑	✕	⬆	⬇
☐	19划小商洛基础数据录入		📝	📋	📑	✕	⬆	⬇
☐	19划小榆林基础数据录入		📝	📋	📑	✕	⬆	⬇
☐	19划小延安基础数据录入		📝	📋	📑	✕	⬆	⬇

图18 系统数据存储展示

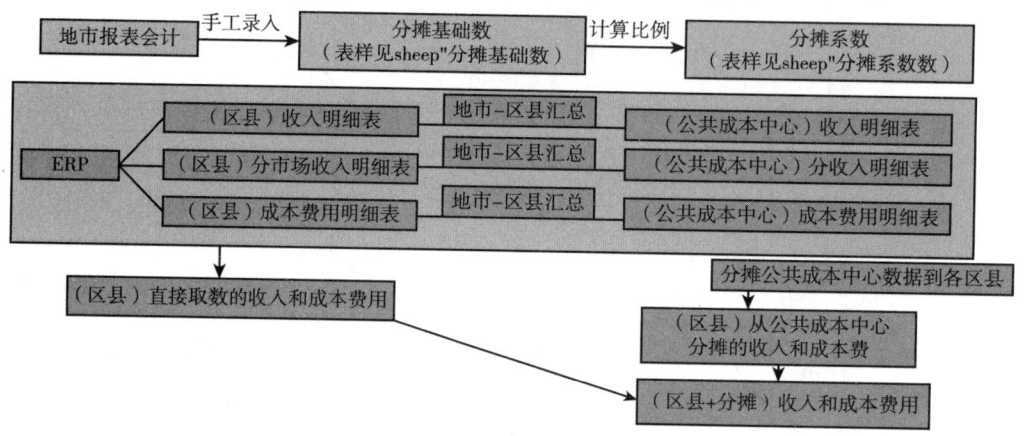

图19 县区损益报表数据流

收入分摊。根据直接从 ERP 系统 COA 科目余额表中取得的收入明细表及分市场收入明细表进行分摊，主要分摊规则为：按点对点短消息点对点彩信分摊、按照 Wlan 收入分摊、按话音收入分摊、按点对点短消息分摊、按照数据流量收入分摊、按直接收入分摊。

成本分摊。根据直接从 ERP 系统 COA 科目余额表中取得的成本费用明细表，由地市减去区县汇总生成差额数据，按照成本分摊规则进行分摊。主要分摊规则有以下几类：合同工人数、劳务工（派遣制）人数、直接收入比例、车辆数量、基站数量、直接成本占比、宽带客户到达数、通话客户数、载频数量、专线条数、移动数据流量、境内通话量、境外漫游通话量、网间点对点短信出账收入、网间点对点彩信出账收入、点对点短信量、集团信息化及通信业务收入占比、宽带装移机收入等。

2. 系统呈现（见图20）

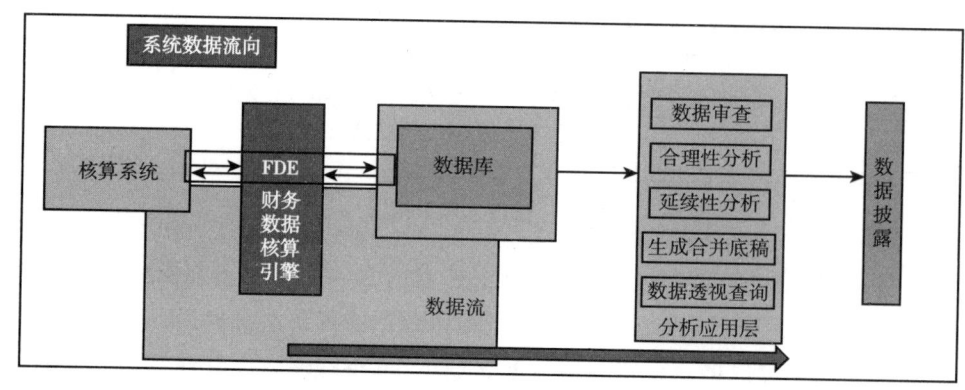

图20 系统承载

（1）灵活的公式提取体系。通过搭建一套完整、直观且符合业界标准财务模型的财务提取公式体系，屏蔽不同厂商和版本系统的差异（如 BOSS 系统与 ERP 系统），以实现本体系中财务数据模型取数和计算；通过该套公式体系可将报表系统指标转化为核算软件的取数规则，针对不同的系统形成不同的公式方案（见图 21）。

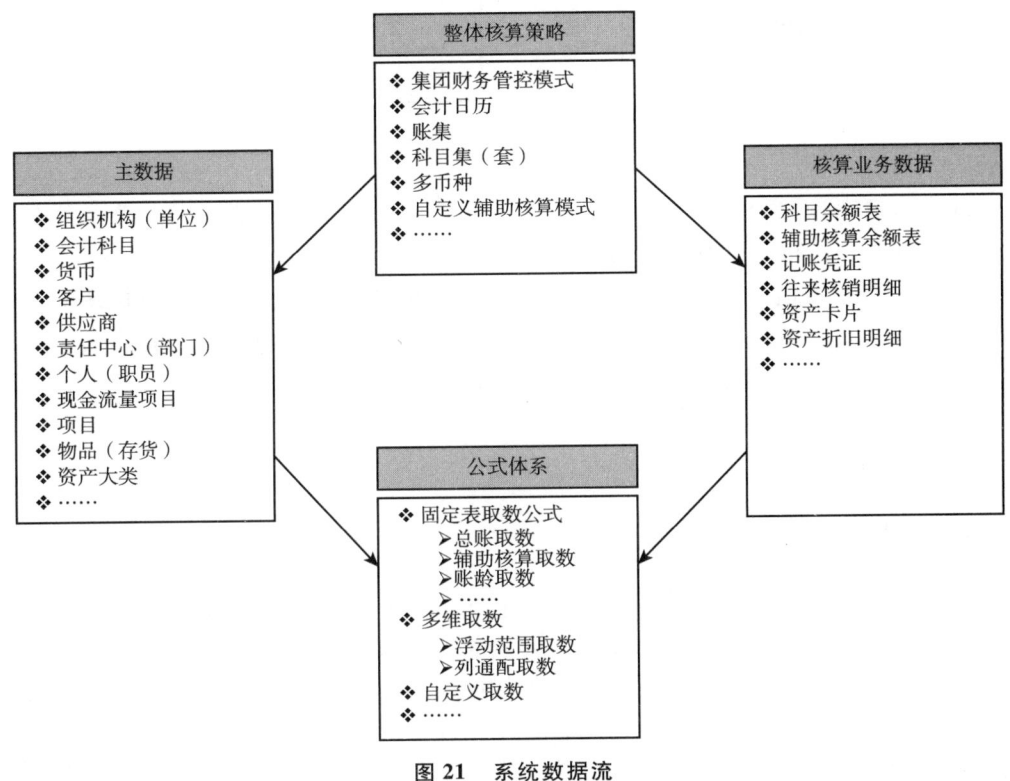

图 21　系统数据流

（2）高效的数据整合引擎。搭建数据整合引擎优化器，将大量的财务提取公式进行预处理，如按照取数公式类型、取数指标类型等，将取数公式进行分类归集，形成分类公式群，针对分类公式群分别形成取数语句后，对财务相关系统数据库进行数据提取，最大限度降低数据库访问的次数和频度，从而提高取数的效率，提升提取数据的速度。

（3）多元的数据管理方法。建立基于财务提取公式体系的透视查询功能，通过预置多种业务流程和表样，实现系统取数校验、实时数据监控，真正做到账表一体化。同时，实现将财务相关数据整合为虚拟数据仓库的效果，提高了财务数据的使用效率。

通过多数据源管理、映射规则管理、公式规则管理等，实现完备的财务数据相关数据源管理，为财务数据的自动提取和转换、透视查询以及多维分析奠定坚实的基础。

（4）完备的接口部署模式。按照"中间库"的接口方式，由数据处理程序完成从账套提取报表指标所需要的财务数据，经初步数据整理、数据清洗后生成中间明细数据库，接口程序按照预先设定的中间数据库格式进行财务数据的提取（见图 22）。

（5）智能的系统承载机制。依托报表平台搭建区县效益管理和四轮驱动报表模块，实现指标可追踪、业务可对标、数据可推送的智慧管控，提升价值穿透力。一方面，实现财务数据颗粒化展示，以及省、市、县三级四轮驱动、损益指标全层级展示，实现财务数据精准支撑；另一方面，按月产出省、市、县报表体系，按照预设规则实现角色化精准推送，分角色赋能，指标可追踪、可回溯、可对标。

（6）多维覆盖，三级下钻。通过系统固化数据指标看板，实现损益指标全级次、颗粒化展示，借

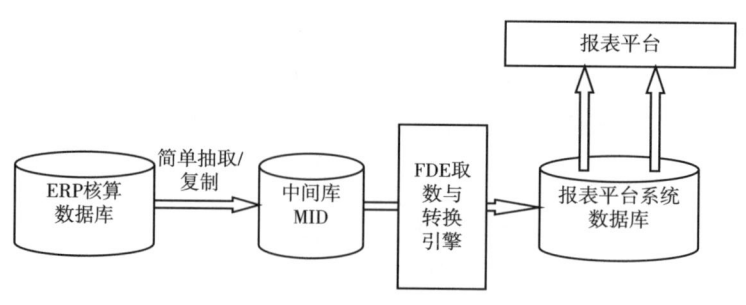

图 22　接口运行模式

助省市县下钻式查询权限分发和分角色、分任务推送数据的功能，满足省市县、分条线各级经营管理使用需求，达到精细管理、精准支撑的目的。

（7）精准推送，分层赋能。按月产出，定向推送，分角色赋能，通过设置分市场和分县区的运营重点关键指标体系库，以及各个指标同比、环比等异动监控提醒，达到运营预警和效果监控，将财务数据转换为激励业务发展的生产力。

五、应用成效

（一）文化管理成效

在推进"4×N×X"财务价值管理体系落地过程中曾出现业务部门与财务部门观点不一致的情况，财务部门比较关注"效益价值"指标，业务部门更加关注"业务发展"指标，如何将产生抵触情绪的业务部门转化成盟友协同的利益相关者，使其站在公司大局一起思考，是财务价值管理体系顺利落地的关键。

1. 战略导向，价值牵引

陕西移动已经面临传统业务驱动主要依靠技术与市场创新的局限性，而如何通过管理提高效能、提升公司价值也是一项重要课题。一方面，财务部门自身要主动改变，持续探索管理会计赋能企业创新的新路径，提炼出价值"导航仪"的管理会计价值运营思路，真正回答好管理层对于经营绩效执行结果及动因的核心关切；另一方面，发挥业务与财务数据信息之间的丰富内涵，将传统会计的"衡量价值"转化为"创造价值"，通过支撑能力建设和成果应用共享，持续为一线财务人员赋能，推进全省财务人员从财务会计到管理会计转型。积极引导价值效益意识，实现公司战略、业务发展与财务定位有机地融合在一起，为管理会计在企业落地生根培育出一片适宜其生长的土壤（见图23）。

2. 出谋划策，合作共赢

构建横向跨四轮、纵向到区县的"4×N×X"财务价值运营管理体系就是选取并解决业务部门的痛点难点问题。一方面，一线市场人员存在"埋头打粮食"现象，经常提出对于作战单元收支效益不清晰的疑惑，对于资源投入和收入回报的关联性、相关性缺少认识；另一方面，一线市场人员存在"旱涝不由己"的困扰，面对考核结果提出细分市场收入产出不配比的质疑，对于盘好家底、全力以赴能否取得期待和应得的市场运营指标回报，日益缺少信心。财务部秉承出谋划策、合作共赢原则，主动走向业务前端，成立业财联合攻坚小组，发挥财务部门立场中立、价值视角、数据集成的天然优势，经过业财联合攻坚小组反复沟通调研，明确财务部门是业务发展助力者、资源配置守护者的战略定位，将强化战略牵引，深化融合支撑的管理视角嵌入业务下沉一线。

（二）队伍建设成效

引入项目制，组建业财联合、省市联动管理会计人才团队，通过派驻财务BP实现从财务到业务、

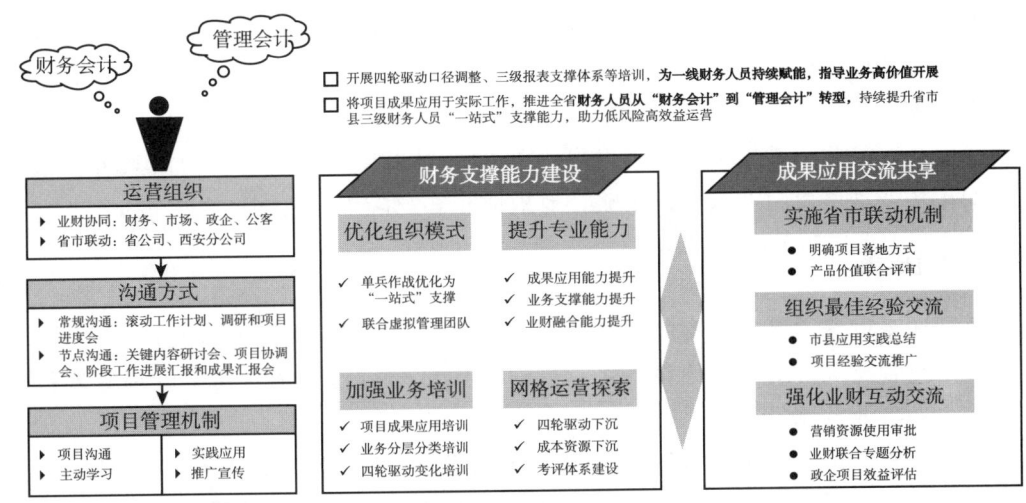

图 23　财务转型背景

从业务到财务的双向反馈协同合作机制，通过省市动态联动，实现从上到下、从下到上的双向反馈交流机制。结合财政部《管理会计指引》中关于战略、预算、绩效、成本、营运、投融资、风险和其他领域的具体指引和陕西公司管理会计体系规划，通过一线调研、管理需求访谈、内部短板挖掘等方式，选取公司战略网格化运营、投资管理中的资产资源管理、成本和营运管理中的开源节流降本增效和低效无效资产清理、信息化建设中的财务大数据支撑和智慧财务建设等十大方面，通过全面实施项目制管理，组建省市联动的业财联合工作团队，确保年度财务重点工作推动落地（见图24）。

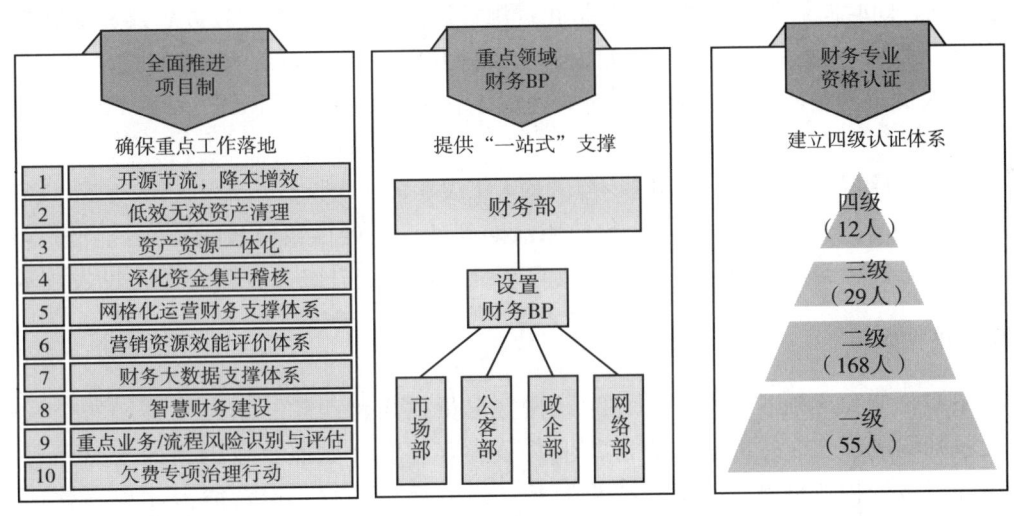

图 24　机制和人才赋能

（三）管理效率成效

通过实施该项体系创新，优化资源配置能力，管理效率和质量得到较大提升。

1. 效率提升

2019—2020 年数据产出由前期的 3 个月提速到 14 天，数据支撑频率由前期每季度提升至每月，效率提升 757.1%；价值评价维度由 1 个增加至 3 个，扩展 200.00%；人员参与由之前的 115 人减少至 11 人，效率提升 90.44%。

2. 质量提升

可以支撑全省县级效益监控，经过一年验证，数据精准可靠，有效降低了区县公司统计收入及利润完成情况、四轮驱动及各产品营销资源使用情况等,避免了漫无目的的资源粗放式投放,提升资源使用效益,提高公司整体运营价值。

3. 战略牵引成效

通过分市场、分产品收入精准呈现,提升了一线人员对市场的掌控力度,使其可以根据数据波动快速响应复杂的市场变动,及时调整营销策略,有效防止客户降档、离网。

(四)经济效益成效

通过实施该项体系创新,经济效益成效显著,实现了效益、效率双提升(见图15)。

本成果通过对全省财务价值支撑体系下沉,针对一线精准运营及全省集中管理等取得了良好经济效益,全年可产生经济效益 M 万元。

全年经济效益 = 销售折扣折让节约额 + 人员管控节约成本 − 项目投入成本 = B + F − 28 = M(万元)①

(1)销售折扣折让节约额。通过本成果,省市县三级人员提升了对销售折扣折让的管控要求,结合四轮收入产出及销售折扣折让使用对比,针对具体产品精准开展折扣资源营销,降低了折扣折让过度使用对通信服务收入的影响,计算方法如下。

销售折扣折让节约额 = 全年销售折扣折让节约额 × 财务预警影响提升率 = A × 27% = B(万元)

以政企市场为例进行剖析,前期主要通过收入占比分摊的方式将折扣折让匹配至各个收入细项,采用创新做法后将每项收入的折扣折让投入精准匹配至各个收入细项,准确计算各项收入的真实价值贡献。通过对比物联网、IDC 业务折扣折让资源使用前后差异,发现物联网、IDC 业务折扣资源使用远高于政企市场平均水平,价值贡献低。通过该种方式,更能说明折扣资源使用越多,减收影响越大。借助净收入还原产品真实价值贡献,同时向业务部门提出优化折扣资源投放建议,避免过度投放导致资源浪费。

(2)节约人工成本。通过本成果,实现了业务数据及财务数据的系统化自动管控,减少人员投入量,进一步提高人员劳动生产率,由前期115人完成工作减少为11人完成,间接节约了人工成本 F 万元,计算过程如下。

节约人工成本 = 节约人员数 × 劳动使用率 × 年人均人工成本 = (115 − 11)人 × D × E 万元/人 = F(万元)

(3)项目投入成本。现有成果 IT 固化均使用前期硬件,无硬件系统投入,系统计算逻辑、参数设计、数据采集方案等均由自有人员完成,仅对原有系统进行功能升级及权限开放,投入成本 28 万元。

(五)制度建设成效

发挥财务条线价值"导航仪"的牵引作用,树立全员横向跨四轮、纵向到县区的全景覆盖效益价值意识,探索包括集成、实时、共享和业财共生共赢的管理会计赋能企业创新的新路径,实现业务领域、组织地域和财务管控业财融合的运营成果展示、运营评价依据、运营能力体现的管理会计数据归一化管理,为陕西移动价值运营提供有效抓手。

通过建立一套便捷固化体系、两套数据支撑体系、多套成熟价值应用,结合业财融合工作,针对重点业务、关键节点、核心区域等形成包括经营层面和业务运营层面共计12个重点应用场景,包括营销活动效益评估(大市场)、ICT全流程效益管控(政企市场)、集团短彩健康度评估(政企市场)、网络三费管理报表(网络侧)等细分场景的成熟价值应用。通过组织保障、沟通保障、管理保障,自上而下强化穿透,自下而上强化反馈,确保场景落地成效(见图25)。

作为"牵手计划"经验交流内容之一,财务价值管理在中国移动通信集团率先体系化落地,经过在陕西移动一年多的应用实践检验,成熟应用效果突出。输出课题资产14项,形成涵盖体系管理、业

---

① 字母 B、F、M 为企业内部数据,暂不公开。下文公式字母情况相同。

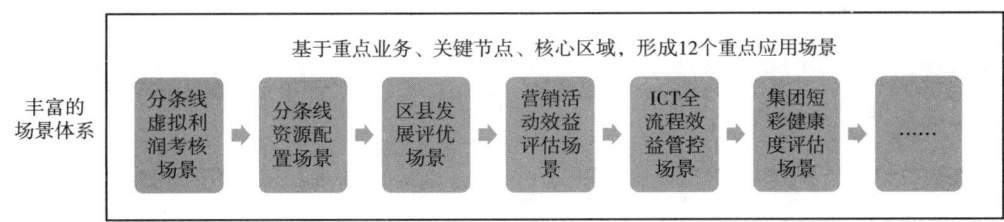

图 25 成熟应用

务指引、激励考核、管理评优等制度办法 5 项,包括《中国移动通信集团陕西有限公司管理会计报表管理办法》《区县分公司运营重点评价激励办法》《中国移动陕西公司 ICT 业务列账与评估指引》《中国移动通信集团陕西有限公司财务报告管理办法》《中国移动通信集团陕西有限公司财务管理评优办法》(见图 26)。

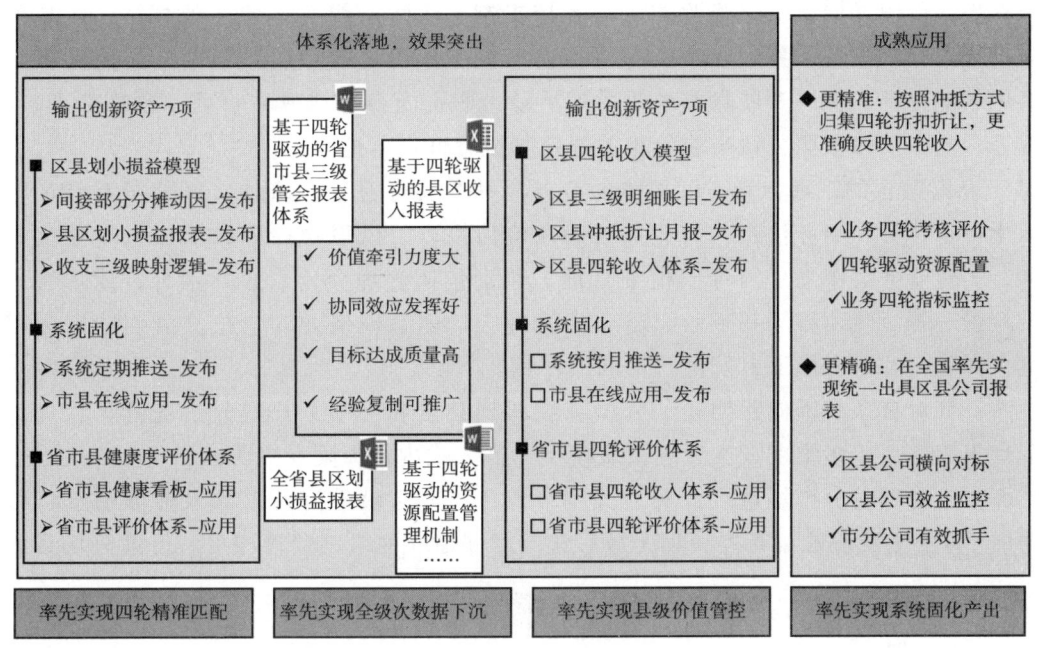

图 26 创新成果输出

六、经验总结

在中国移动集团率先实现四轮精准匹配、率先实现全级次数据下沉、率先实现县级价值管理、率先实现系统按月产出,共计输出包括全省县区损益管理报表、基于四轮驱动的省市县净收入报表、全省县区评价看板、基于四轮驱动的资源配置管理机制等 14 项课题创新资产,并在省内成熟应用于区县公司效益监控、分市场四轮指标监控、四轮驱动资源配置、区县分公司运营重点评价激励和分市场四轮考核评价。在集团公司支持和领导下,课题已获 2020 年中国通信行业管理创新成果一等奖,获 2020 年集团公司管理创新优秀奖、陕西公司管理创新成果一等奖。

(一)成熟应用可推广条件

成果经持续探索,功能完整、能力成熟,并已实现平台固化;通过两年半的省内实践,进一步校验优化,积累下了具象化的项目资产,形成了标准化、模型化、易于复制推广的完善体系。

1. 成熟应用基础保障

该体系可成熟应用推广的基础保障包括三个方面：一是体系完善，评价维度丰富、纵深覆盖全面，并已实现系统信息化建设，为省市县评价及横向对标、县区考核等提供强有力支撑；二是实践校验，已在省内应用超两年，并在实践中持续校正完善，常态化应用于省内分条线虚拟利润考核、区县公司评价等多个领域；三是复制推广，具有标准化、模型化优势，留存完整的业财数据映射，形成详尽数据接口规范和操作文档，构建完成基于现有系统的成熟模型，可快速落地复制。

2. 落地推广关键因素

在中国移动通信集团有限公司的指导下，陕西移动管理会计工作始终坚持作为依法合规践行者、业务发展助力者、资源配置守护者的总体定位，开展了管理会计体系搭建。根据管理职责与对象，管理会计活动分为面向公司战略的管理会计和基于业财融合面向经营层面和业务层面的管理会计两大类。

（1）面向公司战略的管理会计，主要围绕公司价值运营战略，坚持高目标引领，考评联动推动业绩持续提升，强化价值导向，优化资源配置与管控机制；组织条线实行弹性预算，超收超配，鼓励超收；实施全量成本标杆配置，集中资源实施目标责任制，聚焦增收、引导开源，强化资源归口集中管控机制，聚焦效能提升，深入开展降本增效系列活动。职责内容包括战略管理、预算管理、绩效管理、投融资管理等，具体工作按照公司当前的相关规定与流程推进落地。

（2）基于业财融合的管理会计，以具体的业务活动为管理对象，通过聚焦公司 CHBN 四轮市场发展战略，细化整合业务和财务信息，为业务活动在价值提升、风险管控等方面提供专业化、常态化的全流程支撑，实现业务健康发展与价值精细管理，职责包括管理会计、业财融合、成本管理、收入管理、内控风险管理等。陕西移动基于业财融合的管理会计体系框架，以企业价值创造目标相关性为基础进行搭建，在经营和业务层面，发挥着不同的作用。

经营层面：针对分条线横向跨四轮，分层级纵向到县区和网格，开展分市场营运管理，搭建四轮收入管理会计报表体系、多维度成本管理报表模型、嵌入式内控风险管理等。

业务层面：针对四轮分市场重点业务、关键节点、核心区域等运营，深入业务前端，形成如营销活动效益评估、ICT 全流程效益管控、集团短彩健康度评估、网络三费管理报表等细分场景的成熟价值应用。

（二）下一步计划

围绕"打粮食"核心任务，CHBN 收入下沉至网格，搭建网格四轮净收入模型，为网格营销提供精准数据支撑。资源授权下沉至网格，建立网格资源配置体系，明确网格直接支配资源，引导资源配置，持续向一线赋能。效益评估下沉至网格，基于成本分层级归集，开展基于效益的资源评价，效益与资源配比挂钩，量化网格价值贡献。

参考文献：

[1] 刘勤，杨寅. 智能财务的体系架构、实现路径和应用趋势探讨［J］. 管理会计研究，2018（1）：84-90，96.

[2] 安娜，李鹤尊，刘俊勇. 战略规划、战略地图与管理控制系统实施——基于华润集团的案例研究［J］. 南开管理评论，2020（3）：87-97.

[3] 于增彪. 管理会计职业的未来：业财融合、技财融合、人财融合［N］. 中国会计报，2020-07-10.

[4] 王立彦. 应对不确定性，讲策略讲战术［J］. 中国管理会计，2020（3）：3.

[5] 美国管理会计师协会. 管理会计公告［M］. 北京：经济科学出版社，2020.

[6] 中华人民共和国财政部. 管理会计应用指引［M］. 北京：经济科学出版社，2017.

[7] 财政部会计司编写组. 管理会计案例示范集［M］. 北京：经济科学出版社，2019.

企业自评

从财务管理出发,探索管理会计赋能企业创新的新路径,以财务管控为出发点,深入践行价值"导航仪"的管理会计价值运营思路,为陕西移动价值运营提供有效抓手。(1)集成(业财融合):在中国移动通信集团率先将四轮驱动、价值理念延伸至业务前端,并分解和下沉至区县分公司。(2)实时(动态报告):实现业务前端数据梳理和系统改造,并在财务报表系统中实现数据按月产出,实现指标可追踪、业务可对标、数据可推送的智慧管控。(3)共享(互动优化):定期推送数据,将财务数据转换为激励业务发展的生产力,将财务管理手段延伸至业务域及组织域。(4)共生共赢:助力陕西移动经营决策,引导价值运营,以价值创造指导资源精准匹配,提升价值穿透力,实现从零散数据到推动发展对标、分市场分条线发展的企业生产力创新体系化支撑。将课题成果应用于实际工作,推进全省财务人员从财务会计到管理会计的转型,持续提升省市县三级财务人员一站式支撑能力。积极引导价值效益意识,实现公司战略、业务发展与财务定位有机地融合在一起,将强化战略牵引、深化融合支撑的管理视角嵌入业务下沉一线,为管理会计在企业落地生根培育出一片适宜其生长的土壤,充分发挥财务部门立场中立、价值视角、数据集成的天然优势。

专家点评

该案例在构建"4×N×X"的管理会计体系方面具有很好的创新性和示范推广性。成果主要体现了四个方面的创新:强化效益价值管理新理念的意识,建立责权闭环监控管控有力的新机制,搭建业财融合的智慧管控平台和实现财务人员持续赋能的知识能力自成长。通过建立一套便捷固化体系、两套数据支撑体系、多套成熟价值应用,结合重点业务、关键节点、核心区域等,聚焦12个重点应用场景,打通公司横向个人、家庭、集团和新业务四轮市场,纵向省、市、县三级组织架构的运营"任督二脉";通过组织保障、沟通保障、管理保障,融入财务价值管理理念,完善预警机制,强化价值运营导向,以评价对标、考核引导、薪酬激励等方式驱动区县公司价值创造理念,形成分条线虚拟利润考核、价值贡献与资源匹配挂钩、全省县公司横向对标逐优和分产品投入产出效益评估,自上而下强化穿透,自下而上强化反馈,确保场景落地成效。

课题从经营发展中解决业务发展与效益兼顾的问题出发,聚焦公司价值运营,探索包括集成(业财融合)、实时(动态报告)、共享(互动优化)和业财共生共赢的管理会计赋能企业创新的新路径,形成了战略牵引、合作共赢文化管理成效,管理效率成效较为突出,经济效益成效显著,体系化制度建设日益完善,并将成果应用于实际工作。经过近3年的应用,搭建了一套日益成熟的管理会计应用体系,推进全省财务人员从财务会计到管理会计的转型,持续提升省市县三级财务人员一站式支撑能力,具有很强的实践推广应用效应。

下一步建议:进一步发挥管理会计的价值"导航仪"牵引作用,结合公司基于战略和基于业财融合的管理会计体系定位,进一步从经营发展中解决业务发展与效益兼顾的问题出发,从面向经营层面和业务层面两方面继续深挖探索。进一步将"横向跨四轮市场"拓展至细分客户场景、进一步将"纵向到县区"延伸到一线经营单元网格、进一步将"多场景应用"丰富到重点新兴业务,利用业财融合增强管理会计信息化建设,充实公司价值管理体系,发挥财务部门立场中立、价值视角、数据集成的天然优势,并持续推进全省财务人员从财务会计到管理会计的转型。

基于中台注智的数字化业财精益成本管理体系建设与应用*

中国移动通信集团广西有限公司

> **摘要**：在党的十九届五中全会精神指导下，加快 5G、工业互联网、大数据中心等建设成为通信行业肩抗的责任，积极应对行业竞争，持续激发一线积极性，增强一线协同营销能力，行业网格化发展对业务与财务管理都提出了更高的要求。而完善管理会计体系，运用智慧中台的技术支撑，为企业应对新时代的会计信息管理挑战提供了解决思路。本文通过对广西移动业财精益成本管理体系创新，以及智慧中台与云原生技术支撑的数字化业财精益管理体系建设的研究，描述了企业如何利用财务管理与 IT 技术的融合进行系统建设创新，并分析了广西移动数字化业财精益成本管理会计体系的实践案例。
>
> **关键词**：智慧中台；业财融合；管理会计 COA；数字化；创新

一、案例情况简介

（一）企业简介

中国移动通信集团公司于 2000 年 4 月 20 日成立，注册资本 3000 亿元人民币，资产规模超过万亿元人民币，是全球网络规模与客户规模最大、市值排名领先的电信运营企业。中国移动全资拥有中国移动（香港）集团有限公司，由其控股的中国移动有限公司在国内 31 个省（自治区、直辖市）和香港特别行政区设立全资子公司，并在香港和纽约上市。

中国移动通信集团广西有限公司（以下简称"广西移动"），是中国移动通信有限公司设在广西的全资子公司，主要运营无线通信业务，目前在香港和纽约同步上市。广西移动拥有移动客户 2800 万户，年收入超过 180 亿元，是广西地区最大的通信运营商。公司立足于广西，努力为全区客户提供优质的通信信息和数字化服务，积极肩负起推进广西信息化建设、促进全区经济社会发展的重任。

广西移动充分发挥"5G 融入百业推动者"作用，抓住 5G 时代"换跑并道"新机遇，沉淀产品能力、创新商业模式、理顺内部流程，以钉钉子精神加速 5G 样板房打造，加快 5G 向工业、教育、农业等垂直行业的拓展，在"5G+智能制造"、智慧医疗、智慧城市、智慧园区等项目中助力数字化转型。

（二）案例简介

为全面贯彻党的十九届五中全会精神，加快壮大新一代信息技术等产业，把工作放在党和国家发

---

* 本篇作者：陆盛德、何义华、林奕、王晓雨、甘伟、张玲艳、李颖。
指导专家：李玲（中央财经大学）。

展大局中去谋划、去推动，全面支撑5G通信高质量发展。2020年，广西移动开展基于中台注智的数字化业财精益成本管理体系搭建工作，从清单级颗粒度出发，多维度收集信息要素，生成可塑性数据湖，通过业财数据分析解决生产过程中的实际问题，支撑公司发展决策，从高质量发展角度来推进财务数智化转型，提高成本管理对企业改革转型的价值。

二、基于中台注智的数字化业财精益成本管理体系建设背景

（一）坚定建设网络强国，确保效益稳定增长

从国家政策环境与战略定位出发，同时契合企业"十四五"目标总体规划。一方面，我们需落实加强5G建设的国家发展大局要求，深刻领会、全面贯彻党的十九届五中全会精神，要坚定不移建设网络强国、数字中国、智慧社会，加快5G、工业互联网、大数据中心等建设，大力发展数字经济，肩负起国企社会责任；另一方面，应遵循企业稳增长的内部要求，从"六稳""六保"角度来促进效益持续稳定增长，做强做优做大国有资本和国有企业，坚持稳中求进，确保效益的稳定增长。

（二）5G登场带来成本显增，精益管理难题亟待解决

近年来，随着4G的普及，资费日渐同质化，运营商的服务能力趋同，服务竞争力转为了网络能力的竞争力，并在很大程度上取决于网络覆盖的竞争力。2020年随着5G的登场，技术的变革带来了更高的覆盖要求。根据无线信号传输原理，信号频段越高，能传输的数据带宽就越大，但信号穿透能力也越低、衰减程度越高，为保障网络质量，5G基站信号频段高于4G，需要更高的覆盖密度。因此需要大规模的网络设备，以及更为复杂的组网情况，但同时带来设备维护费用和电费的不断增长，以及因位置复杂，维护和定位困难也将成为新难题。新环境下面临的最大问题就是成本管理的难题和决策的有效性。

1. 5G时代成本的增长对企业利润产生重大影响

2020年，广西新增5G站点占全量新增站点的90%，随着5G业务的拓展，2021年仍将进一步增长。但随之而来的是折旧的不断增加，随着5G站点建设的投入，未来2—3年内资产折旧将迎来增长高峰；与此同时，在5G资产规模的带动下，5G设备的维护难度、设备能耗的增长，带来维护费、设备电费、综合配套电费超过30%的增幅，庞大的成本支出对企业利润产生较大影响。是否能定位降本增效问题节点，是否能提出准确、高效的建设维度，是否能定位精准的营销场景，是否能提供有效的决策支持，对成本精益管理都提出了更高的诉求。

2. 吸纳业财精益管理理念，解决成本精益管理难题

精益管理思想源于20世纪80年代日本丰田公司发明的精益生产方式，它的目标是在保证顾客服务水平的同时，使浪费降到最低水平。

一个企业所具有的优势或劣势的显著性，最终取决于企业能在多大程度上对相对成本和收入有所作为，成本高低成为衡量企业是否具有竞争优势的重要标准之一。加强成本管理，更有效地降低成本，在企业经营战略中已处于极其重要的核心地位，它从根本上决定着企业竞争力的强弱。现代经济的发展赋予了成本管理全新的含义，成本管理的目标不再由利润最大化这一短期性的直接动因决定，而是定位在更具广度和深度的战略层面上。从广度上看，已从企业内部的成本管理，发展到供应链成本管理；从深度上看，已从传统的成本管理，发展到精益成本管理。

精益成本管理思想的精髓就在于追求最小供应链成本。在供应链的各个环节中不断地消除无法为客户增值的作业，杜绝浪费，从而达到降低供应链成本，提高供应链效率的目的，最大限度地满足客户特殊化、多样化的需求，使企业的竞争力不断增强。

业财精益管理，是基于精益成本管理，结合新时代下业务和财务的融合要求，所形成的系统性管

理思想与方法，其强调四点要求：一是业财融通的一体化流程；二是业财共享的实时化数据；三是内外链接的规范化标准；四是高效敏捷的智能化系统。

（三）通信行业成本特性加剧管理难度

如图1所示，在通信行业实现业财精益管理，存在特有的难度和困难。通信行业的高固定成本、复杂的网络资源结构、无形多组合的服务产品，决定了各项成本的复杂度与管理难度。

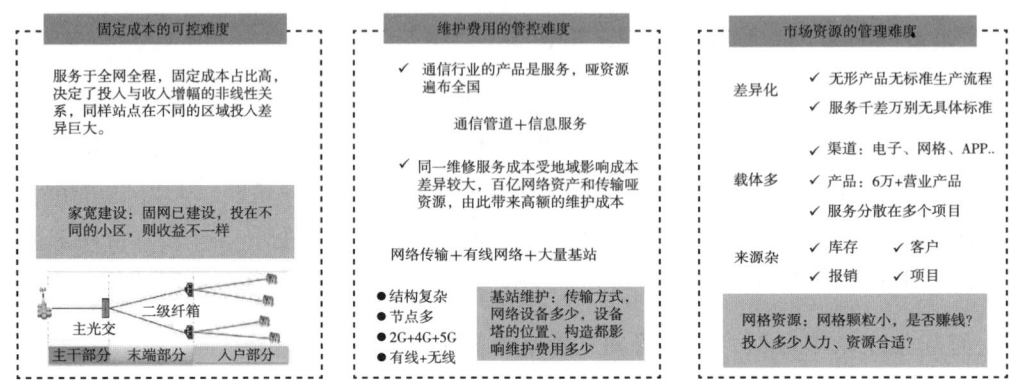

图1　通信行业的成本特性图

1. 固定成本非线性的投入产出结构

通信行业大规模的网络投资，使得固定成本占比高（超过50%），对利润的影响较大。当不同区域的客户资源不同，上层网络结构不同时，末端网络投入产出差异巨大，难以用标准成本或平均成本进行管理。在4G时代前期，广西移动搭建了以基站为维度的微区域化价值管理模型，形成了投资决策的精准管理。但随着5G技术变革，有线业务综合推进，垂直行业信息化深耕，针对投资决策的有效性需进一步提升精细化管理能力。

2. 网络成本的"蜘蛛网式"横纵结构

一是覆盖广，通信行业庞大的网络设备资源，覆盖全国各个角落。二是结构复杂，网络结构除了传输网、核心网，还有无线网、局域网等，不同的网络配置不同的设备，设备类型多且庞杂。三是网络模式多样化，除了通信行业提供的有线宽带、WLAN、手机无线通信服务等，在手机无线通信下，又有2G、4G、5G等不同的网络模式，在基站配置上也有独立的4G站点，5G站点，4G、5G共址站点，2G、4G、5G共址站点等。因此针对成本的解构和价值链数据的提取，要精准定位资源降本增效问题节点具有较大的难度。

3. 市场成本包罗万象的服务产品结构

同样作为产品服务行业，通信行业却不同于零售产品销售企业，不同的客户有着不同的资费组合与流量、语音、信息化业务的消费需求，不同的服务对象没有明确的服务标准，而与之相对应的市场成本也呈现差异化、载体多、来源杂的特性。

综上所述，结合新时代业财融合要求，以及通信行业成本错综复杂、体系庞大的特点，若想做好业财精益成本管理工作，既要做好业财基础数据勾稽关系、颗粒度等方面的梳理工作，又要搭配财务数智化建设，保障支撑数据的及时性与准确性，实现管理提升的同时不耗费使用者的时间。

三、基于中台注智的数字化业财精益成本管理体系建设实践

（一）目标：夯实业财精益管理能力

基于以上管理痛点和难点，要实现业财精益管理能力的提升，达到成本归集清单化、成本维度丰

富化、成本数据透明化、成本应用智能化目标，需要着力解决以下四个问题。

一是以清单级为单位核算，解决成本投入差异化效益问题。只有精准定位到每个生产单元，包括客户、小区、集团单位等资源的投入，才能解决成本投入差异化的决策问题，清单级成本归集是精准化决策的基础。

二是信息收集多维化，形成多维度、可塑性强的数据挖掘能力，成本集聚化和结构化是重点要解决的问题。在清单级数据量的基础上，要形成数据湖，才能有数据挖掘的能力。集中展示、集中挖掘，实现成本数据的集聚化是第一步；利用不同的维度归集，来解决成本数据的结构化问题是第二步，以此形成成本大数据管理的基础。

三是数据可溯至生产过程，体现成本问题即生产过程的问题。从业务发生的清单级细颗粒业务数据，形成财务核算借贷的两个数，是传统核算与业务流程割裂的弊端。清单级核算替代普通台账的背后，是成本数据可溯至生产过程的变革，而体现业务生产过程的价值数据，也是精益管理的要求。

四是必须全面IT化、自动化获取数据，确保数据准确，管理成本可接受。管理会计数据来自不同领域、不同业务价值链，绝不能依靠手工填列报表，一是手工数据的可靠性不足，二是大数据量细颗粒数据由人工处理需要耗费大量的人力物力。因此，必须有一套高智能的系统来支撑全流程的IT化，形成自动化的产出和高信用度的数据应用。

（二）思路：基于中台注智的数字化业财精益成本管理体系

为解决以上四个问题，高效实现运营商成本精细化管理目标，我们借助云计算、大数据、移动技术、人工智能等技术，从三个层级搭建中台注智的数字化业财精细管理体系。第一层是业财基础层，分别从业财融通过程、IT管控过程、数据自动生成等方面达成；第二层是数据湖中台建设，业务流程中能形成业财链接的规范化标准，把业财活动转化为多维度的实时化数据，并形成数据湖；第三层是智能化展示与应用，中台化的信息架构，沉淀了丰富的可复用标准能力，并为业务部门提供微服务应用，实现管理会计平台的数据驱动和架构引领。中台注智的业财管理体系如图2所示。

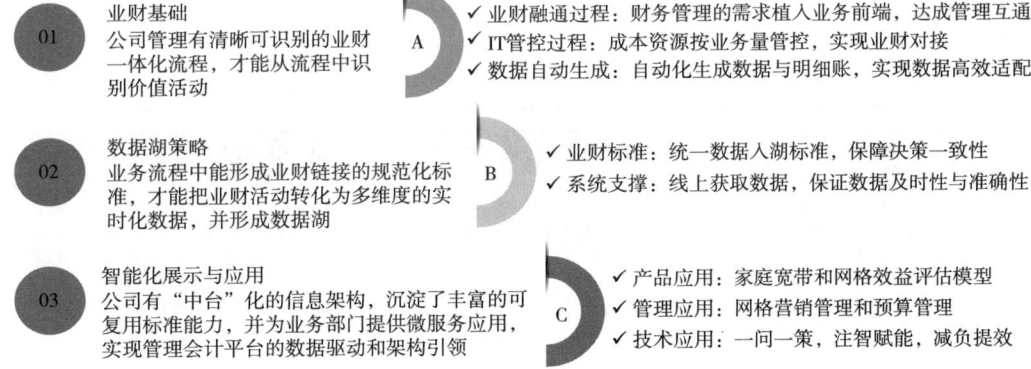

图2 中台注智的数字化业财精益管理体系思路图

为同时保障业财精益管理体系数据的及时性、准确性、实用性，基于中台注智的数字化业财精益成本管理体系需搭载智慧中台管理，融通物业、薪酬、资产、经分等各个系统，融合BM域网格组织、人员、人工、物业等数据。结合广西试点统一化报账平台网格成本管理模块改造的契机，基于智慧中台的能力，对业网财数据进行一体化汇集、挖掘和建模，将价值管理相关要求融入业务管理中，为业务运营的闭环管理在价值提升、风险管控等方面提供专业化、常态化的智慧支撑，促进财务业务精益协同，持续推进管理会计的数字化和智能化演进，形成业务效益指导成本资源精准投入，业财数据反哺业务效益精确评估的良性循环，实现标准规范的业财一体化管理会计目标，助力公司的数字化转型发展。业财系统框架如图3所示。

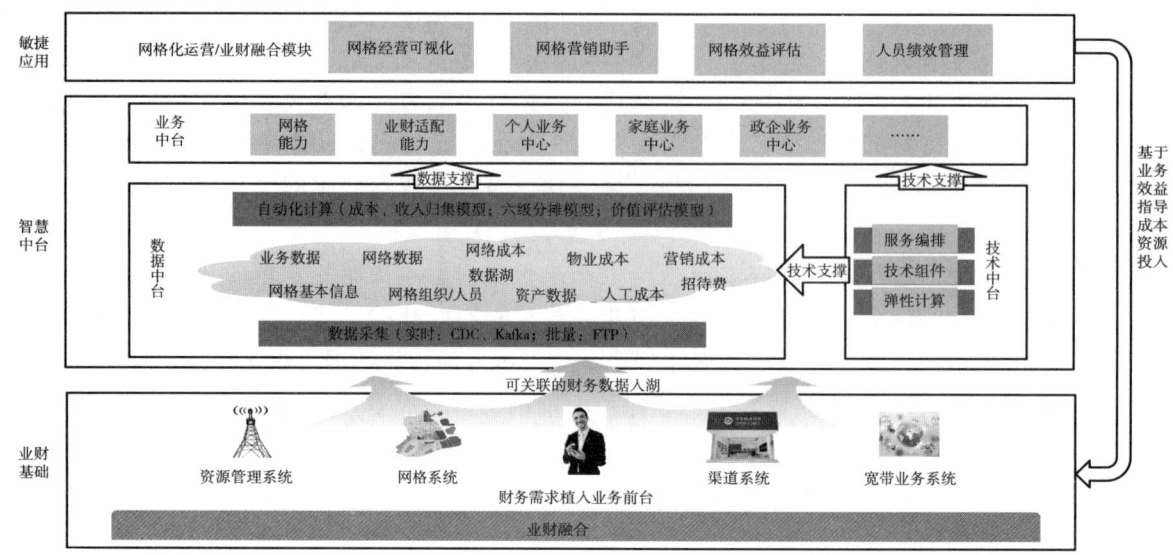

图3　业财系统框架示意图

1. 第一层：业财融通的管理基础

（1）财务融入业务流程的基础。为解决数据来源可靠性，业务管理的财务视角等问题，首先要解决的是财务融入业务流程的基础问题。广西移动财务部联动业务部门针对主要费用开展预算管理嵌入业务前端工作，系统实时嵌入业务前端，获取业务工单级成本支出数据，实现生产过程即核算过程，搭载超预算预警功能，实现预算与业务强融合，同时助力提高预算编制与审核准确性，做好业财分析数据支撑，如图4所示。

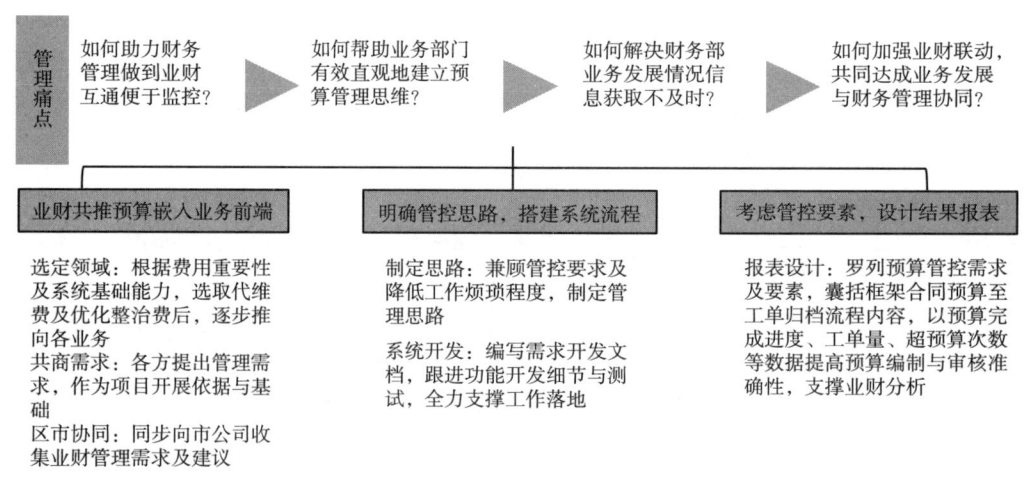

图4　财务融入业务流程图

以预算管理嵌入网络代维业务前端为例：代维费业务管理已建立一套完整的流程机制，形成根据业务量派发工单，汇总维护作业量，再以作业量结算报账的信息化全流程管理模式。但在预算管理方面仍有缺失，为了帮助业务部门建立有效的预算管控思维，增加各单位获取业财数据的渠道，我们开展了预算管理需求嵌入业务前端工作。依托业务系统已有"派单—结算"流程，确定预算嵌入维度和颗粒度，同时归集其专业、工作大类、工单预估金额、工单实际金额等信息，形成"预算申请、调整—预算管控—超预算预警—管控结果"的闭环管理流程。

实际管控时,若超出各专业业务预算(80%起),系统进行超预算预警,便于市公司及各部门及时调整预算或工作安排。同时,系统可实现实时监控,报表囊括业财数据,支撑不同部门多维度数据需求。

(2)业财融通的IT全流程管控。其次要解决的是IT全流程管控的问题,梳理费用驱动因素,将超细颗粒业财信息模板、业务优化管理流程、数据质量管控逻辑等管理需求固化到业务、财务侧系统中,通过系统功能优化改造及接口建设方式打通业财系统,为成本费用管控提供IT支撑,实现业务发生信息自动记录至结算费用,自动发起报账、风险预警提示、多维度后评估的全流程闭环管理。IT全流程管理如图5所示。

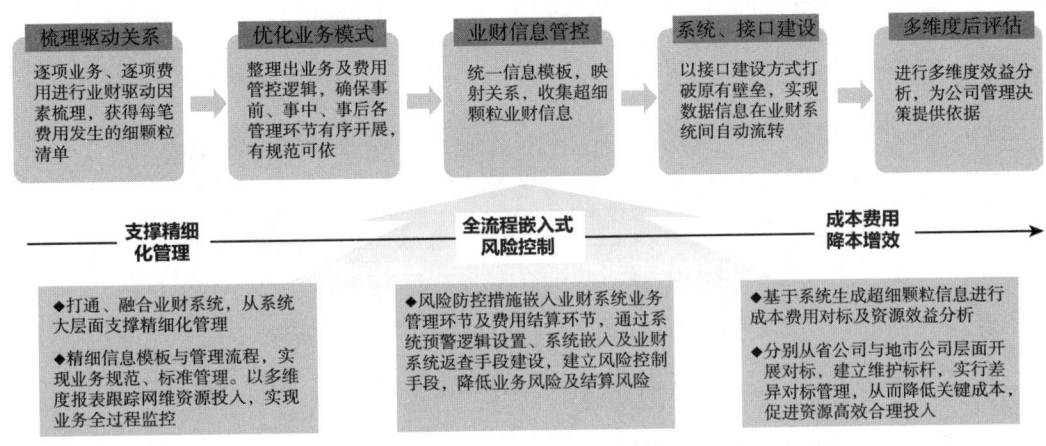

图5 IT全流程管控示意图

广西移动用了6—8年的时间,将涉及的收入、成本各项领域实现了从业务到财务一体化流程的搭建,从业务规范、业务管理到核算、评价全流程梳理及建设,形成了管理会计平台构建的业务流基础。以网络维修费全流程管控为例,如图6所示。

广西移动搭建基于流程IT化的网维费全流程管控体系,通过打通并融合业务、财务系统,将网维日常业务及费用管理、费用结算、效益管理等环节进行流程优化或重塑,以系统IT固化方式支撑网维费精细化管理,实现网维业务全流程嵌入式风险控制,促进网络维修资源降本增效,达到网维费管理业财协同的目标。通过系统优化改造及系统间接口建设方式,实现7个专业网络维修费从合同签订、

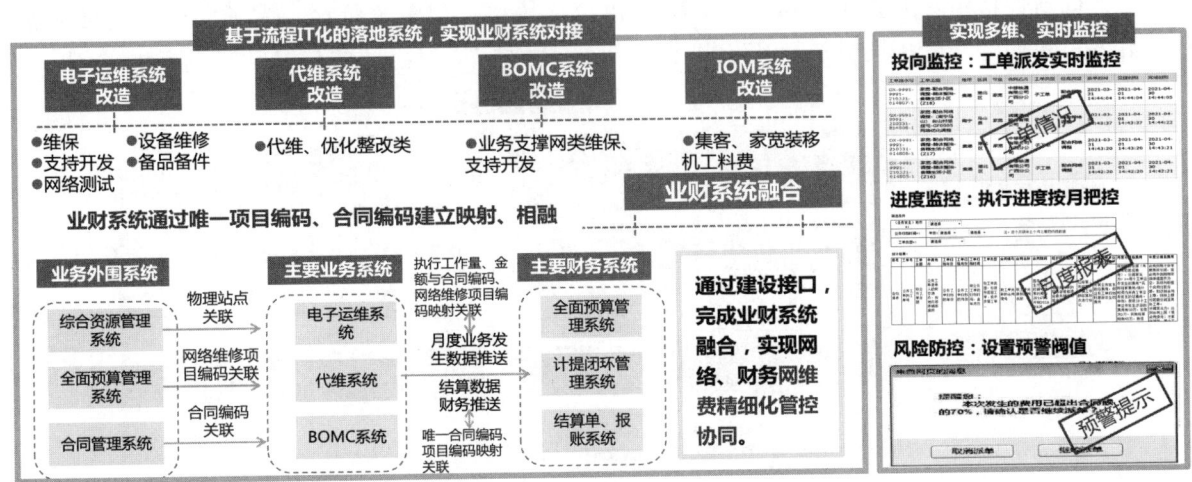

图6 网维费全流程管控示意图

工单发起、工单稽核、月度考核、自动发起报账的业财全流程 IT 自动管控，实现业财融合信息的自动获取，支撑网维费多维度常态化分析，为网维费资源管理决策出谋划策。

（3）业财标准数据自动化产出。最后要解决数据自动生成的问题，打破传统理念，实现财务核算与管理核算的标准融通是数据自动化产出的基础。从业务前端自动化归集清单成本数据后，经过标准化业务和财务的语言翻译，自动生成业财明细账等财务数据，实现数据高效适配，并进一步形成管理报告以及多维度、细颗粒的数据层级展示。业务数据自动化框架如图 7 所示。

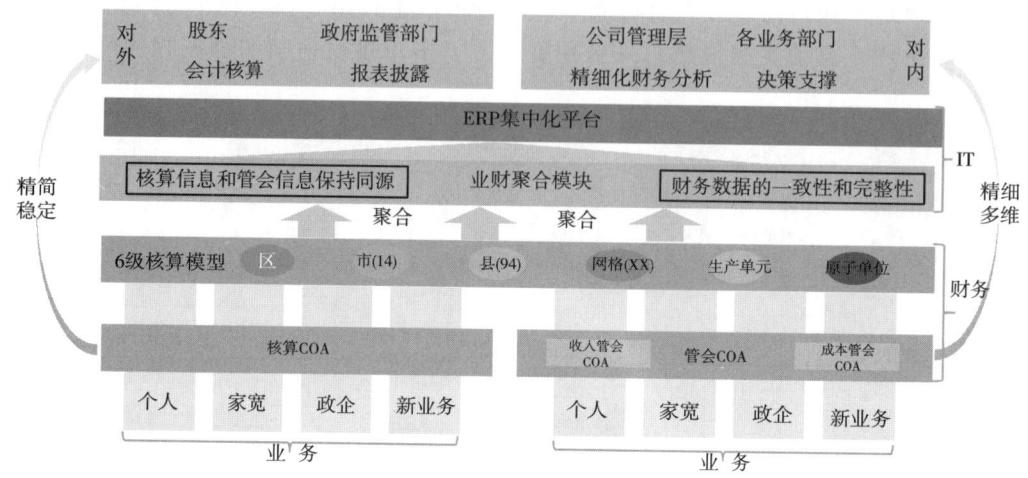

图 7　业务数据自动化框架图

2. 第二层：中台数据湖赋能管理会计智慧化

精益财务和微观价值实现，对原始数据进行归类整理，形成管理维度的数据湖清单，并对数据进行全生命周期智能管理，消除数据孤岛。传统数仓很难支持跨域多类型数据的融合分析，难以支持海量数据存储、分析以及 AI 协同。通过在数据中台搭建业财融合模块，打破企业数据烟囱，引入网络、财务、管理系统数据，形成深度融合数据湖，基于计算与存储分离，共享资源池，应对海量数据存储的挑战。湖内全量数据批、流、交互式多引擎融合分析，向业财一体的网格管理会计工作注智赋能，其中实现的重要基础是业财标准统一和业财引擎适配技术。

（1）业财标准的统一与融通。关于如何建立业财语言的标准，融通财务核算与管理核算的规范，我们通过以下三种途径来实现。

第一，创新性搭建管理会计 COA，建立业财语言的桥梁。如图 8 所示，为了实现系统自动获取业财融通数据，我们运用管理会计作为衔接业财融通的桥梁。管理会计的信息化即将管理会计、业务、

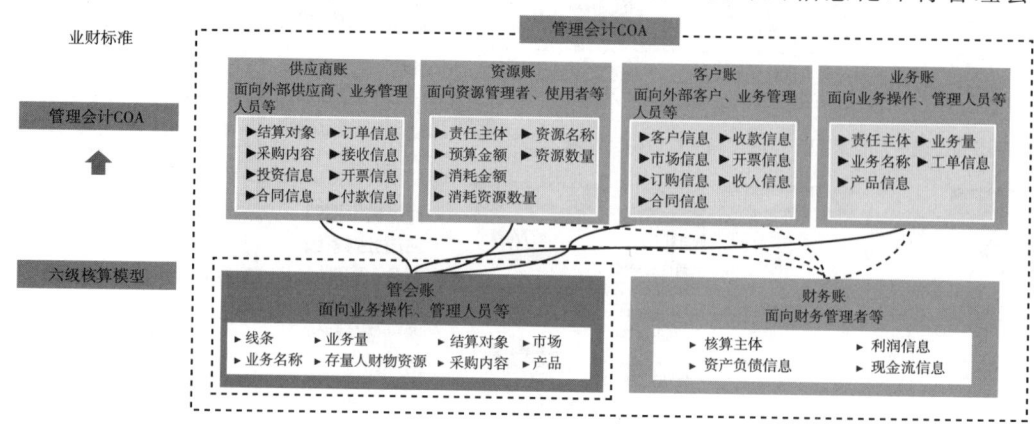

图 8　构建管会 COA 示意图

信息化三大元素有机融合在一起，管理会计以信息化建设为支撑，以信息化手段为媒介，实现管理会计和业务的完美对接，进而为企业的经济活动提供科学的预测和决策，中国移动为此设计了管会COA（Chart of Accounting，会计科目结构）作为管理会计信息化分析的数据基础并贯穿业财全流程。管会COA的设计成果包括收入管会COA和成本管会COA，细分为业务大类、业务小类、业务活动，并分市场、产品、购买内容等维度，以更贴近业务运营的方式面向业务人员，提供信息承载，协助业务人员理解财务语言。再通过将规范定义的业务活动与会计科目的对应关系设置到集中化报账平台中，业务人员选择业务场景便可转换为财务科目，实现报账时业务活动与核算COA的自动映射。我们充分利用管理会计这一属性，为后续业财数据一致性和准确性提供了有利的保障。

第二，梳理成本动因溯源，形成"成本×作业×维度"的标准体系。重构"成本×作业×维度"的成本数据体系，即从成本费用大类出发，聚焦作业场景梳理成本细项，明确该作业场景下涉及的成本费用类型及驱动，规范成本细项及驱动因素；同时，调研维度维值需求，预留字段，支撑未来数据应用可扩展性。

最终形成的"成本×作业×维度"成本元素体系能够承载更精细于管会COA的数据容量，贯通财务视角、业务视角，形成相对稳定的标准作业成本细项，结合管理视角形成多维多样、弹性灵活的标签画像。

第三，构建管会六级核算模型，实现"财""管"核算规范融通。除了业财语言的标准规范，还需要将财务核算和管理核算进行规范和统一，实现财务报表到管理报表标准一致的目标要求。传统的财务核算只能以县公司为最底层成本中心进行核算，达到披露合规的要求。而作为运营商，生产单元更细更小，财务核算无法回答网格作战单元、基站生产单元等的效益考量和权责问题。目前很多企业选择了管理核算及管理报表支撑战略决策和预测分析，但脱离了财务核算及财务报表的视角。

为确保财务数据的权威性，同时又满足管理决策支撑要求，广西移动创新搭建了"省—市—县—网格—生产单元—原子单位"六级对齐的成本核算模型。其中生产单元，指产生效益的完整个人及集团单位承载物，包括基站（无线）、宽带（有线）和集团单位（信息化）；而原子单位，则进一步将生产单元核算至单个承载节点，实现管理核算数据的系统化落地。将核算推进到原子颗粒，但不影响核算效率和披露要求，完成从财务核算到管理核算的规范融通。六级核算模型如图9所示。

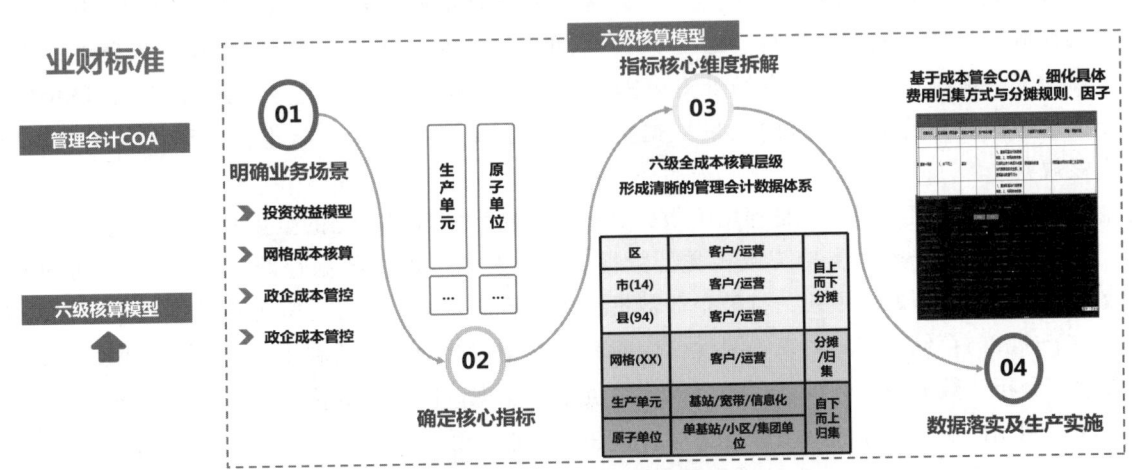

图9 构建六级核算模型示意图

以搭建物业站点全流程管理模式为例。通信运营商对所辖物业场所、基站机房、营业厅等统称为物业站点。为做好庞大物业站点管理，主要通过经纬度距离预警、地图位置标记、站点名称匹配等多个维度，实现物业站点的规范化管理。并以唯一物业站点为核心标识，打通主数据平台、工建系统、综合资源管理系统、ERP系统、资产管理系统、物业管理系统6大系统，推动站点从新增、建设、入网到退网的全生命周期管理，实现折旧的自动计算和提取。基于站点唯一性，最终实现资产、成本信息的准确归集及全面管控，有效防范各环节管理风险。

在资产管理成效的基础上，进一步运用物联网技术，引入了可监管上报故障、自动定位资产位置、自动定位弱覆盖区域的智慧室分系统。Smart DAS 智慧室分系统是一款典型的物联网应用系统，利用RFID 读写机制，有效监测运营商的传统室分无源链路的线损，回传采集数据至 onenet 平台，再与Smart DAS 系统信息交互，最终做出数据处理分析，提供传统室分监控管理的方案。

（2）做好业财引擎适配技术。中国移动的智慧中台是企业级能力共享平台，通过沉淀 B、O、M 域可复用的能力，消除数据、业务孤岛，支撑企业级规模化创新。智慧中台共享复用和敏捷创新的思想正是精益管理的精髓体现。

广西移动以聚企业级 IT 平台能力，深入推进 IT 与业务融合，赋能数字化业务创新，兼顾对内与对外 IT 服务，构建集中与开放大 IT 生态为思路，建设了企业级智慧中台，承载有共性需求的通用能力，包含业务、数据、技术三大中台，可以对内对外提供服务。业务中台面向 B、O、M 三域，围绕业务场景，沉淀和供给客户管理、订单管理、渠道管理、营销服务等标准化、可复用和共享的共性业务能力；数据中台融合各领域数据，形成统一的数据治理体系，沉淀可复用的基础数据、数据资产及数据处理工具，是注智赋能的核心引擎；技术中台作为能力中枢，融合汇聚公司内外部共性、优质、成熟的技术能力和研发环境工具，包含 AI、区块链通用能力，认证、支付等运营商 CT 特色能力，以及云计算、视频等新型能力。

通过智慧中台的建设，横向拉通了各域的数据和能力，赋能公司业务和财务的全生命周期和运营管理的各个阶段。其中，微服务架构增强了业务需求响应的灵活性和及时性。数据湖技术，更好地支撑数据预测分析、跨领域分析、主动分析、实时分析以及多元化、结构化数据分析，加速业务和财务数据的价值转换过程，打造相应业财一体化服务能力。配套网格化运营机制，将与网格运营直接相关的可控成本费用全量"入格"，灵活配置网格资源。

管理和技术的有机融合，增强了管理会计信息化的效果获得，通过实时的感知、精准的决策、敏捷的交付、优质的服务，实现端到端闭环管理。

①中台数据湖赋能管理会计智慧化。数据湖是一个存储企业各种各样原始数据的大型仓库，其中的数据可供存取、处理、分析及传输。通过数据湖的存算分离，可以实现低成本支持全域数据入湖；湖内多计算引擎，能满足业财融合多场景支撑需求；分析链路短，使得业务、网络、OA、ERP 各类数据融合分析效率高；支持形态各异的大量数据实时入湖、实时加工，智能化、自动化实现数据归集和复杂的稽核规则。

精益财务和微观价值实现，正是利用了数据湖的技术特性实现对数据的全生命周期智能管理和消除数据孤岛，解决了传统数仓难以支持跨域多类型数据的融合分析、海量数据存储分析以及 AI 协同的问题。通过在数据中台搭建业财融合模块，打破企业数据孤岛，融通网络、财务、管理系统数据，形成深度融合数据湖；基于计算与存储分离，共享资源池，应对海量数据存储的挑战；利用湖内全量数据批、流、交互式多引擎融合分析、数据智能分析、数据可视化等技术，实现业网财数据价值的快速深度挖掘，财务报表自动化生成，利用向业财一体的网格管理会计工作注智赋能。数据湖能力框架如图 10 所示。

②业财适配服务功能设计。业财适配服务是实现业财融合要求的信息技术支撑方式，是实现业务工作与财务工作有效协调配合的"粘合剂"。为了使各业务领域相对独立的业务系统和财务域系统，按业财融合的要求实现专业业务数据与财务数据的高效对接，需通过建设业财适配服务实现。业财引擎适配技术是利用数据湖实现管理会计智慧化的重要基础。广西移动建设的省业财适配服务功能模块，

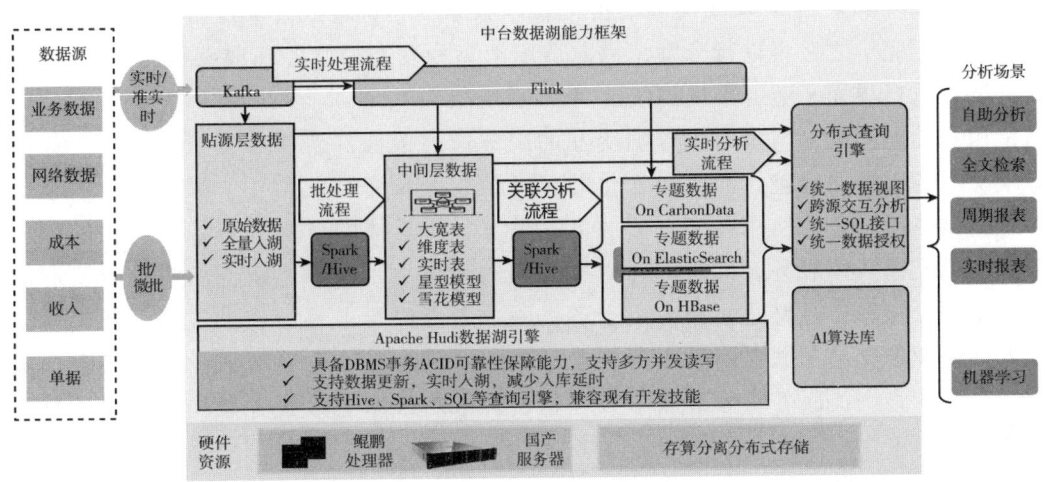

图 10　数据湖能力框架示意图

作为公司 B 域、O 域、M 域各系统与集团 ERP 集中化各系统的统一交互及适配转换模块，顺畅了省内相关业务系统与财务系统的交互，实现业财数据的自动对接和高效适配，确保了业务数据与财务数据一致性。省内自建系统按照集中化要求进行改造并接入业财适配模块与集团系统进行交互，如图 11 所示，业财适配服务功能模块共包含四大服务。

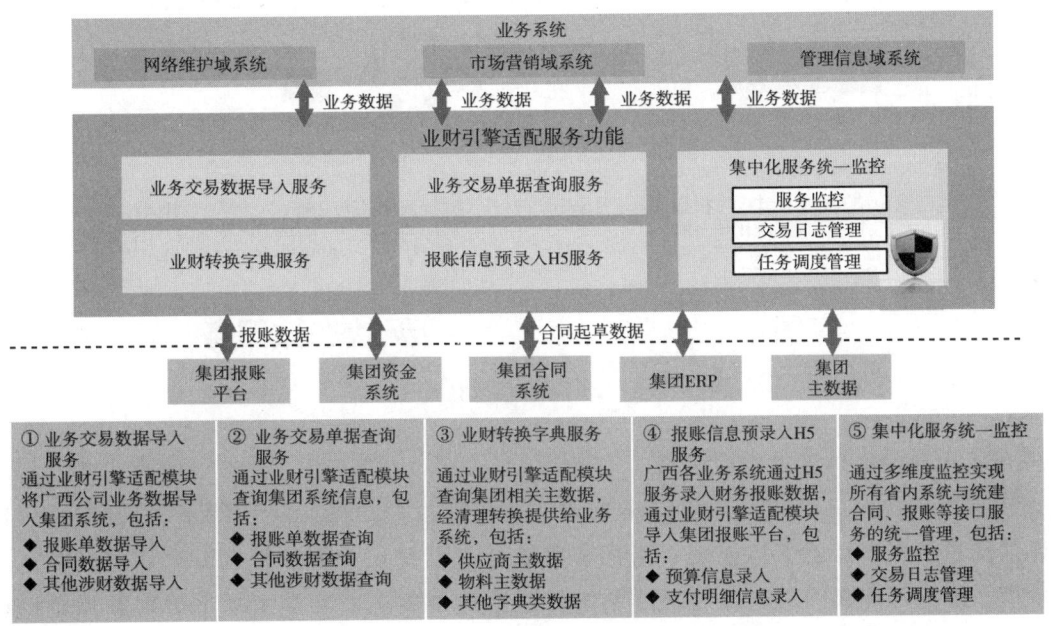

图 11　业财适配服务功能方案

③业财适配服务的集成架构。为了实现对业财适配的灵活敏捷支撑，该功能模块采用了微服务的架构模式，通过一组服务的方式来构建应用，服务运行在自己独立的进程中，不同服务之间的通信采用轻量级通信机制（通常用 HTTP 等）。微服务的特点之一就是服务可以独立扩展与部署，不同的服务可采用不同的编程语言与数据存储方式。正是基于这个特点，采用微服务架构的业财适配服务根据服务的不同特点采用了不同的架构实现。

在上述功能设计方案中，业财适配平台服务按其特点划分为四大类：业务交易数据导入服务、业务交易单据查询服务、业财转换字典服务、H5 服务。前两类服务主要为实时性强的服务，省端原涉财系统和集团集中化系统都采用 SOA 架构实现相关具体服务；业财转换字典服务由于需要结合集团分发和本省特性，在适配完毕之后再进行分发，因此适用消息分发类的服务集成架构；H5 服务由于需要提供完备的业务数据选择界面，适合采用传统的 Web 系统架构。

业财适配服务功能模块，与集团和省端交互的服务通过镜像部署在容器云平台中，如图 12 所示。与集团和省端交互的服务通过镜像部署在云化的 X86 资源池服务器集群中。采用云化的镜像微服务技术架构，可根据具体微服务的使用频率、资源消耗情况，对具体的微服务镜像进行快速横向扩展，增加镜像服务节点以支撑具体服务；同时，计算资源池的云化，当微服务镜像所需计算资源缺乏时，可快速从资源池中划分配置。业财适配服务由于各类服务对资源要求差异较大，如业务交易数据导入类服务消耗资源多，业务交易单据查询类服务资源耗费相对较少，可适当增加业务交易数据导入类服务镜像节点个数，减少查询类服务镜像节点个数。基于镜像的云原生微服务架构，很好地解决了资源动态灵活分配的问题。

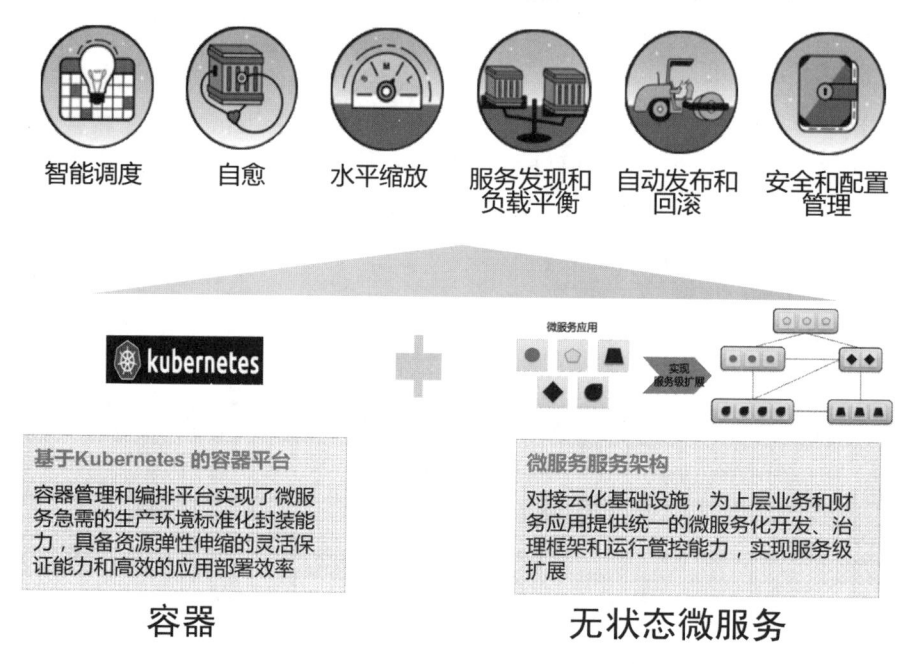

图 12 中台技术效益

3. 第三层：中台注智体系的前台应用

（1）报表层面的自定义管理会计报告场景。创新管理报表角度，实现网格管理到日、价值到人；打造运营评估体系，提高运营支撑能力；指标、报表全量可视化，提升智慧管理水平。如通过评估基站的综合价值，辅助网建部门对基站选址建站结果进行考核衡量，支撑市场部门对拓展推广决策进行优化分析，为网络部门对基站进行前瞻性升级优化提供数据支持；基于收入、效益对网格的客户和产品进行定性定量分析，识别网格收入的增长点，为网格增收提供运营决策的数据支撑，如图 13 所示。

（2）预算管理层面的精准配置。通过运用智能化管理会计报表，高效支撑预算精准配置，解决传统预算管理因数据支撑颗粒度不足，编制维度单一的问题，同时助力预算资源配置到最小运营单位，找出运营病灶，对症下药，实现资源与战略落地衔接，一问一策，进一步促进市场的竞争与发展。

（3）运营层面的管理支撑。在项目的支持下，构筑了业财协同一体化的网格支撑体系，网格化效益考核管理水平，树立了一线价值运营意识与能力。其中，划小核算范围，实现了微观领域业财数据可视化，提升了网格承包效益考核能力；"数据+系统"融会贯通，发挥业财信息价值，形成了评估体

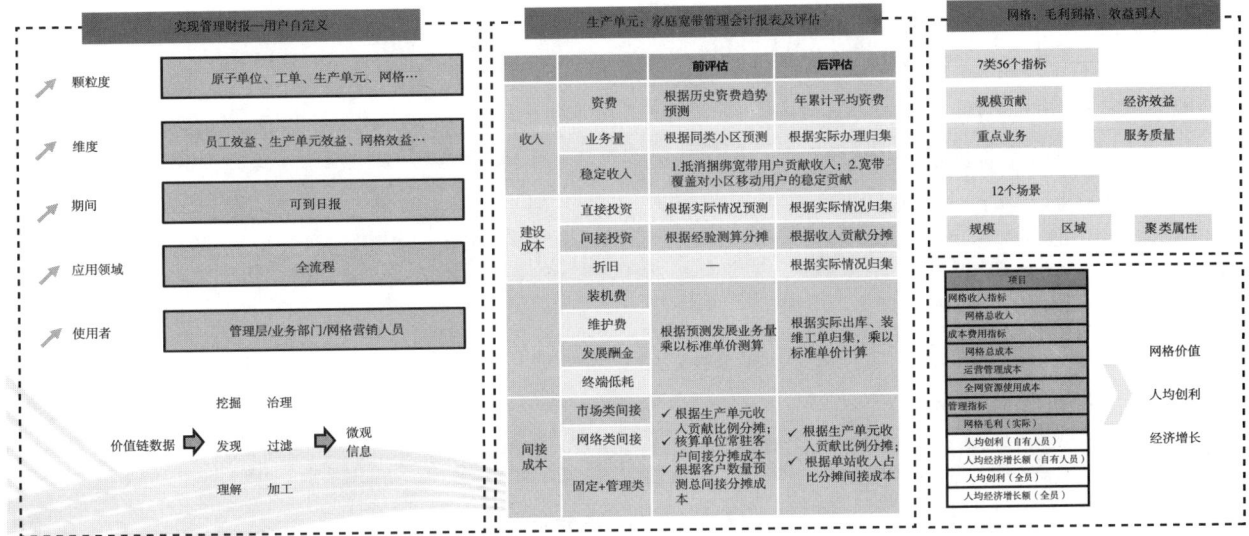

图 13　自定义管会场景框架图

系；协同应用运营，实现了微观领域管理转型赋能。

①格化运营应用精细，合理配置营销团队。已在全区 14 个地市全面推广网格化运营，进一步划小网格，增强网格内自有人员、直销队、装维人员力量，覆盖线上线下渠道，支撑月均开展场景营销超 30 万场，渠道走访月均超 10 万次；90% 的网格在 2020 年度实现收入正增长。

②新增市场质量提升，离网、高危有效控制。通过业网财数据入格，开展网格化运营后，整体市场发展基本面向好：通信净增客户由负转正、客户离网率逐月下降，个人市场中新增市场回归主导、存量市场保有率显著提升、家宽份额加速提升等。

③网格基本面全面向好，运营整体提升。网格有效能渠道数量、已建档集团单位、个人出账客户数、家庭宽带用户数和集团成员客户数较 2021 年年初均呈增长态势；网格三大市场收入同比呈正增长趋势；网格新增客户市场份额同比提升 10%、不知情投诉量同比下降超 30%、年累计月均离网率下降，网格运营整体基本面向好。

④营销积极性提升，由先进带动后进。网格积极性提升，部分业务指标提升明显。相继涌现出一批优秀的网格，业务发展突出，运营效果明显，形成标杆。

四、基于中台注智的数字化业财精益成本管理体系应用效果

（一）技术效益

企业的财务日常管理业务会有明显的流量高峰期、低峰期区别，通过引入无状态微服务（stateless service）的设计理念，实现了业务逻辑和业务数据完全分离，对数据导入类和查询类的服务进行灵活的在线动态扩缩容，弹性地实现了业务丰枯期的资源转换需求，提升支撑系统整体计算资源利用率，达到了减少采购与运维成本的目的。同时，"RPA + 大数据 + AI" 实现端到端的注智赋能，为一线生产减负提效。大幅降低前端操作时间，99% 报表后台处理，显著减少一线简单重复的工作量，如图 14 所示。

（二）管理效益

（1）基于 OMTM（One Metric That Matters，俗称第一关键指标）方法首创六级全成本核算模型，实现对直接成本的原子单位向生产单元自下而上精准归集，间接运营和管理成本采用自上而下分摊，支

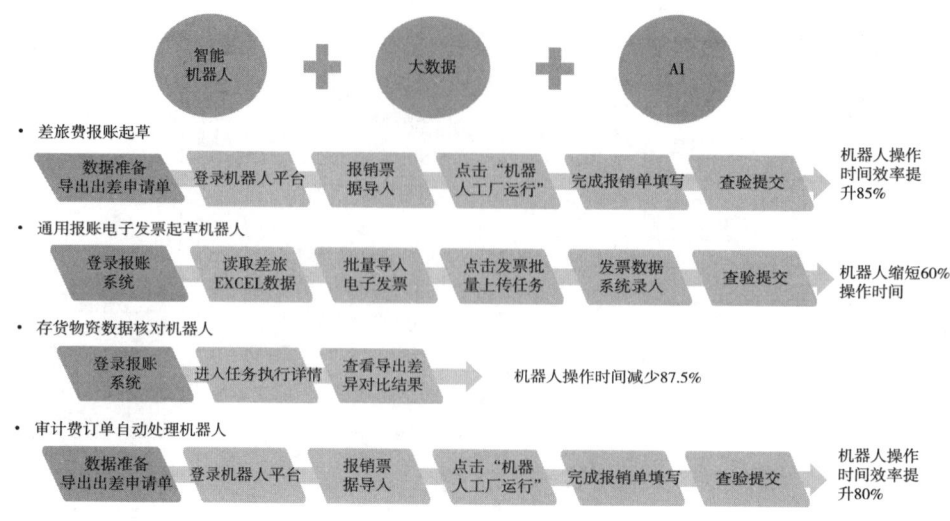

图 14 技术效益提升示意图

撑后续基于网格、生产单元等多维效益评价管理，实现应用的融通。

（2）实现了业财转换字典功能优化，整合了本地多域业务数据及集团平台数据，并基于统一的网格成本业务管会 COA 语言，实现"清单—明细账—报表"的自动化，为网格成本分析、核算提供标准服务。网格无需为业财管理报表填一个数。

（3）以全局的视角精细化提升业务领域，从业务部门前端改进对网格的支持手段，网格支持能力持续提升。

（三）经济效益

（1）整个方案对接了 8 个系统，新增 14 个接口，实现每月自动生成 5 万条明细账，自动化产出超过 20 套报表；通过对网格重点业务进行统计，入网份额、家宽净增份额均提升较好，全集团排名前列。

（2）广西移动网格总收入同比增长超 6%，月度复合增长率达到 2%；在针对网格决策的管理模式变革中，仅网格用车一个决策项目就带来了全年超过 35% 的降本成效。

五、结论与展望

基于中台注智的数字化业财精益运用体系建设与应用，是广西移动管理信息系统建设业务转型与技术转型的有益尝试。通过搭载数智化建设，运用管理会计搭建业财融合桥梁，横纵向提高成本精益管理水平，强力支撑公司决策运营效益。

（一）研究全成本标准化方案，搭建可行的成本管理体系

目前广西移动已实现清单级核算，建立业财一体化流程，搭建成本精益管理体系，但在成本驱动因素追踪和标准化管理方法上仍待改善，需进一步夯实全成本管理基础，为降本增效工作推进赋能。首先，我们将从数据基础层面和业务应用层面同时推进，拟着力于成本管理相关数据归集规范的制定、提升数据质量和维度等方面的工作。同时立足分析应用，满足支撑数据对标、溯源分析和模型灵活应用的需求，从而搭建可行的成本管理体系。

（二）追求全成本高质量管理，持续推进财务智能化转型

在财务领域持续深耕数智化转型工作，丰富报表维度，探索小屏应用，使财务工作便捷化、智能

化,充分利用智慧财务工作,简化流程,降低取数难度,尽全力满足集团和一线的报表数据需求,做好衔接工作。

(三) 合理运用业财精益成效,撑起精准有效的决策支柱

管理的重心在于经营,经营的重心则在于决策。转型之路从无坦途,我们将拥抱未来的变化。在高效率、智慧化、提效益的方向和目标上,我们将融合全成本标准化规范体系、业财精益管理基础,运用数据湖进行大数据建模,针对重点工作业务项目建立事前、事中、事后评估模型,更客观、更精准、更有效地支撑公司发展决策。

参考文献:

[1] 冯巧根. 全面预算管理 [M]. 北京:中国人民大学出版社,2015:270.
[2] 盛继明. 工业和信息通信业管理会计案例集 (2019) [C]. 人民邮电出版社,2019.9.
[3] 韩慧博,佟吉禄,吕长江,等. 基于共享理念与业财融合的管理会计创新应用——中国铁塔的案例研究 [J]. 中国管理会计,2020 (4):54-65.
[4] 贺志东. 管理会计操作指南 [N]. 财会信报,2017-07-24 (C04).

企业自评

随着5G时代到来,通信行业在技术变革、市场竞争、财务管理等方面面临全新的挑战,既要坚定不移建设网络强国,又应遵循企业效益稳增长的内部要求。

广西移动公司为了能同时达到以上两方面要求,克服通信行业错综复杂的成本管理难题,运用管理会计作为业财语言桥梁,基于中台注智从基础层—数据层—应用层三层级搭建成本精益管理体系。一方面,打破业财数据壁垒,提高数据一致性、及时性、有效性;另一方面,建立决策支撑平台,强力支撑公司经营决策,在管理会计自定义场景、网格营销等方面完成深度应用,助力提高基站选址精确度和网格营销积极性,同时辅助找出网格收益增长点,制订网格人员配套方案,为网格营销模式提供强有力的后台支撑服务。

专家点评

在数字化浪潮的推动下,企业加强基于数智基础的业财精益管理具有越来越重要的现实意义。广西移动坚定不移践行创世界一流企业,做网络强国、数字中国、智慧社会主力军的职责使命,顺时应势把握推进数智化转型、实现高质量发展的主线,全力搭建数字化业财精益管理体系,不断提高精益管理水平,为公司战略决策更好地落地提供强有力的支撑。该案例从业财基础、数据湖中台建设、展示与应用三个层级搭建中台注智的数字化业财精细管理体系,摸索出一套方法科学、可操作性强的业财精益管理方法,智能化、便捷化地满足公司各领域、各层级业财数据需求,为产品应用、管理应用、技术应用方面赋值、赋能,为财务工作智能化改革奠定了坚实的基础。

本案例中,业财精益管理从清单级颗粒度出发,多维度集成业财数据,通过业财数据分析解决生产过程中的实际问题,思路清晰,成效较好,可供更多中国企业学习和借鉴。

基于数智化场景项目群的"1N1"财务风险预警平台建设

中国移动通信集团浙江有限公司

> **摘要**：随着数智化技术应用加速推进，数智化转型成为现代企业必然的选择，而财务管理作为企业立足于市场的核心活动之一，在信息化高速发展的时代潮流中，同样面临着更高的挑战与要求。
>
> 浙江移动依托集中化 ERP 系统与智慧中台，基于战略财务、业务财务、共享财务三分财务体系，构建数智化场景项目群，形成自身可落地的数智财务管理体系。并由面到点，以财务风险预警平台为例，深度描述数智化场景的具体实践做法。
>
> 财务风险预警平台运用"风险识别—风险量化—风险监测与报告—风险治理—风险控制与优化"的风险管理程序方法，对风险高发、人工耗时多、规则可固化、数据可获取的风险点，使用多种数智化技术，对接多个系统数据，通过风险建模、可视展示、一站式跟踪处理等方式，进行风险的全天候、全过程数智化监管，夯实高质量发展基础。
>
> 通过对该案例的分析与描述，希望借此可以促进财务数智化管理能力和水平提升，推动传统财务向自动化、智能化、数字化转变，赋能精确管理。
>
> **关键词**：数智化；项目群；"1N1"；风险预警

一、企业简介

中国移动通信集团浙江有限公司（以下简称"浙江移动"）隶属于中国移动通信集团公司，公司员工总数近 2 万人，总资产规模超过千亿元，移动、家宽客户份额均居行业第一，规模和经营效益均位居集团内各省公司前列，是全集团的标杆企业、浙江省规模最大的电信运营商。4G、VoLTE、蜂窝物联网、5G 等领域连续创造多项全国、全球记录，5G 发展实现领跑全国、领先全球，成为 2022 年杭州亚运会官方通信服务合作伙伴。

二、数智化建设背景

（一）外部环境驱动

1. 基于 PEST 模型的宏观环境分析

（1）政治环境（P）。"十四五"规划和 2035 远景目标指出，要发展数字经济，推进数字产业化和

---

* 本篇作者：钱振宇、邵晓蕾、单国霞、金颖超。
指导专家：李玲（中央财经大学）。

产业数字化,推动数字经济和实体经济深度融合。国资委提出要深入推进国有企业数字化转型工作,培育具有全球竞争力的世界一流企业。

(2)经济环境(E)。2020年,中国数字经济占GDP比重达38.6%,预计到2025年将超过50%,中国信息服务业收入2025年将超过20万亿元,在国民经济中的地位进一步凸显。

(3)社会环境(S)。"五纵三横"[①]的数字化经济时代正加速到来,经济社会发展"四个范式变迁"持续深化,用户对美好数字生活消费的需求和能力全面升级。

(4)技术环境(T)。ABCDHI5G(人工智能、区块链、云计算、大数据、智慧家庭、物联网、5G等)技术迭代红利持续释放,数智化技术应用加速推进,新一代IT技术逐步渗透进公司运营的各个环节中。

2. 基于波特"五力"模型的行业环境分析

(1)供应商的议价能力。疫情大流行导致世界经济发展的不确定性增强,发达国家越来越注重维持自己的技术优势和垄断地位,美国对华发起"芯片战",对中兴、华为等通信行业的主要供应商产生重大影响。在没有解决"卡脖子"问题前,供应链自主可控能力还不强,掌握先进核心技术的供应商有较高的议价能力。

(2)购买者的议价能力。"提速降费"已经连续5年写入政府工作报告,运营商先后取消了手机国内长途和漫游费,大幅降低了流量和宽带资费。另外,携号转网全面实施以后,客户对同质服务的期望值提高,转网成本下降,增强了价格谈判能力。

(3)新进入者的威胁。一方面,工信部向民营企业颁发了虚拟运营商牌照,使得这些企业获得从事移动通信转售业务的资格;另一方面,互联网巨头涉足通信企业的信息化业务,加大了对运营商信息化项目的抢占。

(4)替代品的威胁。相较于传统运营商短信、语音的闭态信息发送及收费方式,微信凭借其简单的使用方式和低价格的使用成本迅速占领了即时通讯的市场份额。面对微信的步步紧逼,通信运营商个人客户的短信、语音业务递减。

(5)同业竞争者的竞争程度。运营商内部客户规模已基本触顶,行业低速增长,"内卷"加剧。运营商外部,数字化服务跨界跨域竞争加剧,产业各方都在加强能力布局和竞争卡位,电信企业和互联网平台企业、终端设备制造企业、软件企业交汇融通更加明显。

(二)内部环境筑基

1. 构筑数智化转型实施环境

中国移动以创世界一流企业,做网络强国、数字中国、智慧社会主力军为总体目标,以推进数智化转型、实现高质量发展为主线,科学谋划"十四五"规划。

浙江移动高水平落地落实中国移动"十四五"规划,以提升公司数智化管理水平为方向,从顶层规划设计入手,集团内率先启动数智化转型公司级规划,运用数智化技术,全方位、系统性重构业务、能力、组织体系,提升资源管控能力、风险防范能力和内外部协同效率。

在数智化规划引领下,公司持续打造以组织协同力、流程适应力、基础支撑力、数据整合力、技术创新力为代表的"五力"要素,为数智化转型提供良好的实施环境(见图1)。

(1)组织协同力。以改革创新、智慧运营工作为重要抓手,成立改革推进领导小组,公司总经理为组长,副总经理为副组长,各部门负责人为组员。创新组织保障形式,成立柔性组织,使信息、资源、创意和活力能快速穿透原有组织的隔膜,致力于保障重点任务的完成。

---

① 五纵:基础设施、社会治理、生产方式、工作方式、生活方式数字化;三横:线上化、智能化、云化。

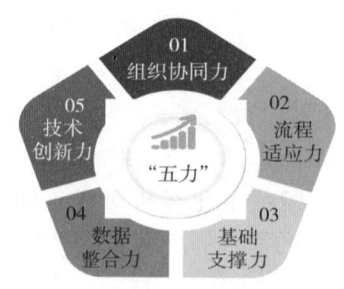

图 1 "五力"要素实施环境

（2）流程适应力。流程是企业运作的基础，公司设立流程管理办公室，由各专业管理部门负责人及相关人员组成，实行流程管理责任制。明确更高层面的支撑力量，形成长效机制，推动流程全周期管理和跨部门穿透优化。

（3）基础支撑力。标准化是基础，打造"财务天网工程"。认知层面，总结实践经验和规律，将规则、经验从日常工作中提炼出来，形成标准的、统一的方法论；制度层面，融合内外部制度、规范、操作手册，建立标准化的执行指引；操作层面，封装可扩展、可类比、可复用的业务逻辑，构建通用、可配置的流程、场景。

（4）数据整合力。基于公司"业务+数据+技术"智慧中台的统一规划和建设，打造全域融合的企业级数据中台，以企业级数据资产管理为主体，打通数据孤岛，推动企业数据湖建设，强化全域数据汇聚、治理、使用，持续沉淀共性能力。

（5）技术创新力。创新智慧管理工具，持续植入大数据、AI能力，丰富场景应用，有效提升财务管控的广度、深度以及效率，推动实物资产数字化管理，促进智能、高效、低成本运营。

2. 构建数智化场景项目群

承接公司数智化转型规划设计，依托集团集中化 ERP 系统与公司智慧中台，基于战略财务、业务财务、共享财务三分财务体系，运用智能化技术，创新管理理念、管理工具，优化管理制度流程，构建数智化场景项目群，形成自身可落地的数智财务管理体系，推动传统财务向自动化、智能化、数字化转变，赋能精确管理（见图2）。

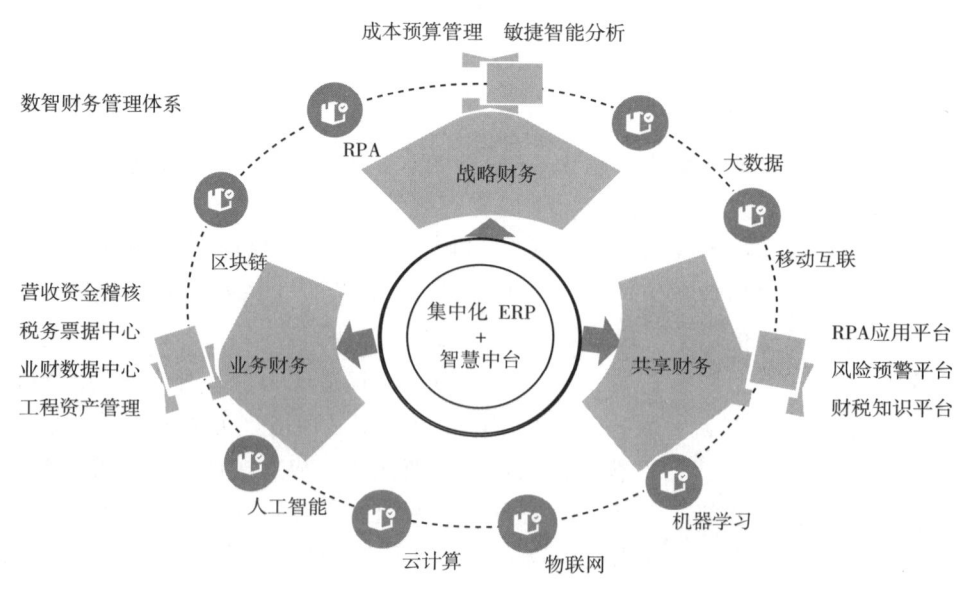

图 2 数智财务管理体系

（1）面向战略财务，紧贴战略，价值引领，筑牢决策支撑能力。战略财务关注全局性、系统性和战略性事项，主要围绕公司战略，制定经营业绩规划，对企业发展所需资源进行筹划，并以预算考核闭环管理体系为抓手，确保公司战略规划的达成。

一是打造智能化、图谱化、可视化的预算价值管理模式，创新应用知识图谱技术，打通需求提报、招投标、合同及订单占用等各个预算执行环节，实现科学配置、精细管控、高效支撑的预算管理转型升级。

二是建立敏捷、智能分析体系，利用先进的商业智能、数据分析和数据挖掘技术，打造面向不同对象、差异化服务的智慧财务数据分析平台，实现了财务分析报表提供从过去工单取数、手工分析向全自动、实时呈现输出的转变，企业各级管理人员可基于实时数据进行经营决策，财务管理效率、财务管理价值得到了极大提升。

（2）面向业务财务，系统贯通，数据汇通，筑牢数据运营能力。业务财务关注对前台业务的敏捷响应与定制化服务以及重大财务事项的审、控、督，以具体的业务活动为管理对象，通过深入业务前端，细化整合业务和财务信息，为业务活动在价值提升、风险管控等方面提供专业化、常态化的全流程支撑。

一是打造营收资金稽核平台，搭建一站式稽核平台，进行自动化数据采集、自动化系统稽核、自动化运营管理，建立起了敏捷高效的营收资金稽核能力，精准定位资金业财差异，防止资金跑冒滴漏。

二是贯通资产资源系统数据，全面深化资产资源一体化，推动实现"一码到底"闭环管理，实现随时随地的资产扫描、信息跟踪和典型场景的便捷化操作，完善远程自动盘点、实时调拨和同步报废等业务场景。

三是打造"纸电一体化"票据中心，体系内优化集中化票据中心服务平台、体系外整合集中税控系统，双系统点对点数据高效融通，升级税务风险监控能力。

四是打造业财数据应用中心，通过全面整合，打通业财系统接口，实现业财数据贯穿，建成数据集中统一汇集平台。深层次挖掘业务场景到底层数据源头，有效支撑多场景的业务决策。

（3）面向共享财务，独立专业，基础赋能，铸牢财务治理能力。共享财务以全流程、端到端、深度自动化与智能化为核心，以服务定价、数据管理、效率提升为指引。

一是构建财税知识共享平台，持续供给标准化财务服务与产品。通过关联检索，为业务、财务人员提供场景式财税信息支撑服务，推动"滴灌式"知识普及。

二是建设财务机器人（RPA），推进会计核算标准化、规范化与智能化。通过"RPA + AI"的技术，构建财务票据内容自动提取、表单自动填写和查验等能力，实现电子发票报账等多个财务流程自动化功能。

三是打造财务风险预警平台，增强风险动态识别评估、实时监控预警的能力。建立"数据 + 场景 + 模型"的综合解决方案，实施跨系统数据比对、大数据多维比对，实现50多个风险场景的自动识别、预警和展示。我们将以此为典型案例，在第三部分详述。

共享财务项目群实现财务基础工作的标准化、统一化管理，为战略财务和业务财务提供政策指导与财务数据支持；业务财务项目群与价值链的各个环节深入结合，融通业财数据，形成包括过程数据、行为数据、业务数据的数据集市；战略财务项目群为价值链各项活动的高效运行提供动力，通过数据加工、整理、分析、建模，可视化地呈现给管理者，提供高价值的决策支持。

下面将以"1N1"财务风险预警平台为例，描述数智化场景项目的具体建设与应用效果。

三、数智化场景实践案例："1N1"财务风险预警平台

"1N1"就是1个系统门户、N种智能技术、1个数据仓库。1个系统门户即财务风险预警平台，N

种智能技术就是综合运用大数据、文本识别等先进数智化手段，1个数据仓库就是通过贯通多个系统形成财务数据仓库。

（一）实施背景

服务高质量发展的需要。防范化解重大风险，是高质量发展的基础保障，要有防范风险的先手，要打防范和抵御风险的有准备之战，切实有效防范各类风险。

适应外部监管的需要。外部监管机构检查手段越来越先进，检查信息化程度大幅提升，对企业风险管控提出了更高的要求。

实现公司战略目标的需要。在CHBN全向发力的转型发展时期，公司面临复杂多变的经营环境和内外部挑战，业务多元化、更新迭代快，系统复杂度和数据量的加大，增加了风险识别和管控难度，风险评估手段及有效性需提升。

实现财务管理转型的需要。技术的不断成熟和应用带来了风险管控手段的变革，风险识别更准确，将数智化技术与思维贯穿到风险管理全过程，坚持以技术变革驱动管理创新升级。

外部压力与内生动力共同驱动公司要充分运用数智化手段，增强风险动态识别评估、实时监控预警的能力。

（二）实施思路

运用业界较为成熟的"CRISP-DM"（跨行业数据挖掘标准流程），基于公司重大风险评估指引、全面风险评估框架及内控标准化流程，聚焦财务领域风险管理，运用"风险识别—风险量化—风险监测与报告—风险治理—风险控制与优化"的风险管理程序方法，对风险高发、人工耗时多、规则可固化、数据可获取的风险点，使用文本识别、知识图谱、数据爬虫、风险画像等多种数智化技术，对接多个系统平台，搭建基于Java流行开源技术，具有高可扩展性和海量数据并发处理能力的预警平台。通过风险建模、可视展示、一站式跟踪处理等方式，进行风险全天候、全过程数智化监管。

在构建风险预警体系过程中，对如何找、如何评、如何防、如何管四个风险关键问题摸索出一套方法科学、可操作性强的风险预警管理方案（见图3）。

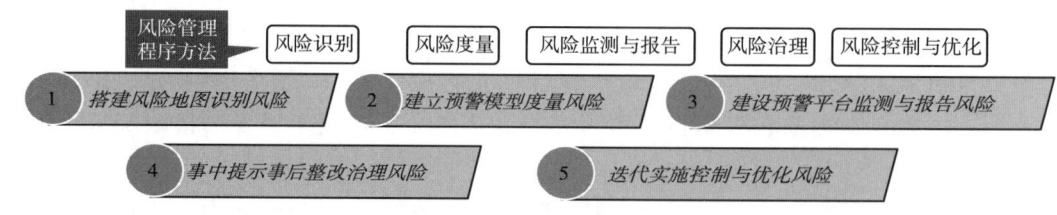

图3　风险预警体系构建思路

（三）主要做法

1. 搭建风险地图识别风险

风险地图旨在提供一个视角，协助企业认清财务领域风险的普遍存在、不断演变以及相互关联的特性，找出企业面临的各类风险。

基于"确定框架—逐层分解—风险判断"的方法论，将公司面临的风险逐层分类，最终分配至各种单一风险（见图4）。

（1）确定框架。借鉴eTOM商务过程框架，对标国资委风险分类框架并结合集团标准化流程框架，确定流程域或组。

（2）逐层分解。对标行业风险数据库，参照内部控制手册、廉洁风险手册，确定一二级流程；对标集团财务检查要点，参照历年内外部检查发现问题，识别各单一风险点。

（3）风险判断。制定风险判断标准，包括影响战略目标、影响KPI、影响合法合规、造成资金资产损失、影响经营指标、影响财务报告七项。对标风险判断标准，满足任意一项，属于风险场景，纳入风险监测预警；无任何影响，不属于风险场景，不纳入风险监测预警。

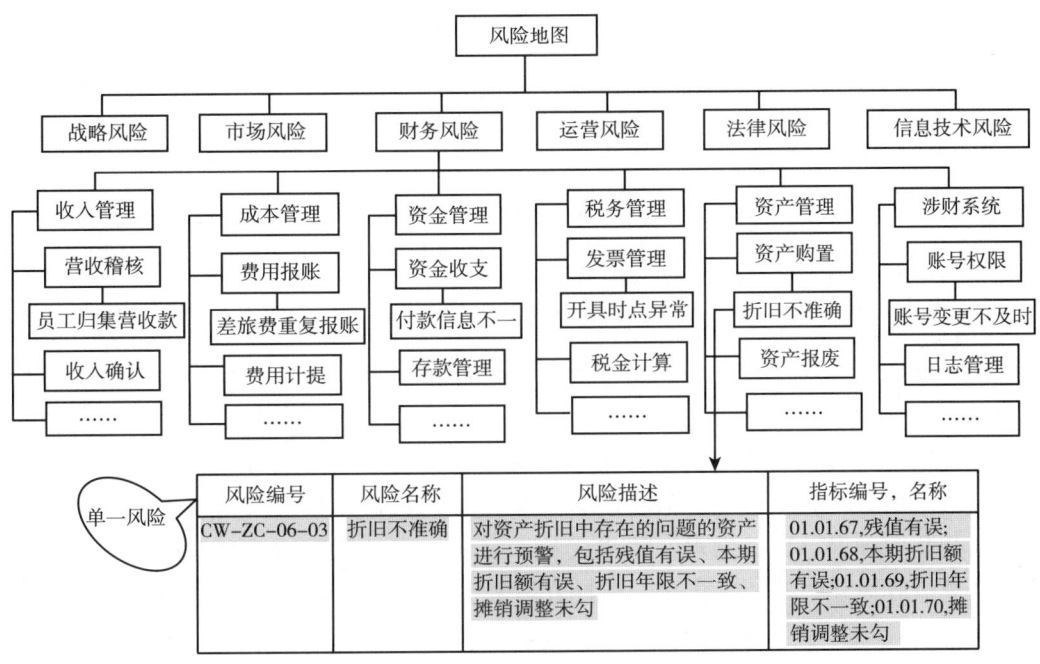

图4 风险地图

2. 建立预警模型度量风险

风险预警是指在风险地图的框架指导下，企业面临的各种单一风险及其对应的风险预警工具，包括风险点的基本信息和预警信息。

（1）确定风险指标。针对纳入风险监测预警的风险场景，参考业内及行业经验，设计衡量风险程度的量化指标，形成风险指标库。

（2）梳理业务关系。梳理业务管理规范、业务操作标准、业务处理流程，厘清业务逻辑关系。

（3）梳理数据关系。梳理风险指标需要的业务和财务数据，确定数据来源系统，进行数据采集，组成完整的信息链；运用大数据思维，设定数据标准，进行数据整合，实现局部化向整体化的转变；利用自定义数据分析模型，对规范性的数据进行高效分析，获取所需要的信息（见图5）。

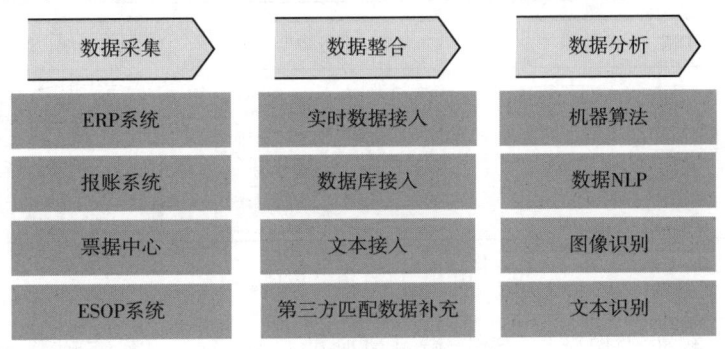

图5 数据关系梳理

（4）建立预警模型。借鉴大数据的多维分析法，确定分析逻辑（见表1），设计触发机制、指标阈值、预警报表，搭建风险预警模型。

表1 预警规则示例

风险点名称	预警规则
重复报账支付	①限定单据为无合同报账 ②剔除单据类型为成本费用暂收款支付报账单、工程类暂收款支付报账单、员工差旅费报账单、成本费用收回预付款报账单、成本费用暂收款报账单、工程类收回预付款或暂付款报账单、工程类暂收款报账单、人工成本发放报账单—银行代发、人工成本发放报账单—直接发放、退款报账单 ③剔除收款户名包括"托收""中国移动通信集团浙江有限公司" ④剔除以下业务场景：财务费用，集团往来结算，交通费，能源使用费—水电取暖费（非支付类），五险一金（基本及补充）支付，住房公积金 ⑤比较头表中提交时间相隔90天的报账单，公司、供应商、报账金额和支付金额是否一致或相差在1元以内 ⑥比较两张单据有相同发票，如果有一方单据无发票，也视为有相同发票（根据发票 ID 判断） ⑦根据 ID 比较收款账号是否一致，如一致则生成预警报表 ⑧增加剔除规则：如果一方报账单类型为工程类预付款报账单或成本费用预付款报账单，另一方单据类型不为这两种，则剔除

3. 建设预警平台监测与报告风险

平台以全局风险为导向，以运营数据为输入，构建体系化的风险预警智慧运营框架。在丰富的数据分析挖掘、报表应用等经验基础上，研发融合数据处理、数据建模、数据可视化、数据填报等一站式预警平台。实现事中预警、事后发现，逐步成长、完善的质量管理体系。应用层功能包括风险监控中心、预警视图、流程风险、我的工作台、指标管理、系统管理六大模块（见图6）。

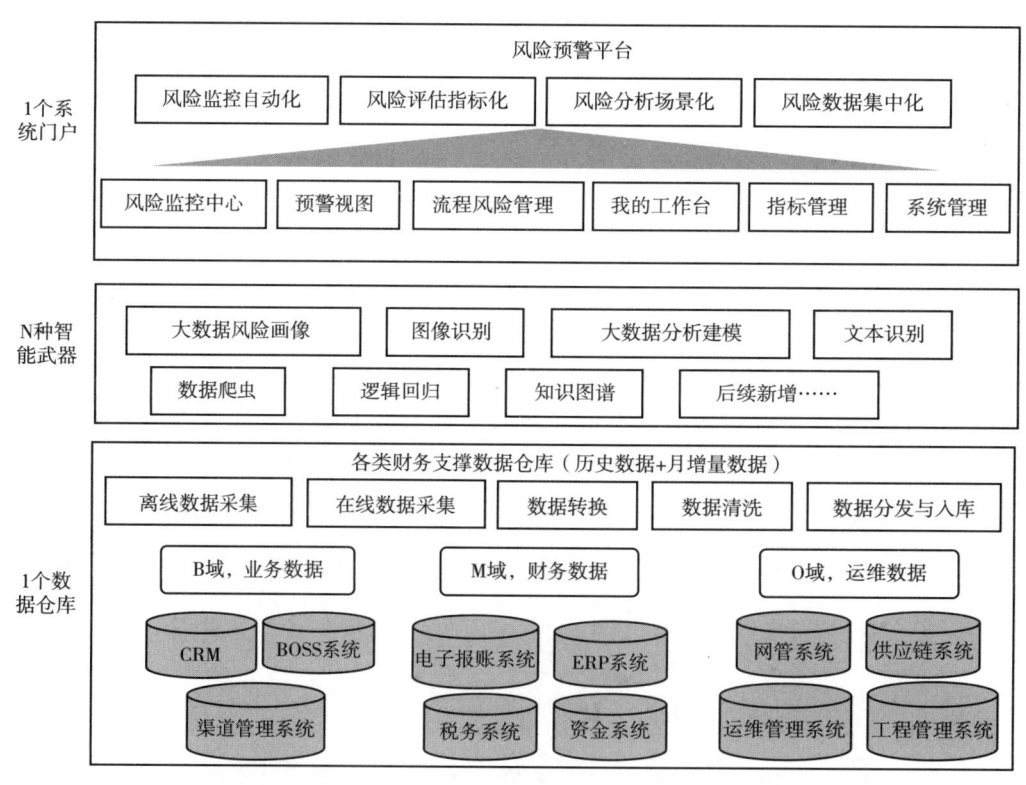

图6 风险预警平台

（1）三层管控助力精准"切脉"。设计衡量风险的量化指标，系统预警50多个风险指标（见图7）。结合业务发展、系统更新及管理需求，动态审阅风险指标的有效性，建立指标退出机制。

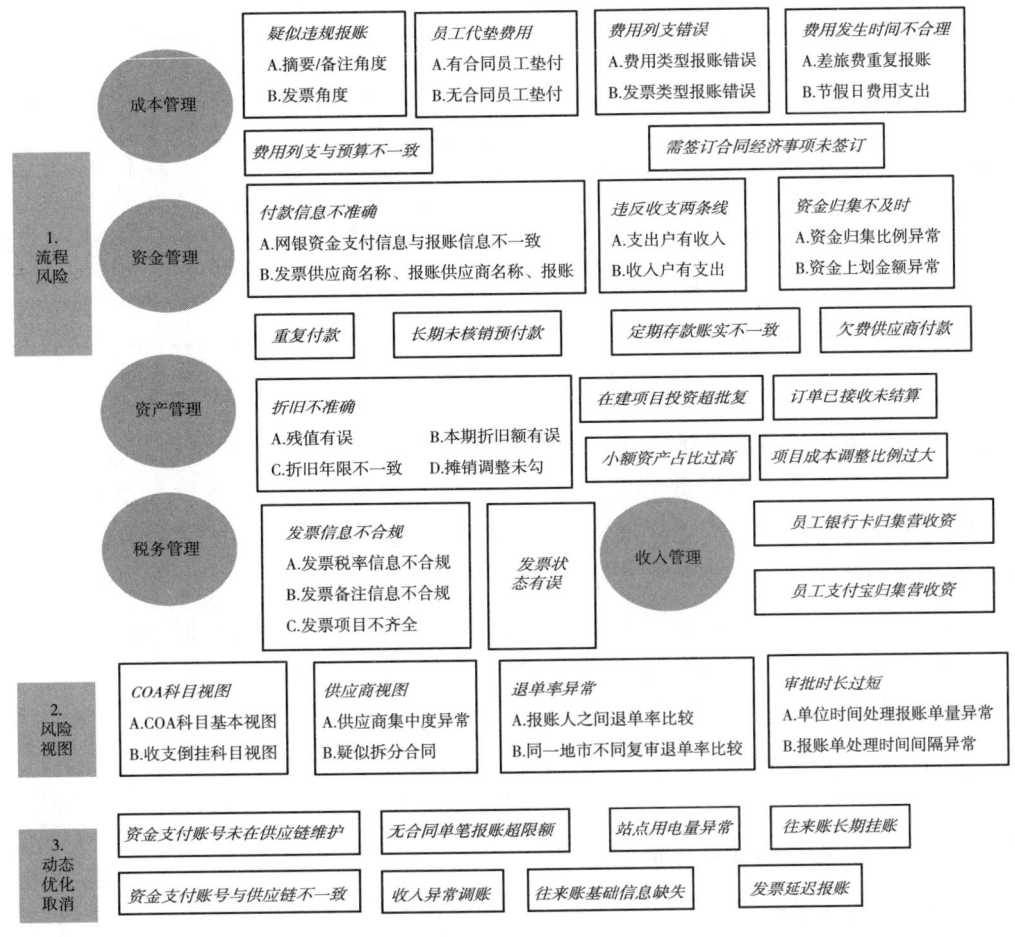

图 7 风险指标

（2）三级预警可视化提升风控管理洞察力。形成"检查报告预警—数据分析预警—报账单据预警"三级预警结果，并根据预警结果，沉淀与积累风险数据，形成员工、流程、供应商等不同维度的风险画像。

（3）三大维度评估风险等级形成风险雷达。从重要性、发生可能性、影响金额三大维度开展分类评价，对各项风险场景的等级进行综合评估，科学区分风险场景的高、中、低水平，提升风险防控水平。风险指标得分＝风险指标重要性得分×影响金额得分×历史风险事件发生次数得分，得分＞4分为高风险，2分≤得分≤4分为中风险，得分＜2分为低风险。

4. 事中提示事后整改治理风险

按日事中稽核预警推送与按月闭环整改相结合，做到早预警、早处置。

（1）事中稽核预警。对于需要事中预警的风险点，每天获取已提交的单据进行预警，实现事中服务调用与实时预警。对预警出的问题单据，邮件发送会计提示风险，提醒审批人重点关注，预警系统中保留数据但不发送待办。

（2）事后三级闭环整改。建立"初审—经理—复审"三级整改流程（见图8），按月进行整改，确保责任到人，为平台的运行加装闭环管理"安全锁"，为人机岗位监管装上"双保险"。

5. 迭代实施控制与优化风险

借鉴类互联网化螺旋迭代的方式，在实践过程中不断去修正和优化。定期开展风险预警防控体系的评估与优化，形成"建立风险预警防控体系—风险预警防控—优化风险预警防控体系"的动态化闭

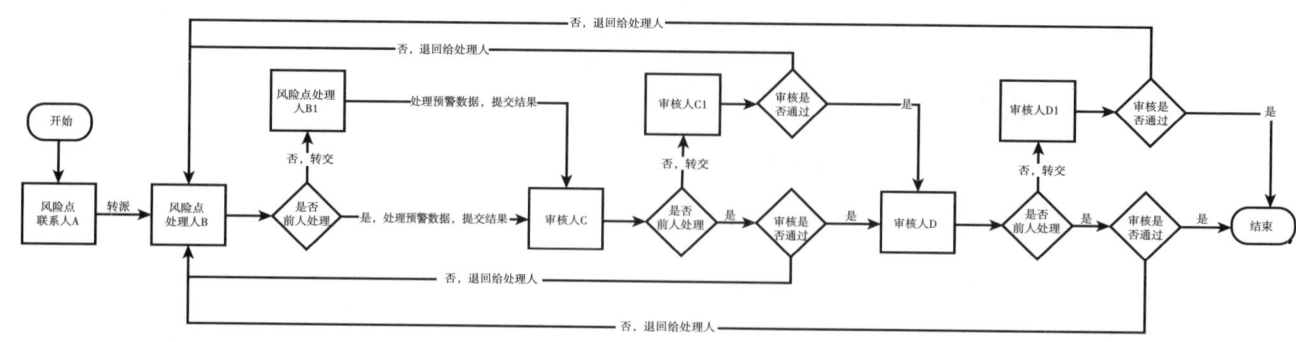

图8 事后闭环整改流程

环管理机制。风险预警防控体系的维护工作主要从日常更新维护和定期更新维护两方面开展。

（1）日常更新维护。根据系统预警结果及人工审核结果，由各使用主体发起的自下而上的维护更新，主要是优化系统预警风险规则，优化系统功能，确保风险预警的准确性、高效性。

（2）定期更新维护。由风险预警防控管理小组定期发起的自上而下的更新维护流程。每年由工作小组下发通知，征求专业小组对风险预警防控体系的建设需求；专业小组根据风险评估结果、审计发现问题、外部监管要求等梳理新的风险点，提出新增需求并报工作小组；工作小组对专业小组的需求，开会决策最终的建设需求并报管理小组审批。

（四）应用效果

1. 风险管控全视角，夯实高质量发展基础

横向到边、纵向到底对风险360度无缝管控，建立了见微知著的风险洞察能力，做到早识别、早预警、早排除。

全量扫描，改变传统的抽样检查方式，覆盖全量运营数据，避免风险遗漏；实时预警，系统实时获取数据，不间断识别风险事件，实时反馈预警信息；精准定位，100%按照预设规则执行，精准定位风险领域；风险可视，生成风险指标管理报表，为管理层提供可视化的风险展示信息。实现了财务风险管理"四转变"，从样本抽查向全量筛查转变、从依赖个人经验向平台固化转变、从事后检查向事前事中实时预警转变、从风险数据分散向集中转变。使企业能够及时预防和控制风险，筑牢风险防范堤坝，各种检查审计未出现重大财务问题（见图9），坚持在推动高质量发展中防范化解风险，荣获中国移动优秀财务工作一等奖。

检查事项	检查名称	检查单位	频次
全面经营状况	离任审计	国家审计署	主要领导调整的次年
主要经营领域的涉税事项	税务大检查	税务局	3—5年1次
公司日常运营相关的重大经济事项审计	年度审计	普华会计师事务所	每年4次
高风险领域的业务专项审计	专项内审	集团内审部	每年>2次
财务管理领域嵌入式廉洁风险点和财务基础工作检查	基础工作检查	集团财务部	3年1次

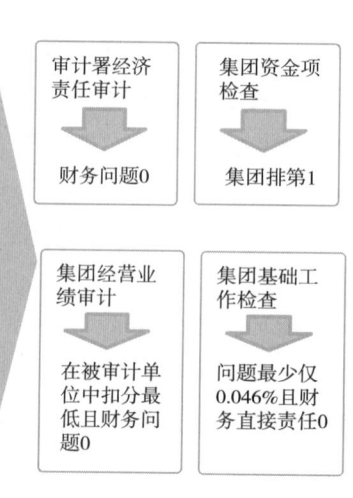

图9 审计检查结果示例

2. 风险管控迈上新台阶，有效提升人力资源价值

信息化手段的应用，提高智能化、自动化水平，代替人工高频、重复、繁琐的工作，提高工作效率，减少员工事务性工作，有效释放人力资源，推动人员向价值增值工作转型。

通过搭建转型平台，营造转型氛围，激发员工转型意愿，让员工具备转型能力。如设计"4 + N"模式财务职能转型蓝图，全方位统筹思考财务职能转型的路径；构建柔性组织升级人才能力，培养既懂财务又懂业务、既懂管理又懂技术的人才。人员结构得到不断优化，核算财务占比从70%降为60%，业务财务占比从20%提升至30%。人员数字化能力持续提升，财务人员积极参加公司的数字化能力认证，70%的人员通过了认证。

3. 倒逼整治整改，增益管理新效能

坚持问题导向，结合预警发现的问题，查找管理漏洞，从根源上寻求解决方案，把整改成果转化为公司改革发展的实际效果。服务业务前端主动管理风险，显性化展示风险，促进一道防线针对性提升风险应对举措。有效支撑业务经营管理提升，财务人员华丽变身，从基础事务性工作向策略性工作转移，开展多项业财管理实践，推动业财深度融合，提升财务价值创造。"1N1"财务风险预警平台荣获中国总会计师协会省部级立项科研课题一等奖、中国移动管理创新一等奖、浙江省会计学会会计科研课题一等奖。

4. 创新智慧管理工具，赋能精确管理

积极探索大数据、人工智能等IT技术，打造技术、数据要素全流程贯通的运营模式，为财务管控赋予智能化管理新动能。财务风控数据智能化采集项目在2021年RUIDA组织的RPA应用案例评选中入选"智匠"RPA优秀案例。

四、结论与展望

管理会计信息化不是朝夕之间可以完成的，必须从自身实际出发，不断完善与提高。近年来，浙江移动积极贯彻落实国资委、集团公司工作要求，对标全球公认的一流企业和行业领先公司，大力推进数智化管理转型升级，总体上呈现出点上突破、线上延伸、由线到面、百花齐放的良好局面。

财务领域坚持规划牵引、稳步迭代、纵深突破、久久为功，持续闯关探路，并在实施过程中不断修正（见图10）。

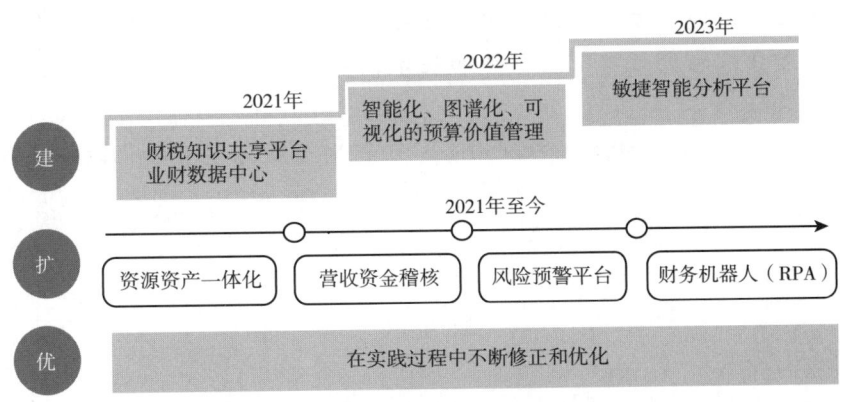

图10 数智化关键提升点和实施路标

数智化实现之路需要从"点和面"走向"体和魂"，在企业内部逐步完善诸多关键要素，包括机制、体系、组织、人员、能力等，助力企业运营流程端到端的数字化应用与优化，促进内部各部门间的良好协同和外部多参与方构建生态圈的有机发展。

参考文献：

［1］张敏．企业财务智能化：要素·路径·阶段［J］．财会月刊，2020（17）：7－11．

［2］刘梅玲，黄虎，佟成生，刘凯．智能财务的基本框架与建设思路研究［J］．会计研究，2020（3）：179－192．

［3］李克红．人工智能视阈下智慧财务管理模式架构研究［J］．会计之友，2020（5）：59－62．

［4］刘勤，杨寅．改革开放40年的中国会计信息化：回顾与展望［J］．会计研究，2019（2）：26－34．

［5］刘勤，杨寅．智能财务的体系架构、实现路径和应用趋势探讨［J］．管理会计研究，2018（1）：84－90，96．

［6］张庆龙．下一代财务：数字化与智能化［J］．财会月刊，2020（10）：3－7．

［7］刘国城，王会金．大数据审计平台构建研究［J］．审计研究，2017（6）：36－41．

企业自评

浙江移动深化落实集团公司创世界一流"力量大厦"战略部署，把推进数智化转型、实现高质量发展作为落地落实"力量大厦"的主线，启动数智化转型公司级规划。财务领域坚持与公司战略和转型要求充分结合，依托集中化ERP系统与智慧中台，基于战略财务、业务财务、共享财务三分财务体系，运用智能化技术，创新管理理念、管理工具，优化管理制度流程，构建数智化场景项目群，形成自身可落地的数智财务管理体系。并以财务风险预警平台为典型数智化场景案例，描述风险智能管理的具体做法。案例由面到点，内容相对全面，可为其他企业数智化转型与建设提供管理经验，有比较强的参考性。

专家点评

数智化时代，建设数智化企业已是大势所趋。浙江移动在深度分析内外部环境的基础上，秉承集团发展战略，以提升公司数智化管理水平为目标，全力构建数智化场景项目群，形成自身可落地的数智财务管理体系。该案例由面到点，在呈现了数智化场景项目群整体构建思路框架基础上，以搭建"1N1"财务风险预警平台为例，深度描述了数智化场景的具体实践做法及经验。财务风险预警平台建设运用"风险识别—风险量化—风险监测与报告—风险治理—风险控制与优化"的风险管理程序方法，对于如何找、如何评、如何防、如何管四个关键问题，摸索出一套方法科学、可操作性强的风险预警管理方案，对潜在风险进行识别、预警和展示，实现财务风险的智能管理，夯实高质量发展基础。

本案例中财务数智化转型的实施路径以及财务风险识别与防范的智能化做法值得推广，供更多企业学习和借鉴。

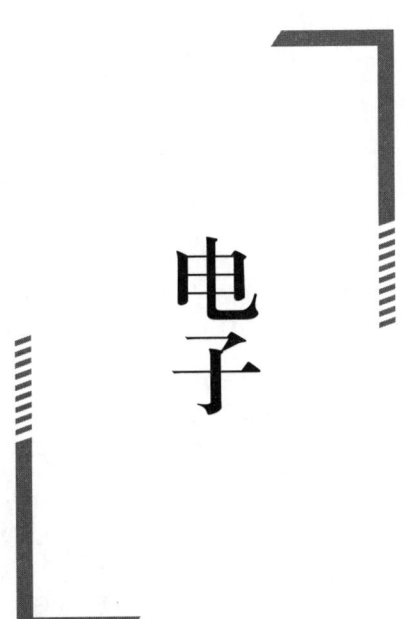

基于企业资源计划系统的管理会计信息化体系建设与应用实践

中电科电子装备集团有限公司

> **摘要**：管理会计信息化是企业将各类财务、业务管理活动、流程及相关要素通过信息化建设的方式，嵌入管理会计信息系统平台的过程。通过信息化平台，企业的财务信息实现数字化的集中、管理和全面共享，能够帮助企业由分散管理向集成管理模式转变。通过财务数据的收集、对比、分析和报告，为企业有效开展管理会计活动、提升价值创造能力，提供全面、准确的信息决策支持。
>
> 本文旨在通过管理会计信息化建设，整合经营管理业务相关数据，构建适应于本单位管理和决策需要的信息化管理会计报表体系，有效加强管控力度，通过建立用数据说话、用数据管理、用数据决策的管理机制，推动经营预测、标准成本等管理会计工具的应用，全面提升公司财务管控和价值创造能力，实现财务转型升级。
>
> **关键词**：管理会计；价值创造；决策支持

一、企业简介

中电科电子装备集团有限公司（以下简称电科装备）成立于2013年，是在中国电子科技集团有限公司二所、四十五所、四十八所三个国家级研究所以及下属产业化公司基础上组建成立的二级成员单位，属中国电子科技集团有限公司独资公司，注册资金24.5亿元。

（一）经济规模

电科装备现有在职员工5000余人，其中专业技术人员2000人，高级工程师以上人员500余人。"十二五"以来，获得发明专利授权700余项（国际专利4项），获得国家和省部级以上奖励近百项。2020年，电科装备资产总额118亿元，所有者权益53亿元，实现收入47亿元。

（二）主营业务

电科装备以攻克半导体装备关键技术，解决核心电子元器件制造工艺装备短板问题为主责，以高端电子制造装备研发与产业化为主业，聚焦离子注入机、CMP等集成电路核心装备，着力打造国产集成电路和三代半导体装备验证平台，提升封装组装、新能源、新型显示装备及其智能制造集成服务的

---

* 本篇作者：陈月旺、向泓超、苏涛、张争光、徐晓旭。
　指导专家：李玲（中央财经大学）。

核心竞争力。

(三) 发展前景

1. 行业前景

(1) 半导体装备业务。随着5G、汽车电子、智能终端、物联网、AI、云计算、工业机器人等新一代信息技术发展，全球半导体设备将持续增长。2020年全球半导体制造设备销售总金额达712亿美元，预计2025年将达到1083亿美元。

我国已经成为全球集成电路制造产能增速最快的地区，在建晶圆厂数量位居全球第一。新兴产业市场将为半导体产业链各环节带来持续的机会，随着集成电路装备国产化替代的推进，整个集成电路装备产业迎来发展良机。2020年中国首次成为全球最大的半导体设备市场，市场规模达到187.2亿美元，预计2025年将达到410亿美元。

(2) 光伏业务。光伏新能源被公认为全球最具发展前景的可再生能源之一，引发各国政府和企业的热情投入。在转型能源情景下，据IRENA预测，到2050年光伏装机总量将达到8519GW，年新增装机超过250GW。据CPIA预测，在乐观情况下，至2025年全球光伏装机年均新增287GW。国家确定了"在2030年左右二氧化碳排放达到峰值，2060年前实现碳中和"的目标，CPIA预测，在乐观情况下，至2025年中国光伏装机年均新增90GW。

我国光伏产品制造能力占据全球绝对主导，2020年我国多晶硅、硅片、电池、组件的产量在全球占比分别达到76%、96.2%、82.5%和76.1%，光伏新能源巨大需求为国内光伏产品生产制造企业提供了广阔的发展空间。

2. 单位前景

"十四五"时期，电科装备将秉承发展国产装备、铸就国芯基石的使命责任，立足新发展阶段，贯彻新发展理念，支撑科技自立自强，提升产业链供应链现代化水平，全面推进深化改革，重塑电科装备，以新的技术产品布局、新的组织人才结构、新的体制机制，融入集成电路产业生态圈，强化与产业重点区域的融合发展，离子注入机、CMP等高端集成电路装备国内市场占有率超过50%，光伏新能源技术保持领先，产品质量处于行业第一梯队，国际影响力和竞争力稳步提升。

二、管理会计应用基础

(一) 背景

1. 政治方面

我国正处于实现"两个一百年"奋斗目标的历史交汇期，国内外形势深刻复杂，中美经贸摩擦逐步扩展到科技领域，国家高度重视集成电路核心装备的发展。党中央赋予中央企业"六种力量"的定位，聚焦责任使命，创新发展主业。

2. 经济方面

我国经济由高速发展阶段转向高质量发展阶段，供给侧结构性改革不断深化，转变发展方式、优化经济结构、转换增长动力成为主题。新一轮科技革命和产业变革加速兴起，数字经济正成为全球产业变革和经济增长的驱动力，人工智能、5G、云计算、大数据等产业兴起，对集成电路及其制造装备的发展提供广阔空间。

3. 技术方面

数字化、网络化、智能化空前融合，电子制造装备深度融合新一代信息技术，推动生产制造由自动化迈向智能化。随着摩尔定律向下延伸，特征尺寸不断减小，对设备精度、工艺复杂度、可靠性提出更高的要求，同时，集成电路前道及后道设备、工艺技术、交叉应用，融合发展。

4. 社会方面

当前重视自主创新、支持短板弱项装备发展已成为社会共识，为国产电子制造装备的研发、应用营造了良好的环境。随着资源环境压力的不断加大，环保意识深入人心，加快产业结构转型升级向清洁化方向发展的要求越发紧迫，光伏新能源作为清洁能源将进一步得到推广和普及。

5. 自身发展方面

电科装备作为电子制造装备领域的国家队，将秉承装备报国的重任，打造电子高端装备"大国重器"，铸就国芯基石。未来，围绕攻克集成电路制造核心装备关键技术，电科装备将坚持科技创新和产业投入双轮驱动、持续发力。围绕装备和装备产业支撑下的相关产业，着力提升产业化水平，通过内整外联、聚集资源，建设创新中心和产业化基地，服务国家和地方发展；同时，培育智能制造电子细分行业标准制定、智能装备制造和智能制造系统解决方案的能力，成为国内主流的智能制造骨干企业、智能制造系统解决方案供应商之一。基于集团公司加快数字电科建设要求，推动向网络化、数字化、智能化转型，需要电科装备自身信息化提升。

（二）存在的主要问题

电科装备目前共有22家成员单位，地域横跨3个国家、6个省市，分布在9个产业园，对管理会计信息化建设提出了更高的要求。

一是电科装备及成员单位的核心系统，如PDM、浪潮、用友及OA等，没有做到充分紧密集成，多个源头的数据存在口径不统一、标准化程度低、数据共享效果较差等问题。

二是针对财务报表、营收达成、合同管理、产品产量情况等核心业务数据还主要以定期线下文件为主，业务执行大量依赖线下收集，数据存在着较大程度的不规范、不准确、不完善等问题，无法准确反映业务发展的真实性，通过数据来辅助管理决策的难度较大。

三是数据分析过程慢，等待时间长，无法快速有效地辅助分析决策。在应对疫情、国际变化形势、经营业绩风险、项目风险等重大突发情况时，无法准确掌握项目及业务经营实际情况，导致业务执行过程管理方向缺失，执行效果不佳。

（三）案例实践的总体情况

按照管理会计应用指引有关内容，电科装备将管理会计工具推广纳入到公司重点工作中，结合业务需求开展信息化建设，使用全面预算、目标成本法等管理工具，选取了部分单位先期试点，制订实施计划，对关键性要素进行梳理，同时进行表格化和标准化以固定推广流程。

按照财务信息化建设方案，目前已在集中部署阶段，完成了主数据标准规范、决策支持平台的规划和建设，包括BW数据仓库系统、BI智能分析系统。在此基础上完成了经济运行和财务数据分析展现指标的建模设计工作，完成了智能分析报表的设计，构建适用于电科装备管理和决策需求的管理会计报表体系。定期提供经营分析，实现经营总览、对标分析、合同地图、营收分析、利润分析、"两金"分析，结合组织架构树结构，快速实现各级公司经营数据现状获取，同时通过关键指标现状、历史趋势、异常状况，通过多层钻取分析溯源，辅助经营决策。同时也在开展财务系统及ERP系统建设。

三、基于企业资源计划系统的管理会计信息化体系的建设情况

电科装备紧紧围绕管理会计支持决策目标，着力构建管理会计信息化体系，建设统一的经营管理

平台，对管理向流程化、信息化和智能化的方向提升，有效支撑管理会计的深入应用，促进整体业务的协同共享发展。

（一）建设目标

电科装备基于企业资源计划系统建设，搭建决策支持平台，为各级领导决策提供支持信息。主要包括以下内容：

1. 规范和统一基础数据，实现数据管理规范化

建设电科装备统一的主数据管理系统，规范管理物料、供应商、客户、项目及科目等主数据基础属性信息，通过 ERP 管理主数据扩展属性信息。明确主数据管理岗位及流程，规范电科装备物料、工艺、客户、供应商、项目、仓库等核心基础数据的扩展属性，实现电科装备相关基础信息的标准化、规范化、统一化，减少信息传递中标准不一致等问题，同时健全和完善相关基础数据维护、更新流程制度，提升电科装备基础数据管理能力。

2. 实现合同生命周期管理

搭建合同管控平台，实现合同全过程管理，完成合同管理系统的上线应用，满足从合同模版、合同审批、合同台账、合同收（付）款、合同变更、合同查询、合同档案管理等方面的需求，对所属单位签订的各类合同进行综合管理与控制，并定期进行统计分析。

3. 实现流程梳理及流程审批管理

通过流程梳理及优化，基于高效可控原则，设置流程审批节点，与审批系统集成，在统一审批平台上进行审批。

4. 实现业务一体化协同

通过信息系统将企业的销售、项目、生产、采购、仓库以及财务管理形成一体化的协同管理。即在一个统一、共享的业务平台上，通过优化的业务流程，实现企业的每一个业务环节协同管理，达到企业管理层所需的信息集中与共享。通过统一、共享的业务平台，在快速、准确决策的同时，实现业务追溯。

打破基于"烟筒式"系统流程管理模式，构建现代化的一体化管理平台，把所有要素统一管控，通过一体化平台与外围系统分工合作，所有管理相关的操作只在不同系统操作一次。

5. 实现资源计划的有效协同

根据客户需求，经过研发过程，在工艺规程确定的基础上形成制造 BOM，经过 MRP 分解运算或项目需求物料的提报，产生物料采购需求和生产订单需求，并及时跟踪物料采购进度和生产过程执行情况，建立生产计划、物料需求计划之间的紧密联系，对某一计划调整可及时进行其他相应计划的变更处理。

搭建电科装备项目维度、产品计划维度的多级计划系统，把企业资源计划要素有机管控起来，形成资源计划的有效协同。

6. 实现全过程项目管理

电科装备装备制造为项目型生产模式，以项目管理为核心，串联起市场接单、研发设计、生产计划、物料供应、成果交付、财务核算等业务，围绕计划、进度、成本三大要素进行管理、监控、分析，及时跟踪了解项目进度、成本等项目目标的实际执行情况。电科装备搭建科研生产协同系统，进行项目全过程的管控。

7. 实现业务财务的一体化

通过系统的标准作业流程规范，将销售与收款、项目与核算、采购与付款、生产与成本等业务活动信息与财务核算数据之间进行直接对接，实现物流、信息流与资金流的统一，使所有经营活动成果及时反馈到财务数据上,提高财务核算效率和精细化管理水平。

(二)建设内容

本期项目为实现信息互通、资源共享、规范高效、决策支持的目的,分为主数据系统、企业资源计划系统及决策支持平台。

1. 主数据系统

遵循夯实基础数据,规范系统应用,建设数据同源,实现数据共享,提升电科装备数据资源整合能力的宗旨,构建电科装备内部统一管理、专业化分工的主数据管理模式,实现公司各类数据的统一标准、统一源头、统一管理,扫除各单位、各系统互联互通的障碍,切实加强信息化的共享服务能力及标准化水平,以满足公司各层级在信息化建设中的数据标准需求,保证电科装备管控分析过程数据口径的一致性,为数据的汇总分析、统计报表等业务提供标准基础,以提升电科装备信息化项目建设效果(见图1)。

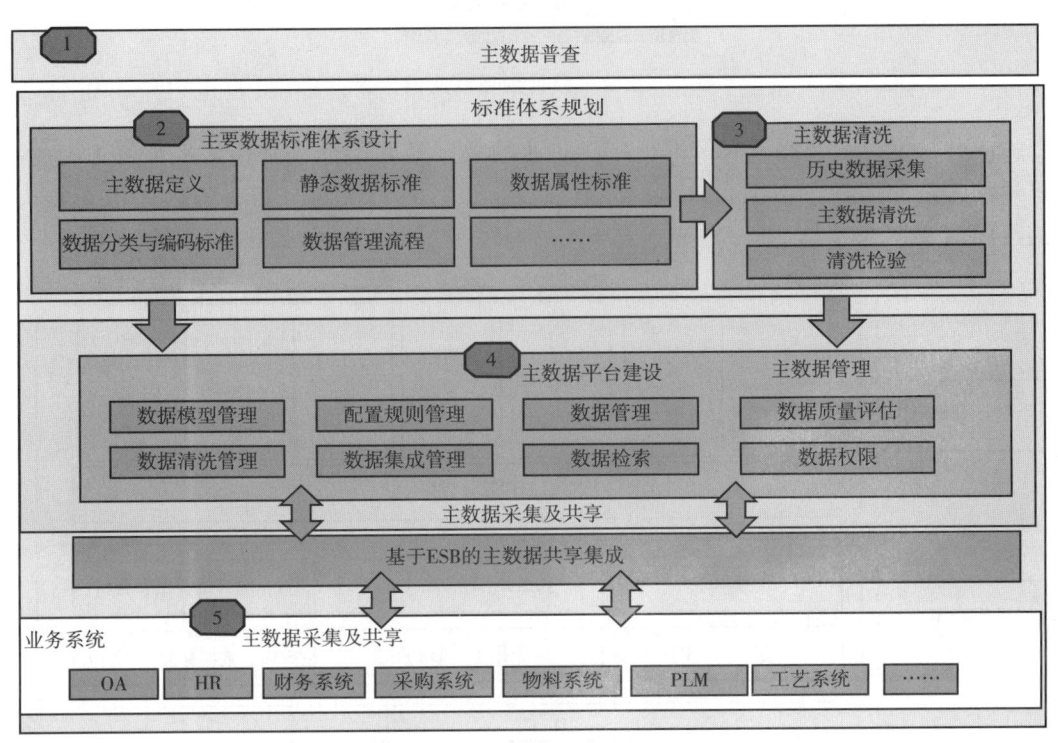

图 1　主数据系统建设内容

以科研生产业务为核心,覆盖销售管理、项目管理、生产管理、采购与库存管理、成本管理、财务会计管理,实现进销存一体化和业务财务一体化。基于以上业务打通物流、信息流和资金流的同时,强调专业职能纵向管理精细和部门职能横向协同一体。建设内容概览,总体体现为四个业务财务一体化及精细化财务管理(见图2)。

2. 决策支持平台

建立以 BW 数据仓库系统和 BI 智能分析系统为核心的决策支持平台。在建立完整的应用业务系统的基础上,利用 BW 数据仓库系统从业务系统中抽取到不同维度、恰当深度的业务数据,并针对抽取上来的业务数据进行科学数据建模和指标分析,通过 BI 智能分析系统,以报表、图形等多样化的方式直观地展现给各级管理者,从而为决策工作提供信息支持。让企业高层管理者及时了解企业生产经营活动中各个主要环节的运营状况,发现生产经营的规律及可能存在的问题,掌握企业的财务状况和投

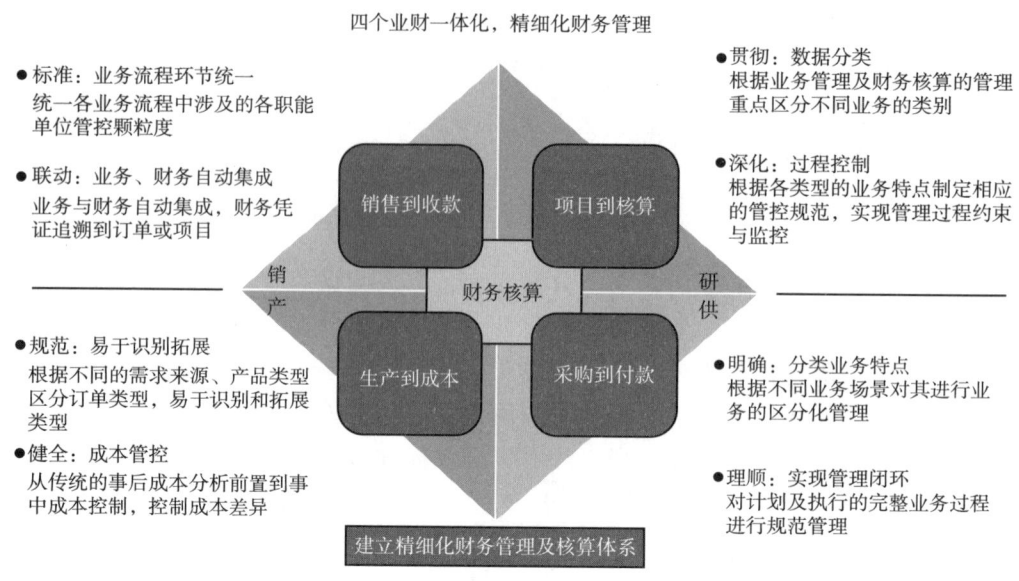

图2 企业资源计划系统建设内容

资收益、产品的利润情况、产品交付情况,定义企业的关键经营指标,实行基于价值管理的决策方法。通过系统积累的大量数据,建立合适的相关数学模型,进行各种决策分析,提供模拟功能为企业的战略计划提供帮助(见图3)。

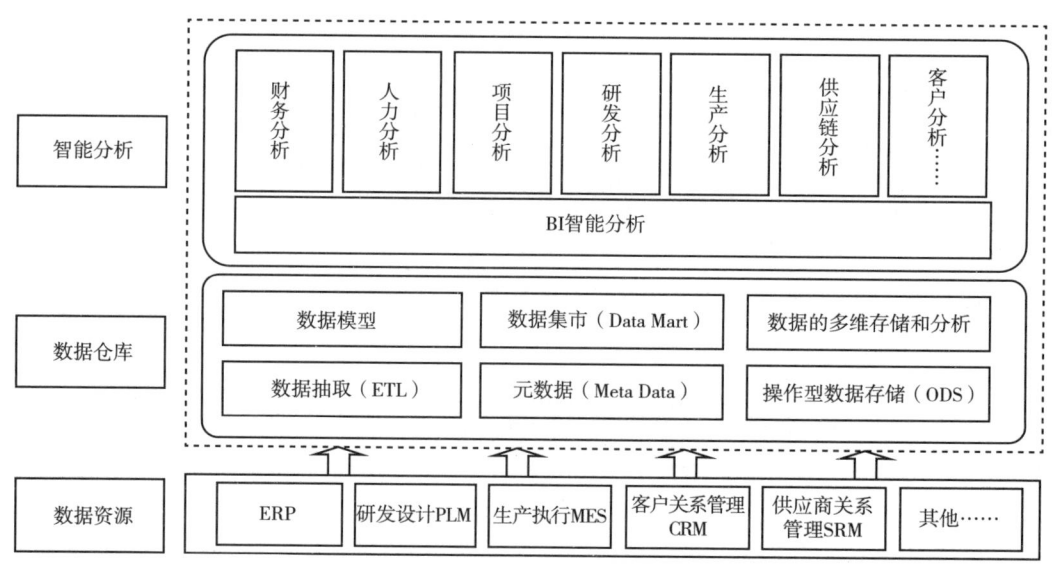

图3 决策支持平台建设内容

(三)建设计划

基于总体规划、分步实施、示范带动、稳步推进的实施策略,通过三期建设实现企业资源计划系统建设,提升协同管理和战略管控能力。

1. 实施组织范围

电科装备及下属各研究所及控股公司。

2. 实施功能范围

主数据系统:主数据标准规范体系、主数据管理系统、历史主数据清洗。

企业资源计划系统功能范围：销售与分销、生产与执行、项目管理、采购与库存、财务会计、成本会计、资金管理。

合同管理系统功能范围：合同模板、合同创建、合同审批、合同履行、合同收付款、合同台账。

决策支持平台：BW 数据仓库系统、BI 智能分析系统。

3. 实施计划

（1）一期项目：主数据系统和决策支持平台建设。建设电科装备统一的主数据标准规范体系，统一数据标准，包括会计科目、人员、组织机构、客户、供方、项目、物料等主数据；建立主数据管理系统，对上述主数据进行统一的管理，包括主数据的新增、修改、分发。建设决策支持平台，包括数据仓库系统和智能分析系统。

（2）二期项目：ERP 项目一期和合同管理系统建设。

ERP 项目一期：由电科装备内部法人单位的财务部统推，财务统推法人统一切换上线，统一蓝图制定、单元测试、培训、上线准备等；四家法人试点业财一体化全模块。

合同管理系统：电科装备全部法人单位统一实施合同管理系统，统一合同管理各个环节，同时实现合同管理系统和 ERP 系统、主数据管理系统等相关系统的集成互通。

（3）三期项目：ERP 项目二期。电科装备内部法人单位的业财一体化推广，实施模块包括销售、项目、生产、物资、财务等全部模块。同时实现 ERP 系统与 MDM、PDM、OA、SRM、浪潮系统、MES 等系统的集成。

四、基于企业资源计划系统的管理会计信息化体系的应用情况

目前，电科装备管理会计信息化正处于二期建设阶段，已完成电科装备主数据标准体系建设，包括主数据分类、属性、编码、流程等标准；完成电科装备主数据管理系统建设，实现电科装备主数据的集中申请、编码、分发；按照新标准完成各成员单位旧主数据的梳理工作，实现编码、分类、属性等信息的升级更新等。初步完成了电科装备决策支持平台的建设，开展了经营指标相关数据的分析工作。主要成果如下：

（一）主数据标准体系建设成果

完成人员、项目、物料、会计科目等 6 类主数据的分类标准、编码标准、属性标准、数据管控标准制定。按照新的标准体系开展了全级次单位的数据清洗工作，完成了人员主数据、项目主数据、往来单位主数据、会计科目、物料主数据的清洗工作，提升了现有数据质量，为后续子集团 ERP、集采系统的建设提供有效的基础数据保障。

（二）主数据管理平台建设集成成果

已完成电科装备统一的主数据管理平台上线应用。实现了主数据的模型管理、应用配置、数据管理、数据集成、质量管理、数据清洗、编码管理、权限管理，用来支撑各类主数据长效化管理。

开展了主数据管理平台的集成应用工作，实现了主数据管理平台与 HR 系统、门户系统、科研管理系统的集成，实现了人员、组织机构、项目主数据的集成互通。

（三）决策支持平台建设成果

完成了电科装备决策支持平台的规划和建设，包括 BW 数据仓库系统、BI 智能分析系统。在此基础上完成了电科装备经济运行和财务数据分析展现指标的建模设计工作，完成了智能分析报表的设计。

1. 数据大屏

提供数据大屏方式，对公司整体的经营核心绩效指标进行汇总、分析与展示，结合板块、业态、时间等多个维度，实现多维度、全角度经营数据分析，辅助领导发现问题并对企业月度、季度、年度规划与执行进行调整、优化（见图4）。

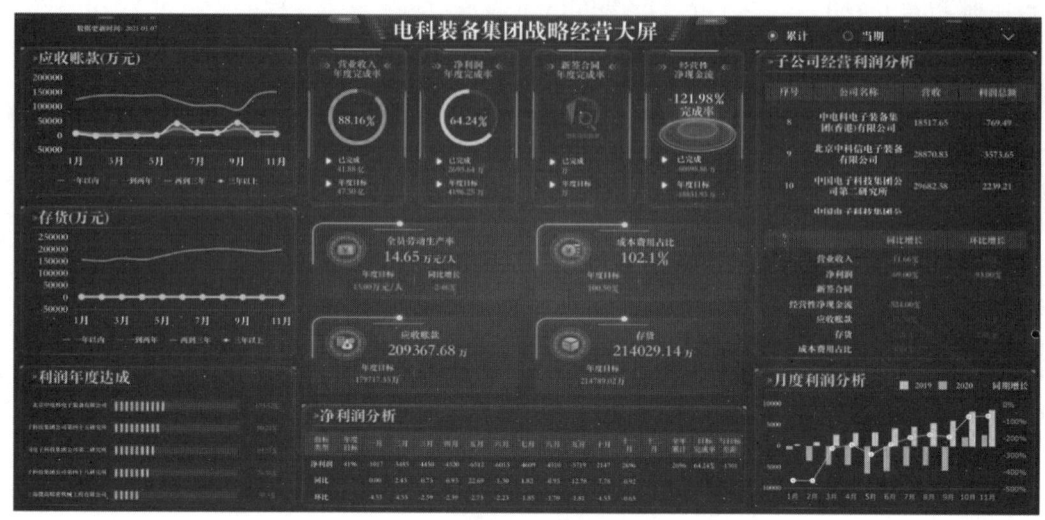

图4 数据大屏成果示意

2. 经营分析

提高经营分析能力，实现经营总览、对标分析、合同地图、营收分析、利润分析、"两金"分析，结合组织架构树结构，快速实现各级公司经营数据现状获取。通过关键指标现状、历史趋势、异常状况，多层钻取分析溯源，辅助经营决策。

五、实施效果

目前电科装备管理会计信息化建设已完成一期主数据系统和决策支持平台建设，正在二期项目实施中，主要成果如下：

（一）在信息管理方面

（1）解决了电科装备基础会计数据标准不统一、数据质量不高问题，通过数据整合、统一口径等手段，有效提升数据准确度、完善度、标准度。

（2）清洗历史数据，提升现有数据信息质量，确保会计信息质量。

（3）解决了以往数据线下报送、多头报送、数据分析困难的无序、滞后状态，提升科学决策的能力。

（二）在管理会计方面

（1）构建了适应于电科装备管理和决策需要的信息化管理会计报表体系，实时提供各种经营绩效分析和管理决策信息，促进价值创造。

（2）提供面向管理层、业务领导、业务人员的多层级数字化信息看板，实现经营状况数字化分析，通过多终端、多场景的数据应用，利用标准的指标描述，统一数据口径，在发现问题、追溯问题、定位问题方面，提高数据处理效率和数据多维度分析能力。

（3）整合经营管理业务相关数据，汇总公司数据分析主题、指标，构建数据仓库，能够有效地提高公司经营管理的综合能力，基于统一的数据口径，提升基础管理和数据共享能力，形成数据资产，为后续战略执行提供数据化支撑，实现管理提升。

（4）通过数据的统一管理，将有效加强电科装备管控力度，通过建立用数据说话、用数据管理、用数据决策的管理机制，有效防范业务运行风险，为推进经营过程、项目管理业务治理能力数字化进程提供有力支撑。

（5）通过管理会计信息系统，对经营事项实现事前、事中管理，对异常重要的情况进行预警，提升指挥调度、应急响应能力。

六、经验总结与未来展望

（一）经验总结

目前，电科装备的管理会计信息化正处于建设阶段，相关经验总结还比较单薄，但管理会计信息化系统的建设过程是业务流程标准化、流程化、一体化的过程，所以在建设系统，优化财务流程的同时，业务系统流程同步优化，从而提升整体管控水平。因此，企业在信息化建设过程中，除了信息化部门、财务部门参与其中外，各个业务部门也要一同参与，共同构建企业信息化系统，以达到支持决策的目的。

注重既懂财务会计又懂管理会计信息化复合型人才的培养，通过外部培训、内部项目实施充分发挥管理会计信息化人才的支持作用，进而发挥管理会计在企业经营中的作用，提升企业的决策能力及竞争力。

（二）未来展望

未来通过项目三期建设，电科装备将建成以 ERP 系统为核心的，外围涵盖主数据、决策支持、流程中心、预算费控等辅助系统的，高度集成的管理会计化信息化管理平台，打通物流、资金流、信息流，推动经营预测、标准成本等管理会计工具的应用，全面提升公司财务管控和价值创造能力，实现财务转型升级，为公司战略的实施提供强有力的财务支撑。

参考文献：

[1] 李守武. 管理会计工具手册（第一册）[M]. 北京：中国财政经济出版社，2016.
[2] 李守武. 管理会计工具手册（第二册）[M]. 北京：中国财政经济出版社，2016.
[3] 李守武. 管理会计工具与案例[M]. 北京：中国财政经济出版社，2018.
[4] 胡玉明. 管理会计应用指引：详解与实务[M]. 北京：经济科学出版社，2019.
[5] 张庆龙，潘丽靖，张羽瑶. 财务转型始于共享服务[M]. 北京：中国财政经济出版社，2015.
[6] 张庆龙，聂兴凯，潘丽靖. 中国财务共享服务中心典型案例[M]. 北京：中国工信出版集团，2016.

企业自评

通过本次管理会计信息化项目实施，电科装备管理体系向流程化、信息化和智能化的方向提升，已完成主数据管理平台、决策支持平台建设，构建适用于本单位管理和决策需要的信息化的管理会计报表体系，打破各业务系统信息孤岛，实现经营状况数字化分析。通过多终端、多场景的数据应用，提高数据处理效率和数据多维度分析能力，有效防范业务运行风险，促进电科装备整体业务的协同共享发展，推动了管理会计有效运用，有效地支持了决策，实现"数字电科"在电科装备落地。

专家点评

随着两化融合、中国制造2025、智能制造、大数据等国家战略的不断实施和深化，数据提升到战略性基础资源的地位，"数据即资产"成为社会共识。电科装备在深度分析内外部环境的基础上，秉承集团公司发展战略，以提升公司管理水平为目标，完善信息互通、资源共享、规范高效、决策支持的管理模式，全力构建资源计划系统。通过管理会计信息化建设，电科装备整合经营管理业务相关数据，构建适应于本单位管理和决策需要的信息化的管理会计报表体系，建立用数据说话、用数据管理、用数据决策的管理机制，通过数据管理规范化、业财协同一体化等实现决策支持，推动经营预测、标准成本等管理会计工具的应用，全面提升公司财务管控和价值创造能力，实现财务转型升级。

本案例中企业资源计划系统的管理会计信息化体系建设及应用做法值得推广，供更多中国企业学习和借鉴。

事业单位

"信息集成+业财融合"促高校财务工作提质增效

哈尔滨工业大学

> **摘要**：随着政府会计改革全面推进，行政事业单位内部控制体系不断完善，管理会计助力数字化转型不断推动业财融合，对教育事业单位财务管理提出了更新、更高的要求。财务工作已经不再仅仅局限于事后核算和监督，财务人员对各个部门业务的熟悉程度能够促进各部门间的资源有效配置，做到事前战略管理、风险管理和运营管理，提高整个单位的运行效率、降低运营成本。
>
> 作为C9高校，哈尔滨工业大学资金规模庞大、经济业务多样，探索财务创新管理模式已经成为提高自身治理能力的重要路径，为推进教育治理体系和治理能力提供范式，是新时期教育系统深入贯彻国家财政改革的必然要求。计划财务处经过10多年"信息集成+业财融合"财务模式探索和创新，逐步实现了财务管理流程化、财务核算高效化、业务归口专业化、信息资源共享化、风险管控规范化，在提质增效、会计业务处理效率、一站式集成服务、师生满意度提升等方面效果非常显著。计划财务处下一步将继续聚焦学校内涵式发展要求，合理规划资金、整合资产、优化资源，为学校开启新百年卓越之路提供财力保障和智力支持。
>
> **关键词**：信息集成；业财融合；高校财务

一、学校及部门简介

1. 学校简介

哈尔滨工业大学（以下简称"哈工大"）隶属于工业和信息化部，拥有哈尔滨、威海、深圳三个校区。哈工大创建于1920年，1951年被确定为全国学习国外高等教育办学模式的两所样板大学之一，1954年入选国家首批重点建设的6所高校行列，曾被誉为工程师的摇篮，1996年入选国家"211工程"首批重点建设高校，1999年被确定为国家首批"985工程"重点建设的9所大学之一。

2017年，哈工大入选"双一流"建设A类高校名单，现有9个国家重点一级学科，6个国家重点二级学科。在教育部第三轮学科评估中，有10个一级学科排名位居全国前五位，其中力学学科排名全国第一。在全国第四轮学科评估中，有17个学科位列A类，学科优秀率位列全国第六位，A类学科数量位列全国第八位，工科A类数量位列全国第二位。

学校坚持以"立德树人"为根本任务，不断完善人才培养体系，着力培养信念执着、品德优良、知识丰富、本领过硬、具有国际视野、引领未来发展的新时代杰出人才。坚持立足航天、服务国防、

---

* 本篇作者：王汉国、孟瑶、杨瑞伟、高芳、李恒、任悦、蒋兰杰、张爽。
  指导专家：刘先伟（哈尔滨工业大学），杨俊（上海越乘信息科技有限公司）。

长于工程的办学定位,坚持"四个面向",加大基础研究投入力度和国之重器攻关力度,形成了一大批重大标志性成果,正在成为享誉国内外的理工强校、航天名校。坚持扎根中国大地办大学,勇担制造强国和网络强国建设使命,自觉服务黑龙江"六个强省"建设,大力推进"产学研"协同创新,持续加强科技成果转化,形成了一流大学建设与国家同呼吸共命运、与区域发展良性互动的生动局面。

2020年6月7日,习近平总书记致信祝贺哈尔滨工业大学建校100周年。学校坚持以习近平总书记贺信精神为统领,引领师生不断增强"四个意识"、坚定"四个自信"、做到"两个维护",持续树牢五大发展思维,全面实施十大行动方案,紧锣密鼓推进四项重点领域改革,推动学校新百年各项事业高质量开局。

2. 部门简介

哈尔滨工业大学计划财务处(以下简称"计财处")是学校的一级财务管理机构,在分管校长的领导下,统一管理学校的财务工作。计财处贯彻落实习近平总书记贺信精神和党中央、上级部门、学校重大决策部署,秉承以服务师生为中心的工作理念,立足财务监督管理服务职责,持续完善财务规章,提升内部管理,严肃财经纪律,坚持过紧日子,推进预算执行,加强绩效管理,创新服务手段,优化业务流程,加快信息建设,不断提升财务治理能力和财务决策支撑价值。如图1所示,计财处下设一个中心、四个办公室,即会计核算中心、预决算管理办公室、科研与专项管理办公室、信息管理办公室、综合管理办公室,立足服务师生理念,整合机构,实现管理与服务职能分离。

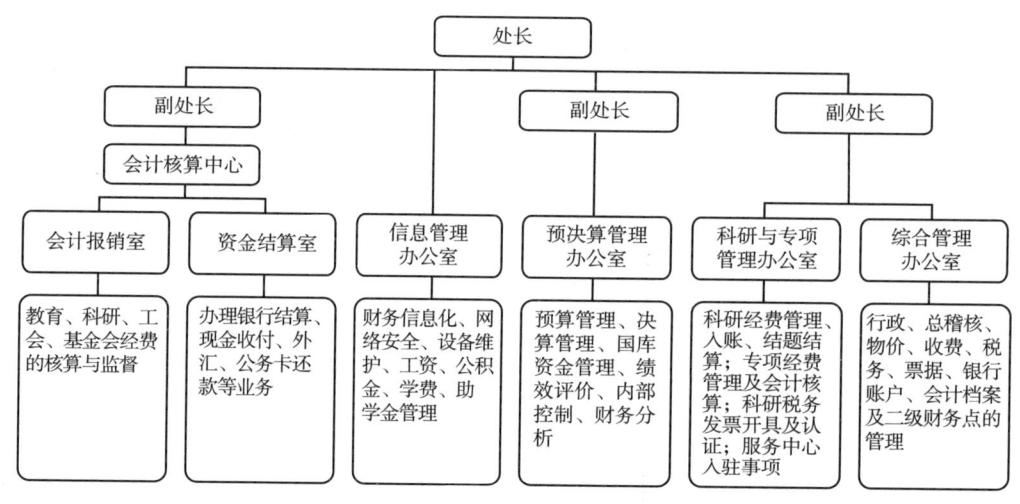

图1 计划财务处机构设置

二、实施背景

从传统意义上来讲,管理会计主要包括成本、预算和绩效。随着信息技术、互联网的发展以及财务人员整体素质的提升,业财融合已成为现代管理会计中不可或缺的关键元素。财务工作不再仅局限于事后核算和监督,财务人员对各个部门业务的熟悉程度能够促进各部门间的资源有效配置,做到事前战略管理、风险管理和运营管理,提高整个单位的运行效率、降低运营成本。信息技术和互联网的发展使信息集成化更加完备,信息集成化在促进业财融合的进程中起到了关键作用,使业财融合的系统化设计和优化能够落地。

"信息集成+业财融合"模式,对财务部门的统筹能力、财务人员的综合素质、以及信息技术的配备提出了更高要求。首先,财务部门要熟悉其他部门的主要业务及其流程,同时财务人员还要熟悉基本的信息技术手段和信息集成化设计理念。其次,财务人员应该具备较强的决策能力,能够根据所掌握的各部门的业务流程和信息技术所能实现的功能,以实现节约成本和提升效率为目标,进行综合决策和顶层设计。再次，财务部门应与其他部门保持有效沟通。结合信息集成的业财融合涉及财务部门、业务部门、以及信息技术等部门，既要考虑各个部门的工作完成度，又要考虑整体效果；因此，有效顺畅的沟通至关重要。最后，财务人员要对信息集成化所产生的大数据进行科学分析，以优化未来整体决策并向其他部门提供建设性意见。

1. 提升高校财务治理能力是落实现代化财政改革的必然要求

十八大以来，国家现代化财政制度改革力度是前所未有的，特别是"十三五"期间，财政法律法规体系建设成效显著。以会计行业为例，《中华人民共和国会计法》取得实质性进展，四项部门规章印发实施，政府会计、预算管理等十六项规范性文件相继出台。政府会计改革全面推进，行政事业单位内部控制体系不断完善，管理会计助力数字化转型不断推动业财融合，对教育事业单位财务管理提出了更新、更高的要求。

从2015年《财政部关于全面推进行政事业单位内部控制建设的指导意见》大力推进行政事业单位内部控制的建立和实施，到2016年发布《管理会计基本指引》，在内部控制体系尚待完全建立时，管理会计思维已逐步形成。从2019年《政府会计制度》构建财务会计和预算会计适度分离又相互衔接的政府会计核算模式，到2021年《国务院关于进一步深化预算管理制度改革的意见》要求预算绩效管理提质增效，政府会计制度改革深入推进之时，对预算绩效改革提出了更为迫切的要求。

高校作为非营利公益类事业单位，承载育才兴国、引领科技、深耕文化、促进国际交流合作等重要使命。作为教育事业单位，高校所涉及的资金规模、经济业务、财务管理模式都至关重要，探索财务创新管理模式是提高高校治理能力的必由之路，亦可为推进教育治理体系和治理能力提供范式，是新时期教育系统深入贯彻国家财政改革的必然要求。

2. 财政紧平衡与高校发展双向循环倒逼财务工作提质增效

根据部门预算公开数据，2021年预算总额超过百亿元的高校共17所。其中清华大学317.28亿元排名第一位；浙江大学、北京大学228.16亿元、221.34亿元，位列第二、第三位。17所高校2021年财政拨款收入总额488.84亿元，占本年预算收入28.83%，其中北大44.62亿元，居首位，具体排名如表1所示。

以C9高校为例，对比2016"十三五"开局之年，2021年C9高校预算收入总额增加362.46亿元，增长32.84%。清华大学收入总数增加98.46亿元，居首位；西安交通大学收入总数增长71.42%，增长率居首位。

表1　　　　　　　　　　2021年百亿高校预算财政依存度分析

序号	学校名称	本年收入（亿元）	其中：财政拨款	
			金额（亿元）	比重（%）
1	清华大学	228.81	44.49	19.45
2	北京大学	162.25	44.62	27.50
3	上海交通大学	142.90	29.97	20.97
4	浙江大学	138.30	34.10	24.66
5	中山大学	137.49	25.24	18.35
6	复旦大学	91.77	26.79	29.19
7	山东大学	90.35	28.70	31.77
8	东南大学	78.08	19.53	25.02
9	华中科技大学	75.36	31.37	41.63
10	西安交通大学	74.41	31.08	41.77

续表

序号	学校名称	本年收入（亿元）	其中：财政拨款	
			金额（亿元）	比重（%）
11	四川大学	73.32	31.88	43.48
12	同济大学	71.85	20.32	28.28
13	武汉大学	70.12	31.67	45.17
14	西北工业大学	68.85	20.25	29.41
15	哈尔滨工业大学	66.95	24.64	36.80
16	北京航空航天大学	63.68	25.15	39.50
17	北京理工大学	61.03	19.04	31.20
	合计	1695.52	488.84	28.83

数据来源：高校2021年预算公开数据。

2021年C9高校本年财政拨款收入总额290.72亿元，较2016年决算增加1.70亿元，增长0.59%。中国科技大学本年财政拨款收入增加8.94亿元，增长35.93%，增加额和增长率均居首位；哈工大本年财政拨款收入增加0.69亿元，增长2.88%，增加额和增长率居第三位。

如表2所示，2020年以来，受落实国家过紧日子要求以及财政紧平衡影响，C9高校教育财政拨款增速明显放缓，拨款金额大幅下降。C9高校近5年财政拨款收入中，清华大学、上海交通大学、南京大学、北京大学、复旦大学财政拨款收入分别减少5.91亿元、3.87亿元、2.80亿元、2.66亿元、1.13亿元。与此同时，各高校结合自身实际制定"十四五"发展规划，努力实现高质量、跨越式发展，资金、资产规模持续扩张。财政紧平衡与高校跨越式发展资金需求的匹配差距日趋扩大，倒逼高校通过内涵式发展提质增效。

表2　　C9高校收入结构对比　　单位：亿元

序号	学校名称	收入总计		其中：本年收入			
				本年收入合计		财政拨款	
		2016年决算	2021年预算	2016年决算	2021年预算	2016年决算	2021年预算
1	清华大学	218.82	317.28	161.25	228.81	50.40	44.49
2	浙江大学	171.07	228.16	123.42	138.30	33.68	34.10
3	北京大学	161.22	221.34	116.07	162.25	47.28	44.62
4	上海交通大学	141.21	175.65	103.35	142.90	33.84	29.97
5	复旦大学	100.05	141.62	71.15	91.77	27.92	26.79
6	西安交通大学	66.90	114.68	51.71	74.41	23.06	31.08
7	哈尔滨工业大学	100.62	108.03	54.12	66.95	23.95	24.64
8	南京大学	63.89	86.39	43.57	49.62	24.01	21.21
9	中国科学技术大学	79.91	73.00	48.19	71.32	24.88	33.82
	总额	1103.69	1466.15	772.83	1026.33	289.02	290.72
	均值	122.63	162.91	85.87	114.04	32.11	32.30
	中位数	100.62	141.62	71.15	91.77	27.92	31.08

数据来源：各高校2016年决算、2021年预算公开数据，部分高校2016年预算数据无法公开取得，故选取决算口径。

三、实施过程

1. 总体思路

全面预算、内部控制、绩效管理统一于现代教育财务管理体系，三者在推动教育财务治理体系和治理能力等方面具有互动性。目前针对高校内部控制、管理会计建设、高校预算绩效管理的理论与实务研究都在广泛开展，但在财务实践工作中，预算、内控、绩效与高校管理会计建设又往往各自开展，缺乏有机融合。一方面，耗费大量人力、物力、财力造成资源配置低效；另一方面，缺乏协同合作、流程设计与系统优化，阻碍了成果综合运用与高校信息系统有效衔接，加大了高校改革成本和难度。基于此，打破现有思维定式，借助管理会计中的"业财融合"理念以及信息集成技术，创新高校财务管理体系是高校财务工作提质增效的重要途径。

内部控制建设和预算绩效一体化建设体系必须立足于学校整体发展战略，统筹学校资源配置，从高校财务管理的工作实际和内在需求出发，以问题和需求为导向，寻求财务工作的创新和突破。以网络和信息技术为基础保障和支撑，通过业财融合全循环系统，为学校提供管理决策需求，是提高财务工作效率和管理水平，进一步提升学校治理能力的重中之重。

2. 工作目标

构建"三位一体"的建设体系，通过跨部门、跨系统的动态流程管理，建立工作流程协同连接，实现业务流程不同节点依次推进、信息数据同步传递的业财融合全循环系统，通过预算、绩效、内控等管理层级为学校决策提供财务支撑，逐步实现财务管理流程化、财务核算高效化、业务归口专业化、信息资源共享化、风险管控规范化的"信息集成+业财融合"总体目标。

3. 系统模块

计财处高度重视财务信息化建设，经过20多年的建设，已经形成了完整统一、技术先进、高效稳定、安全可靠的财务管理系统。通过该系统可以加强信息共享，提高资源优化利用，提高财务管理效率和管理决策水平，为广大师生员工提供更优质的服务。

财务管理系统主要包括信息基础、"信息集成+业财融合"、管理决策系统三大模块，如图2所示。信息基础是整个财务系统安全和技术的基石；"信息集成+业财融合"打通部门间的业务边界和数据壁垒，实现数据共享；管理决策系统通过对基础数据和业务的分析，发现各部门日常管理中的薄弱环节，为学校和各部门的重要决策提供具体建议。

（1）信息基础。学校财务管理系统经过20多年的发展建设，已经成为一个基于Internet/Intranet的财务管理集成平台，实现业财融合，与校内及校外银行、财政票据、税务票据等多个部门实现数据互联互通，高效快捷的信息化系统，是学校智慧校园的重要组成部分。

信息化建设内容覆盖了计财处的处内日常全部业务，同时为学校师生提供各种网页及手机微信端便捷服务，主要包括以下方面内容：第一，以统一缴费平台为基础的收费管理系统、票据管理系统等，实现学校各项日常费用的收取及开具各类票据业务；第二，以会计核算管理系统为中心，无现金报销系统、支票打印系统、自由报表系统、报销单投递系统等实现日常报销业务；第三，以税务管理为核心的个人所得税计算系统和发票认证系统，解决个税计算业务和票据核验需求；第四，以银行和第三方支付平台为基础的资金管理系统，包括微信支付、微信查询、无现金报账系统等；第五，以统一人员库为基础的薪酬管理及发放系统、助学金发放系统等实现各类人员的薪酬发放；第六，以计财处微信公众号为基础的财务各类信息发布、各类个人收入信息查询、项目收支明细查询、各类缴费、电子发票认证等手机微信端的服务；第七，以计财处综合信息门户为基础的师生报销业务网上预约、投递报销单物流查询、项目报销明细查询、个人薪酬发放明细查询、电子发票认证、银行回单查询打印等

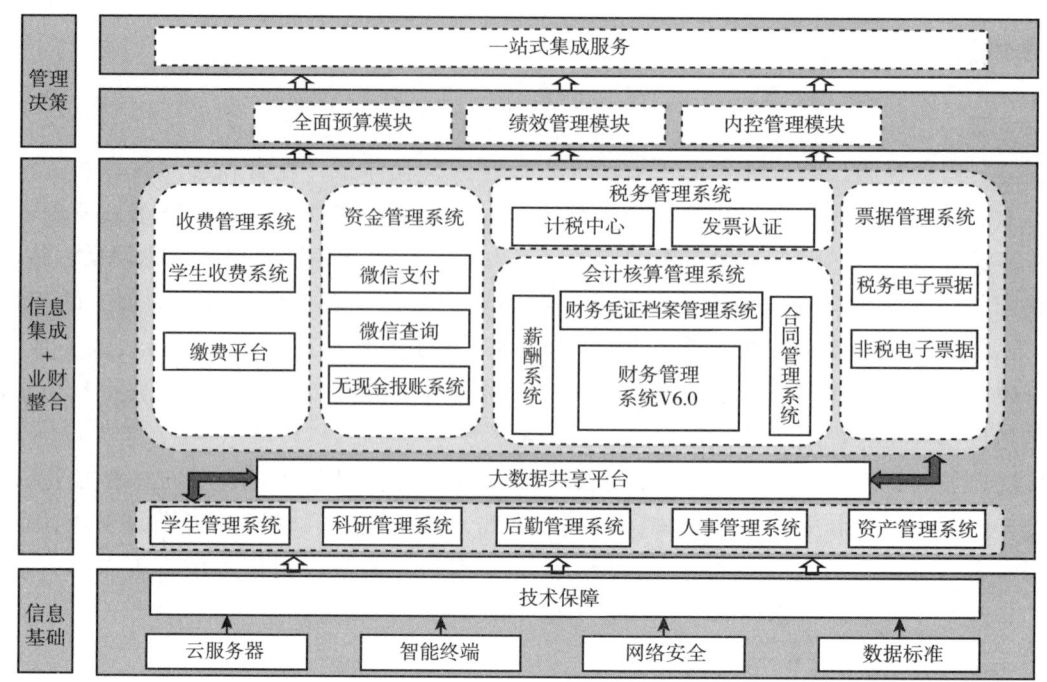

图 2 "信息集成 + 业财融合"系统构架

网上服务系统。

为保证管理信息系统的集成性、可扩展性和易维护性，系统必须建立在统一的技术平台上。统一的技术平台不仅可以实现财务信息集成，而且减少了硬件投入及系统维护，同时可以满足未来应用系统的拓展需求。

①建立数据标准全面集中规范信息流。随着信息技术在学校内部发展的日益深化，信息在学校管理决策中发挥着越来越重要的作用，建立管理信息系统首先需要进行学校基础信息的标准定义，以支持各业务处理部门实现信息共享，并为学校各级领导的决策提供支持。利用一校三地的数据共享平台，依托学校网络与信息中心，及信息化设施的建设、开发、运行与安全管理等方面的技术支持和服务保障，建立网络安全检测与预警管理机制，提供多项线上财务服务。

②构建智能终端数据云打破信息壁垒。学校在财务系统建设中充分利用信息系统底层技术搭建智能终端，优化校园财务管理场景最具发展前景的技术支撑平台。利用云服务器，整合业务流、数据流、信息流，推进跨部门数据共享，打破信息孤岛。学校财务系统与数字化校园通过单点登录和财务数据共享两种方式实现数据联通。单点登录根据数字化校园厂商的单点登录接口文档进行开发，实现通过数字化校园门户可单点漫游至财务门户中；财务数据共享是将财务数据共享到学校数据共享平台，供其他部门使用及数据交互。

③支持管理变革满足决策需求。业务信息和财务信息融合，进行多角度、多层面统计，通过大数据分析，为学校财务监管、绩效评价、审议决策提供支撑依据。将财务人员从繁复的报账、记账工作中解放出来，向管理会计转型，推进学校财务管理人才队伍建设提升。

（2）信息集成 + 业财融合。业财融合的目标在于要实现跨部门资源共享、提升价值，促进财务工作提质增效，是高校管理会计建设的出发点和归宿点。学校根据教学、科研、师资队伍建设、民生保障等各项业务需求，将各业务归口管理部门业务与财务流程进行有机融合，借助多维度信息基础平台，实现数据共享，提供精准、高效的财务服务。充分挖掘智能技术和信息集成在高校财务实务中的应用场景，围绕疫情防控常态化的形势要求，优化、再造高校财务管理与服务的各项业务流程，加速高校智慧财务体系建设，提升精准化管理与服务水平，打破部门间信息孤岛现象，才能实现真正意义上的业财融合。

①缴费平台联通学生管理系统。学校财务系统与学生管理系统逐步对接可以实现各业务部门与缴费平台直接接口连接进行收费，本科生及研究生教务系统直连读取学生缴费数据信息，从而推进学校财务与学生管理系统互联互通。财务缴费平台可支持各种费用类型：固定收费项（如学费、住宿费等）、不固定的收费项、一次性收费项（如考试报名费等）等缴费方式；电脑网页端支持微信扫码、支付宝扫码及银联卡三种方式，以及微信公众号中手机微信登录缴费，如图3所示。

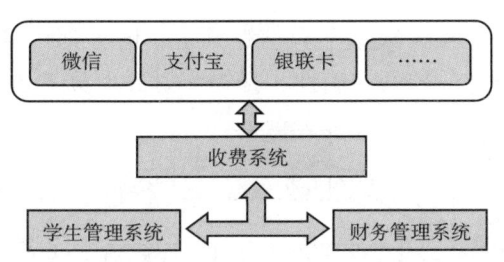

图3 财务—学生数据交互共享

②财务—资产数据交互共享。如图4所示，学校财务与资产的数据交互是通过中间数据库的形式实现双方交换数据的。通过对接实现资产和财务业务的线上打通，实现资产报账管理、资产折旧管理的对接，以达到让数据多跑路，师生少跑腿的目标。

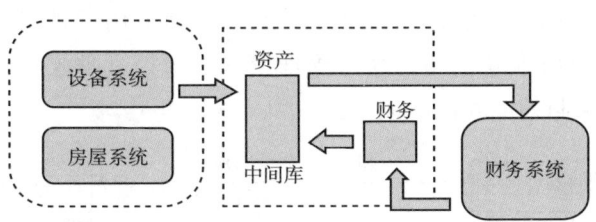

图4 资产报账流程

③财务—科研系统双向集成。科研管理系统针对项目立项、预算、到账进行管理，财务管理系统则对经费的来款、预算控制和报销进行管理。没有预算，财务管理系统难以有效的进行支出控制；而没有经费报销信息，科研管理系统的信息是缺失的，无法完成项目的决算管理和后期的流程控制。因此，如图5所示，需要将科研管理系统和财务管理系统之间通过科研—财务管理平台作为两者的桥梁，实现业务和数据的对接和集成，更好的为学校科研人员提供便捷、全面、优质的服务。

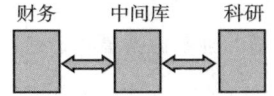

图5 财务—科研数据交互共享

④财务—后勤数据交互共享。后勤系统针对学校日常运行涉及的各类资源运行维护、资源调配，并对活动保障、经营服务等业务进行管理；财务管理系统对项目库管理、预算申报、经费控制等进行管理。如图6所示，财务系统和后勤系统的数据互通共享，有利于对后勤管理各项存货的进、销、存情况进行监管，及时掌握需求情况，合理安排资金，确保学校日常教学科研等活动有序进行。

⑤财务—人事数据交互共享。如图7所示，人事信息资源是高校人事部门的战略性资源，人事管理系统将各种散乱的、无规律的、无系统的人事信息资源加以采集、整理、归类并开发利用，使之成

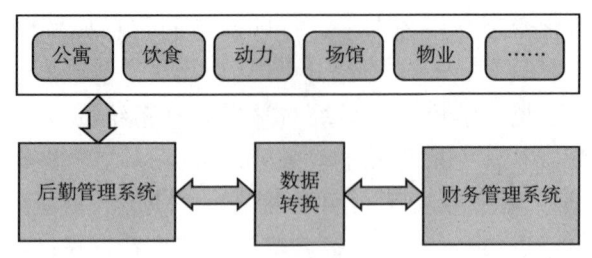

图6 后勤管理数据交互共享

为可供分析使用的资源库。通过学校大数据平台信息推送，财务部门获取业务所需的工资变动、教职工身份等信息，确保财务数据统计分析的准确性，是提高财务人员工作效率和财务数据质量的关键。

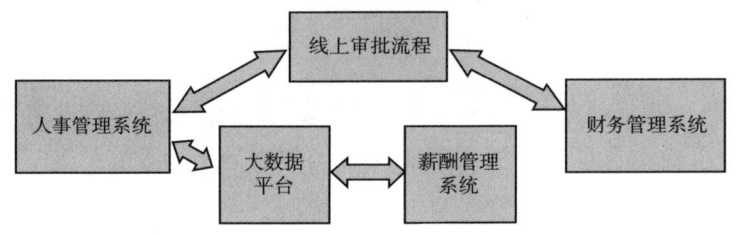

图7 人事管理数据交互共享

（3）管理决策系统。管理决策系统是建立在"信息集成＋业财融合"基础上，利用所需的共享管理信息资源，通过提取数据、模型搭建、结果分析等流程，辅助用于提供学校各类决策数据支撑的系统模块。管理决策系统包括全面预算模块、绩效管理模块、内控管理模块等部分。绩效内控"一体双翼""业财融合"高校管理机制如图8所示。

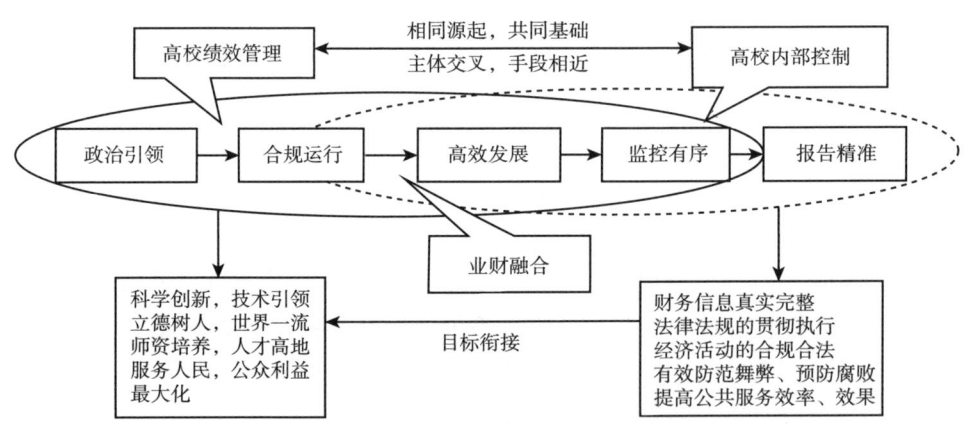

图8 "一体双翼"业财融合高校管理系统运行机制图

①高校预算管理。学校高度重视预算管理，强化预算约束，加强预算管理和监督，按照"统一领导、归口管理、分级负责"原则实行全口径预算管理，实施多级审批流程。预算管理充分发挥信息系统作用，项目申报、项目流转、项目审核、项目批复实行全线上流程管理。归口管理部门每年至少组织一次项目入库申报，对各单位提出的项目申报材料的真实性、准确性和完整性进行审核，对符合要求的项目择优筛选，组织评审或授权项目申请部门开展评审工作，重大项目接受上级部门评审安排，根据评审结果，按照项目轻重缓急排序入库；预算审核委员会根据预算资金安排情况对申报入库项目进行审议；校长办公会或党委常委会根据学校总体发展规划对申报入库的重大项目进行审批。

②高校绩效管理。学校全面落实预算绩效一体化工作。绩效管理由学校、各归口管理部门、资金

使用单位（项目组）按照职责分工分级实施，注重结果导向、强调成本效益、硬化责任约束，提升预算管理实效。主要包括事前绩效评估、绩效目标管理、绩效运行监控、开展绩效评价、评价结果应用等环节。学校将绩效评价结果作为下一年度预算安排的重要依据。发展规划部门将绩效评价结果纳入学校绩效考核体系，作为单位考核的重要参考。各归口管理部门根据绩效评价结果优化业务流程，提升业务管理能力，如图9所示。

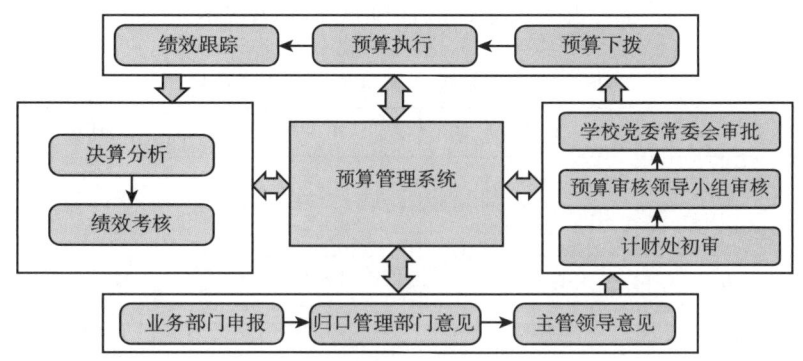

图9 预算绩效一体化管理

③高校内控管理。业财融合更要管控风险，使业务风险在财务制度约束下得到抑制，从而实现优化高校内部控制体系，提升高校治理能力的目的。业财融合管理创新体系旨在对高校各项业务活动进行风险识别，并形成高效的防范措施；在构建立体完备的风险防控体系基础上，挖潜改造、趋利避害，更专注于提升高校的发展能力和内生动力。

如图10所示，成立内部控制建设工作领导小组，通过基础性评价及内部制度梳理，形成风险评估报告，结合内部控制六大经济业务制定工作手册及操作规程。各业务部门通力合作，排查内部控制风险点，按季度提交本部门内部控制报告，将内部控制运行和建设工作落到实处。

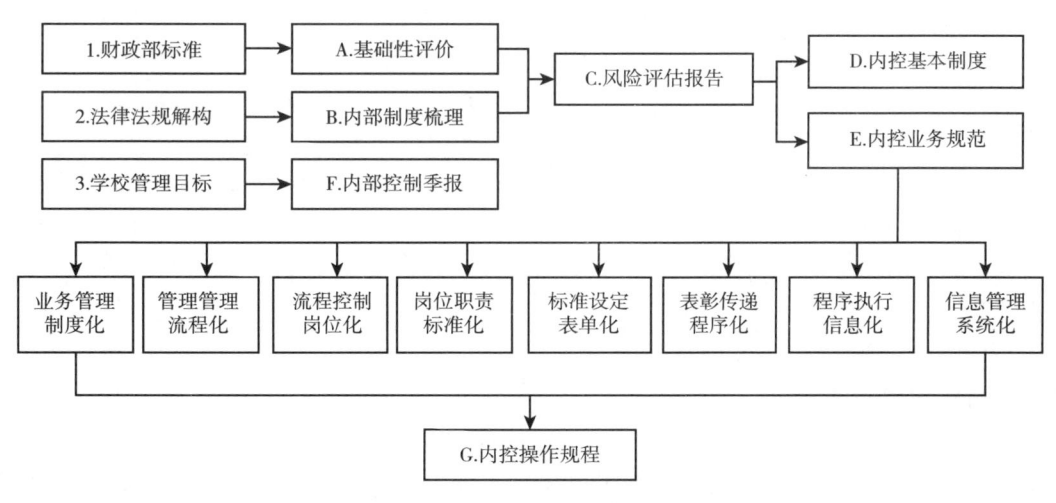

图10 内控管理示例

四、取得成效

1. 计财处提质增效显著

经过10多年"信息集成＋业财融合"财务模式探索和创新，哈工大计财处已经逐步实现财务管理流程化、财务核算高效化、业务归口专业化、信息资源共享化、风险管控规范化。在业务量数倍增长的情况下，计财处人员不增反降，"信息集成+业财融合"模式提质增效效果非常显著。

具体来讲，截至2020年末计财处共有财务人员56人，较2006年的58人减少2人。与此同时，哈工大2020年本部决算收入总额67.87亿元，较2006年的13.98亿元增长385%；在财务人员总数下降的情况下，人均年核算额由2410万元跃升至12119万元，增长402%，制单量由人均1479张提升至4183张，增长182%。如表3所示，以上数据充分说明，"信息集成+业财融合"不仅提升了财务工作人员的工作效率，同时也降低了对人工的依赖，从而降低了工作成本。

表3　　　　　　　　　　2006-2020年计财处人员工作量比较分析

序号	项目	2006年	2020年	增加量	增长（%）
0	总人数	58	56	-2	-3.45
1	收入（亿元）	13.98	67.87	53.89	385.48
2	人均核算额（万元）	2410.34	12119.64	9709.30	402.82
3	凭证量（张）	85782	234274	148492	173.10
4	人均凭证量（张）	1479	4183	2704	182.86

2. 会计业务处理效率显著提升

从会计科室来看，核算制单会计人数从2019年的18人减少到2021年的14人，降幅超过22%。与此同时，预约单量增长了45%，人均制单量净增长37%，日均制单总量最多达1500单。如表4所示，充分说明"信息集成+业财融合"显著提升了会计人员的业务处理速度和效率，达到了以更少的工作人员处理更多业务的效果。

表4　　　　　　　　　　2019-2021年财务凭证制单主要数据

序号	项目	近三年数据			2021比2019增长率
		2019年	2020年	2021年（截至到6月30日）	
0	会计人数	18	17	14	-22.22%
1	预约量（单）	76811	49741	111737	45.47%
2	制单量（单）	124145	66454	132459	6.70%
3	人均制单量（单）	6897	3909	9461	37.18%
4	现金流入（亿元）	88.97	90.18	113.42	27.48%
5	现金流出（亿元）	77.48	75.06	105.75	36.49%

3. 实现一站式集成服务

如图11所示，一站式财务服务平台可以实现各类业务表单、数据与各业务系统实时对接，实现"一网、一门、一次"标准化、数字化、智能化、协同化处理，破解财务人员紧张、报销流程烦琐形成的报账问题。

哈工大采用"信息集成+业财融合"模式，利用成熟的校园网络和信息技术，结合现有流程和业务的高度融合，收集信息、利用信息、扩展信息满足各部门的业务需求，进而实现了管理的高效率和低成本，提高了用户满意度，使信息资源最大程度地转化为学校在管理和竞争方面的优势，实现信息多跑路，师生少跑腿，甚至一次不用跑。基于"信息集成+业财融合"，哈工大逐步搭建了"一门式"财务服务平台，梳理、优化各项业务，进行线上流转审批。具体如表5所示。

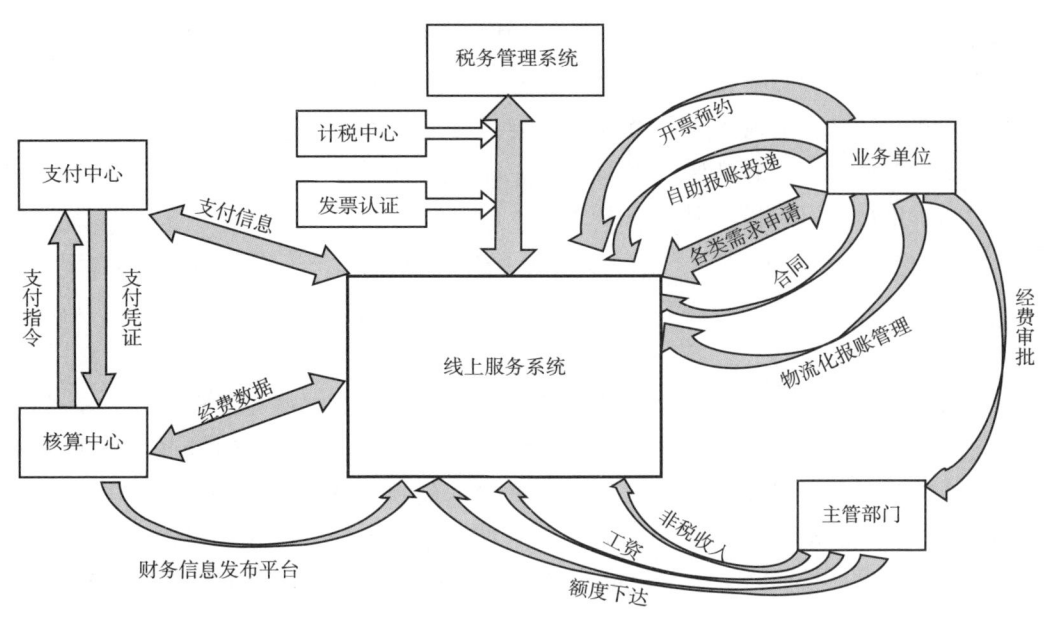

图 11 一站式服务示例

表 5 一门式财务服务平台业务汇总表

校内业务	财务查询	工资查询	丢失票据 报销审批	票据逾期 报销申请	财务档案查询	经费卡负责人 变更/补办
	科研经费 预算调整	科研经费 预算审核	校内项目间 借款申请	近三年财务 报表申领	学生不在校 住宿申请	酬金查询
	借调人员	人事校内 调转	退学、转学 离校申请	开户许可证 申领	构园卡/网费/ 电话费内转	工资/助学金 银行卡号修改
	承研单位财务基本 数据表申领		基本科研业务费 预算申报/调整		公务卡办理	……
本部门业务	借出票据 统计报表	借出增值税 发票报表	基建债权 债务报表	信息发布审批	职工请假和因公外出审批	
	银行未达账项及账户核对报表		低耗、设备、家具等购买申请		会计报表	……
部门间业务	复算系统 业务申请	职业年金财 务入账审批	房产证押金 办理申请	校内收费立 项审核备案	社保缴纳及财 务入账审批	……

此外，一站式集成服务可以依据业务需求实现财务信息、学生信息、教职工信息、科学研究、人才培养信息的综合分析，把核心指标分类组合，并通过形象化、直观化、可视化的方式展现给各级领导。通过接入海量数据，并运用大数据技术进行存储和计算，实现指标的在线构建与管理，降低业务数据分析和展现的操作难度。

4. 师生满意度明显提升

计财处扎实开展"我为师生办实事"实践活动，不断改进工作作风，提升服务管理水平，更好地为师生服务。积极运用信息化手段和业财融合理念，秉承"以师生为中心"工作理念，推出一系列服务举措拓展业财融合的广度和深度。例如，利用新媒体平台，及时宣贯、解读财务政策，每年完成600余人的科研财务助理线上培训，年度解答科研助理QQ群问题1.6万条，微信公众号关注人数达4.22万人，年度总阅读量达10.59万人次，微博年度总阅读量达1.26万人次；收到公共邮箱补充材料1.4万份，代办大额资金支付审批业务近7000笔；在不同校区设置8台24小时自助报账投递机，让师生

"少跑腿",每年解决18万余单无接触投递业务,使财务服务延伸至8小时之外;安装发票助手微信小程序,实现增值税发票认证时扫描发票左上方二维码自动识别发票代码、开票内容及金额等各项信息,代替手工录入的方式;实现财务网上项目查询新功能:增加项目年初数显示、项目支出明细网上查询直接防伪水印打印、扫描的电子附件网上查阅等功能;满足科研经费师生查阅会计档案的需求,利用影像设备对报销原始单据进行扫描,对于2015年10月以后的会计凭证电子档案进行线上查询。近年来,计财处着力切实解决师生痛点难点问题,连续在学校年度机关单位工作满意度调查中名列前茅。

五、工作展望

在深入推进高校改革的大背景下,学校财务工作将从财务管理向财务治理转变,从传统管理向绩效管理转变,向内控管理和决策支撑转变;坚持师生至上、服务至上、精细至上的原则,全面实施预算绩效管理,持续推进财务信息化建设,统筹业财融合,创新财务服务手段,正确处理监督和服务关系,不断提升精细化、规范化的综合管理水平;完善内控、优化流程,深入推进财务管理与科研攻关融合,面向国防航天、聚力科技前沿,强化战略科技力量,打造大批国之重器;创新构建"学科团队+区域研究院或国家创新中心+技术转移中心+财资智库"的四位一体成果转化模式,强化高校直属及附属单位管理,有效整合资金、资产、资源;运用大数据思维,深入分析、比对、汇总数据,为学校招生、就业提供充分资金保障;提高政治站位,坚守两个强国使命,树立成本效益理念,发挥财务智库功能,科学引导、合理规划,为学校决策提供依据。聚焦学校内涵式发展要求,不断提高政治站位,合理规划资金、整合资产、优化资源,为学校开启新百年卓越之路提供财力保障和智力支持。

参考文献:

[1] 谢志华、杨超、许诺.再论业财融合的本质及其实现形式 [J].会计研究,2020 (7):3-14.

[2] 王亚星、李心合.重构"业财融合"的概念框架 [J].会计研究,2020 (7):15-22.

[3] 彭满如,沈宜蓉,谭圆奕,等.高等学校绩效预算管理优化路径研究 [J].现代大学教育,2019 (5):97-102.

[4] 唐大鹏,王伯伦,刘翌晨."数智"时代会计教育重构:供需矛盾与要素创新 [J].会计研究,2020 (12):180-182.

[5] 张翼飞,郭永清.实施业财融合助推我国企业高质量发展——基于324家中国企业的调研分析 [J].经济体制改革,2019 (4):101-108.

[6] 李立成,刘勤.数字经济背景下的财务创新——第十八届全国会计信息化学术年会主要观点综述 [J].会计研究,2019 (10):95-97.

 企业自评

随着互联网技术不断发展,信息技术日渐成熟,财务管理也进入了大数据时代。财务信息化平台作为合理管控风险、降低运营成本、提升资源配置有效性的重要手段,越来越多地应用于单位的财务管理之中。

为贯彻全面深化改革、提高自身治理能力,哈尔滨工业大学充分发挥高校雄厚的人才和科研优势,依托信息化技术支持,搭建各部门之间数据流,重塑大数据时代新型业财平台。通过跨部门、跨系统的动态流程管理,建立工作流程协同连接,实现业务流程不同节点依次推进、信息数据同步传递的业财融合全循环系统。"信息集成+业财融合"模式有效加强学校对经济业务的事前计划控制、事中执行监督、事后绩效评估,通过智慧财务管控,实现"战略引领、结果导向"的新型治理方式。

哈尔滨工业大学财务管理"信息集成+业财融合"模式,是对财务信息化管理模式的探索和创新实践，为实现高校财务从业财融合到战略财务转型、推动事业单位管理会计发展，提供了可借鉴的成功范例。

专家点评

随着政府会计改革的全面推进和数字化技术的不断创新和发展，教育事业单位的财务管理面临着转型的挑战，一方面是财政预算紧平衡要求高校从粗放式管理转变为高效益的高质量发展，另一方面数字化转型对财务管理提出了更新、更高的要求，以智能化信息技术为依托大力推进业财融合，提高管理决策的有效性，提升高校管理能力。在这样的大背景下，哈尔滨工业大学对管理会计在高校的应用和价值体现进行了深度的探索和应用，创新了高校"信息集成＋业财融合"的价值体系。

"信息集成＋业财融合"价值体系以内部控制建设和预算绩效一体化建设为核心，以网络和信息技术为基础保障和支撑，通过业财融合全循环系统，统筹学校资源配置，提供管理决策需求，不断提高财务工作效率和管理水平，带动学校管理提质增效，从而进一步提升学校治理能力，打造数字化时代的高校精益化管理方式。

在"信息集成＋业财融合"价值体系建设中，哈尔滨工业大学从实际业务出发，打造各种智慧平台，实现数据共享和大数据分析应用，提升了工作效率和用户体验，如缴费平台联通学生管理系统，实现各业务部门与缴费平台直接接口连接进行收费，本科生及研究生教务系统直连读取学生缴费数据信息，从而推进学校财务与学生管理系统互联互通，实现信息多跑路，师生少跑腿，同时通过共享大数据进行多维度的分析，实现指标的在线构建与管理，在管控风险的同时为学校管理提供决策依据，为学校未来的办学模式和高质量发展提供了坚实的管理基础和管理手段。

哈尔滨工业大学的"信息集成＋业财融合"价值体系结构严谨、成效显著、实践性强，充分发挥了管理会计的价值，为高校及行政事业单位的财务工作提质增效提供了可学习和可复制的成功之路。

高校财务云推动高校财务数字化转型

西北工业大学

> **摘要**：随着政府会计制度改革的实施，以及各种信息技术的不断发展，财务管理模式创新面临新的挑战。基于信息技术的财务云中心是一种新型的财务管理模式，为了更好地适应财务管理新要求，开展财务云建设将对事业单位持续发展，治理体系和治理能力现代化产生重要影响。西北工业大学致力于打造集高效服务、强化管控及决策数据支撑于一身的财务共享中心，开发了一套财务共享中心信息系统。本文以西北工业大学的财务共享中心为研究对象，介绍了该平台在五个核心系统的建设情况，包括电子报账系统、电子影像系统、共享运营系统、电子档案系统、发票采集和管理系统。财务共享中心实现了财务核算的集中化、标准化、规范化、电子化和流程化管理以及财务信息资源的共享，提高了财务工作质量和效率，降低了财务业务风险与成本。
>
> **关键词**：高等学校；财务云；财务管理；财务共享

一、学校简介

西北工业大学（以下简称"西工大"）坐落于陕西西安，是一所以发展航空、航天、航海（三航）等领域人才培养和科学研究为特色的多科性、研究型、开放式大学，是国家"一流大学"建设高校（A类），隶属于工业和信息化部。学校1960年被国务院确定为全国重点大学，"七五""八五"均被国务院列为重点建设的全国15所大学之一，1995年首批进入"211工程"，2001年进入"985工程"，是"卓越大学联盟"成员高校，先后获得"全国文明单位""全国文明校园""全国毕业生就业典型经验高校""全国民族团结进步创建活动示范学校""全国创先争优先进基层党组织"等荣誉称号和表彰奖励。学校秉承"公诚勇毅"校训，弘扬"三实一新"（基础扎实、工作踏实、作风朴实、开拓创新）校风，确定了"五个以"（以学生为根、以育人为本、以学者为要、以学术为魂、以责任为重）的办学理念，扎根西部、献身国防。学校在历史上书写了新中国多个"第一"，今天在创建一流大学和一流学科上续写新的辉煌。

学校设有航空、航天、航海学院和国际教育学院、教育实验学院、西北工业大学伦敦玛丽女王大学工程学院等27个学院，形成了以三航学科群为引领，3M（材料、机电、力学）学科群、3C（计算机、通信、控制）学科群、理科学科群和人文社科学科群协调发展的学科体系，为建设世界一流学科奠定了良好的基础。

---

* 本篇作者：张鹏、陈琳、呼瑞雪、韩索民、张希雅。
  指导专家：杨俊（上海越乘信息科技有限公司）。

学校以国家战略需求为牵引，政产学研融合发展。学校聚焦国家重大战略部署，瞄准西部大开发、长三角区域一体化发展、粤港澳大湾区建设等发展机遇，与地方政府开展深度合作，扎实推进北京、上海、重庆、深圳、青岛、宁波、太仓等异地创新机构的建设，学校设置资产经营公司、后勤集团、校医院、出版社等独立核算二级单位。

二、项目背景

随着政府会计制度改革的实施，"双一流"建设的深入实施，以及各种信息技术的不断发展，财务管理模式创新面临新的挑战[1]。基于信息技术的财务云中心是一种新型的财务管理模式，为了更好地适应时代发展的潮流，开展财务云建设将对事业单位持续发展，治理体系和治理能力现代化产生重要影响[2]。

西工大现有多家异地创新机构和多家独立核算的二级单位，但是各个单位存在财务制度标准不一致，甚至部分财务制度存在缺失，制度执行尺度不一致，财务核算人员重复配置，人员能力素质不均衡等问题。各个单位的财务管理水平存在差异，财务信息反馈存在延迟，使得学校总体财务监管与风险管控的难度增加；各单位信息化管理水平不均衡，存在着许多手工重复操作的工作，财务工作效率和质量均有待进一步提升；财务数据的质量参差不齐，数据反馈不及时，财务数据对学校发展的决策支撑力度不足。

根据西北工业大学信息化建设规划，学校启动建设财务共享中心信息系统。该平台通过整合现有财务资源，实现报账、审批、审核、支付等全流程管理，支持系统包括综合财务管理、共享运营、预算管理等系统。系统承载了职工自业务申请、报账提交到领导审批、财务审核、凭证自动生成、付款支付的全程业务及财务信息，支持所有纳入的上线单位费用报销业务的流程化、标准化、高效率处理，同时通过设定校验规则和预算控制规则增强风险防控能力，提高业务处理效率。

项目致力于打造集高效服务、强化管控及决策数据支撑于一身的财务共享中心系统，实现财务核算集中化、标准化、规范化、电子化、流程化管理及财务信息资源的共享[3]，从而提高财务工作质量和效率，降低财务业务风险与成本，实现财务由价值守护向价值创造的转变[4]。

三、现状分析

西北工业大学财务管理体系包括校本部、五个西安本地的独立核算二级单位，以及七个异地创新机构。目前的财务核算管理存在以下问题：①异地创新机构拓展迅速，缺乏统一的财务管理平台。各单位财务管理信息化发展水平不平衡，财务人员素质存在差异，管理流程和标准不一致，学校集中监管难度加大；②财务职能没有专业化分工，核算质量和效率有待提升。学校财务人员兼任账务核算与财务管理工作，在账务处理效率和规范化程度上难以统一提升，造成财务管理整体效率损失；③财务机构重复配置，人员成本增加。学校本部及各分支机构以法人为单位单独核算，各单位的财务机构组织架构、岗位职能与校本部相近或高度一致，随着分支机构数量的增加，资源重复配置的成本增大；④学校对财务数据的监管、披露要求提高，财务数据上报质量和及时性得不到保证。随着学校对财务数据监管、披露要求日益提高，对财务会计数据的准确性、完整性、及时性，以及财务数据分析能力都提出了更高的要求。

四、财务云建设的系统实施和具体内容

（一）建设历程

学校始终高度重视通过信息化手段提升财务管理和服务质量，财务共享中心建设工作经历前期调

研、财务转型方案设计、信息系统实施等三个阶段，目前已经完成信息系统（一期）建设并投入使用。具体情况如下：

1. 2019年至2020年2月，前期调研阶段

为了解掌握行业财务管理发展新趋势，学校组织对多种类型主体开展广泛调研，调研范围涵盖行政单位、大型企业、高校以及行业内信息系统供应商，如工业和信息化部通信清算中心、中兴通讯、清华大学、北京航空航天大学、浙江大学、同济大学、阿里巴巴、中兴新云、用友、金蝶等。深入了解行业财务管理现状以及发展趋势，对科学编制新阶段学校财务管理信息化建设方案打下扎实基础。

2. 2020年3月至2020年8月，财务转型方案设计阶段

在前期调研的基础上，学校通过招标邀请外部咨询机构开展西工大财务转型方案设计工作。范围涵盖西工大全部组织范围，包括校本部、5家本地二级单位以及7个异地创新研究机构。通过现场调研、人员访谈、问卷调查、穿梭测试等工作方式，最后形成学校新型财务管理模式下的组织人力方案、业务流程方案、财务信息系统规划方案、运营管理方案等报告，为下一步信息系统的建设和管理工作组织实施做好准备。

3. 2020年9月至2021年1月，信息系统（一期）建设阶段

通过招标，学校确定财务共享中心信息系统建设单位，开始进入系统建设阶段。财务共享中心信息系统（一期）建设于2021年1月建设完成并投入运行，单位范围覆盖了学校深圳、青岛、上海、宁波、长三角（太仓）、重庆、北京等7个异地创新机构，投入使用的业务模块包括电子报账、共享运营、电子影像、发票采集和管理、电子档案等系统，功能上覆盖了各单位财务核算全流程，初步实现了建设目标。

4. 2021年2月至2022年1月，信息系统（二期）建设阶段

按照计划，现在正在推进财务共享中心信息系统（二期）建设，单位范围涵盖学校独立核算二级单位和校本部，本期建设预计于2022年1月完成并上线运行。

（二）设计原则

本系统整合财务资源，统一各地各单位财务核心系统，前端对接业务系统，后端连接核算、支付系统，以"工作流"为纽带，以"共享门户"为窗口，对组织中"人员、资金流、信息流、实物流"进行管理，实现业财一体化，提高工作效率和控制资金风险，打造西工大财务集中核算一体化管理平台，打造面向未来的可成长、可扩充的财务集中核算管理平台。

财务共享中心系统力争实现信息集中化、流程规范化、数据共享化和协同智能化，覆盖支撑全部财务管理流程，提升财务管理效率；数据采集点向业务延伸，实现数据在财务系统与业务系统、财务各系统及各模块间的电子化传递，避免同一数据多系统、多环节重复录入；通过系统工具实现财务管理制度、财务处理操作、财务核算标准的统一规范，促进深入全面的内控管理；基于业务管理要求和特点，对各系统的相近功能进行合理归并，提升系统资源效率，避免系统资源浪费；专人管理财务管理流程涉及的系统权限，提高系统安全性。

系统的顺利实施依托于规范统一的流程制度和统一的信息系统平台。系统规划设计以财务集中核算系统建设及其升级优化为出发点，充分考虑现有的IT资源、规划及开发模式，结合财务转型项目的实施进度计划，以最小成本满足必要需求，提出系统优化和改造意见，确保高优先级需求在满足进度要求的前提下优先开发。

（三）系统架构

本系统建设的业务范围涵盖西北工业大学的全部核算业务，包括但不限于费用报销、应收核算、应付核算、成本核算、资产核算、薪酬核算、资金收付、资金结算、税务核算、总账管理、会计档案管理等业务。财务共享系统具有强大功能，集先进的技术、成熟的方案、稳定可靠的性能、安全的系统、易于扩展等于一体，同时作为学校IT基础架构平台的一部分，具有完备的应用系统集成性，通过简洁、友好、统一的界面，为学校建立统一的用户登录及身份验证体系，最大程度地保障系统安全。

本系统建设的内容包括六个方面：电子报账系统（含移动端应用）、电子影像系统、共享运营系统、电子档案系统、发票采集和管理系统以及与其他相关业务系统的对接。具体而言，主要包括①电子报账系统（含移动端应用）：建立全业务报账平台，按照不同的业务分为费用报销类、工程资产类、收入收款类、薪酬报账类以及一般总账类等报账类型单据；②电子影像系统：实现无纸化票据扫描成像、电子档案管理等；③共享运营系统：支持多法人、多账套、多币种、多权限的统一作业平台，实现对多核算系统的无缝对接以及与银校直联的无缝对接；④电子档案系统：实现实体档案的信息化，将电子档案和实体档案进行关联管理；⑤发票采集和管理系统：支持获取电子发票，实现发票信息查验、合规校验、自动认证、辅助申报等功能；⑥实现与其他相关业务系统的对接。

具体系统架构如图1所示。

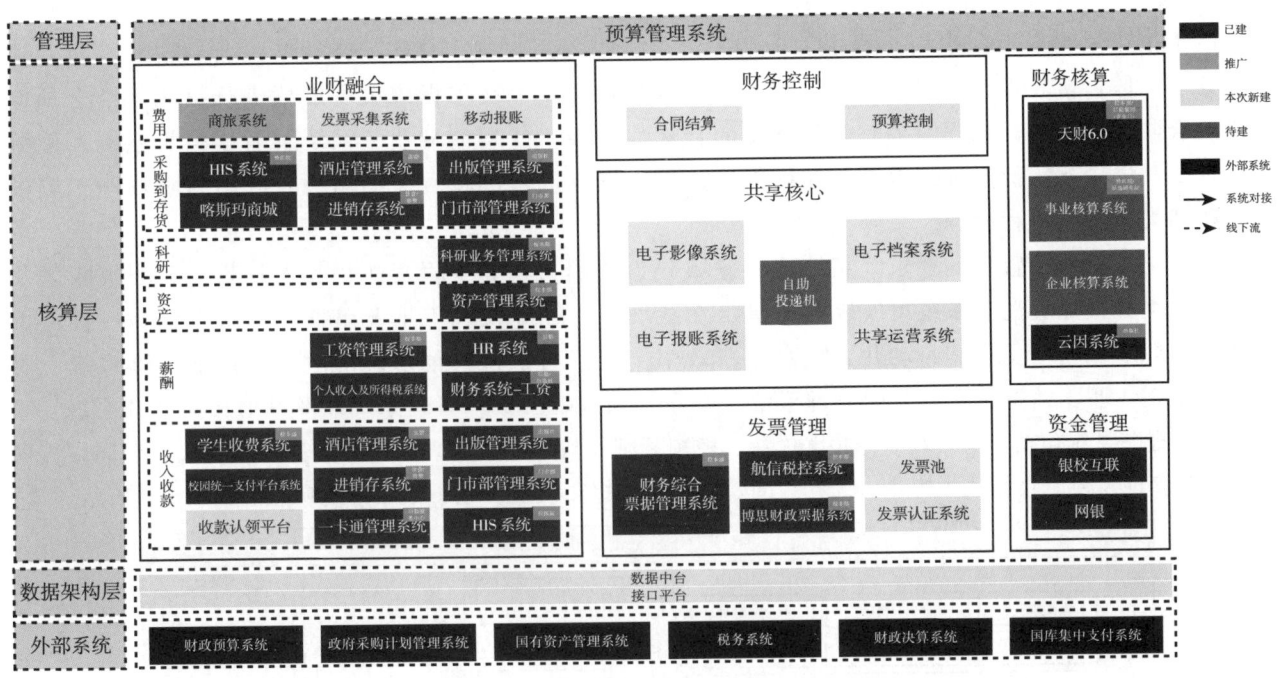

图1 财务共享系统架构

（四）基础数据管理设计

基础数据包括的组织机构、用户权限、全局数据、报账基础、核算基础、支付中心等数据，是财务共享中心系统的支撑数据。基础数据可通过财务共享中心系统的接口从其他业务系统中同步获得，如单位、部门、员工信息和学校信息平台的数据保持一致，核算基础数据通过核算系统同步等，也支持通过手动新增、模板导入等方式。基础数据管理流程如图2所示。

（五）功能模块设计与实现

本系统根据业务数据的流转过程，将信息系统分为前端在线智能采集、中端共享核心、后端财务核心三部分。对于前端的在线智能采集，在现有系统的基础上，增加发票采集和发票管理系统以提升

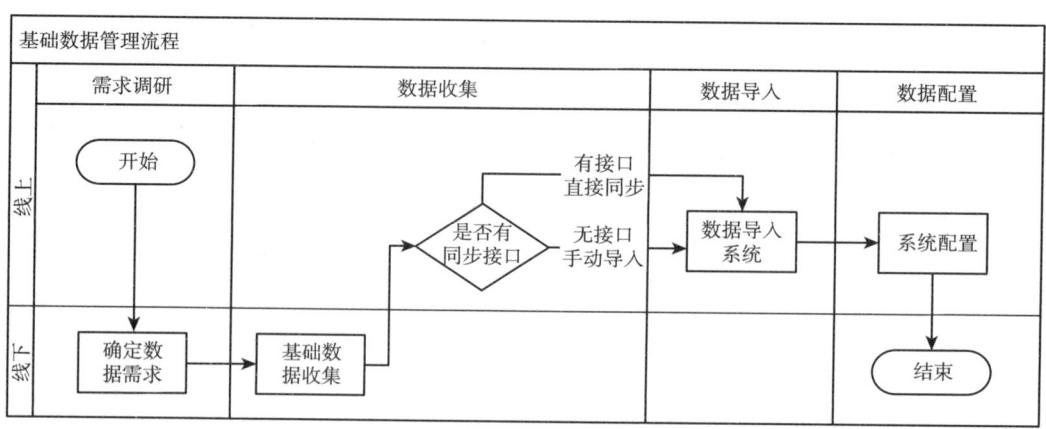

图 2 基础数据管理流程

学校人员的报账体验。对共享核心系统，用电子报账系统替换现有的网上报账系统与申报系统，用电子影像系统替换现有的影像存档系统，增加共享运营系统和电子档案系统。

1. 电子报账系统（含移动端应用）

电子报账系统集事前申请、费用、采购、资产、收入、收款、总账、摊销、税金、薪酬等财务报账业务于一体，接收发票采集系统同步的发票结构化数据，并在单据中关联发票进行报账。结合预算控制、合同结算模块，加强财务对各类开支的合规性管控，连通前端业务系统及后端核算系统，使财务处理全程电子化，提升处理效率，并提供管理报表支撑运营决策。移动端报账应用为学校职工提供费用移动报销的全流程服务。

根据学校对报账管理的要求，系统按业务域分为费用报销、工程资产、收入收款、薪酬报账以及一般总账类等报账类型。系统可实现支持员工在线填单、领导在线审批及单据状态跟踪，实现日常报账业务的标准化、电子化和自动化，提高报账效率。支持与学校其他系统的对接，包括核算系统、财务查询系统、职工薪酬系统、科研管理系统、基建管理系统、资产管理系统以及其他相关业务系统。

电子报账系统包括9个模块，即报账模块、控制规则模块、系统管理模块、预算控制模块、合同结算模块、台账管理模块、收款认领模块、统计查询模块和移动报账模块，电子报账系统功能框架如图3所示。

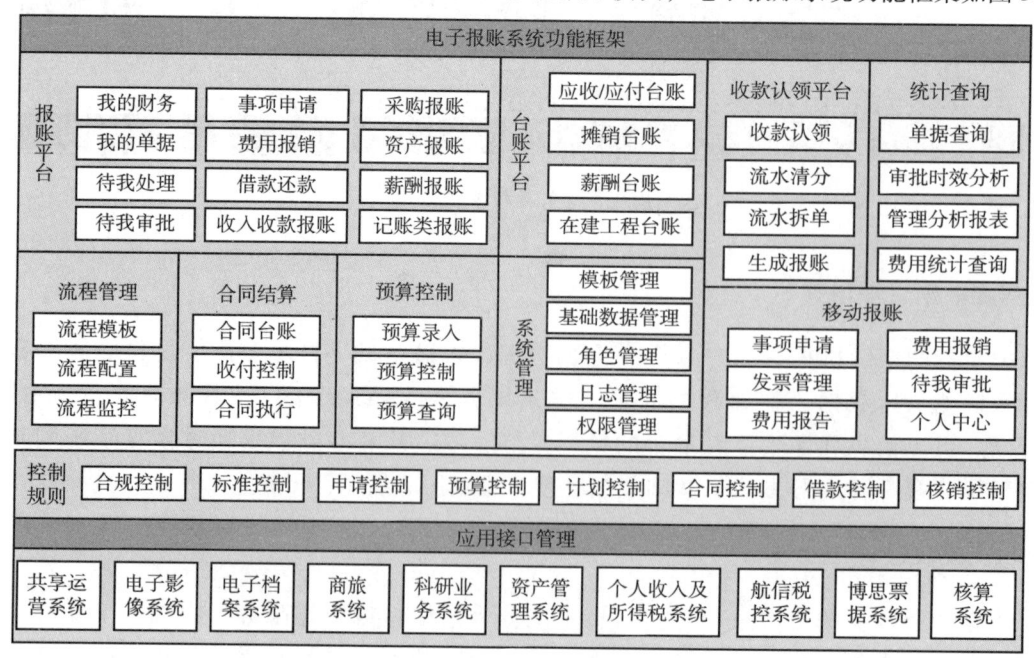

图 3 电子报账系统功能框架

在实际应用中，用户普遍反映，报账系统用户界面具有亲和力，操作便捷，易于培训。费用报销主界面，同步展示职工个人信息、差旅级别、常驻地等信息，同时支持用户自行维护个人信息。个人费用报告区，以轮播图的形式展示个人报销费用，如差旅明细报告及常用消费地等，便于用户掌握个人费用报销的总体情况和业务类型情况。

2. 电子影像系统

扫描员进行原始凭证扫描形成电子影像，提供给业务领导审批和财务人员审核查看。电子影像系统通过高速批量混扫报账单封面和原始票，生成电子影像文件挂接在报账单下作为业务流转要素，财务人员基于电子影像进行审核，替代传统的财务纸面化流程，实现无纸化办公，配合报账单进行任务分配，实现专业化分工的财务共享模式。

电子影像系统支持自动识别及分组，支持多种条码制式，支持多种型号设备－扫描枪、高速扫描仪、高拍仪；支持加密传输、加密存储，系统可以对异常影像调阅进行预警；支持与报账系统、档案系统对接，实现双屏审核及电子凭证构建。

电子影像系统涵盖影像采集、任务处理、影像上传和影像查询等功能，支持系统识别条形码进行单据自动分组，电子影像系统功能框架如图4所示。

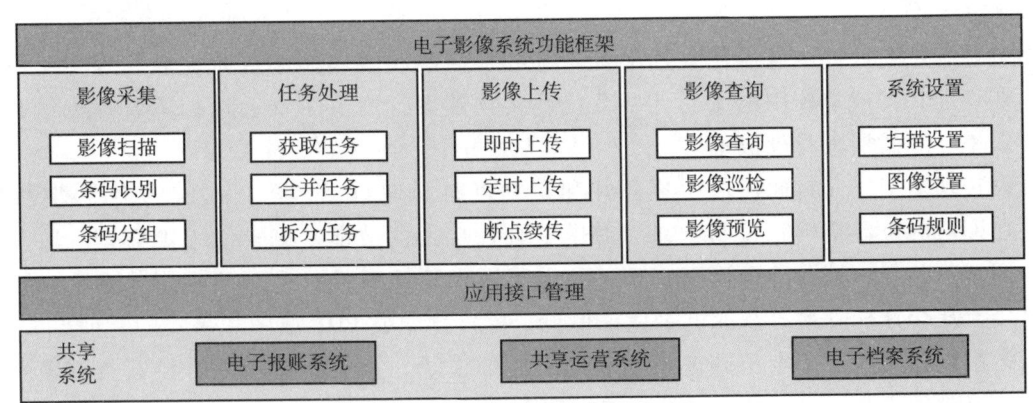

图4　电子影像系统功能框架

各功能在操作页面分类分级展示，影像岗位人员操作简单易行。在"影像查询"模块，影像管理员可通过组合查询条件查询到符合条件的影像文件。影像巡检员可对影像进行评价（重扫、补扫、作废），将影像自动退回至影像扫描员，由其获取评价任务后对影像进行重扫、补扫。

3. 共享运营系统

共享运营系统是会计核算中心作业平台、财务业务统一处理平台、会计核算人员运营管理平台，将业务数据转成会计凭证信息后推送到核算系统的过程。系统内置三级任务调度机制、绩效管理机制、信用管理机制、运营监控机制及统一会计引擎等，实现财务共享中心运营更为高效、合理、合规。

共享运营系统支持多法人、多账套、多币种、多权限管理，可以设置一个或者多个小组，实现对财务共享审核会计人员管理和任务调整，包括任务自动分配、工作流配置。按照一定的规则、比例对单据进行稽核抽查，管控共享运营质量。系统可以实现对多核算系统的无缝对接，与银校直联的无缝对接及支付信息的传递和支付结果的回写。

共享运营系统主要功能包括实现任务管理、运营监控、凭证管理、支付管理、质量管理、绩效管理等职能，共享运营系统功能框架如图5所示。

该系统建有"信用级别"机制，当用户填报的单据出现相关违规事项时，审核人员可在单据会计信息页面勾选对应的违规事项，扣减用户信用分数；单据审核完成后，若稽核发现单据存在问题，可以事后对审核人员信用分数进行相应调整。审核人员可获取单据详细信息和完整的业务审批流，通过

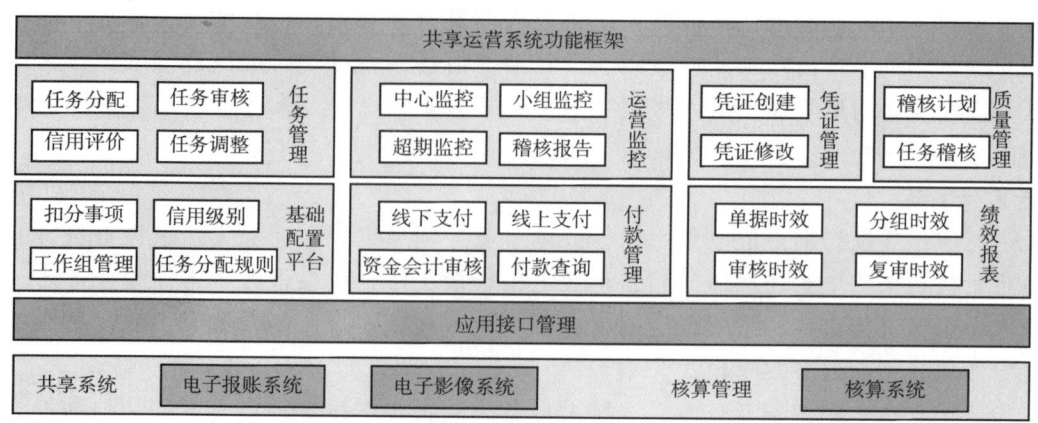

备注：各单位核算系统不同，样本部对接天财6.0，异地研究院和二级单位事业口为事业核算系统，企业口为企业核算系统，出版社为云因核算系统。

图 5　共享运营系统功能框架

单点"影像审核"查看完整的影像信息。

4. 电子档案系统

电子档案系统是会计档案电子化管理平台，将电子档案和实体档案进行关联管理，支撑财务档案的全生命周期管理。支持学校用电子会计档案代替实物档案，逐步实现会计档案管理无纸化，提升会计档案调阅效率、降低档案管理成本。

系统可以实现电子凭证封面抓取生成，并和实物资料影像自动匹配；对实物会计档案统一管理，对实物档案在库房的位置精确定位与记录；对电子会计档案的分册、归档、上架管理，以及后续会计档案借阅、调阅、移交、销毁的全流程管理；与电子影像系统对接，进行票据影像定期归档；与核算系统自动对接，从会计核算系统获取电子凭证信息，模拟打印成 PDF 或图片格式的凭证封面。

电子档案系统主要涵盖了电子影像模块、电子凭证模块、报表查询模块、档案查询模块、库房管理模块以及系统管理模块，电子档案系统功能框架如图 6 所示。

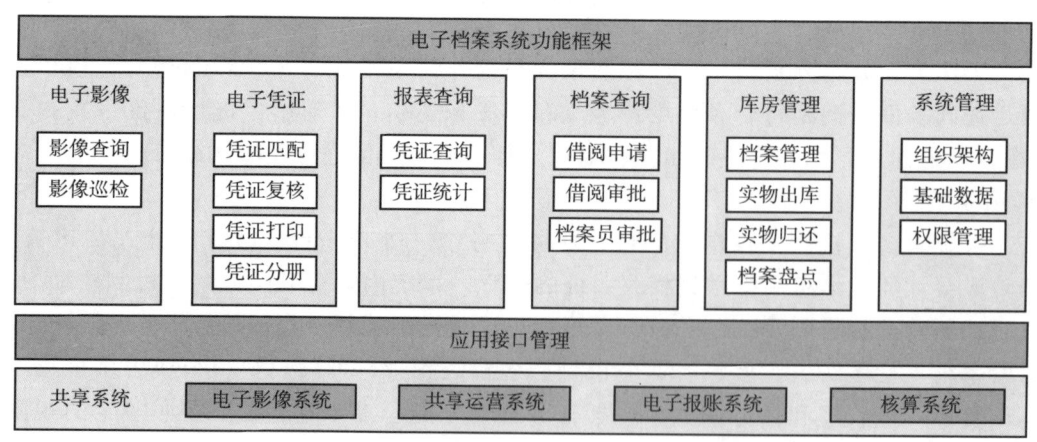

图 6　电子档案系统功能框架

在电子凭证模块，可链接到凭证详情，并支持下载、打印凭证等操作。系统按照定义规则自动匹配凭证信息和影像信息，凭证匹配成功后，系统通过对凭证复审，进一步确认电子影像和电子凭证的匹配情况，保证单据、影像、凭证的准确对应，匹配后形成完整的会计凭证，提交给档案岗做分册处理。电子档案匹配操作页面如图 7 所示。

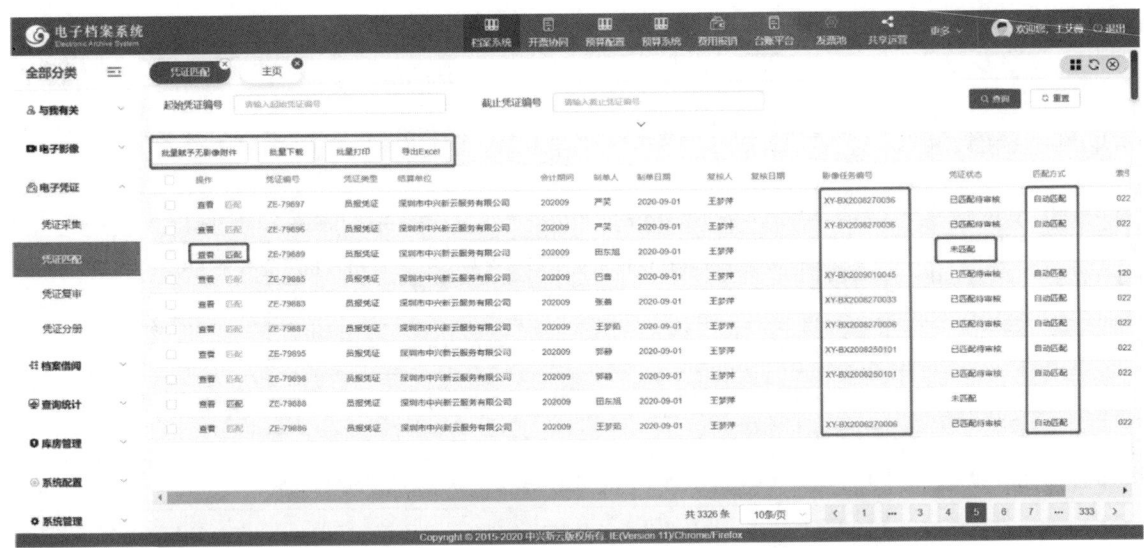

图7　电子档案匹配操作页面展示

5. 发票采集和管理系统

发票采集系统对各类电子和纸质发票进行采集，调用票据识别服务将各类发票转换为结构化数据，最终对发票查验与判重后进入发票库。支持从微信卡包或通过手工录入上传PDF文件等方式获取电子发票，支持通过拍照OCR识别获取纸质专票、火车票、飞机行程单、定额发票等其他票据，以上方式识别率高于95%。电子发票与纸质发票一并形成个人发票夹，可推送至报销系统供教职工勾选关联报销。

发票管理系统提供发票的查验与自动认证服务，涵盖增值税普通发票、专用发票以及电子发票。通过对业务活动产生的各类发票进行集中管理，汇集全票面信息、发票状态，结合报账信息、合同及关联信息等，深度挖掘发票价值，配置规则对发票的内容、发票有效期等信息进行校验并增加标识，实现发票智能审核，有效提高财务审核人员工作效率，辅助经营决策。发票管理页面如图8所示。

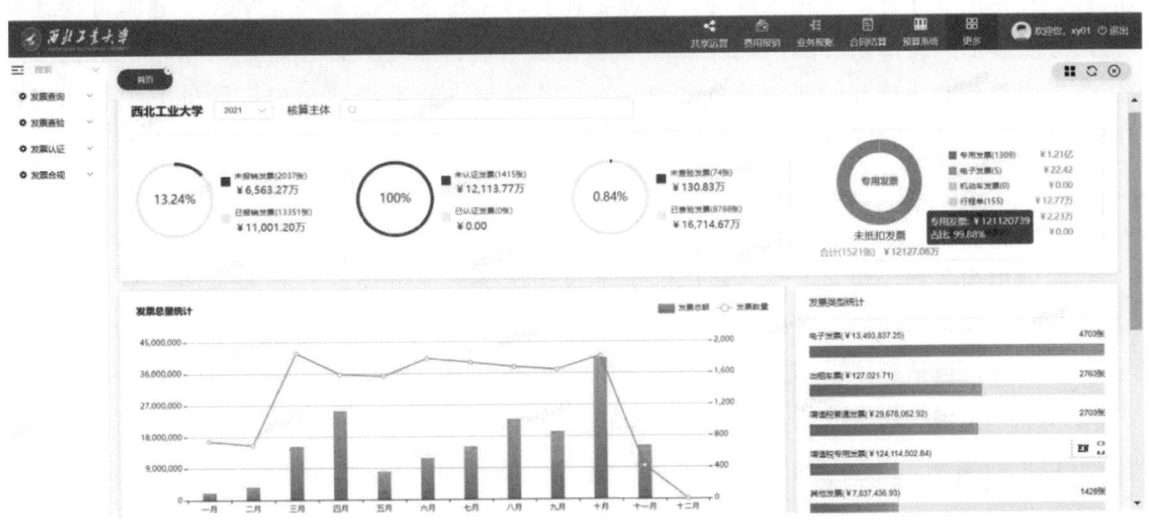

图8　发票管理页面展示

6. 与其他业务系统对接

以上系统涉及与其他业务系统对接的内容见表1。

表 1　　　　　　　　　　　　　　　系统接口内容说明

涉及系统	接口内容
共享运营管理——核算系统	共享运营系统付款工作台自动推送已提交的付款指令至核算系统，核算系统回写相关数据至付款工作台
共享运营管理——核算系统	共享运营系统在财务初审环节调用核算系统提供的会计信息交叉验证接口，进行凭证信息预校验
共享运营管理——核算系统	共享运营系统任务管理模块完成单据审核后，系统自动将相关凭证推送核算系统完成凭证入账，并返回入账凭证号信息
核算系统——电子报账	电子报账系统与核算系统对接获取会计科目主数据
核算系统——电子报账	电子报账系统与核算系统对接获取费用类型、成本中心、功能分类、预算来源、支付方式、资金性质等主数据
薪酬系统——电子报账	电子报账系统与职工薪酬系统对接获取职工信息与银行账户信息
商旅系统——电子报账	商旅系统同步商旅订单到电子报账系统，电子报账系统同步人员、组织机构信息到商旅系统
资产管理系统——电子报账	资产新增推送报销单信息到电子报账系统形成资产报账单，资产推送资产变更信息到电子报账系统
科研管理系统——电子报账	科研管理系统推送认领的收款明细到电子报账系统形成收款报账单
财务查询系统——电子报账	财务查询系统推送认领的收款明细到电子报账系统形成收款报账单
电子报账系统——职工薪酬系统	电子报账系统推送其他收入明细到职工薪酬系统，并接收职工薪酬系统返回的计税信息进行实发数与个税分离
自助投递——电子报账	自助投递箱推送交单状态到电子报账系统
银校互联——电子报账	电子报账系统调用银校互联提供公务卡消费明细查询与认领

五、财务云建设价值体现和成效

新时代，技术的飞速进步让管理科学和管理工作具有了更多可能，高等学校在健康可持续发展中可以获得财务更多的支持。财务部门在保障高等学校基本运行需要外，还将成为单位的数据中心，支持高校用数据来管理、决策和创新。总体来说，本财务共享中心系统项目建设的价值主要体现在以下四个方面。

（一）建立集成应用系统

本项目的应用为各单位建立了统一集成的财务应用系统，通过简洁友好的界面，统一标准的流程控制，系统集成的身份验证体系，最大程度管控业务风险，保障系统安全。本项目的业务范围涵盖核算结算业务全流程，包括费用报销、应收应付核算、薪酬核算、资金结算、总账管理、会计档案管理等，系统具有功能完善、技术成熟、性能稳定可靠、易于扩展等优点。

（二）打造高效共享平台

本项目结合高等学校业务特点和实际需求，打造了标准化财务信息处理平台，统一了业务处理标准，实现了同类业务交易处理标准化，提升了财务管理效率。自财务共享中心系统（一期）投用以来，事项审批平均时长从 2.02 天降为 0.66 天，效率提升 67%；费用报销平均时长从 1.64 天降为 0.46 天，效率提升 72%。随着学校机构扩大，财务共享中心基于标准化的业务和流程，可快速接入新机构业务。

（三）降低财务管理成本

本项目应用财务共享中心，有效实现异地创新机构降本增效。财务共享中心推动学校异地创新机构分别优化财务组织构架，降低各级沟通成本；大大简化财务业务流程，实现财务管理的自动化与集成化；通过核算业务集中，优化了财务人员配置，降低学校总体管理成本。系统投用以来，通过财务人员优化配置，异地创新机构承担基础业务财务人员占比从之前的78%下降到53%，总体人力成本降低20%。

（四）提升财务管理质量

本项目应用财务共享中心，实现各级单位财务信息集中化管理，通过统一的财务管理目标，确保其符合财务信息质量要求。对未来的经济活动及发生的费用进行有效的预测和管理，通过对执行过程的监控，将实际完成情况与预算目标不断对照和分析，及时指导业务活动的改善和调整，辅助支持学校领导做出科学有效的管理决策，进而提升学校管理质量。

六、下一步发展规划

本项目通过统一规划、分步实施建设高校财务共享中心系统，实现财务管理的有效性、准确性、可扩展性、稳定性、易用性和安全性；实现财务核算集中化、规范化、电子化、流程化及财务信息资源的共享，并以此为契机不断完善财务管理体系，推动财务管理模式的变革和创新。

信息技术的发展对财务管理产生了深远的影响，带来了财务的三次变革。第一次变革是计算机的出现，带来了会计电算化；第二次是互联网的出现，打破了地域和空间对财务工作流程、组织和系统的限制，带来了财务共享服务这一新的运行模式；第三次则是大数据、人工智能等新兴技术带给财务管理的又一次变革和冲击。财务共享中心下一步发展规划将从以下两方面展开。

（一）财务共享中心向自动化、智能化发展

财务共享中心，实现了将财务的基础业务集中起来，不断进行专业化、标准化、流程化改造。对人工消耗极大的财务基础业务，如财务审核、交易处理、资金结算、银行对账等将会被系统替代。依托图像识别、自然语言处理、机器学习等的技术，将推动财务共享中心业务处理向更加自动化、智能化的方向发展，自动完成由人工完成的基础业务，进一步提高财务业务的处理效率和处理能力。

（二）财务共享中心更加"云化"

依托于云计算技术，财务共享中心可以为用户提供更加优异的体验，将此称为"5A"服务（Anywhere、Anytime、Anyone、Anything 和 Any device），就是指当任意一位用户（Anyone）需要相关财务服务（Anything）时，他可以在任意时间（Anytime）、任意地点（Anywhere），借助任意设备（Any device），提出需求。用户无需知道财务共享中心身在何处，也不需知道财务业务内部处理流程，只要输入他的需求，财务共享中心就可以完成用户所要求的服务。

七、财务管理数字化转型总结

当前，数字化、智能化正成为新一轮全球生产力革命的核心力量。以数字化、智能化为核心的新一轮工业革命也正处于由导入期转入拓展期的关键阶段。由数字技术衍生的数字经济作为一种新的经济形态，成为经济增长新的动力源泉和经济转型升级的重要驱动力，也称之为"新经济"。2016年G20

杭州峰会发布的《二十国集团数字经济发展与合作倡议》认为，数字经济是指以使用数字化的知识和信息作为关键生产要素、以现代信息网络作为重要载体、以信息通信技术（ICT）的有效使用作为提升效率和优化经济结构的重要推动力的一系列经济活动。移动互联网、云计算、大数据、人工智能、物联网、区块链等技术的突破与融合发展最终促进了数字经济的快速发展。

经济全球化使国内需求下降，产能过剩，企业面临着成本上升、效率低下、竞争加剧、动力不足等困境。同时，大数据、人工智能、云计算、物联网、区块链等新技术的蓬勃发展，倒逼企业财务进行转型，在这个大环境下，财务共享服务模式进入了快速发展阶段。基于财务共享服务模式的战略财务、业务财务、共享财务职能为企业带来降低成本、提升服务质量、提高效率、加强风险管控等积极效果。随着智能技术的突飞猛进，萌发了新的应用场景和发展方向，企业战略财务、业务财务、共享财务等职能也在智能技术影响下增加了更多机遇。

以"大智移云物区"为代表的新技术正以风卷残云之势改变着传统会计的流程、组织和方法，甚至战略思维，这也为高质量会计服务经济转型的需要提供了基础手段和工具。财政部发文强调加强会计信息化建设，明确要求"密切关注大数据、'互联网＋'发展对会计工作的影响，及时完善相关规范，研究探索会计信息资源共享机制"。国务院明确提出"抢抓人工智能发展的重大战略机遇，构筑我国人工智能发展的先发优势，加快建设创新型国家和世界科技强国"。在这个大环境下，学校将使财务管理沿着"电算化—信息化—智能化"方向快速转变，引领财务工作进入智能化时代。

参考文献：

［1］帅文青. 海尔集团全球财务共享服务的实施路径分析［D］. 南昌：江西财经大学，2018.

［2］李文丰. LSX集团财务共享服务构建研究［D］. 南宁：广西大学，2018.

［3］张定平. 面向财务共享服务中心的电信总账系统的开发［D］. 上海：上海交通大学，2012.

［4］汪雅琼，姚丹靖. 再探财务共享服务中心［J］. 新理财，2014（7）：73－74.

企业自评

随着政府会计制度的改革与实践，各种信息技术的不断发展，事业单位财务管理模式创新面临新的挑战。基于信息技术的财务云，也称为财务共享中心，是一种新型的财务管理模式。开展财务云建设将对事业单位治理体系和治理能力现代化产生重要影响。高校作为事业单位的一种，同样面临财务管理模式转型问题。

为了更好地适应财务管理新要求，学校致力于打造集高效服务、强化管控及决策数据支撑于一身的财务共享中心系统，实现财务核算集中化、标准化、规范化、电子化、流程化管理及财务信息资源的共享，从而提高财务工作质量和效率，降低财务业务风险与成本，实现财务由价值守护向价值创造的转变。

该财务共享中心为各应用单位财务管理打造了标准化信息处理平台，通过统一信息处理标准，实现各分支机构、各业务模块信息的高效对接，提升了财务管理的集成化与自动化水平；依托财务共享中心，简化财务管理流程，精简财务管理人员，降低了财务管理成本；利用财务共享中心系统，整合优化各级部门业务模块，建立财务数据中心，提高了财务数据的分析与预测能力。

专家点评

西北工业大学致力于高校财务云的建设，以此来推动高校财务数字化转型，给高校财务管理和高校运营管理赋予了数字化的生命，在高效服务、强化管控及决策数据支撑方面发挥了重要的价值，走出了一条中国特色的高校财务数字化转型之路。

本案例从西北工业大学财务管理现状和痛点出发，对高校财务云的实施阶段、系统架构、功能模块和解决方案等进行了系统的阐述，深入解析了一体化的平台建设、高效的数据链接和数字化的技术等管理方法的应用，在全流程提速、全方位降本提效和全面提升管理质量等方面充分体现了财务云实施的成果和价值，内容翔实，重点突出，可复制性强。

在数字化技术日新月异的今天，西北工业大学财务管理团队转变思维方式，勇于开拓创新，在保持传统优势的同时不断寻求新的增长之路，为高校财务管理提供了可复制可借鉴的方法和路径，值得大家学习。

建筑建材

数字化转型助力提升混凝土行业管理会计价值*

重庆建工建材物流有限公司

> **摘要：** 重庆建工建材物流有限公司主营预拌混凝土、大宗物资贸易、建材工业产业互联网综合服务等业务。为了顺应市场变化和时代的变革，针对混凝土行业痛点，从2009年起，公司启动了信息化改革和升级，先后建立起ERP业务系统、业财一体化、全面预算管理、资金信息化管理、信控管理、税务信息化管理等管理会计价值链信息系统。通过对业财一体化系统的信息化改革和升级，公司财务核算和管理质量也得到了较大提升，为公司业务发展贡献了应有的价值。
>
> 近年来，随着工业互联网的发展，公司建设实施了"公鱼互联"数字化协同云平台，并和公司管理会计信息化平台有机地融为一体，实现了公司内外业务交易全链条线上化、电子化和初步智能化管理，整体构建了公司产业价值链一体化管理体系，为企业数字化转型提供了切实有力的保障，也为管理会计在产业的实践应用和价值创造提供了广阔的天地。
>
> **关键词：** 工业互联网；数字化转型；全链条一体化信息平台；管理会计价值

一、公司业务和战略定位介绍

重庆建工建材物流有限公司（以下简称"公司"）成立于2007年，是重庆建工集团股份有限公司（以下简称"集团"）下属全资子公司，注册资本金1.5亿元，总资产30亿元。公司主营预拌混凝土、大宗物资贸易、建材工业产业互联网综合服务等业务。

公司下设六大事业部，八个混凝土子、分公司和其他专业分公司，专业生产房建、市政、道路、桥梁、隧道各类工程所需的商品混凝土等建筑材料产品。公司持有预拌混凝土专业承包资质，拥有现代化自动混凝土生产线19条，水稳层生产线2条，混凝土运输搅拌车250余台，混凝土臂架泵、车载泵、拖泵100余台。业务范围辐射重庆主城及周边区县，年生产能力达1500万立方米。

公司秉承"服务客户、服务员工、绿色生产、创新发展"的宗旨，不断探索新技术、推出新产品，以构建全新的核心竞争优势。不断创新和完善"公鱼互联"平台，实现降本、增效、赋能。公司多次荣获"国家高新技术企业""中国混凝土行业优秀企业""中国混凝土行业绿色生产示范企业""重庆市建筑业先进企业""重庆市建筑业诚信企业"等荣誉称号。为重庆江北国际机场、重庆保税港、重庆图书馆、重庆科技馆、重庆三峡博物馆、轨道交通、来福士广场等一大批市级重点工程项目提供了优质的产品和良好的服务。

---

* 本篇作者：张兴礼、江伟、何治贤、谭君、熊小芳。
　指导专家：杨俊（上海越乘信息科技有限公司）。

公司以技术创新为先导，设立技术研发中心，主要从事新产品、新技术研发和创新工作，先后与中国科学院、中国建筑科学研究院、重庆大学、国家高性能土木工程材料重点试验室、重庆邮电大学等知名科研机构建立了稳定的产学研合作关系。公司技术研发中心通过重庆市级"工程技术研究中心"与"企业技术中心"认定，近五年以来先后承担了厅局级及以上科技项目20余项，编制地方标准10部，授权专利55项、软件著作权25项。

未来，公司将深化产业聚集，推动传统建材行业数字化转型升级，构建建材行业生态圈，借助平台赋能，实现全生态圈资源互联互通，致力发展成为建筑大宗商品交易、供应链金融、智慧物流的整体解决方案服务商，成为"工业互联网平台+建材行业标识解析二级节点+区块链+产业金融"为一体的综合型建材企业，成为西部领先、全国一流的科技创新型建材企业。

二、管理痛点带来新挑战

（一）行业共性问题

公司的主营业务为商品混凝土，作为传统建材行业，主要面临以下问题：

1. 管理质量低下

混凝土搅拌站地域分散、管理模式落后、基础设施差、人员素质参差不齐，而混凝土为即产即销的产品，对采购、生产、销售的时效性，对业务流程处理的效率以及后台管理的支持本身有着较高的要求。

2. 运营风险较大

混凝土主要用于建筑施工项目，受施工项目工期长、垫资大、资金周转慢等因素的影响，公司的资金压力及风险较大，因此对财务风险的整体把控提出了严格的要求。

（二）企业管理痛点

公司成立之初，是由重庆建工集团内四个子公司各自拥有的混凝土搅拌站整合而成。各搅拌站的企业文化、管理方式、员工薪酬水平等均不一致，导致前期企业融合、管理难度相当大。财务管理分散、模式不统一，各搅拌站分公司分别设立财务会计和出纳，实行独立经营、独立核算、自负盈亏的方式。这种分散的管理模式，并非集团公司整合搅拌站的初衷，经营效果也远远未达预期，公司的日常管理与发展各方面都面临较多问题，企业效益堪忧，甚至个别分公司出现亏损情况。

基于以上情况，公司明确了集中管理、把控风险的总体目标，于2009年起开始对公司的管理模式、业务流程、财务管理等进行改革，拉开了数字化协同平台建设的序幕，进入了管理会计信息化建设的新阶段。

三、数字化协同平台建设和数字化转型实践

为了解决以上痛点，推动企业管理转型，从2009年起，公司开始建设信息化协同平台，2011年开始逐步推进数字化协同及转型工作。为了更好更稳妥的推进管理转型和数字化信息化建设工作，公司先进行了组织和管理方面的转型。

首先，分散型管理方式向集中型管理方式转变。公司将分散在各搅拌站分公司的财务人员收回本部，重新划分岗位，优化人员设置，并进行统一核算，提高流程标准化程度和工作效率。

其次，粗放型管理方式向精细化管理方式转变。公司引进信息技术人员，在全公司范围内开始推ERP信息集成技术，随后公司建立起ERP业务系统（CQBM综合信息管理平台），并在系统中推进财务

信息化的建设，以加强财务管理，提高财务核算质量，为数字化协同平台建设和管理会计应用打下了坚实的基础。

具体来说，公司数字化协同平台建设和管理会计信息化建设经历了下述几个阶段：

（一）数据在线化和一体化建设阶段

从 2009 年起，公司逐渐建立起 ERP 信息系统，将采、销、生产等业务数据进行线上管理，并对业务数据进行实时统计和分析。业务数据的信息化集成为业财一体化奠定了坚实的基础。

在 2011 年，公司逐步将业务系统与财务系统进行一体化对接，互联互通。公司先后实现采购管理业财一体化对接、销售管理业财一体化对接、成本费用业财一体化对接。业财一体化管理有效打破了业务系统和财务系统的信息孤岛，大幅减少了财务人员工作量，同时提高了财务核算的质量[1]。

（二）财务集中式信息化建设阶段

为了有效地管控公司成本以及防范财务风险，公司在业财一体化模块的基础上，逐步建立了全面预算管理模块、资金信息化模块、信控管理模块、税务信息化管理模块。五大模块已全部建成，构建了财务集中式信息化管理的架构，提高了财务管理的质量，同时为公司决策提供有效支撑。

（三）财务共享中心建设阶段

作为管理后端，管理会计信息化的建设和优化离不开业务前端的信息化建设。经过公司 10 余年对业务前端和管理后端信息化系统的搭建和模块的建设，公司六大事业部、八个混凝土子、分公司和其他专业分公司的财务管理统一集中于公司财务中心，下设机构不再配置财务人员。财务中心集核算、结算、风控功能于一体，并下设核算科、资金科、税务科、风控科。通过系统化的建设，公司目前已建立起财务共享中心，工作效率大幅提高，财务团队运营成本进一步降低，平台效益初显。

（四）互联网信息化平台和财务云建设阶段

公司在对信息化优化建设的过程中，对业务发展也在不停地进行探索和创新。近年，公司在主营业务——混凝土生产销售的基础上，应用物联网、大数据、云计算等信息技术，打造了一个涵盖"电子商务、智能制造、共享物流、电子结算、供应链金融"的建材产业链协同智慧运营云平台，实现了互联网、实体、金融的功能融合叠加，打造了线上线下闭环运营的新模式，并于 2020 年成功成为混凝土行业首个国家级工业互联网平台——"公鱼互联"云平台。该平台涵盖公鱼集采、公鱼商城、公鱼智造、公鱼物流、公鱼金融、公鱼标识 6 大业务板块，被评为工信部试点示范项目、重庆市试点示范项目，并入选国家首批 44 个面向行业的特色工业互联网平台、重庆市十大工业互联网平台培育工程。

"公鱼互联"云平台的上线实现了公司业务全线上化交易管理。从电子合同的签订、电子小票的生成、电子结算的办理、账务的处理以及资金支付的完成，线上交易流程全链条已打通，业财一体化对接从 ERP 集成管理逐步向"财务云"管理转变，管理会计支持决策和为经营赋能的价值体现也从企业内部走向了全价值供应链生态圈。

以上四个阶段体现了不同阶段管理的需求，在某个阶段又是互相促进和同生的，深刻地体现了公司在数字化转型上"整体规划、稳步推进"的设计思路。

例如业财一体化数据平台为财务集中管理和财务共享中心的实现打下了坚实的流程和信息化基础，而后两者又为业财一体化数据平台的进一步发展和优化提供了管理手段和保障；又如"公鱼互联"云平台的形成是数据线上化一体化对外的延伸和应用，继而借助工业互联网的思维和智能化信息化的手段，链接融通产业链全生态，为财务云平台的发展和管理会计生态价值创造提供了更广阔的空间。

四、数字化协同平台功能和管理会计价值应用

随着管理转型的不断深化,公司数字化协同平台和管理会计信息化体系已经融合为有机的整体[2]。数字化协同平台以"内通外联"的方式整合产业链上下游资源,提供混凝土行业发展需要的各类服务,可以理解为是向外延伸的管理服务功能;管理会计信息化体系以"公鱼互联"数字化协同平台为基础设施,通过全链路互联互通实现生态链价值应用,可以称之为企业内部业财融合的管理平台。两者相辅相成,相互支撑,既发挥了各自的优势,又形成了整合效应(见图1)。

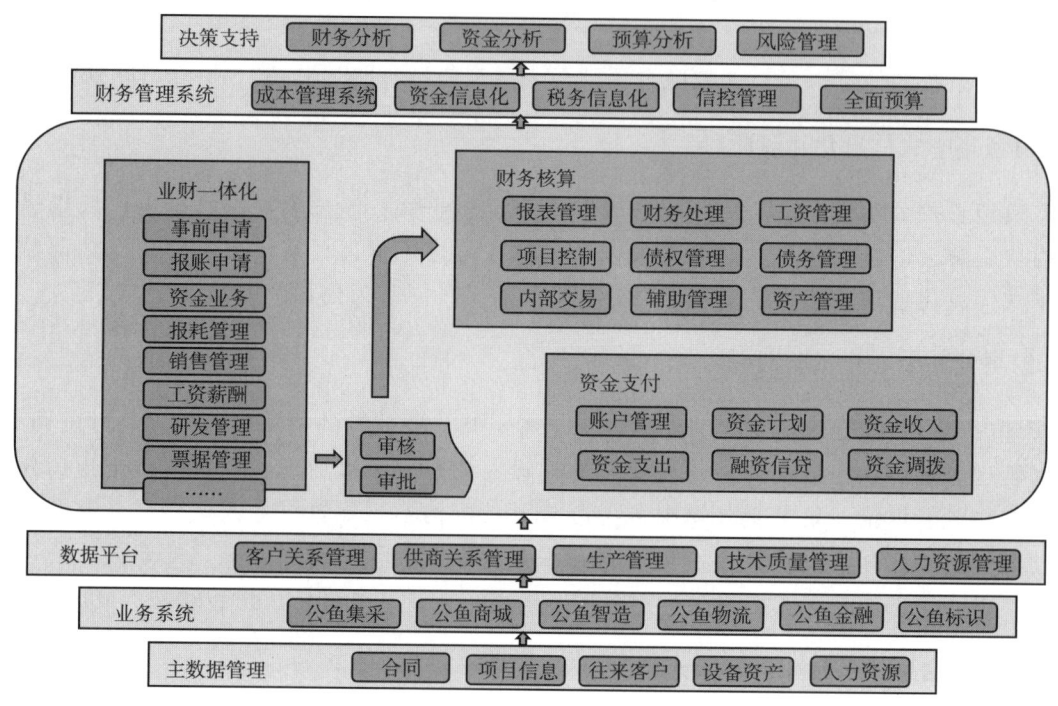

图1 管理会计信息化架构总图

(一)"公鱼互联"工业互联数字化协同平台

1. 总体架构和主要功能

"公鱼互联"云平台是混凝土行业首个国家级工业互联网平台,集成了公鱼集采、公鱼商城、公鱼物流、公鱼智造、公鱼金服、公鱼标识二级节点等子平台(见图2)。

"公鱼互联"云平台通过公鱼集采电子交易,实现全业务流程电子化,辅以区块链技术为交易数据增信,帮助产业链上下游企业获得金融支持;通过公鱼商城,实现混凝土产业链的信息、资源快速互通、共享,实现产业链协同;通过公鱼物流,实现物流资源快速匹配,盘活社会闲置运输资源;通过公鱼智造,提升混凝土搅拌站的自动化、信息化和智能化水平,实现分布式生产。最终形成覆盖材料供应商、生产企业、设备与物流运输商、施工企业、房地产商等和建材行业紧密相关的上下游产业链的数字化生态协同平台。

2. 技术应用和主要成效

(1)物联网和大数据融合的需求预测与资源优化配置技术。"公鱼互联"云平台采用大数据和物联网技术,如OPC接口技术、传感技术、FRID技术、信息调度技术等针对各类有价值信息进行数据采集,形成实时信息流和大数据池,并基于客户需求和已知规则进行数据加工和处理,挖掘数据价值,实现客户需求的可预测及制造资源的最优化。

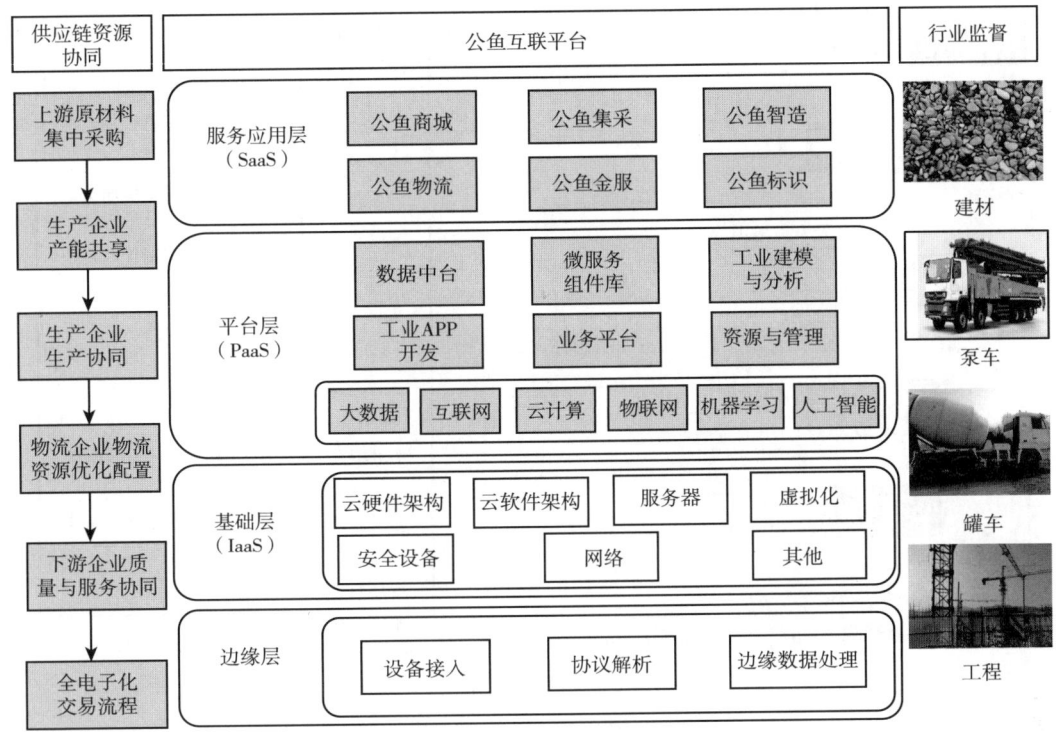

图 2 平台架构图

（2）基于智能化与信息化融合的 MES 智能制造执行系统。智能制造执行系统高度依赖智能制造技术与信息技术的融合，将混凝土生产与过程控制变为网络化生产，不断提升材料组合、设备运转、技术优化等环节，实时监控生产工艺流程，并对搅拌设备、电气系统等运行状态进行监测，提高生产过程可控性，实现自动化、智能化生产[3]。

（3）协同服务与共享平台搭建技术。通过同行业站点间协同保供与制造资源共享，预拌混凝土制造上下游产业链条的协同与资源共享技术，搭建协同服务与共享平台；同时通过打造网格化供应链将各环节紧密衔接，提升子平台间的协同服务能力。

（4）区块链、CA 认证保证数据安全。为确保各大平台及系统运行数据的安全性，采取多方面的数据安全措施：对接电子数据保全中心，对平台入驻供应商进行 CA 认证，并在平台关键节点进行身份验证及数据保全，其保全数据同步至渝信公证处和重庆网安司法鉴定中心；通过企业级防火墙，保障服务器的安全；对平台进行专业三级等保测评及渗透扫描，输出评测报告、差距评估报告、整改方案、漏洞扫描、渗透测试报告、风险评估。

（二）基于数字化协同平台的管理会计价值应用

"公鱼互联"云平台通过开发混凝土行业标识解析应用场景，采用了先进的智能信息技术手段，打通企业内外部信息系统不同应用、设备和数据等的信息孤岛，实现设备、数据的互通互联和信息共享，提供基于标识的系统数据，极大的促进产业链上企业信息化、数字化改造，也有利于产业链上各企业更便捷的使用平台服务和在平台上开展业务。

基于"公鱼互联"云平台的强大数据和技术支持，管理会计应用和价值也有了长足的发展，系统模块功能持续完善，不断优化，效果显著。公司以目标体系化建设为方法路径，将目标管理、人员管理、流程管理渗透到管理会计信息化各模块建设和功能应用中去，整合内外数据，链接内外需求，将数据价值的挖掘和应用推向了新的高度（见图 3）。

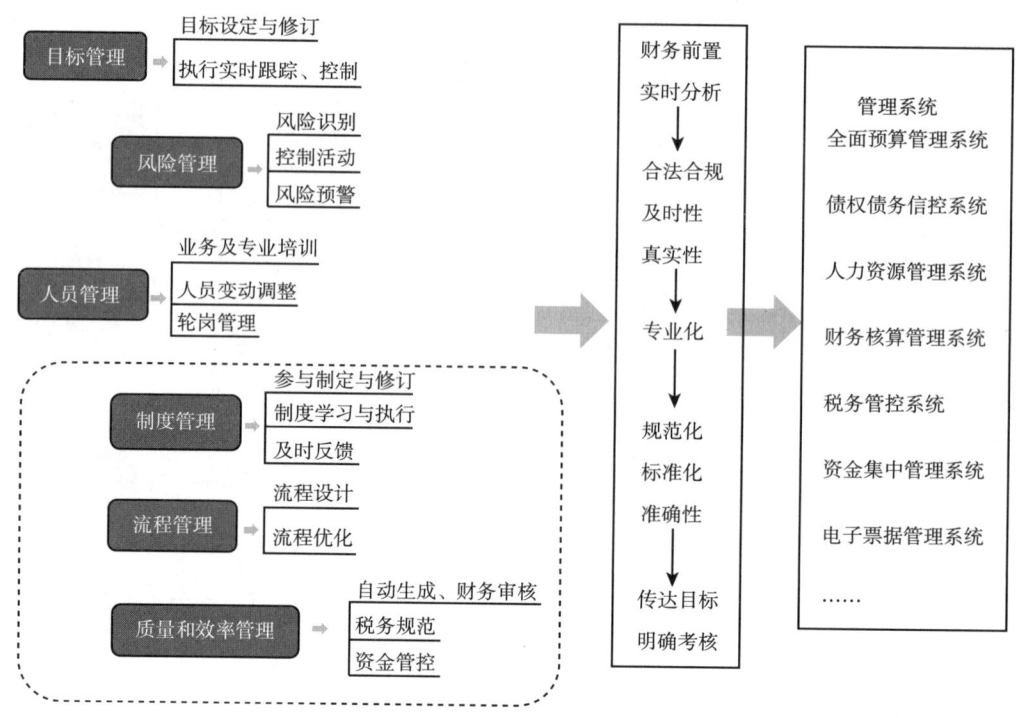

图 3 目标体系标准化建设示意图

1. 全面预算管理模块功能及价值应用

通过与公司业务流、信息流的全面融合与对接，公司全面预算管理实现对预算执行的自动控制、动态监管、实时分析，对实现企业的战略目标、监管日常活动、控制经营风险以及优化资源配置有重要的作用[4]：

（1）预算信息共享，过程动态反映。公司预算编制总体采用"两上两下"方式，制订各层级单位年度总预算。各预算指标同步进入系统平台，根据实际执行情况，进行动态反映和控制，并向指标的执行方、监管方、分析方、考核方等信息使用方开放，进行实时监管。信息化编制打破信息不对称、传递和计算不及时的僵局，实现信息实时共享，使全面预算管理更有效的为实现企业战略目标提供支持。

（2）建立调整窗口，灵活预算控制。在确保预算数据严谨性的同时，结合经营客观影响因素，对预算控制指标出现重大影响事项时，通过预算调整系统，于每年中期进行预算调整，实现预算的灵活控制。

（3）规范过程监管、实时预算控制。预算执行系统设置固定的审批流程，根据公司审批人员权责执行流程。同时，系统根据预算表实时显示预算执行情况，超标自动退回。线上审批，明确责任到人，降低预算执行风险。执行系统智能化了事中控制流程，将人工监管转化成了系统自动监管，节约了人力成本，有效地降低了人为操作风险，提高了监管效率。

（4）动态考核监管、实时综合分析。预算管理系统的自动化管理，保证了覆盖面积更全面、内容更精细的全面预算管理。预算分析系统将预算目标和绩效考核相结合，系统自动实时生成预算执行情况表，并与预算目标进行对比分析，提升了公司综合分析能力（见图4）。

2. 业财一体化模块功能及价值应用

在"公鱼互联"云平台的支持下，目前公司全面推进业财一体化。通过业务端的信息化、数字化管理，系统自动将业务流数据推送至财务系统，完成财务核算，实现业务财务的一体化管理。

（1）采购业财一体化。公司通过"公鱼互联"集采平台，自动进行两月一次的材料采购滚动招标，实现材料采购的充分竞争，有效的降低了材料采购成本，确保了公司材料采购的公开性、透明性。同时通过采购业务数据的业财共享，实现了财务对采购成本的实时监管。

图 4　全面预算管理系统展示

（2）生产业财一体化。公司原材料从入库、结算、消耗均实现自动化、电子化管理，公鱼智能配合比会根据生产要求自动生成原料配方，完成生产后自动计算出当期消耗数据，并与实际消耗数据自动比对，超过合理损耗值则自动预警，实现了生产成本管理的自动化，加强了对生产过程的监管。同时通过智能配合比对生产成本进行详细清分，实现了多主体生产成本的明细核算，确保了行业产能共享的清晰财务核算管理，促进了产能共享的推进，为行业提高产能利用率提供可能。

（3）销售业财一体化。公鱼商城销售业务的电子化，实现了销售电子小票、电子结算的自动生成，极大地提高了结算效率，系统将销售结算信息自动推送至财务系统及开票系统，完成销售业务财务一体化核算。同时通过供、产、销环节的电子化，可实现每笔销售业务的追溯管理。

（4）费用业财一体化。费用报销系统与全面预算系统关联，实现费用自动控制与监管，通过线上审批的费用报销，系统将信息直接提交至财务系统，自动生成费用凭证。同时通过银企直联直接支付报销费用，全过程实现了对费用管理的及时性及自动监管。

3. 资金信息化模块功能及价值应用

公司资金实行集中化管理，统收统支，统一调度。通过资金信息化系统的建立，银企系统的全面对接，提高了资金管理效率，实现了对资金的集中实时管控，降低了公司资金风险。同时基于平台的业务数字化，实现为上下游企业交易增信。

（1）银企直连—银行账户集中管理。公司所有银行账户与财务系统关联，企业内部系统和银行的业务系统进行对接，无需专门登录银行系统手工操作转账，直接通过 API 接口实现从企业内部系统银企付款、自助查询、转资金归集、调拨、信息下载和账户查阅等银行账户管理功能，满足企业的资金流入、内部流转、资金流出等全方位资金管理需求。

（2）资金池管理—资金统一调度。通过银企对接及资金系统的信息化管理，公司对 8 个子、分公司资金统一归集到总公司收入总账户，实行资金池管理，根据各子分司资金使用需求，由总公司统一调度使用。通过资金集中管理、统一调配使用，富余资金得到盘活，资金使用效率得到大幅提升。

（3）收付款信息化。收付款信息化是公司信控系统的重要环节，为有效控制债权、债务风险奠定了坚实基础。公司收款信息通过自动传递给信控平台，实现对客户的信控的综合管理。同时系统通过采购合同付款信息的采集，自动完成成对供应商供货后形成的债务进行分类，分别确认为保证金、垫资款、到期应付款等。同时在相应类别应付款在达到付款条件时，自动转换为到期应付款，保证了公司在对外债务支付时，严格控制在到期应付款范围内，保证了资金支付管理的清晰、准确，大大减少了财务人员支付审核工作量，以前一个人近一周的工作量，目前只需几小时即可完成。

（4）线上电子票据系统。公司打通了合作银行电票接口，建立起财务核算系统与银行、业务平台信息互通的电票端口。其中银行端口通过财务系统发起支付指令，同时关联集采平台的真实订单及对应发票后，向银行发起办理电子银行汇票申请，即可办理线上电子票据，实现了银行与公司业务间的数据采集，保证了银行票据的业务真实性，同时也实现了公司支付管理的可追溯性。

4. 税务信息化管理模块功能及价值应用

基于公司数字化转型要求及业务发展多元性的情况，公司自主开发了税务销项开票系统及进项发票控制系统，并实现了公司发票系统与国家税务系统的对接，实现了发票的规范化管理。

（1）税务销项开票系统。以公司数据库为基础，实现了公司的业务平台生产业务结算数据，经审核后可自动传输数据至税务销项开票系统，形成待开发票数据，再通过税务销项开票系统开具合规销售发票，确保每笔发票的开具均有具体业务支撑，防止了虚开、多开，保证了发票开具的真实性。

（2）税务进项控制系统。通过与税务系统的对接，可通过税务局数据库获取外单位开具给公司增值税专用发票进项发票的相关信息，并可自动完成进项税发票验证、比对，大量减少的公司发票管理的基础性工作，同时也保证了公司进项发票的及时抵扣。

5. 信控管理模块功能及价值应用

基于业务系统，公司建立的客户信控管理系统实现数据传递、自动计算、信控预警、停复供管理信息化（见图5）。

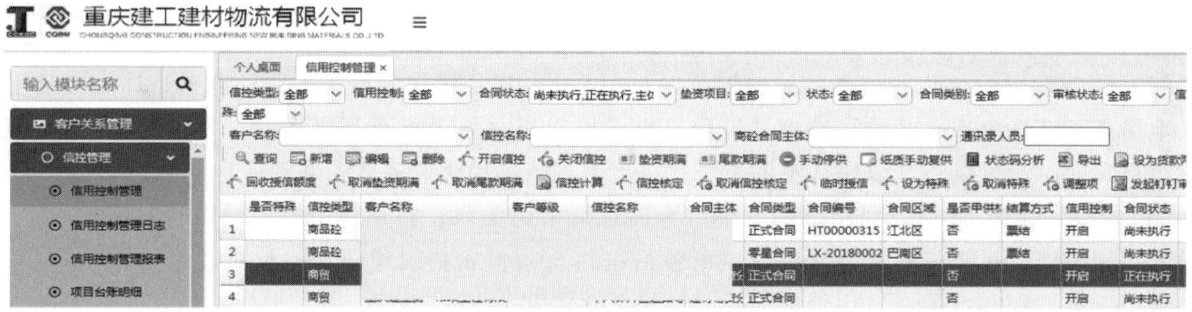

图5 信控管理系统展示

（1）数据处理信息化。系统通过合同约定的项目垫资款、进度款、尾款等支付节点信息，通过节点转化情况，系统自动计算项目垫资金额、按合同欠款金额、应收欠款余额等数据来进行"信用控制管理"。系统中经审核的单据自动推送至财务核算平台，财务人员审核后自动生成凭证，同时凭证号反写至系统平台，提高了工作效率，减少人工出错的可能性。

（2）授信管理信息化。为降低债权风险，公司系统对项目进行分类控制，根据公司信用管理政策，从"客户类别""项目的合同支付比例"等维度对项目进行分类控制，采取不同的授信比例对项目进行自动授信，达到了有效控制风险的目的。

（3）停复供管理信息化。信控管理系统控制了每个项目的供应，通过自动判断，识别高风险项目，并采取停止供应措施确保将风险控制在可控范围内。

系统设置"预警期"用以提醒客户注意，在授信范围内，系统自动判断相关节点，对项目进行预警及停供，将项目相关信息、停复供消息自动推送短信至相关人员处，若相关项目触发了"停供"状态，系统将锁死相应设备，停止对相应项目的生产，以实现公司风险管理。

（三）管理会计一体化信息平台实施效果

1. 提高管理效能，实现管控闭环

在"公鱼互联"数字化协同平台的应用基础上，公司以工业互联网思维全面推进管理会计信息化平台建设，公司已经初步形成了以全面预算闭环管理系统为核心的管理会计信息化平台，将财务管理融入各环节，全面渗透经营过程，提升经营能力，为管理层提供动态的预算、预测信息和实时的经营信息。

（1）在全面预算系统方面：公司已经形成了预算编制、预算执行、预算调整、预算分析以流程为驱动的预算信息管理体系，实现了全面预算"事前计划、事中控制、事后追踪"的管理闭环系统。预算系统的计算、汇总和分析部分由系统自动完成，大大提高预算的准确性，也节约人工计算成本，规避了计算风险，降低了营运风险，提高计算效率。

公司预算调整系统能够随时更新计算结果，实现了预算的灵活性，实现了"预算+考核"的自动量化分析。公司预算系统也能够实时监控预算实施情况，及时调整营运策略。通过实施比较预算数与实际数的差额，实时分析差异原因，可为营运策略提供决策支持。

（2）在业财一体化方面：业财一体化的流程和规则取代了传统上繁琐、累赘的审批流程，大大提高了财务核算的准确性、及时性。信息化系统也取代了传统工作上的重复性大的工作，信息化系统的引入使整个核算流程需花费的时间从15天以上缩短到一周之内，除此之外，该系统的建立还使业务处理流程更规范化、标准化，提高了成本核算的工作效率。

（3）在提高公司资金运作效率方面：实现了银行系统与公司业务系统及财务系统的对接，提高了财务处理的准确度。通过采购业务业财一体化，对债务情况进行系统的反映（如到期债务、未到期债务、账龄等），为资金支付管理提供了全面的数据支撑，提高了公司资金的运作效率。

（4）在数据应用和分析方面：通过实现数据共享，有效把控企业经营风险。以债权信息化系统为例，通过该系统将前端的业务流程及信息数据与财务系统互联互通，实现了业务程序的规范和信息共享，实时监管债权的变化及账龄情况，为管理层的经营决策提供了支持，降低了债权坏账风险。

通过实现数据归类，为高质量决策提供有效信息。以资金信息系统为例，资金管理实现了数据分类管理，保证了数据的准确性和及时性，实现了内部数据共享，为管理层的决策实时提供有效准确的数据。

通过数据分析给客户画像，为合作决策提供支撑。信控系统在对客户的管理中，通过对客户合作条件、合作规模、履约情况等数据的沉淀分析，对客户进行画像，为下一步合作提供决策支撑。

2. 提升管理收益，实现价值创造

（1）降低运行成本，缓解人力资源紧缺。通过管理会计信息化平台大大提高了财务交易处理和账务处理的效率，凭证自动生成，单张凭证处理成本大幅降低近60%，凭证处理速度平均每张减少60%的时间，节约了近40%的人力，运行成本和人力成本都大幅降低，人效不断提升。

（2）规范审批流程，提升工作效率。在一体化系统实施中，公司持续优化和简化业务的审批流程，并利用各项智能化自动化技术提高效率。目前审批流程都实现了在线化，发票对接税务系统自动查验，审批流程差不多从以前的一周缩短为1—2天，处理效率提高70%以上。通过流程的科学化和精简化，高效、可靠、低成本地完成基础财务处理流程，输出合规高质量的财务数据和会计信息。

（3）经营数据全链条在线可视，提供决策支持，管控运营风险。在公司内外整合的一体化信息平台上，采购、生产、销售的数据前后保持一致，为企业的资本预算及业务模式的及时调提供实时数据分析和决策支持，让资源投入带来最优回报。

公司通过信控管理模块监管债权，有效平衡销售与回款间的矛盾，较好的控制了坏账风险。公司近5年债权坏账风险不到0.2%，极大的减少了运营风险。

五、亮点总结和未来规划

重庆建工建材物流有限公司通过对财务系统各板块的信息化改革和升级，在核算、管理等方面得到了很大提升，但同时也暴露出了些许问题。

(一) 亮点：数字化效能凸显，管理会计价值成效显著

1. 大幅提高工作效率，财务数据反映更为及时全面

在营运、资金、信控等板块中，公司运用业务系统，设定相应工作任务及流程，并且打通业务系统与财务系统的通道，实现业务财务处理一体化。从业务数据产生到最后财务凭证的自动生成，整个信息化流程显著减少了财务人员的工作量，减轻财务操作成本，自动化的流程也使财务数据反映更为及时全面。而这也使得企业各项风险更加可控，资源分配更加合理，同时让会计信息的及时性和准确性提升，提高了管理的效率。

2. 信息系统全面覆盖，避免信息孤岛

同样是以信息化系统为基石的预算板块，公司建立了以流程为驱动的预算信息管理体系，实现了全面预算"事前计划、事中控制、事后追踪"的管理闭环系统。预算信息化系统使得预算工作自动化程度大幅提高，并对个别流程进行利精简，有效提高了预算的灵活性，降低了人工计算的风险，并与生产经营状况紧密相连，也避免了预算板块信息的孤立。

3. 与外部相关单位建立信息化桥梁

公司除了对业务、财务系统的对接使用，在税务以及资金板块，公司同样与外部信息化系统进行了链接。税务板块的销项开票系统及进项发票控制系统，分别自动向公司业务系统与税务局大数据系统采集数据，这让税务工作不再受硬件条件的影响，降低了企业的经营、财务以及合规风险，同时提升了管理效能。在资金板块，公司成功打通银行接口，对接电票系统，实现了财务系统、业务系统、银行系统的一体化融合。同时，通过公司所有银行账户与财务系统关联，公司资金收支得到有效的管理和控制。

管理会计的产生和发展，从根本上改变了会计工作的内容：从事后的记录变为事前的预测、事中控制；从被动反映事实变为主动控制事件的发展；从"记账—报账"型会计，变为"计划控制"型会计。使会计工作成为一种对结果事先加以控制的有力手段，进而使会计在竞争力、发展社会生产力上的作用大大提高。

4. 以工业互联网思维和智能化手段极大的促进了企业数字化转型

通过"公鱼互联"云平台实现跨设备、跨系统、跨厂区、跨地区的全面互联互通及全要素、全产业链、全价值链的全面链接，实现以数据流为核心带动技术流、资金流、人才流、物资流，构建起数据驱动的新型生产制造体系和服务体系，逐步转化为"产品+服务"的服务型制造，助推产业生态上的中小企业实现"共生""共荣""共享"，推动建材行业向智能化、数字化转型发展。

(二) 问题：数字化管理全链条亟待深度融通

1. 数字化管理尚未全链条打通

业务数字化，数字业务化，这是公司致力于信息化改革的转型目标，基于这个目标，公司搭建的"公鱼互联"云平台目前已实现将业务交易全流程进行线上化开展，且已在供应端实现电子合同、电子签收、电子结算的办理，业务前端、数据管理中端、财务管理后端已互联互通，这为公司的数字化管理建立了坚实基础。在实际的推行过程中，供应端企业已基本全部接入平台系统，开展电子合同、电子签收、电子结算的办理，但生态链打通非一时之功，例如销售端大部分客户由于其自身管理模式区别，不愿全面接入系统，未能全链条全覆盖的实现业务电子化，对公司整体提升数字化管理水平形成阻碍，因而全业务电子化推进仍有很长的路要走！

2. 财务管理智能化程度还不够

公司尚处于智能化转型的初期阶段，距全面智能化财务管理还有一定的差距。公司从2009年推行ERP业务系统到搭建财务信息化管理系统，并逐步向财务"云"管理转变的过程，经历了12年，期间是一个不断学习、摸索、改进、集成的过程。目前公司应用OCR、大数据、云计算等技术还不够深入全面，业务处理还存在部分需要人工操作的烦琐步骤，风险控制还存在部分人为监督的环节，财务分析还需对数据进行精加工，因而离实现智能化财务管理还有较大的提升空间。

（三）未来：完善平台服务，构建智慧生态

1. 完善系统服务功能，增强用户黏性

通过对管理系统的持续优化，让业务链条客户可通过平台进行数据追溯，及能够实时了解公司提供服务的实时状态等，以增长客户的使用体验感，从而增加公司与客户的粘性，变被动的管理为主动的合作。

2. 简化、规范业务流程，打通全链条业务电子化

通过对业务合同、业务流程管理的进一步规范化设计，充分考虑合作各方的主要关切及风险，全面运用加密及防篡改技术，解除对方疑虑，让对方感受到通过业务信息化的配合，可提高其管理效率，增加其管理效益，以实现对方主动配合公司信息化管理，从而实现公司全链条业务电子化。

3. 引入智能技术，构建智能信息化系统

RPA、大数据、云计算等信息技术的发展让整个会计行业都受到了冲击。智能财务对财务决策、财务信息质量和效率可以产生质的影响，企业应该加速构建全面智能财务系统，完善提升财务共享中心，优化企业财务管理模式。

重庆建工建材物流有限公司作为传统混凝土行业企业，面临数字化时代的需求和行业面临的痛点，积极应对，敢于探索，通过工业互联网思维实践，打通业财一体化信息平台，用管理会计的理念、工具和方法加强公司管控、提高工作效率、防范管理风险，在实践中尝到了甜头，看到了效果。财务管理也会不断积极转型、大胆创新、积极实践，为企业高质量可持续发展不断创造新价值！

参考文献：

[1] 冷继波，杨舒惠．"互联网+"背景下业财融合管理会计框架研究［J］．会计之友，2019（12）：19-23．

[2] 陈剑，黄朔，刘运辉．从赋能到使能——数字化环境下的企业运营管理［J］．管理世界，2020，36（2）：117-128，222．

[3] 陶永，蒋昕昊，刘默，等．智能制造和工业互联网融合发展初探［J］．中国工程科学，2020，22（4）：24-33．

[4] 牛莉莹．企业集团加强全面预算管理的路径研究［J］．会计之友，2018（15）：75-78．

企业自评

混凝土行业是我国建筑工程的重要支撑产业，为我国基础设施及各类建筑工程建设做出了重要贡献。但行业一直面临着基础设施差、管理模式落后、垫资大、资金周转慢等痛点，因而混凝土生产企业管理成本长年居高不下，财务风险大。

重庆建工建材物流有限公司自成立以来，一直专注于混凝土领域，公司经营管理也深受行业痛点困扰，因此公司秉承"服务客户、服务员工、绿色生产、创新发展"的宗旨，以"集中管理、把控风险"为总体目标，不断优化业务流程和探索新模式。公司于2009年开启了对业务管理、财务管理、业务模式的改革，拉开数字化协同平台建设的序幕，进入管理会计信息化建设的新阶段。

公司经历了四个信息化建设阶段，先后开展了公司采、销、生产等业务数据的信息化集成，实施了公司业务系统与财务系统的一体化对接，建立了集全面预算管理系统、资金管理系统、税务管理系统、信控管理系统于一体的管理会计信息化体系，构筑了业财融合、数据共享、集中管控的财务共享中心，进而搭建了"公鱼互联"产业链协同数字化平台。四个阶段循序渐进，不断提升，将公司数字化协同平台和管理会计信息化体系融合为有机的整体，两者相辅相成，形成整合效应，实现了公司业务数字化、数字业务化的战略目标。

通过一系列的信息化建设，公司运营模式得到了重塑：交易信息由单一的线下交易向共享式电子交易转变；生产制造过程由落后的人工操作向自动化、智能化转变；业务流程由烦琐的人工审批向高效的线上审批转变；财务管理由靠人工、手动模式逐步向数字化、智能化转变。公司的整体管理模式得到了优化，内部业务系统与财务系统的互通互联，提高了工作效率，降低了人工成本，外部银企直连、税企直连，加强了公司风险管控，降低了公司财务风险。

公司的信息化改革是跟随互联网发展趋势不断向前拓展，在拓展中不断运用新理念、新技术，探索创新的业务模式和管理架构，希望通过公司的数字化转型实践，击破混凝土行业痛点，创造行业生态价值。

专家点评

当今社会已经进入"大智云物移"时代，万物互联、互通，任何一个企业都不可能脱离产业生态而存在，竞争对手可能是合作伙伴，供应商也会成为客户，企业之间需要的是协同合作，这正是互联网时代提倡的共享和融通的精神。资源共享、信息共享、生态共享正是互联网思维的核心。

重庆建工建材物流有限公司属于建材行业的混凝土制造产业。从外部经营环境来看，产业面临着很多固有的管理难点，产业链条长，业务经营情况复杂，企业发展压力巨大，转型需求迫在眉睫；从内部管理需求来看，需要打通内外部流程、内外部数据，建设业财一体化管理会计信息平台和数字化协同平台，更好的为企业发展提供决策支持和贡献价值。

本案例以工业互联网思维为指导，以数字化协同平台为基础，链接企业内外部资源，建设财财融合、业财融合、产融结合的管理会计信息化体系，有机的整合全面预算系统、业财一体化系统、资金管理系统、税务管理系统和信控管理系统等模块功能，打造出一个高效、质量、合规的智能化管控平台，为企业的高质量发展提供了有效的管理手段。

本案例亮点突出，"公鱼互联"工业互联网云平台和管理会计信息化平台等多维度管理手段互相融合，在全产业链条实现流程和信息共享，同时利用多种智能手段提高管控效率，不仅自身受益，也让产业链上更多的企业受益，并通过数据分析对企业决策提供支持，充分体现了管理会计价值创造的核心思想。

希望通过此案例可以让更多的企业理解互联网思维在管理会计实践中的应用，积极实践、大胆尝试、敢于试错，让管理会计在万物互联的今天创造出新的商业价值。

中国巨石在运营模式重塑背景下的信息化体系创新应用与价值创造

中国巨石股份有限公司

> **摘要**：随着中国市场经济的高质量发展，国家在宏观经济方面实行供给侧结构性改革，在产业结构转型升级中，高质量、低能耗的可持续发展成为各类生产制造企业提升公司综合竞争力的现实要求。大数据、智能化、云计算等先进的信息化技术突飞猛进，创新与改革成为主旋律，这对现代企业的公司战略、运营模式提出了新要求，也给企业财务管理带来了更大的挑战。
> 2015 年 3 月，中国巨石股份有限公司（以下简称"中国巨石"或"巨石"）以"公司工厂化管理""工厂公司化运营"为理念，开启境内业务的管理整合，以便更好地利用各地的采购、生产及销售资源，有效规范销售价格体系和完善市场管理体系。在这一运营模式重构背景下，中国巨石充分运用管理会计理念，打造企业内部核算自动化、外部结算统一化的管理会计信息化平台体系，搭建符合新运营模式需求的巨石管理会计信息系统（JS Management Accounting Information System，JSMAIS），以中国巨石作为境内统一结算主体，实现采购、销售等业务集中结算。随着 JSMAIS 的实施和不断优化，中国巨石不仅实现了公司"三统一"的管理战略调整，优化了原有运营模式，还加强了资金集中管控，提高资金风险管理能力，实现公司治理统一协调，资金管理统一集中，提升了公司综合管理能力，助力经营高质量增长。
> 本案例分别从中国巨石背景简介、管理会计应用基础、运营模式整合重塑、JSMAIS 开发与建设、实施经验总结、实施效果与价值等内容详细阐述了 JSMAIS 在中国巨石的建设应用和价值体现。在 JSMAIS 实施后，公司资源规划和管理手段更加符合玻璃纤维生产制造类企业重资产、重资金的行业特征，推动了"公司工厂化管理""工厂公司化运营"企业管理方式变革，实现公司战略规划目标，开启运营管理模式转变，加强了资金风险管理能力，助力企业可持续、高质量发展。
>
> **关键词**：管理会计信息系统；JSMAIS；公司战略；运营模式；资金管理；风险管理

随着中国市场经济的高质量发展，以及国家实行供给侧结构性改革，在此产业结构转型升级的背景下，中国巨石股份有限公司作为全球最大的玻璃纤维生产制造企业，自 2015 年 3 月开始，以企业 JSMAIS 建设，推动"公司工厂化管理""工厂公司化运营"管理变革，完成"统一销售、统一采购、统一财务"的"三统一"运营模式转变，同时加强对统一后的企业资金风险管理控制。

在 JSMAIS 构建的过程中，不断完善内部核算自动化、外部结算统一化，打造统一购销管理平台，实现资金统一管理、风险统一管控，打造"融资结算平台＋制造工厂"的集团管理新模式，促进中国

---

* 本篇作者：汪源、丁成车、朱友光、颜建忠、熊苏婷、汤剑。
指导专家：杨俊（上海越乘信息科技有限公司）。

巨石战略目标达成实现、运营模式转化变革和风险管理强化控制。

一、中国巨石背景简介

（一）中国巨石企业简介

中国巨石股份有限公司，是中国建材集团有限公司（以下简称"中国建材"）玻璃纤维业务的核心企业，注册资本35.02亿元人民币，以玻璃纤维及其制品的生产与销售为主营业务，是我国新材料非金属制造行业进入资本市场早、企业规模最大的上市公司之一。

经过多年的发展和战略布局，中国巨石生产基地横跨中国东、中、西部，并坚定实施"走出去"战略，完成埃及、美国两大海外生产基地的建成投产，进一步夯实了全球玻纤产能第一的地位，同时公司秉承生态发展、低碳发展和绿色发展的理念，不断通过技术创新和管理变革提升企业核心竞争力，努力成为规模第一、技术领先、队伍优秀、管理精细、执行有力、业绩优良、高质成长的国际化企业集团。

（二）中国巨石企业性质

中国巨石是一家国有控股监管、民营参股经营的混合所有制企业，是国家混合所有制改革的先行者和实践者，股权隶属关系架构图如图1所示。

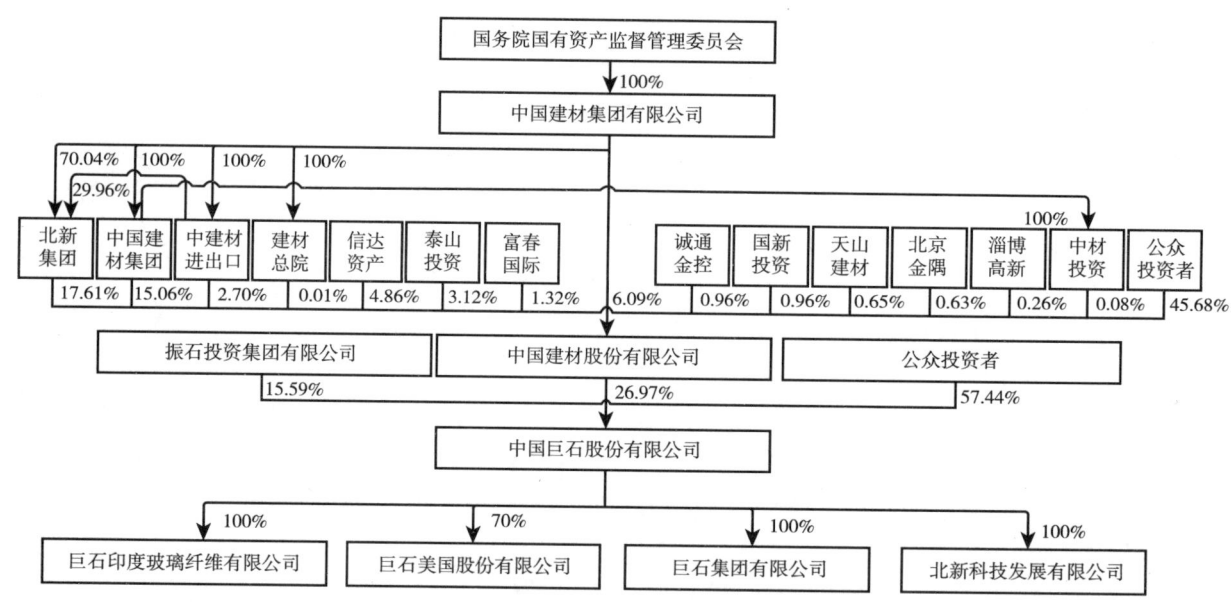

图1　中国巨石股份有限公司股权关系架构图

（三）中国巨石组织架构

中国巨石股份有限公司的组织架构为直线职能制，具体如图2所示。该组织结构形式是把企业管理机构和职员分为两类：一类是直线领导机构和分管领导，按命令统一原则对各级部门行使指挥权；另一类是职能部门和职员，按专业化原则，从事部门的各项职能管理、生产作业等工作。直线领导机构和分管领导在自己的职责范围内，有一定的决定权和对所属下级的管理权，并对自己部门的工作负全部责任，各级部门的职员，则是直线领导机构和分管领导工作任务的执行者。

中国巨石采用组织架构直线职能制既保证了企业管理体系的集中统一，又可以在各级部门负责人的领导下，充分发挥各级职员的岗位专业性和工作积极性。

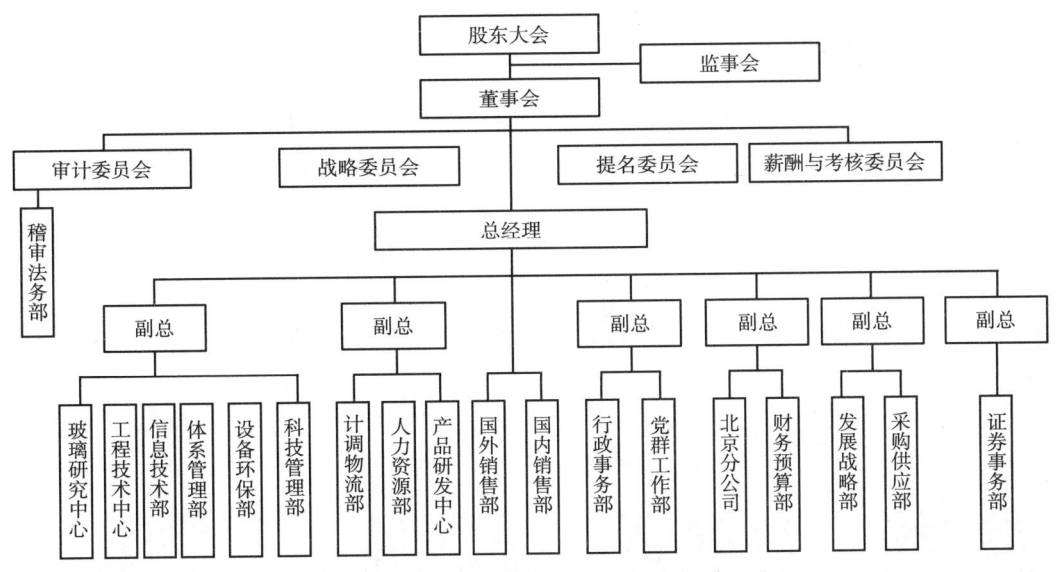

图 2 中国巨石股份有限公司内部组织架构图

（四）中国巨石商业模式

中国巨石是玻璃纤维（非金属类）生产制造企业，从上游产业中采购所需的矿石、化工原料和能源，巨石生产玻璃纤维，出售给下游产业各个公司。

主要产业链如图3所示。

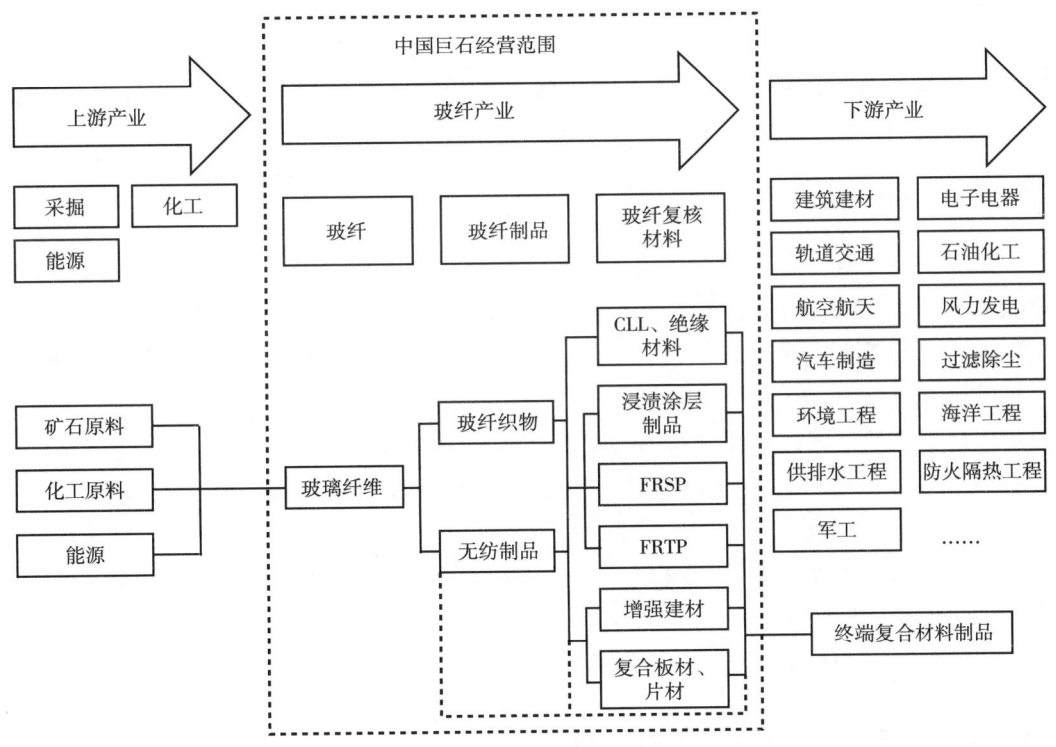

图 3 中国巨石上下游产业结构图

中国巨石的经营模式为B2B（Business to Business），在产业链中处于中间阶段（蓝框范围内），通过上游供应链采购原材料，巨石生产制造各类玻纤产品，销售给下游各类客户企业。

（五）中国巨石发展历史

公司创立于1993年，至今历经四次创业历程，具体经过如图4所示：

第一次创业（1993—2003年），巨石完整掌握玻纤池窑拉丝生产工艺，成为了成为国内玻纤行业龙头企业。

第二次创业（2004—2012年），巨石扩建浙江嘉兴桐乡和江西九江生产基地，布局四川成都，成为产能世界第一的玻纤企业。

第三次创业（2012—2018年），巨石在埃及、美国布局建厂，力图实现"以内供外"至"以外供外"的转变。

第四次创业（2018年至今），巨石发展"智能制造"与进军海外并行，对内推行"智能制造"降本增效，对外进行国际化输出资本、技术及品牌。

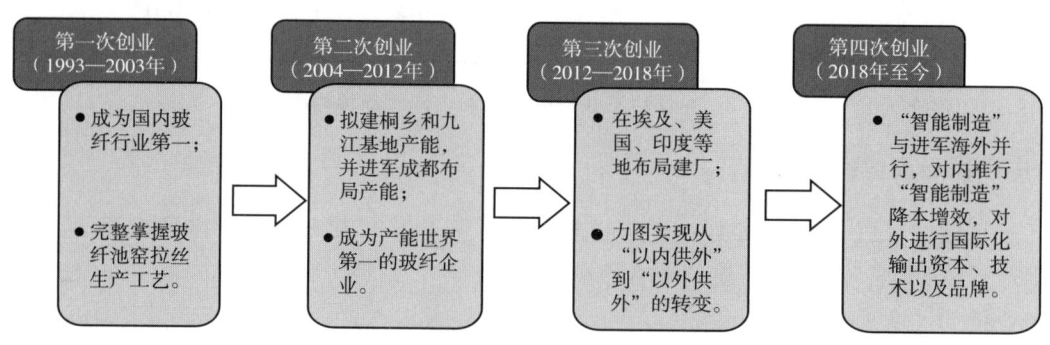

图4 中国巨石的四次创业历程

回顾历史，中国巨石的发展历史，是一部筚路蓝缕的创业史。巨石每次在企业发展的关键时期，均抓住了历史与时代的机遇，一步步成为世界玻纤行业的龙头企业。

（六）中国巨石发展前景

中国巨石创立以来，其主营业务销售收入一直占据公司总营收的90%以上。从2000—2019年，中国巨石营业收入和归母净利润的复合年均增长率（Compound Annual Growth Rate，CARG）分别高达18.17%和22.91%，远高于行业整体增速，中国巨石的企业核心竞争力进一步提升，并始终保持世界玻纤行业第一的位置。

未来，中国巨石将始终坚持高质量发展为旗帜，巩固公司在机制、文化、规模、品牌、成本、技术、管理、布局等各方面优势，不断提升核心竞争力，始终保持在规模、技术、成本、市场、质量、效益等方面长期处于领先地位。

中国巨石作为中国民族玻纤工业的旗帜，始终坚持可持续发展理念，将积极引领产业创新，使生产更高效、品质更优异、资源更节约，致力于产业报国，始终不忘"振兴名族玻纤工业"初心，牢记"为复合材料发展做贡献"使命，砥砺前行，再攀高峰，助推玻纤制造行业高质发展。

二、管理会计在中国巨石的发展和应用

（一）管理会计在中国巨石推行的指导思想

2014年11月27日，财政部发布《关于全面推进管理会计体系建设的指导意见》，部署全面推进管理会计体系建设工作，财政部副部长余蔚平出席并讲话，指出全面推进管理会计体系建设，是会计科

学发展必然选择,是推动中国会计工作转型升级的重点所在,强调有关高等院校和科研院所要立足理论联系实际,做好管理会计理论研究和构建,同时,广大企业会计人员要立足业务岗位,不断提升管理会计专业能力水平。

中国巨石作为全球玻璃纤维行业的领军企业,响应财政部的号召,积极推动财务管理转型升级,坚持以"支撑战略、集中管控、精细管理、价值创造"为指导思想,按照以业务统一促财务统一、以财务统一促业务发展的要求,制定"1234"财务增值战略,核心内容是财务创造价值,目标是打造一支综合素质高的团队,构建公司财务管控和财务共享管理两种模式,夯实会计基础、财务管理制度、财务信息化管理三个基础,完善全面预算、资金管理、税筹管理和风险管理四大体系。

围绕"打造一支团队、构建两种模式、夯实三个基础、完善四大体系"为总体目标,如图5所示,利用财务共享服务理念推进管理会计发展,设计优化财务部门的职能架构,明确管理职责范围,推进业务流程标准化,管理流程信息化、可视化,将管理会计理念灌输到经营业务中去,参与企业经营管理与分析,切实充分发挥管理会计职能。

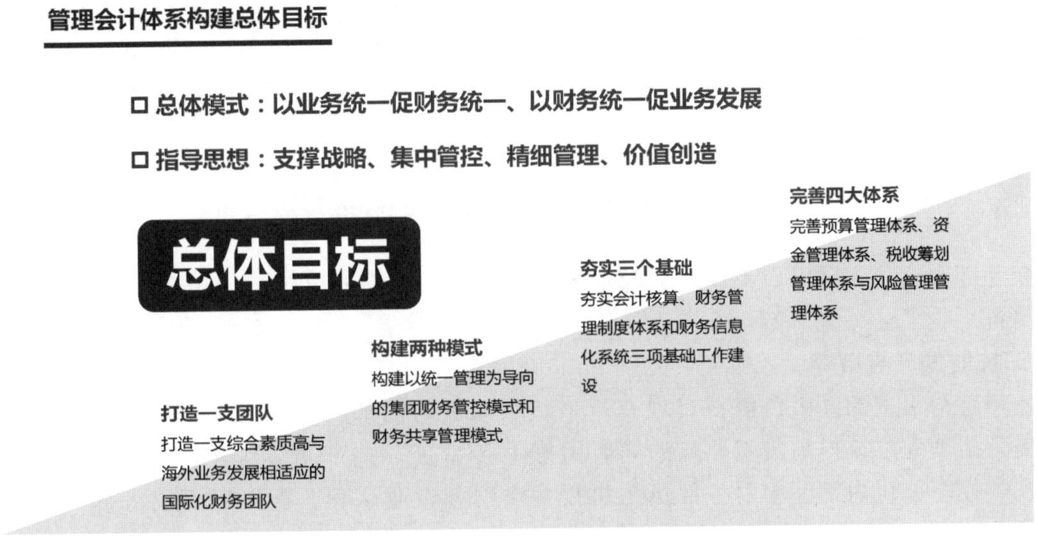

图5 中国巨石管理会计体系构建总体目标

(二)管理会计在中国巨石推行的制度基础

中国巨石建立了包括技术标准、管理标准和工作标准体系,涉及技术标准超千项,管理标准超400项,工作标准超900项,综合基础管理标准超50项。制度体系齐全完善,为公司提升管理水平奠定了基础。

中国巨石财务部门不断完善自身财务制度体系建设,夯实基础管理,财务类标准化制度超30项,从会计核算、内部控制、财务管理、风险管理等方面完善内部财务控制,强化制度的执行力,做到所有业务"有制度可依、有制度必依"。

公司制度架构主要如图6所示。

(三)管理会计在中国巨石推行的人才保障

1. 高知人才招聘与引进

随着中国巨石的发展壮大,企业对财务人员的招聘需求的标准也随之提高。原来财务部门立足会计核算为基础,做好月度、年度结算即可,但随着企业业务规模的逐渐增大,以及全球化的扩张步伐,中国巨石引进"双一流"高校毕业生,进一步提高硕士以上学历员工比例,打造高素质专业化财务队伍。财务人员不仅有从事财务会计等基础工作岗位,更有从事较复杂的风险管理、财务分析、预算管

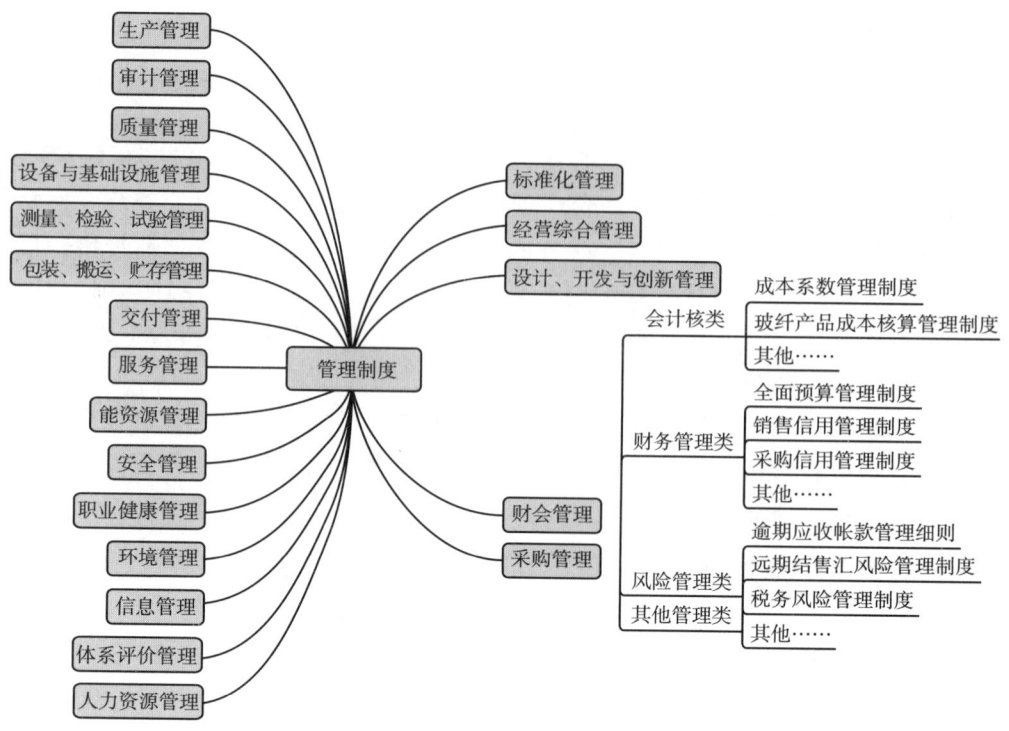

图6 中国巨石财务规范制度架构图

理、涉外会计等岗位。中国巨石不断提升招聘财务人员的学历与技能门槛,为企业的全球化扩张步伐做好人才储备。

2. 员工技能提升与培养

在人才招聘与引进的同时,巨石对现有员工组织大量的内部、外部财务课程培训,内部培训主要是以技能提升培训为主,提高员工技能的同时做好"传帮带"内部培养工作。外部培训主要邀请财务业内专家、教授至公司内部,为财务部员工讲授各类财务专业课程,帮助巨石财务部员工学习财务知识,开拓管理视野。

三、中国巨石运营模式面临的挑战和重构背景

(一)传统运营模式面临的挑战和问题

2012年底至2015年初,中国巨石尚处于企业发展史上的第二至第三次创业发展阶段的过渡时期,公司刚完成国内产业的东、中、西部布局,其下属各子公司当时还是以独立法人主体身份开展采购、生产、销售及财务管理等业务,各公司业务分散、管理层级多、组织机构链长、管理成本高、资源配合度低,这使得子公司的经营管控与财务管理分散,不利于整体资源优化配置。公司运营模式如图7所示。

各公司各自作为法人主体独立运营,运营业务分散、协作效率低、管理成本高。随着时间的推移和国内外市场环境的变化,当时分散化的运营管理模式已经显得较为落后,该模式已无法满足企业及时应对市场经济环境的变化,无法满足境内三地协同一致发展的需求。因此,原有的运营模式已不符合公司高速发展的实际需求。

(二)运营模式重构背景下打造一体化管理会计信息平台

2014年9月,中国巨石总部迁址浙江桐乡,实现上市公司主体和生产基地合二为一。按照"公司工厂化"为管理理念,整合各公司的功能定位,对采购、销售、财务管理等核心业务进行流程再造,

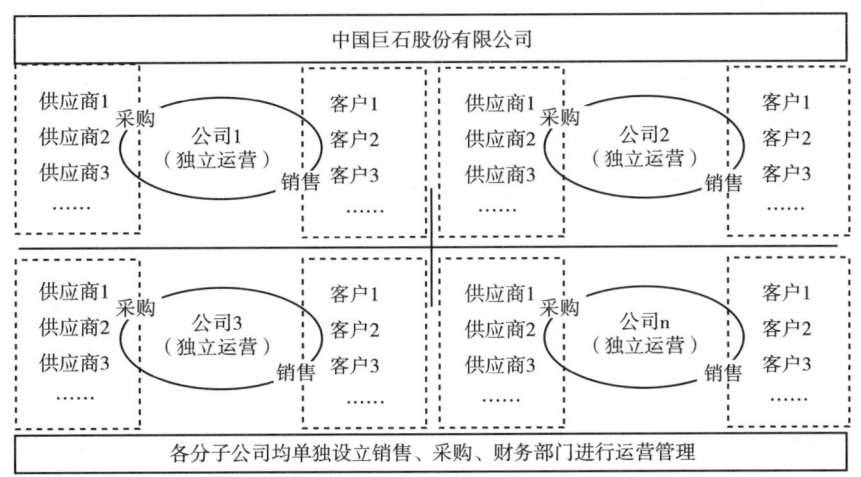

图 7　中国巨石原运营模式

搭建中国巨石的统一集中购销管理平台。

2015 年 3 月，中国巨石以运营模式重塑为契机，以管理会计信息系统 JSMAIS 为依托，用管理会计的核心理念，将财务管理嵌入经营业务，财务与业务相融合，采购业务、销售业务统一由中国巨石作为唯一的主体与供应商、客户结算，取消集团各子公司对外资金的结算与审核业务。同时，公司对 JSMAIS 的流程进行重新设计、配置。

调整后的中国巨石运营模式如图 8 所示。

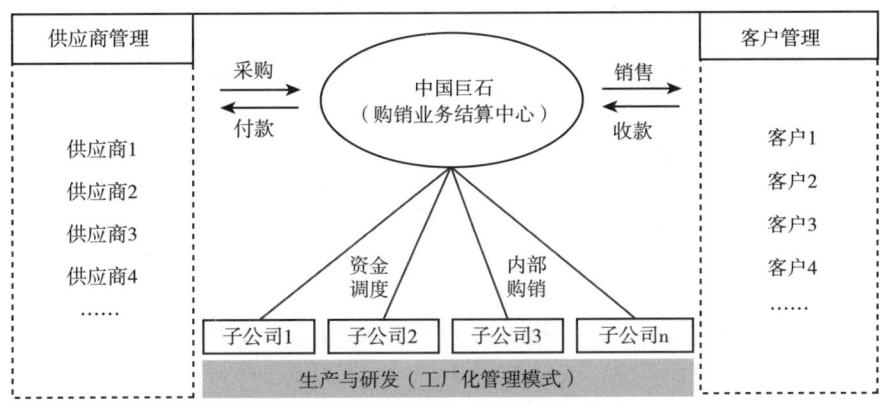

图 8　中国巨石现行运营模式

整合后的运营模式充分体现了统一结算平台 + 制造工厂的全新运营模式，实现了销售业务、采购业务的管理统一，更有效的满足客户需求，提升客户满意度，并通过统一资源管理，发挥规模采购优势，有效控制物资采购成本，进一步降低生产成本。在此基础之上完成了财务统一管理体系的搭建，形成内部结算自动化、外部结算统一化的整体布局，推动管理会计与智能财务的发展，并利用中国巨石企业平台，优化融资方式、提高融资效率、降低融资成本。

（三）创新运用巨石管理会计信息系统 JSMAIS 实现运营模式落地

中国巨石将上市公司主体和生产基地合二为一之后，就着手对公司采购、销售、财务三大部门实行统一管理，为了实现公司当时的战略管理目标，优化信息系统业务流程，加强风险管理的可操作性，实现审批流程、工作效率的最优化。

中国巨石设计开发、建设完善巨石管理会计信息系统 JSMAIS，打通了采购、销售、财务三大部门的业务流程衔接,将系统结算衔接记账系统。员工通过线上采购、销售审核、财务审批与资金收讫,将银行支付信息应答反馈给记账系统自动生成会计支付凭证,实现了审批单和付款单"单单相符",做到了付款单和凭证"单证相符",降低了潜在人为差错风险。

四、管理会计信息系统 JSMAIS 重点应用和经验总结

中国巨石如果要实现对公司采购、销售、财务工作的业务结算流程统一,完善经营管理、业务流程、风险管理一体化管理与控制,就需要依靠管理会计信息化体系和平台的开发建设和应用。这一套平台在中国巨石被成为管理会计信息化系统,简称 JSMAIS。通过对 JSMAIS 的设计开发与建设完善,以统一的数据、流程、规则和系统链接业财数据,对运营形成决策支持,真正实现对公司原有运营模式的重塑。

(一) JSMAIS 建设目标

管理会计信息化体系建设主要需实现以下目标:
(1) 实现中国巨石对银行账户数据的对接,以及银行存款、银行票据的收付结算;
(2) 对银行票据结算业务进行风险管理控制,尤其是防范银行的票据承兑风险;
(3) 支付结算系统需与支付审批系统、SAP 记账系统打通系统内部链接。
JSMAIS 设计要点主要体现如图 9 所示。

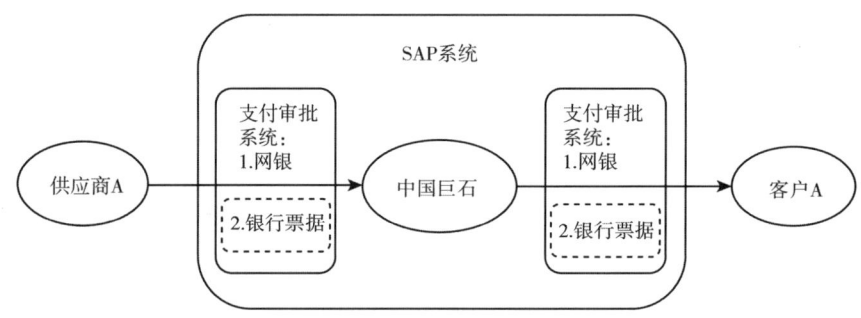

注:虚线表示需要风险管控关键环节

图 9 JSMAIS 设计要点

JSMAIS 的建设围绕着既有 SAP 系统,信息端口打通网银收付和票据收付系统,做到中国巨石桐乡、九江、成都三地公司所有银行存款、银行票据收支均由中国巨石总部财务部门通过 JSMAIS 统一协调、管理与控制。

(二) JSMAIS 建设重点和功能应用

1. 信息系统开发设计中的风险治理和规范标准

在 JSMAIS 的设计过程中,最大的难题就是管理会计中的风险管理。《中央企业全面风险管理指引》指出,企业风险管理基本流程为:
(1) 收集风险管理初始信息;
(2) 进行风险评估;
(3) 制定风险管理策略;
(4) 提出和实施风险管理解决方案;
(5) 风险管理的监督与改进。
风险管理流程框架如图 10 所示。
根据上述风险管理流程,JSMAIS 的建设中需着重考虑设计到:风险评估"三流程"内容,以及风

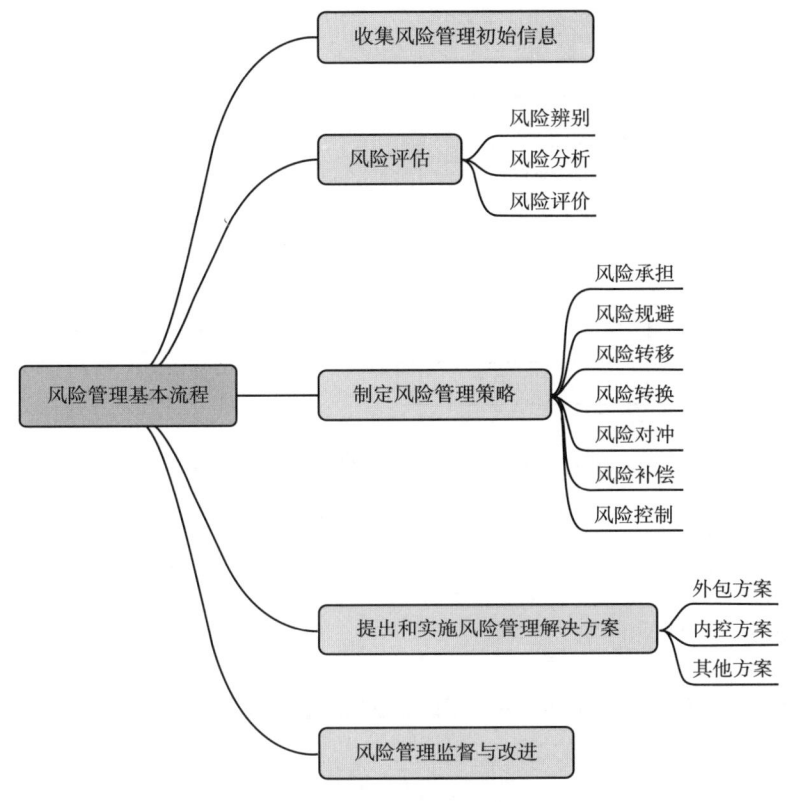

图 10　风险管理基本流程

险管理策略的风险规避、转移和控制，尤其是在巨石财务的日常银行票据的收支业务中。

银行票据风险往往涉及金额巨大、上下游企业追溯困难，一旦发生企业资金不足，或银行承兑风险，会严重影响到中国巨石的资金安全，涉及供应商货款能否及时支付。故而，在 JSMAIS 技术实现中，需着重实现风险管理的相关技术应用功能。

2. 信息系统功能建设与应用

（1）风险控制系统建设与应用。中国巨石现有企业 SAP 系统，是境内外统一的财务管理、生产管理、人力资源管理等一体化的企业 ERP 系统软件，然而在风险管理维度上，缺乏关键的风险管理与控制应用模块。在 JSMAIS 系统建设过程中，涉及风险管理的模块，是设计中之重中之重。因为这涉及企业收讫银行票据的资金安全风险和承兑风险，须确保企业资金的绝对安全零风险。

通过业务流程的再梳理和系统的最终设计与开发，实现了财务部资金风险管理的线上化，并有效利用信息化手段介入风险识别和风险控制，提高风险控制的效率与质量。具体模式如图 11 所示。

中国巨石在财务部门设置管理会计相关工作岗位，其中就有资金结算科室中从事资金风险管理工作岗位，该管理会计对收到的银行票据进行风险辨别。在日常工作中，管理会计根据企业报关平台、金融资讯以及供销商渠道信息，形成一套承兑人风险名册，将名册信息数据导入巨石 JSMAIS 系统中，该系统会自动识别风险承兑人，以供管理会计风险管理人员辨别，和财务复核人员用以规避风险。

公司资金风险管理会计将根据各种渠道信息，整理汇总《风险承兑人清单》，把信息数据输入 JSMAIS，并长期保持维护，用以风险管理流程中的风险辨别。如图 12 所示，JSMAIS 智能化自动识别风险承兑人并进行预警。

在日均几百张银行承兑票据的收讫与支付的工作量下，JSMAIS 的智能化功能会提示管理会计发现风险承兑人，并且标红处理（图 12 虚框处）。管理会计人员发现标红部分后，会风险辨别、风险确认，如确认系统提示无误，会进行风险规避操作，即将银行票据退回客户处理。

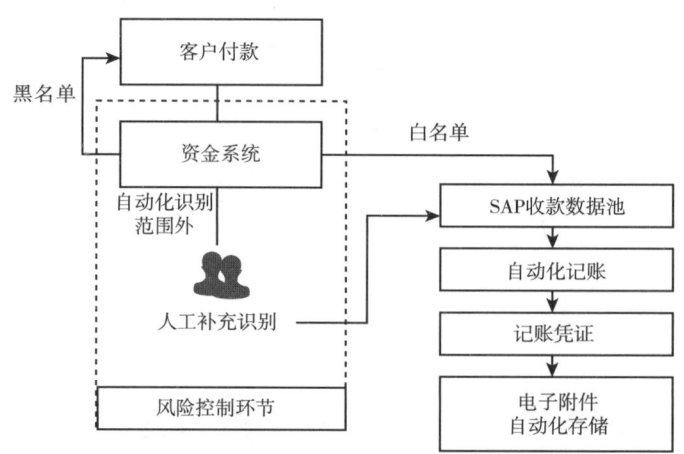

图 11　财务票据风险控制与自动化实现

图 12　JSMAIS 系统资金模块的风险提示设计展示

通过上述 JSMAIS 风险管理控制功能的开发，极大地提高了管理会计的风险辨别、风险规避等风险管理流程的效率，极大地提高了日常工作的准确性，确保了财务资金的安全零风险。

（2）基于风险控制下的收款业务自动化实现如图 13 所示。在销售业务统一结算的大背景下，实现了对外结算收款账户的统一化，并对银行账户进行了分类管理，不同账户发挥不同的业务功能，同时，通过风险控制系统建设与应用，实现了银行票据类收款结算的风险防控，在此前提下巨石财务着力打造收款业务的自动化流程。如图 13 所示，通过资金系统实现与 SAP 系统的双向互通，收款数据通过资金系统源源不断的推送至 SAP 系统，SAP 接受到收款数据后通过自动化程序对不同的款项进行筛选，通过数据的自动识别完成自动化制证与电子附件自动化存档工作，这一功能的运用实现了 95% 以上日常收款业务的完全自动化，充分释放了收款业务的基础核算人手。

（3）供应商支付及票据结算管理的建设和应用。在 JSMAIS 的设计开发与建设过程中，除了上述重点提及的风险管理模块，还根据前端业务需求，和供应链流程打通，新增供应商支付审批流程应用模块。

财务支付流程设计与 SAP 兼容模式图如图 14 所示。

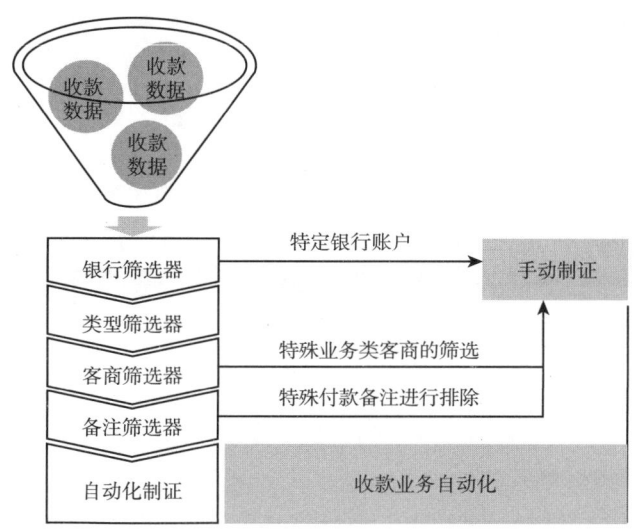

图 13 收款业务自动化示意图

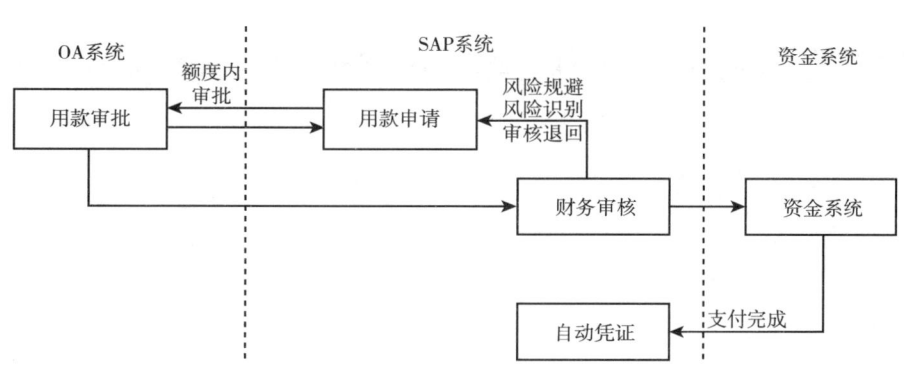

图 14 财务支付流程与 SAP 兼容模式

通过上面的流程可以了解到，JSMAIS 系统对于付款业务的审核把控完全嵌入到了 SAP 中，实现了付款发起、领导审批、财务审核、财务支付到付款制证的多系统全流程数据的互联互通，并通过信息与数字化手段完全实现了付款凭证的自动化制作与电子附件的自动化勾稽与存储，充分利用信息化与数字化手段减少基础核算类工作，将富余的人手投入到审核把控与决策支持中去，推动了管理会计的发展。

同时在整个付款业务链条建立后，由于公司银行承兑汇票背书结算量多，出现了票据背书付款时付款单据与票据的分配对应工作量大的问题，支付人员的挑票过程漫长而痛苦，因此在资金系统中进行了"配票"功能的开发，如图 15 所示，以适应自身业务的需求，满足业务灵活度的同时提高配票付款的效率，并为"智能配票"打下基础。

（4）费控报销系统的建设与应用如图 16 所示。JAMAIS 实现费控报销与资金系统支付、SAP 系统记账进行集成互通。通过费控报销系统的建设一方面打通了费用报销到支付记账整条业务链，另一方面通过利用费控报销工具完成了发票的自动化验重、验伪和差标的自动化核算控制，提高报销效率和提升了员工满意度，充分体现财务走向服务。

（5）税企直连建设与应用。如图 17 所示，JSMAIS 在税企直连系统完成进、销项业务的管理。通过业务系统与金税系统的双向互通，完成税控开票与记账的自动化同步和电子发票档案自动化存储；通过进项发票池实现发票的验真，完成采购业务信息的集成与验证，实现了风险防控、效率提升的整体目标。

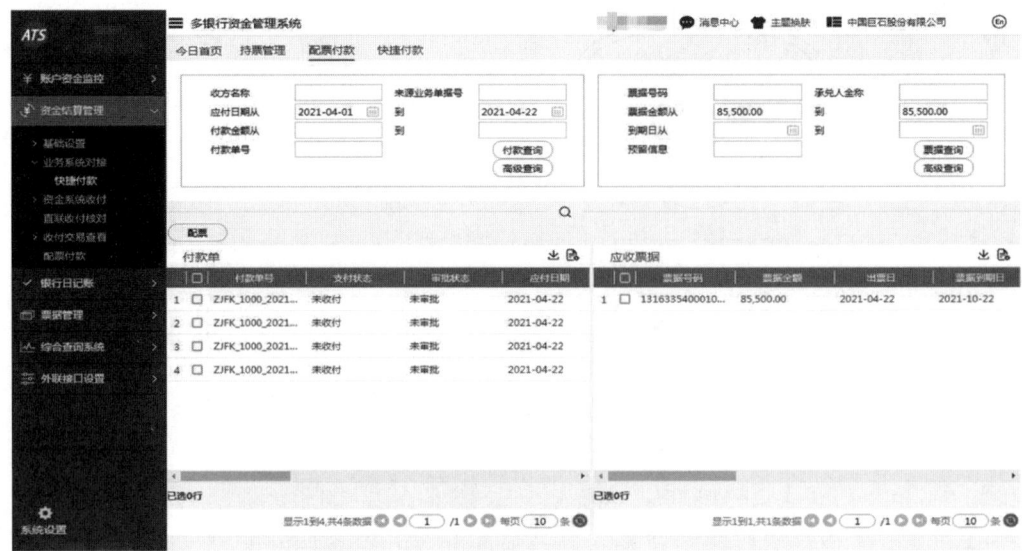

图15 资金系统"配票"功能的开发展示

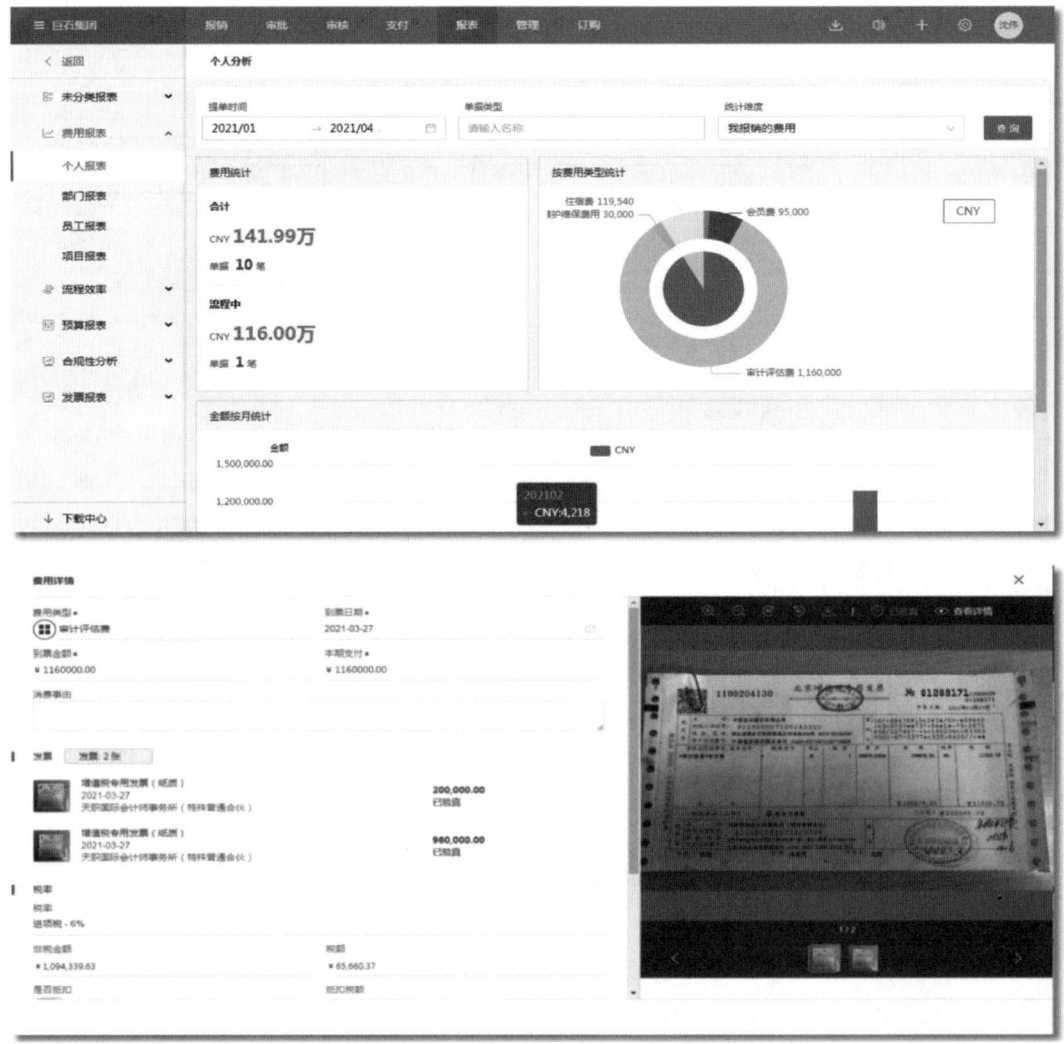

图16 费用报销到支付记账整条业务链展示

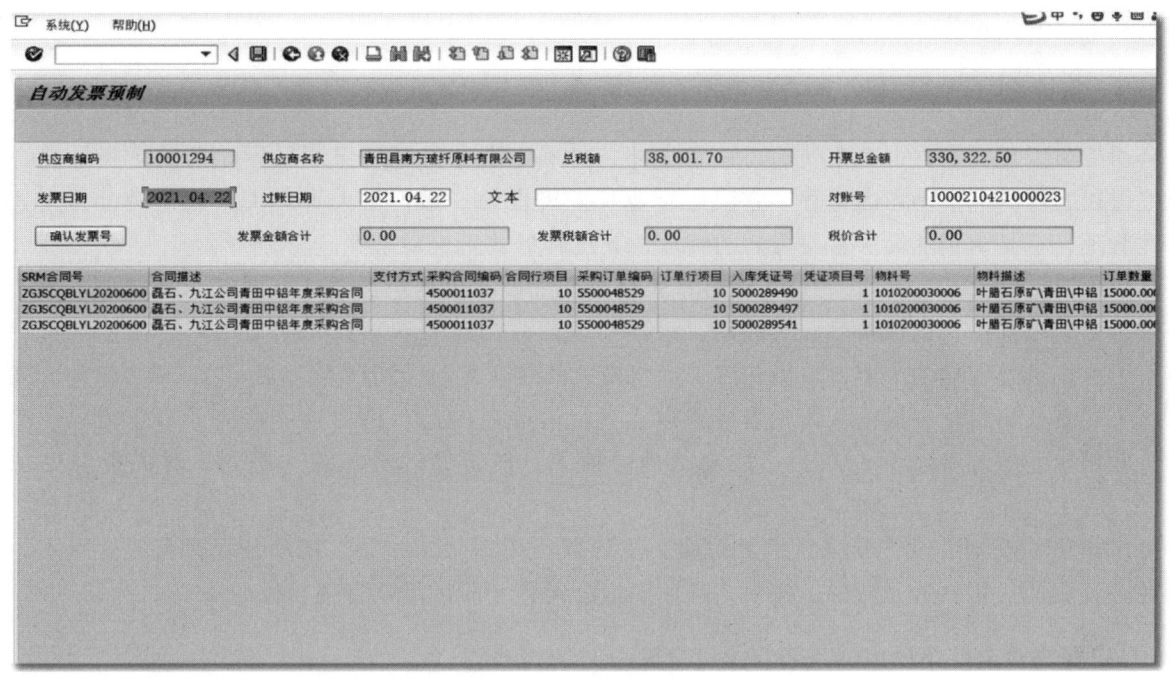

图 17 JSMAIS 税企直连系统中与 SAP 连接展示

（三）JSMAIS 实施经验总结

1. 实现战略管理目标

公司的战略管理随着市场环境的变化而转变，原有的运营模式适应不了新的市场变化，JSMAIS 统一了供销平台化开发与建设，助力巨石重新设计新的运营模式，达成公司战略管理目标，适应了新的海内外市场环境。

2. 提高风险管理意识

中国巨石财务部非常强调资金风险管理的安全性，在资金风险降为零的要求下，开发了 JSMAIS 系统，设计风险管理模块，这正是中国巨石财务部门有强烈的风险管理意识的体现。

3. 完善信息系统规划

工欲善其事，必先利其器，信息化实践已经证明，未来企业脱离信息化是无法生存的，管理信息化将成为转型升级企业发展的保障。因此，企业信息化建设属于"一把手"工程，明确信息化推进路径，突出核心业务应用环节覆盖面，有效优化信息化资源配置，形成推进合力，支持 JSMAIS 系统的设计、开发与应用。

4. 加强管理会计建设

JSMAIS 系统的完善运行，得益于中国巨石公司响应财政部发布的《关于全面推进管理会计体系建设的指导意见》，设置好了财务部门内部的管理会计岗位，包括风险管理岗位。随着 JSMAIS 的建成与完善，管理会计岗位愈发重要，并在工作实践中日益发挥自己独特的管理职能，完成企业日常资金的风险管理与控制。

五、管理会计信息化体系实施成果和价值

中国巨石通过打造统一的管理会计信息平台和实施 JSMAIS 系统，链接业财全流程，实现业财全数据共享，将管理会计理念融入业务经营流程，有力的支持了公司战略发展和运营模式重构后的管控要

求,创造了提升公司的经营业务管理水平。

(一) 支持公司战略发展,助力运营模式重构

公司战略管理,是根据企业外部环境和内部条件确定企业目标,保证目标的正确落实并使企业使命最终得以实现的一个动态的过程。它决定企业长期表现的一系列重大管理决策和行动,是企业的综合特性管理,它是由企业高层参与策划的管理,其过程形式呈现动态性。

在2015年之前,中国巨石的公司战略首先是要实现玻纤生产制造企业行业第一地位的巩固,布局国内东、中、西部。在该战略目标实现后,渐渐发现原先的运营管理模式明显落后,分散化管理方式适应不了市场迅速变化的节奏,故而开启了运营模式的转变之路。2015年以后,在JSMAIS的开发与协助下,公司资金集中化、供销一体化目标得以实现,转变后的运营模式迅速适应了市场需求,简化了采购、营销等业务作业流程,在公司战略管理层面上,经营管理更加统一协同,财务资金更加高效集中。

可见,JSMAIS使财务与业务流程相融合,以管理会计理念为核心,推动公司运营模式重塑,从而带动业务流程的优化再造,新的运营模式从而助力公司下一阶段战略管理目标的实现。

(二) 提高资金使用效率,全面管控资金风险

通过JSMAIS的实施,中国巨石实现了购销业务的统一,进而实现了资金集中管理的统一,推进了业财融合的进度,达到资金统一管理、合理调度,减少不必要的资金沉淀和资金占用。

公司日均有大量管理费用报销业务、采购业务等资金流出,JSMAIS系统结算衔接SAP记账系统,利用SAP业务记账模块接入JSMAIS系统,财务人员通过线上审核与支付,将银行支付信息反馈给SAP自动生成会计支付凭证。JSMAIS的一体化流程操作,实现了审批单和付款单"单单相符",做到了付款单和凭证"单证相符",规避了因人为操作等因素而导致的潜在差错风险。

JSMAIS风险管理模块系统以《中央企业全面风险管理指引》为风险管控指导思想,加强全流程风险管控,通过业财一体化流程,将资金风险控制要素嵌入信息系统,事前控制资金风险目标,做到资金风险的信息化识别管控,有效进行资金风险评估和规避,确保资金无风险。

财务部门设置管理会计风险管理岗位,极大地提高了企业的风险管理效率,切实确保了巨石的资金安全,把资金承兑风险降低为零,从而保障了公司投融资平台的安全。

(三) 推动投融资平台建设,实现公司资金稳增值

中国巨石通过实现JSMAIS系统的建设,有力地助推企业实现了销售、采购结算的统一的规划,完成了"融资结算平台+制造工厂"的集团管理模式。

JSMAIS实现了原先浙江桐乡、江西九江和四川成都公司不能实现的资金统一结算、调拨的功能。在JSMAIS系统的帮助下,中国巨石资金统一归集、结算,符合中国巨石重资产、资金密集型企业的基本特征,可以集中资金办大事,集中力量解决问题。各下属单位公司通过业务往来和公司间资金拆借模式,高效获取所需资金。

通过集中采购和销售业务,实现资金集中归集和结算,有效降低了资金风险。中国巨石利用自身AAA信用等级和行业地位,发挥上市公司融资平台的职能,拓宽多元化融资渠道,提升融资质量,降低融资成本,运营模式调整后平均财务费用总额下降31.45%,平均吨纱财务费用下降60.24%。

(四) 提升经济和管理效益,助力公司高质量发展

公司在管理会计方面运用充分与经营业务进行融合,利用管理会计理论对运营模式进行重塑与整

合,取得了良好的经济效益和管理效益。

在人员成本节约方面,从财务部门的人员结构来看,公司业务量持续增加,财务人员数量却在不断减少和优化,自2015年以来直接人员优化18.28%,财务工作效率不断提升。

在经济效益方面,在管理会计信息平台的支持下,通过运营模式的转变,充分整合上市公司主体资源,做大上市公司主体业务量,弥补上市公司亏损,有效降低整体税负。同时也有效支持了公司经营的增长,公司实现的利润总额和利润率都较2015年取得大幅度增长。公司JSMAIS财务价值体现如图18所示。

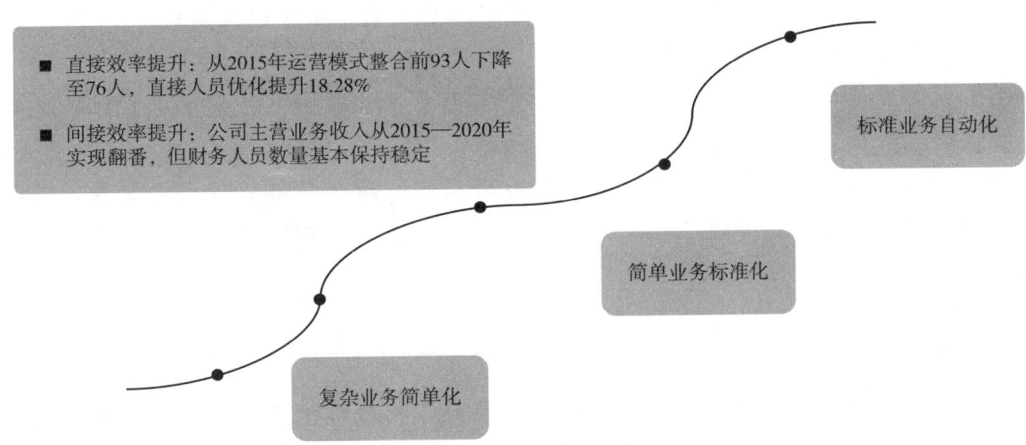

图18 中国巨石JSMAIS财务价值体现

中国巨石在管理理会计应用中虽然取得了一些成绩,但仍有很多不足之处,JSMAIS还有功能有待完善。展望未来,中国巨石将继续以公司战略为指引,以公司经营为核心,按照财务1234的战略部署,深化管理会计一体化信息平台建设,继续推动JSMAIS的优化升级和拓展应用,真正实现"支撑战略、集中管控、精细管理、价值创造"的目标,为公司的高质量长远发展创造更大的价值。

参考文献:

[1] 张永翼,奚修磊.中石化财务共享服务实践[J].财务管理:综合版,2020(4):7-20.

[2] 罗四维,赵军胜.中国巨石(600176):站在新一轮成长周期的起点上——中国巨石深度报告[R/OL].(2020-07-29).

[3] 罗四维,赵军胜.中国巨石(600176):市占逆势提升,行业景气度拐点已至[R/OL].(2020-08-19).

[4] 周策,尹盟.中国巨石(600176):海外疫情拖累半年业绩,静待下半年行业复苏[R/OL].(2020-08-19).

[5] 黄骥.中国巨石(600176):业绩底部已现,迎来景气向上[R/OL].(2020-08-18).

[6] 丁士涛.中国巨石(600176):成本优势突出,期待积厚博发[R/OL].(2020-07-27).

[7] 中国注册会计师协会.公司战略与风险管理[M].北京:中国财政经济出版社,2020:335-411.

[8] 秦朔.新工业时代——世界级工业家张毓强和他的"新石头记"[M].北京:中信出版社,2019:159.

 企业自评

中国巨石秉承生态发展、低碳发展和绿色发展的理念,不断通过技术创新和管理变革提升企业核心竞争力,努力成为规模第一、技术领先、队伍优秀、管理精细、执行有力、业绩优良、高质成长的国际化企业集团。自2015年起,中国巨石以"公司工厂化管理""工厂公司化运营"为理念,开启境内业务的战略整合,使其更好地利用其在各地的采购、生产及销售资源,有效规范销售价格体系、完善市场管理。在这一运营模式重构背景下，中国巨石充分运用管理会计理念，打造企业内部核算自动化、外部结算统一化的管理会计信息化平台体系，搭建符合新运营模式需求的巨石管理会计信息系统。

中国巨石由公司财务部牵头，按照管理会计理念，以"公司工厂化管理"为整合原则，整合各公司的功能定位，对采购、销售、财务等核心业务流程进行再造，做大做强中国巨石业务量，以采购、销售、财务三大业务集中统一管理作为核心，搭建中国巨石的统一集中购销管理平台。

在中国巨石集中购销平台搭建中，对公司的财务管理体系也重新进行了梳理定位，按照以业务统一促财务统一、以财务统一促业务发展的要求，制定了财务"1234"财务增值战略，核心内容是财务创造价值，目标是打造一支团队，构建两种模式，夯实三个基础，完善四大体系。

中国巨石在业务重塑中，对信息系统进行重构，实现基础核算的自动化程度，以 SAP 系统为依托，搭建银企直连、税企直连、费控系统、关务系统等，实现各系统数据直连互通，实现各类业务自动化记账和电子档案自动存储，推进财务信息化和智能化建设。

中国巨石的管理会计实践符合企业战略要求和经营需求，推动了运营模式的重构，实现了从经营到财务的业财全流程闭环管控，体现了管理会计的价值，创造了良好的经济效益和管理效益。

专家点评

在瞬息万变的经济环境和市场环境下，竞争日趋激烈，盈利持续下降，产品服务同质化，企业在向现代化和集团化转型的过程中，需要重构运营模式，重构运营流程，搭建业财一体化的信息平台，最大化的利用企业的资源、信息和财务管控手段，使企业价值可以持续增长，组织能力能够不断优化，企业风险治理能够符合需求，竞争优势能够长期保持，使企业发展立于不败之地。

中国巨石在这样的挑战面前，积极应对，大胆创新和实践，提出"1234"财务增值战略，核心内容是财务创造价值，目标是打造一支综合素质高的团队，构建集团财务管控和财务共享管理两种模式，夯实会计基础、财务管理制度、财务信息化管理三个基础，完善全面预算、资金管理、税筹管理和风险管理四大体系，把管理会计的应用贯穿到经营管理全流程，打造一体化管理会计信息平台，实施巨石管理会计信息系统 JSMAIS，通过统一流程、信息共享、风险管控等手段，极大的提高了经营效率，降低运营风险和资金风险，为运营模式的转型重构提供了强有力的支持。

JSMAIS 的建设实施以管理会计理念和方法为核心，业财一体，应用性广，效果明显，起到了"支撑战略、集中管控、精细管理、价值创造"的作用。

中国巨石的管理会计创新应用理论结合实践，不断优化升级，为广大企业推行管理会计体系建设和信息化系统实施提供了很好的参考样本，值得学习和复制。

以资金管理为主线的工程项目多元数据挖掘与决策

中铁二局集团有限公司

> **摘要：** 近年来受内外环境的影响，施工企业利润空间压缩、资金持续紧张，工程项目普遍表现为"缺钱"，但如何将"缺钱"原因进一步量化成为一项重大管理难题。本文基于E集团案例分析，通过研究建立施工企业工程项目多元数据挖掘模型，指导建筑企业以资金为出发点，查找企业在经营投标、施工生产、成本控制、物资采购、清收清欠、支付端控制等方面存在的问题，并制定针对性措施，改进企业管理，提升经济效益，充分发挥财务价值创造能力。
>
> **关键词：** 资金管理；工程项目；数据挖掘；决策

一、E集团简介

E集团是中国中铁旗下一家国有大型建筑央企，拥有各类人才近2万人，总资产达900亿元，年综合生产能力1000亿元以上，主业为铁路、城规、房建、公路、市政等基础设施建设，其核心成员为12家施工类子公司，截至2020年末分布在全国各地的存续工程项目1300余个。

E集团采用"集团—子公司—项目部"三级管理模式，E集团主要履行管理职能，12家施工类子公司是工程项目合同履约主体，项目部则是造血单元，贡献收入、利润与资金。集团公司收入主要来源于子公司上交利润及总承包收益（上级管理费）。

二、应用背景

随着市场竞争加剧，施工行业利润空间压缩，E集团营业规模"大"，资金管理"难"，数据挖掘"弱"问题日益凸显，管理层急需一份高质量"管理内参"为决策服务，以提升管理。

（一）E集团资金管理现状

1. 外部环境影响导致资金持续紧张

近年来受外部环境影响，E集团面临巨大资金压力：上游建设方持续压缩项目利润空间、建设资金到位缓慢、资金监管日趋严格等因素导致资金收入端流入不足；下游供应商催款力度加大、农民工维稳压力剧增导致资金支付端控制乏力，E集团50%以上项目难以实现资金自平衡，项目资金持续紧张。

2. 内部管理因素导致资金紧张加剧

一段时期内，E集团管理理念和业绩评价体系更多的是倾向做大营业规模，导致部分子分公司管理

---

* 本篇作者：刘恒书、魏道洪、王占学、纪贤林、陈静。
  指导专家：邹艳（北京航空航天大学）。

粗放，片面追求"进度、工期、形象"，没有充分认识到经济效益和现金流的重要性，导致在项目投标、施工组织、成本管控、验工收款、支付控制等方面相互脱节、管控不力。首先，为提高市场占有率，忽视了经营投标质量，对风险项目未经严格论证就盲目实施，导致出现了较大的亏损和垫资问题，难以解决。其次，工程管理"跑步进场"频繁，出现施工调查不深入、管理策划不重视、施工组织不科学等现象，降低了生产效率和经济效益。然后，成本管理存在管理粗放、责任成本难以落实、业主验工结算滞后等突出问题。最后，集中反映了两金压降难、支付控制乏力、现金流极端紧张等财务问题。以上情况，导致 E 集团经营性现金流持续恶化，为维持企业生产经营运转，不得不举债经营，企业带息负债规模持续攀升，财务资源占用连年高位运行，资金链安全面临严重威胁。

3. 管理责任难以量化影响科学决策

面对项目资金紧张问题，E 集团部分子公司未能认真研究项目资金紧张的真实原因，片面地把责任归咎于项目中标质量差，出现资金缺口时过度依赖 E 集团借款支持，导致内部借款规模逐年攀升。面对子公司借款申请，E 集团由于难以、及时准确掌握项目管理真实状况，造成在借款审批时陷入两难：不同意借款，则会影响项目施工生产、履约和形象进度；同意借款，则会导致财务资源占用超过警戒线，且借款回收困难。同时，E 集团由于围绕资金收支主线难以量化市场经营、工程管理、成本管理、财务管理对项目、子公司资金短缺的影响，导致内部管理责任界定不清，加大了采取针对性改进措施，深化企业改革，提升管理水平的难度。

（二）E 集团数据挖掘现状

E 集团 2018 年开始建设并投入使用财务共享系统平台，该平台目前具备会计核算及财务报表编制等功能，但管理报表功能仍在研发中。面对企业资金管理难题，E 集团在数据挖掘与管理方面存在：

1. 部门数据共享不足，数据实用性不强

由于缺少一套部门间信息共建共享机制，E 集团要掌握各子公司及项目经济数据，往往是由各部门采取各自方式收集来实现，但时常出现各部门数据统计口径不同、同一数据结果差异大等情况，导致汇集到 E 集团管理决策层的信息失真，数据实用性不强，影响管理决策。

2. 数据获取效率低下，数据准确性不高

E 集团要掌握子公司及项目经济运行真实状况，主要通过传统的"项目部—子公司—集团公司"逐级上报的方式实现，但由于缺少系统规划和严格的审核机制，时常出现数据反馈不及时、同一数据重复统计、准确性层层衰减等情况，导致提供给 E 集团管理决策层的信息准确性不高。

3. 数据成果展示欠佳，常态机制未建立

E 集团虽也在将项目数据分析的成果定期在经济运行分析专题会等相关会议上展示，但展示效果不佳，且未能建立起数据挖掘及成果展示的常态机制，往往是就当次数据分析而分析，分析完了就完了，下次分析又从头开始，导致耗费大量的时间和精力，却收获较小的成果。

4. 会计核算模式差异，数据完整性不够

E 集团获取项目数据主要通过财务账务和会计报表，为落实住房和城乡建设部 2019 年 1 号文件相关规定，E 集团对于难以按总分包模式实施的项目，在集团母公司下为各施工类子公司开立了分公司模式的财务账套进行核算，使得同一子公司财务数据被分割到两个法人主体中，导致财务数据和会计报表信息不完整，需要加工处理后才能真实反映子公司财务状况。

5. 数据整理效果不好，识别问题不准确

E 集团数据整理未能将工程、成本、物资、财务等部门相关数据进行整合、提炼，对于资金持续紧张、项目缺钱问题，E 集团虽知受多方影响所致，但难以用具体数据佐证并量化，往往只能将责任简单地归咎于财务管理不善，导致公司难以准确识别问题，采取措施。

三、实施过程

E集团以问题为导向，按照明确总体思路、确定工作目标、细化实施数据挖掘、开展管理优化四个方面推进落实项目多元数据挖掘与决策优化。

（一）明确总体思路

以资金收支为主线，按照从"业务到财务"的思路设计实施项目多元数据的挖掘，以合同条款为基础，以施工产值为起点，构建一套贯穿于项目全过程的多元数据挖掘模型，将工程、成本、物资、财务等部门数据进行整合、提炼，将项目在经营投标、验工结算、收款效果、付款控制等方面的得失以资金的形式反映出来，并对各项目数据按照多角度、多维度进行汇总分析，形成大数据库，为企业改进管理提供支持（见图1）。

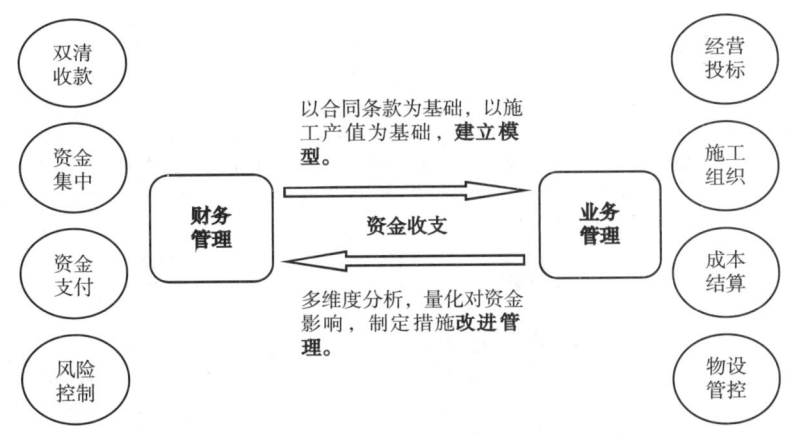

图1 多元数据挖掘与决策总体思路图

（二）确定工作目标

1. 总体目标

建立E集团工程项目多元数据挖掘模型，帮助E集团以资金为主线，查找公司在经营投标、施工生产、成本控制、物资采购、清收清欠、支付端控制等方面存在的不足，拟定针对性措施，并为E集团管理层提供经济分析参考，以便掌握企业真实经济状况，做出正确管理决策，提升经济效益，充分发挥财务价值创造。

2. 具体目标

（1）督促子公司全面梳理所属各项目与子公司本部资金往来情况，并将自身存在的问题和原因摸清、底数找准，制定改进管理的措施。

（2）弄清集团公司支持各子公司资金在各项目的具体分布情况，让E集团对已支持资金的去向和用途心中有数，便于更好地优化资金管理。

（3）分析项目资金缺口是暂时性还是永久性。对永久性缺口，重点分析如何分期提供资金支持；对暂时性缺口，重点分析如何尽快收回已支持的资金。

（4）量化项目因经营投标、验工结算、收款效果、付款控制等原因对资金影响的具体数额，并将各项目数据进行分类汇总，形成大数据库。

（5）通过数据模型，掌握不同阶段、不同业态、不同地区项目盈亏、收款、支付比例情况，为推进"项目资金自平衡"提供决策依据。

（三）细化实施数据挖掘

E集团将以资金收支为主线的工程项目多元数据挖掘细分为"需求分析""模型搭建""数据挖掘""量化分析"四个环节。"需求分析"环节关注集团公司、子公司、项目部管理需求，明确数据挖掘工作目标。"模型搭建"转接主要是基于Excel表格设计统计分析表格，配置相应公式，成为数据挖掘的基础平台。"数据挖掘"环节在汇总形成包括项目经营、工程、工经、物设、财务等信息的大数据库基础上，开展数据整理、加工，为量化业务对资金影响提供数据支撑。"量化分析"环节根据大数据分析结果，量化业务管理对项目部、子公司、集团公司三个管理层级财务资金的影响（见图2）。

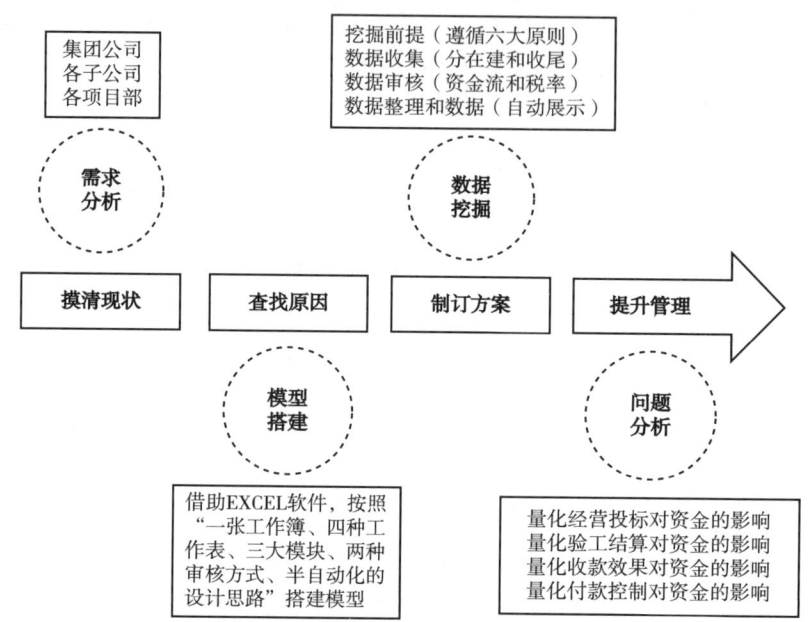

图2　多元数据挖掘实施节点图

1. 需求分析

（1）集团公司。获取全E集团所有存续项目一次经营水平、产值完成、责任成本目标与实际盈亏、资金贡献或占用、总承包收益收取、过程管控情况；各子公司项目整体质量评价、存在的共性问题、可采取的应对措施；各区域、各板块、各业主、各城市市场份额、盈亏和资金的综合评价；实现相关数据的动态管理、按季更新，且能以简单易懂的形式进行专题汇报或成果展示。

（2）各子公司。获取全集团公司经营中标、责任成本目标利润率、实际盈亏率、资金贡献或占用率、验工率、收款率、付款率的平均水平；本子公司在各子公司中所处的位置；本子公司在经营、成本、物资、财务管理等方面存在的突出问题及管理建议；实现相关数据动态管理、按季更新，且能以简单易懂的形式进行专题汇报或成果展示，鞭策相关部门提升管理。

（3）各项目部。获取本项目在全集团公司、子公司所处的位置，管理存在的优势或不足；获得一个简单易懂的项目资金分析模型，分析本项目因经营投标、验工结算、双清收款、支付控制等方面对资金的具体影响额；减少基础数据重复填报，提高数据的利用率，减少项目工作量。

2. 模型搭建

借助Office Excel办公软件，按照"一张工作簿、四种工作表、三大模块、两种审核方式、半自动化"的设计思路搭建模型。即，在一个Excel工作簿中实现所有数据的收集、整理、汇总、分析及成果展示；在该工作簿中按数据收集表、数据整理表、数据分析表、成果展示表四种类型建立工作表；工作表按照资金、盈亏、过程管控三大业务模块构建数据体系；通过"资金"和"利润"两条线校验基础数据逻辑合理性，确保数据准确无误；四种表格完善计算公式，除基础数据收集表部分需要手动填报外，其余三种表格均要实现自动化生成（见图3）。

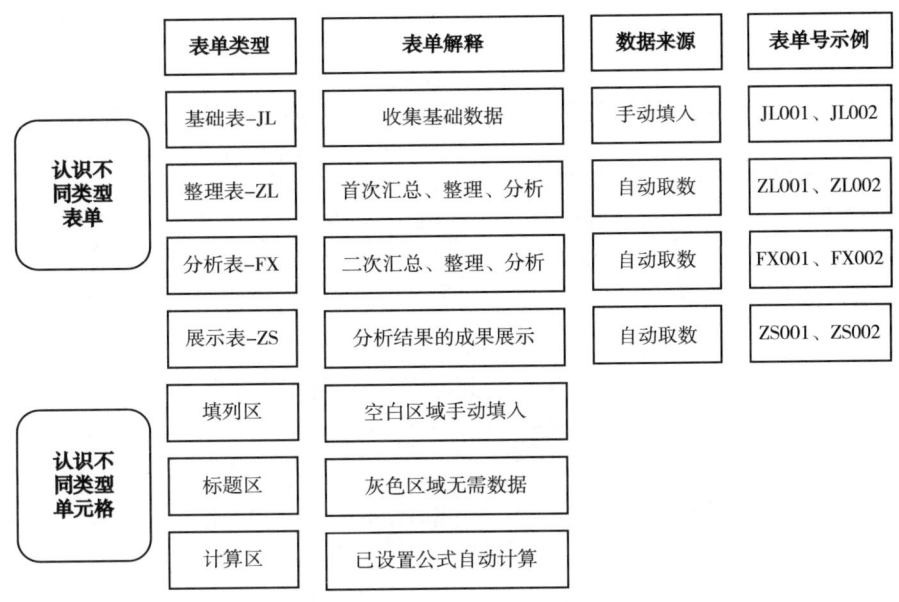

图3　多元数据挖掘模型—表单说明

3. 数据挖掘

（1）挖掘前提。为确保数据挖掘有成效，实施前需要考虑以下六个方面：

①全面性。项目数据收集及整理分析，要突破仅限于财务部门的制约，不仅要将资金收支、账面成本、报表盈亏、债权债务等财务部门数据涵盖，也要将经营、产值、责任成本、合同约定等非财务部门的核心数据涵盖。

②可比性。在计算项目与子公司本部资金往来余额及项目盈亏时，均要扣除项目应交集团公司总承包收益或上级管理费，其中集团公司中标项目在内部验工计价时直接扣除，子公司中标项目按比例计算间接扣除。

③谨慎性。计算项目施工过程中应交子公司总承包收益资金时，基数采用项目累计收款与累计验工计价中的较低者，比率采用子公司下达的责任成本目标利润率；评价经营投标质量时，采用成本部门的责任成本数据。

④客观性。计算项目实际盈亏时，收入采用成本部门提供的验工计价和已完未验，成本费用采用财务部门的账面成本和成本、物设、工程等部门提供的应计未计成本；计算验工率的产值，采用工程部门提供的数据。

⑤重要性。根据项目所处阶段不同，对在建和收尾项目进行差异化分析：收尾项目，由于盈亏数据基本确定，故要重点分析盈亏、二次经营、外欠款清收情况；在建项目，主要分析过程管控情况，如收款率、付款率。

⑥协同性。数据挖掘仅依靠财务部门是难以实现数据的完整和实用，故要按照"横向部门联动、纵向三级协同"的原则推进，即，各子公司及项目负责基础数据的初始统计，并确保基础数据真实、完整、客观、公正，集团公司相关部门负责对数据进行审核、整理、提炼和分析，且部门之间，集团公司、子公司、项目部三级之间加强沟通和协调，共享数据和成果。

（2）数据收集。将工程项目分为收尾和在建，进行差异化数据收集，并从多角度、多维度展开，涵盖不同阶段、不同区域、不同中标年份、不同业务板块、不同业主类型、不同地铁城市。

①收尾项目。主要统计项目合同价、所属板块、所属区域、责任成本、验工计价、已完未验、财务账面收入成本、应计未计成本、债权债务、项目与子公司资金往来、内部借款、业主拨款、清欠回款等情况（见表1）。

表1　　　　　　　　　　　　　　　　收尾项目通用表（JC003）

（表格内容：以资金为主线的项目多元数据挖掘模型-收尾项目通用表 JC003，包含基础数据情况、项目与子公司往来情况、项目资金盈缺口分析、其他资产负债、清欠清收、潜亏（潜盈用-）构成分析、往来资金来源分析等栏目）

②在建项目。在收尾项目基础上，细化成本费用及资金支付构成，并统计产值完成、成本系统结算支付情况、业主及供应商合同支付条款约定及实际执行情况，为分析项目验工率、收款率、付款率做铺垫（见表2）。

（3）数据审核。在数据收集表中，设置严格的审核公式和逻辑校验，从资金流、利润流、债权债务、增值税税率等方面进行校验，确保各项目填报数据逻辑的合理性，并减少人为调节的可能性，确保基础数据准确（见表3）。

（4）数据整理。根据数据收集表基础信息，构建数据整理表，将基础数据中凌乱的信息进行有效组合，过滤无用数据、筛选重要数据。最后构成项目资金状况分析、项目盈亏状况分析、项目过程管理分析三大业务模块（见表4）。

（5）数据展示。结合数据整理表和企业管理层需要，制作数据成果展示图表，展示图表按照便于理解、精简实用、直观性、美观性设计，并利用Excel函数及制图功能实现数据的实时更新，减少重复工作量，一劳永逸（见表5和图4、图5）。

4. 量化分析

通过数据挖掘与展示，发现E集团出现的主要问题是资金紧张，但对于资金紧张的具体原因不明，且不能进一步量化各业务部门因管理对资金带来的影响。因此，在数据挖掘的基础上，从寻找项目"为什么缺钱"为出发点，以资金为主线，选择采用投标利润率、验工率、收款率、付款率四项指标，部门协同分析原因，认领任务（见图6）。

表 2　　在建项目基础表（JC001）

以资金为主线的项目多元数据挖掘模型–在建项目基础表（JC001）

序号	所属子公司	板块	城市	业主	财务共享系统项目全称	项目简称	合同含税总价（扣局除总承包收益等，即按验工计价口径）	一、基础数据情况 (一) 与业主方情况：合同不含税总价	子公司下达全周期责任成本	目标盈亏率（与责任成本书一致）	完成产值（局工程部）	验工计价（含税）	收业主款（不含未扣回的预收工程款）	合同约定截止本期末应收款比例	(二) 与供应商情况 结算成本（以成本系统2.0为基础-含税）：①材料费	②劳务费	③机械费	④其他直接费	⑤现场经费等	合计	累计已支付：①材料费	②劳务费	③机械费	④其他直接费	⑤现场经费等	合计	合同约定支付比例：①材料费	②劳务费	③机械费	实际支付比例：①材料费	②劳务费	③机械费
					(1)	(2)	(3)	(4)	(5)	(6)	(7)	(8)	(9)	(10)	(11)	(12)	(13)	(14)	(15)	(16)	(17)	(18)	(19)	(20)	(21)	(22)	(23)	(24)	(25)	(26)	(27)	(28)
1	[illegible]	[illegible]	[illegible]	XXX	XXX	XXX	XXX	xxx	xxx	XXX	xxx	xxx	xxx	XXX	xxx	xxx	xxx	xxx	xxx	xxx	xxx	xxx	xxx	xxx	xxx	xxx	XXX	XXX	XXX	XXX	XXX	XXX
2	[illegible]	[illegible]	[illegible]	XXX	XXX	XXX	XXX	xxx	xxx	XXX	xxx	xxx	xxx	XXX	xxx	xxx	xxx	xxx	xxx	xxx	xxx	xxx	xxx	xxx	xxx	xxx	XXX	XXX	XXX	XXX	XXX	XXX
3	[illegible]	[illegible]	[illegible]	XXX	XXX	XXX	XXX	xxx	xxx	XXX	xxx	xxx	xxx	XXX	xxx	xxx	xxx	xxx	xxx	xxx	xxx	xxx	xxx	xxx	xxx	xxx	XXX	XXX	XXX	XXX	XXX	XXX
4	[illegible]	[illegible]	[illegible]	XXX	XXX	XXX	XXX	xxx	xxx	XXX	xxx	xxx	xxx	XXX	xxx	xxx	xxx	xxx	xxx	xxx	xxx	xxx	xxx	xxx	xxx	xxx	XXX	XXX	XXX	XXX	XXX	XXX
5	[illegible]	[illegible]	[illegible]	XXX	XXX	XXX	XXX	xxx	xxx	XXX	xxx	xxx	xxx	XXX	xxx	xxx	xxx	xxx	xxx	xxx	xxx	xxx	xxx	xxx	xxx	xxx	XXX	XXX	XXX	XXX	XXX	XXX

以资金为主线的项目多元数据挖掘模型–在建项目基础表（JC001）

序号	所属子公司	板块	城市	业主	财务共享系统项目全称	项目简称	合同含税总价（扣局除总承包收益等，即按验工计价口径）	一、基础数据情况 (三) 开累盈亏情况 (一) 收入（不含税）：目前验工计价（工程结算科目）	预计后续取得验工收入（列入工程结算科目）-合同内	预计后续取得验工收入（列入工程结算科目）-合同外	小计	(二) 成本：目前财务账面成本（合同成本科目）	预计后续发生成本费用--合同内	预计后续发生成本费用--合同外	小计	(三) 费用：管理费+财务费+营业外收支净额等	其中：管理费中已计提的上管费	(四) 盈亏：开累盈亏金额	项目预估最终盈亏金额	二、四项比例：盈亏率	验工率	收款率	付款率
					(1)	(2)	(3)	(29)	(30)	(31)	(32)	(33)	(34)	(35)	(36)	(37)	(38)	(39)	(40)	(41)	(42)	(43)	(44)
1	[illegible]	[illegible]	[illegible]	XXX	XXX	XXX	XXX	XXX	XXX	XXX	XXX	XXX	XXX	XXX	XXX	XXX	XXX	XXX	XXX	XXX	XXX	XXX	XXX
2	[illegible]	[illegible]	[illegible]	XXX	XXX	XXX	XXX	XXX	XXX	XXX	XXX	XXX	XXX	XXX	XXX	XXX	XXX	XXX	XXX	XXX	XXX	XXX	XXX
3	[illegible]	[illegible]	[illegible]	XXX	XXX	XXX	XXX	XXX	XXX	XXX	XXX	XXX	XXX	XXX	XXX	XXX	XXX	XXX	XXX	XXX	XXX	XXX	XXX
4	[illegible]	[illegible]	[illegible]	XXX	XXX	XXX	XXX	XXX	XXX	XXX	XXX	XXX	XXX	XXX	XXX	XXX	XXX	XXX	XXX	XXX	XXX	XXX	XXX
5	[illegible]	[illegible]	[illegible]	XXX	XXX	XXX	XXX	XXX	XXX	XXX	XXX	XXX	XXX	XXX	XXX	XXX	XXX	XXX	XXX	XXX	XXX	XXX	XXX

以资金为主线的项目多元数据挖掘模型–在建项目基础表（JC001）

序号	所属子公司	板块	城市	业主	财务共享系统项目全称	项目简称	三、账面资产负债情况 (一) 货币资金：货币资金总额	其中：无法动用的农民工保证金等资金	(二) 应收款项：①未到期债权	②已到期债权	小计	(三) 应付款项：①未到期债务	②已到期债务	小计	(四) 其他资产：①合同资产-已完未验	②存货-原材料等	③预付账款	(五) 其他：①合同负债-已验未完	②预收工程款项	四、项目与子公司往来情况 3001科目往来余额（贷方用-）	(一) 往来构成：①利润上转（转利润用"+"）（转亏损用"-"）	②已计提子公司上管费（用"+"）	③增值税影响（进项+预交-销项）	④与子公司纯资金往来余额	(二) 往来资金调整：加：承担子公司费用净额	加：非成本费用往来调增	减：应交上管费（仅子公司部分）	项目存放在子公司实际资金（"-"表示占用子公司资	其中：项目占用子公司分析 其中：欠交上管费	其中：子公司净垫资	其中：子公司占项目分析 其中：已交子公司上管费	其中：超交子公司资金	省	片区
					(1)	(2)	(45)	(46)	(47)	(48)	(49)	(50)	(51)	(52)	(53)	(54)	(55)	(56)	(57)	(58)	(59)	(60)	(61)	(62)	(63)	(64)	(65)=(102)	(66)	(67)	(68)	(69)	(70)	(94)	(95)
1	[illegible]	[illegible]	[illegible]	XXX	XXX	XXX	XXX	XXX	xxx	xxx	xxx	xxx	xxx	xxx	xxx	xxx	xxx	XXX	XXX	XXX	xxx	xxx	xxx	xxx	XXX	XXX	XXX	xxx	xxx	xxx	xxx	xxx	XXX	XXX
2	[illegible]	[illegible]	[illegible]	XXX	XXX	XXX	XXX	XXX	xxx	xxx	xxx	xxx	xxx	xxx	xxx	xxx	xxx	XXX	XXX	XXX	xxx	xxx	xxx	xxx	XXX	XXX	XXX	xxx	xxx	xxx	xxx	xxx	XXX	XXX
3	[illegible]	[illegible]	[illegible]	XXX	XXX	XXX	XXX	XXX	xxx	xxx	xxx	xxx	xxx	xxx	xxx	xxx	xxx	XXX	XXX	XXX	xxx	xxx	xxx	xxx	XXX	XXX	XXX	xxx	xxx	xxx	xxx	xxx	XXX	XXX
4	[illegible]	[illegible]	[illegible]	XXX	XXX	XXX	XXX	XXX	xxx	xxx	xxx	xxx	xxx	xxx	xxx	xxx	xxx	XXX	XXX	XXX	xxx	xxx	xxx	xxx	XXX	XXX	XXX	xxx	xxx	xxx	xxx	xxx	XXX	XXX
5	[illegible]	[illegible]	[illegible]	XXX	XXX	XXX	XXX	XXX	xxx	xxx	xxx	xxx	xxx	xxx	xxx	xxx	xxx	XXX	XXX	XXX	xxx	xxx	xxx	xxx	XXX	XXX	XXX	xxx	xxx	xxx	xxx	xxx	XXX	XXX

表 3　　数据校验表

以资金为主线的项目多元数据挖掘模型–数据校验表

序号	所属子公司	项目简称	A、资产负债表效验 资产总额：资产总额	其中，与公司资金往来	负债总额	权益总额（盈亏额）	差异	差异说明：待结算进项税额余额（贷方用-）+应交税费科目余额（贷方用-）+坏账准备-递延所得税资产	B、资金流入流出效验 资金流入（业主拨款）	资金流出：项目银行存款余额	与公司资金往来余额	已支付的成本费用总额	预付类支出	增值税预交+已付款取得进项	差异	C、逻辑校验 税率校验：增值税税额	增值税综合税率	验工计价分析或校验：成本口验工计价数	财务口验工计价数=工程结算+税金	差异	差异原因分析，为负数不正常
		(2)	(78)	(79)	(80)	(81)	(82)	(83)	(84)	(85)	(86)	(87)	(88)	(89)	(90)	(133)	(134)	(135)	(136)	(137)	(138)
1	XX公司	XXX	XXX	XXX	XXX	XXX	XXX	XXX	XXX	XXX	XXX	XXX	XXX	XXX	XXX	XXX	XXX	XXX	XXX	XXX	
2	XX公司	XXX	XXX	XXX	XXX	XXX	XXX	XXX	XXX	XXX	XXX	XXX	XXX	XXX	XXX	XXX	XXX	XXX	XXX	XXX	
3	XX公司	XXX	XXX	XXX	XXX	XXX	XXX	XXX	XXX	XXX	XXX	XXX	XXX	XXX	XXX	XXX	XXX	XXX	XXX	XXX	
4	XX公司	XXX	XXX	XXX	XXX	XXX	XXX	XXX	XXX	XXX	XXX	XXX	XXX	XXX	XXX	XXX	XXX	XXX	XXX	XXX	
5	XX公司	XXX	XXX	XXX	XXX	XXX	XXX	XXX	XXX	XXX	XXX	XXX	XXX	XXX	XXX	XXX	XXX	XXX	XXX	XXX	

评价时，结合行业标杆企业、全 E 集团平均水平进行对比分析，依次按照投标经营不优、验工结算不力、收款成效不佳、付款控制不好等方面分析造成项目“缺钱”的原因。

（1）量化经营投标对资金的影响。按项目投标时预测的利润率或中标后成本部门下达的责任成本目标利润率（一般情况下责任成本目标利润率比投标时预测的利润率更贴近项目真实盈亏），作为评价项目经营质量优劣的标准。

投标利润率 = 目标利润/（目标利润 + 责任成本）

表 4　　　　　　　　　　　　　　　　　　　在建项目整理表

以资金为主线的项目多元数据挖掘模型-在建项目整理表（ZL001）

（表格内容包含：序号、所属子公司、财务共享系统项目简称、项目简称、板块、城市、片区、铁路线；一、项目基础数据：1.合同情况（含税合同价、不含税合同价）、2.产值计价（完成产值额）、验工计价额（已计价、已完未验、合计）、3.收款情况（进度款、预收款）、项目银行账户自有资金；二、资金状况分析：1.与子公司资金占用情况（上交受局总承包收益后）①子公司占用项目资金（已上交上管费、向子公司集中资金）②项目占用子公司资金、小计、净额；2.总承包收益或上管费收取情况：集团公司部分（应交、实交）、子公司部分（局管项目、自管项目、合计、应交、实交））

以资金为主线的项目多元数据挖掘模型-在建项目整理表（ZL001）

（表格内容包含：序号、所属子公司、财务共享系统项目全称、项目简称、板块、城市、片区、铁路线；三、项目盈亏分析：1.责任成本（子公司下达责任成本、责任成本目标利润额、责任成本目标利润率）、2.实际盈亏（①按验工计价计算：收入、盈亏、盈亏率；②考虑已完未验和应计未计成本：收入、盈亏、盈亏率；③至完工预测最终盈亏）；四、过程管控评价：利润率（评价投标）、验工率（评价清收）、收款率（评价清收）、付款率（评价控支））

以资金为主线的项目多元数据挖掘模型-在建项目整理表（ZL001）

（表格内容包含：序号、所属子公司、财务共享系统项目全称、项目简称、板块、城市、片区、铁路线；五、成本构成分析：结算成本（以成本系统2.0为基础-含税）（①材料费、②劳务费、③机械费、④其他直接费、⑤现场经费、合计）、成本占比（①材料、②劳务、③机械、其他、现场经费等）；六、支付端控制分析：累计支付（①材料费、②劳务费、③机械费）、合同约定支付比例（①材、②劳、③机）、实际支付比例（①材、②劳、③机、五项总计）；七、项目已占用财务资源来源分析：以借款报告实际批复且已拨付金额为准（项目占用财务、①子公司支持（总额）、②集团公司支持（借款资金调剂使用、往来款、调剂款、票据、小计））、票据置换资金、挪用资金）

表 5　　　　　　　　　　　　　　　　　　　数据展示表－1

以资金为主线的项目多元数据挖掘模型-数据展示一
在建项目主要经济指标率表——按公司、板块、区域

（按公司：序号、单位名称、项目个数、四项综合指标评价（利润率（投标施工计价）、利润率（考虑已完未验）、验工率（评价清收）、收款率（评价清欠）、付款率（评价控支））、各项成本费用占比（①材料费、②劳务费、③机械费、④其他直接费、⑤现场经费等）、三项费用支付比例（合同约定支付比例（①材料费、②劳务费、③机械费）、实际支付比例（材料费、劳务费、机械费、总付款率））。合计或平均，A公司、B公司、D公司、E公司、F公司、G公司、H公司、I公司、J公司、K公司、L公司）

（按板块：序号、板块、项目个数、同上指标。合计或平均、铁路、公路、地铁、房建、市政、其他）

（按片区：序号、片区、项目个数、同上指标。合计或平均、西南片区、云贵片区、西北片区、华北片区、华东片区、华南片区、东北片区、华中片区、海外片区）

若目标利润率为负数，则可认定为经营投标不优，可按照"目标利润率×合同总价×项目完工进度"量化对资金的影响。同时，经营、成本等部门负责进一步分析原因。

（2）量化验工结算对资金的影响。一方面按项目开累实际利润率与责任成本目标利润率进行对比，评价成本部门责任成本下达的科学性和准确性。另一方面按全E集团平均验工率或单个项目合同约定的验工率作为评价项目验工结算优劣的标准。

验工率＝开累验工计价/开累完成产值

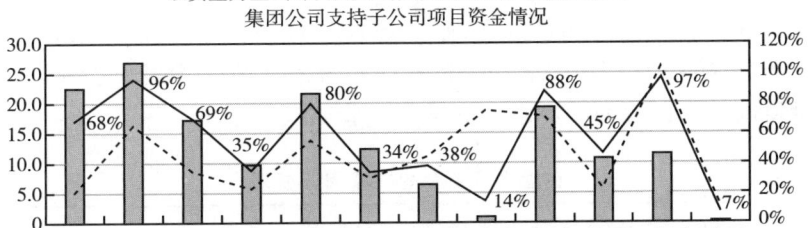

图4 数据展示表-2

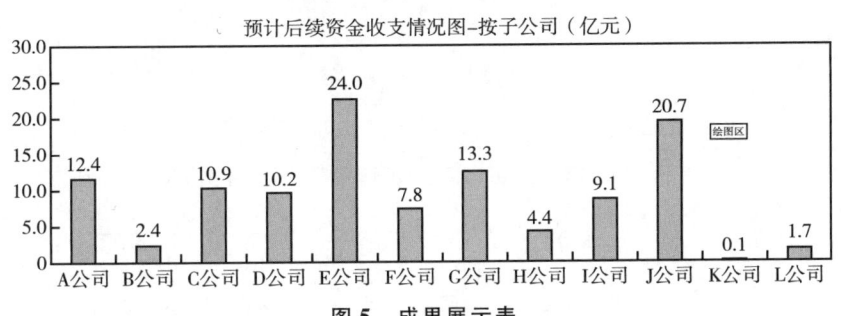

图5 成果展示表

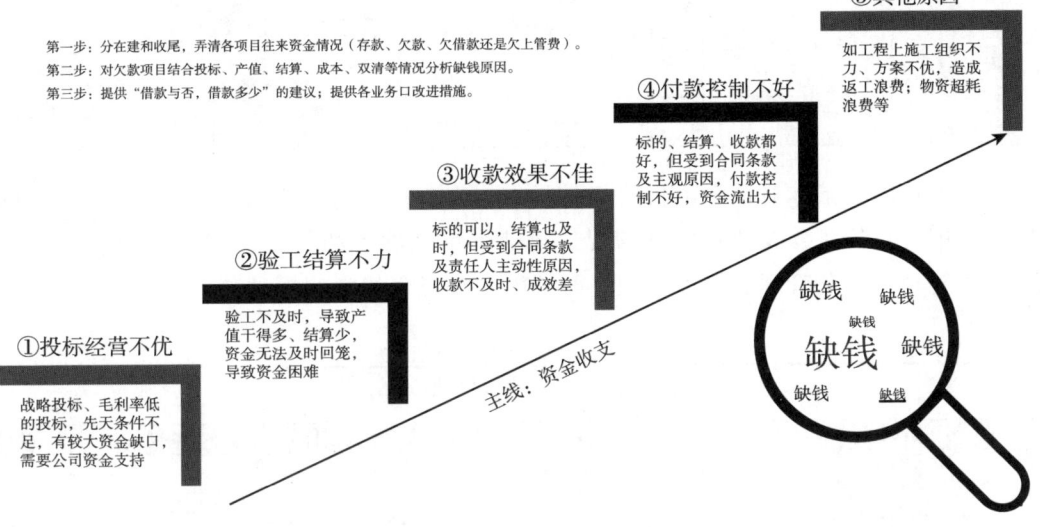

图6 量化分析示意图

若实际验工率低于标准水平,则可认定为验工结算不利,可按照"累计完成产值×(标准验工率-实际验工率)×实际收款率"量化对资金的影响。同时,成本部门负责进一步分析原因。

(3)量化收款效果对资金的影响。按全E集团平均收款率或单个项目合同约定的收款率作为评价项目收款效果优劣的标准。

收款率=开累收款/开累验工计价

若实际收款率低于标准水平,则可认定为收款成效不佳,可按照"累计验工计价×(标准收款率-实际收款率)"量化对资金的影响。同时,财务部门负责进一步分析原因。

(4)量化付款控制对资金的影响。按全E集团平均付款率或单个项目合同约定的综合付款率作为评价项目付款控制优劣的标准。

付款率=开累付款/开累结算成本

若实际付款率高于标准水平,则可认定为付款控制不好,可按照"累计结算成本×(实际付款率-

标准收款率)"量化对资金的影响。同时,物设、成本、财务等部门共同分析原因。

(5)四项标准对资金影响分析的结果。按照上述评价标准,分析了 E 集团 464 个在建项目截至 2019 年末资金状况,发现 464 个项目中有 262 个项目不同程度地受到经营投标不优、验工结算不力、收款成效不佳、支付控制不力四方面的影响,导致资金紧张(见表 6)。

表6　　　　　　　　　　　在建项目资金短缺原因分析表

以资金为主线的项目多元数据挖掘模型-在建项目缺钱原因分析

序号	单位名称	项目个数	项目占用财务资源总额	①验工结算不力		②收款成效不佳		③支付控制不力		④前期投标不优		合计
				项目个数	影响资金	项目个数	影响资金	项目个数	影响资金	项目个数	影响资金	
1	A公司	25	xxx	15	8,288	14	13,044	9	4,020	11	5,059	xxx
2	B公司	27	xxx	12	12,951	5	1,028	21	20,086	14	33,551	xxx
3	C公司	19	xxx	7	7,545	14	14,605	9	14,425	2	339	xxx
4	D公司	18	xxx	10	11,898	12	5,884	5	9,667	7	1,114	xxx
5	E公司	27	xxx	9	8,984	8	33,403	12	9,607	14	15,263	xxx
6	F公司	18	xxx	6	7,599	5	1,353	9	8,795	4	2,043	xxx
7	G公司	34	xxx	8	8,134	30	16,131	15	4,665	0	-	xxx
8	H公司	12	xxx	3	1,302	2	719	6	1,234	1	169	xxx
9	I公司	15	xxx	8	3,660	1	21	6	1,679	4	843	xxx
10	J公司	44	xxx	17	20,702	25	11,208	19	10,332	0	-	xxx
11	K公司	18	xxx	4	846	4	3,719	11	6,370	6	6,051	xxx
12	L公司	5	xxx	1	409	4	778	0	-	1	306	xxx
	合计	xxx	xxx	xxx	xxx	xxx	xxx	xxx	xxx	xxx	xxx	xxx
1	铁路	49	xxx	17	11,745	3	859	30	42,299	29	49,465	xxx
2	公路	21	xxx	13	13,488	11	26,767	8	3,931	6	2,483	xxx
3	地铁	69	xxx	24	15,484	17	8,460	41	15,220	19	11,707	xxx
4	房建	90	xxx	33	44,947	67	40,050	32	24,361	6	485	xxx
5	市政	25	xxx	13	6,655	20	16,050	12	5,068	2	41	xxx
6	其他	8	xxx	0	-	4	9,706	1	80%	2	557	xxx
	合计	xxx	xxx	xxx	xxx	xxx	xxx	xxx	xxx	xxx	xxx	xxx
1	西南片区	105	xxx	38	43,572	64	63,068	43	38,476	21	27,159	xxx
2	云桂片区	20	xxx	8	9,635	7	3,596	4	8,966	11	11,188	xxx
3	西北片区	7	xxx	2	475	3	3,217	4	3,279	2	95	xxx
4	中原片区	13	xxx	7	2,453	8	5,843	5	966	3	1,096	xxx
5	华北片区	4	xxx	0	-	2	500	3	107	0	-	xxx
6	东南片区	24	xxx	14	9,717	7	2,064	12	5,512	10	2,746	xxx
7	东北片区	8	xxx	3	3,912	2	8,612	4	1,047	3	373	xxx
8	华南片区	43	xxx	11	9,000	17	6,370	25	14,343	5	7,373	xxx
9	华东片区	26	xxx	10	9,243	10	5,745	11	7,154	23	14,658	xxx
10	华中片区	7	xxx	4	2,287	4	2,878	3	8,215	1	50	xxx
	合计	xxx	xxx	xxx	xxx	xxx	xxx	xxx	xxx	xxx	xxx	xxx

为更精确的测算四项指标对单个项目的资金影响,为项目自身加强管理,公司根据项目施工合同、供应商合同约定的收付款条款及项目实际情况,设计了单个项目的资金盈缺分析模型,为项目量化在工程管理、成本管理、财务管理、物资管理方面的得失对资金的影响提供参考(见表7)。

表7　　　　　　　　　　　项目资金赢缺预测分析表

XX项目资金盈缺预测分析表

编制单位:XX项目　　日期:2019.12.31　　金额单位:万元

	项目名称		行次	理论值	实际值	影响资金	责任部门
资金收入	业主拨付资金	不含税总价	1	10,000	10,000		
		增值税(当前税率%)	2	900	900		
		含税合同总价	3=1+2	10,900	10,900		
		(1)应取得业主拨预付款(含税)	4	2,000	1,500	-500	财务部
		①应取得业主预付款总额(一次性或当年度)	5	2,000	1,500		
		②应扣回预付款	6				
		完成工程产值(含税)	7	5,200	5,200		工程部
		理论验工率(签合同约定或平均值)	8	90%	87%		
		应取得验工计价(含税)	9=7*8	4,680	4,500	-144	工经部
		理论收款率(签合同约定或平均值)	10	80%	78%		
		(2)应取得业主拨付工程款(含税)	11=10*9	3,744	3,500	-100	财务部
		(3)应取得业主其他代拨款	12	100	100		财务部
		小计	13=4+11+12	5,844	5,100		
	供应商拨付资金	应取得供应商支付保证金	14	200	100	-100	物设部
		应取得供应商支付其他资金	15	100	100	-	物设部
		小计	16=14+15	300	200		
		合计	17=13+16	6,144	5,300	-844	
资金支出	成本费用支出	(1)劳务费	18	160	180	-20	财务部、工经部
		(2)材料费	19	3,370	5,730	-2,360	财务部、物设部
		(3)机械费	20	-	-		财务部、物设部
		(4)现场经费	21	-	-		财务部
		(5)其他非费用类	22	-	-		财务部
		小计	23=18+···+22	3,530	5,910		
	税金支出	预交增值税及附加比例(一般为2%/3%(1+12%))	24	2.24%	2.24%		
		(1)预交增值税金额	25=24*9	105	105		
		预交所得税比例(一般为0.2%)	26	0.20%	0.20%		
		(2)预交所得税金额	27=26*9/(1+2/1)	9	9		
		小计	28=25+27	113	113		
		合计	29=23+28	3,643	6,023	-2,380	
资金盈缺("-"表示缺口)			30=17-29	2,501	-723	-3,224	项目部

(四) 开展管理优化

1. 运用挖掘成果制定短期治标之策

针对单个项目资金紧张的个性问题，根据分析出的该项目"缺钱"原因，由财务部门牵头，相关部门积极配合，提出是否需要 E 集团或子公司给予借款支持、支持多少、何时要求项目归还等管理建议（见表8）。

表8　项目资金支持决策表

以资金为主线的项目多元数据挖掘模型—项目资金支持决策表

序号	单位名称	资金需求总额	①自身改进管理收款			②向上级借款	
			加强验工结算（使验工率达到全局平均值%）	加强收款力度（使收款率达到全局平均值）	小计	项目个数	借款限额参考值
1	A公司	xxx	6,142	9,735	15,876	9	2,944
2	B公司	xxx	9,305	589	9,894	9	4,242
3	C公司	xxx	6,379	10,291	16,670	2	655
4	D公司	xxx	7,526	4,574	12,099	4	159
5	E公司	xxx	5,419	16,877	22,296	11	2,621
6	F公司	xxx	4,217	1,554	5,771	6	339
7	G公司	xxx	3,813	11,673	15,485	0	—
8	H公司	xxx	3,166	863	4,029	7	402
9	I公司	xxx	3,061	629	3,691	6	808
10	J公司	xxx	11,088	7,776	18,865	3	137
11	K公司	xxx	1,001	2,644	3,646	24	3,951
12	L公司	xxx	1,598	1,403	3,001	4	128
	合计	xxx	xxx	xxx	xxx	xxx	xxx
1	铁路	xxx	7,575	1,022	8,597	23	8,161
2	公路	xxx	10,549	14,716	25,265	6	1,590
3	地铁	xxx	13,036	7,341	20,377	47	6,395
4	房建	xxx	23,940	28,302	52,242	6	192
5	市政	xxx	5,529	11,699	17,228	2	40
6	其他	xxx	2,087	5,527	7,614	1	7
	合计	xxx	xxx	xxx	xxx	xxx	xxx
1	西南片区	xxx	26,736	37,954	64,690	23	3,695
2	云桂片区	xxx	10,182	8,907	19,089	5	2,241
3	西北片区	xxx	4,768	4,915	9,683	4	4,073
4	中原片区	xxx	5,279	1,324	6,604	5	1,452
5	华北片区	xxx	5,575	2,459	8,034	1	1,351
6	东南片区	xxx	2,976	3,283	6,259	13	762
7	东北片区	xxx	2,341	3,379	5,721	3	1,810
8	华南片区	xxx	1,057	1,618	2,676	15	608
9	华东片区	xxx	1,043	621	1,664	12	327
10	华中片区	xxx	1,816	4,096	5,912	4	68
	合计	xxx	xxx	xxx	xxx	xxx	xxx

2. 运用挖掘成果研究长期治本之道

针对各项目管理存在的共性问题，E 集团由主责部门牵头，组织专题会研究制定应对措施和管理建议，并从考核体系、经营理念、成本管控、资金管理、学习交流等五个方面制定了措施改进项目管理水平，提升经济效益：

（1）构建"创利贡现"为导向的考核体系。

①明晰考核思路。结合 E 集团子公司建设及两级机关改革思路，修订和完善对各子公司的业绩考评办法，打造以"经营性净现金流"为主的指标体系，同时建立并完善职业项目经理制，在全 E 集团上下树立"盈利光荣，亏损可耻"的理念，构建"创利贡现"为导向的考评体系。

②精准预算下达。重视全面预算管理工作，通过"横向协同、纵向沟通"等方式强化预算的编制和下达，对涉及对子公司业绩考核的经济指标予以重点关注和精确测算，确保对各子公司下达的预算指标科学合理，让各子公司努力后够得着，拿高薪；不努力完不成，拿低薪。

③强化考核兑现。E 集团严格兑现对子公司领导班子及职业项目经理的考核奖励，并确保及时性；对不能完成 E 集团既定盈亏目标（尤其是出现大额亏损、管理失控）的项目，利用审计、监察、纪委进行重点审查，确认是因主观原因造成的，及时进行责任追究。

（2）强化"源头优质"为命脉的经营理念。

①做好源头择优。调整经营布局、优化人员配置，综合权衡经营规模、经营质量和经营关系，平衡好规模与效益、生产与效益、资金与效益的关系，在项目投标时合理取舍、有的放矢，尤其是对资

金占用多、亏损金额大的铁路项目，进行认真评估，慎重选择。

②做好标前评估。利用财务共享、成本管理、物资管理等信息系统，建立和完善大数据中心，为项目标前测算提供后台数据支持；强化部门协同，提高财务、成本、法规等部门标前测算的参与度，为项目投标决策提供专业支持，提升标前测算的准确性。

③做好业绩评价。优化和完善对各区域指挥部、各子公司经营业绩考评指标，分清一次经营利润和二次经营利润，在经营业绩考评时不仅要注重经营总量，更要注重经营质量，对经营质量差的项目建立责任追究机制，从源头上止住亏损，提升中标项目质量。

(3) 夯实"降本增效"为目标的成本管控。

①抓好责任成本。E集团完善责任成本编制细则、费用标准、调整规定、考核要求等，着力提升责任成本下达的准确性、调整的及时性和考核的公正性，充分调动项目管理团队工作的积极性和主动性，为实行职业项目经理制提供保障，构建积极向上的项目管理文化。

②抓好管理策划。以E集团名义中标的重、难项目，在任务划分、管理模式、施工组织方面按照"降本增效"原则做好策划。对标的额10亿元以内的铁路项目考虑由一家子公司独立施工，并强化管理策划中的资金预算、税务筹划、清欠清收策划。

③抓好经费管控。一是结合机关改革做好E集团、子公司两级机关本部经费控制，倡导"勤俭办企"，减少铺张浪费；二是通过制定全集团统一标准，指导各子公司强化项目现场经费控制；三是建立经费管控定期通报及预警机制，鞭策落后单位。

(4) 落实"现金为王"为宗旨的资金管控。

①严控内部借款，拽紧"输血的管子"。一是强化借款审批。按照E集团财务资源占用"只减不增"的目标，严控子公司借款，倒逼子公司强化管理谋出路，将"子公司不向集团公司借款"作为不可逾越的红线和底线。二是强化借款归还。对各子公司存量借款分年制定归还计划，并禁止子公司倒贷行为，同时将借款归还指标纳入子公司业绩考评，对不能完成借款归还目标的子公司管理团队进行经济处罚和严肃问责。

②加大双清奖惩，拓宽"收钱的路子"。一是加大重难债权的奖励力度。对各子公司、各项目时间长、金额大、收款难的债权，给政策、给服务、给指导、给奖惩。尤其要鼓励和督促各子公司加强对收尾项目的清收清欠力度。二是强化分管领导亲自督办制。对重要业主、重大项目，采用集团公司、子公司两级分管领导亲自督办的方式，帮助子公司及项目部解决资金回笼难题，为子公司做表率、树榜样、释放正能量。

③强化资金集中，用活"蓄水的池子"。一是强化子公司资金集中考核。鼓励和倡导子公司在采用空间集中方式的同时，采用物理集中方式向集团公司、子公司两级本部集中资金，减少外部融资规模，并降低融资成本。二是完善资金池头寸使用管理。对各子公司建立信用等级制，对全集团资金贡献大、集中资金多的单位，头寸优先保障，使用时优先考虑，并简化审批程序，促进资金集中和使用的良性循环。

④加强支付控制，止住"流血的口子"。一是做好支付端顶层设计。E集团定期发布全集团支付比例参考值，指导各子公司修订和完善物资、劳务等合同支付条款，重点做好物资集采资金的支付条款优化，缓解项目及子公司资金支付压力。二是做好执行中过程监督。利用财务共享平台做好全局资金支付统筹安排。一方面严把支付审核关，杜绝无预算、无审批支付；另一方面在关键时间节点（如年末、春节维稳期）做好统筹安排。

(5) 搭建"样板引路"为手段的交流平台。

①外寻标杆谋发展。针对铁路板块亏损严重、全E集团资金持续紧张等难题，可以尝试寻找行业内标杆企业的做法，组织团队进行调研和学习，并结合E集团实际情况，加以改进和运用。

②内找先进树典范。分资金、成本、物资等业务板块在E集团内选择一至两家管理较好的单位，

树立为典范，在集团推广，同时可以考虑将其业务管理者进行岗位交流或任职提拔。

四、取得成效

本案例较为圆满地完成既定目标，实现了财务的价值创造，为管理会计理论在企业管理实践中的应用提供了参考，并在项目部、子公司、E集团、同行业四个层级六个方面均取得成效。

（一）完成各项既定工作目标，摸清项目管理现状

本案例的实施，完成了三项既定目标：一是让E集团对下属各子公司、项目资金紧张原因有了深入地认识，达到了摸清家底、找准底数、分清责任、明晰思路、采取措施、提升管理的目的。二是通过构建数据挖掘模型，掌握了E集团不同阶段、不同业态、不同地区项目盈亏及资金状况。三是在成果展示环节得到各层级管理者的高度认可。该案例成果多次作为管理内参报告向E集团最高管理层提报，以辅助决策，并分别作为E集团2019年上半年经济运行会主题报告和2020年子公司能力建设专题会核心报告在E集团范围内展示和推广，引起强烈反响。

（二）倒逼项目重视经济效益，强化资金过程管控

通过实施本案例，E集团各项目对自身各项管理工作进行了一次全面的"体检"，查找了自身管理中的"疾病"，同时通过对标先进项目、标杆项目，探寻到一条改进自身管理的道路，同时让项目各业务部门转变原有"重业务，轻效益""只会干，不会算"的观念，在日常管理中更加重视项目经济效益，并积极参与到项目资金全过程管理中，固牢了项目"创利、贡现"意识。数据反映，2020年E集团所属在建项目成本费用较2019年下降明显，如现场经费占营业收入比下降了约1个百分点。

（三）助推各子公司管理提升，间接产生经济效益

本案例的数据挖掘成果，通过在E集团经济运行分析会、子公司建设专题会等会议上的展示，让各子公司认识到自身管理的不足，并果断采取措施应对，比如A、B等11家子公司出台了《在建项目清收清欠工作考核办法》，以加强资金收入端流入；D、G等6家子公司下发了《关于明确分包合同约定节点支付比例的通知》和《关于下达项目节点资金支付指导性控制比率的通知》，以加强资金支付端控制。E集团在建项目2019年末收、付款率同比2019年3月（本案例实施前）分别上升3个百分点、下降2.4个百分点，E集团及各子公司由此减少外部融资，节约了资金利息成本。

（四）影响集团公司战略决策，实现财务价值创造

通过实施本案例，E集团识别出集团总部在经营投标、施工组织、成本管理等方面的不足，并积极研究应对措施：一是优化顶层设计，修订完善了12家施工类子公司业绩考核办法，建立起以"经营性净现金流"为核心的考评体系，E集团2020年经营性净现金流实现了正向流入6.88亿元，较2019年的-39.46亿元增加净流入46亿元，资产负债率下降8.52个百分点。二是调整经营布局，并提高经营质量在经营业绩考评中的权重；三是建立起全集团下属各子公司经济运行预警和约谈机制；四是优化了工程项目责任成本下达、调整和考核机制。

（五）推动财务人员素质提高，锤炼财会人才队伍

本案例构建的数据模型需要参与者一是要具备较为全面的财税知识，如数据审核时需要熟悉会计报表原理，掌握一定的增值税知识，在计算资金往来和付款率时需要懂企业资金管理，在计算外欠款

清收时需要知晓清收清欠手段；二是要有一定的管理常识，比如能理解工程部门的施工产值、成本部门的验工计价和责任成本等；三是需要有较好的逻辑思维、组织能力、沟通协调能力。因此对锤炼财会人才队伍意义较大。

（六）促进建筑行业工作发展，提供管理参考借鉴

本案例创新性地提出了工程项目验工率、收款率、付款率等指标，并用资金量化企业在经营投标、施工组织、成本管控、财务管理、物资管理等方面的得失，同时构建起贯穿于项目全生命周期的数据收集、分析、评价模型，能及时、准确、高效地为企业管理决策服务，切实发挥了财务部门"军师参谋"作用，对各建筑施工企业，尤其是建筑施工企业集团具有一定的借鉴意义。

五、总结与展望

（一）案例总结

本案例创新点主要有：

1. 建立管理综合大数据库，开展项目多元数据挖掘

E集团以解决"破解资金难题"为出发点，按照从"业务管理到财务管理"的路径查找问题、分析原因、制定措施，采用"财务管理倒逼业务提升"的方式，突破财务数据限制，构建多元数据挖掘模型。将经营、工程、成本、物资等部门的重要数据纳入其中建立项目管理综合数据库，通过对数据库中的海量数据进行挖掘和清洗，建立起贯穿于项目全生命周期的数据收集、审核、分析、展示模型，并与财务数据进行多角度、多维度的有机结合，充分发挥工程项目多元数据挖掘在企业价值创造方面的作用，助推企业高质量发展，在建筑行业内具有一定领先性。

2. 量化了管理对资金的影响，实现挖掘成果实时展示

本案例创新性地提出了验工率、收款率、付款率等概念，将经营投标、施工组织、成本管控、财务收支、物资管理等工作通过资金串联起来，并实现了各项管理工作得失对项目资金影响的量化，便于划清各业务部门管理责任、明晰改进方向，让管理者更加直观掌握和评价各项管理工作对企业经济效益的影响。

本案例以较为常见的办公软件，设计数据挖掘模型，整个模型涉及相关表格30余张，除两张基础数据表外，其余表格均通过设置函数公式，实现了数据整理、数据分析、图表生产、成果展示的自动化，大大降低了重复工作量，极大地提升了分析效率，能及时、准确、高效地为企业管理决策服务，助力企业价值创造。

（二）案例展望

本案例虽取得一定的成功，后续还可从以下三个方面予以优化：

1. 优化模型设计，增强模型可理解性

该模型从2019年3月开始搭建，在后续实施中，由于分析及管理需要，历经多次修改，打了大量"补丁"，但为了减少重复工作，补丁首先基于降低对基础表已有数据的影响，故补丁设计的逻辑关系和美观度有所下降，计划在2021年下半年对模型进行系统梳理、升级和优化，以达到结构清晰、指标合理的目标。

2. 接轨财务共享，提升数据抓取效率

该模型设计思路和理念虽科学，但由于财务共享系统功能暂不完善，为确保数据的准确性、可靠性和实用性，采用的数据挖掘方式主要基于"各单位数据上报＋各系统复核＋各部门人工审核"的方

式，随着 E 集团财务共享功能完善和管理报表模块的开发，计划将该优化后的模型植入财务共享系统，实现基础数据的快速抓取，并搭建电脑端、移动端实时推送的管理报表展示界面。

3. 搭载考评功能，实现管理业绩评价

本案例中的模型，目前虽能达到数据收集、整理、分析、展示的功能，但缺少考核评价功能，计划在 2021 年结合 E 集团对下属子公司的业绩考核体系和制度，优化模型，将考核指标、评分规则、考核结果、薪酬计算等纳入模型，以达到模型数据收集、整理、分析、展示、考评，不断提升管理水平的目标。

总之，建筑施工企业多元数据挖掘研究及应用工作，对分析、提炼、识别企业在项目管理中的得失发挥着重要作用，对各建筑施工企业提升项目管理和提高企业管理水平意义重大，能为建筑施工企业做强、做优、做大，实现可持续发展提供坚实保障。

企业自评

资金犹如血液，流淌于建筑施工企业生产经营的各个环节。近年来受内外因素的影响，"贫血"症状在建筑施工企业日渐突出，但"贫血"只是表象，"贫血"的背后是建筑施工企业经济运行亚健康的真实体现。如何通过"验血"查找建筑施工企业在生产经营管理各方面存在的"疾病"，并有的放矢地开出良方妙药，实现药到病除，是建筑施工企业共同的心声。

E 集团财务人以资金收支为主线，以合同条款为基础，以施工产值为起点，按照"从业务到财务，再以财务倒逼业务"的思路构建起一套贯穿工程项目全周期、全过程的多元数据挖掘模型并加以实施，将建筑施工企业及其工程项目在经营投标、验工结算、收款成效、付款控制等方面的得失用资金进行量化，分析原因，细化责任，并针对性地提出改进措施和管理建议，供 E 集团管理层决策所用，充分发挥财务的价值创造作用，助推企业业财融合，提升企业经济效益和管理水平。

本案例提出的工程项目验工率、收款率、付款率等指标以及用资金量化各项管理工作得失的方式可供其他建筑施工企业借鉴；模型采用的资金为主线的数据挖掘方法和展示方式，可供财务软件开发企业设计建筑行业管理报表提供参考。

专家点评

工程项目建设周期长，资金缺口风险大，保障资金链稳定性，对建筑施工企业至关重要。为了有效破解规模扩张与资金持续紧张的难题，E 集团积极开展大数据挖掘与分析创新实践，紧贴资金这一核心要素，围绕"资金收支"这一主线，按照"从业务到财务，再以财务倒逼业务"的思路，构建起一套贯穿工程项目全周期、全过程的多元数据挖掘模型，实现了业、财、资的深度融合，量化了"经营投标、验工结算、清欠收款、支付控制"等前端业务对资金的影响，揭示了企业资金困难的真实原因，实现了资金从业务到财务全链条分析与量化。基于量化分析的结果，E 集团长短结合切实开展应对与管理优化，大幅度提升企业经营性净现金流，助力企业深化改革创新发展。案例具有典型性和创新性，生动诠释了模型驱动、数据赋能、决策优化与价值实现的管理会计精髓，值得学习借鉴。后续可在数据自动收集、数据决策拓展等方面进一步开展优化。

供应链金融采购在国有建筑施工企业中的应用探索

中铁四局集团有限公司

> **摘要**：建筑业作为国民经济的支柱产业，在不断推进基础设施建设与"一带一路"倡议的今天，肩负起更为重要的经济使命与社会责任，同时也萌生更多的新发展机遇和面临诸多新的挑战。建筑材料作为施工项目中重要成本组成单元之一，对建筑项目的施工进度和整体利润率有着极为重要的影响，优质高效组织实施物资材料采购已成为建筑企业生产经营正常运转的重要保障；然而，当前我国建筑企业物资采购现状却不尽人意。如何找到一种既能解决项目资金短缺，又能降低物资采购成本的方案，成为建筑企业亟待破解的难题。
>
> 随着国家对供应链金融创新的积极推动，兴起于制造业的供应链管理思想在建筑行业逐渐得到推广和应用。在"互联网+"的背景下，建筑业重构供应链优化采购模式意义重大。
>
> 本文对中铁四局集团有限公司供应链重构案例进行分析，该公司对最优物资采购模式的探索可分为三阶段：引入"供应链金融"，打破传统招标采购模式；重塑购销渠道，实现"战略直采"；构建战略合作，推进"战略直采+信用采购"。文章分别对各阶段具体内容和创新过程进行阐述，从采购成本、采购效率、保障生产、资金支付、品牌影响、价值创造等方面探究供应链金融在国有建筑施工企业中的应用成效，为"建筑业+供应链金融"产融结合模式的推广应用提供借鉴和参考。
>
> **关键词**：供应链金融；物资采购；国有建筑企业；价值创造

一、中铁四局简介

中国中铁四局集团有限公司（以下简称"中铁四局"）作为世界 500 强企业——中国中铁股份有限公司的标杆企业，是具有综合施工能力的国有大型建筑企业集团。公司拥有铁路工程、建筑工程、市政公用、公路工程四项特级资质，以及铁道行业甲二级、建筑行业、市政行业、公路行业、测绘行业五项甲级设计资质，是全国为数不多以及中国中铁系统首家"四特五甲"企业。身为国有大型建筑企业，秉承中国中铁"勇于跨越、追求卓越"和中铁四局"勇于争先、永不满足"的企业精神，公司先后新建、改建、扩建了约 2 万公里铁路干线、支线，建成 20 个大型铁路枢纽，并在高速公路、市政道桥、城市轨道交通、水务环保、大型桥隧、高层房建、大型厂房、电气化工程、汽车试验场等施工领域取得辉煌业绩和卓著信誉。同时，公司还积极响应国家"一带一路"倡议，参与国际市场竞争，企

---

* 本篇作者：李峰、张飞、孔延祺、李由、翟海涛。
指导专家：邹艳（北京航空航天大学）。

业国际化水平逐年提高。

二、中铁四局供应链金融引入背景

（一）建筑业物资采购现状不尽人意

长期以来，建筑业由于产能过剩引起竞争激烈、管理粗放等特性，利润率普遍较低。材料作为建筑施工项目中重要成本组成之一，对建筑项目的施工进度和整体利润率有着极为重要的影响。然而，我国建筑业企业物资采购现状却不尽人意，具体体现在：

1. 规模采购优势未彰显，采购成本较高

建筑业物资采购需求总量大、品种规格多，受工程项目中标区域、中标时间的限制，为满足工程施工进度需要，往往一项目一招标，导致招标效率低下且浪费大量物力人力，未能发挥规模采购经济优势。

2. 物资市场供需关系变化，招标频繁流标

受国家调整产能过剩、环保治理力度加大的影响，建筑市场主要物资供需矛盾发生变化，建筑物资已经由之前的买方市场转变为卖方市场。只要建筑企业设置的招标条件稍微严苛一点，就很可能会出现流标现象，物资稳定供应成为建筑业亟待破解的难题。

3. 采购款不能及时支付，履约矛盾突出

随着低比例支付项目、垫资项目的增多，建筑业"两金"占资持续上升，面临的"弹性收款、刚性付款"问题愈发突出。过程中因不能按时支付采购货款，产生的物资停供、影响施工生产、工期滞后等履约矛盾突出，甚至面临较大的诉讼风险。

（二）中铁四局迫切需要改进传统的物资采购模式

中铁四局身为国有建筑施工企业，其传统物资采购与中国中铁旗下大部分子分公司采购模式相同，主要是在网上公开发布招标信息，并在中国中铁评委专家库中抽取专家进行线下评审。以钢材采购为例，物资采购合同中支付条款一般分为以下两个部分。

1. 付款周期

在供应期内物资到货完成验收检验工作，并开具合法合规的增值税专用发票后，由买方在次月支付供应期所供合格物资80%货款；剩余15%的货款则在该批物资交验合格6个月内支付；剩余5%的货款作为质量保证金，在供货结束后6个月内支付。

2. 支付方式

采用银行转账、电汇或银行电子承兑汇票。其中电子承兑汇票支付比例占50%，承兑期为6个月，卖方承担贴息费用。

在这种传统的物资采购模式下，供应商回款周期较长，建筑企业承担较高垫资成本，进而导致采购单价增加；此外，部分项目因自身回款效率低，导致采购货款支付延期、支付比例不足，使在实际供应中供应商资金紧张甚至断裂，项目物资供应出现缓供甚至断供现象。中铁四局急需重构物资采购模式，找到一种既能解决项目资金短缺，又能降低物资采购成本的方案。

（三）"建筑业＋供应链金融"融资新模式的崛起

随着社会化生产方式的不断深入，市场竞争已经从单一客户之间的竞争转变为供应链与供应链之间的竞争。由于账期支付已成为交易的主流方式，处于供应链中上游的供应商，很难通过"传统"的信贷方式获得银行的资金支持，而资金短缺又会直接导致后续环节的停滞，甚至出现"断链"。建筑企业尤其需要维护所在供应链的生存、提高供应链资金运作的效力、降低供应链整体的管理成本。

自2017年以来，随着交通强国战略和"一带一路"倡议的逐渐落地，建筑业总产值始终维持在20万亿元以上的超大绝对体量，虽然总体增速有所放缓，但依旧维持在5%以上的快速增长，其中2020年产值规模为26.4万亿元，同比增长6.2%。但在这些光鲜数字的背后，当前建筑施工企业面临激烈的市场竞争，工程垫资情况屡见不鲜。企业如何通过加快资金回笼缓解资金紧张的状况与建筑行业融资困难之间的矛盾已初现端倪，也加速了建筑业与金融业的碰撞与融合。

近年来，供应链金融这一融资模式在我国各个行业发展迅速，其在建筑行业当中，为解决众多中小施工企业融资难、融资贵的问题提供了一条有效途径。供应链金融是指银行将核心企业和上下游企业联系在一起提供灵活运用的金融产品和服务的一种融资模式，如图1所示。该模式下，商业银行根据产业特点，通过整合供应链的物流、信息流，围绕核心企业，基于交易过程向核心企业和其上下游相关企业提供跨行业的综合金融服务。

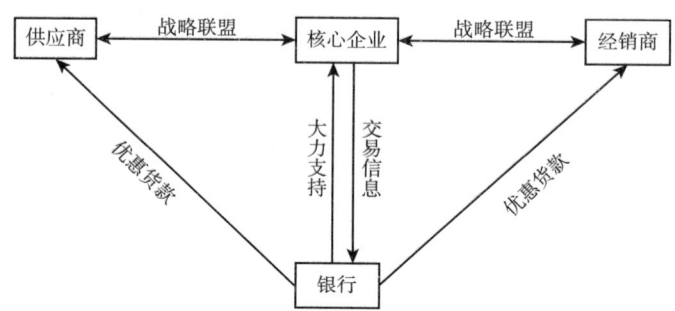

图1 供应链金融参与主体模式图

一般来说，一个特定商品的供应链从原材料采购，到制成中间及最终产品，最后由销售网络把产品送到消费者手中，将供应商、制造商、分销商、零售商、直到最终用户连成一个整体。"供应链金融"最大的特点就是在供应链中寻找出一个大的核心企业，以核心企业为出发点，将交易产业链上利益相关者作为整体，依托核心企业信用，为供应链提供金融支持，从而满足供应链上下游各方的诉求。

创新供应链金融服务，盘活供应商的应收账款，一方面可以为整个供应链上的中小企业提供新的融资选择；另一方面，可以通过灵活的财务安排，缓解建筑企业的流动性压力，降低融资成本。

三、重构采购供应链，实施供应链金融

近年来，在激烈的市场竞争环境下，为提高公司采购效率和满足工程项目物资供应，促进降本增效，推进"阳光采购"，中铁四局打破传统物资采购模式，开始着手对采购供应链进行重构，并尝试引入供应链金融，取得了显著成效。

（一）试点建筑钢筋采购，引入"供应链金融采购"

伴随着国家主导建设的全社会诚信体系的不断完善，高压环境保护政策的继续实施，深入推进依法治企和企业合规采购，大力调整产业结构和淘汰落后产能，已成为现行市场环境下的必然选择。中铁四局某全资子公司为缓解项目资金支付压力，于2019年6月首次尝试在"低比例支付"项目引入金融机构，构建了"建筑业+供应链金融"产融结合模式，以此保障项目物资供应。

1. 三方洽谈，构建供应链金融采购模式

为保证产融合作新模式能够成功且可持续，子公司、物贸企业、商业银行三方合作之初即投入大量精力进行多方调研论证，一直围绕彼此的诉求与关切展开谈判，各方主要诉求与让步条件如表1所示。

表 1 S 公司供应链金融参与主体各方的诉求与让步

参与主体	主要诉求	主要让步
S 公司	不直接融资、不提供融资担保、付款账期长、采购成本低、物贸企业综合实力强	向银行确认贸易的真实性、明确债务的到期支付时间、承担延期付款资金成本
物贸企业	融资供货、加速周转、提高资金利用率、扩大规模	同意作为授信主体、适当降低贸易利润率
商业银行	降低贷款风险，确保本金安全	在本金安全的前提下，适当降低贷款利息率

S 公司作为在供应链中规模较大、实力较强，能够对整个供应链的物流和资金流产生较大影响的企业，通过整合交易产业链上利益相关者，依托自身优势地位和良好信用，为供应链提供金融支持，从而满足供应链上各方诉求。物贸企业的低利润率及银行的低利息率实现了 S 公司的低成本采购，有利于自身发展壮大；一方面，物贸企业同意作为授信主体直接从银行获得融资，满足 S 公司不直接融资、不担保融资和延长付款账期的诉求；另一方面，将银行信用融入物贸企业的购销行为，增强其商业信用，促进物贸企业与 S 公司建立长期战略协同关系，实现了物贸企业融资供货、做大规模的诉求；物贸企业较强的综合实力、S 公司（建筑央企）良好的信用及真实的交易背景实现了银行的本金安全。

经过多次洽谈，为实现三方互利共赢，S 公司与物资供应商签订建筑钢筋采购合同，引入金融机构，通过供应链融资模式使银行对物贸企业进行授信贷款。具体流程如图 2 所示：

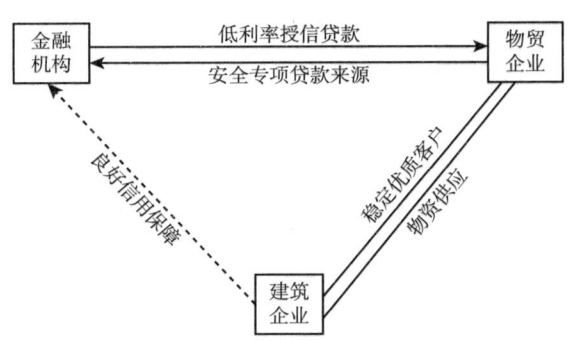

图 2 S 公司供应链金融采购参与主体模式图

与传统的应收供应链金融融资模式相比，S 公司引入的新型供应链金融采购模式是以物贸企业作为核心企业。该模式下具体操作流程为：

首先，S 公司在产业链中作为采购方，与上游物贸签订采购协议，约定上游企业按期提供建筑钢筋，S 公司在收到货物后按照双方洽谈的合同支付比例支付货款，剩余未付款项形成一笔上游企业对 S 公司的应收账款；其次，物贸企业作为上游融资方，将该笔具有较强还款保障的应收账款质押给金融机构申请融资；再次，S 公司凭借其国有建筑企业良好的信用保障优势，向金融机构确权，对质押的应收账款真实性进行确认；最后，银行等金融机构基于其对物贸企业和 S 公司之间真实的交易背景向物贸企业发放风险较低、利率较低的融资款。

2. 应用供应链金融，采购建筑钢筋

2019 年 6 月至 2020 年 3 月，S 公司、物贸企业和商业银行三方的钢筋采购合作事宜经过银行授信谈判、风控评价等十多轮洽谈，最终确定供应链金融采购方案，与物贸企业签订了供应链金融建筑钢筋采购合同。具体方案如图 3 所示。

（1）建筑钢筋采购价格实行浮动价：

建筑钢筋采购单价 = 网价 + 50 元（运杂费）+ 财务费用。

①网价：以当月供应结算期内建筑钢材市场（我的钢铁网）的算术平均价格为当期基准网价。

②运杂费：运杂费固定为 50 元/吨，在合同执行期内不做调整。

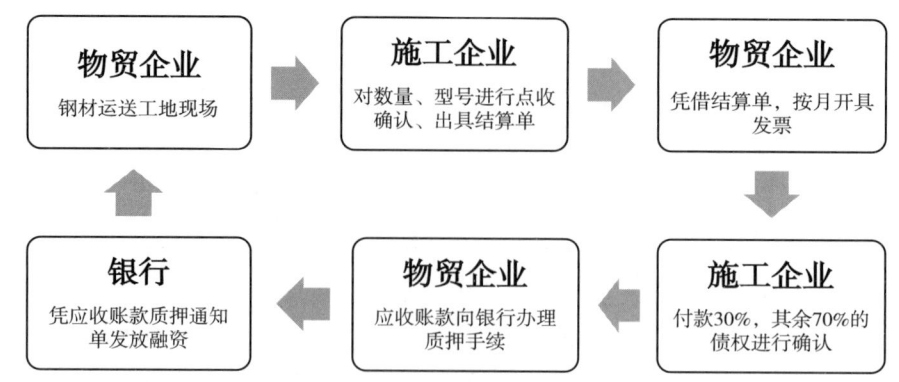

图 3　S 公司供应链金融采购方案流程

③财务费用：乙方根据该实质性合同取得供应链融资贷款负担的利息，实际由 S 公司承担。S 公司承担的资金延缓支付利息费用，计算公式为：

财务费用 =（网价 + 50）× 70% × 4.35% × 1.13。其中 4.35% 为银行一年期贷款基准利率，按照银行实际发布的一年期贷款基准利率同期调整。

（2）货款支付：当月供应结算期内物资到货并完成验收检验工作后，卖方按双方共同确认的收料数量、品种、规格型号、日期开具合法合规的增值税专用发票（一票制）作为货款结算支付的凭据。由买方在次月 20 日前支付供应结算期所供合格物资 30% 货款；剩余 70% 的货款在该批物资交验合格后 1 年后支付。

（3）支付方式：采用银行汇款形式付款。

3. 供应链金融钢筋采购，成效显著

通过对新旧钢材采购模式下采购价格、资金支付压力进行测算对比，可以发现：供应链金融建筑钢筋采购实施后，成效显著。

（1）钢材采购成本对比。当前建筑业物资采购，供应商希望将采购款的垫支成本、财务费用等进行明确计算，根据不同付款条件调整定价。一是提高单价，降低付款比例；二是采用多种支付形式，承担贴息费用；三是根据实际支付欠款计算逾期利息。无论采用何种支付形式，均会增加一定的采购成本。

根据 S 公司与物贸企业已实现钢材采购量达 29400 吨，已结算钢材网价为 3879.14 元/吨为例，对各种采购模式下钢材采购成本进行计算，得出表 2。

表 2			S 公司钢筋采购方案成本对比表					单位：万元
采购方案	付款内容	定价	已结算钢材网价（元）	合同约定钢材单价（元）	已采购钢材量（吨）	已结算钢材总价（万元）	延迟付款承担的资金成本	延迟金额产生的机会成本	实际负担的资金成本（考虑机会成本）
			1	2	3	4 = 2 × 3	5	6	7 = 5 − 6
现销模式	100% 付款	网价 + 50	3879.14	3929.14	29400	11551.66	0.00	0.00	0.00
传统模式	次月付 80%，6 个月后付 15%，其余 5% 质保期满 6 个月后支付	网价 + 248	3879.14	4127.14	29400	12133.78	582.12	101.65	480.47
供应链金融模式	次月付 30%，剩余 70% 延期一年付款	（网价 + 50）×（1 + 4.35% × 0.7 × 1.13）	3879.14	4064.33	29400	11949.14	397.48	177.90	219.58

表2中，S公司不同钢材采购方案的主要付款内容为：

①现销模式下，在结算次月直接按采购金额的100%付款，单价按"网价+50元（运杂费）"元/吨确定。形成采购成本11551.66万元。

②传统模式下，采购款在结算次月按80%付款，六个月后付剩余15%，供货结束6个月后付5%；单价按"网价+248"元/吨确定。形成采购成本12133.78万元，与现销模式下采购成本对比，采购成本增加582.12万元；以中国中铁内部银行存款利率2.2%为折现率，计算延迟付款实现机会成本101.65万元，考虑机会成本情况下，较现销模式实际负担资金成本480.47万元。

③供应链金融模式下，采购款在结算次月按30%付款，一年后付剩余70%；单价按"网价+50元（运杂费）+财务费用"元/吨确定。形成采购成本11949.14万元，与现销模式下采购成本对比，采购成本增加397.48万元；以中国中铁内部银行存款利率2.2%为折现率，计算延迟付款实现机会成本177.90万元，考虑机会成本情况下，较现销模式实际负担资金成本219.58万元。

比较传统采购模式与供应链金融采购模式下延期付款占用资金成本，S公司原采购模式下占用资金成本为480.47万元，供应链金融模式下占用资金成本为219.58万元，成本直接减少260.89万元，降低采购单价88.74元/吨。由此可见，企业利用好供应链金融产品可以大幅降低采购成本。

（2）资金支付压力对比。以该钢材采购总量29400吨、18个月工期、平均每月采购钢筋1633吨的假设为前提，对新旧采购模式下S公司每月的资金支出进行预测，得出图4。

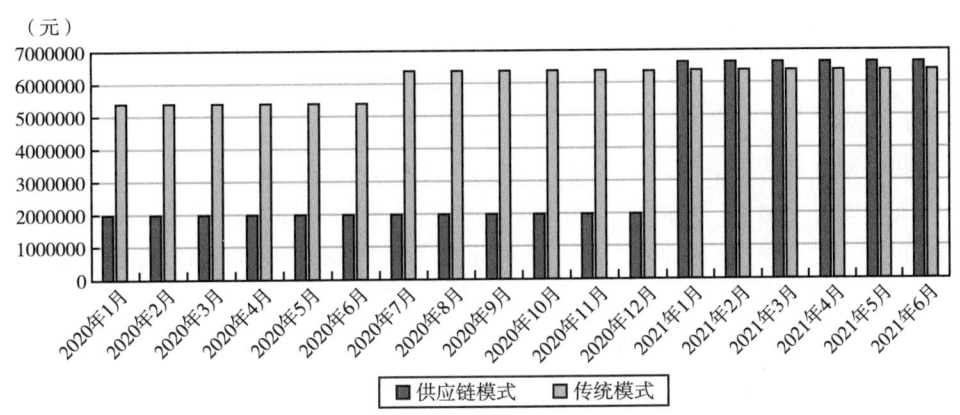

图4　S公司钢筋采购方案资金支出对比图

图4直观反映出在18个月的钢材供应期内，按合同约定S公司每月资金支出情况：在前6个月供货期内，供应链金融模式下每月付款金额较传统模式低50%；7—12个月供货期内，每月付款金额下浮比例达65%。供应链金融模式下，项目钢材采购总额11949万元，项目完工时资金支出6373万元；传统模式下，项目钢材采购总额12133万元，项目完工时资金支出10920万元。较传统模式相比，在采购总额降低185万元（未考虑机会成本）的情况下，项目完工时资金总支出下降4547万元，实现降本的同时，极大缓解了S公司在项目施工过程的资金支付压力，有效解决目前建筑业自身收款滞后、大额垫资的困境。

（二）重构集团购销模式，推进"战略直采"

因S公司的供应链金融采购创新取得显著成效，中铁四局对其可行性进行评估分析后，迅速对该模式进行引入改造，凭借集团规模采购优势，直接对集团购销模式进行重构，取消中间代理商，实行对大型钢铁企业直接采购，推进"战略直采"模式。

1. 发挥集采优势，实现战略直采

集团公司在其规模优势支持下，通过不断地优化交易体系、持续地减少招标频率，减少规模小、履约差的供应商数量,逐步取消一二级物贸代理商,最终实现直接与大型钢铁企业合作。但在合作初期,因大型钢企严苛的付款条件,要求采购款全额现金付款且不能延期支付,无法引入金融机构,只能形成中铁四局和大型钢企的双边合作关系,具体如图5所示:

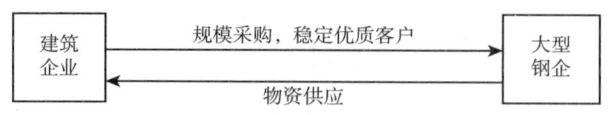

图5 中铁四局战略直采模式参与主体图

与S公司供应链金融采购模式相比,中铁四局的战略直采模式中,取消物贸企业即中间代理商的参与,大型钢铁企业代替原物贸企业,节约了非增值环节,形成"大型钢铁企业—建筑企业"双方直接合作模式。该模式下具体操作流程为:首先,集团公司通过战略采购效应,归集内部子分公司物资需求,在产业链中作为采购方直接与钢铁企业合作,取消中间商利润,同时通过规模采购逐步提高对钢厂的议价能力;其次,钢铁企业作为上游供货方,要求建筑企业现款支付物资采购款,中铁四局内部子分公司形成对钢铁企业的还款义务。

2. 实行战略直采,持续降本增效

(1) 持续降低物资采购成本。自2020年10月开始实行战略直采模式至2021年4月,中铁四局开累已实现战略直采44.32亿元,其中,钢筋88.64万吨,涉及工程项目311个;钢绞线0.27万吨,涉及工程项目26个;水泥52.17万吨,涉及工程项目75个。以钢筋采购为例,供应链金融模式下,建筑钢筋现款采购单价为"网价+50"元/吨,战略直采模式下,建筑钢筋现款采购单价为"网价-70"元/吨,单价再次大幅降低。

(2) 规范采购体系,拓宽集采领域。通过对全集团的采购需求进行整合,建立更加标准化、规范化的交易体系,除钢筋外,还对如水泥、钢绞线、油料、商品混凝土、地材等物资产品线进行优化,将战略直采模式拓展到大宗物资采购中,对建筑企业大宗物资购销模式重新洗牌,形成新一轮建筑企业降本优势。

(3) 工程物资采购效率大幅提升,库存物资大幅下降。较传统招标模式相比,集团采购效率大幅提升。传统招标模式下,自公开发布招标信息,到完成招标采购、签订采购合同再到物资送达项目现场,至少需要35天时间,如果出现流标,时间会接近60天甚至更长;战略直采模式下,从项目提出钢材需求到钢材送达现场,基本可以在5天内完成,采购时间不足原来的1/7。随着采购效率的提升,物资组织供应能力明显增强,项目缺货成本大幅下降,有力保障了项目施工生产的顺利进行,进一步降低了库存物资对资金的占用,有效缓解了项目的资金压力。

(4) 发挥规模优势,建立强强联合的战略合作关系。集团公司充分利用规模采购优势,对上下游合作方进行筛选重组,实行战略直采,最终实现直接与大宗物资生产企业合作,构建几支规模大、履约强、服务好的局级统一战略合作伙伴,实现强强合作的稳定关系,满足公司快速发展的需求。

(三) 优化供应链金融采购,探索"战略直采+信用采购"

随着战略直采模式的迅速推进,因其现款支付特性,集团公司资金支付压力增加,为缓解资金紧张的情况,在与大宗物资生产企业前期合作的基础上,凭借中铁四局强大的信用保障优势,与大型钢铁企业展开新一轮合作洽谈,对战略直采模式进一步优化,再次引入银行等金融机构,推进"战略直采+信用采购"模式,实现延期付款。

1. 达成战略合作,引入信用采购

战略直采模式下,中铁四局与钢厂、水泥厂等大宗物资生产企业初步建立合作关系,在供方市场环境下,要求物资采购款现金支付且无延期,公司资金支付压力随着战略直采规模的扩大而增长,面临资金短缺风险。在经过几个月的合作后,双方形成统一、稳定的战略合作伙伴关系,合作方愿意对中铁四局提供一定信用采购额度,通过引入外部金融机构对物资生产企业进行授信贷款,中铁四局承担信用采购的资金成本,在确保采购成本大幅下降的前提下,解决建筑企业资金短缺问题。具体流程如图6所示:

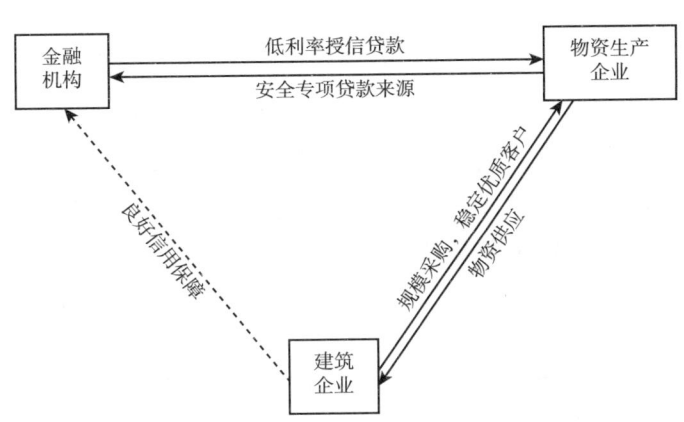

图6 中铁四局"战略直采+信用采购"参与主体模式图

2. 推行"战略直采+信用采购"模式,实现多元价值创造

除前述"供应链金融采购""战略直采"两种模式取得降低采购成本、缓解资金支付压力、保障施工生产成效外,该业务模式还具有以下几方面优势,形成了多元价值目标实现:

(1)推动金融机构充分竞争,寻求最有利的金融合作伙伴。大型国有建筑施工企业作为重点企业,可凭借大额、稳定的资信实力与多方金融机构沟通,选择最优的合作伙伴与方案,可以进一步有效降低采购成本。

(2)拓宽融资渠道,契合新经济产融结合趋势。传统产业转型升级和实体经济发展,得到了国家前所未有的重视与支持,并且逐渐上升到战略层面。时代的产融结合,把供应链、产业链、生态链彻底打通,已经成为供应链企业整体发展的新趋势和新常态。在国资委要求各企业"降杠杆""减负债",加大"两金"压降力度的当前,中铁四局通过开展供应链金融业务,创新产融结合模式,有效整合自身应付账款,代替传统的银行借款等融资方式,在避免产生企业带息负债、推高资产负债率的同时,增加企业现金流。

(3)实现价值创造,提升企业品牌影响力。通过供应链融资渠道,形成资源互补与协同,实现了建筑企业、物资生产企业和金融机构多方合作共赢和产业共同价值创造;此外,由于银行额度捆绑使用,付款条件好,很快形成了一批忠诚可靠的合作客户,为公司的快速发展奠定更好的基础。

(四)建筑施工企业运用供应链金融应注意的问题

综上所述,中铁四局通过充分利用其大型国有建筑企业综合实力强、信誉好的有利条件,发挥其规模采购优势,在综合考虑筹资成本、风险、周期、资本市场状况的基础上,通过加强与银行、供应商等合作,不断创新采购模式,助力企业价值创造,促进企业健康发展。但是,在实施供应链金融采购的过程中也蕴藏风险,企业需对可能产生的风险进行提前防范。

1. 防范"双清"力度弱化风险,关注刚性债务到期时间

对在供应链融资采购模式中处于重要地位的大型国有建筑企业而言,关键风险在于资金链是否顺畅完整。企业通过创新供应链金融缓解债务支付压力,但工程款和质保金的回收仍是建筑企业最根本的资金来源，不能因债务支付压力的降低而弱化工程款的清收力度。另外，需时刻关注刚性债务到期时间，防范资金运转不畅带来的供应链中断风险。

2. 提升对供应链的管控力度，确保信息安全性

建筑企业需充分发挥其在供应链融资过程当中的主导作用，保证供应链网络的实时更新，确保企业能够在第一时间知晓供应链运行过程中的相关信息。

四、总结及展望

2020年9月，央行、银保监会等八部委联合发布《关于规范发展供应链金融支持供应链产业链稳定循环和优化升级的意见》，被视为我国供应链金融的纲领性文件。在2021年政府工作报告中，更是首次单独提及"创新供应链金融服务模式"，直接意味着供应链金融已上升到国家层面，为其加速推广应用创造了良好的外部环境，供应链金融将迎来快速发展期。在我国建筑行业发展进入新发展阶段的当前，建筑业供应链金融的发展才刚起步。"建筑业+供应链金融"的产融结合模式也必将成为今后发展的新趋势，为建筑业带来新的希望和机遇。

中铁四局的供应链金融采购创新，从传统招标采购模式到引入供应链金融模式，到全局目前推广的战略集采模式，再到进一步开展的"战略直采+信用采购"新模式，公司结合自身实际情况，不断探索创新优化产融结合模式，过程中取得较大成效，为企业提供了资金融通渠道，能够有效促进其发展壮大。

当今社会已经从信息渠道闭塞、出行及交易方式单一的传统生活和工作模式提速进入了"互联网+"的新时代，各行各业都在不断更新加强自身的管理方式，也在不断地思考未来的变革方向。在国家"互联网+"和信息化建设战略的持续推导下，未来中铁四局将搭建"互联网+建筑+供应链金融"融资新体系。通过"互联网+"的引入，在"战略直采+信用采购"模式基础上，进一步提升信息化技术，重点推动对工程项目部、子分公司、集团公司、物资生产企业和金融机构的信息进行贯通整合，形成从计划、采购、结算、融资支付的一体化运行体系，具体如图7所示。随着与各大生产企业、金融机构的深入合作，中铁四局的议价能力将会得到进一步提升，加强管理、降本增效的目标成效将会进一步实现。

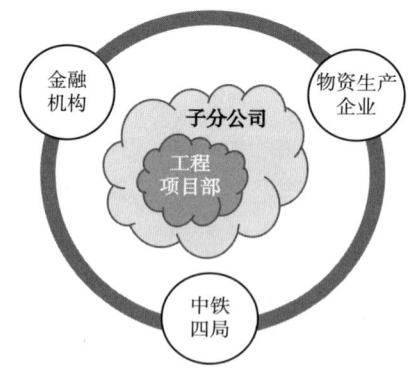

图7 "互联网+建筑+供应链金融"参与主体流程图

总而言之，中铁四局的物资采购模式正在经历一场深度变革，从传统招标采购模式到引入供应链金融模式，到采取目前全局推广的战略直采模式，再到进一步开展"战略直采+信用采购"新模式。中铁四局在"勇于争先、永不满足"的企业争先文化指引下，用实际行动诠释了持续创新助推企业价值创造的理念，相信企业品牌影响力将会进一步彰显，在中国中铁的标杆地位将会得到进一步巩固与提升。

参考文献：

[1] 赵学峰. 供应链金融创新在建筑施工企业中的应用 [J]. 产业创新研究，2019 (12)：119-120.

[2] 李君辉. 供应链融资在建筑施工企业中的实践 [J]. 财会学习，2017 (10)：208+216.

[3] 董俊顺，江桐宁，罗耕能，等. 大型建筑施工企业基于供应链金融的物资集中采购管理实践 [J]. 创新世界周刊，2019 (11)：77-80.

[4] 王永军. 供应链融资在国有企业中的实践 [J]. 商场现代化，2019 (23)：128-129.

[5] 邓超澜. 国内建筑行业供应链融资效率案例研究 [D]. 武汉：华中科技大学，2018.

[6] 付兴卫. 建筑施工企业供应链融资问题浅析 [J]. 纳税，2020，14 (6)：200+202.

[7] 黄鑫. 智慧采购时代呼之欲出 [N]. 经济日报，2017-12-11.

[8] 周启清，欧阳炫. 我国供应链金融生态研究 [J]. 特区经济，2019 (5)：52-55.

[9] 樊涛生. "互联网+建筑"模式下的供应链金融业务 [J]. 施工企业管理，2016 (10)：44-45.

[10] 胡思雨，孟楠. "互联网+建筑业"风口下的供应链金融 [J]. 建筑，2017 (16)：14-19.

[11] 漆大山，陆毅，熊杰，等. "互联网+"下建筑企业智慧采购模式研究 [J]. 建筑经济，2020，41 (3)：38-41.

[12] 郭辉明. 建筑施工企业应用供应链融资模式问题浅析 [J]. 商，2016 (25)：163.

[13] 戴毅. 建筑施工企业应用供应链融资管理分析 [J]. 会计师，2018 (9).

[14] 杨军. "互联网+"环境下企业管理会计的实践与变革—广西联通"沃金融"供应链融资模式的分析与启示 [J]. 会计之友，2015 (18)：2-8.

[15] 王大为，李行天. 建筑业财务公司供应链金融浅析 [J]. 商讯，2020 (15)：75-76.

企业自评

英国著名供应链管理领域专家马丁·克里斯托弗曾说："21世纪的竞争，不是企业与企业之间的竞争，而是供应链与供应链之间的竞争。"中铁四局集团有限公司通过引入"供应链金融"，对集团物资采购供应链进行重构，从传统招标采购模式到引入供应链金融模式，到全局推广的战略直采模式，再到进一步开展"战略直采+信用采购"新模式，公司通过不断深挖采购管理效益，对建筑业应用供应链金融进行探索，助力企业价值创造。本案例的创新之处在于，区别于传统供应链金融，中铁四局凭借其良好信用保障和采购规模优势，直接与大型物资生产商达成战略合作关系，最大程度降低物资采购成本的同时，取得金融机构对供应链融资的让步，有效规避公司自身对供应链融资的担保和回购义务。

专家点评

2021年政府工作报告首次提及要"创新供应链金融服务模式"。但对于如何创新发展供应链金融，助力企业价值创造，有效支持供应链产业链的稳定循环和优化升级，金融机构与核心企业等各方均在探索中。建筑业物资采购需求总量大、品种规格多，存在采购成本较高、项目流动资金不足、招标频繁流标等问题。为有效解决传统招标采购模式这些突出问题，中国中铁四局集团有限公司引入供应链金融，不断开展物资采购模式创新探索，先后构建"建筑业+供应链金融采购"模式、重塑购销渠道实现"战略直采"、开展战略合作推进"战略直采+信用采购"，在保障物资供应的同时，有效降低了物资采购成本，实现了多元价值创造。其重构建筑业供应链，创新供应链金融采购的实践，富有成效，极具特色，值得学习和借鉴。

沙盘模拟在管理会计人才培养中的运用

中铁七局集团第三工程有限公司

> **摘要**：本案例介绍了中铁七局三公司运用 ERP 沙盘模拟工具，通过体验式的教学方式，组织人员参加轮训，助力管理会计人才队伍培养。整个案例重点说明学员通过参加管理会计模拟实践，了解基于管理会计思想下的可视化企业经营过程，进一步加深了对企业管理环节的理解，切身感受到实际管理会计工作中决策的复杂性和科学性，从而全面提高其经营管理的素质与能力，以适应实际工作中的各种需要。
>
> **关键词**：模拟经营；管理会计；人才队伍；培养

一、背景

中铁七局集团第三工程有限公司（以下简称"公司"）成立于 1964 年 12 月，是国家建设部核准的综合性工程施工一级企业，公司现注册地在陕西省西安市。公司是中铁七局集团旗下的重要成员企业，隶属于世界 500 强企业——中国中铁股份有限公司。

半个多世纪以来，公司走南闯北搞建设，东征西战度春秋，逢山开路，遇水架桥，先后参与了京广、郑西、郑徐、青藏、兰渝等多条高速铁路、重载铁路建设，完成了一大批高速公路、地铁、市政、房建、等重点工程施工，合同履约率 100%，质量合格率 100%。同时，积极实施海外发展战略，承建了莫桑比克、赞比亚和刚果（金）等多个国家公路和市政建设项目，取得了良好经济效益和社会效益，受到了多方赞誉。

公司构建以"家"文化为核心的完整企业文化体系，积极推行"以企业为家庭、视员工为亲人"的文化核心、"团结千钧力、家和万事兴"的文化实质和"关爱小家、共建大家、报效国家"的文化宗旨，坚持用先进的文化鼓舞人，用先进的文化凝聚人，全面构筑开放、包容、充满活力的人才开发激励机制，不断凝聚人心、团结力量，推动企业高质量向好发展。

（一）为什么要开展 ERP 沙盘模拟

1. 经济发展对管理会计人才的需求

随着改革开放的不断深入，我国经济由高速度发展转向高质量发展。适应经济发展的需要，会计变革势在必行。管理会计是会计的重要分支，能够在制定和执行战略规划时发挥综合作用，是一门专业性学科。管理会计在企业内部经营管理中发挥着重要的作用，管理会计人才是制约管理会计发展的

---

* 本篇作者：张海明、吕康禄、景慧慧、张璐。
　指导专家：邹艳（北京航空航天大学）。

瓶颈。2014年初，财政部发布了《关于全面推进管理会计体系建设的指导意见》，其中强调"推进管理会计人才队伍建设。建立管理会计人才实践培训基地，不断优化管理会计人才培养模式。"，体现了国家在推动企业管理会计体系建设上的信心和决心。

知识经济的发展和人工智能、大数据等技术的普及，使会计人员的工作内容和性质悄无声息地发生着变化。一方面，会计人员的工作重点不再是简单地进行会计核算等一些基础性的会计工作，而是转变为对会计信息进行分析和财务管理，实现由核算型会计人才到管理型会计人才的转变。另一方面，企业的发展需要高素质的管理会计人才，结合企业内外环境因素，利用高绩效会计系统参与企业的管理决策，在企业制订计划、财务预测、风险分析等环节出谋划策。

基于会计角色的转变，会计人才由单纯的专业技术人才向综合素质高、思想素质好、认知能力强、富有创造性、知识面宽、理论基础扎实的新时代管理会计人才转变。这就对会计人才的综合素质提出了更高的要求。在专业知识储备上，会计人员不仅要掌握会计、财务的基本理论和知识，还要对管理学、经济学、计算机专业知识有所涉猎。在能力方面，会计人员不仅要具备专业会计能力，而且要具备获取信息的技能、分析问题的能力、决策能力、处理人际关系的能力和敏感的职业判断能力。

2. 企业在管理会计人才队伍建设中存在的问题

（1）企业管理会计制度老旧固化。企业的会计人员仍然采用传统的核算方法，定位陈旧，观念落后，不愿引进新制度，使大数据模式普及进展缓慢。会计队伍工作者已经习惯传统企业管理模式的被动模式，对企业财务状况仅仅停留在核算层面，不愿也不能进行主动分析，这对于企业在新时代实行新型管理会计模式将产生不利的影响。在会计工作的基本流程中，大多只包含会计的确认、计量、记录和记账四个环节，重核算，轻管理。

（2）管理会计模式固化，缺乏创新。一方面，企业的管理层对于管理会计的重要性认识不足，认为财务会计才是企业会计发展的主流，忽视了企业内部管理。这样的思维局限会限制企业自身业务的拓展，加大企业管理风险，没有用长远的眼光来看待企业发展。另一方面，企业依旧采用原有的会计模式，加之受一些技术水平的限制，所以部分非报表或非财务数据不能被收集，不完整或不精准的数据使得会计信息对于经济决策的价值难以体现。

（3）管理人才队伍建设不足。首先，施工企业流动性强，薪酬待遇社会竞争力不强，工作环境较差甚至恶劣，对知名高校的毕业生和其他高校的优秀毕业生吸引力不强，对成熟管理人才引进乏力。其次，大多数高校的会计专业都侧重于核算会计或者财务会计的发展方向，对于管理会计不够重视，专业局限直接导致了社会中管理会计人才数量的先天不足。最后，从传统的后续教育的层面来看，许多会计人员不能根据时代的要求进行革新，没有及时学习、更新专业知识技能和思想观念，没有及时关注市场的动态和企业生产经营的具体实际，难以有效实现业财融合。

（二）开展ERP沙盘模拟的可行性

1. 什么是ERP

ERP（Enterprise Resource Planning）是企业资源计划的简称，是指建立在信息技术基础上，以系统化的管理思想，为企业决策层及员工提供决策运行手段的管理平台。企业资源包括了厂房、设备、物料、资金、人员，甚至还包括企业上下游的供应商和客户等。企业资源计划的实质就是如何在资源有限情况下，对企业的生产经营活动进行事先的计划、事中控制和事后反馈，从而达到合理利用企业资源、降低库存、减少资金占用、增加企业应变能力、提高企业市场竞争力和经济效益的目的。可以说，企业的生产经营过程也是对企业资源的管理过程。

2. 什么是ERP沙盘

沙盘最初源于军事作战指挥，它可以清晰地模拟真实的地形地貌，使作战指挥不需要亲临现场就能清晰地总揽全局，从而运筹帷幄并制定出最优的决策。ERP沙盘就是利用实物沙盘直观、形象地展示企业的内部资源和外部资源。通过ERP沙盘可以展示企业的主要物质资源，包括厂房、设备、仓库、库存物料、资金、职员、订单、合同等各种内部资源；还可以展示包括企业上下游的供应商、客户和其他合作组织，甚至为企业提供各种服务的政府管理部门和社会服务部门等外部资源。ERP沙盘展示的重点是企业内部资源（见图1）。

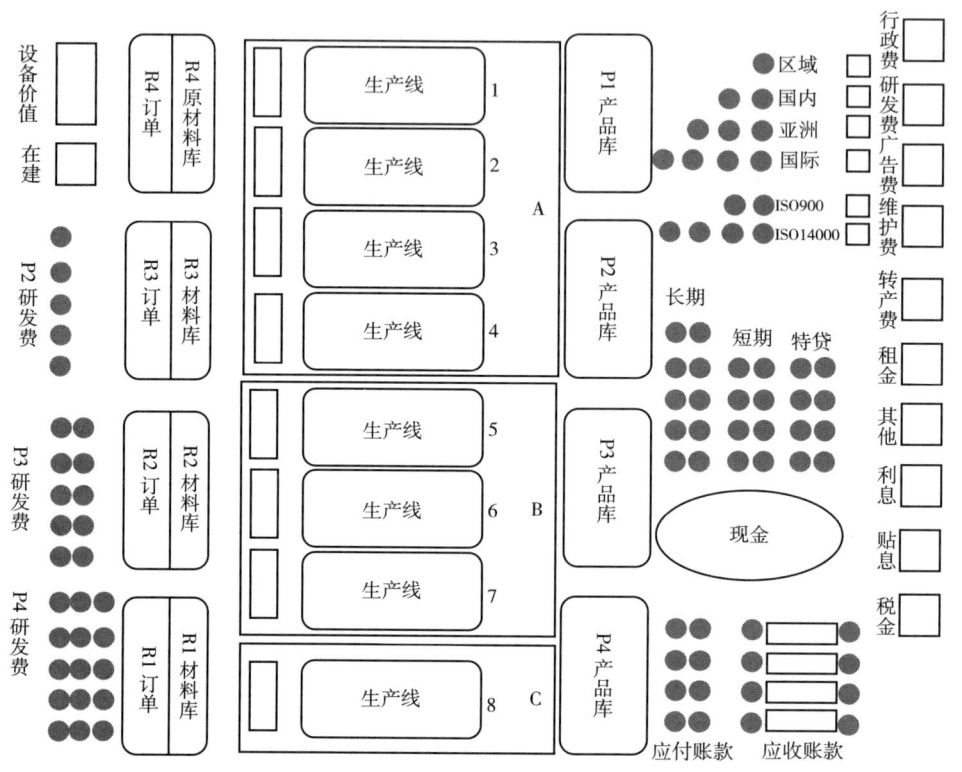

图1 ERP桌面展示

3. 中铁七局三公司的ERP沙盘模拟经营体系

公司通过积极谋划，精细组织，2015年完成了总领队、总教练、教练、裁判等人员的选拔，制作了各种道具，自行建立了一套完整的ERP沙盘模拟经营体系，先后举办了7届ERP沙盘模拟经营比赛。针对一个模拟企业，把该模拟企业运营的关键环节设计为ERP沙盘模拟的主体内容，把企业运营所处的内外部环境抽象为一系列的规则，由学员组成若干个相互竞争的模拟企业，通过模拟企业六年左右的经营，使学员在分析市场、制定战略、营销策划、组织生产、财务管理等一系列活动中，参悟科学的管理规律，全面提升管理能力，在瞬息万变的环境中为自己的企业制定规划，付诸实施，并在生存中求得发展。

二、ERP沙盘模拟经营实训内容

ERP沙盘模拟以企业经营活动为主线，将企业的物流、生产、财务、运营、营销规划的结构及流程全部展示在沙盘上，将复杂、抽象的财经、商贸及管理理论知识以最直观的方式呈现出来，利用这个直观的沙盘来仿真企业环境，让学员扮演企业管理者的角色并在动态的竞争中运作企业，实现企业资源的有效配置与协调。

ERP模拟沙盘教具主要包括：6张沙盘的盘面，代表6个相互竞争的模拟企业。模拟沙盘按照制造企业的职能部门划分了职能中心，包括营销与规划中心，生产中心、物流中心和财务中心。职能中心涵盖了企业运营的所有关键环节：战略规划、资金筹集、市场营销、产品研发、生产组织、物资采购、设备投资与改造、财务核算与管理等几个部分为设计主线，把企业运营所处的内外环境抽象为一系列的规则（见图2）。

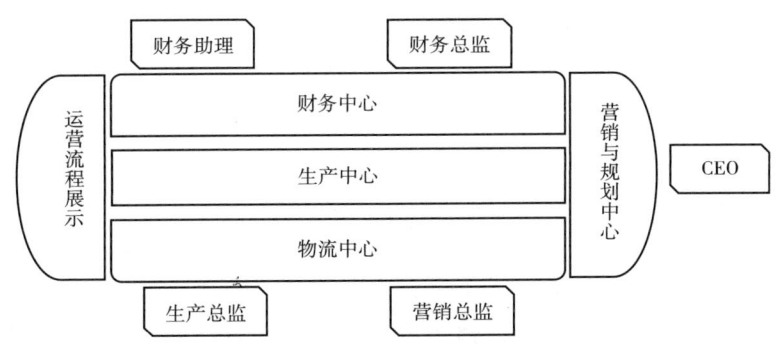

图 2 ERP 模拟沙盘教具

具体操作是：参加训练的学员要分成若干个团队，代表同一行业存在竞争关系的不同企业，每个团队（企业）连续从事若干个会计年度的经营活动，在虚拟的市场竞争环境中运筹帷幄、决战商场。每个团队经营着一家具有相同经营基础的企业，连续从事几个会计年度的经营活动，在经营中必须根据市场需求的变化和同业竞争的压力决定公司的产品、销售、贷款、融资、投资等方面的中长期策略，年终通过会计报表结算经营结果，进一步发现管理中存在的不足，并制订改进方案，继续下一年的经营。在沙盘模拟对抗过程中，学员将遇到企业经营中常出现的各种典型问题，他们必须一同寻找市场机会，分析问题，制订策略，保证企业流畅运转，取得商业上的成功及不断成长。ERP 沙盘模拟涉及企业整体战略产品研发、生产管理、市场与销售、财务分析、团队沟通与建设等多个方面。

在 ERP 沙盘模拟实训中，培训活动从以"教"为中心转向以"学"为中心。学员成为模拟对抗中的"运动员"，培训师将变成幕后"教练员"，指导学员如何把已学知识及管理能力运用于实战演练中，激发学员的主管能动性和创造力。

（一）构建课程实践培训情境

1. 介绍企业背景及运营规则

在培训前1周左右，发给参与培训的人员一些介绍企业发展现状及运营规则方面的资料手册，让他们了解市场划分、市场开发及准入、参加订货会选取订单、厂房生产线购买及管理、原材料采购、产品研发与 ISO 认证、产品生产、筹资方案设计、竞赛对抗规则等方面的规定。

2. 布置好沙盘培训用具

ERP 沙盘模拟实践培训是以一套沙盘教具为载体。ERP 沙盘教具主要包括：6张代表6个相互竞争的模拟企业的沙盘盘面、若干代表现金的硬币模具、若干代表原材料的彩色模具、市场预测资料等。

3. 人员岗位设置及职责分工

ERP 沙盘模拟培训开始时，培训师将所有学员按照抽签的方式分成6组（或6组以上），每组5—6人构成一个公司。每名学员具体分工为总经理（CEO）、营销总监（CSO）、生产总监（CPO）、财务总监（CFO）、采购总监（CLO）组成一个经营公司，最终以每个经营公司的经营业绩及权益情况参考历年的经营走势决定成败。

（二）企业经营竞争模拟对抗

基于管理会计视角的 ERP 沙盘模拟是学员首次接触实践课程，学员没有任何实践基础，因此在培训中遵循由简单到复杂、由模块模拟到综合仿真的步骤来进行。

1. 通过实习教材进行模块化模拟实验

在培训指导下，学员分别按照管理会计的基本职能完成专题性角色扮演模拟实验，其目的是让每位参与人员通过亲身情景体验，熟悉每个模块的分析方法和流程，将专业知识运用于具体生产经营情境之中，不仅提高其学习兴致，而且提高其综合决策判断能力和解决问题的能力。具体包括：

（1）预测销售、成本、利润和资金需要量。根据前述资料中介绍的产品以前年份市场需求情况，让扮演 CSO 角色的学员运用定量回归分析方法分析出各年市场产品需求量和价格分布情况，预测出市场未来销售额的增长趋势；让扮演 CPO 角色的学员根据销售预测对产品的目标成本进行预测。让扮演 CFO 角色的学员根据销售预测和产品成本预测进行利润预测和资金需要量的预测。

（2）编制全面预算。在前面经营预测的基础上，让扮演 CMO 角色的学员根据销售预测编制计划年度的销售预算，让扮演 CPO 角色的学员根据销售预算编制生产预算和生产设备购置预算，让扮演采购总监的学员根据生产预算和存货管理策略编制材料采购预算，让扮演 CFO 角色的学员根据前面的经营预算编制资产负债表预算、利润表预算和现金预算（见图 3）。

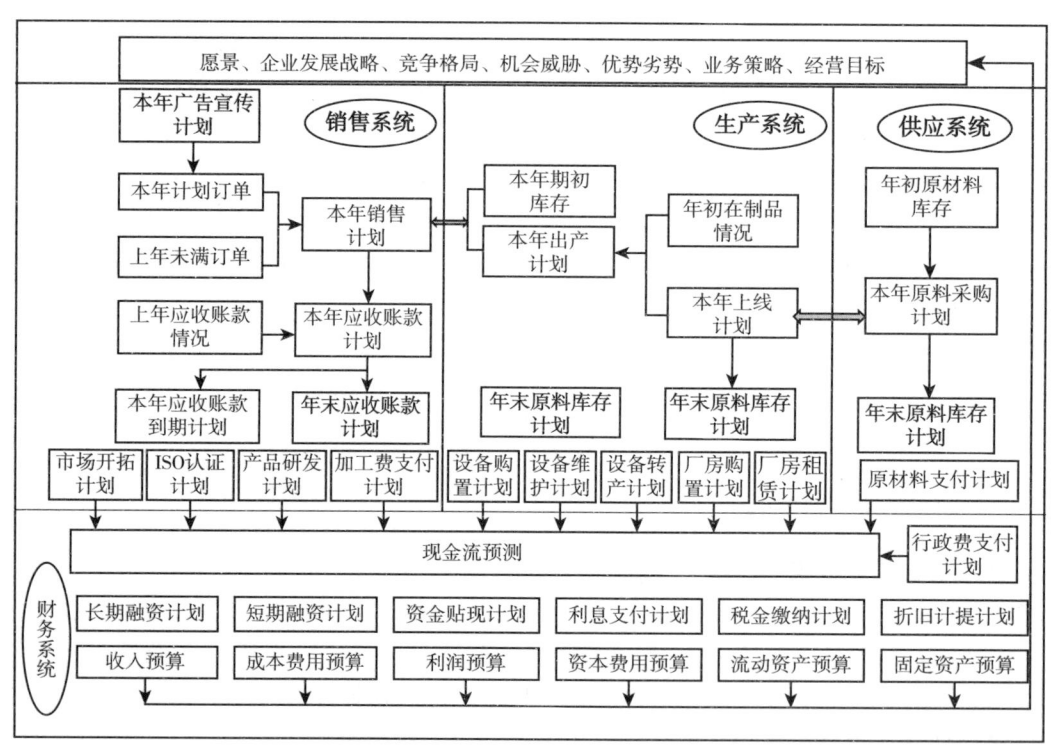

图 3 编制全面预算

（3）经营绩效分析。模拟经营一年后，模拟公司要对整个经营年度的运营情况进行总结，采用杜邦分析法进行财务分析，写出业绩分析报告，比较实际和预算之间的差异，根据差异原因找出具体改进措施，为改善企业以后年度经营管理提供有利信息。

2. 分年度步骤

年初部分：年初现金盘点，广告投放，支付应付税，支付长贷利息，更新长期贷款，申请长期贷款。

年中部分：季前现金盘点，更新短期贷款/短贷还本付息，申请短期贷款，更新原材料，下原材料订单（R1，R2，R3，R4），购买厂房、租用厂房，更新生产，新建生产线，生产线转产，出售生产线，紧急采购（随时），开始下一批生产，更新应收款/应收款收现，按订单交货，应收款贴现，产品研发投资，厂房出售与租用处理，更新厂房租金，出售库存或原材料，支付管理费，本季收入合计，本季支出合计，季末余额。

年末部分：新市场开拓，ISO 认证投资，违约订单罚款，支付维修费，计提折旧，结账。

企业经营与 ERP 的关系如图 4 所示。

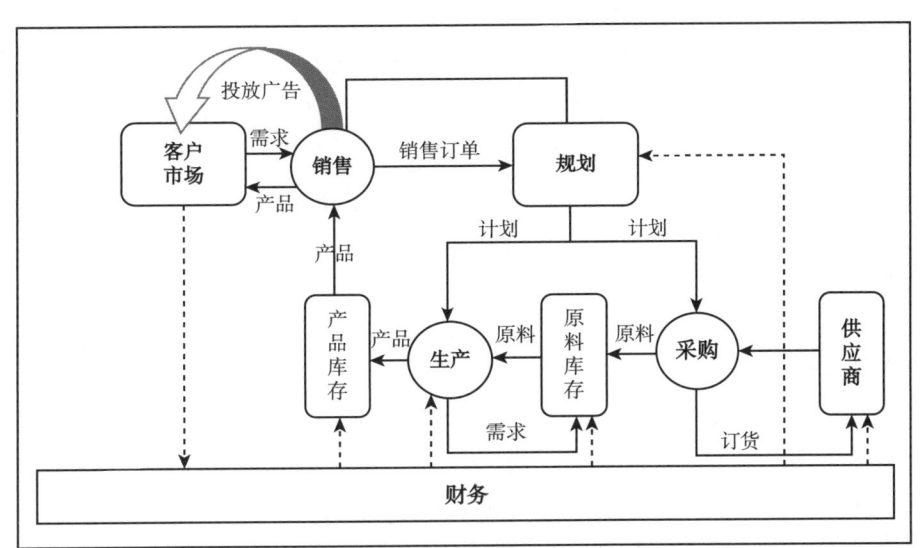

图 4 企业经营与 ERP

3. 运用 ERP 沙盘进行仿真实训

主要是让学员独立地将模拟实验的内容运用于仿真企业。在这一阶段，各团队成员要模拟企业高层管理的各个角色，在激烈的市场竞争中各司其职进行企业经营管理。仿真实训开始时每个企业的经营状态完全一样，在一个信息对称的市场环境下各企业之间展开竞争，从企业整体战略制定到具体经营策略，从争取订单到采购原料、从投入生产到产品完工销售、从产品研发到设备投资改造，从成本控制到编制分析报表，均仿真企业实际业务流程。虽然各企业起始资金相同，面对的规则相同，但在模拟的 6 个连续会计年度里，通过采用不同的经营手段和策略，几个企业经营绩效会产生很大的差异。在激烈的市场竞争中，公司如何能够持续地发展是每位员工面临的重大挑战。

三、取得的效果

"ERP 沙盘模拟"课程一经推出，就以其科学、简易、实用、趣味的特色为大家所关注，其体验式培训方式成为继传统培训及案例培训之后培训创新的典范。"ERP 沙盘模拟"以教育理念创新与培训方法及工具创新，搭建教练"启发式"教授与学员"体验式"学习的平台。形成一个有效的学员理念、价值取向、知识结构与能力训练培养的系统，使学员能够在这个连续的不断递进的"体验式"训练过程中，通过不断的探索、感悟、修正，以形成良好的思维意识和行为习惯，增强决策能力与团队合作精神，最终达到提升学员综合素质与企业信息化管理的必备知识和技能的培训目的。

（一）拓展知识体系，提升管理技能

传统教育划分了多个专业方向，学习者只能择其一而修，专业壁垒禁锢了学习者的发展空间和思维方式。ERP 沙盘模拟课程将管理学、市场营销学、财务管理学、会计学、财务分析、心理学、计算机技术与应用、会计信息系统等多门学科的知识结构通过一个小小的沙盘整合成了一个完整的知识体系，并通过模拟实战的方法将专业知识用于企业经营实践，具有鲜明的操作性、时代性和前沿性，是

对企业经营管理的全方位展现，通过学习，可以使学员在以下方面获益。

1. 整体战略方面

公司战略就是指规划公司目标以及为达到这一目标所需资源的取得、使用和处理方略。它是企业为了适应未来环境的变化，寻求长期生存和稳定发展而制定的总体性和长远性的谋划。成功的企业一定有着明确的企业战略，包括产品战略、市场战略、竞争战略及资金运用战略等。

每一个部门都要统一理解公司的战略路线，并在战略路线的指导下，合理分配各部门资源。生产和人力资源部门就要根据战略路线配比各期的产能，营销部门就要根据战略路线确定各期市场竞争思路，财务部门则要根据战略路线调节和平衡各期现金流量，等等。

从最初的战略制订到最后的战略目标实现与分析，经过几年的迷茫、挫折、探索，争论与总结，学习者将学会用战略的眼光看待企业的业务和经营，保证业务与战略的一致，在未来的工作中更多地获取战略性成功而非机会性成功。

2. 营销管理

市场是实现产品价值和剩余价值的唯一场所。马克思把商品的销售称作"惊险的跳跃"，这个跳跃完成得好，不仅企业的各项耗费可以得到补偿，还可能得到丰厚的利润，否则企业的生存都会遇到困难。市场营销就是企业用价值不断来满足客户需求的过程。企业所有的行为、所有的资源，无非是要满足客户的需求。模拟几年的市场竞争对抗，学员将学会如何分析市场、关注竞争对手、把握消费者需求、制订营销战略、定位目标市场，制订并有效实施销售计划，达成企业战略目标。通过实战操作，不仅能使学员了解企业在市场营销中需要管理的内容与方法，还能在实际工作中灵活应用取得最好的效果。

3. 经营管理

所谓经营，是指经济的运营，具体到一个企业就是企业所拥有的资源以不同的价值形态在企业内部周而复始地循环与增值的过程。而管理就是管辖治理，就是企业的不同部门把自己所负责的工作做好的同时，对各自管辖范围的顺利衔接进行理顺的行为。所以我们把采购管理、生产管理、质量管理统一纳入到经营管理领域，则与经营管理相关的新产品研发、市场开拓、物资采购、设备购置、生产运作管理、市场销售、品牌建设一系列问题背后的一系列决策自然地呈现在学习者面前，它跨越了专业分隔、部门壁垒。学习者不仅要考虑到何时开始安装新生产线、何时开始淘汰旧生产线、何时研发与投产何种产品、使用哪个厂房、各种生产线的比例应如何搭配等，还要考虑市场需求量、本公司的市场份额、财务承受能力各方面的影响因素。通过学习，学习者将充分运用所学知识、积极思考，在不断的成功与失败中获取新知。

4. 财务管理

财务既能够对整个企业的经营业绩和财务状况进行评价，同时财务分析对企业经营和投资过程中的决策又是至关重要。在沙盘模拟过程中，要从投资计划的制定与实施对财务上的影响上入手，主要体现在以下六个方面：

（1）制订投资计划，评估应收账款金额与回收期。分析在沙盘模拟中本企业对把握资金流的长期规划的程度，预计现金的流入和流出的准确性如何，其投资回收期是否准确，资金是否出现战略上大的缺口等。

（2）预估长、短期资金需求，寻求资金来源。要总结模拟企业的资金具体来源于哪里，如何取得这些来源，其每个资金来源渠道能够筹集的资金额度是多少，在哪个时点上筹资，其代价又是多大？

（3）掌握资金来源与用途，妥善控制成本。财务总监要深入分析其资金的来源与用途是否匹配，是否存在滥用资金的现象，特别是在资金占用情况最为突出的生产过程中，如固定资产与厂房的购置，原材料的采购等。

（4）制定预算。通过对资金、信息的整合等，能够实现资源的合理配置、作业的高度协同、战略有效贯彻、经营持续改善、价值稳定增长的目标。

（5）实施及时、准确、可靠的会计核算，为管理层战略战术的调整提供适时的数据支持。管理需要数据的支持，决策需要数据的论证。当市场环境发生剧变，或者是竞争对手的经营现状超出原有预期时，又或者公司先前花费大量心思与精力制定的战略被竞争对手"窃取"时，公司就会面临着改变经营战略或者战术的决策，这时及时、准确、可靠的会计数据会成为公司走出困境，扭转乾坤的最有力的杠杆。

（6）分析财务报表、运用财务指标进行内部诊断，协助管理决策。这就要求学员能够清楚掌握资产负债表、利润表的结构；掌握资本流转如何影响损益；通过"杜邦模型"解读企业经营的全局；预估长短期资金需求，以最佳方式筹资，控制融资成本，提高资金使用效率；理解现金流对企业经营的影响。

5. 人力资源管理

沙盘模拟有助于学员形成宏观规划、战略布局的思维模式。通过这一模拟，各层面学员对公司业务都会达成一致的理性及感性认识，形成共同的思维模式，以及促进沟通的共同语言。如何树立团队的共同目标，建立团队的组织机构，如何制订保障目标实现的决策机制与规章制度，从而激发公司每个员工的积极性与战斗力，建立起一个以整体利益为导向的极具活力的组织，这是值得全体成员深入思考的重要问题之一。

沙盘模拟从岗位分工、职位定义、沟通协作、工作流程到绩效考评，每个团队经过初期组建、短暂磨合、逐渐形成团队默契，完全进入协作状态。在这个过程中，各自为战导致地效率低下、无效沟通引起的争论不休、职责不清导致的秩序混乱等情况使学员们深刻理解了局部最优不等于总体最优，学会了换位思考与沟通协作。在组织的全体成员有共同愿景、朝着共同的绩效目标、遵守相应的工作规范、彼此信任和支持的氛围下，企业更容易取得成功。

6. 基于信息管理的思维方式

通过ERP沙盘模拟，使学员们真切地体会到构建企业信息系统的紧迫性。企业信息系统如同飞行器上的仪表盘，能够时刻跟踪企业运行状况，对企业业务运行过程进行控制和监督，及时为企业管理者提供丰富的可用信息。通过沙盘信息化体验，学员可以感受到企业信息化的实施过程及关键点，根据企业自身的业务流程与特点，合理规划企业信息管理系统，为企业管理信息化做好观念和能力上的铺垫。

（二）全面提高受训者的综合素质

除了上述功能，ERP沙盘模拟作为企业经营管理仿真培训系统还可以用于综合素质训练，使学员在以下方面获益：

1. 树立共赢理念

市场竞争是激烈的，也是不可避免的，但竞争并不意味着你死我活。寻求与合作伙伴之间的双赢、共赢才是企业发展的长久之道。这就要求企业知彼知己，在市场分析、竞争对手分析上做足文章，在竞争中寻求合作，企业才会有无限的发展机遇。

2. 全局观念与团队合作

通过ERP沙盘模拟对抗课程的学习，学员可以深刻体会到团队协作精神的重要性。在企业运营这样一艘大船上，CEO是舵手、CFO保驾护航、营销总监冲锋陷阵……在这里，每一个角色都要以企业总体最优为出发点，各司其责，相互协作，才能赢得竞争，实现目标。

3. 保持诚信

诚信是一个企业立足之本，发展之本。诚信原则在 ERP 沙盘模拟课程中体现为对"游戏规则"的遵守，如市场竞争规则、产能计算规则、生产设备购置以及转产等具体业务的处理。保持诚信是学员们立足社会、发展自我的基本素质。

4. 个性与职业定位

每个个体因为拥有不同的个性而存在，这种个性在 ERP 沙盘模拟对抗中会显露无遗。在分组对抗中，有的小组轰轰烈烈，有的小组稳扎稳打，还有的小组则不知所措。虽然，个性特点与胜任角色有一定关联度，但在现实生活中，很多人并不是因为"爱一行"才"干一行"的。更多的情况是需要大家"干一行"就"爱一行"的。

5. 感悟人生

在市场的残酷与企业经营风险面前，是"轻言放弃"还是"坚持到底"，这不仅是一个企业可能面临的问题，更是在人生中不断需要抉择的问题，经营自己的人生与经营一个企业具有一定的相通性。

（三）实现"体验→分享→提升→应用"的目标

6 年来，中铁七局三公司近 200 名管理人员得到了全级次、全流程、全要素的体验式企业经营管理培训。培训参与者经历了一个从理论到实践再到理论的上升过程，磨炼了商业决策敏感度，提升了决策能力及长期规划能力。学员们把亲身经历转化为自己的管理模型，互相交流自己的管理思路，并在工程项目精细化管理、业财共享推进、企业管理实验室等活动中努力实践，不断助力企业高质量发展。经过严格选育，强化人才梯队建设，一批政治过硬、能力突出、状态良好、善于协调的复合型管理会计人才成长了起来。公司为上级单位、业主单位和其他知名企业输送优秀会计人才 20 余名。

四、思考和建议

（一）建立健全管理会计人才评价体系

企业要重视管理会计人才培养，特别是对复合型会计人才的培养。企业人力资源部门应根据发展需求，建立健全会计人才评价体系。管理会计人才评价体系，应包括职业胜任知识和能力的测试和职业经验两个部分。由内部职业资格鉴定机构考核管理会计从业人员的专业知识和专业技能。当然，时代在不断变化，我们应以发展的眼光去看待管理会计人才评价体系建设存在的问题，与时俱进，建立符合社会需求的管理会计人才评价体系，为企业培养优秀的管理会计人才。

（二）加强管理会计人员继续教育工作

会计人员需要不断接受继续教育，提高专业技能和素质。在具体方式上，可以采取专业知识讲授、情景演练、真实情况模拟等方式。当然，不同水平、不同能力的管理会计人员应该根据具体情况选择不同的培养方式，提升自身的理论技术知识和专业技能以及管理能力。总之，要通过继续教育使已经在岗的会计人员尽快实现由传统会计向管理会计人才的转变，使会计人员不断重塑自己的知识结构和能力结构，与时俱进，成为不断发展的、能够适应社会需求的管理会计人才。

（三）改革会计人才培养体制，加大创新型管理会计人才的培养

"宰相必起于州部，猛将必发于卒伍"，真正能发挥作用的管理会计人员，不应该局限于高校各类财经专业的毕业生，应该来自于各个行业、从事不同业务工作、熟悉企业经济运行规律的岗位。

鉴于上述情况，首先，我们需要结合企业对人才的需求，加强对管理会计的理论研究，用科学的

理论指导人才队伍选拔的改革以及内部师资队伍的建设，为企业培养优秀的管理会计人才。其次，加强培训内容的改革。在授课内容设计上除了教给专业基础知识，还要教给其管理学等相关知识。通过业务学习既对企业高层次财务管理人才进行着重培养和选拔，又对企业普通财务管理人员普及管理会计岗位职责知识，从而逐步实现企业财务管理人才团队的梯级建设。再次，通过企业基层长期实践进行培养。这种方式可以使员工接触到前沿的知识，将所学的理论知识和企业实践相结合，提升新的技能，以适应社会对管理会计人才的要求。

综上所述，随着经济社会发展，企业对管理会计人才需求的增加，建立管理会计人才培养体系是亟须解决的问题。目前，企业人才培养体系还存在一定的问题，我们应当针对这些问题，对症下药，从建设管理会计人才评价体系，改革会计人才培养体制，加强管理会计人员继续教育等方面入手，提高会计人员的专业技能、管理能力和综合素质，为企业培养优秀的人才，以满足企业发展的需求。

参考文献：

[1] 财政部会计司. 人才培养是关键提升核心竞争能力——《财政部关于全面推进管理会计体系建设的指导意见》系列解读之四 [J]. 财务与会计，2015（1）：6-9.

[2] 张琳. 管理会计人才队伍建设路径探讨 [J]. 管理观察，2014（12）：174-175.

[3] 李建红. 管理会计人才队伍建设 [J]. 当代会计，2014（6）：27-28.

企业自评

体验式的教学方式让学员建立起对公司整体局面的共识和理解，他们的管理就变得更加有效。

（1）深度理解商业决策。在选择和权衡过程中，参加者方能深切感受到每一步举措都会有利有弊，无论短期利益或长期效益的获得，都要评估风险与收益。胜利者自会有诸多经验与感叹，而失败者则更会在遗憾中体悟和总结。大家都会学着像公司决策者一样思考问题，对于决策给企业产生的影响有更深层面的理解和感悟。

（2）掌握商业语言。参加者更有机会掌握商业运作的共同语言——财务语言，他们会对财务账目和术语、结构、功用及局限等，获得清晰的理解；会更进一步了解局部如何契合而成整体，以及每个人的工作对公司的营运资本有怎样的影响等。

（3）充分运用各种微观经济模型来进行企业决策。如供求平衡点分析，保本点产销量分析，边际成本分析等。在培训过程中，还可以充分借助软件的自动计算和强大的图表功能对企业决策进行数据支持。

（4）审视自己的每一个行动。公司战略不能仅仅写在纸上，学员每时每刻都要思考自己的每一个举动会给公司整体和长期带来怎样的影响；每到一定阶段要检查自己已经做出的决定是否正确。一旦发现错误，必须果断改正。

专家点评

本案例介绍了中铁七局三公司运用ERP沙盘模拟工具，通过体验式的教学方式，组织人员参加轮训，助力管理会计人才队伍培养。

ERP沙盘模拟以企业经营活动为主线，将企业的物流、生产、财务、运营、营销规划的结构及流程全部展示在沙盘上，将复杂、抽象的财经、商贸及管理理论知识以最直观的方式呈现出来，利用这个直观的沙盘来仿真企业环境，让学员扮演企业管理者的角色并在动态的竞争中运作企业，实现企业资源的有效配置与协调。具体操作是：参加训练的学员要分成若干个团队，代表同一行业存在竞争关系的不同企业，每个企业在虚拟的市场竞争环境中运筹帷幄、决战商场。在沙盘模拟对抗过程中，学员将遇到企业经营中常出现的各种典型问题，他们必须一同寻找市场机会，分析问题，制定策略，保证企业流畅运转，取得商业上的成功及不断成长。ERP沙盘模拟涉及企业整体战略、产品研发、生产管理、市场与销售、财务分析、团队沟通与建设等多个方面。学员通过参加模拟实践，了解基于管理会计思想下的可视化企业经营过程，进一步加深了对企业管理环节的理解，从而全面提高其经营管理的素质与能力，以适应实际工作中的各种需要。

电力

基于会计精益核算的电网企业多维绩效评价体系构建与应用*

国网福建省电力有限公司

> **摘要：** 我国经济正处于新旧动能转化期，电网企业内外部环境复杂多变，对公司精益管理和价值创造提出了更高要求。国网福建电力借助绩效管理这一保障战略执行、工作落实的有力工具，创建了一套基于业财信息多维度交互的绩效管理体系。通过高度整合管理会计的理论框架、数据模型以及应用工具，在公司内部建立"价值贡献引领+业务指标考核"二维内部模拟市场，构建一套贯穿"单位、部门、员工"三级，且能根据不同组织形式、组织架构、组织层级和作业模式设置差异测算规则的价值贡献评价模型。以该模型为基础，借助云处理和大数据技术搭建集运行指数、经营画像及价值地图为一体的智能分析平台，高度融合企业价值流、业务流和信息流，通过可视化、场景化实现各市场主体经营成效和价值贡献精准反映。经过两年多的实践，不断驱动国网福建电力绩效管理升级，助力企业提质增效，使得考核更精准、激励更直接、应用更刚性，更好激发各级单位和员工内生动力，具备较大的管理效益和经济效益。
>
> **关键词：** 管理会计视角；多维绩效；评价体系；员工激励

一、企业简介

国网福建省电力有限公司（以下简称"国网福建电力"）是国家电网公司的全资子公司，以建设和运营福建电网为核心业务，承担着保障福建省清洁、安全、高效、可持续电力供应的重要使命。国网福建电力通过两路1000千伏浙北—福州特高压输电线路和两路500千伏输电线路与华东电网相连，省内形成"全省环网、沿海双廊"500千伏主干网架。经营区域覆盖全省9个设区市及平潭综合实验区，连续五届获评全国文明单位，连续七届获评省文明行业，所辖15家单位荣获全国文明单位，位居国家电网公司年度业绩考核前列。

二、案例背景

（一）适应国企改革形势，提高企业市场竞争力的内在要求

近年来，公司外部形势发生重大变化，宏观经济由高速增长向高质量发展逐步转型，电力体制改革进入深水期，政府和社会对电网公司"让市场、降电价、提服务"的预期更加强烈。面对外部形势

---

* 本篇作者：林世友、李宇哲、胡玉蔚、初保驹、杨娟、黄仁新、龚克凡、张逸雪。
　指导专家：沈剑飞（华北电力大学）。

的变化，公司内部改革氛围还不够浓厚，目前存在的一些问题，例如管理机制不协调、不适应；效益增长乏力与投资需求增加；成本刚性增长的矛盾突出；业务管理与财务管理相对割裂，重安全、轻效益；价值管理理念相对薄弱等，使得公司较难适应外部环境快速发展的变化，亟需建立业财协同的数字化价值管理体系，通过财务管理变革推动组织由"垂直管理"向"敏捷管理"转变，引领业务管理水平可持续提高。因此，深入挖掘数据的潜在价值，坚持"数据说话、数据管理、数据决策、数据创新"，构建以价值评价模型为核心、基于业财信息多维度交互的电网企业绩效体系，是公司主动转变传统管理理念，积极适应外部市场发展，切实提升运营效率效益的内在要求。

（二）推动管理会计转型，增强企业发展内驱力的有效途径

"互联网+"时代的到来，企业的商业模式和经营状况充满了变数，管理者需要更精细的数据、更实时的分析报告、更快的预测速度和更强的计算能力支撑企业有效面对发展的不确定性，因此加快管理会计信息化建设，促进跨部门流程贯通、跨专业数据共享的需求变得十分普遍与迫切。但电网公司原有业财信息系统仍然相对独立，"穿墙打洞、中转复制"的集成方式和数据"反复抽取、重复存储"等问题严重，亟须通过建立多维度业财信息记录和披露体系，对业务管理和价值记录连接和分析，构建一套业财共建共享、深度融合的管理体系，实现价值流和业务流无缝衔接、智能分析展示。通过管理会计信息化建设，有效促进价值反映、业务管理、定价支持和资源统筹管理闭环，使管理会计信息系统成为管理决策的支持系统、财务风险的控制系统和企业价值的创造系统，进一步提升公司精益化和智能化运营水平。

（三）创新绩效管理模式，提升企业价值创造力的迫切需要

绩效管理是保障企业战略执行、工作落实的有力工具。习总书记在党十九大报告中指出，坚持"按劳分配"原则，完善按要素分配的体制机制，促进收入分配更合理、更有序，构建和谐劳动关系；国资委提出"三项制度"改革，进一步明确了要创建"管理人员能上能下、员工能进能出、收入能增能减"的激励约束机制。但现有电网企业绩效管理仍存在"汇总评价、平均分配"的情况，制约了绩效激励约束机制的发挥，主要原因有两点：一是价值传导不到位，对于效益指标（财务）的考核仅限于子（分）公司层级，其县下设的部门、班组、个人均无对应考核要求；二是目标导向不清晰，在子（分）公司层级以效益考核（财务）为主，到部门、班组等层级却注重专业指标（业务）考核，上下层级间考核指标的关联度、耦合度不足。因此，创新电网企业绩效管理模式，探索研究一套目标导向清晰、价值传导到位，且能够融合业财视角、兼顾社会效益与经济价值的量化绩效管理机制，借助管理会计信息化手段和智能化平台，可为公司绩效管理实现"按劳分配"、赋能员工价值创造提供有力支撑。

三、多维体系构建与应用方法

国网福建电力以财务部为主导，组建来自人资、运检、营销、物资、建设等部门的跨专业团队，调动管理咨询和系统技术等专家资源，通过现场调研、集中研讨、穿行测试等方式，构建以价值贡献评价模型为基础的绩效评价方法，并借助大数据技术搭建以该模型为核心的智能分析平台。实践应用中，按照"目标设立、评价追踪、激励兑现"循环，将经营目标、绩效考核和员工激励挂钩，不断优化公司资源配置、赋能员工价值创造、助力企业提质增效。

（一）设计价值贡献评价模型

2014年财政部颁布《关于全面推进管理会计体系建设的指导意见》（财会〔2014〕27号），明确全面绩效管理是我国管理会计体系建设中的一项重要内容。管理会计视角下的全面绩效管理强调将成本与收益导向嵌入企业目标与其他相关目标中，在为顾客创造价值的基础上，协调企业与各利益相关者之间的关系，促进企业可持续发展。因此，国网福建电力基于如何将绩效考核与各单位（主体）价值贡献水平相挂钩的考虑，构建了融合业财信息的价值贡献评价模型，即绩效评价模型。具体是：整合客户、设备、员工、项目等维度的业财信息，通过在购售电、输配电及支撑服务主体间建立内部市场化结算机制，将无偿服务有偿化、业务活动价值化，并借鉴阿米巴经营管理理念（Amoeba Management Model），结合现有组织架构，不断划小经营管理单元，构建贯穿"单位、部门、员工"三级，且能根据不同组织形式、组织层级、组织架构和作业模式设置差异化测算规则的价值贡献评价模型，实现对各层级资源投入和价值贡献的科学量化。目前运检和营销条线已实现员工层级的价值贡献精准测算，支撑主体和管理主体细化至部门层级（见图1）。

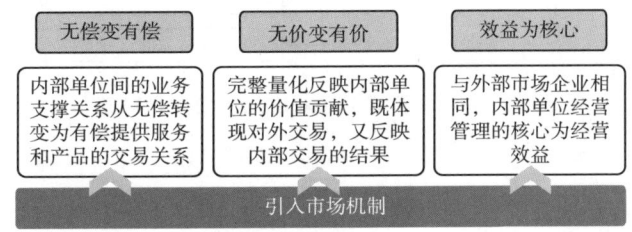

图1　引入市场机制后企业内部关系变化

数据来源：作者自行绘制。

下面以国网X供电公司（以下简称"X公司"）为例进行模型构建说明。

1. 构建市场交易主体，划小管理评价单元

以价值创造为导向的绩效评价模型，核心是划小管理评价单元，以充分激发组织价值创造活力。通过将企业分割成多个价值创造的"单元体"，能够将公司经营目标沿各级经营主体传递至最小经营单元，如每一个部门、每一个班组，甚至是每一个员工。每个价值创造的单元体都被虚拟为一个交易主体，具备独立的经营能力或承担独立的经营责任。而且每个交易主体可以被独立评价和独立考核，同类交易主体的交易有实际存在性和可控性。按照该原则X公司以现有内部组织机构设置和职能划分为基础，围绕售电、规划、设计、检修、科研、教培等关键业务，结合分电压输配电成本机制，将内部所辖单位和部门划分为供电主体、支撑主体和管理主体三大类。其中，供电主体主营内部购售电业务，包含运检、营销相关机构，设立7个一级、24个二级和若干个三级及以下主体。支撑主体划分为业务型和投资型两大类，其中业务型支撑主体包含物资、调控、信通等服务和保障机构，投资型支撑主体则是具有投资管理职能的发展部和建设部，设立6个一级、11个二级和若干个三级及以下主体。管理主体承担公司职能管理，如财务、人资等部门，设立7个一级、5个二级和若干个三级及以下主体。考核评价在同一类型、同一层级主体间进行。

2. 确定市场交易客体，明确内部交易对象

为了科学量化各层级价值贡献，需将公司各主体之间原来无偿的业务有偿化，将所有的业务活动价值化，因此，要进一步明确公司内部的交易对象，即交易客体。价值模型遵循"可量化、可定价、可交易、可结算"四原则，按照职能条线梳理业务活动，形成完整、清晰的全业务清单，并针对具体业务逐项分析、全面理解业务实质，明确业务量计量方式。同时确定业务开展的主管部门和责任人，便于后续管理。X公司不同部门提供的市场交易对象情况，主要包括供电主体模拟购售电业务、业务型支撑主体提供服务业务、投资型支撑主体接受服务业务（见图2）。

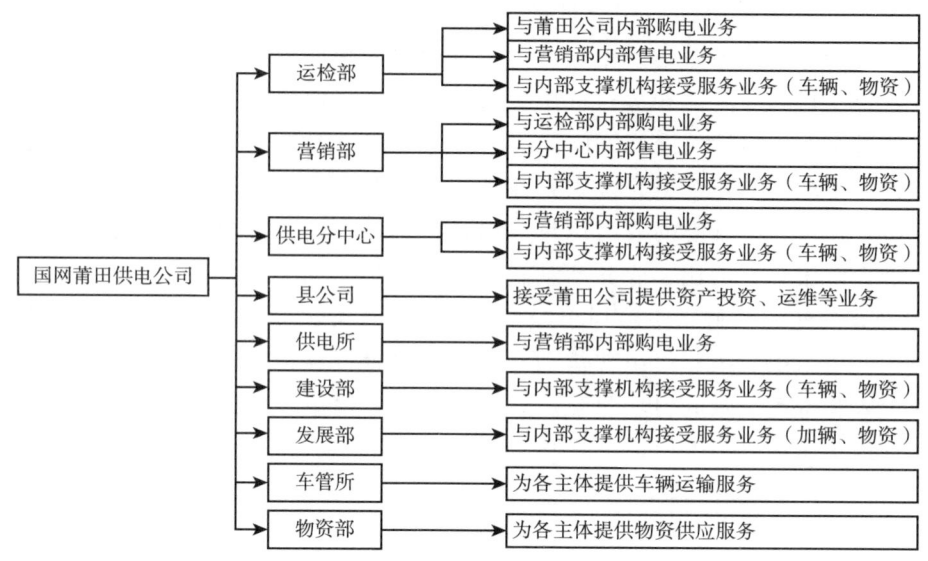

图2　X公司不同部门对应的市场交易对象

数据来源：作者自行绘制。

3. 核定市场交易价格，衡量内部交易价值

在内部模拟市场模式运作下，需要对市场交易对象核定交易价格。参考管理会计中市场导向相关定价策略，模型主要采取四种定价方法：一是若该业务销售对象是外部市场，按照外部市场价核定；二是若该业务销售对象是公司内部，且能找到可供参考的外部价格，则参照外部市场价核定；三是若该业务销售对象是公司内部，但未能找到可供参考的外部价格，则按照市场成本定价方式核价；四是若该业务发生的成本非常态化或波动较大，则按照成本补偿方式定价（见图3）。

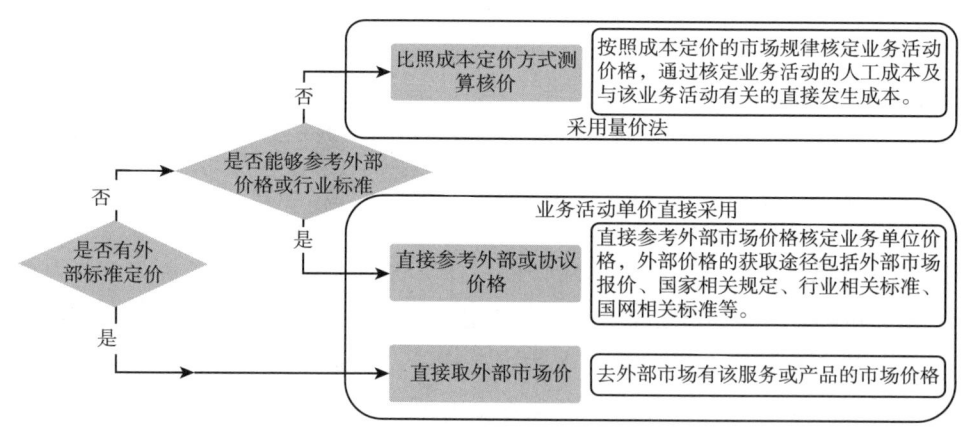

图3　市场交易价格核定原则

数据来源：作者自行绘制。

4. 制定市场交易规则，确保市场公平运行

模型将各类交易主体视为市场环境下独立经营的企业，主客体之间的各类内部模拟交易价格按年核定，相关交易实行按月结算。结算业务由财务部牵头，方案关联部门配合完成，监察审计部门对结算过程和结果履行监督稽核职责。同时，模型明确内部模拟市场价值传导规则，并充分借鉴作业成本

管理思想，通过采购订单金额、合同金额、台班系数等分摊动因将各类收入和成本有效传导至相应责任或受益主体，全面计量各类主体资源投入和价值产出，真实反映其资源消耗和价值贡献（见图4）。其中，资源投入包括内外部采购成本，价值产出包括内外部市场收入。

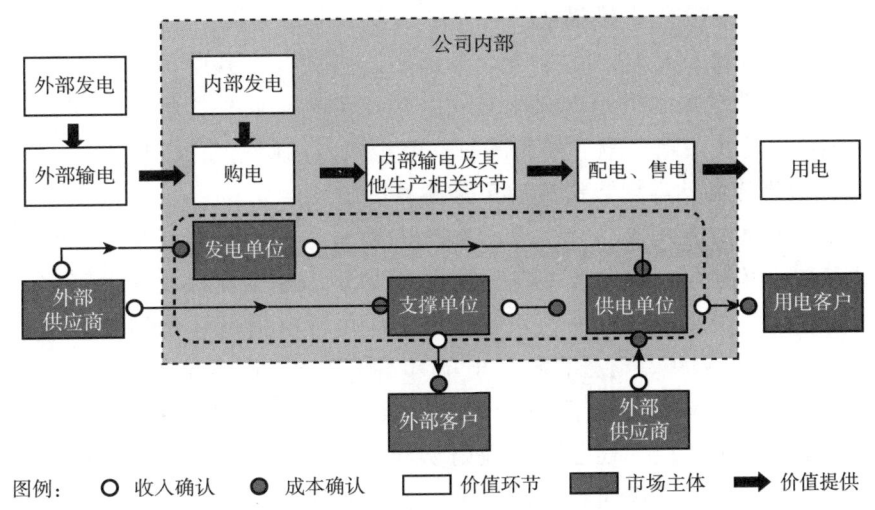

图4　电力企业内部模拟市场交易规则

5. 选取差异测算因子，搭建绩效评价模型

模型围绕公司统一内模市场建设目标，各类主体考核标准均为"价值贡献"，但由于不同主体的市场定位、考核维度以及管理方向均不同，因此，与之匹配的测算模型也不同。其中，供电主体注重经营效益，按照"成本加资产收益分配"原则核定价格，关注"量、价、费、损、成本、效益"要素，作为模拟市场化运营成果，体现对公司整体价值贡献；业务型支撑主体注重服务效率，参考"单位历史成本"情况核定价格，重点关联其业务量，推动支撑服务效率效益的提升；投资型支撑主体注重投资效益，按照"项目资金成本目标"核定价格，并考核投资增量效益，推动有效资产及时形成，并提升项目投资效益；管理主体注重成本效益，选择成本补偿方式测算价值贡献，控制非生产性成本费用，降低人均管理费用。同时，差异选择不同主体关键业务指标作为绩效评价模型调整系数的构成因子，使得该模型综合考虑业务管理能力与价值贡献水平，实现业务工作目标与财务经济目标的协同融合，经营效益与社会效益的双向提升。至此，"价值贡献引领+业务指标考核"二维绩效评价模型已构建完成。

（二）开展企业级信息化建设

为了打造公司级的质效分级展示平台，达到"数据更精细、计算更快速、分析更实时、监控更全面"的目标，国网福建电力运用"一系统、一平台、多场景、微应用"的集成式财务信息系统架构，开展企业级信息化建设，主要分三个层级进行：一是围绕经营与管理，通过简化会计科目、确立管理维度构建企业级数据图谱，实现价值流和业务流的紧耦合，确保每一项业务活动都有价值反映、每一个价值记录都有业务支撑；二是强化在线与高效，依托业财信息云处理平台，获取业财系统数据，开发仿真测算工具固化模型测算逻辑，打通仿真测算工具与云处理平台信息链路，实现各级主体价值贡献关联数据的自动采集、加工与测算；三是聚焦质效与贡献，搭建大数据智能分析平台，实现线下模型线上化、线上数据可视化，直观反映各主体的资源耗费、价值贡献、绩效影响以及业务短板等信息。

1. 实施会计核算科目改造，厘清公司运营数据关系

为了确保每一项业务活动都有价值反映、每一个价值记录都有业务支撑，以真实、准确反映各主体、各层级资源耗费和价值贡献。公司实施会计管理化改造，厘清公司运营数据关系，截至2020年1

月8日，完成全部会计核算科目管理化改造，建成"会计科目+管理维度"的信息反映体系。一是简化会计科目，剥离会计科目中业务属性和管理对象，按经济要素反映会计信息，会计科目由8级压缩至4级，由3013个减少至统一的1004个，满足法定会计信息披露需求。二是明确管理维度，按业务与价值共用"语言"对经济业务实施多维描述，对业务活动、电压等级、电能类型等36项业务设定枚举值，输配电服务类成本可按照5大类、15小类业务活动逐级展开，其中检修成本进一步细化至6个资产类型、13个电压等级，营销成本进一步细化至4个用户类别。此外，员工开支逐级细化到每一个班组，实现每一个员工获得的每一笔薪酬、操作的每一笔报销自动归集与反映。

2. 打通业财系统信息链路，实现数据自动采集测算

管理会计的目标是价值创造，核心是管理，关键是数据，这要求信息获取必须具备时效性和可靠性，因此最大的难点是业财融合。如何能够将分散在各业务、各环节的数据进行有效整合，释放协同价值优势，是管理会计发展需要迫切解决的问题。为了深化价值贡献评价结果输出，一是依托业财信息云处理平台，获取ERP、SG186、财务管控、电能计量、PMS、用电信息采集等多个业财系统数据，实现对营销、运检、人资等前端业务信息（如客户、设备、员工、项目的收入、成本、费用、人员、作业等信息）自动获取和处理功能，通过强化业财协同融合，将财务管理重心前移至业务环节，打破数据壁垒，解决信息孤岛和数据采集问题，确保确保数据从业务源端唯一录入，可共享、可追溯。二是在财务管控构建仿真测算工具固化价值贡献模型测算逻辑，通过接入业财信息云处理平台已获取的数据，自动测算出各级主体在内部模拟市场下的模拟收入、模拟成本、模拟利润、价值贡献及绩效得分等结果。该工具能够满足历史数据自动获取、敏感性参数灵活调整、数据逻辑可溯、多版本对比分析、输出结果无缝衔接至质效分级展示平台的实时在线仿真测算应用要求，实现线下模型线上化，改变原有利用EXCEL收集数据和模型测算的方式（原有模式一个供电分公司部门层级价值贡献测算数据收集时间2周、测算调整时间1周），提高财务工作效率和效果。

3. 搭建质效分级展示平台，精准反映主体价值贡献

质效分级展示平台的搭建是本次企业级信息化建设的重要结果输出。该平台贯穿单位、部门、员工三级，覆盖供电、支撑和管理三大主体，涉及指标780个，融入企业价值流、业务流和信息流，集运行指数、经营画像及价值地图为一体，利用可视化、场景化展现，能够实现对各市场主体经营成效和价值贡献的精准反映，帮助公司精准感知运营状态变化，提前定位管理风险，并进一步挖掘效益空间，同时降低由于信息不对称带来的沟通成本。由于展现层级多、处理数据大，运用大数据技术支撑平台开发：一是充分利用其高效的数据连接能力，保障来自10+个系统的各类数据实现有序汇聚和高性能加工计算；二是运用多维宽表技术，有力支撑了面向省市两级、多部门、多条线、多层级、多维度的价值实时反映体系的构建；三是秒级的多维分析引擎帮助用户能够快速、无延迟、即时交互的钻取、切换，分析查询稳定平滑；四是丰富的多维度展示能力使系统能够保障各分析主题酷炫直观的可视化效果。平台展示的部分示意图直观展示X公司经营质效评价的整体概况，界面设计匹配"价值贡献引领+业务指标考核"二维内部模拟市场构建思路，并满足不同主体不同关注点、不同分级目标，分级目标服务统一目标的诉求。

（三）深化评价模型实践应用

国网福建电力经过前期建设、后期修正、系统上线，项目成果已经成熟运用近2年，通过PDCA（计划、实施、检查、行动）循环实现绩效管理的有效闭环和螺旋提升。目前，该模型主要应用在优化预算编制方法、开展经营质效评价以及兑现评价结果绩效上，通过"目标设立、评价追踪、激励兑现"循环将经营目标、绩效考核和员工激励挂钩，加强员工绩效感知，最大程度赋能员工价值创造，助力电力企业提质增效（见图5）。

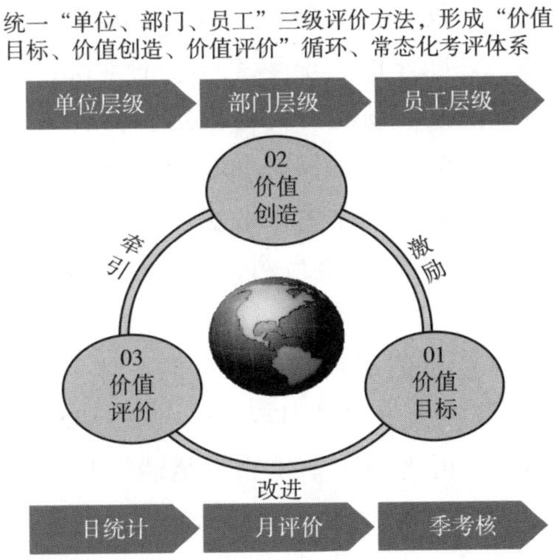

统一"单位、部门、员工"三级评价方法，形成"价值
目标、价值创造、价值评价"循环、常态化考评体系

图5 经营质效常态化考评体系

数据来源：作者自行编制。

1. 优化预算编制方法，促进资源合理配置

在完成内部市场体系搭建后，需要同步进行管理模式的调整，对经营管理进行业务流程再造，通过预算管理方式调整、经营评价方式调整和协同、结算、报告等运行过程调整等，规范市场主体管理职责与权限，为市场体系运行提供支撑，为合理评价提供依据。因此，国网福建电力对原有只进行成本预算编制的方法进行了优化，搭建了新型内模预算编制体系。具体方法是：将预算与业务实际紧密结合，以内部模拟交易的业务活动为起点，预估各支撑主体下年度各业务活动发生量，基于按年核定的业务活动单价，通过业务活动"单价×预计发生量"测算内部模拟收入，增加各主体的内部模拟收入或者模拟成本预算，优化原有只进行成本预算编制的方法，有效传递公司整体经营压力。预算编制由财务与业务共同参与，实行三级审批（见图6），并采用"年度编制、季度考核"的滚动预算法，及时进行预算调整和修正，提升公司预算管控水平和资源配置能力。

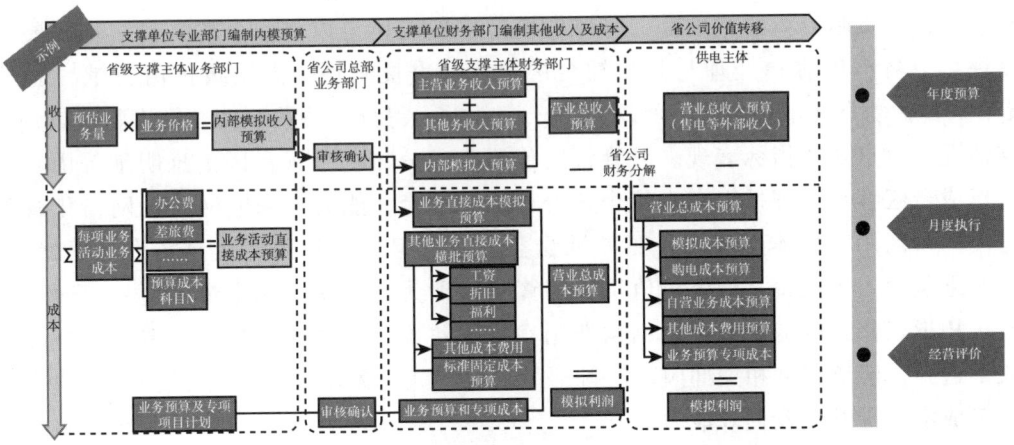

图6 X公司整体概况展示部分界面示意图

数据来源：作者自行编制。

2. 开展经营质效评价，推动企业提质增效

目前该评价模型已经应用在国网福建电力所辖9大地市公司、13个支撑机构、56家县公司的组织和个人经营质效评价中。为了保证经营质效评价结果公开、公平、公正，国网福建电力成立工作领导

小组、明确部门职责分工、成立内部争议仲裁小组、明确内部模拟市场定价结算机制，以此统一了内部模拟市场运行监督机制，并按照"月度评价、季度考核"的常态化方式开展评价。

具体在评价的执行中，基于内部模拟市场经营目标设定，将公司整体目标分解为各交易主体收入、成本和模拟利润的目标，明确各业务环节对公司整体价值增长的贡献方式与目标要求，按月追踪评价价值目标实现情况，并分析重要影响因素，点评优秀做法、挖掘不足之处，促进各单位主动增创效益。以国网福建电力下属某供电分公司2019年上半年为例，参与经营质效评价的供电主体25个、支撑主体5个。其中，价值贡献等级为A+的主体2个，占6.67%；价值贡献等级为A的主体0个，占0%；价值贡献等级为B的主体6个，占20%；价值贡献等级为C的主体7个，占23.33%；价值贡献等级为D的主体8个，占26.67%；价值贡献等级为E的主体7个，占23.33%。

在供电所价值贡献测算的基础上，可进一步细化测算至馈线和台区层级，以A供电所为例，所辖9条馈线合计效益贡献485.92万元，所辖139个台区合计效益贡献466.58万元。结合大数据分析展示平台穿透至组织最小颗粒度"台区"层级，直观分析C16供电所所辖台区价值贡献分布情况（见图7）。

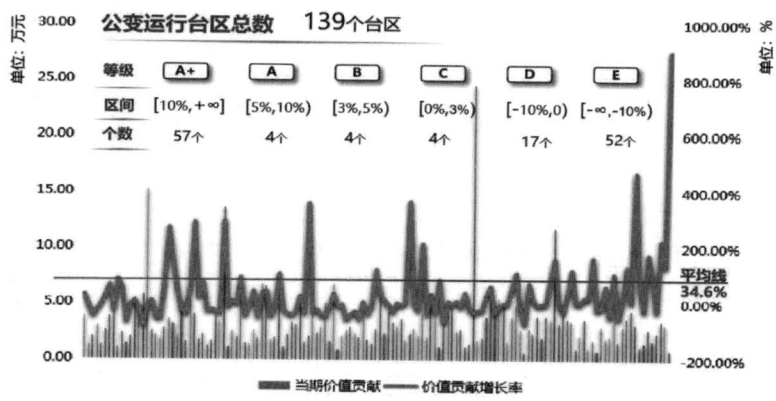

图7　A供电所"台区"价值贡献分析

数据来源：作者自行绘制。

在基于台区价值贡献测算的基础上，将评价模型扩展应用至以下两个场景：一是开展台区客户经理价值贡献评价。将台区客户经理与其所辖台区关联，直接测算个人层级价值贡献，通过价值贡献"分级"展示平台，动态展示台区客户经理"投入、效益、得分、绩效"四个维度整体表现，联动分析其员工开支情况、重点业务指标表现、分管台区价值贡献分布、分管台区信息明细等内容，辅助指标预警功能，形成台区客户经理投入产出综合评价、分析平台，能为未来电网营销网格化管理提供决策参考。二是测算台区用工成本边界。按照"谁受益、谁承担"的规则，在台区价值贡献测算过程中，台区运营成本未包含人工成本，台区价值贡献测算结果即为台区用工成本最大边界。通过对比分析相同工作性质、相近工作难度的不同用工结构费用率水平差异、不同外包员工创造效益情况，结合台区最大用工成本边界，能够辅助相关部门确定科学用工策略（业务外包、人员招聘等），盘活人力资源存量，降低人工成本，提升企业创效能力。

3. 加大绩效兑现幅度，激发员工创造活力

为了贯彻习总书记"按劳分配"原则，激发员工工作热情，国网福建电力将经营质效评价结果与组织和个人的工资、绩效挂钩，表现为：一是将该体系中价值贡献指标纳入2019年企业负责人业绩考核评价指标体系，落实与工资总额、企业负责人绩效"双挂钩"机制；二是推进员工的贡献、效益与薪酬紧密挂钩，明确经营质效评价结果与考核主体部门绩效奖金全年总额挂钩，各考核部门全年拿出8个点用于兑现相关绩效。通过加大经营质效评价结果与单位、部门、员工薪酬的挂钩力度，完善内部分配方式，充分激发各主体活力。

2020年，国网福建电力将进一步加大考核结果与薪酬的挂钩比例，该比例将由8%上升到15%，并按季兑现。通过优化薪酬考核体系，完善内部分配方式，赋能员工价值创造，并促使各单位依托该体系，积极拓展外部市场，优化资源配置，推动提质增效。

四、实施效益与贡献

（一）先进性和示范性

1. 先进性方面

一是新方法，创新了管理会计视角下电网企业绩效评价方法，强化财务、对绩效的引领作用，通过在国网福建电力购售电、输配电及支撑服务主体间建立内部市场化结算机制，将无偿服务有偿化、业务活动价值化，能够科学量化公司不同环节、各级主体间的资源耗费和价值贡献情况，创建了一套具有电力市场特色，贯穿单位、部门、员工"三级"，且适用于"多元"组织架构、组织形式、组织层级以及作业模式的价值贡献评价方法（见图8）。

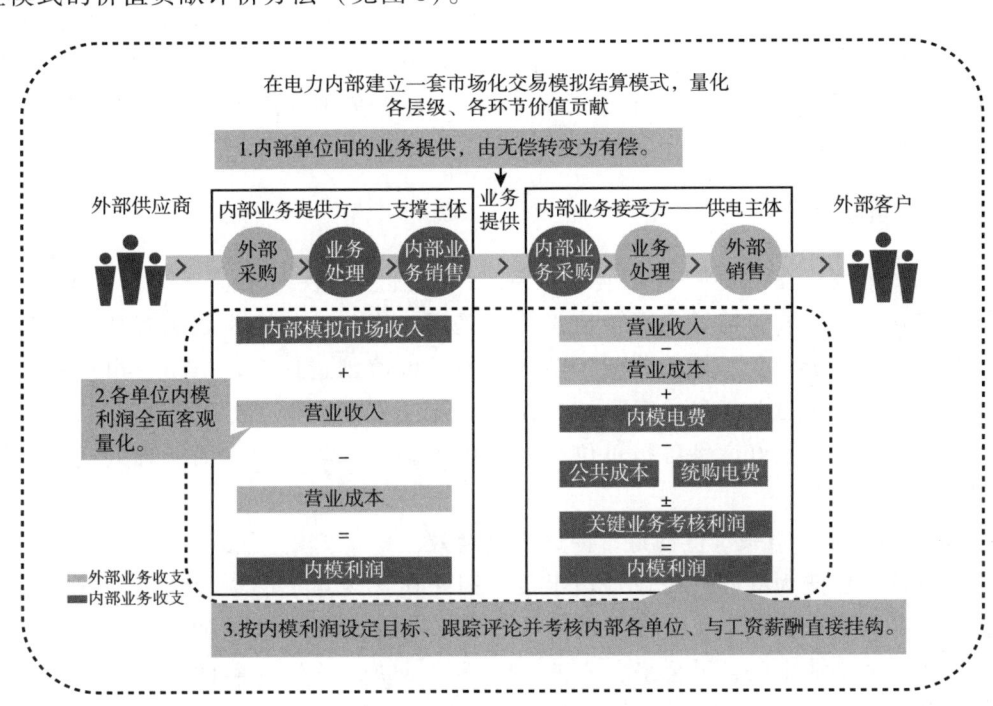

图8 在电网企业实行市场化交易模拟结算

数据来源：作者自行绘制。

二是新范畴，突破了电力企业价值贡献的评价范围：在广度上，模型攻克了支撑主体和管理主体价值贡献量化难点，实现对发展部、建设部、信通分中心等支撑主体，财务部、人资部、党建部等管理主体价值贡献的科学量化；在深度上，模型按照"先易后难、循序渐进"原则，优先实现了运检和营销条线对"每一个员工"价值贡献的精准测算，为推动电力企业现有绩效管理模式向"差异评价、按劳分配"转变奠定基础，为扎实落实国资委"三项制度"改革创造条件。

三是新理念，通过引入市场化竞争机制和运作方式，全面客观反映各考核主体的价值贡献，强化业务工作目标和财务业绩目标的协同融合，建立效率效益导向的激励机制。模型强调以预算引导资源配置，以效率效益提升决定员工绩效增减，形成了"人人关心投入、人人关注效益"的良好局面，是深化电力供给侧结构性改革的重要举措。该项举措能够有效推进电力企业与市场接轨，一定程度解决国有企业价值引领理念传导不足问题，为当下电力企业改革，乃至国有企业改革的激励机制设计提供理论指导与经验支持。

四是新技术，在智能分析平台搭建中，借助搜索引擎技术及亿级数据实时多维分析技术，以自助式探索的方式实现"数据汇聚—数据加工—可视化分析展示—报告分享发布"的数据分析全生命周期管理，实现多维分析领域的技术创新，数据更精细、计算更快速、分析更实时、监控更全面，借助信息化手段，加速管理会计转型进程。

2. 示范性方面

一是可用性强，由于电力行业规模大、业务复杂、管理难度强，价值贡献评价方法兼顾经济价值与社会效益，能够为其他国有企业提供借鉴意义，且代表国有企业未来精益化管理的方向，具备可推广基础；二是适用性广，该价值评价体系适用于不同组织架构、组织层级、组织形式以及作业模式，借助信息化手段打造智能化分析平台，目前通过"日统计、月评价、季考核"已经应用在国网福建电力所辖9家地市公司、13家支撑单位、56家县公司，适用范围较广；三是接受度高，各单位依托该体系，积极拓展外部市场，优化资源配置，推动提质增效，并通过绩效考核在激发员工内生动力上起到示范作用，形成良性闭环管理机制。应用以来，激发各单位、各层级围绕价值贡献目标主动创新，形成成本性材料实施项目化管控、"抢单制"绩效管理、集约融合"1+N"工作模式、自主零散业扩装表等典型做法，是一套比较成熟的价值评价激励体系，也是管理会计信息化为业务运营赋能的重要体现。

（二）成果效益贡献度

基于业财信息多维度交互的电网企业绩效体系是对管理会计视角下新型绩效管理的探索与应用，借助管理会计信息化建设手段，能够实现价值量化到基层、责任分解到全员、考核激励到个人，促使电网企业绩效管理向"差异评价、按劳分配"转变，倡导价值创造理念，推动公司绩效管理价值化转型，赋能员工价值创造。经过两年多的实践，不断驱动国网福建电力绩效管理升级，使得考核更精准、激励更直接、应用更刚性，更好激发各级单位和员工内生动力，具备较大的管理效益和经济效益，较大程度地实现企业提质增效。

1. 强化市场交易运作，引领价值创造，促进提质增效

管理会计是以价值创造为核心的企业管理手段，因此在该视角下的绩效评价模型采取市场交易运作方式，在各单位购售电、输配电、支撑服务间实行统一公平、科学公正的交易价格和结算规则，合理模拟每项服务或业务的成本收益，公平、公正、公开地反映各单位（主体）资源耗费、经营产出和价值贡献，对于落实经营效益主体责任，推进降本增效起到实质性作用。如X公司细化经营管理对象，2019年增加利润2219.89万元，调价还原后售电均价比实际高1.85元/千千瓦时，增加效益1438.37万元；每万元资产较上年同比减4.29%；累计转资555个项目，公司有效资产较上年同期增长18.94%；人均管理费用较上年同期减少3387.06元。宁德公司推进运检市县业务集约融合"1+N"工作模式，减少运维或抢修人员到达现场11954人次，2019年节约差旅费556.79万元。

2. 创新绩效管理模式，支撑精准激励，激发员工活力

该机制重构了各层级、各主体的经营格局和利益关系，以预算引导公司资源配置，以盈亏决定员工绩效增减，强化经营质效评价与薪酬挂钩力度，提升各主体对自身责任和价值贡献的认知，推进各主体由被动管理向主动管理转变，形成"人人创新、万众创新"局面，对于激发员工内生动力，加速电力企业数字化人力资源转型起到实质性推进作用，极大提升了企业整体管理水平。具体表现为：一是创造更好的激励机制，加大了价值贡献水平与员工薪酬收入挂钩力度，其中，福州公司变电检修专业的同岗级员工最大绩效工资差高达87.5%；二是培养更强的业务能力，项目实施以来，各级人才数量明显增多，2018—2019年新增国家级技术能手4人，省级工匠人才和管理专家11名，新增国网公司专家31人，培养地市公司成长为省公司专家人才60余人，一线员工获评技师、高级技师占比达37.13%，较实施前提高8.25%；三是产生更低的人力投入，通过引入市场化竞争机制和运作模式，员工开支投入明显下降，以220kV检修业务为例，人力运维固定成本投入压降31%，变动成本投入压降39%，总成本投入压降33%；四是实现更高的运营效率，公司机构扁平化程度进一步提升，营商环境指数显著改善，以申报办电业务为例，高、低压业扩办电环节时长下降比例分别达48%和50%。

3. 加速管理会计转型，推动业财融合，提高运行效率

基于业财信息多维度交互的绩效体系，在理论层面，高度整合了管理会计的理论框架、数据模型以及应用工具，搭建了融合财务视角和业务视角的新型绩效评价模型，发挥财务对业务的引领作用。以X公司为例，机制运行后，车辆管理部门主动改进管理方法，参照滴滴模式推行用车"抢单制"，有效提升了车辆利用效率，2019年月均单车排班数从20.57个提升至30.68个，单车里程提升近20%，单车里程成本下降33元/百公里，总体用车成本节约450万元。在技术层面，充分吸收国网福建电力前期信息化建设经验和成果，并引入云处理和大数据技术搭建智能分析平台，搭建了一套融入企业价值流、业务流和信息流的价值型管理会计信息系统，实现业财信息高度共享、运营数据高度集成，为公司提供实时、快速、高效、准确的信息保障，有助于公司各单位、部门精准感知运营状态变化，提前发现公司管理风险（如查看材料费、营销费用分摊结果时，发现部分单位的表计、运维材料等成本存在"以领代耗"情况），并进一步挖掘效益空间。在应用层面，优化了预算编制方法，将预算与业务实际紧密结合，搭建了新型内模预算编制体系。新的预算体能够促进企业资源合理配置，并通过开展组织和个人经营质效评价，加大评价结果与绩效挂钩力度，提高了员工绩效感知力度，赋能员工价值创造，是一次在信息化层面全面推进管理会计建设的探索与实践，有效提升了公司会计管理水平和决策能力。

参考文献：

[1] 周云展. 谈"互联网+"时代管理会计的发展［J］. 经贸实践，2017（2）：230.
[2] 黄睿. A电力施工企业员工绩效管理改进方案研究［D］. 扬州：扬州大学，2018.
[3] 张玉春，林静. 绩效考核指标设计的"量化"误区［J］. 中小企业管理与科技（下旬刊），2012（2）：51-52.
[4] 王冬法. 省级电力市场交易结算模式分析［J］. 中国总会计师，2019（3）：76-77.
[5] 姚金辉. 国企人力资源绩效工资改革存在问题及解决路径研究［D］. 北京：对外经济贸易大学，2018.
[6] 张婷. 电力企业内部模拟市场化管理探索与实践［J］. 现代经济信息，2018（7）：153.
[7] 孙海燕. "互联网+"视角下管理会计信息化未来发展的思考［J］. 当代会计，2016（11）：15-16.
[8] 郭申力，钟慧. 新形势下电力企业人力资源优化模式的探索［J］. 企业管理，2016（S1）：34-35.
[9] 方青. 浅析"岗位价值+业绩贡献"的绩效薪酬分配机制［J］. 人力资源管理，2016（4）：22-23.
[10] 王莉. 企业财务信息化建设对财务价值创造的提升作用研究［J］. 时代金融，2016（2）：125-126.
[11] Pulakos E D, Arad S, Donovan M A, et al. Adaptability in the Workplace: Development of a Taxonomy of Adaptive Performance ［J］. Journal of Applied Psychology, 2000, 85（4）：612.

企业自评

国网福建省电力有限公司"基于业财信息多维度交互的电网企业绩效体系构建与应用"这一案例结合内部模拟市场建设思路和阿米巴经营管理理念，不断划小经营管理单元，构建一套贯穿"单位、部门、员工"三级，且能根据不同组织形式、组织架构、组织层级和作业模式设置差异测算规则的价值贡献评价模型；借助云处理和大数据技术联通信息孤岛，高度融合企业价值流、业务流和信息流，打造了公司级质效分级展示平台,实现了对各市场主体经营成效和价值贡献的精准反映,达到"数据更精细、计算更快速、分析更实时、监控更全面"的管理会计信息化建设目标。此外,该案例重点展示了实践应用中如何借助绩效管理这一保障战略执行、工作落实的有力工具,按照"目标设立、评价追踪、激励兑现"循环,将经营目标、绩效考核和员工激励挂钩的管理会计新模式。

该案例分析视角独特,通过引入市场化竞争机制和运作方式,以预算引导资源配置,以效率效益提升决定员工绩效增减,不仅创新了管理会计视角下电网企业绩效评价方法,强化了财务对绩效的引领作用,而且在深度和广度上突破现有电力企业量化价值贡献颗粒度,能够实现价值量化到基层、责任分解到全员、考核激励到个人,为推动电力企业现有绩效管理模式向"差异评价、按劳分配"转变奠定基础。该案例采用的信息技术方法先进,实现了业财信息高度共享、运营数据高度集成,为公司提供实时、快速、高效、准确的信息保障,是管理会计信息化为业务运营赋能的重要体现。该案例所展现的构建思路和技术方法,能够为解决国有企业价值引领理念传导不足问题以及当下电力企业改革(乃至国有企业改革)中激励机制设计提供理论指导与经验支持。

专家点评

国网福建电力公司基于业财信息多维度交互的绩效管理体系构建与应用,创新了管理会计视角下电网企业绩效评价方法。案例借助云处理和大数据技术,搭建一套融入企业价值流、业务流和信息流的价值型管理会计信息系统。案例特点是财务、人资、运检、营销、物资、建设等多部门充分联动。案例运行促使电网企业绩效管理向"差异评价、按劳分配"转变。该案例的实施不断驱动国网福建电力公司绩效管理升级,使考核更精准、激励更直接、应用更刚性,能更好激发各级单位和员工内生动力,管理效益和经济效益显著。

本社微信公众号
(请用微信"扫一扫")

本社天猫旗舰店
(请用天猫APP"扫一扫")

ISBN 978-7-5223-1098-5

定价：228.00元